MÉMOIRES

DE LA

SOCIÉTÉ DES ANTIQUAIRES

DE PICARDIE.

DOCUMENTS INÉDITS

CONCERNANT LA PROVINCE.

TOME NEUVIÈME.

HISTOIRE

DE

L'ABBAYE ET DE LA VILLE

DE

SAINT-RIQUIER

LES SAINTS. — LES ABBÉS. — LE MONASTÈRE ET L'ÉGLISE.
— LA VILLE ET LA COMMUNE, etc.

Par l'Abbé HÉNOCQUE,

Doyen du Chapitre de la Cathédrale d'Amiens, ancien Supérieur du petit Séminaire de Saint-Riquier, membre titulaire résidant de la Société des Antiquaires de Picardie.

TOME PREMIER.

AMIENS,
A. DOUILLET et Cⁱᵉ, Imprimeurs de la Société des Antiquaires de Picardie,
Rue du Logis-du-Roi, 13

1880.

d'un acquéreur, à la dévastation commune et nous montre encore ses beaux édifices cisterciens et sa physionomie claustrale du xviiie siècle. On cherche inutilement le célèbre monastère de Corbie dans la ville même de Corbie. Les regards attristés de l'archéologue ne se reposent plus que sur les restes mutilés de son Eglise abbatiale et sur l'enceinte vide de sa vaste clôture.

L'abbaye de Saint-Riquier a eu le sort de tant de filles du Mont-Cassin, condamnées à mort par la philosophie moderne. Ses grands édifices du xviiie siècle se sont effondrés sous la sape du vandalisme irréligieux; mais l'Eglise abbatiale resta debout. C'était une faveur inespérée. La Providence, après avoir protégé pendant tant de siècles l'œuvre du saint fondateur de Centule, exauça les prières de ces généreux athlètes du cloître qui avaient marché sous sa bannière à la conquête du royaume des cieux. Le monastère, restauré sur ses antiques fondements, quand le calme permit de relever les monuments de la foi de nos pères, apparut aux yeux du peuple chrétien dans tout l'éclat et l'efflorescence de sa première splendeur. Gloire et reconnaissance au nouvel Esdras que l'esprit de Dieu conduisit à Saint-Riquier, pour souffler sur ses ossements arides et rendre la vie au cadavre enseveli sous d'épaisses couches de ruines! La piété, le courage, le désintéressement du généreux fondateur d'une nouvelle institution ecclésiastique, ont ému les Evêques d'Amiens et ont donné à son œuvre de puissants protecteurs, capables de mener à bonne fin une entreprise colossale et au-dessus des forces d'un simple prêtre. Aux Abbés commendataires des derniers temps, à qui on reproche justement d'avoir préparé par leur imprévoyance et leurs dilapidations la chûte de l'ordre monastique, nous sommes heureux d'opposer les Evêques du xixe siècle; ils ont rendu la vie et le mouvement à ce célèbre monastère, en y plaçant leur Petit Séminaire, en procurant à de nombreuses générations d'écoliers l'insigne bienfait d'une éducation chrétienne.

Il est juste, après le spectacle d'une si grande calamité, après tant de pleurs versés sur un désastre qui paraissait à jamais irréparable, que les noms de nos vénérables Pontifes, aujourd'hui successeurs des Abbés dont l'histoire redit les bienfaits, brillent au frontispice d'un livre consacré à rappeler les magnificences de ce séjour béni de la piété et de la science, et que ceux qui se succéderont sur cette terre des Saints répètent leurs louanges. *Laudemus viros gloriosos. Illi viri misericordiæ sunt, quorum pietates non defuerunt. Sapientiam ipsorum narrent populi et laudem eorum nuntiet ecclesia* (1).

Je laisserai ici la parole à des voix plus autorisées que la mienne : et j'unirai dans ce concert de bénédictions le nom du pieux fondateur à ceux des Evêques auxquels il légua le fruit de ses premiers travaux.

« M. l'Abbé Padé, en quittant le collège de Montdidier dont il était le directeur depuis plusieurs années, fut consulter le Père Scellier, qui, déchirant le voile de l'avenir, lui dit ces mots prophétiques : « Allez à Saint-Riquier : Vous avez un patrimoine, achetez les restes de l'ancienne abbaye ; ouvrez-y un pensionnat et un jour vous nous succéderez. » Sur la parole de son ancien maître, M. Padé vint à Saint-Riquier : son cœur se serra d'abord vis-à-vis des ruines désolées, de la solitude et du silence qui les attristaient encore : puis il s'arma de courage et planta sa tente. Or la Providence l'attendait là, pour soutenir de sa main les piliers et les voûtes gravement compromises d'une Eglise, qui est sans contredit la seconde Cathédrale du diocèse. La Providence l'attendait là, pour offrir un asile à la jeunesse chrétienne de la contrée, pour y établir une pépinière de la tribu lévitique, destinée à pourvoir plus tard nos paroisses de pasteurs aussi zélés qu'instruits, grâce à la sollicitude de l'Évêque qui les couvre, grâce aux talents et à la piété de collaborateurs choisis, qui lui servent d'auxiliaires dans la plus délicate et la plus importante peut-être des missions d'un Pontife (2). »

La prophétie du P. Scellier s'accomplit en 1828 : on sait dans quelles circonstances. De Saint-Acheul le Petit Séminaire fut transféré à Saint-Riquier, devenu propriété diocésaine par la donation de M. l'Abbé Padé. Ces paroles adressées à Monseigneur de Chabons par le restaurateur de monastère, après l'énumération des noms des Abbés les plus célèbres, ne sont pas un éloge immérité.

---

(1) *Eccles. Cap.* XLIV.

(2) *Article nécrologique sur M. Padé*, par A.-C.-P. — *Abbevillois du 7 septembre 1856.*

x

« Un jour viendra où à tant de noms illustres en sera joint un autre dont on racontera aussi la gloire et les vertus : ceux qui viendront admirer cette basilique payeront aussi à sa mémoire un juste tribut d'hommage et de reconnaissance. Ils liront aussi écrit sur le marbre : *Au commencement du* xix*e siècle, vivait un saint Pontife qui après des jours mauvais gouverna l'Eglise d'Amiens : ce fut lui qui releva l'antique maison de Saint-Riquier, qui la rendit à sa première destination et la consacra à l'éducation de la jeunesse* (1). »

Le biographe de Mgr Mioland s'exprime ainsi sur le Petit Séminaire : « Le moment est venu de dire ce que Mgr Mioland a fait pour donner au Petit Séminaire de Saint-Riquier l'importance qu'il a aujourd'hui. Cet établissement appartenait autrefois aux Bénédictins : ses bâtiments d'une noble simplicité ont cet air de grandeur que cet ordre célèbre savait donner à toutes ses œuvres. Sa vaste terrasse, ses cours, ses dépendances offraient déjà de précieux avantages pour une maison d'éducation : aussi les élèves y affluaient en si grand nombre qu'il fallût songer à agrandir les bâtiments. Mgr Mioland entreprit cet important travail en 1839 et le termina heureusement en 1843. La belle façade laissée par les Bénédictins a été doublée (2). Au centre de cette façade, on a construit un portail monumental par où l'on descend dans l'immense cour des récréations. Une inscription placée au sommet de ce portail est chargée de rappeler aux âges futurs le nom du généreux bienfaiteur. Nous avons visité cet établissement, il nous a paru l'un des plus beaux parmi tous ceux que possèdent nos diocèses de France (3). »

Un Mémoire écrit de la main de Mgr de Salinis contient ce qui suit sur son Petit Séminaire : « Cet établissement n'est pas notre œuvre : elle est celle de notre vénérable prédécesseur : c'est Mgr Mioland qui a relevé les ruines de cette abbaye de Saint-Riquier, qui était déjà debout dans le siècle de Charlemagne, et qui fait lire dans quelques-unes de ses inscriptions le grand nom du cardinal Richelieu. C'est lui qui a formé

---

(1) M. l'Abbé Padé. *Notice historique sur Saint-Riquier*, page 14.

(2) Le biographe de Mgr Mioland, étranger au diocèse, se trompe ici. On a reproduit la façade entière des Bénédictins.

(3) M. l'Abbé Desgeorge. — *Vie de Mgr Mioland*, page 251

dans l'enceinte de ces vieux murs, en partie rebâtis par lui, une jeune et florissante pépinière du clergé. C'est lui qui l'a confiée à une réunion de prêtres, pleins d'instruction et de dévouement, que tout le diocèse entoure de son respect et de sa reconnaissance. En regardant la demeure qu'ils habitent, on peut dire : *Videte quales lapides ;* en les montrant eux-mêmes, on doit ajouter : *Videte quales homines.* Mais cet établissement déjà si bien organisé était susceptible d'améliorations importantes. Je vous indique celles qui ont déjà eu lieu. » (Les cours de philosophie, d'histoire, des conférences religieuses, etc. (1).

Notre génération sait tout ce que Mgr Boudinet a fait pour le Petit Séminaire de Saint-Riquier et surtout pour sa nouvelle chapelle. Sa biographie résume en ces termes ces travaux importants : « Dans cet épiscopat de dix-sept ans, un des plus féconds et peut-être, à certains points de vue, des plus intéressants à étudier, le Petit Séminaire lui doit sa nouvelle chapelle, l'abbatiale, une vaste galerie pour les promenades et récréations d'hiver et beaucoup d'autres améliorations : il a prodigué à cette œuvre de prédilection tous les trésors de son expérience, de son zèle, de son paternel dévouement (2). »

Dans son trop court épiscopat où a brillé cette inépuisable charité qui faisait sa devise (*Charitas mea cum omnibus vobis*), Mgr Bataille « initié à Juilly aux choses de l'enseignement et de l'éducation » partagea toute la sollicitude et les préoccupations de ses prédécesseurs pour son Petit Séminaire. « Les lettres si graves et si pressantes où il exhortait ses diocésains à favoriser de tout leur pouvoir les vocations ecclésiastiques (3) » nous prouvent que son cœur était là et que les élèves de Saint-Riquier étaient les premiers-nés et les privilégiés de sa jeune famille qu'il offrait sans cesse à Dieu dans ses prières.

La première visite de Mgr Guilbert, en dehors de sa ville épiscopale, fut pour son Petit Séminaire : la renommée lui avait dit de grandes choses de cet établissement vraiment monumental. Mais en contemplant pour la première fois l'héritage sacré que lui ont légué ses prédéces-

---

(1) M. l'Abbé de Ladoue. *Vie de Mgr de Salinis*, page 268.

(2) M. l'Abbé Fallières. — *Notes et documents sur la vie de Mgr Boudinet*, pages 25, 31, 40.

(3) Mgr Freppel. — *Oraison funèbre de Mgr Bataille.*

vaux des Sociétés savantes sont souvent redoutés à cause de leurs récits de faits inédits, arides, dont on ne voit guère l'importance. Mais les études archéologiques, destinées à mettre en lumière des documents que l'historien ne peut qu'effleurer, lorsqu'il puise quelques faits ou quelques souvenirs, devraient-elles pour cela être délaissées? Non certainement. On en comprendra l'utilité et on en tirera quelque profit, quand on aura jeté les yeux sur la table. Qui ne s'empressera d'y chercher quelques pages qui ont éveillé et la curiosité et le désir de lire un point d'histoire locale dont on n'a qu'une idée imparfaite?

Sous le bénéfice de cette observation, j'ai la confiance qu'il se trouvera de sérieux disciples de cette noble école, qui aimeront à connaître plus intimement ce petit coin de terre où vivaient de grands serviteurs de Dieu, où rayonna un foyer si puissant de sainteté et de science, où ils ont appris eux-mêmes à mieux connaître leur religion et à affermir des principes qui font le bonheur de la vie chrétienne.

Qu'il me soit permis, avant de terminer cet avant-propos, de donner aussi un témoignage public de ma reconnaissance aux hommes bienveillants qui m'ont aidé et éclairé de leurs lumières dans mes laborieuses recherches. C'est pour moi un devoir de signaler la grande complaisance de M. Garnier, conservateur de la Bibliothèque d'Amiens, de M. Boca, conservateur des archives départementales, de M. Masson, dont la riche bibliothèque archéologique m'a été ouverte toutes les fois que j'ai eu besoin de la consulter. MM. les supérieurs du Grand et du Petit Séminaire m'ont permis volontiers d'user des collections de leurs bibliothèques. M. l'abbé Fricourt, curé de Saint-Riquier, m'a beaucoup secondé par les notes considérables qu'il a recueillies dans les archives de la commune ou de l'Hôtel-Dieu de Saint-Riquier et dans les chroniques de Pierre le Prêtre : je pourrais à juste titre le nommer mon collaborateur. Je ne saurais non plus oublier ce que je dois de reconnaissance à M. Darsy, l'un de nos plus savants collègues, pour me seconder avec tant de patience dans le travail de l'impression, de la révision des textes, et aussi à M. Pouy, membre de la Société des Antiquaires, pour ses services, ses encouragements et ses communications.

seurs et la majestueuse basilique qui les couvre de son ombre, son cœur d'Evêque fut rempli d'admiration et les accents de sa reconnaissance ont vivement impressionné tous ceux qui l'ont entendu épancher ses sentiments. De vastes édifices, une grande institution appellent des réparations, des améliorations continuelles. Mgr Guilbert dont l'intelligence égale le dévouement, fécondera aussi ce sol où germeront sous son inspiration de nobles vocations, et y marquera en caractères ineffaçables l'empreinte de sa science, de ses profondes études et de ses libéralités épiscopales.

Quand je me fais l'interprète de la reconnaissance publique envers ceux qui travaillent à la restauration de nos édifices religieux, puis-je oublier les sacrifices du Gouvernement et du Conseil général du département de la Somme pour l'Eglise de Saint-Riquier, que la commune serait impuissante à entretenir malgré des subventions annuelles? Si le Petit Séminaire, devenu propriété diocésaine, bénéficie du zèle de nos Evêques pour une œuvre essentielle à la perpétuité du sacerdoce catholique, la basilique abbatiale est considérée comme le plus beau fleuron de la rose monumentale de notre département. Aussi, depuis 1822, le Gouvernement et le Conseil général font des sacrifices considérables pour restaurer l'Eglise de Saint-Riquier, « monument magnifique et précieux pour les arts qui rivalise par sa beauté avec les principales églises de France (1). » Des sommes considérables ont été allouées à différentes époques pour des réparations urgentes et chaque année le même témoignage d'intérêt se renouvelle au Conseil général sous des formes diverses d'éloges, qu'il serait fastidieux de copier ici.

Le passé d'un monastère qui a produit, abrité, formé plusieurs saints et un grand nombre d'hommes justement célèbres parmi les gloires du Ponthieu, ce passé de douze siècles est inconnu au clergé du diocèse, à la plupart des élèves et des professeurs du Petit Séminaire. Je viens le révéler longuement, trop longuement sans doute pour beaucoup de jeunes lecteurs. Quel est, dira-t-on, celui qui osera aborder ces énormes volumes qui ne conviennent qu'à des érudits ? Il est vrai que les tra-

(1) Délibération du Conseil général (1822).

INTRODUCTION.

Observations generales. — Les Saints. — Le Monastère. — Les Abbés. — La Ville et la Commune. — L'Hôtel-Dieu et la léproserie. — Le Château et la Châtellenie de la Ferté. — L'Eglise de Saint-Riquier. Sources historiques.— Hariulfe.— Quelques Biographes de Saint-Riquier.— Alcuin — Saint Paschase Radbert. — Le diacre Nicon. — Le B. Angelran. — Les miracles de Saint-Riquier. — D. Cotron. — Jean de la Chapelle. — La grande chronique de Saint-Riquier. — Chronique de Pierre-le-Prêtre. — Archives de Saint-Riquier. — Manuscrits divers. — Cartulaire de Saint-Riquier. — Division de l'ouvrage.

Le désir de transmettre à la postérité les vies des Saints, les principaux événements des Eglises ou des monastères, a souvent occupé de grands esprits dans le cours des siècles chrétiens. D'illustres Abbés, des Evêques célèbres en leur temps ont consacré leurs talents à ce labeur obscur. Pour ne citer que des souvenirs d'histoire locale, saint Geoffroy, Evêque d'Amiens, aussitôt après sa promotion, s'adresse à Baudri, Evêque de Noyon et historiographe des Eglises de Cambrai et de Thérouanne, pour le prier d'écrire aussi l'histoire de son diocèse. « Vous empêcherez, lui disait-il, la destruction totale de plusieurs Eglises qui tombent en ruines ; vous nous en garderez au moins la mémoire, vous ferez connaître à tous les siècles les bienfaits de nos Pères et vous aiderez le peuple chrétien à glorifier Dieu (1). »

Hariulfe est pressé par ses frères d'écrire les antiquités de la noble Eglise de Cen-

(1) *Histoire de l'Eglise Gallicane, en l'an 1110.* — En Angleterre, un des moines les plus savants d'un monastère était chargé d'écrire l'histoire des rois et les autres faits remarquables de son règne. Après la mort du roi, le travail du moine était examiné en chapitre général, corrigé, s'il y avait lieu, et déposé dans les archives pour l'instruction de la postérité.

Aucun monastère ne peut être comparé à la vieille Corbie pour son zèle à recueillir les faits historiques : que de documents de l'histoire sacrée et profane elle nous a conservés ! C'est avec raison qu'on a dit : sans les moines, nous ne serions que des enfants dans l'histoire de notre patrie.

tule (1). Il se félicite de pouvoir faire revivre leurs exemples, lors même qu'ils jouiront dans la société des élus de la récompense de leurs longues humiliations : il triomphe à la fin de sa chronique de ce qu'il lui a été donné de glorifier son illustre Père Riquier par le récit de ses œuvres admirables. Son amour pour sa patrie monastique lui a dicté des vers remplis des sentiments les plus élevés, dont l'éloquent auteur de l'histoire des Moines d'Occident s'est emparé avec enthousiasme, pour peindre le bonheur de la vie du cloître.

Toto corde meo te, Centula mater, amavi.
Traditus a puero, mea sub te corda ligavi (2).

Un prêtre ne trahit pas son ministère, lorsque ses occupations lui permettent de se mêler au mouvement scientifique, qui a emporté notre siècle vers l'étude des monuments religieux, de leur symbolisme, de leurs richesses artistiques, de leur histoire. Il lui est permis de prendre une part active dans les travaux archéologiques qu'une noble émulation produit chaque jour.

L'auteur de cette histoire a longtemps foulé un sol imprégné de la poussière des Saints et respiré une atmosphère saturée de leurs vertus : il a tressailli au son de ces rimes latines, riches d'inspirations chrétiennes, sinon de poésie.

O quot Sanctorum tegit urnas discipulorum
Aula patens proprio principe Richario ! (3).

N'est-ce pas à l'ombre de la majestueuse Eglise de Saint-Riquier que sa jeune intelligence s'est illuminée des douces clartés de la foi chrétienne et fortifiée dans l'étude de la science humaine ? N'est-ce pas là qu'il a, comme le chroniqueur, porté le joug du ministère sacerdotal dans les plus belles années de sa vie, qu'il s'est nourri des sentiments que réveillent dans une âme émue et chaque pierre des monuments chrétiens et chaque site de ces campagnes si fécondes en souvenirs religieux et archéologiques ? Employant des heures de loisir à recueillir ces souvenirs, à les coordonner, il a préparé les matériaux d'une histoire monastique qui compte plus de douze siècles de durée.

Aux âges de foi chrétienne, il suffisait de mettre sous les yeux des lecteurs les chroniques recueillies par les vieux moines, de dire les châtiments du ciel sur les esprits rebelles à la discipline ou sur les persécuteurs des serviteurs de Dieu, de transcrire des chartes où étaient consignés les droits inviolables de la propriété. Le mouvement journalier expliquait tout le reste pour le voyageur, avide d'enseignements monastiques : mais depuis, les orages suscités par nos révolutions ont détruit ces institutions sécu-

---

(1) *Chron. Cent. Præfat.*
(2) *Ibid. Epilogue.* — Le comte de Montalembert. —*Les Moines d'Occident. Tom.* 1. *Introduction. Chap.* v.
(3) *Chron. Cent. Præfat.*

.laires. A peine s'il reste quelque trace, quelque vague souvenir d'un ordre de choses bien différent de nos institutions modernes. Non-seulement on a ruiné les moines et leurs splendides basiliques; mais on n'a point rougi de flétrir leur mémoire, d'insulter à leur bienfaisance et à leur esprit de dévoûment écrit à toutes les pages de nos annales (1). Aujourd'hui, pour raconter leur histoire, il est nécessaire de réfuter des préjugés, de réhabiliter la dignité de leur caractère, de séparer le vrai du faux par une sage critique. Le chemin est beaucoup plus long, souvent semé d'aspérités, bordé de précipices. Toutefois du sein de sombres horizons surgissent çà et là des éclaircies qui chassent les ténèbres des mauvais jours et relèvent les esprits abattus. Le travail se continue ainsi, au milieu de vicissitudes et d'épreuves diverses, et offre au lecteur patient une suite d'études monastiques dignes de quelque intérêt.

Notre histoire commence au vi⁰ siècle et se continue sans interruption jusqu'à nos jours. Elle raconte les actions merveilleuses des Saints, les événements mémorables du monastère, ses diverses phases de gloire ou de décadence sous le gouvernement de ses Abbés réguliers ou commendataires, l'origine et l'administration de son temporel sous les divers régimes politiques que l'abbaye a traversés, les luttes féodales et communales, les faits particuliers au château de la Ferté, à l'Hôtel-Dieu et à sa léproserie. On pressent, par cette énumération, l'importance et la variété des matières qui seront traitées dans la suite de l'ouvrage. Ce n'est, si l'on veut, qu'un point dans cette immense sphère de l'histoire bénédictine, qui embrasse tous les siècles et tous les royaumes chrétiens ; mais comme les générations éteintes dans ce petit coin du Ponthieu ont vécu de la vie qui circule dans ce vaste corps, leurs travaux, leurs écoles, leurs pénitences, leurs épreuves, leur règle monastique, tout pénètre le lecteur de la con-

(1) « Pendant le cours du siècle dernier, il était admis que les monastères étaient une plaie dans l'Etat, et que ces abbayes si richement dotées ne servaient qu'à favoriser de paresseuses extases, des habitudes de gourmandise et de volupté, de luxe et d'orgueil. L'école pseudo-philosophique n'a cessé de déclamer sur tous les tons contre des institutions catholiques dont on peut envier la gloire, mais dont on ne saurait égaler le mérite, ni méconnaître les bienfaits. De nos jours, lorsque les esprits éclairés et sans partialité du protestantisme lui-même aiment à rendre justice à la magnificence de ces puissantes abbayes, serait-il permis d'ignorer, encore moins de nier, le rôle important qu'ont joué les monastères dans la civilisation chrétienne... Ils remplissent durant de longs siècles une mission de science, de liberté... C'est dans leur sein que naissent les grands hommes, les Evêques courageux, les littérateurs habiles, les écrivains instruits, les prédicateurs éloquents, les artistes de génie, les volontés énergiques... Il ne se tient pas une assemblée religieuse ou politique sans que les représentants de la puissance claustrale n'assistent et n'y délibèrent avec autorité... Ce qu'ils font, ce qu'ils voient, ils le racontent, ils l'écrivent ; ils se font historiens dans leurs loisirs, parce qu'ils sont souvent les principaux acteurs du drame de l'histoire... Le monde les vénère parce qu'ils sont saints, les enrichit parce qu'ils sont pauvres, les couvre d'or parce qu'ils sont humblement vêtus. Partout la sévérité et la pureté de leur vie domptent l'opinion... Dans leurs maisons de recueillement et de méditation viennent s'ensevelir les ennemis du trône, les découragements du plaisir et de la puissance temporelle, depuis les rois tonsurés de notre première monarchie jusqu'à l'empereur Charles-le-Quint. »

L'abbé Bourassé. *Dictionnaire d'archéologie sacrée* au mot *Abbaye*.

tes les latitudes, la pratique de la perfection évangélique ; elle a ouvert dans les monastères un asile aux âmes lassées des déceptions du monde ou attirées par une grâce intérieure à une union plus étroite avec Dieu. C'est à ce point de vue qu'il faut avant tout apprécier les institutions monastiques : l'historien ne peut juger sainement cette grande école de vertus héroïques qu'autant qu'il s'élève au-dessus des préjugés vulgaires et qu'il pénètre les secrets de cette vie cachée et inconnue au monde. Le relâchement qu'on a tant reproché aux moines est rarement scruté dans ses causes. Il est facile de le justifier, lorsqu'on essaie de se rendre compte des luttes qu'ils ont eu à soutenir contre toutes les passions humaines et surtout contre la convoitise de leurs grandes possessions qu'ils étaient presque impuissants à défendre. On comprend bientôt qu'ils sont plus dignes de compassion que de blâme : on voit le doigt de Dieu dans ces réformes auxquelles ils se soumettent librement et volontiers, pour peu qu'on leur laisse d'indépendance et de recueillement.

L'histoire des bienfaits des moines, de leurs inépuisables aumônes, de leur sollicitude pour toutes les misères est dans toutes les mains. On ne cesse de répéter qu'en multipliant à l'infini les copies des immortels ouvrages de l'antiquité, ils ont préparé par leurs obscurs et patients labeurs cette diffusion de lumières et de science dont nous sommes si fiers. Sans les monastères nous aurions probablement perdu, à l'époque des invasions barbares et des guerres féodales, tout ce que les Grecs et les Romains avaient écrit. Qui peut dire ce qui aurait surnagé dans ce cataclysme universel ? Ce que nous savons de l'histoire de France, les noms des pays, des terres, des nobles familles, les événements les plus mémorables, nous ont été transmis par leurs chroniques et leurs chartriers. En l'absence de ces précieux documents, l'histoire des premiers siècles de notre monarchie serait aussi stérile que celle des peuples du Nord ou de l'Amérique.

L'abbaye de Centule tient une large place dans l'histoire ecclésiastique du Ponthieu. Elle est considérée comme l'une des institutions religieuses les plus importantes de cette contrée. Par ses Abbés, par ses réformes et ses défaillances, par ses propriétés et ses nombreuses chartes, par son histoire douze fois séculaire, elle est mêlée à tous les événements de la vie civile et ecclésiastique : elle reflète les lois de l'un et l'autre droit.

Dans sa règle monastique saint Benoît n'avait considéré que la perfection religieuse : il ne semble pas se douter que les pieuses dotations des rois, des seigneurs, des particuliers élèveront son ordre à une puissance capable d'exciter la jalousie. Pour sauvegarder l'œuvre de Dieu et la liberté des moines, l'autorité suprême du Pasteur des pasteurs dut les prendre sous sa tutelle et leur assurer la possession incommutable de leurs biens par des privilèges et des exemptions. Mais ces faveurs exceptionnelles leur furent longtemps contestées. De là de nombreux conflits qui nous ont paru étudiés trop superficiellement. A l'aide des bulles, des diplômes et des chartes, il nous semble possible d'atténuer ou de détruire beaucoup d'accusations et de présenter sous leur vrai jour des faits dénaturés, des prétentions qui n'ont d'autre crime qu'un zèle exagéré des

naissance des institutions bénédictines. Le plus souvent il suffira de changer le nom pour se représenter les diverses phases de l'existence de cent monastères.

Qu'on nous permette ici d'initier brièvement le lecteur aux principaux sujets développés dans l'histoire de Saint-Riquier.

I. Les Saints. — Notre monastère compte au nombre des Saints inscrits au martyrologe de l'Eglise ou de l'ordre bénédictin : 1° saint Riquier son fondateur ; 2° saint Caïdoc et saint Fricor missionnaires irlandais et moines à Centule ; 3° saint Gutmaire, Abbé ; 4° saint Mauguille, moine et ermite ; 5° saint Angilbert, Abbé ; 6° saint Gérard de Brogne, réformateur du monastère au x° siècle ; 7° le B. Angelran, Abbé ; 8° saint Gervin, Abbé.

En outre, on possède dans le trésor de l'Eglise et on honore les reliques de saint Vigor, Evêque de Bayeux. Un pèlerinage à Saint-Marcoul attire une grande multitude de fidèles, le 1ᵉʳ mai. Des reliques recueillies dans les Eglises les plus célèbres de la chrétienté, à diverses époques, ont enrichi le monastère d'objets d'art et de monuments fidèlement inventoriés.

L'hagiographie tient une si grande place dans nos chroniques qu'on serait accusé à bon droit de les avoir tronquées, si on ne lui donnait tout le développement nécessaire. En outre, la vie des Saints offre des caractères particuliers, soit par les miracles qu'ils ont opérés dans le cours de leur existence terrestre, soit par ceux qu'il plaît à la divine Providence de multiplier sur leurs tombeaux. Leurs actions elles-mêmes reposent sur des principes de conduite dont la religion catholique a seule la clef. On ne rend évidentes des assertions, acceptées trop souvent avec doute et répugnance, qu'autant qu'on s'efforce de révéler les secrets des voies surnaturelles.

La vie, les miracles, les œuvres de saint Riquier et de saint Angilbert méritent des études spéciales dans l'histoire du monastère qu'ils ont fondé ou restauré avec une splendeur dont toute l'antiquité ecclésiastique a révélé les merveilles. Des écrits fabuleux sur la famille de saint Riquier nous ont obligé à des recherches nouvelles sur l'origine du Ponthieu et de la ville de Centule. L'histoire du mariage de saint Angilbert avec la princesse Berthe, fille de Charlemagne, n'a pas exigé moins d'études. Nous avons voulu attirer l'attention des hommes compétents sur ces problèmes historiques.

Nous avons essayé de composer une biographie vraie de saint Angilbert, à l'aide de documents diplomatiques, de la correspondance d'Alcuin : sans vouloir grandir outre mesure le rôle politique de ce grand Abbé, nous croyons l'avoir montré sous un nouveau jour : quand nous l'avons suivi au monastère, que de richesses archéologiques nous avons découvertes dans les trois Eglises qu'il a bâties, dans la description de leur trésor, de leur mobilier, de leurs tapisseries, dans l'ampleur de cette habitation préparée pour trois cents moines et cent novices ou enfants consacrés à Dieu dès l'âge le plus tendre !

II. Le Monastère. — L'Eglise catholique a favorisé dans tous les siècles, sous tou-

prérogatives. En voyant comme tout finit par céder à l'action du Souverain Pontife, aux décisions des arbitres qu'il nomme, on rend grâces à Dieu de l'esprit de soumission que son assistance entretient dans son Eglise.

Mais, avouons-le, sans parti pris de dénigrement et après avoir scruté les chroniques monastiques : les conflits que suscite l'ambition des pouvoirs séculiers ne se terminent pas si facilement : que de jugements, que de décisions conformes au droit, à la loi et aux concordats sont sans cesse remis en cause ! Il est de bon ton aujourd'hui d'exalter les prérogatives des libertés communales, de condamner sévèrement l'autorité ecclésiastique, pour avoir opposé une résistance continue à des envahissements successifs. Eût-elle tous les torts qu'on lui impute, nous avons dans l'histoire de Saint-Riquier les dossiers de nombreux procès dont l'examen impartial pourra redresser plus d'une fois des opinions erronées.

Quelques épisodes de l'histoire du monastère méritent ici une mention spéciale : 1° les guerres des Normands, où l'on voit apparaître un Isambard que certains chroniqueurs auraient voulu faire passer pour un seigneur de la Ferté ; 2° l'incendie du monastère et de la ville, en 1311, par Hugues Camp d'Avesne, comte de Saint-Pol ; 3° le siège de la ville de Saint-Riquier par le duc de Bourgogne en 1421 ; 4° la ruine du monastère et de la ville en 1475 ; 5° l'incendie de l'Eglise et du monastère en 1554 ; 6° la réforme de saint Maur en 1639.

Nous ferons connaître les domaines principaux du monastère depuis saint Angilbert jusqu'à la vente des biens ecclésiastiques en 1791. Quelle mine féconde pour l'histoire locale ! La législation mixte des biens ecclésiastiques, les coutumes plus ou moins abusives, les empiètements des seigneurs féodaux, les droits plus ou moins étendus des Abbés et des moines dans leurs diverses possessions, la séparation des manses, les procès et les transactions, les ventes et acquisitions, tout se déroulera sous les yeux des lecteurs, de siècle en siècle, d'après des titres authentiques et irrécusables. L'analyse du Cartulaire par Eustache Le Quieux et l'Inventaire des titres de l'abbaye de Saint-Riquier jusqu'en 1789 nous ont fourni les documents les plus importants. Les religieux attachaient d'autant plus de prix à leurs titres de propriété qu'ils recevaient leurs domaines comme un héritage sacré, dont ils étaient responsables à la religion et à leurs successeurs. On se trompe souvent en supposant que la cupidité entrait pour la principale part dans leurs calculs si précis et si exacts. Il est plus vrai de dire qu'ils obéissaient à la voie de leur conscience pour ne pas se rendre coupables envers Dieu d'infidélité à leurs serments. Faire ressortir cette conviction religieuse, c'est les venger des reproches le plus souvent immérités de captation et d'avarice ; c'est faire leur apologie sous un point de vue qu'on a rarement examiné.

Sous Charlemagne, à l'époque de sa plus grande splendeur, la ville de Centule offre dans sa nombreuse population le quartier des CENT-DIX FIDÈLES ou FÉAUX, *Centum decem Militum*. C'est là qu'habitent les nobles d'ancienne souche, dont Hariulfe nous a conservé les noms francs, sans utilité pour l'histoire (1). Heureusement dans la suite ces grands feudataires de l'Abbé de Centule, pour se distinguer, ont ajouté à leur nom le titre de leur fief. L'on peut ainsi ressusciter des familles nobles, éteintes depuis longtemps, ou ajouter de nouveaux anneaux à des généalogies déjà anciennes, dont on ne soupçonnait peut-être pas l'origine.

III. Les Abbés. — Les constitutions monastiques donnent à l'Abbé le pouvoir administratif et la direction des âmes. L'expérience, cette grande institutrice des nations, nous montre que toute l'existence d'un monastère se résume dans l'histoire des Abbés. Ce sont eux qui font de ce monastère la vraie cour du roi des rois, la porte du ciel ou une retraite de dissipation et de cénobites scandaleux. Assidus à l'oraison, aux œuvres de charité, fidèles gardiens de la discipline, ils enseignent à leurs frères la voie de la vie éternelle. Mondains et relâchés, leur sensualisme corrompt la règle et mine insensiblement l'esprit religieux. La communauté gémit et se traîne péniblement dans la pratique des exercices où l'âme goûtait naguère d'ineffables délices.

Tout fleurit sous l'administration d'un bon Abbé. Les mondains pressés par le désir de faire pénitence viennent en foule se vouer aux austérités de la vie monastique : les riches se dépouillent en leur faveur pour obtenir le secours de leurs prières ; ils savent qu'entre leurs mains les possessions qu'ils ont sacrifiées s'écouleront dans le sein des pauvres, qu'elles multiplieront le nombre de ces victimes immolées jour et nuit devant l'autel du Très-Haut et apaiseront son courroux. Mais quand un Abbé oublie ses engagements sacrés, la malédiction de Dieu frappe à l'instant le monastère et sème la destruction sous ses pas. La source des aumônes se tarit chez les fidèles. Les pécheurs ne viennent plus implorer la miséricorde : le Très-Haut outragé suscite un vengeur de ces profusions et de ces biens follement dissipés. Les possessions sécularisées sont perdues pour l'Eglise, et le coupable emporte dans la tombe les anathèmes de ses frères déshonorés et ruinés (2).

L'idéal d'un bon Abbé est écrit dans la règle de saint Benoît. Ces pages admirables de science sacrée et d'enseignement spirituel ont enfanté des prodiges et élevé les institutions monastiques à une perfection inconnue avant le catholicisme. On compte par milliers les saints Abbés. Bien des monastères eurent la consolation d'inscrire plusieurs de leurs pasteurs dans leurs martyrologes et leurs litanies spéciales.

Tuteurs des biens de la communauté, les Abbés conservent avec un soin religieux le patrimoine des pauvres, le prix des péchés rachetés par l'aumône, le vœu des espérances chrétiennes (3). Ils font serment, au jour de leur bénédiction, de transmettre dans leur intégrité cet héritage sacré que la piété du peuple fidèle leur a confié; ils le défendent contre les envahissements des puissants ; ils résistent à leurs menaces, à

(1) *Chron. Cent. Lib.* III, *Cap.* III.
(2) Voir Hurter. *Institutions et mœurs de l'Eglise au Moyen-Age*, Tome II Chapitre des Abbés, page 217.
(3) *Patrimonium pauperum, pretium peccatorum, vota fidelium.* Ces trois idées reviennent sans cesse sous la plume des écrivains ecclésiastiques.

leurs séductions ; ils demandent justice, s'ils ont été dépouillés par la violence ; ils s'adressent aux Evêques, aux conciles, aux vicaires de Jésus-Christ ; ils ne reculent point devant des voyages périlleux et pénibles ; ils gémissent à la porte des rois et ne cessent d'invoquer leur religion ou de faire retentir les anathèmes divins que lorsqu'ils ont obtenu une entière et complète restitution.

Les chroniques des monastères offrent dans plusieurs de leurs pasteurs spirituels le type des bienfaiteurs de la contrée. Bénis par les pauvres dont ils sont les pères nourriciers et les consolateurs, bénis par les ouvriers à qui ils procurent du travail et de l'aisance, bénis par les malades que leur visite au foyer domestique relève de leur abattement ou prépare à une vie meilleure, ils n'ont voulu rester étrangers à aucune des misères humaines.

On ne saurait analyser les services rendus par les Abbés ni leur influence sur le mouvement scientifique, artistique ou littéraire. Beaucoup d'entre eux ont été des savants, des écrivains distingués et ont dû à leurs fortes études autant qu'à leur piété la haute dignité à laquelle ils n'aspiraient nullement. De nombreux ouvrages conservés à la postérité attestent leurs laborieuses recherches, leur aptitude pour la poésie, leurs talents oratoires, leur science philosophique ou théologique, quelquefois même leurs connaissances dans les beaux-arts, surtout dans la musique, la peinture et l'architecture (1).

Le monastère de Centule a tiré sa gloire et son ornement de ses Abbés. Presque tous les noms inscrits dans ses annales séculaires, en dehors des invasions désastreuses des Normands et des commendes, ont mérité l'éloge de leurs frères et laissé un souvenir honorable. Il y a peu de noms illustres dans les lettres ou la diplomatie ; mais leur administration a été sage, éclairée, utile aux âmes ; elle a conservé le patrimoine du monastère pendant des siècles.

Quand la règle a exercé paisiblement son empire, l'élection appelait à la dignité abbatiale des moines pieux et instruits et on n'hésitait pas au besoin à les choisir dans les monastères voisins : mais quand l'influence du pouvoir séculier a bouleversé l'ordre canonique, ses élus n'ont point laissé une mémoire sans tâche.

Pour que le chef de la tribu monastique apparût aux peuples marqué du sceau de l'autorité divine, on le conduisait aux pieds des autels et là s'accomplissait au milieu des pompes les plus solennelles du culte catholique la cérémonie touchante et sublime de la bénédiction abbatiale. Dans ce rite symbolique et majestueux, l'Evêque ne confère point de pouvoir d'ordre, mais une grâce puissante attachée aux prières consacrées

---

(1) On peut juger des travaux littéraires des Abbés bénédictins des beaux âges de l'ordre monastique par ceux des Abbés de nos jours. Pour n'en citer ici qu'un exemple, les nombreux ouvrages de D. Guéranger, Abbé de Solesmes, nous prouvent que, par une sage distribution du temps, on peut allier une vie d'étude à l'administration d'un monastère, les travaux de l'intelligence à la prière et aux exercices du cloître.

par l'Eglise et méritée par la piété et la pureté d'intention du suppliant. Les Abbés font la même profession de foi que les Evêques, le même serment au Pontife romain, reçoivent les mêmes instructions et souvent les mêmes insignes, comme les sandales, la dalmatique, les gants et la mitre. Ces distinctions contestées à quelques Abbés remontent à une époque très-reculée, comme on le prouve par un grand nombre de diplômes pontificaux. Dans le principe ces honneurs, destinés à faire briller aux yeux des fidèles la science et de grands services rendus à l'Eglise, étaient personnels et ne se transmettaient point aux successeurs : peu à peu ils sont devenus l'apanage de certains monastères plus célèbres. Le titre d'Abbés mitrés et non mitrés indique qu'en tout temps cette concession fut un privilège spécial (1).

Les Evêques, les seigneurs sont présents à la bénédiction des Abbés. Les hommes-liges et les vassaux y sont convoqués pour faire hommage. La pompe religieuse de cette cérémonie donne plus d'éclat au serment de fidélité. L'élément séculier et humain disparaît, lorsque le ministre du Tout Puissant se montre dans toute sa majesté. On sent, dans ces engagements prononcés aux pieds des autels, que les possessions monastiques sont la part de Dieu, et pour peu que la foi vive au fond de l'âme, la conscience avertit que des châtiments éternels sont réservés aux prévaricateurs. Du reste on est persuadé que cet Abbé sera un maître humain envers les bons serviteurs. Que l'administration ecclésiastique fût paternelle pour le pauvre peuple et qu'il y eût d'agréables relations entre le seigneur Abbé et ses sujets, on le conclut de ce proverbe : il fait bon vivre sous la mitre et la crosse. L'investiture du monastère ou le pouvoir de juridiction sur les personnes et les biens ne se transmettait point par la bénédiction. L'Abbé qui pouvait être béni par tout Evêque en communion avec le Saint Siège recevait la puissance spirituelle de l'Evêque diocésain, du Souverain Pontife, quand il était exempt. C'est en leur nom et par leurs délégués qu'il s'installait sur le siège abbatial. Le mode d'investiture a varié selon le temps et les lieux : on touchait les saints Evangiles, la corde de la grosse cloche, la porte de la principale Eglise, etc.

Il est du reste inutile d'insister ici sur la nécessité de l'investiture ecclésiastique. L'Eglise a payé assez cher la violation de ce droit primordial, qui n'a été racheté que par le sang des martyrs et des souffrances héroïques. Ils sont bien coupables les Abbés qui laissèrent prévaloir l'investiture laïque.

L'Abbé juridiquement institué possède une pleine autorité sur sa famille spirituelle. Lorsqu'il commande en vertu de la sainte obéissance, il lie les consciences : la transgression de son ordre devient une faute grave : il peut aussi infliger toute espèce de punition aux indisciplinés et aux rebelles, même des châtiments corporels, la prison monastique et l'exclusion. Quand il y eut des excès dans la punition, comme des mutilations, la privation de la vue, l'Eglise a interdit dans ses canons ces sévérités cruelles et frappé de ses anathèmes des Abbés trop barbares.

---

(1) *Pontifical Romain*

» tre Eglise la magnificence d'une cour royale (1). » Ces Fidèles étaient tenus à l'hommage de bouche et de main, au service militaire, à toutes les prescriptions de la loi féodale. Les droits et devoirs de haute, moyenne et basse justice, appelaient les hommes-liges, de quinzaine en quinzaine, aux plaids de l'Abbé : toute excuse non légitime les exposait à une amende. Ajoutons, pour compléter ce tableau, que les Abbés avaient les mêmes officiers que les maisons princières ou seigneuriales ; que des chambellans, des maréchaux, des échansons, des sénéchaux remplissaient au monastère et à l'égard des vassaux les divers services indiqués dans le cérémonial des cours souveraines.

Le pouvoir des Abbés, absolu dans sa forme seigneuriale, est toutefois borné par les prescriptions des lois canoniques et de la règle de saint Benoît, qui place auprès d'eux des auxiliaires soumis à leur autorité, mais incapables de sacrifier leur conscience à la faveur ou aux caprices de leur chef. Dans les questions majeures on consulte la communauté, ce que les actes publics nomment le couvent, *conventus monachorum*. Tous les religieux sont appelés à exprimer leur avis, parce qu'on croit pieusement, par un grand sentiment d'humilité chrétienne, que Dieu révèle aux plus jeunes les secrets de la sagesse qu'il tient cachés pour les prudents et les plus habiles. Après la délibération, la décision est prise sous la responsabilité de l'Abbé seul et il n'est point permis d'invalider le jugement qu'il a prononcé ou la résolution à laquelle il s'est arrêté. Tous les actes publics, comme les transactions, les acquisitions, les inféodations sont toujours consentis par l'Abbé et le couvent et revêtues du sceau de l'Abbé. Le droit d'aliénation lui est interdit dans le serment de sa profession. Le Souverain Pontife seul peut rompre des engagements souscrits par la piété du peuple chrétien et rendre au commerce des biens consacrés par un vœu ou pour l'expiation du péché.

Parmi les offices spéciaux que l'Abbé confie à des moines, remplis de l'esprit de la règle, on distingue surtout ceux du prévôt, du célerier, de l'hôtelier, du trésorier, de l'aumônier. Des revenus particuliers furent annexés à ces offices à certaines époques et pouvaient même s'augmenter par des legs ou des acquisitions. La coutume avait légitimé cet espèce de pécule peu conforme à l'esprit de règle. Les dernières réformes de saint Maur ramenèrent ces offices à l'observance primitive (2).

La biographie de plusieurs Abbés de Saint-Riquier offre des pages intéressantes et des détails curieux pour l'histoire locale, pour l'histoire du diocèse d'Amiens et des diocèses voisins.

IV. La Ville et la Commune. — La charte de commune de Saint-Riquier est citée partout comme un des monuments les plus mémorables de ces grandes institutions. Les luttes entre la commune et le monastère ont duré quatre siècles et nous ont laissé

---

(1) *Chron. Cent. Lib.* III. *Cap.* III.

(2) Au monastère de Corbie les principaux dignitaires étaient désignés sous le nom de baillis du monastère. Ce sont : le prévôt, le célerier, le camérier, le trésorier, l'infirmier, l'hôtelier, l'aumônier. Une portion de revenus était attachée à chacun de ces offices : on devait en rendre compte au chapitre.

d

La place des Abbés est marquée dans la hiérarchie ecclésiastique et civile ; car ils sont princes de l'Eglise et seigneurs temporels. Dans les assemblées ecclésiastiques ils siègent après les Evêques ; dans les plaids royaux, après les ducs et les comtes. Leur science brille de tout son éclat, au sein des conciles, au milieu des discussions que soulèvent les intérêts de la foi, les erreurs subtiles des novateurs, les envahissements des puissants du siècle. Comme les lois civiles sont, aux premiers âges de la monarchie, rédigées d'un commun accord entre les clercs et les laïques et promulguées dans les plaids nationaux, les Abbés les plus vertueux, comme les Evêques les plus saints, sont confondus avec les seigneurs dans ces grandes assises de la France. A ce contact continuel des forces vitales du royaume, les jalousies et les dissentiments s'effacent. Le peuple chrétien, loin de s'offenser de la prérogative des princes de l'Eglise, était persuadé que ces défenseurs du droit et de la vérité s'opposeraient constamment aux injustices et aux violences du manoir redouté.

Bien des Abbés regrettaient sans doute, au milieu du tumulte et des fêtes, le recueillement et le calme du cloître : mais des considérations d'un ordre élevé parlaient à leur conscience et ils auraient été coupables, puisque telle était la constitution de la société, de laisser leurs sujets à la merci des passions. En assumant la responsabilité de tous les intérêts spirituels et temporels de la communauté, ils s'obligeaient à défendre ses droits au prix de tous les sacrifices. Du reste, les exercices de la vie religieuse n'étaient pas interrompus pendant leur séjour à la cour des rois. Unis aux clercs de la Sainte Chapelle, les pieux Abbés ne manquaient pas de remplir leur sublime ministère de médiateurs de la paix ; ils ne conversaient avec les hommes des intérêts de la terre qu'après avoir longtemps médité aux pieds des autels du Dieu trois fois saint.

A l'époque de la féodalité, les monastères auraient en vain lutté contre le mouvement social. Cette puissante institution, à laquelle l'Eglise essaie de tracer sa voie, pour la maintenir dans les limites de la justice, impose partout ses obligations, ses règlements, son cérémonial de puissance souveraine. Les Abbés devenus seigneurs temporels avaient leur cour plénière, leurs chevaliers. Les grands vassaux environnaient l'autel avec leur armure éclatante et leurs milices, aux grandes fêtes de l'année et aux fêtes de patron. L'Abbé s'avançait au milieu d'eux avec la crosse et la mitre, comme la personnification de la majesté divine, et bénissait tous les fronts humiliés : il priait au milieu de ses fidèles et leur expliquait à tous leurs obligations.

Au IXe siècle plus de cent vassaux ou les *Cent-Dix Fidèles*, comme on le voit dans les chroniques d'Hariulfe, faisaient le service militaire au monastère de Saint-Riquier et accompagnaient l'Abbé ou les moines dans la visite de leurs domaines ou dans leurs voyages. La coutume leur imposait l'obligation de servir l'Abbé à l'Eglise le jour de la fête de Saint-Riquier et aux grandes solennités de Noël, Pâques et Pentecôte, dans tout l'éclat et la pompe de leur dignité. « Leur présence, dit la chronique, donne à no-

dans nos archives des procès nombreux, des transactions, des concordats, des recueils de coutumes générales et particulières dont l'étude jette un grand jour sur l'esprit des populations à cette époque. Des démêlés avec l'ordre de saint-Lazare, au sujet des biens de la léproserie, se rattachent à l'histoire d'ordres religieux dont on ne connaît pas assez les prérogatives sur certains établissements d'origine ecclésiastique.

La ville de Saint-Riquier fut conquise par les comtes de Flandre au xe siècle, ainsi qu'une grande partie de la contrée. Combien de temps dura cette domination? Il serait difficile de le préciser; cependant nous inclinons à croire qu'elle existait encore à la fin du xiie siècle. Nous émettons sur cette question une opinion qui n'a guère été soutenue jusqu'ici.

La ville de Saint-Riquier est un des chefs-lieux des sept prévôtés du bailliage d'Amiens. Sous la domination des Anglais dans le Ponthieu, les prévôts de Saint-Riquier exerçaient leur domination même sur Abbeville. C'est une particularité qui a échappé aux recherches des historiens du Ponthieu.

V. Hôtel-Dieu et Léproserie. — Deux institutions charitables établies à Saint-Riquier presqu'à la même époque, tendant au même but et marchant par des voies parallèles, reconnaissent pour leurs fondateurs des clercs et des bourgeois de la ville. On nous a conservé la charte de fondation de la Léproserie, les noms des premiers donateurs, diverses chartes et quelques actes administratifs. Les archives de l'Hôtel-Dieu renferment un grand nombre de chartes du xiiie siècle, très-intéressantes pour la topographie, pour les anciennes familles nobles et les mœurs du temps. Dans les siècles suivants le chartrier livré au pillage offre beaucoup de lacunes. Cependant ces épaves recueillies d'abord par M. le marquis Le Ver et ensuite par M. l'abbé Fricourt, curé de Saint-Riquier, présentent encore un volumineux dossier qu'on ne dépouille pas sans quelque profit. L'analyse seule de ces titres occuperait dans notre histoire locale un espace qu'il sera impossible de lui réserver.

VI. Chateau et Chatellenie de la Ferté. — M. Prarond, dans une étude spéciale, a fait connaître plusieurs documents sur le château de la Ferté de Saint-Riquier; mais il a omis l'histoire de ses seigneurs. Les familles de Roye, de Châtillon, de Roncherolles méritent cependant quelque mention dans les annales du pays. Bien que l'absentéisme de ces grands feudataires de la couronne ait privé la châtellenie de ses défenseurs naturels, leur domination ne se fait pas moins sentir sur le pays : quand même la gloire de ces seigneurs puissants, associés à toutes les grandes luttes de la France, ne rejaillirait pas directement sur l'humble castel, absorbé qu'il était dans leurs vastes domaines, leur nom se lit partout dans les chartes, les actes publics, les hommages de fiefs et les redevances de la châtellenie. L'énumération seule de leurs terres suffirait pour montrer ce que les avoués du monastère ont reçu des Abbés pour prix de leurs services, ou ce qu'ils ont usurpé dans les temps de trouble.

VII. L'Eglise de Saint-Riquier. — Ce monument, élevé sur l'emplacement même du premier oratoire de Saint-Riquier, compte aujourd'hui plus de sept siècles d'existence. Commencée au XII° siècle, continuée au XIII°, réparée et agrandie au XVI°, ornée dans le goût de l'architecture grecque au XVII° par l'Abbé d'Aligre de si glorieuse mémoire, l'Eglise porte l'empreinte de tous les styles : à ce titre elle se présente aux regards des antiquaires et des architectes comme un spécimen curieux des différents genres d'architecture. Déjà décrite dans ses plus petits détails par le touriste Gilbert, elle est bien connue des amateurs. Toutefois cette monographie est devenue rare. Nos observations sur ce monument si glorieux pour l'état monastique ne pourra que le rendre plus cher aux archéologues.

VIII. Sources historiques. — Les documents historiques sur notre monastère sont nombreux, quoique disséminés dans une multitude d'ouvrages : nous avons vu et contrôlé à peu près tous les matériaux que les archives et les bibliothèques publiques nous ont conservés et ceux qui ont été analysés dans les collections monumentales des Bollandistes, des Bénédictins, etc. Nous avons eu sous la main plus de 1000 pièces authentiques, comme bulles des Papes, chartes ou privilèges des rois, des seigneurs, des Abbés, lettres, contrats, documents de toute espèce, dont le plus grand nombre est inédit. Plusieurs faits nous sont certainement cachés ; nous croyons toutefois avoir dépouillé les dossiers les plus importants. Nous avons relevé tout ce qui nous semble propre à agrandir le cadre de l'histoire locale. Telle particularité qu'on croirait insignifiante sera consultée avec profit par des écrivains désireux de grouper des faits.

« Tout historien sérieux, dit une Revue, qui tient une place très-honorable dans la
» critique historique et la recherche de documents inédits, doit rendre compte à ses
» lecteurs des matériaux dont il s'est servi et des principes qui l'ont porté à suivre de
» préférence tel ou tel guide (1). »

Nous devons, pour cette raison, à nos lecteurs une notion succincte des ouvrages ou manuscrits composés sur le sujet qui nous occupe et notre jugement sur ces diverses compositions.

IX. Hariulfe. Savant moine de l'ancienne Centule et l'un de ses fils les plus célèbres, qui fut depuis Abbé d'Oudenbourg, au diocèse de Tournay, Hariulfe a écrit quatre livres de chroniques sur le monastère de Saint-Riquier (2). Fidèle imitateur de ses contemporains ou de ses devanciers qui auraient cru, dit Michaud, manquer à leur devoir, s'ils n'étaient remonté à la création du monde, au déluge ou tout au moins à l'Empire des Césars, il pousse ses recherches jusqu'à la guerre de Troie et énonce comment, de migrations en migrations, les illustres fils de Priam parvinrent à bâtir la ville de Sicambre, qui donna son nom à la colonie. Il touche aussi quelques périodes de l'histoire des Mérovingiens et des Carlovingiens. Son récit s'arrête en l'an 1088. Cet ouvrage, d'après notre auteur

---

(1) *Revue des questions historiques.* (*Janvier* 1872, pag. 182.)

(2) *Chronicon Hariulfi Monachi S. Richarii Centulensis*

Cette chronique a été publiée dans le Spicilège de D Luc d'Achery. Tom. IV. Edition in-4°. Tom. II. Edition in-folio.

Ainsi, après avoir proclamé l'excellence de l'œuvre d'Hariulfe, il est obligé de reconnaître de notables interpolations dans le second livre de la chronique.

La première et la plus importante, au chapitre II, regarde le mariage d'Angilbert avec la princesse Berthe, fille de Charlemagne. Voici la note du chapitre II, que nous recommandons à toute l'attention du lecteur et que nous discuterons en son lieu.

« *Ansulis inclusa alia manu scripta sunt in codice manuscripto in quo litura facta hoc loco est, et duo folia avulsa, a capite 2 ad 7 : quæ litura etiam apparet in indice capitulorum.*

2° *Cap. X... Huc usque sanctissimi viri Angilberti verba.*

« Ce procès-verbal, dit D. Mabillon, est fait après l'an 800, puisque Charlemagne est » appelé Auguste : mais le dernier passage nous reporte après 1100, bien que la chro» nique d'Hariulfe finisse en 1088. » Ceci s'accorde du reste, avec ce qu'on lit au livre IV, chapitre XXXVI : *Quæ sequuntur in editis secunda manu adjecta sunt,* et aussi avec les noms de quelques Abbés écrits d'une autre main en tête de l'ouvrage. D'où il suit que la chronique d'Hariulfe a été remaniée.

3° *Cap. XI. Quapropter trecentos monachos, etc.*

« *Quæ sequuntur,* note encore D. Mabillon, *usque ad caput XII, alia manu scripta sunt in codice manuscripto,* »

On ne voit pas en effet pourquoi on cite dans ce chapitre une lettre de Charlemagne à Alcuin. Il est probable que l'illustre auteur des *Acta Sanctorum* aurait constaté dans les livres suivants de semblables interpolations, s'il avait édité ces livres ; mais il a accepté de confiance, pour les faits qui y sont contenus, l'édition de D. Luc d'Achery. Nous démontrerons qu'il y a aussi dans la suite de l'ouvrage des remaniements trèsmalheureux et qu'on ne doit attribuer qu'à la fraude.

D. Mabillon a oublié de nous dire quel manuscrit lui a révélé ces criminelles atteintes à un texte historique. Si l'on admet ses conclusions, les auteurs qui ont écrit sur la vie de saint Angilbert ont été induits en erreur. Est-ce par le manuscrit de Clermont-Ferrand ? Est-ce par celui de François Duchesne ? Il n'est plus possible de prononcer sur cette question. Ce qui est certain c'est qu'une édition manuscrite d'Hariulfe a été interpolée et très-probablement falsifiée dans le récit du mariage de saint Angilbert avec la fille de Charlemagne.

Le second éditeur du spicilège (1) paraît avoir accepté de confiance une copie du texte, qu'il posséda après le célèbre voyage que D. Martène et D. Durand avaient fait par toute la France, pour rechercher des manuscrits originaux. Mais, par une négligence que rien ne saurait justifier, il ne fait aucune allusion aux observations critiques de D. Mabillon : c'est pourtant quelque chose d'assez sérieux pour un éditeur consciencieux. Bien plus, par une nouvelle distribution du chapitre II et des titres, il essaye de rétablir les cha-

---

(1) *Spicilegium, in-folio.* Tom. II. *Chron. Cent.*

» en feray un bon gros tome. J'en ai déjà fait beaucoup de mémoires de nos char-
» triers.

« Nous avons ici deux auteurs manuscrits dont l'un est escrit environ l'an 1100 et
» l'autre, l'an 1190 ou 1200, d'un ancien autheur ou interpolateur qui a premièrement
» escrit bien plus amplement la vie de saint Riquier que celle d'Alcuin ; et supposé seu-
» lement que saint Riquier ayt vécu 120 ans, je ne reconnois rien d'impliquant tou-
» chant les deux voyages qu'il a fait à Rome et de la puissance qu'il reçut de saint
» Pierre ni de la vision admirable qu'il en eut en l'isle proche du port d'Hostie et que
» peu après le pape Silvère l'ordonna evesques en l'an 537 et beaucoup d'autres choses
» admirables arrivées en son voyage, tant en allant qu'en retournant, quoique vous
» puissiez dire (1).

« Item, dans ces mêmes manuscrits, je trouve la vie de saint Angilbert, où il est rap-
» porté tout net comment il se maria, après avoir été promu à la prêtrise, à Berthe,
» seconde fille de Charlemagne dont il eut deux fils.

« Item, un livre des miracles dudit saint Angilbert escrit par Anscherus, Abbé du
» monastère Saint-Riquier, qu'il dédie à l'archevesque de Reims.

« Item, dans le plus ancien de ces manuscrits est écrite la vie de saint Vigor, évêque
» de Bayeux, qui commence : *Gloria omnipotenti Deo*, et ensuite les miracles peu en
» nombre. »

Nous avons vu que du temps de Jean de la Chapelle et que dans la première moitié du XVIIe siècle on ne possédait plus au monastère de Saint-Riquier les chroniques d'Hariulfe. La lettre de D. Cotron ne nous indique pas que cette chronique ait été renfermée dans ces deux compilations dont il est ici question : autrement il se serait empressé de le noter. Il est même probable qu'on n'aurait pas fait tant de démarches, si l'on avait possédé un texte de la chronique. La remarque des Bollandistes, qui se rapporte probablement à l'invention des manuscrits dont il est parlé plus haut, est-elle inexacte en ce qui regarde la chronique d'Hariulfe, dont une copie est rachetée à Clermont-Ferrand, à peu près dans le même temps ? Nous ne le pensons pas : car ils pouvaient ignorer les négociations dont il vient d'être question.

La chronique d'Hariulfe comprend toute l'histoire du monastère, de Saint-Riquier à Gervin II (570 à 1088). D. Mabillon n'en édite que le second livre, consacré à peu près tout entier à la biographie de saint Angilbert.

Le savant bénédictin observe qu'il donne deux textes de la vie de saint Angilbert (2). Le premier est la reproduction d'Hariulfe, *ex libro II Chronici Centulensis in Spicilegio*, tom. IV. Toutefois D. Mabillon ajoute, en différents endroits, des notes critiques d'une valeur incontestable, qui nous ont engagé à contredire des faits généralement accrédités.

---

(1) Voir les observations de D. Mabillon sur les historiens de Saint-Riquier. — *Acta Sanct.* Tom. II. *In vita S. Richarii.*

(2) *Acta sanct.*, Tom. V. *In vita S. Angilberti.*

A cette révélation des Bollandistes nous devons en ajouter une autre. D. Mabillon apprit, — nous ne savons de quelle manière, — qu'un manuscrit d'Hariulfe existait dans la bibliothèque des Carmes déchaussés de Clermont-Ferrand. Il pria le père général des Bénédictins de prendre des informations à ce sujet et même de racheter ce manuscrit. D. Grenier nous a conservé quelques pièces d'une correspondance sur cette négociation (1).

Nous voyons, dans une première lettre du P. Provincial des Carmes de Toulouse (27 avril 1672), que celui-ci donne des ordres au prieur du couvent de Clermont-Ferrand pour faire les recherches nécessaires. Le 27 juillet suivant, D. Germain Luneau écrit de Saint-Allyre à D. Bernard Audibert, son oncle, religieux de Saint-Germain-des-Prés, pour annoncer que le manuscrit convoité existe bien réellement dans la bibliothèque des Carmes de Clermont-Ferrand, mais qu'une permission du Pape est nécessaire pour en distraire cet ouvrage, parce qu'une excommunication est prononcée contre celui qui se permettrait de détacher quelque chose de leur bibliothèque. « Mais, ajoute D. Lu-
» neau, le prieur des Carmes me promet d'obtenir les permissions nécessaires et de dé-
» livrer le cartulaire. Je lui ai promis les 10 tomes du *Spicilegium* : il ne sera pas mal
» récompensé ; car ledit cartulaire n'est pas grand'chose dans mon sentiment. »

Six mois après (27 janvier 1673), D. Cotron, prieur de Saint-Riquier mandait ce qui suit à D. Mabillon : « *Pax Christi*. Mon révérend Père, je me réjouis de ce que ce ma-
» nuscrit est enfin venu de Clermont. Il ne faut pas manquer de le faire voir à Mon-
» sieur nostre Abbé qui le désire ainsy et qui a promis d'en payer la part de ce qu'il a
» cousté pour le rachepter et apporter. Il le faudra donner à dom Jean Piou, qui rede-
» mandera à Monsieur nostre Abbé les deux tiers du coust en lui portant de l'argent
» que nous lui donnons. Il ne le tiendra pas longtemps, puisqu'il n'y a quasi-rien,
» qui ne soit dans l'imprimé, au IV° tome du *Spicilegium*....

« P. S. Il vous plaira renvoyer ce manuscrit par la voie d'Abbeville ; addressez à
» M. Delattre tout le plus tôt que vous pourrez, autrement cela m'arrêtera. Hâtez-vous
» de tout copier ce qui vous agrée. »

Dans cette même lettre, D. Cotron donne, entre autres détails, les renseignements qui suivent. « Dieu aydant, je continuerai cette chronique de Hariulfus jusqu'à présent, et

---

eos adhuc suus latebat Hariulfus, cum blattis tineisque colluctans, adeoque ignota habebantur priorum Abbatum nomina. *Act. Sanct. Boll.* xxvii. *Maii. In Vita S. Hildeverti.*—Anno 1688.

Ni P. Pithou, ni P. Petau, ni les Duchesne, ni les Bollandistes ne connaissaient Hariulfe, quand ils écrivaient sur Nithard et sur le mariage de saint Angilbert. C'est pourquoi on lui attribue une vie anonyme de saint Angilbert. C'est D. Mabillon qui le premier rejeta cette opinion. (*Elog. Angil-*

berti. — *Acta Sanct. Tom.* v.)

D. Dominique de Jesus, dans *sa Monarchie Sainte*, lorsqu'il raconte la vie de saint Riquier, parle d'Hariulfe et de son histoire du monastère dont on possédait *trois livres* dans la bibliothèque du couvent. Il ajoute, en 1670, que cette chronique n'était pas imprimée. En effet le IV° volume du Spicilège ne parut qu'en 1671.

(1) D. Grenier. *Tom.* xxvii, *fol.* 128.

lui-même, fut commencé par le moine Saxowalle. Nous n'avons pu découvrir la raison pour laquelle celui-ci n'y a point mis la dernière main.

Dans le cours de son ouvrage, Hariulfe nous insinue qu'il travaillait pour les écoles des monastères. *Habeant sibi nostra gymnasia hanc portionem pro libello* (1). Ainsi un des puissants motifs qui ont engagé tant de religieux à écrire la chronique de leur monastère, c'est d'apprendre aux enfants, qui grandissaient à l'ombre du sanctuaire, ou aux pèlerins, qui venaient honorer de glorieux protecteurs, quel amour et quelle vénération méritaient ces puissants amis de Dieu dont ils ressentaient continuellement les faveurs célestes.

La préface d'Hariulfe est un remarquable spécimen de candeur et de foi monastique : on pourra en juger par les extraits suivants. « Après l'accomplissement des préceptes divins et surtout du grand précepte de la charité envers Dieu et envers le prochain, il n'est point d'occupation plus utile dans notre triste exil que de retracer les belles actions et les sages maximes des saints, pour l'instruction de ceux qui viendront après nous. En voyant comment le juste a vécu, quelle récompense il a méritée, quel poids de maux pèse sur l'impie et le prévaricateur, soit dans cette vie soit dans l'autre, les bons sont attirés au bien par l'espérance de l'éternelle félicité ; les méchants épouvantés s'arrêtent dans la voie du crime par la crainte des châtiments. Fortifié par ces pensées et encouragé par les exhortations de mes frères, moi, Hariulfe, j'ai résolu de rassembler en un seul ouvrage les notes que j'avais recueillies de divers côtés sur l'antiquité et la grandeur de l'Eglise de Centule et d'en transmettre le souvenir à la postérité. J'offre ma langue à la souveraine majesté, espérant que Celui qui a fourni des paroles à l'âne de Balaam, daignera aussi me remplir de son esprit et de sa grâce ; ce qui m'aidera à exécuter mes projets (2). »

La chronique d'Hariulfe, ce remarquable monument d'antiquité chrétienne, dit D. Mabillon (3), a été longtemps inconnue à Centule. Jean de la Chapelle, autre chroniqueur dont il sera parlé plus loin, ne l'a pas lue. Les Bollandistes eux-mêmes ne le possédaient pas, quand ils ont donné la légende de saint Angilbert, au 18 février. D. Luc d'Achery, le premier éditeur de cette chronique en 1671, l'a reçue de François Duchesne. C'est une copie d'un manuscrit que le père de ce dernier avait extrait d'une bibliothèque qu'il ne nomme pas. Dans cette copie on avait retranché un certain nombre de miracles, dont la suppression ne rompait point la trame du récit historique. D. Luc d'Achery signale quelques tâches et surtout des anachronismes, qu'il note ou qu'il laisse à corriger par le lecteur intelligent (4). A cette époque, d'après la remarque des Bollandistes, la pauvre chronique avait été reléguée dans quelque cachette, au fond d'un grenier où elle servait de pâture aux rats et aux blattes engendrées dans la poussière (5).

---

(1) *Ibid. Lib. I. Cap. XXVI.*
(2) *Ibid. Præfat.*
(3) Egregium sane bonæ antiquitatis monumentum. *Act. Sanct. Tom. II. In Vit. S. Richarii.*
(4) *Præfatio ad Chron. Cent.*
(5) Centulenses sub initium hujus seculi, quando

pitres qui manquent et de faire disparaître toute trace de faute. Cette division était indiquée en marge dans l'édition de D. Luc d'Achery, avec cette note toutefois : *capita ista desiderantur*. Pure distraction sans doute d'un auteur absorbé par une idée et sans connaissance probablement de la fraude que révèle l'absence des chapitres. Dans l'inscription marginale le titre du chapitre V manque : cette omission n'échappe pas à D. Labarre, le nouvel éditeur, qui commet une autre bévue dans la division de ses chapitres qu'il porte au nombre de dix-sept, lorsque l'édition précédente n'en compte que douze.

D. Labarre fait observer au lecteur (1) que le manuscrit qu'il a consulté et qu'on doit croire une nouvelle copie des manuscrits de Saint-Riquier, contient avec les quatre livres d'Hariulfe la vie de saint Mauguille par Hariulfe, la vie de saint Angilbert, le livre des miracles dédié à l'archevêque de Reims par le même auteur.

Les miracles, que Duchesne avait cru inutile de rapporter dans son édition, ont été rétablis à leur place par D. Labarre.

XI. QUELQUES BIOGRAPHIES DE SAINT-RIQUIER. — Après avoir fait connaître au lecteur une chronique qui embrasse une longue période de cette histoire, nous lui devons aussi quelques réflexions critiques sur des biographies particulières.

« Quatre excellentissimes docteurs, dit Jean de la Chapelle, ont écrit la vie de saint
» Riquier. Le premier fut maître Albin Alquin (lisez Alcuin), anglais de nation, maître
» et précepteur de Charlemagne, qui fonda l'Université de Paris. Le second fut
» Paschase, très-célèbre docteur et savant interprète des livres saints, qui devint Abbé
» de Corbie et fut canonisé sous le nom de saint Radbert ; le troisième, qui versifia la
» vie de saint Riquier et composa le chant de l'office, fut le sage Angelran, moine origi-
» naire de Centule et professeur des Saintes-Écritures. Le nom du quatrième histo-
» rien est resté inconnu, parce qu'il écrit sa chronique dans la langue du pays (2). »

Le silence de Jean de la Chapelle sur la chronique d'Hariulfe, nous paraît bien étrange. C'est encore un point noir dans la condition qui lui a été faite au monastère de Saint-Riquier pendant plusieurs siècles (3).

(1) *Præf. Chron.*
M. Migne, dans sa patrologie (*tom.* CLXXIV), a donné une nouvelle édition de la chronique de Centule, d'après D Labarre.

(2) *Chron. abbrev. Cap.* IV.
Dans le P. Ignace on lit : *S. Etikius* au lieu de *Angelran* ou *Enguerran*. C'est une erreur de copiste (Voir Histoire d'Abbeville, page 435.)

(3) Notons ici que Jean de la Chapelle a eu occasion de parler d'Hariulfe, dont le nom, sous sa plume aussi bien que sous celle de Malbrancq, prend la forme d'Arnoul (*Arnulfus* pour *Ariulfus*) Il dit au chapitre XXXVI de sa chronique : « A la requête des moines, l'Abbé Gervin donna l'habit à deux enfants de Centule, dont le premier s'appeloit Arnoul, clerc d'une grande science (*solemnis clericus*), remarquable par ses vertus et ses mérites, qui fut Abbé de Saint-Pierre d'Oudenbourg près Bredenay, en Flandre, sur les bords de la mer. » Il ajoute au chapitre XXXVIII : « Anscher le Seigneur, prit l'habit religieux avec Arnoul, Abbé d'Oudenbourg. » Pas un mot de la chronique ni des autres œuvres d'Hariulfe. Pas une seule allusion dans la suite de l'histoire. N'est-il pas permis de conclure qu'il n'a pas connu la chronique ?

On voit dans cette note quel est cet Arnoul cité par plusieurs écrivains comme auteur d'une chronique de Centule (*Mémoires de la Société d'Émulation d'Abbeville*, 2ᵉ volume de la 3ᵉ série, page 488).

Le P. Malbrancq, qui suit ordinairement une vieille chronique de Centule, nomme aussi parmi les biographes de saint Riquier, Alcuin et Paschase Radbert. Puis, il cite Arnoul, admis à la profession monastique par Gervin II. « Cet Arnoul, d'après Jean d'Os-
» tone, compilateur de la chronique, a laissé l'histoire de tout ce que nous avons ra-
» conté, et c'est grâce à cet insigne travail que la majeure partie des faits passés au
» monastère est arrivée jusqu'à nous : il avait continué une chronique commencée par
» un autre auteur nommé Saxo-Walle (1). »

Jean d'Ostone, qui fait cette remarque, a donc mal lu le nom d'Hariulfe, car c'est lui qui est ici désigné sous le nom d'Arnoul. Il faut admettre par conséquent que la chronique de Centule a eu connaissance de la monographie d'Hariulfe, mais peut-être d'après les remaniements qui ont été faits et qui ont obligé de cacher ou d'éliminer ce témoin importun, dont la présence aurait révélé les coupables altérations de l'écrivain de 1190 ou 1200, dont il est parlé plus haut.

ALCUIN. — Invité, dans sa visite à Centule avec Charlemagne (800), à revêtir d'une forme plus élégante le style trop simple d'une biographie de saint Riquier, « très-saint et très-religieux confesseur du Christ, puissant thaumaturge en son siècle (2) », Alcuin fit, d'après ce qu'il observe dans sa préface, un abrégé de sa vie dans lequel il raconte tout ce qui devait intéresser la piété, tout ce qu'on avait dit sur ses vertus, sur son incomparable sainteté, sur sa mort si édifiante et sa translation au monastère de Saint-Riquier. *L'œil fixé sur le travail de son devancier* (3), il s'attacha à en reproduire la substance, en y ajoutant seulement quelques ornements de style. Comme le docte écolâtre du palais s'étonnait de la brièveté du récit, on lui expliqua qu'il y avait dans le monastère et même en différentes églises un livre beaucoup plus complet, dans lequel on avait inséré les miracles qui avaient rendu le nom du bienheureux Riquier si illustre dans toutes les Gaules, et qu'il n'était pas opportun de retoucher cette œuvre, dont le style leur paraissait plus propre à faire impression sur les pèlerins.

N'avons-nous pas dans cet aveu la clef de bien des traditions ? On préférait pour le peuple un livre dont le récit populaire et peut-être à demi-barbare était tout-à-fait à la portée des habitants de la campagne, toujours nombreux dans les pèlerinages. Édifiés et remués par cette lecture, ces hommes simples priaient avec ferveur au tombeau de l'Apôtre du Ponthieu. Que peut-on demander de plus pour le triomphe de la vérité ? Que de vies de saints, dont nous méprisons le style inculte et suranné, ont pour cette raison gardé leur vogue pendant des siècles !

Cette vie d'Alcuin a servi aussi à instruire les pèlerins accourus au tombeau de saint Riquier. Nous en avons une preuve dans cet épilogue que les moines auront ajouté pour la circonstance, si ce n'est point l'œuvre d'Alcuin : « *Unde, fratres charissimi et*

---

(1) Le P. Malbrancq, *D. Morinis.* Tom. I, pag. 687.

(2) Voir la vie de saint Riquier dans les œuvres d'Alcuin.

(3) *Fixo præ oculis jam dicto libello.*

INTRODUCTION.

SS. Patres et filii jucundissimi totusque sanctæ Congregationis populus, qui ad tanti Patroni festa convenistis, dignos vos facite ut Deus Omnipotens per ejus intercessiones vestras exaudiat orationes (1).

Jean de la Chapelle observe qu'on lisait encore de son temps la biographie d'Alcuin aux pèlerins (2).

On a retrouvé aussi à Paderbonn un manuscrit sur la vie de saint Riquier.

Le texte d'Alcuin a été reproduit à peu près intégralement par Hariulfe et amplifié par des réflexions nouvelles et le récit de plusieurs miracles. Nous pouvons présumer que ces miracles ont été empruntés au livre qu'on avait montré à Alcuin.

SAINT PASCHASE RADBERT. — D. Mabillon a examiné sérieusement la vie de saint Riquier, qu'on attribue à saint Paschase Radbert (3) : il reconnaît que ce n'est qu'une compilation ou reproduction du texte d'Hariulfe, dans lequel une main étrangère a intercalé quelques faits de moindre importance qu'Hariulfe a passés sous silence. Cet écrit, du reste, ne se rencontre nulle part dans les œuvres du grand docteur de Corbie ; on n'a pu lui attribuer ce travail que parce qu'on l'aura trouvé ajouté quelque part à un manuscrit de saint Paschase. Le silence d'Hariulfe sur le travail de Paschase Radbert suffirait pour démontrer l'erreur ou l'imposture, quand le texte lui-même ne prouverait pas que l'auteur écrivait après de grands désastres arrivés à la majestueuse basilique de saint Angilbert.

LE DIACRE NICON. — Un autre compilateur d'Alcuin, le diacre Nicon, moine de Centule aurait encore transmis à la postérité « l'histoire de la noble extraction et des miracles de saint Riquier ». « Le récit de cette admirable vie, dit cet auteur dans sa
» préface, avoit été rédigé par ceux qui avoient vécu avec ce saint et illustre prêtre
» prédestiné à de si grandes choses : il étoit d'une vérité incontestable, mais d'un
» style tellement inculte et négligé qu'il ne pouvoit que nous couvrir de confusion,
» lorsqu'on lisoit la vie du saint. Quand le compagnon de solitude du B. Riquier, le
» moine Sigobard, eut enfin surmonté son inénarrable douleur, il raconta des choses
» prodigieuses qu'on mit aussi par écrit, mais dans un style également barbare. Nous
» avons dû dépouiller les faits de cette rude écorce et les embellir par un style plus
» élégant et plus fleuri (4). »

---

(1) *Vita S. Richarii. Caput ult.*
On donne, sous le nom d'Alcuin, les quatre vers suivants :

*Gesta sacerdotis magni tenet iste libellus
Richarii, cujus Centula corpus habet.
Dic, quicumque legis, præclari gesta Patroni,
Pauperis Albini, Christe, memento mei.*

(2) *Chron. Abbrev. Cap.* xi.

(3) *Act. sanct. Ord. S. Bened. Tom.* ii. *In vita S. Richarii, pag.* 187.

Alcuini librum interpolavit quidam anonymus qui multas ineptias de Richarii genere aliisque rebus infersit. Falluntur qui Paschasium Radbertum de gestis Richarii scripsisse existimant.

(4) *Acta sanct. Boll.* 26 *April. In vita S. Richarii. Notiones præviæ.* La France littéraire ne voit qu'un imposteur dans cet écrivain désœuvré. Son *factum*, publié sous le nom de Nicon ou plutôt Michon qu'il usurpe, a paru si mauvais à ceux qui l'ont lu qu'ils l'ont condamné à rentrer dans le

Ce que contient cette biographie de saint Riquier, on le verra dans le chapitre premier de la vie du saint fondateur. Qu'il nous suffise de noter ici que les Bollandistes et les Bénédictins ont rejeté les pages de cette chronique, dans lesquelles ils n'ont vu que le travail d'un faussaire impudent et d'un rêveur fantaisiste, Nous pensons qu'elle a quelque parenté avec celle de 1190 ou 1200, si toutefois ce n'est pas la même. Les copies, du reste, ne manquaient pas. Les Bollandistes en ont consulté trois manuscrits. L'un à Saint-Riquier, un autre au monastère de Rooscloster près Bruxelles, un troisième à Citeaux (1).

LE B. ANGELRAN. — Jean de la Chapelle nomme aussi Angelran-le-Sage, Abbé de Centule, parmi les biographes de saint Riquier. Ce dernier n'a d'autre mérite que d'avoir mis en vers la prose d'Alcuin : il suit son modèle pas à pas, sans rien ajouter ni rien retrancher de son récit. Ce travail lui fut imposé par Fulbert, le célèbre écolâtre de Chartres, dont il fut un des plus laborieux écoliers.

Angelran a également versifié deux livres de Miracles de saint Riquier, dont nous allons parler; il a en outre composé en vers un troisième livre de miracles dont il se dit le témoin oculaire (2).

néant. (*France littéraire*, tome v, page 320.)

Toutefois les premiers compilateurs de la vie de saint Riquier, comme Jean de la Chapelle, le P. Malbrancq, le P. Ignace, le P. Simon Martin, *Petrus de Natalibus*, Hugues Maynard. ont reproduit cette chronique et l'ont accréditée dans l'hagiographie. Excusons ces hommes, si avides d'érudition, d'avoir exploité le seul filon que le monastère de Saint-Riquier, privé de ses vraies origines, avait ouvert devant eux.

(1) *Acta Sanct. Boll.* 26 *April. In Vita S. Richarii.* La Bibliothèque Nationale (*fonds de St-Germain des Prés*) possède encore trois vies manuscrites de Saint-Riquier classées sous les anciens numéros 11,757, 12,606, 12,616. Ces trois manuscrits reproduisent la vie de saint Riquier par Alcuin, le premier avec ddition des miracles, le second et le troisième sans les miracles.

Le troisième, qui vient de Corbie et qui a d'abord appartenu à Saint-Riquier, ajoute à la vie d'Alcuin l'épilogue que D. Mabillon a signalé dans le manuscrit interpolé, qu'on attribue à S. Paschase Radbert.

D'après ce manuscrit, Charlemagne aurait non seulement offert une châsse d'or, pour y placer les reliques de saint Riquier, comme on le voit dans Hariulfe, mais il aurait encore fait bâtir l'église; ce qui est une exagération démentie par le témoignage même de saint Angilbert.

Nous placerons ici quelques lignes curieuses de cette flatterie à la libéralité de Charlemagne, qui a fait autorité même dans l'office de saint Riquier, comme on le voit dans une prose citée par M. Corblet, après la vie de saint Riquier (Hagiographie, tome III, page 454), « *Idem vero præcellentissimus princeps, cum post frequentissima quæ per idem tempus divina Majestas meritis ejusdem sancti Patris nostri operabatur miracula, quorum hodie in ejus ecclesiæ retinentur monumenta, ferventis erga eum fuisset dilectionis ac devotionis, condignam ei ædificavit basilicam omni venustate et divitiis pulcherrimam, quæ postea piratarum invasione desolata atque combusta, vix aliquid prisci temporis repræsentat vestigia. Sitiens autem præfatus Imperator et omni desiderio concupiscens ejus sacratissima ossa conspicere cujus carnes æstimabat more cæterorum hominum in cineres redactas esse, jussit ei fieri ab aurifice capsam auream qua transferretur ut desiderii sui effectu poteretur. Ac ne hoc videatur fabulosum, attestantur versus metrici jussu ejusdem principis in eadem capsa aureis litteris sculpta, quorum exemplar usque hodie inter antiqua ecclesiæ illius habentur monumenta, quos huic operi dignum duximus annectere ad confirmandam fidem narrationis.*

Ces vers sont reproduits dans la chronique d'Hariulfe. *Lib.* II, *Cap.* XI.

(2) *Nunc ea complectar proprius quæ vidit ocellus.*

Le premier livre des vers de l'abbé Angelran est édité après la vie de saint Riquier par

MIRACLES DE SAINT RIQUIER. — L'antiquité ecclésiastique nous a conservé quatre livres des miracles de saint Riquier (1).

Les deux premiers livres renferment des miracles du IX° siècle ; ils sont attribués à un célèbre écolâtre de Centule nommé Michon, qui vivait à cette époque. L'auteur, quel qu'il soit, nous affirme qu'il tient le récit des miracles du premier livre de témoins fidèles « *Quæ fidelium adstipulatione testium collegimus* ». Pour ceux du second livre, il déclare les avoir vus de ses propres yeux, « *coram positi vidimus* ».

Le troisième livre nous offre le récit de miracles opérés aux X° et XI° siècles. Les faits sont identiques à ceux que l'Abbé Angelran a mis en vers. L'auteur n'ayant pas signé son œuvre, on en fait honneur à Hariulfe, comme aussi de ceux du quatrième livre. Toutefois la préface dans laquelle l'auteur de ce quatrième livre se dit témoin oculaire infirme cette conjecture. Hariulfe a pu voir quelques-uns de ces miracles, mais d'autres sont plus anciens. De ces derniers il ne serait que témoin auriculaire. Ses frères aînés dans la vie religieuse lui auraient raconté ce qu'ils avaient vu, ou bien encore on pourrait croire qu'il a édité des notes de Saxowale, le collaborateur de la chronique.

Notons en passant qu'Hariulfe a signé la biographie de saint Mauguille dans une lettre dédicatoire qu'il adresse à Gervin II, Abbé du monastère et évêque d'Amiens (2). Cette vie était jointe à plusieurs autres œuvres que D. Mabillon et ses confrères ont publiés dans les *Acta Sanctorum Ordinis S. Benedicti*.

Quant aux ouvrages qui regardent saint Angilbert et contiennent sa vie et ses miracles, nous renvoyons le lecteur au livre où nous traitons de l'histoire et des miracles de cet illustre Abbé.

Pour compléter l'histoire des documents originaux, nous signalerons encore les ouvrages suivants composés à différentes époques.

XII. DOM COTRON. — L'œuvre d'Hariulfe fut reprise après six siècles. D. Victor Cotron, prieur claustral du monastère sous l'Abbé d'Aligre, auteur estimé de plusieurs monographies monastiques, exécuta la dernière volonté et le vœu d'un frère qui avait tant glorifié saint Riquier. Engagé comme Hariulfe dans la glorieuse milice de ce puissant protecteur, il continua la chronique du monastère en consignant les événements remarquables dont on avait conservé la mémoire ; il suivit le plan et l'ordre des livres de la chronique et forma des deux œuvres un tout complet (3).

Alcuin (*Acta sanct. Tom.* II), et par les Bollandistes au 26 avril. Les deux livres des miracles sont restés manuscrits.

Le quatrième livre a été imprimé dans le tome VII des *Acta. Sanct.* de D. Mabillon et dans les Bollandistes, après la vie de saint Riquier.

(1) D. Mabillon et les Bollandistes ont donné au public les deux premiers livres de ces miracles, à la suite de la vie de saint Riquier. On trouve le troisième livre dans le tome VII des *Act. Sanct.* de D Mabillon et le quatrième dans le tome IX.

(2) Voir la vie de saint Mauguille dans les *Act. Sanct. Ord. S. Ben. Tom.* IV, pag. 537 et dans la *Patrologie, tom.* CLXXIV.

(3) *Chronici Centulensis seu S. Richarii Continuatio,*

D. Cotron ajouta sept lievrs aux quatre premiers écrits par Hariulfe et s'arrêta sur l'année 1673. Il n'eut point la satisfaction de contempler les splendides restaurations qu'il poursuivait si habilement avec son généreux Abbé commendataire, Charles d'Aligre. La mort glaça sa main sur une de ces pages qu'il écrivait avec tant de complaisance.

Dans cette ère de renaissance matérielle et morale, la nouvelle école de Saint-Maur a-t-elle aussi recueilli le legs de son dévoué prieur et commencé un autre livre d'Annales? On peut le croire. Toutefois ces dernières notes, si elles ont existé, s'abîmèrent dans le grand cataclysme de 1791, avec d'autres papiers dont on regrettera longtemps la disparition. De larges analyses des archives et des souvenirs divers de l'histoire suppléeront à cette lacune et permettront de reconstituer presque entièrement l'histoire du dernier siècle.

La chronique de D. Cotron est restée manuscrite : on serait tenté de croire que la copie de la Bibliothèque nationale n'est point complète. Le douzième livre sur l'histoire des désastres de la ville ne contient que deux pages. Il est très-probable que l'auteur devait aussi aborder cette partie de l'histoire ; mais la mort l'a-t-elle prévenu ? ou faut-il admettre que ce genre de faits étant étranger aux recherches ecclésiastiques, les Bénédictins l'auront négligé et se seront contentés de la partie religieuse et des titres du temporel de l'abbaye? Nous n'avons pu résoudre cette difficulté.

Les armoiries de plusieurs Abbés n'ont pas été dessinées sur cette copie : la place attend toujours le pinceau de l'artiste chargé de figurer l'écusson.

La manière du nouveau chroniqueur est assez différente de celle d'Hariulfe ; elle n'a ni son ampleur ni son esprit de piété. On accuserait presque D. Cotron de remplir l'office d'un notaire assis à son bureau, inventoriant tous les titres de l'abbaye et les serrant soigneusement dans ses cartons. Toutefois il faudrait peut-être accuser le malheur des temps plutôt que l'historien. Pendant trois siècles on ne rencontre que des ruines à Saint-Riquier. Il est donc possible que des écrits importants aient été anéantis dans les révolutions du monastère. L'autographe de D. Cotron a été soustrait au commencement de la Révolution. Les recherches qu'on a fait pour le réintégrer dans la bibliothèque monastique n'eurent aucun succès.

XIII. JEAN DE LA CHAPELLE. — Dom Cotron s'attacha en plusieurs endroits à redresser les erreurs et surtout la chronologie de Jean de la Chapelle, curé d'Oneux et notaire apostolique. La chronique de cet abbréviateur du xve siècle donne en effet bien des prises à la critique. Récit des faits, style d'un latin macaronique, comme le remarque son éditeur (1), jugements historiques, tout indique un écrivain peu habile, peu initié même

---

studio et opera D. Victoris Cotron, Monachi Benedictini. Congregationis S. Mauri ejusdemque Abbatiæ Centulensis seu S. Richarii Prioris. — Bibliothèque nationale. Fonds de Saint-Germain-des-Prés, n° 532.

(1) *Cronica abbreviata super gestis et factis Dominorum et SS. Abbatum hujus sacri cenobii ac sacratissimæ Ecclesiæ patroni nostri sancti Richarii. Per me Joannem de Capella. Anno domini* 1492, etc. etc.

aux questions qu'il va traiter (1). Une belle écriture a pu lui mériter le titre de notaire apostolique, mais il a dû recourir à un littérateur plus exercé pour composer ses suppliques et la minute de ses actes.

XIV. La grande chronique de Saint-Riquier.— Jean de la Chapelle se donne comme *abbréviateur de la chronique de Saint-Riquier* (2), qu'il suit pas à pas et dont il indique les pages. Nous pensons qu'il s'inspire d'une chronique aujourd'hui perdue, mais qui a fait autorité pendant plusieurs siècles. D'après le P. Malbrancq, cette chronique (3) renfermait l'histoire de l'abbaye et des antiquités du Ponthieu. Elle commençait à Clovis Ier et se continuait jusqu'à l'année 1437. On en connaissait en son temps deux exemplaires, celui du monastère et celui du seigneur de Tramecourt, copié par noble homme Jean d'Ostone, seigneur de Noyelette. Ce dernier, au dire de Malbrancq, aurait compilé la chronique de Centule, sans la reproduire textuellement : on a perdu l'un et l'autre manuscrit et une traduction française dont parle Jean de la Chapelle.

Le P. Malbrancq a largement mis à contribution cette chronique de Centule dans son histoire des Morins. Il la cite toutes les fois qu'il parle du monastère et de ses Abbés. C'est pour cela que sous sa plume notre histoire prend les allures d'un roman. Tout sort des bornes des récits ordinaires : les personnages unissent toutes les gloires de la terre aux béatitudes célestes. Le lecteur reconnaîtra, à notre critique, que nous n'avons aucune confiance en la Chronique de Saint-Riquier.

XV. Chronique de Pierre le Prêtre.— Cette chronique d'un Abbé de Saint-Riquier, au xve siècle, renferme des particularités très-intéressantes sur ses travaux dans l'abbaye pendant le temps de sa prélature (4). Quoique éditée en 1877 par M. de Belleval, dans les Mémoires de la Société d'Émulation d'Abbeville, cette chronique, pour ce qui regarde la biographie de Pierre-le-Prêtre et les renseignements qu'il donne sur ses travaux, a sa place nécessaire dans notre histoire, avec d'autant plus de raison que nous avions rassemblé les notes nécessaires pour notre composition longtemps avant la publication de ce volume. Grâce à la complaisance de M. Delignières de Saint-Amand, propriétaire alors de cet important manuscrit, M. le curé de Saint-Riquier a extrait de cette chronique tout ce que nous insérons dans la biographie de cet Abbé si dévoué à l'embellissement de son monastère.

Cette chronique a été éditée par M. Prarond dans les Mémoires de la Société d'Émulation d'Abbeville. Elle est manuscrite dans la collection de D. Grenier et dans le fonds de la Bibliothèque Colbert entre les Mss. de Duchesne.

(1) Nous aurons occasion de redresser bien des erreurs dans cette première ébauche d'un travail qui devait être probablement plus sérieux. Ce n'est pas même une chronique : il n'y a que des notes prises à la volée et cousues ensemble, quand le vent n'a pas soufflé dans le cabinet d'étude de Jean de la Chapelle et disséminé les feuilles qu'on n'a pas su remettre à leur place, comme on le voit surtout aux chapitres XLVI et L de cette chronique.

(2) *Chron. abbrev., cap. VII.*

(3) *Chronicon Centulense seu S. Richarii res monasterii complectens usque ad annum* 1437. — *Malbrancq. De Morinis. Tom. I, pag.* 686.

(4) Cronique des faits, tant de France, d'Angleterre comme de M. le duc Phelippe de Bourgogne, et Charles, comte de Charolois, son fils, commençant à l'an mil IIIIe XLIII jusques à l'an mil

Les coutumes de l'abbaye, de la ville de Saint-Riquier et de la châtellenie de la Ferté-lès-Saint-Riquier, rédigées en 1507, ont été publiées par M. Bouthors dans son grand ouvrage sur les coutumes du Bailliage d'Amiens. Nous nous servons largement de ces documents, conservés aussi à Saint-Riquier.

XVI. Archives de Saint-Riquier. Manuscrits divers. — Il existe dans les archives de Saint-Riquier et de l'Hôtel-Dieu, plusieurs registres sur les comptes des argentiers, sur la confrérie de Saint-Nicolas, sur les us et coutumes de Saint-Riquier (1), sur les marchés, sur divers travaux aux édifices de la ville, sur des actes de propriété, de mutation, transcrits par les Auditeurs royaux, sur des délibérations de la commune de Saint-Riquier, sur des chartes et divers actes de l'Hôtel-Dieu. Nous avons glané çà et là quelques souvenirs historiques et découvert des détails très-importants sur les derniers jours de l'abbaye, vendue aux enchères en 1791.

XVII. Le cartulaire de Saint-Riquier. — Nous lisons dans la chronique de D. Cotron qu'Eustache Le Quieux, Abbé du seizième siècle, dressa « avec l'aide et le secours » de Jean de la Chapelle, maître ès-arts, notaire apostolique et curé d'Oneux, » un répertoire très-étendu contenant une analyse assez développée de toutes les fermes du monastère. Nous croyons qu'on possède à la bibliothèque d'Abbeville l'original ou du moins une ancienne copie de ce précieux document. Il en existe une autre copie plus moderne aux archives d'Amiens. C'est le seul cartulaire qui reste de Saint-Riquier. Nous doutons qu'il en ait existé un autre. Ce répertoire a été sauvé de l'incendie de 1719, tandis que beaucoup de titres ont péri. Nous l'avons largement compilé pour l'histoire des domaines du monastère.

XVIII. Inventaire ou Table analytique des chartes ou titres du Monastère. — Il existe aussi aux archives du département un répertoire général composé en 1789, contenant l'indication de tous les actes authentiques qu'on avait possédés et conservés au monastère et dont il ne reste aux archives départementales qu'un très petit nombre.

Il nous semble inutile de nommer les ouvrages imprimés que nous avons consultés ; nous y renvoyons le lecteur toutes les fois que nous le jugeons nécessaire pour y appuyer nos assertions. Des recherches souvent ingrates, parce que nous rêvions des découvertes impossibles, nous ont laissé la consolation de penser que nous avions à peu près épuisé la matière, au moins pour ce qui avait été dit sur Saint-Riquier jusqu'à ce jour.

IIIIe LXXVII par Pierre le Prêtre, Abbé de Saint-Riquier.

L'original de cette chronique est actuellement à la Bibliothèque d'Abbeville. Il en existe une copie à Paris, bibliothèque nationale (*fonds Dupuy*), mais elle est très-incomplète.

(1) Nous signalerons ici spécialement *un Recœueil véritable de quelques droits, usances, coustumes et antiquités de la ville de Sainct-Riquier, justices, prééminences, prérogatifves, franchises et institutions des maïeurs, eschevins et bourgeois de la dite ville, tiré des anciens titres, coustumes et chartes d'icelle par moy soubsigné au mois de Novembre mil six cent vingt six :* signé Lefebure avecque paraphe.

Ajoutons ici que, depuis le xii⁰ siècle, l'histoire de Saint-Riquier est à peu près inédite; les documents qu'on ne saurait trouver que dans les vastes collections des bibliothèques publiques, après des recherches longues et laborieuses, ne devraient-ils pas être rangés au nombre des pièces inédites ? Croit-on qu'il y a moins de mérite à les donner au public qu'à éditer des documents qu'on peut se procurer par la main d'un copiste ?

DIVISION DE L'OUVRAGE. — Notre monographie est divisée en livres et chapitres. L'histoire de saint Riquier et celle de saint Angilbert contiennent assez de matières pour former deux livres : un livre particulier est ensuite affecté à chaque siècle de notre période historique : tous les Abbés ont chacun leur chapitre.

Pour la rédaction de notre monographie nous avions à choisir entre la méthode de nos chroniqueurs, qui ont suivi d'une manière absolue l'ordre chronologique des faits, et celle des historiens, qui groupent les faits de même espèce, sans suivre exactement la série des années. Nous avons adopté cette dernière méthode que nous croyons plus agréable au lecteur, parce qu'elle est moins monotone et moins uniforme. Elle nous a obligé, il est vrai, à former un livre spécial des transactions, des conventions, des démêlés ou procès qui concernent les domaines du monastère, mais le lecteur, nous en sommes persuadé, ne sera pas fâché de voir d'un seul coup d'œil ce qui se rapporte à chaque domaine et pourra ainsi laisser de côté les notices étrangères à ses recherches. Nous placerons les pièces justificatives à la fin de l'ouvrage, nous réservant de ne reproduire, sauf quelques exceptions, que celles qui n'ont pas été imprimées.

Les planches de cet ouvrage, qui n'ont pas encore été éditées, sont dûes à la bienveillante collaboration de MM. Duthoit, Duvette, Pinsard, membres de la Société des Antiquaires.

En terminant cette introduction, nous ne voulons pas omettre la profession de foi que l'Eglise catholique impose à tout écrivain qui s'occupe d'hagiographie. C'est pourquoi nous déclarons, pour obéir au décret du pape Urbain VIII, que les miracles, révélations, grâces extraordinaires de guérison et autres, rapportées dans cet ouvrage, comme aussi les titres de saint, de bienheureux, donnés aux serviteurs de Dieu, n'ont qu'une autorité humaine dans notre intention et que nous soumettons au jugement de la sainte Église et notre personne et ce qui est écrit dans cette histoire de Saint-Riquier.

Soc. des Ant. de Pic. Docum ined IX

PORTAIL DE L'ÉGLISE DE ST RIQUIER
(Somme)

Héliog Dujardin   Imp Eudes

LIVRE I

SAINT RIQUIER

CHAPITRE PREMIER

La Légende de Saint Riquier, comte de Ponthieu.— Examen de cette légende adoptée par plusieurs historiens. — Les Comtes de Ponthieu au viie siècle. — Quelques aperçus sur la géographie du Ponthieu.

L'histoire des comtes du Ponthieu est mêlée à celle du monastère de Saint Riquier, surtout jusqu'à Hugues-Capet. Plusieurs abbés, dit-on, gouvernèrent cette contrée sous le nom de comtes-abbés, de ducs de la France maritime. On veut surtout que l'illustre Saint qui a donné son nom à l'antique Centule et qu'on vénère comme le protecteur de ce pays civilisé par ses prédications, fût l'un des comtes du Ponthieu au viie siècle. A l'époque de la Renaissance, l'art ne se contente plus de représenter Saint Riquier sous le costume traditionnel des enfants de Saint Benoît, il en fait un prince ou un comte, et décore ses statues de tous les attributs de la puissance mondaine, comme on peut le voir dans plusieurs sculptures de la basilique de Saint-Riquier et de l'église de Fontaine-sur-Somme où le Saint est vénéré comme patron local ou titulaire.

On voit, par l'importance qu'on y attachait dans les derniers siècles, qu'il est aussi nécessaire qu'intéressant d'étudier cette question, soit pour éclairer des points obscurs de l'histoire locale, si l'on accorde quelque autorité à nos recherches, soit pour empêcher que les récits de chroniqueurs trop crédules ou trop vaniteux ne dénaturent les faits religieux et que l'érudition ne ressuscite des récits pitoyables ou des fables incohérentes.

Nous allons d'abord reproduire le récit merveilleux de cette légende, empruntée à la chronique de Saint Riquier dont nous avons parlé plus haut. Si le texte en est perdu, Jean de la Chapelle et le P. Malbrancq nous en donnent la substance seulement avec quelques variantes et déclarent l'un et l'autre qu'ils ont puisé à la même source. Nous les abrégeons le plus possible (1).

Le roi Clovis eut deux frères, Ragnacaire et Riquier. Le premier avait sous sa domination la Flandre, le pays des Nerviens, des Morins, le Ponthieu, le Vermandois, les villes de Cambrai, Tournay, Amiens et autres places importantes de ces contrées. Il se bâtit un palais dans la ville de Centule située au centre du Ponthieu. Cette ville célèbre doit son nom et sa gloire aux cent tours dont elle est fortifiée et par lesquelles elle est inexpugnable. Un poète a consacré ce fait dans un vers connu de tout le monde :

Turribus à centum Centula nomen habet.

Cette ville est arrosée par une rivière considérable dont les eaux se jettent dans la Somme et portent même de grands vaisseaux, arrivant de la pleine mer. On la nomme la rivière aux Cardons.

L'ambition poussa Ragnacaire à prendre le titre de roi ; il choisit Cambrai pour capitale. Il refusa de se convertir à la foi chrétienne, ainsi que son frère Riquier. Voulant essayer de déposséder le vainqueur de Tolbiac, les deux frères lui présentèrent la bataille près de Beauvais. Le ciel s'étant déclaré contre eux, ils furent défaits, obligés de se rendre à leur vainqueur qui les fit massacrer, parce qu'ils ne voulurent pas abjurer leurs criminelles erreurs.

Ragnacaire venait d'épouser Maurianne, fille du roi d'Aquitaine (2). De ce mariage est né, après la mort de Ragnacaire, un jeune prince que Clovis fit baptiser, et dont il voulut être le père spirituel. Il lui donna le nom d'Alcaire. Quand celui-ci fut devenu grand, le roi des Francs lui offrit pour apanage le comté de Ponthieu avec les pays circonvoisins, depuis le Rhin jusqu'à l'Oise. C'est ainsi que ce prince devint le premier comte ou premier duc de Ponthieu. Il tint sa cour dans la ville de Centule et dans le palais de son père. Clovis voulut combler son neveu de toutes les faveurs : il lui donna pour épouse Damnane ou Damiane, nièce de la reine Clotilde : d'autres auteurs l'appellent sa sœur, mais c'est à tort (3).

Alcaire est le père de Saint Riquier, comte de Ponthieu, abbé, évêque, patriarche, le plus saint des anachorètes de la Morinie. Le nom de Riquier lui fut donné en souvenir de son grand'oncle. Converti à la foi par deux missionnaires irlandais, il brille au milieu

(1) *Chronica Abbreviat.*, p. 16. — *De Morinis*, p. 208, 225, 262, 636.

(2) Un autre manuscrit donne pour épouse à Ragnacaire, Berthilde, fille de Rinuth, roi de Danemarck.

(3) D'après le P. Malbrancq, Alcaire fut élevé à la cour du roi Clotaire qui le fit lui-même chevalier. C'est plus conforme à l'ordre chronologique de ces deux règnes.

de ces peuples à demi-barbares, comme une rose entre les épines, et fonde en l'honneur des saints apôtres Pierre et Paul un monastère à Centule même.

Mais il est nécessaire de faire connaître plus spécialement quelques circonstances de cette vie extraordinaire. Après avoir été instruit dans les belles-lettres et avoir parcouru les stades des sept arts libéraux, Riquier fit un pèlerinage à Rome, pour son père qui s'imposait cet acte de dévotion, chaque année, quand il n'était pas occupé à la guerre. C'était du temps du pape Jean II qui le régénéra en Jésus-Christ dans le baptistère de Saint-Jean-de-Latran et lui donna le sacrement de confirmation, puis la tonsure ecclésiastique. Le Pape l'envoya ensuite à un saint ermite qui habitait près de l'embouchure du Tibre. Or, le serviteur de Dieu le conduisit à un oratoire qu'on lui avait édifié dans une île voisine, et le jeune Riquier eut l'insigne faveur de voir l'apôtre Saint Pierre, de recevoir la communion de sa main et le baiser de paix, que le Prince des Apôtres accompagna de ces paroles : « Je suis Pierre, le Prince des Apôtres, que tu es venu chercher à Rome, je te donne le pouvoir de lier et de délier, qui m'a été transmis par Notre-Seigneur Jésus-Christ. La paix soit avec toi et retourne vers tes frères. » Après cette visite, Riquier revint vers le pape Jean II et fut reçu docteur en droit. Mais il ne put encore être initié aux saints ordres, parce qu'il n'avait pas l'âge canonique. C'est pourquoi le Pape se contenta de lui donner sa bénédiction et des reliques.

Riquier reprit le chemin de sa patrie, faisant partout des miracles sur sa route et il vécut ensuite dans la maison paternelle, s'appliquant à la pratique de toutes les vertus.

Après la mort de ses parents et par le conseil des saints missionnaires Caïdoc et Frichor, il reçut l'habit religieux et fonda un monastère dans son propre palais, en 534, d'après Jean de la Chapelle, mais longtemps après, en 570, si on donne la préférence au texte du P. Malbrancq. Ensuite, cédant au conseil des évêques de France, il fut ordonné prêtre par Flavien, archevêque de Reims, en 535, dit Jean de la Chapelle, et l'année suivante sacré évêque par le pape Silvère, avec le titre de patriarche et de légat pour les régions occidentales.

Ici encore nos deux guides diffèrent de sentiment. Jean de la Chapelle envoye Saint Riquier à Rome pour la seconde fois sous le pape Silvère, et le P. Malbrancq sous le pape Pélage, vers 578. Ce dernier ajoute que l'arrivée du saint moine de Centule fut annoncée au Pape par un ange, que Pélage eut un instant la pensée de le faire son archidiacre, dans l'espérance qu'il serait son successeur, mais que Saint Pierre lui révéla que ce n'était point la volonté de Dieu.

Saint Riquier prêcha non-seulement dans le Ponthieu et chez les Belges, mais aussi en Aquitaine, en Bourgogne, en Austrasie, en Allemagne, en Hongrie, jusque chez les Saxons : il est presque inutile de remarquer que ces prédications furent soutenues par d'innombrables et d'éclatants miracles et qu'il fonda des églises dans toutes les régions qu'il parcourut. C'est au milieu de ces occupations qu'il reçut la visite du roi Dagobert et d'un grand nombre de ducs et de barons de son royaume. Le roi réclama sa bénédiction comme la plus grande des faveurs : ce que le Saint lui accorda avec une grande effusion de charité.

Jean de la Chapelle termine son récit en racontant la retraite de Saint Riquier à Forêt-Montier dans la forêt de Crécy, sa sainte mort, sa translation à Saint-Riquier après quelques mois. Il se garde bien d'indiquer l'année du trépas. Le P. Malbrancq, dont nous ne faisons qu'effleurer les pompeux récits, prolonge la vie de Saint Riquier jusqu'en l'an 671 et le fait mourir dans une terre appartenant à Moront, fils de Sainte Rictrude, près de la forêt de Népi-en-Flandre, autrement dite Tristy. C'est une erreur évidente ou plutôt une maladresse de copiste, quelques raisons qu'allègue l'auteur pour prouver que cela doit être ainsi (1).

Résumons la chronologie de cette merveilleuse histoire.

500. Ragnacaire et Riquier, frères de Clovis, règnent sur le Vermandois.

507. Ils se révoltent contre Clovis et sont mis à mort.

508. Maurianne, veuve de Ragnacaire, donne le jour à Alcaire, premier comte de Ponthieu.

514. Le jeune Alcaire à la cour du roi Clovis et plus tard du roi Clotaire. Il est fait comte de Ponthieu. Il épouse Damiane, nièce de Clotilde.

534. Sous le pape Jean II, d'après Jean de la Chapelle, premier voyage de Saint Riquier à Rome, 26 ans après la naissance de son père. Le P. Malbrancq place ce voyage sous le pape Jean III, de 560 à 573. Il fait naître le Saint en 539 et place sa conversion en 570.

535. Son ordination par Flavien.

536. Second voyage à Rome. Il est sacré évêque par le pape Silvère. Le P. Malbrancq place ce second voyage à Rome sous Pélage, de 578 à 590.

De 622 à 628, d'après Jean de la Chapelle, en 643, d'après le P. Malbrancq, visite du roi Dagobert à Saint Riquier. Dans l'une et l'autre chronologie notre bienheureux abbé est âgé de plus de cent ans ; il aurait vécu 132 ans, d'après le P. Malbrancq.

L'archevêque Flavien souscrit au concile d'Auvergne, en 535. Le P. Malbrancq a soin de taire le nom de l'archevêque de Reims.

Jean de la Chapelle a dû suivre d'assez près le récit de la chronique. Le P. Malbrancq l'a orné et accommodé au cadre de son histoire. Les auteurs de seconde main ont copié avec une entière bonne foi, sans songer à contrôler les erreurs chronologiques. C'est le reproche que méritent le P. Ignace dans son Histoire d'Abbeville, le P. Simon Martin dans son Hagiographie, le P. Dominique de Jésus dans sa Monarchie sainte, et plusieurs autres écrivains. Les Bollandistes ont montré plus de critique en rétractant les erreurs commises dans leur Vie de Saint Angilbert (2). Après avoir cité un passage

---

(1) P. Malbrancq. Ibid., p. 405.　　　(2) Acta sanctorum, 18 febr. S. Angilbertus.

du diacre Nicou sur la généalogie de Saint Riquier, ils s'élèvent contre ces stupides imposteurs qui proposent à leurs lecteurs des anachronismes de cent ans. Ils ajoutent qu'au milieu de tant d'actes, qu'ils n'avaient pu considérer sous toutes leurs faces, ils ont emprunté quelques lignes à cette indigeste compilation, mais qu'ils doivent à leur conscience de signaler ce passage de mauvais aloi, en même temps qu'ils déclarent que cette chronique n'est point digne de voir le jour (1).

Ce grave témoignage suffirait seul pour réduire à sa juste valeur le récit sur lequel on s'est appuyé pour faire de Saint Riquier un comte de Ponthieu. Mais les historiens contemporains réfutent directement les fables inventées par nos chroniqueurs. Ragnacaire et Riquier sont deux personnages célèbres de nos annales mérovingiennes. Ils étaient alliés à la famille de Clovis, probablement des descendants de Mérovée ou de Clodion ; mais nulle part ils ne sont appelés les frères de ce roi. Saint Grégoire de Tours leur donne le titre de parent et rien de plus. Du reste Malbrancq lui-même sent qu'il émet une opinion contestable ; puisqu'à une autre page il cite des auteurs qui affirment que Ragnacaire est fils de Flaubert, comte de Flandre ; seulement il montre une préférence marquée pour la chronique de Saint Riquier qu'il croit écrite par un moine de Corbie. Je crois volontiers, dit-il, à une tradition de huit cents ans (2).

Le Père de l'Histoire des Francs raconte ainsi la mort des deux prétendus frères, Ragnacaire n'avait point l'affection de ses sujets : des débauches effrénées et une extrême faiblesse pour Farron, son favori, les avaient détachés de lui. Clovis, après avoir corrompu par des présents un bon nombre de ses serviteurs, pénétra à la tête d'une armée sur le territoire de Cambrai. Ragnacaire fut surpris et vaincu malgré une défense opiniâtre. Ses soldats se saisirent de lui et de Riquier, son frère, et les menèrent à Clovis chargés de chaînes. Le roi franc en les voyant s'écria : Comment donc, Ragnacaire, as-tu fait cette honte à notre race de te laisser enchaîner ? Ne devais-tu pas préférer la mort ? Et en parlant ainsi il déchargea sur sa tête sa lourde francisque. Allant ensuite à Riquier : Lâche, lui dit-il, si tu avais porté secours à ton frère, on ne l'eût pas enchaîné : tu mérites le même sort (3).

Le roi de Cambrai, dit Flodoard, ne consentit point à abjurer les erreurs du paganisme (4). Toutefois aucun auteur ne fait peser ce double meurtre sur le zèle religieux de Clovis ; on l'attribue plutôt à son ambition. C'est la même passion qui le poussa à se défaire des autres rivaux, tels que Chararic, roi de Thérouane et probablement du Ponthieu : Ronomer, son propre frère, roi du Mans : Sigebert, roi de Cologne.

Si on demande au chroniqueur de Centule des preuves de la domination de Ragna-

(1) *Ibid.*, 26 april. S. Richarius. *Quis non hos stupidos impostores rideat*, dit le savant hagiographe indigné d'avoir à rendre compte de semblables récits.

(2) P. Malbr. *De Morin.*, *Ibid.*, p. 193.

(3) Greg. Tur., cité dans l'*Encyclopédie Catholique*, au mot CLOVIS.— Rerum Gallicarum scriptores, *T. II*, p. 185, 401.

(4) *Historia Remensis.*. Lib. II.

caire sur le Ponthieu, il nous offre l'étymologie de *Regnières-Ecluse*, qu'il traduit par ce mot latin, *Ragnacharii-Sclusa* (1). C'est un bien pauvre argument, car on dit plus fidèlement avec Hariulphe, *Ragineri-Sclusa* (2). Depuis quand, du reste, une dénomination qui peut appartenir à cinq siècles suffirait-elle pour établir un titre authentique de domination souveraine sur une contrée ?

Que penser du palais féodal de Ragnacaire, de la forte place de Centule protégée par cent tours ? L'historien Louandre réfute avec raison l'orgueilleuse prétention des auteurs qui nous prônent ces merveilles (3). Les savants du pays doivent faire leur deuil de ce vers fastueux :

Turribus à centum Centula nomen habet (4).

Les anciens ne l'ont point connu et si la tradition eût conservé quelque souvenir de ces splendeurs, Hariulphe, si jaloux de l'honneur de sa mère-patrie qu'il a tant glorifiée, n'aurait point manqué de livrer ce vers à la postérité. Une ville de Ponthieu défendue par cent tours au temps de Saint Riquier, à l'époque de l'invasion des Francs, à quelques milles d'une voie romaine très-fréquentée ? Mais ce serait une des merveilles du moyen-âge aussi souvent célébrée dans les poètes et les historiens, que le fut dans l'antiquité la ville de Thèbes aux cent portes. S'il fallait citer un vers sur les origines de Centule, celui du bienheureux Angelran dans sa chronique poétique sur Saint Riquier aurait bien plus de vraisemblance :

Laribus a centum fuerat quæ Centula dicta (5).

La critique historique ne demande pas un compte moins sévère à notre chronique sur l'alliance d'Alcaire avec une princesse royale de Bourgogne. Sainte Clotilde, d'après Grégoire de Tours, n'eut qu'une sœur qu'il nomme Macumame ; il n'est donc pas possible de donner ce titre à Damiane, épouse d'Alcaire. Celle-ci sera-t-elle au moins la nièce de la bienheureuse reine des Francs ? Nous n'avons sur ce fait d'autre garant que la chronique de Centule, puisque ce nom est totalement inconnu dans les annales des rois Mérovingiens, et l'on sait déjà qu'elle pèse bien peu dans une discussion sérieuse. Alcaire lui-même ne serait-il pas un personnage aussi imaginaire que Damiane ? Il figure, dit-on, sur la liste des comtes de Ponthieu ; c'est vrai. Les généalogistes du xvie siècle ont recueilli ce nom dans l'œuvre si peu sûre de Jean de la Chapelle et l'ont placé à la tête de leurs listes. Beaucoup de compilateurs ont ensuite salué en passant ce chef

(1) Malbr. *de Morin. Ibid.*
(2) *Chron. Cent.*, lib. III, cap. vii.
(3) Histoire d'Abbeville, p. 71.
(4) Variantes. — Turribus a centum Centula dicta

fuit.
Turribus a centum fuit olim Centula dicta.
(5) Angelrannus, *liber I.— Acta Sanct. ord.*, *S. Bened. Tom. II, in vita S. Richarii.*

qu'on leur a signalé comme environné d'une grande autorité ; mais, croyons-le bien, sans aucune prétention de justifier leurs dires, sans l'entêtement si ordinaire aux faiseurs de généalogie. Le docte Mabillon balaie toute cette poussière d'érudition dans ses immortelles Annales. N'ajoutez pas foi, dit-il, au manuscrit de Centule qui fait descendre Saint Riquier de la famille des rois Francs par un neveu de Clovis, et des rois de Bourgogne par une sœur de Sainte Clotilde. Cette généalogie est une fable inconnue à Hariulphe lui-même (1).

Sans être le descendant des rois de France, n'est-il pas possible, toutefois, que Saint Riquier soit comte de Ponthieu ? Ces deux idées ne sont pas, en effet, tellement connexes qu'on ne puisse les séparer. Examinons ce point d'histoire, non d'après les chroniques du monastère, sur lesquelles notre jugement est formé, mais d'après les premiers auteurs de la biographie du saint abbé. Alcuin, Angelran, son poétique commentateur, ne laissent nullement soupçonner que leur héros fut comte de Ponthieu ; ils établissent que le fondateur du monastère de Centule est d'une noble famille, mais non d'origine royale, ni dépositaire de l'autorité dans le comté de Ponthieu. Ils ne pouvaient l'ignorer, ils ne devaient pas le passer sous silence (2).

Hariulphe, ce grand admirateur de Saint Riquier qui commente avec tant de vivacité une certaine amphibologie du texte d'Alcuin, pour prouver que l'éclat de ses vertus ne nuit en rien à la splendeur de sa naissance (3), ne se serait-il pas emparé de cet argument pour fermer la bouche aux contradicteurs ? Lorsque Saint Riquier quitta ses dignités, son comté même, s'il le possédait, pour embrasser les rigueurs de la vie religieuse, peut-on croire que les historiens contemporains n'auraient point fait quelque allusion à ce souverain mépris des grandeurs humaines ? Ils ont certainement inséré dans leurs écrits des faits moins mémorables et dont le retentissement eût été moins sensible dans toutes les Gaules.

Est-il téméraire de conclure que la légende racontée dans la chronique de Saint Riquier n'est qu'un roman dépourvu de toute vraisemblance ? Nous sera-t-il permis de produire ici nos conjectures et d'expliquer toute notre pensée ? Oui, sans doute ; car nous ne craignons pas la contradiction : nous l'appelons même dans l'intérêt de l'histoire. Nous ne pouvons que gagner à être redressé et à voir honorer le fondateur d'un puissant monastère. Nous croyons donc qu'à une époque où les idées de chevalerie bouleversèrent toutes les têtes, où des alliances royales élevaient les familles aux yeux des populations et les marquaient d'un cachet de haute noblesse, un moine vaniteux voulut poser les premiers fondateurs de son monastère. Non content de placer sur leur front la couronne des élus, il rêva pour eux une gloire humaine. C'est pourquoi il rattacha

(1) Mabillon, *ibid.*.
(2) Alcuinus, *in vita S. Rich.* — Angelrannus. *Lib. I. Acta Sanct.*, Mabill., tom. II. *In vita S. Rich.*

(3) *Chron. Cent.*, Lib. I, cap. II et IV.—*Non tam nobilibus juxta sæculum parentibus ortus, quam moribus honestus et omni probitate devotissimus.*

Saint Riquier à la famille de Clovis et, comme on le verra plus loin, Saint Angilbert à celle de Charlemagne. Il leur donna à tous les deux la plus haute autorité sur le Ponthieu : à l'un sous le nom de comte, à l'autre sous le nom de duc de la France maritime (1).

Ces récits et cette géographie imaginaires n'ont pas laissé que d'embarrasser les érudits du xvi° siècle, et nous ont valu d'interminables dissertations sur les origines et les limites du Ponthieu. C'est là ce qui peut donner quelque intérêt à nos recherches ; car en rejetant toutes ces inventions fabuleuses, on débarrasse l'histoire de problèmes à peu près insolubles.

Celui qui voudrait connaître l'arbre généalogique de Saint-Riquier, d'après les récits dont nous venons d'entretenir le lecteur, trouverait dans l'Histoire des Morins, par le P. Malbrancq, de curieux rapprochements. Le tronc de cet arbre merveilleux plonge sa racine dans un sol fécondé par le sang des vieux Mérovingiens. Ses bras vigoureux s'épanouissent en branches nombreuses, dont les rameaux se prolongent en tout sens. Saint Riquier est, dans l'hypothèse, petit-fils de Ragnacaire, petit-neveu du grand Clovis, petit-neveu de Sainte Clotilde. Le sang des Francs, des Burgondes, des Aquitains coule dans ses veines. Les fils d'Aimeric, comte de Boulogne, sont ses oncles : entre autres Saint Honoré, évêque d'Amiens (2). A un degré voisin nous rencontrons Saint Vigor, fils de Wagon, évêque de Bayeux, Richarienne, fille de Riquier, le grand-oncle dont il a été parlé plus haut, épouse d'Elderic, comte de Brandebourg, de Bourgogne et d'Arck. Le Belgium a donné naissance en ce siècle à une nombreuse génération de saints, de princes consacrés à Dieu, de ducs et de comtes, tous alliés à Saint Riquier. Malbrancq nomme les Agneric, les Richomer, les Sigobard, les Sigefroy, les Erchinoald, les Adalbaud, les Berthe de Blangy, les Rictrude de Marchiennes, les Mauront, les Walbert de Luxeuil et de Ponthieu, les Faron de Meaux, et bien d'autres qu'il serait fastidieux d'énumérer ici. Quelle glorieuse et noble famille ! Elle est bien de celles que le ciel a bénies. *Generatio rectorum benedicetur.*

Nous laissons, bien entendu, au P. Malbrancq et à ses devanciers ou successeurs, la responsabilité historique de toutes ces alliances ; car un examen attentif supprimerait bien des noms et ferait probablement le vide dans cette généalogie dont l'histoire offre si peu d'exemples ; mais ces détails ne nous appartiennent pas. Il nous suffit d'avoir signalé ces noms aux lecteurs consciencieux (3).

Le P. Malbrancq ne s'arrête point là : il veut que Saint Riquier ait hérité de son père non-seulement le Ponthieu, mais encore le Vermandois, le Cambrésis, l'Artois,

---

(1) On cite plusieurs monastères qui ont recherché pour leurs fondateurs ou leurs fondatrices des alliances avec la famille de Charlemagne. C'est l'origine de la fable du mariage d'Eginard et d'Emma.

(2) D'après le P. Malbrancq, Maurianne, veuve de Ragnacaire, aurait épousé en secondes noces Aimeric, comte de Boulogne. Saint Honoré serait un de leurs enfants. *Neque enim*, ajoute notre auteur, *aliunde Stemma Pontivicum accersat. Ibid.*, p. 209, 225.

(3) Voir ces divers noms dans l'Histoire des Morins.

les terres d'Arck, de Douai, de Marchiennes, auxquelles il faut ajouter de beaux domaines en Aquitaine (1). Il lui attribue en outre dans l'ordre spirituel des prérogatives dont peu de saints ont été certainement honorés. Il est inutile de les rappeler ici, puisqu'il en a été question plus haut.

Voilà donc où conduisent la vanité et l'exagération d'auteurs amis du merveilleux. Des faits hasardés, des personnages dont les noms, inconnus aux historiens sérieux, paraissent empruntés à des cycles romanesques, des idées incohérentes, opposées, à quelques pages de distance, des contradictions entre des auteurs qui déclarent avoir puisé aux mêmes sources, des anachronismes inexcusables sous la plume d'un écrivain qui se respecterait tant soit peu, telles sont les origines de notre comté de Ponthieu. Bien que les auteurs judicieux les aient négligées, cependant beaucoup de ces fables sont mêlées à des faits vrais, sans qu'il soit toujours possible de faire le triage.

Mais notre historien des Morins nous réserve encore d'autres surprises. En même temps qu'Alcaire gouverne le Ponthieu de sa première résidence de Centule, Aimeric, son frère utérin, père de Saint Honoré, est également reconnu comte de Ponthieu. Est-ce que par hasard il y aurait deux Ponthieu? Pourquoi pas, dira le P. Malbrancq. Il ne lui en coûte nullement de créer deux comtés dans le Ponthieu et de leur assigner leurs limites. Le Ponthieu proprement dit ou occidental est situé entre la Somme et l'Authie; la famille de Saint Riquier en a l'apanage. Le Ponthieu improprement dit ou oriental doit former une ellipse partant de Port, passant à Picquigny, s'allongeant vers le Vermandois et se recourbant sur Doullens et Hesdin; il est sous la domination d'Aimeric (2). Cette hypothèse, dénuée de tout fondement, a néanmoins séduit plusieurs savants. « Quelques-uns, dit Ducange, établissent deux contrées qui » portent le nom de Ponthieu ; l'une tirant vers la mer et l'autre vers Amiens et » Doullens et disent qu'Haymon et Walbert étaient seigneurs de la première et Sigefroi » de la seconde. » Toutefois, ajoute l'auteur de l'Histoire d'Abbeville, « tout ce qui » concerne ces comtes est incertain et Ducange lui-même l'avoue (3). » On voit par là quels tourments la chronique de Saint Riquier a créés aux érudits pendant plusieurs siècles.

Pour embrouiller encore plus la question, les légendes des saints de cette époque font surgir des comtes de Ponthieu de tous les points de l'horizon. Tous sont contemporains et plusieurs laissent leur dignité à leurs enfants. Ici, dans la vie de Saint Valery, le comte Sigobard ; là, dans la vie de Saint Furcy et de Saint Josse, le duc Haymon, son fils Ursin, son neveu et successeur Dortrich; dans la vie de Sainte Rictrude, Sigefroi d'Auxi; ailleurs encore, Walbert. Le P. Malbrancq se garde bien de

(1) *Ibid.*, 258, 263. — Que deviennent ces possessions après sa renonciation au monde? Malbrancq répond que dans sa généalogie il lui a annexé un oncle nommé Vagon, frère utérin de son père. *Patruum* anneximus Vagonem. *Ibid.*, p. 648.

(2) Malbr., *ibid.*, p. 268, 647, 651, 654.

(3) Louandre, *ibid.*, p. 21.

les éliminer. Il est si complaisant ! il leur assigne à chacun leur parcelle de territoire et d'autorité; il les soude aux principales souches : bref, il les reconnaît tous comme comtes de Ponthieu ; il fait honneur à ce pays de toutes ces gloires, de tous ces hommes éminents en vertus, animés des plus nobles intentions.

Pour un historien sérieux, qu'y a-t-il de vrai dans tous ces comtes de Ponthieu ? Qu'il existait alors un comté de Ponthieu ? nullement : mais seulement de hauts dignitaires délégués par les rois mérovingiens avec le titre de ducs et de comtes, révocables à volonté, avec des attributions plus ou moins étendues. Dans ces conditions, l'existence simultanée ou successive de plusieurs comtes de Ponthieu s'explique parfaitement et se concilie avec le récit des divers historiens. L'on n'a plus besoin de distinguer deux comtés de Ponthieu avec le P. Malbrancq pour justifier une chronique romanesque.

Louandre, le dernier historien d'Abbeville et du comté de Ponthieu, après avoir remarqué qu'à partir de 675 les noms des comtes de Ponthieu sont inconnus pendant plus d'un siècle, croit cependant à l'hérédité de ce gouvernement. « Suivant les uns, » dit-il, les comtes de Ponthieu n'étaient alors que de simples officiers amovibles à la » volonté du prince ; suivant les autres, ils possédaient déjà leur charge à titre héré- » ditaire. La question est maintenant jugée. L'hérédité du Ponthieu date de 696. C'est » le plus ancien des fiefs héréditaires ; mais nous ignorons quel fut le premier feuda- » taire qui en jouit à ce titre (1). »

La question est maintenant jugée ! et d'après l'*Art de vérifier les dates* ! Ainsi le veut l'auteur de l'Histoire d'Abbeville. Qui ne s'inclinerait devant les savants bénédictins qui nous ont légué ce travail magistral ? Aussi la phrase sacramentelle de Louandre est maintenant passée en axiôme dans les ouvrages sur le Ponthieu ou sur la Picardie.

Pourtant dans l'*Art de vérifier les dates* on ne lit pas que le comté de Ponthieu ait été rendu héréditaire en 696. « L'érection du comté de Ponthieu, disent les auteurs, date » au moins du VII° siècle et, ce qui surprendra bien des publicistes, il était dès lors » héréditaire. Nous en avons la preuve dans la chronique de Saint Bertin dressée par » Ypérius. Cet écrivain rapporte que Walbert, comte de Ponthieu, de Ternois et d'Ar- » ques, *par succession paternelle*, fit don à Saint Bertin (qui se démit de son abbaye en » 696) d'une grande partie de son héritage, savoir, du comté d'Arques avec toutes ses » dépendances (2). » Qu'indique ici la date de 696 ? Que Saint Bertin se démit de son abbaye en cette année. Mais alors Walbert avait déjà fait sa donation et depuis longtemps peut-être il avait hérité de ses comtés. Qui peut dire alors que l'hérédité ne remonte pas à 680 ou 660 ?...

C'est sur le témoignage d'Ypérius que repose cette présomption d'hérédité. Il eût été sage de le soumettre à une critique plus sévère, parce que cet ouvrage renferme

(1) Louandre, *ibid.*, p. 21. Art de vérifier les dates.   (2) Art de vérifier les dates, *ibid.*
Edition de Saint-Allais, t. *XII*, p. 317.

beaucoup d'erreurs par rapport aux dates, aux personnes et aux faits (1). Ainsi dans la question présente il a confondu deux personnages du même nom, vivant presque à un siècle de distance et dans des lieux différents : à savoir Saint Walbert, né à Meaux ou dans les environs, moine de Luxeuil, père spirituel de Saint Bertin dans les premières années de sa vie monastique, abbé de Luxeuil de 625 à 665, et Walbert, grand seigneur du pays des Morins, bienfaiteur du monastère de Sithiu, où son fils Bertin se consacra à Dieu. Ce Walbert fut-il comte de Ponthieu ? On l'affirme ; mais toutefois quand on examine les preuves on n'a que les conjectures de Malbrancq, le texte fautif d'Ypérius et le témoignage de Lambert d'Ardres. Si on remonte plus haut, Folcard qui a écrit aussi une chronique du monastère de Sithiu dans le xi° siècle le nomme simplement comte. « Cette désignation, dit M. de la Plane dans son Histoire de Saint » Bertin, nous paraît préférable, comme le plus conforme à l'histoire (2.) »

Mais quand même Walbert aurait été comte de Ponthieu, serait-on en droit de conclure sur l'autorité seule d'Ypérius qu'il a joui de cette dignité comme d'un fief héréditaire, lorsqu'on n'admet à cette époque que des comtes révocables ou investis, si l'on veut, de leur commandement comme d'un bénéfice viager, mais non transmissible à leurs successeurs ? Puis quand, après avoir affirmé que le comté de Ponthieu était héréditaire, on avoue qu'il existe, pendant un siècle, parmi les titulaires, une lacune qu'aucune recherche n'a pu combler, est-ce là une preuve bien forte en faveur d'une hypothèse qui devait surprendre les publicistes du dix-huitième siècle ?

Les auteurs de l'*Art de vérifier les dates* se replient, au ix° siècle, sur le terrain historique (3). Alors nous avons pour comtes de Ponthieu, Saint Angilbert, Nithard, Helgaud, comte-abbé de Saint-Riquier, Herluin Ier, puis Helgaud II, vers 978 ; c'est-à-dire que nous retombons dans nos chroniques apocryphes de Saint-Riquier et que nous continuons une hérédité douteuse à son origine par des généalogies imaginaires. Nous aurons occasion de prouver cette dernière assertion.

Ainsi pour peu qu'on dégage cette période des légendes fabuleuses du P. Malbrancq et de nos chroniques centuléennes, on ne peut douter que l'histoire des origines du Ponthieu ne soit à recommencer. Il faut des documents dignes de foi, et non les conjectures et les fables, que l'ignorance et l'orgueil, dit dom Grenier, ont fait imaginer à tous les peuples, pour relever leur origine (4).

Nous ne croyons pas plus au duché de la France maritime dont il est parlé dans la légende de Saint Angilbert qu'au comté de Ponthieu possédé par Saint Riquier. Ce duché de la France maritime que beaucoup d'auteurs ont confondu avec le Ponthieu primitif devait s'étendre des bords de la Seine à l'Escaut (5). Mais les historiens de la

---

(1) Godescard. Vie de Saint Bertin. — 3 sept. — En note.
(2) *Histoire de Saint Bertin*. L'abbé Walbert.
(3) Page 317.

(4) Introduction à l'Histoire de Picardie, p. 59.
(5) « Avant 1225, le comté de Ponthieu était un des » plus beaux comtés et de plus grande étendue du » royaume, n'ayant d'autres bornes du côté de l'Ar-

Flandre et de la Morinie, loin de laisser absorber leur pays dans le Ponthieu, ne manquent pas d'effacer cette contrée de leurs cartes et de l'englober dans des provinces dont les noms se perpétuent depuis la conquête romaine. L'histoire et la géographie, ce semble, ne leur donnent pas tout-à-fait tort. Le nom de Ponthieu, *Pontium*, *Ponticum*, *Pontivum*, est connu dans les anciennes notices des provinces et des cités; mais il est synonyme de *Tarawana*, *civitas Morinorum* ou Thérouane, cité des Morins (1).

En rapprochant les étymologies du mot celtique ou cimbre, *Morini*, dérivé de *mor*, *mes*, *mer*, qu'on traduit par mer et du mot latin, *Pontium* ou *Pontivum*, qui a la même signification, on arrive à conclure à une identité de contrée (2); d'où il suit que ceux qui ont confondu les habitants du Ponthieu avec les Morins sont peut-être plus près de la vérité. « Personne ne doute aujourd'hui, dit un auteur du dernier siècle, que le
» Ponthieu n'ait fait partie du pays qu'habitèrent les peuples de la Gaule qu'on nomme
» Morins. On a trop d'autorités respectables pour qu'on puisse se refuser à cette certi-
» tude (3). » Notons encore cette remarque consignée par de Montalembert dans les Moines d'Occident. « Les habitants du Ponthieu, (nom que commencèrent dès-lors à
» porter ces contrées limitrophes de la Somme où s'était fixé Saint Valery), semblent
» avoir une aversion prononcée pour les moines de l'école irlandaise (4)… »

Il est probable qu'une nouvelle circonscription de territoire sous la domination francque aura détaché du gouvernement de la Morinie le canton que le moyen-âge a appelé Ponthieu et qu'on lui aura appliqué la dénomination latine de *Pontium*. Du reste, avant le continuateur de Frédégaire et Alcuin, aucun auteur d'une autorité incontestée, autant que nous avons pu le constater, n'a parlé du pays de Ponthieu, *Pagus Pontivus*: mais à partir de cette époque, c'est-à-dire du IX° siècle, ses limites sont parfaitement déterminées. Sous Louis-le-Débonnaire, on voit que le Ponthieu est borné

» tois que la rivière de Canche, du côté de la Nor-
» mandie que la rivière de Seine, la mer d'un autre
» côté et le comte d'Artois d'un autre, selon qu'il sera
» justifié ci-après par les cinq démembrements qui
» ont été faits d'icelny depuis 1225 jusqu'en 1369.
» Nous voyons même qu'auparavant (1200) le duché
» ou comte de Ponthieu (car on lui donnait ces deux
» titres dans ces anciens temps), était d'une bien plus
» grande étendue du côté de la Flandre dont l'Artois
» faisait alors partie, puisqu'il comprenait non seu-
» lement les comtés de Boulogne, de Saint-Pol,
» d'Arck et de Guines, mais même qu'il s'étendait de
» ce côté jusqu'à la rivière de l'Escaut, suivant l'His-
» toire de Clovis et la chronique de l'Abbaye de Saint
» Riquier faite par Aubin Alcuin. Une autre preuve
» de l'étendue du Ponthieu, poursuit le mémoire, est
» que le roi Childéric, roi de France, successeur de
» Clodion, en a donné le gouvernement à Raguacaire,

» un des plus grands seigneurs de la cour et que
» Charlemagne ayant marié M**me** Berthe, sa fille, à
» Angilbert, il lui en donna aussi le gouvernement.
» *Dom Grenier cité par M. Prarond. Introduction à*
» *l'Histoire des cinq Villes, p. LII.*

(1) 1re liste. Civitas Morinum; Tarawana Pontium.
— 2° liste, Civitas Morinorum; Tarawana Pontucum.
— 3° et 4° liste: idem. — *Rerum Gallicorum scriptores*, tom. l, p. 5, 9, 10.

(2) *Gallia Christ*. Diocèse d'Amiens.

(3) De Vérité. Histoire du comté de Ponthieu. *Introduction* XXXI.

Sous le nom de Morins, d'après H. Martin, il faut comprendre les pays qui renferment le Ponthieu, le Boulonnois, le Calaisis, Thérouenne, St.-Omer, Dunkerque. *Hist. de France*. Tom. l, p. 464.

(4) Les moines d'Occident. Tom. l, p. 554.

par la ville de Quentovic à l'embouchure de la Canche, et par l'Amiénois qui confine au pays de Talou, et que Louis-le-Débonnaire aida Pépin, roi d'Aquitaine, à reconquérir l'Amiénois et le Ponthieu jusqu'à la mer (1). Ainsi le Ponthieu est compris entre la Bresle et la Canche : entre l'Amiénois et la mer. En traçant une ligne aux environs d'Aumale, ou si l'on aime mieux, d'Offignies sur Warlus, de là sur l'Etoile, puis vers Outrebois, et de ce village à Hesdin et Quentovic, on forme son enceinte assez exactement représentée par l'ancien Archidiaconé du Ponthieu, dont la circonscription n'a pas changé jusqu'à la révolution de 1789. Il n'y a point d'histoire du Ponthieu avant cette époque; le peu que nous savons sur les temps antérieurs, nous le devons aux légendes des saints et encore aucune n'est contemporaine. La plus ancienne est peut-être celle de Saint-Riquier par Alcuin, qui ne fait que nommer le Ponthieu. C'est par ces légendes que nous connaissons un certain nombre de villages et de métairies ; et beaucoup de leurs noms se sont conservés jusqu'à nos jours presque sans altération. Ce sont les pieux enfants du cloître qui ont commencé à dissiper les ténèbres des siècles barbares, en associant les faits contemporains à l'histoire de leur glorieux Patron. Toutefois les vies des saints elles-mêmes ont besoin d'être soumises aux lois inflexibles de la critique, lorsque les auteurs n'ont pas vécu sur les lieux ou lorsqu'ils ont écrit longtemps après les événements. La chronique de Centule nous fournit un exemple frappant de cette circonspection réclamée par la vérité historique. C'est en nous pénétrant de ces principes que nous espérons rendre service aux lecteurs amis d'une étude sérieuse sur leur pays.

Voici peut-être la plus ancienne description du Ponthieu. Nous l'empruntons à Hariulfe (2).

« Le pays qui a vu naître notre bienheureux Patron est arrosé par plusieurs riviè-
» res, bien planté de bois, riche en pâturages, fertile en froment et en toute espèce
» de grains. On s'y livre activement au commerce et l'échange des marchandises est
» une source abondante de revenus publics. L'air y est très-sain ; on y jouit de tous
» les agréments de la vie temporelle. Le peuple vaillant dans les combats ne souffre
» point la domination étrangère. On n'y rencontre pas de cités, mais seulement quel-
» ques stations fortifiées, des bourgs protégés par de bons retranchements, aussi sûrs
» que les grandes villes. »

L'auteur de la vie de saint Valery signale dans son rayon non-seulement des forêts, mais aussi de beaux arbres fruitiers. On sent le voisinage de la Normandie et de sa luxuriante végétation de pommiers.

Le Ponthieu fut constamment soumis aux rois de Neustrie. Les rois d'Austrasie n'y ont jamais établi leur domination. S'ils l'ont possédé, ce n'est que passagèrement à la suite de conquêtes promptement rendues aux véritables maîtres.

---

(1) Rerum gallicarum scriptores, t. I, p. 413.   (2) Chron. Centul Lib. I. Caput V.

Résumons en finissant les principaux aperçus de cette dissertation.

1° L'histoire de Saint-Riquier racontée dans la chronique de Centule et dans celle du P. Malbrancq ne mérite aucune créance.

2° Ni saint Riquier, ni sa famille n'ont jamais possédé le comté de Ponthieu.

3° L'existence même des comtes de Ponthieu au temps de saint Riquier est une opinion très-contestable. Les auteurs qui ont soutenu l'hérédité des comtes se sont trompés.

4° Avant le VI° siècle, l'histoire du Ponthieu est enveloppée de profondes obscurités. Son nom même ne se dégage clairement dans les annales qu'au IX° siècle.

5° La géographie du Ponthieu est remplie d'erreurs puisées dans les chroniques apocryphes de notre monastère. Les limites définies au IX° siècle sont restées à peu près les mêmes jusqu'à la fin du XVIII° siècle.

CHAPITRE II

La ville de Centule. — Saint Riquier d'origine Mérovingienne. — Sa conversion par deux saints missionnaires Irlandais. — Sa vie pénitente.

Le voyageur qui parcourt la route d'Abbeville à Doullens, aperçoit à l'extrémité du bois de Saint-Riquier et en descendant la pente d'une riante colline un monument antique, majestueusement assis sur la vallée ; c'est l'église abbatiale de Saint-Riquier, la gloire de l'antique Centule. Depuis plus de douze siècles, cette ville que la religion a couronnée de reflets lumineux dont il reste encore quelques rayons, vit de ses bienfaits sous son ombre tutélaire. Des empereurs et des rois ont prié dans ses sanctuaires et les ont enrichis de leurs offrandes. De nombreuses caravanes de pèlerins et de malades se sont pressées dans son enceinte souvent trop étroite et ont puisé là d'ineffables consolations pour leur âme et la guérison de leurs infirmités. De saintes milices de serviteurs de Dieu ont consumé là leur noble et pure existence, dans les ardeurs de la divine charité et les austérités de la pénitence : touchants souvenirs dont l'âme se nourrit avec délices en approchant de ce lieu vénérable.

Du pied de l'église, la ville de Centule s'élève en amphithéâtre jusqu'à l'enceinte de ses vieilles murailles. De ce point culminant, rien de plus pittoresque que la vue de la grande basilique des âges de foi, de la basse-ville, du faubourg Notre-Dame, dont les grands plants d'arbres semblent combler la vallée et dissimulent le versant opposé.

Sur les riches côteaux dont Centule est environnée, sur les cîmes de quelques éminences plus éloignées, sur les routes qui côtoient la vallée, au milieu des éclaircies des arbres, la grande tour de l'église abbatiale anime le paysage et se montre à l'hori-

CHAPITRE II.

zon. Ces paisibles et silencieuses campagnes sont vraiment remplies de la gloire du saint protecteur et de la majesté de son souvenir.

La rivière du Scardon ou la *rivière aux Cardons* des anciens chroniqueurs, dont les sources appauvries menacent de disparaître complètement, traverse la basse-ville dans toute son étendue et coule vers le sud-ouest. Grossissant peu à peu le mince filet d'eau qu'elle a puisé à *Borefontaine* ou *bonne fontaine*, sous la tombe d'Isembard, elle se fortifie surtout aux sources abondantes de Mirandeuil (1), auprès de Drugy, et court dans de verdoyantes prairies jusqu'à Abbeville : là elle se perd dans la Somme avec un autre ruisseau qu'elle a recueilli, après avoir mis en mouvement des moulins et des usines très-importantes. Autrefois, quand le pays était plus boisé, la rivière prenait sa source beaucoup plus haut, vers Bussu et Hanchy-Fetel, et fournissait des eaux abondantes aux viviers des moines, aux fossés du château de la Ferté et au moulin édifié au sein même du monastère. On dit aussi que la marée débordant de la rivière de Somme venait inonder les rives du Scardon et courait jusque sous les murs du monastère et de la ville. Cette tradition populaire n'a rien que de conforme à l'histoire. Si l'on admet avec de graves auteurs que sous les Romains la mer poussait ses vagues jusque sous le camp de l'Etoile, elle pouvait certainement refluer dans la vallée du Scardon. Du reste des chartes du xiiie siècle mentionnent à peu de distance de Drugy le moulin *de marinis* (2).

Une autre tradition restée vivace dans le pays raconte qu'un pont d'airain avait été bâti dans le vallon de Bersacles aux frais du monastère et était entretenu par une rente spéciale que les religieux avaient constituée à cet effet. Ce pont livrait passage au flux quotidien de la mer et permettait aux religieux de se rendre dans leur domaine de Bersacles (3). C'est une exagération toutefois que d'ajouter avec certains esprits

---

(1) Nom d'un moulin remplacé par le *Petit Moulin*. On dit quelquefois *Mises en deuil* et l'on ajoute que des dames de Saint-Riquier apprirent en ce lieu la mort de leurs époux tués à la bataille de Crécy. De là, ce nom lugubre. Ce n'est pas du tout historique.
Le vrai ruisseau de Mirandeuil est à peu près desséché aujourd'hui. Il existait au-delà des sources actuelles et au versant occidental du coteau qui fait face à Drugy.

(2) Chroniques de dom Cotron.

(3) On lit ce qui suit dans le P. Ignace : *Histoire ecclésiastique d'Abbeville*, p. 13. « Le flux de la mer
» qui venait jusqu'à l'Estoile estant grand, l'eau sor-
» tait du port et se répandait jusqu'à un prochain
» village nommé Bouchon et remplissait une longue et
» vaste prairie contenant une lieue qui est entre l'Es-
» toile et Hangest. On y a trouvé de vieilles ancres et
» autres instruments de navires.—Les anciennes par-

» cartes témoignent que les flots de la mer passant
» par un endroit d'Abbeville montaient par une cer-
» taine vallée jusqu'au village de Bersacles près de
» Saint-Riquier. Pour empêcher les inondations de la
» mer on fit un pont de fer aux dépens de l'abbaye
» de Saint-Riquier, afin que le chemin fût libre pour
» mener le charrois de Saint-Riquier à Bersacles : et
» pour conserver et entretenir ce pont de fer fut
» constituée une rente du propre patrimoine du mo-
» nastère de Saint-Riquier, qui est de 48 septiers
» d'avoine tous les ans. Et maintenant que j'écris
» ceci, cette rente est reçue par Mlle de la Folie,
» comme elle-même me l'a dit. Et encore que ce
» pont de fer ne soit plus nécessaire et qu'on ignore
» le lieu où il fut. Néantmoins la pension constituée
» demeure toujours : *Propter incertum rei eventum* :
» comme il a esté ordonné par un arrest du Parlement
» de Paris. » En 1787 cette rente ne se payait plus.

plus crédules que ce pont existe encore, recouvert par une couche subite d'alluvion, sans qu'on puisse fixer l'endroit véritable où il est situé.

Ce qui attire encore aujourd'hui l'intérêt sur la ville de Saint-Riquier, comme dans les siècles passés, c'est l'Eglise abbatiale, ce sont les édifices restaurés du vieux monastère et protégés par ses murs quatre fois séculaires. Ce religieux asile de la vertu, de la piété et de la science n'a point perdu totalement sa destination. Il est fermé aux âmes ardentes qui cherchaient la paix céleste dans les extases de la vie contemplative, mais, sous le nom du petit séminaire, il prépare comme dans un nouveau cénacle les apôtres du xix° siècle aux luttes de la vie évangélique, et par les sacrifices imposés à leur jeunesse il les rend capables d'arrêter le torrent du vice et de la corruption.

Toutefois on chercherait en vain dans cette ville moderne et dans ces rues, qui ont conservé des noms connus au temps de Charlemagne, des traces de l'ancienne Centule, les vestiges de ses guerres. Tout a disparu. Il ne reste çà-et-là que quelques pans de murs et ses tours délabrées. Si la grande place n'offrait la physionomie d'un bourg assez élégamment bâti, on se croirait au milieu d'un village dont les habitants ne connaissent guère que les labeurs et les avantages de la vie agricole. Mais, pour l'histoire locale, Centule a compté au temps de S. Angilbert et de Charlemagne, plus de 2,500 maisons payant tribut au monastère et par là même une population s'élevant au-dessus de 10,000 âmes ; elle sera donc toujours une ville mémorable et un sujet fécond d'études soit pour son monastère, soit pour les relations féodales des moines suzerains de ce vaste et puissant domaine, soit pour ses luttes avec la commune du moyen-âge.

Ceux qui ont étudié les origines de notre histoire et exercé la sagacité de leur esprit sur les étymologies des noms de lieux ont cherché la racine de Centule, ou dans ses tours en créant ce vers fameux :

Turribus a centum Centula nomen habet (1).

Ou dans la réunion de cent foyers autour d'un centre commun :

Laribus a centum fuit olim Centula data (2).

Ou bien encore dans les cent cellules du monastère primitif :

Centula a centum cellis, sicut Nonantula a nonaginta cellis (3).

(1) Vers populaires.
(2) Angelran *in vita S. Richarii lib.* I. Acta Sanct.

Ord. S. Bened. Tom. ii.
(3) *Histoire de St-Riquier*, par M. Prarond, p. 24.

CHAPITRE II.

D'autres enfin ont demandé ce nom à la craie blanche sur laquelle les premiers habitants ont édifié leurs pauvres masures.

Nous l'avons dit plus haut : nous le répétons ici avec un archéologue très-érudit (1) : la ville de Senlis, la capitale des Silvanectes du temps des Romains, fortifiée au IIIe siècle par vingt-huit tours, a traversé les âges en conservant le souvenir de ses splendeurs et se développant avec le progrès de la civilisation. Comment croire qu'une ville qui compte cent tours à une époque historique ait été inconnue à tous les historiens et géographes du moyen-âge ? L'idée de cent foyers, qui remonte au commencement du XIe siècle, est très-ingénieuse et paraît plus fondée que celle des cent cellules monastiques : car, malgré les affirmations des savants antiquaires abbevillois, ce nom nouveau fait supposer une appellation primitive et antérieure, dont ils n'ont pas suivi la trace. L'histoire a consacré les noms de *Nonantule*, de *Septantule*, à leur origine ; ce qu'on n'a nullement prouvé pour Centule.

L'étymologie du mot celtique, *candir (terre blanche)*, transformé en *cantium, cantulla, centulla*, ne nous paraît pas exempte de tout esprit de système (2). Nous ne nous reconnaissons pas assez savant pour l'approuver ou le condamner (3).

Nous défiant d'autres explications plus hypothétiques encore que celles qui précèdent, nous voulons arriver à quelque chose de plus certain ou au moins de plus digne d'un sérieux examen. Dans le courant de l'année 1869, des fouilles pour constructions à l'extrémité de la ville, sur la route de Doullens (4), ont amené la découverte de sépultures mérovingiennes. On a trouvé dans un sol non remué depuis des siècles des squelettes humains, avec des vases entièrement conservés ou brisés aux pieds et des fers de lance à la tête. Dans des fosses parallèlement orientées du levant au couchant, un squelette d'enfant reposait auprès de sa mère : c'est du moins ce qu'on a conjecturé par la présence d'une boucle d'oreille auprès du plus grand des cadavres. De nouvelles

---

(1) Labourt. — *Mémoires de la Société des Antiquaires de Picardie*, Tom. IV, p. 238.

(2) Labourt. *Ibid.*

(3) « En 1859, dit M. Prarond, lorsqu'on creusa très-profondément les fondations de la nouvelle église ou chapelle du séminaire de Saint-Riquier, dans le jardin de l'ancienne partie du couvent appelée l'Abbatiale, (très-profondément relativement au sol anciennement exhaussé de main d'homme dans le jardin), on trouva sous les terres rapportées, c'est-à-dire au niveau de la vallée du Scardon, des restes ou traces d'habitations, des restes de foyers ou cheminées. Fallait-il voir, faut-il reconnaître dans ces vestiges, les habitations primitifs du bourg ou les rustiques cellules de S. Riquier et de ses premiers disciples ? »

Et un peu plus loin : « Le foyer auprès duquel se tint le pieux banquet (de saint Riquier avec les missionnaires irlandais) a été retrouvé peut-être au niveau du sol de la vallée, lorsqu'on creusa profondément, il y a quelques années, les fondements de la nouvelle chapelle dans les jardins de l'abbaye. Ce foyer fut visité aussi peut-être par un roi franc. »

Cet aperçu sur des travaux que nous avons suivis avec le plus vif intérêt est certainement très-poétique. L'art en ferait volontiers son profit. Mais des contrats de vente, dont il reste des vestiges nombreux, nous obligent de reconnaître que ces masures ont été cédées par les propriétaires à l'abbé d'Aligre, de l'an 1660 à 1690. — *Voir les actes aux Archives. Cartulaire de Saint-Riquier.*

(4) Probablement au lieu dit *le Malvinage*, au lat *d'en haut de la rue de Neuville*, comme porte un ancien compte de la ville.

3

fouilles ont mis au jour une tête de levrette, une tête de cheval, des fers de lance. Ces divers accessoires de sépultures anciennes, la pâte argileuse des vases pointillés, vernissés, séchés au feu, tout a indiqué aux archéologues un cimetière de l'époque mérovingienne (1). Rien d'étonnant du reste. La vie de saint Riquier nous transporte dans cette période des invasions barbares. Clovis a conquis cette contrée en 496. Ses compagnons se sont partagés les villes gauloises et romaines ou se sont choisis des centres d'établissement dans les sites les plus favorables à leur nouveau genre de vie. Le nom de Riquier, synonyme de force, était porté par d'anciens guerriers francs. Il n'était pas nécessaire d'appartenir à une royale famille pour le transmettre à ses enfants. Notre glorieux abbé a pu le recevoir, pour perpétuer au milieu des siens les idées de vaillance, que les nouveaux dominateurs de ces contrées léguèrent à leurs fils comme leur plus précieux héritage.

On peut soutenir sans témérité que la pioche des ouvriers en profanant après douze siècles la sépulture des cimetières de Saint-Riquier, a révélé un grand fait historique. Nous déplorons cet outrage à la cendre des morts, quels qu'ils soient : mais nous recueillons ces précieux témoignages d'outre-tombe pour établir plus parfaitement l'origine de notre célèbre monastère. Si nous faisons justice des pitoyables rapsodies d'écrivains que la science chrétienne elle-même appelle des imposteurs, ce n'est pas pour dépouiller saint Riquier des droits que lui donne sa naissance et nous nous garderons bien de répéter après l'hagiographe Baillet et ses adhérents, que les parents de saint Riquier n'avaient rien qui les distinguât beaucoup selon le siècle, par la noblesse du sang ou de la fortune (2). Il y a là une erreur véritable que nous espérons réfuter complètement par des témoignages authentiques.

Alcuin déclare, en commençant le récit de la vie de saint Riquier, qu'il fut moins illustre par sa naissance que par ses vertus et que, lorsqu'il n'était encore que laïque, il aissait déjà pressentir sa future sainteté (3). Hariulfe commente ainsi ces paroles :

(1) Vers 1860, sur les hauteurs qui couronnent le Scardon, à peu de distance de Drugy, des terrassements pour un chemin ont mis au jour des sépultures humaines avec des vases et des lances semblables. Plusieurs haches en fer, dont l'une emmanchée par le milieu avec des pointes de javelot, accompagnaient ces squelettes mérovingiens : elles sont déposées et conservées au Musée d'Abbeville. Ces deux découvertes presque simultanées sont suffisantes pour attirer l'attention des savants. Ces hauteurs de Drugy conservent des traces de fossés qui indiquent d'anciennes fortifications dont il ne reste aucun souvenir.

(2) Baillet. *Vie des Saints*, 26 avril. — « Les parents » de saint Riquier n'avaient rien qui les distinguât » beaucoup selon le siècle par la noblesse du sang » et par la fortune, mais ils l'élevèrent selon leur » état dans la crainte de Dieu et dans des sentiments » de probité, de sorte que le cours de sa jeunesse » dans une vie toute commune, telle qu'on la mène » à la campagne, fut accompagnée des divins présa- » ges de la sainteté à laquelle Dieu le destinait. »

(3) Non tam nobilibus juxta seculum parentibus quam moribus honestus et omni probitate devotissimus, ita ut in laica vita quædam præsagia futuræ sanctitatis gereret.

Ce texte que Baillet traduit si librement ne dit nullement que les parents de notre saint étaient d'origine obscure et populaire. La faute du reste provient d'une édition d'Alcuin, par Duchesne, dans laquelle on lit *rustica vita*, au lieu de *laica vita*. Que cette expression, *laica vita*, soit le vrai sens d'Alcuin, on

CHAPITRE II.

« Comme l'étoile du matin brille au milieu des ombres de la nuit, ainsi le bienheureux Riquier se fait remarquer parmi ses compatriotes par son illustre origine ; mais gardez-vous de croire qu'une si haute noblesse l'ait empêché de saisir les armes de la milice spirituelle. Sachez plutôt qu'en méprisant le faste des grandeurs mondaines, il obéit avec tant d'humilité et de soumission que l'éclat de sa vertu surpassa la splendeur de sa naissance et que l'amour des choses célestes s'emparant de toutes les puissances de son âme, l'orgueil n'y trouva plus de place (1). »

Du reste s'il restait quelque obscurité dans la pensée d'Alcuin, elle est expliquée dans ces vers où l'on célèbre le mépris de saint Riquier pour les richesses et pour le monde où il brillait d'un si vif éclat :

Posthabito mundi quo grandi fulsit honore,
Amplas divitias sprevit amore Dei (2).

Hariulfe, avant d'interpréter le texte du pieux ami d'Angilbert, déclare en son propre nom que son saint patron est issu d'une très-noble famille du Ponthieu (3). S. Angilbert a fait graver ces vers sur la châsse de saint Riquier :

Stemmate præcelso quem Centula protulit ista
Quique loci pastor floruit egregius (4).

Un privilége du pape Léon III marque que saint Riquier fonde le monastère de Centule dans ses propres possessions (5) et, deux siècles après, l'abbé Angelran dans sa paraphrase poétique du récit d'Alcuin nous répète que la sainteté relève la noblesse en saint Riquier :

In quo nobilitas generis nec sola refulsit (6).

Enfin Hariulfe, quand il parle de l'établissement du monastère, ne suppose pas, comme certains écrivains modernes, une fondation royale ; mais il affirme que saint Riquier consacra à cette grande œuvre l'héritage paternel que les gens du lieu appellent *alleu* ou patrimoine (7). Il avait déjà affranchi ce qui restait d'esclaves sur tous ses domaines. C'est bien là l'aveu d'une noble origine écrite dans les documents les

peut l'affirmer hardiment : 1° d'après le contexte ; 2° d'après la chronique d'Hariulfe qui le commente *Chron. Lib.*, 1, *Cap.* IV ; 3° d'après la version poétique d'Angelran :
   Ut laicus vitæ gereret præsagia sanctæ.
   Vie de saint Riquier, ut supra.
(1) *Chron. Cent. Lib.* I, p. 5.
(2) Vers gravés sur la châsse de saint Riquier, peut-être composés par Alcuin, mais certainement connus de lui. *Chron. Cent. Lib.* II. *Cap.* II.

(3) *Chron. Cent. Lib.* I. *Cap.* II. Beatus Pastor noster Richarius nobilissimis ex inclyta provincia Pontiva parentibus progenitus.
(4) *Chron Cent. Lib.* II. *Cap.* XXXI.
(5) *Annal. Bened., Tom.* I:, ann. 800.
(6) Vie de saint Riquier, *ut supra.*
(7) *Chr. Cent. Lib.* I. *Cap.* XIII. Solo nativo et paternæ hæreditatis, quam nostrates alodium vel patrimonium vocant.

plus anciens, comme dans la sépulture pompeuse d'une famille qui occupait un domaine considérable, dont le nom prime celui de toutes les villas du temps et même de celle d'Abbeville, puisque ce domaine n'a d'autre nom que celui-de son seigneur, l'abbé de Centule (1).

Cette ville est bien la patrie de saint Riquier, d'après les vers écrits sur sa chasse ; *quem Centula protulit ista* (2). Mais les anciens écrivains nous laissent ignorer le nom de son père et de sa mère. La chronique qui nous a signalé Alcaire et Damianne ne jouit pas d'une autorité suffisante, pour être acceptée dans une œuvre historique. Les auteurs sacrés qui n'aiment à signaler que le jour de la naissance au ciel, lorsque l'âme dégagée des liens qui l'enchaînèrent à la terre entre en possession de son éternité, se taisent aussi sur le moment où le serviteur de Jésus-Christ se leva comme l'astre du matin pour dissiper les ténèbres religieuses du Ponthieu (3). Hariulfe dit seulement qu'il est né du temps du roi Clotaire. Comme on place communément la mort de ce prince en 561, saint Riquier serait né vers 560 au plus tard. Cette date toutefois n'est pas acceptée par les historiens modernes. Mabillon indique l'an 570 (4), et l'on s'est généralement rangé à son sentiment pour faire concorder la conversion du saint avec l'arrivée de saint Colomban en France (5).

L'Irlande fécondée par les prières et les prédications du gaulois Patrice voulait payer sa dette au pays de son puissant apôtre. Elle envoyait chaque année à la Gaule épuisée par des guerres fratricides des essaims de missionnaires. Vers 589 ou 590 (6), saint Colomban débarquait à Quentovic (7) avec douze compagnons et suivait la grande

---

(1) *Chr. ibid. Cap.* XIV. Les études de Baillet sur un saint si obscur pour lui dénotent un laisser aller qu'on ne peut lui pardonner. « Avant de passer en Angleterre, Riquier donna la liberté aux « valets qu'il « avait trouvés dans la maison de son père et qu'il « avait gardés jusque-là comme domestiques. » Quelle distraction ou quelle ignorance ! un simple paysan du VI° siècle, c'est-à-dire, un colon ou un serf qui a des valets dont il se sert comme domestiques ! Il y aurait bien d'autres choses à relever dans sa notice sur saint Riquier. Mais on sait aujourd'hui ce qu'il faut penser de Baillet.

(2) *Ibid. Lib.* II. *Cap.* XI.

(3) *Alcuin. In vita S. Rich.*

(4) *Acta. Sanctorum, Tom. II. In vita S. Rich.*

(5) Une lecture superficielle du texte d'Alcuin pourrait faire croire qu'il place la naissance de saint Riquier sous le règne de Dagobert. Mais on n'est pas en droit de lui reprocher cette erreur chronologique. Hariulfe remarque fort bien que, sans préciser l'époque de la naissance du saint abbé, Alcuin affirme que beaucoup de nobles laïques embrassèrent la vie monastique sous le règne du roi Dagobert et entre autres saint Riquier, né dans la ville de Centule en Ponthieu : *Natus in villa Centula provinciæ pontivæ.*

Villa Centula. Vico Centulæ. Alcuin ne caractérise pas autrement l'ancienne ville aux cent tours de la chronique. La première ruine aurait donc été consommée dès le VIII° siècle. *Chr. Cent. Lib.* I. *Cap.* IV.

(6) Les auteurs ne sont pas d'accord sur l'année où saint Colomban arriva en France. Les uns indiquent 585, les autres, 590. Notre histoire ne serait pas intéressée à cette difficulté, si nos deux missionnaires irlandais n'étaient point des disciples de saint Colomban et s'ils faisaient partie d'une autre migration Irlandaise.

(7) Ville ruinée qu'on place soit à Etaples soit aux environs de saint Josse-sur-mer. Les savants ont beaucoup écrit sur la situation de cette ville et la question n'est pas encore tranchée. Il semble pourtant que la direction de la chaussée Brunehaut qui est dite : *rectissima ad sedem Apostolicam via*, et qui aboutissait à Quentovic, devrait faire connaître l'emplacement véritable de cette ancienne ville.

chaussée romaine, dont nos pères ont fait à tort honneur à la reine Brunehaut, évangélisant les populations semées sur sa route : il passa auprès de Centule et, au dire de certains chroniqueurs, il y séjourna et y laissa après son départ deux de ses religieux pour instruire les habitants à demi barbares et les initier aux pratiques de la vie chrétienne. Cette dernière circonstance de la visite de saint Colomban étant omise et dans Alcuin et dans l'histoire du moine Jonas, la question reste très-douteuse. Nous n'en faisons mention que pour prouver notre impartialité.

La tradition nous a conservé les noms des pères spirituels du jeune Riquier : l'un s'appelait Caidoc et l'autre Frichor ; mais parce qu'il était difficile de prononcer le nom barbare de ce dernier, on l'a, dit Hariulfe, changé en celui d'Adrien (1). Associés à la mission de saint Colomban ou non, les deux missionnaires étaient remplis du même zèle apostolique. « Ils combattirent, dit la chronique, en vrais soldats de Jésus-Christ. Considérant que les habitants de Centule étaient aveuglés par l'erreur et l'iniquité, soumis à l'esclavage du plus cruel des maîtres, ils travaillèrent de toutes leurs forces à arracher au démon des âmes rachetées au prix du sang de leur Sauveur. Mais ce peuple n'était point habitué à ce langage des envoyés célestes. Les passions non comprimées jusqu'alors se soulevèrent contre une doctrine si sainte et si sublime. On se demanda ce que cherchaient ces aventuriers échappés d'une île barbare, de quel droit ils venaient imposer leurs lois. Bientôt des cris, des menaces, des outrages répondent aux accents d'une tendre charité, aux effusions d'un zèle brûlant; irrités par le calme et la patience des envoyés du Très-Haut, les habitants de Centule leur font violence pour les obliger de s'éloigner ou les réduire au silence. »

Ces réflexions de la chronique nous porteraient à croire que cette troupe si inhospitalière n'était pas encore éclairée des lumières de la vraie foi. Rejetant les envoyés du ciel, elle allait peut-être se priver pour longtemps du bienfait dont elle avait abusé, si la providence qui dispose tout pour l'exécution de ses desseins de miséricorde n'avait amené au milieu de ce tumulte un libérateur. Le jeune Riquier se présente donc à la foule rebelle ; il impose silence ; il arrête les plus forcenés et prenant les deux étrangers sous sa protection, il les conduit dans sa demeure. « A cet acte d'autorité et de puissance
» le lecteur doit reconnaître le fils d'un chef qui n'avait d'autre maître que le roi des
» Francs. Il est fort douteux qu'un homme du peuple eût été capable de délivrer ces
» malheureuses victimes des mains de tels forcenés. » Cette courte réflexion du chroniqueur confirme pleinement ce que nous avons dit de la noble origine du saint (2).

Nous supposons ici avec Hariulfe que Riquier, parvenu à sa vingtième année, avait reçu les leçons d'une mère chrétienne et que si les premières amorces du plaisir avaient pour un instant captivé son cœur, comme il le confessa par ses larmes, il n'avait pas encore été parjure à sa foi. La manière dont il délivra les ministres des

(1) *Chr., Lib. I. Cap. VI.* (2) *Ibid.*

divines miséricordes, dont il les traita chez lui, nous prouve qu'il était disposé à recevoir la grâce puissante dont le ciel le favorisait spécialement, puisque c'était pour le gagner à Dieu que ces missionnaires étaient envoyés. Par de saintes conversations ils donnèrent la nourriture de l'âme à celui qui prenait soin de leur vie corporelle. Dieu bénissant leur zèle et leurs ferventes prières, Riquier, prédestiné à un fécond apostolat, ressentit bientôt la douce influence de la société des saints : il apprit à connaître et à aimer Dieu pardessus toutes choses ; il comprit les sublimes enseignements de la religion et l'esprit du christianisme. En réfléchissant sur sa vie passée, il sentit qu'il était jusque-là un serviteur inutile, et son cœur brisé de douleur ne recouvra la paix qu'après avoir reçu la parfaite assurance de sa réconciliation avec le ciel. C'est ainsi qu'en recevant Jésus-Christ dans ses ministres il fut lui-même reçu dans la miséricorde. Du reste, comme le racontent pieusement nos légendes si remplies d'onction évangélique, la parole de Dieu tombée dans une bonne terre poussa de profondes racines. Le divin semeur ne manqua pas de l'arroser, de lui donner de l'accroissement, de sorte qu'elle se multiplia au centuple par l'éclat de ses miracles et par la lumière de sa sainteté. Le serviteur de Dieu fit une ample moisson de gloire, de mérites et de bénédictions (1).

Le jeune Riquier vient de goûter l'abondance des consolations célestes réservées aux larmes de la pénitence : il lui reste à prendre un parti. Les apôtres Irlandais avaient sacrifié famille, patrie, bien terrestres, pour courir à la conquête des âmes : ils se réjouissaient des persécutions endurées pour le royaume des cieux : ils allaient affronter de nouveaux outrages, de nouvelles fatigues. C'était là un grand exemple bien propre à faire impression sur un noble cœur. Déjà secrètement attiré vers la perfection évangélique, notre saint se demande s'il y avait ici-bas quelque chose de comparable au titre de serviteur de Dieu ou d'apôtre de Jésus-Christ. Il prend dès lors la résolution de se retirer du monde pour écouter dans le recueillement et la méditation l'inspiration du ciel. Quand il fut bien convaincu que Dieu l'appelait à le suivre dans les voies de l'abnégation et de la pénitence, il se dépouilla de toutes les pompes de sa première condition, de ses ceintures tissues d'or et de pierres précieuses, des bourses pendantes brodées d'or, de ses manteaux à franges d'or, de son linge orné de tissus d'or, de ses étoffes de soie (2) ; puis il coupa sa longue chevelure, symbole de sa noblesse, et protesta par cet acte d'humilité qu'il devenait le serviteur de Dieu. Il commença à se vêtir d'habits vils et communs ; ce fut, dit Alcuin, comme son noviciat de la vie religieuse. Hariulfe est plus explicite et peut être moins exact, en écrivant qu'il prit l'habit religieux : il voulut sans doute l'assimiler au Père des institutions bénédictines, qui se consacra à Dieu après avoir fui la maison paternelle,

(1) Chr. Lib. I, Cap. VI.

(2) Costume des hommes de première condition. In vita S. Eligii, per S. Audoenum.

et reçut l'habit que l'Eglise imposait aux religieux séparés du monde et appelés à une vie parfaite (1).

Quoiqu'il en soit, qu'il eût vécu dans la sainte milice des clercs ou dans celle des religieux, la ferveur de Riquier ne connut plus de bornes. Transformé par la grâce du Saint-Esprit et devenu un homme nouveau, il s'efforçait de monter par les degrés de l'humilité au sommet de la perfection, ayant continuellement dans l'esprit cette parole du roi-prophète : « ils iront de vertu en vertu jusqu'au jour où » Dieu se montrera à découvert dans la nouvelle Sion (2). »

On peut affirmer sans crainte d'être contredit que la vertu qui a le plus brillé en Saint Riquier ce fut la Pénitence. Ses historiens racontent à plusieurs reprises ses macérations et ses mortifications vraiment héroïques. Rien n'est plus effrayant pour la nature. A cette époque, d'après un auteur contemporain (3), on ne connaissait guère que le nom de pénitence ; on négligeait d'en pratiquer les œuvres. Il fallait aux chrétiens scandalisés par le triomphe du crime, énervés par les troubles des guerres civiles de grands exemples d'abnégation. L'esprit de Dieu sut les susciter dans toutes les conditions pour préparer d'énergiques remèdes aux maladies de l'âme. L'histoire de la vie monastique de ces temps n'est qu'un récit continuel des victoires de l'homme sur la nature corrompue et sur ces instincts à demi-sauvages dont les atteintes meurtrières frappèrent au cœur les descendants de Clovis et couvrirent les Gaules de sang, de ruines et de carnage.

Il serait trop long de citer ici les noms de ces généreuses victimes, dont les expiations ont certainement pesé dans la balance des divines miséricordes, purifié notre patrie et préparé des siècles de gloire et de prospérité religieuse. Mais on peut s'en faire une idée par l'exemple de Saint Riquier. Nous suivons ici la chronique d'Hariulfe. « Je vais raconter des austérités prodigieuses qu'un homme ne supporterait point dans son corps mortel, si Dieu n'habitait en lui. Notre bienheureux Père poussa si loin l'amour de la pénitence et la pratique de la mortification qu'il méprisa totalement les douceurs de la vie corporelle. Depuis sa conversion jusqu'à sa mort, il ne s'interdit pas seulement l'usage de la viande, du poisson, du vin ou de quelque autre boisson fermentée ; mais il ne voulut pas même user de pain de froment, de légumes ou d'assaisonnements à l'huile. Toutefois, comme on ne saurait vivre sans prendre quelque nourriture, après de longs et pénibles jeûnes, il accordait pour soulagement à son pauvre corps un peu de pain d'orge et de l'eau mêlée de ses larmes. Pour surcroit de pénitence, à ce pain d'orge assez désagréable au goût, comme on le sait, il ajoutait de la cendre, afin de se rappeler sans cesse et même au moment où il est nécessaire de s'occuper des soins de cette vie mortelle que l'homme doit retourner

---

(1) Alcuin. *Initium Sanctæ religionis sumpsit.* — (2) Alcuin. Ibid.
Hariulfe. *Habitum religionis sumens.* (3) Jonas. *Vie de Saint Colomban.*

en cendre, en punition du péché de notre premier père. En outre, l'eau pure dont il usait pour étancher sa soif ne lui paraissait bonne qu'autant qu'il y avait laissé couler une grande abondance de larmes. Il ne prenait cette chétive nourriture que deux fois la semaine, le dimanche et le jeudi (1) ; aussi la pâleur de son visage accusait les jeûnes, les veilles incessantes, les prières prolongées de cet infatigable athlète qui, avant de prêcher Jésus-Christ, voulut rudement châtier son corps, de peur d'être un jour compté au nombre des réprouvés (2). »

Pendant que Saint-Riquier épuisait les forces de la nature dans un long martyre, les peuples agités se débattaient sous les étreintes de l'ambition et de la vengeance. Deux reines implacables se disputaient l'héritage glorieux de Clovis et renversaient sur leur passage tout ce qui leur faisait obstacle. On ne voit pas que le Ponthieu fut troublé par ces guerres impies. Le plus généreux de ses fils put donc goûter en paix les délices par lesquelles le Seigneur, plus libéral que les hommes, récompensait son austère piété et son amour plus fort que la mort. Bientôt joignant à la contemplation les travaux de l'apostolat, il ira répandre au dehors le feu dont son cœur était embrasé et exercer sa miséricorde sur les âmes qui implorent leur réconciliation avec le ciel.

Nos chroniques uniquement occupées de leur héros se taisent presque complètement sur les deux apôtres, dont le zèle avait fait une si belle conquête à l'Eglise. Elles marquent en passant qu'ils ont terminé leur carrière au monastère de Centule. On trouvera dans un autre chapitre ce que l'on a pu recueillir sur leurs vertus et leur culte.

---

(1) *Chron. Cent. Ibid.*

(2) Saint Adamna, d'après Montalembert, expiait une faute de jeunesse en ne prenant de nourriture que deux fois la semaine, les dimanches et jeudis. *Moines d'Occident*, tom. 4, page 81.

De notre temps, on peut affirmer avec certitude que M. Viennay, Curé d'Ars, a passé des carêmes entiers sans consommer deux livres de pain. Son prêtre auxiliaire lui dit un jour : « Monsieur le Curé, on raconte qu'autrefois vous restiez facilement huit jours sans manger. — Oh ! non, mon bon ami, dit le bon curé, sans s'apercevoir qu'il donnait dans un piège, on a exagéré : le plus que j'ai fait, c'est de passer une semaine avec trois repas. » Voilà la meilleure réponse qu'on puisse faire à celui qui traiterait de fable une légende consacrée par l'autorité d'Alcuin et d'Hariulfe.

CHAPITRE III

Saint Riquier, prêtre et missionnaire. — Situation religieuse du Ponthieu. — Grand nombre de Saints. — Missions de Saint Riquier dans le Ponthieu et les pays circonvoisins. — Missions en Angleterre.

Avant de suivre Saint Riquier dans ses diverses prédications, il ne sera pas inutile d'étudier l'état religieux du Ponthieu et la régénération sociale à laquelle l'homme de Dieu fut associé par une disposition spéciale de la Providence. C'est, sous une autre forme, l'histoire des nombreux domaines du monastère à cette époque.

Les apôtres n'avaient point manqué au pays des Morins depuis Saint Firmin, premier évêque d'Amiens. Ses successeurs ne cessèrent d'évangéliser ces contrées, « Les foudres de leurs prédications, comme le remarque Saint Paulin de Nole » dans une lettre à Saint Victrice, évêque de Rouen, apôtre de la Morinie, allèrent » frapper les forêts désertes, les rivages inhospitaliers,. séjour des voleurs et d'habi- » tants féroces, et coulèrent sur ces régions stériles en pluies salutaires. (1) » Toutefois, malgré les efforts multipliés des ouvriers apostoliques, la religion chrétienne n'exerçait pas encore une puissance incontestée. La foi étouffée sous les ronces que multiplièrent les guerres civiles languissait et ne se développait point en fruits de salut. Les superstitions, enracinées dans l'esprit des populations, étaient entretenues par l'ignorance et on continuait en bien des lieux d'unir les cérémonies payennes aux exercices de la vie chrétienne. Saint Eloi, dans un de ses sermons, s'élève contre les sacriléges coutumes des payens, contre les augures, contre les présages tirés du chant ou du vol des oiseaux, contre la distinction des jours heureux ou néfastes, les pratiques ridicules ou criminelles des calendes de Janvier, les bûchers superstitieux, les fêtes de Jupiter ou du solstice accompagnées de danses, de chœurs ou de chants diaboliques. Il défend d'allumer des lampes auprès des sanctuaires payens, auprès des pierres, des fontaines, des arbres, ou dans les carrefours, de suspendre au cou des hommes ou des animaux des bandelettes, des amulettes qui recèlent le venin de Satan (2).

Saint Grégoire-le-Grand demande instamment aux rois de France qu'ils empêchent leurs sujets d'immoler des victimes aux idoles, d'honorer des arbres, de faire des sacrifices sacriléges de têtes d'animaux. Ayant appris que plusieurs francs convertis fréquentaient les églises sans renoncer au culte de leurs pères, il gémit sur cette alliance monstrueuse de Jésus-Christ avec Bélial (3).

(1) Mabillon. *Annales Benedict.* Tom. i, page 158.
(2) Ozanam. *Les Germains avant le Christianisme*, Tom. i. page 484.

(3) S. *Gregorii opera*, Lettres à la reine Brunehaut. (590).

On lit dans la Vie de Saint Valery qu'auprès d'Augusta un gros tronc d'arbre, sur lequel on avait gravé diverses figures d'idoles, recevait encore les adorations des habitants de la contrée et que ce serviteur de Dieu rencontra autour de cet arbre une multitude de paysans offrant leurs sacrifices à ces vains simulacres (1).

Les actes de Saint Leu attestent les mêmes pratiques sur les bords de la Bresle (2). Saint Blimond purifie la montagne de Leuconay des idoles et des superstitions des gentils avant de réédifier le monastère de Saint-Valery.

L'évêque Saint Berchond et Saint Riquier, pour détruire des rites que le peuple observe malgré les menaces des prédicateurs, cherchent à sanctifier les arbres qui en sont l'objet en y attachant des reliques, en y priant eux-mêmes, dans leurs voyages, pendant des carêmes entiers. Saint Valery consacre au culte des apôtres des lieux fréquentés par le peuple et demande même à être enterré au pied d'un arbre vénéré, pour que les payens s'en écartent ou que les chrétiens en priant pour lui rendent gloire au vrai Dieu (3).

Aux grandes plaies sociales les grands remèdes de salut. Ce siècle si fécond en saints, comme dit Mabillon, en fondations de monastères richement dotés, en basiliques édifiées avec une magnificence royale, ce siècle destiné à renouveler la face des Gaules appelle de tous les points de l'horizon sur le Ponthieu des hommes de cœur et de foi, des héros peu connus dans l'histoire des grandes révolutions de ce monde, mais vénérés dans les annales de l'Eglise. Leurs institutions si sages, si dignes de nos respects, ont établi le règne de Jésus-Christ sur les ruines du vieux paganisme et créé cette civilisation dont nous jouissons avec une si superbe ingratitude, que nous nous efforçons de la tourner contre nos bienfaiteurs. C'est d'abord saint Colomban dont les sublimes vertus, dit Hariulfe, et la vie édifiante firent l'admiration de tous les royaumes des Francs (4) ; puis ses disciples ou ses imitateurs saint Caidoc et saint Fricor, qui arrosent ces contrées de leurs sueurs et s'y fixent comme dans une nouvelle patrie. Saint Valery formé par la sévère discipline de Luxeuil y est attiré par les prières du moine Waldolène, enfant du Ponthieu, comme l'insinue Mabillon. Saint Blimond vient des bords de l'Oise demander à saint Valery la guérison de ses infirmités ; et, après avoir obtenu cette grâce extraordinaire, il s'attache à son céleste médecin, pour s'assurer par les labeurs passagers de la pénitence les joies éternelles du ciel. On ne saurait dire quel séjour saint Furcy suivi d'une nombreuse colonie d'hommes apostoliques a fait en Ponthieu : mais la résurrection du fils d'Haymon, duc ou comte de Ponthieu, montre la grande puissance de l'envoyé du ciel et lui gagne le cœur des peuples. Après sa mort, saint Mauguille, l'un de ses disciples, vient se fixer dans un

---

(1) Act. ord. S. Benedict. Tom. 2. In vita S. Valaric.
(2) Boll. 2 Sept. In vita S. Lupi.
(3) Dom Grenier. Introduction à l'Histoire de Picardie, pages 303-308.

(4) Chron. Cent. Lib. I, Cap. II.
Pour tous les saints cités dans cette page, consulter leur vie dans les recueils d'hagiographie.

ermitage sur les bords de l'Authie et perpétue le souvenir de cette mission par l'austérité de sa vie. Saint Wulgan est conduit miraculeusement, dit-on, auprès de ce grand maître de la vie spirituelle et préfère le silence de cette solitude aux honneurs de la dignité épiscopale. Saint Josse, le fils des rois de l'Armorique, s'associe avec des voyageurs pour le pèlerinage de Rome et arrive, on ne sait comment, sur les rives de l'Authie. Le doigt de Dieu est là : sa sainteté embaumera de l'odeur de Jésus-Christ les bords de l'Authie et de la Canche. Deux de ses neveux, saint Vinoc et saint Arnoch viendront partager sa pauvreté et enseigner aux grands seigneurs aussi bien qu'aux pauvres serfs le mépris des biens de ce monde. Saint Condède, autre voyageur évangélique, demandera pendant quelque temps à un ermitage de Saint-Valery les secrets du bonheur. Saint Leu, Évêque de Sens, exilé sur les rives de la Bresle, convertit ses geoliers et évangélise les payens : sa sainteté rayonne autour de lui et laisse des impressions ineffaçables. Saint Wulphy, curé de Rue, étonne les peuples par sa pénitence : sa vie d'expiation ramène au bien ceux qu'il pensait avoir scandalisés et fait trembler les pécheurs les plus insouciants, à la pensée des jugements de Dieu.

Nous ne saurions oublier trois saints Evêques d'Amiens, dont les prières et le zèle apostolique renouvellent les merveilles des plus beaux âges du christianisme. Les noms de Berchond, d'Honoré, de Sauve, sont chers aux habitants du Ponthieu et lui appartiennent spécialement, soit par la naissance de ces grands apôtres, soit pour leur séjour prolongé et leurs fondations religieuses.

Sainte Austreberte, fille de sainte Frameuse, consacra sa virginité à Dieu au monastère de Port et y donna l'exemple d'une telle perfection que saint Philibert vint l'y chercher pour fonder le célèbre monastère de Pavilly dans la Neustrie.

En aucun autre temps, le Ponthieu ne put se glorifier d'un tel concours de serviteurs de Dieu, puissants en œuvres et en paroles ; quelle moisson dans une terre si bien cultivée par la prédication et par l'exemple de tant de vertus ! Des églises se fondent dans toutes les villas, sous la protection des Leudes chrétiens. L'ennemi du salut est dépossédé et la croix de Jésus-Christ dominera seule sur ces contrées. Dans toute la suite des siècles, cinq monastères communiqueront le feu sacré aux populations qui chercheront à se ranger sous la houlette des fidèles gardiens de la loi divine. C'est bien l'âge héroïque du christianisme dans le Ponthieu ; du moins si la critique historique a droit de demander un compte sévère à plusieurs légendes de saints, elle ne conteste point ces éclatantes vertus, ces efforts continus des serviteurs de Dieu pour reproduire dans leur chair, comme dans leur âme, l'image de Jésus crucifié.

Saint Riquier occupe un rang distingué dans cette pléiade de saints. Il les égale par le nombre et l'éclat de ses miracles et loin que son nom soit éclipsé dans ce vaste rayonnement d'ardeurs spirituelles, il y conserve toute la splendeur d'un astre très-lumineux. *Velut lucifer inter umbras emicuit*, dit Alcuin (1). On le comprend encore

(1) In *vita S. Richarii*.

mieux à ce cri d'admiration qui échappe cinq siècles après sa mort à un chronologiste perdu dans un lointain monastère de la Belgique. « L'an 640, nous offre deux illustres évêques, Éloi à Noyon, Ouen à Rouen : deux célèbres abbés, Philibert et Riquier en Ponthieu. (1)

La réputation de sainteté dont jouissait saint Riquier depuis sa conversion lui mérite les honneurs du sacerdoce. Les traits de cette belle figure sacerdotale sont esquissés dans les chroniques avec des couleurs empruntées aux livres saints et aux langage mystique des habitants du cloître. On ne nous fera pas un crime, nous osons l'espérer, de suivre ces guides vénérés. Nous ne comprenons pas autrement la biographie d'un saint.

« Son corps immolé par la pénitence était une hostie sainte, vivante, d'une agréable odeur, comme la victime qui renouvelle chaque jour son sacrifice sur nos autels. Ses mains pures et sans tâche étaient dignes de toucher la chair immaculée du Christ. Instruit des secrets du Très-Haut dans ses fréquentes communications avec le ciel, il les révélait au peuple avec l'accent d'un homme de Dieu, d'un fidèle interprète de l'Évangile : sa profonde humilité relevait encore sa dignité. Ouvrier infatigable, le noble fils des seigneurs de Centule travaillait sans relâche à extirper les erreurs, à purifier le champ du Seigneur de toutes les épines du vice, de toutes les superstitions de l'idolâtrie, à arroser les cœurs desséchés des ondes pures de la vie éternelle (2). »

« Les prédications de saint Riquier produisirent dans le Ponthieu des fruits de salut très-abondants. Tout le peuple chrétien l'aimait et le vénérait, comme un véritable apôtre : car ses exemples confirmaient ses paroles ; il marchait lui-même à grands pas dans les sentiers étroits que ses enseignements montraient au peuple chrétien. Il donnait gratuitement ce qu'il avait reçu gratuitement et il distribuait aux indigents tout ce que les fidèles lui offraient comme prédicateur de la divine parole : vrai disciple de Jésus-Christ, ne soupirant qu'après les trésors de la vie future, il ne voulait point, dans la vie présente, s'inquiéter du lendemain. En se dépouillant de toutes ces offrandes il était plus sûr de posséder ce que Dieu lui promettait. Heureux négoce que celui qui donne des biens passagers pour s'assurer des richesses éternelles ! »

« Ce désintéressement, loin de tarir la source des libéralités, ne fit qu'accroître l'élan des fidèles. On se préoccupait d'abord de ses nécessités corporelles : quand on le sut si charitable, on lui apporta des sommes considérables qu'il employait en bonnes œuvres. Secourant tous les besoins du corps et de l'âme, tantôt il soulageait les nécessiteux, tantôt il rachetait les captifs ; il consolait le pauvre ; il recueillait le voyageur sans asile ; il défendait la veuve ; il servait de père au pupille et à l'orphelin. Un si

---

(1) Sigebert de Gemblours. *Chronic. Anno.* 640. *Eligius Noviomi, Audoenus qui et Dado Rotomagi clarent Episcopi, et Philibertus et Richarius Pontivensis, Abbates.*

(2) Alcuin. — Harulfe. *Ibid.*

saint usage de ces aumônes faisait d'un apôtre le sauveur de ce pays. En effet par ses prédications il délivrait les pécheurs de la servitude du démon, en même temps que par ses libéralités il brisait les fers des esclaves. Tous les infirmes accouraient à lui ; il les accueillait avec tendresse ; il priait pour eux et les renvoyait toujours consolés et souvent guéris (1). Il rendait la vue aux aveugles en faisant sur leurs yeux le signe de la croix, la force et le mouvement aux paralytiques en leur imposant les mains : il chassait les démons des corps des possédés, soit par ses prières, soit par ses menaces, quelquefois même par sa seule présence (2). »

Ces paroles de la chronique d'Hariulfe ont leur preuve dans le récit du fait suivant. Un jour saint Riquier, assis sur les bords de l'Authie, attendait une barque pour traverser la rivière. Un pauvre aveugle du pays de Ponthieu, qui comptait comme tant d'autres sur l'efficacité de ses prières, se fait conduire à l'endroit où il savait que l'homme de Dieu s'était arrêté : il crie de toutes ses forces vers son père bien aimé, vers le Seigneur ou plutôt le Sauveur de son pays et le conjure de lui rendre la douce lumière des cieux. Le saint, toujours compatissant aux maux de son prochain, le fait approcher, lui met de la salive sur les yeux, à l'exemple de son divin maître. La même puissance produisait les mêmes effets : ces yeux depuis longtemps fermés aux rayons du soleil se rouvrirent tout-à-coup. La guérison fut complète. Le lieu est bien connu, ajoute Hariulfe ; l'Eglise et le village s'appellent *Dom Riquier* en mémoire de notre père (3).

« Le temps, dit encore la chronique, n'a pu effacer la mémoire d'un autre miracle que nos compatriotes racontent tous les jours. Lorsque le Bienheureux se rendait en Angleterre pour racheter des captifs, si par hasard il ne se trouvait pas de barque sur l'Authie ou la Canche, il ne laissait pas que de traverser l'eau. Jamais il ne lui arriva d'accident ; et, ce qui est plus admirable, ses pieds même n'étaient pas mouillés. La mémoire des fidèles de ces pays est remplie de semblables merveilles que nous ne tenons pas à raconter; car les anciens guidés par les conseils d'une plus haute sagesse les ont négligés : ils préféraient nous montrer dans la vie de saint Riquier ce que nous pouvons, ce que nous devons imiter (4). »

---

(1) Alcuin. *Medelam consolationis per sanctas orationes.* Hariulfe. *Medelam curationis.*

(1) *Chron. Cent.*, Lib. I, Cap. VIII.

(2) *Ibid.* Cap. XVII. *Domnus Richarius.* Aujourd'hui Dourier, dit-on, canton de Campagne (Pas-de-Calais). Plusieurs auteurs remarquent que le nom de Dourier est une contraction de *Duroicoregum* inscrit dans la carte de Peutinger. Sans nier la valeur de cette observation, on pourrait ajouter que la mauvaise étymologie d'Hariulfe, si le fait s'est passé dans cette localité, ne détruit pas la réalité du miracle.

Dourier, village situé près de l'Authie, à 5 lieues de Saint-Riquier. possédait au XVI siècle un château-fort appartenant à la famille de Créquy. François de Créquy et Marguerite Blondel y ont fondé une collégiale. sous le vocable de Saint-Riquier. L'Eglise est belle et assez bien conservée.

Un autre village du nom de Dourier, près d'Airaines, à la même distance du monastère, avait pour patron saint Riquier. On ne pourrait ici opposer l'étymologie ; d'où il suit que le nom de *Domnus Richarius* peut aussi s'appliquer au village situé sur l'Authie.

(4) *Chron. Cent. Ibid. Cap.* XVII.

La hideuse maladie de la lèpre régnait dès lors dans le royaume des Francs : elle était même assez commune dans ces temps reculés. Le troisième concile de Lyon ordonne aux Evêques de nourrir et de vêtir les lépreux, afin que la nécessité ne les expose point à tous les désordres du vagabondage. On reconnaît dans ces canons disciplinaires la tendre sollicitude de l'Eglise pour les plus infortunés de ses membrs. Elle n'attend pas les temps de crise sociale pour venir à leur secours. Elle prélude ainsi à l'institution si chrétienne de ces refuges de lépreux, qu'elle a tant multipliés à l'époque des croisades, en faveur de ses enfants victimes d'un héroïque dévouement.

A côté de la lèpre, on soignait aussi l'éléphantiasis, autre genre de pustules à peu près semblables et aussi rebutantes, mais moins contagieuses. Cette seconde maladie est acclimatée sous toutes les latitudes.

Les misères des lépreux et des éléphantiques touchèrent la grande âme du fervent missionnaire ; loin de les repousser ou de les fuir, il leur prodiguait ses soins avec une touchante compassion, il les embrassait comme des frères et préparait pour leurs membres endoloris le remède salutaire des bains. Lorsque les pauvres pestiférés avaient empoisonné les eaux du virus de leur lèpre, afin de leur prouver qu'il ne craignait point leur maladie, il aimait à y baigner ses membres après eux. Non-seulement il n'était point atteint de ce mal affreux, mais sa foi et son dévouement lui obtenaient la grâce de purifier ces dangereux hôtes, repoussés de toutes les demeures : et, ce qui lui tenait plus au cœur, il guérissait aussi leur âmes par ses exhortations pleines d'onction et de miséricorde. (1).

« Charitable consolateur des âmes affligées et repentantes, dit la chronique, les
» superbes trouvaient en lui un censeur sévère de leur vices. S'il relevait les premières
» par des paroles de clémence, il humiliait les seconds par de fortes réprimandes. La
» crainte de Dieu lui donna toujours le courage nécessaire pour affronter la colère des
» puissants de la terre. Jamais il ne sacrifia les droits de la vérité pour complaire aux
» riches, ou pour éviter leurs menaces. Il ne ressemblait point au roseau agité par le
» vent, c'est-à-dire qu'il n'était pas ébranlé par le souffle des adulateurs ou des
» détracteurs. Appuyé sur le roc des vérités révélées, il méprisait, comme l'Apôtre, le
» jugement des hommes et marchait en plein jour par la voie royale, sans se laisser
» détourner à droite par la crainte des puissances terrestres, sans incliner à gauche
» sous la séduction de la flatterie. Cette fermeté de principes lui servit à gagner à Dieu
» dans les province du Ponthieu un grand nombre de pécheurs égarés et d'infidèles
» jusque-là rebelles aux inspirations divines et couvrit son nom d'une gloire immor-
» telle (2). »

Il serait difficile d'indiquer tous les lieux évangélisés par saint Riquier. Les

---

1) *Chron. Cent. Ibid, Cap.* ix·   (2) *Ibid. Cap.* ix.

documents nous manquent ; toutefois on peut affirmer sans témérité qu'il est l'apôtre du Ponthieu avec saint Valery, qu'il bâtit des églises en plusieurs endroits et y plaça des prêtres formés par ses exemples et ses leçons. De nombreux domaines du monastère sur la Somme, sur l'Authie et la Canche et jusqu'en Belgique et en Angleterre,— soit qu'ils aient appartenu à sa famille, soit qu'ils lui aient été cédés par la reconnaissance de ses fils spirituels,— des noms de villages, de fermes, des églises consacrées sous son invocation, nous aideraient jusqu'à un certain point à fixer l'itinéraire de ses courses apostoliques. Sans vouloir substituer la conjecture à la vérité, il nous est permis, dans le silence de l'histoire, d'interroger des faits palpables, inexpliqués jusqu'à ce jour. Nous dirons donc qu'après le Ponthieu, l'homme de Dieu évangélisa le pays de Caux, de Taleu et diverses parties de la Neustrie avec Saint-Valery. Trois villlages de la Normandie portent le nom de cet infatigable Apôtre ; Saint-Riquier d'Héricourt (1) ; Saint-Riquier-es-Plains (2) ; Saint-Riquier-en-Rivière (3). Tout auprès on voit Saint-Valery-en-Caux, et d'autres Eglises consacrées sous l'invocation du saint abbé de Leuconay. Serait-il défendu de reconnaître là des monuments de prédication commune. Pour incarner le souvenir de ces hommes célèbres jusques dans les noms de lieu, il a fallu des événements capables de frapper l'imagination des peuples : en est-il de plus mémorable que la conversion d'une contrée et le don précieux de la foi ?

D'après la chronique de Marchiennes (4) par André Silvius (5), Sigefroy, ber d'Auxi, Erchinoald, maire de palais de Clovis II, et saint Adalbaud, époux de sainte Rictrude, étaient frères. Si cette tradition avait quelque fondement solide, elle mettrait sur la trace des prédications de saint Riquier. Ses rapports avec la noble famille de ces puissants seigneurs sont attestés par plusieurs chroniques. Il aurait donc répandu la semence évangélique dans les domaines de Sigefroi le long de l'Authie, sur les bords de la Somme dans ceux d'Erchinoald, maître de Péronne, alors le mont des Cygnes. De là il se serait dirigé vers l'Ostrevent (6) où le leude Adalbaud l'aurait pressé d'unir ses efforts à ceux de saint Amand, afin de conquérir ses vastes domaines à Jésus-Christ. La soif dont il était dévoré pour le salut des âmes l'aurait poussé plus loin encore jusqu'aux extrémités du diocèse de Tournai, jusqu'au pays de Liége ; car nous retrouverons là aussi le nom béni de saint Riquier et de belles possessions de son monastère (7).

(1) Canton de Doudeville (Seine-Inférieure).
(2) Canton de Saint-Valery-en-Caux (Ibid.)
(3) Canton d'Eu (Ibid.)
(4) Marchiennes (chef-lieu de canton (Nord).
(5) Boll. Act. sanct., 12 Mai.
(6) Petit canton de Flandre.
(7) Le prieuré de Brèdenay, les villas de Mérimont,

Thosan et autres domaines dont parle Hariulfe. *Chron. Cent. Lab.* III, *Cap.* XXX.

« Saint Eloi, saint Riquier, saint Omer, saint Mommolin, saint Bertin, etc. parcoururent, du VIIe au IXe siècle, les côtes du pays qui sera la Flandre et y firent pénétrer la civilisation avec la parole évangélique. » *Histoire de Dunkerque* par Mordaque, page 36, *Mémoires de la Société Dunkerquoise.* » 1870-1871.

C'est sans doute une pieuse rêverie que la chronologie aurait peine à justifier ; mais, puisqu'elle repose sur des traditions anciennes, nous nous plaisons aussi à associer le nom de saint Riquier à ceux de saint Josse et de saint Bertin, Abbé de Sithiu ou Saint-Omer.

Saint Josse, d'après Yperius, est souvent visité dans son ermitage de Runiac par saint Riquier et saint Bertin qui chantent avec lui les louanges divines, le consolent des tristesses de l'exil en l'entretenant du bonheur de la céleste patrie. Une petite chapelle bâtie par saint Bertin à Haline près Saint-Omer, et souvent favorisée de miracles, était habituellement visitée par saint Riquier dans ses voyages d'Angleterre ; les deux serviteurs de Dieu s'y réunissaient et discouraient de leurs missions, de leurs monastères, de leur propre perfection.

Les visites mutuelles des deux grands abbés du Ponthieu ont laissé des souvenirs plus durables, s'il faut en croire d'autres traditions populaires. « A droite de la route
» de Saint-Valery, dit M. Prarond, à l'entrée du bois de la Motte, on voyait encore, il
» y a vingt ans environ, une assez longue source aujourd'hui comblée : on l'appelait la
» fontaine de Saint-Valery. La tradition veut que les solitaires saint Valery et saint
» Riquier, dans les visites réciproques qu'ils se rendaient du cap Hornu à Centule et de
» Centule au cap Hornu, se reconduisaient ordinairement jusqu'à cette fontaine où ils
» s'embrassaient et se séparaient. Cette fontaine était encadrée par de grosses pierres
» et ombragée par de grands saules. L'eau de la fontaine de Saint-Valery avait des
» qualités miraculeuses. De l'autre côté de la route s'élevait l'ermitage de saint Valery,
» le huitième des anciens ermitages du Ponthieu, dit le P. Ignace, qu'on nommait le
» petit saint Valery (1). » On sent bien que notre histoire de saint Riquier ne s'appuie point sur ces traditions incertaines, nous croyons cependant utile de les rappeler.

Mais si l'on ne peut suivre sûrement les pas de ce ministre des divines miséricordes, du moins on peut assurer qu'il a passé les mers et qu'il a travaillé à la conversion des Anglais. L'examen des faits contemporains nous fait même présumer qu'il s'est associé à la glorieuse mission des envoyés de saint Grégoire-le-Grand. Quand ce zélé Pontife envoya en Angleterre, en 596, le moine Augustin, prieur de son monastère de Saint-André, avec quelques autres moines dont la vertu et la sagesse lui étaient connues, il recommanda les saints missionnaires aux principaux Evêques de France et aux rois des contrées par où ils devaient passer ; il implorait pour eux la grâce d'une bienveillante protection, l'assistance dont ils auront besoin. Tout en déplorant l'indifférence des prêtres des pays voisins de l'Angleterre sur le sort de ce peuple, il espère que ces nouveaux apôtres en emmèneront quelques-uns avec eux, pour les aider dans leurs travaux et seconder les dispositions du peuple barbare (2).

(1) M. Prarond. *Rues d'Abbeville*, tom. 1, p. 127.

(1) Histoire de l'Eglise Gallicane. An 596. Saint Grégoire. *Lettres. Lib.* 6, n° 58, 59, *etc.*

Augustin et ses compagnons traversèrent les Gaules en recueillant partout des marques de vénération: ils s'embarquèrent probablement à Quentovic pour la Grande-Bretagne, avec des interprètes français et quelques prêtres dociles à l'appel du pasteur suprême. Ethelbert, roi de Kent et toute sa nation, à la vue des nombreux miracles qui confirmèrent les enseignements de ces envoyés célestes, se soumirent à la foi chrétienne. Augustin étendit plus loin ses conquêtes et marcha de triomphe en triomphe dans ces royaumes qui méritèrent d'être appelés l'Ile des saints. Le grand promoteur de ces missions vécut assez pour se réjouir avec son bien-aimé disciple de ce que la nation des Angles, dégagée des ténèbres de l'erreur, éclairée des lumières de l'Evangile, foulait aux pieds les idoles et obéissait avec un cœur pur au Dieu tout puissant, de ce que l'Océan avec ses orages se courbait sous les pieds des saints et de ce que la parole du prêtre enchantait les peuples que le glaive des Empereurs n'avait pu dompter (1).

C'est à cette même époque, et, il est même permis de le conjecturer, c'est à la suite de ces illustres prédicateurs que saint Riquier, dévoré du même zèle, quittait le Ponthieu et traversait les mers pour distribuer les trésors de grâce que le Sauveur avait placés dans ses mains. L'auréole glorieuse dont les éloges de saint Grégoire couronnèrent les travaux d'Augustin et de ses premiers compagnons accourus de Rome, a effacé dans l'histoire le souvenir de cette mission d'un enfant du Ponthieu ; mais ses biographes en ont compris l'importance et le succès ; ils nous le montrent s'élançant à travers les plaines liquides de l'Océan et comme l'astre du matin, — c'est la comparaison préférée d'Alcuin, — réjouissant les cœurs par la diffusion de la lumière incréée et chassant les ténèbres profondes de l'ignorance. On connaît déjà assez les œuvres de ce fidèle et prudent serviteur pour assurer qu'aucun missionnaire ne l'a devancé dans la carrière des austérités et du dévouement ; il a sa belle part dans la prédication, dans l'administration des sacrements ; il a dépensé pour le salut de ses frères ses forces, sa vie, les libéralités de la charité chrétienne.

Un caractère particulier de son apostolat, c'est qu'il remplit auprès des Angles une double mission. Il délivre les uns de la captivité du démon et les autres de l'esclavage des hommes : aux uns il prodigue la parole du salut qui donne la vie éternelle, aux autres la rançon qui assure le bonheur de la vie présente. Habile négociateur des intérêts de Dieu et de l'humanité, il porte dans les plis de son manteau la liberté temporelle et les biens de la céleste patrie. Les aumônes qu'il reçoit abondamment lui permettent de passer et de repasser les mers avec de grandes troupes d'esclaves qu'il fait instruire, qu'il purifie de leurs péchés, qu'il associe dans le cloître aux labeurs de sa pénitence ou qu'il laisse dans le siècle, vivants témoignages de la puissance de la grâce divine et de la foi des saints. (2).

Suppléons ici au silence de nos chroniques sur l'œuvre du rachat des captifs. Les

(1) Gabourd. *Histoire de France*. Tom. 2, pag. 171.   (2) Alcuin. — Hariulfe. *Ibid.*

esclaves,— prenons ce mot dans sa plus dure acception,— étaient encore nombreux au septième siècle : enfants de grande famille, fils de rois ou [de princes, hommes du peuple enlevés par des pirates ou faits prisonniers dans les guerres, Romains, Gaulois, Bretons, Maures d'Afrique ou Saxons, on les voyait arriver de différents pays sur les marchés publics. La compassion chrétienne les disputait à l'avidité des spéculateurs. On raconte de saint Eloi qu'aussitôt qu'il apprenait que des captifs devaient être vendus à Paris, il les rachetait pour leur rendre la liberté et si l'argent lui manquait, il donnait ce qu'il possédait, son manteau, sa ceinture, et jusqu'à sa chaussure (1). Sainte Bathilde, cette royale esclave, élevée par une disposition mystérieuse de la Providence à la dignité de reine de France, n'avait rien plus à cœur que de soulager une infortune dont elle connaissait l'étendue ; elle renvoyait dans leur patrie ses esclaves affranchis ou les plaçait dans les monastères. Elle défendit par une loi d'introduire un chrétien captif au royaume des Francs ou de vendre ses sujets marqués du caractère du baptême (2).

Emule des Eloi, des Bathilde et de tant d'autres saints redempteurs des captifs, précurseur comme eux des Jean de Matha et des Félix de Valois, saint Riquier continua ce sublime et glorieux ministère pendant toute sa vie. Des disciples l'accompagnaient dans ces pieuses expéditions : quand il ne pouvait lui-même revenir en Ponthieu, il leur confiait sa chère colonie. L'établissement même de son monastère ne devint point un obstacle à ce commerce si utile à l'Eglise : il le continua jusqu'au moment où ses forces trahirent l'ardeur de son zèle. Aussi son souvenir a-t-il été longtemps populaire en Angleterre. Son monastère y posséda de beaux domaines connus sous le nom de prieuré de Peyrane. On lit dans Hariulfe que cette donation fut faite par saint Edouard le Confesseur ; nous avons quelques raisons de croire que les chartes de cette époque ne sont que la confirmation d'une donation plus ancienne (3).

Le Bienheureux Alcuin, qui ne pouvait assez admirer les avantages de ce pieux trafic, termine son récit par le trait suivant. Pendant ses missions en Angleterre, l'homme de Dieu avait laissé des esclaves sur ses domaines patrimoniaux. Leurs bras servaient sans doute à les exploiter. Retenu par ses prédications plus longtemps qu'il ne l'avait pensé, il fut saisi subitement d'une vive inquiétude sur le sort de ces malheureux et il se prit à dire à ses disciples : Hélas ! nous venons délivrer ici des captifs et nous laissons nos frères esclaves dans notre patrie ! Je ne sais quel pressentiment m'avertit qu'ils vont bientôt quitter ce monde ! Partez sur le champ pour leur rendre la liberté avant leur mort. Ses disciples s'empressent d'exécuter ses volontés, et, aussitôt après leur arrivée en Ponthieu ils prononcent la sentence d'affranchissement. Ce que le saint avait prévu par une lumière prophétique arriva. Ces hommes pleins de

(1) Vie de Saint Eloi, par Saint Ouen.   (3) *Chron. Cent. Lib.* IV, *Cap.* XXIII, XXIV.
(2) Vie de Sainte Bathilde.

CHAPITRE III.

santé, quand ils reçurent la nouvelle de leur liberté, furent bientôt couchés dans la tombe, mais du moins leur cœur ne fut point, à l'heure dernière, oppressé sous le remords de la servitude (1).

On pourrait s'étonner que saint Riquier eût gardé des esclaves sur ses terres, lorsqu'il allait en racheter en Angleterre. Il n'est pas inutile de remarquer que ses esclaves à lui étaient traités comme des serviteurs chrétiens et des membres de la famille, qu'ils semblaient même, d'après le récit de l'auteur, avoir des espérances de prochaine liberté et que l'homme de Dieu attendait l'heure où ils auraient été assez forts pour user religieusement et justement de leurs nouveaux droits. Ce n'est pas assez d'émanciper des esclaves, il faut, en leur créant une position meilleure, leur rendre la liberté salutaire pour eux et leur famille. C'est ce qu'on a trop oublié dans les temps modernes : aussi l'imprévoyance des philosophes est cruellement punie et la sagesse de l'Eglise parfaitement justifiée.

Depuis ce moment saint Riquier ne voulut plus avoir un seul esclave : partout où il en possédait sur ses domaines, il les rendait à la liberté. C'était du reste une conséquence de ses œuvres de charité. Après avoir exercé tant de clémence envers les étrangers, pouvait-il rester insensible au malheur des siens ? En cherchant à s'amasser des trésors de mérite par ses largesses envers les autres, aurait-il dû laisser perdre ceux qu'il lui était facile de gagner sur son propre fonds (2) ? Ainsi raisonnent ses biographes et l'on ne peut que les approuver.

Le chrétien habitué à lire la Vie des Saints ne s'étonnera point de rencontrer dans le trait suivant les soins d'une paternelle Providence pour ceux qui ont mis en elle toute leur confiance. A une petite journée du monastère de Centule, il existe un village appelé Sorrus (3), autrefois Sigetrude, du nom de la dame de ce domaine. On pense que Sigetrude était l'épouse de Samer, comte de Boulogne : aussi bienfaisante que riche, elle donnait volontiers l'hospitalité à saint Riquier et aux esclaves qu'il avait rachetés en Angleterre. Comptant comme de coutume sur sa charité, le saint Apôtre frappe à la porte de la maison seigneuriale dans une sombre soirée d'hiver et s'annonce avec une nombreuse suite : car cette fois le ciel avait béni son voyage et comblé ses vœux. Sigetrude, dit la légende, ne connaissait pas encore assez la vertu et les mérites de son hôte ; et, en rejetant sa prière, elle laissa entrevoir qu'elle ajoutait foi à de mauvaises rumeurs. L'homme de Dieu se voyant repoussé, sans abri, dans l'impossibilité de s'aventurer plus loin, examina les alentours du village et trouva une grande caverne ou un grand fossé assez large pour improviser un campement nocturne. Pendant que les pieux voyageurs reposaient, ou plutôt pendant qu'ils veillaient dans la prière et le chant des louanges de Dieu, il tomba de

(1) Alcuin.— Hariulfe, *ibid.*
(2) Alcuin.— Hariulfe, *ibid.*

(3) Sorrus, canton de Montreuil, à quelque distance de Quentovic, où l'on s'embarquait pour l'Angleterre.

la neige en si grande quantité qu'on en vit rarement une couche aussi épaisse. Toutes les plaines étaient couvertes ; mais l'endroit où le saint s'était réfugié avec les siens en fut préservé, et ce fut là quelque chose de prodigieux, d'après la remarque de la chronique : car, on le sait par expérience, la neige, soit par l'action du vent soit par sa propre ténuité, pénètre partout, même dans les habitations bien closes.

Ainsi, après avoir été rejetés par les hommes, les compagnons du saint missionnaire furent couverts comme d'un bouclier impénétrable par leur Père du Ciel. Lorsque le matin en se levant les habitants du lieu se frayèrent un chemin pour leurs occupations rustiques, quel ne fut pas leur étonnement en voyant à la clarté du grand jour que cette troupe avait été respectée par cette avalanche de neige ! Ils ne doutèrent plus, après un témoignage si éclatant de la protection du ciel, que Riquier ne fût un grand serviteur de Dieu et son ami.

A cette nouvelle, Sigetrude comprit la grandeur de sa faute et se repentit amèrement de sa cruauté. Depuis elle s'attacha si fortement au vertueux prêtre qu'elle tint à lui concéder sa propriété. Ainsi Dieu vengeait son serviteur des soupçons injurieux : il humiliait aux pieds d'un Apôtre une femme trop altière et lui inspirait immédiatement le moyen de réparer cette faute en lui consacrant un héritage considérable (1).

Un auteur moderne (2) citant ce fait d'après le P. Malbrancq ajoute qu' « on a main-
» te fois l'occasion de remarquer que l'historien de la Morinie accueille avec une rare
» crédulité tous les faits merveilleux. » Sans chercher à défendre un auteur que nous accusons nous-même de manquer de critique, nous ferons cependant observer à ceux qui voudraient rejeter ce fait, d'après un témoignage si douteux, qu'il est consigné dans toutes les chroniques de Saint-Riquier, que des faits analogues éprouvés au creuset de la critique historique enseignent aux chrétiens qu'en tout temps Dieu veille sur ses justes et exauce leurs prières dans la détresse. Ainsi on raconte dans la vie de saint André Avellin que la violence du vent et de la pluie ayant éteint la lumière qui le dirigeait lui et ses compagnons, au milieu d'une nuit obscure, non-seulement personne ne fut mouillé par cette averse impétueuse, mais qu'un rayon lumineux s'échappa du corps du saint et montra la route à toute sa suite. Plus d'une fois des pluies torrentielles épargnèrent sainte Romaine pendant qu'elle se livrait aux saintes contemplations des divins mystères. Saint Raymond Pennafort traversa les mers sur son manteau, fit soixante milles en six heures et rentra dans son monastère sans que personne ne lui en ouvrît les portes (3). Après de si graves autorités, on peut proposer les merveilles racontées par d'obscurs chroniqueurs, sans être taxé de crédulité excessive. Qui pourrait affirmer que ce miracle si suspect à certains historiens n'était pas contenu dans un gros volume de miracles qu'Alcuin a parcourus sans avoir le temps de les rapporter ?

(1) *Chron. Cent. Lib.* 1, *Cap.* XI. — Mabillon. *Act. Sanct. Tom. II. In vita S. Richarii.*
(2) Harbaville. *Mémorial historique du Pas-de-Calais, tom* II.
(3) Bréviaire romain, 10 novembre, 9 mars, 23 février.

Sigetrude, devenue bénéficiaire de l'abbé de Centule, reçut encore bien souvent le saint dans ses voyages : elle contracta même avec lui une respectueuse familiarité et se permit de demander par le secours de ses prières une source d'eau vive pour le service de sa maison et de ses domaines ; car en cet endroit on était privé d'eau et c'était une grande fatigue pour la famille. Le saint voulut bien se prêter à ce désir : il implora avec humilité et ferveur le secours du Tout-Puissant : puis il fixa son baton en terre et à l'instant même l'eau jaillit avec impétuosité et forma une fontaine qui coule encore aujourd'hui, dit Hariulfe, et atteste à tous, de siècle en siècle, la puissance du saint. Jamais cette eau ne tarit ; jamais elle ne déborde dans les campagnes voisines, mais elle se perd à peu de distance de la source. Bue avec foi par des malades, elle a souvent produit des effets surnaturels. Ce fait raconté au IXe siècle comme une tradition ancienne, confirmée trois cents ans après par Hariulfe, a aussi sa mention dans la chronique manuscrite du monastère. On dit à cette époque que la fontaine miraculeuse ne se tarit jamais, même dans les plus longues sécheresses (1). Cette source existe encore de nos jours.

Le fait suivant omis par Hariulfe a trouvé place dans la compilation de Corbie. Un nom de lieu semble s'y rattacher : c'est pourquoi nous l'indiquons sans chercher à le justifier. Saint Riquier arrivait de la Grande-Bretagne avec les captifs rachetés par ses aumônes : il aperçut soudain des brigands lancés à sa poursuite. Craignant non pour sa vie ou pour ses biens, mais pour ce précieux trésor qu'on pouvait lui voler ou disperser, il eut recours à la prière et recommanda à Dieu ces pauvres victimes de l'erreur qu'on allait refouler sous l'oppression ou peut-être précipiter dans les abîmes éternels. Alors, dit la chronique, le miracle du prophète Habacuc se renouvela pour notre père. En un instant la puissance divine transporta cette troupe au-delà du fleuve de l'Authie et de la forêt voisine et les déposa en un lieu sûr qu'on nomme en souvenir de cet événement *Moxultra* (2).

Saint Riquier est appelé évêque par Notker et plusieurs autres auteurs. Nous n'avons pas à nous occuper, au sujet de cette affirmation, de ceux qui ont suivi la chronique manuscrite de Centule ; ils ont admis des faits invraisemblables sur des récits apocryphes. Nous répondrons aux autres que ce nom est donné à plusieurs missionnaires de cette époque, à cause de certaines fonctions épiscopales et notamment de la prédication réservée aux évêques dans les premiers siècles de l'Eglise ; mais on ne doit pas inférer de là qu'ils aient eu le caractère épiscopal, à moins qu'il ne soit constant qu'ils ont été élevés à cette sublime dignité. Dans la plupart des martyrologes, saint Riquier est appelé prêtre et c'est la vérité historique.

(1) *Chron. Cent. Lib.* I, *Cap.* XII. Mabillon. *Act. Sanct. Tom. II. In vita S. Richarii.*

(2) *Acta Sanctorum, Ibid.* Aujourd'hui Mésoutre, ferme voisine de Vironchaux, canton de Rue. L'abbaye de Saint-Riquier l'a possédée pendant plusieurs siècles et l'a ensuite cédée à l'abbaye Cistercienne de Valoires. Ce lieu est toujours appelé *Moxultra* dans les chroniques du monastère. Ailleurs on lit quelquefois *Missultra*.

CHAPITRE VI

Fondation du Monastère de Saint-Riquier. — Grand nombre de Monastères au VII° siècle.

Au lieu même où l'église actuelle de Saint-Riquier offre à notre admiration l'imposante majesté de sa tour, la couronne de ses pinacles et de ses contreforts, les flammes de ses vieilles ogives, le serviteur de Dieu éleva une église à la gloire de Marie, mère de Dieu. Il est à présumer que l'architecture du premier temple de Centule fut simple et modeste : car on ne connaissait guère alors dans ces régions que les constructions en bois et les formes rustiques du style lombard. C'est à l'ombre de ce sanctuaire que le pieux apôtre du Ponthieu consacra à Dieu et à la pénitence ses néophytes, ses esclaves convertis, ses disciples arrachés à la dissipation du monde, de nobles Francs plus disposés à conquérir le royaume des cieux qu'à jouir des avantages de leurs possessions terrestres. Tous avaient faim et soif de la justice chrétienne et voulaient combattre sous son drapeau et marcher à sa suite dans la voie étroite de la perfection.

Les renseignements nous manquent sur l'époque de la fondation du monastère comme sur la naissance du saint. Ce serait en 622 d'après le calcul de quelques historiens, en 625 ou 628, s'il faut en croire d'autres écrivains. Alcuin touche à peine cette circonstance si importante de la vie du saint. Hariulfe est beaucoup plus explicite ; mais les questions de chronologie ne le préoccupent nullement et on ne peut rien conclure de sa chronique. Il nous apprend que le serviteur de Dieu, après avoir éclairé de nombreuses régions des lumières de la foi et converti une multitude infinie de païens, après avoir bâti beaucoup d'églises et les avoir pourvues de clercs pour les desservir, dut renoncer aux durs labeurs des missions ou du moins les diminuer et accorder à la nature affaiblie un repos plus prolongé. Mais, ajoute-t-il, l'ardeur de son zèle ne se ralentissait point et il chercha dans la fondation d'un monastère un nouvel élément à cette vie d'action dont sa foi avait besoin. Après s'être donné lui-même à Jésus-Christ, il lui restait ses domaines, l'héritage de ses pères, les terres qu'on appelle vulgairement *alleux* ou patrimoine : il les donna à Dieu en y construisant un monastère, de sorte qu'au lieu même où il reçut la vie et le don de la foi il devint le père d'une nombreuse postérité qu'il enfanta par la grâce sur son héritage terrestre pour en faire des habitants de la céleste patrie. Cet asile béni, toujours célèbre, toujours peuplé de nombreux serviteurs de Dieu, était alors moins remarquable par la grandeur et la beauté de ses édifices ; mais il ne brillait pas moins par la ferveur et la sainteté de ses religieux (1).

Il est évident par ces paroles que le monastère de Centule fut doté des biens de son

(1) *Chron. Cent. Liber* I, *Cap.* xv.

premier abbé. C'est là que se trouve l'origine et la raison des droits primordiaux des abbés de Saint-Riquier sur cette ville, droits en partie cédés à la commune au xii° siècle, mais avec assez de réserve pour faire sentir le bienfait et prouver la jouissance antérieure de toutes les prérogatives seigneuriales. La famille du saint avait la propriété de tout le bourg, de ses terres qu'on appelle ici son *alleu*, c'est-à-dire une possession transmissible par héritage, indépendante de toute charge envers un seigneur, ne relevant que du chef de la nation. Le serviteur de Dieu s'en dépouilla pour fonder sa communauté et lui transmit tous les revenus et les priviléges de la propriété.

D'autres monastères ont revendiqué les honneurs de fondations royales. Celui de Centule doit la plus belle partie de son domaine au fils de ses seigneurs. Des donations subséquentes lui permettront de prendre des développements dans la suite des âges ; mais personne ne disputera à l'homme de Dieu le nom de fondateur. Dans ces derniers temps les moines se glorifiaient du titre d'*Abbaye royale*. C'est une prérogative qui leur devint commune avec beaucoup d'autres monastères anciens : elle n'indique point une fondation ou donation royale dans le sens le plus strict du mot, mais une indépendance pour son temporel de toute autre autorité que de celle du roi. On nous a conservé les noms des abbayes de dotation royale au ix° siècle. On n'y lit point celui de Centule, tandis que Saint-Pierre de Corbie fondé par la reine Bathilde et le roi Clotaire III son fils est mentionné dans la charte impériale.

D'après les saints canons l'évêque devait être consulté quand on désirait établir un monastère : il venait lui-même consacrer ce lieu au Seigneur par des prières solennelles, des psaumes et des litanies. Il plantait la croix à la place de l'autel et traçait l'enceinte des lieux réguliers. Le fondateur s'engageait en sa présence à doter la maison sainte de revenus suffisants pour l'entretien des moines et pour le culte divin. Ainsi l'Eglise dans sa sagesse a tout prévu, afin que les religieux délivrés d'inquiétude accomplissent leur règle sans murmure et n'aient aucun prétexte de vagabonder dans le siècle, comme saint Benoît s'en plaignait en son temps. Mais la même discipline défendait de procurer l'abondance des richesses, source empoisonnée de luxe et de relâchement. Ce relâchement qu'on a trop souvent reproché à des communautés ferventes à leur origine, d'autres causes l'ont produit. En les examinant de près on ne fera pas toujours peser toute la responsabilité du mal sur les corps religieux qui gémissaient avec raison d'avoir été sacrifiés à l'ambition et à des passions mondaines.

Nous présumons que saint Berchond était encore évêque d'Amiens à l'époque de la formation du monastère de Centule, qu'il eut la consolation de doter son diocèse de deux communautés religieuses, celle de Saint-Valery et celle de Saint-Riquier, qu'il vint lui-même à Centule accepter au nom de l'Eglise l'offrande de ce nouvel hôtel du céleste pèlerinage, ainsi que saint Benoît l'appelle, et y élever le symbole de la puissance de Jésus-Christ (1).

(1) *Règle de saint Benoît*, chap. 46.

Il serait difficile aujourd'hui de décider quel institut monastique on établit à Centule : a-t-on adopté la règle de saint Benoît nouvellement établie en France par saint Maur le plus illustre de ses disciples ? Ne s'est-on pas plutôt soumis à celle de saint Colomban importée de Luxeuil à Leuconay par saint Valery ? ou bien encore saint Riquier aurait-il, comme un de ses disciples, saint Philibert, réuni en un seul code de vie monastique les célestes maximes des Basile, la règle des Macaire, la doctrine des Benoît, les usages des Colomban, choisissant lui-même dans ces sublimes enseignements ce qui lui aurait paru plus convenable pour le temps des offices, de la lecture, des occupations corporelles ou spirituelles ? Il n'y a point de réponse à ces queslions quelque peu ardues. Il nous paraît cependant plus probable que l'élément irlandais de saint Colomban, de ses disciples ou compatriotes Caidoc et Frichor prévalut dans le premier âge de la vie monastique, et que, dans la suite, les moines de Centule obéissant aux prescriptions de l'Eglise, on accepta comme dans les diocèses des Gaules la sainte règle du patriarche de l'Occident approuvée et recommandée par les souverains pontifes (1).

La fondation de ce monastère appartient au siècle d'or de la vie cénobitique qui réjouit tant le cœur du pieux Mabillon (2). Il serait inutile, impossible même d'énumérer tous les monastères que l'amour de la pénitence et de la retraite a créés au VIIe siècle. Avant cette époque, comme saint Ouen le remarque dans la vie de saint Eloi (3), les monastères étaient encore peu nombreux; mais en ce temps-là la Gaule fut envahie par des armées de moines et des essaims de religieux. Les grandes villes, les places fortifiées, les bourgs, les villages, les campagnes, les vastes profondeurs des déserts en furent inondés. Ce souffle régénérateur qui neutralisait les passions brutales des conquérants germaniques amena à saint Riquier de nombreux disciples. Tous se sont sanctifiés dans l'obscurité du cloître et sont restés inconnus. Deux noms seulement nous ont été conservés : celui de l'abbé Ocialde, le premier successeur de notre saint et celui de Sigobard son compagnon de solitude à Forest-Montier. D'après Hariulfe, les deux missionnaires que la Providence avait dirigés sur ces parages pour la conversion de son serviteur et peut-être aussi pour l'initier aux pratiques de la vie religieuse ont porté avec lui le joug de la discipline religieuse et sont morts à Centule, pleins de jours et de mérites (4). De cette réflexion nous pouvons conclure que saint Caidoc et saint Frichor venaient se reposer au monastère après leurs courses évangéliques, qu'ils furent les premières colonnes de cet antique édifice, qu'en mêlant ainsi la vie contemplative aux exercices du ministère apostolique, ils instruisirent les jeunes moines de leurs nou-

---

(1) En 542, au concile de Ratisbonne, on prescrivit aux moines et aux vierges consacrés à Dieu de suivre la règle de saint Benoît : elle était déjà généralement observée : mais le concile en fit un décret général qui fut renouvelé au concile de Leptine en 743. *Hist. de l'Eglise gallicane.*

(2) *Acta Sanct.*, tom. II, Préface.

(3) *S. Audoenus in vita S. Eligii.*

(4) *Chron. Cent.*, ibid. Cap. VI.

veaux devoirs et laissèrent à ceux qu'ils avaient formés de beaux exemples de renoncement et de dévouement sacerdotal.

Les faits divers que nous rencontrons dans l'Histoire de Saint-Riquier, après la fondation de son monastère, nous montrent aussi sa vie partagée entre les labeurs des missions et les exercices de la vie cénobitique : il continue de parcourir les bourgs, les métairies semées dans les plaines du Ponthieu, les stations militaires, les forts remplis de garnisons ; il pénètre jusque dans les cabanes des serfs pour embraser les âmes de l'amour de la céleste patrie. L'homme de Dieu voyage le plus souvent à cheval; il n'aurait pu parcourir autrement une si grande étendue de pays ; il se soulage de la fatigue des voyages par la prière, le chant des psaumes ou d'édifiantes conversations avec ses compagnons. Toutes les ardeurs de sa charité s'épanchaient dans des entretiens, où il consolait les âmes affligées et donnait de sévères leçons aux hommes du siècle que les inspirations de la grâce avaient trouvés rebelles (1). Les soins spirituels prodigués à sa communauté, dans l'intervalle des missions apostoliques remplissaient les uns de mépris pour le monde, les autres de confusion sur leurs imperfections. Tous excités par ses exhortations et plus encore par ses exemples s'attachaient à la méditation des vérités éternelles. La joie intérieure qu'il éprouvait, à la vue des progrès de ses disciples dans cette vie nouvelle qu'il leur enseignait, le poussait lui-même en avant dans ces austérités dont il ne cessait d'énumérer les consolations.

Un tableau de la règle de saint Benoît, reproduit presque textuellement dans la chronique, nous montre comment le saint abbé animait ses disciples de l'esprit des premiers pères du désert. On se plaît à admirer ces transfuges du monde, que de mauvaises passions ont quelquefois appelés de pieux fainéants, et l'on voit à quel degré de renoncement la grâce élève ceux qui prennent pour leur partage la croix du divin Rédempteur.

« Saint Riquier dirigé par une céleste lumière s'élançait dans la carrière avec d'autant plus d'ardeur qu'il sentait approcher le jour de la récompense : mortifications de la chair, jeûnes quotidiens, veilles prolongées, prières continuelles, rien ne l'effrayait dans les pratiques de la règle. Il ne cherchait qu'à se fortifier dans l'espérance, à se confirmer dans la charité et à vivre de la foi ; il ne rendait à personne le mal pour le mal ; il évitait de mépriser ou de flatter ceux avec qui il était appelé à converser. Vrai type du soldat chrétien, comme saint Paul nous le représente, couvert du casque du salut, ceint du glaive de la parole de Dieu, revêtu de la cuirasse de justice, armé du bouclier de la foi, il livrait de redoutables combats à l'antique serpent, l'éternel ennemi des serviteurs de Jésus-Christ; tous les traits dirigés contre lui venaient expirer sur son impénétrable bouclier. Chaque jour il enrichissait l'Eglise de nobles dépouilles, en ne s'occupant point seulement de son salut, mais en sanctifiant des milliers de chré-

(1) *Chron. Cent. Ibid.*

tiens; ce qui le rendait aussi redoutable au démon qu'utile à ses frères. Aussi quoi de plus juste que de témoigner une vive reconnaissance à celui qui, après Jésus-Christ, a racheté tant d'âmes et leur a ouvert les portes de la céleste Jérusalem ! (1) »

CHAPITRE V.

Saint Riquier, Sainte Rictrude et son fils Saint Mauront.

Dans les premières années du septième siècle, saint Riquier évangélisait la Grande-Bretagne à la suite de saint Augustin et de ses intrépides compagnons. De 630 à 640, on le retrouve au pays d'Ostrevent, aux environs de Douai, de Marchiennes, d'Elnon, berceau du plus célèbre des monastères de Saint Amand : il prépare les voies à ce Messie de la Gaule Belgique ; il s'est probablement associé aux missions du valeureux athlète de la foi, qui a converti tant de peuples à la religion catholique et fondé tant de monastères « pour les moines pieux et les saintes filles du Seigneur, » dit une chronique. Son aîné dans la carrière, d'une vie non moins austère, il lui a été donné de l'aider de ses lumières, de le fortifier par le spectacle de ses vertus. Comme saint Amand, il est l'hôte de sainte Rictrude, son conseiller dans diverses circonstances de sa vie (2).

Notre sentiment est corroboré par ces paroles de l'historien de saint Amand : « Avant « de quitter cette naissante Eglise de Belgique, citons encore quelques nouveaux mis-« sionnaires qui lui prodiguèrent aussi leurs travaux et leurs sueurs, et avec lesquels « Amand entretiendra toute sa vie les doux rapports de l'amitié et de l'apostolat..... « C'est saint Riquier qui, de sa retraite de Centule dans le Ponthieu, commencera « bientôt à prêcher la foi aux peuplades répandues le long des côtes de la Morinie « Nous le rencontrons même au *castrum* de Douai, dans la demeure d'Adalbaud et de « Rictrude, peut-être dans la société de saint Amand. »

Suivons ces glorieux messagers de la paix, partis de points si éloignés et réunis par une mystérieuse disposition de la Providence. Ce n'est qu'avec respect qu'on pénètre

---

(1) *Chron. Cent., Ibid. Cap.* xv.

(2) Saint Amand, né sur les rives de la Loire, aux environs de Nantes, fut l'apôtre de la Gaule Belgique, on pourrait presque dire de la France entière, tant il en a parcouru les diverses provinces, tant il a entretenu de rapports avec les plus illustres évêques et fondé de monastères en diverses contrées. Il fut exilé par le roi Dagobert pour l'avoir repris de ses désordres et rappelé peu de temps après pour baptiser son fils, saint Sigebert, qui mourut roi d'Austrasie. Evêque de Maestricht en 649, il renonça à cette haute dignité pour continuer ses missions apostoliques. Il mourut en 675, à l'âge de quatre-vingt-dix ans et fut enterré dans le monastère de Saint-Pierre-d'Elnon où l'on conserve ses reliques. (Voir *la vie de saint Amand, par l'abbé Destombes.*)

CHAPITRE V.   43

dans le sanctuaire de cette famille chrétienne, d'où s'échappe le céleste parfum des plus suaves vertus, dont tous les membres sont honorés du culte des saints.

Adalbaud, le principal leude de ces contrées, seigneur d'Ostrevent (1), petit-fils de sainte Gertrude (2) et fils de la bienheureuse Gerbette, dont les reliques furent vénérées à Marchiennes avec celles de ses enfants, brilla à la cour des rois mérovingiens par ses travaux militaires non moins que par ses vertus. Des traditions anciennes auxquelles nous avons déjà fait allusion lui donnent pour frères le pieux Sigebert ou Sigefroi, Ber d'Auxi (3), et Erchinoald, maire du palais sous Clovis II, premier maître et protecteur de la reine Bathilde (4). Des liens d'une incontestable parenté l'unissaient à beaucoup d'autres serviteurs de Dieu aussi célèbres dans les annales du septième siècle et également engendrés à la foi ou conduits à la plus haute perfection par saint Riquier et saint Amand (5).

Ce dernier, exilé pour avoir reproché au roi Dagobert ses désordres scandaleux, avec l'indépendance d'un ministre de l'Evangile, s'en alla évangéliser en Gascogne : il fit sans doute connaître à Adalbaud la vertueuse Rictrude, fille du seigneur Elnold de Toulouse. « Belle rose, dit un chroniqueur, qui s'élançait du milieu des buissons et « qui reçut un nouvel éclat de la splendeur de cet astre brillant, qui s'offrit à ses « regards (6). »

Adalbaud habitait avec sa jeune épouse le castrum de Douai (7). Le Seigneur répandit sa bénédiction sur leur union : un fils et trois filles pourvues de tous les dons de la nature furent leur consolation. L'aîné portait le nom de Mauront (8). Ses sœurs

---

(1) Ostrevent, Ostrebantus, *Austrebantia*, canton situé entre la Sensée, la Scarpe et l'Escaut, s'étendant jusqu'à Mortagne où se trouve le confluent de ces deux rivières. Bouchain en est la capitale, on y trouve les monastères de Marchiennes et Hamay ou Hamaye.

(2) Sainte Gertrude est honorée le 6 décembre. On faisait sa fête à Saint-Riquier au dernier siècle. Il faut la distinguer d'une autre sainte du même nom, fille de Pépin-le-Bref, abbesse de Nivelle. L'aïeule de saint Adalbaud fonda et gouverna le monastère d'Hamay sur la Scarpe.

(3) Sigefroy est l'époux de sainte Berthe, fondatrice du monastère de Blangy-en-Ternois.

(4) Plusieurs historiens chargent la mémoire d'Erchinoald. Saint Ouen lui-même, dans la vie de saint Eloi, lui reproche des crimes très-graves et surtout une honteuse avarice ; il signale sa fin malheureuse comme une punition du ciel ; mais il faut reconnaître aussi que plusieurs auteurs contemporains lui donnent de grandes louanges. (Voir l'*Histoire de l'Eglise Gallicane, en l'an* 686.)

C'est André Silvius, grand prieur de Marchiennes au XIIe siècle, qui donne dans la vie de sainte Rictrude cette généalogie de Sigefroi et d'Erchinoald ; son autorité pourrait être contestée, car c'est l'époque où l'on aime à grouper les illustres origines.

(5) Il suffira de citer ici sainte Vaudru ou Waltrude, abbesse de Châteaulieu, aujourd'hui Mons-en-Belgique, fille et mère de saints : son époux saint Maldegaire, ou plutôt saint Vincent d'Haumont, fondateur de monastères, après avoir commandé des armées : sainte Aldegonde, patronne de Maubeuge, sœur de sainte Vaudru : le bienheureux Witger et sainte Amulberge, dont la gloire fut surpassée par celle de sainte Gudule, leur fille.

(6) Hucbald, moine d'Elnon ou Saint Amand, qui a écrit la chronique de Marchiennes, en 907, à la demande d'Etienne, évêque de Liége ; il s'appuie sur les traditions et quelques écrits recueillis après les invasions normandes.

(7) Quelques auteurs prétendent que le *castrum* de Douai a été bâti à une époque postérieure.

(8) Malbrancq raconte que saint Mauront est né à

s'appelaient Clotsinde, Eusébie, Adalsinde. L'histoire a conservé avec respect les noms des principaux personnages qui les présentèrent au baptême. Saint Riquier fut le père spirituel de Mauront : Nanthilde, épouse de Dagobert, tint sur les fonts sacrés Clotsinde et saint Amand répondit pour Eusébie.

On nous pardonnera, nous osons l'espérer, de nous arrêter un instant sur le titre de parrain ou père spirituel, la plus noble des paternités aux siècles de foi, la gloire de la famille chrétienne, sa plus riche espérance, surtout lorsque ce titre repose sur la tête d'un saint. C'est, dit le pieux auteur de la vie de sainte Eusébie(1), la marque d'une foi vive que le choix de saints parrains. A leurs efforts constants pour insinuer la connaissance de Dieu dans les tendres âmes des enfants ils joignent la puissance des amis de Dieu.

Le savant auteur des Récits mérovingiens nous a peint l'idéal de cette paternité instituée par le christianisme dans le récit des derniers jours de l'évêque Prétextat. On sent toute la puissance de ce lien au milieu de cette lutte acharnée par laquelle il cherche à sauver son cher fils Mérovée, ainsi qu'il l'appelle. Il lui sacrifie son repos, son honneur, sa liberté et sa vie (2).

Toutes les chroniques de Marchiennes se plaisent à répéter en vers et en prose que le vénérable et digne prêtre Riquier fut le père spirituel et parrain de Mauront. Du choix qu'on fit pour le premier né de la famille on peut inférer quelle grande vénération on avait vouée au bienheureux abbé de Centule chez le puissant comte d'Ostrevent. Après le baptême, les nœuds de la familiarité chrétienne se resserrent : les visites deviennent, s'il est possible, plus fréquentes et plus paternelles.

C'est quelque temps après l'auguste cérémonie de l'adoption spirituelle qu'arriva l'accident où la vie de l'enfant fut exposée à un grand péril et que les chroniqueurs appellent une violente tentation de l'esprit malin. Alcuin et Hariulfe la racontent à peu près en ces termes (3). « Saint Riquier avait visité sainte Rictrude, sa pieuse et illustre commère ; on avait beaucoup parlé des choses de Dieu, du bonheur de la vie religieuse, de la fuite du monde, de la vanité des biens périssables ; car ces entretiens mystiques étaient la nourriture ordinaire de ces âmes choisies. L'heure de la séparation était arrivée et sainte Rictrude avait accompagné saint Riquier pendant quelque temps, selon l'usage du pays, portant dans ses bras son petit Mauront, afin que son père spirituel lui donnât encore une bénédiction avant de le quitter. Au moment du dernier adieu, lorsque le saint abbé prend le jeune enfant pour l'embrasser et le bénir, l'antique ennemi jaloux de la grâce, des heureuses dispositions, du glorieux avenir de Mauront, se prit à tourmenter le cheval que montait l'homme de Dieu. Excité par une fureur inconnue, inusitée,

Auxi-le-Château, chez son oncle Sigefroi : pure supposition qui ne soutiendrait pas la plus mince critique. *De Morinis. Tom. I, pag.* 371.

A Douai, ce saint est aujourd'hui invoqué sous le nom de saint Maurand.

(1) *In vita Sanctæ Rictrudis.*
(2) *Récits mérovingiens. IV° Récit.*
(3) *In vita S. Richarii.*

CHAPITRE V.

l'animal commence à battre du pied, à mordre son frein : bientôt il frémit de tous ses membres et s'élance à bride abattue à travers la plaine. Qu'on juge des terreurs et des angoisses de la pauvre mère ! Elle se couvre la face pour ne pas voir périr son enfant emporté avec son père spirituel dans ce galop vertigineux. La suivante pousse de grands cris et se tord les bras de désespoir, à la vue du danger qui menace le saint et son jeune maître. Or, le bras qui avait soutenu saint Pierre sur les flots au moment où il allait plonger, protégea aussi l'enfant et l'empêcha de se briser la tête : grâce à la prière fervente du serviteur de Dieu, il tomba doucement à terre comme un petit oiseau soutenu dans sa chûte par ses ailes éployées ; et la mère, quand elle accourut pour le prendre entre ses bras, le trouva souriant et sans aucune blessure. Le cheval s'était aussi calmé et était redevenu aussi doux que de coutume. »

« Toutefois, ajoute naïvement la chronique, après cette épreuve, le saint apôtre ne consentit plus à faire ses courses à cheval ; il prit un âne très-paisible et ne voulut plus jamais se servir d'une autre monture. Il eut ainsi fréquemment l'occasion de se rappeler de quelle manière le Sauveur fit son entrée à Jérusalem. Ainsi cette tentation du démon lui procura une plus grande gloire, en l'associant plus étroitement à l'humilité de son divin Maître (1). »

Quoique saint Riquier fut alors plus que sexagénaire, il eut cependant le temps de voir croître en sagesse cet enfant de si grande espérance. « Comme Adalbaud et Rictrude, dit une chronique, étaient justes, ils élevèrent leurs enfants dans la pratique de toutes les vertus ; ils ne leur donnèrent pour maîtres que des hommes sincèrement capables de les former pour les cieux plutôt que pour la terre, de les guider en l'air comme l'aigle généreux, afin qu'ils puissent regarder le beau soleil de justice sans éblouissement pour leurs yeux (2). »

La chronique d'Hariulfe confond le jeune Mauront avec un intendant de la forêt de Crécy du même nom. Une étude plus sérieuse de la chronologie lui aurait appris qu'à l'époque de la mort de saint Riquier, le fils de sainte Rictrude n'était pas encore âgé de quinze ans, et qu'il ne pouvait par conséquent lui préparer une retraite à Forêt-Montier.

Après quelques années passées à la cour, dans une grande innocence (3), Mauront se consacra à Dieu, bâtit un monastère à Breuil ou Merville (4) où il vécut et mourut saintement en l'an 701.

L'histoire de la famille de sainte Rictrude ne nous appartient pas. Rappelons seulement ici qu'Adalbaud fut assassiné près de Périgueux, dans un voyage qu'il faisait en Aquitaine et honoré comme martyr (5), que sainte Rictrude renonçant à toutes les pom-

---

(1) *Chron. Centul. Lib* 1, *cap. XVI.*
(2) Martin Lhermite.
(3) Hariulfe prétend qu'il fut chancelier du roi Dagobert ; c'est encore une insigne erreur de chronologie.

(4) Merville, chef-lieu de canton du département du Nord. Il fut aussi appelé Mauronville.
(5) Saint Adalbaud périt en 652. Sainte Rictrude vécut jusqu'en 688.

pes et les séductions du monde, se fit bâtir un couvent à Marchiennes et y consacra le reste de sa vie à la prière et à la pénitence. Cette femme forte conduisit avec elle dans la solitude ses trois filles, belles et douces colombes qu'elle offrit à l'agneau sans tache, pures de cœur et de corps, pour qu'il leur fût donné de suivre ses pas dans la céleste Jérusalem et de répéter sur leurs harpes d'or le cantique nouveau des vierges (1).

Les fêtes de sainte Rictrude et de saint Mauront sont encore aujourd'hui célébrées dans les diocèses de Cambrai et d'Arras. Le monastère de Centule invoquait aussi le fils spirituel de saint Riquier et sa vénérable mère. Son martyrologe annonce ainsi leurs fêtes.

5 mai. Dans la ville de Douai, saint Mauront abbé, illustre par sa naissance et sa sainteté ; il est appelé le fils de saint Riquier pour avoir été tenu par lui sur les fonts du baptême.

12 mai. A Marchiennes, déposition de la bienheureuse comtesse Rictrude.

Les liens de parenté entre les fils de saint Riquier et les fils de sainte Rictrude se renouèrent en 1196, par des associations de prières (2). L'acte commémoratif de cette pieuse fraternité nous a été conservé.

En voici les principales dispositions.

« Renouveler par de fréquentes relations l'union qui existait entre les saints dans les
« temps anciens, c'est exciter dans les âmes pieuses le désir d'imiter leurs exemples.
« C'est pour cette raison que les vénérables abbés de sainte Rictrude et de saint Riquier,
« jaloux de reproduire en leur temps la pieuse familiarité qu'on admirait autrefois
« entre la sainte fondatrice de Marchiennes et le premier abbé de Centule, ont, du
« consentement des deux chapitres, établi une association dont voici les termes et les
« conditions :

« 1° Il y aura communion entre les deux chapitres. Le frère chassé de son monas-
« tère par une sentence du chapitre sera reçu dans le monastère associé et pourvu de
« toutes les choses nécessaires, jusqu'à sa réconciliation avec ses frères, à moins toute-
« fois, ce qu'à Dieu ne plaise, qu'il n'ait été irrévocablement exclu par son abbé et son
« chapitre et dépouillé du saint habit de la religion.

« 2° Quand on apportera au monastère associé le bref mortuaire d'un moine, il y
« aura un service solennel comme pour un moine de la propre église, office du
« septième et du trentième jour, avec la prébende et l'inscription au nécrologe. En
« outre, chaque prêtre célébrera une messe et les autres religieux réciteront le psautier
« ordonné par la règle. Pour les abbés défunts, il y aura des prières pendant trente

---

(1) *Chronique de Marchiennes.*
Sainte Rictrude avait établi des moines à Marchiennes ; elle fonda un second monastère pour elle et ses filles. La communauté des moines fut supprimée pendant plus de trois siècles : mais après les invasions normandes, le monastère de Marchiennes fut restitué aux enfants de saint Benoît.

(2) *Chronique de D. Cotron, en* 1196.

Dessin très ancien de l'ÉGLISE et du MONASTÈRE de St Riquier.

« jours, avec les trois messes d'obligation pour chaque prêtre, les psautiers prescrits
« par la règle, les prébendes et l'anniversaire annoncé au son des cloches.

« 3° Il est convenu que l'abbé de Marchiennes célébrera chaque année la fête de
« saint Riquier dans l'église de son monastère, et que semblablement l'abbé de Saint-
« Riquier célébrera la fête de sainte Rictrude dans l'église de Marchiennes, si l'un et
« l'autre ne sont pas empêchés par des occupations qui puissent servir d'excuse légi-
« time.

« Fait au chapitre de Marchiennes, au temps de Jean, abbé de Marchiennes, et de
« Riquier, abbé de Saint-Riquier, en 1196. »

Les alliances spirituelles entre les monastères seront expliquées plus amplement au douzième siècle, époque où elles commencent à se multiplier ; mais il convenait que celle de Marchiennes terminât le chapitre des missions de saint Riquier dans l'Ostrevent.

CHAPITRE VI.

Saint Riquier et le Roi Dagobert, de 628 à 638.

Le roi Dagobert I que nos chroniques appellent avec quelque emphase un sage et pacifique Salomon (1), se distinguait par son amour et son respect pour la religion. Il comblait d'honneurs et de dignités ses fidèles ; il vénérait les serviteurs de Dieu et donnait libéralement aux églises et aux monastères. Le chroniqueur mérovingien qui nous a transmis les annales de sa vie, résume ainsi son jugement : « Ce roi était doux pour les bien intentionnés et les fidèles ; terrible aux rebelles et aux perfides, bénin en faveur des bons, mais non serviable pour ceux qui lui résistaient. On voit dans tous les actes de son règne qu'il fut au besoin un homme de guerre plein d'énergie, qu'il s'attacha à réduire les leudes, à faire prévaloir l'unité monarchique et la suprématie royale (2).

(1) *Chron. Cent. Lib.* I. *Cap.* III.

(2) Amédée Gabourd. *Histoire de France. Tome II*, p. 52. Amédée Gabourd, après avoir énuméré ses prodigalités, ses confiscations et d'autres crimes, ajoute ce qui suit : « Troublé par les remords de sa con-
« science, il essaya entre Dieu et ses passions un
« partage auquel la religion ne se prête pas et que
« condamne l'Evangile. Comme pour compenser le
« scandale que causèrent les désordres de sa vie, il
« enrichissait des abbayes et des monastères. C'est

« ce qui explique la diversité des jugements dont il
« a été l'objet de la part de chroniqueurs ignorants
« et qui nous ont transmis sur le compte de ce roi
« des impressions populaires eu opposition cons-
« tante avec l'histoire sérieuse. (*Ibid. Tome II, page*
« 323.) »

L'histoire sérieuse dont parle A. Gabourd est celle de Frédégaire, écrivain austrasien dont la partialité contre les rois de Neustrie n'a d'égale que celle du parti adverse et qui n'est déjà plus contem-

Malheureusement, ce Salomon mérovingien a encouru le reproche d'avoir trop servilement imité le fils scandaleux de David. D'abominables adultères ont terni la gloire d'un règne fécond en grands événements. Mais est-il bien vrai qu'il fut si dissolu que le dit Frédégaire ou son continuateur et qu'il eut à la fois trois épouses décorées du titre de reines? Cette assertion nous paraît difficile à justifier. Les historiens contemporains se taisent sur cet audacieux défi jeté à la foi de ses pères, qui aurait éloigné de sa cour des serviteurs aussi religieux que saint Eloi et saint Ouen. Ses désordres, si l'on étudie avec soin la chronologie, ne durèrent que peu d'années, et saint Amand, exilé pour avoir protesté contre les coupables convoitises du roi voluptueux, n'aurait point consenti, en 631, à baptiser son fils, s'il n'avait eu des témoignages publics de pénitence. Saint Ouen venge sa mémoire de l'accusation d'avoir pillé les églises et les monastères, pour enrichir de leurs sacriléges dépouilles l'église de Saint-Denis qu'il édifiait avec une magnificence royale (1). Ajoutons, sans chercher à sonder ce problème historique, que de nombreuses aumônes dans les dernières années de sa vie ont racheté les fautes de sa jeunesse et abaissé, disent les chroniques, les barrières qui lui fermaient l'entrée des tabernacles éternels.

Les rois francs avaient de grandes possessions dans le Ponthieu. La forêt de Crécy, entre autres, leur appartenait et aujourd'hui encore elle fait partie du domaine de l'Etat; il y avait aussi tout auprès une métairie et un palais (2). Hariulfe nous a conservé le nom de Mauronte, l'un des intendants de la forêt à cette époque. Dagobert aimait à visiter ses palais de Neustrie et ces immenses forêts où les plaisirs de la chasse le reposaient des fatigues de la guerre (3). Le leude Gislemare (4), tout dévoué aux intérêts religieux du pays, ménagea dans un de ces voyages, une entrevue entre Dagobert et l'abbé de Centule dont la vie austère faisait l'admiration de toute la contrée. « Le Tout-Puissant, disent les biographes de saint Riquier, ne se laisse jamais vaincre en générosité. Quand on glorifie son nom par d'éclatantes vertus, il se plaît lui-même à glorifier ses serviteurs. C'est ainsi qu'il amène le roi Dagobert et les seigneurs de sa

porain et ne jouit pas d'une autorité incontestée. N'est-il pas permis de se défier de son témoignage, lorsque tant d'auteurs contemporains, qui du reste flétrissent les désordres du roi, ne font aucune allusion à une telle abomination en plein christianisme ? Le rapprochement d'imagination entre Salomon et Dagobert n'a-t-il pas éveillé des points de comparaison plus fictifs que réels ?

(1) *Dagobertus, toriens, pulcher, inclytus, ita ut nullus ei similis fuerit in cunctis retro seculis.* (*In vita S. Eligii.*)
Ce témoignage de saint Ouen mérite bien quelque considération.

(2) Voir Louandre, *Histoire d'Abbeville*, tome *I*, p. 22 et 85.

En 674, Leudesius, maire du Palais, sous Théodoric, poursuivi par le sanguinaire Ebroin, se réfugia à Crécy. Celui-ci ayant simulé une réconciliation lui tendit des embûches et le mit à mort.

(3) « Les rois francs tenaient leur cour dans ces immenses fermes et les préféraient aux plus splendides villes de la Gaule. » *Augustin Thierry. Récits mérovingiens. Tome I, page* 315.

(4) Ce Gislemare ne doit pas être confondu avec le fils de Waraton, maire du palais sous Thierry III, qui chercha à supplanter son père et trouva dans la défaite et la perte de son armée, une mort ignominieuse et le châtiment de son crime (689).

CHAPITRE VI.

cour à Centule, afin qu'ils puissent s'édifier auprès de celui qui répandait partout la bonne odeur de Jésus-Christ et puiser dans ses prières et sa bénédiction une nouvelle énergie pour le sage gouvernement du royaume. »

Nous pouvons, sans contredire les récits du temps, chercher à démêler dans ce bruyant et pompeux cortége saint Ouen le chancelier de Dagobert, et saint Eloi l'habile artiste, qui décore ses palais et les tombeaux des saints, et supposer que leurs entretiens et leurs encouragements inspirèrent au vieux moine les paternelles leçons qu'il adressa au jeune roi, revenu à de meilleurs sentiments. En effet, avec une liberté toute apostolique, saint Riquier représenta à Dagobert : « qu'il ne devait point s'enorgueillir de cette puissance mondaine, ni placer ses espérances dans des richesses périssables ; que ce serait folie de compter sur les paroles mensongères des flatteurs ou de se réjouir des vains honneurs qu'ils prodiguent. Il lui remit devant les yeux les grandeurs de Dieu dont la puissance est si redoutable et la gloire infinie ; il lui rappela qu'il suffit de considérer ses souveraines perfections pour ne plus voir dans les honneurs et la gloire humaine qu'une ombre fugitive, comme l'écume d'une vague qui s'évanouit sous le souffle du vent. Quand les saintes Écritures nous avertissent que les puissants seront soumis à des tourments d'une puissance infinie et qu'on demandera beaucoup à celui à qui on a beaucoup donné, comment un homme qui aura peine à rendre compte de toutes les actions de sa vie peut-il penser sans frayeur qu'il aura à répondre pour tant de millions de sujets confiés à sa sollicitude ? Aussi est-il plus périlleux de commander que d'obéir. Le sujet ne sera examiné que sur ses œuvres ; mais celui qui exerce l'autorité suprême sera responsable de tous ses sujets (1). »

Dagobert ne s'offensa point de cette franchise avec laquelle un saint lui rappela les grands principes de royauté chrétienne et les devoirs de son état ; il invita même l'humble cénobite à sa table. Celui-ci, à l'exemple de Jésus-Christ, ne refusa point d'y paraître ; il y trouva l'occasion d'instruire les convives et il ne cessa point de leur distribuer au milieu des joies du festin les mets spirituels des divins enseignements. Le roi, admirant la vivacité de sa foi et son zèle infatigable pour la prédication, conçut pour lui la plus tendre affection et, afin de lui laisser un témoignage spécial de son estime et de sa vénération, il lui donna le jour même quelques revenus pour l'entretien des lampes de la maison de Dieu, symbole touchant du bien que saint Riquier faisait à son âme, ajoute Alcuin ; car le sanctuaire de Centule brillant perpétuellement de l'éclat de cette lumière visible, devait rappeler sans cesse aux hommes que les pieux entretiens de l'abbé avaient éclairé le roi lui-même de la lumière invisible de la foi. Ce langage mystique des chroniques, appuyé sur de nombreux passages des saintes Écritures, nous montre l'origine et l'esprit de certains rites, de pieuses pra-

(1) Alcuin. Hariulfe. *In vit. S. Richarii.*

tiques que notre siècle léger et indifférent ne considère plus que superficiellement, et dont nos pères comprenaient parfaitement le sens.

Hariulfe plus téméraire qu'Alcuin ou instruit par d'autres chroniques ajoute ici que le roi fit sa confession au saint abbé afin de se purifier de toutes ses fautes passées (1). On peut croire que cet austère censeur des désordres de son temps n'aura point, plus que saint Amand, pactisé avec le vice, et qu'il aura travaillé à réparer le scandale de tant de mauvais exemples.

Une donation royale pour le luminaire de l'église prouve que le monastère était suffisamment doté par son fondateur. S'il en eût été autrement, Dagobert aurait tenu à satisfaire aux premières nécessités des moines de Centule.

Trois *villa* situées au canton qu'on nommait alors Campagne, furent affectées à la pieuse fondation du roi. La chronique du XI° siècle les désigne sous les noms de Hautvillers, Rebellimont et Valeries (2), et remarque qu'elles sont toujours sous la dépendance du monastère. Nous pouvons ajouter qu'on les a possédées jusqu'en 1789.

A quelque époque qu'on place cette visite de Dagobert à Centule, il semble que les paroles de l'homme de Dieu avaient quelque chose de prophétique ; car le roi mourut en 638, à la fleur de l'âge, dans de vifs sentiments de foi et de repentir (3).

L'inflexible histoire accuse justement ces temps de barbarie. Un jour elle redira aussi les crimes et les fautes de nos sociétés civilisées ; mais elle ajoutera avec raison que nos aumônes, nos bonnes œuvres, nos expiations n'ont point égalé celles des vieux francs mérovingiens (4).

CHAPITRE VII

Saint Riquier à Forêt-Montier. — Sa vie érémitique. — Sa mort. — Translation de ses reliques au monastère de Centule.

Dans une hymne composée par Alcuin en l'honneur de saint Riquier, on chantait cette strophe, la seule que la légende nous ait conservée :

(1) *Chron. Cent. Ibid., Cap. XVIII.*

(2) *Altvillaris, Rebellis Mons, Valerias.* Ces deux derniers villages mérovingiens n'étaient plus au moyen-âge que deux fiefs restreints qu'on nommait Valines et Reaulmont, sur le territoire d'Hautvillers ou du Titre. Le canton de *Campania* devait renfermer la forêt de Cantâtre. *Campus Ater* ou *Cantii Atrium*.

(3) Le P. Malbrancq fixe cette visite en l'an 643 et la mort de Dagobert en 644.¹

Le P. Ignace dit que le roi Dagobert et plusieurs

ducs et barons de France visitèrent souvent Saint Riquier. Il serait difficile de prouver cette affirmation.

(4) Baronius raconte que Dagobert envoya un ambassadeur au roi des Esclavons pour faire rendre les marchandises que ces peuples avaient prises à des négociants du pays des Francs (640). Il incline à croire sur le témoignage d'Aymon que cet ambassadeur était l'abbé de Centule. Mais Aymon se trompe en changeant le nom de Siquier en celui de Riquier. Tous les auteurs qui ont rapporté ce fait écrivent Siquier : *Sicharium*.

CHAPITRE VII.

Tu struxisti cænobium,
In loco prope Argubium.
Et aliud in Centulo,
Ambo perenni merito (1).

Il est évident, par ces paroles, qu'on croyait au neuvième siècle que saint Riquier avait fondé deux monastères. Celui de Centule nous est bien connu, mais on se demande quel est le second. On répond généralement que c'est Forêt-Montier ; car on ne connaît point d'autre lieu habité par le saint missionnaire. Le nom d'*Argubium* qui a tant exercé la patience des géographes ne saurait nous éclairer à ce sujet. Cette localité importante au temps d'Alcuin n'a point laissé de souvenir dans l'histoire. Si nous pouvions croire à quelque altération du texte par la maladresse d'un copiste, nous chercherions volontiers *Argubium* dans *Guardium* ou *Wuardium*, Gard-les-Rue, poste important dans les temps anciens. Le château de Gard-les-Rue était voisin de Forêt-Montier.

Il n'est pas constant toutefois que le saint ait lui-même établi une nouvelle colonie de religieux dans cette solitude de Forêt-Montier ; il est plus probable que son ermitage consacré par sa sainteté, par ses miracles, par sa mort, a paru à ses disciples un lieu favorable pour se dévouer à la perfection religieuse. Alcuin lui-même remarque qu'un officier du roi, nommé Mauronte, fut comme le fondateur de ce monastère en le dotant d'un domaine, en y construisant une habitation et en s'offrant lui-même un des premiers pour y pratiquer les austérités de la vie religieuse. Comme saint Riquier, d'après les chroniques, se retira dans la forêt de Crécy et y vécut avec un seul compagnon, il faudrait supposer la coexistence d'un monastère et d'un ermitage : ce qui ne saurait être admis, d'après les documents connus. (2).

Voici de quelle manière les biographes du serviteur de Dieu expliquent sa retraite. « Quand le roi Dagobert eut publié les vertus de l'abbé de Centule, d'illustres visiteurs vinrent, à son exemple, solliciter la faveur de ses prières et de ses salutaires conseils. Or, les honneurs qu'on lui rendait pesèrent tant à son humilité qu'il voulut se dérober à ces importunités ; il ambitionnait avant tout la gloire éternelle, et pour ne point exposer son salut, il crut prudent de fuir la gloire mondaine. Après s'être couvert de sueur à la chaleur du jour dans les rudes labeurs de la moisson, à sa dernière heure, il chercha dans le désert le repos de la contemplation. Son ardente charité l'avait pour un temps ramené au milieu des hommes, afin de leur enseigner le chemin de la véritable patrie. Trop épuisé maintenant pour courir après les brebis égarées, il sent qu'il est urgent de se préparer à paraître devant son juge. » D'ailleurs, les aspirations de son âme

---

(1) Mabillon. *Acta Sanctorum. Tomus II, In vita S. Richarii.*

Vous avez bâti un monastère près d'Argubium et un autre à Centule ; tous deux à jamais renommés pour leurs bienfaits.

(2) Alcuin. Hariulfe. *In vita S. Richarii. Ibid.*

l'entraînaient à la suite des plus illustres serviteurs de Dieu de cette époque vers la vie érémitique. La règle de saint Benoît, comme les autres codes de vie religieuse, a distingué entre plusieurs catégories de moines la classe des Anachorètes ou Ermites : elle observe que, pour être constitué dans cet état, il faut plus que la ferveur non éprouvée des novices ; qu'on doit avoir appris, dans les exercices longtemps répétés des austérités monastiques et dans la compagnie de frères charitables, à combattre contre l'ennemi du salut. C'est quand ils ont vieilli dans la discipline du camp qu'elle permet aux cénobites de sortir des rangs pour s'exercer seuls, au désert, dans cette lice périlleuse et résister par leurs propres forces, sans aucune consolation terrestre, aux vices de la nature déchue et aux tentations des passions (1).

Quand le saint abbé se fut arrêté irrévocablement à la résolution de fuir au désert et de méditer dans le recueillement le plus profond les vérités éternelles, il se déchargea du gouvernement du monastère sur un de ses disciples, nommé Ocialde, religieux d'une grande vertu et d'une sainteté éprouvée, pratiquant le premier ce que son zèle pour la gloire de Dieu imposait aux autres.

Libre alors de toute inquiétude sur le sort de ceux qu'il avait attirés à Dieu, saint Riquier abandonna sa chère communauté et le sol natal, pour recommencer avec une nouvelle ardeur à crucifier son pauvre corps dans les exercices de la pénitence. La forêt de Crécy, à quelques lieues de Centule, lui parut une retraite propice : il s'enfonça dans ses profondeurs ténébreuses avec un seul compagnon nommé Sigobard, l'un des plus riches leudes du Ponthieu (2). Il y bâtit un petit ermitage dans un lieu jusqu'alors inhabité et il dédia sa rustique chapelle à la Bienheureuse Vierge Marie, comme il lui avait consacré sa première église. Deux hommes illustres dont nous avons déjà parlé, Gislemare et Mauronte, lui prêtèrent leur concours pour l'exécution de ses projets (3).

Contemplons maintenant avec le bienheureux Alcuin ce glorieux confesseur du Christ dans sa petite cabane très-grossièrement construite. Cette humble demeure, à sa grande satisfaction, sera l'image fidèle de sa vie ; car tout vestige de luxe est éloigné de ses regards. Sa grande occupation, c'est d'affliger sa chair par de rudes mortifications, par des jeûnes et des veilles si prolongées que ses os desséchés semblent à peine

---

(1) Règle de saint Benoît. *Chap. I.*

(2) On parle d'un comte de Ponthieu de ce nom dans la vie de saint Valery.

(3) Alcuin, Hariulfe. *Ibid.*

On montre à l'extrémité de la forêt, vers Crécy, la place d'un ermitage de saint Riquier encore habité au dernier siècle. Aucune tradition écrite ne prouve que le saint anachorète ait sanctifié ce lieu par ses prières et ses macérations. Toutefois, il n'y a rien d'invraisemblable, puisque l'homme de Dieu s'était déjà confiné dans la forêt, lorsqu'on lui bâtit un ermitage à Forêt-Montier dans une partie plus retirée et plus solitaire.

Rappelons ici que le P. Malbrancq qui, par suite d'une erreur de copiste, a changé *Creciacum* en *Tristiacum*, place l'ermitage de saint Riquier près de Breuil ou Merville en Flandre. Il ajoute que la chronique de saint Riquier parle d'un autre ermitage à Watten en Flandre, dans les ruines d'un château romain. Il sera parlé ailleurs de ce lieu où saint Riquier était encore vénéré au xie siècle. *De Morinis. Tom. I, p.* 405.

adhérer les uns aux autres par leurs débiles articulations. Appuyé sur un bâton, il marche péniblement ; mais, dans cet état d'infirmité, il est plus grand que le monde. Tout entier aux choses du ciel, plus il s'éloigne des créatures, plus il se rapproche du Créateur. Chaque jour, dans son ermitage, il triomphe des artifices de celui qui a vaincu Adam dans le Paradis terrestre. Chaque jour, par son mépris des puissances de la terre et ses continuels soupirs vers les régions célestes, il écrase l'aspic et le basilic. Posant le pied sur la tête de l'antique serpent, il monte les degrés de la mystérieuse échelle de Jacob et, par la puissance de ses ferventes oraisons, il affermit ses pas dans la voie étroite.

Toutefois, cette lumineuse colonne ne tarde pas à dissiper les ténèbres du désert et à projeter au loin l'éclat de ses rayons. Les malades et les infirmes ressentent les douces influences de sa présence ; ils viennent, nombreux et confiants, implorer la bénédiction de l'homme de Dieu. Ses prières assurent un remède efficace à leurs maux. Il n'y a point de maladie incurable pour cet habile médecin. Les aveugles, les sourds, les muets, les boiteux, les lépreux, les paralytiques n'invoquaient point en vain la pitié de l'homme de Dieu. Les plaies du cœur, blessures souvent plus cruelles que celles du corps, se cicatrisaient par le baume de ses doux conseils, et quelle que fût l'amertume de la tristesse, jamais on ne franchissait cette enceinte bénie sans emporter au fond du cœur l'espérance de passer des jours moins agités. En un mot, on était sûr de sortir de la cellule de l'homme de Dieu guéri de toutes les souffrances spirituelles ou corporelles. Le soulagement était d'autant plus prompt qu'on y accourait avec plus de foi.

Le doigt de Dieu était là. Alcuin le reconnaît et le proclame hautement. « Ces faits merveilleux, dit-il en terminant ce tableau, qu'un esprit aussi pesant que le mien ne ferait qu'obscurcir, sont connus de tout le monde. Je laisse à de plus saints la mission de les raconter (1). »

Lorsque de nombreux hagiographes entrevoyant dans la vie érémitique quelques vestiges de l'état d'innocence et de la domination de l'homme sur la créature, nous entretiennent si volontiers du commerce mystérieux que la solitude établit entre les serviteurs de Dieu et les êtres vivants qui les entourent, Hariulfe ne pouvait passer sous silence ce que les traditions lui avaient appris sur son bienheureux père ; c'est pourquoi il nous raconte : « que les oiseaux de la forêt s'étaient complètement familiarisés avec lui. Quand il se préparait à prendre quelque nourriture, ce qui arrivait rarement, comme on le sait, ils descendaient auprès de lui, ils se posaient avec confiance sur ses genoux, sur ses épaules. Vous les auriez pris, dit le bon moine, pour des petits enfants groupés autour de leur père, plutôt que pour des oisillons sans raison. Le saint leur présentait quelques miettes dans le creux de la main, et par leurs cris ou leurs batte-

---

(1) Alcuin. *Ibid.* — Hariulfe. *Ibid.*, *Cap.* xx.

ments d'ailes, ils lui disaient en leur langage le bon festin que leur procuraient ces restes trop durs et trop secs pour la nourriture de l'homme (1). »

Que d'heures agréablement passées au milieu des bruyants concerts de ces petits compagnons de sa solitude, nous dirions presque, avec saint François d'Assise, au milieu de ces petits frères ! Quelles élévations vers Dieu pendant les nuits calmes du printemps et de l'été, lorsque ces milliers de voix bénissaient le Seigneur et animaient le silence de la forêt ! Ainsi s'explique pour certaines âmes l'attrait de la solitude, la fuite du monde, où tout gémit sous le poids de la corruption et dans la servitude du péché.

Mais l'heure est venue, selon la remarque de la chronique (2), de nous séparer de ce glorieux athlète de Jésus-Christ. Instruit intérieurement par l'inspiration de l'Esprit Saint du jour où il serait appelé à jouir de la présence de Dieu et du bonheur après lequel son cœur soupirait depuis si longtemps, Riquier dit à Sigobard, compagnon de sa solitude : « Mon fils, je sais que ma fin est proche ; oui, mon fils, mes vœux sont « accomplis. Je verrai bientôt mon roi. Puisse-t-il m'être aussi propice qu'à ses « saints ! Préparez un cercueil pour ce pauvre corps ; surtout point de luxe ni de dé- « pense ; je ne demande que le nécessaire pour y reposer jusqu'au jour où cette chair « corruptible sera revêtue d'immortalité ; et vous, Sigobard, disposez-vous aussi ; il « viendra bientôt pour vous ce jour auquel je touche maintenant ; il faut qu'il vous « trouve bien préparé. »

Le disciple fondait en larmes pendant que son père bien-aimé lui adressait ces paroles. Il se mit en devoir d'exécuter ses volontés, et prenant un tronc d'arbre, il le tailla en forme de cercueil. Triste ministère pour un cœur aimant ! Son travail était interrompu par de longs soupirs et le cercueil inondé de ses larmes, pendant qu'il évidait l'épaisseur du bois.

Cependant le serviteur de Dieu était en proie aux ardeurs dévorantes de la fièvre. Sa respiration haletante s'échappait avec effort de sa poitrine oppressée. Néanmoins, il ne cessait de prier et de réciter les louanges divines ; il reçut alors le viatique du corps et du sang de Notre-Seigneur pour se fortifier contre les périls de ce dangereux passage, et pendant qu'il remerciait son adorable Sauveur de sa visite, il expira doucement, le VI des Calendes de mai (26 avril) (3).

On croit généralement que saint Riquier mourut en l'an 645 (4). Il est certain,

---

(1) *Chron. Cent. Ibid.* On lit aussi dans la vie de saint Colomban qu'il laissait voltiger les oiseaux sur ses épaules, qu'il se jouait avec un écureuil qui descendait des grands arbres de la forêt et se cachait dans son sein. — Les petits oiseaux venaient prendre leur nourriture dans la main de saint Valery, et ses disciples étaient réprimandés quand ils se permettaient de les chasser. — Saint Josse donnait à manger aux oisillons de son bosquet et aux petits poissons de la rivière, devenus aussi familiers pour lui que des colombes, etc.

(2) Hariulfe. *Ibid., Cap.* xxi.

(3) Hariulfe. *Ibid.*

(4) C'est la date donnée par Mabillon, la *Gallia*

d'après des vers gravés sur sa châsse par les soins de saint Angilbert, que ce fut avant l'an 650.

Le compagnon du saint dans cette solitude semble, d'après le récit de la légende, le seul témoin de son trépas ; on ne remarque que lui auprès de la dépouille mortelle du serviteur de Dieu : c'est lui qui le dépose dans le cercueil, exécutant fidèlement l'ordre qu'il a reçu : c'est lui qui rend avec force larmes et sanglots le dernier devoir à ses restes vénérables. Il faut penser que l'humilité du saint anachorète lui a imposé cet acte d'héroïque obéissance. Nous le concluons du récit des funérailles d'autres saints où interviennent les communautés religieuses, les évêques, le clergé, les populations et les seigneurs de la contrée. Saint Riquier ne pouvait disparaître de ce monde sans laisser après lui l'expression des regrets unanimes des habitants du Ponthieu et des régions voisines, sans qu'on lui manifestât publiquement et solennellement son amour et sa reconnaissance. Le silence de la chronique ne peut s'expliquer autrement ; ou bien nous devons reconnaître qu'elle a négligé ces détails vulgaires pour élever nos pensées vers des considérations plus hautes, comme on peut le conjecturer par la vision de son disciple. Pendant que Sigobard accomplissait les tristes cérémonies que la religion prescrit, subjugué par un sommeil extraordinaire il s'endormit ou plutôt il fut ravi en extase dans un magnifique palais, tout brillant d'or et de pierreries, éclairé par un soleil plus éclatant que le nôtre ; il vit son bienheureux père qui lui dit avec un doux sourire : « Frère Sigobard, voilà ma nouvelle habitation ; Dieu me l'a préparée « pour l'éternité. Cette demeure si glorieuse, si somptueuse, si délicieuse, remplace ma « misérable, obscure et fumeuse cellule (1). »

Le disciple, après cette vision, continua son œuvre funèbre avec les sentiments de joie et de consolation que lui faisaient goûter cette intervention miséricordieuse de la Providence et le spectacle de la gloire de son bienheureux père.

Ainsi le valeureux soldat du Christ fut inhumé sur le champ de bataille, au lieu même où il avait consumé sa vie au service de son roi ; mais ses restes glorieux ne restèrent point longtemps dans cette retraite ignorée et cachée dans les vastes profondeurs d'une sombre forêt. Les moines de Centule se hâtèrent de réclamer leur Père, le fondateur de leur monastère. Cette vénérable perle, ce trésor de la piété chrétienne leur appartenait. Environ cinq mois après, le VII des Ides d'octobre (9 octobre), l'abbé Ocialde et ses religieux vinrent à l'ermitage de la forêt de Crécy pour lever le corps du bienheureux serviteur de Dieu ; il le trouvèrent entier, sans aucune trace de corruption. Son cœur pur de toute affection mondaine lui méritait certainement cette belle récompense, ce témoignage de sainteté éclatante. Les moines chargèrent sur leurs

---

Christiana, Bulteau, l'*Art de vérifier les dates*, Butler, Baillet, Louandre, etc. Fleury dit en 625, Simon Martin en 830, Dominique de Jésus en 631, Bucelin en 642, Devérité en 646, Malbrancq après 658, Lecointe en 674. — *M. Corblet. Hagiographie du diocèse d'Amiens.*

(1) Alcuin, *Ibid.* — Hariulfe. *Cap.* XXII.

épaules cette *glèbe* de l'immortalité, ce fardeau plus précieux que son poids d'or, et prirent le chemin de Centule, précédés et suivis d'une foule de moines et de fidèles. Le glorieux confesseur fut déposé dans l'église qu'il avait bâtie lui-même en l'honneur de la Bienheureuse Vierge, à l'endroit du chevet où, du temps d'Hariulfe, on montrait l'autel de saint Pierre; il reposa là, dans le même tombeau, pendant plus de 150 ans, jusqu'au moment où saint Angilbert orna *sa mémoire* ou sa châsse, comme on le dira plus loin, avec une magnificence digne de la splendeur du nouveau monastère (1).

Cette solennelle translation du corps de saint Riquier peut être considérée comme sa canonisation. En effet, l'histoire ecclésiastique de cette époque nous a conservé le souvenir de beaucoup d'autres cérémonies semblables, après lesquelles un culte public était rendu aux restes des serviteurs de Dieu. L'évêque diocésain était appelé à constater les vertus, les miracles, la sainteté du confesseur de la foi de Jésus-Christ. Sur son jugement et avec son autorisation, on levait le corps; on le plaçait honorablement dans un lieu éminent de l'église, et il restait ainsi exposé à la vénération et aux hommages du peuple chrétien. Les prières des fidèles auprès de ce nouvel intercesseur étaient récompensées par d'incessantes faveurs. Les peuples voisins s'associaient aux habitants du lieu pour invoquer le puissant ami des cieux. On rapportait quelque objet précieux touché à son tombeau ou quelque relique. Avec la permission ou le consentement tacite des évêques, les confesseurs dont la sainteté attirait la vénération publique, étaient invoqués dans les diocèses où l'on avait éprouvé les effets de leur protection. C'est ainsi que beaucoup de saints ont été connus et honorés dans les provinces, dans les royaumes et même dans toute l'Eglise (2).

Alcuin, dans les conclusions de la vie de saint Riquier, nous laisse entrevoir que son travail est un panégyrique destiné à être lu aux fêtes du bienheureux patron de Centule:
« Frères bien-aimés, dit-il, vénérables Pères, enfants de grande espérance, et vous,
« sainte assemblée des fidèles accourus à la fête d'un si glorieux patron, faites en sorte
« que vos prières méritent d'être exaucées. Ornez vos âmes de dons spirituels, fortifiez-
« vous par une foi victorieuse et réjouissez-vous des espérances que vous donne l'inef-
« fable bonté de votre Sauveur ; suivez constamment les exemples des saints confes-
« seurs, pour être un jour associés à leur bonheur (3). »

---

(1) Hariulfe, *Cap.* XXIII.
(2) D'après Jean de la Chapelle, la canonisation de Saint Riquier n'aurait eu lieu que vers 795 par le Pape Adrien I, à la demande de Charlemagne et de Saint Angilbert. Cette assertion nous paraît démentie par le concours des peuples au tombeau du saint Patron du monastère. *Chron. Abr. Caput X.*
(3) Alcuin. *Ibid.*

CHAPITRE VIII

Des miracles de saint-Riquier. — Examen des miracles de la vie des Saints.

A la fin de son panégyrique de saint Riquier, Alcuin rapporte quelques faits miraculeux, sans en indiquer l'époque. Qu'ils soient arrivés en son temps ou au siècle précédent, peu importe ; la sincérité du narrateur donne la plus grande autorité à ces récits édifiants (1).

Un homme perclus de ses membres, mais doué d'une foi robuste, avait coutume d'aller prier au tombeau du serviteur de Dieu : tout-à-coup ses vœux furent exaucés ; il se trouva guéri et il rendit gloire au Tout-Puissant qui lui accordait la faveur de retourner chez lui plein de force, après avoir traîné si longtemps le poids d'une lourde infirmité. En souvenir de ce prodige, ses béquilles, fragiles soutiens de ses membres paralysés, sont encore aujourd'hui, dit Alcuin, suspendues dans l'église de saint Riquier.

Bien souvent, des possédés charitablement conduits par leurs parents auprès du saint tombeau ont été délivrés des vexations de l'esprit malin.

Un jour, des malheureux chargés de chaînes passaient sur la place de l'église. Du plus loin qu'ils aperçurent la maison de Dieu, ils se mirent à crier : Saint Riquier, secourez-nous, sauvez-nous. A l'instant même leurs liens se rompirent et on leur rendit la liberté.

Quelques années plus tard, un autre captif dut encore son salut à saint Riquier. Il avait fait sa prière auprès du glorieux tombeau : au moment même où il sortait, les chaînes lui tombèrent des mains ; aussitôt il rentra dans la basilique pour remercier son sauveur.

Une grande peste, que les auteurs des âges suivants nomment *grenouillette*, causait d'affreux ravages dans le pays ; il était presque impossible de guérir, quand on avait été atteint par cet affreux ulcère, qui se développait surtout à la gorge et sous l'oreille et déterminait la mort avant la fin du troisième jour. Un religieux eut le malheur de respirer ce poison mortel. Quoiqu'il eût à redouter le sort de tant d'autres victimes, il ne désespéra point cependant de se sauver par l'intercession de son glorieux patron. Associant tous les religieux à ses ferventes prières, il implora humblement la guérison d'une si dangereuse épidémie. Le saint protecteur se laissa toucher et rendit la santé à son dévot serviteur. Après cette solennelle supplication, non-seulement les moines furent préservés des mortelles effluves de la maladie, mais tout pèlerin que le fléau avait frappé était guéri auprès du saint tombeau, de quelque lieu qu'il vienne implorer

(1) Alcuin *In vita S. Richarii. Ibid.*

le secours du bienheureux thaumaturge et s'en retournait avec la certitude d'être préservé de toute rechute.

Ces premières faveurs ne sont que le prélude d'autres grâces signalées ; on peut dire avec plus de vérité que le poète, qu'un serviteur de Dieu ne meurt pas tout entier. *Non omnis moriar !* Son histoire continue à son tombeau et les pages de cette vie d'outre-tombe sont plus nombreuses et plus émouvantes que celles de la vie terrestre.

Alcuin a reculé par humilité devant le récit des miracles de saint Riquier dont le nom, disait-il, était célèbre dans toutes les Gaules ; il ne craint pas d'affirmer, dans un style hyperbolique, si on le veut, mais avec conviction, que le fondateur du monastère de Centule ne le cédait à aucun autre saint depuis les Apôtres, par le nombre et la puissance des prodiges (1) ; il eut même sous les yeux un volume considérable de ces grâces surnaturelles, écrit en langue vulgaire de l'époque pour la plus grande instruction du peuple. Il ne saurait être question ici de ces prodiges ; car ce livre est perdu depuis longtemps et l'on doute même qu'Hariulfe l'ait eu entre les mains ; il n'en parle nullement. Les merveilles qu'il raconte lui-même sont plutôt connues par la tradition que par des témoignages d'écrivains contemporains. C'est une lacune dans nos récits qui sera abondamment couverte par les chroniques des siècles suivants.

Fidèles aux recommandations de l'Ange au jeune Tobie, les pieux écrivains de cette époque ont caché le secret du roi en passant sous silence les événements de l'histoire du monde, mais ils ont mis leur gloire à révéler les œuvres du Tout-Puissant (2). Nous les raconterons en leur temps. Qu'il nous suffise de faire remarquer ici que les auteurs sont presque toujours contemporains :

Nunc ego complectar proprius quæ vidit ocellus (3) ;

ou qu'ils se sont attachés, comme ils le disent, à ne reproduire que ce qu'ils ont recueilli de la bouche de témoins véridiques. Lorsque les faits se sont passés en d'autres lieux, ils les ont si parfaitement connus qu'ils les croient comme s'ils s'étaient produits sous leurs yeux (4).

Quand des moines consciencieux redisaient en prose et en vers à leurs disciples, aux peuples pressés autour du saint tombeau ce qu'ils avaient vu, ce qu'ils avaient appris d'une tradition vénérable, pouvaient-ils s'imaginer que leur témoignage serait révoqué en doute ? qu'ils seraient accusés de crédulité, de supercherie ? que leurs récits seraient traités de fables, de mythes semblables à ceux que les peuples débitent à leur origine, de légendes puériles et mensongères propres à amuser la simplicité de peuples en-

(1) Alcuin. *Præf. in vitam S. Richarii.*
(2) Tobie. *Cap.* XII, *v.* 7.
(3) *Acta Sanct. Ordin. S. Bened., Tom.* II. *In vita S. Richarii, Lib.* III. *Miracul.*
(4) *Ibid. Lib.* I, *Miracul.* — *Lib.* IV. *Præfat.*

fants ? Non, sans doute : et cependant, c'est un fait digne de remarque, que de toutes les sciences ecclésiastiques, celle qui a été le plus vigoureusement battue en brèche, c'est l'hagiographie ou le récit des miracles opérés par les Saints. Le froid scepticisme a voulu pénétrer au sein de la société chrétienne et tarir toutes les sources où l'on vient puiser la force et le courage.

Ce n'est point le moment de discuter la thèse catholique des miracles de la vie des Saints. Quand on croit à l'Evangile, on ne saurait les nier, puisque le divin Maître a promis à ses disciples une puissance surnaturelle, égale ou même supérieure à la sienne : « Si vous avez la foi vous ferez les mêmes merveilles que moi et même de plus « grandes (1). » Aussi, la vie de beaucoup de Saints se résume dans cette réflexion que la critique ne saurait trop méditer : « Il fut illustre et pendant sa vie et après sa mort par le grand nombre des miracles qu'il a opérés (2). » Ainsi s'accomplit la parole du prophète : « Le nom de juste refleurit en chaque siècle comme le lis au printemps ; planté dans le champ de l'Eglise, toujours arrosé de célestes bénédictions, il produit perpétuellement des fruits de sainteté dans les âmes par ses miracles comme par ses inspirations (3). »

Mais ce grand nombre de miracles racontés par des écrivains obscurs et presque inconnus ne laisse pas que d'effrayer certains esprits peu habitués aux lectures de la vie des Saints : qu'on nous permette donc ici quelques observations qui justifieront d'avance les faits extraordinaires relatés d'après nos chroniques, aux livres IV, VI, VII.

Et d'abord, qui a le droit d'assigner des bornes aux divines miséricordes ? Quoi ! on plaint le pauvre peuple courbé sous le joug de la tyrannie, exposé aux violences d'un barbare ou féroce vainqueur; on gémit sur les ruines de la patrie tant de fois pillée et dévastée, et lorsque le ciel suscite un consolateur aux opprimés, lorsqu'un rayon protecteur fait luire dans les âmes éplorées l'espérance d'un secours surnaturel, on blasphème la Providence qui essuie les larmes ! Tout croule sous les pas des paisibles habitants des campagnes ; le Seigneur leur offre un bras fort et vigoureux sur lequel il leur est donné de s'appuyer dans la pénible traversée de l'épreuve, et on l'insulte pour ses bienfaits !

« L'Eglise gallicane, dit un auteur qui a longtemps compulsé ces écrits que nos mo-
« dernes critiques prennent en pitié, se trouvait environnée de peuples barbares, pres-
« que tous payens ou hérétiques. Leur rusticité et leur barbarie les rendait peu sus-
« ceptibles d'instruction et de respect pour les choses saintes ; il fallait dans les desseins
« que Dieu avait de les appeler à la foi catholique quelque chose qui les prît par les
« sens. Il choisit les miracles comme le moyen le plus propre pour faire sur ces peuples
« une salutaire impression ; il en faisait sans nombre aux tombeaux des Saints. Ces

(1) Joan., *Cap.* XIV, v. 12.
(2) Miraculis vivens et post mortem a Deo illustrata est. *Brev. Rom.* 15 Nov.

(3) *Offices de l'Eglise*, au *Commun des Confesseurs*.

« miracles étaient si éclatants et si avérés que les évêques les proposaient comme une
« marque certaine et distincte de la vraie religion, et l'on sait que ce fut là ce qui con-
« tribua le plus à engager Clovis à l'embrasser (1). »

Que de fois aussi le vainqueur trembla devant ces basiliques et ces châsses d'où s'échappait la vengeance céleste ! Quand la menace et le mépris étaient suivis d'un châtiment imprévu, les autres oppresseurs profitaient de la leçon. Le glaive de la loi était-il brisé ? Le torrent dévastateur était-il sur le point d'engloutir le vieux monde ? Dieu se levait pour protéger l'innocence et la vertu, et sa main soutenait l'arche de la nouvelle alliance au-dessus de ce nouveau déluge d'iniquités. Nos chroniqueurs avaient parfaitement compris cette vérité ; ils l'expriment dans ces judicieuses réflexions :
« Dieu n'oublie pas ceux qu'il a rachetés. Son peuple est-il menacé par l'invasion des payens, est-il destitué de secours humain, il lui ménage la grâce d'une céleste visite. Comment ne pas espérer en la divine clémence, lorsqu'on possède auprès de soi la dépouille mortelle d'un patron si agréable à Dieu, lorsqu'on sent que son esprit est toujours présent et toujours disposé à continuer ses bienfaits ? Comment craindrait-on d'habiter une patrie désolée pendant quelques jours, quand on compte sur l'assistance d'un tel protecteur ? Comment après un exil momentané ne reviendrait-on pas dans une demeure déserte, après avoir vu les effets incessants d'une puissance surnaturelle, après avoir contemplé tant de guérisons miraculeuses ? (2) »

« Heureux l'abbé Helisacar, disait le chroniqueur de Centule, qui a mérité d'être témoin de nombreux prodiges arrivés en son temps ! Le Tout-Puissant se plaît à récompenser la foi de ses fervents serviteurs, comme il soustrait ses grâces, quand de grandes iniquités le forcent à détourner ses regards de ses sanctuaires profanés (3). »

Cette remarque très-judicieuse servira à nous faire pénétrer quelque peu les mystérieuses opérations de la Providence. Comptez-donc les légions de justes abrités sous le tombeau des saints comme dans un camp vaillamment défendu : ils prient le jour et la nuit : ils immolent sans cesse leurs convoitises aux pieds des autels. Est-ce que tant de supplications n'obtiendront pas des grâces puissantes à ce monde toujours battu par les orages ? La solitude est peuplée de justes aussi droits, aussi fidèles que Job ; est-ce que le Très-Haut que nous savons si jaloux de sa gloire ne s'empressera point de montrer aux hommes préoccupés des futiles intérêts de la terre les dévouements de ces victimes de la charité, de les venger par la communication de sa puissance des persécutions et des mépris de l'orgueil et de la richesse ? Il faut au pécheur endurci de grands exemples pour se déterminer à pleurer les égarements d'une vie criminelle, d'efficaces intercessions pour se persuader qu'il obtiendra miséricorde. Quand Dieu parle et se manifeste d'une manière si visible auprès du tombeau des saints, qui pourrait

---

(1) France littéraire, Tome III, page 3.
(2) S. Anscharius. In vita S. Willehaldi.
(3) Chron. Centul. Lib. III, Cap. IV.

douter que ses prières ne soient exaucées et que le sacrifice du cœur contrit ne soit accepté par sa souveraine justice ?

Remarquons encore que les grâces extraordinaires cessent de couler avec l'onction de la perfection religieuse. Le désert refleurit par la régularité et l'austérité des mœurs, mais le relâchement lui rend son aspect sauvage et dénudé. C'est, ce semble, une des lois les plus générales de l'ordre spirituel. Beaucoup de prodiges où il y a beaucoup de vertus. Les malédictions, la ruine, les désolations sur les familles religieuses, sur les sanctuaires, quand le péché ou la tiédeur ont contristé le cœur de celui à qui on n'offre plus que des hommages stériles et les prières de lèvres souillées.

Il est sage, disent quelques critiques, de croire aux prodiges revêtus de l'approbation de l'Eglise et des souverains Pontifes ; mais que de miracles supposés par une basse cupidité pour attirer plus de pèlerins et recevoir des offrandes plus abondantes ? Dans ces concours de pèlerins que de maladies simulées ! Combien d'imaginations frappées ! Combien de guérisons toutes naturelles et qui auraient trouvé leur remède auprès des hommes de l'art ! Que de contes ridicules ! Que de légendes sans autorité ! Que d'armes contre la religion catholique pour les hérétiques et les incrédules !

Faut-il conclure de ces objections que les miracles recueillis dans les vies des saints doivent être rejetés, quand ils n'ont pas été soumis au jugement de l'Eglise ? Aucun catholique ne voudra l'admettre. Qui pourrait sans avoir perdu le sens chrétien soutenir que des hommes d'une vie austère, morts aux richesses et aux vanités du siècle, ensevelis dans une étroite cellule pour se préparer dans les larmes au redoutable jugement de Dieu, auraient par une sacrilége simonie cherché à tromper leurs contemporains ou la postérité, et que leur indigne supercherie n'aurait été ni découverte ni punie ? Quoi ! des historiens qu'on accuse d'être superstitieux auraient cessé de redouter pour eux les foudres vengeresses dont ils menacent les profanateurs des saints temples !

Il n'est pas question ici, on doit le comprendre, de justifier toutes les faiblesses et les travers de l'humanité. Nous réprouvons toute imposture. Il est possible que certaines maladies aient pu céder à des remèdes naturels ; mais avouons aussi qu'un acte de foi qui rend subitement la paix à un pauvre halluciné n'a rien de criminel. Comment ne pas louer cette confiance vive qui cherche et obtient auprès des amis de Dieu un secours prompt et efficace, dont les médecins eux-mêmes n'ont pas le secret ? Ces faits surnaturels sont racontés avec simplicité dans les chroniques, sans préoccupation, sans intention même de capter l'admiration du lecteur. Des phénomènes qui semblent excéder les forces de la nature, sont inscrits dans les annales comme les événements les plus ordinaires de la vie du cloître ; on en rend gloire à Dieu dont on croit ressentir la protection et l'on n'interrompt même pas les offices publics pour laisser à l'âme la liberté d'épancher sa reconnaissance. On est tellement persuadé de l'intervention divine, à la vue des merveilles opérées au tombeau des saints, qu'on ne songe pas toujours à examiner, si on n'est pas trompé par un mendiant cupide et vagabond. On constate le fait pour l'édification de la communauté, sans s'inquiéter si mille ans après il se trouvera des incrédules disposés à nier ce qu'on croit comme instinctivement, après avoir médité les promesses des divines Ecritures et les opérations de la grâce dans l'âme des enfants de Dieu.

Du reste la critique historique a le droit de contrôler les légendes des saints et personne ne lui reproche de rejeter ce qui lui paraît contraire à la vérité et appuyé sur des bases trop fragiles. L'Eglise est assez riche de merveilles surnaturelles pour sacrifier volontiers les erreurs ou les présomptions téméraires de la crédulité et de la superstition. On sait comme elle provoque elle-même l'examen et avec quelle précaution elle se prononce. Benoît XIV a écrit des pages immortelles sur ce sujet et les règles qu'il trace sont invoquées par tous les écrivains sérieux. Nous y adhérons dans la discussion des faits. Nous l'avons déjà prouvé : nous aurons occasion encore de montrer que nous tenons à séparer la vérité de tout alliage d'erreur.

Il n'est pas inutile de remarquer que bien des faits extraordinaires, que des légendes du moyen-âge acquièrent de nouveaux degrés de certitude historique par leur comparaison avec d'autres faits des âges suivants, examinés solennellement par les tribunaux de l'Eglise romaine et reconnus véritables. Qui pourrait nous reprocher après cela de mettre sous les yeux des lecteurs les merveilles de divine miséricorde que nos chroniques nous ont transmises avec respect et des témoignages de parfaite sincérité ?

« Les hérétiques et les incrédules, ajouterons-nous ici avec le savant Bollandus, tournent ces miracles en dérision. Est-ce qu'ils n'insultent pas également les mystères les plus augustes de la religion catholique ? Est-ce qu'ils n'attaquent pas les biographies les plus authentiques, les plus estimées parmi nous ? Il serait facile de réfuter leurs arguties, mais jamais il ne consentiraient à raisonner sérieusement ; ils espèrent toujours abuser les simples par leurs jeux de mots et leurs sottes plaisanteries. »

« Ces œuvres qui vous semblent incroyables, ajoute un peu plus loin le célèbre hagiographe, vous dit-on que c'est l'effet de la puissance humaine ? Cette assistance salutaire est-elle donc impossible à Dieu ? Vous les croiriez, si vous les lisiez dans Tite-Live ou Salluste. Pourquoi donc un auteur chrétien jouirait-il d'une moindre confiance (1) ? »

Ces considérations nous soutiendront au besoin contre la contradiction ; elles nous encouragent dans la tâche que nous nous sommes imposée pour la gloire et le triomphe des saints confesseurs du monastère de Centule. Puissent ces explications disposer nos lecteurs à accepter avec confiance et sympathie les choses surnaturelles que nos vieilles chroniques vont faire revivre sous leurs yeux ! Du reste, quelques explications indiqueront au besoin le degré d'autorité de ces pages si longtemps ensevelies dans les archives poudreuses du monastère.

(1) Bollandus. *Acta Sanct. Januar. Tom.* 1. *Præfatio.*

Un dernier scrupule : on a dit quelque part que beaucoup de légendes miraculeuses n'étaient que des essais d'écoliers, des exercices littéraires imposés aux jeunes moines pour former leur style. Ceux qui ont émis ces conjectures seraient souvent très-embarrassés, si on leur demandait une preuve rigoureuse d'une assertion si grave : ils pourraient cependant citer pour le monastère de Centule la vie de saint Riquier, écrite en vers par l'abbé Angelran, à l'époque où il étudiait sous Fulbert, évêque de Chartres ; mais l'exemple allégué ne prouverait rien contre notre thèse ; car le jeune poète s'est contenté de rimer la prose d'Alcuin sur la vie du saint fondateur et celle du moine Michon, sur les miracles du IXe siècle, sans rien ajouter de son propre fond. Toutefois, s'il faut faire la part du feu, nous livrerons à nos critiques la légende de saint Riquier par le diacre Nicon et celle de saint Angilbert par l'anonyme, cité quelquefois sous le nom d'Anscher ; et pour peu qu'on voulût nous presser, le second livre des miracles de saint Angilbert, dont nous n'osons affirmer l'authenticité, comme on le verra dans la suite de l'histoire.

CHAPITRE IX

Culte de saint Riquier. — Ses Reliques — Ses Fêtes. — Pèlerinages à son Tombeau — Lieux où il est vénéré. — Souvenirs divers.

« Les corps des Saints, dit un illustre Père de l'Eglise, sont pour notre ville un
« rempart bien plus sûr qu'un mur de pierre ou même de diamant. Ce sont des
« rochers escarpés de tous côtés, écartant non point seulement les attaques des en-
« nemis visibles, mais aussi les embûches des démons invisibles à nos yeux. Si Dieu
« irrité par nos péchés s'apprête à nous frapper, en lui montrant ces restes sacrés,
« nous apaisons sa colère. Il nous a laissé ces reliques des Saints pour notre conso-
« lation ici-bas. C'est ce que prouvent et les miracles quotidiens opérés à leurs tom-
« beaux et les multitudes qui s'y pressent pour implorer leur secours[1]. »

Cette expression fidèle de la foi catholique sur le culte des Saints se vérifie dans l'histoire de saint Riquier. Résumons ici ce que la piété des enfants du cloître nous a conservé sur la dévotion des moines et des peuples et ajoutons ce dernier fleuron à la couronne du glorieux protecteur de Centule.

Son corps reposa pendant cent cinquante-cinq ans environ dans le tombeau que ses enfants lui avaient préparé au sein de leur Eglise. C'est là que les fidèles venaient le

[1] Saint Jean Chrysostôme. *Louanges des saints Martyrs. Opera. Tom. II, page* 699.

prier : c'est là que le Tout-Puissant glorifiait son serviteur par d'éclatants miracles, soit, dit la chronique, pour récompenser la foi de ceux qui sollicitaient sa médiation, soit pour révéler au monde son admirable sainteté (1).

De 796 à 799, saint Angilbert bâtit à Centule une grande église en l'honneur du Sauveur des hommes et de saint Riquier. La tour orientale avec ses *Cancels* et son dôme fut dédiée au saint fondateur du monastère. On déposa dans l'autel qui portait son nom, avec de précieuses reliques de la Sainte Vierge, quelques parcelles de ses propres reliques. Le corps fut renfermé dans une châsse d'or, offerte par Charlemagne lui-même. Plusieurs inscriptions rappelaient aux pieux pèlerins, selon l'usage du temps, ses titres de gloire : elles étaient placées à la tête, aux pieds, sur les côtés de la châsse et au sommet (2). Nous les reproduisons d'après des rimes du dix-septième siècle un peu modifiées (3).

 C'est dans ce grand tombeau qu'une urne d'or enserre
 Du céleste Riquier ce qui reste à la terre.
 Noble fils de Centule, illustre par le sang,
 Dans ce beau monastère il eut le premier rang (4).
  Il sut fouler aux pieds les grandeurs passagères
  Et les fragiles biens qu'il reçut de ses pères.
 Il macéra son corps dans un sanglant combat :
 Ce combat de sa gloire a redoublé l'éclat (5).
  Il rend la vie aux morts, aux aveugles la vue,
  Aux lépreux la santé depuis longtemps perdue.
 Ses discours étaient pleins d'une brûlante ardeur,
 Des flammes de l'esprit qui possédait son cœur (6).
  De Charles le grand Roi la bienfaisance unique
  Fit élever ce temple à sa sainte Relique.

(1) *Chron. Cent. Lib.* I. *Cap.* XXIII,
(2) *Ibid. Lib.* II, *Cap.* XI.
(3) Voir la Monarchie Sainte du P. Dominique de Jésus, Tome I. *Saint-Riquier*.

(4)   Ad Caput.
Aurea celestem Thesaurum contegit urna
Cultorem Domini nomine Richarium,
Stemmate præcelso quem Centula protulit ista,
Cuique loci Pastor floruit egregius.

(5)   In latere dextro.
Posthabito mundi quo grandi fulsit Honore
Amplas divitias sprevit amore Dei.
Hic corpus proprium frangens certamine diro
Vir pius et magnus semper in orbe cluit

(6)   In culmine arcæ de super.
Hic vitam functis reparavit, lumina cœcis.
Leprosisque salus hoc refovente rediit.
Plenus Apostolicis virtutibus atque loquelis
Cœlestes tenuit semper in ore dapes.

CHAPITRE IX.

Ces honneurs sont rendus après cent soixante ans
A ce corps qui bravait la puissance des temps (1),
Afin qu'il soit propice à Charles, qu'il lui donne
Après un règne heureux l'éternelle couronne (2).

Hariulfe ajoute deux autres vers qui renferment une prière au glorieux patron de Centule :

Saint Riquier, de tes fils sois le sûr protecteur,
Et que par toi du ciel ils goûtent le bonheur (3).

L'histoire des reliques de saint Riquier sera continuée aux diverses époques où les abbés furent obligés de les déplacer, soit pour les soustraire à la fureur des ennemis du nom chrétien, soit pour leur rendre de nouveaux honneurs. Depuis douze siècles cet incomparable trésor a fait la consolation et la richesse de Centule ; conservé avec un soin jaloux, continuellement visité par les populations de la contrée, il rendit le nom de saint Riquier populaire par toute la France.

Les témoignages abondent pour établir la perpétuité et la splendeur du culte de saint Riquier. Les martyrologes, ces annales authentiques où l'Eglise militante place à côté de ses apôtres et de ses martyrs les hommes extraordinaires que le ciel révèle à la terre par des œuvres miraculeuses, ont recueilli le nom vénéré du fondateur de Centule (4). Dès le neuvième siècle, Wandelbert, moine de Prum, célèbre dans ses vers, au VI des calendes de mai, les combats de saint Clet, successeur de saint Pierre, et les extases de saint Riquier dans la solitude de Forêt-Montier :

> Sextaque Pontificis recolit certamina Cleti,
> Richarioque nitet vitæ cultore beatæ.

Les plus anciens martyrologes, comme ceux de Corbie connus sous le nom de martyrologes de saint Jérôme et de Bède, ceux d'Usuard et d'Adon ont soin de faire mémoire de saint Riquier. On conclut des additions ajoutées dans les premiers par une

---

(1)   In latere dextro.

Huic Carolus Princeps condignum mente benigna
Perficiens templum condidit et tumulum,
Post sexagenos et centum circiter annos,
Cum Domini servus integer extat adhuc.

(2)   In fronte pedum.

Ipsius ut meritis capiat cœlestia regna
Regnaque Francorum pace quietus agat. Amen.

(3)   Alibi.

Semper sancte tuos, Richari, protege servos,
Abstractos terra capiat cœlestis ut aula.

(4) *Acta Sanctorum. Boll. 26 Aprilis.*

main amie que la noble abbaye de Corbie invoquait saint Riquier deux fois par an et célébrait sa déposition au 26 avril et sa translation au 9 octobre.

On n'a compris au martyrologe romain que les noms des saints les plus illustres dans le monde chrétien. Saint Riquier partage ce privilége et y a reçu le titre de prêtre et confesseur. *In monasterio Centula, S. Richarii presbyteri et confessoris.*

On voit dans le grand martyrologe du P. Sollier que la fête de saint Riquier est indiquée dans beaucoup de calendriers de France et de Belgique, soit au 26 avril, soit au 9 octobre (1). Nous signalerons spécialement celui d'Amiens qui contient les deux fêtes principales de saint Riquier. Le texte de la légende du 9 octobre nous montre que l'Eglise d'Amiens ajoutait une pleine confiance au récit des chroniques (2).

Voici les légendes du martyrologe manuscrit de saint Riquier, que les Bénédictins et les Bollandistes font remonter jusqu'au douzième siècle (3) :

« *Le VI des Calendes de Mai* (26 avril), au pays de Ponthieu et au monastère de Centule, la fête de notre père saint Riquier, prêtre et fondateur de cette religion ; sa vie fut remarquable par d'étonnantes austérités et par de continuelles prédications, et il est devenu célèbre dans beaucoup de contrées par ses miracles : il quitta la terre après que le Seigneur lui eut révélé sa fin prochaine et monta au royaume des cieux. »

« *Le VII des Ides d'Octobre* (9 octobre), au monastère de Centule, la translation à jamais mémorable du précieux corps de notre père saint Riquier, de son ermitage à son monastère, afin que sa présence fortifiât les soldats du Christ qu'il avait initiés à la vie religieuse par ses exhortations et ses exemples. »

« *Le III des Nones de Juin* (3 juin), au monastère de Centule, la glorieuse *Relation* de notre père saint Riquier, très-illustre prêtre et vénéré confesseur. »

« *Le XIV des Calendes de Novembre* (19 octobre), au monastère de Centule, la dédicace de la crypte orientale en l'honneur de la bienheureuse Vierge Marie et du glorieux prêtre saint Riquier (4). »

Parmi ces fêtes, celle du 9 octobre était sans contredit la plus solennelle : elle durait trois jours : elle conserva au monastère des priviléges particuliers, même après l'établissement de la commune. Un concours immense de peuple fit créer le *Landit* ou le marché extraordinaire, qu'on désigna plus tard sous le nom de foire. Il en sera question ailleurs.

Epris d'un beau zèle pour le culte de saint Riquier, Alcuin avait composé des Répons, des Antiennes, des Hymnes en son honneur, afin, dit Hariulfe, que la fête de

---

(1) *Acta Sanct. Tom.* VI et VII *Junii.* — *Martyrologe* du P. Sollier.

(2) In pago Pontivo, translatio S. Richarii magnifici confessoris, qui in eodem loco ubi nunc requiescit monasterium de paterno palatio instituens, multorum pater extitit monachorum, magnorumque patrator miraculorum. (*Ibid.*)

(3) Le martyrologe de Saint-Riquier est reproduit dans celui du P. Sollier. (*Ibid.*)

(4) Voir les martyrologes du P. Sollier, *Ibid.*

CHAPITRE IX.

notre illustre Père ne fût pas privée d'un office digne de lui. Tout est perdu, excepté la strophe : *Tu struxisti cœnobium :* citée au chapitre vii.

L'abbé Angelran composa plus tard un autre office de saint Riquier : on le chantait encore en 1748, s'il faut en croire la biographie des hommes célèbres du département (1).

Bien des souvenirs du culte de saint Riquier pourraient être recueillis en divers lieux. Commençons par Forêt-Montier : il y était honoré comme fondateur du monastère et une église lui était dédiée. Le titre de patron lui était aussi légitimement dû qu'à Centule. Dès son origine, le monastère de Corbie apprit à vénérer le saint fondateur de Centule. Le plus savant de ses abbés, saint Paschase Radbert y propagea son culte. Aussi le ciel lui réserva la consolation de mourir en invoquant son nom, le jour même de sa fête.

Les villes de Montreuil et de Saint-Omer, dépositaires de ses reliques pendant un demi-siècle, apprirent avec une admiration mêlée de respect comment le Seigneur vengeait la gloire de son serviteur ; leur dévotion pour lui s'accrut encore après son glorieux retour aux lieux où les bénédictions des peuples l'environnaient des hommages de leur reconnaissance.

Les monastères de Jumièges et de Sainte-Colombe de Sens, gouvernés au ix° siècle par les mêmes abbés que celui de Centule, ont retenti de ses louanges et conservé la mémoire de ses bienfaits.

Des associations de prières entre les monastères de Saint-Riquier et ceux de Marchiennes en Flandre, de Saint-Lomer au diocèse de Blois, obligeaient les abbés à venir célébrer les fêtes patronales des saints fondateurs dans leurs propres églises. Ce saint commerce de prières rapprochait tous les enfants du cloître. On sait avec quelle ferveur ils invoquaient les saints dans ces siècles de foi. Ils aimaient à contempler leurs protecteurs réunis dans les joies de la céleste Sion, aux pieds de l'Eternel : ils espéraient tout de leur paternelle sollicitude pour de pauvres exilés réunis aussi dans un même sentiment d'amour et d'espérance.

L'Eglise d'Amiens, comme on le voit dans ses anciens bréviaires, honorait saint Riquier le 26 avril et le 9 octobre, dès le xiii° siècle : depuis elle a célébré sa fête le 8 ou le 9 octobre. Actuellement on fait son office le 27 avril sous le rit semi-double. M .l'abbé Corblet remarque dans son Hagiographie que le propre actuel du diocèse de Bayeux renferme aussi l'office de saint Riquier ; il indique encore des litanies de Soissons (viii° siècle), dans lesquelles on invoquait notre saint Abbé.

Les nombreuses villas et métairies rattachées au monastère par les liens du servage, de l'hommage et de la juridiction recevaient des fils de saint Riquier et la vie de l'âme

---

(1) *Biographie des hommes célèbres, etc. du département de la Somme. Au mot Enguerran.*
Les offices de 1748 nous sont connus par le propre du Bréviaire de la Royale Abbaye de Saint-Riquier édité en 1685. Nous ignorons si les Antiennes et les Répons du B. Angelran y sont conservés : mais les hymnes appart'ennent au xviii° siècle. — Voir *Officia propria Regalis Abbatia S. Richarii.*

et souvent la nourriture corporelle : des fiefs considérables en Angleterre, en Flandre, en Beauvoisis, en Artois et en Normandie lui apportaient les hommages de nobles et puissants seigneurs. Dourier près Airaines et Dourier sur l'Authie, à une égale distance du monastère, avaient reçu leur nom de saint Riquier et le vénéraient comme leur protecteur auprès de Dieu. La belle collégiale de ce dernier bourg ne cessa pendant des siècles de redire ses louanges, le jour et la nuit.

Saint Riquier a donné son nom à un petit ermitage aux environs de Montdidier. Plus tard les disciples du célèbre patriarche d'Assise y fixèrent leur résidence. Les mages des deux saints ornent encore cette humble chapelle de saint Riquier et invitent les fidèles à se recommander à ces bienveillants patrons que le ciel leur a envoyés dans sa miséricorde.

Nous donnons ici les noms des églises dont il a été et dont il reste le titulaire ou patron.

AU DIOCÈSE D'AMIENS : Fontaine-sur-Somme, église paroissiale (*canton d'Hallencourt*).
       Liercourt.   id.   *id.*
       Sorel.   id.   *id.*
       Dreuil-lès-Amiens. id. (*canton Nord-Ouest d'Amiens*).
       Vieulaine.   Annexe (*canton d'Hallencourt*).
       Neuilly-l'Hôpital.   id. (*canton de Nouvion*).
AU DIOCÈSE DE ROUEN : St.-Riquier-ès-Plains. Eglise paroissiale (*canton de St.-Valery*).
       St.-Riquier-en-Rivière.   id.   (*canton d'Eu*).
       Monchy-sur-Eu.   id.   *id.*
       St.-Riquier d'Héricourt. Annexe (*canton de Doudeville*).
       Trémauville-aux-Aloyaux. Vicariat (*canton de Fauville*).
       Benouville-sur-Mer.   id. (*canton de Criquetot*).
AU DIOCÈSE D'ARRAS : Sorrus. Eglise paroissiale (*canton de Montreuil*).
       Roussent. Annexe (*canton de Campagne*).
       Rollencourt. Eglise paroissiale (*canton du Parc*).
       Bourecq.   id.   (*canton de Norrent-Fontaine*).
       Lozinghem.   id.   *id.*
       Alincthun.   id.   (*canton du Desvres*).
       Herbinghem.   id.   (*canton de Guisnes*).

La ville de Cassel avait autrefois une église dédiée à saint Riquier. Le vocable de la Chaussée d'Eu, près de la ville d'Eu, était primitivement Saint-Riquier (2), ainsi que celui de Watten, diocèse de Cambrai (*canton de Bourbourg*). Le hameau d'Avesnes, paroisse de Vron (*canton de Rue*), possédait aussi une église dont saint Riquier était patron.

(2) Darsy. *Bénéfices de l'Eglise d'Amiens* Tom. I, p. 114.

Alcuin a fait des vers pour un autel dédié à saint Riquier et à saint Lambert, dans l'Eglise de saint Waast d'Arras ; « l'un confesseur, l'autre généreux martyr, tous deux, « disait-il, agréables à Dieu, riches de mérites et de bonnes œuvres qu'ils ont portées « devant le trône de l'Éternel (1). »

Le saint abbé est encore honoré à Monchy (*canton d'Eu*) dans une chapelle qui a conservé son nom et où l'on se rend en pèlerinage des lieux circonvoisins. Un bois sur le territoire de Vauvillers (*Somme*), une ferme dans le canton de Desvres (*Pas-de-Calais*), portent aussi le nom du saint.

Sans parler ici des nombreuses statues de l'église de Saint-Riquier où il est représenté sous divers costumes, nous remarquerons en passant que dans les gravures de certains recueils d'hagiographie, il porte pour symbole une petite église afin d'indiquer qu'il a bâti un monastère.

Mais ce sont les échos de Centule surtout qui nous répéteront de génération en génération les gloires du culte de saint Riquier. Que la basilique de Saint-Sauveur et de Saint-Riquier se relève donc devant nos yeux avec ses trois cents religieux, avec ses veilles aussi brillantes que le jour, la pompe de ses processions et la majesté de ses solennités ! Voici que les peuples du Ponthieu et de l'Artois se pressent de nouveau sur toutes les voies du vieux monastère, guidés par les hautes flèches et les croix dorées des deux tours de la basilique ! Humbles tributaires de saint Riquier, ils mêlent leurs mâles voix à celles de ses enfants et nourrissent leurs âmes des célestes entretiens qu'ils viennent recueillir. Les nobles seigneurs qui forment la cour des Cent-dix *Servants* de saint Riquier dressent leurs bannières autour de son sanctuaire et rendent hommage au glorieux patron de Centule dont ils sont devenus les hommes-liges, en recevant les fiefs du monastère. Des troupes de malades et d'infirmes assiégent la basilique où le Seigneur se plaît à glorifier son serviteur par d'innombrables miracles. La renommée s'en répand au loin et attire de nouveaux suppliants, dont les prières seront aussi exaucées et les misères allégées. Des offrandes de toute nature expriment la reconnaissance des populations conduites par la foi. La cire, ce symbole si expressif d'une vie qui voudrait se consumer au pied des autels, brûle en nombreux faisceaux autour de la châsse vénérée. Pour rendre plus palpable la pensée du sacrifice, les cierges sont façonnés à la taille de la personne qu'on voudrait délivrer des angoisses de la maladie ou des terreurs de la mort. Le pain et le vin, par l'attouchement des saintes reliques, de la Mémoire du saint, reçoivent comme une consécration spéciale et la vertu de guérir les infirmités, de préserver de toute contagion les animaux domestiques, ces utiles auxiliaires de l'humble colon attaché à la glèbe.

Hélas ! Vaines illusions ! Ces jours de gloire et de bonheur de l'antique Centule sont passés ! On ne court plus aux solennités du saint patron de la contrée. Les abords du temple respirent la tristesse et les voûtes sacrées sont muettes, le jour de ses fêtes. Ses

(1) *Patrologie*. Tom. CII, p. 742.

précieuses reliques ont été dépouillées et profanées : des mains sacriléges ont ravi l'or et les pierreries dont la dévotion des rois et de ses pieux serviteurs avaient décoré ses châsses et ses sanctuaires. On est réduit à conserver ce corps, temple vivant et animé de l'Esprit-Saint, dont le contact a opéré tant de prodiges, dans un modeste reliquaire de bois, presque semblable à la bière dont nous gratifions les dépouilles corruptibles des fils d'Adam.

Espérons toutefois, malgré cet abandon, que la dévotion à saint Riquier toujours vivifiante dans des âmes choisies, s'affligera de ce triste spectacle et que les arts recevront encore la mission, au XIX° siècle, de décorer ces restes vénérables que le Seigneur nous a conservés pour notre protection et notre salut. Espérons que de belles pages seront ajoutées à l'histoire du culte de saint Riquier, et que les noms de nouveaux bienfaiteurs seront inscrits quelque jour dans nos Annales à la suite de ceux que la reconnaissance a légués à la postérité. Puisse l'Esprit de Dieu les susciter dans la tribu sacerdotale ou dans les familles chrétiennes, qui ne se croient que dépositaires des biens dont la naissance les a gratifiés, et qui préfèrent la splendeur de la maison de Dieu aux vaines jouissances de ce monde périssable!

LIVRE II

LES SAINTS ET LES ABBÉS DU VIIe ET DU VIIIe SIÈCLE.

CHAPITRE PREMIER

SAINT CAIDOC ET SAINT FRICOR OU ADRIEN

Leur Mission. — Leur Culte.

« Quel instinct mystérieux, se demande Montalembert, poussait tant d'Irlandais
» vers les Gaules et les fixait près des rochers, dans les forêts, dans d'âpres soli-
» tudes ? C'est le secret de Dieu que l'histoire ne peut pénétrer. Mais bénissons le Sei-
» gneur d'avoir fécondé une terre longtemps stérile, par tant de larmes, de prières et
» de mortifications. Le chrétien ne doute pas de l'efficacité de leurs mérites, quand il
» contemple le changement opéré à l'époque de leur migration.

« On ne recevait pas impunément, ajouterons-nous avec Ozanam, des hôtes si élo-
» quents et d'un si grand exemple : les nobles se dépouillaient pour les retenir, pour
» leur bâtir des cellules, quelquefois pour y aller vivre sous leurs lois. C'est ainsi que
» les prêtres Caidoc et Fricor ayant converti un seigneur nommé Riquier, il embrassa
» la pénitence avec tant de ferveur qu'il donna la liberté à ses esclaves, prit les ordres
» et devint le fondateur de la fameuse abbaye de Centule (1). »

Les Actes de ces missionnaires Irlandais, s'ils ont jamais existé, n'ont point laissé de
trace dans les chroniques : on ne connaît de leurs travaux évangéliques que leur prédication à Centule. Mais on peut sans témérité affirmer qu'ils ont participé aux missions de leur illustre disciple et l'ont accompagné dans ses courses sur le continent et
peut-être même en Angleterre. Jean Colgan les appelle les apôtres des Morins et la
Grande-Bretagne les honore d'un culte public, ainsi qu'on le voit dans ses martyrologes.

Hariulfe note en passant qu'ils ont consumé leur vie au monastère de Centule dans
la pratique des œuvres spirituelles, et qu'après avoir dignement parcouru leur carrière,

---

(1) *Civilisation chrétienne chez les Francs.* Chap iv.

ils ont reçu le prix de l'immortalité et réjoui les habitants des cieux, au jour de leur entrée triomphale dans la céleste patrie. « La présence de leurs corps ajoute à la splen-
« deur de l'église de Centule, qu'ils ont fondée avec saint Riquier, et aujourd'hui qu'elle
« est presque détruite (c'était sous l'abbé Gervin II, à l'époque où la tour de Saint-Sau-
« veur était tombée, que le chroniqueur écrivait ces lignes), ils en soutiennent les ruines
« par leurs prières (1). »

Le grand restaurateur de l'église de Centule, saint Angilbert, si zélé pour le culte des saintes reliques, comprit la valeur du précieux trésor dont la Providence avait enrichi son monastère. Il restaura leurs tombeaux à demi ruinés par les injures du temps : il les décora avec beaucoup de magnificence et y écrivit les vers suivants en lettres d'or.

Épitaphe de saint Caidoc.

Ici gît Caidoc qui vint prêcher en France.
Dans la terre d'Écosse il avait pris naissance.
Ce prêtre si fervent laissa patrie et biens
Pour embraser d'amour tous les peuples chrétiens.
Au centuple il reçoit d'éternelles richesses
Qui remplissent son cœur de saintes allégresses.
Pour honorer sa foi, ses mérites divers,
Angilbert lui consacre une tombe et ces vers (2).

Épitaphe de saint Fricor.

Celui que le tombeau recouvre en ce saint lieu
Est entré dans la gloire et possède son Dieu.
C'est Fricor, de Caidoc le compagnon fidèle,
Dont Centule admira les vertus et le zèle.
Il méprisa le monde et le lot paternel
Pour vivre dans la joie au séjour éternel.
A son heure il reçut de Dieu sa récompense.
Angilbert a gravé ces vers par reconnaissance. — Amen (3).

---

(1) *Chron. Cent. Lib.* II, Cap. XI.
(2) Mole sub hac tegitur Chaidocus, jure sacerdos,
  Scotia quem genuit, Gallica terra tegit.
  Hic Domini Christi gaudens præcepta secutus,
  Contempsit patrias, mente beatus, opes.
  Hinc sibi concrevit centeni copia fructus ;
  Et metit ætherei præmia larga soli.
  Huic Angilbertus, fretus pietate magistra,
  Et tumulo carmen condidit et tumulum.
(3) Corpore terreno qui cernitur esse sepultus,
  Gaudia pro meritis cœlica lætus habet.

CHAPITRE I. — SAINT CAIDOC ET SAINT FRICOR.

Les reliques des deux saints sont restées sous ce monument jusque vers 1070, toujours honorées par les religieux et les fidèles. A cette époque saint Gervin les leva de terre pour les placer plus convenablement, adoptant dans ce nouveau mode de culte les usages que consacrait la piété des fidèles encouragée par l'Eglise. On les déposa dans une châsse d'argent ornée de pierres précieuses (1). Jean de la Chapelle ajoute que saint Gervin leur dédia une chapelle en face de celle de sainte Marguerite (2). Une relique de saint Caidoc fut aussi placée au grand autel de la Crypte ou de Notre-Dame de la Voûte.

Dans la description qu'il fait du Trésor de l'Eglise en son temps, Dom Cotron remarque ce qui suit : « Une châsse contient les reliques de S. Mauguille; on y conserve aussi les corps de S. Caidoc et Fricor ou Adrien. Une châsse en bois doré renferme également, au monastère de Saint-Michel du Tréport, une portion des reliques de nos trois confesseurs : d'où il suit que nous ne possédons plus les corps entiers. Nous en avons cependant la majeure partie. Mais en quel temps et pour quels motifs eut lieu cette division, ou si l'on aime mieux, cette translation ? Aucun monument écrit ne nous en a conservé la mémoire. Je pense que ceci arriva au temps des invasions normandes, sous le règne de Charles-le-Chauve ou de ses successeurs. Alors les reliques des saints furent transportées dans des retraites profondes et toutes ne furent pas rapportées à leurs églises ou du moins on en laissa quelque portion pour payer la dette de l'hospitalité (3). »

Cette conjecture ne saurait satisfaire le lecteur. Outre que le monastère de Saint-Michel n'existait point à cette époque, puisqu'il ne fut fondé qu'au XI° siècle, le Tréport ne pouvait être choisi comme un lieu de refuge. C'est surtout des bords de la mer et des rivières qui y communiquaient qu'on fuyait au loin dans l'intérieur des terres. Puis les reliques sont calcinées, ce qui prouverait qu'elles ont souffert dans quelque incendie de l'église, probablement en 1131. Avouons plutôt que cette translation eut lieu pour des raisons que l'histoire ne nous a pas conservées.

Le martyrologe de Centule annonce ainsi leur fête. « Le III des *Calendes* de Juin « (30 mai): au monastère de Centule, les saints confesseurs, Caidoc, Frichor et Mau-« guille; les deux premiers ont été les maîtres spirituels de saint Riquier, lorsqu'il « commença à servir Dieu (4). »

Iste fuit Fricorus Chaidoco consociatus :
  Quem sibi concessum Centula gaudet ovans.
Hic virtute valens despexit prospera mundi,
  Et modo viventi gloria magna patet ;
Quando Deo placuit, cœlorum regna petivit ;
  Nunc Angilberti carmine fulget. Amen.

Divers manuscrits et surtout celui de Jean de la Chapelle contiennent beaucoup de fautes sur ces épitaphes. La meilleure copie est celle d'Hariulfe. *Chron. Cent. Lib.* II, Cap. XI.

(1) *Chron. Cent. Lib.* IV, Cap. XXXII.

(2) *Chronique abrégée*, Chap. XXVIII.

(3) Dom Cotron. *Chron. Lib.* XI, Cap. II et IX.

(4) Cœnobio Centula, SS. Chaidoci, Frichorii et Magdegisili, Confessorum, quorum duo primi B. Richarload initium sanctæ conversationis fuerunt.

Dans des litanies du xiiie siècle on invoque saint Caidoc, saint Adrien et saint Mauguille après saint Riquier. Un psautier de Centule où nous avons lu ces litanies à l'usage du couvent, nomme aussi ces trois saints dans son calendrier : leur fête y est fixée au 30 mai (1).

Les Offices propres à la Royale Abbaye de Saint Riquier, édités en 1685, indiquent au 30 mai, la fête des trois saints confesseurs, sous le rite double de deuxième classe et de deuxième ordre. La légende des Matines est empruntée au bréviaire de saint Michel du Tréport, ce qui nous prouve que ces saints jouissaient dans ce monastère, comme à Centule, d'un culte public et solennel. Il ne nous reste point de légende de bréviaire plus ancienne que celle que nous venons de signaler (2).

Bien des églises et des monastères ont proclamé la sainteté de nos deux missionnaires Irlandais. Les Bollandistes, dans les *Sancti Prætermissi du 1er Avril*, font cette observation : « Saint Caidoc et saint Frichor ou Adrien, prêtres Irlandais, dont les corps reposent au monastère de Saint Riquier, qu'ils avaient converti à la foi, ont leur fête en ce jour dans les martyrologes Anglicans, Écossais et Irlandais ; mais à Centule on les honore le 30 mai. »

Recueillant les témoignages d'Alcuin, de Malbrancq, de du Saussay et de Ménard, Henri Fitz-Simon, jésuite irlandais, a soumis à Rome, en 1611, un catalogue de saints Irlandais, qu'il fit ensuite imprimer à Douai en 1619 : il annonce aux Calendes d'avril saint Sadoc, *alias* Cadoc et saint Adrien. Il avait été devancé par John Wilson dans son martyrologe Anglican, imprimé en 1608 et réimprimé en 1640. L'éloge des deux Saints est extrait de la vie de saint Riquier. Thomas Dempter les inscrit aussi dans son martyrologe Écossais édité en 1622. Enfin Ferrarius les nomme dans son catalogue général (3).

Jean Colgan, sans rendre raison de son opinion, parle au 24 janvier de saint Caidoc, Apôtre des Morins ; au 31 mars, il signale encore saint Caidoc et saint Adrien, Apôtres des Morins. Le ménologe de Bucelin les rejette au 7 décembre. Chatelain et du Saussay les placent *dans les Aemères*, « avec plus de raison, sans doute, ajoute M. l'abbé Corblet, parce que le jour de leur mort est inconnu ou du moins fort douteux (4) ». Un martyrologe de Corbie, qu'on suppose du neuvième siècle, a reçu cette addition sous la rubrique du 30 mai : « Au monastère de Centule, la déposition des saints Caidoc, Adrien et Mauguille (5). »

Pour perpétuer le souvenir de ces deux saints missionnaires et les bienfaits de leur

---

(1) Psautier du douzième ou treizième siècle, appartenant à la famille de M. Canu, de Saint-Riquier.

(2) *Officia propria Regalis Abbatiæ S. Richarii.*

(3) *Boll. Act. Sanct.* 30 *Maii.*

(4) *Hagiographie.* Tome i, page 325.

(5) D. Martène, *Spicilége.* Tome x, *Martyrologe.*

apostolat dans la contrée, on les a représentés, sur une verrière du petit séminaire, parmi les saints honorés autrefois au monastère (1).

CHAPITRE II

SAINT MAUGUILLE

Saint Mauguille compagnon de saint Furcy. — Sa vie à Centule. — Sa retraite à Monstrelet. — Saint Wulgan vient partager sa solitude. — Sa mort. — Son culte.

La vie de saint Mauguille appartient à notre monastère : c'est là qu'il a combattu dans la force de l'âge contre les convoitises de la nature et les ennemis du salut ; c'est là que ses reliques ont manifesté sa sainteté par de nombreux miracles. L'église d'un faubourg de Saint-Riquier bâtie sous son invocation a uni son nom à celui de l'illustre fondateur de Centule. N'est-ce pas assez pour recueillir d'anciennes traditions sur cet humble ermite inconnu au monde, mais digne des hommages de tous les enfants de l'Eglise ?

L'auteur de la chronique de Centule nous a aussi laissé une biographie du saint anachorète de Monstrelet. Dans son épître dédicatoire à Gervin II, évêque d'Amiens et abbé de Centule, il se déclare l'écho de traditions recueillies au commencement du XIe siècle ; les miracles qu'il offre à la piété de ses lecteurs se sont accomplis sous ses propres yeux ou en présence de moines qui en ont été les témoins et qui les lui ont affirmés, ce qui ne lui permet point d'élever le moindre doute sur la vérité de ces faits (2).

Nous ne nous occuperons dans ce chapitre que de la vie du saint. Le récit de sa translation et de ses miracles appartient au XIe siècle.

Plusieurs auteurs observent que cette vie, écrite plus de quatre cents ans après la mort du héros, sans autre autorité que la tradition de son monastère, interrompue peut-être au temps des invasions normandes, ne saurait inspirer une entière confiance, d'autant plus qu'Hariulfe avoue lui-même qu'au XIe siècle les moines, pour rejeter ses

---

(1) Remarquons avec M. l'abbé Corblet qu'il ne faut pas confondre l'Apôtre du Ponthieu avec saint Cadoc, abbé de Llan-Carvan, dans le pays de Galles, qui n'est point venu en France (24 janvier) ; S. Cado, honoré dans le diocèse de Rennes ; S. Caidoc, abbé de Donaghedy, en Irlande ; S. Caidoc, évêque de Colmkill, en Irlande, et d'autres saints du même nom qu'a mentionnés M. Rice Rees, dans son *Essay on the Welsh Saints.* — *Hagiographie.* Tom. I, p. 318.

(2) *Patrologie. Tome CLXXIV. Hariulfus, in vita S. Magdegisili.*

Hariulfe écrivait avant 1090.

reliques, objectaient qu'on ne connaissait ni ses actions ni sa vie (1). Cette opposition de quelques moines mécontents infirme certainement le récit que nous allons produire : toutefois on pourrait répondre que cet argument ne brise point le fil conducteur d'une tradition orale. Qui sait si l'ermitage ne fut pas habité après saint Mauguille par d'autres imitateurs de cette héroïque pénitence ? si l'autel élevé dans ce désert n'a pas été entretenu par des prêtres dépositaires de la science divine ? si l'on n'a pas raconté aux pèlerins qui se sont succédé les principaux faits de la vie du serviteur de Dieu ? si un vieux manuscrit retrouvé dans les ruines amoncelées par les Normands n'a pas été communiqué à l'abbé Ingelard ?

Quelque idée qu'on attache à ces conjectures, en cherchant à interpréter favorablement un récit fondé sur des traditions, nous ne voulons pas aller au-delà de la vérité par de téméraires exagérations. Nous consentons à offrir cette page de biographie comme une sainte causerie du cloître. Ce sera, si l'on veut, un tableau de mœurs monastiques, l'idéal de la perfection religieuse. Nous comprenons que réduite à ces proportions cette vie ait eu les honneurs de l'impression dans les recueils hagiographiques des Bollandistes et de Mabillon (2).

Vers l'an 644, pendant que saint Riquier, dans son ermitage de Forêt-Montier, s'efforçait par un redoublement de pénitence et d'austérités de se rendre son juge favorable, saint Furcy arrivait de la Grande-Bretagne à Mayoc (3) et rendait son nom célèbre en France par d'éclatants miracles et en particulier par la résurrection du fils du duc Haymon. Il était suivi de quelques-uns de ses disciples enflammés des mêmes ardeurs de zèle et chantait avec eux dans ses longues courses les louanges de Dieu.

« Parmi les compagnons de saint Furcy, on doit signaler, dit Hariulfe, un moine d'une haute naissance, nommé Mauguille, que l'onction de la grâce avait marqué du sceau des élus et prédestiné à une éminente sainteté. Affamé des paroles de salut qui sortaient de la bouche de son père spirituel, admirateur passionné de ses héroïques vertus et de ses célestes inspirations, il avait pris la résolution de s'attacher à lui pour le reste de ses jours, dans la persuasion qu'en partageant ses travaux et ses missions apostoliques, le Tout-Puissant lui donnerait quelque part à ses mérites et ses récompenses (4). »

La légende de saint Furcy ne nomme pas Mauguille parmi les disciples de ce célèbre apôtre des Gaules. Ce silence suffit-il pour révoquer en doute l'assertion de notre chroniqueur ? Nous ne le pensons pas. On voit par les actes de plusieurs saints qu'on les compte au nombre des compagnons de Furcy, bien qu'il n'en soit pas question dans sa légende.

---

(1) *Chron. Cent. Liber III. Cap. XXIX.*

(2) *Act. Sanct. Maii. Tome VIII.* 30 *Mai.* — *Acta Sanctorum Ordinis S. Benedicti Tom. III.*

(3) Cette *villa* mérovingienne était située sur les bords de la mer, près du Crotoy.

(4) Hariulfe. *In vita S. Magdegisili, ut supra.*

CHAPITRE II. — SAINT MAUGUILLE.

Saint Mauger, prieur de Lagny (1) sous le saint fondateur, ne serait-il pas le même que Mauguille, par suite d'une altération d'orthographe et de prononciation ? Nous n'examinerons pas cette question ardue : il nous suffit de laisser ce dernier jour du bénéfice que lui assure la tradition de Centule, en continuant de le ranger au nombre des hommes vénérables et animés de l'esprit de Dieu, qui sous la conduite de Furcy firent de rapides progrès dans les exercices de la vie monastique, dans la pratique de l'humilité et les œuvres de charité.

Mauguille quitta le monastère de Chonnesbury avec son maître, et s'attachant à ses pas, il parcourut les mêmes contrées : il supporta avec lui la faim, les veilles et les fatigues inséparables des voyages et des prédications, ajoutant aux travaux de l'apostolat la prière, le chant des psaumes sacrés et les austérités de la vie monastique. Quand l'heure de la récompense eut sonné pour S. Furcy, au village de Maizerolles en Ponthieu, quand deux illustres chefs francs, Haymon et Erchinoald, eurent transporté ses restes vénérables à Péronne où ils leur rendirent les honneurs dus à un saint, Mauguille profondément affligé de cette cruelle séparation, étranger, inconnu, privé de tout appui, se demanda avec anxiété où il pourrait ensevelir sa douleur et consacrer aux exercices de la contemplation ce qui lui restait de vie et de force. Le nom de Centule se présenta à son esprit au milieu de ses perplexités. Il connaissait déjà ce monastère célèbre dans la contrée, la ferveur des disciples de saint Riquier, les merveilles qui s'y renouvelaient chaque jour. Il s'en vint frapper à la porte de ce lieu béni : il demanda humblement et avec d'instantes prières son admission dans la communauté et y fut accueilli avec un religieux empressement. « Il trouva, dit sa légende, ce qu'il cherchait, de vrais Israélites, transfuges volontaires de l'infidèle Égypte, toujours empressés à recueillir la manne du ciel dont on se nourrissait dans cette solitude, des moines d'une angélique pureté, couverts du bouclier de l'abstinence et de l'humilité (2) ». Associé à des âmes si parfaites, Mauguille redoubla de zèle pour la perfection et fit de nouveaux progrès dans l'amour de Dieu. Ses efforts répondaient à ses désirs, et il se distingua bientôt dans la communauté par la pratique des vertus les plus héroïques.

Saint Furcy était passé en 650 à une vie meilleure. Mauguille ne devait pas de sitôt terminer sa carrière. Combien de temps demeura-t-il au monastère ? On ne saurait le dire. On remarque seulement que les continuels témoignages de respect et de vénération qu'il recevait troublèrent la paix de son âme. Voulant se dérober à ces hommages, il demanda à son abbé la permission de se retirer dans un lieu plus solitaire, afin d'y jouir des consolations de la vie érémitique, à l'exemple de saint Riquier. On ne le crut point indigne de cette faveur qu'on n'accordait qu'aux moines exercés dans la pratique des plus austères vertus et capables de veilles et de jeûnes prolongés.

(1) *In vita* S. *Fursei* 16 *Januarii.*   (2) Hariulfe. *Ibid.*

Après de longues et ferventes prières, il mérita de connaître dans une vision céleste la retraite que son divin maître lui avait destinée. Un ange lui apparut en songe et lui dit : suis-moi ; remarque bien le lieu que je vais te montrer ; c'est là que Dieu t'appelle à le servir. Après ce préambule, l'ange le conduisit par divers chemins jusqu'à l'endroit désigné. Quand ils furent arrêtés, il lui adressa de nouveau la parole : c'est ici que tu dois vivre et mourir. La vision disparut alors et Mauguille se réveilla. Il comprit que Dieu s'était révélé à lui, et se levant immédiatement, il se prosterna la face contre terre, pour le remercier de cette faveur signalée.

Le lendemain, après les saints offices, le serviteur de Dieu fit connaître aux principaux moines de Centule le songe mystérieux dans lequel il avait vu sa bienheureuse solitude. L'abbé ordonna alors de préparer tout pour son installation au désert et désigna les moines qui devaient l'accompagner et l'aider à bâtir sa cellule. Quand tout fut disposé, le généreux athlète du Christ dit adieu à ses frères. Il traversa sans hésiter tous les pays qu'il avait parcourus en songe avec le messager divin et reconnut parfaitement à un sentiment particulier de joie intérieure la demeure que Dieu lui avait assignée. Il en prit possession en se prosternant pour prier et en l'arrosant de ses larmes et commença ainsi en présence de ses compagnons de voyage l'œuvre de pénitence qu'il était venu accomplir.

Les moines de Centule restèrent le temps nécessaire pour construire une cellule et un oratoire ; ils ne revinrent à leur monastère que lorsque tout fut établi selon les règles prescrites par l'Eglise (1).

L'ermitage de Mauguille se nommait Monstrelet (2) ; il était situé sur les rives de l'Authie, à trois cents mètres de la rivière ; c'est à la même place qu'on vit pendant plus de mille ans l'église paroissiale de Monstrelet, aujourd'hui détruite.

Les grandes forêts du Boisle et de La Broie enveloppaient la solitude de Mauguille d'un rempart redoutable et inaccessible aux visiteurs oisifs ; son bonheur eût été complet, si un marais fangeux et mpraticable ne l'eût empêché d'aller puiser l'eau à la rivière ; car un long circuit lui imposait une fatigue au-dessus de ses forces. C'est pourquoi il n'hésita point à demander au Seigneur qu'il voulût bien lui épargner cette peine. Sentant intérieurement que sa prière était exaucée, il fit un signe de croix sur le gazon d'un tertre aride. A l'instant même un filet limpide d'eau vive jaillit à travers les fentes de la pierre et forma une très-belle source dont les eaux coulaient jusqu'à l'Authie ; ce qui lui permettait d'y puiser abondamment.

« Cette fontaine miraculeuse, observe ici la chronique du xi° siècle, fut remplie

---

(1) Hariulfe. *Ibid*
(2) *Monstroledus, à monstrata per Angelum futura sede*, dit le P. Malbrancq (*Tom.* 1, *page* 401).
Sans attacher aucune importance à cette étymologie, nous observerons qu'il ne faut pas confondre ce village situé près de Boufflers (*Canton de Crécy*) et aujourd'hui détruit, avec Monstrelet (*Canton de Domart*). Hariulfe, dans sa chronique, appelle ce lieu *Monasteriolus* : c'est probablement une erreur de copiste.

CHAPITRE II. — SAINT MAUGUILLE.

« des bénédictions du ciel, et ceux qui buvaient ses eaux avec foi étaient guéris de
« diverses infirmités. C'est un fait toujours patent ; aujourd'hui on ressent encore ces
« salutaires influences. Le défaut de confiance arrête seul l'effet du divin remède (1). »
La chronique manuscrite de Saint-Riquier, en 1437, confirme ce témoignage pour son
temps et déclare que ces eaux produisent toujours les mêmes grâces surnaturelles (2).

Mauguille resté seul dans cette sauvage solitude servait Dieu avec toute la ferveur
dont il était capable. Ses journées et ses nuits presque entières étaient consacrées à la
prière, au chant des hymnes sacrées et à la récitation du psautier, occupation ordinaire
des anachorètes en ce temps ; il pleurait les péchés des hommes avec autant de componction que ses propres fautes et demandait sans cesse à Dieu leur conversion. Persévérant, sans jamais se donner de repos, dans la pratique des austérités les plus
effrayantes pour la nature, il ruina peu à peu sa santé. Mais le corps s'affaiblissait
sans diminuer son ardeur pour les choses spirituelles. Il luttait avec d'autant plus de
confiance qu'il croyait toucher à l'heure de l'éternelle récompense. Averti par un ange,
l'abbé de Centule vint avec quelques moines visiter le saint solitaire pour l'encourager
dans cette rude épreuve et lui offrir les consolations de son saint ministère. Après les
prières d'usage, l'abbé donna au malade sa bénédiction et le baiser de paix. Ses
douces paroles ranimèrent Mauguille et lui firent pour un instant oublier toutes ses
souffrances. Il lui laissa un religieux pour lui tenir compagnie jusqu'à sa guérison et
lui prodiguer les secours que réclamait son état de faiblesse.

Cependant la Providence ménageait au généreux ermite une faveur plus durable, en
conduisant auprès de lui un de ses compatriotes, à qui elle inspira même la résolution de
partager sa solitude. Wulgan, personnage aussi recommandable par sa naissance que
par sa science, évêque élu de Cantorbery, recula devant la responsabilité d'une charge
si redoutable ; préférant servir Dieu dans la pauvreté et l'obscurité d'une solitude inconnue, il pria avec tant de foi pour obtenir la grâce d'être délivré des instances du
peuple, qu'un ange vint lui annoncer que sa demande serait accordée. Passe la mer,
lui dit ensuite l'envoyé céleste, dirige-toi vers le royaume des Francs ; tu aborderas sur
le rivage de l'Authie, auprès d'un serviteur de Dieu qui est malade dans son ermitage ;
tu le guériras de ses infirmités, puis tu resteras avec lui pour partager sa vie de prière
et de pénitence jusqu'au terme de ton pèlerinage sur la terre.

Ce message combla Wulgan de joie : il sortit immédiatement de la ville et se rendit
à la mer. Une barque était toute préparée sur le rivage, il y entra en invoquant le
nom du Seigneur et en s'abandonnant à la conduite de la Providence : il la dirigea
sans le secours d'aucun batelier et arriva promptement à la baie de l'Authie : puis il

(1) Mariulfe Ibid.
(2) Mabillon. Acta Sanct. Ibid., page 401.
On ne connaît plus actuellement la fontaine de saint Mauguille à Monstrelet, mais une fontaine de saint Fiacre où les malades vont puiser de l'eau. Serait-ce la même ? La tradition locale reste muette à ce sujet. — *M. l'abbé Corblet. Hagiographie. Tome* III, *page* 229.

remonta la rivière jusqu'à l'ermitage de Mauguille, devant lequel la nacelle s'arrêta.

Wulgan entra aussitôt dans l'humble cellule de l'anachorète, et, après avoir imploré le secours du céleste médecin, il lui imposa les mains. A l'attouchement de ces mains bénies, Mauguille se sentit revivre : toutes ses souffrances avaient disparu. Se levant sans effort il se jeta dans les bras de Wulgan. Les deux serviteurs de Dieu se tinrent longtemps embrassés : on aurait dit deux frères réunis après une longue séparation et de périlleuses traversées. Dès lors ils vécurent ensemble enchaînés par les liens d'une même foi et d'une égale dévotion : ils se soutenaient mutuellement dans les exercices de la pénitence ; ils s'excitaient à l'envi à célébrer les louanges divines : comme deux charbons embrasés au même foyer, ils se renvoyaient mutuellement leurs ardeurs : ils étaient également généreux pour fouler aux pieds les vices et mépriser les délices du monde, également affamés des biens célestes et prêts à soulager les pécheurs qui leur exposaient leurs misères.

« Notre faible intelligence ne saurait, dit le pieux auteur de cette légende, se faire une juste idée de leurs vertus et notre langue ne saurait exprimer jusqu'à quel degré de perfection ils se sont élevés ! Qu'il nous suffise de dire comment ces deux pierres précieuses polies dans l'exil de ce monde ont été portées dans les célestes régions, pour être fixées à leur rang dans la couronne des élus (1). »

Après plusieurs années Wulgan tomba malade. Le bienheureux Mauguille contemplait avec une profonde tristesse les souffrances de son compagnon. Se tenant auprès de lui, il lui dit en sanglotant : « Mon cher frère, vous allez donc me laisser dans cette
« vallée de larmes, pour aller jouir des joies éternelles ! J'avais espéré que vous auriez
« recommandé mon âme à Dieu et confié mon corps à la terre, et voilà que vous cher-
« chez à me devancer au Ciel et que vous me laissez le soin de remplir envers votre
« corps le plus douloureux office. » Wulgan lui répondit : « Mon bien-aimé frère,
« prenez patience : soumettez-vous humblement à la divine volonté. Que nous servi-
« rait-il de nous être fatigués toute la vie dans les âpres sentiers des divins comman-
« dements, si, à notre heure dernière, le tentateur qui nous suit pas à pas pour nous
« blesser à l'improviste nous inspirait une pensée de murmure et de rébellion. Je vous
« laisse pour un temps : gardez-vous de croire que ce soit un malheur irréparable.
« Aussitôt que je verrai Dieu face à face, je prierai pour vous sans relâche, afin que
« vous soyez promptement délivré de cet exil. »

Un peu soulagé par cette promesse, Mauguille envoya au monastère de Centule le serviteur que l'abbé lui avait donné, afin d'informer ses frères de la position de son compagnon et de les prier d'apporter le Saint Viatique et le sacrement des mourants. Les moines s'empressèrent d'accourir à l'ermitage de Monstrelet. Wulgan, après avoir reçu les saintes onctions et la communion des divins mystères, s'endormit dans le Seigneur, le 2 novembre 684. C'est du moins ce qu'il nous est permis de conjecturer par

(1) Hariulfe. *Ibid.*

l'époque de la mort de saint Mauguille qu'on fixe à l'an 685 (1). Avant de se retirer, les moines de Centule voulant rendre les derniers devoirs au serviteur de Dieu, chantèrent auprès de sa dépouille mortelle des psaumes et des leçons des divines Ecritures et l'inhumèrent avec respect dans l'oratoire de l'ermitage. On pense que le corps de Wulgan fut depuis transporté à Saint-Valery, mais on ignore à quelle époque (2).

Mauguille lui survécut peu de temps : il passa à une vie meilleure, plein de jours et de mérites, et reçut de la main du Seigneur la couronne de gloire qu'il avait gagnée par ses généreux combats dans l'arène spirituelle d'où l'on sort toujours vainqueur, quand on suit avec soin les inspirations de la grâce. Cette bienheureuse mort arriva le 30 mai ; c'est du moins le jour inscrit au calendrier, d'après de vieilles traditions. Son corps fut inhumé auprès de celui de son vénérable ami : il resta dans cet oratoire jusqu'au commencement du XIe siècle (1003). Il fut alors transporté à Saint-Riquier, comme nous le dirons plus loin.

La dévotion des peuples de la contrée rendit aux serviteurs de Dieu les hommages que méritait leur sainteté et en reçut de nombreuses faveurs. Nous en avons pour garant la translation même des saints corps dans des monastères considérables. Il est impossible de supposer qu'après quatre siècles on soit allé chercher des reliques inconnues dans une solitude presque inaccessible. L'ermitage de Monstrelet s'est agrandi, grâce au concours des peuples, et a formé une église paroissiale pour le noyau de population qui s'est fixée autour de ces tombeaux, source de bénédictions célestes.

Que ces lieux aient appartenu ou non au monastère de Saint-Riquier, il faut admettre que l'abbé de ce lieu a fait desservir l'oratoire après la mort de saint Mauguille et y a continué le culte divin. C'est ce qui ressort des droits de patronage qu'il a de tout temps

(1) C'est la date assignée par D. Mabillon et la plupart des historiens. Le P. Malbrancq indique l'an 653 et le P. Lecointe, l'an 664, mais sans preuves suffisantes.

(2) La fête de saint Wulgan se célébrait au monastère de Saint-Valery, le 16 septembre. D'après une reconnaissance qui eut lieu le 16 août 1651 par un visiteur de la Congrégation de saint Maur, il fut constaté qu'on possédait la plus grande partie du corps de saint Wulgan. Mais on manquait de détail sur sa vie et l'origine des reliques.

Ces restes précieux ont été brûlés en 1793.

On conserve encore dans l'église du Saint-Sépulcre d'Abbeville une partie du bras de saint Wulgan et un fragment chez les Ursulines de la même ville.

On honore aussi à Lens un autre saint Wulgan, patron de la collégiale et de la ville. Les principales circonstances des deux légendes ont été puisées à la même source ; on ne saurait en douter. Toutefois les reliques appartiennent à deux personnages différents.

Il faut donc admettre deux saints du même nom, et, selon quelques auteurs, vivant à un siècle de distance.

Il est possible qu'un Irlandais inconnu se soit retiré à Monstrelet auprès de saint Mauguille et que des souvenirs confus, des récits de moines voyageurs lui aient attribué ce qu'on avait recueilli sur les actions du patron de Lens. Du reste les Actes de ce dernier ne méritent pas plus de confiance que ceux d'Hariulfe, et pourraient également lui être empruntés.

Il pourrait même se faire, ajoute M. l'abbé Corblet, que le saint Wulgan qu'on honore dans notre diocèse eut été tout simplement un moine de Saint-Riquier, que l'abbé de ce monastère aurait laissé à Monstrelet pour soigner saint Mauguille.

Consulter, pour plus de détails, M. l'abbé Corblet, *Hagiographie, Tom. III, Vie des saints Mauguille et Wulgan* et les auteurs qu'il indique, pp. 231 et 233, et en outre *Fasti Belgici* de Le Mire, Molanus, etc.

possédés sur cette église. Il y a là un titre de propriété ou de fondation ; et cette dernière observation confirme nos conjectures sur l'existence de traditions anciennes relativement à la vie de saint Mauguille. Un courant religieux était établi entre le monastère et l'ermitage : il n'aurait pu être interrompu que dans la période passagère des invasions Normandes.

Saint Mauguille fut patron de l'église de Monstrelet et de celle du faubourg de Saint-Riquier qui porte son nom. Après la destruction de l'église de Monstrelet, le culte du saint s'est perpétué dans celle de Boufflers, où l'on célèbre encore aujourd'hui sa fête patronale. Les traces de la canonisation sont effacées ; mais, même en l'absence de toute preuve, le culte immémorial devient une canonisation équipollente.

Nous avons déjà vu que le nom de saint Mauguille était inscrit aux martyrologes de Centule et de Corbie, que son office se célébrait à Saint-Riquier et au Tréport avec celui de saint Caidoc et saint Fricor. Les martyrologes d'Usuard, de Wion, d'Organius, de Ménard, de Molanus, de Canisius, de Du Saussay, de Berlin, de Bucelin, ont célébré avec de grands éloges le nom de saint Mauguille, son illustre naissance, sa retraite sur les bords de l'Authie, etc.

Une verrière du petit Séminaire qui réunit tous les saints du monastère de Saint-Riquier, y a compris saint Mauguille.

Sa statue est, dit-on, placée au portail de Saint-Riquier et dans l'intérieur de l'église. Il en existe une troisième à Boufflers.

Le tom. II du *Calend. Bened.* contient une gravure de J. Franck (1).

CHAPITRE III

L'ABBÉ OCIALDE, deuxième Abbé.

<small>Les Rois Mérovingiens. — Les Abbés du VIIe et du VIIIe siècle. — Ocialde.</small>

(Vers 640).

La chronique de Centule, composée pour l'instruction du gymnase monastique, résume en quelques pages l'histoire des rois Mérovingiens (2). Les documents à cette époque n'étant pas rassemblés dans d'immenses bibliothèques, on ne pouvait com-

<small>(1) M. l'abbé Corblet, *Hagiographie*. Tom. III.</small>

<small>(2) *Chron. Cent. Lib. I. Cap. I, II, III, XXV.* — *Lib. II. Cap. I, II.*</small>

pulser que quelques rares manuscrits où la fable est mêlée à la vérité, et le jeune auditoire de l'écolâtre était obligé de jurer sur la parole du mattre. En se plaçant à ce point de vue il sera peut-être agréable à quelques lecteurs d'avoir une indication sommaire des traditions locales que les grands historiens eux-mêmes ont consultées (1).

Hariulfe craindrait de trahir la vérité, si, à l'instar de ses devanciers, il ne recherchait l'origine des Francs dans l'histoire de Troie. Il analyse ensuite rapidement les règnes de Mérovée, de Childéric et de Clovis. Il ne fait que prononcer le nom de Clotaire I ; mais il s'étend davantage sur ses successeurs. Brunehaut, reine d'Austrasie, est pour le chroniqueur Neustrien une nouvelle Jézabel qui trouve dans une mort cruelle et ignominieuse le digne châtiment de ses crimes. Il n'est pas question de sa rivale Frédégonde, reine de Neustrie, dont la mémoire n'est pas moins odieuse. On y accrédite la fable des Saxons exterminés par Clotaire II, qui n'épargne que les jeunes enfants dont la taille n'a pas encore atteint la hauteur de son épée. Dagobert I, digne héritier de Clotaire II, dont on loue la sagesse et les belles actions, est initié par saint Arnoul, évêque de Metz, à l'art de régner. Il gouverne paisiblement tout le royaume des Francs et mérite le nom de Grand.

Sous les règnes suivants, la chronique signale particulièrement l'ambition et les intrigues de Grimoald, maire du palais, qui supplanta le jeune Dagobert II et fut justement décapité par ordre de Clovis II : puis elle flétrit les criminelles complaisances de Didon, évêque de Poitiers, en qui elle voit un sacrilége plutôt qu'un Pontife de l'Eglise catholique. Moins bien informée ou moins passionnée que la chronique de Frédégaire, elle loue la sage administration de Childeric II qu'elle salue comme un digne fils de sainte Bathilde, comme un sage restaurateur des lois de la monarchie des Francs. Les excès de l'hypocrite Ebroïn ne pouvaient être passés sous silence. Le meurtre impie de saint Léger, évêque d'Autun, eut sans doute un lugubre retentissement dans tous les monastères et a voué à l'exécration de la postérité le nom du faux moine de Luxeuil, dont la cruauté surpassa celle des rois païens eux-mêmes.

Hariulfe s'exprime en ces termes sur la déchéance honteuse des rois fainéants, qu'il ne daigne même plus nommer : « En ce temps la gloire royale s'affaiblissait. Le royaume « était gouverné par les préfets du palais. Il ne restait rien aux rois de leur puissance, « sinon le titre, l'ombre de la royauté et le droit de donner audience aux ambassadeurs, « de leur répondre ce qui leur était ordonné, de le dire comme venant d'eux-mêmes. « Le préfet de la cour avait seul l'administration de l'intérieur et du dehors : seul il « faisait et disposait toute chose (2). »

La généalogie de Pépin et de son frère Carloman, d'après notre auteur, remonterait à Clotaire I par Charles-Martel, Ansegise, saint Arnoul, Arnold, Ansbert, de race séna-

---

(1) *Rerum Gallicarum Scriptores*, etc. (2) Traduit d'Hariulfe et cité par Amédée Gabourd. *Hist. de France*. Tom *II*. p. 4.

toriale, époux de Blitilde, fille du roi de Soissons et petite-fille de Clovis. Charles reçut le symbolique surnom de Martel à la suite de ses victoires sur les Sarrasins sur lesquels il frappa à coups redoublés et qu'il a broyés comme le marteau des forgerons brise les corps les plus durs (1). Non-seulement il triompha des Sarrasins, mais il défit aussi tous les petits tyrans dont l'insatiable ambition pressurait la France. Pour récompenser ses soldats, il leur distribua des biens ecclésiastiques qu'il ravit aux diocèses et aux monastères de ses Etats. Il fit aussi alliance avec Luitprand, roi des Lombards, et lui envoya son fils Pépin pour qu'il lui coupât la première barbe selon la coutume des *fidèles ou féaux du roi*, et lui servît de père spirituel sur les fonts du baptême (2).

Notre chronique ne fait qu'effleurer les événements de cette époque, les intrigues, les luttes et les cruautés des maires du palais. Les souffrances de l'Eglise attaquée dans ses plus illustres défenseurs sont à peine indiquées. Mais, si le VIIIe siècle accumule les ruines de tous côtés, à l'heure marquée par la Providence, ses plaies se ferment et son empire un instant menacé s'affermit sur des fondements inébranlables (3).

Quel fut le sort du monastère de Centule dans cette période d'épreuves ? Il serait difficile de le conjecturer. Les détails manquent. De Dagobert à Charlemagne, c'est-à-dire dans un intervalle de cent cinquante ans, il n'a pas d'histoire. « Il y eut « alors, dit Hariulfe, beaucoup de saints religieux à Centule : il s'opéra une grande « multitude de miracles au tombeau de saint Riquier ; mais tout est passé sous silence, « car ces prédestinés de la solitude ne s'inquiétaient guère de laisser des vestiges de « leur passage sur cette terre : ils n'aspiraient qu'à faire inscrire leur nom au livre de « vie (4). »

Nous remarquons ici une distraction du chroniqueur : car il existait du temps d'Alcuin un gros livre des miracles de saint Riquier en langue rustique. Il est probable qu'on y avait conservé quelques-uns de ces miracles.

Dans cette longue période on a recueilli les noms de cinq abbés. Cinq chefs seulement préposés pendant cent quarante ans au gouvernement d'une communauté religieuse ! C'est bien peu. Quoiqu'on ne puisse affirmer que ce soit impossible,

---

(1) « Comme li martiaux debrise et froisse le fer « et l'acier et tous les autres métaux, aussi froissoit- « il et brisoit-il par la bataille tous ses ennemis et « toutes autres nations. ». *Chronique de Saint-Denis.*

(2) Paul Diacre rapporte le même fait. On remarque que c'était un ancien usage des Romains que les Lombards avaient imités.

(3) Une histoire manuscrite du Ponthieu, par Formentin, nous donne une suite de comtes ou conservateurs du Ponthieu à cette époque : mais après le comte Walbert ce ne sont que des maires du palais. Rien n'indique qu'ils exerçent une autorité plus immédiate sur cette contrée que sur les autres parties du royaume.

Notons seulement, d'après cette histoire, que Gislemar, fils de Waraton, meurt à Saint-Riquier : qu'en 686 Bertaire, maire du palais, vient lever une armée à Centule et se fait battre à Tertry par Pépin-d'Héristal : que le roi Childéric III détrôné et relégué au monastère de Saint-Bertin séjourne quelque temps à Centule, avant de se rendre au lieu désigné pour sa réclusion : que saint Angilbert est nommé en 775 comte de Ponthieu. Formentin ne cite aucun garant de ces assertions : nous lui en laissons la responsabilité.

(4) Hariulfe. *Chron. Cent. Ibid. cap.* XXVI.

on citerait cependant peu d'exemples d'une semblable longévité, les abbés n'étant appelés ordinairement à une si haute fonction que dans l'âge mûr. Plusieurs noms sont omis, ce semble, entre Ocialde, Coschin et saint Gutmaire : tout en proclamant saint Angilbert le septième abbé, Hariulfe lui-même l'insinue en plusieurs endroits. Nous serions, dit-il, restés dans une ignorance complète sur les abbés de ce temps, si le bienheureux Angelran n'était venu quelque peu à notre secours, en faisant un Catalogue des anciens abbés qu'il a pu découvrir (1). Toutefois ce Catalogue ne prouve rien, puisqu'il n'observe pas l'ordre chronologique donné par Hariulfe et ne cherche nullement à rapprocher les dates ; ce qui est essentiel dans une histoire.

Ce Catalogue a été suivi dans les siècles suivants. Depuis, aucun document n'a rien ajouté aux premières découvertes. L'absence de la chronique d'Hariulfe, perdue ou cachée pendant quelque temps, n'a fait qu'augmenter les incertitudes et épaissir le nuage qui enveloppe le premier âge du monastère.

Nous allons exposer les quelques faits que nous avons glanés dans les vastes Recueils hagiographiques et les documents révélés au public par l'érudition moderne.

Saint Riquier quitta le monastère de Centule vers 640. Ocialde, son successeur, nous est déjà connu. Sa perfection religieuse a décidé du choix du saint fondateur ; la nouvelle vigne sera habilement cultivée par cet ouvrier dont il a apprécié le talent et le savoir : elle va croître et donner à l'Eglise des fruits délicieux.

La translation des reliques de son bienheureux Père de l'ermitage de Forêt-Montier à son monastère est le seul souvenir qui nous reste de l'administration d'Ocialde ; il suffit pour rendre son nom cher à tous les enfants de cette famille bénie (2). On ignore en quelle année il reçut la couronne de l'immortalité. Son nom n'est pas inscrit parmi les saints, au martyrologe de Centule ; mais cet honneur lui est accordé, à la date du 24 septembre, dans les calendriers manuscrits d'Anvers, de Saint-Michel et de Saint-Sauveur, en Belgique. On a lu dans la vie de saint Riquier qu'il était appelé un moine pieux et saint : cette observation a suffi aux rédacteurs de ces martyrologes pour l'inscrire au nombre des amis de Dieu et des saints protecteurs ; toutefois on ne lui rendit aucun culte dans ces églises (3).

En 659, Centule vit naître à peu de distance un monastère appelé aux plus hautes destinées. La reine Bathilde en jeta les fondements dans un lieu inhabité, près d'un ruisseau du nom de Corbie. Elle y appela soixante moines de Luxeuil choisis parmi les plus fervents. En outre, elle gratifia cette nouvelle communauté de ses royales libéralités et des priviléges les plus étendus. Par sa magnificence, ses richesses, ses études et ses grands hommes, le monastère de Corbie est devenu une des splendeurs de l'ordre de saint Benoît ; on ne craignit même pas de l'appeler une nouvelle Rome, pour la prodigieuse quantité de reliques qu'il possédait. Centule toujours unie à Corbie

---

(1) Hariulfe. *Ibid.*
(2) Hariulfe. *Ibid. Lib. I. Cap. XXIV.*
(3) *Acta Sanctorum.* Boll. 24 Sept. *Sancti prætermissi.*

par les relations sociales d'un bon voisinage lui demandera plusieurs de ses abbés ; son nom sera plus d'une fois cité avec éloge dans cette histoire (1).

En 682, sainte Berthe construisit une grande et riche église dans son monastère de Blangy-en-Ternois. L'abbé de Centule assista à la dédicace avec les évêques et plusieurs abbés de la province de Reims (2).

CHAPITRE IV

COSCHIN, troisième Abbé.

(687 à 720).

On n'est pas bien certain, dit Hariulfe, du successeur de l'abbé Oïalde ; il y eut dans notre monastère des abbés dont les noms comme les œuvres sont inconnus, mais dont les mérites ont reçu leur récompense au ciel (3).

Après cet aveu, la chronique entretient ses lecteurs de l'abbé Coschin, personnage d'une grande édification et d'une science peu commune. Elle ajoute qu'il fut tout à la fois abbé de Centule et de Jumiéges (4): son nom se lit en effet sur le catalogue des abbés des deux monastères. Il a dû succéder à saint Aicadre, à Jumiéges, en 687. On ne sait en quelle année il succéda à l'abbé de Centule. Dans le silence des chroniques des deux monastères, voici une conjecture pour expliquer comment les religieux de Saint-Riquier l'ont choisi pour leur abbé, si toutefois on leur a laissé la liberté de l'élection, dans ces temps si agités par tant de révolutions du palais.

Saint Philibert, fatigué des tracasseries que lui suscitaient quelques esprits indociles du monastère de Rebais, dont il était devenu abbé, prit le parti de s'éloigner et parcourut la France, la Bourgogne, l'Italie, pour étudier les diverses règles des instituts religieux. Centule posséda cet illustre visiteur, et son admiration pour le glorieux fondateur ne connut point de bornes, après qu'il eut prié sur son tombeau et recueilli les souvenirs encore vivants de ses héroïques vertus ; il ne savait comment exprimer son amour et sa reconnaissance pour les grâces qu'il avait reçues dans la société de ses disciples sur lesquels se reposait son esprit.

(1) La charte de fondation de Corbie avec ses priviléges est citée dans le *Gallia Christiana*, tome X, *Appendice du diocèse d'Amiens*.

(2) Le P. Malbrancq, *De Morinis*, tome I, page 480.

Blangy-en-Ternois est aux environs d'Hesdin (Pas-de-Calais)

(3) Hariulfe. *Ibid. Cap. XXVI.*

(4) Jumiéges (Seine-Inférieure).

CHAPITRE IV. — COSCHIN.

Saint Philibert, après bien des épreuves et des persécutions, fonda de nombreux monastères et entre autres celui de Jumiéges, le plus célèbre de tous, où il compta jusqu'à neuf cents moines. Les riches et les puissants du siècle se dépouillaient de leurs biens et de leurs dignités : les abbés eux-mêmes quittaient leurs monastères pour apprendre sous sa direction et à son école à pratiquer la pauvreté évangélique. Au récit des merveilles qu'il opérait dans les âmes, son nom déjà vénéré à Centule devint plus cher encore, et ceux qui l'avaient vu et entendu voulurent absolument un de ses disciples pour pasteur, non qu'il leur manquât, ajoute la chronique, de sujets capables, mais par esprit d'humilité et dans la persuasion qu'un abbé sorti de cette célèbre école jouirait d'une plus grande autorité (1).

Coschin, s'il faut en croire Jean de la Chapelle qui lui donne le nom de Clotin, aurait vu saint Riquier en voyageant avec saint Philibert, ce qui le rendit bien plus agréable aux moines de Centule. Cette assertion nous paraît dénuée de fondement, puisque saint Philibert ne visita Centule qu'après la mort du saint fondateur.

Les monastères de Centule et de Jumiéges, dit la chronique, furent tellement unis par les liens d'une mutuelle charité qu'ils semblaient n'en faire qu'un, n'était la distance qui les séparait. Nous les retrouverons encore plus tard, sous le règne de Louis-le-Débonnaire, confiés l'un et l'autre à l'abbé Hélisacar.

Point de doute pour nous que Coschin, disciple et ami de saint Philibert, successeur à Jumiéges de saint Aicadre, ne fût digne par sa vertu et sa prudence des hautes et saintes fonctions dont il se vit investi, soit à Jumiéges, soit à Centule. Le premier de ces monastères comptait encore plus de quatre cents moines. Celui de Centule, sans être aussi florissant, avait néanmoins une nombreuse milice spirituelle. Le nom de Coschin fut vénéré dans la Neustrie et les pays voisins : il compta parmi ses moines d'illustres disciples, entre autres saint Eucher, évêque d'Orléans, et saint Hugues, fils du duc de Champagne, neveu de Charles-Martel et évêque de Rouen (2).

Hariulfe attribue à Coschin une vie de saint Philibert, d'un style peu élégant, ajoute-t-il, mais d'une parfaite exactitude dans le récit des faits : le sage abbé voulait avant tout édifier les âmes dont il avait la direction ; et, en retraçant ainsi la vie de son maître, il ne privait point les moines les moins instruits des leçons de perfection renfermées dans ce premier écrit (3).

Les chroniques ne signalent rien de plus sur l'abbé Coschin. On ignore l'époque de sa mort, mais il est probable qu'il ne vivait plus en 720, puisque saint Hugues de Rouen administrait le monastère de Jumiéges (4).

---

(1) Hariulfe. *Ibid.*

(2) Saint Hugues fut aussi chargé de gouverner les diocèses de Paris et de Bayeux, et bientôt après on lui confia également les abbayes de Jumiéges et de Sainte-Wandrille. Quelques auteurs ont aussi prétendu qu'il aurait eu l'administration de notre monastère. Ce serait plus difficile à prouver.

(3) Hariulfe. *Ibid.*

(4) L'abbé Angelran n'a point inscrit le nom de Coschin dans son catalogue. Hariulfe en fait la re-

En 718, d'après quelques légendes, en 720, d'après le P. Malbrancq, les moines de Centule furent convoqués à Auchy-les-Moines (1) pour les funérailles de saint Silvin. Cet évêque régionnaire était parti de Toulouse pour évangéliser les régions du Nord : il passa les plus belles années de sa vie dans les travaux apostoliques, continuant l'œuvre de saint Riquier, de saint Omer, de saint Bertin et de leurs compagnons.

Saint Silvin, on peut l'affirmer sans témérité, vint souvent se reposer à l'ombre du cloître de Centule et répandre ses prières et les tristesses de son âme aux pieds du saint Patron de la contrée. Ce sont ces liens de charité chrétienne et de dévoûment filial qui arrachèrent les moines de Centule à leur solitude, afin d'honorer la mémoire d'un pontife vénéré pour ses prodiges et ses vertus. Il y eut, à cette pompe triomphale d'un apôtre, un grand nombre de prêtres, de clercs, de vierges consacrées à Dieu ; mais la légende semble attribuer aux moines de Centule, dans ces glorieuses funérailles, la part la plus importante; ce qui prouverait encore mieux d'intimes liaisons entre les disciples de saint Riquier et l'apôtre de la Morinie.

CHAPITRE V

SAINT GUTMAIRE ou WITMAIRE, quatrième Abbé.

(742 à 770).

Saint Gutmaire est le quatrième abbé de Saint-Riquier dont on ait conservé le nom. « Cet abbé, dit Hariulfe, serait totalement ignoré, si le vénérable Angelran ne l'eût porté sur son catalogue avec le titre de très-saint personnage : *Sanctissimum Virum ;* recommandation vraiment suffisante pour d'humbles écrivains comme nous que celle d'un saint pour un autre saint (2). »

marque et ajoute que ce nom est conservé dans les archives du monastère de Saint-Riquier et de Jumièges. *Lib. IV, cap. XVII.*
Cette page d'Hariulfe ne nous inspire pas une pleine confiance ; mais aucune raison solide ne nous oblige à contester ici ses affirmations.
Les auteurs qui ont copié Jean de la Chapelle substituent le nom de Clotin à celui de Coschin.
Quelques auteurs, sur un témoignage d'Ermentaire, abbé de Noirmoutier, auteur d'une vie de saint Philibert, placent cet abbé Coschin au neuvième siècle et

distinguent deux Coschin ou Clotin, l'un au VII⁰ siècle, l'autre au IX⁰. Voir Mabillon (*Acta Sanctorum, in vita S. Philiberti, tome III*), pour la discussion de ces différentes opinions.

(1) Auchy-les-Moines, canton d'Hesdin, possédait alors un monastère de religieuses fondé par sainte Sicchède, à la fin du VII⁰ siècle.

(2) Et quia tanti viri tale meruit testimonium, dignum est ut a nobis pusillis memoretur, qui viri vere sancti ore sanctissimus est notatus. — *Hariulfe, Ibid.*

CHAPITRE V. — SAINT GUTMAIRE.

Hariulfe ne sait rien de plus sur la vie de cet abbé. D'autres documents de cette époque ont tiré son nom de l'oubli dans lequel on le croyait enseveli à jamais.

Quelques auteurs en ont fait un abbé de Jumiéges aussi bien que de Centule (1). Si saint Gutmaire a vraiment possédé la première de ces abbayes, ce qui nous paraît peu vraisemblable, il faut ajouter qu'il l'a résignée dans la suite ; car dans les actes du concile d'Attigny dont il est parlé plus loin, on lit le nom de Droctegang, abbé de Jumiéges, à côté de celui de Gutmaire, abbé de Centule (2).

Vers 758, dans une lettre du pape Paul Ier, il est question d'un message du roi Pepin, pour obliger les Lombards à restituer les domaines usurpés sur l'Eglise. Les ambassadeurs étaient les abbés Witmaire et Gerbert et le leude Hugbard. Le souverain Pontife les envoya à Didier avec les députés des villes : car non-seulement le roi Lombard n'avait pas restitué ce qu'on lui réclamait, mais encore il cherchait par de nouveaux empiétements à s'approprier de plus grandes possessions (3).

Plusieurs historiens ont reconnu l'abbé de Centule dans ce personnage, ainsi que dans un chancelier du roi Pépin, qui porte le même nom. Comme on n'investissait d'une si haute dignité que des hommes très-considérés et très-agréables au roi, on peut juger des grandes qualités de Gutmaire.

En 765, l'abbé de Centule assiste au concile d'Attigny, comme on le prouve par les noms inscrits au bas des actes. Cette mémorable réunion d'évêques et d'abbés fut présidée par saint Chrodegang, évêque de Metz et fondateur des chanoines réguliers. Ce qui nous reste des canons de ce concile nous montre, dans les pieux suffrages réclamés en faveur des défunts, quelles prières on s'imposait pour expier des fautes légères ou les péchés graves qu'on ne croyait jamais avoir assez pleurés. Il fut réglé « qu'après le décès d'un évêque les prêtres réciteront pour lui cent psautiers et célébreront cent messes ; que chaque évêque chantera trente messes et que, s'il est malade, un autre acquittera pour lui cette dette de piété (4) : que les abbés qui ne sont pas évêques prieront les évêques de célébrer pontificalement trente messes en leur place : que leurs prêtres en diront cent et que leurs moines réciteront cent psautiers ». Que sont nos œuvres satisfactoires auprès de ces immenses réparations ! (5)

C'est aussi sous cet abbé, en 743, que le concile de Lestine, au diocèse de Cambrai, imposa à tous les monastères de France la règle de saint Benoît. Dès ce jour, il y eut plus d'uniformité dans la discipline par tout le royaume, et les réformes nécessaires pénétrèrent plus facilement dans tous les organes de ce vaste corps religieux (6).

(1) Toussaint du Plessis, *Histoire de Meaux*. — Baillet. — M. l'abbé Cochet. *Description de l'Eglise de Gournay*.

(2) Le P. Lecointe place Droctegang à Jumiéges avant 720. Il est difficile alors d'affirmer qu'il a assisté au concile d'Attigny en 765.

(3) Labbe. *Sacrosancta Concilia*. Litteræ Pauli I Papæ.

(4) Pour bien comprendre ce canon, il faut se rappeler que beaucoup d'évêques se retiraient dans les monastères pour se livrer aux austérités de la pénitence.

(5) Labbe. *Ibid. En* 765.

(6) Labbe. *Ibid. En* 743.

On ne connaît pas l'année de la mort de saint Gutmaire. La tradition avait appris à Hariulfe que ses reliques étaient honorées en Neustrie, à Gournay-sur-Epte (1), dans une église dédiée sous son invocation. Nous laissons, dit la chronique, aux chanoines de son Eglise la noble mission de publier sa sainteté et ses perfections (2).

Il y a dans cette observation la réticence d'un historien qui craint de trop s'avancer. Aussi le grave Mabillon ajoute avec un mouvement d'humeur bien excusable dans un savant : « Que ne l'a-t-il fait lui-même ? Toute trace de culte de saint Gutmaire est » effacée à Gournay. Son nom même a péri. Sa collégiale a un autre patron, saint » Hildevert, évêque de Meaux (3). » De là de grandes controverses parmi les hagiographes du xvii° siècle : c'est à peine si les efforts les plus persévérants ont jeté quelque lumière sur cette question ténébreuse.

Nous demandons pardon à nos lecteurs de les engager dans une aride discussion à la suite des Mabillon et des Bollandistes. S'ils ont la patience de nous lire, ils auront quelque idée des études consciencieuses des princes de la critique sacrée ; ils verront avec quelle scrupuleuse attention a été examiné un passage d'une chronique du xi° siècle longtemps ignorée, quel temps les vrais savants ont consacré à comparer, à concilier les difficultés soulevées par des textes contradictoires, avec quelle hésitation sont présentées des assertions qui paraissent fondées en raison. Nous nous inclinons devant ces génies de l'érudition et nous apprendrons à leur suite à étudier les monuments de la vénérable antiquité. Plus tard on fut plus tranchant. A-t-on aussi bien défendu les droits de la vérité ? On commence à en douter.

On a confondu pendant quelque temps à Centule saint Gutmaire et saint Hildevert. Jean de la Chapelle a écrit ce qui suit : « Saint Hildevert, personnage très-pieux, très- « considéré et de noble lignée, fut demandé et élu pour quatrième abbé de ce monastère » qu'il gouverna très-saintement. Sa biographie se trouve dans une collégiale que la » ville de Gournay au diocèse de Rouen a édifiée en son honneur : son corps est renfermé dans une chasse d'or et d'argent. On ne saurait contester l'authenticité de ce » pieux trésor. Dans cette Eglise on possède plus de détail sur sa vie et ses miracles. »

Il nous est démontré par ce passage de Jean de la Chapelle, ainsi que dans sa vie de (4) Saint-Riquier et dans plusieurs autres endroits de sa chronique, que l'ouvrage d'Hariulfe ne lui était pas connu et qu'on n'eut plus aucun indice de son existence pendant plusieurs siècles. C'est dans cette période que les moines, pour se renseigner sur leurs traditions, auraient demandé des explications aux chanoines de Gournay, et qu'il leur aurait été répondu qu'on ne possédait que les reliques de saint Hildevert et qu'il n'en avait jamais existé d'autres dans leur Eglise. On s'est contenté de cette explication, et l'on a inséré dans les catalogues du monastère le nom de saint Hildevert. Comme on persistait à

---

(1) Gournay-sur-Epte (Seine-Inférieure).
(2) Hariulfe. *Ibid. Cap.* xxvi.

(3) Mabillon. *Acta Sanctorum, in vita S. Hildeverti, tom.* iii.
(4) *Chron. Abbrev. Cap. VI.*

CHAPITRE V. — SAINT GUTMAIRE.

dire à Centule que le quatrième abbé du monastère a été déposé et honoré à Gournay, les chanoines partagèrent cette croyance et insérèrent dans leurs légendes (1) « qu'Hil-
» devert, moine de Luxeuil, devint abbé de Saint-Riquier, puis évêque de Meaux :
» que son corps après son trépas fut déposé à six milles de Meaux, puis transporté à
» Gournay, par saint Mayeul, abbé de Cluny, au dixième siècle : qu'en 1200, il y eut
» une nouvelle translation par ordre de Gautier, évêque de Rouen: qu'en 1375, la
» reine Blanche, épouse de Philippe VI, fit préparer une châsse en or, magnifiquement
» travaillée, où l'on conserve la tête du saint. »

Sans nous arrêter à relever les erreurs que la critique des Bollandistes signale dans cette légende, nous ferons seulement remarquer qu'on ne lit nulle part dans les actes manuscrits que saint Hildevert ait gouverné le monastère de Saint-Riquier. Ces actes eux-mêmes sont rejetés par Mabillon, par les Bollandistes, par la *France littéraire* comme apocryphes, comme indignes de voir le jour, parce qu'ils sont tissus de traditions orales et populaires sur lesquelles il est impossible de baser un récit historique.

Quand le manuscrit d'Hariulfe reparut à la lumière et révéla le nom de Gutmaire, avec cette bonne fortune qu'il s'abritait sous l'autorité de l'abbé Angelran de sainte mémoire, il y eut un grand émoi au monastère de Centule et des doutes sérieux sur les traditions accréditées. Comme on honorait alors au monastère saint Hildevert, pour satisfaire aux exigences de leur conscience, les moines décrétèrent deux fêtes et deux offices : ils invoquèrent saint Gutmaire, le 13 mars, et saint Hildevert, le 10 décembre (2).

Mais la question historique n'était pas résolue. On examina donc plus sérieusement les documents que la science des âges précédents avaient légués à la piété des fidèles.

On reconnut que les reliques de saint Hildevert n'avaient été apportées à Gournay que vers la fin du dixième siècle. C'est dans l'examen de ce fait, disent les Bollandistes, qu'il faut chercher la solution la plus probable de cette controverse. Quelques données d'un savant archéologue qui a décrit l'Eglise de Gournay vont préparer la conclusion de ces courageux pionniers de la science religieuse.

« L'Eglise primitive de Gournay fut dédiée à saint Etienne le premier des martyrs.
» Saint Hildevert le remplaça dans la collégiale. Quelques-uns pourtant prétendent
» que saint Gutmaire, abbé de Jumièges et de Saint-Riquier, usurpa la place du prince
» des confesseurs. Les traditions de Centule veulent que ce saint moine soit mort à
» Gournay, en 750, et qu'il ait été inhumé dans l'Eglise. Depuis cette époque, il serait

---

(1) Bolland. *Acta Sanctorum*, 27 *Maii*, in *vita S. Hildeverti*.

(2) *Officia propria Regalis Abbatiæ S. Richarii. Au X décembre*.
Dans l'exemplaire de la bibliothèque d'Amiens, après le titre d'abbé du monastère, on a ajouté à la main, *et Episcopi Meldensis*.

Tous les compilateurs de Jean de la Chapelle, comme Robert Chenu, Chifflet, Leconte, notent que dans un tableau de la sacristie où étaient inscrits les noms des patrons, on lisait aussi celui de saint Hildevert avec cette désignation : saint Hildevert qu'on appelle aussi Gutmaire.

» resté le principal protecteur du pays, jusqu'à ce qu'un saint plus célèbre que lui fût
» venu lui succéder. Il faut reprendre les choses de plus haut.

« Au VII° siècle, pendant que saint Ouen consolait la ville de Rouen de la perte du
» grand saint Romain, saint Hildevert faisait revivre dans la chaire pontificale de
« Meaux, les vertus de saint Pharon. En 680, ayant quitté ce monde pour un monde
» meilleur, il fut inhumé dans une basilique qu'il avait fondée. Le souvenir de ses
» vertus et le bruit des miracles opérés à son tombeau portèrent saint Mayeul à
» exhumer son corps, à le placer dans une châsse et à le transporter dans la cathédrale
» de Meaux. (1) Il y était encore en vénération à la fin du dixième siècle, lorsque
» trois clercs de cette église conçurent le projet de l'enlever et de le conduire de ville
» en ville par tout le royaume de France. Une de leurs principales stations eut lieu
» dans l'église de Saint-Laurent de Paris... Depuis saint Hildevert arriva à Gour-
» nay, après avoir traversé comme en triomphe tout le diocèse de Beauvais..... (2) »

Nous abrégeons. « Les clercs ayant essayé en vain de transporter la châsse dans un autre endroit, on comprit que le saint avait choisi Gournay pour sa demeure et le lieu de son repos. Hugues, sire de Gournay, fit renfermer le corps du saint dans une chasse d'argent et l'on bâtit la collégiale actuelle dans le douzième siècle. Les auteurs du *Gallia christiana* nous donnent ainsi l'origine de cette église. Les chanoines qui avaient été substitués aux moines de Brémontiers à la fin du onzième siècle, furent transportés à Gournay et, pour honorer les reliques de saint Hildevert, l'un des successeurs de Hugues fonda cette collégiale qui comptait huit chanoines et un doyen (3). »

Revenons aux Bollandistes. Après l'examen de tous ces documents, ils se sont demandé s'il n'y aurait pas moyen de concilier les difficultés en distinguant deux époques : 1° celle où saint Gutmaire fut déposé à Gournay; 2° celle où saint Hildevert y fut transporté.

Saint Gutmaire mourut non pas en 750, comme on l'a dit plus haut, mais vers 770. Hariulfe écrit sa chronique en 1088, ce qui donne un espace de trois cents ans. Pendant cette période, l'Eglise de Saint-Gutmaire a pu être détruite dans les guerres si désastreuses des Normands : les reliques ont été dispersées ou emportées ailleurs, et le chapitre des chanoines anéanti. La Providence envoya probablement à Gournay les trois clercs qui portaient çà et là les reliques de saint Hildevert pour recueillir des aumônes ou extorquer de l'argent à la piété des fidèles. Un miracle les obligea de se fixer en ce lieu vénéré depuis des siècles. La nouvelle Eglise prit le nom de Saint-Hildevert et le premier patron fut oublié, soit par suite des susceptibilités normandes qui ne se souciaient guère d'honorer le nom d'un saint français, soit à la suite de

---

(1) C'est saint Mayeul, abbé de Saint-Faron ou d'un autre monastère, qui a fait cette translation et non saint Mayeul, abbé de Cluny.

(2) M. l'abbé Cochet. *Description de l'église de Gournay.*

(3) *Gallia Christiana*. Tom. XI.

nombreux miracles opérés par saint Hildevert, soit enfin en l'absence des reliques de saint Gutmaire; ce qui devait effacer tout souvenir.

La présence du saint évêque de Meaux à Gournay est un fait d'autant plus vraisemblable que ses reliques ne se trouvent nulle part ailleurs et que la cathédrale de Meaux elle-même avoue ne plus les posséder depuis longtemps.

Le P. Longueval, dans l'histoire de l'Eglise gallicane, se range à ce dernier sentiment et c'est, ce semble, le dernier mot de toute cette controverse.

On ne trouve point le nom de saint Gutmaire dans le martyrologe de Saint-Riquier; ce qui prouve qu'on ne l'honorait point dans les temps anciens. Chastelain a recueilli ce nom dans son martyrologe, après toutes les controverses suscitées par la révélation de la chronique d'Hariulfe.

CHAPITRE VI

ALDRIC, cinquième Abbé de Centule.

(770 à .....)

La chronique de saint Riquier inscrit le nom de cet abbé, sans signaler aucun acte de son administration. Il aurait été oublié, si le catalogue du bienheureux Angelran n'en eût fait mention. (1).

CHAPITRE VII

SYMPHORIEN, sixième Abbé de Centule.

(775 à 790 ?)

« Après la mort d'Aldric, dit Hariulfe, Centule eut pour père et pasteur Symphorien, abbé débonnaire, chaste, craignant Dieu, se séparant de la société des pécheurs et s'élevant au-dessus des cieux par la pureté de sa vie. Sous son administration le monastère de Saint-Riquier jouissait d'une telle réputation de sainteté qu'Angilbert, puissant seigneur de la cour de Charlemagne, demanda à s'ensevelir avec lui dans l'obscurité du cloître et à imiter son abnégation et son humilité (2). »

(1) Hariulfe. *Cap.* xxvi.   (2) Hariulfe. *Ibid.*

Un tableau placé dans la chapelle de saint Angilbert nous représente ce noble ami de Charlemagne, prosterné aux pieds de l'abbé Symphorien et sollicitant la faveur d'être par lui revêtu de l'habit religieux.

La profession de saint Angilbert à Centule, ses institutions, le grand nombre de moines qu'il y rassembla, les éloges d'Alcuin, la splendeur même de la ville à cette époque, tout indique une communauté florissante, un port assuré aux âmes dégoutées du monde et avides de pénitence. On jouissait alors de la paix que Pépin, mieux inspiré que son père, avait rendue à l'Eglise. Les plaies des guerres civiles et étrangères étaient cicatrisées. La France n'avait jamais connu de si beaux jours, ni un tel respect pour les lois et les saints canons. Sous la main puissante de Charlemagne, l'esprit chrétien vivifiait les âmes. Les saints semblaient se ranimer dans leur tombe pour faire glorifier le Roi immortel des siècles. Les miracles opérés à Centule étaient si extraordinaires et si fréquents que leur nombre et leur éclat faisaient perdre aux chroniqueurs de l'époque la pensée de les transmettre à la postérité. Il est inutile, se disait-on alors, de mentionner ce que l'on voit tous les jours : il n'est pas possible que le souvenir s'en efface jamais de la mémoire des hommes.

Ce n'était pas seulement à Centule où reposaient les précieuses reliques de saint Riquier que se manifestaient ces témoignages visibles et palpables d'une puissance surnaturelle, mais aussi à l'ermitage de Forêt-Montier qu'il avait habité pendant quelques années, et rempli de la gloire de son nom (1).

On fixe généralement à l'an 790, la mort de l'abbé Symphorien ; cette date ne repose sur aucun monument historique. On verra dans la vie de saint Angilbert si elle peut se soutenir et s'il n'est pas plus exact de fixer une époque antérieure. (2).

(1) Hariulfe. *Ibid.*
(2) Jean de la Chapelle fait venir saint Maugu lle à Centule sous l'abbé Symphorien. C'est un anachronisme d'un siècle. *Chron. Cap.* vii.

Le P. Malbrancq écrit à la gloire de l'abbé Symphorien qu'il fut honoré des faveurs du roi Pépin et du pape Etienne II. *De Morinis, tom.* ii, *pag.* 24.

LIVRE III

SAINT ANGILBERT.

CHAPITRE PREMIER

La Légende de saint Angilbert, gendre de Charlemagne. — Son mariage avec la princesse Berthe.

Une biographie de saint Angilbert nous offre une légende aussi hyperbolique, aussi fabuleuse que celle de saint Riquier (1). On ne saurait dire aujourd'hui si c'est la même plume qui a écrit ces deux livres dépourvus de vraisemblance et de critique ; mais en les comparant on remarquera facilement qu'ils ont été inspirés par un même sentiment de vanité. L'histoire du célèbre restaurateur de l'abbaye auquel les moines se croient presque autant redevables qu'à leur glorieux patron serait incomplète, si nous n'offrions au lecteur cette page de légende avec nos observations critiques (2).

« L'an 754 de l'Incarnation, Pépin, fils de Charlemagne, régnait sur le royaume des Francs. Il avait pour conseiller et ministre Angilbert, personnage non moins remarquable par son habileté dans les affaires que par sa haute naissance. Ce grand homme avait su tellement plaire au roi et aux princes ses fils, qu'ils l'aimaient comme un fils ou un frère. On ne pouvait en effet le voir et l'entendre sans se sentir attiré vers lui par une vive sympathie ; il avait beaucoup d'aménité dans le caractère, de grandes connaissances dans les arts libéraux, une science extraordinaire, une taille élégante, une belle physionomie. Joignez à toutes ces qualités de la nature les dons de la grâce et vous aimerez à voir en lui un homme orné de toutes les perfections. » Cédant aux conseils de ses parents et de ses amis, aux exhortations des princes, Angilbert reçut la tonsure cléricale, et, sous l'habit ecclésiastique qu'il honorait par une vie édifiante, il devint la lumière du palais.

« Après la mort de Pépin, Charlemagne donna aussi toute sa confiance à Angilbert qui la méritait pour sa conduite irréprochable et pour la noblesse de son origine. Sa famille avait toujours joui de la plus haute considération à la cour des Francs. Ses

---

1) Voir Livre I, Chapitre I. (2) Voir *Act. Sanct. Ord. S. Benedict. Tom. V. In Vita S. Angilbert.* — *Boll.* 18 Februar.

aïeux et ses ancêtres occupèrent les principales dignités et furent unis par les liens du sang à tous les grands officiers de la couronne. Charles se faisait accompagner partout par Angilbert : ses sages conseils dont il se servit souvent et sa fidélité inébranlable lui rendirent d'immenses services. Aussi, pour lui prouver toute l'étendue de sa reconnaissance, il le fit son secrétaire, son primicier, son silenciaire, et il ne voulut plus régler les affaires du royaume sans sa participation.

« Comme les dons du ciel embellissaient chaque jour son âme, pressé par les inspirations du divin amour et par les exhortations du roi, Angilbert reçut le sacerdoce pour se préparer plus prochainement à l'épiscopat par l'exercice de ce sublime ministère : car le roi avait l'intention de l'élever à quelque métropole, sa noblesse et sa science lui méritant certainement cette distinction ; mais il en arriva tout autrement que le roi, inspiré par des idées terrestres, en avait disposé dans ses habiles combinaisons.

« Charles avait eu trois filles de la reine Hildegarde, savoir : Rotrude, Berthe et Gisèle. La seconde des royales princesses fut éprise d'amour pour Angilbert : elle voulut pour époux le noble conseiller qu'elle savait entrer plus avant dans la confiance du roi. Elle n'osa point d'abord révéler à son père les penchants secrets de son cœur ; mais elle sut si bien le circonvenir qu'elle lui fit connaître enfin ses désirs. Le roi apprit avec peine les vœux que formait sa fille : craignant toutefois les suites fâcheuses d'un refus, considérant d'ailleurs la noblesse d'Angilbert, il consentit enfin à la demande de Berthe. Après s'en être entendu avec les principaux officiers de son palais, il unit sa fille chérie à Angilbert, à la grande satisfaction de tous ses courtisans. C'est de cette manière que le seigneur Angilbert, infidèle aux saints engagements du sacerdoce, devint le gendre du roi. De ce mariage naquirent deux fils, Nithard et Harnide. On lui donna aussi le gouvernement d'une partie de la France maritime : il était convenable, en effet, que le gendre du roi fût élevé à un poste digne d'un si haut rang.

« On se tromperait, toutefois, si l'on croyait qu'Angilbert se laissât prendre à l'appât des honneurs mondains. Dieu qui connaît les siens envoya dans des vues de miséricorde une grande maladie à ce futur athlète du Christ : celui-ci se voyant près de sa fin rentra en lui-même et il fit avec beaucoup de ferveur le vœu de se consacrer à la vie religieuse, si la santé lui était rendue.

« Après sa guérison, il ne songea plus qu'à accomplir sa promesse. Il délibérait avec la princesse Berthe de son dessein de quitter le siècle, lorsqu'il apprit que les Normands venaient d'envahir les contrées arrosées par la Seine et par la Somme et pénétraient dans les ports de la France maritime. Il informa immédiatement le roi Charles des dangers qui menaçaient son royaume et se fit donner une armée pour combattre ces pirates. Pendant qu'on s'occupait des préparatifs de la guerre, il vint en pèlerinage au tombeau de saint Riquier ; il y pleura amèrement ses désordres et surtout le crime de son mariage sacrilége et renouvela son vœu. Ses prières furent promptement exaucées. A peine était-il rentré à son camp, qu'il s'éleva un grand orage accompagné de tonnerre, d'éclairs, de grêle, de pluie impétueuse. Les Normands furent tellement épouvantés de ce déchaînement des éléments conjurés contre eux, qu'ils se précipitèrent sur leurs vaisseaux et prirent promptement la fuite ; on dit même qu'il y eut tant de trouble et de confusion dans ce départ, qu'ils s'entretuèrent les uns les autres et qu'il en périt un grand nombre. »

« Cette victoire miraculeuse qui ne coûta point un seul homme aux Francs, fit connaître à Angilbert combien saint Riquier était puissant devant Dieu ; c'est à son tombeau qu'il vint remercier le Très-Haut de sa victoire. Il en porta la nouvelle ensuite au roi Charles et l'entretint en secret de sa résolution, en lui demandant la permission de l'exécuter immédiatement. Touché de ses sentiments de repentir, non-seulement le roi Franc consentit à la prière de son gendre, mais il le pressa même de hâter l'accomplissement de son vœu. »

« Angilbert se rendit alors à Centule avec la princesse Berthe sa très-noble épouse. Celle-ci se consacra la première à Dieu en recevant le voile des religieuses, et on lui prépara une retraite convenable dans l'enceinte du monastère. Après avoir ainsi rompu ses chaînes, Angilbert demanda humblement le saint habit religieux. On l'en revêtit, quand le temps prescrit par la règle fut écoulé, et il prouva bientôt qu'il était mort au péché, aux vanités du siècle, et qu'il méritait d'être de nouveau compté au nombre des enfants d'adoption et de devenir un vase d'honneur dans la maison du Seigneur. »

Nous renvoyons le lecteur aux sources indiquées plus haut pour la suite de cette légende. Nous n'avons l'intention d'en citer ici que ce qui regarde le mariage et la profession religieuse du saint Abbé.

Le plus beau titre de gloire d'Angilbert pour la foule des historiens, c'est son alliance avec Berthe, fille de Charlemagne ; c'est par là qu'ils expliquent les splendeurs de Centule, la prédilection du puissant Empereur pour un abbé aussi dévoué à ses intérêts sous la bure du cloître qu'il l'avait été sous la toge du conseiller laïque. Or, cette assertion historique du mariage d'Angilbert avec la fille de Charlemagne repose sur des bases tellement fragiles, qu'aussitôt qu'on l'examine sérieusement, on ne peut s'empêcher de la révoquer en doute (1).

L'esprit judicieux du P. Bollandus et de D. Mabillon a saisi promptement ce qu'il y avait d'étrange, d'invraisemblable dans ce récit que nous venons d'analyser : ces grands hagiographes ont exposé leurs doutes sans oser conclure contre l'opinion accréditée. Nous allons ressusciter leurs arguments oubliés ou négligés depuis longtemps par les abréviateurs. Plus téméraire sans doute que les princes de la critique, nous

(1) Nous avons déjà publié plusieurs travaux sur le mariage de S. Angilbert. Nous y renvoyons le lecteur pour des développements que ne demande pas cette discussion abrégée. Voir *Bulletin de la Société des Antiquaires de Picardie. Année* 1865. N° 4. — *Année* 1866. N° 2. — *Année* 1870. N°s 3 et 4. — *Année* 1873. N° 3. — *Congrès scientifique d'Amiens,* page 496.

tirerons des conclusions et nous dirons que le récit du mariage de notre saint abbé est un fait controuvé, qu'Angilbert ne fut pas un prêtre sacrilége, et qu'il n'eut pas à pleurer ni à expier les désordres que certains auteurs lui imputent.

Mais, en posant cet espèce de paradoxe en face du récit des historiens passés et présents, nous n'accusons pas la bonne foi de ceux qui nous ont précédé. Nous demandons seulement qu'on respecte aussi la nôtre ; qu'on nous lise sans prévention ; qu'on nous réfute, s'il y a lieu, pour nous aider à sortir du doute que de longues études n'ont fait que confirmer dans notre esprit. Nous ne cherchons que la vérité historique et nous rendrons grâce à ceux qui nous prouveraient que nous nous sommes trompé.

Il résulte du récit de notre chronique : 1° que saint Angilbert en 754 était ministre du roi Pépin-le-Bref ; 2° qu'il fut élevé au sacerdoce à la demande de Charlemagne ; 3° qu'il contracta un mariage avec une princesse royale, au mépris des lois canoniques et avec le consentement de toute la cour ; 4° qu'il eut de cette union deux enfants, l'historien Nithard et Harnide ; 5° que le duché de la France maritime lui fut donné comme apanage ; 6° que le gendre de Charlemagne remporta une victoire miraculeuse sur les Normands ; 7° qu'il fit vœu d'embrasser la vie monastique et qu'il se donna à Dieu dans le monastère de Centule ; 8° que la princesse Berthe y vécut aussi, comme recluse, sous l'habit religieux et fut entièrement séparée du monde.

Avant de discuter toutes les circonstances intrinsèques et extrinsèques de ce mariage, il est bon de peser la valeur et l'autorité de notre chronique. Cette biographie du saint abbé conservée dans la bibliothèque du monastère paraît écrite au commencement du XII° siècle, à l'occasion de nombreux miracles opérés à son tombeau. Le personnage auquel elle est adressée porte le titre de *Majesté* ; ce qui a fait conclure à D. Mabillon que l'auteur dédiait son œuvre au Souverain Pontife lui-même ; qu'on juge par là de l'importance qu'on voulait donner à ce livre.

D'après les Bollandistes, le P. Lecointe et beaucoup d'autres auteurs anciens, Hariulfe serait l'auteur de cette chronique. Comme on savait par quelques souvenirs qu'il avait écrit sur les origines du monastère, ceux qui ignoraient l'existence de sa chronique encore inédite devaient naturellement jeter les yeux sur lui. D. Mabillon adoptant le sentiment de Paul Petau et de Guillaume Peyrat partagea quelque temps cette opinion ; mais, quand il connut l'œuvre d'Hariulfe, il rétracta son premier jugement et attribua la *Vie d'Angilbert* à l'abbé Anscher, le contemporain du chroniqueur de Centule. « Il « n'est pas probable, disait-il, que notre historien ait traité deux fois le même sujet : « je présume que l'auteur de la seconde Vie est l'abbé Anscher, témoin des grandes « merveilles qui ont révélé au monde la sainteté et la puissance du serviteur de Dieu. « Ce qui m'empêche en outre de reconnaître dans cette production notre célèbre anna- « liste, c'est que le nouveau biographe est moins habile et moins judicieux. Son ou- « vrage n'indique point un parfait discernement dans le choix des matériaux (1). »

(1) D. Mabillon. *Eloge de S. Angilbert. Act. Sanct. Tome V.*

Mais ce livre est-il vraiment d'Anscher ? Nous nous permettons d'en douter, malgré l'affirmation de D. Mabillon : il n'est pas signé, tandis que les livres des Miracles portent son nom. « L'auteur n'est pas judicieux. » Cette remarque ne nous permet pas de faire hommage d'une semblable production à un abbé dont on admire la sagesse et la science. Anscher n'aurait jamais osé tenir aux premiers pasteurs de l'Eglise un langage aussi inconvenant ni raconter aussi lestement le déshonneur d'un prêtre sacrilége et l'insouciance de Charlemagne pour les saints canons.

Cette légende n'a point de nom propre, quoiqu'en aient dit les savants du XVIIe siècle. Nous la rangerons dans la classe des écrits apocryphes dont un faussaire seul aurait droit de réclamer la paternité. D'après les premiers critiques, elle appartient au XIIe siècle. Nous ne le contestons pas ; mais nous la reléguons aussi volontiers au XIIIe siècle.

« On nous accordera, dit un judicieux écrivain, qu'une légende pour être un docu« ment vraiment historique doit être contemporaine des faits qu'elle rapporte : que si « elle ne possède pas cette qualité, sa valeur probante se mesure sur son harmonie plus « ou moins parfaite avec les données bien connues de l'histoire contemporaine (1). » Notre auteur paraît l'avoir senti comme nous ; car il remarque dans sa préface qu'il a recueilli dans les Gestes des Francs et dans les chroniques, les principaux faits de cette biographie (2). Il est toutefois très-regrettable qu'il ait négligé d'indiquer les sources. Parmi les nombreux écrits qui nous restent de cette époque, aucun auteur contemporain ni postérieur ne fait la moindre allusion à cet événement, tandis que nous y recueillons de nombreux témoignages pour en démontrer l'invraisemblance.

Jusqu'ici on a inventé des systèmes, même bizarres, pour plier ce récit aux convenances historiques et le faire figurer dans le cadre des faits admis sans conteste ; mais personne ne s'est demandé si l'auteur méritait quelque confiance. C'était pourtant par là qu'il fallait commencer.

Notre légende ne s'amuse pas à inscrire des dates ni à marquer l'époque du mariage. Beaucoup d'auteurs l'ont imité. Mais puisqu'on dit que l'histoire a deux yeux pour lire dans les faits passés, la géographie et la chronologie, invoquons ici à notre secours la chronologie et établissons par des dates que le mariage d'Angilbert n'est qu'une fable introduite dans l'histoire de Centule.

D. Mabillon soutient que ce mariage ne pouvait avoir lieu ni avant ni après l'an 787 (3). L'âge de Berthe à peine nubile à cette époque, les ambassades de l'abbé Angilbert de 792 à 796 l'obligent à circonscrire le terrain de la discussion et à se mouvoir dans l'espace de trois à cinq ans pour expliquer le mariage d'Angilbert, la naissance de ses deux fils, son entrée en religion, son noviciat et sa profession monastique.

(1) *Revue des Questions historiques.* Octobre 1873, page 419.
(2) *De gestis Francorum et diversis opusculis chro-*nicarum colligentes actus ejus vestræ offerimus Majestati.
(3) *Eloge de S. Angilbert. Ibid.*

Les auteurs qui ont écrit depuis sur ce sujet ont admis cette chronologie. Le P. Lecointe adopta un autre système. Nous verrons que son système ne peut soutenir un examen sérieux.

La légende d'Angilbert affirme donc qu'en 754 il remplissait auprès de Pépin-le-Bref les fonctions de conseiller et de ministre. Nous pouvons supposer qu'il était âgé au moins de vingt-cinq à trente ans, ce qui nous donne environ 60 ans, en 787. Il est difficile de placer la naissance de la princesse Berthe avant 779 ou 780. D. Mabillon fait violence à l'histoire, quand il suppose, par esprit de conciliation, qu'elle serait née en 775 (1).

Que le lecteur tire la conclusion de ces prémisses rigoureuses : on lui propose le mariage d'un vieillard de soixante ans avec une jeune fille de huit ans, ou de douze ans, dans le système de chronologie le plus favorable.

Ainsi, d'après notre chronique, Angilbert honoré à la cour de Pépin-le-Bref et de Charlemagne, le primicier ou le chef des clercs du palais, *primas capellanorum*, le secrétaire et le silenciaire des rois, sans l'assentiment duquel on ne règle aucune affaire, Angilbert élevé à la dignité du sacerdoce, sur le point d'être nommé Archevêque, épouse la princesse Berthe, lorsqu'elle n'est pas encore nubile, pour obéir aux caprices d'une enfant et ne point se rendre coupable de fautes contre la morale chrétienne. Il foule aux pieds les engagements sacrés du sacerdoce, à la grande satisfaction des principaux officiers du palais, des abbés et des évêques appelés aux conseils du roi, et de Charlemagne lui-même ! Quel écolier tant soit peu intelligent oserait présenter à son maître une composition aussi absurde ?

En vain a-t-on cherché à expliquer ce mariage par des hypothèses ingénieuses. Eginard, auteur contemporain, témoin oculaire des événements qu'il raconte, familier de la maison impériale, vient opposer une autre barrière non moins infranchissable (2) :
« Les filles de Charlemagne, dit-il, étaient très-belles, tendrement aimées de leur
« père ; ce qui est étonnant, c'est qu'il ne voulut donner aucune d'elles en mariage,
« soit aux siens, soit aux étrangers : il les garda dans son palais jusqu'à sa mort, en

---

(1) Chronologie des enfants de Charlemagne et d'Hildegarde, d'après les Annales du P. Lecointe. (*Tome V.*)
(773) Charlemagne épouse Hildegarde. De ce mariage sont issus :
1° (774) Adeleis qui meurt en bas-âge ;
2° (775) Rotrude ;
3° (776) Charles ;
4° (777) Carloman qui reçut le nom de Pépin au baptême;
5° (778) Deux jumeaux, Louis-le-Débonnaire et Lothaire qui meurt peu de temps après sa naissance;
6° Vers la fin de 779 ou en 780, Berthe, la prétendue épouse d'Angilbert ;
7° (781) Gisèle ;
8° (783) Hildegarde qui ne vécut que quelques jours ; en tout neuf enfants. Eginard n'en compte que six ; il passe sous silence les noms de ceux qui ont été enlevés dans la première enfance.

Notons en passant une forte distraction d'un célèbre historien : « L'abbaye de Centule était alors gouvernée par Angilbert qui avait épousé l'une des filles de Charlemagne, Gisèle, et qui, après la mort de cette princesse, avait embrassé la vie monastique à Centule. » — (Augustin Thierry, *Monuments inédits*. Tome IV, page 576.)

(2) Eginard. *In Vita Caroli*

« disant qu'il ne voulait point se priver de leur société, et pour cela, quoiqu'il fût heu-
« reux dans toutes ses entreprises, il fut exposé aux traits de la critique ; ce qu'il dis-
« simula avec tant d'habileté, qu'il ne parut jamais avoir conçu le moindre soupçon
« ni avoir recueilli un seul bruit injurieux. »

Nous prions le lecteur de peser cette expression *Mirum quod nullam eorum cuiquam aut suorum aut exterorum nuptum dare voluit.* Lorsqu'un auteur appelé tous les jours à saluer les princes et les princesses, vivant dans leur intimité, déclare d'une manière si claire, si précise, que le Grand Empereur ne voulut marier aucune de ses filles ni avec les siens ni avec les étrangers, lorsqu'il ajoute que cette inflexible volonté de garder ses filles restait un mystère pour tous, est-il possible de suspecter son témoignage et de lui préférer une assertion postérieure de trois cents ans ?

Ce témoignage irréfutable n'est-il pas encore confirmé en 796 et 799 par ces vers d'Alcuin, de Théodulfe et d'Angilbert lui-même, qui ne s'adressent évidemment pas à une épouse ni à une mère ?

> Virginis egregiæ Berthæ nunc dicite laudes.....
> Virgineum ad cœtum quo non est pulchrior alter,
> Veste, habitu, specie, corpore, corde, fide,
> Scilicet ad Bertham.....
> Virgineos interque choros turbamque sequentem.
> Proxima Bertha nitet, multis sociata puellis... (1).

On comprend ici l'embarras des Bollandus et des Mabillon (2). « Cette page de
« légende, dit le grand annaliste Bénédictin, a bien tourmenté Jean Bollandus : il
« voyait, cet homme si perspicace, qu'aucun auteur avant l'anonyme de Centule, c'est-
« à-dire pendant plus de trois cents ans, n'avait fait mention de ce mariage ; que la
« princesse Berthe, issue de Charlemagne et d'Hildegarde, après Pépin et Rotrude,
« n'était point vraiment nubile avant 792, époque à laquelle Angilbert était déjà
« moine à Centule : il avait recueilli les louanges prodigués à Angilbert par Alcuin,
« par le pape Adrien, par Eginard et par Charles lui-même ; mais nulle part il n'avait
« rencontré le nom de gendre de Charlemagne ; il connaissait le texte d'Eginard sur
« les filles du Grand Empereur ; et pourtant, il ne pouvait nier le témoignage de
« Nithard qui se proclamait fils d'Angilbert et de la princesse Berthe. Rejeter les
« traditions des moines de Centule, mettre en suspicion l'auteur de la *Vie de saint*
« *Angilbert* est une hardiesse de critique dont il ne se sent pas capable. Si l'idée d'une
« faute lui vient à l'esprit, il la repousse bien vite. Comment accuser la fille d'un si
« grand roi, un prêtre revêtu de dignités si éminentes ? C'est pour lui *un dédale inex-*
« *tricable.* Et certes on ne peut disconvenir *qu'il y a là de sérieuses difficultés.* »

(1) Mabillon. *Act. Sanct. Ibid. Eloge de S. Angilbert.*   (2) Mabillon. *Ibid.* Bollandus, 18 *Februar.*

L'esprit n'est pas satisfait de la solution que D. Mabillon essaie de donner à ces sérieuses difficultés ; mais nous nous associons pleinement à cette remarque : « Un « soupçon d'infidélité ne pourrait s'allier avec l'attachement si vif et si constant que le « Grand Empereur avait voué à Angilbert, ni avec sa réputation sans tâche et la con-« sidération dont ce confident jouissait auprès de tous, ni avec ses diverses légations « ou ses autres dignités. Qui se persuaderait que Charlemagne dont tout le monde « admire la sagesse et l'habileté ait comblé d'honneurs un indigne séducteur? »

Ces paroles vont surtout à l'adresse du P. Lecointe(1). Au lieu de suivre pas à pas la chronique, l'annaliste oratorien torture les faits et les dates pour assurer le triomphe d'un récit romanesque et créer un autre courant d'opinion dans lequel il entraînera toute une école historique. Le texte de la chronique est respecté ; seulement le savant oratorien lui trace de nouveaux contours pour lui donner quelque air de vraisemblance ; il fait un triage des faits, sous prétexte que la légende n'est pas d'une autorité incontestable. Voici son raisonnement.

« Dire qu'Angilbert est prêtre et primicier de Charlemagne, c'est tout à la fois une erreur sur le droit ecclésiastique et sur l'histoire du temps, puisque les primiciers de cette époque sont connus et qu'il n'y a plus de place pour Angilbert. Dire que ce fameux mariage fut contracté en 787, c'est faire preuve d'ignorance, Berthe n'étant encore âgée que de sept ans. La vérité exige que ce mariage soit reculé jusqu'en 794 et la profession religieuse après 796. »

Ici se rencontrent des lettres du pape Adrien et du pape Léon III, qui établissent clairement qu'Angilbert était primicier et abbé. Le P. Lecointe ne se laisse pas embarrasser dans cette toile d'araignée : il déclare ces lettres apocryphes et il n'hésite nullement à subordonner des pièces authentiques à un écrit anonyme, rempli d'invraisemblance et de fautes grossières.

Un maladroit défenseur fait quelquefois plus de mal qu'un ennemi déclaré. C'est le reproche que nous faisons au P. Lecointe. Il signale deux erreurs dans la légende : 1° celle du mariage d'un prêtre, ce qui est interdit par les saints canons ; 2° celle d'un vrai mariage entre Angilbert et la princesse Berthe : d'où il suit qu'on ne peut admettre que des relations criminelles avant le voyage de Rome, en 796, et le scandale de naissances illégitimes dans le palais même de l'empereur.

Que nous sommes déjà loin de la chronique de Centule ! Mais de quel droit vient-on introduire une hypothèse que repoussent et la tradition et la critique historique, sans produire aucun témoignage contemporain ni postérieur?

Malheureusement, comme nous l'avons déjà insinué, la parole de l'annaliste oratorien a eu de l'écho. On s'est emparé de cette hypothèse et on l'a convertie en fait indubitable, sans se soucier du point de départ et de l'âge des personnages. La chro-

(1) *Annales. Passim.* de 790 à 796.

nique scandaleuse a cru pouvoir puiser à pleines mains dans le règne de Charlemagne. Elle a corroboré ces affirmations par de nombreux exemples propres à appuyer sa thèse. C'est pourquoi des contradicteurs nous accordent qu'il n'y eût pas de mariage entre Berthe et Angilbert; mais ils soutiennent qu'il est permis de croire à des amours illicites.

Nous avons le droit de leur demander des preuves, lorsqu'ils nous allèguent des conjectures ; il ne suffit pas de dire : « la cour de Charlemagne était une école d'immoralité ; ses filles se sont laissées entraîner à des désordres honteux ; qu'y a-t-il d'étonnant que les rapports d'Angilbert avec la princesse Berthe méritent aussi la même flétrissure ? » Ni la logique, ni la démonstration historique ne seront satisfaites d'un argument de ce genre, quelque brillante que soit la forme dont on le revête ; une sage critique saura le dépouiller d'un vain éclat et le réduire à de justes proportions.

Gaillard, dont l'histoire de Charlemagne a fait longtemps autorité, émet, sans consulter la chronologie, une opinion aussi blâmable que celle du P. Lecointe (1). Il prétend que Charlemagne aurait rétabli la loi du célibat et qu'ainsi Angilbert serait excusable avant la réforme proposée par un nouveau capitulaire.

L'histoire ecclésiastique réclame contre cette assertion : la loi du célibat ne fut jamais violée impunément dans l'Eglise latine. Nous reconnaissons avec confusion que le sacerdoce a été parfois avili, souillé par un concubinage sacrilége ; mais les unions défendues par les Conciles n'ont jamais été solennellement bénites. Les évêques les plus vénérés ont toujours combattu pour le célibat ecclésiastique avec un courage héroïque, au prix même de leur liberté.

Notre chroniqueur prouve son ignorance en droit canon, quand il suppose que cette criminelle atteinte aux lois les plus saintes fut tolérée, encouragée, applaudie à la cour de Charlemagne. La main ferme de l'orthodoxe empereur a toujours châtié les clercs dont il a surpris les menées scandaleuses. C'est seulement dans les temps de trouble et de guerre que l'impunité a couvert des désordres de ce genre ; et c'est là sans doute ce qui a exposé l'historien Gaillard à soutenir une erreur si étrange.

L'affirmation de la légende amène D. Mabillon à examiner si le saint abbé de Centule était prêtre (2) ; il le nie, même pour le temps qui a suivi sa profession religieuse et il ne lui reconnaît que le diaconat, titre suffisant alors pour gouverner une abbaye, comme on le conclut de plusieurs exemples qu'il apporte à l'appui de sa thèse. Mais ce n'est point la question. L'histoire du mariage de saint Angilbert ne reposant que sur l'anonyme de Centule, il est nécessaire, ce semble, d'accepter le fait avec toutes ses circonstances. Il serait par trop commode de prendre une partie d'un récit et d'en rejeter une autre, parce que celle-ci contrarie une idée préconçue.

C'est le reproche que nous adressons en particulier à Jean de la Chapelle qui a

(1) *Histoire de Charlemagne*. Tome 1, page 385.   (2) *Eloge de S. Angilbert*.

couvert de fleurs un sentier fangeux et dissimulé les traces du crime que condamnent et la sainteté sacerdotale et le respect qu'on doit à la mémoire de Charlemagne. Ecoutez et jugez : « Saint Angilbert, septième abbé de Saint-Riquier, florissait en 754, « sous le règne de Pépin, fils de Charles Martel ; chéri de tous et surtout du roi, illus- « tre par sa naissance, initié aux sciences et aux arts libéraux, il devint le conseiller « principal et le secrétaire de Charlemagne. Ce grand monarque le prit en telle « affection, qu'il lui donna pour épouse Berthe, la seconde de ses filles, avec une « grande partie de la France en duché. Angilbert eut deux fils de Berthe : Nithard et « Harnide. Du consentement de son épouse et de Charlemagne il se fit moine à Saint- « Riquier, et Berthe fit aussi sa profession religieuse dans le même monastère (1). »

Qui ne louerait une semblable conduite et qui songerait à accuser Angilbert après un renoncement si héroïque ? Aussi les compilateurs qui n'ont connu que le récit du mariage que nous contestons ici sont de bonne foi. C'est ainsi qu'on peut excuser G. Peyrat, P. Pétau, le P. Ignace et D. Hugues Maynard : puisqu'ils renvoient le lecteur à la chronique manuscrite de Jean-de-la-Chapelle. Mais après les études des grands hagiographes que nous analysons ici, cette question a changé de face et il n'est plus permis de s'engager dans l'ornière creusée par les érudits du seizième siècle.

M. l'abbé Carlet, curé de Manicamp, dans une dissertation sur cette question, pose ainsi sa thèse (2). « J'abandonne volontiers à la sévère critique de M. Hénocque le « chroniqueur anonyme, auteur et seul auteur selon moi de tout le désordre et avec lui « le torrent des historiens qui marchent à sa suite. Mais il me semble qu'il peut dans « la question présente maintenir l'autorité et l'intégrité de Nithard et d'Hariulfe, histo- « riens de grande valeur et concilier leurs dires avec tous les autres documents histo- « riques. » M. Carlet ne s'aperçoit pas qu'en abandonnant le chroniqueur anonyme et le torrent des historiens qui marchent à sa suite, aux sévérités de la critique, il donne gain de cause à celui qui nie le mariage de saint Angilbert et rejette avec nous tout ce qui a été écrit sur cette question ; car aucun autre auteur ne s'est appuyé sur le témoignage d'Hariulfe.

Mais examinons les dires des deux historiens sur lesquels M. le curé de Manicamp a établi ses longues et captieuses dissertations. Commençons par Hariulfe. Sa chronique ne consacre que ce peu de lignes au mariage d'Angilbert (3). « Ce grand homme, soit à « cause de la distinction de sa naissance, soit pour sa sagesse fut infiniment cher au « roi Charles et devint son plus intime confident. Telle fut même l'amitié de celui-ci « pour Angilbert qu'il lui donna en mariage sa fille Berthe. De cette union naquirent « deux fils : Nithard et Harnide. Pour l'honorer davantage, il lui confia le duché de toute « la France maritime. »

(1) Chron. Abbrev. Cap. VII.
(2) Etude sur saint Angilbert. — Comité archéologique de Noyon.
(3) Chron. cent. Lib. II Cap. II.

Écoutons D. Mabillon sur ce passage: «La partie du récit renfermée entre parenthèses —c'est celle que nous signalons—est écrite d'une autre main sur le manuscrit. On a ar-
« raché deux feuilles, du chapitre II au chapitre VII. On a aussi raturé à la table l'indica-
« tion des quatres chapitres supprimés. » Le savant Bénédictin ajoute plus loin qu'il y a encore d'autres changements ailleurs. (1).

N'est-ce point là un fait extrêmement grave pour la question qui nous occupe ? Peut-on se défendre du soupçon de fraude ? Il est évident qu'une main perfide a voulu ôter tout terme de comparaison, effacer toute dissemblance avec une autre version et plier le texte même d'Hariulfe aux conceptions du faussaire. Le chapitre XI du même livre révèle également des traces d'interpolation et c'est toujours à l'occasion de ce mariage.

Le manuscrit d'Hariulfe fut inconnu à Centule pendant plusieurs siècles; il était nouvellement découvert, quand D. Mabillon signalait cette altération capitale sur un fait déjà contesté pour ses invraisemblances; sa réinstallation dans les bibliothèques, loin de servir l'opinion du mariage, ne nous apporte que des indices accusateurs, propres à confondre un imposteur plein de vanité, qui se joue également des lois divines et humaines, afin de grandir son héros et son monastère.

Nous avouons que sans la critique de D. Mabillon nous n'aurions jamais osé soulever un pareil doute sur le mariage d'Angilbert ; mais cette mutilation frauduleuse d'un manuscrit révéré nous a prouvé toute l'importance de la question et nous l'avons abordée sans détour avec la ferme persuasion d'avoir rencontré la vérité.

---

(1) Ausulis inclusa alia manu scripta sunt in codice manuscripto, in quo litura facta hoc loco est, et duo folia avulsa a capite II ad VII ; quæ litura etiam apparet in indice capitulorum. (*D. Mabillon. Ibid.*)

Les premiers copistes et les premiers éditeurs de la chronique d'Hariulfe n'ayant point la clef de cette insigne fourberie essayèrent de distribuer en chapitres spéciaux les divers *alinéas du chapitre II.* Ainsi on lit en marge de l'édition de D. Luc d'Achery ; *Chapitre 3* : de la noblesse d'Angilbert. — *Chapitre 4* : — *Chapitre 5* : du mariage de Berthe. — *Chapitre 6* : de la profession monastique d'Angilbert.

Au-dessous de cette note on a écrit : *Capita ista desiderantur.*

Que signifie cette note obscure ? « Que les chapi-
« tres supprimés, dit M. l'abbé Carlet dans son *Étude*
« *sur Nithard*, parlaient de Berthe, fille du roi,
« unie en mariage à Angilbert. » Mais telle n'est point l'interprétation de D. Labarre, lorsqu'il affirme dans la préface que quelques copistes ont fait cinq chapitres avec le second : *ex secundo capite quinque capita quidam fecerunt scilicet...* (Comme plus haut). Il n'est donc pas évident, ainsi que le déclare M. Carlet,
« que l'écriture de la première main affirme le ma-

« riage d'Angilbert aussi bien que l'écriture de la se-
« conde main. »

On comprend les efforts des premiers éditeurs pour expliquer une lacune dont on ignorait la cause. Mais on ne saurait excuser l'inattention de ceux qui sont censés avoir vu le manuscrit d'Hariulfe après D. Mabillon, et qui n'ont pas cherché a se rendre compte des mutilations que leur avait indiquées le grand annaliste bénédictin, leur guide à tous. Ceci nous prouve que les seconds éditeurs ont travaillé sur des copies envoyées à Paris du monastère de Saint-Riquier. On a oublié de leur communiquer les observations de D. Mabillon.

M. Carlet voudrait passer l'éponge sur cette altération du texte d'Hariulfe, mais il ne nous persuadera pas facilement que « D. Mabillon a trouvé au-dessous
« même des ratures et dans le texte primitif, la
« preuve de la sincérité des lignes écrites par une
« autre main.»

Voir notre réponse à ces arguments dans Nos OBSERVATIONS A PROPOS DE L'ÉTUDE SUR NITHARD, *Bulletin de la Société des Antiquaires de Picardie. Année 1873. N. 3.*

Le travail de D. Mabillon n'avait porté que sur le second livre de la Chronique. Nous l'avons étendu au troisième et au quatrième, et, en l'absence du texte détruit dans l'incendie du monastère en 1719, l'examen des faits historiques a mis en suspicion bien des pages de cette chronique ; on a voulu faire entrer dans la trame du récit un personnage que l'auteur ne connaissait pas. De là des chapitres entièrement remaniés à l'occasion de Nithard : des pages ajoutées et probablement d'autres effacées. Nous soumettrons en leur lieu nos difficultés à l'appréciation du lecteur.

Ce travail d'interpolation sera plus difficile à saisir dans les écrits de Nithard. Toutefois l'examen approfondi de son texte sur le mariage de saint Angilbert pourra conduire à des inductions que les esprits judicieux ne sauraient récuser, surtout après la déclaration d'Eginard qui nie toute union conjugale des filles de Charlemagne.

Un historien du IX° siècle a composé vers l'an 844, un ouvrage en quatre livres sur les divisions des fils de Louis le Débonnaire. On attribue généralement cet écrit à Nithard, fils de Saint Angilbert, parce qu'on y lit le récit de sa généalogie. Nous demandons la permission de citer ici ce passage avec quelques phrases qui précèdent et qui suivent. (1).

Après le dix-neuf octobre 842, « Les députés des rois se réunirent de nouveau dans
« une même maison, ceux de Lothaire disant qu'ils étaient prêts à faire le serment et
« le partage comme on l'avait juré, et ceux de Louis et de Charles répétant qu'ils le
« voulaient bien aussi si cela se pouvait. Enfin, comme aucun des deux partis n'osait
» consentir sans l'approbation de son seigneur à ce que voulait l'autre, ils convinrent
« que la paix régnerait entre eux jusqu'à ce qu'ils pussent savoir quelles conditions
« leurs seigneurs voulaient accepter ; présumant que ceci pourrait se régler aux nones
« de novembre, ils s'éloignèrent après avoir arrêté que la paix règnerait jusque-là. »

« Le jour arrivé, il se fit dans presque toute la Gaule un grand tremblement de terre.
« Ce même jour, à Saint-Riquier, eut lieu la translation d'Angilbert, homme illustre, et
« vingt-neuf ans après sa mort, on trouva son corps conservé intact, bien qu'il eût été
« enseveli sans aromates. C'était un homme issu d'une famille alors bien connue.
« Magelhaud, Richard et lui étaient de la même race et jouissaient à juste titre d'une
« grande considération auprès de Charlemagne. Angilbert eut de Berthe, fille de ce
« grand roi, mon frère Harnide et moi (Nithard) : il fit construire à Centule un ouvrage
« admirable en l'honneur de Dieu tout-puissant et de saint Riquier : il gouverna mer-
« veilleusement la maison qui lui était confiée. Étant mort à Centule en toute félicité, il
« entra dans l'éternelle paix. Après avoir dit ce peu de mots sur mon origine, je reviens
« au fil de l'histoire. »

(1) L'ouvrage de Nithard *Sur les Divisions des Fils de Louis-le-Débonnaire* se trouve dans plusieurs collections. Voir *Rerum Gallicarum Veteres Scriptores*. Tom. V. Le passage cité se trouve à la fin du Livre IV.

La traduction que nous donnons ici est celle de M. Guizot, *Collection de Mémoires relatifs à l'Histoire de France*. Tome III, page 494.

« Les commissaires retournèrent annoncer chacun à son roi ce qui s'était passé.
« Comme ils étaient menacés de la disette et près de l'hiver, et que les grands ayant
« déjà couru tant de dangers ne voulaient pas recommencer la guerre, ils consen-
« tirent à ce que la paix fût maintenue entre eux jusqu'au vingtième jour après la
« Saint-Jean.

« Les grands s'assemblèrent à Thionville pour conclure ce traité, ils jurèrent que les
« trois rois demeureraient en paix pendant ce temps ; que, dans l'assemblée qui aurait
« lieu après ce terme, on diviserait le royaume aussi également qu'on pourrait, et que
« Lothaire aurait le choix des parts comme on l'avait juré. De là chacun s'en alla où il
« voulut. Lothaire alla passer l'hiver à Aix-la-Chapelle, Louis en Bavière, et Charles
« vint à Quierzi pour se marier.

L'ouvrage de Nithard était connu dès 1214 et traduit du moins en partie, ce qui n'a point empêché qu'il passât à peu près inaperçu pendant tout le moyen âge (1). Il n'est cité que dans Hariulfe, dans la vie de saint Liévin et dans Rodolphe de Flandre. Le manuscrit n'avait ni titre ni nom d'auteur : c'est Pierre Pithou qui le découvrit dans la bibliothèque de saint Magloire et le publia sous le nom de Nithard. Toutes les éditions subséquentes ont été composées sur le même manuscrit, avec des corrections ou des explications conjecturales, au dire de ceux qui les ont examinées plus spécialement. On ne connut pendant longtemps qu'un manuscrit de Nithard du fond de la bibliothèque nationale, manuscrit du XVe ou XVIe siècle, selon D. Bouquet, copié sur un autre manuscrit du Vatican, d'après Pertz, d'une très-ancienne écriture, mais qui n'est pas certainement l'autographe de l'auteur, comme on peut le constater par de nombreuses fautes (2). Plusieurs savants le font remonter jusqu'au IXe ou Xe siècle ; il est évidemment antérieur au XIIIe, mais il pourrait aussi dater du XIIe (3).

D. Rivet remarque qu'on ne possède pas le dernier livre en son entier, qu'il y manque visiblement quelque chose et peut-être une partie considérable (4). M. Guizot partage la même opinion (5). C'est précisément dans cette fin tronquée qu'on lit la généalogie de Nithard reproduite textuellement dans la chronique de Centule avec ce corollaire.
« Ce Nithard, fils de D. Angilbert, gouverna, comme on l'affirme généralement, le mo-
« nastère de Centule après la mort de son père ; il n'exerça que pendant quelques jours
« la prélature ; il fut tué dans un combat et inhumé auprès de son père. (6). »

Nithard, l'historien des fils de Louis le Débonnaire, en 844, est tué en 814, d'après notre chronique ! Mais ne donnons-nous pas une mauvaise interprétation du texte ? non. Cette assertion est répétée en deux endroits différents et dans les mêmes termes (7). Jamais

---

(1) *Rerum Gallicarum Veteres Scriptores*. Tom. V.— Pertz. *Monumenta Germaniæ*, Tome II, page 650.

(2) Pertz, *Ibid*.

(3) Le manuscrit du Vatican est actuellement à Paris, fonds Latin de la bibliothèque nationale, n° 9768.

(4) *Histoirelittéraire*. Tom. V. au mot Nithard.

(5) *Collection de mémoires relatifs à l'histoire de France. Ibid.*

(6) *Chron. Cent. Lib. III, Cap. V.*

(7) *Ibid. Lib. II. Cap. XII et Lib III. Cap. V.*

preuve d'interpolation ne fut plus flagrante. Est-ce que la main qui a surchargé le texte d'Hariulfe d'une aussi lourde apostille, n'a pas pu aussi glisser à la dernière page de l'écrit du prétendu Nithard la très-singulière note de sa généalogie ? Le faussaire a eu cet ouvrage entre les mains, on ne peut en douter ; qui empêche de supposer qu'il ait travaillé sur ce texte, sans qu'il en reste aujourd'hui d'autre pour contrôler sa supercherie ? Cette conjecture, en l'absence de preuve directe, ne nous paraît pas aussi erronée que l'affirmation de la chronique sur la mort de Nithard.

L'esprit de la note n'aura pas échappé à la sagacité d'un lecteur intelligent. Cette parade de la noblesse d'Angilbert est-elle bien placée ? *fuit hic vir ortus eo in tempore haud ignotæ familiæ.* On dirait vraiment qu'on est à trois siècles de distance. Qui croirait que c'est à Charles le Chauve que l'auteur dédie son livre, à Charles, son maître et seigneur, le neveu d'Angilbert et de Berthe, son cousin germain ? eh quoi ! il sent le besoin de lui révéler son origine, de lui apprendre, à l'occasion de la translation des reliques de son oncle, qu'Angilbert est son père, le frère de personnages considérés à la cour. Mais si sa naissance, comme le veulent certains écrivains, était illégitime, faisait-il acte de courtoisie en mêlant au récit de saints et graves événements des souvenirs propres à l'humilier lui-même aussi bien que la famille impériale ? En outre, pourquoi, lorsqu'il parle de Charlemagne, dit-il, *avo vestro* ? Puisqu'il sent le besoin de relever sa naissance, n'est-il pas naturel qu'il profite de la circonstance pour rattacher sa propre origine à celle du glorieux empereur et qu'il écrive, *avo nostro* ? (1).

Si le lecteur voulait bien relire tout le passage de l'écrit que nous avons cité, il remarquerait qu'après le protocole du 19 octobre, les ambassadeurs des rois ont eu une autre réunion dont on n'indique pas le jour ; mais l'auteur, comme il le fait toujours, donne le résumé des discussions. Autre séance le jour des nones de novembre : par une singulière distraction, l'auteur ne dit rien des décisions : il ne s'occupe que de la translation de saint Angilbert et de son origine et termine en observant que les commissaires allèrent annoncer chacun à son roi ce qui s'était passé. Ce silence sur les matières traitées dans cette réunion s'expliquerait peut-être, si l'on avait encore le texte du manuscrit. Qui sait si l'on ne découvrirait pas qu'on a substitué au texte primitif cette réclame fastueuse en faveur de la noblesse de saint Angilbert?

Le doute émis sur l'intégrité du texte de Nithard par les historiens cités plus haut infirme assez son autorité pour qu'on ne puisse l'opposer à ma thèse comme un argument insoluble. Le titre de l'ouvrage ne donne lieu à aucune controverse, puisqu'il était, avant P. Pithou, classé dans les anonymes. L'existence de Nithard, en dehors de quelques pages d'un livre qui ne le concerne plus et de l'interpolation de la chronique d'Hariulfe, redevient aussi problématique que celle de son frère Harnide, dont l'histoire locale ne prononce nulle part le nom et dont les destinées, selon la remarque de Louandre, sont inconnues. (2).

(1) Nithard, *Ibid. Lib. I. Præf.* (2) *Histoire d'Abbeville.* Tom. I. pag. 55

CHAPITRE I.

Nous aurons, du reste, à nous occuper encore de l'historien Nithard dans la suite chronologique des Abbés de Saint-Riquier. Nous examinerons la valeur des assertions qui lui assurent la haute dignité d'Abbé.

Que si l'on était mis en demeure de choisir entre le témoignage d'Eginard et celui du prétendu Nithard, les arguments que nous avons développés et qui seront corroborés par toute la suite de l'histoire, militent en faveur du biographe de Charlemagne. Celui-ci ne peut affirmer légèrement un fait dont tous ses contemporains furent étonnés, à savoir, le refus persistant de la part de Charlemagne de marier ses filles, soit aux princes de la cour, soit à des étrangers. Pour donner raison à Nithard, il faut déchirer ce que le temps a respecté des chroniques d'Hariulfe, effacer ce qu'on a écrit sur la retraite d'Angilbert à Centule et sa profession religieuse, en faire une espèce d'Abbé-Comte, gouverneur du monastère et du Ponthieu, bienfaiteur de l'Abbaye, et expliquer comment ce haut dignitaire, après avoir séduit une jeune princesse, a mérité d'être placé au nombre des saints et d'être invoqué par les moines avec la même vénération que saint Riquier lui-même. Quel est l'historien qui osera le soutenir?

D. Mabillon se sentant emporté sur le terrain glissant de la critique (1), cherchait à se rattacher aux traditions de l'ancienne Centule, fragile appui dans une semblable question : car la chaîne des traditions orales avait été brusquement rompue dans les invasions normandes, dans les fuites fréquentes des derniers temps et les mutations continuelles des religieux de Saint-Maur. On sait que l'histoire ne se fonde pas sur un terrain si mobile. Quand nous interrogeons les traditions écrites, trois auteurs seulement répondent sur ce fait si important de la vie d'Angilbert : et quels auteurs? l'Anonyme, Hariulfe portant le stigmate indélébile de la mutilation, Jean de la Chapelle, crédule écho de la chronique de 1437. Est-ce qu'il est possible de satisfaire aux investigations de la critique avec des récits altérés, incomplets, invraisemblables?

Mais nous les possédons les traditions de Centule dans le martyrologe du monastère, livre sacré, inviolable, confié à la religion du corps entier des moines (2). Deux fois il propose la mémoire de saint Angilbert à la vénération de ses fils spirituels, et deux fois on le désigne sous le nom d'Abbé de Centule, sans aucune allusion à son titre de gendre de Charlemagne, titre qu'on ne manque pas de reproduire au XVII° siècle dans les martyrologes plus modernes. (3).

D'après notre légende, Angilbert honteux de ses égarements se convertit avec Berthe son épouse ; tous deux se retirent à Centule pour y vivre dans la pratique des austérités religieuses. Berthe nous est montrée comme un modèle de pénitence vraiment héroïque dans la vie de recluse.

Que des femmes consacrées à Dieu aient vécu dans des habitations voisines des monas-

---

(1) *Eloge de saint Angilbert*.   *Junii*, Tom. *VI et VII*.
(2) Edité dans les martyrologes du P. Sollier. *Boll.*   (3) *Boll.* 18 *Februar*.

tères ou même dans le palais des rois, on ne peut en douter. Mais que Berthe se soit renfermée dans une cellule du monastère de Centule, c'est une invention des plus téméraires, un fait qu'on ne saurait jamais prouver, quand on a lu la description pompeuse des chasses royales de 799, les scènes si gracieuses de la vie de famille dont la cour de Charlemagne offre le spectacle au peuple franc; quand on la contemple, d'après le tableau que nous offre Théodulfe, déposant un tendre baiser sur l'auguste front de son père dans la compagnie de ses sœurs, puis couronnant de fleurs avec elles cette tête chérie (1).

De 795 à 800, Berthe nous apparaît toujours et partout comme une jeune princesse au cœur pur et candide, irréprochable dans ses mœurs, vivant au palais, sous les yeux de son père, dans l'énivrement des joies de la famille. Nulle part on ne saurait saisir la moindre allusion à la recluse, ni à la mère, ni à l'épouse. On peut dire que la vérité est prise sur le fait dans les auteurs contemporains et que de pareils témoignages défient toute critique.

Après la mort de Charlemagne, ses filles, dit Thégan, furent disgraciées par Louis le Débonnaire. On les força de quitter le palais et on les renvoya à leurs monastères (2) ; mais l'exil fut de courte durée. Plusieurs de ces princesses sont nommées dans diverses chroniques à l'occasion de donations ou de cérémonies religieuses. Ainsi, le 4 janvier 823, la princesse Berthe donne une terre à saint Médard de Soissons, en mémoire de son père, pour y instituer un anniversaire. En 826, elle est présente à la translation des reliques de saint Sébastien dans la même abbaye ; elle examine elle-même les guérisons miraculeuses, afin d'en rendre compte à l'empereur son frère et aux grands de la cour (3).

Dans le nécrologe de Saint-Denis et d'Argenteuil on place la mort de Berthe au 5 des ides de mars, parce qu'elle avait donné *Consevreaux* à saint Denis. D'Harbaville lui assigne Blangy pour retraite, après la profession d'Angilbert son époux (4).

Ainsi Berthe est partout, excepté à Centule. L'histoire contemporaine redit ses louanges ; elle n'est inconnue que dans le monastère où elle aurait pourtant enseveli sa jeunesse, sa puissance et ses honneurs !

Ce n'est pas à dire que toutes ces citations aient une valeur irréfragable: elles témoignent toutefois des obscurités répandues sur cette question et le récit de notre chroniqueur y perd encore de son autorité.

Les autres circonstances de la légende d'Angilbert que nous examinons ne méritent pas plus de confiance que la description de son mariage. La descente des Normands sur les côtes du duché de la France maritime en 790 et la victoire miraculeuse du gendre

---

(1) Mabillon, *Ibid.* — Haureau, *Cour de Charlemagne*, page 132.
(2) *Vie de Louis le Débonnaire.*
(3) *Bull. 20 Januar.*
(4) *Mémorial du Pas-de-Calais. Au mot Blangy.*

de Charlemagne sont racontées avec enthousiasme par le P. Malbrancq ; mais on a beau interroger les historiens et les chroniqueurs contemporains et des âges suivants : tous se taisent sur cet événement.

Quand le moine de Saint-Gall nous montre, vers 800, Charlemagne contemplant du haut de son palais les barques des Normands dans la Méditerranée et pleurant sur l'avenir de ce royaume des Francs qu'il avait élevé si haut, ne détruit-il pas ce mensonge d'un chroniqueur qui ne tient compte ni de la chronologie ni du respect dû aux choses saintes. Aussi les écrivains les plus judicieux se sont-ils accordés à nier ce fait (1).

Le duché de la France maritime a beaucoup occupé les érudits de la renaissance. Leurs discussions approfondies nous ont toujours ramené à la chronique de Centule. Nous pouvons nous tromper ; mais jusqu'à plus complet renseignement nous verrons dans le duché de la France maritime une nouvelle inféodation du duché de Ponthieu créé par Clovis pour Alcaire, père de saint Riquier et embrassant dans sa circonférence à peu près la même étendue de territoire (2).

Nous avons déjà dit que cette page de géographie du xie siècle, acceptée de confiance sur le témoignage des chroniques de Centule, n'est appuyée sur aucune preuve historique. C'est la conclusion qui nous semble encore la plus vraie, après toutes nos études sur cette période.

Nous soumettons nos difficultés aux maîtres de la science historique : c'est à eux qu'il appartient d'approfondir cette question et de dissiper les obscurités dont elle est enveloppée ». Si de nouvelles études démontrent l'existence d'un vrai mariage entre Angilbert et la princesse Berthe, nous le répétons en terminant cette discussion, nous rétracterons volontiers nos assertions.

(1) « La première mention faite par les historiens français des incursions maritimes des Normands se rapporte à l'an 800. Elle coïncide avec le voyage de Charlemagne à Saint-Riquier et sur les rivages de l'Océan gallique pour y établir une flotte et disposer des garnisons le long de cette mer où les Normands exerçaient alors la piraterie. » Henri Martin. *Histoire de France*, l'an 800.

(2) Voir chapitre 1 du livre 1 de cette histoire.

CHAPITRE II

Les premières années de saint Angilbert — Son éducation à la cour de Charlemagne. — Sa profession monastique.

Nous entrons dans une brillante période de l'histoire nationale. Le nom de Charlemagne va même se mêler à nos récits. Non-seulement le restaurateur de l'empire d'Occident est inscrit parmi les plus illustres bienfaiteurs de Centule, mais la magnificence de son règne environne le tombeau de saint Riquier d'une nouvelle auréole de gloire. Angilbert, son abbé favori, selon la caractéristique expression d'un chroniqueur, son plus intime conseiller, devient, grâce aux libéralités du puissant Empereur, le second fondateur du monastère. Il y prépare à ses frères une demeure vraiment royale, en même temps qu'il leur donne d'admirables exemples de vertus monastiques. A la fin du vIII° siècle, tout renaît à Centule et y porte l'empreinte d'une création digne de ce puissant génie. L'architecture déploie dans l'église élevée à la gloire de saint Sauveur et de saint Riquier les grâces et les richesses de ses nouvelles inventions, et y rassemble « pour une œuvre incomparable (1) » tout ce que l'Europe peut offrir de plus précieux. Le nom de Centule grandit sous cette influence royale ; son éclat obscurcit la gloire des plus anciens et des plus célèbres monastères. Le législateur de l'Occident vient y célébrer la grande fête de Pâques au milieu de ses barons et de tous les seigneurs de sa cour et s'y reposer de ses courses lointaines : c'est à saint Angilbert que Centule doit ces insignes faveurs. Angilbert, archichapelain de Pépin, roi d'Italie, ambassadeur de Charlemagne auprès des saints papes Adrien et Léon, est sans contredit l'un des hommes les plus illustres de la cour de Charlemagne, une des plus grandes lumières de cette époque : il a une grande part aux événements religieux les plus considérables de la fin du vIII° siècle. Il partage avec saint Adhelard le poids du gouvernement de l'Italie, sous la minorité du roi Pépin ; il se lie d'amitié avec saint Paulin, patriarche d'Aquilée ; il célèbre dans un long poëme l'entrevue mémorable de Charlemagne et du pape Léon III, exilé de Rome ; il assiste au couronnement de son royal ami à Rome, en 800, avec Jessé, évêque d'Amiens. Alcuin le compte au nombre de ses disciples les plus dévoués ; il est membre de cette célèbre académie du Palais qui donna une si vive impulsion aux études sous le règne du plus grand des Carlovingiens. Son glorieux nom d'Homère nous révèle un grand helléniste et un poète distingué pour l'époque.

(1) Ut quicumque illud inspicit, incomparabile opus   asseveret. *Hariulfe. Chron Cent.*, lib. II, cap. VII.

CHAPITRE II.

Laissant de côté les récits invraisemblables de l'auteur apocryphe dont nous avons signalé les erreurs, nous puisons surtout les éléments de l'histoire de saint Angilbert dans les lettres d'Alcuin, dans les lettres de Charlemagne et des souverains Pontifes, dans ses propres écrits. En rapprochant les faits, les souvenirs, les allusions poétiques, nous essaierons de reproduire le caractère de cet illustre personnage, ses vertus, ses travaux les plus importants. Ses sentiments intimes se reflèteront dans ses lettres et les quelques pièces de vers heureusement sauvées du naufrage où tant d'autres œuvres ont péri.

On s'étonnera peut-être que la vie d'un ministre de Charlemagne nous soit si peu connue, que, sous un règne si remarquable par les études intellectuelles, on soit souvent réduit à ne présenter que de vagues conjectures. Le silence des historiens de cette époque s'explique par leur manière d'écrire la vie des grands hommes et des saints. Comme on ne composait que des biographies, on nommait seulement en passant ceux qui coopéraient aux événements. Ainsi, Eginard dans ses annales et sa vie de Charlemagne, nous désespère par son laconisme et ses arides nomenclatures. Remarquons encore que la légende monastique ne se soucie guère des illustrations du siècle ; elle n'a d'éloges que pour le renoncement et les vertus du cloître. C'est pour ces différentes raisons que l'histoire de notre abbé reste si incomplète.

Il est à peu près impossible de fixer l'époque de la naissance de saint Angilbert : on peut la placer de 750 à 755 (1). Charlemagne est certainement son aîné et de plusieurs années ; il l'a vu grandir dans le palais de son père et il se plaît à l'appeler son petit Homère, *Homeriane puer* (2).

Pépin régnait alors avec gloire sur le royaume des Francs. Sous ce nouveau Moyse, sous ce nouveau David, comme disait le pape Paul I, la foi orthodoxe était protégée : ce roi fidèle à Pierre, ce libérateur de l'Eglise Catholique et Apostolique lui servait de bouclier et de rempart (3). Les ministres et les princes d'une cour si chrétienne entraient nécessairement dans les vues de leur maître et secondaient son dévouement à la cause de la sainte Eglise.

On peut avancer sans témérité qu'Angilbert était issu d'une de ces nobles familles dont la foi et le zèle consolaient le pieux Pontife ; c'est la raison pour laquelle il est élevé dans le palais du roi Pépin et jouit d'un honneur « brigué par les plus puissants leudes, qui espéraient ainsi assurer l'avenir de leurs enfants et leur ouvrir plus facilement la carrière des honneurs (4). »

---

(1) Ici nous nous séparons complétement des Chroniques de Centule. En 754, lorsque Pépin-le-Bref est proclamé roi des Francs, elles insinuent qu'Angilbert est déjà son conseiller et son ministre. C'est une erreur manifeste. Elles ont confondu Pépin-le-Bref avec Pépin, fils de Charlemagne, roi d'Italie, en 781.

— *Ch. Cent. Lib.* II, *Cap.* I.

(2) *Patrologie. Opera Caroli Magni.* Tom. II, pag. 909.

(3) *Epist.* 22. *Patrologie. Ibid.*, pag. 128.

(4) M. Corblet. *Hagiographie.* Tome I, page 105.

D. Mabillon suppose qu'Angilbert serait originaire de la Neustrie. Toutefois sa vaste érudition n'a découvert sur son origine que ces quelques mots qu'on attribue à l'historien Nithard : « Angilbert devait le jour à une famille dont on connaît la splendeur. Madel-« gaud et Richard étaient ses frères, et ils jouissaient l'un et l'autre d'une grande consi-« dération auprès de Charlemagne. » D. Mabillon commente ainsi ce texte : « Le nom « de Madelgaud est cité parmi ceux des *missi dominici* dont le souvenir est parvenu « jusqu'à nous. Il exerçait sa mission avec l'évêque Magenard, dans le pays du Mans, « dans le Hoxon et dans les autres régions voisines de la Neustrie. Richard, intendant « des fermes de Charlemagne, signala son administration en faisant restituer au fisc « des *villas* royales usurpées (1). »

Tout en consignant ces faits, pour ne rien laisser ignorer de l'histoire d'Angilbert, nous ferons remarquer que l'assertion de Nithard, déjà attaquée dans le chapitre précédent, nous paraît intercalée dans le texte de l'historien anonyme.

Ainsi la famille d'Angilbert est toujours pour nous ensevelie dans une profonde obscurité et ne revit point dans les temps modernes pour l'honneur de son plus illustre rejeton.

Le nom d'Angilbert, d'origine tudesque, présageait sa gloire future. Il signifie ange brillant et homme courageux : en effet Angilbert a brillé parmi les savants, parmi les politiques, parmi les abbés et surtout parmi les saints (2).

(1) D. Mabillon. *Acta Sanct.*, Tome V. *In Vita S. Angilberti.* — *Rerum Gallicarum Veteres Scriptores.* Tom. V, pag. 90.

Le P. Malbrancq fait cette remarque sur le texte de Nithard : « Je ne vois nulle part qu'il soit fait men-« tion de ces noms. Ce sont pourtant des familles « célèbres où se trahit une origine Pontivienne. Le « nom d'Helgaud, comte de Ponthieu, n'est qu'une « abréviation de Madelgaud. — *De Morinis*, Tom II, « pag. 25. »

Le P. Malbrancq a eu des panégyristes et surtout des copistes. Nous ne pouvons priver le lecteur des belles choses qu'il a empruntées à la chronique de Saint Riquier ou que son imagination a créées. Il est bon de rapprocher la fable de l'histoire. D'après son récit, le fils de Dortrich, comte de Ponthieu, épousa la fille d'Othuel, sa cousine germaine. De ce mariage est issu un fils qui succéda à son père, et qui ayant épousé une fille de Charles-Martel, devint le père de saint Angilbert. — *De Morinis*, Tom. II, cap. XXIV.

(2) *Angilbertus*, disent les Bollandistes, *Angelus illustris, Angelus dote præditus.*—*Acta Sanct.*, 18 Februarii.

Angilbert, dit M. Corblet, du tudesque *Angel*, ange, et *Bert*, homme. Ce nom était assez répandu à l'époque carlovingienne. *Hagiog.*, Tome I, page 102.

On prononçait aussi Engilbert, Engilvert, Inglevert.

Il existe, dit le P. Malbrancq, entre Boulogne et Calais, près Wissant, des monts appelés Monts de Saint Inglevert, en souvenir de saint Angilbert ou Inglevert. *De Morinis, Ibid.*, pag. 5.

Un prieuré fut fondé dans les temps anciens, à saint Inglevert, par les libéralités de saint Angilbert, et voilà pourquoi le saint n'a rien donné à Centule, car tout son patrimoine était déjà consacré à Dieu. *Ibid.* page 25. Ce serait là, ajoute notre fécond historien, l'origine du village de Saint-Inglevert, canton de Marquise. Mais le P. Malbrancq ne s'accorde pas ici avec Lambert d'Ardres. On lit dans les chroniques de ce dernier que ce lieu s'appelait *Soutingueveld*, en langue vulgaire : *Le Camp des Mauvais*, parce qu'il était un repaire de bandits. En 1131, Oylard de Wimille purgea la forêt de ces brigands et établit en ce lieu un hôpital destiné à recevoir les pèlerins qui se rendaient en Angleterre; on le nomma *Santingueveld : Le Champ des Saints*, et plus tard, par corruption,

Un témoignage irrécusable nous fixe sur la première éducation de l'abbé de Centule. Nous le trouvons dans une lettre du pape Adrien à Charlemagne en 794 : « Vous nous « avez envoyé votre intime conseiller, l'abbé Angilbert, le ministre de votre chapelle, « élevé dans votre palais presque dès sa plus tendre enfance et admis à tous vos « conseils (1). »

Il est donc constant qu'Angilbert passa les plus belles années de sa jeunesse sous les yeux et dans l'intimité de Pépin et de Charlemagne. Le petit Homère leur est spécialement cher entre tous les écoliers du palais. Il est traité comme les princes de la maison royale.

Paul Warnefride, le précepteur de Charlemagne, qui possédait à fond la langue d'Homère et de David, initia Angilbert à l'étude des belles-lettres. Ces deux idiomes n'eurent bientôt plus de secrets pour cette jeune intelligence vive et pénétrante, pour ce disciple avide de s'instruire. Le savant professeur contemplait avec bonheur les progrès de son élève dans la langue grecque et dans les compositions poétiques, et augurait bien de ce jeune Homère du siècle de Charles-le-Grand.

Le surnom d'Homère nous donne une idée complète des talents d'Angilbert. Il nous atteste la beauté de son génie, son enthousiasme pour la poésie, une étude approfondie de la belle langue d'Athènes.

Angilbert fut aussi vertueux que savant : il recherche les vrais et solides biens ; son cœur libre de toute attache criminelle s'embrasa d'amour pour Dieu. Ses nobles inclinations se développèrent au contact des maîtres illustres que les rois français savaient attirer auprès d'eux.

Il est juste, du reste, d'observer ici que, dans ces siècles si féconds en saints, beaucoup d'hommes remarquables ont été élevés à la cour des rois et y ont rempli les fonctions les plus importantes. Leurs biographes nourris de la doctrine des Divines Ecritures ne cessent de déplorer les dangers dont ils étaient environnés. Nous croyons toutefois que, si de coupables entraînements ont énervé quelques âmes passionnées, l'esprit de piété a soutenu aussi bien des cœurs généreux et les a trempés si fortement dans les exercices de la vie chrétienne, qu'ils ont senti le besoin de nourrir dans la solitude les célestes ardeurs qui les enflammaient.

Pourrait-on voir une école de dissolution dans une cour où ont vécu si saintement les Angilbert, les Adhélard, les Wala, les Alcuin, les Benoît d'Aniane, les Guillaume, les Folquin, les Hildegarde, les Gisèle, les saintes sœurs d'Adhélard ?

---

* Saint Inghelberth et Saint-Inglevert. *Chronique de Lambert d'Ardres, Cap.* xxxiii.

Ceux qui font naître Angilbert à Saint-Inglevert ont été également induits en erreur par une parité de nom. *M. Corblet. Ibid., page* 104.

(1) Præterea directum a vestra clementissima præ-celsa regali potentia suscepimus fidelem familiarem vestrum Engilbertum, Abbatem et ministrum capellæ, qui pene ab ipsis infantiæ rudimentis in palatio vestro nutritus est et in omnibus consiliis vestris receptus. *Patrologie. Opera Caroli Magni. Tom.* ii, *pag.* 1249.

Quelques auteurs ont prétendu que l'éducation des jeunes Francs était peu soignée. Ce jugement qui tend à rabaisser les nobles efforts des siècles chrétiens pour la culture intellectuelle ne peut se soutenir en face des données historiques de l'époque. Les hautes classes de la société recevaient certainement des enseignements aussi variés qu'utiles. Il y avait depuis longtemps dans le palais des rois une école dirigée par des hommes instruits et d'autant plus zélés qu'ils étaient plus vertueux. Tous n'ont pas été, comme Alcuin, illuminés par les rayons de gloire qui rejaillissaient du trône de Charlemagne sur son entourage, mais plusieurs ont laissé des souvenirs d'érudition et de talent et on ne peut nier que le diacre Paul et Pierre de Pise n'aient été des maîtres recommandables.

L'auteur de la *France Littéraire* ne flatte pas le viii° siècle ; cependant la force de la vérité lui arrache cet aveu : « On ne peut douter que la connaissance des lettres et de « ce qu'on nommait les arts libéraux ne fut un des premiers et des principaux exer- « cices dans lesquels on élevait cette jeune noblesse. Sans cela comment aurait-on « formé des politiques et autres ministres pour les besoins de l'Etat (1) ? »

Alcuin se faisait l'écho des traditions anciennes, quand il décrivait dans un langage poétique la méthode de saint Aelbert, son maître, méthode qu'il continua lui-même dans l'école du palais.

« Pour abreuver aux sources des diverses sciences les esprits altérés, il expliquait aux « uns les règles de la grammaire ; aux autres il révélait les éloquentes inspirations de « la rhétorique. Ceux-ci se polissaient aux leçons de la jurisprudence, les autres répé- « taient les chants de l'Aonie. La flute de la Castalie résonnait sous leurs doigts et leurs « pas frappaient en cadence les sommets du Parnasse. Le docte maître embrassait dans « son enseignement le bel ordre du ciel, les courses, les révolutions du soleil et de la « lune, les cinq zones du pole, les sept planètes, les lois immuables qui règlent le cours « des astres, leur lever et leur coucher, les mouvements de la mer, les tremblements « de terre, la nature de l'homme et des animaux, des oiseaux, leurs espèces et leur « caractère. Pénétrant plus avant dans les secrets de la nature, il les formait à la con- « naissance de la grande solennité Pascale. Les mystères de la sainte Ecriture leur « étaient dévoilés et les abimes de l'ancienne loi, figure de la nouvelle, étaient sondés « devant eux par son génie puissant (2). »

Ce résumé nous offre une esquisse des matières comprises dans les sept arts libéraux, base de l'enseignement classique du moyen-âge.

Angilbert, à l'école du palais, partage les études de quelques hommes célèbres par leur naissance comme par leurs grandes actions. Citons en particulier saint Adhélard, l'ange de la cour ; le bienheureux Wala, son frère, à qui l'histoire peut reprocher des

---

(1) *France Littéraire*, Tome iii, page 425.

(2) *Encyclopédie Catholique* (Article Charlemagne). Tome vi, page 648.

égarements, mais dont elle admire la foi tendre et l'humilité profonde ; saint Benoît d'Aniane, le patriarche des cénobites de ce siècle ; le comte Guillaume, plus connu encore par son renoncement au monde que par ses exploits militaires ; Riculfe, l'un des plus grands pontifes de la célèbre église de Mayence. Non moins jaloux de sa perfection que ses amis, Angilbert foule aussi aux pieds les voluptés et les honneurs du monde et va frapper à la porte du monastère de Centule. C'est lui-même qui nous l'apprend dans une touchante prière à saint Riquier son glorieux patron : « Jeune encore, vous m'avez « nourri du lait de la doctrine du salut, vous avez formé les lèvres d'un novice aux chants « mélodieux des divins cantiques. »

<pre>
        Nutristi et tenerum sacro de fonte salutis !
        Os fragile instituens cantibus egregiis (1).
</pre>

Ce n'est point de l'âge, disait D. Mabillon, qu'il faut entendre cette parole, mais de la vie spirituelle qui nourrit d'abord ses enfants du lait de la doctrine céleste, ainsi que le dit saint Paul. Très-bien dans l'hypothèse du mariage d'Angilbert ; mais du moment qu'on fait abstraction de cette invention romanesque, est-il un sens plus naturel à ces vers que la profession religieuse d'Angilbert à Centule, à peu près au moment où saint Adhélard dégoûté du monde sollicite à Corbie la faveur de se dévouer à la pénitence.

Cette assertion étonnera plus d'un lecteur. Nous le pensons bien. C'est une nouveauté dans l'histoire de saint Angilbert. Toutefois, avant de la condamner, qu'on pèse les obligations imposées à ce jeune religieux ou plutôt à cet abbé, quand il fut nommé primicier de Pépin, roi d'Italie. Qu'on recherche sérieusement dans l'histoire quel titre exigeait cette haute dignité, et ce qui paraît d'abord paradoxal, sera accepté comme une conséquence inévitable des données historiques sur la vie de notre saint.

CHAPITRE III

Saint Angilbert à la cour de Pépin, Roi d'Italie, Primicier de son palais et Abbé de Centule — Reproche que mérite sa passion pour les histrions. — Compliment au Roi Pépin, après sa victoire sur les Huns.

Vers le printemps de 781, Charlemagne se rendit à Rome pour y célébrer la grande fête de Pâques. Il emmena avec lui Carloman et Louis, ses deux plus jeunes fils, nés en 777 et 778. Le Pape Adrien leur ayant, à la prière du roi, donné le sacrement de baptême, fut lui-même le parrain de Carloman, dont il changea le nom en celui de Pépin

(1) D. Mabillon, *Acta Sanctorum*. Tom. V. — *Eloge historique de saint Angilbert*.

son bienfaiteur. En même temps ces deux enfants reçurent l'onction royale. Pépin allait régner sur les régions occupées par les Lombards (1), et Louis sur les peuples d'Aquitaine. Il y eut à cette occasion un plaid solennel ou une grande assemblée d'Évêques, d'Abbés et de Leudes Italiens. On rédigea un capitulaire très-remarquable pour organiser une nouvelle administration et établir les réglements que réclamaient les besoins de l'Eglise et du Royaume. Pavie fut choisie pour la résidence du jeune roi. Charlemagne ne voulut quitter l'Italie qu'après avoir institué une autorité forte et dévouée à sa dynastie. Laissant son fils au milieu de ses nouveaux sujets, il lui donna saint Adhélard, abbé de Corbie, pour premier ministre ; on pourrait dire avec plus de raison, pour gouverneur et régent du royaume. Saint Angilbert nous est désigné dans les auteurs du temps comme Primicier de son palais (2).

D. Mabillon semble insinuer que l'abbé de Corbie succéda à saint Angilbert, lorsque celui-ci, selon l'opinion commune, se retira du monde pour embrasser la vie religieuse à Saint-Riquier. Les lettres d'Alcuin contredisent cette assertion ou plutôt cette conjecture. Elles supposent qu'Adhélard désigné sous le nom d'Antoine et qu'Angilbert vivent sous le même toit et partagent les mêmes travaux. C'est ce que nous allons conclure d'une lettre du docte Anglais à Angilbert. Il prie ce dernier « de remettre un message à son fils Antoine avec la précaution de laisser le papier scellé, craignant que si le cachet était brisé il fût pour lui sans valeur : il désire cependant qu'il lui soit permis d'en prendre connaissance à cause des grands intérêts dont ce message s'occupe. »

Cette présence simultanée des deux abbés auprès du jeune Pépin nous sera encore démontrée par d'autres correspondances (3).

On connaît l'intégrité, la sagesse et la bonne administration de l'abbé Adhélard. « Il était, dit l'auteur de sa vie, si zélé pour le bien, dirigé par des vues si élevées que les peuples le vénéraient comme un ange descendu des cieux : il aurait passé sur l'avare Achéron sans se mouiller les pieds et traversé les sommets neigeux des Alpes sans se laisser aveugler. Il abaissa la puissance tyrannique des brigands impies qui pillaient le pauvre peuple avec d'autant plus d'audace qu'ils s'arrogeaient tous les droits du maître (4). »

(1) Ce royaume, dit M. l'abbé Corblet, contenait ce qu'on a appelé depuis le Piémont, le Milanais, le Génois et une partie des duchés de Parme et de Mautoue. *Hagiographie.* Tom. I. pag. 24.

(2) D. Mabillon. *Ann. Bened.* Tom. II, pag. 240.

(3) *Patrologie.* Alcuin. Tom. I, pag. 183. — D. Mabillon. *Eloge historique de saint Angilbert.*

(4) Paschase Radbert. *In vita S. Adhelardi. Patrologie.* Tom. cxxx, pag. 1517.

M. l'abbé Corblet suppose que saint Angilbert quitta la cour du roi Pépin, en 786, et ajoute cette remarque : « M. Hénocque, comme plusieurs historiens, fait séjourner Angilbert avec Adhélard à la cour du jeune Pépin : cela ne serait pas possible, si Adhélard, comme nous le croyons, n'a été ministre du roi d'Italie qu'en 796 ». *Hagiographie. Ibid.*, page 109.

Toute la correspondance d'Alcuin nous prouve la présence simultanée des deux abbés à la cour du roi Pépin, d'où il suit qu'Adhélard était premier ministre avant 796 et dès l'origine de ce nouveau royaume. L'éloge du saint pape Léon III en 796 était mérité par sa sage administration depuis près de 16 ans.

CHAPITRE III.

Angilbert associé à ce vigilant et vertueux gouverneur remplissait les fonctions de Primicier avec la même intégrité. Ce haut dignitaire des rois carlovingiens, désigné par différents auteurs sous les noms d'Apocrisiaire, d'Archichapelain, de Grand-Aumônier, s'occupait, dit Hincmar, de toutes les affaires ecclésiastiques et des ministres des autels, comme le comte du palais, des affaires séculières ; de sorte que ni les clercs ni les séculiers n'étaient admis aux audiences royales qu'autant qu'ils avaient déjà entretenu ou consulté ses ministres (1). Le primicier avait tout pouvoir auprès du roi et la préséance sur les archevêques et les évêques, même dans les conciles. Ministre des affaires ecclésiastiques, il surveillait les églises et les monastères dans tout l'empire ; il dirigeait la correspondance avec le Saint-Siège et gouvernait tous les clercs attachés au service de la chapelle royale.

Le titre de Primicier ou d'Archichapelain attribué à saint Angilbert a beaucoup embarrassé certains historiens. Comme cette charge à cette époque était remplie par des personnages historiques, on a accusé nos chroniques d'avoir attribué à Angilbert une dignité qu'il serait impossible de lui reconnaître. La vérité se rétablit dans notre histoire par les lettres d'Alcuin. Angilbert est réellement primicier, non du palais de Charlemagne (2), mais de celui de son fils Pépin ; il est encore appelé ailleurs Ministre de la Chapelle Royale, Auriculaire (3), Conseiller intime, Silentiaire ou Conseiller privé et secret, homme de la main du roi ou Secrétaire, Primat des chapelains. Tous ces titres conviennent parfaitement au chef du clergé d'une cour royale et à la brillante carrière administrative d'Angilbert, qui a pu remplir successivement divers emplois dont l'histoire ne nous a pas gardé le souvenir.

On ne peut supposer que le jeune roi Pépin âgé de quatre à cinq ans au plus, en 781, ait vécu constamment éloigné de sa famille ; il était montré au peuple de temps en temps, mais il restait habituellement à la cour de son père. Toutefois ses ministres devaient résider en Italie et leurs rapports avec les peuples et avec la cour les obligeaient à de fréquents voyages. Une lettre que nous citons d'autant plus volontiers qu'elle nous fixe certainement sur une époque de la vie de notre saint abbé,— puisque D. Mabillon lui assigne la date de 783, — jette quelque lumière sur ces questions assez obscures.

« A son fidèle et vénérable ami Angilbert, Primicier du palais du roi Pépin, Albin, humble lévite, salut.

« Le souvenir de notre amitié me donne la confiance de vous adresser cette lettre.
« Je vous prie d'accueillir avec bienveillance le pèlerin qui vous la remettra et de le

---

(1) Hincmar. *Opusc. Ad Proceres. Ann. Bened. Tom.* II, *pag.* 285. — *Encyclopédie catholique. Tome* II, *page* 613.

(2) On connaît trois primiciers du palais de Charlemagne. Ce sont : Fulrade, abbé de Saint-Denis,
Angelran, évêque de Metz, Hildebolde, archevêque de Cologne.

(3) Ce nom indique un confident. Le nom de Silentiaire est emprunté aux Grecs et rappelle une dignité très-considérable dans le Bas-Empire.— Voir D. Mabillon, *Eloge historique. Ibid.*

« recommander à votre maître, le Roi Pépin. Soyez certain que la bonté divine réserve
« une large récompense aux rois qui soulagent les infortunés et surtout les pèlerins
« au saint tombeau du Prince des Apôtres. Je vous supplie aussi, mon très-cher frère,
« par notre tendre amitié, de m'envoyer les présents que vous savez m'être agréables
« et nécessaires, c'est-à-dire, des reliques des saints. Je me contenterai de peu, si vous
« êtes pauvre de semblables trésors. Qui donne joyeusement est récompensé de Dieu ;
« sa piété reçoit en échange la gloire des saints. Que vos vertus, que votre aimable
« sagesse, que le saint amour de Dieu et votre dévouement au bonheur de vos frères
« vous tressent, ô mon fils, la couronne de l'immortalité (1). »

Cette lettre nous offre le témoignage d'une intime amitié. Comme le saint diacre avait déjà rencontré Charlemagne et la cour en plusieurs circonstances, il ne serait pas étonnant que cette liaison eût commencé avant le séjour de l'illustre fils d'Albion en France. C'est ce qui explique comment, malgré de longues séparations, ces deux amis sont toujours si étroitement unis.

Pendant la guerre des Saxons, de 781 à 786, Alcuin se plaint avec une touchante mélancolie de l'éloignement de son Homère. « Je suis privé de presque tous mes fils. Damœtas est en Saxe, Homère en Italie : Candide est retourné dans la Grande-Bretagne. Je suis assiégé de tristesse et je ne goûte plus aucun repos (2). »

L'histoire du nouveau royaume d'Italie est confondue avec celle de Charlemagne. Un mot, une date, c'est là seulement ce qui nous reste sur les noms des premiers dignitaires du jeune roi Pépin. C'est peu pour la biographie de ces personnages ; c'est quelquefois un trait de lumière pour toute la direction de leur vie.

Au temps du grand Empereur la dignité de primicier était confiée à des évêques, à des abbés et même à des prêtres et des diacres, mais jamais à des laïques. On peut donc soutenir avec grande probabilité, sinon avec certitude, qu'Angilbert pour mériter ces hautes fonctions à la cour des fils de Charlemagne était au moins diacre ou revêtu de quelque dignité ecclésiastique. Appuyé sur des documents contemporains, nous allons établir qu'il était déjà abbé de Centule.

La vie d'Angilbert, pendant son séjour en Italie, sans être vraiment criminelle, n'était pas exempte de tout reproche. On remarquait en lui quelque chose de trop séculier et de contraire à la gravité des mœurs que la religion impose à ceux qui ont promis de tendre à la perfection. Un certain nombre d'Évêques et d'Abbés, dont la conduite fut jugée digne de censure, avaient un faible pour les histrions et les jongleurs. Ces hom-

(1) *Opera Alcuini. Patrologie. Tom. i, pag.* 180.
(2) *Ibid.*
Les Annales Bénédictines nous paraissent quelque peu en défaut dans cette période. Des faits placés au livre xxv°, n° 38, sous la date de 786 sont reproduites en 796 au livre xxvi°, n° 44. Faudrait-il admettre un oubli au milieu de documents si nombreux, ou reconnaître le travail de deux religieux, exécuté sous les ordres de D. Mabillon et non contrôlé ? Nous laissons de plus savants la solution de cette difficulté.

mes consacrés à la prière suivaient ces jeux avec passion : ils appelaient même les jongleurs dans leurs demeures, qui auraient dû être murées aux réjouissances du monde. Le moindre inconvénient de ces amusements, c'était la perte d'un temps précieux et l'esprit de dissipation ; mais une funeste expérience démontra que ces divertissements toujours frivoles, quelquefois scandaleux ou dangereux, énervaient les âmes et conduisaient à des excès déplorables. C'est pourquoi un capitulaire de 789 réforma cet abus et promulgua ce canon disciplinaire : « Défendons aux Évêques et aux Abbés et Abbesses « d'entretenir des couples de chiens, des faucons, des éperviers, des jongleurs (1).

Angilbert avait eu la faiblesse de s'associer à ces jeux réprouvés par l'église, comme on le conclut des observations du vénérable maître, dont la parole fut si puissante sur la cour de Charlemagne. Alcuin écrit ce qui suit à l'abbé Adhélard : « Je crains qu'Ho« mère ne soit fâché du capitulaire qui défend les spectacles et les représentations dia« boliques que les saintes Ecritures ont si énergiquement condamnées. Je lisais naguère « dans saint Augustin : Celui qui admet dans sa demeure des histrions, des comédiens « et des danseurs ne sait pas quelle troupe innombrable d'esprits immondes il reçoit « avec eux. A Dieu ne plaise toutefois que le démon exerce jamais quelque empire dans « une maison chrétienne. Je vous ai écrit autrefois à ce sujet avec le plus vif désir du « salut de mon cher fils, espérant gagner par votre entremise ce que je ne pouvais ob« tenir par mes propres représentations. »

Une autre lettre d'Alcuin au même ministre de Pépin nous apprend qu'Angilbert renonça à tous ces dangereux passe-temps et qu'il se hâta d'observer le capitulaire sur les histrions.

« Quant à ce que vous me mandez du changement opéré dans la conduite d'Ho« mère, c'est pour moi une agréable nouvelle. Quoique ses mœurs aient été constam« ment irréprochables, néanmoins il n'est personne ici-bas qui ne doive oublier ce qu'il « laisse derrière lui et s'élancer en avant avec énergie pour arriver à la perfection. Je « ne regrettais pour lui qu'une seule chose, c'est qu'il se laissât séduire par les vaines « représentations des histrions, si nuisibles aux âmes. C'est pourquoi je lui avais écrit « de manière à faire impression sur son esprit et à lui prouver toute la sollicitude de « mon amitié. C'était une chose étrange pour moi qu'un esprit si sage ne comprît pas « que ces choses répréhensibles étaient opposées à sa dignité et qu'on ne pouvait les « approuver en aucune manière (2). »

Cet oubli passager sera effacé par les travaux d'une longue pénitence. Du moment qu'Angilbert a repris sa ferveur première et ressuscité dans une vie exemplaire le renoncement et l'esprit de pénitence de sa jeunesse, il aura le droit de faire les leçons à

---

(1) Ut Episcopi et Abbates et Abbatissæ non habeant cuppla canum, fulcones, nec accipitres, nec jocula- tores. — *Patrologie. Opera Caroli Magni. Tom. I, pag.* 188.

(2) Alcuin. *Ibid., pag.* 462.

ses anciens compagnons d'étude. Aussi Alcuin avertit une autre fois Antoine de prendre conseil auprès d'Homère pour le salut éternel de son frère, de s'éclairer de ses lumières et d'envoyer leur commune pensée à ses fils du palais (1).

Il est évident, d'après cette correspondance, qu'Angilbert vit dans la compagnie d'Adhelard, loin de la Cour, et qu'en 789 et 790 Alcuin ne lui reproche qu'une dissipation mondaine réprouvée par la sainteté de sa dignité. Quelle est donc cette dignité ? Evidemment celle qu'atteint le capitulaire : car on ne s'adresse ici qu'aux évêques et aux abbés. On ne s'occupe nullement des séculiers ; on n'interdit pas même ce divertissement aux prêtres ni aux diacres, quoique la sainteté de leur profession doive les éloigner aussi de spectacles si frivoles. Angilbert n'est donc plus un séculier : il est comme son collègue, saint Adhelard, promu à la dignité abbatiale, ainsi que l'exige la prérogative des Primiciers en ce siècle. Ces déductions nous paraissent rigoureuses.

D. Mabillon et les historiens qui l'ont suivi, tout embarrassés dans les péripéties du mariage d'Angilbert avec la princesse Berthe, fixent sa retraite en 790 et lui permettent à peine de se préparer au renoncement religieux dans l'épreuve du noviciat. Ils sont obligés de faire immédiatement asseoir sur la chaire abbatiale ce transfuge du monde, pour expliquer les faits incontestables des années suivantes (2). Chargé de conduire Félix d'Urgel à Rome en 792, de porter les décrets du concile de Francfort en 794, Angilbert se verrait ainsi, contre toute vraisemblance, arraché à la solitude qu'il a tant convoitée et relancé dans le tourbillon des affaires dont on lui avait permis de se décharger pour toujours. Un peu de réflexion suffit pour détruire le grand échafaudage de l'anonyme du xii° siècle et les raisonnements des critiques, qui s'efforcent de lier des faits controuvés à des données historiques d'une valeur incontestable.

Puissions-nous, par des témoignages aussi clairs que ceux d'Alcuin et plus dignes de foi que les assertions d'un anonyme du xii° siècle, attirer l'attention des juges compétents et faire réviser des décisions qui ne sont pas assez fortement motivées pour rester sans appel !

On pourrait nous objecter qu'Alcuin dans ses lettres ne fait pas allusion à ce titre d'Abbé. Pour que ce silence prouvât quelque chose contre notre thèse, il faudrait montrer, qu'après 794, lorsque son ami est certainement revêtu de cette dignité ecclésiastique, il l'ait salué sous ce titre. Aucune de ses lettres, — et il en est de postérieures à 794, — ne lui décerne cet honneur : d'où il suit que notre opinion conserve toute sa force et qu'on n'a rien à opposer aux plaintes du pieux lévite d'Albion sur l'oubli passager du chef de la hiérarchie ecclésiastique en Italie.

(1) *Ibid.*, page 463.
Il est question ici de Wala soumis à une grande humiliation en punition d'une faute. Ce jeune prince soutint l'épreuve avec résignation et courage. Toutefois il n'embrassa la vie religieuse qu'après sa première disgrâce, sous Louis-le-Débonnaire en 840.

(2) D. Mabillon développe longuement cette hypothèse dans son Eloge historique. *Acta Sanctorum*. Tom. v.

CHAPITRE III.   123

Glanons ici quelques souvenirs contemporains dans lesquels le nom d'Angilbert se montre environné en Italie des plus douces sympathies. Alcuin écrivant à saint Paulin, patriarche d'Aquilée, pour le remercier d'un message, lui annonce qu'Angilbert « leur fils commun (1) » envoyé à Rome par une faveur spéciale de la Providence lui portera de plus amples témoignages de son affectueuse reconnaissance, sans pouvoir toutefois exprimer suffisamment tout ce qu'il a puisé de charité en son cœur (2).

L'illustre patriarche d'Aquilée a laissé un nom justement vénéré dans l'Eglise et quelque peu célèbre dans les conciles du temps, dans les lettres et la poésie du ix° siècle. Charlemagne lui donne le titre de maître de grammaire ; mais rien de plus flatteur pour Angilbert que ce nom « de fils commun. » Il nous découvre en passant combien les relations de notre abbé étaient étroites avec ce grand pontife aussi puissant en œuvres de sainteté qu'en doctrine et combien cette bienveillance paternelle prouve, dans le silence de l'histoire, la sage administration d'Angilbert en Italie (3).

Dans une autre lettre Alcuin demande des reliques à Aginnus, évêque de Bergame ; il le prie de confier à un fidèle commissionnaire, à son fils Angilbert, ce que son amitié lui aura destiné (4).

En 783 un abbé de Saint-Paul sur le Vulturne avait un différend avec un habitant d'un village soumis à son monastère. Un appel était porté devant Charlemagne lui-même. Le roi le fit terminer par ses envoyés R...... et Agilbert. D. Mabillon pense qu'on doit lire ici le nom d'Angilbert, dont le crédit était si grand auprès du roi Charles (5).

Il nous serait impossible de dire combien de temps dura la mission de notre abbé auprès du fils de Charlemagne. En 796, Adhelard gouvernait encore le royaume d'Italie au nom du roi Pépin ; mais depuis 792 Angilbert est chargé par son illustre maître de négociations épineuses, de diverses ambassades auprès des papes Adrien et Léon. Il est vrai qu'il n'y a rien d'incompatible avec les fonctions de Primicier et qu'une si haute dignité recommande éminemment l'envoyé du puissant monarque ; mais, pour être sincère, nous devons laisser au passé les secrets sur lesquels le temps a jeté un voile impénétrable.

Nous n'imiterons point le P. Malbrancq, qui sait des choses ignorées des autres historiens et les débite avec un aplomb imperturbable. En 788, dit ce fécond chroniqueur, Angilbert rassembla des troupes considérables et fit la guerre aux Huns, qu'il extermina presque tous. Toutes leurs richesses, fruit de leur brigandage, tombèrent entre les mains des Francs et les enrichirent d'une manière prodigieuse (6).

Ainsi, Malbrancq veut attribuer toutes les gloires au célèbre abbé de Saint-Riquier.

(1) Filius communis noster. Alcuin. *Patrologie.* Ibid., page 186.
(2) Ibid., page 186.
(3) Né en 730, évêque en 776, Saint Paulin meurt en 804.
(4) D. Mabillon. *Ann. Bensd. Tom.* ii, pag. 266.
(5) Ibid.
(6) *De Morinis. Tom.* ii, pag. 114.

Il est fâcheux qu'il ne nous cite pas ses garants. Toutefois l'histoire signale, en cette année, des victoires sur les Huns, mais ceux-ci ne furent pas réduits à l'extrémité. Ce n'est qu'en 796 qu'on les força dans leurs *rings* et qu'on leur enleva leurs richesses. On ne voit nulle part qu'Angilbert fût mêlé à cette guerre.

Tout en rejetant les rêveries d'un écrivain plus ami du merveilleux que de la vérité, nous profiterons de son incartade pour rappeler le compliment qu'Angilbert adressa au vainqueur, en 796. Cet épisode nous fera connaître tout ce qu'il y avait, dans le cœur du Primicier, de respectueuse affection pour le jeune roi Pépin et l'auguste famille de Charlemagne.

Avant l'âge de vingt ans, le roi Pépin, déjà valeureux dans les combats et entreprenant comme son père, avait remporté plusieurs victoires sur les Huns et achevait même de les soumettre. Il mit la main sur d'immenses trésors, dépouilles opimes ravies aux parties les plus civilisées de l'Empire et accumulées pendant des siècles dans leurs retraites impénétrables.

Les succès de son fils causèrent plus de joie à Charlemagne que ses propres triomphes. Aussi le retour de Pépin, après plusieurs années d'absence, fut un événement mémorable pour la cour. On fit d'immenses préparatifs pour le fêter. Angilbert se rendait alors à Rome auprès du saint pape Léon III; il rencontra le jeune vainqueur à Langres ; mais l'entrevue, trop courte à leur gré, ne put suffire aux épanchements du cœur si dévoué d'Angilbert. C'est pourquoi, à quelques jours de là, il lui adressait un chant poétique, dont nous donnons un long extrait qui intéressera, nous l'espérons du moins, les lecteurs avides de connaître la vie intime de Charlemagne et de sa cour.

« Tu reviens donc, ô roi Pépin, des confins de l'Hespérie ! Quelle surabondance de joie ton retour verse dans l'âme de ton glorieux père ! — Comme l'astre du jour se lève radieux au milieu des astres qui brillent à l'Orient, ainsi ta valeur rayonne sur les peuples de l'Occident. O prince, attendu depuis si longtemps, tu as donc franchi les Alpes glacées, pour la consolation de ton père et de ta famille. — Le peuple, le clergé, les prêtres, les autels participent à la joie de notre grand monarque. — Ah ! plus tu cherchais à retarder ton arrivée, plus les inquiétudes de l'amour dévoraient le cœur de ton père... — J'ai donc pu t'embrasser dans les plaines de Langres, après une glorieuse victoire ! Mais à peine si nous avons échangé quelques paroles de tendresse ! — Ton amour filial te presse et mon cœur à moi brûle d'une double flamme : de l'amour que je t'ai voué, de celui que j'ai constamment pour notre père à tous. — O prince, de grâce, arrête un instant, reçois mes vœux, écoute la prière que j'adresse au Christ, ton défenseur, ton guide à travers les routes et sur les fleuves. — Ah! pourquoi n'ai-je pu contempler le visage du roi, à l'instant où il t'embrassait avec un ineffable bonheur ; — à l'instant où l'impétueux Charles, où le valeureux Louis, dans leur empressement, laissaient échapper des rires si bruyants ! — Qu'aura fait Rotrude ? Après une si longue attente, Berthe, la royale princesse, aura-t-elle pu porter sa joie ? — Et Gisèle et Théodrade et les autres nobles filles du roi qui te chérissent si tendrement, comme elles t'auront inondé de leurs caresses ? — Et Gisèle, la vénérable épouse du Christ et Liutgarde que l'amour du roi rend si fière, comme elles t'auront arrosé de leurs larmes ? — Quelle fête pour Hildebolde, dont la dignité est si sublime et pour les ducs et les comtes, pour les vieillards et les jeunes pages ! — Leurs regards à tous restent fixés sur toi avec un sentiment de radieux amour. — Quelle joie pour le père et les enfants après cette paix ! Que de fêtes assurées aux Francs valeureux ! — Que le Christ qui règne au ciel affermisse cet empire, que la royale lignée soit brave, que le père soit puissant ! — Puisse ton frère Charles t'aimer toujours et être payé de retour !—Que vos bras enlacés autour de votre frère Louis le retiennent captif dans les chaînes de l'amour !—Notre bienheureux monarque vous rendra largement les témoignages de votre tendresse, si vous prouvez que vous le chérissez comme le meilleur des pères (1).

Le thème de ce petit poème est sans doute peu fécond en idées. Cependant que de mouvements ! Est-ce que cette belle simplicité, jointe à la délicatesse des sentiments, serait dépourvue de tout mérite ? L'intérieur de Charlemagne est peint d'après nature et sous les couleurs que l'histoire nous fait admirer, lorsqu'elle nous montre au milieu de cette nombreuse génération de princes et de princesses qu'unit une si sincère amitié, un père plein de tendresse et de sollicitude pour ses enfants. De pompeuses descriptions et la recherche des pensées, n'iraient jamais au cœur comme ce tableau si naïf des joies de la famille. Au temps où Angilbert chantait cet amour si expansif, il n'y avait pas encore de fautes à déplorer. On vivait de toutes les illusions d'un printemps serein et riche d'espérances.

Le style d'Angilbert se révèle dans cette composition fugitive. Notre Homère excelle dans l'énumération des parties. Il aime à adresser un mot agréable à chacun des membres de la famille. Plusieurs autres pièces anonymes de cette époque affectent les mêmes allures. Bien des raisons nous portent à les attribuer à ce familier privilégié de la cour : il en sera question dans les chapitres suivants (2).

(1) D. Mabillon. *Acta SS. Ben. tom.* v. *Eloge historique de saint Angilbert.*

(2) A quelle révision ne faut-il pas soumettre les écrits de certains auteurs, après qu'on a lu dans les œuvres de l'Abbé Le Beuf des aperçus comme ceux qui suivent ? « Le courtisan Angilbert qui était « passionné pour les spectacles reçut le surnom « d'Homère.... Ces amusements d'Angilbert n'é- « taient que des chansons vulgaires qui ne laissè- « rent pas de transmettre les faits à la postérité « par le moyen des airs dont on les animait. Ces « airs s'appelèrent *cantilenæ joculares, etc..* *Discours* « *sur l'état des sciences dans la monarchie française* « *sous Charlemagne.* »

CHAPITRE IV

Diverses légations de saint Angilbert à Rome, en 792, en 794, en 796, sous les saints Papes Adrien et Léon III.

L'histoire ecclésiastique ne saura jamais assez louer le dévouement de Charlemagne pour l'église et son zèle à la protéger contre ses ennemis extérieurs et intérieurs. L'évêque du dehors, c'est ainsi qu'on appelait le prince au moyen-âge, se constituait le défenseur de la foi orthodoxe. Toutefois il ne voulut, dans cette mission si délicate, d'autre titre que celui de protecteur des saints canons, d'auxiliaire du Siége apostolique en toutes choses. Le corps épiscopal uni à son chef suprême jugeait: le bras séculier s'armait pour l'exécution de ses sentences. Pendant que l'empire d'Orient était troublé et ensanglanté par des querelles théologiques, dans lesquelles la vraie doctrine était sacrifiée, cet heureux concert des deux puissances en Occident fermait toutes les avenues à une erreur artificieuse, née sur les confins de la France et l'empêchait d'y pénétrer.

Elipand et Félix d'Urgel, évêques d'Espagne, se livraient à de téméraires recherches. Entraînés par l'amour de la nouveauté, ils ressuscitèrent l'hérésie nestorienne oubliée en Occident. En enseignant que notre divin sauveur n'était pas fils de Dieu par nature, mais seulement par adoption, ou par assomption, en ce sens qu'il avait assumé ou pris la nature humaine, ils essayaient d'en adoucir les termes, mais ils n'en changeaient pas l'esprit. Leur parti grossissant tous les jours, ils commencèrent à opposer leur doctrine à celle de l'Eglise. Le souverain Pontife adressa alors aux évêques d'Espagne une lettre dogmatique, où il combattait cette perfide erreur (1). Pour entrer dans ses desseins, Charlemagne fit assembler un concile à Ratisbonne, en 792. On y entendit Félix d'Urgel. Ses propositions impies sur le mystère de l'incarnation inspirèrent tant d'horreur qu'elles furent anathématisées d'un commun consentement par les Pères du Concile. L'artificieux novateur craignant l'exil et la déposition prit le parti de renier ses enseignements; il parut le faire sincèrement. Cependant, voulant de sérieuses garanties de retour, Charlemagne exigea que l'hérésiarque allât lui-même rendre compte de sa foi au successeur de Pierre.

Angilbert fut chargé de le conduire au pape Adrien. Il dut l'honneur de cette haute mission à sa rare prudence dans les affaires, plutôt qu'à son titre d'abbé et d'ami de Charlemagne. Il avait montré à la cour de Pépin toutes les ressources de son génie, il était, en outre, avantageusement connu à Rome, où il avait déjà dû accompagner Charlemagne et où il entretenait une correspondance très-active.

Si l'on pouvait s'en rapporter au P. Malbrancq, Angilbert aurait le premier conseillé à l'hérésiarque de se présenter au concile, d'exposer humblement ses principes et de

(1) Rohrbacher. *Histoire de l'Eglise*, livre LIV.

les soumettre à la décision de ses juges. Pour consommer l'œuvre de sa réconciliation, Angilbert aurait consenti à l'accompagner auprès du souverain Pontife (1).

Sans nous arrêter à de semblables conjectures, rappelons avec les historiens du temps, que l'évêque d'Urgel, prosterné aux pieds d'Adrien dans l'église de Saint-Pierre, abjura son hérésie. Comme on n'avait aucune raison de douter de sa sincérité, on lui permit de retourner dans son diocèse, où peu de temps après il recommença à dogmatiser.

En 794, un nouveau concile de trois cents prélats, réuni à Francfort-sur-le-Mein, renouvela la première condamnation et prononça une sentence d'excommunication contre les deux hérésiarques et leurs partisans. La question des saintes images qui avait mis tout l'Orient en feu fut aussi agitée à Francfort. Une traduction fautive d'un texte du second concile de Nicée engagea les Pères dans une voie funeste. On composa contre le concile un ouvrage connu sous le nom de *Livres Carolins*, recueil tout farci de faux raisonnements et de termes peu respectueux, même pour le Saint-Siége.

Charlemagne confia encore à Angilbert la délicate mission de présenter au pape Adrien les actes du concile de Francfort et de lui expliquer les doctrines contenues dans les livres carolins. La préface d'une longue et affectueuse réponse du souverain Pontife contient des paroles très-flatteuses pour le saint abbé de Centule : « Nous « avons, disait-il à Charlemagne, gracieusement reçu votre cher confident Angilbert, « abbé et chapelain, élevé avec vous dans le palais, dès sa plus tendre enfance, et « admis à tous vos conseils. Nous lui avons témoigné la même confiance qu'à vous- « même, nous l'avons honoré comme votre représentant et en considération de la « grande tendresse que nous conservons à votre douce et royale Excellence, nous l'a- « vons traité comme votre ami. Nous lui avons laissé la liberté de nous entretenir « aussi familièrement qu'il le pouvait, quand il l'a voulu, comme il l'a voulu et comme « si nous avions écouté Votre Majesté elle-même. Nous lui avons découvert les projets « que nous formions pour l'exaltation de la sainte Eglise romaine et pour celle de votre « royale puissance (2). »

Les réflexions de plusieurs historiens sur cette dernière phrase donnent à l'ambassade d'Angilbert une importance plus grande que celle qu'on lui attribue communément et un caractère particulier de dévouement à la personne de Charlemagne. On semble voir sous ces expressions un peu vagues des projets déjà combinés pour la résurrection de l'Empire d'Occident. Ceux qui soutiennent cette opinion ne peuvent croire que Charlemagne soit resté étranger à des résolutions dont l'exécution allait changer la face du monde. Son biographe est sincère, quand il proteste que le roi

---

(1) *De Morinis. Tom.* II, *pag.* 116.
(2) *Patrologie. Opera Caroli Magni. Tom.* II, *pag.* 1249.
Eum suscipientes prout voluit, et qualiter voluit, quasi vestra præsentia corporali nobis narrante, nostrum ei patientius credidimus consilium, ad profectum S. Romanæ ecclesiæ et vestræ a Deo protectæ regalis potentiæ exaltationem.

franc ignorait ce qui allait se passer à Saint-Pierre à la grande solennité de Noël et il le justifie des vulgaires convoitises de l'ambition (1); mais sa remarque ne détruit pas leurs présomptions fondées sur des désirs dont le pape Adrien s'occupait encore sur son lit de mort.

L'historien Peyrat, en étudiant les curieuses recherches de Paul Petau sur Angilbert et Nithard, insinue que l'abbé de Centule fut l'auteur des Livres Carolins; la réponse du pape Adrien ne confirme nullement cette supposition (2). Il est vraisemblable, dit à son tour Noël Alexandre, que l'abbé Angilbert avait une mission à remplir au sujet de ces livres : il devait proposer la sentence des évêques français, non avec amertume, mais avec respect : car pour eux le concile de Nicée était moins un concile œcuménique qu'un concile national des Grecs.

Le saint pape Adrien ne rechercha ni le nom ni les intentions des auteurs de cet écrit si peu digne du nom qu'il porte. Il écrivit avec une grande modération :
« Entre autres choses, votre envoyé nous a présenté un Capitulaire contre le concile
« tenu à Nicée pour la défense des Saintes Images. L'amour que nous vous portons
« nous a engagé à y répondre chapitre par chapitre, non pour satisfaire des vues
« humaines et justifier des personnes, mais pour défendre et soutenir l'ancienne tradi-
« tion de l'Eglise Catholique, Apostolique et Romaine, et la saine doctrine enseignée
« de tout temps par les souverains Pontifes nos prédécesseurs (3). »

Angilbert portait aussi au souverain Pontife une lettre d'Alcuin, le modeste et pieux précepteur des fils de Charlemagne et le directeur de l'Ecole du Palais. Dans ce monument de filiale affection, les plus nobles sentiments semblent couler de source et renferment aussi un bel éloge de l'ambassadeur du puissant monarque. Alcuin, après avoir présenté au Saint-Père les vœux du dernier de ses serviteurs et demandé la guérison d'une pauvre brebis de son grand troupeau, toute malade et toute couverte des blessures

---

(1) *In Vita Caroli. Magni. — Patrologie. — Opera Caroli Magni.* Tome I, page 52.

(2) Peyrat. *Bolland. Acta Sanctorum.* 18 Februarii.

(3) *Patrologie. — Opera Caroli Magni.* Tom. II, pag 1249.

On lisait dans les Actes du concile de Nicée « J'embrasse avec honneur les saintes et vénérables images et je défère l'adoration de Latrie à la sainte Trinité. J'excommunie ceux qui pensent et parlent autrement. »

D'après la traduction on semblait ordonner d'adorer les images comme la consubstantielle Trinité.

Voici le titre des livres Carolins : *Incipit opus contra synodum quæ a partibus Græciæ pro adorandis imaginibus stolide sive arroganter gesta sunt.* Ces livres ne condamnaient pas le culte des images, mais seulement le culte de Latrie déféré aux saintes images.

Hincmar observe dans ses écrits que les Actes du concile de Francfort sont portés à Rome par quelques Evêques ; ce qui fait conclure au P. Lecointe que la lettre du pape Adrien à Charlemagne est apocryphe. Cette supposition lui est nécessaire pour son système, elle ne détruit pas toutefois un document reconnu comme authentique par tous les historiens. Hincmar cite un souvenir de jeunesse. La circonstance des ambassadeurs lui échappe : elle est secondaire pour lui. Du reste, Hincmar contredit l'assertion des Evêques Francs qui, dans leurs lettres synodales de 825, affirment que les Actes de Francfort sont envoyés par Angilbert. *Eaque per Engilbertum Abbatem eidem Adriano Papæ direxisset.*

Annales Lecointe. Ann. 794. — *Patrol. Opera Caroli Magni.* Tom II, pag. 796.

des péchés poursuit sa lettre en ces termes : « J'aurais bien quelques demandes à
« adresser à Votre Sainteté, mais comme le très-illustre envoyé du roi mon Maître,
« Angilbert, mon très-cher fils, va s'entretenir avec vous, Bienheureux Père, source de
« toute autorité, je n'ai point cru nécessaire d'écrire sur le papier la supplique qu'il
« saura bien reproduire de vive voix et qu'il appuiera de la recommandation du roi.
« Permettez-moi de louer sa fidélité éprouvée envers tous ses amis et surtout envers
« vous, très-saint Père, comme c'est du reste son devoir. Que de fois devant notre
« puissant monarque et les illustres personnages de sa Cour il a fait en termes chaleu-
« reux l'éloge de votre bonté et de votre charité ! Il montrait un dévouement sans bor-
« nes pour Votre Sainteté et il cherchait à inspirer à ses auditeurs le même attache-
« ment (1). »

Dans ces siècles de foi on ne connaissait rien de plus précieux que les reliques des
saints. C'est là ce qu'Alcuin demandait avec tant d'instance aux trésors de l'Eglise Romaine. C'est probablement à ce voyage que se rapporte une lettre dans laquelle il recommande à son cher fils de ne pas oublier le *Patronage des Saints*, c'est-à-dire les
Reliques qui nous assurent la protection des Saints. Zélateur en son temps de l'œuvre
des pauvres Eglises, il le prie aussi de ne pas négliger de procurer aux temples du Seigneur, dépourvus de tout, des ornements convenables, quand il en rencontrera. Le
motif qu'il fait valoir, c'est qu'à la campagne on manque du nécessaire et qu'on recevrait
avec reconnaissance des choses que la splendeur des grandes églises ne juge plus
assez digne du culte divin : il lui rappelle en plaisantant ce vers d'Ovide :

Si nihil attuleris, ibis, Homere, foras.

« Qui peut douter, ajoute-t-il, qu'il n'y ait là une prophétie sur vos voyages. La
« sybille a prédit le Christ et ses souffrances, pourquoi Ovide n'aurait-il pas chanté
« Homère et ses légations ? (2). »

« Les Francs, dit Eginard (3), avaient été pauvres jusqu'à ce jour : ils ne furent riches
qu'après la défaite des Avares et des Huns, en 796. Charlemagne distribua les immenses
trésors qu'on rapporta de cette guerre aux églises épiscopales, aux abbayes, aux
comtes et à tous ses fidèles. » Il restituait ainsi librement et généreusement une multitude d'objets volés aux lieux saints dans les siècles précédents. Sa piété et sa reconnaissance envers le Tout-Puissant, qui lui avait fait remporter un si beau triomphe sur
les barbares, éclatèrent dans cette prodigalité de largesses. Mais ce qu'il y avait de plus
précieux dans le butin et de plus magnifique fut réservé pour le Souverain-Pontife et pour l'Eglise de Saint-Pierre. Tout était prêt et Angilbert, l'abbé favori du roi,

(1) *Patrologie. Opera Alcuini. Tom.* I, pag 170 (3) *Vita Caroli Magni.*
(2) *Ibid.*, pag. 180.

dit à ce sujet une chronique (1), allait partir pour offrir au Christ dans son vicaire cet hommage de filial dévouement, lorsqu'on apprit à la Cour la mort du pape Adrien.

Charlemagne pleura ce grand Pape comme un père et un ami dévoué et composa lui-même en vers élégiaques une épitaphe qui se lisait encore sur son tombeau au temps de Baronius. Il fit prier dans toutes les églises de son royaume et même dans les pays étrangers pour le repos de son âme, non point, disait-il, qu'il doutât que le vénérable Pontife n'eût reçu la récompense de ses vertus, mais pour faire connaître à toute la terre, jusqu'où il portait l'affection et le respect pour ce saint Pape (2).

Le jour même des funérailles d'Adrien, Léon III, cardinal du titre de Sainte-Suzanne, était appelé à lui succéder : il n'eut rien de plus pressé que d'envoyer à Charlemagne des ambassadeurs, les chargeant de lui remettre les clefs de la confession de saint Pierre, l'étendard de la ville de Rome et de riches présents : il lui demandait en même temps sa protection, le priant de confier à quelqu'un des principaux dignitaires de sa Cour la mission de recevoir en son nom le serment de fidélité et d'obéissance du peuple romain.

Déjà désigné pour une ambassade auprès du pape Adrien, Angilbert porta à son successeur les félicitations de Charlemagne. Dans sa lettre, le pieux Patrice prie le nouveau Pontife de l'adopter pour son fils avec un amour vraiment paternel : il l'informe qu'Angilbert lui manifestera ses volontés, qu'il donne à ce secrétaire bien-aimé, son intime confident, si bien apprécié par le Pape lui-même (3), plein pouvoir de traiter avec Sa Sainteté de tout ce qui intéresse l'honneur de la sainte Eglise, de la stabilité de sa suprême dignité, de l'autorité de son Patriciat parmi les Romains (4).

Des instructions secrètes à Homère, son *Auriculaire*, — expression bien choisie pour rendre des confidences qu'on se fait à l'oreille, — chargent encore celui-ci de donner au nouveau Pape des conseils spirituels et de lui rappeler l'observance des saints canons, ce qui suppose le tact le plus exquis, une foi vive et généreuse, un passé irréprochable, ce qui condamne surtout les historiens qui osent flétrir ce diplomate du nom de séducteur. Nous n'avons pas de plus précieux document que ces recommandations d'un grand monarque chrétien (5). « Charles, Roi par la grâce de Dieu, Défenseur de la
« sainte Eglise, à Homère, son Auriculaire, salut. Député de nouveau par la miséricorde
« divine auprès de notre Saint-Père et Seigneur Apostolique, quand vous serez auprès
« de lui, ne manquez pas de l'avertir de bien régler sa vie et surtout d'observer fidèle-
« ment les canons et de gouverner saintement l'Eglise de Dieu. Choisissez pour cette
« conférence le moment opportun. Représentez-lui souvent que la haute dignité à la-
« quelle il est élevé ne dure que quelques années, mais que la récompense assurée au

---

(1) Abbatem suum dilectum. *Ann. Engolis.*
(2) Eginard. *Ibid.*
(3) *Manualem familiaritatis vestræ.* Ces paroles indiquent des rapports intimes entre le pape S. Léon et Angilbert.
(4) *Patrologie. Opera Caroli Magni.* Tom II, pag. 90.
(5) *Ibid.*, pag. 908

« travail des fidèles serviteurs n'aura d'autre terme que l'éternité. Excitez-le fortement
« à exterminer la simonie qui souille la sainte Eglise en plusieurs lieux et à réformer
« les désordres dont, — vous le savez, — nous nous sommes si souvent plaints dans nos
« entretiens. Rappelez les conférences que j'ai eues avec le B. Pape Adrien, son pré-
« décesseur, au sujet du monastère que je voulais bâtir auprès de l'église Saint-Paul.
« Conduisez cette négociation avec zèle, pour que vous puissiez me rapporter une ré-
« ponse précise sur cette affaire.

« Que le Seigneur vous conduise et vous ramène sans accident ! Que le Seigneur
« gouverne notre nouveau Pontife, afin que son cœur se tourne vers le bien et que ses
« actes soient utiles à la sainte Eglise ! Qu'il soit pour nous un père plein de tendresse,
« un intercesseur perpétuel auprès de Dieu ! Tout ce que nous demandons, c'est que
« les œuvres de Dieu fructifient en nos âmes et que le reste de notre vie soit dirigé vers
« la stabilité du repos éternel. Adieu, mon petit Homère : soyez heureux ; faites des
« progrès dans la vérité. Revenez-nous avec joie. »

Ne se demande-t-on pas instinctivement quel était ce Léon à qui Charlemagne fait adresser des instructions si délicates, par quelles voies il est arrivé au souverain pontificat ? Et quand l'histoire répond que ses vertus seules et son angélique piété ont fixé sur lui les regards du peuple, on s'incline devant cette sollicitude du monarque pour les intérêts de l'Eglise. Ce langage ne laisse certainement point pressentir un désir immodéré de dominer le Saint-Siége et d'asservir l'Eglise à la puissance temporelle. Il est vraiment digne d'un prince revêtu d'un cilice, assistant habituellement aux offices de l'Eglise du jour et de la nuit et usant de la force de son autorité pour exciter le peuple à servir Dieu.

L'envoyé de Charlemagne devait offrir, cette fois encore, au Souverain-Pontife les vœux d'Alcuin. La lettre de l'humble lévite, comme il se nomme toujours, respire le même dévouement que la première, la même confiance aux prières du successeur vénéré des Apôtres, les mêmes éloges d'Angilbert, son fils, son très-cher disciple dont il loue encore chaleureusement la prudence et le zèle pour les progrès de l'Eglise Romaine (1).

S'il fallait croire au témoignage de quelques historiens, Angilbert aurait fait deux voyages à Rome à l'occasion de l'exaltation de saint Léon III. L'examen attentif des monuments du temps ne confirme pas cette opinion. Le projet de voyage arrêté par la mort d'Adrien se réalise seulement dans l'ambassade solennelle de félicitations à son successeur.

Les présents destinés à Adrien, le fidèle ami de Charlemagne, furent remis au nou-

---

(1) Iste filius meus charissimus Angilbertus vobis patefacere valet nostræ parvitatis erga Apostolicam Sedem devotionem et voluntatis nostræ petitionem, quem vestræ pietati valde fidelem esse agnovi et ideo nostræ necessitates causas illi indiximus, ut per os illius pietatis vestræ aures mei cordis audiat obsecrationem.

Patrologie. Opera Alcuini. Tom. I, *pag.* 178.

veau Pontife. Angilbert qui avait la mission d'affermir le Patriciat de son généreux maître ne put qu'applaudir au succès de ses négociations, lorsqu'il apprit qu'une partie de ses dons avaient consacré à la gloire du Patrice de Rome une grande mosaïque dans la salle à manger du palais de Latran. Elle représentait saint Pierre assis sur un trône, plaçant entre les mains de Charlemagne à genoux, à sa gauche, un étendard sur lequel six roses brillaient des plus vives couleurs, tandis que de la main droite il donnait l'*orarium* ou l'étole au pape Léon, aussi prosterné à ses pieds. Au-dessus du portrait du Pape, on lisait cette inscription : D. N. Leo Papa. D. N. Carolo Regi : au pied des trois figures, cette prière : Bienheureux Pierre, donnez la vie au Pape Léon et la victoire au roi Charles (1).

CHAPITRE V.

L'Ecole du Palais sous Alcuin. — Les principaux membres de l'Académie du Palais. — Leurs noms littéraires. — Angilbert, Charlemagne et Alcuin. — Souvenirs divers. — Ecrits d'Angilbert.

L'Ecole du Palais existait sous les rois Mérovingiens. Les fils de grande famille *recommandés* (2) au roi y recevaient une bonne éducation libérale, et leur instruction y était beaucoup plus étendue qu'on ne le pense communément. La gloire de Charlemagne, c'est d'avoir élevé cette école du palais au rang des institutions les plus utiles pour le royaume. Le nom d'Alcuin a éclipsé celui de tous ses prédécesseurs : il reste comme la personnification de la science unie à la piété. Eginard l'appelle l'homme le plus savant de son temps. Ce maître Anglo-Saxon avait été formé à l'école d'York, dont la culture intellectuelle surpassait celle de toutes les écoles du continent. La Providence l'avait préparé dans une solitude inconnue par des illuminations célestes plus encore que par les leçons du savant abbé Egbert. Charlemagne l'avait déjà rencontré dans ses voyages en Italie. Il obtint de son Evêque et de son roi, en 782, de l'attacher au moins pendant quelque temps à l'école de son palais pour l'éducation littéraire de ses fils. Car, comme le remarque son historien (3), ce grand monarque fit passer avant toute autre occupation l'instruction libérale de ses enfants. Il s'occupait lui-même de la culture de leurs jeunes intelligences avec une telle sollicitude que, lorsqu'il n'était pas hors du royaume, il ne voulait jamais se séparer d'eux, ni manger, ni voyager, sans les avoir auprès de lui. Ses fils l'accompagnaient à cheval, ses filles suivaient par derrière et une troupe nombreuse de soldats choisis pour ce service veil-

(1) Rohrbacher. *Histoire de l'Eglise. Livre* LIV.
(2) Terme légal qui désignait les conditions de ces enfants élevés sous les yeux de leur protecteur.

(3) Eginard. *In Vita Caroli — Patrologie. Opera Caroli Magni. Tom.* I.

lait à leur sûreté. Il est presque inutile de faire observer que le séjour d'Alcuin à la Cour de Charlemagne commence à l'âge où ses enfants sont initiés aux premières études de grammaire et qu'il cesse lorsqu'ils ont parcouru tous les stades du *trivium* et du *quadrivium* : d'où il nous est permis de conclure qu'il fut avant tout le premier précepteur des jeunes princes et que les autres maîtres recevaient de lui leurs inspirations, quand le roi lui imposait des travaux plus utiles à l'Eglise. Dans ses lettres il ne cesse d'exhorter Charlemagne à veiller sur la jeunesse du palais pour le succès de sa noble mission, de le presser d'user de toute son autorité pour que ses fils réveillent la torpeur de leur intelligence et qu'ils ne laissent point obscurcir l'éclat de leur nom par la rouille de l'ignorance (1).

Toutefois l'activité de ce puissant génie ne se concentrait point entièrement dans ces modestes fonctions de pédagogue ; il embrassait tout dans le cercle de ses études l'explication des saintes Ecritures, la restitution des versions les plus authentiques, la grammaire, l'éloquence, la poésie, la dialectique, les arts libéraux et les sciences connues de son temps. Son enseignement revêtait toutes les formes. Superficiel pour des ignorants, pour des commençants, pour des courtisans que des études spéciales laissent indifférents aux beautés littéraires, badin et léger, énigmatique aux heures de récréations, quand il exerce la sagacité de ses élèves, Maître Albin, comme l'appelle Eginard, se montre précis, serré, profondément savant, dialecticien consommé, orateur éloquent dans les questions morales, philosophiques et religieuses. Nous avons un exemple vraiment remarquable de ses discussions grammaticales dans sa correspondance avec Angilbert. Notre histoire ne saurait la passer sous silence.

Homère est chargé de poser ces questions à Alcuin. « Le mot *Rubus* est-il masculin « ou féminin ? Dans les noms composés de la particule *dis*, faut-il écrire *dispexeris* ou « *despexeris ?* »

Le fécond exégète a consacré trois pages à l'examen de ces difficultés que beaucoup d'esprits forts regarderaient comme puériles. Mais le savant qui connaît le prix des recherches admirera la prodigieuse érudition du saint docteur. Dans une longue suite de textes d'auteurs sacrés et profanes on voit que *Rubus* est tantôt masculin et tantôt féminin, mais qu'il vaut mieux conclure pour le masculin, comme étant plus généralement employé. Pour le préfixe *dis*, la racine des mots est examinée dans des propositions latines et grecques. Avec son Homère Alcuin sera facilement compris en cette langue : aussi il laisse courir sa plume ; sa mémoire lui suggérant une foule de textes grecs des psaumes à l'aide desquels il peut résoudre la question, il ne se fait pas défaut de citations qu'un helléniste seul pourra comprendre (2).

Cette lettre confirme nos appréciations sur les études d'Angilbert et son surnom d'Homère. Dans toute la correspondance d'Alcuin, elle est la seule où le maître de

---

(1) Lettres d'Alcuin, *passim*.   (2) *Patrologie. Alcuini Opera. Tom.* i, *pag* 181.

l'école palatine ouvre cette veine d'érudition sur les textes grecs. Il comprenait sans doute que cet argument ferait les délices de son disciple privilégié et on ne soupçonnerait peut-être pas, sans cette dissertation, l'étendue de la science du maître ni les recherches si profondes de cette époque (1).

S'il n'a pas été donné à Charlemagne de ressusciter l'élégance du siècle de Périclès, du moins il vit renaître dans une cour à demi barbare les beaux jours des Clément d'Alexandrie et des Origène. Les hommes les plus distingués de l'époque se groupèrent autour du modeste lévite (2), dont la parole exerçait tant de prestige et dont le cœur brûlait d'une si douce flamme pour Dieu et ses disciples. Athènes, disait Alcuin, avait possédé Platon et la science de l'Académie, mais la nouvelle école qui s'abreuve des dons du Saint-Esprit, qui ajoute à la science des philosophes la doctrine et l'amour de Jésus-Christ, sauveur des hommes, ne lui est point inférieure.

Charlemagne suivit le premier les leçons du précepteur de ses fils. Sous sa direction il consacra de longues heures à l'étude de la rhétorique, de la dialectique et de l'astronomie ; il parvint, grâce à la pénétration de son esprit, à calculer la marche des astres qu'il suivait avec une attention scrupuleuse : il examinait avec lui toutes sortes de questions futiles en apparence, mais toujours importantes, quand elles touchent au texte des saintes Ecritures et confirment des vérités révélées par le Sauveur des hommes : il le consultait dans la rédaction des capitulaires et ainsi le fleuve de sa science fécondait toutes les parties du royanme par une divine rosée.

Angilbert suivit les leçons d'Alcuin avec tant de succès et de constance qu'il mérita d'être appelé le fils de ses enseignements (3).

Aucune autre époque de notre histoire nationale n'a signalé plus d'ardeur pour les études, n'a été emporté vers les idées intellectuelles par un courant plus rapide. « La « science moderne, dit un historien que nous aimons à citer, n'a pas le droit d'être « dédaigneuse envers les hommes, dont les illustres efforts déblayèrent la route et pré- « servèrent son berceau. La barbarie n'essaya que trop promptement de reprendre sa « revanche, quand Charlemagne eut cessé de vivre (4). »

Pour leur montrer le but à atteindre, les difficultés à surmonter, Alcuin impose à chacun de ses disciples un nom symbolique. Dans ce glorieux baptême, la science n'est point seule admise, comme on l'a prétendu souvent, à exercer les droits de la paternité

---

(1) Dans une autre lettre Alcuin engage Homère à corriger un exemplaire du psautier sur le texte des Septante. *M. l'abbé Corblet. Hag. Tome* I, *page* 149.

(2) Alcuin se donne souvent ce nom parce qu'il n'était que diacre. On s'est demandé s'il était moine bénédictin. Dom Mabillon s'est prononcé pour l'affirmative. *Acta Sanct. Tome* V. *Eloge historique d'Alcuin.*

(3) Une seconde lettre d'Alcuin au pape Léon III, nous offre un nouveau témoignage de son estime pour Angilbert.

Anno priore per Angilbertum, filium eruditionis nostræ, virum prudentem et omnibus amicis fidelem et ad sanctæ Dei Ecclesiæ profectum valde devotum deprecatus sum...

Monumenta Germaniæ. Tome II. *Page* 392.

(4) Gabourd. *Histoire de France, Tome* III, *page* 487.

spirituelle. Le maître choisit un héros, un personnage populaire, un saint aussi bien qu'une célébrité poétique ou littéraire : et pour commencer par le plus noble de ses disciples, Charlemagne nous est connu sous le nom de David. « David, disait Alcuin, c'est le roi bienaimé de Dieu, le grand prophète du Messie, le triomphateur des peuples infidèles, l'admirable docteur de la loi divine, l'incomparable tige de Jessé, sur laquelle s'épanouit le lys des champs, Jésus-Christ, le Sauveur des hommes... Aujourd'hui comme autrefois le peuple chrétien se repose à l'ombre du nouveau David et les païens redoutent la force de son bras (1). » Alcuin s'impose à lui-même le nom de Flaccus. Ce nouvel Horace est poète et moraliste, législateur d'un nouveau Parnasse : il est aussi comblé des bienfaits d'un autre Mécène ou plutôt d'un autre Auguste, qui ne dédaigne pas de lire ses lettres et ses vers. Nous savons pourquoi Angilbert, helléniste et poète, a reçu le nom d'Homère. Adhélard, le célèbre abbé de la grande Corbie, représente dans cette académie le patriarche des laures monastiques sous le nom d'Antoine, et son frère Vala deviendra un autre Arsène, quand il fuira les splendeurs de la cour pour l'humilité du cloître. Riculfe, connu sous le nom de Flavius Damœtas, se plaisait à soupirer de naïves églogues. Dans Ribbodon, le futur archevêque de Trèves, on vénère un autre père du désert ; le nom de Macaire lui convient excellemment. Le jeune Raban, cet enfant de grande espérance, sera Maur, le doux et bien-aimé disciple de saint Benoît ; il égalera son patron par les vertus et le surpassera par la science. Pindare renaît sous les traits de Théodulfe. Les poésies lyriques de l'évêque d'Orléans sont justement estimées et l'emportent sur toutes celles des contemporains. Des rapprochements, des allusions suffisent pour caractériser certains personnages. C'est ainsi qu'Arnon, archevêque de Salzbourg et apôtre des Huns, qu'on a cru longtemps le frère d'Alcuin, parce qu'il reçut dans des lettres ce tendre nom, s'appelle *Aquila* ou l'*Aigle*, synonyme du mot teutonique *Arnon*. Un des disciples d'Alcuin a quitté les voies de la sagesse pour les folies du monde : le maître chrétien pleure ses égarements et les flétrit par ce vers de Virgile :

O Corion, Corion, quæ te dementia cepit.

Un disciple infidèle, du nom d'Osulphe, fait penser au coucou, parce qu'il est comme lui volage et paresseux ; on se plaît à l'humilier sous la dénomination de *Cucullus*. Gisèle, Rictrude et Gondranne joignent aux vertus des vierges le martyre de la pénitence : elles nous apparaissent dans le style académique sous la noble et sainte physionomie des Colombe, des Eulalie et des Lucie : pour excuser cette familiarité, Alcuin cite à ces chères sœurs l'exemple du Sauveur qui a changé lui-même les noms de plusieurs de ses disciples (2). Ainsi les jeunes leudes des âges Mérovingiens et Carlo-

(1) *Patrologie Alcuini Epist*, Tom. i, pag. 169 et passim.

(2) *Ibid*. pag 361.

vingiens étaient parfaitement instruits dans les lettres divines et humaines. On faisait alors des études comme aux plus beaux jours de la renaissance. Nous avons pour garants de notre assertion la foi vive et pratique des familles, les récits des légendaires, les témoignages d'un grand nombre d'historiens. L'Église et le cloître n'absorbaient pas entièrement les générations, fortes des enseignements de la religion. L'esprit de Dieu en conservait un grand nombre dans le siècle comme un sel vivifiant pour neutraliser les excès de la corruption humaine.

Je ne veux point, dit le moine de Saint-Gal, avoir l'air d'oublier ou de négliger un fait qui m'est personnellement connu, c'est qu'il n'y eut aucun de ceux que Charles avait formés à son école qu'on ne citât comme un très-savant abbé ou comme un illustre prélat.

On peut juger par ces observations de la valeur des assertions historiques qui voudraient nous persuader que Charlemagne ne savait ni écrire ni signer son nom.

Dans cette pléiade littéraire qui a brillé un instant sur la monarchie Carlovingienne et a laissé un sillon lumineux, même après avoir disparu à l'horizon, distinguons trois astres dont les rayons bienfaisants se sont réfléchis sur le monastère de Centule et l'ont éclairé de splendeurs dont l'histoire n'a jamais perdu le souvenir. Le lecteur pressent que nous allons nommer David, Flaccus, Homère. En effet, ces illustres personnages ont tous trois participé à la restauration monumentale du ix° siècle : ils se sont donné rendez-vous au tombeau de saint Riquier pour l'une de ces grandes solennités de Pâques, célébrées alors avec tant de magnificence que les annales contemporaines ont signalé à la postérité tous les lieux où elles se sont accomplies. Homère introduit son royal ami dans le sanctuaire qu'il a élevé à la gloire de son céleste protecteur. Les libéralités du vainqueur de l'Europe revêtent de lames d'or et de pierreries le tombeau du saint patron de Centule. Alcuin résume sa vie dans des pages simples, mais animées d'un accent de piété dont on ressent encore l'inspiration après plus de dix siècles.

David, Flaccus, Homère ! Leurs âmes ont été unies par la grâce d'une céleste amitié, disons plutôt par une force irrésistible, qu'on a pu nommer la nécessité du bien. Ces fidèles disciples du Sauveur tendaient, en effet, d'un pas égal, vers la céleste patrie et méritèrent tous trois le titre de Bienheureux.

Charlemagne écrase le monde moderne du poids de son nom. Alcuin reste comme la personnification de la science, du génie et de l'érudition au ix° siècle. Angilbert, quoique placé au second rang, est le premier de tous les hommes d'État de cette époque héroïque et le plus intime confident de celui qui remue le monde. Les écrits de ces grands hommes nous invitent à ce rapprochement et nous font pénétrer dans leur vie intime, dont l'histoire n'a point le temps de s'occuper. Qu'on nous permette de nous y arrêter un instant et de suivre les traces de cette inaltérable amitié. Les lettres, les poésies d'Alcuin et d'Homère en sont toutes embaumées. Nous citerons au hasard, sans faire attention à l'ordre des dates.

Alcuin retenu à Tours par ses infirmités, accompagne de ses vœux Charlemagne et Angilbert qui partent pour Rome. « Vie et santé à mon Homère, qu'il soit heureux « éternellement! Que ton tendre amour, ô mon Homère, vive en nos cœurs avec celui « du Christ! Amour au Christ Sauveur, lumière, vie et salut du monde. Qu'il soit « toujours notre lumière, notre vie et notre salut! Répète avec moi, ô mon Homère, « vie et santé à David, notre ami! David si cher au cœur de Flaccus, David, ô mon « roi bien-aimé, soyez heureux dans les siècles des siècles ! Que je voudrais être auprès « de vous, pour chanter sur le Parnasse, ou mieux encorepour scruter les admirables « maximes des Pères, vraies sources de sagesse et de salut! car celui qui est avide « de cette science est sûr d'avoir trouvé le salut (1). »

Angilbert, dans ses divers voyages, porte la correspondance de ses amis : Flaccus s'en explique en ces termes dans ses vers à David :

« Votre serviteur Homère est venu ici, chargé des choses gracieuses que vous nous « envoyez. Le cœur de votre Flaccus en a tressailli de joie. Douce est à mon cœur « l'amitié si communicative de l'oint du Seigneur ; douce est votre bienveillance. Doux « est le son de votre voix. Longue vie et salut éternel à David et à ses amis ! J'ai ren- « voyé votre petit Homère à votre charité pour qu'il vous offre le tribut de ses vers, de « son cœur et de sa main (2). »

Ce tribut de la poésie d'Homère a été moins respecté que celui de Flaccus. Toutefois nous croyons en avoir retrouvé une épave dans cette visite poétique au palais de Charlemagne.

« David aime les poètes, David est la gloire des poètes. Réunissez-vous, ô favoris des Muses, et chantez à mon cher David des vers harmonieux. Un tendre amour pour David inspire les poètes. Que ce sentiment fasse jaillir de nos cœurs des accents lyriques. Le poète Homère aime David. Chante, ô ma flûte, des vers à David. »

« David étudie avec passion les maximes des anciens. Aux trésors de son empire il ajoute les trésors de l'antiquité : il met sa félicité à pénétrer les secrets de la divine sagesse. David aime à réunir à sa cour des maîtres doués d'une haute intelligence pour ennoblir les arts libéraux, pour faire revivre dans les esprits avides de connaître la science des anciens. »

« David prépare au Christ une magnifique demeure. Ses mains royales en posent les pierres, heureux qu'il est d'élever au Dieu du Tonnerre un sanctuaire digne de sa majesté. Que la clémence du Christ veille sur son œuvre sainte ! Que les anges, ses célestes ministres, lui prêtent leur concours et que la troupe glorieuse des saints intercède pour lui !..... »

« Courage, ô ma flûte, fais maintenant des vers pour mes chers amis... . »

(1) *Patrologie. Opera Alcuini, Tom. II, pag.* 782 (2) *Ibid., pag.* 781.

« Illustre Charles, puis-je t'oublier dans mes chants, toi le digne rejeton de princes puissants, la gloire de la cour, l'espérance du royaume? Tous les poètes te dédient leurs vers. »

« Gisèle, sainte sœur de David, épouse du Christ, recevez le tribut de mes vers. »

« Rotrude aime la poésie, Rotrude brille par son esprit, par sa beauté, par la pureté de ses mœurs ; courez donc à travers les riantes prairies, noble fille de David ; tressez-vous une belle couronne avec les fleurs des sages de l'antiquité. »

« Muses, faites l'éloge de la princesse Berthe ; louez son grand cœur. Elle est digne des vers dictés par les Muses. »

« Et vous, jeunes princesses qui, à la grâce de la première enfance, joignez la maturité de l'âge, vous méritez d'être célébrées sur ma lyre. L'éclat de votre beauté s'efface devant votre sagesse. »

Après des vers flatteurs à l'adresse du primicier, du vieux Thyrsis, du poète Ménalque, Homère se promène dans tous les coins et recoins du palais et envoie des baisers à tous ses amis : il abaisse devant David son parchemin dans lequel s'enroulent de longues rangées d'hémistiches : il salue dix mille fois le puissant monarque et embrasse amoureusement ses pieds. Après s'être élancé au camp d'un nouveau Jules César, pour redire ses louanges sur tous les tons, il revient visiter la chapelle et offre ses vœux à tous les ministres du Très-Haut. Dans sa course rapide il montre l'olivier béni de la paix à tous ceux qu'il rencontre dans les rues, jeunes ou vieux, pères ou frères. Homère a des vœux et des prières pour tous, mais surtout pour David. « Que le Christ vous protége à jamais, ô David ; à vous tout notre amour ; vous êtes toujours le premier dans nos affections. »

Signalons encore cette naïveté enfantine de l'auteur qui envoie son poétique message dans les beaux jardins qu'animent les courses des enfants : il engage ces jeunes nourrissons des muses à considérer les fleurs bienfaisantes que la terre fait éclore d'une semence féconde, à examiner si elle se développent librement sur leur gracieuse tige, si les haies les protégent, si elles ne sont pas froissées sous les doigts rapaces d'un cruel ennemi.

Ses derniers vœux s'adressent aux enfants, il les prie de porter ses vers à son cher David..... (1).

Nous remarquerons avec Ozanam, qui cite une pièce d'Alcuin à peu près semblable, « que cette poésie a bien l'accent d'admiration passionnée et aussi d'aimable enjoue-
« ment qui convenait aux entretiens familiers d'hommes excellents, comme Alcuin (ou
« Angilbert), avec un grand homme comme Charlemagne. Toute la cour y paraît et

---

(1) Inter Opera Alcuini. Tom. II, pag. 784.
Cette pièce affectant les allures de l'Eglogue, attribuée par les uns à Alcuin et rejetée par d'autres entre les apocryphes, appartient à Angilbert.

On y reconnaît son genre, son nom littéraire.
L'église d'Aix-la-Chapelle fut bâtie en 795. Nous avons ainsi la date de ce poème.

CHAPITRE V.   139

« autour du prince tout un cortége d'illustres personnes vouées au culte des
« lettres (1). »

Au reste, l'amitié couvrira tous les défauts dont notre délicatesse serait blessée et même le pédantisme, pour peu qu'il mêlât ses travers au premier enthousiasme des plaisirs d'esprit ; car Homère ne voit pas de plus précieux trésor qu'un ami fidèle, le charme de la vie, comme le dit le Sage, le vrai consolateur dans l'affliction (2).

Continuons de recueillir les témoignages d'affection de Flaccus pour son Homère. Toujours et partout, il l'appelle son cher fils, et ses sentiments de prédilection sont exprimés dans les termes les plus touchants et les plus variés.

« Fils bien-aimé, ne cesse de servir Dieu dans la charité et la sainteté : que le souvenir des biens dont il t'a comblé dans ce monde soit toujours présent à ton souvenir. Les dons de sa miséricorde en faveur de pécheurs comme nous sont innombrables : c'est pourquoi tu dois l'aimer comme la vérité le commande et travailler avec l'espérance de le posséder dans l'éternelle béatitude. Que la grâce divine te garde, ô fils bien-aimé (3) ! »

Quand les occupations, l'éloignement, imposent un pénible silence à l'âme si aimante d'Alcuin, de douces plaintes, des défis poétiques soulagent sa douleur. On ne saurait penser que la froideur ait jamais diminué ces tendres épanchements. La pièce suivante témoignerait toutefois d'une parfaite réconciliation, si un moment d'humeur avait pu troubler pour quelques instants la paix de ces âmes si pures et si détachées du monde.

« Pourquoi donc Flaccus n'a-t-il plus de chant pour Homère ? Pourquoi le fils garde-t-il le silence envers son père ? Pourquoi donc est-elle muette cette voix qui naguère encore faisait entendre des chants si harmonieux ?

« Un traité de paix, fruit d'un saint amour, nous unit ; que Dieu, qui est notre paix, le ratifie et lui imprime le sceau d'une inaltérable fidélité ! Fuis loin d'ici, amer dissentiment, reviens, ô douce concorde, et fixe ta demeure auprès de nous. Tendre amitié, où te chercher ici-bas, lorsqu'un fils peut haïr son père ? Mais qu'il revienne bien vite celui qui peut étouffer toute pensée de haine et que le fils se réunisse à son père ? Alors Flaccus pourra offrir des vers à Homère qui chante si peu aujourd'hui. Que le Christ, du haut du ciel, unisse nos cœurs. Adieu, ô mon tendre Homère, ô mon fils (4). »

Ces vénérables serviteurs de Dieu se réunissaient quelquefois loin du tumulte et des agitations de la cour, sous les ombrages séculaires d'un lieu nommé Cormaric (5), pour prier et travailler ensemble : témoins ces gémissements d'un moine de ce prieuré qui pleure les ravages causés dans son cloître par une domination tyrannique, et la triste

---

(1) *La Civilisation chrétienne chez les Francs.* Tome II, page 643.
(2) Lettres d'Angilbert à Arnon. *Inter Opera Alcuini,* Tom. II, pag. 1317.
(3) *Patrologie. Opera Alcuini,* Tom. I, pag. 184.
(4) *Ibid.,* Tom. II, pag. 788.
(5) Au diocèse de Tours.

destinée des choses d'ici-bas. Avec quelle amertume de cœur il s'écrie : « Hélas ! Tu ne verras plus ni Flaccus, ni le divin Homère, et les enfants ne rediront plus leurs vers sous tes berceaux de verdure !... »

Le nom d'Homère, symbole d'érudition et de génie, attire sur lui les regards des principaux personnages de la cour. Théodulfe, évêque d'Orléans, aussi recommandable par l'intégrité de ses mœurs que par ses poésies, lui adresse son compliment dans une épître à Charlemagne et à l'Ecole du Palais. « Mon bon Homère, lui disait-il, si tu n'étais si loin de nous, ma muse te réjouirait par ses doux accents ; mais il faut y renoncer : aussi je me tais (1).

Dans une autre poésie badine qu'on croit adressée à Angilbert lui-même, Théodulfe raille les beaux esprits du temps et leurs ridicules prétentions : « Que peut-on attendre des cygnes, lorsque les corbeaux font entendre de tels chants ? Les vers pleuvent sur mon toit. La pie jaseuse imite par de criminels artifices la voix humaine, et dédaignant les oiseaux vient s'asseoir au sacré banquet. — Le perroquet apprend à redire les chants les plus variés et profane ta muse, ô divin Homère. Le plongeon, ce noir pêcheur de la Loire, habite les forêts de Briga (2).

L'énigme de ces allusions nous échappe, à la distance où nous sommes des habitudes Carlovingiennes. Ce parasite d'Angilbert, que Théodulfe poursuit de ses lazzis, qu'il traite de perroquet, de pie, de corbeau, serait-il, comme le pense le P. Sirmond, un moine de Berg, au diocèse de Trèves ? ou ne faudrait-il pas plutôt, selon la conjecture de D. Mabillon, reconnaître dans ce poème une satire contre l'Irlandais Clément, qui a joué un certain rôle à la cour de Charlemagne, et qui par son pédantisme, par son initiation aux douze latinités du Virgile asiatique, offrait un de ces types de rhéteurs Aquitains si spirituellement décrits par Ozanam. Alcuin lui-même se plaint amèrement de ces étrangers qui avaient porté le désordre dans l'enseignement, lorsqu'il dit : « J'avais laissé des latins à la cour, je ne sais qui l'a peuplée d'étrangers (3). »

Un manuscrit de l'église de Salzbourg, où se conservaient trois lettres d'Angilbert à Arnon ou Aquila, d'abord abbé d'Elnon de (Saint-Amand), puis évêque de cette église, nous indique quelle intime liaison existait entre l'abbé d'Elnon et l'abbé de Centule : des visites réciproques, comme on le voit dans ces lettres, resserraient les nœuds de cette amitié chrétienne.

On ne saurait préciser la date de ces lettres, mais quelques détails intéressent l'histoire et les reportent à la fin du huitième siècle. On voit que Charlemagne a permis à Angilbert de retourner dans son monastère, pour rétablir sa santé épuisée par de continuels labeurs, qu'Angilbert a visité le monastère de Saint-Amand où les religieux prient pour le succès de la mission du généreux apôtre des Avares. Angilbert est le

(1) D. Mabillon. *Ann. Ben.*, Tom. II, pag. 331.
(2) D. Mabillon. *Eloge historique d'Angilbert.* Acta Sanct. Tom. V.

(3) Ozanam. *De la Civilisation chrétienne chez les Francs* Tome II, page 606.

médiateur d'Arnon, auprès du roi, pour les intérêts de sa mission, à laquelle le jeune Pépin prête un concours généreux. Une entrevue est proposée à Centule ou à Elnon de Saint-Amand. Les projets de la visite de Charlemagne sur les côtes de l'Océan et probablement à Centule commencent à se dessiner (1).

On lit encore dans les lettres d'Alcuin à Arnon qu'il appelle son père par ses mérites, son frère par la charité et son fils par l'âge, que le roi mande à son cher Flaccus de venir au devant d'Angilbert, au monastère de Chelles. Ce doit être vers 797 : Arnon est alors à Saint-Amand ; il sera invité à se réunir à ses amis.

Nous ne pouvons épuiser ce vaste sujet de correspondances : seulement, nous affirmerons, sans crainte d'être démenti, que les épanchements de l'amitié débordent de toutes parts dans les écrits de l'Académie du Palais. Après l'amour de Dieu, ces âmes inaccessibles aux vulgaires passions, n'ont point de plus noble culte que celui de l'amitié et des lettres, et pour eux, comme ils le disent après le Sage, il n'y a rien de comparable à un ami fidèle. A en juger par les réflexions des philosophes, un tel ami se trouve rarement et se conserve difficilement ; cependant, à la cour de Charlemagne, il y a peu d'exemples de ces perfides inconstances.

Avant de nous séparer de l'Académie du Palais, il est nécessaire d'ajouter quelques mots sur les écrits d'Angilbert. Disciple et aussi collaborateur d'Alcuin, il lui dispute la palme de la poésie : « Quoiqu'on nous ait conservé peu de ses productions, dit l'au« teur de la France littéraire, il en reste assez pour juger qu'il n'avait pas moins de « talent que les plus habiles poètes de son temps (2). »

Dans une épitaphe qu'on croit généralement composée vingt-huit ans après sa mort, on dit qu'il était célèbre par ses écrits dogmatiques (3). Ce qui nous fait conclure qu'il a travaillé activement avec Alcuin à la défense de la vérité. Au reste, les fonctions déjà confiées à Angilbert, au moment où Alcuin arrive en France, supposent de fortes études, un esprit vaste et cultivé.

Les écrits d'Angilbert sont perdus ou dispersés ; on en a publié un certain nombre sous le pseudonyme d'écrivains qui les avaient reçus et conservés au milieu de leurs œuvres. On pourrait sans crainte lui attribuer un certain nombre de pièces de vers éditées dans les Appendices d'Alcuin.

On ne connaît des productions d'Angilbert que la description de l'église de Saint-Riquier et de son trésor, quelques poésies fugitives, comme l'épître à Pépin, à l'occasion de sa victoire sur les Huns, une prière à Saint-Riquier, des vers sur la dédicace de l'Eglise, quelques épitaphes, etc. (4).

Le savant éditeur des *Monuments germaniques* a cru retrouver son nom sur le poème dans lequel on célèbre l'entrevue du pape Saint Léon et de Charlemagne, en Germanie.

(1) *Inter Opera Alcuini*, Ibid. Tom. II, pag. 1317.
(2) *France littéraire*. Tome IV, page 416.
(3) Dogmatibus clarus. *Chron. Cent. Lib. III, Cap. V.* Edition in-folio.
(4) D. Mabillon. *Eloge historique d'Angilbert.* Ibid.

Il s'exprime ainsi : « Un fragment d'un poème épique est parvenu jusqu'à nous. Il sera pour la première fois attribué à son auteur. Comme Basnage l'observe avec raison, le poète qui a décrit l'entrevue de 797 entre des personnages si illustres est témoin oculaire. On ne peut point jeter les yeux sur Alcuin, alors malade à Tours, et s'excusant auprès du roi de ne pouvoir l'accompagner dans son voyage de Rome. Canisius a cru lire sur une inscription à demi effacée d'un vieux manuscrit la finale du mot HELPERTI, et prononce le nom d'ILPÉRIC ; mais c'est un moine du x° siècle. A qui donc cette inscription incomplète peut-elle mieux convenir qu'à celui que Charlemagne appelait son Homère et dont le nom s'écrit aussi : ANGHELPERTI. Ne sent-on pas le familier du palais aux louanges qu'il donne aux fils du roi et aux princesses ? (1) »

On pourrait donc dire avec quelque probabilité que David s'est choisi un Homère, pour être chanté, comme un autre Achille, dans un poème épique ; en effet, cette composition renferme plusieurs livres. Les deux premiers ont péri. La fin du second traitait de l'Orient, et l'ouvrage ne se termine certainement pas avec le troisième livre. Duchesne remarque aussi que c'est une partie d'un poème plus étendu.

<blockquote>
Rursus in ambiguo gravis admonet Anchora calles
Vela dare. (2).
</blockquote>

Rohrbacher, citant les traits principaux de ce récit, n'hésite pas à le mettre sous le nom d'Angilbert (3).

Ces conjectures si honorables pour le talent de l'abbé de Centule nous font regretter ce poème dans lequel il a semé toutes les fleurs d'une féconde imagination et peint si élégamment les mœurs et les usages de son siècle (4).

---

(1) H. Pertz. *Monumenta Germaniæ. Tom. II, pag.* 391.

(2) *Ibid.* 393

(3) *Histoire ecclésiastique. Livre LIV.*

(4) Un roman historique de Dufresne de Francheville, écrivain Doullannais, porte ce titre : *Histoire des premières expéditions de Charlemagne pendant sa jeunesse et avant son règne, composée pour l'instruction de Louis-le-Débonnaire, ouvrage d'Angilbert, surnommé Homère.* In-8°. Paris. 1741.

Le pseudonyme d'Angilbert couvre une grande pauvreté littéraire, où il n'est question d'Angilbert que dans le titre, et ou l'on chercherait vainement pour lui quelque titre à l'immortalité.

CHAPITRE VI

Angilbert à Centule. — Lettre d'Alcuin. — Travaux d'Angilbert. — La nouvelle Eglise. — La dédicace par douze évêques. — Souvenirs divers.

Le puissant monarque des Francs usait largement des services des hommes consacrés à Dieu : il leur assurait, dans des négociations importantes et des ambassades qui réclamaient une rare habileté diplomatique, une haute considération, une grande influence. Des ambitions vulgaires pourraient être flattées de ce rôle politique, de cette large participation aux affaires publiques, de ces relations quotidiennes avec les Souverains Pontifes et les princes de la famille royale. Si les clercs et les moines avaient cherché à dominer dans l'Etat, comme on le répète si souvent, ils n'auraient pas manqué de se rendre nécessaires à la cour de Charlemagne ; mais telles n'étaient point les pensées d'Alcuin et d'Angilbert. On lit dans leur âme en parcourant une lettre du saint docteur d'Yorck à son Homère, qu'il appelle un exilé, condamné à errer sur les flots : *Fluctivagus Homero* (1).

Au moment où Angilbert est député vers le Pape saint Léon pour lui porter les félicitations de Charlemagne, Alcuin s'exprime ainsi dans ses confidences à son intime ami : « Après votre départ, j'ai essayé plusieurs fois d'aborder au port et de m'y fixer ; mais Celui qui dirige et tient nos volontés ne m'a pas encore permis d'exécuter mes desseins. Je travaille dans la nuit sans rien prendre, parce que Jésus ne se présente pas encore sur le rivage, pour m'indiquer où je dois jeter le filet. Je vous prie, ô tendre ami, ô confident de mes pensées, ô gardien de mon âme, de demander à Dieu par l'intercession des saints Apôtres, le don de conseil pour assurer mon salut. Je le sens : nous sommes tous deux retenus malgré nous par une dure nécessité (2). Nous ne sommes pas libres de nous fixer dans les camps que nous avons volontairement choisis. Et quel autre pourrait rompre nos chaînes que Celui qui a brisé les barrières de l'Enfer, qui est la voie, la vérité et la vie ?..... Que pourrai-je vous dire de plus à vous qui connaissez parfaitement ce qui m'est nécessaire ? Que le Christ vous rende heureux, ô mon cher Homère ! qu'il vous conserve toujours ! Adieu. Adieu. »

On ne saurait le nier, les amis de Charlemagne, tout en le servant avec zèle, souffrent d'être retenus loin de leur bien-aimée solitude, loin du camp qu'ils ont volontairement choisi (3) : ils souffrent de cet esclavage des pompes mondaines : ils désirent

---

(1) *Patrologie. Alcuini Opera. Tom.* I, *pag.* 180.
(2) *Quos necessitatis catena constringit.*
(3) Si quelqu'un prétendait, après les objections présentées contre le mariage d'Angilbert, qu'il ne fut qu'un clerc de la cour impériale, un abbé commendataire, un Abbé-Comte, comme il en existait en ce temps, cette nouvelle opinion ne recevrait-elle pas une blessure mortelle de ce passage ?

briser leurs liens ; mais les intérêts de l'Etat, cette dure nécessité, oblige le maître de leurs destinées à les garder dans les fonctions qu'il leur a confiées, et ils se résignent. Il est à croire cependant que la grâce sollicitée avec tant d'instance fut enfin accordée. Comme on peut s'en convaincre par d'autres lettres d'Alcuin, celui-ci obtient de résider à Saint-Martin de Tours, au milieu des moines dont il est devenu le Père, et son Homère rentre à Centule, au moins pendant quelque temps, pour réparer ses forces épuisées par de longs travaux. On présume que, de 796 à 799, Angilbert vécut dans sa solitude, occupé des exercices de la vie religieuse et des intérêts temporels de son monastère.

Les immenses trésors conquis par Charlemagne sur les Huns avaient été distribués entre les évêques, les abbés et les comtes. Qui plus qu'Angilbert eut droit à ces faveurs? Son lot fut probablement mesuré sur ses services. Il se hâta d'en faire profiter l'église de Saint-Riquier. C'est en effet une coïncidence remarquable que ces offrandes royales et la restauration du monastère de Centule avec une magnificence digne d'un ami de Charlemagne et de ce puissant monarque lui-même. L'antique et humble monastère de Saint-Riquier changea de face. Sur le sol paternel du saint fondateur, à la place de pauvres cellules, s'élevèrent de grands et majestueux édifices, comme on les bâtissait au temps de Charlemagne.

L'église déjà pleine de souvenirs du bienheureux Apôtre du Ponthieu disparaît un instant ; mais elle renaît bientôt plus splendide et plus digne de la divine Majesté. Autour de cette grande basilique, aux angles de vastes cloîtres, Angilbert élève deux autres églises, puis trois oratoires aux trois portes du monastères.

A cette même époque Charles bâtissait la célèbre CHAPELLE D'AIX et des palais dont les richesses donnèrent lieu à mille récits romanesques. Ajoutons qu'Angilbert avait habité l'Italie pendant longtemps, qu'il avait souvent prié dans les antiques sanctuaires de Rome, dont le monde catholique admirait les richesses, qu'il avait été témoin des immenses travaux des Souverains Pontifes et particulièrement de ceux du pape Adrien (1). Le mont Cassin lui avait révélé le type de ces grandioses demeures, que les enfants de saint Benoît construisaient pour l'éternité et pour des populations entières de cénobites.

Saint Adhelard de Corbie renouvelait aussi à cette époque son monastère, élevait trois églises et préparait des lieux réguliers pour trois cents moines. Plus hardi encore dans ses conceptions, saint Benoît d'Aniane songeait à réunir mille moines dans une même enceinte et édifiait également aussi trois églises et plusieurs oratoires. Théodulfe d'Orléans copiait à Germigny l'église d'Aix-la-Chapelle. Saint Angilbert voyait toutes ces merveilles qu'inspirait le zèle de la gloire de Dieu : il appliqua sur le sol de Centule

(1) Les travaux des saints Papes Adrien et Léon sont incalculables. On pourrait croire qu'ils ont épuisé leurs trésors pour la construction ou les réparations des églises de Rome. D'après Siroux d'Agincourt, le pape saint Léon aurait dépensé 1,095 *livres d'or* et 24,841 *livres d'argent* dans les diverses églises de Rome.

l'empreinte de ces travaux gigantesques. Il nous a laissé lui-même une description de son œuvre. Rien de plus curieux que ce monument du ix° siècle.

« J'ai examiné, dit-il, avec grand soin et beaucoup d'application d'esprit, comment je pourrais, avec le secours du Très-Haut et l'assistance de mes frères, des fidèles de la sainte Église, de tous les hommes de bien, réédifier ce saint lieu que le Seigneur tout-puissant et le très-sérénissime Empereur m'ont donné à gouverner, malgré mon indignité. J'ai voulu que les moines et autres serviteurs qui y habitent, que ceux qui viendront après nous, dans la suite des temps, s'enrôler sous les étendards de Jésus-Christ, fussent délivrés de toute préoccupation terrestre et qu'ils n'eussent d'autre souci que d'implorer la protection de Dieu pour mon très-gracieux Empereur et pour moi. J'ai voulu aussi que cette œuvre, entreprise pour la gloire de Dieu, devînt leur consolation dans la durée des âges et qu'une éternelle récompense me fût assurée par le mérite de leurs prières. Ces constructions ont été élevées selon les règles de l'art, non point avec la perfection que j'aurais désirée, mais selon la mesure de mes forces et de mes faibles efforts (1). »

« Quand saint Angilbert, dit Hariulfe, eut conçu le projet de rétablir le monastère de Centule avec plus de magnificence, les secours du roi Charles ne lui manquèrent pas. Ses trésors lui furent ouverts et il lui permit d'y puiser à pleines mains. Le roi lui-même fit venir les ouvriers les plus habiles pour travailler le bois, la pierre, le verre et le marbre ; de pesantes voitures circulaient sans cesse sur le chemin de Centule à Rome, pour rapporter des marbres de toutes couleurs et de belles colonnes. Non content de cet éclat extérieur, il envoya dans les villes et les royaumes étrangers des ambassadeurs chargés de lui rapporter les reliques des saints qu'on vénérait en différents lieux (2). »

Étudions maintenant avec saint Angilbert ses conceptions et comment il les réalisa. « Nous remarquerons que le peuple fidèle doit croire fermement, confesser, adorer la sainte et indivisible Trinité. Pour faire un acte de foi sur ce mystère, nous avons édifié trois églises principales avec leurs dépendances, à savoir : la première et la principale en l'honneur de notre adorable Sauveur et de saint Riquier : la seconde en l'honneur de la sainte Mère de Dieu, toujours Vierge : la troisième dans le cloître des moines, en l'honneur de saint Benoît et des autres saints abbés réguliers (3). »

Nous avons dans ces paroles une explication du symbolisme des églises monastiques de cette époque et des âges suivants : il contient avant tout la confession du mystère de la sainte Trinité. Le nombre ternaire se lit partout, dans les églises, dans les oratoires,

---

(1) *Chron. Cent. Lib.* ii, *cap.* viii.
(2) *Ibid. Cap.* vii.
(3) *Ibid.* — Remarquons, en passant, qu'il existait au Mont Cassin, en 796, trois églises dédiées l'une au Sauveur, l'autre à Notre-Dame et la troisième à Saint-Benoît. Les plans de Centule paraissent copiés sur ceux du monastère modèle. Les décorations intérieures ont la plus parfaite ressemblance. *Annales Bened.* Tom. ii, pag. 297.

dans le cloître et les bâtiments extérieurs. Pour le moine de Centule initié à la foi de son fondateur, la forme triangulaire du monastère n'est plus une figure abstraite de géométrie, c'est comme une représentation matérielle de la sainte et indivisible Trinité (1). Après ce grand acte de foi, exprimé par le plan de l'enceinte sacrée, le mystère de la rédemption nous est présenté dans l'Eglise de Saint Sauveur. Puis la dévotion du pieux architecte envers la mère de Dieu n'est satisfaite qu'autant qu'il lui consacre une église particulière. « Comme la première église de Centule était dédiée à Marie, saint Angilbert, dit la chronique, craignant qu'on ne l'accusât de lui avoir ravi sa gloire, s'empresse de lui faire hommage d'un nouveau sanctuaire (2).

Le culte et l'imitation des saints avaient jeté dans le cœur des anciens religieux des racines aussi profondes que dans le nôtre : pouvaient-ils oublier saint Benoît, le patriarche de la vie cénobitique en Occident, le père de toutes les familles religieuses dispersées sur la surface du globe, mais unies dans un même sentiment de foi et d'amour par la pratique de ses conseils et l'imitation de ses vertus :

O Benedicte, vale, monachorum maxime Pastor,
Quos generas Verbo, hos rege jam precibus (3).

Les saints Anges ont aussi leur oratoire à chacune des portes du monastère dont ils sont ainsi établis les gardiens et les tutélaires: on les salue en arrivant dans cet asile de paix : on se met sous leur protection en le quittant. Saint Michel veille sur la porte de l'Occident, saint Gabriel sur celle du Midi et saint Raphaël sur celle du Nord (4).

Des oratoires intérieurs dont il n'est pas question ici, parce qu'ils ne sont pas consacrés, existent certainement à Centule, comme dans les autres monastères. Leur solitude plus profonde que celle des églises visitées par les pèlerins aide au recueillement religieux, aux communications avec le ciel. Dans cet asile impénétrable, le moine reste seul avec son Dieu, sans qu'aucun étranger puisse jamais troubler son humble prière.

Mabillon, dans les Actes des Saints de l'Ordre de saint Benoît, a représenté une vue du monastère de saint Angilbert avec ses trois églises et ses cloîtres ou galeries. C'est pour rendre hommage à la piété de l'illustre ami de Charlemagne envers saint Riquier que l'abbé d'Aligre fit reproduire une gravure conservée, dit-on, depuis cinq cents ans dans un parchemin de l'abbaye, c'est-à-dire depuis la destruction de l'église dans l'incendie de 1131 (5).

(1) S. Benoît d'Aniane, dans son église dédiée à la sainte Trinité, avait élevé, par une disposition nouvelle, un autel composé de trois tables sur une base unique. *Act. Sanct. Ben. Tom.* v, page 200.
(2) *Chron. Cent. Cap.* vii.
(3) Alcuin. *Hymne à saint Benoît.*
(4) M. l'abbé Corblet place les oratoires des saints Anges au haut des tours qui couronnent les portes d'entrée. Nous ignorons où il a lu ce détail. *Hagiographie. Tom.* i. S. Angilbert.
(5) *Acta Sanct., Tom.* v. *In vitâ S. Angilberti.* — M. Albert Lenoir a donné cette vue du monastère dans l'*Architecture monumentale.— Documents inédits de l'Histoire de France.*
P. Petau l'avait fait graver le premier dans le *Syntagma Nithardi.*

On voit par cette effigie que la rivière du Scardon coule au milieu du cloître, ainsi que le marque le texte d'Hariulfe (1). *Aqua torrentis Scarduonis ipsum claustrum præterfluit, quæ et ibi farinarium in vertiginem mittit.*

Jean de la Chapelle est d'accord ici avec la chronique du xi° siècle. La tradition et l'inspection des lieux exigent, en effet, que l'église de Notre-Dame soit au-delà du Scardon, au milieu du cimetière actuel, surtout lorsqu'on remarque que la chapelle de saint Benoît est sur la rive de la rivière. *Quem super ripam Scarduonis fluvioli collocavit.*

L'archéologue Gilbert décrit ainsi les basiliques de la gravure : « L'église principale, « sous l'invocation de Saint-Sauveur et de Saint-Riquier, présentait un parallélogramme « rectangle dont le chevet était dirigé vers l'Orient. Cet édifice était coupé dans sa lon- « gueur par deux grosses tours rondes ou rotondes, terminées par une toiture de forme « conique, surmontée de deux campaniles à trois étages, superposés et en retraite (2). « La nef, plus élevée que le chœur, était percée ainsi que lui d'une suite de fenêtres « rondes à plein cintre, d'une très grande simplicité, et l'un et l'autre accompagnés « d'un bas-côté éclairé par des fenêtres à plein cintre (3).

« Chaque tour était flanquée d'une tourelle cylindrique servant de cage d'escalier ; ces « tours avaient quelque ressemblance avec les colombiers des fermes. La toiture de l'é- « glise, totalement couverte en plomb, annonçait un certain luxe pour cette époque. « Cette église fut enrichie de tout ce que les arts pouvaient produire de mieux dans « tous les genres. » (4).

L'église de Notre-Dame ressemble beaucoup à celle de Saint-Sauveur, mais elle est bâtie dans de moindres proportions : elle a aussi sa tour. La coupole de son campanile se compose également de trois étages superposés en retraite : elle devint dans les siècles suivants église paroissiale et elle n'a été détruite qu'après la révolution de 1789. La poussière du monument se mêle maintenant avec celle des hommes, qui avaient cru bâtir pour l'éternité et faire admirer leur art dans la suite des siècles !

L'église Saint-Benoît, sur la rive du Scardon, se présente sous l'aspect plus modeste d'un oratoire monastique. Elle a cependant longtemps occupé sa place primitive. Après la ruine du monastère par les Normands, elle a servi d'église paroissiale pour un quartier de la ville qui a pris son nom. On ne sait pas positivement à quelle époque elle a été démolie ; c'est après les désastres du quinzième siècle : une tour de la ville et une fon-

---

(1) *Ibid. Cap.* vii.

(2) Ces tours rondes surmontées de campaniles sont un des caractères de l'architecture monastique du nord de la France, dès le ix° siècle. — M. l'abbé Corblet. *Hagiographie,* au mot *Angilbert.*

(3) Les fenêtres primitives étaient étroites pour rendre l'église plus obscure. Nos pères, dit D. Mabillon, étaient persuadés qu'une trop grande lumière dissipe les pensées, tandis qu'on se recueille dans un demi-jour. Aussi lorsque dans les siècles suivants on élargit les fenêtres, des verres de couleur tempéraient l'éclat du jour.

(4) *Description historique de l'Église de Saint-Riquier,* page 14.

taine aux environs ont porté depuis le nom de saint Benoît. La place de l'église a été comprise dans les renclôtures du monastère, sous l'abbé d'Aligre (1).

Revenons à la description de la grande église. La tour occidentale avec son *chancel* (2) et sa *coupole* (3) était dédiée à Notre-Seigneur Jésus-Christ, Sauveur de nos âmes. La tour orientale, séparée de l'autre par un vestibule, s'appelait la tour de Saint Riquier, parcequ'elle était placée sous son patronage et que le corps du saint fondateur reposait tout près, la tête tournée vers l'autel de saint Pierre et les pieds vers le grand autel, qui n'était presque point séparé du tombeau ou de la mémoire et qui pour cette raison s'élevait au-dessus du sol (4).

On raconte, — toutefois saint Angilbert n'en fait pas mention dans sa description, — qu'au moment où l'on dressait les colonnes de marbre des coupoles, une d'elles glissant entre les mains des ouvriers, tomba sur le sol et fut brisée en deux pièces et que le lendemain on la trouva debout sur sa base sans aucune fracture. L'Ange du Seigneur avait touché la cassure de son doigt et en un clin d'œil la colonne avait été rétablie en son premier état. Quand on examine attentivement, disait la chronique du xie siècle, l'endroit où fut opérée cette merveille, on croit surprendre quelque vestige de division, bien que l'on puisse dire qu'elle adhère aussi fortement en cet endroit que partout ailleurs (5).

Saint Angilbert fit écrire dans l'intérieur de la tour de Saint Sauveur des vers qu'on aimera à relire ici.

> (6) O souverain Seigneur, dont le puissant empire
> S'exerce sur le monde et tout ce qui respire,
> Jette, du haut des cieux, sur nous ton doux regard,
> Qui nous sauve de piège et périlleux hasard.

---

(1) Louandre, dans l'Histoire d'Abbeville (*Tome* I, page 52), dit que chaque église était desservie par cent moines. C'est une erreur · il a mal compris la description d'Hariulfe.

(2) On appelle chancels, *cancelli*, les barrières ou les galeries qui environnent les tours, les autels, les mémoires des saints. Quand ils forment un mur s'élevant jusqu'à la poitrine, ils portent le nom de *pectoralia*. Nos tables fixes de communion sont aussi des chancels.

(3) On lit dans Hariulfe, *Butico*. Du Cange observe que ce mot n'est employé que dans notre chronique. il signifie *bouteille*, à cause, sans doute, de quelque ressemblance entre la coupole et la bouteille.

(4) *Chron. Cent. Ibid. Cap.* VII.
Cet autel, dit M. l'abbé Corblet, s'appelait le *trône de Saint-Riquier*. *Hagiog. Ibid*

(5) *Chron. Cent. Ibid.*
Dans le dictionnaire d'*Iconographie* (*des Encyclopédies* de l'abbé Migne), on cite une gravure sur Saint Angilbert. On le représente en face d'une église prête à s'écrouler et des Anges qui en soutiennent les colonnes. L'artiste s'est évidemment inspiré de cette légende. — Figure du *Calendarium Benedictinum* de Rambeck. Tome 1, planche du 18 février.

(6) Omnipotens Dominus, qui celsa vel ima gubernas,
Majestate potens, semper ubique Deus,
Respice de solio, sanctorum gloria, summo :
Auxiliumque tuis, Rex bone, da famulis ;
Principibus pacem, subjectis abde salutem ;
Hostis pelle minas et fera bella preme.
Hæc quoque quæ statui fulgentia culmina templi,

Donne aux sujets repos, aux princes la concorde ;
Détruit les factions et l'esprit de discorde.
Ce temple qu'Angilbert fut heureux de bâtir
Daigne le protéger, c'est mon ardent désir.
Accorde à l'Empereur pour prix de ses bienfaits
Bonheur en cette vie et l'éternelle paix,
Exauce tous les vœux et les saintes prières
Qu'y fera tout fidèle au fort de ses misères [1].

L'église de Saint-Riquier, s'il faut en croire Hariulfe, fut le plus beau et le plus magnifique des temples qui aient été édifiés jusqu'à cette époque (2).

Quand on ne ferait aucune réserve sur cet éloge qui se ressent beaucoup de l'amour du clocher, est-ce à dire qu'elle mériterait d'être comparée à nos monuments modernes, à l'Eglise même actuelle ? Les archéologues ne le pensent pas. Le style carlovingien le cède évidemment aux conceptions des siècles suivants, et, malgré l'impulsion donnée par Charlemagne à l'art, en examinant les restes les plus remarquables de ces temps, on est forcé d'admettre que l'architecture ne s'est point régénérée si promptement et n'a pu créer ces belles et immenses églises dont la majesté saisit l'âme d'un saint respect et la ravit en Dieu.

Toutefois le style carlovingien ne le cède guère aux autres pour la richesse et la profusion des ornements et des décorations intérieures. Les dépouilles opimes arrachées aux Huns ont sans doute permis d'entretenir des légions d'artistes cosmopolites, dirigés selon les besoins, sur les lieux où de nouveaux travaux appelaient leur présence. Mais n'oublions pas, puisque nous touchons ici, en passant, les moyens de réaliser ces immenses constructions, que les religieux payèrent de leur personne, en accomplissant avec docilité les labeurs du manœuvre, quand ils ne savaient pas manier le ciseau de l'artiste. On raconte que saint Benoît d'Aniane portait lui-même les fardeaux dont nous chargeons aujourd'hui les bêtes de somme et qu'il partageait les travaux des ouvriers, pour les soulager. Bien des moines pouvaient rivaliser de talent et d'expérience avec les maîtres les plus habiles et dressaient des plans dont ne rougiraient point nos architectes.

Angilbertus ego, sint tibi grata Deo.
Augusto et Carolo cujus virtute peregi,
Concede imperii gaudia magna tui.
Quisquis et hic summas precibus pulsaverit aures,
Effectum tribuas semper habere, Deus.
Chron. Cent. Ibid

(1) Imité de la Monarchie sainte. Tome 2. Saint-Angilbert.

Quatre de ces vers se retrouvent dans l'église de Saint-Aligre, à Clermont-en-Auvergne. C'est l'abbé Bernon qui implore la bénédiction du ciel sur son œuvre. Ann. Bened. Tome II, page 372.

(2) Chron. Cent. Lib. II, Cap. VII.

L'époque que nous parcourons abonde en exemples de monastères édifiés par les mains des religieux, par exemple, celui de Saint-Gall, l'un des plus remarquables du temps. Le moine Winhard en fut le seul architecte et ses frères portaient sous ses ordres les pierres, le sable et la chaux. C'était, ajoute une chronique, un spectacle vraiment admirable que de voir ces moines éminents en vertu, s'occuper avec humilité de ces labeurs grossiers et de rencontrer tant d'hommes de talents divers réunis ensemble et capables d'exécuter une si grande variété de travaux (1).

Nous ignorons la part que les moines de Centule ont pris à la construction de leur monastère et de leur église ; mais quand on voit, comme nous le dirons plus loin, tous les corps d'état réunis dans l'enceinte de la clôture, il n'est pas possible de mettre en doute leur concours à cette œuvre capitale d'une génération.

Les chroniques de Saint-Riquier ont noté d'une manière toute spéciale la grande mosaïque du pavé du chœur. Elle était formée de petits morceaux de marbre de diverses couleurs, dont la réunion offrait un travail incomparable. Hariulfe a vu cette précieuse mosaïque et n'hésitait pas à déclarer qu'elle faisait l'admiration de tous les spectateurs (2). Quatre siècles après, Jean de la Chapelle, dans la description qu'il en fait, nous apprend qu'elle était de porphyre rouge et vert, et si belle qu'il n'en existait point de pareille dans tout l'univers (3).

Ce qui donne plus d'intérêt à son assertion, c'est qu'il déclare que ce pavé existait encore de son temps dans le chœur de l'église. Ce témoignage prouve, une fois de plus, que malgré toutes les vicissitudes des plus mauvais temps l'église de Saint-Riquier est restée à la même place, sur les mêmes substructions, et que les travaux les plus considérables ne furent que des restaurations dans le style du temps.

Devant le grand autel, saint Angilbert avait écrit dans sa mosaïque l'hommage qu'il faisait au Seigneur.

Moi Angilbert, pressé d'un amour religieux
J'ai placé ce pavé si riche et si précieux,
Afin qu'après ma mort, Jésus, sauveur et vie,
Daigne me recevoir dans la douce patrie (4).

Serait-il déplacé de demander ici qui a pu jeter hors du chœur cette mosaïque si re-

---

(1) *Ann. Ben. Tom.* II, *pag.* 332.
(2) *Chron. Cent. Ibid. Cap.* VII.
(3) *Chron. Abbrev. Cap.* VIII. — Ita pretiosum quod in toto orbe terrarum non est visum simile.

(4) *Hoc pavimentum humilis abbas componere feci,*
Angilbertus ego, ductus amore Dei.

Ut mihi post obitum sanctam donare quietem
Dignetur Christus, vita salusque mea.

Dans la chronique de Jean de la Chapelle le premier vers offre cette variante.
Septimus hoc pavimentum Abbas componere feci.
· Ce texte est certainement fautif· on y voit l'intention de faire prévaloir une idée.

marquable, conservée pendant plus de sept siècles et respectée par Eustache le Quieux lui-même ? Est-il possible de ne pas accuser les architectes du dix-septième siècle, ces intrépides pourfendeurs des monuments gothiques, dont le prosaïque damier de marbre noir et blanc a remplacé la mosaïque séculaire (1) ?

Toutefois, en déplorant les erreurs d'une époque, renommée pour ses pâles imitations du paganisme grec et romain et la ruine du symbolisme chrétien des âges de foi, excusons le bon vouloir d'un grand bienfaiteur de l'église de Saint Riquier, réduit à la triste nécessité de renouveler un pavé trop défiguré, sans doute, par suite des désastres qu'avait éprouvés le majestueux édifice. Remercions-le de ses nouvelles créations et de son zèle pour la maison de Dieu.

Pour graver plus profondément dans la mémoire des fidèles les souvenirs des grands mystères de la religion, saint Angilbert fit représenter en ronde bosse la Passion au milieu de l'église, au midi l'Ascension, au nord la Résurrection et sous les portiques, la Nativité du Sauveur. Les figures étaient moulées en plâtre et ornées de dorure, de mosaïques et de peintures de diverses couleurs. C'est la seule indication qui nous reste des nombreux travaux de peinture et de sculpture (2).

Avant d'arriver à la dédicace de l'église de Centule, citée partout comme une des plus mémorables cérémonies de cette époque, nous devons parler des autels : on ne comprendrait point les rites de la liturgie chrétienne sans cette explication. L'autel, disent les saints Pères, c'est la table céleste et mystique, le trône de Dieu, l'Arche d'alliance de la nouvelle loi, le propitiatoire, le tabernacle de la gloire du Christ. L'autel représente Jésus-Christ lui-même, puisque c'est là que s'offre l'adorable sacrifice de son corps. Sur l'autel reposent les reliques des saints, gages précieux de notre foi, consolation et force du voyageur. De là le zèle des grands évêques et des grands abbés à orner les sanctuaires et les autels : de là cette sainte prodigalité d'or, d'argent, de pierres précieuses.

Au temps de saint Angilbert les autels étaient déjà multipliés dans les églises. C'est pourquoi il en établit onze dans la basilique de Saint Sauveur, treize dans l'église de Notre-Dame, trois dans l'église de Saint Benoît et un dans chaque oratoire dédié aux Saints Archanges : en tout trente autels sur lesquels on devait, chaque jour, immoler la victime de propitiation : car le saint abbé avait réglé que les religieux des divers chœurs célébreraient au moins trente messes par jour, sans compter les deux messes

---

(1) On dit qu'en 1783, en creusant dans les cours qui environnent l'église, on découvrit, vers le septentrion, de nombreux débris de cette mosaïque, se composant de beaucoup de petites pierres de porphyre rouge et vert, taillées de différentes manières. Plusieurs fragments furent conservés par les Bénédictins. Le reste fut laissé à la merci des habitants. M. Baillon d'Abbeville, célèbre naturaliste, en a recueilli de magnifiques échantillons. — *Description de l'église de Saint-Riquier, page* 16.

Aujourd'hui encore on met à nu, par intervalle, des fragments qui échappèrent aux premières investigations.

Dans la nouvelle Chapelle du petit séminaire, on a formé avec ces porphyres quatre médaillons au milieu du pavé.

(2) *Description de l'Eglise de Saint-Riquier, page* 15.

conventuelles et solennelles, où l'on priait spécialement pour le saint pape Adrien, pour l'Empereur Charles, son glorieux maître, pour son épouse et sa famille (1).

Trois de ces autels attiraient surtout les regards par leur magnificence : ils étaient placés sous les coupoles de Saint-Sauveur, de Saint-Riquier et de Notre-Dame. Un brillant *Ciborium* couvrait chacun de ces autels.

Le *ciborium* chrétien, succédant aux courtines qui enveloppaient l'arche d'alliance, nous apparaît comme un pavillon étendu sur la tente du Roi des Rois. Porté sur quatre ou huit colonnes, il protège l'autel et soutient les rideaux et les draperies qui se déploient pendant l'adorable sacrifice et isolent le prêtre dans une mystérieuse obscurité. La croix s'élève au-dessus, radieuse comme un signe d'espérance. On suspendait quelquefois, au milieu du *ciborium*, une colombe d'or et d'argent pour la réserve eucharistique. Dans l'ancienne liturgie, le *ciborium* était rigoureusement prescrit, dût-on dans les églises les plus pauvres n'étendre au-dessus de l'autel qu'une simple draperie de lin blanc, pour le préserver dans sa partie supérieure contre les immondices et la poussière.

La piété de saint Angilbert n'avait rien épargné pour préparer à son Sauveur un trône digne de sa souveraine Majesté. Les trois *ciborium* étaient en marbre paré d'or et d'argent : car lorsque les *ciborium* n'étaient pas d'or massif, comme ceux que le Pape Adrien et le Pape Léon III avaient donnés à plusieurs églises de Rome (2), les incrustations d'or et d'argent cachaient si parfaitement le marbre, qu'on n'apercevait plus que la matière précieuse par laquelle le cœur humain se laisse si facilement fasciner.

Voici comment saint Angilbert avait orné les trois *ciborium*, d'après la chronique. Au centre de chacun il avait suspendu une large couronne d'or, garnie de pierres précieuses, de petites croix d'or et d'autres symboles d'une grande richesse. Six grandes colonnes de cuivre parées d'or et d'argent, c'est-à-dire incrustées d'or et d'argent, étaient placées devant l'autel et soutenaient une poutre plaquée de lames d'or et d'argent. Trois petites poutres de cuivre également plaquées portaient dix-sept arcs autour de l'autel ou du chœur, travaillés avec le même soin : ils étaient ornés de bas-reliefs représentant des animaux, des oiseaux et des personnages. Douze reliquaires étaient posés sur la poutre principale.

Ces poutres ou *trefs* sont mentionnées dans beaucoup de description d'églises ; elles portent des chandeliers, des lampes, des bas-reliefs, des statues de saints personnages. Anastase le bibliothécaire parle souvent d'arcs d'or et d'argent servant de décoration aux autels.

Dans ce siècle, comme aujourd'hui, tantôt l'autel reposait sur un pied ou stipe de colonne, symbole de miséricorde, qu'un criminel n'embrassait jamais en vain, puisqu'il

---

(1) *Chron. Cent. Lib.* II. *Cap.* XI.

(2) Le *Ciborium* de Saint-Pierre en vermeil, donné par le pape Adrien, pesait 7,704 livres.

L'autel était paré de lames d'or du poids de 597 livres. — Bourassé, *Archéologie Chrétienne.* Tome I, page 419.

CHAPITRE VI.

pouvait, en se réfugiant dans cet asile inviolable, se dérober aux coups de la justice humaine : tantôt il représentait le tombeau du Christ et alors ses quatre faces offraient un large champ aux guillochis, aux incrustations, aux bas-reliefs. Que si on renonçait à ce luxe de décorations, il restait la ressource de les revêtir, aux jours solennels, de tapisseries et d'étoffes précieuses d'or, de soie et de perles, ornées de fleurs, historiées de personnages.

Quand S. Angilbert eut préparé et décoré ses églises et son monastère, il s'occupa de la cérémonie de la dédicace qu'il célébra avec une pompe extraordinaire. Douze évêques se rendirent à l'invitation du pieux abbé. Leurs noms ont été inscrits dans le récit d'Angilbert pour perpétuer la mémoire de ce grand événement (1).

Les onze autels de l'église de Saint Sauveur furent consacrés sous l'invocation des saints qu'on voulait spécialement honorer et leurs reliques y furent déposées avec celles d'autres serviteurs de Dieu (2).

---

(1) Les recherches modernes sur la succession des évêques de France, nous ont permis de retrouver le siége du plus grand nombre de ces vénérables personnages. Voici leurs noms :
1. Maginard, Archevêque de Rouen, qui présidait la cérémonie et faisait la consécration.
2. Georges, Evêque d'Amiens, prédécesseur de Jessé (ailleurs Grégoire)
3. Absalon (siége inconnu), probablement province de Rouen ou de Lyon.
4. Gerfride ou Geffroy, Evêque de Laon, d'après D. Mabillon.
5. Pléon, Evêque de Noyon et de Tournay.
6. Hildeguard, Evêque d'Arras et de Cambrai.
7. Thédoin, Evêque de Thérouanne.
8. Adelmand, Evêque de Beauvais (ailleurs Hildeman).
9. Benoît, probablement Evêque d'Angers.
10. Kellan (siége inconnu, de la province de Rouen ou de Lyon).
11 et 12. Jean et Passivi, très-nobles Prélats, décorés du titre de légats de la Sainte Eglise Romaine.

La présence de ces prélats nous montre que le Pape saint Léon III voulut donner à son ami dévoué un grand témoignage de paternelle bienveillance. — *Chron. Cent. Lib.* II. *Cap.* VIII.

(2) Voici pour quelques lecteurs, qu'intéresseraient les antiques usages de l'Eglise, les noms des titulaires des autels avec celui des saints qu'on leur associe : car chacun de ces amis de Dieu avait son cortége d'honneur et le choix n'était pas livré au hasard. On rapprochait dans les hommages et la vénération ceux qui avaient été unis sur la terre, qui s'étaient sanctifiés dans les mêmes fonctions ou avaient participé aux mêmes combats pour la foi. On peut même s'orienter dans la basilique et assigner la place à chaque autel.

Au Centre, sous la Tour Occidentale, on plaça l'autel du Sauveur, qu'on enrichit de reliques de Notre-Seigneur, conservées par la piété de ses disciples, et des reliques des Saints Innocents, ces glorieux martyrs qu'un père nous montre jouant au ciel avec des palmes et des couronnes, parce qu'ils ont eu le bonheur de verser leur sang pour l'enfant rédempteur du monde.

Au Centre encore, mais sous la Tour Orientale, on déposa dans l'autel de saint Riquier quelques-unes de ses reliques et celles de la Mère de Dieu.

Les neufs autres autels furent dédiés à S. Pierre, à S. Jean-Baptiste, à S. Etienne, à S. Quentin, à la Ste-Croix, à S. Denis, à S. Maurice, à S. Laurent, à S. Martin.

L'Apôtre des Gentils et S. Clément accompagnaient S. Pierre, leur chef et leur maître.

S. Zacharie reposait auprès du divin Précurseur à qui sa mission donna des prérogatives que son Père n'a point partagées.

Le premier des martyrs reçut dans le sein de Jésus triomphant voyait auprès de lui le vieillard Siméon, qui porta dans ses bras Jésus enfant et humilié pour les péchés du monde.

S. Crépin et S. Crépinien avaient leur trône auprès de S. Quentin ; comme S. Eleuthère et S. Rustique auprès de S. Denis ; S. Candide et S. Exupère auprès de S. Maurice ; S. Sébastien et

D'après le tableau des solennités, l'anniversaire de la dédicace se célébrait aux calendes de janvier. C'est le jour indiqué aussi par S. Angilbert lui-même dans sa description, et tous les auteurs s'accordent à indiquer le 1ᵉʳ janvier (798 ancien style) 799, selon notre manière actuelle de compter, depuis que l'on a fixé le commencement de l'année au 1ᵉʳ janvier.

L'église de Saint-Benoît fut consacrée le même jour (1).

La dédicace de l'église Notre-Dame eut lieu à une autre époque, le jour de la Nativité de la sainte Vierge (2). Quatre Evêques, Georges, Absalon, Pléon et Geoffroy assistaient à cette solennité (3).

S. Valérien auprès de S. Laurent.

S. Remi, S. Wast, S. Médard, S. Valery. S. Servatius, S. Germain et S. Eloi formaient comme un concile de Pontifes et d'Abbés, dont le président était S. Martin, le plus illustre des évêques des Gaules et la gloire de l'état monastique.

L'autel de la Sainte Croix n'avait pas de reliques de saints. Le bois sur lequel Notre-Seigneur avait donné sa vie, brillait seul au milieu d'une châsse d'or. — *Chron. Cent. Ibid. Cap.* VIII.

(1) Le premier et principal autel de l'église fut dédié au saint patriarche des cénobites de l'Occident. Les reliques sacrées des deux chefs des tribus monastiques, S. Antoine et S. Colomban, formaient sa couronne.

S. Jérôme, le célèbre solitaire de Bethléem, était le patron du second autel. S. Ephrem et S. Equitius rappelaient avec lui aux moines qu'il faut pleurer ici-bas et se préparer dans la pénitence aux redoutables jugements de Dieu.

A l'autel de S. Grégoire on vénérait ses reliques et celles de S. Eusèbe et de S. Isidore.

C'est bien là le sanctuaire de la vie monastique, ainsi que l'appelait saint Angilbert. Tout y respirait l'abnégation, le renoncement au monde et les suavités de la vie du cloitre.— *Chron. Cent. Ibid.*

(2) Le P. Lecointe n'admet pas que la fête de la Nativité fut célébrée à cette époque. Il faut bien pourtant se rendre à l'évidence. Elle existait dans l'ordre romain et dans plusieurs calendriers ; une homélie d'Alcuin achève de détruire toutes ses objections. — Voir ses *Annales*, en l'an 799.

Le grand autel de Notre-Dame renfermait de ses reliques. Reine des Vierges, on lui avait formé une cour et un cortège composé de neuf vierges ; et quels noms dans les fastes des martyres et des épouses de Jesus-Christ : Félicité, Perpétue, Agathe, Agnès, Lucie, Cécile, Anastasie, Gertrude et Pétronille ! Une seule n'appartient pas à la primitive Eglise, mais elle brille parmi les plus illustres vierges de l'Occident. C'est peut-être une des contemporaines de Saint-Riquier ou même une de ses filles spirituelles.

Quel nom donner à l'église Notre-Dame, quand on se rend compte du choix des reliques pour les douze autels qu'on a élevés autour de celui de la Mère de Dieu ? Est-ce l'image du cénacle où les Apôtres s'unissent à Marie pour solliciter la venue de l'Esprit saint ? Est-ce la figure des douze trônes réservés aux douze Apôtres, juges d'Israel ? Lequel de ces deux souvenirs pénétrera l'âme des religieux au moment où ils entreront en répétant leurs chants de pénitence ? Le premier est le plus touchant, le plus digne de la Reine de cet auguste sanctuaire ; le second est plus propre à réveiller la crainte de Dieu et de ses jugements ; mais ces deux sentiments ne pouvaient-ils pas se succéder dans leur esprit à la vue de ces douze autels ?

Ces autels sont placés dans l'ordre suivant, indiqué par la chronique :

1. S. Paul tient la première place dans ce sénat d'apôtres, de martyrs, d'héroïques évêques. On voit auprès de lui S. Barnabé et S. Timothée.
2. S. Thomas, S. Ambroise, S. Sulpice.
3. S. Philippe, S. Silvestre, S. Léon.
4. S. André, S. Georges, S. Alexandre.
5. S. Jacques, S. Sixte, S. Apollinaire.
6. S. Jean (on ne possède qu'une relique de ses vêtements, dit J. de la Chapelle), S. Léon, S. Clet.
7. S. Barthélemy, S. Ignace, S. Polycarpe.
8. S. Simon, S. Cosme, S. Damien.
9. S. Mathieu, S. Marc, S. Luc.
10. S. Thaddée, S. Nazaire, S. Vital.
11. S. Jacques, frère du Seigneur, S. Gervais, S. Protais.
12. S. Mathias, S. Hilaire, S. Augustin.

Chron. Cent. Ibid.

(3) Voir leurs noms, à la page précédente

CHAPITRE VI.

Restait la consécration des trois oratoires élevés en l'honneur des saints Archanges et de tous les Anges. La dédicace de l'autel de S. Gabriel à la porte du Midi eut lieu le jour de l'Annonciation de la sainte Vierge : celle de S. Michel, à la porte Occidentale, le 29 septembre, par Hildeguard, évêque d'Arras. Enfin l'autel de S. Raphaël, à la porte du Nord, fut consacré, le 4 septembre, par Jessé, évêque d'Amiens (1).

On parle souvent, dans la vie des grands serviteurs de Dieu, de la prière aux autels ou des *stations aux autels des saints*. C'est qu'en effet pendant le jour et surtout pendant la nuit, après l'office de Matines, les moines allaient se prosterner devant les autels où leur dévotion se manifestait par des aspirations affectueuses. Des inscriptions fixaient dans la mémoire les noms des célestes protecteurs et au besoin aidaient la piété de ceux qui étaient moins instruits. Alcuin a composé pour beaucoup de monastères des vers destinés à orner les autels et des prières aux saints dont on conservait les reliques dans les églises. Voici quelques titres que nous croyons destinés à l'église de Saint-Benoît de Centule : ils s'adressent aux trois patrons de ses autels (2).

A vous, *Benoît*, bienheureux chef de la tribu cénobitique et saint confesseur, sont consacrés ces édifices. De pieuses phalanges de moines célèbrent vos louanges par tout l'univers. Ici une fidèle communauté de disciples vous offre sans cesse des prières, des louanges, des hommages, l'expression de son amour. Dans ce temple ouvert pour eux, pendant la nuit, ils apprennent les secrets de l'oraison, ils reçoivent le don des larmes. O Père vénéré, prêtez toujours une oreille favorable à la prière de vos enfants.

Jérôme, admirable docteur de l'Eglise catholique, a son trône en ce lieu avec ses compagnons. O vous, qui lisez ces noms inscrits au Livre des Saints, conjurez-les avec humilité d'exaucer vos prières.

O bienheureux Grégoire, docteur, pasteur, patriarche, prêtre glorieux, évêque de l'Eglise romaine, daignez, avec les Pères dont les noms brillent ici auprès du vôtre, présenter au Tout-Puissant les ardentes prières de la tribu monastique.

Angilbert en contemplant son œuvre pouvait dire avec le poète : *Exegi monumentum*. Son humilité a passé sous silence ce qu'il a mis de son patrimoine dans cette majestueuse construction. L'indiscrétion d'un poète contemporain a trahi ce secret, après la mort du saint abbé. Loin d'épargner ses richesses, Angilbert, dans l'activité dévorante de sa piété, a donné à Centule avec ses trois églises tout l'héritage de ses pères. Les auteurs qui attribuent à Charlemagne seul la nouvelle fondation de Centule ne connaissaient certainement pas les vers dont nous donnons la traduction.

---

(1) On n'indique pas l'année ; mais la chronologie des évêques d'Amiens place en 799 l'avènement de Jessé, qui était sans doute intronisé avant le 4 septembre. Le 29 novembre de la même année, il accompagne Charlemagne dans son voyage de Rome.

Il y a concordance dans les dates. Ainsi les principales constructions étaient terminées en 800.

(2) *Patrologie. Opera Alcuini*, Tom. II. *Inter Carmina*.

Ce que tu vois briller d'une splendeur nouvelle
Dans ce saint monument que la foi renouvelle,
C'est le don d'Angilbert, gage de son amour
Pour son Père et son Dieu, pour la Céleste Cour.
Domaine des aïeux, revenus, héritage,
A Dieu de tout il fit un généreux hommage.
Que tu sois fils du cloître ou lointain voyageur,
Vois ce riche présent d'un noble bienfaiteur,
Au Christ Sauveur, qui donne une telle puissance,
Adresse tes louanges et ta reconnaissance.
Dis avec nous : Jésus, à votre serviteur
Donnez paix et repos, des élus le bonheur.
Et vous, les fils bénis de cet aimable Père,
Priez, priez pour lui, c'est de vous qu'il espère
La grâce du pardon, le salut éternel [1].

Cette pièce d'une informe poésie est faussement attribuée à Alcuin : elle semble plutôt composée après la mort d'Angilbert, puisque le poète implore pour lui les suffrages qu'on accorde aux défunts. Mais voici quelques extraits d'une autre pièce de vers qui appartient certainement à Angilbert. Ces vers se lisaient dans son église, sur une tablette, comme un mémorial de sa consécration. On ne connaîtrait pas assez le restaurateur de Centule, qu'on se représente souvent comme un abbé de cour, sans cette page où il épanche les sentiments spontanés de son âme si noble et si généreuse.

« Saint Riquier, ô mon père, illustre pasteur, voyez à vos pieds votre petit servi-
« teur ; il vous offre cette humble demeure qu'il a construite pour vous glorifier.

« Toujours je vous honorerai avec amour et une tendre piété. Toujours je serai un
« de vos plus dévoués serviteurs.

« Instrument des divines miséricordes, vous m'avez reçu dans votre sein, au jour où
« j'ai pu me sauver des flots d'un monde dangereux.

---

(1) Omnia quæ cernis, summo renovata decore,
Interius templum exteriusque sacrum,
Angilbertus ovans jam fecit amore paterno
Sanctorum pariter perpetuique Dei,
Non parcens opibus propriis; nam quidquid habebat
Ecclesiæ larga jam pietate debit.
Et tu, serve Dei, veniens aliunde viator,
Cerne decus varium per pietatis opus.

Semper in ore tuo Christo dic, maxime, laudes.
Talia qui voluit posse suum famulum.
Dicque : tuo servo requiem da, Christe, supernam,
Nomine qui fecit hæc speciosa tuo.
Vosque, Dei famuli, pro illo intercedite semper,
Ut famulum Christus servet ubique suum,
Det veniam scelerum, æternam tribuatque salutem.

Op. Alcuini. Ibid. Pag. 1312.

« Vous m'avez nourri, dans ma première adolescence, du lait salutaire de la doctrine
« divine, en formant les lèvres d'un novice aux chants mélodieux des saints cantiques.

« O père généreux, à vous l'amour d'un cœur reconnaissant ! puissé-je mériter aussi
« d'être aimé de vous !

« Achevez ce que vous avez commencé; faites de moi un vrai serviteur de Dieu.

« Saint pontife du Très-Haut, Bienheureux Eloi, aidez-moi aussi de vos prières : cou-
« vrez-moi de vos mérites.

« O Pères vénérés, glorieux phares du monde, vous me donnez l'espérance du
« pardon et du salut. J'arrose vos pieds de mes larmes amères. J'implore la miséri-
« corde de Dieu par votre intercession. Quel triomphe pour vous, quel gage de protec-
« tion, si votre serviteur est préservé de la mort éternelle !

« Que ceux qui liront ces lignes, veulent bien se souvenir d'Angilbert et faire pour
« lui cette prière : O bon Sauveur, ayez pitié de ce misérable pécheur.

« O bon Sauveur, nous vous en conjurons, bénissez cette demeure : qu'ici vos servi-
« teurs soient comblés de toutes vos faveurs. » (1).

Nous terminerons cette description par quelques mots sur le *Parvis*.

La place qu'on traverse avant d'arriver aux cathédrales et aux grandes églises, se nomme parvis ou paradis. Autrefois c'était moins une place qu'une cour ou enceinte semi-circulaire, environnée de portiques que soutenaient des colonnes sur lesquelles on édifiait des cellules. Au milieu du parvis, en plein air, en face des portes, il y avait des eaux jaillissantes, des bassins, des vases renfermant l'eau bénite pour purifier les chrétiens avant la prière ; on enterrait les fidèles dans l'enceinte du parvis, ce qui est conforme à ce chant liturgique : *In Paradisum deducant te Angeli*. On a, dans ces derniers temps, retrouvé des restes mortels dans l'ancien parvis de l'église de Saint-Riquier, qui forme actuellement une place publique (2).

---

(1) Alcuin. *Ibid.*

(2) Le portique de l'ancienne basilique de Saint-Pierre à Rome fut orné avec tant de magnificence qu'il fut appelé le *Paradis*. Ce nom est-il dû seulement à la richesse des décorations ou à une idée plus symbolique ? On l'emploie trop souvent pour qu'on n'y reconnaisse pas une allusion au mystère de la Rédemption, qui rétablit l'homme dans ses droits et l'introduit, nouvel Adam, dans la demeure du Dieu trois fois saint, vrai paradis terrestre où l'on adore et où l'on s'unit par des chants d'allégresse aux chœurs de la céleste milice.

Voir Bourassé. *Dictionnaire d'Archéologie sacrée*, au mot Parvis.

CHAPITRE VII.

Des Reliques de l'Eglise de Saint-Riquier au temps de Saint Angilbert, de ses Successeurs et de Saint Gervin.

Le culte des Saintes Reliques occupe une trop large place dans la description des travaux de saint Angilbert, pour que nous ne nous arrêtions pas quelques instants sur ce sujet. Sa dévotion est partagée par les hommes les plus célèbres de son époque. Raban-Maur dépose les précieux restes des saints dans trente oratoires, qu'il construit dans l'enclos du monastère de Fulde et grave en lettres d'or des vers, qui conviennent aussi bien au monastère d'Angilbert qu'à celui de Fulde :

« Mille fois heureux ceux que le Christ vainqueur a placés dans les cieux pour cou-
« ronner leurs mérites. Rome, la lumière du monde, la source de toute autorité les eut
« pour docteurs et pour pontifes. Autour d'eux, ô Sauveur des hommes, viennent se
« ranger vos illustres serviteurs, dont les noms brillent d'une gloire immortelle, dans
« les diverses provinces de votre empire. Leurs phalanges forment la cour de la vierge
« Marie, Reine de ces lieux. O vous qui entrez ici, arrêtez vos regards sur ces glorieux
« patrons et ne cessez de les prier, pour que le seigneur vous reçoive avec eux au séjour
« de la gloire. » (1).

Cette page d'histoire locale sera peut-être consultée avec quelque avantage pour l'Hagiographie. C'est pourquoi nous prenons la confiance de réunir ce que nos chroniques renferment de plus remarquable sur les reliques du monastère, pendant les trois premiers siècles de son histoire.

« Après avoir achevé, dit saint Angilbert, d'édifier des Eglises en l'honneur de Notre-Seigneur, de sa glorieuse Mère et de nos saints protecteurs, nous avons formé en notre cœur le désir de les orner de précieuses Reliques, honorées dans les églises les plus célèbres du monde chrétien. Il nous a été facile de réaliser nos intentions, avec le secours du ciel et l'aide de notre très-glorieux Empereur. Nous avons reçu des reliques : 1° De la Sainte Eglise Romaine, par les libéralités du Souverain Pontife Adrien, d'heureuse mémoire et de son vénérable successeur, qui siège actuellement sur la Chaire Apostolique ; 2° De Constantinople et de Jérusalem, par les ambassadeurs que notre très-puissant Maître et Empereur avait envoyés en ces cités ; 3° De l'Italie, de la Germanie, de la Bourgogne et des Gaules, grâce à la générosité des Patriarches, des Archevêques, des Évêques et des Abbés ; 4° Du trésor du palais, qui en contient une grande quantité, rassemblée par la piété des rois anciens et principalement par notre Auguste Empereur, mon Maître. Nous avons pris soin d'inscrire ici les noms de celles

(1) *Patrologie. Opera Rab. Maur. Tom. I, pag.* 64.

dont nous étions certains et dont nous possédons la reconnaissance authentique délivrée par les vénérables donateurs ; afin que ceux qui viendront après nous ne conçoivent aucun doute sur la légitimité de leur culte et glorifient Notre-Seigneur Jésus-Christ, à qui est due toute bénédiction dans les siècles des siècles. Nous ne parlerons point ici de celles dont les noms ne nous sont point parfaitement connus. » (1).

Quelle est donc la nature de ces reliques du neuvième siècle ? Il nous serait difficile de donner à cette question une réponse claire, après la perte de ces restes sacrés. Nous savons qu'au temps de saint Grégoire-le-Grand, on n'osait pas toucher au corps des saints ; qu'on envoyait dans une pixide des étoffes déposées sur leurs tombeaux, de la cire détachée de ces mêmes tombeaux, des fioles d'huile et d'autres objets qui les avaient touchés, des raisins cueillis sur une vigne plantée ou cultivée par un saint. On n'en plaçait point d'autres dans les nouvelles églises, on n'en offrait point d'autres aux Empereurs eux-mêmes. Des miracles prouvèrent plus d'une fois la vertu surnaturelle de ces reliques, sanctifiées par le contact des restes des serviteurs de Dieu. Ce n'est que dans les siècles suivants qu'on autorisa la division des corps des saints et la distribution des parcelles que nous voyons renfermées dans des vases, dans des châsses, des médaillons et autres monstrances et reliquaires. L'Église Romaine a toujours conservé les anciens usages. Souvent, dit D. Mabillon, les reliques que nous recevons de Rome, ne tirent leur prix que de leur contact aux restes des saints Confesseurs et des Martyrs (2).

« Toutes ces reliques, continue saint Angilbert, ont été renfermées avec l'honneur et le respect dus à leur sainteté dans des étoffes précieuses. Nous les avons marquées du signe de la croix (3). Nous avons ensuite préparé une grande châsse d'or enrichie de pierres précieuses, dans laquelle nous avons déposé ce qu'il y avait de plus vénérable et que nous avons placée sous l'autel du Saint-Sauveur. Nous avons distribué les autres dans treize *Sanctuaires* ou reliquaires de moindre dimension, mais également riches par la matière et la perfection du travail. Ces reliquaires nous les devons à la munificence des prélats qui nous les ont envoyés avec les reliques elles-mêmes. Nous les avons posés sous la poutre de l'arc élevé devant l'autel de saint Riquier, afin que dans cet auguste lieu, où le Tout-Puissant reçoit nos adorations, les saints soient vénérés avec la dévotion qu'ils méritent » (4).

En effet, c'est en leur présence qu'on chantera les louanges divines, que tous les mystères de la vie présente et de la vie future se graveront plus profondément dans l'âme des enfants du cloître et que se renouvellera sans cesse, dans de sublimes aspirations, l'activité de leur jeunesse spirituelle.

La grande châsse est connue dans le monastère de Saint-Riquier, dans celui de Corbie et dans d'autres sans doute, sous le nom de *sainte Prime*. On la nommait ainsi

(1) *Chron. Cent. Lib.* II. *Cap.* IX.
(2) *Præfat. Act. Sanct. Ben. Tom.* II, *pag.* XVIII.
(3) *In nomine sanctæ Trinitatis.*
(4) *Chron. Cent. Ibid.*

parce qu'elle renfermait les reliques des saints des premiers âges du Christianisme. Il en sera question plusieurs fois dans la suite de cette histoire.

Toutes les reliques dont saint Angilbert fait l'énumération, sont placées dans l'ordre suivant : 1° celles du Sauveur ; 2° celles de la Bienheureuse Vierge Marie ; 3° celles des saints Apôtres et autres saints des temps apostoliques ; 4° celles des Martyrs, au nombre de 50 ; 5° celles des Confesseurs, au nombre de 51 ; 6° celles des Vierges, au nombre de 14. (1).

(1) Nous plaçons en note le détail des reliques indiquées par la chronique.

I. Reliques du Sauveur.

Bois de la vraie Croix. — Sandales, vêtements du divin Rédempteur. — De la colonne de la flagellation. — De ses chaînes. — Des clous qui l'ont fixé à la croix. — De l'éponge. — Du fiel et du vinaigre dont il a été abreuvé. — Du cierge qui fut allumé le jour de sa naissance. — De la crèche où il fut placé. — De sa table, du pain qu'il a distribué à cinq mille personnes. — Du temple de Jérusalem. — Des roches du Calvaire, du Mont des Oliviers, où il a prié et d'où il est monté au ciel. — Du Saint Sépulcre. — De l'endroit où son sang a coulé. — De la pierre roulée à l'entrée du sépulcre. — De la montagne de la Transfiguration. — De la pierre où il s'est assis pendant la multiplication miraculeuse des pains. — De la montagne d'Horeb. — Du sépulcre des saints Innocents. — Du bois des trois tabernacles.

La critique moderne peut contester l'authenticité de plusieurs de ces reliques et de celles de la sainte Vierge ou des Apôtres. Nos chroniques ne sont que l'écho d'autres Églises qui pourraient le plus souvent justifier leurs traditions par des arguments respectables. Nous laissons à une science plus étendue que la nôtre la discussion de ces problèmes, le soin de venger une piété plus ardente, si l'on veut, qu'éclairée. Qu'il nous suffise de rappeler que beaucoup de ces reliques existent encore aujourd'hui à Rome et en d'autres lieux, qu'on conserve comme reliques des pierres détachées des lieux bénis, où le Sauveur a imprimé la trace de ses pas et versé son sang ; que pour d'autres le contact a pu sanctifier les objets déposés auprès, comme nous l'avons dit plus haut. Ainsi s'explique la multiplication de certaines reliques.

II. Reliques de la sainte Vierge.

Du lait de la sainte Vierge. — De ses cheveux. — De ses vêtements et de son manteau.

III. Reliques des Apôtres et de quelques autres saints de l'église primitive.

Outre les reliques énumérées dans la dédicace des Églises, la chronique nous signale celles qui suivent : — De la barbe de S. Pierre, de ses chaussures, de son manteau, de sa table.— De la table de S. Paul, de son Oraire ou Etole, des ceps dans lesquels il fut enchaîné. — De la croix de S. André. — De la manne de S. Jean l'Evangéliste. — Des ossements de Zacharie, père de S. Jean-Baptiste. — Des cheveux de S. Jean-Baptiste, de son sang et de ses vêtements. — Des côtes de S. Étienne, des pierres dont il fut lapidé. — Du gril de S. Laurent. — D'un doigt de S. Apollinaire. — De l'éponge de S. Symphorien et des habits de sa mère.

IV. Reliques des saints martyrs.

S. Pancrace, à Rome (12 mai).
S. Vigile, Evêque de Trente (26 juin).
S. Sisinnius, au val d'Anagne, près de Trente (29 mai).
S. Martyrius. (Ibid.)
S. Pamphile, à Rome ou Césarée (1er juin).
Les trois SS. Jumeaux, à Langres (17 janvier).
S. Fabien, Pape (20 janvier).
S. Pergentin, à Arezzo (3 juin).
S. Valère (plusieurs MM. de ce nom).
S. Anastase. (Id.)
S. Cassien. (Id.)
S. Magne. (Id.)
S. Nabor, à Milan (28 juillet).
S. Celse. (Ibid.)
S. Innocent, Pape (28 juillet).
S. Tiburce, à Rome (14 avril).
S. Hippolyte, à Rome (13 août).
S. Christophe, en Lycie (25 juillet).
S. Félix (beaucoup de MM. de ce nom).
S. Victor, dans les Gaules (22 septembre).
S. Innocent. (Ibid.)
S. Bénigne, à Dijon (1er novembre).
S. Corneille, Pape (16 septembre).
S. Léger, M. Ev. d'Autun (2 octobre)

CHAPITRE VII.

Le zèle des moines de Centule pour le culte des saintes reliques ne s'éteignit point avec saint Angilbert. Sous ses successeurs, le trésor spirituel s'augmenta par de nouvelles conquêtes. Vers 860, un moine nommé Odulphe, trésorier de l'église de Saint-Riquier, rendit son nom célèbre dans les chroniques, par l'empressement avec lequel il rechercha les restes précieux des élus du Seigneur. Hilmerade, évêque d'Amiens, lui donna quelques parcelles des vêtements de saint Firmin martyr, des ossements du genou des saints martyrs Fuscien, Victoric et Gentien, une partie du pouce de saint Honoré, évêque d'Amiens. Les moines de Saint-Josse lui envoyèrent aussi la moitié d'un doigt de leur saint Patron. Des moines de Saint-Wandrille lui remirent, dans un voyage, des ossements et des cendres de leur saint Patron et de saint Ansbert, évêque de Rouen. Il obtint d'une abbesse, qui allait au plaid de Valenciennes, la promesse de lui rapporter des reliques de saint Sauve, martyr, au tombeau duquel il se faisait alors un grand nombre de miracles. Le fils de cette abbesse gouvernait le monastère de Saint-Sauve : il connaissait parfaitement Centule où il avait reçu l'hospitalité : en faisant présent d'un reliquaire qui contenait du sang, des cheveux du saint martyr et de ses ornements sacerdotaux, il dégagea là parole de sa mère.

En 866, Odon, évêque de Beauvais, ancien abbé de Corbie, à la demande d'Odulphe, sollicita du prieur de Saint-Lucien, une relique de son Patron. On lui octroya géné-

S. Firmin, M. Ev. d'Amiens (25 septembre).
S. Saturnin, Ev. de Toulouse (29 novembre).
S. Valentin, Prêtre à Rome (14 février).
S. Lucien, à Beauvais (8 janvier).
Les XL SS. MM. (10 mars). De leurs ossements.
— Du sang de beaucoup de martyrs.

V. Reliques de saints Confesseurs.

S. Ouen, Ev. de Rouen (24 août).
S. Amand, Ev. d'Utrech (6 février).
S. Aventin, à Troyes (4 février).
S. Maurille, Ev. d'Angers (13 septembre).
S. Aubin, Ev. d'Angers (1er mars).
S. Félix (plusieurs Confesseurs de ce nom).
S. Donat (Id.)
S. Isaac, Moine à Spolète (11 avril).
S. Vincent, Prêtre à Lerins (24 mai).
S. Paulin, Ev. de Nole (22 juin).
S. Simplicien, Ev. de Milan (16 août)
S. Prisque, Ev. de Capoue (1er septembre).
S. Eugène, Pape (2 juin).
S. Megimbault.
S. Front, Ev. de Périgueux (25 octobre).
S. Fidèle, Ev. de Petra (10 juin).
S. Astere (plusieurs Confesseurs de ce nom).

S. Simplicien, Ev. de Vérone (10 novembre).
S. Faxide.
S. Astoge.
S. Ghilain, Abbé en Hainaut (9 octobre).
S. Sperat.
S. Robert ou Rupert, Ev. de Salzbourg (27 mars).
S. Galmier, Moine (27 février).
S. Osqualde.
Un reliquaire renfermant les corps de plusieurs saints, donné par S. Paulin, patriarche d'Aquilée.

VI. Reliques des saintes Vierges.

Se Eugénie, V. et M. à Rome (25 décembre).
Se Tecle, V. et M. à Iconium (23 septembre).
Se Euphémie (plusieurs V. M. de ce nom).
Se Félicité (Id.)
Se Euphrasie (Id.)
Se Fausta.
Se Aldegonde, V. dans le Hainaut (30 janvier).
Se Colombe, V. et M. à Sens (31 décembre).
Se Scolastique, V., sœur de S. Benoît (10 février).
Nous avons omis dans cette énumération les noms des Saints déjà cités plus haut, à l'occasion des autels.

reusement quelques parcelles de ses cheveux, de ses vêtements, avec un ossement de saint Just, jeune martyr de ces contrées.

L'année suivante, plusieurs moines de Sainte-Colombe de Sens, vinrent demeurer au monastère de Centule, dont Guelfe était abbé comme de celui de Sens. L'insatiable trésorier sut capter la confiance de ses nouveaux hôtes, et on envoya à l'église de Saint-Riquier une clavicule de l'épaule de sainte Colombe.

A cette même époque, la vénérable abbesse Ernolde, toute dévouée aux moines de Centule, leur apporta des reliques de saint Arator, de saint Paul, de saint Maur, de saint Sauve, évêque et confesseur. — Un moine, nommé Samuel, passant par Saint-Denis, reçut des religieux un petit ossement de saint Gui martyr.

Un des premiers dignitaires du monastère de Saint-Maurice (1), qui se trouvait alors en Ponthieu, ne put rester insensible aux pressantes sollicitations d'Odulphe : il fut même très-généreux envers lui, en le gratifiant d'une partie du chef du glorieux martyr saint Maurice et de la chlamyde de saint Exupère, toute trempée de son sang.

Sous le pontificat du Pape Nicolas I, un moine de Saint-Riquier, nommé Anségise, chargé d'un message à Rome par le roi Charles le Chauve, dut à son titre d'ambassadeur des faveurs spéciales. Une demande appuyée par des présents lui ouvrit les portes des basiliques. Le monastère fut en cette circonstance enrichie de reliques très-précieuses, à savoir : du corps presque entier de saint Jean martyr, du bras du pape saint Urbain, du bras de saint Alexandre, le cinquième successeur de saint Pierre, du chef de sainte Félicité, avec des reliques de quatre de ses fils et d'autres reliques qu'il serait trop long d'énumérer ici.

Tous ces restes vénérés furent déposés dans une belle châsse, qu'on avait préparée pour conserver le chef de saint Riquier (2).

Vers 880, à l'approche des Normands, s'il faut en croire la Chronique, les objets les plus précieux du monastère et en particulier les reliques furent portés au monastère de Sainte-Colombe de Sens par le moine Jérémie. L'église de Sens en conserva la meilleure partie (3).

Après les grands désastres des invasions normandes et la restauration du monastère, le trésor de Saint-Riquier entra en possession des reliques de saint Mauguille et de saint Vigor, qu'une disposition providentielle fit apporter et fixa à Centule, comme nous le verrons en son lieu.

La Chronique parle aussi, à cette occasion, des corps de deux saintes martyres, Elevare et Sponsare, qu'Hariulfe nomme les compagnes de sainte Macre, la célèbre martyre de Reims sous Rictiovare (4). On ne saurait dire à quelle époque les moines de

(1) Monastère en Suisse, dans le Valais.
(2) *Chr. Cent. Lib.* III. *Cap.* XII. XIV.
(3) *Ibid. Cap.* XIX.
(4) *Ibid. Lib.* IV. *Cap.* XXIX. — On lit dans les Actes de Sainte Macre qu'elle était de Fîmes, ville située entre Reims et Soissons.

Le sang d'un grand nombre de martyrs coula à Reims dans cette persécution. Il est à présumer que les corps des deux saintes vierges, Elevare et Sponsare furent envoyés de la métropole à Cen-

Saint-Riquier furent dotés de ces dépouilles opimes de la grande persécution de Dioclétien.

La science hagiographique a consulté toutes les archives pour découvrir quelques traces des combats de ces généreuses martyres, elle est réduite à cette indication sommaire d'Hariulfe. Les conjectures n'ont pas manqué, mais elles n'ont aucun fondement historique. Nous ne les signalons ici que pour faire connaître aux lecteurs les travaux des écrivains ecclésiastiques.

Le P. Malbrancq insinue qu'elles ont souffert le martyre avec saint Fuscien et saint Victoric. La raison de cette opinion hasardée, c'est qu'Odulfe demanda à Hilmerade, évêque d'Amiens, des reliques des deux apôtres des Morins ; et pourquoi, ajoute le fécond chroniqueur, des reliques de ces saints, sinon pour réunir dans une seule chasse tous les restes de ceux qui ont été associés aux mêmes luttes pour la foi? (1).

Dom Grenier se demande si elles ne seraient pas du nombre des douze vierges romaines attirées dans les Gaules par le retentissement qu'eurent les glorieux combats des douze missionnaires envoyés de Rome et mis à mort sous Dioclétien. Il cite même les noms de plusieurs de ces vierges, entre autres : Ste Benoîte, Ste Léobérie, Ste Romaine, Ste Protaise, Ste Eusébie, Ste Méroflède, Ste Maure, Ste Brigide, etc.... Mais, ajoute M. l'abbé Corblet, nous ne comprenons pas que le savant Bénédictin ait été assez distrait pour grouper ainsi des saintes qui ont vécu à des époques si diverses (2).

En 1113, les reliques des deux saintes martyres furent visitées. On observe qu'elles étaient renfermées dans deux coffres ou châsses recouvertes de cuir de cerf. On lisait ce qui suit dans un parchemin : « *Ista sunt corpora SS. Virginum ac Martyrum Elevaræ et Sponsariæ, quæ passæ sunt martyrium propter nomen domini Jesu Christi sub Rictiovaro, sexto nonas Maii* (3). »

Le martyrologe de Centule assigne le même jour au martyre de sainte Macre. « *In territorio Remensi S. Macræ virginis cum aliis virginibus sacris.* » On voit qu'il n'ose pas lui associer nominativement nos deux saintes vierges, et le P. Sollier fait cette remarque: *Sed an hæc socias habuerit virgines aliquas dubitatur ex indice Prætermissorum et* VI *Januarii* (4). C'est en effet le 6 janvier que le martyrologe romain annonce la fête de sainte Macre ; c'est le jour où elle est honorée à Reims, et il n'est pas question de ses compagnes.

Si leur fête s'est célébrée à Saint-Riquier le 2 mai, comme l'indique M. l'abbé Corblet, on a cru devoir changer l'époque ; car, dans le calendrier de 1685, elle est marquée

---

tule, sous le règne de Charlemagne, au moment où l'on bâtit l'église de sainte Macre. Le silence des Actes de Sainte-Macre ne prouve pas qu'elles n'ont point été associées à son triomphe, mais on n'a aucune preuve de cette assertion.

(1) *De Morinis.* Tom. I. Pag. 139.
(2) *Introduction à l'Hist. de Picardie.* Page 288.
— *Hagiographie.* Tome I. Ste Elevare.
(3) *Chron. de D. Cotron. Lib.* v.
(4) *Act. Sanct.* Tom. VI. *Junii.*

au 18 mars, sous le rite double de deuxième classe et du troisième ordre, avec l'office des vierges et sans légende particulière (1).

Après cette discussion que l'importance des reliques rendait nécessaire, ajoutons quelques mots sur l'empressement que mit saint Gervin à réparer les désastres causés par le malheur des temps. Lui aussi fut un incomparable quêteur des restes sacrés des saints : il en fit demander aux plus célèbres sanctuaires de France, et les joignant aux reliques que possédait le monastère, il les déposa dans la crypte qu'il édifiait en l'honneur de Notre-Dame. Jean de la Chapelle nous apprend, d'après la grande chronique de Centule, qu'il y avait dans cette crypte soixante-quatre sanctuaires ou châsses placées sur les autels du nord, du midi et de Saint Riquier (2).

---

(1) *Officia propria Regalis Abbatiæ S. Richarii* (1685).

(2) *Chron. Cent. Lib.* IV. *Cap.* XIII.— *Chron. Abbrev. Cap.* XXVIII.

Voici, d'après l'Inventaire de Saint Gervin, les noms des saints dont les reliques n'existaient pas à Centule avant cette époque.

I. RELIQUES DES PATRIARCHES ET DES PROPHÈTES.

De la verge de Moyse. — De la manne. — Des ossements du prophète Isaïe.

II. RELIQUES DE NOTRE-SEIGNEUR.

Du linge dont il se ceignit, quand il lava les pieds à ses Apôtres.

III. RELIQUES DE LA SAINTE VIERGE.

Du fil de sa quenouille.— Roche de son tombeau.

IV. RELIQUES DES APÔTRES.

Une dent de S. Simon. — Des cheveux de Saint Barthélemy. — Du chef de S. Mathieu.

V. RELIQUES DES SAINTS MARTYRS.

S. Etienne, Pape (2 août).
S. Florent (Plusieurs Martyrs de ce nom).
S. Hermès. (Id.)
S. Paterne, Evêque de Coutances (23 septembre).
S. Prix, Ev. de Clermont (25 janvier).
S. Romain, à Rome (9 août).
S. Renou, à Arras (27 mai).
S. Blaise, Ev. (3 février).
S. Léger, Ev. d'Autun (2 octobre).
S. Cyriaque (Plusieurs Martyrs de ce nom).
S. Agapit. (Id.)
S. Anthime. (Id.)
Du chef de S. Nicaise, Ev.de Reims (14 décembre).
Une dent de S. Liévin, Ev. (12 novembre).
De la chasuble de S. Lambert, Ev. (17 septembre).

VI. RELIQUES DES SAINTS CONFESSEURS.

S. Athanase, Ev. d'Alexandrie (2 mai).
S. Nicolas, Ev. de Myre (6 décembre).
S. Cassien (Plusieurs Confesseurs de ce nom).
S. Mangold, Ev. en Angleterre (24 avril).
S. Gery, Ev. de Cambrai (11 août).
S. Ansbert, Ev. de Rouen (9 février).
S. Achaire, Ev. de Noyon (27 novembre).
S. Mauront, Abbé de Breuil (5 mai).
S. Guinolé, Abbé (3 mars).
S. Cuthbert, Abbé (4 septembre).
S. Bavon, Abbé, patron de Gand (1er octobre).
S. Philibert, Abbé de Jumièges (20 août).
S. Otbert.

VII. RELIQUES DES SAINTES VIERGES.

S^e Justine (26 septembre).
S^e Prisque (18 janvier).
S^e Praxède (21 juillet).
S^e Sabine (29 août).
S^e Augusta.

CHAPITRE VIII.

Ornements et mobilier de l'église de Centule.

C'est une bonne fortune que l'inventaire du mobilier et des ornements d'une grande église du ɪxᵉ siècle. On y trouve un point de comparaison archéologique d'une haute importance. Nous avons, dans la notice de saint Angilbert, le détail des travaux exécutés sur l'or, l'argent et les pierres précieuses, « avec les dons de Dieu, dit le zélé restaurateur de Centule, les largesses de mon puissant seigneur, de sa très-noble famille et d'autres personnages de condition libre. » La dépense, énorme pour l'époque, nous prouve que les objets énumérés doivent être rangés parmi les œuvres d'art les plus remarquables.

Un inventaire ou un dénombrement dressé environ trente ans après, par ordre de Louis-le-Débonnaire, sert de contrôle à ce premier travail. Il n'y a point d'identité, ce qui est impossible ; mais toutefois on remarque assez de concordance, pour être fixé sur les richesses d'une église monastique, sous l'empire de Charlemagne. Nous noterons, quand il y aura lieu, la différence des deux polyptiques (1).

Cette description appellerait de nombreuses observations, pour faire revivre ce passé si glorieux de notre Ponthieu. Nous ne pouvions nous borner à la sèche nomenclature de la chronique ; cependant nous nous garderons de tout détail fastidieux pour le lecteur.

CHASSES DES SAINTS. — Saint Angilbert parle de xɪɪɪ *sanctuaires* ou châsses, outre la grande châsse de *sainte Prime*, décrite plus haut. L'inventaire de 831 en porte le nombre à xxx.

Le nom de *sanctuaire,* inspiré par l'amour le plus respectueux, a traversé les âges de foi et revient souvent dans nos chroniques. Cette expression élève volontiers la pensée jusqu'à ces serviteurs de Dieu, qui furent les temples du Saint-Esprit et qui mêlent maintenant leurs voix à celles des chœurs célestes, dans le sanctuaire du Dieu trois fois saint.

Les *Vases ou Coffrets* destinés à renfermer les reliques des saints, nous offrent les types les plus variés. L'art a épuisé toutes ses ressources et exploité toutes les matières dans la construction et la décoration des châsses. « La chapelle, le château, la coupe précieuse, le vase élégant, passent tour à tour sous nos yeux. Les champs n'ont pas de fleurs plus délicates ni d'anges plus doux. Les hommes, les anges, les saints, la nature matérielle et le monde des esprits, l'univers et son auteur sont du domaine des reliquaires (2). »

---

(1) *Chron. Cent. Lib.* ɪɪ. *Cap.* x. — *Lib.* ɪɪɪ. *Cap.* ɪɪɪ.   . (2) Troisième Encyclopédie de Migne — *Dictionnaire d'Orfévrerie,* au mot *châsse.*

LECTORIUM. — Nos chroniques indiquent III *lectorium*, un à chaque autel principal. L'or et l'argent sont appliqués sur le marbre et en rehaussent l'éclat (1).

Le *Lectorium* de cette époque a plus d'ampleur que le lutrin moderne, ou le pupitre des lecteurs. C'est l'ambon des premiers siècles ou la tribune du haut de laquelle les ministres sacrés chantent les Épîtres et les Évangiles, les leçons des Divines Écritures. Le même ambon servait pour ces différentes fonctions, mais le cérémonial exigeait que l'épître fût chanté sur le degré moins élevé, le visage tourné vers l'autel et que le plateau supérieur fût réservé pour l'Evangile, qu'on chantait du côté du nord.

Le *Lectorium* se retrouve partout dans les descriptions d'églises. Saint Eloi orna le *Lectorium* de Saint-Denis, comme les grandes portes de la basilique. Celui du monastère de Lobbes portait un aigle doré, dont les ailes, par un mécanisme très-ingénieux, s'ouvraient pour recevoir l'Evangile, et dont la tête se retirait, comme pour témoigner de son recueillement, puis en s'allongeant, laissait tomber un encens d'agréable odeur sur des charbons ardents (2).

COURONNES DE LUMIÈRE, CANDÉLABRES, CHANDELIERS, LAMPES, HANAPS, CONQUES OU BASSINS. — Les églises du monastère, sous saint Angilbert, possédaient II grandes couronnes d'or, XIII autres plus petites placées devant l'autel de saint Riquier et XVII autres en métal paré d'or et d'argent; VI lampes d'argent et XII de cuivre, parées d'or et d'argent. Dans l'inventaire de 831, le nombre de ces lampadaires est accru, mais déjà la matière est moins riche. Il y a VII couronnes d'argent, VII couronnes de cuivre doré, XV grands candélabres en fer, chargé d'ornements en or et en argent, VII autres plus petits, VI lampes d'argent et VI lampes de cuivre doré, XIII hanaps ou coupes d'argent suspendues, II conques ou bassins d'argent suspendus.

Les couronnes de lumière, semées avec tant de profusion dans les églises du monastère, se composaient de cercles en métal précieux suspendus à la voûte, sur lesquels on fixait des cierges qu'on allumait aux grandes solennités. Quelquefois trois cercles, superposés et garnis de leurs flambeaux, produisaient comme une pyramide de lumière. Dans les fêtes pascales les couronnes, vomissant des torrents de feu, offraient aux yeux des fidèles un éclatant emblème de la triomphante résurrection de Jésus-Christ.

Point d'église qui ne possédât des couronnes de ce genre, plus riches ou plus simples, suivant ses ressources. Ces diadèmes lumineux ont porté en France le nom de roues, lustres, en Italie celui de phares. Des sphères gigantesques appelées PHARACANTHARA, données par les Papes, prolongeaient çà et là leurs ramifications sur lesquelles on plaçait jusqu'à 1370 cierges. Dans les hanaps et les grandes coquilles brûle l'huile précieuse

---

(1) On lit partout dans ces inventaires: *paratas auro et argento*. De là vient cette expression française *parement*. On indique par cette expression une ornementation de luxe ajoutée à la matière première, comme plaques d'or et d'argent, ciselures, incrustations, bas-reliefs, etc. — Le parement, appelé *Apparell* par les Antiquaires anglais s'applique aussi aux aubes, amicts, etc.

(2) Ann. Bened. Tom. III. Pag. 566.

(3) *Coronæ*. — Lampes en forme de couronnes.

d'olive. Quand ces coupes superposées joignent leurs feux à ceux des couronnes, l'église est, au dire des chroniqueurs, autant illuminée de leurs clartés, durant la nuit, que de la lumière du soleil, pendant le jour. De là ces vers de saint Paulin de Nole tant de fois cités :

> Clara coronantur densis altaria lychnis
> Nocte dieque micant.....

L'ordonnance de ce matériel d'illuminations est souvent mystique ou allégorique. Les temples où s'accomplissent tant de mystères offrent à l'esprit des saints religieux une image du ciel; car les lumières y scintillent comme les étoiles. Les couronnes représentent le Firmament, les signes du Zodiaque. Trois lumières réunies sont un acte de foi au mystère de la Sainte-Trinité : sept rappellent les dons du Saint-Esprit, douze les Apôtres, inébranlables colonnes de l'Eglise. Au milieu s'élève bien haut un cierge ou un candélabre pour figurer Notre-Seigneur Jésus-Christ, vraie lumière des intelligences, soleil toujours visible de ce monde spirituel, qui en a dissipé toutes les ténèbres (1).

La fondation des lampes destinées à brûler constamment devant les autels et les reliques des saints, est écrite dans une foule de chartes. C'est ainsi que des terres ont été données à différentes époques par les rois Francs, pour entretenir perpétuellement trois lampes devant le tombeau de Saint-Riquier.

Croix. — D'après l'inventaire de 831, on possédait XIII croix d'or et d'argent, garnies de pierres précieuses, à savoir cinq grandes et huit petites. Les grandes servaient aux processions solennelles ; car, d'après le sens mystique de ce rite quotidien à Centule, le Christ nous précède dans le pèlerinage de la vie terrestre, figuré par nos processions. Marcher à sa suite et sous sa bannière, c'est nous assurer les secours nécessaires pour arriver à la patrie.

Les croix de cette époque ne portaient point de figure ; ce n'est que plus tard qu'on y fixa l'image de Jésus crucifié.

Beaucoup d'archéologues ont décrit un grand nombre de croix remarquables par les allégories et les souvenirs de l'Ancien Testament ; au milieu des émaux et des pierres précieuses, sur le pied, sur le sommet et les croisillons, on ciselait des ornements divers, des personnages, comme la sainte Vierge, les Apôtres, les Évangélistes, etc. (2).

(1) Voir nouvelle Encyclopédie de Migne. *Dictionnaire d'Archéologie sacrée*, au mot *Couronne*.

(2) *Diction. d'Arch. sacrée*, au mot *Croix*.

Ribbodon, archevêque de Trèves offrit une croix pour la nouvelle basilique, comme nous l'apprenons par les vers suivants d'Alcuin.

Obtulit Altithrono parvus munuscula servus

Ribbodo, quæ cernis, lector, in æde sacra...
Pro mundo moriens hic mundi vita pependit.
Abluit omne hujus sanguinis unda nefas....
Æneus en serpens populi qui vulnera sanat....
Dulcis, Homere, precor, Flacci memor esto poetæ.
Sis memor ut Samuel, dulcis Homere, precor.
Opera Alcuini Tome II, *Page* 788.

Après les croix processionnelles, signalons les croix reliquaires dans lesquelles on conservait les reliques de la vraie croix ; celles-ci variaient considérablement quant aux dimensions, à la matière, aux ornements.

POMMES D'AUTEL ET DE BANNIÈRES. CHAUFFE-MAINS. — Saint Angilbert indique dans sa nomenclature III pommes d'or. L'inventaire de 831, XXI pommes d'autel, dont III d'or et XVIII d'argent, en outre VII pommes de gonfalons ou bannières, parées d'or et d'argent.

L'usage de ces pommes d'or n'est plus suffisamment connu. Du Cange les range parmi les objets servant au culte ou parmi les présents aux autels. Les archéologues, avec plus de raison, supposent, d'après plusieurs inventaires anciens, qu'on avait façonné, pour la saison rigoureuse, des pommes à *chauffer les mains*, c'est-à-dire des boules de métal creux et perforé de trous, avec un receptacle pour placer du feu ou plutôt une lampe (1). On les disposait sur l'autel de telle manière que le célébrant et ses ministres y appliquaient les mains à certains moments du sacrifice.

Nous pensons qu'on possède encore dans le trésor de Saint-Riquier une pomme *chauffe-main* dorée, ciselée, remontant à une très-haute antiquité. On la considère vulgairement comme une veilleuse ingénieusement disposée. La lampe placée au centre de plusieurs cercles n'épanche jamais son huile, lors même que cette pomme roule sur le pavé.

Du Cange parle aussi de pommes destinées à contenir de l'eau chaude (2).

Les pommes de gonfanon ou bannières sont plus connues et s'attachent aux extrémités. On appelle gonfanon une espèce de bannière d'église à trois ou quatre fanons ou pièces pendantes et se terminant, non pas au carré comme les bannières, mais en pointe et en lobes. Le gonfanon conférait à celui qui le portait quelque puissance, très-souvent l'autorité d'avoué et de défenseur de l'Eglise. L'oriflamme était le gonfanon de Saint-Denis.

CALICES, PATÈNES, OFFERTOIRES, BASSINS, BOCAL, BURETTES et PLATEAUX, CHALUMEAUX. — Au temps de saint Angilbert, l'église de Centule possédait I grand calice d'or avec des images ou bas-reliefs et I patène d'or ; XII calices d'argent avec leurs patènes ; X offertoires ou bassins ; I grande coquille d'argent avec des images d'argent ; I bocal d'argent ; II burettes d'argent avec leurs plateaux ; I chalumeau d'argent et I d'ivoire.

En 831 le nombre des vases sacrés s'est accru. On marque IV calices d'or avec des patènes d'or ; II deux grands calices d'argent avec IV patènes ; XIII plus petits en argent ; I en cuivre doré ; IV offertoires en or, LX en argent, I d'une grande dimension, en ivoire paré d'or et d'argent ; I calice ministériel ; I hanap ou coupe à boire en argent ; I grande coupe d'argent, ornée de bas-reliefs ; IV plus petites en argent et

---

(1) *Pomum calefactorium*. — *Dict. d'Arch. sacrée*, au mot *Pomum*.

(2) Globulus aqua calida plenus, quo in sacris ad calefaciendas manus utebatur.. — *Glossaire*, au mot *Pomum*.

1 en cuivre doré ; 1 chalumeau d'argent et 1 d'étain ; 11 burettes d'argent avec leur plateau.

Les antiquaires distinguent plusieurs espèces de calices au ix° siècle ; 1° ceux qui servaient au prêtre dans les messes où peu de fidèles communiaient ; 2° les calices *ministériels* appelés aussi *scyphi*, servant à la communion d'une nombreuse assemblée de fidèles. Ces derniers, d'une plus vaste dimension, contenaient le sang du Sauveur que chaque communiant y puisait au moyen d'un chalumeau. Ces calices munis de deux anses étaient transportés par les diacres. On comprendra mieux encore l'usage de ces calices, quand on aura lu le rite prescrit pour la communion générale aux solennités de l'église de Centule.

Des calices suspendus par des chaînes servaient aussi de décoration dans les basiliques anciennes. Anastase énumérant les dons du Pape Léon IV, parle de x grands calices suspendus en cercle et de xl autres placés entre les colonnes de l'autel et pesant ensemble 267 livres. Dans la vie de saint Léon III, il en cite qui avaient été offerts par Charlemagne et qui pesaient 58 livres (1).

On remarque dans tous les inventaires une grande quantité de calices d'un très-grand prix. Quand'on a permis, dans une extrême pénurie ou pour symbole d'une héroïque pauvreté, des calices en bois, en verre, en métal commun, on a fait taire pour un instant les prescriptions canoniques ; car l'Église a toujours demandé des matières précieuses pour les vases qui contiennent le corps adorable de son céleste Époux.

« Les trois divisions, le pied, le nœud et la coupe du calice étaient comme un canevas, sur lequel l'orfèvre semait les fleurs de son ornementation, fleurs de pierreries brillantes, reliées par des tiges en filigranes d'or. Des figures symboliques, des scènes des deux testaments historiaient toutes les surfaces extérieures (2). »

La patène est le plat destiné à porter l'hostie. Très-grande au moyen-âge, elle remplace nos ciboires pour la communion des fidèles. Des ornements à l'extérieur, mais jamais à l'intérieur, un agneau ou une main bénissant, rappellent que Notre-Seigneur repose sur la patène, immolé pour le salut du monde.

Quelques auteurs paraissent confondre les offertoires avec les patènes. Nos inventaires les distinguent, et il doit en être ainsi, car les offertoires étaient destinés à recevoir les offrandes du peuple. Après une bénédiction particulière, la partie de ces offrandes que ne réclamait point le sacrifice, servait aux eulogies, distribuées au peuple le jour où il ne participait pas à la communion du corps de Jésus-Christ.

Le chalumeau, *canna, calamus*, comme son nom l'indique, était le tuyau avec lequel on puisait dans le calice le précieux sang, au moment de la communion. On lisait autour d'un chalumeau d'argent :

Hic Domini sanguis sit nobis Vita perennis.

(1) *Dict d'Arch Sacrée*, au mot *Calice* ,(2) *Dict. de Ciselure*, etc., au mot *Calice*.

Le Souverain Pontife, quand il officie, use encore du chalumeau pour prendre le précieux sang, et après lui le diacre et le sous-diacre se communient de la même manière.

On parle souvent dans les auteurs anciens de hanaps ou coupes à boire. On croit que ces vases contenaient le vin qu'on faisait circuler dans les rangs des fidèles qui avaient reçu le corps et le sang du Sauveur. On retrouve encore un souvenir de cette purification dans quelques communions du clergé et surtout dans celles de l'ordination.

Les burettes du IX° siècle avaient une grande capacité ; car la communion des fidèles sous les deux espèces exigeait une plus grande quantité de vin qu'aujourd'hui. Dans un autre vase, nommé *bocal* ou *bocularis*, on apportait l'eau qu'on mêle au vin et avec laquelle le prêtre se lave les mains.

Les burettes avaient une forme très-élégante : un col rétréci succédait à un renflement circulaire, sur lequel le marteau façonnait des images, des fleurs, des animaux.

Encensoirs. Saint Angilbert avait offert à son église IV encensoirs en argent parés d'or. Sous son successeur, on en possède VIII d'égale richesse et I en cuivre.

L'usage des encensoirs dans les cérémonies sacrées remonte à l'origine même de l'Église et est emprunté évidemment à la loi ancienne. On continue à symboliser la prière par la fumée de l'encens qui s'élève vers le ciel : *dirigatur oratio mea sicut incensum in conspectu tuo*.

La fabrication des encensoirs demandait alors des soins proportionnés à l'importance du rite. C'est dans le moine Théophile qu'il faudrait étudier tout ce que l'art du IX° siècle a imaginé pour orner ces édicules composés de plusieurs ordres de tours sur lesquelles on représentait des fleurs, des oiseaux, des animaux, de petites fenêtres, des bas-reliefs, des anges au repos, les Évangélistes, les quatre fleuves du Paradis épanchant leurs eaux, la Jérusalem céleste, etc. (1)

Ornements du tombeau de saint Riquier. Les corps des saints reposaient alors dans des *confessions* ou petites cryptes abaissées au-dessous du sol. Les châsses des saints préparées en forme de tombeau étaient probablement fermées, du moins en dehors de leurs fêtes. De là ces portes de diverses dimensions dont parlent ici les chroniques. Après avoir signalé près du chef de saint Riquier une table ou panneau paré d'or et d'argent, saint Angilbert énumère VI portes parées d'or et d'argent, dont II plus grandes, II moyennes et II petites. L'inventaire de 831 parle d'une muraille auprès du chef de saint Riquier, sans doute du panneau dont il est question plus haut, puis de II petites portes élégamment parées d'or, d'argent et de pierres précieuses, de VI portes aux pieds du saint et de IV autres aussi remarquables par leurs richesses. Ce qui indique une nouvelle décoration.

---

(1) *Dict. d'Arch. Sacrée*, au mot *Encensoir*. — *Ibid. Tom.* II, *Œuvres du prêtre Théophile*.

CHAPITRE VIII.

Coffres. *Arcæ* (1). — D'après l'inventaire de 831, il existait trois grands coffres et trois petits, c'est-à-dire des armoires artistement travaillées pour serrer les objets précieux. Ce genre de meuble était garni d'armatures en fer d'un grand prix, surtout pour le fini de la main-d'œuvre.

Tables. *Tabulæ.* — I table parée d'or et d'argent; II grandes et II petites de même matière; une VI° de bois de cyprès parée d'or. Ces objets n'appartiennent qu'à l'inventaire de 831.

Il serait difficile de préciser l'usage de ces tables ; serait-ce une espèce d'*antipendium*, carré oblong, se plaçant devant des autels pour les décorer en certains jours, ainsi que semblent l'indiquer quelques inventaires ? Serait-ce plutôt des tableaux portant au milieu des reliques de saints, comme on en signale dans la vie de saint Benoît d'Aniâne ? Faut-il y voir des crédences pour déposer certains objets pendant les offices ? Notre texte permet ces interprétations et peut-être d'autres encore, mais la première est la plus vraisemblable.

Crosses. *Baculus.* Une crosse d'un grand prix, où l'or et l'argent rehaussent la beauté du cristal. Une autre crosse de cristal en préparation.

Sous le nom de *baculus*, on peut entendre le bâton d'honneur porté par le grand chantre à différentes époques, mais plutôt la crosse abbatiale, signe de la puissance spirituelle : car dès les temps les plus anciens, on met la crosse dans les mains des évêques et des abbés.

Avant de mourir, saint Colomban se séparant de son disciple saint Gall, à la suite de quelques difficultés, recommande de lui envoyer son bâton en signe de réconciliation. Dès le VII° siècle, la liturgie de la bénédiction abbatiale renfermait le rite de la tradition de la crosse. On remarque en outre que l'investiture se donnait souvent par le bâton pastoral. L'abus que réprouve l'Eglise ne touche pas la question que nous traitons ici, mais confirme notre explication. Dans la cérémonie de l'abdication, l'abbé remettait la crosse entre les mains de celui dont il la tenait, et dans les dépositions ignominieuses on la brisait sur la tête du coupable.

On conserve à la bibliothèque de Versailles deux crosses de cristal de roche d'un travail admirable. La main de l'artiste a décoré et les nœuds et les volutes elles-mêmes (2).

La crosse n'était point un soutien, ainsi que l'ont affirmé certains liturgistes à qui toute explication mystique inspire du dédain, mais bien un emblème de puissance et de juridiction spirituelle.

Un couteau d'or paré de pierres précieuses. En 831, IV couteaux d'argent. — Quel pouvait être l'usage de ces couteaux ? on ne l'indique pas dans les ouvrages litur-

(1) Le texte de la Chronique porte *Arcæ* nous croyons qu'on doit lire *Arcæ*

(2) *Dict. d'Arch. Sacrée*, au mot *Crosse*.

giques. Il est probable qu'on s'en servait pour couper les eulogies qu'on distribuait aux pèlerins.

BAUDRIER. BALTEUS. — Ceinture d'or d'un grand prix, rappelant sans doute quelque fait spécial, quelque miracle signalé. Les ceintures des moines, dit Du Cange, se nommaient aussi *baudriers*. Mais on ne pourrait supposer que la règle de saint Benoît eût toléré le luxe d'une telle ceinture. Mentionné par saint Angilbert, ce baudrier d'or ne reparaît pas dans l'inventaire de 831.

AUMÔNIÈRE. PUNGA. — Bourse parée d'or. On y déposait, dit Du Cange, l'argent destiné aux aumônes. Il y en avait dans les églises comme chez les particuliers. Les collections et les musées conservent un grand nombre d'aumônières. La délicatesse du travail le dispute à la richesse de la matière.

CLEFS D'OR. Sous saint Angilbert : I clef d'or. II clefs d'argent et I clef de cuivre doré, en 831.

La liturgie demande une clef d'or ou au moins une clef dorée pour fermer le tabernacle où repose la réserve eucharistique. Nos pères, comme on le voit ici, nous ont laissé de belles traditions.

ÉCRITOIRE. TABLETTE. — I écritoire d'argent paré d'or : I tablette d'ivoire richement parée d'or, d'argent et de pierres précieuses, pour recevoir l'écriture. Etait-ce le diptyque sur lequel on avait écrit les noms des saints, des bienfaiteurs, des vivants et des trépassés, dont on faisait mémoire pendant le saint sacrifice? Cette tablette n'avait-elle d'autre destination que de recevoir des écritures passagères ? Nous permettons de choisir entre ces deux hypothèses.

SEAUX. SITULI. — II seaux d'argent. On en comprend l'usage ; ils devaient, comme aujourd'hui, contenir l'eau bénite dont on use en certaines cérémonies.

CLOCHES ET CLOCHERS. — Saint Angilbert parle de plusieurs sortes de cloches. Du temps de Durand, on en distinguait six espèces : 1° *Squilla* ou *scilla*, cloche du réfectoire ; 2° *Cymbalum*, cloche du cloître ; 3° *Nola*, cloche du chœur ; 4° *Nonula seu dupla campanula*, cloche de l'horloge ; 5° *Campana*, cloche du *campanile* ou clocher ; 6° *Signum*, cloche de la tour.

De ces diverses cloches, deux espèces méritent notre attention, la *campana* que la Chronique confond avec le *signum* et la *scilla*.

XV cloches très-mélodieuses sont placées dans trois campaniles parés d'or. Chaque cloche porte un anneau à l'extrémité de la corde qui la met en branle : v de ces anneaux sont en argent, VII en fer, III en laiton.

Le Pape Etienne III avait fait élever en l'an du Seigneur 770, sur la basilique de saint Pierre, une tour qu'il couvrit en partie de lames d'or et de lames d'argent. Il y plaça trois cloches pour appeler les clercs et les fidèles à l'office divin (1). N'est-ce pas

(1 Du Cange, *Glossaire*, au mot *Campana*.

ÉVANGÉLIAIRE DE St ANGILBERT.

CHAPITRE VIII.

là ce que saint Angilbert a voulu imiter; car il édifia aussi trois campaniles pour recevoir les cloches destinées à annoncer les offices.

Nos grands et majestueux clochers n'ont été bâtis que dans la suite, pour recevoir d'énormes bourdons de dix à quarante mille livres. Au temps de Charlemagne, les cloches étaient petites ; on les logeait facilement dans des campaniles accolés aux tourelles où à d'autres parties de l'édifice.

Aux cloches, il faut ajouter IV *scilles*, dont une d'argent. Sous le nom de scille, que Durand appelait la cloche du réfectoire, nous croyons qu'il faut lire ici la cloche du chœur ou même l'horloge. On voit dans la légende de saint Guillaume, que Charlemagne offrit une petite cloche d'argent qu'on suspendit à la voûte de l'église, près d'une belle fenêtre vitrée. Elle annonçait chaque heure du jour, et charmait les oreilles et les cœurs de ceux qui pouvaient entendre sa douce mélodie.

ÉVANGÉLIAIRES. — I évangéliaire écrit en or, avec des tablettes ou couvertures d'argent admirablement parées d'or et de pierres précieuses ; 1 autre évangéliaire complet. L'inventaire de 831, mentionne les mêmes évangiles et y ajoute un coffret d'argent fabriqué exprès pour les serrer.

On appelle évangile plenier celui qui contient le texte des quatre évangiles dans un seul volume. Remarquons ici qu'on se contentait quelquefois de copier les passages qui se chantent dans l'église aux messes solennelles et que d'autres fois on séparait les divers récits pour former un volume avec chaque évangile. Ceux de saint Angilbert étaient complets.

L'Évangéliaire de Centule est un monument précieux de l'archéologie du IXe siècle. Il a été décrit plusieurs fois, notamment par Dom Grenier (1) et par M. de Belleval (2). Nous reproduisons les observations du savant bénédictin, parce qu'il a vu l'Évangiliaire dans toute sa splendeur et avant les mutilations de la Révolution.

« Livre des Évangiles saints Mathieu, Marc, Luc et Jean. Grand in-4°, dans le trésor de l'abbaye de Saint-Riquier, écrit sur deux colonnes en lettres d'or, sur vélin pourpré très-beau et très-bien conservé. »

« Les évangiles sont précédés d'un prologue général, d'une lettre de saint Jérôme au pape saint Damase : *Novum opus*; d'un autre, d'Eusèbe : *Carpiano fratri sic incipit* : *Ammonius quidem Alexandrinus* ; enfin de dix canons ou concordances. Chaque évangile est précédé d'un prologue et d'un sommaire. »

« Les titres des prologues et des évangiles sont en lettres romaines minuscules, mêlées de quelques lettres conjointes. Les lettres grises fond d'or sont ornées de figures en couleur de trois natures : rouge, bleue et verte, le tout renfermé dans un encadre-

---

(1) *Tom.* XXVII, *folio* 119 — *(Cité aussi par M. Prarond, Saint-Riquier, page* 205 *)*

(2) *Mémoires de la Société d'Emulation d'Abbeville* (1836).

ment. On voit à la tête de chaque évangile, le tableau de l'évangéliste avec ses attributs (1). »

« Le texte est une écriture caroline dans le goût du livre des évangiles de saint Médard de Soissons (2), si même elle ne la surpasse. Les mots sont séparés et les phrases séparées par des points et des points et des virgules : ce qui annoncerait le règne de Louis-le-Débonnaire. »

« On croirait reconnaître la manière de teindre le vélin, qui était de mettre une feuille de vélin entre deux pièces de toile imbibées de cette couleur, que l'on mettait sous la presse. En effet, plusieurs sont encore empreintes de la tissure de la toile. »

« L'évangile saint Jean est fruste et finit à cette exclamation de saint Thomas : *Respondit Thomas et dixit ei Dominus meus et Deus meus.* »

« Suit un cahier de vélin ordinaire de dix feuillets écrits aussi en lettres d'or, avec les titres en lettres rouges ; il comprend : *Breviarius lectionum anni circuli*, dont il n'y a qu'une page et demie écrite comme le texte sur vélin pourpré. Le reste est en caroline cursive. »

« La reliure répond à la beauté du texte : elle est en ais de bois, couverte d'une feuille d'argent où est représenté saint Jean en ronde bosse, au-dessous est un reliquaire qu'on dit être de saint Jean, aux quatre coins de ce tableau sont quatre petits carrés en argent d'un pouce d'épaisseur, où est représenté en bosse saint Jean sur la poitrine de Notre-Seigneur, tenant le calice, ressuscitant une femme, et dans la cuve. »

« Les armes de l'abbé qui a fait faire cette couverture sont au-dessus de ce tableau : il portait de sable au chevron d'or à trois gerbes, deux et une d'or aussi (3). »

Ces armes sont celles d'Eustache Lequieux. La chronique de dom Cotron, dans le

---

(1) Il suffit, disait M. Rigollot, il y a quelques vingt ans, de jeter les yeux sur la figure de saint Mathieu, pour y reconnaître un grand style. Mais il en est de ce dessin, comme de la plupart de ceux dus à cette école. Son mérite est dans l'ensemble plutôt que dans les détails, qui manquent de correction et de vérité. Cette miniature est du reste une des plus belles que nous connaissons de cette époque. Elle offre un excellent spécimen de l'art byzantin : on pourrait comparer les figures des évangéliaires de Saint-Médard de Soissons et de la Bibliothèque de Trèves, manuscrit connu sous le nom de *Codex aureus*. (*Mémoires des Antiquaires de Picardie*. Tom. III, pag. 301.)

Les miniatures de l'Évangéliaire de saint Angilbert, copiées par M. l'abbé Dergny, ont été reproduites en grand dans la nouvelle Chapelle Romane du petit séminaire de Saint-Riquier, aux angles des quatre piliers qui supportent la coupole.

(2) On lit encore dans D. Grenier (*Ibid.*)

« On a écrit avec la pointe d'une épingle ou d'une *épiule* : Antoine Lebrun, procureur à Corbie. — Marguerite Lefebvre. — Jehanne de Helsel, 1627. Ailleurs Nicolas Lefebvre. — Marguerite Des Prés. — 1627. Jacobus de Louvencourt, 16.., pense que ce manuscrit était entre les mains de ces personnes demeurant à Corbie ; pour lors viendrait-il de Corbie ? » Le savant bénédictin se trompe ici. Tous ces noms appartiennent à la ville de Saint-Riquier ou à des visiteurs.

(3) L'évangéliaire de Saint-Médard de Soissons a été offert, en 828, au monastère, par Louis-le-Débonnaire — *Textus sacrorum Evangeliorum aureis characteribus exaratum laminisque ejusdem metalli absque admixtione cujusque materiæ inclusum.* — Le P. Lecointe, *Annales*. Tom. VIII, pag. 43.

chapitre consacré à cet abbé, parle ainsi des couvertures de ce volume, si précieux par son antiquité comme par ses décorations. « L'évangéliaire donné à saint Angilbert par Charlemagne fut revêtu de nouvelles plaques d'argent. Sur l'une des plaques, il plaça en relief une petite statue de saint Jean, admirablement ciselée et d'un très-grand prix. On avait placé au-dessous une relique de cet apôtre, enchâssée dans un cristal. Les femmes enceintes qui venaient la toucher et la baiser recevaient un secours surnaturel et éprouvaient du soulagement. »

Depuis saint Angilbert, la convoitise des déprédateurs qui se sont succédé, a porté des mains sacriléges sur l'évangéliaire environné de tant de respect. Les pieux enfants de Centule durent subir une plus grande violence, quand on leur ravit la propriété du principal trésor de leur monastère, avant même de les forcer de le quitter. Ce chef-d'œuvre d'écriture caroline, fait maintenant l'ornement de la bibliothèque d'Abbeville. « Hélas, dit M. Prarond, nos yeux peuvent encore se reposer sur l'évangile d'Angilbert. Mais les ais d'argent et les pierres ont disparu. »

Sur le vélin précieux étaient écrites les paroles de la sagesse divine, et l'on sait que nos pères honoraient la parole de Notre-Seigneur Jésus-Christ comme son propre corps. Rien d'étonnant que l'orfévrerie eût prodigué sur les couvertures tout ce qu'elle réalisait de plus parfait avec l'or, l'argent et les pierreries.

Un évangéliaire de la Sainte-Chapelle portait sur sa couverture en lames d'or trente-cinq saphirs, vingt-quatre rubis, trente émeraudes et cent quatre perles (1). C'est avec raison, dit le mystique abbé Rupert, que les livres de l'évangile sont décorés d'or, d'argent, de pierres précieuses ; car en eux reluit l'or de la sagesse céleste ; en eux brille l'argent d'une éloquence fondée sur la foi ; en eux éclatent les pierres précieuses des miracles, de ces prodiges opérés par les mains du Christ, qui, selon la parole du divin cantique, sont d'or et pleines d'hyacinthes.

ORNEMENTS SACERDOTAUX. LEURS DIVERS TISSUS. — Parmi les étoffes employées alors pour les ornements sacerdotaux, signalons d'après nos inventaires : 1° les tissus de soie de diverses nuances et de diverses fabrications, comme les soies de Perse, la soie noire, la pourpre, la soie jaune ou *gane,* la soie blanche ; 2° le cendal, espèce de tissu de toile sur une trame de soie ; 3° des étoffes de couleur de coing ou d'or, peintes avec des larmes d'un arbre qui distille un baume odoriférant nommé styrax ; 4° des étoffes de couleur de châtaigne et d'une couleur qui ressemble à un poisson : *de castanea, de pisce ;* 5° des étoffes brodées sur or, argent, soie : 6° des draps ou étoffes de laine de divers pays, connues sous les noms de *Brandea, Platta.*

Ainsi, au IX° siècle, comme aujourd'hui, avec plus de luxe même qu'aujourd'hui, on employait pour les ornements d'église toute espèce de tissus de fil, de soie, de laine, d'or et d'argent, avec les broderies les plus variées. L'art d'enrichir les étoffes par des

(1) *Diction. d'Orfévrerie,* au mot *Couvertures de Livres*

dessins de tout genre avait été porté à un degré de perfection que nous pouvons à peine égaler. On cite certains manteaux offrant quelquefois jusqu'à six cents figures historiées de la vie entière de Notre-Seigneur avec une incroyable variété de faits, de miracles et de personnages (1).

Les fabriques de l'Orient étaient renommées pour ces travaux. Les églises de Rome en étaient remplies. Il s'en faisait un commerce extraordinaire dans l'empire de Charlemagne. De riches cargaisons arrivaient de Byzance et des extrémités de l'Asie, transportées à travers les déserts par de hardies caravanes de négociants, ou par la Méditerranée et la mer Rouge, et circulaient dans toute l'Europe. Quelques restes de ces étoffes anciennes trouvées dans des tombeaux ou des sacristies, recueillies dans des musées, décrits dans des bulletins d'archéologie, nous prouvent qu'en plein moyen-âge l'art antique avait conservé toutes ses splendeurs et tout son luxe.

Chasubles. — Saint Angilbert énumère les chasubles de diverses étoffes et de diverses couleurs, et en porte le nombre à LVII ; on en compte LXXXII, en 831.

La chasuble qui enveloppait le corps tout entier, sans autre ouverture que celle de la tête et qui avait reçu le nom de *casula*, petite maison, était enrichie d'orfrois brillants, que la liturgie du temps appelle *auroclavæ, aurophrygium*. Ces orfrois ou bandes, semblables au *pallium* des archevêques, recevaient les ornements les plus variés et les broderies les plus délicates. C'est à une époque assez récente que l'ample chasuble du moyen-âge a été abandonnée pour les formes actuelles, beaucoup moins gracieuses et moins dignes de la majesté de nos redoutables mystères (2).

Chappes. — Au vestiaire religieux de saint Angilbert, cc chappes : en 831, CCLXXIX.

La chappe, vêtement alors commun aux hommes et aux femmes, aux laïcs et aux ecclésiastiques, aux moines sous le nom de *cuculle* ou coule, servait aussi dans les cérémonies liturgiques, surtout pour les processions extérieures, d'où dérive le nom de *pluviale* qu'on lui donne fréquemment, parce qu'elle était destinée à garantir de la pluie. Quoique empruntée aux usages de la vie civile, la chappe religieuse reçut, dès les temps les plus anciens, son ornementation qui le disputait à celle de la chasuble. On voyait sur les orfrois et les brillants chaperons des images de saints avec leurs baldaquins, leurs emblèmes traditionnels, des scènes évangéliques et légendaires, des broderies d'or et de soie.

Dalmatiques. — Inventaire de saint Angilbert, XXIV dalmatiques en soie. Inventaire de 831, XXXII dalmatiques.

La dalmatique du moyen-âge représentait une croix; elle avait une manche large du côté droit et de grandes franges du côté gauche.

Etoles. — V étoles, dit saint Angilbert, avec parements d'or (3).

---

(1) *Dict. d'Arch. Sacrée*, au mot *Etoffe*.
(2) *Ibid.*, au mot *Chasuble*.

(3) On n'en fait pas mention dans l'Inventaire de 831.

CHAPITRE VIII.   177

Dans les monuments du ix° siècle, l'étole nous apparaît constamment sous la forme d'une bandelette étroite, ornée de croix, enrichie de broderies de toute espèce, assez semblable à celle qu'on remarque sur l'iconographie byzantine.

AUBES ET AMICTS. — On trouve dans le premier inventaire VIII aubes parées avec leurs amicts, CCXL aubes de lin; dans le second, elles ne sont pas dénombrées.

Dès la plus haute antiquité, les évêques, les prêtres, les clercs de tous les ordres sont revêtus de l'aube, tantôt simple, tantôt parée avec magnificence, comme on le remarque sur les verrières, sur les pierres tombales des évêques et des prêtres. C'est aux manches et aux parties inférieures qu'on applique les broderies d'or et d'argent.

Les Anglais ont excellé dans l'ornementation des amicts, comme on peut s'en convaincre par les inventaires que Dugdale a fait des monastères de ce royaume.

Saint Gervin, abbé de Saint-Riquier, reçut de la reine Edith un amict d'un très-grand prix. Gui, évêque d'Amiens, fut ébloui de la magnificence d'un ornement destiné à un abbé qui avait fait vœu de pauvreté. Pour l'obtenir, il donna au saint le personnat des autels d'Argubium et de Montigny. On ne voit pas du reste que l'usage de l'amict soit beaucoup antérieur à l'époque de Charlemagne (1).

FANONS ET MANIPULES. — Sous ces noms les anciens liturgistes comprenaient les corporaux et les manipules.

D'après Ducange, on appelle *fanones ad offerendum*, ceux dans lesquels on enveloppe le corps de Notre-Seigneur, ce que nous désignons sous le nom de corporal.

D'après Raban-Maur, le fanon serait la serviette que les clercs tenaient à la main pendant le sacrifice, afin que le peuple reconnût les ministres sacrés, servant à la table du Seigneur. Notre inventaire appelle ces sortes de linges *fanons manuels*. Saint Angilbert parle de X fanons d'étoffe parés d'or. En 831, on voit XIV fanons parés d'or pour le sacrifice, III *de brandeo*, XV d'étoffe, II fanons manuels parés d'or. On les remplaçait déjà, en 831, par d'autres linges, qui portent le nom de *facitercula* ou *touaille* pour essuyer la figure, ce que nous appelons tout simplement un mouchoir.

SAIES OU VOILES POUR LA PATÈNE. — V saies en étoffe, en 800; IV saies, en 831, pour porter la patène.

ÉVENTAIL. FLABELLUM (2). — En 831, I éventail paré d'or, I en étoffe.

Le *flabellum*, d'origine grecque, fut longtemps usité dans la liturgie gallicane. Il a disparu de nos cérémonies, mais il est encore en usage chez les Grecs, au moins comme vestige des anciennes coutumes.

Le *flabellum* ou éventail est souvent mentionné par les auteurs ecclésiastiques. Dans les pays où les mouches abondent pendant les chaleurs, il préservait les saintes espèces et le célébrant lui-même du contact de ces rôdeurs importuns. Plusieurs dessins représentent le diacre tenant le *flabellum* à la main et s'en servant à l'autel. Les

(1) *Chron. Cent. Lib.* IV. *Cap.* XXII.

(2) *Flabellum*. La chronique a écrit *Capellum*. Ce mot a été substitué par erreur à celui de *flabellum*.

significations mystiques étaient écrites sur cet instrument. Elles observent que, pendant qu'on chasse les mouches qui descendent sur le sacrifice, le prêtre ne doit pas oublier d'éloigner, avec l'éventail de la foi catholique, les tentations qui viennent assaillir l'esprit.

Froc ou Rochet. *hrocci.* — En 831, xvi frocs de soie, xi de laine, i de soie blanche, ii de soie de Perse, i froc pectoral.

Une note de D. Luc d'Acheri ramène le mot latin à celui de froc. Ducange traduit par le mot *roch* sans donner de désignation. C'est peut-être la même expression sous diverses consonnances. Les interprètes voudraient y voir un vêtement extérieur qu'on plaçait au-dessus des autres. Notre rochet et notre surplis, sous une forme plus moderne, ne représenteraient-ils pas ce vêtement ecclésiastique ?

Gants. — En 831, i paire de gants : *Wanti castanei*, parés d'or, i paire en toile de lin.

Les gants brodés d'or ou d'argent étaient réservés dans les cérémonies religieuses aux évêques. Les abbés ne s'en servaient que lorsqu'ils avaient obtenu le privilége des ornements pontificaux ; cette mention du trésor abbatial ne prouverait-elle pas les priviléges pontificaux accordés à saint Angilbert, et ne confirmerait-elle pas la bulle de concession, contestée par quelques auteurs ?

Mobilier d'église. — Au temps de saint Angilbert, son église possédait lxxviii tapis ou tapisseries d'une très-grande beauté, v coussins en tapisserie. En 831, on énumère également lxxviii tapis, lxix vêtements ou tentures, i revêtement en tapisserie parée, pour le sanctuaire, i en lin orné de tapisserie pour couvrir la table de l'autel, vi tapis, iii courtines, iv bancs recouverts de soie, x coussins de soie : il faut y ajouter le vêtement dominical ou du Seigneur, en lin.

Les tentures sont appelées ordinairement *pallium, vestimentum*. Sous le nom de *pallium*, il faut comprendre tout à la fois et l'étoffe et les ornements variés dont la trame de l'ouvrier les a enrichis. Le mot de *vestimentum* s'applique et aux tentures suspendues le long des murailles, et aux étoffes servant à l'ornement de l'autel. La grande pale de l'autel de Saint-Riquier est appelée le *vêtement du Seigneur :* elle est tissée en lin et assez grande pour envelopper le calice et les espèces sacrées.

A cette époque, après la consécration, on couvrait tout l'autel pour cacher le calice et le pain consacré. Saint Grégoire de Tours parle d'une pale somptueusement ornée, offerte pour le service de l'autel. On l'a refusée, parce que le tissu paraissait trop léger et trop transparent.

Alcuin, dans ses petits poèmes pour les autels, célèbre la magnificence d'une église décorée de ses tapisseries et de ses tentures. « Les ornements de la nouvelle basilique, disait-il, sont nombreux. La trame de l'étoffe brille des reflets de l'or. Des tentures sont suspendues aux murailles, et les autels sont couverts de riches vêtements (1). »

---

(1) Cancellos, aras, voluit vestire metallis....
Pallia suspendit parietibus atque lucernas.

Addidit ut fleret lumen in æde sacrum.
Vers d'Alcuin, pour Saint-Vast d'Arras

CHAPITRE VIII.

Vers l'an 1060, saint Gervin offrit aussi à son église de Centule des tentures et des tapisseries d'un grand prix.

Les chroniques de cette époque célèbrent sans cesse la multiplicité et la richesse des tentures des églises. Suivant le règlement de Cluny, qui nous a été heureusement conservé, pour nous apprendre ce qui se faisait dans les communautés bénédictines, les murs, les bancs, tous les siéges préparés aux étrangers devaient, dans les grandes fêtes, se couvrir de tapisseries. Il n'était pas rare de voir une église ornée de tapisseries dans tout son pourtour. Celles qu'on montre dans nos cathédrales attestent à notre génération si froide et si indifférente pour le culte chrétien les inépuisables industries de nos pères pour décorer la maison de Dieu. Cette pieuse coutume de vêtir les murailles d'étoffes historiées ajoutait de nouvelles pages à celles qu'on lisait sur les fenêtres, sur le pavé. On ne laissait donc aux yeux, ni à l'esprit, aucune ressource pour se dérober à la présence des grands mystères de la religion.

COURTINES. — Les courtines se plaçaient autour du *ciborium*, sur le côté des autels, à l'entrée du sanctuaire, pour établir une barrière infranchissable à l'œil des simples fidèles, à l'heure du sacrifice. Il est souvent question de ces voiles mystérieux dans les Pères et les auteurs ecclésiastiques, chez les Latins comme chez les Grecs. Tissus de matières précieuses, brodées par les mains les plus habiles, rehaussées de pierreries, les courtines du *ciborium*, au nombre de quatre, retombaient souvent comme une immense draperie en replis ondoyants autour du Saint des Saints.

Le généreux abbé de Centule termine son inventaire par cette remarque très-importante : « J'ai fait travailler en plomb, en verre, en marbre et autres matières bien
« d'autres ornements ou objets mobiliers nécessaires aux Églises ; il serait trop long et
« trop fastidieux de faire ici l'énumération de ces ouvrages : leur valeur, d'après l'esti-
« mation de nos frères, s'élève au moins à 1,500 livres. » C'est presque un million de notre monnaie, si on estime à 65 francs la livre, au temps de Charlemagne, et plus de huit millions, si on l'évalue avec M. Guérard à 563 francs. Qu'on juge par cette observation de la valeur de la décoration complète et de la richesse d'une église du IX° siècle ! (1).

Mais n'est-ce pas un paradoxe que de soutenir que, dans ces âges de décadence, on puisse rencontrer de vraies œuvres d'art ? Nullement ; quel que soit le préjugé de certains auteurs contre l'art chrétien, on ne peut s'empêcher de reconnaître que le IX°

---

(1) Pénétré du sentiment de l'immensité divine à l'aspect d'une basilique, si vous approchez du Saint des Saints, n'est-ce pas en quelque sorte un monde nouveau qui s'ouvre devant vous. Sur votre tête sont suspendues de larges couronnes de lumières. Non loin s'épanouit le grand candélabre à branches. Au-dessus de l'autel s'élance le *ciborium*
où plane la colombe : la croix couronne le dôme. De riches voiles séparent les colonnes ; le devant de l'autel est une table d'or étincelante de pierreries et au fond du sanctuaire resplendissent en amphithéâtre les châsses des saints. — Le P. A. Martin *Mélanges d'Archéologie. Tome* I, *page* 10.

siècle possédait encore des ouvriers très-capables dans toutes les industries, qu'on travaillait les métaux les plus précieux avec une rare perfection. Qui ne sait que l'Italie, malgré ses désastres, n'avait jamais cessé d'être la patrie des Beaux-Arts et que ses artistes vivaient encore des inspirations des siècles les plus civilisés? Mais il n'y avait pas que les Italiens qui eussent conservé le secret du beau. On ne faisait pas difficulté de confier à des artistes gaulois des ouvrages d'un grand prix, s'il faut en croire ces vers :

> Quod nullus veniens Romana gente fabrivit
> Hoc vir barbarica prole peregit opus.

L'orfèvrerie de Limoges, illustrée au vii° siècle par saint Éloi, n'avait pas encore perdu sa réputation à cette époque de rénovation. De ses innombrables émaux, il nous reste des épaves estimées par les connaisseurs. Du reste, exiger que tous les travaux d'un siècle soient marqués du cachet de perfection des chefs-d'œuvre, c'est condamner d'avance la variété de ses œuvres d'art et sa fécondité. Nous ne pouvons non plus demander à nos pères les merveilles que les progrès de l'art moderne ont opérées dans certaines branches de l'ornementation. Il faut les juger d'après la somme des connaissances conservées en leur siècle et ne point les rendre responsables de toutes les imperfections de l'esprit humain.

Cette profusion d'or et d'argent que nous venons de signaler s'explique par l'abondance d'objets précieux mis en circulation après la découverte des trésors cachés par les Huns. La foi prodiguait ces trésors pour la maison de Dieu et les tombeaux des saints. Tous les inventaires de cette époque nous étonnent par des libéralités que la pauvreté des églises, après le pillage des Normands, ne saurait infirmer et que l'histoire ne peut contester (1).

Les offrandes au tombeau de saint Riquier nous représentent, d'après un dénombrement, la somme de 300 francs par semaine, soit annuellement 15,600 francs, ce qui, d'après l'estimation de M. Guérard, nous donnerait près de neuf millions. Mais quand on s'en tiendrait à l'évaluation commune (2), on dépasserait encore un million. C'est un chiffre très-respectable : si on y joint les revenus des vastes domaines du monastère, on ne sera nullement étonné de l'appréciation de saint Angilbert.

---

(1) Citons pour exemple les dons à Saint-Sébastien, au couvent de Saint-Médard de Soissons. « Ad hujus confessionem ex diversis provinciis, pià fidelium devotione, votivorum donorum tam ingens copia, ut ponderis numerique summam penè viderentur excedere; adeo ut octoginta quinque modiorum diversorum numismatum argenti cumulus excresceret, præter monilia virorum ac mulierum, missoria quoque diversi ponderis aliaque vasa; auri quo nongentarum librarum summa fieret. *Acta Sanctor. Boll.* — 20 *Janv. Translatio S. Sebastiani*, Cap. xii.

(2) D'après plusieurs auteurs, la livre valait sous Charlemagne 65 fr. 18 c. 05 mill.

Châteaubriand estime ces dons à près de deux millions de notre monnaie. Nous ne savons sur quelle base il fait ses calculs. — Voir *Analyse raisonnée de l'Histoire de France.*

CHAPITRE IX

Les divins offices. — Le *Laus Perennis*. — Les processions quotidiennes. — Les Communions générales. — Les grandes Litanies.

Les heures des offices sacrés et leur distribution sont connues de ceux qui ont étudié la règle de saint Benoît ; il n'entre pas dans notre plan de donner une analyse de cette règle. Nous voulons seulement signaler ici quelques coutumes du monastère, d'après les propres instructions de saint Angilbert ou d'après des traditions recueillies par ses successeurs.

« Le Seigneur, dit l'illustre Abbé, nous ayant fait la grâce de disposer convenable-
« ment notre monastère, c'était pour nous un impérieux devoir de régler tout ce qui
« intéresse la célébration des saints offices. Dans la splendeur des édifices, des marbres,
« des diverses décorations, éclate à nos regards la grandeur de la souveraine Ma-
« jesté ; combien par conséquent il est nécessaire que l'ordonnance du culte intérieur
« et nos cantiques spirituels contribuent à nous rendre agréables à Dieu, à attirer sur
« nous ses bénédictions ! » (1)

Pour atteindre cette fin, Angilbert avait décrété que son monastère recevrait trois cents moines au moins et que la règle de saint Benoît leur serait appliquée à tous sans distinction. Cent enfants devaient être admis aux écoles de Centule, à la condition de suivre la même règle et le même régime de vie que les moines et même d'assister à tous les offices du chœur (2). Les louanges de Dieu ne pouvaient être interrompues un seul instant de la journée ni de la nuit. Les moines étaient partagés en trois chœurs. L'un se tenait dans la tour occidentale devant l'autel du Sauveur ; le second au milieu de l'église devant l'autel de la Croix ; le troisième dans la tour orientale devant le trône de saint Riquier (3). Les trois chœurs chantaient ensemble les heures canoniales et les prières pour l'Empereur Charlemagne et la prospérité de son règne. Quand l'office public imposé par les coutumes monastiques était terminé, une partie des religieux se retirait pour vaquer à d'autres occupations, prendre la réfection corporelle et quelques heures de sommeil : ceux qui restaient à leur place chantaient des psaumes, séparément dans chaque chœur et d'une voix médiocre, et étaient relevés successivement à des heures déterminées.

(1) *Chron. Cent. Lib.* II. Cap. XI.

(2) Que faut-il entendre sous le nom de jeunes enfants admis à l'école de Centule ? Des novices ou des enfants de familles nobles instruits dans le monastère ? Le texte ne s'explique point. Nous pensons qu'il comprend les uns et les autres.

(3) D'après Gilbert *(Description de l'Eglise* de Saint-Riquier, *page* 48), cent religieux étaient attachés à chaque église. C'est une erreur reproduite dans nombre d'ouvrages qui ont suivi cette monographie.

Cette perpétuelle psalmodie du jour et de la nuit s'appelait *Laus Perennis*.

Cet usage n'était point particulier au monastère de Centule. Saint Angilbert ne l'a point créé, quoiqu'en disent plusieurs auteurs. Les historiens qui en parlent avec les plus grands éloges, établissent que le *Laus Perennis* remonte à une haute antiquité. Il existait à Saint-Denis, en 643, et le roi Dagobert avait richement doté le monastère pour participer aux fruits de cette incessante prière. Sigismond, fondateur du monastère d'Agaune, apprit, dit-on, par révélation d'un Ange, que la pratique du *Laus Perennis* associerait ses moines à la vie céleste des chœurs angéliques. Il serait trop long de citer ici toutes les communautés religieuses qui ont accepté cette héroïque discipline.

Aucune autre chronique ancienne n'a transmis de détails aussi circonstanciés sur cette coutume de la psalmodie perpétuelle (1) : il est possible que le mode ait varié selon les lieux ; mais ce qui nous paraît plus conforme aux usages de la vie cénobitique, c'est qu'on cherchait à faire pratiquer par le *Laus Perennis* la récitation quotidienne du psautier, tant prônée dans les chroniques anciennes. Ce que notre tiédeur n'exécute point sans peine en une semaine, bien des communautés d'hommes et de femmes l'accomplissaient en un jour, et même plusieurs fois par jour, labeur effrayant, qui paraîtrait au-dessus des forces humaines, si l'on ne lisait dans la vie de plusieurs saints qu'ils ont récité le psautier plusieurs fois par jour et même jusqu'à neuf fois, en accompagnant leur prière de rigoureuses macérations.

Remarquons, en passant, que dans l'inventaire de Saint-Riquier on ne compte que sept psautiers pour trois cents moines ; d'où l'on conclut qu'ils étaient parvenus à le posséder tout entier dans leur mémoire. C'est, dit D. Martène, un fait prouvé historiquement que les anciens moines savaient le psautier par cœur et chantaient sans livre. Saint Jérôme impose à son disciple Rustique l'obligation de le graver dans sa mémoire : nous voyons dans ses écrits que les moines d'Egypte apprenaient chaque jour quelque partie de l'Ecriture sainte : les plus fervents la savaient même toute entière.

Combien de temps a duré le *Laus Perennis* à Centule ? La chronique n'a point de réponse à cette question ; mais si cette pratique a continué jusqu'aux invasions normandes, tout nous prouve qu'il fut impossible de la rétablir à la suite de cet épouvantable désastre.

Après les offices des vêpres et des matines, tous les chœurs, à l'exception des psalmistes de chaque division, se rassemblaient devant la sainte Passion et commençaient une longue procession à travers les cloîtres On sortait par la porte saint Gabriel ; on

---

(1) Deux textes ont été rapprochés pour cette description. Celui d'Hariulfe, dit D. Mabillon, est aussi difficile à comprendre qu'à justifier. L'autre texte est celui de l'anonyme sur la vie de S. Angilbert.

Le célèbre hagiographe a remarqué qu'en cet endroit la chronique d'Hariulfe portait l'empreinte d'une écriture différente de celle de l'auteur, à partir du mot *quapropter* jusqu'à la fin du chapitre. Aucun autre écrivain n'a relevé cette interpolation. On n'a point non plus soulevé de doute sur l'existence du *Laus Perennis*, à Centule. Qu'il nous suffise de signaler cette mutilation. Le lecteur appréciera la valeur de ce témoignage.

passait par la *sala* ou palais abbatial, dans la partie occidentale du cloître, et on se rendait en chantant à l'église de Notre-Dame. On y récitait l'oraison du temps et ensuite on continuait la procession vers la partie orientale du cloître. Nouvelle station à saint Benoît : de là on remontait par les degrés des Arcades jusqu'à la chapelle de Saint-Maurice, où se trouvait une porte de la grande Église ; chacun reprenait alors sa place dans la basilique et dans le chœur auquel il appartenait (1).

Nous avons déjà remarqué qu'il se célébrait, tous les jours, au monastère de Centule, trente messes, sans compter les deux messes conventuelles.

Hariulfe omet à dessein divers règlements que le temps et la mobilité de l'esprit humain ont changés. Mabillon en a retrouvé une partie dans un manuscrit donné à la reine de Suède. Nous les reproduisons ici comme vestiges de l'ancienne discipline monastique.

Les saints jours de Pâques et de Noël, tous ceux qui assistaient à la messe dans l'église de Saint-Riquier recevaient la communion. Le célébrant la donnait aux moines et aux clercs. Deux prêtres accompagnés chacun d'un diacre et d'un sous-diacre distribuaient la sainte Eucharistie, d'un côté aux hommes et de l'autre aux femmes, afin que tous ayant reçu le divin sacrement en même temps, il leur fût donné de recueillir la grâce de la bénédiction du prêtre et d'entendre la fin de la messe. En outre, après la messe, deux prêtres placés à deux portes différentes communiaient les enfants qui descendaient des portiques supérieurs ; enfin ces deux prêtres se tenaient avec leurs ministres au bas des degrés de l'autel pour communier ceux qui ne s'étaient point présentés auparavant. Pour que tout pût s'accomplir selon le rite prescrit, il était réglé que quatre prêtres, quatre diacres et quatre sous-diacres assisteraient le célébrant.

Les grandes litanies de Saint Marc et les litanies des Rogations avaient un rite qu'on ne voit observé dans aucun autre monastère. Les processions des sept églises voisines étaient tenues de se réunir au monastère sous leur croix.

Quelles étaient ces églises ? Probablement les paroisses de la ville et les paroisses suburbaines. La ville abbatiale, avec sa population de douze à quinze mille habitants, possédait d'autres lieux consacrés au culte que les sanctuaires du monastère. Dans les redevances de l'abbaye on parle de quatre chapelles pour le peuple et de la chapelle des nobles. Il ne manquerait donc que deux églises suburbaines pour compléter le chiffre donné dans cette notice.

On se réunissait sur le parvis, en face de la tour de Saint-Sauveur. Après la prière préparatoire, tous se rangeaient en bon ordre : les hommes au nord, les femmes au midi, attendant que les moines et les écoliers fussent sortis de l'église. Celui qui portait le vase d'eau bénite marchait le premier, escorté de trois thuriféraires ; venaient ensuite les sept croix du monastère, suivies de la grande châsse. Trois prêtres marchaient de

(1) *Chr Cent. Ibid. Cap.* x — *Ann. Bened. Tom.* ii, *pag.* 332.

chaque côté, portant des châsses de moindre dimension. Puis suivaient les Diacres, sept par sept; après eux, les Sous-Diacres, les Acolytes, les Exorcistes, les Lecteurs (1); enfin les autres moines toujours par groupes septenaires, nombre sacré et mystique. S'ils avaient marché seulement deux ou trois de front, ils auraient bien rempli l'espace de mille pas. Après eux sept enfants portaient des torches et précédaient les députés de la noblesse, désignés par le doyen ou le prévôt et les dames les plus distinguées de la ville, qui marchaient aussi dans le même ordre.

Les sept croix des églises de la ville ou des faubourgs étaient suivies des enfants qui savaient chanter. Leurs chœurs redisaient l'oraison dominicale, le symbole des Apôtres et d'autres prières vulgaires. Après eux s'avançaient, sept par sept, les hommes et les femmes de chaque paroisse. Les infirmes et les vieillards fermaient la marche, à pied, s'ils en étaient capables, à cheval, si leur faiblesse ne leur permettait pas de parcourir un si long trajet.

Les conciles du temps, en réglant le cérémonial de la grande Litanie, retranchaient le luxe des habits et voulaient qu'on marchât pieds nus, sous le cilice et la cendre. Cette exception pour les infirmes et les vieillards nous montre combien on tenait à ces prières de pénitence, dont on se dispense si facilement de nos jours.

La procession traversait tout le monastère, sortait par la porte du côté du midi, suivait la voie publique le long des murs de clôture et revenait par la porte du nord. On jugera de la longueur de ce parcours par les chants publics. Après les antiennes, les psaumes et autres prières indiquées par le cérémonial, on chantait les trois symboles, l'oraison dominicale, la litanie gallicane, la litanie italienne et la litanie romaine (2); on finissait par le *Te Deum*. Après quoi commençait la messe solennelle, à l'autel de Saint Sauveur.

« Je crains, ajoute D. Mabillon, qu'on m'accuse de trop délayer ma matière dans une si longue exposition de ce rite, mais ces détails m'ont paru tellement curieux que les lecteurs désireux de connaître les usages anciens me les pardonneront facilement.» (3).

(1) Où l'auteur de l'Hist. d'Abbeville (Louandre. *Histoire d'Abbeville*. Tome I, page 61) a-t-il vu des bedeaux au milieu des clercs promus aux ordres mineurs?

(2) Voir ces litanies dans les œuvres d'Alcuin. La litanie romaine était celle de saint Grégoire qu'on chantait dans la procession de saint Marc; la litanie gallicane, celle des Rogations; elles différaient dans le nombre des invocations et les noms des saints.

(3) *Ann. Ben. Ibid.*

CHAPITRE X

Monastère du neuvième siècle avec toutes ses dépendances.

« Tous les bâtiments du monastère tel qu'on le voit aujourd'hui, disait saint Angil-
« bert, ont été réédifiés complètement par mes soins et par les largesses de l'Empereur
« Charlemagne. Tous ceux qui les habiteront dans la suite des siècles pourront ainsi
« servir Dieu avec joie et pleine sécurité, et y célébrer l'adorable sacrifice de la messe
« et les divins offices sans préoccupation. » (1).

Saint Angilbert avait, en outre, environné son monastère d'une muraille, mais sans y ajouter ni tours ni fortifications, ce qui dément une nouvelle fois l'appellation de la ville aux Cent Tours. Il n'est question de remparts qu'au commencement du xii° siècle, sous l'abbé Anscher, en pleine féodalité, à l'époque où les seigneurs et les possesseurs de grands domaines ne se croyaient en sûreté que derrière les forteresses crénelées et surmontées d'épaisses et hautes tours, d'où l'on pouvait braver les armes et les efforts de l'ennemi. La muraille du monastère en formait la clôture canonique plutôt que la défense. Elle aurait résisté à une attaque ou à une surprise, mais elle n'était point destinée à soutenir un siége en règle, comme on en fit une triste expérience sous les Normands.

Ce que nous venons de dire des processions des grandes litanies autour du monastère peut nous faire imaginer sa vaste étendue au ix° siècle. Celui de Corbie, pour ne citer ici qu'un nom connu de tous, avait encore, dans les derniers temps, un enclos de 27 journaux et l'on peut conclure de quelques observations sur ses écoles que l'enceinte primitive embrassait un plus grand espace de terrain. Ne pouvons-nous pas demander aussi pour le monastère de saint Angilbert les mêmes dimensions que pour les plus célèbres établissements religieux de la période carlovingienne?

« L'imagination, disait Chateaubriand dans une exquisse poétique qui ne manque
« pas de vérité, s'est représentée les possessions d'un monastère comme une chose sans
« aucun rapport avec ce qui existait auparavant : erreur capitale. Une abbaye n'était
« autre chose que la demeure d'un riche patricien romain avec les diverses classes d'es-
« claves et d'ouvriers attachés au service de la propriété et du propriétaire, avec les
« *villas* et les villages de leur dépendance. Le père abbé était le maître ; les moines,
« comme les affranchis de ce maître, cultivaient les sciences, les lettres et les arts. Les
« yeux même n'étaient frappés d'aucune différence dans l'extérieur de l'abbaye et de
« ses habitants. Un monastère était une maison romaine pour l'architecture, avec le
« portique ou le cloître au milieu, avec les petites chambres au pourtour du cloître. L'ha-

(1) *Chron. Cent. Lib.* ii. *Cap.* viii.

« billement des moines était celui de tout le monde. Les religieux ne nous paraissent
« aujourd'hui si extraordinaires dans leur accoutrement que parce qu'il date de l'époque
« de leur institution. L'abbaye acquit par la loi féodale une sorte de souveraineté ; elle
« eut sa justice, ses chevaliers, ses soldats, petit état complet dans toutes ses parties et
« en même temps ferme expérimentale, manufacture et école. » (1).

La règle de saint Benoît renferme une prescription très importante. Elle veut que, toutes les fois que cela est possible, le monastère soit construit de manière à renfermer dans son enceinte ce qui est nécessaire aux besoins de la vie, comme l'eau, le moulin, la boulangerie, les jardins, que les diverses professions auxquels on applique les moines s'exercent dans l'intérieur de la clôture, afin que personne n'ait, au grand détriment de son âme, des raisons ou des prétextes pour se répandre au dehors. Cette prescription fondamentale de la vie cénobitique était sans cesse rappelée aux moines, pour les préserver de la dangereuse tentation de violer l'étroite obligation de la clôture (2).

La description du monastère de saint Angilbert, toute abrégée qu'elle soit dans la chronique, nous paraît reproduire fidèlement ce plan d'un monastère bénédictin.

Les constructions principales, disposées en triangle, appuient leur base sur l'église de Saint Sauveur et de Notre-Dame et leur sommet à la chapelle de Saint Benoît à l'Orient. Trois corps de bâtiments se prolongent d'une église à l'autre (3). Tous les arts et travaux s'exécutent dans l'enceinte de la clôture. L'eau de la rivière du Scardon alimente le moulin et le fait tourner dans l'intérieur du monastère (4).

On a mesuré l'étendue de ce triangle scalène et on a supputé un développement de cloître de 600 mètres environ, avec un préau de 13,352 mètres carrés, soit un hectare 33 ares ou trois journaux et 16 verges de la mesure du pays.

Le monastère préparé pour trois cents moines réclamait cette étendue de bâtiments et de cloître ; car dans les processions quotidiennes d'une église à l'autre, tout le cloître était occupé par les longues évolutions des moines, marchant sur deux rangs, à des distances égales.

Nous n'aurions pas une idée suffisante du monastère de Saint Angilbert, si notre description s'arrêtait là : il est vrai que Hariulfe n'ajoute rien de plus, mais il nous reste un plan complet du monastère de Saint-Gall, bâti, dit-on, sur les dessins d'Eginard, intendant des palais de Charlemagne. A l'aide des données qu'il renferme et de

---

(1) *Génie du Christianisme.*

(2) *Règle de saint Benoît*, chap. LVI.

(3) Les murs de construction de cette époque sont en pierres calcaires de bonne qualité, unies par un ciment très-résistant, composé de chaux forte et visqueuse et de sable. A la partie supérieure on voit des fenêtres garnies de vitres. Toute la charpente est en bois de chêne choisi et très-dur. Des poutres très-solides sont placées dans diverses directions. Des tuiles sont fixées à la toiture avec des clous. *Spicileg.* Tom. 3, pag. 238.

(4) Monasterium, secundum decretum Regulæ Sanctissimi Benedicti, ita dispositum fuit, ut omnis ars omneque opus necessarium intra loci ambitum exercerentur. *Chron. Cent. Lib.* II. *Cap.* VII.

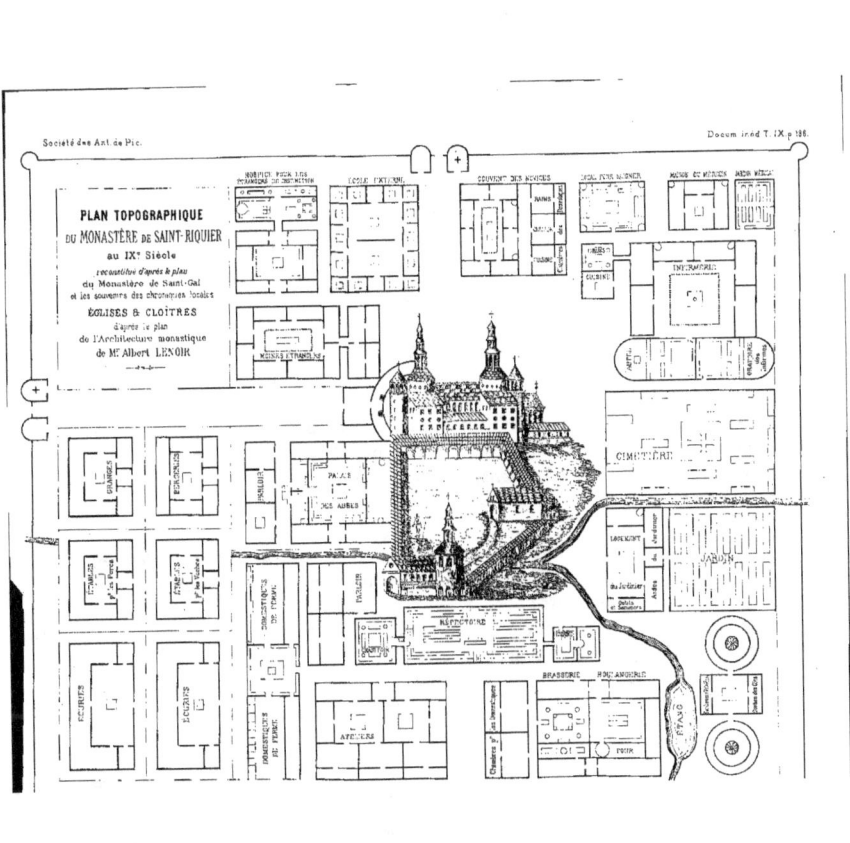

quelques textes de nos chroniques nous allons rétablir le monastère de Centule avec ses dépendances et ses annexes (1). Au centre, les Eglises sont environnées des bâtiments claustraux comprenant les Sacristies, le Chapitre, la Bibliothèque, le *secretarium* ou *scriptorium*, les dortoirs avec vestiaires, le réfectoire auquel se relient les cuisines, les celliers et les salles de bains. Au sud-ouest, on peut placer le chauffoir, le parloir, le palais de l'abbé, à peu de distance de l'hospice des pauvres, et plus loin une vaste cour de ferme, avec des écuries et des logements pour les serfs de l'abbé. Au midi, après les édifices claustraux viennent les ateliers, la boulangerie, la brasserie avec des chambres, un vivier. A l'est on voit la cour des volatiles de diverses espèces, le jardin, le cimetière. Vers le nord, le jardin pharmaceutique est contigu à l'habitation des médecins et à l'infirmerie. Au nord, tout l'espace derrière la grande Eglise est occupé par le monastère des novices, l'hôtel où sont reçus les personnages plus distingués et l'hôtel des moines étrangers.

Entrons maintenant, dans quelques détails, d'après la description du monastère de Saint-Gal et les traditions locales. Nous ne suivrons guère, du reste, qu'un ordre imaginaire, en indiquant successivement les offices de la communauté (2).

Le Cloitre, *claustrum*, sanctuaire impénétrable du monastère dans lequel les moines seuls ont accès et où sont placés tous les offices nécessaires à la vie commune, nous offre des promenoirs ou portiques au rez-de-chaussée et d'autres promenoirs supérieurs communiquant avec l'église, aussi bien que les inférieurs. Les promenoirs sont soutenus par des arcades cintrées, s'ouvrant sur le préau planté d'arbustes et semé de gazon. Au milieu on voit la *savina* ou réservoir d'eau. Le promenoir se développe aussi devant l'Eglise dans une plus grande largeur pour une circulation plus active: Le cloître sert aux conférences religieuses ou pieuses conversations, quand la règle le permet, aux lectures ou aux méditations que le moine peut faire aux heures du silence (3).

Le Parloir. A l'extrémité du cloître vers l'ouest ou la porte d'entrée il convient de placer le parloir, où l'on reçoit les étrangers qui ont obtenu la permission de visiter les moines et de s'entretenir avec eux.

Le Chauffoir. Dans les régions septentrionales ou les pays de montagnes, il était impossible. quelqu'austère qu'on suppose la vie monastique, de se priver constamment de la chaleur réparatrice d'un foyer et de ce qu'on appelait *caminus ad calefaciendum*.

Les Dortoirs et les Vestiaires destinés à trois cents religieux occupaient aisément l'étage de plusieurs façades des bâtiments claustraux.

---

(1) Le plan du monastère de Saint-Gall est reproduit dans les Annales Bénédictines. *Tom.* II, *pag.* 572, et dans le Bulletin Monumental, *Vol.* XXIV *de la Collection.*

(2) Offices, en latin *officina*.

(3) Des vers latins indiquaient ordinairement dans les monastères la destination de chaque lieu. Nous reproduisons quelques-unes des plus caractéristiques, d'après le Bulletin Monumental. Voici celui du cloître :

𝔖𝔦𝔠 𝔭𝔦𝔞 𝔠𝔬𝔫𝔠𝔦𝔩𝔦𝔲𝔪 𝔭𝔢𝔯𝔱𝔯𝔞𝔠𝔱𝔢𝔱 𝔱𝔲𝔯𝔟𝔞 𝔰𝔞𝔩𝔲𝔟𝔯𝔢.

Le Réfectoire était une vaste salle entre l'Eglise Notre-Dame et la chapelle de Saint Benoît, avec des bancs disposés autour des murailles : *sedes in circuitu*. A une extrémité la table de l'abbé ; au centre une table d'honneur pour les hôtes admis à partager le frugal repas des moines ; vis-à-vis de cette table, l'estrade ou *analogium*, d'où un moine faisait une lecture spirituelle pour nourrir l'âme en même temps que le corps. Des vers gravés sur la muraille rappelaient à ces pauvres volontaires de Jésus-Christ leur devoir de reconnaissance envers Dieu et de charité envers leurs frères dépourvus même du nécessaire.

La Cuisine s'ouvrait à l'extrémité du réfectoire (1). Elle appartenait tellement aux religieux qu'on ne permettait à aucun des serviteurs du monastère d'y entrer : on recevait par un guichet tout ce qu'ils apportaient et on leur livrait de même tout ce qui sortait de ce lieu. Les moines étaient chargés, chacun à leur tour, de travailler à la cuisine pour la préparation des aliments et les soins de propreté ; on sait que saint Bonaventure reçut à la cuisine le nonce du pape, qui lui apportait les insignes du cardinalat. De vastes greniers au-dessus de la cuisine servaient de magasins pour les provisions, pour les légumes, pour les conserves de toute nature.

La suite des appartements qu'on rencontrait de la chapelle Saint Benoît à l'Eglise Saint Sauveur nous paraissent convenir à la bibliothèque, au *scriptorium*, au chapitre.

La Bibliothèque. Arrêtons nous un instant à considérer non l'édifice, mais l'importance d'une bibliothèque pour les moines. Après le trésor des saintes Reliques, des ornements sacrés et des vases précieux destinés au saint sacrifice, ils ne connaissaient rien de plus nécessaire. Pour acquérir un manuscrit convoité on faisait et de longs voyages et des dépenses somptueuses : car les livres se vendaient cher alors et s'échangeaient même contre une grande quantité de denrées communes. Aujourd'hui l'imprimerie multiplie et répand les écrits de toute nature avec une prodigieuse facilité ; avant cette révélation du génie qui changea la face du monde, un ouvrage ne s'ajoutait à une bibliothèque que par le travail patient d'un habile écrivain. Aussi était-ce une merveille que de posséder quelques centaines de volumes.

Saint Angilbert, dans son inventaire, compte CC volumes : en 831 on en avait rassemblé CCLVI (2). Plusieurs renfermant différents ouvrages dans un même tome, le nombre des ouvrages aurait pu être évalué à cinq cents au moins. Ce sont là, dit Hariulfe, les richesses du cloître, la table somptueuse où les âmes se nourrissent de mets délicieux et solides qui entretiennent la vie spirituelle. Grâce à leur bibliothèque, les moines de Centule avaient droit de s'approprier cette salutaire maxime :

Ama scientiam scripturarum et vitia non amabis.

---

(1) *Hic victus fratrum cura tractetur honesta.*

(2) M. Boutaric a négligé de vérifier ses citations lorsqu'il a écrit · « Au xi° siècle, Hariulfe, abbé de · Saint-Riquier, avait largement doté son monas-

CHAPITRE X.

On nous a conservé le catalogue complet de cette bibliothèque (1).

C'était une gloire pour un abbé de rassembler beaucoup de livres. On avait assez bien mérité du monastère pour qu'on louât ce zèle dans la vie des abbés. C'est pourquoi

« tère : car il a laissé en mourant CCLVI volumes
« qui renferment chacun plusieurs ouvrages. »
Revue des Questions historiques. Janvier, 1875.

(1) Nous offrons ici au lecteur l'analyse du catalogue de l'inventaire de DCCCXXXI.

I. LIVRES LITURGIQUES. V Evangéliaires pléniers. — V Lectionnaires d'Epitres et Evangiles — III Missels Grégoriens, XIX Gélasiens, I Missel tout à la fois Grégorien et Gélasien, coordonné dans ces derniers temps par Alcuin — VI Antiphoniers. — VII Psautiers.—Ces livres sont employés au service des autels.

L'Italien Louis Marchesi tire de ce texte un argument très-puissant pour démontrer que l'ancienne liturgie des Gaules proprement dite était substantiellement romaine, même avant le VIII° siècle, et qu'un grand nombre d'églises de France, avant cette époque, avaient le Romain Gélasien.

« XIX Missels Gélasiens contre III Missels Grégo-
« riens, I Missel Gelasien-Grégorien adapté au temps
« présent par Alcuin · Voilà, dit le savant liturgiste,
« un fait qui ne peut admettre d'autre explication
« que celle-ci : savoir, que la liturgie Romaine-
« Gélasienne était en vigueur dans le monastère de
« St-Riquier longtemps avant le VII° siècle. Ajoutez
« à cela que dans l'inventaire dont il s'agit il est
« parlé de livres employés au service des autels.

Voir la suite de la démonstration. *La Liturgie Gallicane dans les VIII premiers siècles de l'église*, par M. *Louis Marchesi. Traduction de Mgr Gaillot*, p. 352.

II. ECRITURE SAINTE. II Bibliothèques de Livres Canoniques en deux exemplaires : l'un complet, l'autre divisé en XIV parties.

III. ŒUVRES DES SAINTS PÈRES. Divers traités de S. Jérôme, de S. Grégoire-le-Grand, de S. Athanase, de S. Ambroise, de S. Augustin, de S. Isidore, d'Origène, de S. Hilaire, de S. Jean Chrysostôme, de S. Fulgence, du V. Bède. les lettres de S. Ignace. — *Voir les noms de ces traités dans l'Inventaire.*

IV. AUTEURS DIVERS. Cassiodore, *sur le Psautier.*— Exposition d'Arnobe. — Boèce, *de la Consolation.*— Paschase Radbert, *sur le Saint-Esprit.*— S. Ephrem, *sur le Jugement* — Alcuin, *sur le dogme de la Trinité et de l'Incarnation.* — Les lettres de Charles à l'Em-

pereur des Grecs. — Beaucoup d'autres ouvrages d'auteurs moins connus.

V. COMMENTAIRES. HOMÉLIAIRES. Glose des Saints Pères, sur les psaumes, — sur les autres parties de l'Ecriture. — Exposition sur les Epitres de S. Paul, sur plusieurs livres des Saintes Ecritures. — Plusieurs Homéliaires pour l'année, extraits des écrits des Saints Pères —Conférences extraites des Saints Pères. — Homélies diverses.

VI. CANONS ET CONCILES. — Canons des Apôtres, du Concile de Nicée. — Décrétales des Apôtres. — Canons des divers Conciles. — Canons de XII Conciles. — S. Cyprien, *sur les Canons et les Institutions Ecclésiastiques.* — Le pape Gelase, *sur les livres de l'Ecriture qu'on doit admettre ou rejeter.*

VII. RÈGLES MONASTIQUES. VI exemplaires de la règle de S. Benoit. — Règles de S. Augustin, de S. Fructueux, de S. Isidore.

VIII. VIES DES SAINTS. — Vies ou passions des SS. Apôtres, des Martyrs, des Confesseurs, des SS^{tes} Vierges ; la vie des SS. Cosme et Damien, en vers.

IX. QUESTIONS DIVERSES. — Livre d'Eucher sur les Eclipses. — Epitres diverses sur la Pâque et le Cycle. — Ouvrages sur les hérésies, sur les philosophes et les poètes.

Tous les livres claustraux sur Dieu, c'est-à-dire sur des sujets religieux, sont au nombre de CXCV.

X. GRAMMAIRIENS ET POETES. — Donat. — Pompée. — Probus, *des pieds et des syllabes.* — Priscien. — Comminien. — Servius. — Marius. — Victorinus. — Diomède.— Longin. — Alcuin.— Cicéron.— Arator. Sedulius. — Juvencus. — Les épigrammes de Prosper. — La moitié des œuvres de Fortunat. — Les vers de Proba. — Questions sur les sept arts libéraux.

XI LIVRES ANCIENS. — Les Eglogues de Virgile avec une glose. — L'histoire d'Homère, où il est aussi question de Darès le Phrygien. — Pline-le-Jeune, *des mœurs et de la vie des empereurs.* — L'Abrégé de Trogue-Pompée. — Les fables d'Aviénus. — Les œuvres du juif Philon.

XII. HISTOIRES. — Joseph tout entier. — Histoire de Socrate, de Sozomène, de Théodoret, d'Eusèbe de Césarée. — Grégoire, Evêque de Tours, sur la création d'Adam et les gestes des Francs. — La

deux siècles après, saint Gervin qui a fait transcrire pour l'édification des serviteurs de Dieu une grande quantité d'ouvrages pieux et les a renfermés en XXXVI tomes, est signalé comme un grand abbé. La chronique cite cet exemple pour stimuler le zèle de ses successeurs. Elle énumère aussi avec complaisance les titres de cette bibliothèque nouvelle (1). Bien plus, le sage abbé prononce une sentence d'excommunication contre celui qui oserait déplacer ces livres ou les soustraire frauduleusement.

L'office de bibliothécaire n'était confié qu'à des hommes éminents en savoir. On le comprendra facilement, quand on se rappellera qu'il fallait prononcer sur la valeur des ouvrages, réviser les travaux des copistes, corriger leurs erreurs. Alcuin n'aurait point dédaigné une semblable mission. On cite des noms célèbres parmi les bibliothécaires du Palais impérial et des grands monastères.

SCRIPTORIUM OU SALLE DES COPISTES. La bibliothèque a naturellement pour annexe le *scriptorium*. Une grande table occupait le centre d'un vaste appartement. Des pupitres appliqués contre le mur soutenaient des livres que les copistes écrivaient aux heures que ne réclamaient point les divins offices (2).

Le moine en transcrivant les Saintes Ecritures et les Livres des Pères, se préservait de l'oisiveté, offrait à Dieu l'œuvre de ses mains, assurait une nouvelle conquête au monastère ou au moins multipliait les bons livres et les renouvelait. Que ne doit pas la science à ces obscurs travaux du cloître ? Que de chefs-d'œuvre anéantis sans la patience et la persévérance des calligraphes des monastères !

On citait dans les exhortations capitulaires l'exemple d'un moine accusé par le démon, au tribunal de Dieu, de crimes énormes et défendu par son ange gardien qui mit sous

---

chronique de S. Jérôme. — De l'origine et des exploits des Romains. — La loi romaine. — Le pacte de la loi salique. — La Passion du Sauveur, en latin et en langue teutonique.

XIII. SCIENCES — Quintus Serenus, *de la médecine.* — Ethicus, *description du monde.*

Cette seconde classe de livres contient LXI volumes.

Chron. Cent lib. III, Cap. III.

(1) Dans ce nouveau catalogue les titres sont presque toujours différents de ceux de 831 ; ce qui ferait supposer qu'on possédait encore la bibliothèque de Saint Angilbert, sauvée dans les désastres du monastère. On y signale, outre beaucoup de nouveaux traités des SS. Pères, un grand passionnaire des SS. Apôtres et Martyrs, avec la vie de S. Maur ; les vies des saints Anachorètes ; un grand nombre de vies de Saints Confesseurs et de Saints Martyrs, parmi lesquels nous ne signalerons ici que la vie de S. Riquier.

Chron. Cent. Lib. IV. Cap. XXXII.

Il est fort étonnant qu'on n'ait pas tiré une copie de la vie de S Angilbert, si on l'a vraiment rapportée du monastère de Gorze, ainsi qu'on l'observe dans le même chapitre de la chronique.

(2) Au moyen-âge les monastères avaient de véritables ateliers de copistes et de miniaturistes, chargés de transcrire les livres usuels qui pouvaient se détériorer et d'exécuter des manuscrits ornés. Cette occupation faisait partie du travail manuel imposé par la règle et nous lui devons le plus grand nombre de ces volumes simples ou ornés que l'on rencontre un peu partout.

Revue des questions historiques. Juillet 1874, page 331.

Le mobilier matériel du *Scriptorium* était considérable. Le meuble d'un copiste était assez cher pour que certaines communautés exigeassent que chaque novice apportât avec lui deux écritoires garnis dans le trousseau qu'il devait fournir en entrant en religion.... — M de Cardevaque. *Abbaye de Saint-Vast.*

les yeux du souverain juge un livre copié par esprit de pénitence et opposait à chacun des griefs chacune des lettres du volume dont une seule aurait suffi pour obtenir miséricorde.

CHAPITRE. C'est dans cette salle contigue aux sacristies et meublée de larges rangées de bancs que se traitaient les affaires spirituelles et temporelles du monastère. Toute la communauté s'y réunissait à des heures déterminées : l'abbé présidait sur un siége élevé et donnait à ses moines les enseignements que demandaient les besoins de leurs âmes. On y faisait la *coulpe* de ses fautes et la confession sacramentelle.

Sortons maintenant du cloître et parcourons les divers quartiers de la cité monastique et les rues qui s'entrecroisent pour rendre les communications plus faciles. Tous les bâtiments étaient isolés, soit par crainte de l'incendie, soit pour mieux conserver l'esprit de recueillement et le silence. Commençons par l'Occident, le quartier le plus voisin de la porte d'entrée.

PALAIS ABBATIAL. Nos yeux s'arrêtent d'abord à droite sur le palais abbatial qu'on appelait vulgairement SALA. On dit de Charlemagne :

A Aix sale et capelle fit.

Ce nom a été consacré dans la langue des Allemands et jusqu'à un certain point dans notre propre langage. On distinguait le valet de la *sala* et le valet de la ferme. Le premier plus instruit, plus élevé dans l'échelle sociale, était plus sévèrement puni que le second.

La *sala* de l'abbé est indiquée dans l'ordre des processions de Centule comme on a pu le remarquer au chapitre précédent. Le palais abbatial avait son service complet, des appartements d'honneur, des chambres meublées, sa cuisine, son grenier, ses magasins, sa salle de bains, des chambres de domestiques. Les étrangers de distinction étaient reçus ordinairement à la table de l'abbé et traités selon leur dignité. La communauté restait tout-à-fait étrangère à ce service.

HOTEL DES ETRANGERS. En face du palais abbatial et du côté opposé pour ceux qui entraient au monastère, on remarquait l'hôtel des étrangers de distinction : on y avait préparé des chambres pour les maîtres, pour les domestiques, des écuries pour les chevaux, des remises pour les voitures, etc.

Les femmes n'étaient pas admises dans le monastère : il faut supposer, comme chez les Chartreux, un hospice à leur usage en dehors de l'enceinte : il est question dans les miracles de saint Riquier d'une pauvre infirme logée dans l'hospice du Hamel ; ce serait peut-être une indication sur le lieu préparé pour les femmes qui venaient prier au tombeau de saint Riquier.

On sait que les rois avaient le droit de logement ou gîte, *mansionaticum*, dans les monastères ; ils y venaient avec leur suite, quand ils parcouraient les diverses provinces de leurs Etats. Ce privilége explique le confortable du palais des hôtes.

HOTEL DES PAUVRES VOYAGEURS ET DES PÈLERINS (1). Les pèlerinages au tombeau de saint Riquier amenaient continuellement des infirmes et des malades avec leurs guides. Souvent on faisait des neuvaines de prières. On ne connaissait alors d'autres hôtelleries que celles des religieux, dont la charité ne cessait de soulager les infirmités spirituelles et corporelles.

L'Hospice des Pèlerins était situé entre le Palais de l'Abbé et l'Eglise. Les appartements étaient spacieux, garnis de bancs, chauffés par un large foyer. Les chambres à coucher se changeaient en dortoirs aux grandes solennités. Tous les domestiques attachés au monastère entraient dans cet établissement pour servir les voyageurs, comme on le voyait écrit sur les portes :

Tota monasterio famulantum hic turba ministrat.

HOTEL DES MOINES ÉTRANGERS. Ces derniers n'étaient reçus que par exception dans la société des moines : ils avaient donc leur habitation du côté opposé à celui des pèlerins, à l'ombre de l'Eglise. Un dortoir, une salle commune et quelques autres annexes composaient cet établissement.

ECOLES EXTERNES (2). En nous avançant dans le monastère vers le Nord nous arrivons en face des Ecoles externes. Ces Ecoles environnées d'une palissade se divisaient en cellules ou chambres, dans lesquelles on plaçait une table de travail : *Hic mansiunculæ scolasticorum.* D'autres pièces plus considérables servaient aux réunions des classes et des récréations. Vis-à-vis de l'Ecole, vers le mur de l'Eglise, on reconnaissait l'habitation du maître à cette inscription : *Mansio capitis scolæ.*

Cette notice de l'Ecole intérieure empruntée au plan de saint Gall est conforme à ce que nous lisons dans la vie de saint Anscher de Corbie et nous fait conclure que tous les grands monastères possédaient une institution semblable.

COUVENT DES NOVICES OU ECOLE INTÉRIEURE (3). Cent enfants de tout âge étaient admis à l'Ecole intérieure. On recevait ceux qui se présentaient dans l'âge de l'adolescence et ceux qui étaient offerts par leurs parents dès leur première enfance. Tous les monuments de l'époque nous prouvent qu'il était permis de vouer les enfants à la vie monastique, quand ils avaient atteint leur cinquième année. Cette première consécration avait même un rit très-solennel. Toutefois l'enfant conservait toute sa liberté de rentrer dans le monde, s'il ne se sentait pas capable de porter le joug de la vie cénobitique. Du moins, l'éducation le préservait de la dissipation des plaisirs et le préparait par de fortes études aux luttes du devoir. L'enseignement était complet pour ceux qui avaient le courage de parcourir toute la série des études libérales : car tout était disposé, non-seulement pour un noviciat religieux, mais aussi pour les exercices d'une sévère gymnastique intellectuelle.

(1) *Hic peregrinorum lætetur turba recepta.*
(2) *Hæc quoque septa premunt discentis vota juventæ.*
(3) *Hoc claustro oblati pulsantibus adsociantur.*

CHAPITRE IX.

Hariulfe fut le maître des écoles de Centule avant la fin du xie siècle. Il a composé sa chronique pour l'instruction de ses jeunes élèves. L'abbé Angelran, offert au monastère de Saint-Riquier, tout jeune encore, en suivit les cours et alla achever ses études sous Fulbert, célèbre écolâtre de Chartres. L'auteur de la *France littéraire* fait l'éloge de l'école de Centule en divers endroits de son ouvrage. Elle marche de pair avec celle des monastères les plus renommés de cette époque. Elle a, en effet, produit des hommes dont l'histoire contemporaine a sauvé les noms de l'oubli (1).

La bruyante école des novices est isolée de toutes les autres parties. Cloîtres, portiques et préaux, dortoirs, offices, salles d'études, infirmerie, demeures des maîtres et des surveillants, rien n'est oublié dans la description du monastère modèle, où nous étudions les mœurs du temps.

L'Infirmerie (2). Elle est destinée aux malades, aux moines infirmes et âgés, à qui les exercices de la communauté seraient trop onéreux. C'est encore un monastère indépendant des autres avec tous ses offices, sa chapelle, des annexes importantes parmi lesquelles nous signalons les chambres pour les saignées, pour les potions médicinales et pour la demeure des médecins (3).

L'usage de la saignée était passé dans les habitudes monastiques. Des jours étaient assignés dans leurs calendriers pour cette opération et on avait bien soin d'écarter les jours néfastes des anciens. La saignée, sans être obligatoire, était réglée d'après la connaissance des tempéraments : elle était proposée comme un conseil d'hygiène spirituelle et de grande mortification. A quelque prix que ce fût, on ne pouvait permettre à la chair de dominer sur l'esprit.

Les médecins habitaient près de l'infirmerie. Nous voyons dans les chroniques que la science médicale était cultivée dans les cloîtres, qu'on y étudiait et la nature des maladies et la vertu des plantes médicinales. Il est question à Saint-Gall d'une pharmacie, *armarium pigmentarium*, et d'un jardin où l'on cultivait les plantes dont les propriétés salutaires étaient alors préconisées, *hortus herbularius :* on transportait même certains malades, dont la position était plus critique, dans la demeure des médecins, afin qu'ils pussent recevoir des soins plus assidus. D'après tout ce qui précède nous sommes disposé à conclure que les moines eux-mêmes exerçaient auprès de leurs frères les fonctions de médecins.

---

(1) « Quelle vénération, dit Gilbert, ne doit-on pas avoir pour la savante école de Saint-Riquier, quand on pense qu'elle donna à l'Eglise vingt-sept papes, deux cents cardinaux, plus de cinq cents évêques, et que plusieurs rois et princes déposèrent l'éclat du diadème et des grandeurs pour s'assujettir à toutes les rigueurs du cloître et de la vie monastique. » — *Description de l'église de Saint-Riquier*, page 23.

Nous nous permettons de relever cette singulière distraction d'un érudit, qui attribue au monastère de Saint-Riquier ce qui a été dit par la *France littéraire* de l'ordre bénédictin en général, et qui, chose étonnante, eut de nombreux copistes.

Gilbert se trompe encore, quand il affirme que Charlemagne a confié la direction de l'école de St-Riquier au savant Alcuin, abbé de Saint-Martin de Tours... *Ibid.*, page 23.

(2) *Fratribus infirmis pariter locus iste paratur.*

(3) *Flectomatis hic gustandum vel potionariis.*

CIMETIÈRE. Plusieurs lieux servaient à l'inhumation des moines, selon leur dignité, comme l'église, le parvis, le préau, le cimetière commun ordinairement placé à l'est, à la suite de l'infirmerie. Le cimetière de Saint-Gall nous offre des compartiments destinés aux sépultures. Les espaces intermédiaires sont plantés d'arbres fruitiers et d'arbustes d'ornements. Tout y respire toutefois la gravité religieuse et un profond respect pour les dépouilles des morts.

JARDIN POTAGER (1). Nous le plaçons, d'après le plan de Saint-Gall, à la suite du cimetière. Une communauté qui s'était condamnée à une perpétuelle abstinence devait posséder de vastes jardins potagers, bien que des cultures extérieures fussent encore appelées à fournir leur part à la nourriture quotidienne. Le capitulaire *de villis* de Charlemagne indique jusqu'à LX espèces de plantes potagères cultivées dans les jardins. Sans vouloir prétendre avec un auteur que le tout-puissant monarque imposait aux monastères l'obligation de cultiver tous ces légumes, nous pouvons admettre des emprunts réciproques entre les jardiniers du temps et la propagation de toutes les espèces utiles dans les cultures soignées.

Les jardiniers avaient des pavillons pour eux et leurs aides, des abris pour leurs outils et leurs semences. *Mansio hortularii. Cubilia famulorum.—Hic ferramenta reservantur et seminaria olerum.*

COUR DES VOLATILES (2). Aux deux grandes solennités de Noël et de Pâques il était permis aux moines de rompre l'abstinence pendant quatre jours et de se nourrir de volatiles. La règle autorisant l'usage de la graisse pour l'assaisonnement des légumes, les volatiles des basses-cours procuraient, outre leurs œufs, de grandes ressources pour ce système d'alimentation. Aussi tous les écrits du temps ne manquent pas de rappeler ce que valait une sage prévoyance dans les soins multiples de ce genre de produit.

Des domestiques ou des serfs étaient exclusivement attachés à ce service. On les chargeait de préparer la nourriture des volatiles, de les conduire aux champs après la moisson pour recueillir la graine perdue et dans les grandes futaies des bois, pendant l'automne, pour ramasser les fruits mûrs des chênes et des hêtres. — On fixe leur habitation au centre de leurs travaux quotidiens, au sud-est de l'enceinte monastique, *mansio pullorum custodis, mansio anserum custodis.*

BOULANGERIES. — BRASSERIES. Nous apprenons par le livre des miracles de Saint-Riquier (3) que la boulangerie était située au midi et protégée par un grand vivier. Les larges dimensions du four confirment les données de saint Angilbert sur une nombreuse communauté : des serfs y travaillaient sous les ordres des moines, chantant avec eux les louanges de Dieu pour alléger la fatigue d'un pénible labeur.

Dans un monastère on ne nourrit pas seulement le personnel de la communauté ;

---

(1) *Hic plantata olerum pulchre nascentia vernant.*
(2) *Pullorum hic cura et perpes nutritio constat. Anseribus locus hic pariter manet aptus alendis.*

(3) *Act. Sanct. Boll.* 26 *April, in libro Miraculorum S. Richarii.*

on distribue largement le pain quotidien aux indigents. Aux jours de pèlerinages on reçoit de nombreux étrangers. Il y a donc là encore tous les éléments d'un service considérable.

Les religieux préparaient aussi dans l'intérieur la bière, le cidre, l'hydromel. La brasserie se rattachait aux cloîtres comme la boulangerie.

VIVIER. On constate son existence dans les chroniques. On pourrait encore signaler sa place sur les bords du Scardon.

LES ATELIERS. On doit en distinguer de différentes espèces : d'abord les ateliers de confection et de réparation de la garde-robe et des chaussures des moines, ensuite ceux qui étaient destinés aux corps d'état qui s'occupent du bâtiment et de l'entretien du matériel. Plusieurs cours ou carrés de forme quadrangulaire nous offrent à Saint-Gall des inscriptions sur lesquelles nous lisons : *sutores*, cordonniers, tailleurs : *sellarii*, selliers ou même chaisiers : *scutarii*, fabricants de boucliers, armuriers : *politores gladiorum*, c'est-à-dire *cultrorum*, d'après la glose de D. Mabillon, émouleurs, couteliers, — quoiqu'il ne soit pas impossible qu'on ait préparé dans le monastère les armes qu'il devait fournir aux vassaux et aux hommes de guerre : — *fabri ferramentorum*, maréchaux, serruriers : *tornatores*, les tourneurs, les menuisiers, les sculpteurs et autres ouvriers qui façonnent le bois (le livre des miracles de Saint-Riquier fait allusion aux travaux de ces ouvriers sous le nom de *tornatile opus*) : *aurifices*, les orfèvres, tous ceux qui sont occupés à dorer, à émailler, à nieller, à parer les châsses des saints, les autels, les tombeaux, les vases sacrés et le mobilier des Eglises. Tous travaillaient sous la direction du camérier dont l'habitation était fixée au milieu des ateliers. Les logements de la nombreuse tribu de serfs que réclament ces divers ouvrages formaient un corps de bâtiment entre les ateliers et l'enceinte du mur extérieur (1).

On se demande naturellement si les religieux ne s'occupaient pas aussi de ces divers travaux, si les cénobites sortis d'une condition vulgaire et même servile, plus aptes par leur origine aux ouvrages manuels qu'aux exercices de la vie contemplative n'avaient point leur obédience, en dehors des offices religieux, dans les arts mécaniques auxquels ils s'étaient livrés dès leur enfance. De savants écrivains, qui ont étudié à fond la question, n'hésitent pas à reconnaître que les moines avaient leur place dans les ateliers parmi les serfs et que beaucoup d'entre eux étaient cités comme de très-habiles ouvriers.

FERME D'EXPLOITATION. Dans le plan de Saint-Gall elle s'étendait vers le sud-ouest. C'est le quartier que nous lui réservons aussi à Centule. Sans compter les granges, les greniers, les remises, il faut distinguer six corps de bâtiments indépendants : le loge-

(1) Le moine Théophile a développé dans un ouvrage spécial les principes et les secrets de l'art du moyen-âge. — *Dictionnaire d'archéologie sacrée*.

Tome II.
Voir aussi *Dictionnaire d'orfévrerie*, page 27. Moines et artistes.

ment des serfs employés à la ferme et à la garde des animaux, des écuries pour les chevaux, pour les vaches et les porcs, des bergeries pour les moutons et les chèvres.

Dans ces temps reculés les moines exploitaient leurs terres de leurs propres mains avec le secours de leurs serfs. La culture produisait la plus grande partie de leurs ressources et des aumônes qu'ils répandaient si libéralement 'dans le sein des pauvres. De là toute l'importance d'une culture monastique, les bienfaits qu'elle distribuait dans un canton, le foyer de civilisation chrétienne qu'elle entretenait sur tous les domaines. Les moines se mêlaient aux moissonneurs, aux artisans qui défrichaient les essarts et les bois : ils surveillaient, ils commandaient, ils exhortaient, ils appliquaient les meilleures méthodes, celles que l'expérience avait éprouvées ou que leurs rapports avec d'autres monastères avaient propagées dans l'immense association bénédictine: ils étaient partout, instruisant, moralisant et prêchant le royaume de Dieu.

Après ces données, il est facile, même en l'absence de renseignements précis, de se représenter l'étendue du monastère de Saint-Angilbert. Elle fait disparaître et le château de la Ferté et l'enceinte actuelle de la ville. Hariulfe, en parlant des restaurations de l'abbé Ingelard, remarque judicieusement qu'il a restreint les limites anciennes. La ville actuelle, groupée autour du monastère du xi° siècle et des murs élevés par l'abbé Anscher, ne doit-elle pas rendre aux constructions primitives de vastes terrains derrière le cimetière, toute l'enceinte du château et la plus grande partie de la ville féodale? L'ancienne Centule a du occuper le nord et l'ouest de l'abbaye. Le faubourg qu'on nomme rue *Habengue*, de très-ancienne origine, à en juger par sa mesure spéciale, en faisait probablement partie avec le *Brusle*, où nous serions tenté de chercher la ville brûlée et dévastée par les Normands.

En terminant cette description du monastère de Centule au ix° siècle, ne pourrions-nous pas appliquer à la communauté gouvernée par un saint ce qu'on a dit de celle d'Aniane dirigée par un autre saint, contemporain d'Angilbert? « Toutes ces constructions matérielles auraient été bien méprisables, si Benoît n'avait eu soin d'élever également et bien plus haut dans l'âme de ses frères l'édifice spirituel de la perfection : car on comptait alors à Aniane trois cents moines, tous brûlant d'amour pour Dieu et rivalisant d'efforts pour l'emporter sur les autres en humilité et en charité; il fallait voir qui serait le plus prompt à obéir, le plus mortifié dans ses repas, le premier dans les veilles, le plus silencieux et le plus pauvre dans les vêtements. Pendant le travail il n'y avait point de place pour les vaines conversations: les bras étaient à l'œuvre et les langues aux louanges de Dieu. Dans les marches l'esprit était ravi au ciel. Le bon Père nourrissait ces divines ardeurs dans leurs âmes et leur expliquait sans cesse la règle de saint Benoît et la faisait resplendir sur toutes leurs actions (1). »

(1) *Acta Sanctorum* Boll. xii Febr., *in vita S. Benedicti. Cap.* iv.

CHAPITRE X.

Charlemagne à Centule. — Angilbert l'accompagne à Rome en 800 — Privilége du Pape Léon III pour le monastère de Centule. — Privilége des insignes pontificaux. — Privilége pour Forêt-Montier.

Quand les grandes constructions de Centule furent terminées, saint Angilbert obtint ce qu'il souhaitait depuis longtemps, la faveur d'une visite royale à son monastère de Centule, pour les fêtes de Pâques de l'an 800. Charlemagne explorait alors le littoral de la Manche et de l'Océan, examinait l'état des flottes qu'il avait fait préparer sur toutes les côtes et l'embouchure des principales rivières : car il commençait à sentir le besoin de défendre son empire contre les barbares du Nord. En effet, ces hordes refoulées sur le continent par ses armées victorieuses avaient commencé leurs courses aventureuses sur la mer, leurs pillages et leurs incendies sur le littoral. Le récit d'Eginard nous initie à ce voyage d'exploration. « Au retour du printemps, vers le milieu de mars, le roi
» quitta Aix, parcourut les rivages de l'Océan, équipa une flotte dans cette mer alors
» infestée par les pirates Normands, établit des forts et célébra la fête de Pâques à
» Centule, près du tombeau de saint Riquier : il continua ensuite sa route sur les
» côtes de la mer et vint à Rouen où il passa la Seine, pour se rendre à Tours près du
» tombeau de saint Martin. Il fut là retenu quelques jours par la maladie de la reine
» Liutgarde, qui trépassa, le deux des nones de juin, et il revint ensuite à Aix par
» Orléans et Paris (1). »

Ce témoignage est décisif : aussi toutes les chroniques du temps se sont empressées de signaler cette insigne visite (2). On lit partout que Charlemagne, à la prière de son Homère, voulut bien consentir à venir méditer à Centule les redoutables mystères de la grande semaine des douleurs et à partager avec ses moines les joies de la fête de Pâques.

Toute sa cour l'accompagnait comme de coutume. Eginard nous apprend qu'il ne voulut jamais se séparer de ses enfants, quand il était dans son royaume, que ses fils l'escortaient à cheval et que ses filles le suivaient derrière sous la garde d'une compagnie de soldats d'élite.

Angilbert s'est plu à décrire dans une poésie épique ce royal cortége qui visita Centule dans la grande solennité de Pâques (3).

---

(1) *In vita Caroli.*

(2) « La Résurrection célébra en la vile saint Richier en Pontif. » — *Chron. de S. Denis.*
Inque monasterio sancti, quo membra quiescunt Richarii, celebravit ovans solemnia Paschæ.
Patrologie. — Opera Caroli Magni. Tom. II, pag. 433. — *Poeta Saxo. Anno DCCC.*

(3) H. Pertz. *Monumenta Germaniæ,* tom. II, pag. 393 Dans le poème auquel nous empruntons ces quelques lignes la Cour part pour une chasse. Mais nous pouvons présumer que le cortège n'était pas moins brillant dans les cérémonies religieuses et civiles.

« Charles, le phare brillant de l'Europe, s'avance sur un superbe coursier, au milieu d'une foule nombreuse de cavaliers qu'il surpasse de toute la tête. Sur son front majestueux brille un diadème d'or précieux. Après lui Liutgarde, sa noble épouse, s'avance sur sa haquenée. La pourpre, l'or, les pierreries éclatent dans ses vêtements et dans sa chevelure. Les filles de Charlemagne suivent par ordre de naissance : à leur tête paraît Rotrude. »

« Berthe marche au milieu d'une troupe de jeunes filles. La voix, le regard, les traits du visage, la démarche, le caractère, tout en elle offre une ressemblance parfaite avec son père. Des pierres d'un grand prix rehaussent la richesse de ses vêtements somptueux. »

Gisèle, Rothaide, Théodrade, Hiltrude, se font également remarquer et par leur brillant cortége et par l'éclat et la variété de leur parure.

Si nous avons détaché de ce tableau si vivant et si animé le groupe de la princesse Berthe, on comprend, par ce détail, que nous la chercherions en vain, avec la chronique, sous le costume de recluse dans quelque cellule contiguë au monastère.

On peut supposer que Charlemagne arrive de son palais de Crécy. La place publique de Centule résonne des acclamations répétées des multitudes, accourues de loin pour jouir de ce spectacle. Tout frémit et s'agite dans cette enceinte ordinairement si calme. L'auguste souverain entre dans la grande basilique, qu'on vient de dédier au Sauveur du monde et à saint Riquier. Il y prie avec ferveur, pendant que les chœurs des religieux font retentir les voûtes sacrées de l'hymne de la reconnaissance. Bientôt après, Angilbert introduit son hôte royal dans la *sala* ou palais abbatial, dont il lui fait gracieusement les honneurs : il lui montre en même temps sa nouvelle création à Centule ; il parcourt avec lui ces cloîtres sévères, dont on aperçoit à peine les extrémités, ces sanctuaires où les angéliques milices du Christ ne cessent d'implorer les bénédictions du ciel sur son empire et sa famille, ces brillantes décorations qui rehaussent la majesté du culte divin, ces nombreuses reliques dont la vue fait germer des vertus héroïques, et en particulier celles de saint Riquier que Charlemagne vénère avec la plus tendre dévotion (1).

(1) Dans une copie de la vie de saint Riquier, connue sous le nom de *manuscrit de Corbie* et qui remonte au xie ou au xiie siècle, on raconte que Charlemagne dans sa visite à Centule fut si vivement impressionné à la vue du grand nombre de miracles qui s'opéraient au tombeau de saint Riquier, qu'il conçut un ardent amour et une tendre dévotion pour le glorieux fondateur du monastère et lui bâtit une Eglise d'une magnificence extraordinaire. « Hélas ! remarque ici le narrateur, cette » Eglise a été dévastée et brûlée dans les invasions » des pirates, et nous offre à peine quelques vesti- » ges de son ancienne splendeur. »

Ensuite, l'Empereur désirant passionnément contempler les ossements sacrés du saint, — car il croyait que ses chairs étaient réduites en poussière comme celles des autres mortels, — fit venir un orfèvre et lui demanda une belle châsse pour y déposer ces restes précieux et satisfaire son œuvre.

« Pour preuve de la vérité de cette assertion, ajoute notre compilateur, nous citerons ici les vers composés par l'ordre de l'Empereur et écrits en lettres d'or dans cette châsse d'or : de ces vers il reste une copie dans les archives du monastère »

Ce récit n'est qu'un écho de l'opinion du siècle

Quelle douce jouissance pour Angilbert de pouvoir offrir toutes les splendeurs de son monastère à son royal ami, à l'invincible David qui l'a si libéralement gratifié de ses dons.

Hariulfe se plaît à raconter que Charlemagne voulut élever le monastère de Centule au-dessus de tous les monastères du royaume, autant par affection pour Angilbert que par piété pour saint Riquier (1). A part l'hyperbole que le naïf chroniqueur ne sait jamais épargner, quand il est question de sa patrie religieuse, on ne peut nier que Charlemagne ne se soit montré prodigue pour son Homère. Il est inutile de rappeler ici tout ce qu'il lui envoya de marbres précieux, de mosaïques et d'autres objets d'art. On ne sait pas ce qu'il ajouta de domaines à la dotation de saint Riquier ; mais il est probable qu'un grand nombre des cent bénéfices féodaux, dont parle la chronique, datent de son règne. Ce prince si généreux envers les monastères, comme le prouvent les diplômes et chartes de fondation échappés aux ravages du temps, répandit certainement ses faveurs sur son Homère aussi libéralement que sur Alcuin.

Les titres de donation ont disparu, mais ne pourrait-on pas dire que les domaines de l'abbaye, disséminés dans toute l'étendue du Belgium, déposent en faveur de la bienveillance de Charlemagne pour la noble Église de son abbé favori ?

L'enceinte bénie est interdite aux princesses royales : il ne leur sera permis d'entrer dans la basilique qu'à la grande solennité pascale ; mais des logements sont préparés pour les recevoir dans la ville avec la pompe que mérite leur dignité.

Charlemagne venait à Centule pour se recueillir dans le silence du cloître, pour écouter, dans des offices chers à la piété chrétienne, les sublimes accents du prophète des douleurs, se préparer par des œuvres de pénitence et un jeûne plus sévère à goûter les délices de la Pâque chrétienne. Mais après avoir payé à Dieu la dette du péché par l'humiliation et de salutaires expiations, le grand monarque se releva plein de force au milieu de ses ducs et de ses barons réunis de tous les points du royaume. La cour plénière de Centule lui rendit ses hommages féodaux. Les peuples voisins participèrent à ses largesses et à ses aumônes : et même, s'il y eut quelque plainte du vassal opprimé contre un seigneur trop cupide, il rendit la justice et rétablit la paix autour de lui. Des hymnes nationaux et des jeux variés réjouirent pendant plusieurs jours les assistants privilégiés de cette fête nationale.

Le monastère de Centule a gardé un souvenir impérissable de cette royale visite. Mais la vanité égare la plume d'Hariulfe, lorsqu'il écrit dans la vie de saint Angilbert que Charlemagne a tenu plusieurs fois sa cour plénière à Centule, aux fêtes de Noël ou

---

auquel appartient ce manuscrit L'ancienne liturgie des monastères l'a consacrée dans une strophe d'une prose de saint Riquier, imprimée dans l'Hagiographe de M. Corblet.

Plusieurs auteurs ont suivi ce sentiment dans ce qu'ils ont écrit sur l'Eglise de Centule, bâtie au IX° siècle. Nous croyons avoir rétabli la vérité sur ces faits et tout en reconnaissant la générosité de Charlemagne pour le monastère de son abbé favori, nous avons ramené ce sentiment à sa juste valeur.

(1) *Chron. Cent. Lib* II. *Cap.* VI.

de Pâques, ainsi que plusieurs de ses successeurs (1). Les écrivains qui désignent les années 775, 782, 793, pour la cour plénière de Pâques à Centule (2), n'ont certainement pas lu Éginard. Ce très-consciencieux biographe nous a tracé les itinéraires de son héros, ses étapes aux grandes fêtes. D'après ses récits, Centule ne jouit qu'une seule fois de cette gloire.

Alcuin, comme il le dit lui-même dans la préface de la vie de saint Riquier, eut le bonheur d'accompagner Charlemagne dans le sanctuaire de Centule, justement béni et vénéré pour le mérite de ses saints et de vivre quelque temps en cette pieuse demeure, dans la société de son très-cher fils, de cet Homère qu'il a tant de fois chanté. C'est dans ce voyage qu'à la prière d'Angilbert, qu'il honore du nom de grand Serviteur de Dieu, il rassembla les matériaux de la biographie de saint Riquier, qu'il a écrit plus tard dans sa solitude, et que sa dévotion résolut de payer un tribut d'hommage perpétuel au glorieux patron du monastère, en composant un office pour sa fête (3).

A quelques semaines de là, l'amitié et la reconnaissance obligèrent Angilbert à suivre Charlemagne au monastère de Saint-Martin de Tours, gouverné alors par Alcuin. Le monarque y tint un grand concile ou une cour plénière et il eut la douleur, comme on l'a remarqué dans le récit d'Éginard, de perdre sa douce et fidèle épouse Luitgarde. Angilbert et Alcuin mêlèrent leurs larmes à celles de leur royal ami. Il nous reste des lettres de condoléance d'Alcuin, dans lesquelles sa piété et son dévouement lui inspirent des consolations capables d'adoucir l'amertume de la séparation.

La douleur n'empêcha point Charlemagne de réaliser ses projets. Il voulait venger le Souverain Pontife Léon III des attentats dont il avait été la victime et terminer lui-même le procès intenté par ses ambassadeurs aux clercs sacriléges, qui avaient osé porter les mains sur l'Oint du Seigneur. Il partit donc pour Rome vers la fin de l'été, avec un pompeux cortège; il avait prié ses deux confidents, dépositaires de ses pensées les plus secrètes, d'associer leurs sympathies à celles des princes, des évêques et des seigneurs de la cour. Angilbert n'hésita point ; mais, malgré ses désirs, Alcuin épuisé par des douleurs aiguës n'osa entreprendre ce long voyage. C'est en vain que David lui reprochait, en plaisantant, de n'avoir pas honte de préférer les toits enfumés de Tours aux palais dorés de Rome. Ces sollicitations ne changèrent point la détermination de son reconnaissant ami. Toutefois, s'il resta confiné dans sa solitude de Tours, il n'oublia point Angilbert et ses chers fils pendant leur séjour à Rome. On voit dans sa correspondance qu'il leur demande de pieux souvenirs aux tombeaux des Apôtres pour leur père : il voudrait que sa lettre fût portée sur l'aile de la colombe ou des zéphirs et que leur réponse pût lui être remise par des pèlerins saxons dont il pressentait le retour (4).

(1) Rex in tantum locum ipsum honoraverat et extulerat, ut et regalem curiam inibi tenuisse, die Natalis Domini seu die Paschæ, aliquoties inveniatur in gestis illius temporis. *Chron. Cent. Lib.* ii. *Cap.* xii.

(2) Le P. Malbrancq, Louandre, etc.

(3) Antiphonas quoque et Responsaria vel Hymnos de S. Richario composuit, ut Magni Patris festivitas nihil minus congrui officii habere videretur. *Chron. Cent. Lib.* ii. *Cap.* xi.

(4) *Patrologie. Alcuini opera. Tom.* i, *pag.* 355.

Nous n'avons pas à raconter les divers événements de ce voyage, ni l'éclatante justification du saint Pape Léon III, ni le couronnement de Charlemagne, proclamé Auguste et défenseur du Saint-Siége par le successeur de Pierre et tout le peuple romain. Notre rôle est plus modeste : il se bornera à copier et au besoin à contrôler les récits de nos chroniques. Jean de la Chapelle s'exprime ainsi : « Le Pape fut restauré dans sa première dignité par Charlemagne, en présence d'Angilbert, son confident. Le jour où le monarque franc fut couronné Empereur, Angilbert obtint un privilége d'exemption, le privilége de la mitre, des sandales et des autres insignes pontificaux, du consentement de Jessé, Evêque d'Amiens. Le même jour Forêt-Montier avec ses dépendances fut restitué à l'Abbé de la Maison-Mère, comme on peut le voir par les écrits apostoliques conservés dans nos archives (1). »

Le premier de ces priviléges se lit dans les Annales Bénédictines de D. Mabillon (2). Il porte que le monastère de Saint-Sauveur et Saint Riquier fondé au bourg de Centule en Ponthieu, édifié dans les propres possessions du pieux fondateur, restauré par l'Empereur Charles avec le secours du Christ, élevé au plus haut degré de prospérité et sagement gouverné par l'abbé Angilbert, sera exempt et absolument libre de toute domination étrangère. L'abbé seul aura toute autorité sur les églises, prieurés, clercs, vassaux militaires, villages, colons et serfs, jouira paisiblement des biens et revenus actuellement affectés au monastère ou qui seront concédés à l'avenir, sans qu'aucune personne constituée en dignité, — fût-elle même revêtue du pouvoir épiscopal et royal, — puisse s'arroger aucune domination sur les choses temporelles, sous quelque prétexte que ce soit. Il reconnaît au Souverain Pontife seul le droit de convoquer l'Abbé aux synodes et aux conciles ou de lui imposer quelque loi ecclésiastique. Les moines éliront librement leur Abbé, selon leur conscience et les prescriptions de la règle et ne seront tenus qu'à obtenir l'assentiment du roi régnant. L'élu recevra la bénédiction de tout Evêque, qu'il lui plaira de choisir.

Le privilége donne à l'Abbé toute juridiction sur la ville de Centule. L'Évêque d'Amiens n'aura aucun droit sur les églises et les clercs de la ville; ce n'est que sur la demande de l'Abbé qu'il fera des consécrations, des ordinations, des prédications, des investitures, et, le cas échéant, il se bornera aux désirs exprimés par l'Abbé. Celui-ci est libre, du reste, de déléguer toutes fonctions ecclésiastiques à l'Archevêque de Reims ou à quelqu'un de ses suffragants.

C'est à la prière de Jessé, et en présence de Charlemagne que ce privilége est accordé à l'Abbé de Centule, le jour même du couronnement, sous les menaces et censures de droit.

Ce n'est pas ici le lieu de traiter la grosse question des priviléges ; de sérieux conflits nous en fourniront l'occasion dans les siècles suivants. Nous remarquerons seulement

---

(1) *Chron. Abbrev. Cap.* vi *et* xii.   (2) *Tome* ii, *pag.* 345.

que D. Mabillon en reproduisant textuellement ce privilége ne se donne pas pour garant de son authenticité : il l'emprunte à P. Petau et il déclare en même temps qu'il ne lui a pas été possible de voir l'original. P. Petau, qui l'a publié le premier, ne fait-il pas acte d'érudit plutôt que de critique? Une remarque sur le privilége de 1172 fait observer que ce nouveau privilége fut donné par Alexandre III sur des copies d'exemptions obtenues par saint Angilbert, le jour du couronnement de Charlemagne, exemptions brûlées depuis par Garamond et Isambard-le-Seigneur (1).

Nous ne comprenons pas comment Hariulfe passe sous silence une pièce si importante et si propre à relever la gloire d'Angilbert et du monastère. Jean de la Chapelle déclare posséder dans le trésor des archives tous les priviléges donnés par le Pape Léon III; puis oubliant ce qu'il a écrit sur saint Angilbert il déplore plus loin la perte de tous les priviléges et de toutes les chartres dans l'incendie de 1131 (2). N'est-il pas permis de se demander où l'on a retrouvé des copies de ces documents d'une importance capitale?

Ce privilége qui semble armer les Abbés de Saint-Riquier pour les luttes du douzième siècle a donc été attaqué avec quelque raison. Il est douteux que les formules du IX° siècle aient été rédigées dans ce style. Une bulle, le jour même du couronnement, au milieu d'événements si extraordinaires, a paru quelque peu précipitée. On a même soulevé une sérieuse difficulté sur l'indiction. Dans le style des Francs dont l'année commençait au jour de Noël, elle est vraie; mais elle est fautive pour les Romains, dont l'année commençait aux calendes de janvier. La bulle marque indiction IX° : il paraît étonnant que les Romains qui n'étaient encore que dans leur VIII° indiction eussent pour cette fois adopté la manière de compter des Francs (3). Que ce soit erreur de copiste ou fraude de faussaire, toujours est-il que ce privi'ége a exercé à bon droit la critique des historiens. Un dernier argument contre la bulle se tire de l'élection même des Abbés. Cette élection reste lettre morte sous la plume d'Hariulfe, qui nous apprend que le successeur même de saint Angilbert obtint le gouvernement du monastère par la concession gracieuse de l'Empereur Louis-le-Débonnaire (4). Tous les Abbés, sous les Carlovingiens, ne seront même que des commendataires, comme nous le prouverons plus loin.

Nous avons cru nécessaire de faire suivre le privilége du Papa saint Léon III de ces réflexions. Qu'il soit authentique ou non, le monastère n'en a guère profité : les vraies exemptions de Centule n'ont de solides fondements que dans les bulles du XII° siècle.

Le privilége des insignes pontificaux mentionné par Jean de la Chapelle aurait pu être concédé à Angilbert. Jamais Abbé ne s'en montra plus digne et ne fut si puissamment

---

(1) *Chron. de D. Cotron. Ann.* 1172.
(2) *Chron. Abbrev. Cap.* XII *et* XLI.
(3) *Notice des Diplômes, par l'abbé de Foy.* Tome I, page 211.

(4) Obtinuit beneficio ipsius Principis Hericus Abbas regimen monasterii B. Richard. *Lib.* III, *Cap.* I,

recommandé auprès du Souverain Pontife. Il reste un certain nombre d'exemples authentiques de semblables faveurs au vIII° et IX° siècle. Nous ne douterions nullement de cette haute distinction accordée à l'ami de Charlemagne, si Jean de la Chapelle méritait plus de créance; mais il puise à des sources trop altérées pour faire autorité en histoire. Ainsi il se trompe évidemment, quoiqu'il déclare avoir sous les yeux des titres intacts et non falsifiés, lorsqu'il affirme que le même jour Forêt-Montier fut restitué au monastère de Centule (1). La charte de concession de Forêt-Montier a été éditée dans les œuvres de Charlemagne ; elle est datée d'Aix-la-Chapelle le xiv des calendes de mai (18 avril) 798, la 29° et la 25° année du règne de Charlemagne (2).

Depuis sa fondation, le monastère de Forêt-Montier, désigné dans les chroniques sous le nom de prieuré, avait reçu ses chefs du monastère principal ; il paraît que les liens de subordination s'étaient relâchés avant saint Angilbert et que, sous le nom de chanoines, les clercs de ce prieuré vivaient indépendants. L'Abbé de Centule fit valoir ses droits de juridiction et Charlemagne ne put refuser aux services et aux mérites personnels de l'Abbé de Centule un acte authentique de haut domaine sur Forêt-Montier. Il confirma à perpétuité les droits de la Maison-Mère sur le prieuré rebelle.

CHAPITRE XI

Dernières années de saint Angilbert. — Sa mort. — Sa canonisation. — Son culte.

Le rôle politique de saint Angilbert semble se terminer avec son voyage de Rome. Désormais l'histoire se tait sur ce célèbre diplomate. Il a enfin obtenu, comme Alcuin, de s'ensevelir dans le cloître pour ne plus en sortir ; il continue de relever ce qui tombait de vétusté, de restaurer ce qui défigurait les nouvelles constructions, de tout disposer dans un ordre plus régulier ; il s'occupe surtout de la direction spirituelle de ses moines, de ses devoirs religieux, de son passage de la vie à l'éternité. La mort lui ravit successivement ceux qui pouvaient l'attacher à la terre. Alcuin, la grande lumière de la cour de Charlemagne, s'éteignit au monastère de Saint-Martin de Tours, le jour de la Pentecôte 804, après avoir résigné les différentes abbayes dont son royal protecteur lui avait confié l'administration et s'être préparé à la mort par un redoublement d'austérités (3).

(1) Chron. Abbrev. Cap. xii.
(2) Act. Sanct. Ord. S. Bened. Tome v. In vita S. Angilberti. — Patrologie. Opera Caroli Magni. Tom. 1, page 386.
Voir l'analyse de cette charte plus loin, dans l'histoire de Forêt-Montier.

(3) Act. Sanct. Ordin. Bened. Tom. v, in Vita Alcuini. Quelques martyrologes donnent à Alcuin le titre de Bienheureux et la chronique de Tours celui de saint. On ne lui a pas toutefois rendu de culte public.

SAINT ANGILBERT.

Le nom d'Angilbert se lit au bas du testament (811) de Charlemagne, parmi ceux des Abbés et des prélats, témoins et signataires de cet incomparable monument de piété et de générosité envers les églises et les pauvres (1). L'illustre Empereur s'endormit du sommeil des justes à Aix-la-Chapelle, le 28 janvier 814. Sa fin fut celle d'un grand chrétien, d'un vrai serviteur de Dieu, constamment occupé des intérêts de son âme. Ses restes mortels furent inhumés à Aix, dans la chapelle qu'il avait construite avec une magnificence royale. Sa statue fut placée sur son tombeau, avec cette inscription que les plus éloquents panégyriques ne sauraient faire oublier.

Sous ce mausolée repose le corps de
Charles, grand et orthodoxe Empereur, qui a étendu
glorieusement le royaume des Francs et qui l'a gouverné
si heureusement pendant quarante-sept ans.

Saint Angilbert ne survécut que vingt-et-un jours à son cher maître. Un pressentiment secret lui annonçait qu'il serait bientôt réuni à ses illustres amis et il entrevoyait dès lors les joies éternelles après lesquelles il soupirait. Toutefois, dit la chronique, Dieu n'épargnant point l'épreuve au fils qu'il veut recevoir dans la céleste patrie, lui ménagea de salutaires souffrances, pour le rendre digne de l'impérissable héritage qu'il lui réservait. Angilbert sentit donc par de continuelles recrudescences de douleurs que son âme allait se séparer de son corps : il donna un nouveau témoignage des sentiments d'humilité, qui l'avaient dirigé dans toute sa carrière religieuse, en demandant avec instance que ce misérable corps fût inhumé devant les portes de l'église, afin d'être foulé aux pieds par tous les passants. Avant l'heure suprême, il fit célébrer devant lui les saints mystères et reçut avec de vifs transports d'amour et de grands sentiments de componction le divin viatique du chrétien ; puis sa belle âme comblée de bonnes œuvres se dégagea de l'enveloppe terrestre, pour aller jouir dans la société des élus de la présence de son Sauveur et voir Dieu face à face. C'était là l'ambition de toute sa vie. Cette glorieuse récompense, il ne crut pas l'acheter trop cher par les rigueurs et les sacrifices de la servitude monastique. Sa précieuse mort arriva le 18 février 814 (2).

Ses moines lui firent de magnifiques funérailles, mais n'osèrent point lui désobéir en

---

(1) Le P. Malbrancq ajoute que saint Angilbert fit les lots des legs attribués aux cités métropolitaines de l'empire et qu'il les leur distribua. *De Morinis, Tom.* ii, *pag.* 177.

Nous avons cherché en vain la preuve de cette assertion et de beaucoup d'autres, non moins honorables pour notre saint Abbé, que nous avons cru devoir passer sous silence, faute de témoignages plus sérieux.

(2) *Chron. Cent. Lib.* ii. *Cap.* xii.

Le P. Lecointe conteste l'indiction. Voir *Annales. Tom.* vii, *pag.* 325, puis l'explication d'Hariulfe. *Lib.* iii. *Cap.* i.

le déposant dans le sanctuaire de son église. Son corps vénérable reposa donc au lieu qu'il avait lui-même désigné et si près de la porte que personne ne put y entrer, sans fouler aux pieds cette glorieuse tombe et sans recommander à Dieu le saint Abbé, ou plutôt sans l'invoquer comme un puissant intercesseur. Une pierre tumulaire recouvrait le sépulcre ; on avait inscrit à la tête, aux pieds et sur les deux côtés ces quatre vers dont la traduction ne pourrait que défigurer la symétrie et rendrait imparfaitement l'intention.

    Rex requiem Angilberto da, pater atque pius rex.
    Lex legum vitam æternam illi da, quia tu lex.
    Lux lucem semper concede illi, bona qui es lux.
    Pax pacem illi perpetuam dona, es quoniam pax. (1).

Nous nous occuperons, quand la suite de notre histoire l'exigera, des translations de saint Angilbert (IXe et XIe siècle) partout citées. Nous passons actuellement à sa

---

(1) Le P. Dominique de Jésus n'a guère réussi dans ses rimes sur ces vers.

    Donne à notre Angilbert, repos, Roi pacifique.
    Donne-lui, Père juste, ton palais magnifique,
    Lumière souveraine, fais luire ta splendeur
    Et la paix dans son âme que comble ton bonheur.

Monarchie sainte, Tome II, *au mot* Angilbert.

Hariulfe ne nous donne pas d'autre épitaphe et il est conséquent avec ce qu'on lit au chapitre XXXII du livre IV. Cependant Jean de la Chapelle nous affirme que les disciples du saint gravèrent sur son tombeau les vers suivants.

    Extulit egregiæ quem mundo gratia vitæ
    Angilbertus in hoc membra locat tumulo.
    Ipse viam domini tenuit quo tempore vixit,
    Et modo cœlesti spiritus arce nitet.
    Promeruit Christum pietatis jura tenendo,
    Et patris sancti sacra novando loca.
    Quidquid amat Dominus, cum toto corde relegit,
    Pauperibus largus, debilibus medicus.
    Contulit Ecclesiæ multum famulando decorem,
    Et famulis Christi se dedit in famulum.
    Ecclesiæ regimen coluit virtutis amore,
    Pro quibus æternum lætus habet bravium.
    Martis bissenis decessit morte calendis
    Et Domino flatum reddidit astra petens.

Chron. Abbrev. Cap. XII.
Variantes de M. Corblet. *Hagiog. Tome* I, *page* 147.
Au vers III. Spiritus hunc domini.
Au vers VI. Et templum sancti Richarii renovans.
Au vers XIV. Statum pour flatum.

On se demande comment ces vers gravés sur le tombeau du saint ont été inconnus à Hariulfe, à l'auteur de la biographie anonyme et surtout à saint Gervin qui, après avoir remué les pierres tumulaires des deux sépultures, après avoir constaté par les quatre vers cités plus haut la présence du corps d'Angilbert à l'entrée du chœur de l'église, ne connaît le jour de sa mort que par le manuscrit de Gorze. Jean de la Chapelle aurait rendu service à ceux qui étudient les antiquités de son monastère, en nous apprenant par quelle voie cette épitaphe était parvenue jusqu'à lui.

« Les éloges de cette épitaphe, ajoute M. Corblet, restent assurément au-dessous du mérite d'Angilbert qui fut un des plus vaillants champions de cette milice monastique que S. Anselme appelait si bien *la Chevalerie de Dieu*. Ce n'est certes pas une gloire médiocre que d'avoir été le collaborateur de Charlemagne dans cette grande œuvre de régénération, qui donna une base solide au pouvoir séculier et à la puissance religieuse, en même temps qu'elle assura le réveil intellectuel de l'Occident. *Hagiog. Ibid.*

canonisation que nous croyons indépendante de ces deux événements, dont le récit nous paraît susceptible de quelque discussion (1).

On doit conclure de divers documents, produits par les hagiographes, que jusqu'au temps de l'abbé Anscher la vénération dont on environnait les restes précieux de saint Angilbert, ne s'élevait pas encore aux hommages d'un culte public. On admirait ses vertus, sa vie pénitente ; on visitait son tombeau ; on le proposait à l'imitation des fidèles, mais on ne le priait pas ; au contraire, on priait pour le repos de son âme. Chaque année le jour anniversaire de sa mort, l'église de Centule revêtait encore ses habits de deuil, pour implorer en sa faveur la miséricorde de Dieu, toujours clément envers ses créatures.

Lorsqu'au commencement du xii° siècle le Tout-Puissant manifesta la gloire du saint Abbé par d'éclatants miracles, l'abbé Anscher tressaillit d'espérance et fit connaître à l'Église le protecteur puissant que la divine bonté révélait à son monastère. Il rédigea les actes de ces faits prodigieux et en envoya le rapport à l'archevêque de Rheims et à ses suffragants (2).

Un autre livre de miracles fut adressé au Souverain Pontife. Quoiqu'il ne soit pas nommé dans l'épître qui sert de préface, tous les auteurs croient que c'est lui qui est désigné sous le nom de *Majesté*, alors réservé au successeur de Pierre, et on explique très-bien que le prudent abbé ne soit empressé de porter la cause devant Celui dont les décrets irréformables étaient invoqués, avant d'autoriser le culte public des saints. On demandait dans ce livre, en proposant les miracles, s'il était convenable de continuer, suivant l'usage établi de temps immémorial, de faire mémoire d'Angilbert dans la commémoration des fidèles trépassés, ou si, pour obéir à la parole de Dieu qui nous exhorte à honorer la mémoire des justes, il n'était pas temps de célébrer le jour anniversaire de sa mort comme celui des saints (3). La réponse du Souverain Pontife ne nous est pas connue ; mais ce n'est pas une raison pour supposer que la canonisation n'existe pas.

Mabillon s'exprime ainsi sur cette question : « Du consentement du pape Pascal II et d'après son décret définitif, on célébra par un culte public le jour de la mort de saint Angilbert et celui de sa translation (4). »

Ajoutons, à l'appui de cette assertion, les remarques suivantes : Il ne reste pas, dit Benoit XIV, de preuves de canonisation de plusieurs saints, parce que la définition de ces causes était faite par les Pontifes romains dans les synodes de chaque année et les Actes n'en étaient pas écrits.

(1) Voir plus loin les chapitres de l'Abbé Ribbodon et de saint Gervin.
(2) *Acta Sanct. Ord. S. Benedict. Tom.* v. *In vita S. Angilb. Lib. Miracul.*
(3) Qualiter hic justitiæ cultor debeat tractari, utrum, velut hactenus gestum est, inter mortuos fideles memoria illius teneatur, an... anniversaria ejus dies in numero sanctorum solemniter celebretur. *Ibid.*
(4) D. Mabillon. *Éloge de S. Angilbert. Acta Sanct. Ord. S. Bened. Tom.* v.

C'est aussi la conjecture des Bollandistes. « Dans beaucoup de conciles les questions, disent-ils, se traitaient de vive voix et l'on omit d'en rédiger les actes. » Ils donnent même pour exemple le concile de Reims, présidé en 1119 par le pape Calixte II. Ils disent que, la quatrième férie, il vint au concile à trois heures, qu'il écouta un grand nombre de demandes et de réclamations, qu'on traita en sa présence beaucoup de questions qu'il revêtit de sa sanction (1).

Il est à remarquer que c'est bien vers cette époque qu'on doit placer la canonisation d'Angilbert. Après 1110 il s'était opéré à son tombeau des miracles que saint Geffroy fit constater par le prêtre Ingution (2). Le Pape et l'Archevêque de Reims en avaient le récit. Il ne manque donc que les Actes publics pour constater cette solennelle déclaration. Mais on honore saint Adhélard et saint Paschase Radbert, pour ne citer que des noms connus, quoiqu'on ne puisse pas produire leurs actes de canonisation. Benoît XIV lui-même parle de la canonisation d'Angilbert dans le grand ouvrage qu'il a publié sur cette matière (3), et dans une liste de saints canonisés, publiée il y a quelques années par la *Correspondance de Rome*, on voit figurer le nom de saint Angilbert.

Mais quand même on révoquerait en doute les *Livres des miracles de saint Angilbert*, — ce qui est possible après toutes les tentatives du XII° siècle pour falsifier sa vie, — les preuves d'un culte public ne sont pas moins évidentes. Nous les tirons du martyrologe de Saint-Riquier, rédigé dans le XII° siècle. On y lit sous la rubrique du 18 février : « Au monastère de Centule, déposition de saint Angilbert Abbé, qui gouverna heureusement le monastère et est regardé comme le septième Abbé depuis saint Riquier. » « Son corps, après vingt-huit ans de sépulture, fut trouvé sans corruption. »

Le 4 novembre : « Au monastère de Centule la translation de saint Angilbert, qui « vingt-huit ans après sa mort fut trouvé sans corruption (4). »

La fête de saint Angilbert est indiquée aussi au 18 février dans une copie du martyrologe de Centule possédée par le monastère de Saint-Vast, dès le douzième siècle, au dire de D. Mabillon (5). Les martyrologes composés depuis la fameuse chronique de 1437 ou depuis Jean de la Chapelle, son propagateur, renferment des allusions qu'il est bon de signaler, parce qu'elles ne se lisent pas dans le martyrologe de Centule ni dans un calendrier des fêtes qui remonte au XII° ou au XIII° siècle. Ainsi Hugues Maynard,

(1) *Act. Sanct. Boll.* 18 Febr. *In Vita S. Angilb.*
(2) *Ann. Ben.* Tom v, pag. 517.
(3) Benoît XIV, *(Lib. t Canonis. Sanct. Cap,* VIII, N. 13*)* parle d'Ingelran, Abbé de Saint-Riquier, canonisé par le pape Urbain II. Et il cite pour garants de son assertion les *Annales Bénédictines* de D. Mabillon et ses *Acta Sanctorum*, Tome v.

Le nom d'Angelran est substitué, par une erreur de copiste, à celui de saint Angilbert. Aux endroits cités de D. Mabillon il est précisément question de la canonisation de ce dernier. D. Mabillon suppose que cette canonisation fut faite par le Pape Pascal II et non par Urbain II. Les miracles qui l'ont provoquée ont été en effet opérés sous le successeur d'Urbain.

(4) *Boll. Act. Sanct. Tom.* VI *Junii. Martyrol. Febr.*
(5) *Eloge de Saint Angilbert. Ibid.* Le savant Bénédictin parle aussi d'un ancien *Ordre de Saint-Riquier* ou d'un indicateur des fêtes qui renferme celles de notre saint Abbé.

dans son martyrologe Bénédictin, donne à Angilbert le titre de gendre de Charlemagne. André Du Saussay fait cet éloge de notre saint Abbé dans le martyrologe gallican : « Saint Angilbert, gendre de Charlemagne, foula aux pieds la gloire du monde et les délices de la cour, pour se soumettre au joug de Jésus-Christ en embrassant la vie monastique ; il brilla par ses vertus et sa doctrine et après de longues années passées dans la religion il mourut saintement. »

Chatelain, dans le martyrologe universel, n'a garde d'oublier non plus la haute alliance du favori de Charlemagne.

Les deux fêtes de saint Angilbert, dont il est parlé plus haut, étaient indiquées dans *le propre des offices du monastère* sous le rit double de première classe et de premier ordre, avec octave, avec leçons propres au second nocturne, extraites de la chronique d'Hariulfe et de la chronique apocryphe et avec des Antiennes et des Hymnes propres. Le 16 septembre, on célébrait une seconde translation des reliques, celle du temps de saint Gervin, mais avec moins de solennité (1).

Dans les antiennes on loue surtout le second fondateur du monastère et l'auteur du *Laus Perennis*.

On ne rendit pas, dit D. Mabillon, de culte religieux à saint Angilbert avant l'Abbé Anscher, et ce culte est resté renfermé dans le monastère de Saint-Riquier ; il y a, du reste, un grand nombre de saints et de bienheureux dont le culte n'a pas joui d'autre prérogative.

Mais n'est-il pas permis de se demander, si avant les innovations liturgiques de 1685 saint Angilbert avait un office spécial. M. l'Abbé Corblet, dans ses immenses recherches, n'a pu en constater de trace, et les anciens monuments de l'abbaye qui pourraient le prouver ont tous disparu. P. Petau parle cependant d'une invocation à saint Angilbert insérée dans la litanie gallicane (2).

La légende de l'office composée au xvii° siècle n'a point d'autre autorité que celle des auteurs auxquels on l'a empruntée. On connaît notre opinion sur les faits qui y sont contenus. Il est inutile de recommencer cette discussion.

Il sera parlé de l'iconographie de saint Angilbert dans la description de l'Eglise et nous ferons l'histoire de ses reliques aux époques des translations.

(1) Il n'est pas question de cette troisième fête dans le martyrologe ni dans l'indicateur ; elle date sans doute de 1685.
(2) *Syntagma Nithardi*.

CHAPITRE XII.

La ville de Saint-Riquier. — Ses redevances. — Les domaines du monastère.

La description des domaines de l'abbaye de Saint-Riquier, de leur origine, pour peu qu'elle soit connue, de leurs accroissements, de leurs redevances diverses, de leurs relations féodales ou de leur décadence, aura dans notre histoire la part que mérite le temporel des institutions religieuses. Nous voulons, pour achever de montrer la splendeur du monastère sous saint Angilbert, dire ici quelques mots des obligations de la ville de Centule envers ses abbés, au ix° siècle, et énumérer les principales possessions du monastère, telles qu'elles sont indiquées dans Hariulfe.

« La piété des moines, dit le savant auteur des Annales Bénédictines, attirait autour d'eux une multitude de chrétiens, heureux de s'édifier de leurs instructions et de leurs exemples. On leur concédait des fermes, un certain nombre de serfs ; on leur bâtissait des demeures autour des monastères. Ainsi se formèrent des villages, des bourgs et même des villes. Avant les moines, les belles villes de la Saxe, de l'Allemagne et de la Suisse n'étaient que d'affreuses solitudes, des repaires de bêtes féroces : fécondées par les travaux et l'industrie de nos pères, elles le disputent maintenant en opulence aux plus célèbres cités de l'antique Germanie. Dans tous les pays chrétiens, le sol changea également de face sous les mains des Bénédictins ; des villes et des villages furent créés et rapidement peuplés au sein des déserts et des forêts. » (1).

C'est ainsi que la petite agglomération d'habitants, soumise vers le commencement du vi° siècle au leude ou au seigneur mérovingien de Centule, s'augmenta peu à peu sous la protection du monastère. Tous ceux qui sentirent le besoin de sécurité, de conseils salutaires, de travail rémunérateur, se groupèrent autour de l'Eglise et des serviteurs de Dieu, toujours secourables aux indigents et aux opprimés.

Plusieurs causes hâtèrent ce développement de la population, au ix° siècle. Signalons en particulier les immenses travaux entrepris par saint Angilbert. D'habiles ouvriers vinrent résider au centre de leurs occupations. En outre les hommes liges du monastère, obligés au service militaire auprès de l'abbé, se fixèrent dans la ville. Le commerce et les divers arts mécaniques y virent des débouchés, et, à la suite des flots de pèlerins, ils n'hésitèrent pas à s'abriter sous la sauvegarde de cette providence tutélaire de la contrée, encore dépourvue de centres populaux. Tous, sous certaines redevances, recevaient des terres, des maisons avec leurs pourpris ou jardins, et exerçaient librement leur industrie.

Un document, découvert par D. Mabillon dans la bibliothèque de la Reine de Suède,

(1) *Act. Sanct. Ord. S. Benedicti.—Præfat. Tom.* III.

nous offre les détails les plus curieux sur les redevances de la ville de Centule au monastère et par là même sur les éléments de la population et les sources de son aisance. Châteaubriant analyse cette pièce dans ses Etudes historiques et la produit comme un exemple des grandes richesses que les abbayes possédaient au IXe siècle (1).

Ce mémoire appartient au dénombrement de l'abbé Héric en 831. Nous ne donnons pas un démenti à l'histoire, en faisant honneur au grand restaurateur de Centule de toute cette prospérité.

La ville de Centule possédait 2500 demeures de séculiers ou manoirs, dont chacun payait 12 deniers, 4 poulets, 30 œufs, 3 setiers de froment, 1 setier d'avoine et 1 setier de fève. Les habitants devaient le service militaire, toutes les fois qu'ils en étaient requis.

Quatre moulins rendaient six cents muids de diverses espèces de moutures, huit porcs et douze vaches. Le marché rapportait quarante sous d'or par semaine et le droit de péage vingt sous (2).

On comptait dans la ville treize fours, qui devaient chacun, tous les ans, dix sous, trois cents pains et trente flans au jour des litanies.

La Cure des âmes établie dans le portique de saint Michel valait par an cinq cents sous, destinés aux aumônes des moines. La sépulture des pauvres et des étrangers qu'on inhumait à Saint Aubin de Neuville (3), rendait, chaque année, à la porte des Nobles, cent sous qu'on devait distribuer en aumônes.

Chaque jour l'abbé donnait en aumône cent sous d'or, nourrissait trois cents pauvres, cent cinquante veuves, soixante clercs.

L'offrande pour les mariages était de vingt livres d'argent. Les amendes des procès produisaient soixante-huit livres par an.

La rue des Marchands donnait chaque année une pièce d'étoffe de cent sous d'or. La rue des Serruriers fournissait tous les ferrements : cette redevance valait trois livres. La rue des Fabricants de boucliers devait toutes les couvertures des livres avec charge de les coudre et de les relier, ce qu'on estimait trente sous d'or. La rue des Selliers préparait toutes les selles nécessaires à l'abbé et aux moines qui passaient au monastère. La rue des Boulangers était obligée de fournir cent pains par semaine. La rue des Ecuyers était libre de tout tribut. La rue des Cordonniers procurait aux serviteurs du monastère et aux cuisiniers les chaussures nécessaires. La rue des Bouchers était taxée chaque année à quinze setiers de graisse. La rue des Teinturiers ou Dégraisseurs donnait toutes les drogues et essences dont on avait besoin au monastère. La rue des Pelletiers apprêtait et travaillait les peaux que les moines réclamaient pour leur usage. La rue des Vignerons ou marchands de vins donnait par semaine seize setiers de vin et un d'huile. La rue des Taverniers ou Cambiers apportait chaque jour trente setiers de cervoise ou bière.

(1) *Analyse raisonnée de l'Histoire de France.*
(2) Le sou d'or est estimé à 12 f. de notre monnaie.
(3) L'église de Neuville aujourd'hui détruite était sous l'invocation de saint Aubin.

Quant à la rue des Cent-Dix Fidèles ou Chevaliers, on lui demandait de tenir continuellement à la disposition de l'abbé un cheval, un bouclier, un glaive, une lance et les autres armes nécessaires.

La chapelle des Nobles donnait chaque année douze livres d'encens et de parfums. Chacune des quatre chapelles pour le petit peuple étaient soumises à un tribut de cent livres de cire et de trois livres de deniers. Les oblations au tombeau de saint Riquier rapportaient chaque semaine deux cents marcs ou trois cents livres, sans compter les autres dons (1).

On peut conclure de ce document que la population de Centule s'élevait au moins à 15,000 âmes. Si on veut réfléchir aux redevances imposées aux boulangers et aux taverniers, on conclura qu'il y avait là un débit très-considérable. Les diverses branches d'industrie, réunies sans doute en corporations, indiquaient aussi le centre d'un commerce et d'une production très-active. La quantité de dons et d'offrandes au tombeau de saint Riquier prouve en outre une prodigieuse affluence de pèlerins.

Il est à croire que cette prospérité éprouva de graves atteintes à l'époque des invasions des hommes du Nord. La ruine du monastère entraîna celle du commerce. Toutefois, pendant plus de deux siècles, la ville de Centule restera la capitale du Ponthieu, et lorsque son humble fille d'Abbeville, s'agrandissant à ses dépens, grâce à sa forte position, lui ravira l'influence et l'autorité, elle soutiendra encore son ancienne réputation dans les guerres féodales. C'est après le xvi° siècle qu'elle se perdra dans l'obscurité commune à tant d'autres localités toujours célèbres par leurs souvenirs.

Le dénombrement de l'abbé Héric énumère trois espèces de possessions. « La première classe se compose des domaines, dont la seigneurie appartient intégralement au monastère, sans mélange de bénéfices ou fiefs, domaines aussi libres que des cités et des places fortes, à l'abri de toute usurpation : ce sont les domaines de Ponches, Villeroi, Tilly, Drucat, Abbeville, Forêt-Montier, Mayoc et Crotoy, Domart, Ailly-le-Haut-Clocher, Longvillers, Hautvillers, Réalmont et Valines près d'Hautvillers. »

« La seconde classe renferme des seigneuries, où une partie, minime toutefois, des possessions est cédée en bénéfice ou en fief. Ce sont les villes ou villages de St.-Riquier, Buigny, Vaux-lès-St-Mauguille, Drugy, Neuville, Gapennes, Yvrench, Bayardes, Courcelles, Croix, Chevincourt, Aufnicourt, Mers, Nielle, Long, Authie, Roquemont, Sorrus, Conchil, Bussu, Yaucourt (2). »

« Dans la troisième classe sont compris les bénéfices ou fiefs concédés par l'abbé de Centule à des Fidèles ou Chevaliers. » Les bénéficiers sont tous désignés dans la chroni-

---

(1) *Act. Sanct. Ord. S. Bened. In vita S. Angilberti.*

(2) *Chron. Cent. Lib.* III. *Cap.* III. — Ces bourgs ou villages existent encore aujourd'hui, sauf Tilly, Réalmont et Valines, Vaux, Bayardes, Courcelles, Croix, Aufnicourt, Nielle, Roquemont. On indiquera leur position topographique dans le Livre des domaines temporels.

que par leurs noms, dont aucun n'offre un souvenir historique : ils étaient les tenants nobles de Saint-Riquier, obligés au premier signe d'accompagner l'abbé, ses officiers et les moines, sur terre et sur mer. Aux fêtes de Noël, de Pâques et de la Pentecôte, ils avaient la garde de l'Eglise et du sanctuaire et formaient à l'abbé une cour presque royale.

Le dénombrement renvoie pour le détail des terres et des revenus au répertoire général ou au sommier des propriétés du monastère (1).

(1) *Chron. Cent. Ibid.*

LIVRE IV

LES ABBÉS DU NEUVIÈME SIÈCLE.

CHAPITRE PREMIER

L'ABBÉ HÉRIC, HUITIÈME ABBÉ.

(814.)

Les Abbés commendataires du ɪx° siècle. — Fin malheureuse de Heuton, vassal de l'Abbé Héric. — Assemblée des Abbés Bénédictins à Aix-la-Chapelle. — Louis-le-Débonnaire à Saint-Riquier.

Le successeur de saint Angilbert fut l'abbé Héric, ou Henri, d'après une autre orthographe. « Il obtint, dit Hariulfe, le gouvernement de ce monastère par une faveur spéciale du très-glorieux empereur Louis. » Ce qui signifie, ce semble, que ce monastère lui fut donné en bénéfice (1).

Ce serait tromper le lecteur que de présenter avec plusieurs historiens le ɪx° siècle comme une ère de splendeur pour l'état monastique et en particulier pour l'abbaye de Centule. Nos chroniqueurs se glorifient d'avoir eu pour pasteurs des princes issus de sang royal, de hauts dignitaires de l'Empire Carlovingien ; mais pour peu qu'on pénètre dans la vie intime des communautés religieuses, on est tout étonné de se trouver en face d'abbés commendataires, de grands seigneurs, dotés des revenus de riches monastères, moins soucieux le plus souvent des intérêts spirituels de leur troupeau que des trésors qu'ils espèrent cumuler, en ajoutant bénéfices à bénéfices, en diminuant avec le nombre des moines les dépenses exigées pour leur entretien. C'est sous cette réserve que nous reproduisons les récits des chroniques.

Hariulfe avoue qu'il n'a pu rien recueillir sur la vie et les œuvres de l'abbé Héric : il se contente de raconter le fait suivant emprunté au premier livre des miracles de saint Riquier (2).

---

(1) *Chron. Cent. Lib.* ɪɪɪ, *Cap.* 1.
Voir nos observations sur le privilége du Pape saint Léon III, *au Livre* ɪɪɪ, *page* 202.
(2) *Chron. Cent. Lib.* ɪɪɪ. *Cap.* ɪ.

L'abbé Héric avait donné en bénéfice à un de ses vassaux, nommé Heuton, le village de Sorrus, dont les revenus étaient spécialement destinés à procurer des chaussures aux moines. Auprès de ce village, où les souvenirs de saint Riquier se conservèrent si précieusement, on voyait un bois dont les arbres séculaires avaient abrité le pieux missionnaire, dans ses courses apostoliques. On montrait surtout un vieux hêtre, au pied duquel il récitait ses prières, et pour cette raison les habitants de la contrée avaient pour cet arbre une vénération spéciale. Heuton, en faisant la visite de son nouveau domaine, remarqua ce géant de la forêt, et spéculant sur le profit qu'il pouvait en tirer, il ordonna de l'abattre. Les serfs n'obéirent aux ordres de ce grossier personnage (1), — ainsi l'appelle la chronique, — que sous la pression de violentes menaces. Quand ils fendirent le tronc, ils trouvèrent, au milieu des couches ligneuses formées par l'accroissement annuel du bois, des restes de cheveux et de barbe qu'ils respectèrent comme des reliques, mais que l'impie Heuton fit jeter aux vents. En arrivant à la dernière tronche, on découvrit entre les fibres du bois une croix attachée à l'arbre et son effigie sur le côté opposé. On la garda soigneusement sous clef; mais pendant la nuit elle disparut, et il ne fut jamais possible de la retrouver. Cinq jours après, Heuton mourait des suites d'un accident survenu à la chasse. Après le défi porté à la dévotion du pays, cette affreuse catastrophe inspira partout une grande terreur et fit croire à une vengeance du ciel.

On lit dans les Annales de Flodoard qu'un concile fut tenu, en 814, à Soissons et qu'entre autres décrets on y régla les limites des diocèses de Soissons et de Noyon. Le nom d'Héric figure parmi ceux des abbés de la province, présents à cette auguste assemblée (2).

On ne saurait dire combien de temps dura le gouvernement de l'abbé Héric. Hariulfe parle de quelques années, *aliquantis annis*. C'est très-vague. Nous ignorons donc si les faits que nous allons mentionner appartiennent à l'époque de son administration ou à celle de son successeur.

Une célèbre assemblée d'abbés et de moines, sous la présidence de saint Benoît d'Aniane, ajouta, en 817, de sages réglements à la règle du saint Patriarche des moines de l'Occident. L'illustre fondateur n'ayant pas prévu que sa règle serait suivie sous tous les climats et dans tous les royaumes de l'Europe, l'expérience et la vicissitude des temps imposaient ce supplément. Les explications et additions ont passé dans les us et coutumes de plusieurs familles Bénédictines des âges suivants, et c'est dans ce nouveau code qu'il faut chercher la raison d'une multitude de faits, que notre histoire signale, sans initier le lecteur à l'origine de ces observances religieuses. « Il est permis de croire, dit un historien, que ces salutaires décrets que l'empereur Louis fit publier en ce temps pour la direction des clercs et des moines furent le fruit de ses conférences

(1) Male curtensis.
(2) Flodoard. *Historia Remensis Ecclesiæ*. Lib. ii,

Cap. xviii. — P. Lecointe. *Annales*. DCCCXIV.

avec le pape Etienne IV dans son voyage en France, en l'an 816 (1). » Tant il est vrai qu'une vie nouvelle circule dans les membres de l'Eglise toutes les fois qu'on se met en contact avec son chef visible, à qui est promise l'assistance du Saint-Esprit.

Dans cette assemblée de 817, l'Empereur fixa par un autre réglement les redevances de certains monastères. Les tributaires étaient divisés en trois classes. La première classe en comprenait dix, qui étaient obligés à des dons et au service de la guerre. A la seconde appartenaient seize autres qui n'étaient soumis qu'à des dons. On ne demandait que des prières pour l'Empereur et sa famille aux dix-huit monastères qui formaient la troisième classe. Celui de Corbie fondé par la reine Bathilde figure dans la première. Il n'est nulle part question de Centule. N'est-ce pas une nouvelle preuve qu'il n'est pas de fondation royale et que saint Riquier l'a doté de son patrimoine ?

En 823, Ebbon, Archevêque de Reims, partait avec une mission du Saint-Siége pour évangéliser les Danois : c'est à l'assemblée d'Attigny qu'il avait manifesté son généreux projet, aux applaudissements de l'Empereur, des Evêques et des Seigneurs. Il se choisit, dit le P. Malbrancq, des compagnons dans divers monastères. Les moines de Centule prirent une part active à cette mission, au dire de la chronique manuscrite de 1437, qui ajoute même qu'ils convertirent un roi des Danois, nommé Eriel, avec son épouse, et que ce néophyte leur donna la Frise (2).

Il est à regretter que ce fait si glorieux pour notre monastère n'ait pas d'autres garants. Mais ce qu'Hariulfe raconte de la visite ou du pèlerinage de Louis-le-Débonnaire au tombeau de saint Riquier est plus certain (3). L'Empereur parcourait alors (830) les côtes maritimes de l'ouest, pour les fortifier contre les invasions redoutées des Normands. Les Annalistes marquent qu'il s'arrêta dans les principaux monastères de ces contrées : ils nomment spécialement St.-Bertin de Sithiu, Centule, St.-Valery (3).

Les moines de Centule prièrent l'Empereur de les prendre sous sa protection et de leur assurer la libre disposition des domaines destinés à leur nourriture et à leur entretien, d'interposer son autorité pour qu'il ne fût permis ni aux abbés qui gouverneraient dans la suite, ni à leurs ministres, ni à aucune autre personne d'une dignité supérieure ou inférieure, de rien détacher des biens du monastère, ni de les convertir en aucun autre usage. Cette requête fut agréée par Louis-le-Débonnaire; et, dans une charte donnée au monastère de Saint-Valery et datée du 3 des nones d'avril 831, il énumère les terres qu'il veut sauvegarder contre toute entreprise étrangère. Il interdit à tout seigneur et même à l'abbé d'imposer à ces possessions le droit de gîte, l'obligation de la corvée, du service militaire ou quelque autre exaction. Il ne leur demande en son nom que des prières pour la prospérité de son règne, pour la reine et sa famille (1).

(1) *Hist. de l'Eglise gallicane.* 816 et 817.
(2) P. Malb. *De Morinis. Tom.* II, pag. 204.
(3) *Chron. Cent. Ibid. Cap.* II.
(4) De Foy, *dans la Notice des Diplômes (Tom.* I, pag. 397) semble avoir examiné superficiellement cette charte. Il n'est pas question ici de charges publiques, mais de redevances non légales et arbitraires.

Hariulfe ajoute ici une remarque importante. « Une partie de ces biens mentionnés
» dans la charte avait été donnée par Charlemagne; mais beaucoup provenaient aussi
» de notre Bienheureux Patron, et si l'on n'avait craint d'être troublé dans la posses-
» sion par des vassaux pervers et ambitieux, tel que cet Heuton que nous avons signalé
» plus haut, on n'aurait pas senti le besoin de ce privilége dans lequel on n'a pas
» compris les domaines pour lesquels on n'avait rien à redouter, comme Centule, Ab-
» beville, Hautvillers et bien d'autres non énumérés ici. » (1).

Nous ferons observer que cette charte impériale est donnée aux moines seuls sans désignation d'abbé. Cette division d'intérêts entre l'abbé et les moines fait supposer
une double mense, celle de l'abbé et des moines. Il en existe de nombreux exemples
dans ce siècle et c'est ce qui faisait convoiter à tant de seigneurs le titre d'abbé commendataire.

On lit dans Hariulfe qu'en 831, après avoir donné ce privilége, l'empereur Louis demanda aux moines un dénombrement du trésor de leur Eglise et de leurs possessions.
Nous avons analysé ce document au livre précédent (2).

Ansegise, abbé de Luxeuil, de Saint-Wandrille et de Saint-Germer, qui mourut en
834, donna un signe tout particulier de sa dévotion envers le saint fondateur de
Centule. Dans ses dispositions testamentaires qui révèlent des richesses considérables,
provenant soit de son patrimoine, soit de ses menses abbatiales, il a fait des legs
particuliers à cinquante-trois Eglises ou monastères ; il laissa à l'Eglise de Saint-
Riquier deux livres et demie : environ 1,400 francs de notre monnaie, d'après M. l'abbé
Corblet (3). C'est un de ses dons les plus considérables, d'où l'on peut juger, dit
D. Mabillon, de l'importance du lieu ou de l'amour que le bienfaiteur lui avait voué (4).
Plusieurs historiens de notre pays affirment sans preuve qu'Ansegise avait été moine
de Saint-Riquier (5). C'est seulement en 867 qu'on trouve à Centule un célèbre moine
de ce nom.

(1) *Chron. Cent. Lib.* III. *Cap.* III.
(2) Voir les chapitres VIII, IX, XII.
(3) *Hagiographie. Tome* III, *page* 3.

(4) *Ann. Benedict. Tom.* II, *pag.* 54.
(5) *Biographie des hommes célèbres du département.*
— M. Prarond. *Hist. de St-Riquier.*

CHAPITRE II.

HÉLISACAR, NEUVIÈME ABBÉ.
(822 à 837.)

Notice sur Hélisacar. — Il préside le plaid d'Attigny en 822. — Il est exilé après les révolutions du palais en 831. — Miracles de Saint Riquier.

« Ce glorieux abbé, dit Hariulfe, ne fut pas longtemps à la tête du monastère : mais il se distingua par sa piété ; il fit refleurir la discipline régulière et fit spécialement observer la règle canonique, qui interdisait aux femmes l'entrée de l'enceinte monastique. Il était tout à la fois abbé de Centule et de Jumièges, et ainsi se renouvelèrent les liens de confraternité qui existaient entre les deux célèbres communautés religieuses. »

C'est tout ce que la chronique de Centule savait sur Hélisacar. Le reste du chapitre est consacré aux miracles qui récompensèrent son zèle pour la gloire de Dieu et la perfection de ses moines (1).

Le P. Lecointe, cherchant à combiner le texte d'Hariulfe avec la suite des faits historiques, conjecture qu'on ne confia à Hélisacar l'administration du monastère de Centule qu'après la paix générale qui suivit la réconciliation de Louis-le-Débonnaire avec ses fils (834). Il est permis de supposer que ce célèbre personnage fut appelé plutôt à gouverner les moines de Centule, et même vers 822, d'après quelques auteurs. Toutefois les contemporains, — et c'est là ce qui cause notre embarras, — se taisent sur cette particularité de la vie d'Hélisacar. On ne peut cependant révoquer en doute son titre d'abbé de Centule. Le catalogue de l'abbé Angelran en fait foi avec Hariulfe et le livre des miracles opérés au tombeau de saint Riquier, qui fut écrit au IXe siècle.

Le nom d'Hélisacar a joui d'une grande considération sous le règne de Louis-le-Débonnaire. Cet abbé fut mêlé aux événements mémorables de son temps. Nous allons suppléer au silence de notre chroniqueur et esquisser sa biographie, que nous puiserons dans les historiens du IXe siècle.

L'époque de la naissance et les premières années d'Hélisacar sont inconnues (2). Avant 814, il a signé quelques chartes comme notaire de la chancellerie. Depuis il exerça les fonctions même de chancelier à la cour du roi Louis-le-Débonnaire. Après

---

(1) *Chron. Cent. Lib.* III. *Cap.* IV.

(2) C'est sans preuve que la *Biographie des Hommes célèbres du département* le fait originaire du Ponthieu

D'après Jean de la Chapelle, *Iste Abbas regnabat anno Domini* 815.

Nous aurons souvent à signaler ces erreurs de chronologie dans le chroniqueur du XVe siècle.

822, son nom ne paraît plus que rarement sur les diplomes impériaux. Il cesse de figurer à la suite des révolutions du palais de 831 et des années suivantes.

En rassemblant les notices éparses dans plusieurs chroniques, on voit qu'il gouverna beaucoup de monastères : entre autres ceux de Saint-Maximin de Trèves, de Saint-Aubin d'Angers, de Jumièges et de Saint-Riquier.

En 814, dans une charte pour le monastère de Saint-Maximin, il est appelé familier de l'empereur Louis et abbé de Saint-Maximin (1).

En 818, il reçut Louis-le-Pieux à Angers (2) : il accompagna ensuite l'Empereur dans la guerre qu'il avait entreprise contre les Bretons et l'aida de ses conseils. Au plaid de Vannes, il fit adopter la règle de saint Benoît dans tous les monastères de la province.

Jumièges lui aurait été confié en 830. Plusieurs auteurs inscrivent même son nom sur le catalogue des abbés, dès 800 (3).

On ne saurait dire sûrement, comme nous venons de l'observer, en quelle année il fut pourvu du bénéfice de l'abbaye de Centule.

Hélisacar, d'après tout ce qui précède, fut un abbé commendataire ; mais ses vertus et son zèle pour l'Eglise le préservèrent des convoitises de l'ambition et de l'avarice, comme saint Benoît d'Aniane, comme l'abbé Ansegise, comme Hilduin et plusieurs personnages recommandables, que l'Eglise compte parmi ses plus intrépides défenseurs et qui cédaient aux vœux des moines, en acceptant le titre d'abbé, parce qu'ils devenaient leurs protecteurs contre les usurpations des seigneurs laïcs, et empêchaient les abus sacrilèges dont ce siècle conserve de si honteuses traces.

Les lettres de saint Benoît d'Aniane nous apprennent que l'abbé Hélisacar n'était pas même un moine, mais un chanoine régulier. Toutefois, comme la règle des chanoines réguliers de cette époque se rapprochait beaucoup de celle de saint Benoît, un homme aussi éminent en sainteté pouvait facilement conseiller les moines dans les circonstances que nous avons signalées. Un prieur, animé de son esprit et soutenu de son autorité, maintenait la discipline et réprimait les désordres inséparables de la faiblesse humaine. Saint Benoît d'Aniane sur son lit de mort décerne cet éloge à Hélisacar, dans ses dernières recommandations à ses moines : « Il fut toujours votre ami le plus fidèle « parmi les chanoines et le plus ferme appui de votre ordre : ayez recours à lui avec « une pleine confiance. »

A la nouvelle de la maladie de ce grand réformateur de l'ordre monastique en Aquitaine, les Abbés s'empressèrent autour de lui. Les historiens remarquent qu'Hélisacar fut le premier au chevet de son lit, qu'il l'accompagna d'Aix-la-Chapelle à son monastère et ne le quitta plus jusqu'à son dernier soupir (4). Smaragde, l'un des plus

---

(1) *Familiaris noster*, dit l'Empereur Louis.

(2) *Obvius occurrit lætanti pectore carus Helisacar, validas sedulus auget opes.*
Ermoldus Nigellus — Patrologie Tom. cv. pag .597.

(3) *Gall. Christ. Tom. xi. Monast. Gemeticense.*
Le catalogue des abbés de ce monastère jouit de peu d'autorité parmi les érudits

(4) *Act. Sanct. Ord. S. Bened. Tom.* v, *pag.* 216-217.

CHAPITRE II. — HÉLISACAR.

illustres disciples de saint Benoît d'Aniane, après avoir composé sa vie, l'envoya aux religieux d'Inde (1), en priant ceux des moines qui réviseraient son travail de communiquer le livre à Hélisacar : il voulait que son jugement décidât de cette œuvre et qu'on la supprimât incontinent, s'il la croyait indigne d'être lue par ses frères (2).

Les hommes les plus illustres de son siècle furent liés avec Hélisacar ; ils avaient en lui un conseiller et un protecteur. Amalaire en parle ainsi au prologue de ses offices : « Je dois beaucoup aux études et aux travaux d'Hélisacar, personnage très-savant et très-versé dans la connaissance des saints livres et de tout ce qui tient au culte divin, le premier sans contredit entre tous les hommes éminents qui habitent le palais du très-glorieux Empereur Louis. » (3).

Fréculphe, évêque de Lisieux, est cité parmi les bons écrivains de son temps pour ses deux livres de chroniques sur l'histoire du monde. Le premier est dédié à Hélisacar. L'auteur l'appelle son maître et déclare que le plan lui a été tracé par ce grand Abbé (4). Il est probable, ajoute ici dom Rivet, « que les fonctions publiques auxquelles Hélisacar fut élevé pour ses rares qualités l'ont seules empêché de se livrer comme beaucoup d'autres contemporains à la composition : autrement il nous eût laissé des écrits remarquables » (5).

Sur un livre de saint Corneille de Compiègne, on lisait aussi cette indication : « Le vénérable Abbé Hélisacar a donné ce livre à saint......, par les mains d'Aldric, son fils en Jésus-Christ. Cet Aldric, ajoute D. Mabillon, est sans doute le saint évêque du Mans, élevé à la cour de Louis, où Hélisacar jouissait alors d'une grande considération (6).

Nous sommes conduits par l'ordre des faits à l'assemblée d'Attigny si célèbre dans nos histoires (822). Les légats du Saint-Siège y assistèrent. S. Adhélard et Hélisacar, dit Agobard, étaient l'âme de cette assemblée et la dirigeaient. Ils applaudirent à la confes-

(1) Monastère appelé depuis de Saint-Corneille, au duché de Clèves.
(2) *Act. Sanct. Ord. et Bened. Tom.* v. *pag.* 192-193.
(3) *Patrologie. Tom.* cv, *pag.* 244.
(4) On lit dans cette Épître dédicatoire : « O bien cher Hélisacar, ô maître vénéré par votre insatiable amour de la sagesse, ce n'est pas assez pour vous de stimuler de l'aiguillon de votre zèle tous ceux dont vous avez la responsabilité, pour qu'ils soient constamment vigilants et qu'ils distribuent à leurs sujets en temps opportun les dons du Seigneur. Vous avez voulu aussi imposer à votre petit serviteur l'obligation de scruter les livres des anciens, les récits des hagiographes, les écrits des payens et de résumer dans un ouvrage clair et succinct tous les faits historiques qu'on ne saurait révoquer en doute : vous m'avez esquissé vous-même tous les contours de cet immense tableau. Vous voulez que mon pinceau retrace le vaste panorama des événements, depuis la création de l'homme jusqu'à la naissance du Sauveur, et vous ne me laissez pas même la liberté de rejeter cette lourde charge. Je me lance, nautonier inexpérimenté, mais plus docile que téméraire, sur cette mer immense avec un frêle esquif. Si la tempête succède au calme, vous étendrez votre main tutélaire pour recueillir le pauvre naufragé J'ose, malgré mon incapacité et mes nombreuses occupations, entreprendre le travail qu'il eût fallu confier aux sages : car je n'ai rien à refuser à votre bienveillance. Si vous daignez corriger mon ouvrage, j'accepterai avec reconnaissance votre critique, vos notes et vos observations. — *Patrologie, Tome* cvi, *page* 918.
(5) *France littéraire. Tome* v. *Fréculfe.*
(6) *Ann. Ben. Tom.* ii, *pag.* 599.
On lit dans les Actes de l'Église d'Amiens (*Tome* ii, *page* 712), que la liturgie de l'ancien ordre ro-

sion publique de l'Empereur et en conçurent de vives espérances pour le triomphe de l'Eglise et la restauration de ses lois trop souvent foulées aux pieds (1).

Dans le récit de ce fait si diversement apprécié par les historiens, on a fait peser plus d'une fois sur les hommes les plus religieux de cette époque des accusations d'infidélité et de rébellion contre l'autorité souveraine. Essayons de les disculper et rappelons en quelques mots les raisons qu'on peut alléguer pour leur justification.

Bernard, roi d'Italie, n'écoutant d'autres conseils que ceux de l'ambition, de la colère et d'imprudents amis, avait levé l'étendard de la révolte contre son oncle, Louis-le-Débonnaire. De formidables préparatifs de guerre l'avaient bientôt ramené à la raison. Il vint se jeter avec ses complices aux pieds d'un second père, dont il avait souvent imploré la miséricorde. Mais les jours de la clémence étaient passés. Le procès fut instruit et les rebelles furent déclarés coupables de félonie et condamnés à mort. L'Empereur modéra toutefois la sentence et l'on se contenta de leur crever les yeux, supplice assez ordinaire en ces temps où les lois portaient encore l'empreinte de la barbarie. Quoique Charlemagne eût défendu à ses enfants de faire mourir ou aveugler les fils de leur frère Pépin, Bernard ne fut pas épargné, sans qu'on puisse dire pourtant par quel ordre la sentence fut exécutée ; il mourut trois jours après cette douloureuse opération.

Ces tentatives étaient propres à troubler un esprit faible : la peur poussa l'Empereur à une faute que la politique peut excuser, mais que la religion condamne. Pour ne pas être exposé dans l'avenir aux embûches et aux conspirations de ses jeunes frères, Drogon, Hugues et Thierry, il les enferma dans des monastères, après leur avoir fait couper les cheveux, et les consacra à Dieu sans les consulter.

La bonté naturelle du monarque, un instant étouffée par le ressentiment et les agitations de sa cour, se réveilla bientôt après. L'image sanglante de Bernard se présenta à ses yeux. Louis pleura amèrement ce châtiment cruel : le remords le poursuivit partout, ne lui laissant plus de repos ni le jour ni la nuit. Dans les calamités extraordinaires dont la France fut affligée alors, il vit la main de Dieu qui le frappait pour lui ouvrir les yeux et l'exciter à la pénitence ; il rappela donc tous les exilés et leur rendit ses bonnes grâces. Cette première réparation n'étouffa pas encore la voix accusatrice de sa conscience. Sa barbarie envers le jeune Bernard revêtait toujours le caractère d'un véritable meurtre, qu'il ne pouvait expier que par les satisfactions infligées aux homicides. C'est pourquoi il parut en pénitent dans l'assemblée d'Attigny, et en présence de ses jeunes frères qu'il réhabilita dans leurs dignités, des légats du Saint-Siége Apostolique, des grands de sa cour, des prelats, des abbés, il fit une confession publique de ses fautes, s'accusant spécialement du meurtre d'un prince du sang, d'attentat à la liberté

---

main et du sacramentaire de S. Grégoire, ainsi que l'Antiphonaire romain, fut mise en ordre par Hélisacar, moine de Centule ou Saint-Riquier, et qu'elle était encore en usage dans l'Eglise d'Amiens sous S. Geoffroy, mort en 1115 ou 1121. On ajoute que l'Antiphonaire d'Hélisacar existait encore à Saint-Riquier, à l'époque de la Révolution.

(1) *Patrologie. Tom.* civ. *Liber Apolog. Pro Filiis Ludov. Pii.*

de ses frères innocents et inoffensifs, de l'exil de plusieurs princes de sa famille et d'autres seigneurs. En demandant une pénitence il promit de racheter par de larges aumônes, par les prières des serviteurs de Dieu et par ses propres expiations, les fautes que lui ou son père avaient commises dans l'administration de l'Empire.

Les trois présidents de cette assemblée, Adhélard, Wala et Hélisacar, rigides observateurs de la loi divine et des saints canons, ne pouvaient ni ne devaient repousser cette volontaire humiliation de la majesté royale. L'exemple si touchant de ce nouveau Théodose était propre à adoucir les mœurs des Francs trop portés à verser le sang. Aussi tous les assistants furent émus de cette scène des temps primitifs du christianisme, et il ne s'éleva alors aucune accusation contre les princes de l'Église, témoins et approbateurs de cette héroïque confession. Qui pouvait prévoir en ce moment les révoltes, les parjures, les luttes parricides et les excès que le voile de l'avenir dérobe aux faibles regards des mortels ?

Beaucoup d'annalistes ont raconté ce fait avec éloge. L'Astronome formule timidement un blâme dans cette réflexion : « Par ces diverses œuvres expiatoires l'Empereur « cherchait à se rendre Dieu favorable, comme si l'exercice de la justice légale pouvait « passer pour un acte de cruauté. »

Notons qu'il y avait deux partis à la cour de Louis-le-Débonnaire, celui des défenseurs de la discipline ecclésiastique et même des coutumes du pays, et celui des politiques, dont l'Astronome se fait ici l'écho. Ce qui est certain c'est que les représentations de ces derniers n'avaient pu calmer les remords de l'Empereur et qu'il recouvra la paix après cette solennelle réparation à l'Eglise et à son peuple.

Quand l'émotion causée par l'humiliation de l'Empereur eut été apaisée, Adhélard, Wala et Hélisacar prirent la parole au nom de Louis, pour annoncer à l'assemblée qu'on pouvait proposer tout ce qu'on croirait utile pour corriger les désordres, fortifier la foi et assurer le règne de la justice ; ce sont les péchés, ajoutèrent-ils, qui attirent sur les peuples les fléaux de la guerre, de la famine et des calamités publiques ; appliquons-nous à détruire le mal, à écarter les calamités et attirer sur le royaume les prospérités du ciel.

En ce moment Agobard, Archevêque de Lyon, prit la parole et conjura les Abbés Adhélard et Hélisacar de représenter à l'empereur l'indigne trafic qu'on faisait en certains lieux des biens ecclésiastiques, malgré la défense des canons, les menaces du Seigneur et la pratique de l'Eglise universelle. Les modérateurs de l'assemblée répondirent comme on devait l'espérer de leur piété ; mais on ne tint pas compte de leurs remontrances, si l'on doit en croire Agobard, et les désordres signalés ne furent pas corrigés (1).

Tel fut l'esprit de cette assemblée d'Attigny dont S. Adhélard fut si édifié, qu'il disait que, depuis le temps du roi Pépin, on n'avait jamais vu chercher le bien public avec

(1) *Patrologie. Tom.* iv. *Ibid.*

plus de zèle et de désintéressement. Ce n'est point là ce qui compromit l'autorité de l'Empereur, puisque ceux qu'on serait tenté d'appeler ses adversaires, et qui le furent en d'autres circonstances, continuèrent d'exercer auprès de lui les mêmes fonctions et avec la même confiance.

Au concile ou plaid de Compiègne (823), Adhélard et Hélisacar paraissent encore à la tête du clergé et des seigneurs du royaume. Ils travaillent de toutes leurs forces à éclairer l'assemblée sur la destination des biens ecclésiastiques que les laïcs et certains clercs employaient trop souvent à des usages profanes : ils usent de toute leur influence pour réconcilier les évêques et les comtes divisés sur ce sujet. Agobard eut de fréquentes conférences avec saint Adhélard et Hélisacar et il rend hommage à leur zèle et à leur dévouement (1).

Le grand Abbé de Corbie mourut peu de temps après (826), et laissa à son frère Wala et à Hélisacar le fardeau de l'administration publique. Dans cette période leur zèle ne fut pas inactif. De nombreux conciles, auxquels ils ne furent pas étrangers, sondèrent les maux de l'Empire et indiquèrent les remèdes énergiques que demandaient des plaies aussi profondes. Vains efforts! L'autorité de l'Empereur était méconnue, et les désordres n'étant pas corrigés, la tristesse et le découragement pénétraient dans les meilleurs esprits.

Recueillons sur Hélisacar, pendant ces années si orageuses, quelques traits disséminés dans les écrits des contemporains. Ermold le Noir signale, en 826, la présence d'Hélisacar à la splendide cérémonie du baptême du roi danois Hérold et de sa famille; il accompagnait l'Empereur avec l'Abbé de Saint-Denis. Hilduin se tenait à la droite du monarque et Hélisacar à la gauche. Louis était le parrain du roi et l'impératrice Judith la marraine. C'est après ce baptême, resté célèbre dans nos annales, que se décida la vocation de S. Anschaire, l'illustre enfant de Corbie et le grand missionnaire des régions septentrionales de l'Europe. D'après les annales d'Eginard et de Lorch, l'Empereur envoya l'année suivante l'Abbé Hélisacar et les comtes Hildebrand et Donat en Espagne, pour apaiser les troubles. Avant leur arrivée, Aizon, fort du concours des Sarrazins, faisait des incursions sur les frontières et fatiguait les sujets de Louis, de telle sorte que ceux-ci abandonnaient les places fortes qu'ils étaient chargés de défendre. Des seigneurs se rangèrent même sous le drapeau de Mahomet, pour piller et incendier avec plus de liberté. Hélisacar, par ses conseils, sa prudence et son autorité, sut calmer les esprits des Goths et des Espagnols, et, s'il eût été secondé par les chefs militaires, il eût pacifié ce pays.

On sévit contre les coupables, mais leur dégradation ne sécha point les larmes que faisaient couler les maux de la patrie. L'Abbé Vala déplore ces maux en ces termes dans la diète de 828: « Hélas! cette guerre impie a détruit notre armée ; les villes et

(1) *Patrologie. Ibid. Pag.* 237

les provinces sont dépeuplées. Les rares habitants qui survivent, fuient de tous côtés, sans force et sans courage, ou tombent sous le glaive. L'on peut à peine compter les villes qui deviennent la proie des flammes. »

C'est au milieu de ces désastres qu'on s'acheminait vers la catastrophe de 830, à laquelle Hélisacar a pris une part active avec les personnages les plus pieux de la cour, avec les Évêques et les Abbés jusque-là les plus dévoués à la cause impériale et au prince lui-même; citons entre autres Hilduin, Abbé de Saint-Denis, Jessé, Évêque d'Amiens, saint Bernard, Archevêque de Vienne, Agobard, Archevêque de Lyon ; « ce qui équitablement, ajoute ici Rohrbacher, doit nous faire penser qu'ils avaient pour cela des motifs très-graves et que les récits de Nithard et de saint Paschase ne sont que trop vrais. »

Une chronique assez obscure nous apprend que Judith fut voilée par Jessé, Évêque d'Amiens et par l'abbé Hélisacar. Après le plaid de Nimègue, ce dernier fut envoyé à Nantes pour rendre la justice avec le comte Lambert. Mais quand l'impératrice Judith reparut triomphante à la cour, il partagea l'exil des seigneurs qui avaient essayé de soustraire la dignité impériale aux conseils et à l'influence d'un parti gravement compromis à leurs yeux pour ses audacieuses innovations. Hélisacar recouvra sa liberté en 833. On ne lit nulle part qu'il ait marché à la suite de Lothaire et de Vala ; mais ce qui est certain et ce qui témoigne de sa modération dans toutes ces péripéties des révolutions du palais impérial, c'est qu'après la réconciliation de Lothaire il reparaît à la cour avec honneur et qu'on le voit jouir de la même confiance auprès de Louis-le-Débonnaire qu'avant les discordes civiles.

Il fut envoyé, en 835, au Mans avec le comte Guy, auprès de l'évêque saint Aldric, pour faire rendre à son Eglise des biens usurpés par les vassaux du roi. Sur son rapport l'Eglise recouvra ses possessions. Dans leurs lettres de créance ces deux *Missi* ou arbitres sont nommés des hommes fidèles et dévoués ; ce qui porterait à croire qu'Hélisacar n'a point autant démérité auprès de l'Empereur qu'on le dit communément.

D'après Bucelin, Hélisacar serait mort en 836. Nous nous rangeons plus volontiers à l'opinion de Mabillon qui la fixe en 837.

Les miracles de saint Riquier, que nous allons raconter maintenant, appartiennent, suivant nos chroniques, à l'époque du gouvernement d'Hélisacar (1). Ses grands exemples de sainteté les aurait obtenus de son glorieux patron, pour donner plus de poids à ses sages règlements et aux réformes qu'il voulait faire pénétrer dans les institutions du monastère (2).

Un riche seigneur de Bourgogne, dont la fille unique était atteinte d'une paralysie générale, avait imploré le secours du ciel aux pèlerinages vénérés par la piété

---

(1) *Boll.* 26 *April. In Vita S. Richarii.* — *Act. Sanct. Ord. S. Bened Tom.* II. *In Vita S. Richarii.*

(2) *Chron. Cent. Lib.* III. *Cap.* IV.

des peuples, sans que l'enfant eût éprouvé aucun soulagement, ce qui plongeait sa famille dans une sombre tristesse et un profond découragement. Une nuit, une voix inconnue murmura ces paroles à l'oreille de ce père désolé, pendant son sommeil : « Con-
» duis ta fille chérie en France, dans les régions du Nord : cherche le monastère de
» Centule, situé à quinze lieues du port de Quentovic : c'est là que ta fille doit recouvrer
» sa santé par les mérites de saint Riquier. Il y a trois Eglises : apporte avec toi un
» grand nombre de cierges pour en mettre un à chaque autel. Hâte-toi, car la fête pa-
» tronale approche. » Le seigneur Bourguignon s'éveilla en ce moment, et, plein de confiance en cet avertissement céleste, il fit ses provisions de voyage, plaça sa fille sur une litière et partit avec un nombreux cortége de serviteurs. Il arriva deux jours avant la fête.

Comme l'entrée du monastère était interdite aux femmes, on dressa deux tentes du côté du Midi pour ces pèlerins si dignes de considération. Le 8 octobre, veille de la fête, le père de la paralytique mit un cierge à chaque autel, fit son offrande au tombeau de saint Riquier et des aumônes abondantes au monastère. Le lendemain les religieux lui envoyèrent du vin bénit de saint Riquier et d'autres vins de leur cellier. Le nom de vin de saint Riquier éveilla dans la jeune malade un ardent désir de le goûter. Comme sa suivante le lui présentait, elle étendit tout-à-coup la main ; elle prit le verre, l'approcha de ses lèvres et vida la coupe entière. Jamais remède humain ne produisit si prompte guérison. Elle se leva aussitôt, sans gêne ni douleur ; elle fit le tour de l'assemblée et présenta à chacun des assistants du vin bénit, en les priant de boire pour l'amour du saint confesseur. Qu'on juge de la joie du père et de ses compagnons, de leur reconnaissance envers saint Riquier. La guérison fut si complète que la jeune étrangère put retourner à cheval en Bourgogne.

Une femme de mauvaise vie nommée Olgie, native du hameau de Villers à peu de distance du monastère (1), avait perdu un grand nombre d'âmes. En punition de ses scandales, elle fut saisie de convulsions tellement violentes que tous ses membres et sa tête s'agitaient sous la pression d'affreuses souffrances. On la conduisit au tombeau de saint Riquier et après bien des prières et l'offrande de nombreux cierges qu'on entretenait devant l'autel, elle recouvra la santé.

Mais cette malheureuse créature, loin de reconnaître ce grand bienfait, se plongea de nouveau dans ses infâmes désordres, avec un redoublement de frénésie. La justice divine la frappa plus rudement que la première fois, et aux convulsions se joignit la perte absolue de la parole. La confiance des saintes âmes qui l'avaient sauvée une première fois ne fut point ébranlée par cette rechute. On eut encore recours au céleste Médecin de la contrée. On la conduisit à l'Eglise, un dimanche après Vêpres. Ayant vu des pommes offertes par la piété des fidèles, elle fit signe qu'elle voulait en manger. A peine eut-elle goûté de ce fruit, bénit par son attouchement à l'autel du

(1) *Villare.* Villers, hameau perdu au-dessous d'Agenvillers, au lieu dit *les terres de Villers.*

saint, qu'elle se mit à parler comme auparavant et qu'elle fut délivrée de ses attaques. Mais cette fois l'âme fut guérie avec le corps, et la pécheresse renonçant à ses criminelles habitudes fit une pénitence exemplaire.

Le fait suivant nous offre presque une page de phothographie locale. Un mendiant nommé Restold était venu de la lointaine contrée du Vexin (1) avec une troupe de pèlerins, espérant de leur compassion des secours plus abondants. Après quelque temps de séjour à Centule, il lui prit fantaisie d'aller pêcher dans le vivier du monastère, la veille de la Pentecôte. Pendant toute cette nuit de fraude, l'air était froid et la pêche ne lui procura qu'une douloureuse courbature. Pour attendre le jour, il alla se coucher sur le four de la boulangerie. Quand, à l'heure de Matines, les frères chargés du soin de la boulangerie allumèrent le feu, ils furent très-étonnés d'entendre les gémissements d'une voix humaine. On interroge le mendiant, on le réchauffe et on le prie de raconter son histoire. Après avoir avoué sa fraude, il ajouta ce qui suit : « Je sentis au milieu de mon sommeil qu'on me serrait fortement les pieds et les mains, j'entendis le père cellerier me réprimander sévèrement, pour avoir pêché dans ce vivier qui ne m'appartenait pas, et à l'instant même mes nerfs se sont contractés comme vous le voyez et je ne puis plus que ramper sur les genoux. » Pendant deux ou trois ans, il resta dans cet état, sans jamais quitter la boulangerie. Cependant un dimanche d'août, il se sentit pressé d'aller faire sa prière à l'Eglise pendant les Matines ; tout-à-coup, après les leçons, au chant de l'hymne de saint Ambroise : *Te decet laus, te decet hymnus*, on entendit un cri perçant. A l'instant même quelques religieux se dirigèrent vers l'endroit d'où ce cri était parti et trouvèrent près de la porte d'entrée un homme étendu par terre, les jambes tout ensanglantées. Pendant le *Te Deum*, on le porta sur un matelas devant le tombeau de saint Riquier, pour lui procurer la grâce miraculeuse qu'il demandait. Quand les Laudes furent terminées, on l'interrogea pour savoir la cause de ce cri si douloureux ; il répondit qu'après avoir longtemps prié en union avec les religieux, il s'était trouvé appesanti par le sommeil; que deux vieillards vénérables, tout vêtus de blanc, étaient venus lui reprocher sa lâcheté, l'avaient pris par les pieds et par les épaules, l'avaient étendu dans la position où on l'avait trouvé et que la souffrance lui avait arraché cette clameur : que du reste il ne connaissait pas ces saints personnages. En parlant ainsi Restold sentit qu'il était complètement guéri. Les moines rendirent grâces à Dieu de cette faveur insigne et jusqu'à la fin de sa vie ils pourvurent à la subsistance de ce témoin permanent de la puissance de saint Riquier.

Une femme de Vitz-sur-Authie ou Villeroy (2) fut guérie à la fête de Noël d'une paralysie des mains.

(1) *De pago Evercino*. Quelques auteurs voient dans cette appellation le village d'Ergnies, canton d'Ailly-le-Haut-Clocher. Nous croyons qu'il s'agit ici du Vexin, petite contrée située dans l'Ile-de-France.

(2) *Altiswico*. Nous pensons que l'auteur désigne sous ce nom Villeroy ou Witz-sur-l'Authie. Ce même nom est indiqué dans les domaines de saint Riquier.

Un habitant du même village avait été surpris buvant avec des voleurs qu'il ne connaissait pas et conduit avec eux dans la prison de Domqueur, appartenant aux moines. N'ayant point de caution à offrir, il y resta renfermé jusqu'à ce qu'il fut perclus de ses membres. Alors la cupidité des geoliers fit place à la compassion et ils lui permirent de retourner chez lui. Ses parents l'ayant apporté au tombeau de saint Riquier, leur foi ne resta pas sans récompense. Après une année presque entière de prières et de supplications, il dut sa guérison aux mérites du saint protecteur dont il implorait les faveurs.

Une femme de Long ou Longuet (1), dont les mains étaient percluses, fut délivrée de cette infirmité, à la grande fête de saint Riquier.

Une jeune fille de *Prinerès* (2), aveugle de naissance, fut apportée, à l'âge de trois ans, par son père et sa mère à la fête de saint Riquier. La veille de la solennité ces braves gens pénétrèrent dans le parvis et sollicitèrent la protection du gardien de l'Eglise. Celui-ci les encouragea et leur dit de se recommander immédiatement à saint Riquier. Après leur prière, l'enfant vit distinctement la lumière d'un cierge et une pomme qu'on lui offrait. On reconnut à ce signe qu'elle jouissait du bienfait qu'on était venu chercher au tombeau du saint et ses parents, au comble du bonheur, allèrent publier dans la contrée les miséricordes du Seigneur.

CHAPITRE III

L'ABBÉ RIBBODON.

Notice sur l'Abbé Ribbodon. — Translation des reliques de saint Angilbert. — Réflexions critiques sur la narration d'Hariulfe.

Cousin des rois, petit-fils de Charlemagne, disent les Annales de Saint-Bertin (3), Ribbodon devait le jour à une des filles d'Himiltrude ou d'Hildegarde. L'histoire qui a jeté des nuages sur la moralité de ces princesses, ne s'explique pas clairement sur le nom des coupables. On cite, sous la date de 826, un abbé de Senones, de ce nom. De 834 à 838, l'abbé de Jumiéges, d'après des tableaux chronologiques dont on suspecte toutefois la sincérité, s'appelle aussi Ribbodon : on veut qu'il ait été remplacé, en 838, par l'abbé Louis que nous verrons tout à l'heure commendataire de plusieurs monastè-

(1) Canton d'Ailly-le-Haut-Clocher.
(2) Lieu inconnu, peut-être Pernes-en-Artois, aujourd'hui chef-lieu de canton.
(3) *Annales Bertiniani*, 844.

res (1). Nous n'avons aucune raison pour prétendre ou pour nier qu'il soit question du même personnage dans ces chroniques.

L'abbé Ribbodon est présent à l'assemblée d'Aix-la-Chapelle (837), où l'on règle les différents soulevés entre saint Aldric, évêque du Mans et Sigemond, abbé de Saint-Calais, au sujet des priviléges du monastère (2) : il assiste aussi au concile de Germigny (843). La paix était alors rétablie dans la France. Les évêques, les abbés, les principaux seigneurs essayèrent, dans ce concile, d'apporter un remède aux maux de la patrie si cruellement éprouvée par ces guerres fratricides. La signature de Ribbodon au privilége du monastère de Corbion ou saint Lomer-le-Moutier, au diocèse de Chartres, porte l'empreinte d'une grande humilité : *Ribbodo, humilis Abbas.*

Ce royal abbé eut une fin très-malheureuse (844). Le roi Charles faisait le siége de la ville de Toulouse, que l'auteur de toutes les dissensions du temps, le comte Bernard, ancien chambellan de l'empereur Louis-le-Débónnaire, avait poussée à la révolte. Des troupes auxiliaires lui furent envoyées de ses États. Hugues, abbé de Saint-Bertin, fils de Charlemagne, Ribbodon son neveu, Ebroin évêque de Poitiers, Raguenaire évêque d'Amiens, Loup abbé de Ferrières et plusieurs autres abbés faisaient partie de cette armée de secours. Pépin, fils de l'ancien roi d'Aquitaine du même nom, vint à sa rencontre et la battit aux environs d'Angoulême. La déroute fut complète. Les principaux chefs furent tués, et avec eux les abbés Hugues et Ribbodon : on fit grâce de la vie aux prélats et aux abbés qui tombèrent entre les mains des vainqueurs (3).

Après ces récits historiques écoutons nos Chroniques. Hariulfe admire Ribbodon et en parle comme d'un abbé dont le gouvernement fit la gloire de Centule ; mais c'est tout ce qu'il nous apprend de cette administration dont il fait un si bel éloge (4).

Le chapitre qu'Hariulfe consacre à Ribbodon raconte ensuite la mort de Louis-le-Débonnaire : il parle à cette occasion d'un voyage de cet empereur à Constantinople, d'où il rapporta d'insignes reliques qu'il distribua aux plus célèbres Eglises, donnant en particulier à celle de Centule qui ne le cédait, dit-il, à aucune autre en dignité, en gloire et en esprit religieux, une chaussure du Sauveur, la pointe de la lance qui perça son côté, dix pierres teintes du sang de saint Etienne, le premier des martyrs, avec une fiole remplie de ce précieux sang.

La chronique raconte ensuite brièvement la bataille de Fontenay, puis la translation des reliques de saint Angilbert, qui doit seule nous occuper ici.

Que le lecteur veuille bien se rappeler que le corps du Saint avait été inhumé à la porte d'entrée de l'église et que sa dalle funéraire était continuellement foulée aux pieds par les passants. « Le pieux abbé, dit la chronique, ne put supporter une sembla-
« ble profanation, et jugea qu'il était juste qu'un si grand serviteur de Dieu reposât dans

---

(1) *Gall. Christ. Tom.* xi.
(2) *Ann. Bened. Tom.* ii, *pag.* 551.
(3) *Ann. Bertiniani,* 844.
(4) *Chron. Cent. Lib.* iii, *cap.* v.

« l'intérieur de l'Eglise, il fit donc transporter ses restes dans la basilique de Saint-
« Riquier le jour des nones de novembre. Il y avait vingt-huit ans qu'Angilbert repo-
« sait dans sa première tombe, et cependant, par une faveur spéciale du ciel qui
« voulait rendre plus éclatants les mérites de son serviteur, son corps fut retrouvé
« sans corruption, aussi entier que s'il venait de rendre le dernier soupir. On assure
« même qu'il s'exhala de son tombeau une odeur d'une admirable suavité. »

Le chroniqueur ajoute ensuite que les auteurs contemporains se sont occupés de saint Angilbert, qu'il a eu entre les mains un petit livre où l'on faisait l'éloge de sa noblesse et il cite en entier le passage de Nithard que nous avons nous-même rapporté au chapitre premier du troisième Livre (1). Il termine en disant que l'abbé Ribbodon fit poser une épitaphe sur le tombeau de saint Angilbert (2).

Ce chapitre de nos Annales ne peut être inséré dans notre histoire sans des observations critiques qui justifieront l'exclusion de Ribbodon du catalogue des Abbés de Saint Riquier.

1° Aucun auteur contemporain ni même des siècles suivants ne parle du voyage de l'Empereur Louis à Constantinople.

2° La sainte Lance est conservée à Rome, de temps immémorial. Plusieurs églises se sont glorifiées de posséder la pointe de la sainte lance, entre autres celle de Corbie et la Sainte Chapelle de Paris (3).

3° Nous ne voulons pas attaquer la translation des reliques de saint Angilbert en 842. Elle est attestée par le martyrologe du monastère; mais il n'y a pas une relation nécessaire entre cet hommage rendu à la sainteté du grand restaurateur de Centule et cette page de chronique. On peut même signaler une variante importante. Le martyrologe assigne à l'anniversaire de la fête le quatre novembre ; on indique ici le cinq. Il est difficile d'admettre qu'un écrivain, qui rapporte un fait important, se trompe même d'un jour, deux ans seulement après l'événement, (4). En outre on observe que

---

(1) Voir plus haut, page 107.

(2) Hoc recubat busto semper memorabilis Abba,
Angilbertus, ovans spiritus astra colit.
Mensis Martii obiit bissenis ipse kalendis,
Construxit templum quo retinet tumulum.
Et cluit Augusti Caroli sub tempore Magni,
Dogmatibus clarus, principibus socius.
Ante fores templi jussit qui se tumulari,
Ribbodo huc Abba transtulit ac posuit.
Post annos obitus bis denos ejus et octo,
Corpore cum nactus integer insolito est.

Cette épitaphe omise dans la première édition du Spicilège se lit dans la seconde. *Tome* II. in-f°. *Chron. Cent. Lib.* III. *Cap.* V.

On lit aussi dans Pagès (*Mém. Tome* III, *page* 62) :

Arce sub obscuro Angilbertus membra reconbit :
Jussit ut ab templum ermita duxque foret.
Sed bis post decies annos ac insuper octo
Incorrupta tulit Ribbodus ante chorum.

(3) *Mémoires de la Société des Antiquaires de Picardie. Tome* VIII, *page* 501. — Godescard. *Vie des Saints.* 13 *Mai.*

Cette relique, dit le savant auteur de la Vie des Saints, avait été engagée aux Vénitiens par Beaudoin II, empereur de Constantinople, pour une somme d'argent qu'on lui avait prêtée. Saint Louis, roi de France, la racheta et la déposa dans la Sainte Chapelle.

(4) Le IV° livre *des Divisions des fils de Louis-le-Débonnaire* fut écrit le 18 octobre 844.

cette translation eut lieu après 28 ans. Ce chiffre est encore quelque peu fautif, puisqu'on compte près de 29 ans, ou 28 ans et plus de huit mois.

4° Mais ce qui nous fait plus suspecter une interpolation dans ce chapitre, c'est la généalogie de Nithard, puis sa mort en 814, lorsqu'il est constant qu'il n'a écrit qu'en 844. Cette interpolation existe déjà à la fin du second livre et D. Mabillon la signale expressément. La confrontation des textes l'eût fait découvrir ici avec la même évidence ; mais il faut croire que ce savant n'a pas étudié le troisième livre d'Hariulfe avec le même soin que le second.

5° Ce qui donne plus de poids à cette affirmation, c'est la charte du chapitre suivant.

La chronique, dans sa rédaction actuelle, parle du partage de l'Empire des Francs après la bataille de Fontenay et la conclusion de la paix : elle énumère les divers Etats que chacun des fils de Louis-le-Débonnaire est appelé à gouverner, puis elle ajoute : « Le monastère de Saint-Riquier était soumis au roi Charles et il fut comblé de biens et de priviléges, comme on le verra dans la suite. A cette même époque un duc, nommé Hugues, donna au bienheureux Riquier des *villas* de son domaine pour le salut de son âme, à savoir : Rollencourt et Bours, et demanda au roi Lothaire une charte de confirmation.

Cette charte rapportée tout au long dans la chronique se termine ainsi : « *Actum Compendio palatio regis, Anno dominicæ Incarnationis, DCCCXLIII, Indictione VI. Regnante gloriosissimo rege Hlothario anno XXI. Signum domni Hlotharii gloriosissimi Regis. — Ego Adalbero regius notarius ad vicem domini Adalberonis Remorum Archiepiscopi et summi Cancellarii recognovi* (1). »

Cette charte, qu'on nous donne ici sous la date de 843, appartient à l'an 974 et est citée par D. Mabillon à cette époque (2). On sait d'ailleurs qu'Adalberon fut élevé sur le siége de Rheims, en 967, par le roi Lothaire et qu'il mourut au mois de janvier 988. Et pourquoi cette grossière imposture? Nous n'en devinons pas le secret. Nous ferons seulement observer qu'environ vingt ans après, la chronique raconte qu'un des vassaux de l'Abbé Helgaud reçut en précaire Rollencourt et quelques autres biens recouvrés sur un duc nommé Hugues. La précaire aura à nos yeux la même valeur que cette charte de Charles-le-Chauve et le chapitre d'Helgaud nous révèlera la même interpolation.

Une note de D. Labarre, second éditeur du Spicilège, avertit et engage le lecteur à se tenir en garde, en lisant cette charte. « Ici le chroniqueur se trompe et trompe le lec-
« teur. Ce privilége n'est point de l'Empereur Lothaire ni de son fils qui porte le même

---

(1) *Chron. Cent. Lib.* III. *Cap.* VI. — La charte supprimée dans la première édition du spicilège a été rétablie dans la seconde. Voir *Tome* II, in-folio. *Chronicon Centulense.*

(2) *Ann. Bened. Anno* 974.

« nom, mais de Lothaire, roi des Francs, père de Louis V, le dernier des Carlovingiens.
« Le duc désigné dans cette charte n'est autre que Hugues Capet (1). »

Vraiment D. Labarre, en admettant seulement une erreur dans la chronique, fait preuve d'une complaisance extrême. On a le droit et le devoir d'être plus sévère, lorsqu'on constate que la date de 974 est changée en celle de 843.

Relevons maintenant une note de la chronique à l'occasion du catalogue des Abbés, dressé par l'Abbé Angelran. « Quatre noms, dit-elle, sont omis dans ce catalogue, à savoir, ceux de Ribbodon, Nitard et Helgaud, au IX° siècle, et celui de Coschin au VIII° siècle. » Ensuite elle se plaint avec quelque amertume de cette omission et termine en observant que les noms des Abbés passés sous silence par Angelran et placés dans la chronique, viennent d'un manuscrit du monastère de Gorze, comme ceux de Ribbodon et de Nithard, ou bien ont été retrouvés dans les archives du monastère, comme ceux d'Helgaud et de Coschin. (2).

On verra plus loin que nous n'avons guère confiance en ce manuscrit, qu'on dit rapporté de Gorze par saint Gervin, et qu'il ne tranche point la question. Aussi il nous en coûte peu d'adopter le catalogue plus ancien d'Angelran et de supprimer avec un Abbé problématique des pages entachées de faux. Nous le ferons d'autant plus volontiers que nulle part Ribbodon n'est appelé Abbé de Centule par ses contemporains. L'épitaphe qui porte son nom et qu'on ne connaissait pas sous saint Gervin, au moment de la découverte du tombeau d'Angilbert, loin de servir la cause de cet Abbé, ne fait que confirmer les doutes, en montrant les précautions dont un faussaire cherche à s'entourer.

On trouve dans le chapitre de l'Abbé Louis une charte qui renouvelle celle que Louis-le-Débonnaire a donnée en 830. Elle est datée de Compiègne, du XII des calendes de juin, de la VI° indiction et de la quatrième année du règne de Charles-le-Chauve (3).

Le P. Lecointe remarque qu'il y a nécessairement une erreur dans l'indiction et dans l'année du règne de Charles : « car l'indiction VI° répond à la troisième année de ce règne et au mois de mai 844. Alors le monarque est loin de Compiègne. Des chartes datées de Saint-Saturnin de Toulouse font conclure qu'il suit lui-même le siége de cette ville. Il faut donc conclure que cette charte est de la troisième année de Charles-le-Chauve (4). » Mais c'est sous l'administration de Ribbodon, s'il est réellement Abbé de Saint-Riquier. Dans cette hypothèse, comment expliquer cette charte datée de Compiègne et cette remarque : « qu'on se hâte de réclamer la sauvegarde du roi avant que le prince Louis soit appelé à gouverner le monastère » (5). Qui pouvait prévoir la mort violente de l'Abbé Ribbodon ?

N'est-il pas plus naturel de penser que cette charte est donnée dans un interrègne ou même apocryphe ? En effet, le prince Louis est à peine installé qu'on demande une

(1) Spicileg. in-folio. Ibid.
(2) Chron. Cent. Lib. IV. Cap. XVIII.
(3) Chron. Cent. Lib. III, Cap. VII.

(4) Annales. 844.
(5) Antequam Abbas fuisset Ludovicus, fratres nostri cænobii regiam pietatem adierant....

nouvelle charte et pour le même objet (1). Cette dernière comprend quelques domaines de plus ; mais elle tend au même but et renferme les mêmes conditions. On n'en voit pas bien la nécessité.

Que d'obscurités ! que de difficultés ! Nous demandons pardon au lecteur de le promener pendant plus d'un demi-siècle dans ce dédale. Mais n'est-ce pas un devoir pour un historien de lui faire part de ses doutes, afin qu'il scrute lui-même, s'il le juge à propos, un problème dont on ne lui a pas encore donné la solution ?

CHAPITRE IV.

L'ABBÉ LOUIS, DIXIÈME ABBÉ.

Notice sur l'abbé Louis. — Il est prisonnier des Normands. — Fuite des religieux de Saint-Riquier. — Leur retour. — Miracles. — Division des Menses. — Saint Paschase Radbert à Saint-Riquier.

« L'an du Seigneur 844, dit la chronique de Centule, la quatrième année du régne de Charles-le-Chauve, sous le pontificat du pape Serge, le monastère de Centule fut gouverné par l'Abbé Louis, qui se montra aussi expert dans les choses de Dieu qu'habile dans le maniement des affaires séculières: ce prince royal échangea la noblesse du sang contre celle de la religion, laissant à ses proches et à ses frères les diadèmes et les distinctions du siècle : il n'eut qu'une ambition, ce fut de l'emporter sur eux par l'éclat de ses vertus » (2).

C'est à peu près tout ce qu'on savait, au monastère de Saint-Riquier, au xi° siècle, sur la vie publique et privée de l'Abbé Louis. D'autres chroniques nous aideront à compléter sa biographie.

Louis était neveu de l'Empereur Louis-le-Débonnaire et petit-fils de Charlemagne ; mais la splendeur de son origine fut ternie par le vice de sa naissance. Sa mère Rotrude, fiancée dès sa plus tendre enfance à l'Empereur d'Orient, puis délaissée, déshonora la cour et causa à Charlemagne les vifs chagrins dont parle Eginhard. Rotrude eut deux fils du comte Roricon, l'Abbé Louis et l'Abbé Gotzelin. Toutefois, elle s'efforça plus tard d'expier les fautes de sa jeunesse en prenant le voile, et elle mourut abbesse de Sainte-Croix de Poitiers.

Tel est le récit des Annales de Saint-Bertin. Tous les historiens l'ont reproduit sans chercher à le mettre en doute.

(1) *Chron. Cent. Lib.* iii. *Cap.* vii. (2) *Chron. Cent. Lib.* iii. *Cap*, vii.

Les premières années de Louis se passèrent dans un monastère. On conjecture qu'il fut élevé à Saint-Germain d'Auxerre, mais il étudia aussi quelque temps à Ferrières, l'une des plus célèbres écoles monastiques de ce temps, comme le prouvent les lettres d'Odon de Ferrières.

Quelle que soit la cause qui ait poussé l'Abbé Louis vers la vie religieuse, on s'accorde à dire qu'il honora sa profession par des vertus et de nobles exemples de dévouement à l'Eglise. Il jouissait d'une grande autorité à la cour : on peut même croire, d'après les lettres de Loup de Ferrières, qu'il participa au gouvernement de l'Etat et de l'Eglise (1).

Ce qui est certain c'est qu'il exerça les fonctions de chancelier jusqu'à sa mort (867). Des actes de 843 sont déjà revêtus de sa signature.

Mabillon remarque qu'il fut Abbé de plusieurs monastères. Il succéda à Hilduin dans le gouvernement de l'Eglise de Saint-Denis. Des chartes du monastère de Saint-Riquier portent son nom et le désignent comme parent du roi Charles. Plusieurs cartulaires lui donnent aussi le nom de Pasteur des Eglises de Jumièges, de Saint-Wandrille, de Saint-Germain d'Auxerre. Le nom de Louis figure dans les actes des assemblées d'Aix-la-Chapelle et de Germigny, dont il a été question plus haut. Il signe aussi, en 846, un privilége de Corbie pour la liberté des élections.

Aussitôt qu'il fut investi de l'administration de l'abbaye de Centule, il permit aux religieux de solliciter une nouvelle charte pour la confirmation des biens exposés aux déprédations et aux violences des seigneurs ambitieux. On note spécialement que les bénéficiaires des domaines garderont leurs possessions jusqu'à la mort, ou jusqu'au jour où ils en obtiendraient d'autres par permutation, à moins que l'Abbé, pour crime de forfaiture, ne les dépouille lui-même des droits acquis (2).

L'année 845 a laissé dans nos annales le douloureux souvenir d'une invasion des Normands. Depuis longtemps déjà, ces hordes sanguinaires et indomptées descendaient des régions glacées et stériles du Danemarck et de la Norwège, cherchant, dans leurs courses aventureuses, des climats plus doux et surtout des pays riches et faciles à piller. Industrieux, endurcis à la fatigue, braves dans les combats, cruels dans la victoire, avares et perfides, toujours prêts à conclure des traités, dont ils se souciaient peu, quand ils étaient les plus forts, plus redoutables encore par leurs artifices que par leur valeur, ils ne laissèrent respirer la France, pendant quatre-vingts ans, qu'autant qu'ils le jugeaient nécessaire pour reporter dans leurs repaires le butin qu'ils avaient amassé. Comme ils n'avaient d'autres vaisseaux que des barques légères, d'autres agrès que leurs armes et les provisions de la traversée, ils lançaient promptement à la merci des flots une flotte redoutable. Ces rois des mers pénétraient par l'Océan dans les fleuves et

---

(1) Non sumus nescii multarum maximarumque causarum undique confluentium vos molibus opprimi, eisque componendis vix tempora sufficere.

— *Opera Lupi Servatii.* — *Epistolæ ad Ludovicum.*

(2) *Chron. Cent. Lib.* III. *Cap.* VII.

les rivières, pillaient les villes, se bâtissaient des refuges pour cacher leur proie, puis se répandaient dans les campagnes, incendiaient et ravageaient tout ce qu'ils rencontraient sur leur passage. Chaque printemps ramenait de nouvelles bandes dont il fallait rassasier l'inépuisable cupidité. Les villes les plus importantes furent plus d'une fois saccagées et ruinées. Des bouches de l'Escaut aux Pyrénées, il n'est point de monastère que les Normands n'aient visité, attaqué, dépouillé. En vain les populations fuyaient dans les églises et les cathédrales ; les Normands en brisaient les portes. Les moines, les prêtres, les évêques, les fidèles de tout âge et de toute condition étaient massacrés jusque sur les marches des autels ; on ne laissait la vie qu'à ceux dont on espérait des rançons considérables. La cupidité seule mettait un frein à la cruauté ; d'autre part, elle les excitait aux excès les plus sacrilèges sur les autels, les tombeaux et les reliquaires des saints : car rien n'était respecté, s'ils avaient la perspective d'arriver à la possession des ornements précieux et de l'or qui décorait les sanctuaires.

L'Abbé Louis fut fait prisonnier dans une de ces invasions avec son frère Gotzelin, Abbé de Saint-Germain. Les barbares se vengèrent sur eux des ressentiments qu'ils conservaient contre la famille impériale depuis Charlemagne. Ils exigèrent des sommes immenses pour leur rançon. On épuisa des trésors et l'on ne put même compléter la somme convenue. Le monastère de Saint-Denis donna pour sa part 685 livres d'or, 36,250 livres d'argent, sans compter les ressources qu'il se procura encore, en cédant les droits du monastère sur des vassaux attachés à la glèbe. Le roi Charles, les Évêques, les Abbés, les comtes et les autres seigneurs y contribuèrent aussi pour une large part. Si le témoignage du biographe de Saint-Faron avait ici quelque valeur, il faudrait admettre qu'on demanda tant d'or et d'argent pour racheter le prince impérial que non-seulement toutes les églises du royaume furent épuisées, mais que Rome elle-même fut réduite à se dépouiller de ses ressources et de ses ornements (1).

Au milieu de ces désastres, de nombreux miracles prouvèrent que Dieu n'abandonnait pas son peuple et montrèrent aux brigands du Nord qu'ils faisaient la guerre au Maître de l'univers. Jamais les saints ne furent plus honorés et la confiance des peuples n'éclata par de plus touchantes marques de dévotion. Les pécheurs avertis par le ciel et la voix des ministres de la religion rentraient en eux-mêmes. A la vue du glaive suspendu sur la tête du maître du sol comme sur celle des esclaves, les cœurs s'ouvraient à la clémence, au pardon des injures, aux sentiments d'humanité.

Une chronique de Centule dépeint en ces termes l'invasion de 845. « Sous le gouvernement de l'Abbé Louis, les Danois s'étaient abattus sur les bords de la Seine avec leur roi Raginère ou Ranier et portaient la désolation dans beaucoup de monastères. De riches villages furent complètement détruits. Les églises étaient dépouillées, les servi-

(1) Voir l'*Histoire de l'Eglise gallicane en* 845.

teurs de Dieu troublés dans leur paisible solitude s'enfuyaient emportant avec eux ce qu'ils avaient de plus précieux. Ce tourbillon impétueux ne fit pas sentir ses violences sur un seul pays ; il étendit ses ravages sur toutes les contrées environnantes. C'est ainsi que le monastère de Centule fut en proie aux plus vives alarmes. On prit le parti de cacher les richesses de l'Eglise et on emporta l'incomparable trésor de l'abbaye, le très-saint corps du bienheureux Patron du Ponthieu. Les moines eux-mêmes s'éloignèrent de leurs cloîtres, impuissants à les protéger contre les fureurs de ces forcenés, et on n'en laissa que quelques-uns pour garder le monastère (1). »

Les nouvelles sinistres qui arrivaient de tous côtés expliquent cette panique des moines de Saint-Riquier. Tous les monastères de Paris et des environs étaient exposés à la rapacité de Raginère, le fléau des fléaux, comme l'appelle la chronique d'Aimon. Le port de Quentovic venait d'être surpris un jour de marché. On avait fait main basse sur toutes les personnes qu'on avait rencontrées, sans distinction d'âge ni de condition. Les marchandises avaient été enlevées. Les édifices seuls restèrent debout, rachetés à prix d'argent. Les moines de Saint-Bertin, de Jumièges, de Saint-Wandrille pleurèrent également leurs désastres. Il est probable que le monastère de Port, habité par de saintes vierges remplies de l'esprit de la bienheureuse Austreberte, fut anéanti dans ces jours de désolation, sans pouvoir jamais se relever.

Le P. Malbrancq avance, on ne sait sur quel témoignage, que le corps de saint Riquier fut porté au monastère de Saint-Bertin et réuni à ceux de S. Winoc, de S. Bavon et de S. Valery, ses contemporains et ses émules dans la milice monastique (2). Il y a ici évidemment confusion de date. Sithiu ne pouvait offrir un refuge dans une tempête dont il avait ressenti lui-même la funeste atteinte et contre laquelle il n'aurait su protéger ses propres reliques, prudemment soustraites à la profanation des barbares envahisseurs de la contrée.

Sans nous arrêter davantage à expliquer des circonstances que les documents anciens nous laissent ignorer, suivons nos chroniques dans la rentrée triomphante des moines, après une absence de trois semaines. On avait choisi un jour de dimanche pour réintégrer le corps de Saint-Riquier dans l'asile béni qu'il avait habité depuis sa mort. Les ministres sacrés revêtus de riches ornements de soie blanche, précédés des bannières et des croix portaient la précieuse relique, en chantant des hymnes d'actions de grâces.

Une foule immense, accourue de tous les villages du Ponthieu, avait voulu s'associer à la joie des moines, célébrer avec eux ce glorieux retour et remercier le Seigneur d'avoir préservé de toute attaque le monastère et sa basilique.

Deux miracles rendirent ce jour à jamais mémorable. Le premier fut opéré sur un

---

(1) Bolland. 26 April. In vita S. Richarii. Lib. I. Miracul.

(2) De Morinis. Tome II.
Louandre a reproduit cette erreur dans son *Histoire d'Abbeville*. Tome I, page 63.

paralytique nommé Gotselin d'une noble famille de la contrée. Espérant recouvrer la santé par les mérites de saint Riquier, ce pauvre infirme demanda à faire partie du religieux cortège qui accompagnait la glorieuse châsse. Il allait à sa rencontre sur un cheval très-paisible. Aussitôt qu'il aperçut les moines, il ressentit les salutaires effets d'une protection céleste ; il descendit lui-même de son cheval, et s'étant prosterné la face contre terre il pria saint Riquier avec tant de ferveur qu'il se releva guéri et put se mêler à la procession. Après la messe il retourna à pied chez lui, sans la moindre gêne ni la moindre fatigue.

La même faveur fut accordée à un homme du peuple nommé Magimbert. Une hydropisie générale lui interdisait tout travail et presque tout mouvement. Lorsqu'on annonça la procession, il était au monastère dans l'atelier des tourneurs. Les serviteurs lui proposant de se placer sur le passage du cortège et de demander sa guérison, il leur répondit : « Comment voulez-vous que j'aille jusque-là ? Vous voyez-bien que je ne peux ni marcher ni même me remuer. » Il consentit cependant à ce qu'on le plaçât près de la porte du Nord. Tout-à-coup, au moment où la châsse arriva près de lui, l'hydropique poussa un cri aigu, en disant qu'un des prêtres lui avait passé sur le corps. C'était le céleste médecin qui avait fait la ponction ; car il se trouva tout inondé d'eau, des pieds à la tête, comme si l'on avait répandu sur lui une chaudière d'eau bouillante. Il se releva guéri et il vécut encore de longues années dans une parfaite santé.

Les chroniques signalent dans cette période plusieurs autres guérisons miraculeuses. L'une d'elle nous apprend qu'il existait déjà, au IX° siècle, une Eglise dédiée à la sainte Vierge, sur la colline de Nubemont, appelée alors le Mont des Anges. On mentionne même sa petite tour ou sa coupole, pieuse copie sans doute de la grande architecture du monastère carlovingien. C'est en ce lieu que le Seigneur voulut prouver à une femme aveugle que sa prière avait été exaucée. Avertie par une vision céleste qu'elle ferait un acte agréable au ciel, si dans son infirmité elle se vouait à son service, elle avait pris dans l'Eglise de Notre-Dame de Centule l'habit des femmes consacrées à Dieu et le voile des religieuses, du consentement de son mari qui lui avait même fait don de ce qui était nécessaire à une honnête existence. Elle retournait chez elle avec son guide, quand elle lui dit tout-à-coup : « Il me semble que nous avons devant nous une colline avec une Eglise : je vois la tourelle. » Son compagnon de voyage, qui la soutenait, lui répondit qu'elle ne voyait pas même pour poser un pied avant l'autre. « Eh bien, ajouta-t-il avec vivacité, laissez-moi et vous verrez bientôt que je ne me trompe pas. » A peine fut-elle libre qu'elle marcha avec facilité et sans broncher, répétant sans cesse : « Gloire à Dieu, je le remercie de m'avoir rendu la vue par les mérites et l'intercession de Notre-Dame et de saint Riquier. » Depuis ce jour elle continua de jouir du bienfait de la vue comme avant son infirmité.

Quelques exemples de consécrations, semblables à celles que nous venons de signaler, ont fait conclure aux hagiographes qu'outre les chanoinesses et les religieuses, désignées sous le nom de *sanctimoniales* et de *moniales*, vivant dans des monastères cloîtrés, il existait déjà des espèces de tertiaires occupées à de saints exercices dans leurs propres maisons, au sein de la famille, et passant une partie de leurs journées dans la méditation. Ne pourrions-nous pas admettre aussi que cette pieuse femme avait l'intention de vivre en recluse à Saint-Riquier et qu'elle retournait chez elle pour les derniers préparatifs de son nouveau genre de vie ?

Un enfant du nom d'Albéric était arrêté dans le développement de sa croissance : sa langue paralysée articulait à peine quelques sons. Il était fils unique, tendrement aimé de son père et de sa mère. En vain le ciel avait prodigué à ses nobles parents tous les dons de la fortune et tous les honneurs du monde. A quoi leur auraient servi ces avantages, si leur fils restait infirme ? Comme leur foi l'emportait encore sur toutes les prérogatives de la naissance, ils s'adressèrent au grand protecteur, qui a rempli la contrée de l'éclat de ses faveurs spirituelles, et ils apportèrent le petit Albéric dans son berceau au tombeau de saint Riquier ; bien plus, ils s'engagèrent solennellement, par vœu, de donner leur enfant à saint Riquier, pour vivre sous sa règle dans son monastère, si jamais il guérissait de cette infirmité et si ses facultés intellectuelles se développaient avec les années. Pour gage de leur offrande, ils lui coupèrent les cheveux en forme de couronne, afin qu'il eût toujours le souvenir de sa consécration, et ils couvrirent d'étoffes précieuses tous les autels des Eglises de Saint-Riquier et de Notre-Dame.

L'enfant étant resté devant le tombeau du Bienheureux pendant toute la nuit, le Sauveur abaissa sur lui un doux regard et accorda aux mérites du saint et à ses prières la faveur sollicitée avec tant de confiance. L'enfant fut guéri ; il lui resta cependant une certaine faiblesse dans l'organe vocal, qui l'empêcha de bien prononcer tous les mots. Il fut ramené à la maison paternelle, et quand son âge lui permit de vivre dans le monastère, on le consacra à Dieu avec toutes les cérémonies usitées en pareille circonstance. « Aujourd'hui, ajoute le chroniqueur son frère en religion, il nous prouve, par sa fidélité aux pratiques de la vie cénobitique, qu'il a ratifié les pieux engagements de ses parents, et bien qu'il éprouve quelque difficulté pour parler et chanter, son âme n'en est pas moins embrasée de ferveur et s'élance dans ses ardentes oraisons vers le royaume des cieux. Ce qui manque à sa voix dans la modulation des louanges divines, son cœur le supplée largement dans ses communications intimes avec son Dieu. »

Un habitant de Neuville, privé et de la vue et de l'usage de ses jambes, vivait d'aumône sous les murs du monastère, s'unissant aux religieux dans la prière. Il ressentit un jour, pendant qu'on sonnait les vêpres, de violentes crispations de nerfs. On le porta à l'Eglise devant le tombeau du saint, « cette ruche, dit la chronique, toute remplie du nectar des délices spirituelles. » Ses prières et celles des religieux furent exaucées ; il put se mouvoir et marcher librement. Il recouvra aussi le bienfait de la vue, sinon parfaitement, au moins suffisamment pour se conduire. Il resta après cette guérison à la porte du monastère, où chaque jour il recevait le pain de l'aumône de la main de ceux qui admiraient la divine miséricorde et sa munificence envers ses saints.

Nous nous contenterons, après ces récits, de mentionner la grâce accordée à deux jeunes filles paralytiques : elles furent guéries au monastère, le jour même de la fête de saint Riquier (1).

On suit dans quelques chartes de cette époque une grande révolution pour l'administration temporelle des biens monastiques. C'est la division des revenus par la création d'une mense abbatiale et d'une mense conventuelle. Pour que les moines de Saint-Denis ne fussent pas victimes de l'incurie ou des convoitises de certains pasteurs mercenaires, ni exposés à manquer des choses nécessaires, l'abbé Louis constitua une mense suffisante pour 150 religieux et fixa lui-même la quantité de ce que les économes de l'abbé devaient leur donner. Il assigna quelques années après (853) aux moines de Saint-Wandrille les domaines dont il leur laissa le revenu et leur recommanda de se retirer dans leurs villages, s'ils avaient à redouter de nouvelles invasions des Normands, pour y vivre exempts de misères et de préoccupations terrestres.

On ne connaît pas de charte qui établisse cette division à Centule, mais les diplômes royaux dont nous avons parlé plus haut la supposent. Les Livres des Miracles opérés au IX° siècle parlent des villages laissés à la disposition des moines. Ainsi le domaine de Chevincourt est attribué aux moines et placé dans leur lot. Le prieur était administrateur de ces possessions et c'est ainsi qu'un abbé nominal ou commendataire n'altérait point la vie religieuse dans ses constitutions fondamentales : il pouvait même quelquefois devenir un protecteur puissant.

L'abbé Louis ne gouvernait plus le monastère de Saint-Riquier, en 855. On le voit clairement dans une charte de Charles-le-Chauve, où Rodolfe, oncle de l'Empereur, est qualifié du titre d'abbé de Centule et que Louis signe comme chancelier (2). Pour D. Mabillon, c'est une preuve authentique d'une cession à son parent ou d'une permutation : ce qui n'était pas rare sous ce règne. En effet, Charles-le-Chauve est repris par l'histoire pour avoir fait un continuel trafic des biens ecclésiastiques, pour avoir distribué des abbayes à ses favoris d'une manière très-arbitraire, pour les avoir enlevées dans un accès d'humeur.

L'abbé Louis mourut à Saint-Denis le 9 janvier 867. De son vivant même, il est appelé abbé de *pieuse mémoire*, titre qu'on ne donnait qu'aux hommes vénérés par leurs grandes vertus.

C'est probablement du temps de l'abbé Louis que saint Paschase Radbert vint se réfugier à Centule (851), après avoir volontairement renoncé au gouvernement de l'abbaye de Corbie (3). Ecolâtre, puis coadjuteur de l'abbé Isaac, enfin pasteur d'un des plus

---

(1) *Act. Sanct. Boll.* 26 *Aprilis In Vita S. Richarii. Lib. Miracul.*

(2) *Chron. Cent. Lib.* III. *Cap.* VII.

D. Mabillon *(Ann. Bened. Tom.* III, *pag.* 47) après avoir remarqué que Louis avait cédé l'Abbaye à Rodolfe, ajoute ce qui suit : *Unde manifestum falsum fuisse Hariulfum, qui IIRuodulfum nonnisi mortuo Ludovico successisse scribit.*

(3) *Ann. Ben. Tom.* II, *pag.* 12, 82 *et passim.*

célèbres monastères de France, Paschase rencontra dans son administration de sérieuses difficultés. Le grand nombre de moines, dont l'entrée avait été quelquefois déterminée par des considérations humaines, quelques désordres que les successeurs d'Adhelard et de Vala n'avaient point réprimés dans le principe, les scandales donnés par le moine Ives que patronnèrent si puissamment les seigneurs de la cour, la réclusion du prince Carloman à Corbie et sa sortie furtive, de graves démêlés théologiques avec le moine Ratramne son inférieur, voilà bien des causes de trouble pour une conscience si délicate, pour celui qui s'appelait le rebut des moines et des lévites. Lorsqu'il vit qu'on n'écoutait pas ses remontrances paternelles et qu'un parti séditieux et rebelle abusait de sa mansuétude, il crut expédient de s'éloigner pour un temps, afin de laisser apaiser l'effervescence des esprits ; il vint donc demander l'hospitalité au monastère de Centule, où l'appelaient les vœux de sa tendre dévotion pour le saint fondateur. L'orage ne s'étant pas calmé après ce rare exemple d'abnégation, il abdiqua en faveur d'un nouveau profès nommé Odon, capable par sa ferveur, la trempe de son caractère et les emplois qu'il avait exercés dans le monde, de dominer une communauté troublée et de dompter l'obstination des moines les plus mutins.

Saint Paschase, après toutes ses traverses et les cruelles souffrances d'une guerre intestine, goûta le repos à l'ombre du tombeau de son vénéré protecteur. Il reprit ses chères études nécessairement interrompues dans le tumulte des affaires. Ces travaux si doux pour son cœur lui firent bientôt oublier les tourments que son âme avait éprouvés au sein des grandeurs humaines : il revit et continua ses commentaires sur l'Evangile de S. Mathieu.

Le premier livre était déjà dédié à son vénérable ami Gotland, moine de Saint-Riquier. Dans la préface du v* livre il se recommande de nouveau à ses vénérables hôtes, à des frères « que remplit l'esprit de Notre Seigneur Jésus-Christ, que la divine sagesse illumine de ses sublimes clartés et orne de ses dons précieux, à des frères dont Centule contemple avec ravissement les admirables combats dans la lice du cloître et les exercices de la discipline monastique (1). » Il paraît même que c'est sur leurs pressantes exhortations qu'il continua son œuvre, après son retour à Corbie. En effet, d'après ce qu'il dit lui-même dans ses écrits, on lui envoya quelques moines pour l'exciter vivement à terminer ses commentaires : heureux de leur approbation, il s'appuie sur l'autorité de ces hommes « dont la science de Dieu est célébrée au loin, dont la sagesse répand une vive lumière sur l'état monastique, dont les paroles et surtout les œuvres éclairent tous les vrais serviteurs du Christ. »

Saint Paschase survécut quatorze ans à cette épreuve bien dure pour un cœur aussi tendre, aussi sensible que le sien. On ne sait en quelle année il fut rappelé par ses frères. Mais ce qui est certain par les traditions du monastère de Corbie, c'est qu'il y termina sa carrière. Selon le sentiment le plus probable, il mourut, en 865, le jour

(1) *Opera S. Paschasii. Comment. in Evangil. Lib.* v.

même de la fête de saint Riquier, dont il avait été un si grand admirateur et dont il fait ainsi l'éloge : « Réjouis-toi, ô Eglise de Corbie, tu marches de pair avec les contrées qui peuvent se glorifier d'avoir produit leur patron, comme Arras qui nous offre S. Vast, comme Centule qui a donné le jour au Très-Saint Confesseur Riquier. Toi aussi tu pourras montrer ton Adhélard (1). »

En rapportant ce texte, Hariulfe fait ressortir tout ce que le superlatif *Très-Saint* renferme de vénération et de gloire pour son illustre patron, qu'on élève ici bien au-dessus d'un Evêque aussi grand que S. Vast d'Arras, « c'est, ajoute-t-il, que saint Paschase avait été témoin des miracles qui se renouvelaient chaque jour au tombeau de saint Riquier : c'est qu'il avait médité sa vie non-seulement admirable par sa très-grande sainteté, mais qu'il faut même appeler le miroir de la sainteté. »

C'est un beau souvenir pour Centule que celui de cet illustre exilé, qui attira sur elle les bénédictions du ciel par sa profonde humilité. Nos chroniques, toutefois, n'en disent mot. Leur silence prouve qu'il existe des lacunes dans les récits de nos origines monastiques. On voit par là combien il est avantageux de réunir en un seul corps d'ouvrage tous les matériaux épars dans des collections qu'il est donné à peu de lecteurs de parcourir.

CHAPITRE V.

La légende de Nithard, Abbé-Comte de Centule (2).

On nous accuserait peut-être d'omission grave, si nous ne donnions pas, comme beaucoup d historiens, une légende sur Nithard. En effet, les auteurs qui se sont occupés du tableau chronologique des Abbés de Saint-Riquier, y ont inséré le nom de Nithard, toutefois avec des variantes considérables. C'est ainsi que dans la chronique d'Hariulfe, en deux endroits différents, on le place immédiatement après saint Angilbert (3) et qu'il est encore le huitième abbé dans le catalogue de la préface d'Hariulfe.

(1) Gaude, Corbeia, quia cum cætera proprios emiserint patronos, Atrebas Vedastum et Centula Sanctissimum Richarium, tu quoque emittes Adhelardum tuum.
Citation de S. Paschase dans la chronique d'Hariulfe. *Lib.* II *Cap.* XII.
(2) Voir notre *Etude sur Nithard* en réponse à M. Carlet, curé de Manicamps, dans le Bulletin de la Société des Antiquaires. *Années* 1870 n⁰ˢ 3 et 4.
Il a été aussi parlé de Nithard dans le chapitre I du Livre III.

(3) Post ejus sanctum transitum, filius ejus Nithardus Centulensibus jure Abbatitio prælatus est, paucisque diebus in regimine expletis, interemptus prælio, sepultusque juxta proprium genitorem quievit in pace. *Chron. Cent. Lib.* II. *Cap.* VII.
D. Mabillon remarque que ce passage a été ajouté par une main étrangère. Il est reproduit à peu près dans les mêmes termes, *Lib.* III, *Cap.* V. de la chronique.
M. le curé de Manicamps s'efforce de prouver que ce texte ne doit pas s'interpréter d'une suc-

Nous laisserons à ceux qui soutiendront l'authenticité du texte d'Hariulfe l'explication de la note placée en marge au commencement du chapitre ix. « Après l'abbé Louis, « on dit que le monastère fut gouverné par Nithard, et, comme les païens exercèrent « alors de grands ravages dans notre pays, il fut aussi chargé de gouverner le comté de « la côte maritime (1). »

Mabillon, en contrôlant cette note, met sous les yeux du lecteur plusieurs variantes de feuilles détachées, dans lesquelles on voudrait assigner une place à Nithard, tantôt avant l'abbé Louis, tantôt après (2) ; mais, d'un côté comme de l'autre, on se heurte contre des chartes de nom propre : ce qui a fait dire avec raison à l'éditeur d'un tableau chronologique des derniers temps, conservé dans la Trésorerie de Saint-Riquier : « Quelques-uns prétendent qu'il n'a jamais été ni abbé ni moine. En effet, on ne « trouve pas de vide de 814 jusques et passé 865. »

Nous nous rangeons à ce dernier sentiment, d'autant plus volontiers que cet abbé ne fut pas connu du B. Angelran et que nous ne pouvons, après avoir nié le mariage de saint Angilbert, lui donner un successeur dans son prétendu fils.

Cependant nous ne refuserons pas à ceux qui ne partageraient pas notre sentiment la biographie de Nithard, mais avec les explications nécessaires.

On place sa naissance vers 790. On ajoute qu'il fut élevé à la cour de Charlemagne, sans preuve, toutefois, les anciens monuments ne nous ayant rien conservé sur les événements particuliers de sa vie, avant 840. On ne se fonde également que sur des conjectures, quand on affirme qu'il succéda à son père dans la dignité de comte de Ponthieu ou de duc de la France maritime et qu'à ce titre il servit dans les armées de Charlemagne. Outre qu'il n'était qu'en bas âge quand Angilbert renonça aux dignités séculières, on ne lit dans aucun historien qu'il ait plus tard gouverné ces contrées.

C'est au livre des *Divisions des fils de Louis-le-Débonnaire* qu'on emprunte les faits les mieux prouvés de la vie politique de Nithard. Il nous apprend lui-même, dit D. Rivet, qu'il « était toujours à la suite de Charles-le-Chauve et qu'il partagea toutes ses disgrâ« ces. Mais tout ce que Nithard témoignait d'attachement et de fidélité à son roi, ce« lui-ci le lui rendait en confiance et en considération (3). »

Après la mort de Louis-le-Débonnaire, Lothaire songeait à envahir les Etats possédés par ses frères et s'appliquait à gagner les seigneurs du royaume de Neustrie. Charles-le-

---

cession immédiate. Quoiqu'il excelle à créer des hypothèses, à expliquer des textes embrouillés, toutefois, plus d'un lecteur pensera que son art échoue dans l'interprétation de ces phrases si claires et si simples. Le texte porte notamment que Nithard fut enseveli auprès de son père, avant sa translation en 842. — « *Juxta patrem sepulturam « meruit. Cum ibi aliquantis annis pausasset, jamdu-« dum translato corpore S. Angilberti in Ecclesiam, « quidam devoti posuerunt corpus ejusdem Nithardi*

« *in patris sarcofagum.* » Chron. Cent Lib. III, Cap. V.

(1) *Post Domnum Ludovicum præfuisse dicitur domnus Nithardus : et quia tum gravis persecutio insistebat Paganorum, etiam maritimæ oræ comitatum suscepit*. Chron. Cent. Lib. III. Cap. IX.

(2) *Act. Sanct. Ordinis S. Bened. In Vita S. Angilberti*, pag. 128, 129.

(3) *Histoire littéraire de la France*. Tom. V. Article Nithard.

CHAPITRE V. — LA LÉGENDE DE NITHARD.

Chauve lui députa alors Nithard et Adalgaire pour le pénétrer et lui proposer des conditions de paix et d'accommodement. Les négociateurs furent accueillis avec beaucoup de distinction. Lothaire fit des promesses flatteuses, mais le fourbe ne cherchait qu'à gagner du temps et à endormir ses ennemis (1).

Il est permis de se demander, avant d'aller plus loin, si ce Nithard est vraiment l'historien de ces guerres : il est nommé ici à la troisième personne : or, toutes les fois que l'historien parle de lui-même, il se met en scène, et soit qu'il rende compte de ses actions, soit qu'il exprime ses sentiments personnels, le *je*, dit Ampère, intervient déjà comme dans les Mémoires. Cette réserve est importante, et nous tenons à avertir le lecteur que l'ambassadeur de Charles-le-Chauve peut se distinguer de l'auteur de l'ouvrage.

Pendant que les envoyés de Charles lui rendaient compte de leur mission, les pays situés entre la Meuse et la Seine se rangèrent sous les bannières de l'ambitieux Empereur. C'est ainsi qu'on préludait à la journée de Fontenay, de si triste mémoire. « Louis
« et Lothaire, dit l'historien, en vinrent vaillamment aux mains et Lothaire vaincu
« prit la fuite. Le corps d'armée que Charles attaquait imita son roi. Les troupes que je
« commandais lui procurèrent, avec l'aide de Dieu, un puissant secours, en soutenant
« vigoureusement le choc contre Adhélard et ses soldats.

« Lorsque vint l'heure de recueillir les fruits de la victoire, je fus choisi avec onze
« autres pour traiter de la difficile question d'un nouveau partage (2). »

L'animosité des partis s'augmentant de jour en jour, le découragement s'empara de lui. On voit dans ses réflexions qu'il prend en dégoût un monde pervers et dangereux : il agite même la question de se retirer de la cour pour se sanctifier dans la solitude. C'est dans ce sentiment qu'il composa son quatrième et dernier livre (3).

Ici se termine la première partie de la biographie de Nithard, extraite toute entière du livre intitulé *Divisions des fils de Louis-le-Débonnaire*. La seconde repose sur quelques traditions locales dont les variantes sont assez nombreuses. D. Rivet les résume ainsi : « On crut qu'il vint se réfugier à Centule, illustrée par la présence et les
« vertus de son saint père. Il fut appelé à gouverner l'abbaye ; mais on ne saurait
« assigner l'époque de son gouvernement. On ajoute qu'il fut tué en 853 ou 858 dans
« une guerre contre les Normands et inhumé ensuite à la porte de l'Eglise de Saint-
« Riquier dans le tombeau de son père, resté vide après la translation de ses reliques en
« 842. Vers le milieu du xie siècle on trouva son corps entier dans un linceul de cuir
« et tout couvert de sel. Une blessure sur le crâne fit penser qu'il fut frappé à la tête
« et qu'il mourut glorieusement sur le champ de bataille. »

Voilà ce qu'on lit partout sur l'historien Nithard depuis deux ou trois siècles.

Toutefois D. Rivet contrôle lui-même son récit par les observations suivantes : « Il
« n'est pas moins constant que, depuis 843 qu'il pensait à se retirer jusques vers la fin

---

(1) *Des divisions des fils de Louis-le-Débonnaire.* (Ouvrage attribué à Nithard). Lib. II.

(2) *Ibid.* Lib. II.

(3) *Ibid.* Lib. IV.

« du même siècle, il ne se trouve aucun vide dans la suite des Abbés de Saint-Riquier
« pour qu'on puisse l'y placer... Il est plus croyable que Nithard étant mort d'une
« blessure qu'il avait reçue à la tête, comme on s'en aperçut à la découverte de son
« corps, n'aura été ni moine ni abbé : il sera seulement arrivé que combattant contre
« les Normands, lors de leurs ravages dans la Neustrie et l'Amiénois en 858 et 859, et
« ayant été blessé à mort, il aura demandé à être enterré à Saint-Riquier, tant à cause
« de la vénération qu'il avait pour ce monastère que parce qu'il ne s'en trouvait pas
« éloigné (1). »

D. Mabillon examine, dans ses vastes recherches, si notre Nithard ne pourrait pas être confondu avec quelques personnages de ce nom, ses contemporains : par exemple avec le neveu d'un Evêque tué par les Suédois en haine du nom chrétien : avec un Abbé de Bavière à qui le roi Louis confirma des priviléges octroyés par Charlemagne ; avec un moine de Prum à qui Loup de Ferrières adressait des lettres. Après avoir exposé ses raisons, il conclut pour la négative (2).

Il nous reste cependant l'ambassadeur Nithard dont il a été question plus haut : est-ce lui qui fut envoyé contre les Normands sur les bords de l'Océan et de la Somme, en 858 et 859, et qui a péri dans ces luttes si acharnées et si meurtrières ? Nous voulons bien l'admettre, pour concilier nos récits avec des traditions proposées comme des faits certains. Nous pouvons conclure avec nos devanciers qu'un guerrier ou un moine du nom de Nithard a été inhumé dans l'Eglise de Saint-Riquier et même dans le premier tombeau de S. Angilbert, mais nous espérons qu'on nous accordera aussi qu'il n'a été ni Abbé du monastère ni le fils du grand restaurateur de Centule au IX° siècle. Grâce à cette concession, les divers récits que nous avons rappelés auront quelque caractère de vraisemblance (3).

CHAPITRE VI.

RODOLFE, ONZIÈME ABBÉ.

Notice sur Rodolphe. — Retraite des moines à Encre. — Miracles au tombeau de Saint-Riquier. — Mort de Rodolfe. — Rouleaux des morts.

« Cet abbé, dit Hariulfe, fut encore un prince de la famille impériale, un oncle de
« Charles-le-Chauve, aussi bon administrateur que fervent religieux. Ses vertus et sur-

(1) *Histoire littéraire.* .*Tome* v. *Article Nithard.*

(2) *Eloge de S. Angilbert Act. Sanct. Ord. S. Bened. Tom.* v. *In Vitâ S. Angilberti.*

(3) Le P. Ignace (*Hist. des Mayeurs d'Abbeville, page* 27) donne pour successeur à S. Angilbert dans le comté de Ponthieu le BIENHEUREUX Nithard. Il a toutefois oublié d'indiquer le martyrologe qui lui a donné ce titre.

Le même écrivain (*Histoire Ecclésiastique d'Abbeville, page* 525) désigne Nithard comme XII° abbé de Saint-Riquier et place son trépas en 853, après 25 ans de prélature. Il faudrait donc remonter à l'an 828 et effacer du catalogue les noms de Ribbodon et de Louis.

CHAPITRE VI. — L'ABBÉ RODOLFE.

« tout sa prudence jetèrent le plus vif éclat sur notre monastère et sur la province
« maritime du Ponthieu qu'il fut chargé de gouverner dans ces temps difficiles (1). »

Frère de l'Impératrice Judith, Rodolfe avait suivi cette princesse, quand sa haute fortune l'appela à se fixer en France : il partagea aussi ses disgrâces avec un autre de ses frères, nommé Conrard. On le relégua dans un monastère en Aquitaine et le roi Pépin accepta la mission de le garder. Lorsque Judith reparut triomphante à la Cour, ses deux frères sortirent de leur prison monastique et reprirent leur poste d'honneur auprès de l'Empereur Louis-le-Débonnaire.

Notre chronique donne à Rodolfe le nom d'Abbé-Comte. On appelle ainsi, dit Ducange, des comtes et des laïques nobles à qui le Roi conférait des Abbayes et des Eglises à titre de bénéfice ou de commende. On ne verra guère d'autre Abbé à Centule jusqu'à sa destruction en 881. Sous de tels pasteurs, la ferveur monastique pouvait seule seconder l'action des prieurs et des séniers animés de l'esprit de Dieu.

Les documents de cette époque nous signalent l'Abbé-Comte Rodolfe comme un des conseillers les plus vertueux de Charles-le-Chauve. « Parmi bien des seigneurs dont
« vous connaissez la fidélité, vous avez, disait Hincmar, votre oncle Rodolfe qui craint
« Dieu et hait le mal, qui vous aime et prend à cœur les intérêts de l'Etat. Si vous
« voulez m'en croire, vous userez largement de ses conseils (2). »

Rodolfe est députe vers les Francs, et les Aquitains après leur défection, pour ménager leur réconciliation (856) : il coopère à la reddition de la ville de Witztrach, révoltée depuis plusieurs années contre son souverain (857). Il est témoin au traité conclu entre Charles-le-Chauve et son neveu Louis-le-Germanique (860). Dans une charte pour le monastère de Dervin, au comté de Troyes (864), Charles l'appelle son très-cher oncle (3).

D'après quelques notes recueillies par l'auteur du *Gallia Christiana*, Rodolfe aurait été Abbé de Centule dès l'an 844. On lit dans ce savant recueil « qu'après la mort de Louis-le-Débonnaire qui l'avait rétabli dans toutes ses dignités, Rodolfe se retira à Centule où il se fit remarquer autant par son amour des choses de Dieu que par sa dextérité dans le maniement des affaires séculières et que son mérite le fit demander pour Abbé par les Moines de Jumièges, après la mort de Thierry. En 847, il donne en effet une charte pour le partage des biens entre l'Abbé de Jumièges et ses moines et pour l'établissement de deux menses (4).

Cette assertion ne s'accorde guère avec ce que nous lisons dans Hariulfe et dans le Livre des Miracles de Saint Riquier. Toutefois si nous retranchons l'abbé Ribbodon, rien n'oppose à ce que l'administration de l'Abbé Louis soit circonscrite entre l'année 837, époque de la mort d'Hélisacar, et l'année 845 ou 846. Après le passage des Nor-

---

(1) *Chron. Cent. Lib* III. *Cap.* IX.
(2) *Rerum Gallicarum veteres Scriptores. Tom.* VII. *Pag.* 823.
(3) *Ibid. Tom.* VII. *Pag.* 166. — *Tom.* VIII. *Pag.* 590.
(4) *Gallia Christiana. Tom.* XI. *Pag.* 955.

mands, les ruines accumulées dans le monastère de Saint-Denis auront assez occupé le petit-fils de Charlemagne, pour qu'on confiât le puissant monastère de Centule à un Abbé-Comte capable de rassurer les populations alarmées de ces contrées.

Quoiqu'il en soit de cette conjecture, imaginée pour expliquer un témoignage grave et désintéressé, que confirme en quelque sorte la chronique abrégée du monastère (1), nous ajouterons avec Hariulfe que son autorité sur Centule, en 856, se prouve par une charte que le roi Charles octroya aux Moines, du consentement de son cher oncle Rodolfe, pasteur du saint monastère de Centule (2). Le monarque y renouvelait les priviléges assurés par ses prédécesseurs aux domaines que des seigneurs ambitieux auraient été tentés de disputer à des Moines sans défense. L'énumération de ces domaines contient de nouvelles *villas* que la communauté possédait déjà sans doute, mais qu'elle n'avait pas encore inféodées. Comme ces biens sont maintenant sous la main d'un vassal, on se munit de titres propres à empêcher toute usurpation ou prescription. La chronique abrégée enchérit sur Hariulfe ; car elle ajoute que ce prince impérial obtint de sa famille de nombreuses donations au monastère (3).

Les chroniques placent, en l'année 859, une nouvelle retraite des Moines. De sinistres rumeurs leur avaient signalé la présence des ennemis sur les rives mêmes de la Somme, au monastère de Saint-Valery, ruiné du fond en comble ; à Amiens, qui pleurait avec des larmes de sang le passage de ce torrent impétueux ; à Corbie, que ne put défendre la vaillance guerrière de son Abbé Odon ; à Noyon, qui contemplait avec effroi son Evêque égorgé au milieu de sa cathédrale. Les murailles du monastère n'auraient pas défendu les pieux enfants de Saint-Riquier d'un danger si pressant. « C'est pour-
« quoi, dit la chronique, ils se dispersèrent comme un troupeau affolé par la peur à l'ap-
« proche de loups cruels. Dans leurs courses précipitées et vagabondes ils éprouvèrent
« toutes les tribulations de la fuite. Après avoir erré quelques jours dans leurs domaines
« éloignés des bords de la mer et des rivières que fréquentaient ces cruels aventuriers,
« ils trouvèrent une hospitalité cordiale et respectueuse au village de Podervais chez une
« sainte et généreuse dame, nommée Hengilrade. Ils vécurent là plus de six mois dans
« une pleine sécurité et du bienfait de ses largesses (4). »

On conjecture avec raison que Podervais ou domaine de Gervais était une terre voisine d'Encre primitivement donnée à l'Eglise de Saint-Gervais (5). Les religieux de Centule étaient les seigneurs d'Encre et pouvaient s'y réfugier, sans payer un tribut à

---

(1) Erat tempore suæ juventutis religiosus in dicto cœnobio (*Chron. abbrev. Cap.* xvi).

Il faut remarquer cependant que Rodolfe vint de la Bavière avec sa sœur l'impératrice Judith. L'assertion de Jean de la Chapelle serait donc trop absolue.

(2) *Chron. Cent. Lib.* iii. *Cap.* ix.

(3) *Chron. abbrev. Ibid.*

(4) *Lib.* ii. *Miracul. Act. Sanct. Boll.* 26 *April.*

C'est à cette époque que les historiens racontent les invasions d'un chef nommé Weland et ses sacriléges déprédations sur les bords de la Somme.

(5) L'Eglise de Saint-Gervais d'Encre, aujourd'hui Albert, devint plus tard un prieuré de Cluny.

la charité de leurs vassaux. Comme dans cette retraite inopinée, rien n'était préparé pour recevoir une nombreuse communauté, on peut affirmer que c'est la Providence qui leur ménagea cette admirable ressource.

Saint Riquier veilla sur son monastère pendant l'absence de ses enfants et cette fois encore il détourna l'orage suspendu sur leur tête. Toutefois le monastère, d'après nos chroniques, ne fut racheté qu'au prix d'une sanglante victoire. Les Normands ne cédèrent qu'à la force des armes. Nithard, le chef de l'armée des Francs, fut enseveli dans son triomphe et ne survécut point à la profonde blessure qu'il reçut à la tête. Une honorable sépulture à la porte de l'Eglise monastique conserva la mémoire de ces glorieux combats et du héros qui sauva la contrée et l'héritage de Saint Riquier.

Après six mois d'exil, une vision céleste informa les moines de la retraite des Normands. Par une disposition de la divine sagesse qui choisit souvent ses agents dans les plus humbles conditions de la société, cette nouvelle tant désirée leur arriva par une mendiante. Le 22 janvier 860, jour de la Septuagésime, Saint Riquier apparut à cette pauvre femme sous la figure d'un vieillard : il la frappa d'un bâton d'or qu'il portait à la main, en lui demandant où étaient les Moines de Centule. En ces temps de guerres continuelles, l'espionnage avait déjà fait bien des victimes. La mendiante ne voulut pas exposer les moines ; c'est pourquoi elle répondit qu'elle ignorait où ils résidaient. Le veillard répéta sa demande en cherchant à la rassurer. Sans se déconcerter, elle répliqua avec la même aisance : « Je vous déclare que je ne sais pas où est leur « communauté ; la crainte des Normands les oblige à se disperser. Toutefois j'en ai vu « par hasard au château-fort de la dame qui me nourrit de ses aumônes. »—« Eh bien, « ajouta la vision, vous direz à mes serviteurs qu'ils n'ont rien à craindre des Danois. « J'ai défendu mon monastère contre leurs attaques ; ils n'ont qu'à retourner à leur soli-« tude. Je continuerai de les protéger. »

Les Moines reçurent cette nouvelle avec une grande allégresse. « L'événement, ajoute la chronique, prouva la vérité de cette vision ; car depuis on n'entendit plus parler des Normands (1). » Ces paroles nous prouvent que les deux livres des miracles ont été écrits avant le désastre de 881.

Les religieux avaient emporté avec eux le corps de Saint Riquier et l'avaient déposé dans l'église de Saint Gervais, avec tous leurs ornements et le mobilier de leur propre église. Le jour de Pâques, il arriva un grand miracle que les chroniques attribuent aux mérites de Saint Riquier et à sa présence dans cette humble église.

Une femme du lieu avait depuis longtemps les nerfs des doigts tellement contractés que les ongles pénétraient à travers les chairs de la paume de la main et lui sortaient du côté opposé : elle eut la dévotion d'assister aux Matines et de s'unir à la foule. A la sixième leçon de l'office, elle reçut l'insigne faveur d'une pleine et entière guérison (2).

Tranquilles dans leur solitude après leur retour d'Encre, mais non sans appréhension,

(1) *Lib.* II. *Mirac. S. Richarii. Ibid.*   (2) *Ibid.*

les moines ornèrent richement une belle châsse de bois, pour y déposer le chef de leur bienheureux patron et d'autres reliques précieuses rassemblées avec un zèle infatigable par le moine Odulfe, gardien de l'Eglise (864). Au jour de cette translation, 27 novembre, un serviteur du monastère fut guéri d'une cécité à laquelle les médecins n'avaient pu apporter aucun remède.

Bien d'autres merveilles soutiennent la foi des peuples décimés sans cesse par le glaive des Normands. Les pauvres, les affligés, ces membres privilégiés du corps mystique de l'Eglise, y participent plus abondamment que les autres. Le ciel console ses élus, instruit les chrétiens affadis par l'amour des biens terrestres, punit les orgueilleux pour les amener repentants au tombeau des saints, au pied de la croix d'où découlent toutes les grâces.

Nous raconterons aussi brièvement que possible ces faits extraordinaires, dont se nourrissait la piété de nos pères et qui nous reflètent divers traits de mœurs locales (1).

L'Eglise de Chevincourt(2), dédiée à Saint Riquier, était placée entre la maison seigneuriale et l'habitation du prêtre à qui était confiée la cure des âmes. On traversait l'Eglise pour se rendre du presbytère au château. Le domestique du prêtre Wariulfe, nommé Martinet, pour sa petite taille, se permettait de voler le seigneur et pour cacher ses larcins il passait par la maison de Dieu. Un jour qu'il portait une charge de bois, il rencontra sur son chemin un vénérable vieillard, revêtu d'une robe blanche et appuyé sur un bâton, qui le réprimanda très-sévèrement et lui reprocha de profaner l'Eglise par ces vols sacrilèges. Novice encore dans le crime, Martinet fut effrayé des menaces du mystérieux personnage : mais trois ou quatre mois après il ne sut résister à la tentation, et au moment où il traversait l'Eglise avec son criminel fardeau, le vieillard se trouva encore devant lui. Cette fois il accompagna sa réprimande d'un vigoureux soufflet. Notre maraudeur fut renversé, et dès ce moment il ne fut plus capable de travailler. Les cheveux lui tombèrent de la tête toute labourée de plaies hideuses et il finit ses jours dans la misère.

On célébrait solennellement dans un petit village de l'Amiénois, nommé Herleville (3) et soumis au monastère, la fête patronale de Saint Riquier. Une femme peu soucieuse de s'assurer la protection de son Seigneur (4) travaillait à son tissage comme les jours non fériés. Ses voisins lui reprochant ce scandale public, elle leur répondit assez légèrement: « il y en a assez d'autres sans moi pour fêter cette solennité. » Cette parole impie ne resta pas impunie; car cette femme fut bientôt attaquée d'une maladie incurable, qu'on nommait *grenouillette* et elle mourut au bout de trois jours, laissant aux esprits forts un exemple de la fragilité humaine et des châtiments de la justice divine.

(1) *Lib. II. Miracul. S. Richarii. Ibid.*
(2) Paroisse du canton de Ribecourt. (Oise).
(3) Le texte porte *Arcovillare.* Nous conjecturons que l'auteur veut parler d'Herleville, canton de Chaulnes, où le monastère avait des propriétés.

D'autres auteurs indiquent Agenvillers, mais ce village est dans le Ponthieu.
(4) Par ce nom de Seigneur on entend ici Saint Riquier On l'invoquait quelquefois sous ce titre *Seigneur S. Riquier, secourez-nous.*

Une fille de Bouchon (1), qui avait travaillé le jour de la Purification de la Sainte Vierge, fut punie par une contraction très-douloureuse des doigts de la main gauche. Mais son mal ne fut que passager. Les prières lui obtinrent sa guérison au moment où elle venait en pélerinage au tombeau de Saint Riquier avec plusieurs de ses voisines. Avant même d'arriver à Yaucourt, elle se sentit délivrée de toute infirmité.

Une autre jeune infirme du Hamel, village voisin de Friaucourt (2) et situé au midi du monastère, était retenue dans l'hospice par une paralysie générale. De fréquentes visions pendant son sommeil la pressaient d'aller faire ses dévotions à l'Eglise et d'y faire brûler un cierge pour sa guérison. Elle ne manquait pas d'envoyer son cierge, mais ne pouvant compter sur le dévouement d'amies charitables pour la porter, elle se consumait dans la douleur. La nuit de la fête de Saint Riquier, un personnage tout brillant de lumière, lui promit sa guérison par l'intercession du Saint, si elle se rendait à l'Eglise. Cette fois elle obéit et assista aux Matines avec les pèlerins accourus à la solennité. Au commencement des Laudes, elle fut saisi d'un tremblement extraordinaire; ses membres qui étaient contractés reprirent leur position naturelle et elle se rendit après l'office au glorieux tombeau, pour remercier son céleste médecin ; en reconnaissance de ce signalé bienfait elle prit le voile des femmes consacrées à Dieu et s'imposa l'obligation de visiter souvent la basilique, où le Tout-Puissant manifestait sa miséricorde par des grâces si extraordinaires.

Trois enfants reçurent également de Saint Riquier des faveurs que les ressources humaines ne pouvaient leur procurer. L'un fut guéri d'un mal d'yeux qui l'empêchait de voir ; le second, originaire de Caux (3), avait été frappé de la foudre en labourant et était resté dans un état de stupidité et de paralysie auquel le temps n'apportait point de remède. Sa mère vint s'établir à Friaucourt pour honorer plus dévotement S. Riquier. Elle obtint, après trois jours de prières, qu'il put marcher à l'aide de béquilles et après avoir continué de pieux exercices pendant le même laps de temps, elle fut exaucée, le jour même de la fête de S. Riquier; car pendant la messe son fils fut complètement guéri.

.Le troisième enfant nommé Hildrade, de Vauchelles (4), perclus de tous ses membres à l'âge de sept ans, n'avait obtenu aucune amélioration dans un pèlerinage à Saint Aubin qu'on honore à Villers-sous-Ailly (5) ni même à Centule où il resta pendant une semaine. Loin de se décourager du peu de succès de ses prières, il vint se fixer près du monastère, pour implorer aussi longtemps qu'il serait nécessaire, la protection du sauveur de tant de malheureux : ce pauvre enfant, pendant sept ans, attendit sa guérison, en rampant sur les pieds et les mains, à l'aide de crochets. Sa persévérance lui assura, le jour de la fête de Saint Riquier, le bienfait que sa foi et celle de ses parents lui avaient mérité.

(1) Village du canton de Picquigny.
(2) Faubourg de Centule.
(3) Cahours près d'Abbeville. On prononce Caux.
(4) Vauchelles-lès-Domart.
(5) Villers, Canton d'Ailly-le-Haut-Clocher.

Une grave maladie de Lantfrid, d'Estrebœuf (1), avait résisté à tout l'art des médecins. En vain ils avaient tranché dans la chair et brûlé ses plaies. Leurs violents remèdes avaient produit une paralysie générale. On lui conseilla dans cette extrémité de recourir à l'intercession des saints. Après avoir visité plusieurs sanctuaires renommés par la dévotion populaire, il vint en pèlerinage à la fête de Saint Riquier. C'est là que le ciel lui accorda un soulagement notable. L'année suivante, au lieu d'offrir à pareille époque son hommage de reconnaissance, il resta chez lui par paresse : ce qui lui valut une punition de son ingratitude, avec une nouvelle attaque de paralysie plus douloureuse que la première. Il se promit bien, au milieu de ses cruelles souffrances, de réparer sa faute. Quand la fête approcha, il se fit transporter au monastère de Centule, où il racheta son péché par d'abondantes offrandes et de ferventes prières. Toutefois il n'obtint pas encore la grâce qu'il sollicitait avec tant de larmes ; ce ne fut qu'au mois de février suivant, que sa guérison fut complète. C'est lui-même qui adressa aux Moines le récit de ses malheurs.

On sait que parmi les farouches moisssonneurs du Danemarck, qui faisaient tomber sous le tranchant de leurs glaives les têtes humaines comme les épis dans un champ de blé, le ciel eut aussi ses élus. Il s'en trouva un certain nombre qui furent frappés des grands exemples que leur donnaient les serviteurs de Dieu et se convertirent sincèrement au christianisme. Un de ces néophytes, nommé Ansleic, fut même comblé d'honneurs et admis à la cour du roi Charles-le-Chauve. Après avoir introduit auprès du monarque des ambassadeurs Normands et sollicité pour eux sa clémence, il les reconduisait en Angleterre avec une réponse favorable. Il s'arrêta avec eux à Centule et fit ses dévotions dans la basilique de Saint Riquier, priant humblement à tous les autels et vénérant les reliques des saints. Un Danois encore païen, qui l'avait suivi, ne donna aucun signe de dévotion et ne s'humilia point dans ce lieu vénéré : mais il reçut bientôt le châtiment de son orgueilleuse bravade. A peine fut-il sur la mer qu'il se sentit défaillir et qu'il éprouva ensuite un accès de fièvre pernicieuse. Ses compagnons consternés lui demandèrent s'il n'avait pas commis quelque grande faute. D'abord il ne se présenta à son esprit aucun souvenir qui l'accusât : puis, après avoir bien examiné, il se rappela qu'il était entré dans la basilique de Saint Riquier, sans rendre aucun hommage ni au Dieu des chrétiens ni au patron du lieu. On eut recours aux sorts, selon l'usage de ce peuple superstitieux et l'on reconnut qu'il disait la vérité. Il promit alors que si le ciel lui rendait la vie et la santé, il se corrigerait et qu'il ne verserait plus le sang des chrétiens ; en outre qu'il ferait mesurer à sa taille quatre fils d'argent et un d'or pour les envoyer à la basilique de Saint Riquier, comme gage de son repentir et de sa dévotion et qu'il ajouterait un cierge et une pièce d'or pour chaque autel. Ce vœu eut une efficacité merveilleuse : car trois jours après il put reprendre ses occupations ordinaires. « La divine justice, ajoute ici la chronique, après avoir puni son orgueil et son impiété,

(1) Canton de Saint-Valery-sur-Somme.

exerça sur lui une miséricorde infinie, en l'arrachant à la domination de Satan et en lui procurant la grâce de sa conversion à la vraie religion. »

Les divers évènements que nous venons de raconter nous conduisent aux dernières années de l'Abbé Rodolfe. La chronique de Jumiéges nous apprend qu'une charte de Charles-le-Chauve, datée du 31 janvier 862, confirmait un échange entre Gautzelin, abbé de Jumiéges, et le leude Warmain pour des domaines au pays Vexin. A cette époque, d'après la même chronique, Rodolfe avait renoncé à toutes ses abbayes pour mener une vie toute céleste au monastère de Saint-Riquier, où il mourut en 866, d'une colique ou de douleurs d'entrailles (1).

Que l'abbé Rodolfe ait vécu jusqu'en 866, on en est certain, d'après le témoignage d'autres annalistes, qui, sous la même date, attribuent aussi sa mort à la même cause (2). Nous prions le lecteur de retenir cette date, que nous rappellerons dans le chapitre suivant.

La chronique d'Hariulfe est plus explicite encore sur le lieu où il termina sa carrière, sans toutefois indiquer l'année. C'est bien à Centule, d'après son récit, que Rodolfe fut délivré des misères de ce bas monde et appelé aux joies du Paradis (3). Ses frères attristés dressèrent même une lettre circulaire ou *Rouleau des Morts* qu'ils envoyèrent aux Eglises et aux lieux vénérés avec lesquels ils étaient en communion de prières, pour leur annoncer la mort de leur Père bienaimé et demander des suffrages pour le repos de son âme.

« Il nous est agréable, dit la chronique, de rappeler ici cette circonstance, parce que
« cette lettre soigneusement conservée dans nos archives sera lue avec plaisir par
« nos frères. En voici la teneur : Les frères du monastère de Saint-Riquier de glo-
« rieuse mémoire, à tous les soldats du Christ, salut. Nous prions instamment votre
« Paternité, de vous souvenir de nos frères défunts, comme nous vous prions
« aussi de nous mander le nom de vos religieux trépassés. Nous désirons également
« que vous indiquiez le jour des Calendes, où le courrier de céans vous arrivera, afin
« qu'il ne puisse nous en imposer par d'artificieux mensonges, et qu'il soit certain qu'il
« a fait connaître la triste nouvelle à l'Abbé, au Prieur ou au Doyen. »

« Le seigneur Rodolfe, Comte et Abbé de ce lieu, est mort ici, le 8 des Ides de jan-
« vier. Nous vous supplions d'offrir pour lui vos prières au Seigneur, afin que vous en
« receviez une récompense et que lui, aidé par vos saintes oraisons, puisse entrer dans
« la société des élus. Rien de plus juste que de recommander à Dieu un Père plein
« d'amour pour ses enfants et tendrement aimé dans son monastère. »

D. Mabillon, commente cette lettre et ajoute que la coutume d'envoyer, dans les monastères associés, des Rouleaux des Morts était établie chez les Bénédictins, dès le

---

(1) *Gallia Christiana*, Tom. xi, pag. 955.
(2) *Rerum Gallicarum veteres Scriptores*. Tom. vii, pag. 55.
(3) *Chron. Cent. Lib.* iii, *Cap.* ix.

sixième siècle, qu'elle est fondée sur le dogme de la communion des saints et sur l'usage de réciter au saint sacrifice de la messe les noms inscrits aux Dyptiques des Eglises. C'est là aussi ce qui a donné naissance aux *Nécrologes* ou livres pour les morts, dans lesquels on conservait les noms des religieux de chaque monastère, des bienfaiteurs et de ceux qu'il était convenu d'admettre à la participation des prières. Après la lecture du martyrologe et de la règle, à prime, on ajoutait leurs noms avec le jour de leur mort et on faisait pour eux la prière accoutumée.

Les rouleaux des morts contenaient, avec des épitaphes et les titres des moines défunts, des élégies, des éloges... etc. Chaque monastère y ajoutait son souvenir et des louanges en prose ou en vers, sur les vertus et la science du frère dont on voulait glorifier la mémoire (1).

CHAPITRE VII.

L'ABBÉ COMTE HELGAUD.

Le chapitre que la chronique consacre à Helgaud va justifier de nouveau nos sévères jugements sur certains passages interpolés et nos accusations sur l'ambitieuse vanité d'un faussaire. « Après la mort de Rodolfe, le comte Helgaud ou Heligaud (selon
« l'orthographe de la chronique), fut appelé à gouverner le monastère de Centule. Ce
« nouveau Pasteur des âmes était un comte laïque, car il est constant qu'avant d'être
« Abbé ou moine, il avait porté les armes, qu'il avait été marié, qu'il eut même un fils
« nommé Herluin, qui hérita plus tard de sa puissance temporelle et porta aussi le nom
« de Comte. Toutefois, Herluin n'embrassa pas la vie monastique. »

« Si on voulait savoir, ajoute la chronique, pourquoi Helgaud fut tout à la fois
« Abbé et Comte, nous ne pouvons que redire aux lecteurs la tradition du monastère.
« A cette époque Dieu permit sans doute pour punir les péchés des peuples chrétiens
« de fréquentes invasions des peuples barbares du Nord. Les rois et les chefs de la
« nation étaient troublés dans la paisible possession de leurs domaines, exposés à leurs
« attaques et à leurs guerres d'extermination. Le Ponthieu et le Vimeu ne sont que de
« petites Provinces à peu près dépourvues de places fortes. Pour cette raison, l'accès du

---

(1) *Ann. Ben. Tom.* III, *pag.* 76.
Louandre dans son Histoire d'Abbeville (*Tom.* I, *page* 63) a vu dans la chronique que « lorsque ce
« prince cut cessé de vivre, on porta son corps
« avec grande pompe dans tous les lieux soumis
« à sa domination. » Hariulfe n'a rien écrit de sem-
blable. Serait-ce l'explication de ces paroles : *Fratres vero de ejus morte nimium tristes, librum rotularem conficientes, direxerunt per Ecclesias et loca sanctorum, dilecti patris exitum nuntiantes et pro ipso orari cupientes ?*

« royaume des Francs était très-facile par ces pays. Aussi ces cruels ravageurs de pro-
« vinces n'épargnèrent point ces contrées sans défense. Dans cette nécessité extrême,
« les rois et les grands du royaume jugèrent à propos de confier à l'Abbé de Centule,
« qui jouissait de tant de gloire et de puissance en ces lieux, la mission d'arrêter ce
« torrent impétueux. C'est ainsi que Nithard, fils de Saint Angilbert, fut tout à la fois
« revêtu de la juridiction spirituelle et temporelle sur les côtes maritimes et se fit tuer
« en défendant vaillamment son gouvernement. En outre, la ville de Centule renfer-
« mait dans son enceinte beaucoup d'hommes distingués par leur naissance et leur
« valeur, capables soit par leur fortune personnelle, soit par le grand nombre de che-
« valiers qu'ils comptaient dans leur famille, de mener à bonne fin les entreprises les
« plus difficiles. Aucun des nobles, jaloux des prérogatives de sa haute origine, ne deman-
« dait de preuve de noblesse à celui qui se disait parent d'un moine de Saint-Riquier.
« Dans le monastère on faisait l'éducation des ducs, des comtes, des fils de ducs et
« de comtes, même des fils de rois. Les premiers dignitaires du royaume se glorifiaient
« d'avoir un parent au monastère de Saint-Riquier. C'est pour cette raison et grâce à
« leurs illustres alliances que quelques uns de nos Pasteurs furent tout à la fois Abbés
« et Comtes. Fidèles observateurs de la règle, même à la tête des armées, ils ne per-
« daient jamais de vue la présence de Dieu. » (1).

Bien des auteurs se sont extasiés sur ce passage et l'ont cité à la gloire du monastère de saint Riquier, sans faire attention que l'auteur de cette page, toute boursoufflée d'une puérile recherche de noblesse, ignore les hommes et les choses, l'esprit de saint Benoît, les canons de l'Eglise, la mission pacifique des Abbés. Il serait permis de se demander ici quels sont les fils des rois élevés au monastère de Centule. L'histoire qui nous a dit à quelles mains on les avait confiés, pour les initier à la piété et aux combats de la vie chrétienne, ne cite aucun nom de prince royal élevé à l'ombre du tombeau de saint Riquier. Les ducs et les comtes avaient l'habitude, pendant ces âges de fer, d'abriter dans les monastères l'innocence de leurs enfants. Centule en compte parmi ses écoliers ; mais on réclamerait en vain pour ce monastère un privilége exclusif. Tous les fils de saint Benoît, animés du même zèle, répondirent partout à l'attente des parents et des princes eux-mêmes.

C'est pour exalter saint Angilbert que Ribbodon est inscrit après coup sur le catalogue des Abbés de saint Riquier ; c'est aussi pour célébrer son fils Nithard qu'on y ajoute Helgaud. En effet, le point culminant du chapitre d'Helgaud, c'est Nithard, fils d'Angilbert, Abbé de saint Riquier, comte de Ponthieu, général d'armée, défenseur de sa patrie pour laquelle il a sacrifié sa vie...

Une preuve plus positive encore de remaniement dans cette page d'histoire, c'est le reproche adressé à Helgaud sur ses dilapidations des biens du monastère. « Helgaud,

(1). *Chron. Cent. Lib.* III, *Cap.* X.

« Abbé et Comte, donna en précaire à un de ses vassaux le village de Rollencourt et
« quelques autres biens que nous avions dernièrement recouvrés sur un duc nommé
« Hugues. Nous avons la charte de cette précaire. Mais comme c'est une honte pour
« notre monastère plutôt qu'un contrat digne d'éloge, nous ne dirons rien de plus à
« ce sujet. » (1).

Cette précaire suppose la charte de Hugues Capet, que nous avons dénoncée plus haut comme une criminelle altération des titres du monastère (2). C'est ainsi que les mensonges s'enchaînent aux mensonges. La précaire de 860 vaut la charte de 843. Une fausse charte, sous un abbé dont le nom est inconnu aux annalistes du monastère, une fausse précaire sous un autre abbé également ignoré, voilà les documents qui forment une trame historique à la gloire de saint Angilbert et de Nithard !

Quand on examine la place que le comte Helgaud occupe dans les annales du monastère, on est très étonné de la maladresse du faussaire. Selon la chronologie communément adoptée, l'administration de cet abbé commencerait vers 860, pour finir dans le cours de l'année 864. On lit en effet, deux pages plus loin, que le chef de saint Riquier fut placé dans une châsse spéciale, le 27 octobre 864, par l'Abbé Guelfe ou par ses religieux. Mais alors Rodolfe vivait encore, puisque nous avons prouvé qu'il ne mourût à Centule qu'en 866. Ajoutons en outre qu'Helgaud, comte de Ponthieu et père d'Herluin, ne paraît sur la scène de l'histoire que vers 878 et qu'il meurt en 925. Comment donc aurait-il pu gouverner l'abbaye de Centule au milieu du siècle ?

Si du moins la chronique gardait le silence sur sa mort, on pourrait peut-être, à l'aide de suppositions, expliquer le texte. Mais non ; elle affirme qu'il gouverna jusqu'à la fin de sa vie. *Qui etiam post aliquot annorum exhibitam Abbatiæ comitatus administrationem humanis rebus excessit,* et, en note : *Obiit III Non. Novembris* (3).

Pressés par l'évidence des faits historiques, quelques auteurs ont introduit dans la série des comtes du Ponthieu un Helgaud I et un Herluin I, à l'époque fixée par nos chroniques ; où est la preuve de leur assertion ? Ils la tirent de la chronique de Centule : mais comme nos difficultés chronologiques ne sont nullement résolues par cette hypothèse, nous aimons mieux nous en rapporter encore une fois au texte de l'Abbé Angelran et effacer Helgaud du catalogue des Abbés du ix° siècle, comme Nithard et Ribbodon (4).

Mais que contenaient primitivement les chapitres v, vi et x du iii° livre d'Hariulfe, raturés et surchargés de ces faits apocryphes ? Nous ne sommes pas tenus d'expliquer tous les secrets du passé et des fraudes historiques.

(1) *Chron. Cent. Ibid.*
(2) *Voir page 229.*
(3) *Chron. Ibid.*

(4) Voir aussi notre Etude sur Nithard. *Bulletin de la Société des Antiquaires.* Année 1870, n°ˢ 3 et 4.

CHAPITRE VIII.

L'ABBE GUELFE, DOUZIÈME ABBÉ

Notice sur l'Abbé Guelfe. — Chartes. — Meurtre d'un moine à Centule. — Miracles — Le moine Michon — Mort de l'Abbé Guelfe.

Hariulfe, comme on a pu le remarquer dans les chapitres précédents, se laisse éblouir par la gloire extérieure que de grands noms projettent sur son monastère ; mais il nous prouve en même temps qu'il manque de renseignements sur les actes de leur administration : il l'avoue cette fois, en déclarant qu'il lui serait impossible de faire connaître dans des notices si abrégées les grandes qualités de Guelfe : il se contente de signaler sa tendre dévotion pour saint Riquier, sa bonté pour ses moines, son dévoûment pour les princes. Pour lui le gouvernement du monastère de sainte Colombe de Sens et de celui de Centule est une preuve incontestable de son esprit religieux et de sa rare prudence (1). Il aurait pu dire avec autant de raison, que Guelfe ne fut qu'un Abbé commendataire, comme tant d'autres princes du sang royal : car il appartenait aussi à la famille des descendants de Charlemagne. La princesse Adélaïde sa mère était fille de Louis-le-Débonnaire : elle avait épousé Conrad, frère de l'impératrice Judith et de Rodolfe. Quelques chroniques du temps n'ont que des éloges pour ces pieux époux et pour Hugues, frère de Guelfe, Abbé de saint Germain d'Auxerre, de saint Martin de Tours, de saint Bertin et de saint Wast. C'est un véritable Abbé, dit le moine Héric, *nomine et officio Abbas*, remplissant saintement les obligations qu'impose cet auguste nom. Pour être sincère, nous devons ajouter que plusieurs historiens ne parlent pas aussi favorablement de ce célèbre personnage : on résume toute leur pensée en disant après eux qu'il n'était que sous-diacre et qu'il ne menait pas même la vie d'un bon laïque.

L'Abbé Guelfe a laissé moins de traces dans l'histoire que Hugues-l'Abbé, son frère. Son nom n'est guère connu que par les cartulaires des Abbayes qu'il a gouvernées.

Le *Gallia Christiana* a vu aussi ce nom dans le catalogue des Abbés de Jumièges (2). On y lit même qu'il périt avec ses neuf cents religieux, lorsque Hasting, chef des Normands, mit la Neustrie à feu et à sang ; mais cette assertion ne repose sur aucune preuve et est refutée par des documents plus authentiques.

Nos chroniques rapportent en entier trois chartes octroyées par Charles-le-Chauve à Guelfe, le vénérable Abbé de Centule, où repose le corps de l'illustre confesseur Riquier (3).

La première datée de Quierzy, le 7 des ides de décembre, concerne Arleux sur la

(1) *Chron. Cent. Lib.* III. *Cap.* XI.
(2) *Gallia Christiana.* Tom. XI, pag. 935.
(3) *Chron. Cent. Ibid*

Somme, près Bray (1). Cette *villa* est attribuée aux moines avec toutes ses dépendances, pour leur créer un refuge. Charles-le-Chauve renouvelle dans cette charte tous les priviléges accordés aux moines par ses prédécesseurs et confirme tous leurs droits sur leurs possessions, avec menaces contre ceux qui chercheraient à les troubler ou à changer la destination de ces biens.

Le refuge à cette époque est une place de sûreté destinée à protéger les moines contre les invasions Normandes. C'est ainsi que le roi Eudes accorde aux moines de sainte Colombe de Sens un terrain pour bâtir une Eglise dans l'enceinte de la cité et les lieux nécessaires à un refuge, de telle manière que, dans une nécessité extrême, ils eussent une poterne ou un souterrain qui leur ouvrît un chemin secret communiquant au monastère, pour apporter ce qu'exigeraient et leur entretien et leur défense.

Le refuge d'Arleux, s'il a pu être préparé avant le désastre de 881, aura dû abriter les moines, au moment de la catastrophe. Ce serait peut-être l'origine de l'enceinte fortifiée de Bray.

Par la seconde charte datée de Senlis, le 6 des calendes d'avril, Charles, donne aux moines de Centule, à l'exclusion des Abbés, et pour le salut de son âme, une *villa* de ses domaines du Beauvoisis, connue sous le nom de Vals (2), avec toutes ses terres, ses bois, ses vignes, ses pâturages, etc.

Dans la troisième charte datée de Quierzy, le 4 des calendes de juin, il est statué que les revenus du domaine de Bersaques (3), seront perpétuellement consacrés à entretenir trois lampes devant le chef de saint Riquier et les autres reliques qui lui sont associées, et que le 4 des nones de décembre, jour où se célèbre l'anniversaire de la translation de ce chef, on accordera aux moines la *consolation* d'une réfection plus substantielle ou plus abondante, en raison de la grande fatigue de la fête.

Il n'est pas rare de rencontrer cette clause d'une addition au service ordinaire de la table, qu'on nommait *consolation*. Ce n'était pas seulement un signe de réjouissance, mais une sage précaution pour réparer les forces du corps, affaibli par des chants et des veilles plus prolongées.

Ces trois chartes portent la date de 868. La chronique en donne une autre pour Chevincourt, portant exemption ou dispense de tout droit de gîte, même en temps de guerre (4). On lit en marge de cette charte la date de 867, et après la signature

---

(1) Arleux est désigné dans la charte sous le nom de *Hasloas*.

Le P. Malbrancq (De *Morinis*, tome 1, page 257) raconte que saint Riquier, à son retour de Rome, passa par la ville d'*Alloux* sur la Somme ; qu'il ressuscita le fils du Seigneur, noyé par une suggestion du démon, qu'il convertit les parents de l'enfant et tous les habitants, et que la ville fut donnée au saint fondateur du monastère : il cite pour garant la chronique du monastère.

(2) *Vallis*, Vals devint une dépendance de Chevincourt.

(3) Village ruiné près de Saint-Riquier.

(4) « Les rois et les princes venaient s'installer dans un monastère, comme dans un lieu de repos et de plaisance, avec tout leur attirail, tout leur cortége d'officiers, de veneurs, de valets et d'écuyers, qu'il fallait loger, voiturer, et nourrir en même temps que les chevaux, les chiens, les faucons, ainsi que le constatent des priviléges qui, en

CHAPITRE VIII. — L'ABBÉ GUELFE. 255

du vice-chancelier, le 3 des calendes de janvier, et la deuxième année du règne du très-glorieux roi Louis. Ce prince qui appelle le vénérable Abbé Guelfe, son très-cher cousin, n'est autre, d'après une remarque de la chronique, « que Louis II ou Louis le Bègue, à qui son père avait donné le titre de roi, près de trois ans auparavant (1). »

Cette charte a beaucoup occupé D. Mabillon et ceux qui ont écrit après lui. Le savant Bénédictin invoque contre Hariulfe le témoignage des Annales de saint Bertin. « On y lit, en 867, dit-il, que le roi Charles envoya son fils en Neustrie, sans lui rendre ni lui interdire le titre de roi, qu'il avait pris quatre ans auparavant, sans la permission de son père. Charles était trop jaloux de son autorité, pour souffrir que son fils donnât, de son palais royal de Compiègne, une charte scellée du sceau de son chancelier, et celui-ci ne se serait jamais prêté à cette usurpation d'un jeune ambitieux. Dira-t-on qu'en cette année il fut créé roi d'Aquitaine ? Mais qu'y a-t-il de commun entre l'Aquitaine et le Ponthieu ? Il faut, pour rétablir la vérité des faits, reporter cette charte en l'année 879, la seconde du règne de Louis le Bègue (2). »

On voit que notre chronique mérite bien des reproches, même en dehors des points que nous avons si justement attaqués.

Nous lisons dans la chronique d'Hariulfe que le moine Ansegise fut envoyé en ambassade à Rome par le roi Charles-le-Chauve et qu'il en rapporta beaucoup de reliques précieuses (3). Ce serait, en 867, sous le pontificat de Nicolas Ier, que le moine de Centule aurait reçu la glorieuse mission de traiter avec le successeur de Pierre et de l'entretenir de questions importantes qui intéressaient l'Eglise universelle ou du moins l'Eglise de France. Cette mission dont on ne spécifie pas la cause pourrait se rattacher ou à la déposition d'Ebbon, ou à la promotion de Wulfade à l'archevêché de Bourges avant sa réhabilitation, ou bien encore au meurtre commis sur un religieux de Centule, dont on demandait réparation au pape Nicolas.

Flodoard raconte ainsi ce dernier fait dans l'histoire de l'église de Reims (4). Un moine, nommé Eriarth, se rendit cupable d'un meurtre sur un autre moine de Centule revêtu du sacerdoce. Ce sacrilège homicide avait été commis dans le monastère même. Effrayé de son attentat, le coupable courut aussitôt à Rome pour y confesser son crime

exemptant certains monastères de cette charge, démontrent combien elle devait être habituelle et onéreuse. » De Montalembert. *Les Moines d'Occident.* Tome v, page 213.

Le domaine de Chevincourt par sa position était bien exposé à ces visites ruineuses.

(1) *Chron. Cent. Lib.* III. *Cap.* XIII.

(2) *Annal. Ben. Tom.* III, pag. 141.

Une note marginale de D. Luc d'Acheri exprime plus qu'un doute sur la royauté du fils de Charles-le-Chauve en 867. *Hoc nusquam legi.*

Le partage dont parle Hariulfe, ajoutent les auteurs du *Rerum Gallicarum*..., est une fiction pour attribuer à ce prince une charte qui est de Louis-le-Bègue. L'indiction elle-même est fautive et ne convient pas à cette année. *Rerum Gallicarum, etc. Tom.* VII, pag. 245.

(3) *Chron. Cent. Lib.* III. *Cap.* XIV.

Nous avons parlé ailleurs des reliques rassemblées au monastère par le moine Odulfe, trésorier de l'Eglise, et en particulier de celles qu'il avait rapportées de Rome. Voir livre II, *page* 162.

(4) *Patrologie. Tom.* CXXXV, *pag.* 223.

et demander avec son pardon la pénitence qu'il plairait au successeur de Pierre de lui imposer. Le pape Nicolas, touché de son repentir, de sa dévotion, du sentiment de confiance qui l'avait conduit à ses pieds, le traita avec bonté et ne le condamna qu'à douze ans de pénitence. Ce fut une grande indulgence : car les canons que l'Eglise observait encore à cette époque devaient l'obliger à rester en pénitence jusqu'à sa mort. La sentence portait que les trois premières années il devait pleurer et gémir à la porte de l'Eglise, pour implorer la divine miséricorde, et que la quatrième et la cinquième il resterait parmi les écoutants pour prier, sans avoir le droit de participer au corps et au sang de Notre Seigneur. Les sept dernières années, on pouvait l'admettre à la sainte communion, mais on lui interdisait de présenter son offrande. Pendant tout le temps de sa pénitence, il lui était imposé de jeûner jusqu'aux vêpres comme en carême, excepté les dimanches et jours de fête.

Le Pape avait confié à Hincmar, archevêque de Reims, la mission de fulminer la sentence, comme on le voit dans la lettre qu'il lui adresse. Hincmar écrivit en conséquence au prévôt Magenard et à ses frères du monastère de Centule. D'autres lettres du pape au roi et à Hincmar traitent encore de cette question : on y voit entre autres choses qu'Hilmerade, évêque d'Amiens, n'est pas favorablement disposé envers les moines de Centule, qu'il trouble le repos de leur solitude et de leur vie religieuse : c'est ce qu'il est facile de conclure de ces paroles : « Nous vous exhortons de recommander au révérendissime évêque Hilmerade, votre suffragant, de permettre aux moines de Centule de vivre paisiblement sous l'habit religieux et de produire des fruits de pénitence. » Il est probable que les moines n'avaient pas encore encouru la disgrâce de leur évêque, lorsqu'il donnait au gardien de l'église de Saint-Riquier des reliques de saint Firmin « pour l'affection qu'il leur portait. »

Plusieurs miracles opérés à cette époque montrent que le nom de Saint-Riquier était populaire jusqu'en Neustrie et en Normandie. Les chroniques parlent de visions qui amènent au monastère, pour y chercher la guérison, un paralytique de Fresnes et un vieillard de Fleury, aussi en Vexin, privé de l'usage de la parole depuis sa plus tendre enfance. Un enfant de Duclair-sous-Jumiéges dut également à la foi de son père d'être délivré d'une paralysie. Saint Riquier lui rendit l'usage de ses membres, le jour même où l'enfant avait été présenté à son tombeau. C'était celui où l'on célébrait sa fête (1).

Nous devons ces pieux récits au moine Michon, écolâtre de Saint-Riquier et témoin des derniers miracles qu'il rapporte. C'est l'abbé Trithème qui a sauvé ce nom de l'oubli (2). D. Rivet nous apprend dans l'analyse qu'il fait de l'article du savant abbé sur Michon, qu'il excellait dans les sciences ecclésiastiques et les lettres divines et humaines. L'école de Centule fut florissante sous cette direction, depuis 840 jusques vers 870. Michon forma des disciples qui devinrent célèbres dans la suite.

(1) Acta Sanct. Boll. 26. Februar. in lib. Mirac. S Richarii.

(2) France littéraire. Tom. VIII. Article Michon

CHAPITRE VIII. — L'ABBÉ GUELFE.

L'Abbé Trithème cite de lui plusieurs écrits qui existaient encore de son temps, savoir : 1° quatre livres d'épigrammes, renfermant des pièces de vers sur différents sujets; 2° un recueil d'énigmes qui a mérité cet éloge : *Liber Pulcherrimus*; 3° un recueil de poésie intitulé : *Flores Poetarum* ; 4° des lettres à divers personnages (1).

De ces divers écrits du moine Michon on ne connaît aujourd'hui qu'une hymne pour la fête de Saint-Riquier, en 26 vers élégiaques, citée par Hariulfe dans sa chronique (2).

Il a déjà été question ailleurs des deux livres de Miracles qu'on lui attribue généralement (3).

Michon, d'après Hariulfe, n'était que diacre : il vécut jusqu'en 870 ; c'est du moins ce qui est marqué au tableau chronologique des Abbés dans la trésorerie du monastère.

Vers 870, Louis-le-Chauve ayant disposé de l'abbaye de Centule en faveur de son fils Carloman, la chronique suppose tout naturellement que Guelfe s'était endormi dans la paix du Seigneur. C'est une erreur à ajouter à beaucoup d'autres que le manque de documents a rendus inévitables : car le nom de Guelfe reparaît après la dégradation du trop fameux fils de Carloman et notamment, en 877, au plaid de Quierzy. Charles, appelé en Italie au secours du pape Adrien menacé par les Sarrasins, avait établi une administration pendant son absence et un conseil pour surveiller ses fils. Trois conseillers de chaque ordre étaient appelés auprès des jeunes rois. On désigne parmi les Abbés pour rester auprès de Louis-le-Bègue, Guelfe Abbé de Centule, Gotzelin Abbé de Saint-Germain-l'Auxerrois à Paris, et Foulques Abbé de Saint-Bertin (4).

On sait que Charles-le-Chauve mourut dans ce voyage, trahi par les siens et empoisonné par son médecin, le juif Sédécias. Louis-le-Bègue gouverna alors avec son frère Carloman. C'est la seconde année de son règne qu'il exempta Chevincourt du droit de gîte, comme il a été dit plus haut.

L'Abbé Guelfe mourut à Sainte-Colombe de Sens, en 881, après la ruine de Saint-Riquier. Il fut inhumé dans la basilique même de l'Abbaye. Le nécrologe marque sa déposition au 18 des calendes de décembre (14 novembre). Le nécrologe de saint Etienne d'Auxerre assigne la même date.

Le *Gallia Christiana* aime mieux créer un Guelfe II que de condamner Hariulfe (5). Cette opinion aurait besoin de garants. Carloman ne fait guère que paraître à Centule. Il est plus naturel de supposer la réintégration de Guelfe que de chercher un second abbé du même nom ; sa vie en donne la preuve.

Les Bénédictins de Saint-Riquier nous ont conservé une page d'épigraphie sur des sépultures du monastère de Centule au IX° siècle. Nous en offrons un spécimen au lec-

---

(1) *France littéraire. Ibid.*
(2) *Chron. Cent. Lib.* I. *Cap* XXIV.
(3) Voir la Préface.
(4) *Ann. Bened. Tom.* III, *page* 189
(5) *Gall. Christ. Tom.* X. *Monast. Cent.*

teur. Une lettre de D. Boucher, adressée à D. Mabillon, nous apprend qu'en 1693, à la suite de travaux de nivellement dans la cour du monastère entre l'infirmerie et le chapitre, on a découvert de nombreux tombeaux avec des inscriptions sur huit d'entre eux. Les tombeaux représentaient des sarcophages en pierre. Les uns étaient recouverts d'une seule pierre, les autres de plusieurs. La copie des huit inscriptions envoyée à D. Mabillon conserve le nombre des lignes des épigraphes, les distances entre les lettres et autant que possible les caractères.

La lettre contient les remarques suivantes :

« La première inscription n'était point gravée comme les autres, mais seulement écrite avec du rouge comme notre crayon. »

« La deuxième, la troisième et la quatrième sont les plus difficiles. »

« La septième était sur une pierre qui reposait sur les pieds. Une autre inscription sur la tête n'a pas été reproduite, parce que la pierre était brisée en trois ou quatre fragments. La distance entre les deux pierres fait supposer qu'il n'y avait pas de connexion entre les lettres. »

« La quatrième était fort bien écrite : c'est probablement une des plus anciennes, car parmi les tombeaux qui avaient une date, les plus anciens étaient les plus près de l'Eglise et celle-ci était tout près de la sacristie. »

« Il n'y a point grande difficulté dans les cinquième, sixième et septième, sinon de savoir si dans la sixième *Svb.* veut dire SUBDIACONUS, comme quelques-uns de nos confrères le veulent, et dans la septième, savoir si HILDELANDUS doit ne faire qu'un mot. On trouve dans Hariulfe un HILDEBRANDUS (1) dans le catalogue qu'il donne des gentilshommes qui accompagnaient l'Abbé en 831. Cet HILDEBRANDUS peut bien avoir vécu jusqu'en 868, date du tombeau. »

« Dans le huitième tombeau, il y avait deux corps, l'un sur l'autre, et l'inscription, comme on le voit, était distinguée par deux coups de ciseaux en croix (2). »

Nous n'avons vu nulle part que D. Mabillon ait parlé de ces inscriptions.

CHAPITRE IX.

CARLOMAN, TREIZIÈME ABBÉ (870).

Notice sur Carloman. — Ses aventures. — Sa mort. — Sa charte pour Drucat.

Les annalistes du IX° siècle donnent six fils à Charles-le-Chauve. Carloman, le quatrième, fut élevé à l'abbaye de saint Amand, comme plusieurs de ses frères ; il faisait

---

(1) Il y a ici une erreur de copiste.   (2) D. Grenier. *Tom.* XXVII, *fol.* 134.

1. DCCC XLIIII ō MAI O6 ðE OROL
   VIII   ðVS

2. BADILO
   H̆R̆V̆L PRE MRR

3. ĀVVL Ė PVIR

4. uī N̄ 5u̅ Ã NE LEı
   III ÑO SB PDA H̄

5. WILRÐ PR̄S

6. AÑN. INCĀR. D̄NI. DCCCLXVI ŌB G̃RHĀRD
   SVBDIE VIII ĪD. FEB.

7. ANN INC. DNI DCCCLXVIII OB
   HILDELANDVS SA

8. ORIC̄ DIACONVS
   ✗
   ƀIC RQ ƀerrīc mo⁊+

concevoir de belles espérances dans sa première jeunesse. On lui donna la tonsure cléricale en 854 ; on l'éleva même dans la suite au diaconat et on le combla de dignités ecclésiastiques. Il serait difficile d'énumérer de combien de riches abbayes il fut pourvu : nommons entre autres celle de Lobbes, si sacrilégement profanée dans les années précédentes par Hubert, frère de la reine Thietberge, celle de Réome, celle de Saint-Amand, celle de Saint-Médard de Soissons et enfin celle de Centule, enlevée à Guelfe. Une charte de 870 est un point de repère à la suite des chartes de 868 dont il a été parlé plus haut, pour fixer son passage à Saint-Riquier.

Nous avons déjà reproché au roi Charles-le-Chauve, d'après les plaintes des historiens, son criminel trafic des revenus ecclésiastiques, distribués arbitrairement selon son bon plaisir, pour récompenser des courtisans ou leur faire sentir le poids de sa colère. Jamais abus ne fut plus scandaleux. Il avait cru pouvoir aussi disposer du cœur et des volontés de Carloman, dans un âge où ce jeune prince ne comprenait point les effets d'une consécration irrévocable au service des autels ; mais c'est en vain qu'on fait violence à la nature : sous l'habit ecclésiastique ou religieux, ce malheureux prince trouva le secret de suivre ses goûts et avec son caractère romanesque il arriva, d'aventure en aventure, jusqu'aux derniers excès et à une mort prématurée.

Pour ne point contrarier l'humeur guerrière de Carloman, son père eut la faiblesse de lui confier un corps de troupes. Le jeune prince le conduisit contre les Normands, de concert avec Salomon roi des Bretons. Mais ses soldats peu disciplinés, mal dirigés, ne firent que piller le pays qu'ils avaient la mission de défendre contre l'ennemi. Après les mécomptes de cette expédition, encouragé par les mauvais exemples de ses frères, offensé de ce que son père lui enlevait l'abbaye de Saint-Amand pour en gratifier Gotzelin, abbé de Saint-Germain-l'Auxerrois et de plusieurs autres monastères, Carloman se répandit en menaces contre le roi et se fit accuser de conspiration au concile d'Attigny. On l'arrêta, on le dépouilla de ses bénéfices et on le retint prisonnier à Senlis (870). Quelques mois après, le pape Adrien intercéda en faveur de ce dignitaire ecclésiastique, dont la jeunesse et les malheurs avaient excité sa compassion. Carloman rendu à la liberté accompagna son père dans le midi de la France ; mais il s'enfuit de Lyon pendant la nuit, revint dans la Belgique où il rassembla des satellites propres à ses desseins et se mit à courir le pays pendant que le roi assiégeait Vienne. Entre autres méfaits on signale des excès commis à Mousson-sur-Meuse et dans les campagnes voisines. Quand il sut que son père rentrait dans le nord, pour gagner du temps, il fit semblant de demander pardon, tout en continuant son brigandage. Après un nouveau procès on l'excommunia avec ses complices : on se saisit de lui et on l'enferma de nouveau à Senlis. Un concile des provinces ecclésiastiques de Reims et de Sens, sur les accusations de son propre père, le déposa du diaconat et de toute dignité ecclésiastique. Il fut alors gardé plus étroitement à Corbie ; mais des intelligences avec des mécontents et des séditieux le firent accuser de complot contre l'autorité royale. Dans un plaid national on le condamna à mort. Son père eut toutefois pitié de lui : voulant lui laisser le temps de revenir à récipiscence il se contenta de le priver de la vue. Cette cruelle épreuve ne le corrigea point. La trahison, en favorisant son évasion, le poussa dans de nouvelles aventures : il s'enfuit vers son oncle Louis de Germanie. Mais celui-ci, loin de consentir à servir ses projets insensés, le retint prisonnier et le confia à l'archevêque de Mayence, qui eut la consolation de le ramener à de meilleurs sentiments. Carloman mourut, en 877, à l'abbaye d'Epternach, qu'on lui avait donnée pour retraite (1).

De cette page d'histoire qui nous redit les égarements d'un prince, jeté hors de sa vocation et moins coupable peut-être que son père, rapprochons la notice de notre chronique.

« Après la mort du saint Abbé Guelfe, notre communauté eut encore l'insigne fa-
« veur d'être gouvernée par un prince de la famille Impériale, digne successeur
« d'un très-digne Abbé. Pour s'élever à une haute sainteté, Carloman, le fils du très-
« glorieux empereur Charles, sacrifia les pompes de la cour et les espérances d'un bril-
« lant avenir : du jour où il revêtit le saint habit, il se distingua entre tous les moines
« par son humilité et il dut à sa vertu plutôt qu'à sa naissance la haute dignité de pas-
« teur des âmes. »

« Il ne faut pas croire toutefois que le fils d'un roi ait été rabaissé en acceptant la
« mission de gouverner notre abbaye. L'église de Centule avait alors des richesses
« considérables, une souveraineté étendue, des vassaux nombreux et puissants. Aucun
« évêché n'eût plus honoré un prince » (2).

Notre chroniqueur n'hésite pas à assurer à un tel Abbé toutes les consolations de la vie monastique et une mort aussi douce que glorieuse : il lui fait une pompeuse épitaphe (3).

(1) Ce résumé de la vie de Carloman est emprunté aux histoires de France et de l'Eglise.
(2) *Chron. Cent. Lib.* III. *Cap.* xx.
(3) Aurea sceptra tibi sors, Carlomanne, parabat,
Ut morum generisque simul probitate cluenti.
Omnia sed spernens nihilum quandoque futuro,
Gaudes æterni gestans insignia regni.
Hæc sunt, Christe, tuis quæ donas præmia
[sanctis.
Ut te percipiant, qui te super omnia quærunt.
• On veut encore, dit Devérité *(Histoire du comté de Ponthieu,* tome I, page 26), qu'un des fils de Charles-le-Chauve nommé Carloman.... se soit retiré dans le village de Drucat où il finit ses jours. On y voyait, dit-on, une ancienne pierre qui couvrait sa tombe avec cette épitaphe : *Aurea sceptra,* etc.

L'historiographe du comté de Ponthieu a sans doute emprunté cette assertion au P. Malbrancq, qui rapporte que l'auteur d'une chronique manuscrite de Saint-Riquier déclare avoir vu et un tableau qui conservait le souvenir de cette donation et le tombeau de Carloman avec l'épitaphe citée plus haut. Le tableau pouvait exister, mais le tombeau n'était certainement qu'un cénotaphe.

Après avoir raconté les méfaits et les crimes du rebelle Carloman, le P. Malbrancq, tout confus d'une pareille conduite dans un Abbé de Saint-Riquier, cherche un expédient pour ne pas laisser ce monastère sous cette humiliation.

Il suppose donc qu'il existait à cette époque deux Carloman : celui de Saint-Amand, dont on connaît les aventures : celui de Saint-Riquier qu'il appelle *Carolus-Magnus,* fils de la reine Richilde, seconde épouse de Charles-le-Chauve.

Toutefois, une note marginale postérieure au texte engage le lecteur à chercher pour quelle raison son père lui a infligé le supplice dont nous avons parlé plus haut (1).

Il serait difficile de dire si Carloman reçut la commende de Saint-Riquier avant sa première réclusion ou après sa réconciliation avec son père. Quel que soit le moment qu'on choisisse, il faut reconnaître qu'il ne jouit que passagèrement des fruits de son abbaye. On a cependant conservé une charte sous son nom : elle est datée d'Aix-la-Chapelle, le 18 des calendes de février 870. D'après la teneur de ce royal diplôme, le village de Drucat, donné en bénéfice sous l'Abbé Héric, doit à l'avenir faire partie de la mense conventuelle, sans qu'il soit permis de l'inféoder de nouveau. Les revenus seront avant tout employés à entretenir jour et nuit trois lampes aux pieds de Saint-Riquier, comme il en existe trois au chef, depuis que les revenus d'Arleux ont reçu cette destination. En outre, pour que des lampes brûlent toutes les nuits devant chacun des autels de la basilique de Saint-Sauveur, la charte ajoute le revenu d'un mense et d'un moulin situé à Encre. Elle stipule aussi que deux moulins, à Arleux, jusques-là tenus en bénéfice, feront retour à la mense conventuelle, ainsi que la *villa* d'Hanchy, à peu de distance du monastère, et les bénéfices inféodés d'Hemon (2).

CHAPITRE X.

LES NORMANDS ET ISAMBARD.

Le moine Jérémie emporte les reliques de l'Abbaye à Sens. — Examen critique des assertions d'Hariulfe sur Jérémie. — Les Normands en Ponthieu ; ruine du monastère de Saint-Riquier. — Gormond et Isambard. — Recherches historiques sur Isambard. — Examen des traditions qui en font un seigneur de la Ferté-lès-Saint-Riquier.

La plus grande des catastrophes de l'antique Centule est racontée dans toutes les histoires du temps, sous la date de 881. Point de désastre qui ait laissé une si longue trace de sang et amoncelé plus de ruines sur le sol béni par les prières de tant de saints cénobites. Dans les préludes de ce drame lugubre, un des religieux doit à la chronique de Centule une certaine célébrité ; mais ce qu'on raconte de lui a beaucoup embarrassé les Annalistes. Cette page d'Hariulfe nous semble avoir, avec la légende de Ribbodon, un air de parenté, qui ne laisse pas de nous paraître suspecte.

« L'histoire, dit-il ensuite, n'a point inscrit son nom dans ses pages mémorables ; mais combien d'autres noms elle passe également sous silence ! On dit que les fils de Richilde ont été ravis au monde par une mort prématurée. — Expliquons bien le texte : ils sont morts, mais civilement par leur consécration à Dieu dans la vie religieuse. *Et hæc dicta oportuit ad fæcem a meracissimo eximendam.* »

(1) *Chron. Cent. Ibid.*
(2) *Chron. Cent. Lib.* III. *Cap* XIX.

« Jérémie, dit la chronique, moine et trésorier de l'Eglise, personnage aussi remarquable par son habileté dans les affaires séculières que par sa régularité dans le cloître, crut devoir assurer ses jours, en fuyant des lieux si souvent menacés et presque inhabitables : c'était vers 880. Le torrent dévastateur approchait. Jérémie savait bien que, s'il était surpris par les féroces Normands, c'en était fait de lui, en même temps qu'il aurait le cruel spectacle du trépas des siens. Il prépara donc une châsse de très-grande dimension, la fit cercler en fer pour qu'elle ne pût être ouverte : il prit dans le trésor de l'Eglise tout ce qu'il y avait de plus précieux et il renferma ses glorieuses dépouilles dans sa châsse, en ayant soin d'y joindre les ornements les plus riches. Personne ne songea à s'y opposer, car telle était la volonté de l'Abbé, et d'ailleurs les autres moines s'occupaient eux-mêmes de leurs préparatifs de départ. »

« Depuis S. Angilbert le monastère n'avait cessé de s'enrichir de domaines et de splendides ornements. Il serait trop long et trop fastidieux d'en donner le détail. Signalons seulement des objets plus précieux que l'or et tous les diadèmes du monde, savoir : la chaussure que notre Seigneur portait dans sa première enfance, de la longueur d'une coudée : la pointe de la lance qui perça son côté, d'où découlèrent les sacrements de l'Eglise : une ampoule dans laquelle on conservait du sang de Saint-Etienne, premier martyr, avec les pierres ensanglantées dont les juifs s'étaient servi pour le lapider : puis des reliques des SS. Innocents, des apôtres, des martyrs, en si grande quantité, que si l'on excepte le corps si vénéré de Saint-Riquier, ce qui restait n'était rien et mériterait à peine une mention spéciale. »

« Jérémie alla se cacher avec son incomparable trésor dans le monastère de Sainte-Colombe de Sens : il choisit ce lieu en souvenir de l'union de ces deux monastères, au temps de l'Abbé Guelfe : il y fut accueilli avec beaucoup d'empressement. Les soins officieux de ses hôtes témoignaient d'une ancienne amitié : mais la vue de sa châsse lui valut aussi bien des sympathies. Comme il avait annoncé qu'il venait se fixer en cette sainte religion, à la mort de l'Abbé, il fut élu par les moines de Sainte-Colombe pour lui succéder. Jérémie se fit tant estimer par la sagesse de son administration que, lorsque l'archevêque de Sens passa à une vie meilleure, le clergé et le peuple l'appelèrent à gouverner cette célèbre métropole. Il ne put ensuite refuser aux prières de son clergé de déposer ses reliques dans son église cathédrale et par l'offrande de ce précieux dépôt il assura à son nom en ces contrées une gloire immortelle. »

Ainsi, d'après la chronique de Centule, le moine Jérémie devint Abbé de Sainte-Colombe et archevêque de Sens. Beaucoup d'historiens l'ont répété avec bonne foi, mais ils n'ont été que l'écho d'une imposture ou d'une tradition qui n'a aucun fondement historique, comme on peut le conclure des remarques de D. Mabillon.

1° Le catalogue des Abbés de Sens donne pour successeur à Guelfe, qui trépassa en 881, le comte Conrad son frère, puis Hugues son troisième frère, le comte Richard, Rodolfe, etc.

CHAPITRE X. — LES NORMANDS ET ISAMBARD.

2° Les dyptiques de l'église de Sens ne nomment point Jérémie parmi les évêques de cette époque. Il faut rétrograder jusqu'à la période de 818 à 825 pour rencontrer un personnage de ce nom sur le siége de Sens. Ses successeurs sont : Adrien qui meurt en 841, Venelon qui gouverne jusqu'en 867, Egilon jusqu'en 877, Ansegise jusqu'en 881. On voit ensuite Evrard, moine et prévost de Sainte-Colombe, élu par le peuple et le clergé. N'y aurait-il pas une singulière lacune dans le silence des chroniques locales qui auraient simultanément omis ou ignoré le nom d'un de leurs supérieurs ? Puis l'année même où elles fixent la mort d'Ansegise et de Guelfe, Jérémie lui-même était enlevé de ce monde (1).

Si jamais une tradition a conservé le souvenir d'un moine de Saint-Riquier, appelé à gouverner l'église de Sens, il faudrait plutôt jeter les yeux sur le moine Ansegise, dont il a été question sous l'abbé Guelfe et dont la biographie a plus d'un trait de ressemblance avec celle de l'archevêque du même nom ; il est vrai qu'on dit ce dernier moine de Saint-Michel au diocèse de Beauvais, mais pour des raisons aujourd'hui inconnues il aurait pu habiter successivement les deux monastères.

Ce qu'un moine de Saint-Riquier contemporain des invasions Normandes a écrit sur ce triste sujet, nous paraît bien plus vrai et nous prépare mieux que le récit d'Hariulfe aux sombres récits de ce chapitre.

« La mer ne met aucun terme à ses désolations : elle ne cesse d'épouvanter les habitants de la terre par quelque catastrophe imprévue et prouve ainsi à ses voisins toute sa

---

(1) *Ann. Bened. Tom.* III. *Passim.*
Une note empruntée aux Annales du P. Lecointe (*Anno* 818, n° 37) ne peut que confirmer le sentiment de D. Mabillon sur Jérémie et notre accusation d'interpolation.

« Clarius et Hugues d'Auxerre suivis par d'autres écrivains plus modernes, racontent que Jérémie, archevêque de Sens, de 818 à 828, avait été moine de Saint-Riquier. Après la mort de Charlemagne, dit Clarius, les payens se répandirent dans la province du Ponthieu. Alors Jérémie, moine et procureur du monastère de Saint-Riquier, situé au centre de ce pays, craignant que ces lieux ne fussent dévastés par les Normands, emporta, avec le consentement de ses frères, les corps des saints avec les reliques que Charlemagne y avait rassemblées de divers lieux, par amour pour son petit-fils qui gouvernait l'abbaye de son temps. Ces reliques furent déposées dans la basilique de Sainte-Colombe de Sens, du temps de l'archevêque Magnus. Après la mort de ce prélat, Jérémie fut choisi pour archevêque par une inspiration divine, car il était très-éloquent et très-versé dans les sciences religieuses. »

« Hugues d'Auxerre, s'exprime à peu près dans les mêmes termes, et Tarel, ajoute le P. Lecointe, en fait un abbé de Saint-Riquier, un successeur de Raynald, (corruption du mot Nithard), petit-fils de Charlemagne. »

« Ces divers auteurs, remarque toujours le P. Lecointe, postérieurs de plus d'un siècle à Hariulfe, nous donnent une version interpolée d'Hariulfe, ou l'ont vaguement cité de mémoire ; car s'ils avaient copié sa chronique, ils n'auraient pas fait un anachronisme de soixante ans. »

Que conclure de ces contradictions ? Que ce Jérémie devient de plus en plus un personnage problématique.

S'il fut vraiment moine de Saint-Riquier et archevêque de Sens sous Louis-le-Débonnaire, il n'a pu emporter les reliques du monastère à cette époque. L'anecdote de la fuite qui n'est appuyée par aucun monument historique, est donc controuvée comme plusieurs faits des chroniques d'Hariulfe.

jalousie et ses haines atroces. A cette époque, elle vomit sur ses rivages ou plutôt elle donna le jour aux monstres qu'elle avait portés et nourris de son fiel et de ses poisons. Elle obéit sans doute aux lois de sa nature, quand elle dévore les êtres vivants et les engloutit dans ses torrents impétueux. Mais l'idée qu'on s'était formée de sa barbarie fut bien dépassée, lorsqu'au lieu de nous offrir à l'ordinaire ses dons bienfaisants, elle nous amena d'abominables assassins, lorsqu'à la délicieuse nourriture qu'on recueille sur ses côtes succédèrent les messagers de la mort, traînant après eux la faim au teint hâve et livide. Qui n'a vu en effet les hordes cruelles des Danois, couvrant au loin les plaines de la mer de leurs barques ? Ces barbares, du milieu de leurs mâts élevés, nous représentaient des bêtes fauves dans une forêt. Tout était saccagé, renversé, détruit sur leur passage ; monastères, cités, villages et ce qui est plus lamentable encore, les habitants eux-mêmes, les hommes de condition noble et servile, les clercs et les moines, étaient attaqués, traqués par ces loups furieux. Les uns étaient massacrés ou périssaient dans les flammes, les autres étaient emmenés captifs dans leurs régions glaciales (1). »

« Ces troupes de forcenés abordent sur nos côtes et à la sortie de leurs vaisseaux se répandent dans le Vimeu et le Ponthieu, renversant les églises, égorgeant les chrétiens sur leur passage et semant partout le meurtre et l'incendie. La magnifique basilique de Saint-Riquier qui, par sa grandeur et sa solidité, défiait la rage des barbares fut livrée aux flammes : il ne resta debout que les parties qui résistèrent à l'action du feu, comme les murailles et les autels. Le monastère fut dévasté, complètement dépouillé de ses meubles et des objets que les moines n'avaient pu emporter. Les cloîtres, les lieux réguliers, les diverses constructions, élevées à grands frais, s'écroulèrent sous la pression de ce torrent impétueux et pendant longtemps Centule désolée, inhabitée, n'offrit à ses enfants et à l'étranger que des monceaux de ruines, des toits délabrés, un espèce de tombeau dont la vue jetait l'épouvante au cœur de ceux qui osaient approcher (2). »

D'après quelques chroniques, les normands arrivèrent à Centule vers la Purification de la Sainte Vierge (881). Le 26 décembre de l'année précédente ils avaient dévasté le monastère de S. Wast et la ville d'Arras, sans toutefois toucher aux églises de la cité : ils avaient ensuite incendié le pays jusqu'à la Somme, massacrant et traînant après eux

---

(1) *Act. Sanct. Boll.* 26 April. In vita S. Richarii. Lib. II. Miracul.

(2) *Chron. Cent. Lib.* III. *Cap.* xx.
Jean de La Chapelle, le Père Ignace et plusieurs autres écrivains n'ont garde d'omettre ce qu'on lit dans la chronique manuscrite. Nous en empruntons le récit au P. Malbrancq, sans lui reconnaître d'autre autorité que celle de la chronique rédigée en 1437.

« Les payens vomirent mille blasphèmes contre un Crucifix admirablement sculpté et le frappè-rent à coups redoublés de leurs lourdes massues. Au milieu de cette scène d'horreur, le sang, — O prodige qui les glaça d'effroi ! — jaillit en abondance. On jeta la statue dans les flammes qui dévoraient les trois ordres de construction, qu'on nommait le superbe Palais de Saint-Riquier ; mais cette image triompha de leur furieuse attaque et resta intacte au milieu des marbres et des pierres brisées et jaillissant en mille éclats. *De Morinis. Tom.* II, *page* 347.

CHAPITRE X. — LES NORMANDS ET ISAMBARD.   265

tout ce qu'ils rencontraient d'hommes et d'animaux. Le 28 décembre ils tombaient sur Cambray, pillaient le monastère de Saint-Géry et les autres monastères des bords de la Scarpe. Quelques semaines après ils se dirigent sur Thérouane et viennent fondre sur les monastères de Saint-Valery et de Saint-Riquier, sur les bourgs voisins de la mer, sur Amiens et Corbie, et quand ils ploient sous le faix de leur butin, ils regagnent leur camp sans empêchement.

Citons aussi le livre des destructions de Corbie. « Notre église fut tranquille jusqu'au « règne des deux frères couronnés, Louis et Charles. Alors les Normands, dits Norois, « les peuples du Danemarck, dits Danois, vinrent dans nos pays et mirent à feu et à « sang les villes d'Amiens, d'Arras, de Corbie, de Cambrai, de Thérouane, les pays « habités par les Morins, les Ménapiens, les Brabançons, tout ce qui touche à l'Es- « caut : ils ravagèrent complètement les monastères de Saint-Valery et de Saint-Ri- « quier » (1).

On se demande instinctivement ce que sont devenus les religieux et en quel lieu ils se sont réfugiés. Il n'est point douteux que ceux qui étaient restés pour garder et régir le monastère furent mis à mort. Le refuge d'Arleux a-t-il abrité le reste de la communauté ? On ne saurait le dire. La chronique manuscrite insinue que les moines ont vécu obscurément sous des Abbés dont on ne connaît que les noms et qu'enfin ils sont revenus relever leur monastère, quand la confiance eut succédé aux agitations et aux terreurs causées par la présence des Normands. Mais bien des années se passèrent avant cette renaissance de la vie cénobitique à Centule : car les Normands dominaient toujours sur ces mers, et les histoires locales signalent dans les années suivantes de nouvelles catastrophes. Ce n'est guère qu'après la conversion de Rollon qu'on espéra des jours de sécurité.

On sait que Louis-le-Bègue accourut du fond de l'Aquitaine à la nouvelle de toutes ces scènes de carnage et qu'il remporta une brillante victoire à Saucourt. La chronique d'Hariulfe remarque (2) qu'il combattit avec tant d'impétuosité qu'il se rompit des vaisseaux dans l'intérieur du corps et qu'il mourut au sein de son triomphe : que son frère Carloman, qui était venu aussi en Ponthieu pour le venger, reçut à la chasse une blessure mortelle d'un sanglier et périt malheureusement dans la forêt Eveline sur le mont Héric : enfin que Charles, fils de Louis II, roi d'Allemagne et de Cornuailles, recueillit toute la succession des héritiers de Charlemagne (885).

Nous ne prétendons pas en citant la version d'Hariulfe dire le dernier mot de l'histoire sur la mort des fils de Louis-le-Bègue, mais seulement faire connaître une des opinions qui avaient cours à cette époque (3).

(1) *Ibid.*. Monasteria SS. Valarici et SS. Richarii totum devastaverunt : Persecutio ista prima fuit destructio.

L'auteur indique l'année DCCCLIX : c'est une erreur, surtout en plaçant cette destruction sous les fils de Louis-le-Bègue.

(2) *Chron. Cent. Lib.* III. *Cap.* XV.

(3) La Chronique raconte au chapitre XVI une

34

Les chefs de ces bandes implacables, qui ont fait du monastère de Centule un immense amas de ruines furent, s'il faut en croire nos chroniques, le traître Isambard et le farouche Gormond ou Guaramond, dont les noms à peu près oubliés aujourd'hui n'étaient prononcés qu'avec horreur longtemps encore après leur passage.

En admettant avec plusieurs auteurs que ces personnages aient réellement existé, — ce que nous contestons plus loin avec quelque probabilité, — comme ils n'auraient paru qu'un instant sur cette scène, où toutes les provinces de la France viennent successivement pleurer les catastrophes de leurs plus nobles cités et leurs plus illustres citoyens, passés au fil de l'épée ou emmenés en captivité, nos histoires modernes n'auraient pas eu le temps de s'occuper de ces faits trop nombreux, hélas! dans nos annales; mais les écrivains du XIIe siècle plus voisins des événements auraient seuls redit ces sacrilèges attentats, tout pénétrés qu'ils étaient encore des malédictions recueillies de la bouche de leurs pères. En effet, ces auteurs citent de nombreux chroniqueurs qui font allusion à cette guerre impie et s'étendent quelque peu sur les auteurs de nos désastres. Ils mentionnent des pierres tumulaires, qui, placées à cette époque, ont appelé pendant des siècles la compassion publique sur les victimes de ces sanguinaires déprédateurs. On aura quelque idée de leur cruauté ou du moins de l'horreur qu'a laissé leur souvenir, quand on saura que ces mêmes écrivains les accusent, au sac de Boulogne-sur-Mer, d'avoir tué les enfants, et de les avoir fait rôtir au bout de leurs lances sous les yeux des chrétiens (1). C'est pourquoi, après avoir examiné plusieurs travaux d'érudition des temps modernes, nous nous demandons si, dans nos chroniques les plus sérieuses, des fragments de chanson *de Geste* ne se sont pas glissés au milieu des récits historiques et confondus avec eux. Nous avons de graves raisons pour le croire et c'est ce qui nous engage à faire des réserves.

Ecoutons maintenant Hariulfe sur les deux personnages dont nous discutons la légende : « Guaramond, maître de plusieurs royaumes voulait, dit-on, établir aussi
« sa domination sur le pays des Francs; il était conseillé et dirigé par un noble Franc,
« nommé Isambard. qui avait encouru la disgrâce du roi Louis. Une basse vengeance
« poussa ce transfuge à trahir sa patrie et il introduisit l'ennemi au milieu de son pays.

« Comme ces événements sont non-seulement consignés dans les histoires, mais
« aussi gravés dans la mémoire de nos concitoyens et répétées chaque jour dans des
« chants patriotiques, nous croyons superflu de les raconter ici. Une plus haute auto-
« rité, celle de nos anciens poètes, consacre la vérité de ces faits » (2).

---

vision de l'Empereur Charles-le-Gros tout-à-fait étrangère à l'histoire du monastère. D. Luc d'Achery l'a supprimée dans son édition ainsi que le titre du chapitre.

(1) M. Hector de Rosny. *Histoire de Boulogne.* Tome I, page 376.

(2) Contigit dei judicio innumerabilium barbarorum multitudinem limites Franciæ pervadere, agente id rege eorum Guaramundo (*en note* Gormont), qui multis, ut fertur, regnis suo durissimo imperio subactis, etiam Franciæ voluit dominari, persuadente id fieri quodam Esimbardo Francigena nobili, qui regis Illodoguici animos offenderat, quique genitalis soli proditor, gentium barbariem

CHAPITRE X. — LES NORMANDS ET ISAMBARD.

De toutes les chansons de Geste sur les Normands auxquelles la chronique fait allusion, il nous reste le ludwigslied ou chant guerrier de la bataille de Saucourt et quelques autres fragments qu'on a tirés dans ces derniers temps de la poussière des bibliothèques : entre autres, un épisode des guerres de Gormond et d'Isambard, « d'une physionomie toute picarde, » dit le baron de Reiffeinberg, et qui forme un récit assez animé des chroniques de Philippe Mouske sur l'histoire de France (1).

D'après Hariulfe, Gormond fut tué à la bataille de Saucourt, de la main même de Louis, ajoute Jean de la Chapelle. Ce dernier affirme en outre qu'il fut enterré à Vignacourt et qu'on montrait son tombeau dans ce bourg. Comme d'autres chroniques et en particulier celle de l'évêque de Tournay, placent le théâtre de ces guerres près d'Amiens, rien d'étonnant qu'on place la sépulture de Gormond à Vignacourt.

Hariulfe ne fait que nommer Isambart : il se tait sur sa mort et sa sépulture. Nous pensons qu'il aurait été plus explicite, s'il en avait su davantage sur son origine et ses prétendus exploits à Saint-Riquier. Mais la chronique manuscrite va suppléer à son silence et nous dire toute l'histoire de ce *Margarit* (2) ou damné apostat, traître à son Dieu, à sa patrie, à son roi. Depuis ses récits le nom d'Isambard est intimement lié à l'histoire de Centule. La fable n'a point de Titan à l'aspect plus farouche que ce GÉANT des traditions locales. Puis les fictions grandissant d'âge en âge ont donné lieu à une légende aussi injurieuse qu'extravagante : son ombre menaçante venait plus que jamais, au siècle même des lumières, jeter la terreur dans la forteresse de Centule : en plein dix-huitième siècle, il ne fallut pas moins qu'un arrêt du Parlement pour rendre quelque paix aux religieux de Centule; et cet arrêt l'histoire ne l'a pas encore ratifié, comme on pourra s'en convaincre par nos remarques et notre discussion.

nostros fines visere hortabatur. Sed quia quomodo sit factum non solum historiis, sed etiam patriensium memoria quotidie recolitur et cantatur, non pauca memorantes, cætera omittamus, ut qui cuncta nosse anhelat, non nostro scripto, sed priscorum auctoritate doceatur. *Chron. Cent. Lib.* III. *Cap.* xx.

(1) *Chronique rimée de Philippe de Mouskes, publiée par le baron Reiffeinberg.* Bruxelles. 1836.

Nous signalerons au lecteur, les remarques suivantes de l'éditeur: « Les aventures d'Isambard « et de Girardin, de physionomie évidemment pi-« carde, forment avec le roi Gormond un épisode « du récit de notre auteur.— *Du vers 14058 au vers 14295.*

« Un autre fragment recueilli par M. de Ram, « raconte aussi la mort de Gormond.

« *Ecriture du manuscrit, du* XIII° *siècle ou de la fin du* XII°. »

« Pour la rime et la versification en général, « plus d'une analogie avec la chanson de Roland. »

Dans ce fragment on cite la Chronique de Saint-Riquier sur les luttes de Gormont avec les seigneurs picards : on parle du vieux Bernard, père d'Isambard. On verra plus loin que Philippe de Mouske établit une autre généalogie d'Isambard. »

Dans la page où l'on raconte la mort de Gormond et d'Isambard on ne manque pas de supposer à celui-ci le remords de la dernière heure.

« A Sainte Marie Genitrix
Mère Deu (de Dieu) Dame, Isambart dit :
Depreez en vostre beau fiz
Qu'il ait merci de cest chetif. »

Quelle déception pour tous ceux qui le font mourir impénitent.

« Toutefois, dit M. Villeins, il ne s'agit pas, dans Hariulfe, de l'Epinikion de 881. Hariulfe a voulu parler de chansons romanes concernant le roi Gormon et Isambart. »

Voir *Chronique de Ph. Mouskes. Tom.* II, *page* VII.

(2) On désigne Isambard sous ce nom dans les chroniques du XII° siècle.

Le curé d'Oneux a copié ce qui suit dans notre fameuse Chronique de 1437 (1).

« L'an du Seigneur 881, du temps de Louis-à-la-Barbe et de Charlemagne (2), son
« frère, Guaramond et deux autres rois infidèles vinrent en France avec une grande
« multitude de Sarrasins (3) sous la conduite d'Isambard, dit le *Signor*, fils du seigneur
« de la Ferté, près Saint-Riquier, cousin d'Herluin, comte de Ponthieu et de Mon-
« treuil, neveu d'Helgaud, quatorzième abbé de ce monastère. Isambard était avoué du
« monastère. Ce titre d'*avouerie* qu'il tenait en héritage de ses pères, le constituait
« seigneur de la Ferté.

« Exilé pour ses forfaits et ses crimes abominables, chassé du royaume et fugitif, il
« alla se réfugier auprès du roi Guaramond, qui le combla d'honneurs et de présents,
« mais après qu'il eut renié le Seigneur Jésus. Pour se venger du roi Louis-à-la-Barbe,
« son oncle, Isambard amena les rois, dont nous venons parler, avec une grande armée.
« Les barbares débarquèrent en Flandre et dans les ports de Boulogne, de Saint-
« Valery et du Crotoy ; ils mirent tout à feu et à sang dans le Ponthieu et incendièrent
« l'église de Saint-Riquier. Isambard le Seignor, ayant livré la bataille avec ses com-
« pagnons dans le pays de Vimeu, Louis-à-la-Barbe le perça de sa propre main, ainsi
« que Guaramond, et ces deux grands coupables moururent là comme des chiens.

« Guaramond fut transporté à Vignacourt et Isambard fut enfoui dans un fumier
« et en terre profane, au-dessous du lieu, dit *Borefontaine* (4), près de son château de
« la Ferté. On le nommait aussi roi de Bochidant (5). La postérité de ces trois rois
« infidèles domina dans le pays jusqu'au temps où Arnoul, comte de Flandres, s'em-
« para de Montreuil, de Centule, du Ponthieu et de Saint-Valery » (6).

Voici une autre version du xixᵉ siècle, qui nous montrera comment les traditions populaires font leur chemin et transforment même les créations fabuleuses des romanciers. C'est l'auteur d'une monographie de Saint-Riquier, l'archéologue Gilbert qui se
fait l'écho des récits contemporains (7).

« Après une longue absence, Isambard revint, en 881, pour reprendre possession de
« son château de la Ferté (8). Mais quelle fut sa surprise, lorsqu'il apprit que les
« moines de Saint-Riquier dont il avait été avoué ou protecteur héréditaire, s'en étant
« emparés, refusaient de le reconnaître et de lui en accorder l'entrée. Ce transfuge eut

(1) *Chron. Abbrev. Cap.* xix.

(2) On appelle ainsi dans la chronique Carloman frère de Louis-le-Bègue.

(3) La chronique confond les Normands avec les
Sarrasins. Pardonnons-lui ce trait d'ignorance,
qui ne grandira pas son autorité.

(4) *Borefontaine, Bourefontaine, Bonfontaine, Bonne
Fontaine* : variantes du nom de la source au-dessus
de laquelle se trouve la Tombe d'Isambard.

(5) Région chimérique que les géographes peuvent chercher dans les récits des romanciers de
l'époque.

(6) C'est-à-dire de 881 à 954. Cette assertion est
réfutée par tous les écrits du temps, qui nous
prouvent que les Normands étaient partis de Centule en 882.

(7) *Description historique de l'église de Saint-Riquier, page* 29.

(8) Il est très-douteux qu'il ait existé alors un
château de la Ferté.

CHAPITRE X. — LES NORMANDS ET ISAMBARD.

« recours à la force et vint assiéger l'abbaye, accompagné de Garamont ou Gormont,
« roi des Normands. L'ayant réduite en cendres, il fit, dit-on (1), égorger les religieux
« au pied des autels (circonstance dont les cartulaires de ce monastère et de la Ferté ne
« font aucune mention). De là Isambard se rendit au château de la Ferté qu'il assié-
« gea : il y fut tué, ainsi que deux rois Normands de la main de Louis III, roi de la
« Germanie (2), qui vint aux secours des religieux avec une puissante armée. Le corps
« d'Isambard fut inhumé près de ce lieu dans un bosquet qu'on nomme encore aujour-
« d'hui la *Tombe d'Isambard*. Cependant malgré sa perte et celle des deux chefs Nor-
« mands, ses alliés, son lieutenant ne perdant pas courage parvint à rallier ses troupes
« et à s'emparer du château de la Ferté, après avoir éprouvé une vive résistance.

« Le lieutenant d'Isambard (3) ou les successeurs de ce seigneur, dans la vue de per-
« pétuer le souvenir de cette spoliation, exigèrent des religieux une réparation solen-
« nelle et perpétuelle à laquelle ils furent assujettis jusqu'en 1762. A cette occasion, la
« veille de la fête de Saint-Riquier, on nommait dans la ville de ce nom un mayeur
« (maire) qui en exerçait les fonctions pendant trois jours (4). Il se transportait ensuite
« dans le lieu où était jadis le pont-levis du château de la Ferté (où passe encore un
« petit ruisseau) pour prêter le serment L'un des religieux devait ensuite se rendre
« dans le même endroit, la corde au cou et une torche à la main, pour jurer au nom
» de ses confrères, *qu'ils ne troubleraient point les mânes d'Isambard* (5).

« Depuis 1762, cette cérémonie avait cessé d'avoir lieu dans la même forme : mais
« elle avait été convertie en une entrevue à huis-clos entre un religieux député de l'ab-
« baye de Saint-Riquier et le procureur du château de la Ferté qui dressait un procès-
« verbal constatant la satisfaction donnée par le religieux qui signait l'acte (6). »

Ce récit pittoresque et si nouveau, même après les gloses sur la chronique par le P. Malbrancq et par Devérité, paraît destinée à résumer toutes les pages écrites sur Isambard et à nous donner le dernier mot de sa légende. Quoique l'auteur surcharge sa prétendue cérémonie expiatoire d'une circonstance ignorée de ses devanciers, en amenant un moine au pont-levis, *la corde au cou, la torche à la main*, sans en citer aucune preuve, son thème est cependant exploité aujourd'hui par les romanciers et les histo-

---

(1) Ce *dit-on* est très-curieux, surtout quand on se dispense de citer ses sources.

(2) L'auteur confond ici Louis III avec Louis-le-Bègue. Aucun écrivain n'a dit que ce roi soit venu à Saint-Riquier, ni qu'Isambard ait été tué au château de la Ferté.

L'auteur cite ici Ducange et Depping, qui ne disent absolument rien de ce fait.

(3) Quel auteur a jamais parlé de ce lieutenant d'Isambart qui joue ici un singulier rôle ? Le savant archéologue oublie qu'il a fait égorger les moines au pied des autels.

(4) Nous verrons plus loin que ce mayeur est nommé pour une raison toute différente.

(5) L'amende honorable est le bouquet du récit ; c'est pourquoi l'auteur s'est surpassé en menant à cette cérémonie un religieux la *corde au cou*. Il est bon que le lecteur sache que cette particularité est de l'invention de Gilbert. L'auteur de l'*Histoire du Comté du Ponthieu*, qui décrit la même cérémonie (page 38) n'avait parlé que de la torche.

(6) La preuve, s'il vous plaît, après un arrêt du parlement qui a débouté le seigneur de la Ferté de ses exigences arbitraires.

riens du pays. Il nous importe donc de le discuter et de chercher la vérité. Il ne nous sera pas difficile de la trouver.

Louandre, après avoir cité les diverses circonstances de ce récit, fait cet aveu précieux. « Aucun monument digne de foi n'explique l'origine du singulier serment fait « par les moines sur la tombe d'Isambard (1). » La raison en est bien simple : c'est qu'il n'a jamais existé. Mais examinons l'hypothèse et voyons si la position faite aux religieux est admissible en bonne logique, si des hommes sérieux auraient jamais dû proposer à leurs lecteurs un conte aussi absurde. On veut qu'Isambard ait été seigneur de la Ferté, avoué du monastère de Centule, qu'il ait été exilé, — n'importe pour quelle injure, — qu'il ait renié son Dieu et sa patrie, qu'il soit revenu à la tête des Normands, piller les villes, les monastères, massacrer les sujets fidèles du roi des Francs. Il triomphe à Centule ; il égorge aux pieds des autels ceux qu'il avait juré de défendre et qui soutiennent contre lui la cause de leur Dieu et de leur roi ; mais vaincu à son tour, il reçoit le châtiment de sa coupable félonie et de la main même du monarque : il meurt en blasphémant son Sauveur. Cependant son lieutenant parvient à reprendre le château de la Ferté : il rétablit l'autorité d'un païen qui n'est plus, il soumet des religieux qui ne sont plus, à faire amende honorable aux mânes d'Isambard. Ses successeurs, on ne dit pas s'ils sont païens ou chrétiens,—circonstance toutefois qui aurait bien son prix, — laissent former un nouveau monastère, à la condition d'une cérémonie expiatoire par les moines qui viendront *la corde au cou, la torche à la main, jurer qu'ils ne troubleront pas les mânes d'Isambard*. Des avoués chrétiens, sujets fidèles du roi, maintiennent à travers les siècles une vexation aussi injuste qu'impie ; ces bons et simples religieux se soumettent à cette humiliation, sans chercher à la racheter, quoiqu'ils aient obtenu du seigneur de la Ferté la remise d'autres charges bien moins onéreuses : ils rendent une espèce de culte à un apostat, à un excommunié, tué dans un combat, au milieu des ennemis de sa patrie. Le roi le sait et le souffre ; l'Eglise, dont on accuse l'omnipotence en ces âges de foi, laisse perpétuer de siècle en siècle cet acte abominable d'idolâtrie ou d'impiété. N'est-ce pas le lieu de s'écrier avec le poète :

Spectatum admissi risum teneatis amici !

La cause n'est-elle pas jugée par ce simple exposé? Qui oserait en appeler ? On croit vraiment rêver quand on entend proposer, en plein XIX° siècle, des assertions et des traditions si propres à choquer le sens moral d'un lecteur qui a quelque peu étudié l'histoire.

Mais, dira-t-on, qu'on fasse bon marché, tant qu'on voudra, des exagérations et des dires populaires, on est cependant obligé de convenir que la Tombe d'Isambard,

---

(1) *Histoire d'Abbeville*. Tome I, page 98

CHAPITRE X. — LES NORMANDS ET ISAMBARD.

connue et montrée depuis des siècles, indique que ce personnage a vécu et est mort dans ces lieux ; il serait téméraire d'effacer d'un trait de plume ce qui a été écrit sur cet avoué de l'antique Centule.

Nous ne refusons pas de répondre à cette objection, et notre intention, lorsque nous cherchons à éclaircir des faits obscurs et dénaturés, n'est certainement pas de contester les points acquis à la science historique, mais de dégager la vérité des inventions romanesques de quelques chroniques trop crédules et trop vaniteuses. Nous l'avons essayé pour d'autres faits : il nous semble que c'est ici un devoir de communiquer au lecteur nos recherches sur le personnage légendaire d'Isambard de la Ferté.

Nous ferons d'abord remarquer que le récit de la chronique de Centule ne se lit que dans ses compilateurs. Le P. Malbrancq en fait l'aveu avec la bonne foi qui le caractérise, lorsqu'il observe que les historiens gardent un silence absolu sur les faits qu'il va raconter (1). Soit jalousie contre le château féodal de la Ferté, soit désir de rattacher encore à la ville de Saint-Riquier un nom qui a joui de quelque célébrité, la chronique est seule responsable de cette étrange légende sur le châtelain de la Ferté. Toutefois elle ne laisse nullement soupçonner ni l'amende honorable ni la *corde* et la *torche* dont Gilbert accompagne la lugubre cérémonie de l'expiation. Elle est loin de supposer que les moines ont un crime de lèse-majesté à expier chaque année sur le pont-levis de la Ferté.

Étudions maintenant quelques documents vraiment historiques. Des titres officiels et authentiques nous conduiront sans doute à des conclusions raisonnables et conformes à la vérité.

Un dénombrement de la Seigneurie de la Ferté en 1724, porte « que le vicomte de
« Saint-Riquier, élu par les religieux, le 7 octobre de chaque année, est conduit par les
« moines sur le pont-levis du château de la Ferté, où il est tenu de jurer en présence du
« bailli de ce château ou de ses officiers de *ne rien entreprendre sur la dépendance de*
« *ladite châtellenie et particulièrement sur la Tombe d'Isambart tenu anciennement pour*
« GÉANT (2). Le lendemain, jour de la fête de Saint-Riquier, vers huit heures du matin,
« le même vicomte, accompagné des vassaux fieffés de l'Abbaye, fait sa chevauchée par
« toute la ville et la banlieue *sur les domaines du Monastère* : et de leur côté, le bailli,
« le vicomte et les autres officiers de la Ferté, tous à cheval, vont avec l'étendard de cette
« seigneurie dans toutes les rues de Saint-Riquier, *dans le faubourg qui relève de la Ferté*
« *et sur la Tombe d'Isambard ;* et le bailli et ses officiers reçoivent pour cette chevau-
« chée un setier d'avoine et 60 s. » (3).

Qui ne voit qu'il n'est question ici que d'une prérogative de justice : et c'est cette chevauchée solennelle qu'on vient de traduire en cérémonie expiatoire !

---

(1) Dicendum tamen quod Centulense de suo indigena suggerit chronicon, quodque miror ab aliis intactum. *De Morinis.* Tom. II, pag. 337.

(2) C'est ainsi qu'on le qualifie dans ce dénombrement.

(3) M. Praround. *Histoire de Saint-Riquier* l'age 366

Quand l'établissement d'une commune transféra les droits de justice sur la ville aux mayeur et échevins, l'Abbé de Saint-Riquier ne voulut point céder la prérogative ou le privilége de garder la ville et de faire la police pendant les trois jours de la fête de Saint-Riquier, à cause du grand concours des pèlerins. Un vicomte élu pour cette circonstance faisait arrêter les délinquants : les amendes auxquelles ils étaient condamnés appartenaient ainsi en grande partie aux religieux. L'avant-veille de la fête, c'est-à-dire le 7 octobre, le vicomte parcourait toute la ville et les faubourgs, et proclamait au son de la trompette les nouvelles fonctions dont il était investi. Il jurait en même temps devant les mayeur et échevins de ne rien entreprendre sur leurs franchises. Cette précaution montre combien ce droit de justice paraissait onéreux aux magistrats de la ville et avec quelle inquiétude on surveillait l'exercice de cette autorité précaire.

Mais ce n'étaient pas seulement les bourgeois de Saint-Riquier qui luttèrent contre ce dernier vestige de l'omnipotence monastique. Les seigneurs ou les baillis de la Ferté, en leur absence, surveillèrent aussi avec un soin jaloux l'exercice de cette justice seigneuriale, surtout quand les marchés étaient indiqués sur leur domaine. Le vicomte ne manquait pas de jurer sur le pont-levis de la Ferté, comme à l'échevinage, qu'il respecterait tous les droits du redouté seigneur. Cependant les juridictions rivales se commettaient souvent entre elles. De là des procès, des arbitrages, des compositions.

Il reste dans les archives des titres de concordat avec les seigneurs de la Ferté au sujet de la fête de Saint-Riquier. Cette question, traitée en 1287 avec Mathieu de Roye, appela une nouvelle transaction en 1349. « L'exécution de la justice de notre seigneurie, est-il
« dit dans une Charte de cette époque, appartient seule à notre Abbaye, le temps
« durant depuis la veille de Saint-Riquier qu'au point du jour on sonne la cloche de la
« ville jusqu'au lendemain et qui est le tiers jour, soleil couché et jour faillant, qu'on
« sonne pareillement ladite cloche de la ville ; dont sont exceptés les château de la
« Ferté, manoirs, jardins et pourpris d'icelui château, le moulin la motte, et la
« maison dudit moulin. » Cette transaction fut confirmée par le roi Jean I*r*, l'année suivante et homologuée au parlement (1).

Cent ans après (1449), cette même transaction fut reconnue valable, sur la plainte de l'Abbé Hugues Cuillerel contre la Dame de Gamaches, mère d'Arthus de Châtillon. « Le
« premier article était que nous nous dolions sur ce que les officiers et sergents de la dite
« Ferté se trouvèrent en plus grand nombre que de raison, à tous panonchaux et pane-
« sons, pour garder la fête de Saint-Riquier pour ladite Ferté et même réservèrent la
« *Tombe d'Isambard* qui ne fut à réserver. Et fut ordonné de la manière qui s'en suit :
« de ce sera fait dorénavant selon la forme et teneur contenue en l'accord piécha (déjà)
« fait par lesdits partis, confirmé par la cour du parlement en 1350. » (2).

Les seigneurs voulaient dans ces accords réserver la *Tombe d'Isambard*, petit canton

(1) *Archives du département de la Somme. Cartulaire de Saint-Riquier. Chapitre de la Ferté.*
(2) *Ibid*

CHAPITRE X. — LES NORMANDS ET ISAMBARD.

adjacent à leur propriété, probablement fort fréquenté par les marchands ou les pèlerins. Les religieux réclament contre cette usurpation, et sur le vu des titres on les maintient dans leur possession antique. Toutefois, dans la suite des temps, les seigneurs de la Ferté abusent de leur prépondérance et obtiennent, par de nouvelles instances, de réserver la Tombe d'Isambard comme leur propre château. C'est pourquoi, en 1724, le vicomte fait serment de ne rien entreprendre sur la dépendance de la dite châtellenie et particulièrement sur la Tombe d'Isambard, tenu anciennement pour Géant (1).

Mais vers 1740, les choses changèrent de face. On faisait aux moines une guerre ouverte : on cherchait à les abreuver d'humiliations. Le marquis du Châtelet, alors seigneur de la Ferté, éleva de nouvelles prétentions : il exigea que les religieux se présentassent sur le pont de la Ferté avec deux torches à la main. On comprend que ceux-ci résistèrent à cette odieuse vexation.

« En 1744, disent les mémoires du temps, il y eut une consultation des avocats de Pa-
« ris sur la prétendue servitude que les seigneurs de la Ferté vouloient imposer de deux
« torches ardentes, ce qui n'est constaté par aucun titre qui en fasse mention. Ainsi
« cette servitude à laquelle on vouloit assujétir notre Abbaye n'est appuyée de titre et
« n'a aucun fondement. La possession qu'on opposait a été combattue à chaque fois par
« les religieux. L'installation du vicomte est une marque de distinction pour notre Ab-
« baye et une prérogative qui paraît tout à fait incompatible avec l'humiliation des tor-
« ches ardentes, qui n'ont été portées que dans le cas où on en aurait besoin, à cause
« de la nuit. » (2)

La résistance des moines donna lieu à un procès qui fut jugé au Parlement de Paris, lequel donna gain de cause aux religieux. C'est sans doute à la suite de ces démêlés qu'on cessa de proclamer la fête Saint-Riquier sur le pont-levis de la Ferté. C'est pourquoi on dit que cette amende honorable n'eut plus lieu après 1762.

Les circonstances particulières de l'amende honorable ne se lisent que dans les écrits de Devérité et de Gilbert. Nous pouvons donc dire qu'on tient, après ces explications, non le *Confitentem reum* de l'orateur, mais les auteurs d'une odieuse imposture contre les moines..

Quant à la *Tombe d'Isambard*, c'est un *lieu-dit* près du bosquet du château de la Ferté. En cet endroit s'élevait une éminence dont l'auteur de l'histoire de Ponthieu parle ainsi : « Voilà donc l'usage de ces éminences, de ces monticules ronds qu'on retrouve
« dans les Gaules, surtout en Picardie. Voilà une preuve certaine qu'on mettait les
« capitaines, les généraux d'armées sous ces amas de terre, et que ces monuments sont
« bien postérieurs aux Romains plus magnifiques dans leurs sépultures. Si on ouvrait
« le sépulcre sous les yeux d'un savant, peut-être y trouverait-on matière à de nou-
« velles observations. » (3).

---

(1) M. Prarond. *Histoire de Saint-Riquier.* Page 366.
(2) *Inventaire des titres de Saint-Riquier*, page 717 *aux Archives du département.*
(3) *Histoire du comté de Ponthieu.* Tom. 1, Pag. 39.

L'épreuve que sollicitait notre auteur a été faite au commencement de ce siècle. La Tombe d'Isambard a été fouillée, mais en vain pour la science : on ne découvrit aucune trace de sépulture.

Jean de la Chapelle, parlant de la Tombe d'Isambard, est loin de supposer que ce soit l'héroïque sépulture d'un chef d'armée et surtout d'Isambard dont il jette le corps à la voirie. Mais quand la tombelle dont il a été parlé plus haut, consacrerait le souvenir d'un guerrier, il faudrait, d'après toutes les variantes de l'histoire d'Isambard le *Margarit*, prouver que c'est bien le vaincu de Saucourt qu'on a rapporté en ce lieu ; ce qui nous paraît difficile. Il serait aussi possible que cette tombe ait renfermé la dépouille d'un autre personnage de ce nom, aujourd'hui inconnu, mais qui aurait joui de quelque célébrité en son temps.

Nous connaissons l'origine féodale du château de la Ferté sous Philippe-Auguste, en 1190. A une charte donnée par Gautier le Seigneur pendait un sceau sans armoiries. Dom Cotron fait cette remarque sur cette charte : « Il est clair, à l'inspection de ce « sceau, que ni Gautier ni ses prédécesseurs n'avaient pris le titre de seigneur de la « Ferté, mais s'appelaient seulement *le Seigneur*, *Senior*. Quand ils eurent bâti un « château et l'eurent environné de tours, de murs, de fossés, alors la terre prit le nom « de seigneurie ou châtellenie » (1). C'est en effet à partir de cette époque seulement que le château de la Ferté a son histoire et des prérogatives féodales.

Il est douteux, du reste, que les seigneurs de la Ferté aient joui des titres d'avoués de Saint-Riquier. La chronique n'admet que des rois de France ou des ducs de Ponthieu : tout en contestant ses assertions et en laissant à une famille aborigène la haute mission de défendre le monastère et de le représenter, — ce qui n'est pas improbable, — il faudrait encore prouver que sa prérogative date du IXᵉ siècle.

Ainsi, de déduction en déduction, nous revenons au récit laconique d'Hariulfe. Que si on le commente par la chronique d'Albéric ou Aubry *des trois Fontaines*, on dira qu' « Isambard, jeune seigneur Franc, de grande valeur et de grande espérance, neveu du roi Louis, pour se venger d'une injure, s'enfuit chez les Normands et revint avec Gormont semer la désolation dans ces contrées et brûler avec la ville l'*antique, royal et noble Monastère de Saint-Riquier* et que Louis le Magnifique tailla en pièces l'armée des infidèles (2). » Mais Albéric doit-il peser beaucoup dans la balance ? Il avoue lui-même qu'il a copié Guillaume de Malesbury, qui fait d'Isambard un contemporain de Louis d'Outremer : il reproche à l'historien Anglais son anachronisme ; mais celui-ci n'aurait-il pas pu lui répondre qu'il n'était que l'écho des poètes et de ceux qui se sont occupés de cet Isambard ?

En effet, Philippe Mouskes place sous ce roi son épisode d'Isambard qui ne contient

(1) D Cotron *Anno* MCLXVII.   (2) *Rerum Gallicarum Veteres Scriptores* Tom. IX, pag. 57.

CHAPITRE X. — LES NORMANDS ET ISAMBARD.

guère moins de 260 vers. Le poète donne ainsi la généalogie de ce *Margarit* ou renégat :

« Et de Madame Herluit...
« Qu'espousée ot li dus Garins,
« Fu Isembars et Girardins.
« Loéis, lor oncle, servirent.
« Mais les François les enhaïrent. etc. » (1)

Une chronique manuscrite du commencement du xiv° siècle, qui copie celle de Philippe Mouskes ou puise à la même source, s'exprime ainsi : « Le roi Loys avoit II serours « (sœurs) ke ses pères avoit mariées à son vivant. Li aisnée ot non Helvys : Cele ot es- « pousée li dus Garyns ki tenait Vimeu et Pontiu et les alues St.-Waleri. Ele fu mère « Izenbart qui amena le roi Gormont décha la mer pour Franche guerroyer. L'autre suer « (sœur) ot non Aelaïs. Si fu donné ot Taille-Fer de Cambresis qui ot Raoul ki puis « ot grant guerre contre Bernenchon de Saint-Quentin (2). »

On cherche en vain dans l'histoire du Ponthieu le nom de ce Garin père d'Isambard, soit à l'époque de l'invasion des Normands (881), soit sous Louis d'Outremer (836 à 854).

Ajoutons qu'il ne reste dans l'histoire du ix° siècle aucune trace de la fameuse apostasie d'Isambard. Les personnages connus sous ce nom ont-ils trahi leur Dieu et leur patrie ? On ne le lit dans aucune des chroniques de ce siècle qui soient parvenues jusqu'à nous. Le chant de guerre de Saucourt fait allusion aux défections qui attristèrent le cœur du roi Louis et qui pouvaient compromettre le succès de ses armes, mais il n'y a aucun nom propre. Un savant travail sur les invasions des Normands en Morinie observe aussi que les Annales contemporaines ne donnent les noms d'aucun des chefs qui commandèrent ces sinistres expéditions (3). Hariulfe est peut-être le chroniqueur de quelque valeur qui prononce le nom de ce Franc traître à Dieu et à son roi. Mais c'est à la fin du xi° siècle et déjà alors les troubadours chantaient dans les veillées des châteaux des faits de guerre où les héros sont désignés sous des noms imaginaires. Les chroniques se sont trop volontiers emparées de ces récits merveilleux. On a droit de leur reprocher leur défaut de critique historique.

Que reste-t-il maintenant de ce *Géant*, de ce fléau du Ponthieu, que la crédulité ou

---

(1) *Chronique rimée.* Tom. II. Vers 14069.
L'éditeur de Philippe Mouskes se trompe quand il avance que l'épisode d'Isambard est empruntée aux rimes de Raoul de Cambrai, que M. Le Glay, devait mettre au jour. Ce roman a paru depuis : il est bien question de Garin, père d'Isambard, mais non des aventures de ce dernier.

(2) *Manuscrit de Cambrai indiqué dans le catalogue raisonné de M Le Glay, sous le n° 6234*

Ce manuscrit serait du commencement du xiv° siècle ; s'il ne copie pas Philippe Mouskes, il puise du moins à la même source
Des historiens graves font de Raoul de Cambrai un personnage vraiment historique. Il faudrait alors conclure à l'existence d'Isambard vers le milieu du x° siècle : par conséquent il n'aurait pas été tué par les moines de Saint-Riquier, en 881.

(3) *Société des Antiquaires de la Morinie.* Tom. x.

la mauvaise foi ont rendu si odieux et dont l'ombre menaçante, qui poursuit éternellement les moines, émeut si vivement les jeunes imaginations ? (1) Un chant poétique d'un romancier du xi° siècle, qui veut retracer les malheurs de la patrie et leur donner une forme plus pathétique, en évoquant des personnages de nom propre : puis une chronique du xv° siècle qui n'a aucune autorité.

Que les paisibles habitants de Centule reposent donc en paix, et s'il leur plaît de raconter les traditions qui ont germé sur leur sol, qu'ils n'oublient pas que cet Isambard du ix° siècle était devenu, sous la plume des écrivains du xviii°, un descendant de la grande famille des Chatillon qui a tant illustré le château de la Ferté (2). Cette facilité de transformer les traditions à volonté n'indique rien de bien sérieux ni de bien authentique. Enfin, si l'on persiste à croire au traître Isambard de la Ferté, parce qu'un canton porte le nom de Tombe d'Isambard, nous n'avons point d'intérêt à troubler cette bonne foi ; ce que nous demandons c'est qu'on ne cherche plus à expliquer par de téméraires suppositions, ce que le temps ou l'absence de documents aura peut-être pour jamais rendu impénétrable à la science.

(1) M. Prarond. *Histoire de Saint-Riquier.* Pag. 1.   (2) Devérité. *Histoire du comté de Ponthieu.* Tom. I, pag. 39.

LIVRE V.

LES ABBÉS DU DIXIÈME SIÈCLE

CHAPITRE PREMIER

L'ABBÉ HÉRÉBERT, QUATORZIÈME ABBÉ.
L'ABBE HÉNÉDOLFE, QUINZIEME ABBÉ.

État de la France après les invasions Normandes.

Les ténèbres d'une nuit profonde se sont répandues sur Centule après le passage des Normands en 881. La solitude de son monastère pillé et dévasté ne répond plus aux interrogations de l'histoire pendant près d'un demi siècle. La trace des Abbés est perdue. Reste-t-il même des moines ? Sans doute des fugitifs qui reviennent pleurer sur des ruines et renouer les anneaux dispersés d'une chaîne plusieurs fois séculaire. Hariulfe, en déclarant qu'il n'y a plus rien de certain sur la chronologie des Abbés après Carloman, nomme cependant Hérébert et Hénédolfe ou Hénévold, Hugues et Girard, avec cet éloge : « Ces illustres personnages gouvernèrent l'abbaye dans ces temps « de calamité, sans toutefois qu'il nous soit donné de fixer la durée de leur administra- « tion ni l'époque de leur mort : car il ne reste aucun monument des âges antérieurs « pour nous guider dans ces recherches. » (1).

HÉRÉBERT. — Serait-ce Herbert, comte de Vermandois, qui se serait emparé de l'abbaye de Centule et aurait, comme beaucoup d'autres puissants seigneurs, joui de ses biens pour l'aider à porter le poids de guerres ruineuses ? Nous ne faisons que proposer cette conjecture que n'appuie aucun document historique.

(1) *Chron. Cent. Lib.* III. *Cap.* XX.
Jean de la Chapelle parle aussi de quatre Abbés, qu'il appelle *famosi viri et religiosi*, dont les actions lui sont également inconnues. Il les nomme HUGUES, GÉBERT, HÉBERT, QUÉNEVALD. *Chron. Abbrev. Cap.* XIX.
On peut reconnaître Hénédolfe dans Obédévald et dans Gébert le clerc Gerbert dont il sera parlé plus loin.
Le P. Malbrancq remplace Obédévald par Hildevaldère et suppose que cet Abbé aurait emporté les richesses du monastère, ce qui aurait rendu Isambard et Gormond plus furieux. *De Morinis. Tom,* II, *pag.* 521.

HÉNÉDOLFE. — Un Evêque de Laon de ce nom demande au Pape la permission de quitter son siége pour embrasser la vie monastique. Sa prière ne fut pas alors exaucée. Seulement il est possible que dans la suite il eût vaincu la résistance du Souverain Pontife et qu'il se soit retiré au monastère de Centule, dont il aurait pris le gouvernement.

HUGUES. — Plusieurs personnages de ce nom auraient pu porter le nom d'Abbés de Centule : par exemple, Hugues-l'Abbé, frère de Guelfe, qui succéda à ce dernier à Sainte-Colombe de Sens ; Hugues, fils d'Herbert, comte de Vermandois, nommé Archevêque de Reims à l'âge de cinq ans. Sans nous arrêter à ces conjectures, nous pensons qu'il est question ici de Hugues-Capet, Abbé commendataire, qui aura son chapitre en son temps.

GIRARD. — Diverses chroniques nous apprennent que saint Gérard, Abbé de Brognes, le célèbre réformateur des monastères soumis au vieil Arnoul, comte de Flandres, gouverna aussi le monastère de Centule : évidemment c'est lui que la chronique veut désigner ici. Il aura également son chapitre.

Hariulfe caractérise ainsi le siècle dont nous abordons l'histoire : « Ce n'était que « confusion dans toutes les Gaules : les rois étaient dépourvus de toute autorité. Les « grands et le peuple, devenus semblables aux fils de Belial, souillaient leurs voies par « toutes sortes d'iniquités. Les Ducs les plus puissants et les Comtes étendaient leurs « mains avides et rapaces sur la proie qu'ils pouvaient atteindre, ravageant les pro-« vinces limitrophes, les soumettant à leur domination, poussant la convoitise jusqu'à « usurper le titre de Roi. » (1).

Les plaintes des Evêques dans les Conciles ajoutent un dernier trait à ce sombre tableau.

« Plus d'ordre dans l'Eglise. Tout est confondu et renversé. De tant de monastères qui couvrirent le sol de la patrie, les uns ont été brûlés par les payens, les autres sont dépouillés de leurs biens et presque détruits. Quand on rencontre quelques vestiges des anciens édifices, on ne retrouve plus de trace de discipline régulière. L'indigence des communautés, le libertinage des personnes qui les habitent, triste conséquence de l'usage anticanonique d'y placer des laïques pour supérieurs ou Abbés, sont la source de ces désordres. La pauvreté oblige les moines à sortir de leurs cloîtres pour vaquer malgré eux aux affaires séculières, et nous pouvons dire que les pierres du sanctuaire sont dispersées dans toutes les rues. Est-ce que ces Abbés laïques qui, avec leurs femmes et leurs enfants, avec leurs gens de guerre et leurs meutes de chasse, ont envahi des monastères d'hommes et de filles expliqueront la loi de Dieu aux moines, comme cela est prescrit dans leurs constitutions et les capitulaires ? (2). »

Qu'on vienne après cela accuser le relâchement des moines, leurs crimes et

(1) *Chron. Cent. Lib* III, *Cap* XXII (2) Divers conciles de cette époque.

leurs désordres, lorsque l'Eglise ne peut réprimer par ses anathèmes les plus redoutés tant de puissances qui conspirent la ruine de ses institutions. Comment l'ordre monastique, au milieu de cette perturbation générale, aurait-il pu résister à tant de causes de ruine ? Tout était livré au pillage et l'on ne pouvait compter sur le secours d'un prince ami ou d'un avoué pour défendre les propriétés envahies ou contenir les ambitieux.

Laissez toutefois respirer l'Eglise et vous admirerez bientôt sa force et sa fécondité. La foi ressuscitera dans les âmes et le vice repentant offrira à Dieu de salutaires expiations. Voici venir Cluny et sa prodigieuse réforme. Les anciennes abbayes s'empressent d'envoyer des religieux pour s'instruire à cette sévère école ou s'excitent par le récit de ses austérités à marcher sur ses traces. Les peuples du Nord, comme nous le verrons bientôt, suivent l'impulsion de cette généreuse milice, et à la grande crise sociale du siècle de fer succède bientôt une ère nouvelle. L'esprit de saint Benoît circule encore au milieu de ces ruines amoncelées par la barbarie : les institutions qu'il avait vivifiées dans des jours prospères recouvreront leur antique splendeur (1).

CHAPITRE II

L'ABBÉ GERBERT, SEIZIÈME ABBÉ.

(920 à 940).

Conversion des Normands. — Gerbert Abbé-Clerc. — Il se retire à Bussu.

A la nouvelle de la conversion des Normands (911), les âmes oppressées commencèrent à respirer. « Le peuple chrétien, dit Hariulfe, qui avait échappé au massacre des
« païens sécha ses larmes. Les fidèles affligés de la désolation de notre monastère s'ef-
« forcèrent d'arracher un si saint asile à une ruine complète : on s'occupa, autant que
« le malheur des temps pouvait le permettre, à ressusciter le chant des hymnes sacrés
« et la dévotion envers les saints. Les lieux réguliers, les cloîtres, les habitations des
« moines, tout avait été renversé. Les murailles seules de l'église restaient debout
« avec les autels. Ce qui fit concevoir une plus ferme espérance de réparer cet immense
« désastre, c'est que le monastère possédait encore de grands revenus et de nombreux
« domaines. C'est pourquoi la dévotion envers saint Riquier contribua beaucoup, à

(1) D'après le P. Malbrancq, Rodin, riche seigneur du Ponthieu, donne en 883 au monastère de Saint-Bertin et à son Abbé différentes églises des manoirs et des terres en divers lieux et en particulier à Centule. Nous laissons à l'historien des Morins à prouver cette assertion. Le nom de ce seigneur n'est point connu dans les chroniques du Ponthieu.

« l'aurore de jours meilleurs, à entreprendre les travaux nécessaires et à rendre ces
« lieux vénérés à leur première destination. Toutefois les toits ne furent plus couverts
« en plomb comme sous saint Angilbert, mais seulement en planches. Une troupe de
« Clercs s'unit aux quelques moines que la tourmente n'avait pas broyés et l'encens
« de la prière s'éleva de nouveau vers le ciel au milieu des chants que la foi adressait
« à Dieu et aux saints. » (1).

D'après nos chroniques, un clerc nommé Gerbert, fut revêtu des droits et des prérogatives de la dignité abbatiale et gouverna le monastère pendant quelques années (2) : mais son administration est fortement incriminée. On l'accuse d'avoir donné, aliéné ou laissé usurper beaucoup de villages, de domaines et de revenus (3). Hélas ! que pouvait un humble clerc au milieu du choc des grands barons de la féodalité et des convoitises insatiables des Herbert, des Arnoul, des Helgaud, des Herluin ! La Providence a ménagé cette transition pour créer un nouveau corps monastique.

La présence des Clercs nous est signalée dans un grand nombre de monastères de cette époque. C'est un bienfait, puis qu'ils ont aidé à repeupler ces saintes solitudes et à sauver les débris des biens livrés au pillage. Après les avoir appelés, on dut les supporter quelque temps, quoique un antagonisme inévitable entre deux institutions différentes amenât insensiblement des ruptures.

La biographie de saint Gérard explique ainsi les motifs et les dangers de cette institution : « Les moines, après le passage des Normands, avaient contracté dans le monde
« et dans une vie de désœuvrement et de vagabondage des habitudes contraires à leur
« sainte vocation. Trop peu nombreux pour suffire aux emplois des monastères et cé-
« lébrer dignement les divins offices, ils partagèrent ces augustes fonctions avec des
« Clercs séculiers, qui n'avaient pas promis d'observer les austérités d'une règle mo-
« nastique. Leurs exemples et leur contact, lors même qu'ils n'étaient pas scandaleux,
« devenaient funestes aux moines voués aux mortifications de la pauvreté et de
« l'obéissance. » (4).

C'est pour cette raison sans doute que les hagiographes de cette époque traitent si durement les clercs introduits dans les monastères. Ne voyant le plus souvent que des intrus et des parasites dans ces mercenaires de la prière, les moines n'aspirent qu'à la délivrance du joug qu'ils voient peser sur les vrais héritiers de la discipline régulière.

« Sous le gouvernement de Gerbert, remarque ici Hariulfe, les moines avaient toujours la plus grande influence, soit par considération pour leur piété, soit par reconnaissance pour leur inaltérable fidélité envers cet asile de la sainteté monastique. Les peuples de la contrée avaient pour eux un profond respect, ce qui diminuait chaque jour

---

(1) *Chron. Cent. Lib.* III. *Cap.* xx.
(2) La chronique n'assigne aucune date à l'administration de Gerbert, entre 915 et 943. Celle que nous donnons est toute hypothétique.

(3) *Chron. Cent. Ibid.*
(4) *Act. Sanct. Ord. S. Benedicti. Tom.* VII. — *In Vita S. Gerardi.*

les ressources et la domination tyrannique des clercs. Enfin les moines devinrent les maîtres, malgré les efforts de leurs rivaux : ils engagèrent même fortement Gerbert à abandonner la dissipation du siècle pour se soumettre à la vie monastique et se revêtir de l'habit que la règle impose aux fils de saint Benoît. Mais le Clerc-Abbé, n'ayant eu d'autres souci que de jouir des honneurs de la prélature, aima mieux se démettre de sa charge que de renoncer aux délices de ce monde. Les moines, du reste, se montrèrent pour lui plein de courtoisie et lui donnèrent la terre de Bussu : il y mena une vie privée jusqu'au jour où il alla rendre compte à Dieu de son administration (1). »

Le récit d'Hariulfe offre peut-être quelque variante avec celui que nous donnons au chapitre suivant. Mais le lecteur n'aura point de peine à concilier sa version avec les nouvelles données que nous offre la vie de saint Gérard.

D'après la chronique, Gerbert n'eut point de successeur de son vivant. Nous pouvons en conclure que saint Gérard avait alors la haute main sur le monastère et qu'il le dirigeait par ses conseils lorsqu'il n'était pas présent : il fit à Centule ce qu'il avait entrepris avec un plein succès partout. Il lui fut donné de réprimer les abus de ces temps néfastes.

CHAPITRE III

SAINT GÉRARD, ABBÉ ET RÉFORMATEUR DE CENTULE.

(940 à 959.)

Notice sur saint Gérard.— Il réforme les monastères du Nord de la France.— Guerres dans le Ponthieu.— Centule au pouvoir d'Arnoul, comte de Flandre.

Les détails sur la vie de ce grand abbé ont manqué à l'annaliste de Centule : mais le souvenir de son admirable sainteté n'était pas encore effacé de son temps, puisqu'il l'appelle un très-saint personnage. Nous allons, suppléant à son silence, esquisser rapidement sa biographie et signaler les faits principaux qui l'ont amené dans nos contrées (2).

Un homme éminemment propre à ressusciter l'œuvre de Dieu naquit de parents nobles, vers la fin du IXe siècle, à Staves au comté de Namur : il reçut au baptême le nom de Gérard qu'il devait illustrer par une éclatante sainteté. Dès sa plus tendre enfance Gérard eut en horreur le luxe et les vanités du siècle ; c'est pourquoi il mérita

(1) *Chron. Cent. Ibid. Cap. xx.*

(2) *Act. Sanct. Ord. S. Bened. Tom.* vii. —*Boll. Tom.* ii. *Oct.*

de devenir le temple du Saint-Esprit. Attaché au service de Bérenger, comte de Namur, il le suivit à la guerre sans que sa vertu reçût la moindre atteinte ; « car il avait, dit son historien, revêtu l'armure invincible des forts, à savoir : le casque de la foi, la cuirasse de la justice, la framée de la divine parole, le bouclier impénétrable de l'équité. Ainsi protégé, il combattait victorieusement les esprits pervers. Nouveau Sébastien sous les armes, il pratiquait dans le secret de sa tente les vertus de Martin le Thaumaturge. » Tant de belles qualités l'avaient rendu si cher au comte de Namur, qu'il devint son conseil et son confident.

Une vision céleste lui révéla que le Tout-Puissant lui confiait la mission de bâtir une église à Brognes (1) et d'y faire honorer les reliques de saint Eugène, évêque de Tolède. L'église s'éleva promptement et fut largement dotée : on la confia à des chanoines qui y firent l'office divin, en attendant l'heure marquée par le ciel pour l'établissement de l'ordre monastique.

Conduit à Paris pour une négociation importante, Gérard connut dans l'église de Saint-Denis, où l'on honorait saint Eugène avec une grande dévotion, l'histoire du grand évêque de Tolède, en l'honneur duquel il avait édifié une basilique. Prières, promesses, menaces, tous les moyens de persuasion ou d'intimidation furent employés, mais en vain, pour obtenir les reliques du saint, conservées avec un soin si jaloux.

Vaincu sur ce point, mais poursuivi par une inspiration intérieure de la grâce, le jeune guerrier se fit moine à Saint-Denis : il apprit le psautier par cœur ; il s'appliqua à l'étude des belles lettres et se rendit si fidèle aux prescriptions de la règle que le prieur et les moines, pour ne pas laisser la lumière sous le boisseau, l'obligèrent à recevoir l'onction sacerdotale. Aucun religieux ne se montra jamais plus digne de cet honneur et ne pratiqua les vertus de son état avec plus de perfection, de sorte qu'il fut admis à toutes les délibérations du couvent et qu'il ne se prit jamais aucune décision au chapitre sans son consentement. Cependant le souvenir de sa vision occupait toujours le pieux fondateur de l'église de Brognes. Les moines de Saint-Denis craignirent, après une si longue épreuve, d'être accusés de s'opposer à la volonté de Dieu. C'est pourquoi ils permirent à Gérard d'emporter une partie des reliques de saint Eugène et d'emmener avec lui dix moines de leur communauté.

Telle fut l'origine du monastère de Brognes, si célèbre par les vertus de ses religieux et surtout de son illustre Abbé; mais le concours des pèlerins, mettant obstacle à sa vie de prières et de recueillement, il se démit de l'administration spirituelle et s'enferma dans une cellule de reclus, à quelque distance de là, pour goûter les douceurs de la vie contemplative. Victime toujours immolée et toujours vivante, il se préparait à son insu à de plus grands travaux. En effet, Gislebert, duc de Lorrraine, éclairé par une lumière surnaturelle, le fit demander par l'archevêque de Cambrai pour mettre la réforme dans le

---

(1) Brognes était un village situé à 3 lieues de Namur.

monastère de Saint-Guislein, livré à la merci de clercs ignorants ou plutôt de matriculaires gagés qui mendiaient par toute la contrée, en promenant les reliques du saint pour extorquer des aumônes. Quand Dieu suscite des hommes pour son œuvre, il assure toujours le succès de leurs entreprises par une action efficace. C'est pourquoi d'éclatants miracles prouvèrent la mission de Saint Gérard. Le peuple vit en lui l'envoyé du Très-Haut. Au souffle de son ardente parole, la discipline monastique ne refleurit pas seulement à Saint-Guislein, mais dans un grand nombre de monastères (941). Guéri miraculeusement de la pierre par le secours de ses prières, Arnoul le Vieil, comte de Flandre, lui avait confié la direction de toutes les abbayes de son vaste comté, avec pleine autorité pour les visiter, corriger les abus et préserver de la dent cruelle des loups les troupeaux choisis que le Sauveur y avait rassemblés.

Quelques auteurs ont compté dix huit monastères soumis à ses lois: d'après d'autres témoignages, son influence aurait été plus grande encore ; c'est lui qui aurait réformé l'ordre monastique en Belgique, en Lorraine et dans le Nord de la France. Citons seulement les principaux monastères où s'exerça sa sollicitude pastorale : Saint-Pierre et Saint-Bavon à Gand, Saint-Martin à Tournay, Marchiennes, Hasnon, Saint-Wast à Arras, Saint-Bertin, Saint-Amand, Saint-Remi à Reims, Saint-Riquier.

Une excursion sur l'histoire du Ponthieu va confirmer les assertions du biographe de S. Gérard. Helgaud, comte de Montreuil, avait laissé trois fils, Herluin, Lambert, Hérard. L'aîné lui succéda dans le gouvernement de ses domaines. Digne émule des puissants seigneurs de ce temps, dont on connaît assez la superbe, la licence, les trahisons, Herluin, avait été excommunié pour le crime de bigamie. Mais le concile de Trosley le réconcilia en 927 avec l'Eglise, après lui avoir infligé une pénitence canonique.

Dans ces duels gigantesques dont les provinces du Nord de la France forment comme le champ clos, Herluin eut pour principal antagoniste, Arnoul-le-Vieil, maître de la Flandre, du Boulonnais et du pays de Thérouane. Le portrait que Guillaume de Jumiége trace de ce terrible batailleur du Nord n'est guère flatteur ; il le représente comme un prince fourbe et rusé, ambitieux et méchant, capable des plus grands attentats. Hariulfe en porte à peu près le même jugement. Divers traits de sa vie et surtout le guet-apens de Picquigny (943) prouvent la vérité de ces assertions.

Après diverses guerres, après des trèves, des traités de paix, Herluin forma une ligue avec Hébert de Vermandois, Hugues-le-Grand, Guillaume de Normandie, pour combattre le roi Louis d'Outremer et Arnoul, comte de Flandre. Les troupes des confédérés ravagèrent les Flandres sous la conduite du comte de Ponthieu et promenèrent partout le carnage et l'incendie. Toutefois ce brigandage fut réprouvé par les évêques de la province de Reims et l'on prononça même une sentence d'excommunication contre les chefs. Cependant une trève sollicitée par Arnoul lui fut accordée ; il s'en servit pour rassembler ses troupes qu'il lança sur les frontières du Ponthieu, aussitôt qu'il lui fut permis de recommencer les hostilités. Arnoul usa de cruelles représailles : Herluin surpris par cette brusque invasion le suivit sans pouvoir l'attaquer ni même sauver sa ville de Montreuil : car cette place, dépourvue d'hommes et de munitions par excès de sécurité, se rendit après quelques essais de résistance, ou plutôt fut prise par trahison, ainsi que l'affirment Flodoard et Guillaume de Jumiéges. Ce qu'il y eut de plus affligeant pour Herluin, c'est que sa femme et ses enfants tombèrent au pouvoir de son ennemi (939) et furent envoyés en Angleterre. (1).

Arnoul, possesseur de Montreuil, la clef du Ponthieu, fit rayonner ses troupes dans toutes les directions et se rendit maître de la ville de Centule. Ayant ainsi brisé toute résistance, il s'empara du précieux trésor que possédait l'Abbaye, du corps vénéré de Saint-Riquier, qu'il transporta à Montreuil et déposa dans l'église de Saint-Sauve.

C'est pendant la domination d'Arnoul sur Centule que l'on doit placer l'intervention de S. Gérard pour la réforme du monastère. Son œuvre fut plus facile sous l'impression de terreur que laissa le comte de Flandre. Les clercs qui tendaient partout des embûches à l'homme de Dieu, qui n'auraient pas hésité, dit son biographe, à l'immoler jusqu'au pied des autels et sous ses habits sacerdotaux, cédèrent à la force. Ministre des divines miséricordes, Gérard s'efforça de consoler les moines en leur faisant espérer le retour de leur glorieux patron, ce qui eut lieu peu de temps après, mais seulement lorsqu'Herluin eut pris sa revanche. Nous voyons que le pieux cénobiarque avait tant d'ardeur pour ramener les âmes, qu'il allait sans cesse d'un monastère à l'autre pour élever les cœurs de ses disciples à l'amour des choses célestes. Ces marches continuelles ne le fatiguaient point, parce qu'il voyait le progrès de la grâce dans les âmes. « Semblable au nard, dit son biographe, il répandait autour de lui la douce odeur des vertus : aussi on accourait de tous côtés pour vivre sous ses lois et se former à la science des saints à son école. »

Au moment où les calamités de la guerre affligèrent plus cruellement les contrées qu'il avait la mission de régénérer, il fit un pèlerinage au tombeau des apôtres, et sollicita auprès du souverain Pontife des priviléges particuliers pour son monastère de Brognes. A son retour il visita une dernière fois ses fils spirituels ; il établit dans chaque communauté un prieur ou un Abbé rempli de l'esprit de Dieu et capable de continuer son œuvre, puis il rentra à Brognes où il se prépara à la mort. Le 3 octobre 959, son âme s'envola vers les demeures où Jésus-Christ récompense éternellement les soldats qui ont glorieusement combattu pour lui.

(1) On peut suivre dans les divers extraits des chroniques du *Rerum Gallicarum Veteres Scriptores* toutes les péripéties des guerres féodales du Ponthieu à cette époque.

CHAPITRE IV.

L'ABBÉ FOULQUES, DIX-SEPTIÈME ABBÉ.

(940 à 970) (1).

Foulques rapporte le corps de Saint-Riquier à son monastère. — Nuémont.
— Le corps de Saint-Riquier à Saint-Omer

Tout porte à croire que Foulques fut d'abord établi prieur par S. Gérard, pour gouverner le monastère en son absence et faire exécuter les sages réglements de sa réforme et qu'après sa retraite il prit le titre d'Abbé.

Tout entier à l'idée de reconquérir, à quelque prix que ce fût, le corps de son glorieux patron, Foulques fut servi par une grande victoire qu'Herluin remporta sur le comte de Flandre. Lorsque Herluin fut rentré dans Montreuil, la circonstance parut favorable à l'Abbé ou Prieur de Centule : il se rendit lui-même dans cette ville et s'aboucha avec le gardien de l'Eglise qui répondait sur sa tête du dépôt confié à sa fidélité (944). De riches présents ayant corroboré les arguments de l'ingénieux Abbé, il fut convenu que les portes de l'Eglise resteraient ouvertes pendant la nuit, que l'Abbé irait prendre la précieuse relique et que quelque temps après le gardien faisant sa ronde pousserait de grands cris, pour dénoncer le vol sacrilége et donner l'alarme par toute la ville. Tout se passa comme on l'avait concerté. Foulques reçut la châsse des mains du gardien et s'enfuit de toute la vitesse de son cheval.

Quand il crut Foulques assez éloigné, le gardien alluma sa lampe et éveilla tout le quartier par ses lamentations. A cette nouvelle, les principaux magistrats s'empressèrent d'envoyer des soldats et des hommes du peuple dans la direction de Centule à la suite du ravisseur. Après quelques heures de course, le galop des chevaux avertit Foulques du danger qui le menaçait : malgré la vitesse de son coursier, l'Abbé sentait qu'il serait bientôt atteint par les hommes d'armes de Montreuil. Dans cette nécessité extrême, il se recommanda à son puissant protecteur. Son espérance ne fut pas trompée : car au moment où les cavaliers de Montreuil se flattaient de réussir dans leur expédition et de mettre la main sur le voleur de reliques, ils furent enveloppés par un épais nuage et commencèrent à trébucher au milieu d'une obscurité qui ne leur parut guère naturelle. Ayant bientôt perdu de vue et le coursier et les traces du chemin, ne se voyant même plus les uns les autres, ils reconnurent avec effroi que le ciel se déclarait contre eux : ils furent donc obligés de s'arrêter et d'attendre que les ténèbres se fussent dissipées pour reprendre le chemin de Montreuil (2).

(1) Quelques auteurs placent l'avènement de Foulques à l'an 940. Les chroniques de Centule et les meilleurs historiens n'indiquent aucune époque.

(2) *Chron. Cent. Ibid. Cap.* xxii.

Cependant Foulques arriva triomphant à Centule, escorté des habitants qui accoururent à sa rencontre. Après avoir replacé le corps de Saint-Riquier dans son Eglise, on passa la journée en réjouissances et en prières d'action de grâces.

« C'est au Mont-des-Anges, dit la chronique, que s'est opérée cette merveille. C'est « pourquoi on l'a depuis appelé le Mont du Nuage, *Nubili Mons*. » Ce lieu est en effet connu dans tous les titres sous le nom de *Nubémont, Nuémont, Nuelmont*. Quelques difficiles et quelques soupçonneux que soient certains critiques, nous leur laisserons le soin d'expliquer ce changement par une autre cause que celle indiquée dans la chronique. Il est constant, d'après des actes du ix° siècle, que ce lieu s'appelait alors Mont des Anges, *Mons Angelorum*, et le village voisin *Angelorum villa* (Agenvillers). Quoique rebâti à quelque distance, le village conserve son nom et l'éminence a perdu le sien dans les traditions populaires. Le glorieux souvenir de cet événement extraordinaire a fait oublier ce qu'il y avait de touchant dans la consécration de ces lieux aux Anges du Très-Haut. Aujourd'hui le peuple ignore tout le sentiment de foi qu'éveille le nom de ce lieu : mais les échos le répètent aux esprits éclairés et en jetant à chaque génération, à chaque voyageur, le nom de Nuémont, il réveille dans l'âme attendrie des pensées de reconnaissance et de vénération.

Hélas ! ce triomphe de Foulques ne fut que de courte durée. En 952, le comte Arnoul envahit de nouveau le Ponthieu, chassa Roger, fils d'Herluin, de la ville de Montreuil et se fit rendre hommage par les vassaux de son comté. Aussitôt qu'il eut pris possession de la ville de Centule, il porta de nouveau une main sacrilége sur le corps de Saint-Riquier et le cacha à Saint-Omer, au centre même de ses états (1).

Du reste, les chroniques nous racontent qu'il vola toutes les reliques des pays qu'il ravageait. Ainsi le jour même de sa fête, le corps de S. Silvin était furtivement enlevé de son monastère d'Auchy-les-Moines. On apporta de Saint-Valery les restes du saint fondateur également ravis à son monastère. Cinq jours après, l'église de Saint-Bertin s'enrichissait de la glorieuse relique de Saint-Riquier. Il faut croire que Montreuil, par suite des vicissitudes de la guerre, n'offrait plus assez de sûreté au fier conquérant, et que pour s'assurer la possession de ces grands trésors, Arnoul choisit une ville bien fortifiée et éloignée du théâtre de ces guerres formidables. Ajoutons que l'Abbaye de Saint-Bertin était devenue un bénéfice héréditaire dans la famille d'Arnoul : ce qui ne lui porta point bonheur : car jamais les privilèges des moines et leurs possessions ne furent moins respectés.

On voit dans la chronique d'Iperius (2) que les saints du Ponthieu furent associés dans le culte public à ceux du monastère et de la ville. En l'an 955, des croix s'impri-

---

(1) « On lit à la marge d'un vieux texte de Saint-
« Riquier : *Anno Domini DCCCLII ablatum corpus et*
« *IV. Calendis Sept. Beati Bertini cœnobio illatum.*
« Folquinius hujus temporis æqualis ad annum

« 951 refert. *Rer.um Gallicarum Veteres Scriptores.*
Tom. viii, pag. 275.
(2) *Chronique d'Iperius.* Anno DCCCLV.

maient sur les vêtements et faisaient tâche comme des gouttes d'huile (1). Le peuple effrayé courut aux églises : on fit des processions où l'on porta, au milieu d'un concours immense de peuple, les reliques de S. Omer, de S. Bertin, de S. Folquin, de S. Riquier, de S. Valery et de S. Silvin. On dit que l'évêque des Morins mourut au retour de la procession et l'Abbé de S. Bertin l'année suivante. N'étaient-ils pas les victimes des sacriléges attentats de leur comte sur les corps des saints patrons des monastères du Ponthieu ?

D'autres souvenirs se rattachent encore à la présence de ces saintes reliques au monastère de Saint-Bertin. Une gravure représente l'abbé Hildebrand, debout, la tête nue, avec la couronne des moines, la crosse appuyée sur le bras gauche. Il est revêtu d'une longue robe et porte des sandales pointues. Devant lui se trouve un autel sur lequel sont déposés des reliquaires contenant les ossements de S. Silvin, de S. Riquier, et de S. Valery. Hildebrand leur adresse une prière.

Pour rendre hommage à Lothaire, roi de France, à l'occasion de son sacre, l'Abbé de Saint-Bertin avait envoyé à Reims, dit-on, les corps de S. Riquier et de S. Valery. Aussitôt après la cérémonie ils furent rendus aux députés du monastère. Une seconde gravure représente Hildebrand en costume de moine recevant ces reliques rapportées à Sithiu par des chevaliers armés (2).

Arnoul-le-Vieil, posséda le comté de Ponthieu jusqu'à sa mort en 965. Comme il le tenait en fief du roi Lothaire, depuis qu'il lui avait fait hommage de tous ses domaines, ce monarque, dit-on, disposant souverainement de ces fiefs, les reprit aux héritiers d'Arnoul et investit Guillaume, fils de Roger, du comté de Ponthieu, des comtés de Boulogne, de Thérouane, de Saint-Pol et de Guines, et Gauthier, comte de Pontoise, de celui d'Amiens.

On pense généralement que la ville de Centule suivit alors toutes les destinées du Ponthieu : nous avons quelques raisons pour en douter : car ses affinités politiques et administratives, ses coutumes locales semblent rattacher cette ville à l'Amiénois plutôt qu'au Ponthieu. Deux siècles plus tard, les comtes de Flandre faisaient acte de suzeraineté sur la ville de Saint-Riquier, comme sur quelques cantons voisins et sur le comté d'Amiens. Il y a là des difficultés historiques qui ne sont pas encore éclaircies par les historiens de notre province.

Le nécrologe du monastère marque la mort de Foulques au VIII des Ides de novembre, mais il n'indique pas l'année : nous présumons qu'il avait cessé de vivre avant l'an

(1) Des faits à peu près semblables ont eut lieu en 1591, à Paris, à Amiens, à Bourges. Voir *Répertoire ou Appendice des histoires locales de la Picardie* par M. *Darsy*, 1877.

Qui ne se souvient qu'en Alsace et dans les provinces Rhénanes des croix mystérieuses s'imprimèrent sur les vitres sans qu'on put deviner la nature ni la cause de ce phénomène et qu'elles apparurent dans des centaines de lieux en même temps. Ainsi les voies de la Providence sont toujours les mêmes. Elles ne cessent de montrer aux hommes, dans les calamités, que tout a été prévu et ordonné pour le salut ou le châtiment des peuples.

(2) H. de la Plane. *Les Abbés de Saint-Bertin.* Tom. II. pag. 112-127.

974. Car nous allons voir qu'alors Hugues Capet jouisssait de toutes les prérogatives de la dignité abbatiale.

CHAPITRE V

HUGUES CAPET, ABBÉ COMMENDATAIRE.

Hugues Capet, Abbé commendataire.— Charte de Lothaire.— Les corps de saint Riquier et de saint Valery rendus à leur monastère. — Prophétie de saint Valery sur la dynastie de Hugues Capet.

De 951 à 974, aucun fait mémorable ne trouble le silence de la vie religieuse à Centule et ne ramène son monastère sur la scène du monde. Une charte du roi Lothaire, en 974, charte interpolée par Hariulfe ou par les chroniqueurs de Centule, nous apprend que Hugues Capet doit être placé au nombre des Abbés commendataires de ce lieu. Les Bénédictins qui l'ont éditée n'ont pas mis en doute l'authenticité de cette charte. Elle porte que « Lothaire, plein de condescendance pour les justes et raisonnables demandes des serviteurs de Dieu, ratifie l'accord d'après lequel Hugues, duc de France et Abbé de ce lieu, consacre à l'entretien et à l'usage des moines deux domaines de l'Abbaye ; à savoir ceux de Bours et de Rollencourt dans le comté de Ternois. Lothaire veut aussi qu'on sache que c'est pour l'amour de Saint-Riquier, un noble Chevalier du Seigneur, et aussi par affection pour son très-cher cousin Hugues, qu'il signe cette charte. Ce n'est, du reste, qu'une confirmation de la charte même de Hugues. Pour sa part, le roi ajoute une nouvelle condition ; il entend que ces terres, avec toutes leurs dépendances et priviléges assurés par la loi, appartiendront à jamais aux moines, sans qu'il soit permis dans la suite des temps ni à l'Abbé ni à quelque autre personne que ce soit, de les distraire de la possession du monastère, d'en enlever la moindre partie aux moines, de les faire servir à d'autres usages, sans qu'il soit permis non plus de leur imposer de past, de *Lidimonium*, de *Hostilicium*, ni autre redevance quelconque (1). En retour de ces concessions, le roi ne demande que des prières pour son père, pour lui-même, pour son épouse et ses enfants, pour la prospérité de son règne (2). »

Cette charte, datée de Compiègne et donnée la xxi° année du règne de Lothaire, reconnue par Adalberon, secrétaire d'Adalberon, Archevêque de Reims et grand chancelier, parut à D. Bouquet un titre suffisant pour affirmer que Hugues était alors maître de l'Abbaye de Saint-Riquier et qu'il s'en était constitué Abbé commendataire (3).

(1) Par *lidimonium* il faut entendre le service que le colon devait à son maître ; par *hostilicium* les réquisitions qu'on faisait en temps de guerre.
(2) D. Mabillon. *Ann. Ben. Anno* 974. — La charte dit en propres termes *à jam dicto Duce ejusdem loci Abbate.*

(3) *Rerum Gallicarum Veteres Scriptores.* Tom. ix, pag. 638.
L'action de Hugues-Capet dans le Ponthieu est

CHAPITRE V. — HUGUES CAPET, ABBÉ COMMENDATAIRE.

Hugues était seigneur suzerain du comté de Ponthieu qu'il venait de créer avec l'assentiment de Lothaire; il lui était facile de se réserver l'autorité sur les principales Abbayes. D. Mabillon pense aussi que Hugues Capet était maître de l'Abbaye de Centule. D'ailleurs, ce puissant seigneur, qui avait succédé à son père Hugues-le-Grand, en 955, avait déjà le titre d'Abbé de Saint-Denis, de Saint-Germain, de Marmoutier, de Saint-Martin de Tours et de plusieurs autres monastères. Il est appelé dans quelques chroniques Abbé-Comte. Un doyen administrait en son nom les monastères dans lesquels il exerçait une autorité souveraine. Les historiens reconnaissent qu'il montra une tendre affection pour les serviteurs de Dieu, cachés au fond des thébaïdes du moyen-âge. La religion l'aurait pleuré plus amèrement encore, s'il n'avait pas eu un successeur, dont la piété et le zèle faisaient espérer une si large protection. Sur son lit de mort il conjurait son fils Robert de ne point se laisser corrompre par les flatteries ou les présents des quêteurs d'Abbayes, de ne point souffrir que son saint Père Benoît, le grand maître de tous les monastères, leur fût jamais enlevé. Résolu de marcher sur les traces d'un si grand roi, Robert déclara qu'il serait toujours attaché du fond des entrailles à son saint Père Benoît et aux siens. C'est pour cette raison qu'Abbon pouvait dire à ces deux illustres rois : Puisse le sénat monastique être toujours prospère sous votre domination paternelle, ô très-pieux Défenseurs et Avoués des monastères !

Hugues Capet ne mérite pas les reproches qu'on peut faire à beaucoup d'autres princes. En rétablissant des Abbés réguliers dans les monastères qu'il gouvernait, il a bien mérité de l'ordre monastique. « En rendant la liberté des élections, dit le docte et pieux Mabillon, il ferma la plaie toujours saignante des commendes et restaura la discipline canonique. Pour obéir aux conciles qui se plaignaient des dévastations causées dans les Abbayes par les Abbés séculiers et même laïques, il se dépouilla lui-même de ses Abbayes et y plaça des Abbés réguliers, faveur pour laquelle l'Ordre lui doit une éternelle récompense (1). »

Toutes ces considérations et le nom de Hugues inscrit dans la chronique de Centule nous permettent de ranger Hugues Capet parmi les Abbés commendataires de notre monastère et parmi ses insignes bienfaiteurs, sans altérer la vérité historique. L'autorité qu'il exerçait sur le monastère de Saint-Riquier et probablement sur celui de Saint-Valery nous explique les négociations qui vont suivre et le zèle avec lequel il travailla à faire restituer à leurs Eglises les corps des deux saints protecteurs. Nous empruntons à la chronique d'Hariulfe et à celle de Saint-Valery le récit de cet événe-

---

trop efficace pour qu'il n'y ait pas exercé une juridiction souveraine. Le P. Ignace le compte au nombre des comtes de Ponthieu et le place avant Hugues d'Abbeville, à qui ce roi délégua plus tard, dit-il, une partie de ses pouvoirs et probablement son titre d'avoué de Saint-Riquier.

Hugues est désigné par beaucoup d'historiens, tantôt sous le nom d'Abbé, tantôt sous le nom d'avoué de Saint-Riquier.

Les Capétiens, remarque Louandre (*Histoire d'Abbeville*, tom. I, pag. 118), étaient les protecteurs des quatre grands monastères de Saint-Denis, de Saint-Riquier, de Fleury-sur-Loire et de Saint-Martin.

(1) *Ann. Ben. Tom.* IV, *pag.* 52.

290   LES ABBÉS DU X° SIÈCLE.

ment, raconté par tous les historiens de l'époque et des siècles suivants et écrit depuis plus de trois cents ans dans une fresque de la basilique de Saint-Riquier (1).

« Arnoul le jeune, petit-fils du grand Arnoul, gouvernait la Flandre, et Hugues Capet, sous le nom de duc de France, jouissait de toutes les prérogatives de la royauté. Justement redouté de ses voisins, il savait les contenir par la puissance de ses armes. Le ciel enfin, apaisé par la prière des justes, choisit cet humble et fervent serviteur de Dieu et des saints pour relever les cœurs abattus et sécher les larmes des moines si cruellement éprouvés depuis un demi-siècle. Hugues gémissait lui-même de voir ce beau pays de France désolé par ses ennemis, les corps des saints enlevés, par l'avarice de sacriléges spéculateurs, aux Eglises dont ils faisaient la gloire : il songeait en lui-même aux moyens de réparer tant de désastres, lorsqu'une vision céleste fit la lumière dans ses pensées et dissipa toutes ses craintes. »

« Saint Valery apparut une nuit en songe à Hugues Capet et lui dit : Que fais-tu ici ? — Qui es-tu ? répond le duc. — Je suis Valery, le premier Abbé du monastère de Leuconay. Dieu m'envoie vers toi pour te signifier ses volontés. Je suis prisonnier avec Riquier, un vénérable Confesseur, un illustre prêtre que Dieu a glorifié par des miracles. Depuis de longues années nous sommes éloignés de nos sanctuaires par les artifices d'Arnoul. Dieu veut que tu nous rendes à nos Eglises, pour réconforter nos serviteurs énervés par de longs chagrins et faire jouir des bienfaits de notre présence les populations dont nous sommes les protecteurs. Hâte-toi d'exécuter l'ordre du ciel : je te promets de la part de Dieu que tu seras roi de France et même les mérites de saint Riquier et nos prières ont obtenu de sa libéralité que tes enfants règnent jusqu'à la septième génération » (2).

---

(1) Gilbert. *Description Historique de l'Eglise de Saint-Riquier*, pag. 128.

(2) *Chron. Cent. Lib.* III. *Cap.* XXIII.

Nous croyons faire plaisir au lecteur en donnant ici le texte même de la chronique de Saint-Valery dont le récit est antérieur à tous les autres.

« (Hugo), cum moraretur in Lutetia, urbe Parisiorum, quadam nocte cum esset sopore depressus, eum Beatus Walaricus per somnium his verbis est affatus : Quid dagis ? Quem intuens Dux, tremens multumque pavidus, respondit ; Vigilo : sed quis sis, penitus ignoro. Tum sanctus Walaricus : Blando alloquio te alloquor, et obnixe deprecor ut nomen meum retineas, et quod postulabo impleas. Ego nempe sum Abbas Walaricus, quondam vivus, et post defunctus, incola super maris litus, nunc quoque mutata patria, in alia terra cum sancto sacerdote Richario detineor captivus. Sed nunc, annuente Deo, advenit tempus ut ad proprias sedes et carissimas soboles redeamus. Dignum est ut populus olim nobis commissus de nostro lætetur reditu, qui tempore tam longo tristatur abscessu Et cum me in meam reduces Ecclesiam, projice ea clericorum spurcitiam, et aggrega in ea regularem catervam. Scis etenim Monasteriolum Castrum (Montreuil) a Comite Flandrensi violenter Francorum dominatui subreptum et substractum. Et ut noveris me certa dixisse, te illic adire et Castrum absque capitali damno mortisque ullius detrimento prædico recipiendum fore. Accelera petitionem nostram : per nostras enim orationes Rex efficieris Galliæ, et postea hæredes tui ad septimam generationem possidebunt gubernaculum totius regni.

Rerum Gallicarum Veteres Scriptores. Tom. IX, *pag.* 147.

« Les chroniques de Centule, dit Louandre)*Histoire d'Abbeville. Tom.* I, *pag.* 109), rapportent que Hugues-Capet s'étant endormi dans une grotte voisine de l'Abbaye de Saint-Riquier, le célèbre fondateur de ce monastère lui apparut comme Saint-

CHAPITRE V. — HUGUES CAPET, ABBÉ COMMENDATAIRE.

Hugues, après en avoir délibéré avec son conseil, envoya des ambassadeurs à Arnoul pour lui demander les corps des deux saints confesseurs. La chronique de Saint-Valery nomme particulièrement Burchard, comte de Melun, et Orland, vicomte du Vimeu. Le premier surtout est connu pour sa piété envers les saints et son zèle pour la religion : il finit même sa vie dans un monastère, plus heureux, disait-il, de remplir la dernière place au palais du Roi des rois, que la première au palais des souverains de la terre.

Arnoul aurait bien voulu éluder les ordres pressants de son puissant voisin, mais des menaces formidables, la crainte d'un invasion de son territoire, l'obligèrent à accepter cette dure proposition. « Malheureux que je suis, disait-il en se lamentant, on me ra- vit les corps de deux puissants amis de Dieu. Je n'étais point digne de les posséder. » Je pleurerai jusqu'à la fin de ma vie cette perte irréparable. »

« Quand Hugues arriva sur les confins du comté de Flandre avec une armée, Arnoul lui députa des ambassadeurs pour le prier d'épargner ses Etats et demander qu'on lui envoyât des hommes d'une probité reconnue, auxquels il remettrait les restes vénérés des saints Abbés avec les châsses d'argent dans lesquelles il les avait fait déposer.

On lisait ces vers autour de celle du glorieux Patron de Centule :

Tu vois du comte Arnoul la très-pieuse offrande,
Ces vers qu'il a gravés disent ce qu'il demande,
C'est que de Saint-Riquier les membres glorieux
Reposent à jamais sur ce lit précieux. (1) »

Hugues Capet attendait à Montreuil la restitution de ces glorieux trésors. Les ambassadeurs auxquels il avait confié cette noble mission entrèrent dans cette ville, suivis d'une foule immense qui avait accompagné le pieux cortége, en pleurant et en se recommandant une dernière fois à la protection des saints, dont ils avaient appris à connaître la puissance auprès de Dieu. Avant de recevoir les châsses, le duc de France fit jurer aux seigneurs qu'on n'avait rien soustrait de ces augustes reliques, qu'on n'avait rien déplacé. La chronique de Saint-Valery ajoute que le comte Arnoul vint lui-même à la rencontre de Hugues et que ces deux puissants seigneurs, si longtemps divisés, se réconcilièrent en cette occasion et se quittèrent amis.

La nouvelle de ce retour triomphant des protecteurs de la contrée souleva toute la province. Le peuple accourut des bords de la Somme, des environs d'Amiens, de Rouen et de toutes les campagnes ; on se serait cru coupable d'une grande faute si l'on avait manqué à une fête si solennelle et si impatiemment attendue. Le deux du mois de

Valery et lui prédit aussi que la royauté se perpétuerait éternellement dans sa famille : car le nombre de sept générations en langue mystique signifie l'étendue des siècles. ›

(1) *Chron. Cent. Lib.* III. *Cap.* XXIV.
Arnulfi comitis quaquaversum facta sciatis,
Quae solitus domino fecerat ipse pio.
Istud Richarii lectum qui condidit almo,
Collocavit ei membra pudica sui.

juin 881, Hugues Capet dit à ses soldats : « Allez lentement avec la châsse de saint
» Riquier. Pour moi, tout indigne que j'en suis, je conduirai saint Valery jusqu'à sa
» ville, demain je reviendrai avec vous. » Puis il porta lui-même le glorieux fardeau sur
ses épaules au milieu d'une foule innombrable, et sans attendre, observe la chronique
de Saint-Valery, « que la mer se fût retirée, Burchard et Orland s'engagèrent au mi-
» lieu des flots, en disant : Voyons si nous portons vraiment le corps de saint Valery. »

» Le miracle du passage de la Mer Rouge se renouvela en ce jour. Les ondes de l'Océan
» se retirèrent de part et d'autre et tout le peuple traversa la baie de Somme, comme
» jadis les enfants d'Israël avaient passé la Mer Rouge, en chantant des hymnes au Sei-
» gneur. Quand on arriva à la Ferté, un pauvre infirme nommé Hildegaire, perclus de
» tous ses membres, fut subitement guéri : on lui accorda l'insigne faveur de porter
» la châsse entre ses bras jusqu'au monastère et de rester au service des moines jusqu'à
» sa mort (1). »

Le lendemain (3 juin), Hugues rendait les mêmes hommages à saint Riquier. « O jour
» mémorable, dit l'Abbé Angelran, ô jour dont on ne célébrera jamais assez digne-
» ment les bienfaits ! Quelle heure solennelle que celle où le saint reprit possession de
» notre patrie ! La langue humaine est impuissante à exprimer toute la joie des popu-
» lations. Partout on se précipitait à sa rencontre ; on se prosternait sur son passage,
» des invocations mille fois répétées s'élevaient jusqu'aux cieux. L'illustre duc des
» Francs prit lui-même la châsse du saint et la porta pendant l'espace d'une lieue,
» marchant nu-pieds, le visage inondé de douces larmes. Arrivé à la grande basilique,
» il replaça lui-même le corps du saint Patron de Centule sur son autel, pendant que
» les chœurs des religieux et des clercs chantaient avec le peuple les louanges de Dieu
» et des hymnes d'actions de grâce. (2). »

Il n'est pas permis de passer sous silence un miracle opéré en cette circonstance et
raconté par l'Abbé Angelran et après lui par Hariulfe. On sait que dans cette saison la
campagne est chargée de récoltes, que les tiges du froment et les épis de seigle, sortis de leur gaîne, font espérer au cultivateur une riche moisson. Hugues Capet campa
avec toute son armée et tout le peuple dans les plaines ensemencées, parce qu'on n'aurait pas trouvé dans la ville assez de logements pour une aussi grande multitude ; on
alluma du feu dans le camp improvisé ; on y prépara les repas ; les hommes et les bêtes
de somme s'y reposèrent. La plante fut foulée sous les pieds, broutée, ravagée par les
animaux. Quand le roi se retira, on ne devait plus croire à la moisson. Toutefois les
cultivateurs n'en furent pas attristés ; car ils comptaient sur la protection de leur
patron. En effet, quand vint le moment de couper les blés, la récolte, qui eût été perdue en d'autres temps, fut tellement abondante que les champs, protégés par des haies

(1) *Chron. de S. Walerico.*   (2) *Act. Sanct. ord. S. Ben. Tom.* II. *In Vita S. Richarii.*

ou d'autres clôtures, ne procurèrent qu'un rendement médiocre, en comparaison de celui qu'on obtint des terres bénies par la présence du serviteur de Dieu (1).

On montre dans les plaines qui environnent la ville de Saint-Riquier, du côté Nord-Ouest, un petit domaine appelé encore aujourd'hui le *Camp du Roi*. C'est à peu près l'endroit où, la chronique à la main, on doit rétablir le camp de Hugues Capet. Ce LIEU-DIT serait donc un monument d'un fait historique et par suite d'une impression profonde des contemporains. La mémoire d'un événement célèbre serait écrite sur le lieu même où il s'est passé.

Le premier récit de la vision miraculeuse de Saint-Valery à Hugues Capet est due à l'auteur anonyme de la translation de saint Valery, qui écrivait, disent les Bénédictins, de 1060 à 1065. Il est passé de là dans Hariulfe et dans tous les chroniqueurs de cette époque et des âges suivants, comme Orderic Vital, Guillaume de Nangis, Gervais de Tillebourg, maréchal du roi d'Arles et F. Guillaume d'Anchin (2).

Les annalistes et les hagiographes du xvii⁰ siècle n'ont point attaqué la prophétie de saint Valery ; mais, pour ne laisser rien ignorer au lecteur, nous remarquerons que D. Poirier, au xviii⁰ siècle, la traite de fiction et déclare qu'elle ne mérite aucune créance (3). Le fait de la vision et de la prophétie ne lui paraît avoir exercé aucune influence sur la révolution qui a placé Hugues Capet sur le trône. Le silence d'Angelran, Abbé de Centule, qui écrit quelques vingt années avant le chroniqueur de Saint-Valery, est aussi à ses yeux un argument péremptoire. Toutefois la preuve tirée du silence de l'Abbé Angelran ne serait tout au plus qu'un argument négatif. Le poète de Centule ne s'occupe que de son protecteur et de la translation de ses reliques ; rien ne l'obligeait à rapporter la vision de saint Valery.

Le premier narrateur de la prophétie n'est séparé des événements que par un intervalle de quatre-vingts ans. Peut-on croire qu'une telle imposture ait pu s'accréditer si promptement et si généralement à une distance si rapprochée, sans que les dépositaires des véritables traditions de l'Eglise aient protesté contre ces mensonges ?

Quoiqu'il en soit des circonstances prodigieuses de la translation, le fait lui-même est attesté par des témoignages authentiques, et chaque année, le 3 juin, les moines de Saint-Riquier en célébraient la mémoire par une fête (4).

(1) *Chr. Cent. Lib.* iii. *Cap.* xxiv. — *Angelramni Versus.* — *Acta Sanctor. Ibid.*

(2) *Rerum Gall. Veteres Scriptores. Tom.* ix, *Passim.* Après avoir cité ces auteurs, les savants ajoutent (*Tom.* x, *pag.* 289). « Quam revelationem ab omnibus fere scriptoribus horum temporum relatam, nos hic et alibi omittemus. »

Plusieurs de ces auteurs incriminent l'élection de Hugues-Capet, et cependant ils racontent la vision, avec des circonstances qui prouvent qu'ils citent de mémoire : d'où l'on peut conclure que cette apparition miraculeuse a été connue par toute la France et n'a point été contestée par les contemporains ni par les historiens des siècles suivants.

(3) *Mém. de l'Acad. des Inscript. Tome* iv, *page* 565.
(4) *Acta Sanct. Boll.*— *Martyrol. P. Sollier. Tom.* vi, *Junii,* iii *Junii.*

Le changement de dynastie suivit de près les événements que nous venons de raconter (1).

Humble copiste d'obscurs chroniques, nous n'avons pas à refaire cette grande page d'histoire nationale, ni à résumer les diverses opinions de nos grands publicistes. Notons seulement que Hugues Capet, non content de rendre au monastère de Centule son incomparable trésor, lui donna en même temps un Abbé régulier. Que ce soit avant ou après la translation des reliques de saint Riquier, peu importe ici. Tout renaît avec l'Abbé Ingelard, et ce n'est pas un des moindres bienfaits du magnanime fondateur de la dynastie Capétienne.

Nous ne devons pas passer sous silence, en terminant ce chapitre, un miracle opéré à Centule par les reliques de saint Josse (977). Perdues depuis longtemps par le malheur des temps et la ruine du monastère, où il ne restait pas même un clerc pour chanter les louanges de Dieu, ces reliques furent découvertes vers cette époque. Un paysan nommé Etienne, poussé par une inspiration du ciel, s'en alla fouiller le sol de l'Eglise et mit à jour la châsse de saint Josse. Ce grand événement réveilla la dévotion envers saint Josse et le monastère se releva de ses ruines. De nombreux miracles attestèrent aux peuples que le serviteur de Dieu aimait toujours ces lieux consacrés par tant de souvenirs. Un des plus éclatants eut lieu dans la ville même de Centule. Etienne portait partout le corps de saint Josse pour recueillir des aumônes qu'il destinait à la restauration de la basilique. Il vint à Centule : une jeune fille noble, nommée Bersinde, qui ne pouvait marcher, eut foi au pouvoir du saint : elle s'approcha des reliques et les toucha ; à l'instant même elle fut complétement guérie. Voulant témoigner sa reconnaissance au céleste Médecin, sa mère offrit une riche tapisserie pour l'Eglise de saint Josse (2).

---

(1) « En ce temps-là, si le pape Zacharie contribua à la chute de Childéric III, l'on peut dire que le souffle de *saint Riquier*, dont la dévotion était fort à la mode alors, fit disparaître le dernier Carlovingien. » — *Note manuscrite des archives particulières de M. l'abbé Robert, membre de plusieurs sociétés savantes, qui nous a envoyé divers renseignements.*

(2) Ann. Ben. Tom. IV. Anno DCCCLXXVII.

LIVRE VI.

ABBÉS DU ONZIÈME SIÈCLE.

CHAPITRE PREMIER.

INGELARD, DIX-HUITIÈME ABBE.

(981 à 1020).

Ingelard moine de Corbie élu Abbé. — Ses travaux à Centule. — Son voyage à Rome pour le recouvrement des biens du monastère. — Lettre du Pape aux Seigneurs de la contrée. — Convention avec l'évêque de Liége. — Domaines enlevés au monastère par Hugues Capet. — Les avoués de Saint-Riquier. — Les reliques de S. Vigor à Saint-Riquier. — Principaux faits de sa biographie. — Translation des reliques de S. Mauguille à Saint-Riquier. — Eglise du saint dans le faubourg de ce nom. — Disciples d'Ingélard. — Sa mort. — Son épitaphe.

Des jours meilleurs vont luire sur le monastère de Saint-Riquier. En lui restituant les reliques du glorieux fondateur, Hugues Capet inaugure une ère de restauration. Après avoir si longtemps langui sous des Abbés commendataires, les moines de Centule, soutenus par les exemples et les leçons d'Abbés réguliers que leur doctrine et leur zèle ont rendu recommandables, sentent se ranimer en eux l'amour des austérités et de la perfection religieuse. Leurs phalanges serrées gravissent avec joie les sentiers étroits de la sainte montagne.

Ingélard fut le premier de ces grands Abbés dont la sage administration honore le monastère de Saint-Riquier et même tout l'ordre de S. Benoît. Lorsque Hugues Capet, voyant sa mission providentielle terminée songea à rétablir un Abbé régulier à Centule, sur l'avis de ses conseillers les plus désintéressés, il demanda à la célèbre abbaye de Corbie un pasteur pour ce troupeau si cruellement éprouvé depuis le passage des Normands. L'école de Corbie, florissante au siècle précédent, soutenait encore dans cet âge de fer sa vieille réputation (1) : elle donnait aux églises de la province des saints prélats. L'Angleterre avait même tiré de cette féconde pépinière des hommes habiles dans les lettres et le chant ecclésiastique. Heureux de s'associer à la pieuse inspiration

(1) *France littéraire*. Tom. v, pag. 42.

de Hugues Capet, l'Abbé Rabold, qui gouvernait alors ce grand monastère, jeta les yeux sur Ingélard. Ce jeune moine de grande espérance n'était encore que sous-diacre. Il suivait les cours des belles-lettres ; car on le destinait aux fonctions d'écolâtre. La chronique de Centule observe qu'il était originaire de la province : elle nous laisse cependant ignorer le nom de sa patrie : mais elle ne manque pas d'ajouter que sa noble famille, renommée par ses exploits militaires, allait mettre toute son influence au service du jeune Abbé et lui prêter son concours pour l'œuvre de réparation qu'il était appelé à accomplir (1).

Ingélard fut béni avec les cérémonies prescrites, présenté à Hugues Capet qui lui promit aide et protection pour toutes ses entreprises, et envoyé à Centule avec quelques religieux et une escorte de chevaliers. Quand il fut bien installé, il s'appliqua de toutes ses forces à réorganiser son monastère : il rétablit les cloîtres, non point dans les dimensions qu'ils avaient autrefois, mais « dans la circonscription qui existe encore aujourd'hui, disent Hariulfe et Jean de la Chapelle. Ce qui fut généralement approuvé, et ce qui plut beaucoup à Hugues-Capet (2). »

L'enceinte monastique d'Ingélard, plus resserrée que dans le dernier siècle, a été modifiée sous l'Abbé d'Aligre. Les jardins se sont agrandis aux dépens de quelques rues voisines du monastère; mais les constructions groupées dès lors autour de l'Eglise d'après le plan traditionnel, ont dû subir peu de changements.

L'abbé Ingélard s'occupa ensuite de faire refleurir la discipline. Sous son administration sage et habile, le nombre des moines s'augmenta sensiblement. Les ressources ne lui manquaient pas ; car le monastère avait été richement doté : des métairies, des villages et même des places fortifiées versaient leurs revenus ou leurs redevances féodales dans le trésor abbatial. Toutefois une certaine quantité de ces domaines sacrés avait été usurpée dans les mauvais jours par de puissants seigneurs et il eut à lutter avec énergie pour arracher aux injustes détenteurs ce qu'ils avaient accaparé sans titre légitime. Fort de la protection de Hugues Capet, des privilèges des rois, des seigneurs, des évêques, sur lesquels il fondait les droits inaliénables du monastère, Ingélard demanda qu'on rendît à Saint-Riquier ce qui lui avait été offert par la piété des fidèles, pour le salut des âmes et l'expiation des péchés.

La foi, en ces temps de barbarie, conservait tout son empire : elle parla aux consciences et d'abondantes restitutions récompensèrent le zèle du saint Abbé. Quand il eut compris que les lois immuables de l'équité et les menaces des vengeances divines n'avaient aucune action sur plusieurs seigneurs plus cupides ou plus superbes, il prit en main le bourdon de pèlerin et s'en alla déposer sa plainte aux pieds du Souverain

---

(1) *Chron. Cent. Lib* III. *Cap.* XXIII.

(2) Les moines de Centule avaient conservé, dans le livre de leurs solennités annuelles, la mémoire de la réconciliation du monastère après sa dévastation et la célébraient au mois d'octobre. D. Mabillon, du moins, attribue cette fête à cette époque. *Ann. Bened. Tom.* IV.

Pontife, le dernier refuge des opprimés dans les sociétés vraiment chrétiennes : il exposa l'état de son monastère depuis les invasions normandes, la mission que le roi de France et les seigneurs du pays lui avaient confiée d'un consentement unanime, l'insuccès de ses tentatives auprès de quelques puissants seigneurs : il demanda au vicaire de Jésus-Christ, dans cette nécessité extrême, l'appui de sa suprême autorité et une sentence d'excommunication contre ceux qui persévéreraient dans leur sacrilége attentat (1).

Touché de compassion au récit de l'abbé Ingélard et déplorant avec lui cette longue série de calamités, le pape Jean exauça sa prière et lui remit des lettres apostoliques pour les comtes et les évêques.

Dans la lettre adressée au comte Arnoul, au comte Beaudouin et à sa mère, au vicomte Gotzbert et à Ildiarde, « ses chers fils spirituels », le Pape les exhortait fortement à quitter les voies de l'iniquité et à s'exercer aux bonnes œuvres pour obtenir miséricorde auprès du Tout-Puissant. Il leur ordonnait de rendre, pour l'amour de Dieu, toute la portion de l'héritage de Saint-Riquier ravie à son monastère, et leur promettait pour récompense de cette restitution la bénédiction de S. Pierre et celle de son vicaire : que s'ils résistaient à cette monition, ils les menaçait de l'excommunication, en leur déclarant qu'ils seraient maudits, séparés de l'Eglise et de la communion des fidèles aussi longtemps qu'ils n'auraient pas satisfait aux devoirs que la religion leur impose (2).

Cet Arnoul auquel s'adresse la lettre du Pape était le comte de Flandre que Hugues-Capet força, en 981, de restituer les corps des saints Patrons du Ponthieu. Beaudoin, son neveu ou son fils, devait lui succéder ; c'est pourquoi les mêmes ordres lui sont intimés. Gotzbert et Ildiarde ne sont pas nommés ailleurs dans l'histoire. La domination des comtes de Flandre s'étendait sur l'Artois, jusque sur les bords de la Canche et de l'Authie, peut-être même sur les bords de la Somme, vers Péronne, et sur une partie du Ponthieu, conquise par Arnoul-le-Vieux et non restituée à ses premiers maîtres. Comme les possessions du monastère étaient considérables dans toutes ces régions, leur intervention ne pouvait manquer d'efficacité.

Le Souverain Pontife mandait en outre à Gui, évêque de Soissons, à Foulques, évêque d'Amiens, à Beaudoin, évêque de Thérouane, de venir au secours de l'abbé Ingélard et de le soutenir dans les revendications de ses domaines. Il les priait pour l'amour de Dieu, pour la vénération qu'ils portaient au Prince des Apôtres et à son successeur, de travailler avec lui à la restauration du monastère de Saint-Riquier. Il leur mandait encore qu'après avoir épuisé les moyens de conciliation, ils eussent à envoyer des lettres d'excommunication aux hommes de guerre assez osés pour mépriser leurs monitions (3).

L'abbé Ingélard remit aux comtes nommément désignés les lettres du Pape ; il adressa aux seigneurs d'un rang inférieur les monitoires des Evêques. Cet acte d'auto-

(1) *Chron. Cent. Lib.* III. *Cap.* XXV.
(2) *Chron. Cent. Ibid.*

(3) *Chron. Cent. Ibid.*

rité produisit les plus heureux effets sur les détenteurs des biens du monastère : ceux qui refusèrent d'obéir aux ordres du Saint-Siége encoururent l'excommunication, dont ils ne furent relevés que lorsqu'ils revinrent à résipiscence.

La chronique recule devant l'énumération des possessions récupérées, pour ne pas ennuyer le lecteur ; elle mentionne pourtant Bours et Rollencourt autrefois inféodés, dit-elle, par l'abbé Helgaud, Wavans (1) au même canton, et Bussus, dans le Ponthieu, donné en pension viagère à l'abbé Gerbert (2).

Les églises soumises au monastère et usurpées par les clercs lui furent également rendues, et entre autres Berelle ou Bresle (3), et à ce sujet Ingélard reçut d'Arnoul, archevêque de Reims, une lettre très-flatteuse. Hariulfe la cite toute entière non-seulement pour les sages conseils qu'elle renferme, mais surtout pour l'éloge qu'elle fait de la vigueur de caractère de l'Abbé et de l'énergie de son action (4).

A quelque temps de là Ingélard traitait avec Notker, archevêque de Liége, sur les

(1) Nous traduisons *Guatenat* par *Wavans*, mais sans autre autorité qu'un rapport de nom.

(2) Le récit de ces restitutions, sous un pape du nom de Jean, a occupé quelque peu la critique historique. Quatre papes du nom de Jean ont occupé le siége de Rome de 985 à 1009. Sous lequel de ces papes placer la visite de l'abbé Ingélard ? Est-ce sous Jean XVI qui gouverna l'Eglise de 985 à 996 ? La chronologie concorderait avec la domination d'Arnoul le-Jeune sur la Flandre, avec le règne de Hugues-Capet qui se prolongea jusqu'en 995 Il faudrait, toutefois, qu'Ingélard se fût rendu à Rome aussitôt après l'élévation de Jean XVI, puisqu'on indique la mort d'Arnoul en l'an 985. Mais alors ni Foulques ni Beaudoin n'occupent le siége d'Amiens et de Thérouane.

Les auteurs connus sous le nom de *Rerum Gallicarum Veteres Scriptores* indiquent l'an 993 et corrigent le texte d'Hariulfe, en substituant dans une note le nom de Frameric, évêque de Thérouane, à celui de Beaudoin.

Dirons-nous avec les auteurs du *Gallia Christiana* qu'Ingélard va revendiquer ses droits sous le pape Jean XVIII qui siégea de 1003 à 1009 ? Ces derniers évitent de se compromettre avec le nom de l'évêque de Thérouane : mais on ne sait plus de quel Arnoul il est ici question, ni quel est l'évêque qui est ici désigné sous le nom de Gui, celui de Soissons qui portait ce même nom étant mort en 995. Il nous est impossible de trancher cette difficulté et il serait peut-être téméraire de déclarer ces lettres apocryphes.

Mais le chapitre XXVI où l'on parle de la restitution de Bours et de Rollencourt, inféodés par Helgaud, nous paraît offrir une contradiction évidente avec ce que nous avons exposé dans les chapitres qui concernent Helgaud et Hugues-Capet aux livres précédents Nous devons en conclure que la chronique d'Hariulfe a été remaniée en cet endroit, pour déguiser la fraude que nous avons signalée dans la charte donnée par la chronique sous la date de 843.

(3) Bresle, annexe d'Hénencourt, canton de Corbie Nous avons retrouvé ce nom dans une ancienne énumération des dépendances de la seigneurie d'Arleux près Bray-sur-Somme (l'ancienne *Hasloas* d'Hariulfe. *Lib.* III. *Cap.* xv).

Chron. Cent. Ibid. Cap. xxvi.

(4) En marge de la chronique d'Hariulfe on lit ce qui suit : « Cet Arnoul, archevêque de Reims, était fils du roi Lothaire. Ayant voulu faire passer le royaume des Francs sous la domination des partisans de Lothaire, il fut déposé dans un concile par ordre de Hugues-Capet qu'on venait d'appeler au trône. Ingélard assista à ce concile avec Gotsman, évêque d'Amiens. ».

Le concile, si toutefois on peut donner ce nom à une assemblée de prélats et de seigneurs, se célébra dans l'église de S. Basle de Reims en 991. La déposition d'Arnoul ne fut pas confirmée par le Pape et ce prélat fut réintégré dans ses droits quelques années après. Il tint le siége de Reims jusqu'en 1021 : nous pensons que c'est dans cette seconde période qu'il écrivit à Ingélard cette lettre lauda-

CHAPITRE I. — L'ABBÉ INGÉLARD.

domaines que le monastère possédait dans son diocèse (1). Comme la distance devenait un sérieux obstacle pour la visite de ces possessions, l'abbé de Centule proposa à l'Evêque de Liége de les lui engager ou donner en bénéfice pour vingt ans. On lit dans la charte que l'Evêque, pour une somme de trente-trois livres, prélevées sur le trésor de Saint-Lambert, devait jouir de tous les fruits et revenus pendant toute cette durée : qu'après vingt ans, l'abbé Ingélard ou son successeur rentrait librement dans la possession des biens de l'église de Saint-Riquier, en rendant la somme engagée. Cette convention fut passée à Liége le 28 octobre de l'an 1002 (2).

Dans une lettre écrite quelque temps après, Ingélard, dont la conscience semble troublée par la teneur de ce contrat inusité, adressa quelques recommandations à Notker pour la conservation et le bon entretien de ses domaines (3). L'Evêque de Liége lui répondit cette gracieuse lettre :

« Mon bien cher Abbé, jusqu'ici nous n'avons jamais songé à nous charger la cons-
» cience d'un sacrilége par la possession du bien d'autrui. Dieu nous garde à jamais
» de laisser notre Eglise marquée de la flétrissure de ce crime abominable. Toutefois,
» en considération de votre précieuse amitié, nous voulons bien acquiescer à votre
» demande et vous donner des gages pour la stabilité de notre contrat. Nous faisons
» donc savoir à tous les fidèles de la sainte Eglise, présents et à venir, que le jour où
» la somme de trente-trois livres sera rendue à l'église de Saint-Lambert, celle de
» Saint-Riquier rentrera en possession de ses domaines, sans qu'il soit permis à per-
» sonne de soulever la moindre contestation. Si quelqu'un ose violer cet engagement,
» de l'autorité de Dieu, de la sainte Vierge-Marie, mère de Notre Seigneur, des
» saints apôtres Pierre et Paul, de S. Lambert, martyr du Christ, nous voulons qu'il
» soit frappé d'anathème et coupable de damnation (4). »

tive, dont nous ne comprenons pas le motif, puisqu'elle ne suppose même pas un déni de justice et que le siége d'Amiens n'est pas vacant.
Chron. Cent. Lib. III. Cap. XXX.

(1) Voir l'énumération de ces domaines, aujourd'hui inconnus, au chapitre qui leur sera affecté. Tom. II de cet ouvrage.

(2) Entre autres témoins qui ont signé cette charte, nous remarquons le moine Angelran, successeur d'Ingélard, le moine Duodelin, le chevalier Senart, très-probablement le tenancier du fief Senarmont près Coulonvillers, le chevalier Herbert ou plutôt Hubert dont il sera parlé plus loin et le chevalier Ruethelin.

Notker, évêque de Liége de 972 à 1007 était issu d'une noble famille : on le représente comme un personnage d'admirable piété, d'une singulière érudition pour son temps, d'une rare prudence dans les affaires, d'une grande habileté dans les négociations, d'une immense bienveillance et d'une charité sans borne envers tous.
On l'a quelquefois confondu, mais à tort, avec le célèbre moine de Saint-Gall du même nom.

(3) La lettre de l'abbé Ingélard se terminait par ces vers qui offrent un spécimen d'une mesure poétique usitée à cette époque :

Cunctipotentis	Protegat omni
Dextera Christi,	Tempore sæcli :
Qui miseratus	Sicque pudice
Nostra caduca,	Det tibi totam
Missus ab alto	Ducere vitam ;
Venit ad ima ;	Ut merearis,
Ac pretiosa	Expoliatus
Morte redemit	Tegmine carnis,
Noxia vitæ	Esse cohæres
Crimina nostræ :	Cœlicolarum.
Te, pie Pastor,	

(4) Chron. Cent. Ibid.

On voit par cette correspondance combien la conscience des moines se montre timorée et délicate sur la garde des biens dont ils ont l'administration. A ceux qui oseront leur adresser le reproche de convoitise, nous répondrons qu'ils sont dirigés par un sentiment plus noble et plus religieux : ils ne consultent que les menaces des saintes Ecritures et des Conciles contre les administrateurs infidèles. Pour ne pas être condamnés par le souverain Juge, quand l'heure viendra de rendre compte de leur gestion, ils tiennent à environner le dépôt sacré de toutes les garanties de la prudence humaine. C'est ainsi qu'ils comprennent l'obligation des serments prononcés aux pieds des autels, lorsqu'ils ont été investis par l'Eglise de ce dépôt inaliénable.

Vers le même temps Ingélard fait une précaire du domaine de Méremorte (1), sur les confins du pays de Liége, à un chevalier ou homme de guerre nommé Hubert et à son premier héritier (2).

« Toutefois, ajoute ici Hariulfe, les joies de la terre sont mêlées d'amertume. Ingélard dut à son infatigable activité de récupérer bien des possessions envahies ; mais il fut aussi obligé de donner ou d'engager d'autres domaines qu'on ne contestait pas, soit pour récompenser des services et se concilier l'affection de ses parents, soit pour rendre à la culture des terres stériles et abandonnées, en les cédant à des seigneurs disposés à les faire exploiter par leurs serfs et leurs colons : il faut même ajouter ici que les rois de France s'emparèrent de grands domaines pour y bâtir des châteaux-forts. (3) »

La chronique se plaint assez vivement ailleurs de ces aliénations et semble accuser Hugues Capet d'avoir doté ces nouvelles forteresses de terres et de revenus ravis à la manse du monastère (4). Nous n'acceptons pas ce jugement. D'après ce que nous avons dit plus haut, Hugues Capet s'est montré trop généreux envers les moines pour mériter les reproches que nous lisons dans Hariulfe. Il occupa, il est vrai, comme l'affirme la chronique, les domaines d'Abbeville, de Domart et d'Encre (5). Mais nous croyons à des échanges auxquels le monastère ne perdit rien : Hugues Capet aura su reconnaître le service qu'il demandait à l'Abbé Ingélard.

Il y a, toutefois, dans l'observation de la chronique, un sujet curieux d'étude pour l'histoire du Ponthieu. Sans vouloir l'aborder ici, remarquons seulement, en passant, que Hugues Capet sentait le besoin d'établir entre les états du comté de Flandre, ce voisin si remuant, et les fiefs dépendant de la couronne, des limites qu'on ne put franchir impunément; c'est pourquoi il éleva de distance en distance des châteaux-forts. A la ligne d'Abbeville, Domart et Encre ajoutez les postes avancés de Doullens, Hiermont et Waben, dont on fait remonter la fondation à peu près à la même époque et vous

---

(1) *Matermortua.* Voir au tome II l'article de la *villa* Meremorte, appelé ailleurs Mérimont.

(2) *Chron. Cent. Ibid. Cap.* xxxi.

(3) *Chron. Cent. Lib.* III. *Cap.* xxvii. — Ce chapitre est tronqué, ainsi qu'on peut le conclure et de sa brièveté et de son titre qui n'est pas rempli.

(4) *Chron. Cent. Lib.* IV. *Cap.* xxi.

(5) Voir nos observations sur ces domaines, au tome II de cet ouvrage.

reconnaîtrez un dessein bien arrêté de se garantir d'invasions dont le souvenir est encore écrit dans les ruines qu'on foule partout sur le sol du Ponthieu.

Hariulfe n'assigne point l'époque de cette inféodation des domaines de son monastère ni de l'établissement de ces forteresses avancées. Il faut présumer toutefois, puisqu'il donne à Hugues Capet le nom de Roi, que ce serait après 987. Ce qui nous ferait adopter l'année 990 donnée par Louandre (1), de préférence à celle de 985 indiquée par Formentin (2).

Il est intéressant de lire la chronique de Centule sur cette période de transition : « A
« l'époque où le roi Hugues Capet nous enlevait Abbeville, Encre, Domard, un grand
« nombre de *villas* et des revenus considérables pour entretenir les hommes de guerre,
« notre province de Ponthieu n'avait point de comtes : elle était gouvernée par des
« chefs militaires nommés par le Roi. Autrefois, c'étaient nos Abbés qui portaient le
« titre de comte et étaient chargés de défendre le pays contre ses ennemis ; mais à cette
« époque, ces nouveaux chefs, investis d'un pouvoir précaire, n'étaient pas tous pos-
« sesseurs de châteaux-forts, ce qui permit à Hugues d'Abbeville de s'élever au-dessus
« de ses pairs, prérogatives qu'il dut non-seulement à son union avec Gisèle, fille de
« Hugues Capet, mais aussi aux remparts dont il environna son château d'Abbeville,
« et ce qui lui permit encore d'oser tout ce que son ambition lui inspirait contre ses
« voisins : quand ceux-ci essayaient de l'attaquer ou de résister à ses armes, ils suc-
« combaient facilement, privés qu'ils étaient de refuge et de retraite. Cependant
« Hugues ne porta jamais le nom de comte ; mais il avait le privilége d'être constitué
« l'avoué de Saint-Riquier, ce qui lui assurait un accroissement extraordinaire de
« puissance ; car, sous prétexte de se dédommager des services qu'il rendait comme
« avoué, il usait largement des ressources du monastère et des bras de ses serfs. Son
« fils Enguerrand, qui lui succéda, se contenta aussi pendant longtemps du titre
« d'avoué ; mais ayant tué le comte de Boulogne dans un combat, il épousa sa veuve et
« prit à cette occasion le nom de comte qu'il transmit à ses successeurs (3). »

Cette page de nos Annales, acceptée de confiance par plusieurs historiens, mérite une étude spéciale. Duchesne l'avait sans doute sous les yeux quand il écrivait ce qui suit sur les avoués des monastères : « Hugues, seigneur d'Abbeville, mary de Gisèle de
« France, fille du roi Hugues Capet ; Guilbert, seigneur de Saint-Valery, gendre de
« Richard II, duc de Normandie, et Arnoul I du nom, seigneur d'Ardres, Sénéchal
« du Boulonnais, furent surnommés particulièrement avoués, à cause qu'ils eurent la
« protection des Abbayes de Saint-Riquier en Ponthieu, de Saint-Valery et de Saint-
« Bertin. Tous ces exemples font voir pleinement la sublimité du titre et de l'état des
« avoués (4). »

(1) *Histoire d'Abbeville*. Tom. I, page 113.
(2) *Histoire manuscrite du Ponthieu*.
(3) *Chron. Cent. Lib.* IV. *Cap.* XXI.

(4) *Histoire de la Maison de Béthune*, page 13.
On doit chercher l'origine des avoués des monastères dans la discipline de l'église d'Orient. Ces

Hugues Capet est nommé tantôt Abbé, tantôt avoué de Saint-Riquier : il fut l'un et l'autre pour un temps, sous le nom d'Abbé commendataire ; il paraît tout naturel qu'il ait dans la suite délégué ses pouvoirs et sa mission à Hugues d'Abheville son gendre, et l'un de ses partisans les plus dévoués. Un des successeurs de Hugues dans cette avouerie, Gui, comte de Ponthieu, reconnaît en l'an 1000, dans un acte public, dont se glorifiaient les moines, qu'il tient une grande partie de ses biens de l'abbaye de Saint-Riquier (1).

Toutefois, lorsqu'on voit une Ferté auprès du monastère de Saint-Riquier, aussi bien qu'auprès de celui de Saint-Valery, de puissants châtelains dans les mêmes conditions, il est permis de se demander si vraiment l'avouerie de Saint-Riquier n'était pas constituée à la Ferté et si ce Hugues d'Abbeville n'aurait pas transporté le siége de sa domination dans l'île fortifiée de la vieille *villa* Abbatiale. De nombreux domaines de la Ferté ayant appartenu au monastère dans des temps antérieurs, on serait tenté, en présence de cette affirmation du chroniqueur, de ne pas rejeter son assertion comme invraisemblable, mais à la condition pourtant de réunir sur la même tête l'avouerie du monastère, établie à la Ferté dans l'origine, puis transportée à Abbeville.

Nous laissons à Hariulfe la responsabilité de son dire sur l'origine du titre de comte, qu'aucune donnée historique ne vient appuyer. On nous a conservé la suite des comtes de Boulogne, leurs alliances, leurs principaux exploits ; on ne lit nulle part ce qui est raconté ici. La veuve du comte vaincu par Enguerran ne pouvait lui transmettre un titre honorifique qu'avec sa seigneurie : or il serait impossible de prouver par d'autres historiens qu'au milieu du XI° siècle le comté de Boulogne ait été réuni au Ponthieu et possédé par Enguerran.

défenseurs séculiers des droits des églises abbatiales devaient s'occuper de leurs intérêts temporels, régler leurs différends, les représenter dans les contestations judiciaires, lever leurs bannières en temps de guerre et conduire leurs hommes d'armes au combat.

Pépin et Charlemagne, sous le titre de Patrices, remplissaient l'office d'avoués auprès des souverains Pontifes.

Les avoués étaient ordinairement choisis parmi les seigneurs voisins des monastères. La proximité, les relations sociales, la connaissance des coutumes locales donnaient à ces auxiliaires une haute influence.

La justice et la reconnaissance obligèrent les Abbés à inféoder des terres aux avoués : mais plus souvent ces défenseurs-nés des établissements religieux dissipaient les biens et s'appropriaient les meilleurs revenus, les domaines les plus riches : ils vexaient les moines de toutes manières et perpétuaient par l'hérédité dans leurs familles ces offices révocables à volonté. Les histoires monastiques sont pleines de gémissements et de récriminations contre les avoués. La tutelle royale mit fin à cette institution.

Voici le serment des avoués de Saint-Valery :

« Vous jurez par Dieu, par les Saints qui ici sont « et ailleurs, qui vous peuvent aider, que dorénavant « aurez et porterez bénévolence et loyauté à l'Abbaye, « tous les membres et ses possessions d'icelles et que « leur serez aideur et défenseur en bonne foi à leur pou- « voir contre tous, et envers tous, toutes les fois qu'en « serez requis. L'Abbé prononçait cette formule : les « Princes répondaient : et nous dîmes à l'Abbé que « le ferions contre tous, excepté nos seigneurs liges. » De Vérité. *Histoire d'Abbeville*. Tom. I, page 243.

(1) Guido, Advocatus monasterii S. Richarii gloriosi confessoris, cujus totum fuerat quod patres mei tenuerunt. *Gall. Christ. Tom. X. Appendix*, pag. 299.

La chronique mentionne ici les pairs de Hugues d'Abbeville. On a beaucoup disserté sur l'institution de la pairie que plusieurs auteurs attribuent à Hugues Capet. Sans chercher à scruter ici l'origine des douze pairs de France, question étrangère à nos études, remarquons seulement, pour expliquer le texte de notre auteur, qu'à cette époque on décorait du nom de pairs les vassaux relevant immédiatement d'une même seigneurie, non parce qu'ils étaient égaux à leur seigneur, mais parce qu'ils tenaient leurs fiefs du même suzerain, sous les mêmes obligations de foi, d'hommage, de service de plaid, d'où il suit qu'il y avait autant de pairies dans le royaume que de fiefs mouvants sans intermédiaires d'une même seigneurie, et que ceux qui rendaient hommage aux souverains étaient de plus grands seigneurs que ceux qui relevaient des comtes ou des suzerains d'un ordre inférieur (1).

Au moment où il fut créé châtelain d'Abbeville, Hugues recevait son fief du roi et le tenait en pairie de la couronne comme les autres seigneurs de la contrée. En admettant, ce qu'on peut supposer, que Hugues Capet ait fermé les yeux sur ses empiétements, on s'explique comment il s'est asservi ses voisins et comment, en exigeant leurs hommages, il a pu se déclarer comte de Ponthieu, sans même qu'il soit nécessaire de faire intervenir une alliance avec une comtesse de Boulogne, ainsi que le disait Hariulfe.

Il ne nous appartient pas d'examiner si ce comté de Ponthieu, de création récente, comprenait aussi la ville de Montreuil, dont on connaît les comtes dans les siècles précédents. Ceux qui ont plus sérieusement étudié cette question l'ont laissée indécise, faute de documents (2). Toute la suite de l'histoire nous porte à croire qu'à partir du x° siècle Montreuil n'aurait pu appartenir que passagèrement aux comtes de Ponthieu et que les rois de France avaient conservé sur elle des droits de suzeraineté immédiate. Il y a donc encore bien des pages à réviser dans plusieurs de nos histoires du comté de Ponthieu (3).

Nous avons à raconter ici deux événements mémorables pour le monastère et glorieux pour l'Abbé Ingélard, à savoir l'acquisition des reliques de saint Vigor, Evêque de Bayeux, et la translation des reliques de saint Mauguille dans la grande basilique du monastère.

La conversion des Normands n'avait pas arrêté totalement les incursions et les déprédations des hommes du Nord dans l'Armorique et la Neustrie. Richard, duc de Normandie, encore mal affermi dans sa domination, en appela même quelques bandes à

---

(1) Velly. *Histoire de France*. Tom. I, pag. 102.

(2) Louandre. *Histoire d'Abbeville*. Tom. I, pag. 102.

(3) « Montreuil fut réuni au domaine royal, lorsque Hugues Capet fit fortifier Abbeville, à l'exception du château habité dans la suite par les sires de Montreuil-Maintenay. Hugues Capet y fit bâtir la citadelle de Montreuil et y établit un atelier monétaire. La reine fut reléguée à la citadelle de Montreuil et y mourut de chagrin en 1095. »

M. le Baron de Calonne. *Arrondissement de Montreuil-sur-Mer*, pag. 41.

son secours. Les clers et les évêques de ces provinces si cruellement ravagées s'enfuirent à Paris avec les corps de plusieurs de leurs saints protecteurs et s'y fixèrent jusqu'à ce que la tourmente fût apaisée (1).

« Voulant aussi, dit Hariulfe, soustraire à ces sacrilèges fureurs le corps de S. Vigor, un clerc de Bayeux, nommé Avitien, matriculaire de la cathédrale, emporta avec lui cette précieuse relique, la seule qui eût été conservée dans cette région et restée sans hommage ni vénération : car la ville de Bayeux était ruinée, le culte religieux aboli et tous les lieux saints profanés. Soit qu'il se dirigeât sur Arras, la patrie de l'illustre pontife, soit qu'il errât à l'aventure dans les diverses provinces du royaume, ce qui est certain, c'est qu'il apporta à Centule son incomparable trésor, après avoir recueilli d'abondantes aumônes partout où il se présentait et racontait les miracles opérés par le serviteur de Dieu. »

« Le clerc de Bayeux alla demander l'hospitalité à un habitant de Centule nommé Bernard, son parent, et lui confia sa valise, en le priant de la déposer en lieu sûr, sans toutefois lui faire connaître ce qu'elle contenait. Bernard avait dans l'Eglise un coffre-fort dans lequel il serrait les objets précieux qu'il n'osait conserver chez lui par crainte des voleurs. C'est là qu'il porta la mystérieuse valise. A quelque temps de là, le coffre ayant été ouvert, quel ne fut pas l'étonnement de Bernard, quand il vit tout l'intérieur éclairé d'une lumière éclatante, comme si on y avait jeté une torche ardente ; il recula épouvanté, ne doutant pas que son hôte ne lui eût confié un dépôt sacré ; il se hâta de le questionner. Avitien comprit alors qu'il ne pouvait cacher ce que Dieu avait révélé lui-même et il fit connaître à son parent le but de son voyage et la valeur de son trésor, en le conjurant toutefois de lui garder un secret absolu. Mais que pouvait-il contre la volonté du ciel, qui préparait les moines à un grand événement, en inondant la basilique d'une lumière insolite pendant leurs secrètes et silencieuses prières de la nuit? »

Enfin, le mystère s'éclaircit. Une femme étant venue à l'Eglise pendant les divins offices et se reposant sur le coffre de Bernard dans un moment de fatigue, fut promptement punie de sa témérité et de l'injure qu'elle faisait à la sainte relique : car ses vêtements s'embrasèrent subitement à la vue du peuple, et, chose non moins étonnante, le feu s'éteignit aussitôt qu'elle se fut levée.

« L'Abbé Ingélard, averti de cet incident, prit les informations nécessaires auprès de Bernard. Après avoir interrogé le clerc de Bayeux, il lui représenta que la volonté de Dieu se manifestait par des signes éclatants et que les reliques de saint Vigor ne devaient plus sortir de son monastère ; les présents qu'il offrit à Avitien firent le reste. On plaça très-honorablement le corps du saint Pontife dans la basilique et l'on ne tarda pas à ressentir des effets visibles de sa présence, surtout dans les incendies : car sous le souffle même d'un vent impétueux, le feu s'arrête aussitôt qu'on invoque saint Vigor. Les habitants de Centule peuvent en rendre témoignage, ils l'ont vu et éprouvé, non

---

(1) *Histoire de l'Eglise Gallicane*, en *l'an* 975.

CHAPITRE I. — L'ABBÉ INGÉLARD.

une seule fois, mais en maintes circonstances sur leurs propres habitations. La protection de saint Vigor fut toujours efficace au milieu des incendies les plus désastreux. (1) »

L'historien Herman assigne à cet événement l'an 981 (2). Ce qu'il ajoute, — avec quelque peu d'humeur, — nous prouve que sa chronique est en défaut et qu'il est préférable de fixer à une époque ultérieure le voyage du clerc de Bayeux, c'est-à-dire vers l'an 1000. « Avitien, dit-il, vendit ces reliques à un moine de Corbie, nommé « Ingólard, qui fut depuis Abbé de Saint-Riquier. Ce moine peu scrupuleux, sous « prétexte d'une dévotion plâtrée, mit ces reliques dans son Eglise : simonie mani- « feste, crime énorme, malheureusement trop commun, au x° et xi° siècle. »

La chronique de Centule ne ratifierait pas ce jugement sévère : elle nous fait admirer au contraire les desseins insondables de la Providence, qui de toute éternité avait résolu d'assurer aux peuples du Ponthieu les faveurs de ce nouvel intercesseur. Nous écartons aussi le crime de simonie. L'histoire de cette époque offre tant d'exemples de translations de reliques, de pieuses conquêtes de corps de saints, pour des raisons aujourd'hui inconnues, qu'on ne peut flétrir sans témérité de grands serviteurs de Dieu et des Abbés environnés de la vénération de leurs contemporains.

Nous examinerons, au chapitre suivant, une difficulté soulevée sur l'authenticité des reliques de Saint-Vigor : nous terminons le récit de cette translation en offrant au lecteur l'abrégé de la vie du serviteur de Dieu, dont la sainteté fut manifestée par un grand nombre de prodiges et qui est honoré à Saint-Riquier depuis cette époque (3).

Les meilleurs historiens placent la naissance de Saint-Vigor vers l'an 480, avant l'établissement des Francs dans les Gaules ; il était originaire de l'Artois, où sa famille jouissait d'une haute considération pour sa noblesse et ses vertus chrétiennes (4). On dit qu'un Ange révéla à sa mère dans un songe les hautes destinées de cet enfant de bénédiction et les grâces extraordinaires dont le ciel devait le favoriser. Ses parents,

---

(1) *Chron. lib.* III, *Cap.* XXVIII.

(2) Hermant. *Histoire du diocèse de Bayeux.* Saint-Vigor, page 44 à 54.

(3) La vie de Saint-Vigor a été éditée par Surius (1er novembre), qui l'a extraite d'anciens manuscrits sans nom d'auteur, mais qu'il croit dignes de foi. Baillet, au contraire, conjecture que ces actes ne sont pas antérieurs au xi° siècle et ne veut leur reconnaître aucune autorité. Sans chercher à fixer l'époque de leur rédaction, ce qui nous paraît impossible, nous pensons qu'ils sont antérieurs à la translation des reliques de Saint-Vigor à Saint-Riquier, et comme la tourmente des ix° et x° siècles ne permettait guère de cultiver les lettres, nous remontons au moins au commencement du ix° siècle. On avait alors des traditions non interrompues.

Si cette légende, reproduite par tous les auteurs, ne jouit pas de l'autorité des récits historiques contemporains, du moins elle ne peut être rejetée comme tout à fait apocryphe, quand on considère la puissance avec laquelle le nom de S. Vigor s'est emparé de l'esprit des populations du diocèse de Bayeux.

(4) Le P. Malbrancq n'a eu garde d'omettre la généalogie de S. Vigor ; il lui donne pour père, Vagon, fils de Maurianne, épouse en premières noces de Ragnacaire, roi de Cambrai, et en secondes noces d'Aimeric, comte de Boulogne. S. Vigor aurait ainsi des liens de parenté avec S. Riquier et S. Honoré, évêque d'Amiens : dans cette hypothèse, il serait né vers 510. Comment peut-il mourir en 537, après vingt-trois ans d'épiscopat ?

pour le fortifier contre les scandales du monde, lui donnèrent de vertueux instituteurs (1). Vigor fit des progrès rapides dans les sciences humaines, mais il avança encore plus vite dans ce'le des saints ; il apprit dès ses premières années à mépriser les voluptés de la terre, les séductions de l'ambition. Tout pénétré de la parole du Sauveur qui promet la vie éternelle et le centuple des biens de ce monde, quand on quitte pour lui son père, sa mère, un brillant héritage, le jeune Vigor n'ouvrit son cœur qu'au désir de s'enrichir pour le ciel. Aussitôt qu'on lui proposa de choisir un état de vie, nouvel Abraham, il s'éloigna de sa patrie et de sa famille, sans même examiner de quel côté il dirigeait ses pas : il prit pour compagnon de son pèlerinage terrestre le jeune Théodomir, et dans une fervente prière il demanda à Dieu de le conduire lui-même. Après quelques jours de marche, il arriva en Neustrie, au pays Bessin, et il sentit que le Seigneur l'appelait à travailler au salut des peuples de cette contrée. Il s'établit en un bourg nommé Redevert ou Reviers (2) et il s'y bâtit un oratoire où il passait les nuits en prières, suppliant le Seigneur d'éclairer ces pauvres esclaves du démon, encore attachés à leurs superstitions et aux erreurs du paganisme. Vigor prêcha les vérités évangéliques avec beaucoup de zèle. Le Seigneur donna de l'onction à sa parole et il convertit presque tout ce peuple à Jésus-Christ par ses exhortations, par ses prières et surtout par ses miracles.

Le prodige que nous allons raconter rendit surtout son nom célèbre dans la contrée. Le jeune fils de l'un de ses néophytes tomba malade et mourut. Sa mère, folle de douleur, s'en vint trouver l'homme de Dieu et lui dit en sanglotant : « Si vous êtes un envoyé du ciel, si ce Jésus-Christ que vous nous prêchez est vraiment Dieu, qu'il ressuscite mon fils et nous croirons que vous nous apportez la vérité et le salut. »

Vigor n'hésita point : prosterné la face contre terre, il demanda à Dieu avec une grande abondance de larmes qu'il rendît la vie à cet enfant pour le salut de son peuple. Quand il eut fini sa prière, il dit à la mère désolée : « Femme, pourquoi m'importuner plus longtemps ? Ne vous ai-je pas déjà répété que si vous croyez de tout cœur au vrai Dieu, il vous accordera tout ce que vous lui demanderez ? Retournez donc chez vous auprès de votre fils. » Cette parole apaisa la douleur de la mère et lui rendit la confiance. En approchant de son habitation, elle reconnut son fils qui se précipitait à sa rencontre, en louant Dieu et le Sauveur Jésus qui lui avait rendu la vie, à la prière de son serviteur. Cet enfant vécut longtemps après cette miraculeuse résurrection et jouit constamment d'une parfaite santé.

Quand la renommée de cette merveille se fut répandue au loin, Vigor fut assiégé

---

(1) Les auteurs qui, sur la foi d'anciens bréviaires, racontent que S. Vigor a été élevé au monastère de Saint-Vast n'ont pas fait attention que ce célèbre monastère ne fut fondé qu'en 683.

(2) Canton de Caumont, arrondissement de Bayeux. On a dit que S. Vigor y avait bâti un monastère : aucun monument ne prouve cette assertion.

par des troupes d'aveugles, de boiteux, d'infirmes atteints de toute espèce de maux ; il les guérissait tous par ses prières.

Vers le même temps, un leude du pays, nommé Volusius, vint lui apprendre qu'une forêt voisine était hantée par un monstre ou un serpent dont le souffle empoisonnait l'air et tuait les hommes et les animaux, ce qui répandait une si grande terreur dans le pays qu'on n'osait plus circuler dans ces parages. Le serviteur de Dieu, sachant que pour fouler aux pieds les serpents, les dragons et toute la fureur de la puissance infernale, il fallait être revêtu d'une force d'en haut, passa trois jours et trois nuits dans les veilles, le jeûne et la prière ; puis il se rendit sur les lieux infestés. Il découvrit au milieu de ruines amoncelées et ombragées par un arbre séculaire, les traces du chemin que suivait le serpent, lorsqu'il se rendait à la fontaine. S'approchant alors de la caverne ténébreuse où se réfugiait le monstre, il fit cette adjuration : « Au nom de Jésus-Christ, fils du Dieu vivant, je commande à l'antique serpent, à Satan, de sortir de cette caverne. » A l'instant même parut un monstre d'une longueur démesurée, dont la tête se dressa menaçante vers le ciel et dont la langue fit entendre des sifflements aigus ; mais le regard du saint le foudroya et il vint se coucher à ses pieds aussi paisible qu'un petit agneau ; Vigor fit le signe de la croix, l'enchaîna avec son étole et ordonna à son disciple de le conduire à la mer pour délivrer la contrée de ses fureurs (1).

Le peuple témoin de cette capture si merveilleuse fit éclater sa joie par d'immenses clameurs et vit dans Vigor un puissant libérateur. Volusius, se jetant aux pieds du saint, lui donna le domaine, qu'on nommait Cerisy (2), avec les vingt-cinq villages ou hameaux qui en dépendaient.

Pendant quelque temps Reviers fut le foyer d'où s'échappaient et rayonnaient sur la contrée les bienfaisantes influences de Vigor, signes visibles et avant-coureurs des autres merveilles plus cachées, mais non moins utiles à la religion. Le royaume de Dieu

---

(1) On lit cette remarque dans la description du portail de l'Eglise de Saint-Riquier par Gilbert (page 69). « A droite du spectateur, la deuxième statue représente S. Vigor, évêque de Bayeux, contemporain de S. Riquier — (notons qu'il mourut plus de 20 ans avant la naissance de ce dernier) — qui lui donna l'hospitalité et reçut de lui la lumière de l'Evangile. S. Vigor tient un dragon enchaîné, symbole de l'idolâtrie qu'il contribua à détruire par ses prédications. Il était d'usage parmi les légendaires et les artistes du moyen-âge de représenter toute croyance ou opinion religieuse en dehors du christianisme comme suggestion du démon, sous la figure d'un dragon ou de tout autre animal fantastique. »

Notre légende est bien antérieure au moyen-âge et ne s'accorde guère avec l'explication de Gilbert. Il est permis de contester le fait cité dans la légende ; mais, s'il n'est pas réel, il est emprunté à un ordre de faits qui ont existé dans la nature et qui ont pu être exagérés par la terreur des peuples.

Quelques légendes de S. Vigor parlent de deux autres serpents dangereux, exterminés par ce grand Évêque.

(2) Cérisy-l'Abbaye, canton de Saint-Clair, arrondissement de Saint-Lô, à quatre lieues de Bayeux. On pense qu'un monastère y fut fondé par S. Vigor avant sa promotion à l'épiscopat. Ravagé et détruit par les Normands, ce monastère fut rétabli en 1090. On demanda à Saint-Riquier, sous l'abbé Gervin, des reliques de S. Vigor pour ce monastère.

s'étendait de jour en jour. Les conversions se multipliaient et les populations régénérées par ses prédications marchaient à grands pas dans les voies de la perfection.

A la mort de S. Contest, évêque de Bayeux (514), Vigor fut appelé, par la voix du peuple et du clergé, à gouverner l'Eglise dont il avait agrandi l'enceinte. Le ciel lui-même, d'après le témoignage de S. Antonin, confirma ce choix par de nouveaux prodiges, et un grand nombre d'Évêques s'empressèrent de prendre part à son sacre, désireux de lui prouver en quelle estime ils le tenaient pour ses œuvres admirables (1).

« Ce grand et saint prélat, dit l'historien de l'Eglise de Bayeux, tout éclatant de miracles, fit des biens infinis dans le gouvernement de son diocèse : il n'y avait aucun endroit qui ne se ressentît de ses douces influences et de ses bienfaits : il honora sa dignité par la pratique de toutes les vertus et son industrie à multiplier les bonnes œuvres. Jeûnes, veilles, prières, lectures des saints livres, prédications, il ne négligea rien pour se sanctifier et sanctifier son peuple (2). »

Un jour il conçut la pensée d'évangéliser une portion de son troupeau, endurcie dans le culte de ses idoles : il vint donc au Mont Phænum appelé depuis le Mont Chrismal, à un mille de la ville de Bayeux (3). Il y avait là une statue en pierre que les habitants adoraient comme une divinité. C'est en vain que Vigor s'efforçait d'instruire ces païens forcenés. Sa parole les rendait plus furieux : ils le chassèrent enfin, en l'accablant d'outrages. « Nous resterons fidèles, disaient-ils, au culte de nos aïeux : jamais » nous n'abandonnerons nos dieux. Nous ne t'obéirons point. »

L'homme de Dieu courba la tête sous cette tempête. Mais plus tard il alla trouver le roi Childebert et lui raconta comment tout le pays s'était converti à la vraie foi, sauf les indociles habitants de Phænum qui s'opiniâtraient à garder leurs superstitions. On sait combien Childebert se montra respectueux envers les Evêques, combien il enrichit l'Eglise des Gaules dans cette période de transformation religieuse. Il répondit donc au saint Evêque dont il admirait les vertus : « Votre Sainteté n'ignore pas que cette mon-« tagne, depuis les temps les plus anciens, appartient au fisc royal. Je vous la donne « avec tout ce qu'elle renferme : détruisez-y l'idolâtrie et bâtissez une église. »

L'Evêque se hâte de prendre possession de ce lieu. Les idoles sont renversées ; les autels brisés ; le bois, mystérieux repaire des démons, brûlé. On élève une Eglise en l'honneur de S. Pierre et de S. Paul. Le Mont est consacré à d'augustes cérémonies : il change son nom de Phænum en celui de *Chrismal* ou Chrême, parce que c'est là qu'on devait baptiser les enfants dans la solennité pascale.

(1) Hermant. *Histoire du diocèse de Bayeux. Ibid.* Plusieurs auteurs contestent cette succession des Evêques de Bayeux. Nous n'entrons pas dans ces difficultés chronologiques, étrangères à notre histoire.

(2) Hermant. *Ibid. Vie de S. Vigor.*

(3) Le Mont *Phænum* ou *Phanum* était consacré au culte des idoles. Une statue de pierre représentait le dieu Belus ou même un dieu gaulois : car les auteurs ne sont point d'accord sur ce point. S'il est vrai qu'on cueillait le gui sacré dans le bois voisin, ce serait un indice qu'il y avait un temple des Druides. On changea le nom de Phænum en celui de Chrismal, après y avoir établi le baptistère de la ville.

CHAPITRE I. — L'ABBÉ INGÉLARD.

Les habitants eux-mêmes cédèrent aux inspirations du zèle et de la grâce divine : pour les initier aux mystères du christianisme dans l'endroit même où l'on allait cueillir le gui sacré, on y établit l'adoration de la Croix, la bénédiction des Palmes. et on y porta en procession les reliques des saints. Plus tard les Evêques y vinrent prier, avant de prendre possession de leur siége épiscopal. Saint Vigor voulut même y être inhumé ; un monastère, bâti à l'ombre de son tombeau, le consacra encore plus spécialement à la religion. Le Tout-Puissant y multiplia les merveilles de guérison pour honorer son serviteur et y accorda toutes sortes de grâces spirituelles : ce lieu s'est depuis appelé Saint-Vigor-le-Grand (1).

C'est en l'an 537 que le saint passa à une vie meilleure, le 1er novembre, laissant un grand nombre de disciples formés à la piété par ses exemples et ses leçons. L'Eglise de Bayeux se glorifie d'avoir possédé plusieurs saints Evêques : mais parmi tous ces illustres Pontifes aucun n'est aussi célèbre que S. Vigor. Pour peu qu'on pénètre dans l'esprit des populations, dans leurs institutions religieuses, on sera forcé de reconnaître que son souvenir est le plus populaire, que son culte est le plus répandu. Vingt-deux paroisses l'invoquent comme leur patron, soit dans le diocèse de Bayeux, soit dans d'autres diocèses : il a donné son nom à sept villages et deux monastères ont été fondés pour perpétuer le souvenir de son apostolat par l'imitation de ses vertus.

On ne saurait dire si la translation des reliques de S. Mauguille à Centule précéda ou suivit la réception de celles de S. Vigor. D. Mabillon indique l'an 985, presque le troisième anniversaire du trépas du serviteur de Dieu. Un droit de suzeraineté sur Monstrelet, comme nous l'avons insinué plus haut, laissait aux moines la libre disposition de ce trésor. L'isolement du petit hameau sanctifié par le B. Confesseur, le danger toujours imminent du pillage et de profanation, une plus grande facilité pour les peuples de satisfaire leur dévotion dans une ville déjà fréquentée par un célèbre pélérinage, voilà sans doute des raisons suffisantes pour expliquer cette grave détermination. Nous devons toutefois reconnaître que l'Eglise de Monstrelet ne fut pas totalement dépouillée de son trésor. On y laissa au moins le chef du saint. C'est ce qu'il est permis de conclure d'un fait raconté par les historiens de la bataille d'Azincourt, en 1415. « Adrien de Boufflers, à l'exemple de S. Louis lequel donna au sultan d'Egypte
« la sacrée Hostie avec le Ciboire pour ostage de sa foi, mist aussi entre les mains de
« l'Anglais qui le détenait prisonnier une partie du test de S. Mauguille qu'il avait
« chez soi, dont le corps est en châsse dans l'Eglise de Saint-Valery (lisez Saint-Ri-
« quier), pour gages de sa rançon qu'il vint au plus vite amasser en son pays et l'en-
« voyer en Angleterre, retirant son reliquaire que l'on voit de présent en l'Eglise de
« Boufflers. (2) »

(1) Le monastère de Saint-Vigor-le-Grand, près Bayeux, fut détruit par les Normands et rebâti en 1066 par Eudes, évêque de Bayeux. Nous avons toute raison de croire que la chronique est antérieure à sa première ruine et que les reliques du saint n'avaient pas encore été transportées dans l'Eglise Cathédrale.

(2) De la Morlière. *Les Familles illustres de Picardie*, page 221.

Les restes précieux de saint Mauguille furent apportés en procession à Centule et les peuples, comme c'était la coutume en ces âges de foi, ne manquèrent pas de faire cortége aux prêtres et aux religieux. « On plaça, dit Hariulfe, la châsse dans la basilique de Saint-Riquier, où retentit perpétuellement l'hymne des louanges divines, où reposent beaucoup de saints corps, dont les âmes vivent au ciel. Cependant toute la communauté ne partagea point le zèle de son pieux Abbé. Il y eut dissentiment parmi les moines ; un certain nombre d'entre eux refusa de reconnaître pour des reliques authentiques les restes d'un saint dont la vie n'était pas écrite. Cette pesanteur d'esprit qui n'estime point les choses saintes à leur valeur et cette criminelle jalousie créèrent un tel courant d'opposition, que l'Abbé Ingélard n'eut pas le courage de résister à cette cabale. C'est pourquoi il imagina un expédient propre à concilier tous les esprits. »

« Il y avait, à l'extrémité d'un faubourg de Centule, une petite église édifiée depuis longtemps en l'honneur du saint confesseur. C'est là qu'Ingélard fit déposer la sacrée relique, à la grande satisfaction des détracteurs de l'ermite de Monstrelet. Ceux-ci estimaient que rien n'était plus juste que de lui assigner son Eglise pour demeure, et ce qui leur convenait mieux encore, c'est qu'ils étaient dispensés de le vénérer dans ce sanctuaire étranger et éloigné de leur basilique. Mais Dieu qui abaisse ses regards sur les humbles et se plaît à glorifier ses saints, même les moins connus parmi les hommes, voulut dompter l'orgueil de ces contempteurs par le nombre et l'éclat des miracles. Tant de malades étaient guéris en ce sanctuaire qu'il serait impossible d'énumérer la variété des grâces obtenues. Tel était le concours des fidèles que deux grands échafaudages de bois ne pouvaient suffir pour porter toutes les offrandes en cire, toutes les effigies de tête, de bras, de mains et d'autres membres que la reconnaissance des pauvres infirmes apportait à l'autel. Ainsi l'assistance divine et la confiance des peuples vengeaient le nom de Mauguille du dédain des moines de Centule. »

« La communauté, à ce spectacle, se repentit de sa faute d'irréligion et avoua humblement qu'elle avait confondu une pierre précieuse avec un vil métal. C'est pourquoi on voulut réparer noblement le scandale donné par l'ignorance ou une folle présomption, en rapportant avec une grande pompe la relique d'un saint que la divine sagesse les conviait à aimer et à vénérer. Le corps de saint Mauguille fut donc déposé dans la grande basilique et les cœurs rebelles, vaincus par tant de puissance et de miséricorde, furent plus empressés à visiter ce glorieux ami de Dieu et à l'environner de leurs hommages et de leurs témoignages de vénération. (1) »

On nous saura gré d'emprunter encore à nos chroniques le récit d'un usage touchant, sorte d'expiation de la faute des moines, peinture fidèle des mœurs du temps et du culte solennel rendu à saint Mauguille.

« Le 30 mai, jour de la fête du saint, les habitants de Centule et les fidèles du Pon-

---

(1) *Chron. Cent. Lib.* III. *Cap.* XXIX

CHAPITRE I. — L'ABBÉ INGÉLARD.

thieu avaient la pieuse coutume de porter solennellement ses reliques au lieu même où il s'était immolé chaque jour en perpétuel holocauste à la divine justice. Une grande multitude accourait des villages et hameaux voisins, pour se joindre au sacré cortége et célébrer religieusement sa fête. Les miracles ne manquaient pas à ces pieux pélérinages. Une année les deux cierges, portés sur des chandeliers d'argent devant la châsse du saint, résistèrent à la violence d'un vent impétueux, accompagné d'une averse extraordinaire. Une autre fois, la relique du saint portée sur un champ, qui avait été donné à saint Mauguille, puis usurpé par une sacrilége ambition, s'appesantit tellement que le détenteur du domaine ecclésiastique se vit obligé de confesser sa faute, d'implorer la clémence du serviteur de Dieu et de lui rendre son bien libre de toute redevance (1). »

On voit, d'après ces récits, que même avant la translation des reliques du saint, une petite église avait été bâtie à Centule en l'honneur de saint Mauguille. Cet humble sanctuaire servait de paroisse aux habitants du faubourg et à ceux de Drugy. On retrouve dans la campagne les sentiers foulés par les pieux paysans, lorsqu'ils se rendaient à leur modeste église.

On ne lit nulle part dans les archives que les Abbés de Saint-Riquier aient jamais exercé les droits de juridiction ou de patronage sur la paroisse de Saint-Mauguille, dont la collation appartenait à l'Evêque d'Amiens (2).

Les révolutions, qui ont abattu et démoli tant de sanctuaires, n'ont point dispersé les pierres de l'Eglise de Saint-Mauguille. Elle est debout, depuis plus de huit siècles, au milieu de son cimetière, mutilée, mais pleine des souvenirs de son passé, attestant aux visiteurs qu'elle a protégé plus de vingt générations, reposant dans la paix du Christ, sous le sol de son aire rustique. Le cachet du style roman est encore imprimé sur ses murailles, au milieu des restaurations plus modernes, et l'arc triomphal du chœur semble attendre qu'on y replace l'auguste signe de notre rédemption.

En terminant le récit de ces translations des reliques de saint Vigor et de saint Mauguille, la chronique loue singulièrement le zèle d'Ingélard pour le culte de ces grands serviteurs de Dieu et des autres saints vénérés au monastère. « Ce fut là, dit-elle, son
» refuge au milieu des difficultés qui l'environnaient. Ces généreux patrons, ces avoués
» si puissants lui assurèrent constamment les secours de la divine miséricorde. »

L'étude des belles-lettres avait nécessairement langui à Centule dans les années calamiteuses que nous avons parcourues. L'Abbé Ingélard leur rendit la vie. Par ses sages leçons et l'inspiration de son zèle se formèrent des hommes d'une science vraiment remarquable, rigides observateurs de la règle, ses coopérateurs dans les travaux qui occupèrent sa carrière si pleine devant le Seigneur. Nous signalerons spécialement,

(1) *Patrologie. Tom.* XLXXIV. *Pag.* 1418.
(2) Les seigneurs de la Ferté avaient donné, au XI° siècle, le patronage de l'Eglise de Saint-Mauguille au prieuré de Biencourt-sur-l'Authie, dépendant de Marmoutier. Par suite d'échange, l'Evêque d'Amiens eut plus tard la collation de cette cure.

parmi les disciples d'Ingélard : Angelran son successeur : Gui et Hubert, Abbés de Forêt-Montier : Arnoul, Abbé de Saint-Josse : Gauthier surnommé Grimution, Abbé de Saint-Sauve de Montreuil (1).

Ingélard mourut en 1020 le 4 juin. On lui éleva un tombeau dans l'Eglise. Hariulfe nous a conservé l'épitaphe de ce grand Abbé, restaurateur aussi infatigable qu'intelligent d'un monastère presque anéanti, vigilant défenseur de ses droits méconnus, guide et père, pendant quarante ans, d'une florissante tribu de fervents imitateurs de Saint-Riquier (2).

> Ici, docte Ingelard, ta dépouille mortelle
> Attend qu'au jugement la trompette t'appelle.
> Dans tes veines coulait le noble sang des preux ;
> Le Baptême t'assure un destin plus heureux.
> Des enfants de Benoit tu voulus être frère,
> Et bientôt tu devins leur pasteur et leur père.
> De Saint-Riquier l'Eglise et les cloîtres sacrés
> Sont de ronces purgés et par toi réparés.
> C'est aux nones de juin que la terrestre vie
> Par la commune loi du trépas t'est ravie.

CHAPITRE II

LE BIENHEUREUX ANGELRAN, DIX-NEUVIÈME ABBÉ (3).

(1020 à 1045.)

Premières études d'Angelran à Centule.— Il les continue sous Fulbert, écolâtre, puis évêque de Chartres.— Il est écolâtre au monastère. — Il accompagne le roi Robert à Rome.— Il est élu abbé.—Son administration. — Un voyage à la Cour de Normandie — Contestation sur les reliques de S. Vigor. — Luttes contre les usurpateurs des domaines et transactions. — Miracles au tombeau de S. Riquier. — Infirmités d'Angelran. — Usurpation de Foulques. — Il résigne en faveur de S. Gervin. — Sa mort.

La chronique, en nous proposant cet abbé comme une des gloires de Centule, comme un des hommes les plus distingués de son temps, semble tressaillir d'allégresse et

---

(1) *Chron. Cent. Lib.* III. *Caput* XXIX.

(2) Materiale tuum repetens hic, Abba, quiescis
Ingelarde, tuba revocet dum cælica functos.
Quem mundo genuit Heroum clara propago,
Baptismus Christo per verbum fontis et undam.
Qui Monachus primo, Monachorum Rector abinde,
Richarii sacram Sancti, quam barbarus hostis

Vepribus implerat, reparasti funditus ædem
Fervidus. At quintum volvebat Junius orbem,
Dum tibi communem mors intulit aspera sortem.

(3) On a donné à l'abbé Angelran le nom de *Vénérable*, de *Bienheureux*, de *Saint*. Nous avons cru pouvoir lui donner dans notre histoire celui de *Bienheureux*.

CHAPITRE II. — LE BIENHEUREUX ANGELRAN.

cherche à communiquer son enthousiasme au lecteur. « Notre chère province de Pon-
» thieu, dit Hariulfe, a souvent joui du privilége de posséder des pasteurs recomman-
» dables par leur science et leur sainteté. Elle a donné le jour à S. Riquier, cet astre
» brillant qui a éclairé Centule, qui continue de luire sur sa patrie et de la rendre
» heureuse par sa présence corporelle. C'est elle aussi qui a produit l'abbé Angelran
» d'heureuse mémoire (1), Angelran, dont le nom resplendit partout d'un éclat im-
» mortel et jouit d'une réputation sans tâche (2). »

C'est à Centule même que le B. Angelran reçut la vie. La chronique ne fixe pas l'époque de sa naissance, mais on doit, d'après Jean de la Chapelle, la reporter vers l'an 970. C'est au moment, où le Seigneur jetait un regard de miséricorde sur le monastère et allait mettre fin à ses épreuves, que S. Riquier lui aurait préparé ce pieux héritier de ses vertus, ce fervent propagateur de son culte.

Les parents d'Angelran n'appartenaient pas à la haute noblesse du pays : ils étaient néanmoins de condition libre et surtout très-religieux. Avant sa naissance, le ciel avait annoncé sa haute sainteté par des présages qui mettaient au cœur de son père et de sa mère les plus douces espérances. Un frère aîné, nommé Gui, qui combattait avec lui dans la milice du Seigneur, devint dans la suite abbé de Forêt-Montier (3).

Angelran, dès sa plus tendre enfance, manifesta d'heureuses dispositions. La vivacité de son esprit faisait pressentir qu'il était doué d'une belle intelligence et que, si l'on favorisait son désir insatiable de savoir, il deviendrait, selon une belle expression des livres saints, le temple de la sagesse éternelle. Quand on se fut assuré qu'il n'avait que de l'aversion pour les joies profanes de ce monde et qu'il n'aspirait qu'à se consacrer à Dieu, on le conduisit au monastère et on le revêtit du saint habit de la religion. Les dons de la grâce s'augmentèrent avec les années ; sa vie, féconde en fruits de salut, devint l'ornement de la sainte communauté où il cherchait à vivre inconnu aux créatures. On voyait croître en lui l'humilité, mère nourricière de toutes les vertus, une obéissance sans bornes, une tendre charité pour tous ses frères. Comme son aptitude pour les lettres et les sciences se développaient d'une manière remarquable dans les classes du monastère, il se dirigea, avec la permission de l'abbé Ingelard, vers les écoles les plus célèbres de ce siècle, « semblable, dit la chronique, à une laborieuse abeille qui voltige sur les fleurs les plus fécondes d'un parterre, pour en composer un miel exquis et amasser d'abondantes provisions. »

Le pieux Ingélard aurait pu sans doute diriger Angelran dans toutes ses études ;

---

(1) ANGELRANNUS. Quelques auteurs écrivent en français *Enguerran*. Nous avons adopté l'ancienne orthographe des Bénédictins.

(2) *Chron. Cent. Lib.* IV. *Cap.* I.
Hariulfe ne vivait guère qu'un demi siècle après ce saint abbé. Il nous apprend lui-même qu'il a trouvé sa vie déjà écrite par un autre moine plus ancien que lui ; *cum ejus illustris vita unte hoc tempus a quodam fratre exarata inveniatur.*

(3) Sa biographie appartient à la monographie de Forêt-Montier

mais il était trop absorbé par les occupations et les distractions que lui causaient et la restauration d'un grand monastère et la revendication de ses biens dilapidés. C'est pourquoi voulant assurer l'avenir, il consentit à cette séparation et recommanda son disciple aux maîtres les plus habiles. Après avoir étudié à leur école les arts libéraux, c'est-à dire la grammaire, la dialectique et la musique, Angelran pensa que son éducation resterait incomplète, s'il ne recevait les leçons de l'homme le plus éminent de cette époque, du père et du docteur des évêques et des moines, de l'oracle de la France entière. Il se fit donc le disciple du vénérable Fulbert, alors écolâtre, puis évêque de Chartres. Un enseignement aussi varié que profond lui découvrit les derniers secrets des sciences divines et humaines; car le célèbre maître n'eut rien de plus à cœur que de former un disciple si recommandable; il fut même puissamment stimulé par l'ardeur de ce jeune moine, que ne rebutaient point les aridités de l'étude et qui saisissait si promptement les difficultés de la plus haute philosophie (1).

Dans ces siècles où la foi luttait contre la barbarie, l'Eglise n'avait pas, comme on le voit ici, abandonné sa mission. Les chaires des cathédrales et des monastères ne cessaient de répandre la lumière. C'est donc une insigne mauvaise foi que de flétrir les origines de la France catholique. Fulbert, la lumière de l'Eglise gallicane, qui s'était élevé par son mérite et ses talents, des derniers rangs de la société à la chaire pontificale, attirait de toutes les régions de la France et de l'Allemagne des disciples animés d'un véritable désir de s'instruire : plusieurs ont laissé des souvenirs dans l'histoire de l'Eglise, ont brillé dans l'épiscopat et formé eux-mêmes des écoles célèbres en leur temps. « Comme un grand fleuve, remarque un de ses élèves, répand ses eaux par mille
» canaux, comme le soleil envoie de toutes parts ses rayons bienfaisants, ainsi, ô docte
» Fulbert, vos nombreux et illustres disciples sont allés par tout le monde propager la
» céleste doctrine qu'ils avaient puisée dans vos sublimes leçons (2). »

Angelran quoiqu'il ait enseveli son talent dans un cloître perdu aux confins de la France, ne le cédait en rien à aucun de ses émules en talents ni en vertus. L'abbé Gérard ou Géraud, auteur d'une vie de S. Adhélard, n'hésite pas à déclarer Angelran l'un des hommes les plus savants de son temps et des plus profonds dans les sciences de la philosophie (3). Dans le cours de ses études, le moine de Centule s'appliqua à la versification avec un soin tout particulier. Il composa même en vers héroïques un grand ouvrage à la gloire de S. Riquier, qu'il dédia à son maître par l'ordre duquel il l'avait sans doute entrepris (4).

(1) *Chron. Cent. Ibid.*

(2) *France littéraire. Tom.* VII, *pag.* 263.

(3) *Ibid. — Qui cæteris philosophabatur altius.— In vita S. Adhelardi.*

(4) Angelran était âgé de vingt et un ans, quand il commença son travail poétique : les vers de sa préface l'indiquent suffisamment. S'ils tombent sous les yeux d'un jeune écolier, que le génie de Virgile n'aurait pas encore inspiré, ils pourront peut-être ranimer son courage : car la vraie poésie n'est que le privilége de quelques âmes d'élite ; mais la versification étant imposée en tout temps à

Le premier livre donne un tour poétique à la prose d'Alcuin sur la vie de S. Riquier. Le jeune versificateur, ainsi qu'il le déclare, et comme on peut s'en convaincre, en comparant les deux textes, s'attache scrupuleusement au thème de son modèle, sans rien ajouter ni rien retrancher.

Le second et le troisième livre reproduisent également en vers le récit des miracles de S. Riquier, opérés dans le cours du IX° siècle. Dans un quatrième livre, Angelran fait lui-même l'histoire de la translation des reliques de S. Riquier au X° siècle et des miracles opérés en son temps (1).

Puisque nous avons commencé à parler des poésies de l'Abbé de Centule, ajoutons qu'il mit aussi en vers l'histoire du martyre de S. Vincent et la vie de Ste Austreberte. On lui doit encore de nouveaux chants en l'honneur de S. Riquier « plus mélodieux » que les anciens, dit Hariulfe, et d'autres chants pour les offices de Saint Wulfran et » de Saint Valery. Toutes ces compositions sont perdues (2). »

« Angelran, au témoignage de la *France Littéraire*, n'a pas mieux réussi que les » autres versificateurs de son temps (3). » En effet, son ouvrage n'est guère riche de poésie ; ce n'est en réalité qu'une prose rimée sans invention ni ornements, ce qui rend les vers lourds et pesants. Qu'il nous suffise, toutefois, de signaler ici ces imperfections ; car nous nous abstiendrons de juger les écrivains du moyen-âge d'après nos idées modernes. Quand nous trouvons dans leurs œuvres du talent, de la verve, du sentiment, nous pouvons accuser la barbarie du siècle, mais aussi nous sommes portés à

---

ceux qu'on exerce aux études libérales, les labeurs d'un écolier du XI° siècle lui prouveront que les débuts sont toujours semés d'énormes difficultés.

Vita patris sancti versu descripta Richari,
Ipsius famulus quam sibi composuit
Abba Ingelramnus, necnon miracula plura
Vita acta gessit quæ per eum Dominus.
Sollers, ô lector, quamvis sint schemate vili,
Ne pigeat nostros versiculos legere.
Plurima perpendes fuerunt quæ digna flagellis
Attamen utile in his invenies aliquid.
Cum vitium agnosces, ipse emendare memento,
Utile pertracta quo utilis ipse fias.

La dédicace de son ouvrage nous prouve encore mieux qu'Angelran n'était qu'écolier quand il composa ces vers. S'adressant à Fulbert, Angelran s'appelle *Monachus ipsius scolasticorum vilissimus*. Il le prie de corriger son œuvre : *quod opusculum, tuo labore faciente, confinxi, tuæ correctioni devovi*.

(1) On lit ce vers au commencement de ce livre :

Nunc ego complectar proprius quæ vidit ocellus.

On trouve le premier livre des poésies d'Angelran au second tome des *Acta Sanct. Ord. S. Bened. In vita S. Richarii*, et le quatrième au VII° tome, pag. 569.

Ce dernier livre est aussi reproduit dans les *Acta Sanct. Boll. au 26 Avril*.

Les deux autres n'ont pas été publiés par les savants hagiographes, qui se sont contentés de donner le récit des miracles en prose, croyant qu'il était superflu de grossir inutilement leurs recueils par la répétition des mêmes faits.

(2) *Chron. Cent. Lib.* IV. *Cap.* XI. Jean de la Chapelle. *Chron. Abbrev. Cap.* XXV et XXVII.

Quelques auteurs n'ont pas compris Hariulfe, en affirmant qu'il versifia aussi les vies de S. Wulfran et de S. Valery.

(3) *France Littéraire. Tom.* VII, *pag.* 353.

L'auteur cite cependant avec les plus grands éloges l'école monastique de Saint-Riquier sous les Abbés Ingelard, Angelran et Gervin. — *Ibid. page* 93.

croire qu'ils étaient dirigés par des pensées plus élevées que les nôtres et qu'ils cherchaient avant tout à se faire comprendre par le peuple.

Angelran rentra à Centule dans les premières années du xi° siècle, l'esprit orné des plus vastes connaissances, l'âme inondée des consolations spirituelles que lui apportait son élévation au sacerdoce. La communauté de Centule le reçut comme un envoyé du Très-Haut. Sa science fut pour elle un trésor, une perle d'un prix inestimable ; ses enseignements imprimèrent une nouvelle impulsion aux études : un courant de vie intellectuelle circula plus activement encore dans ce grand corps. On renouvela les livres ; on copia une multitude d'ouvrages qu'on ne possédait plus. Qui sait ce que devint la bibliothèque de saint Angilbert dans les désastres du ix° siècle ? Avant l'invention de l'imprimerie, la perte d'une semblable collection devait être pour longtemps irréparable.

A l'instar de ce qui se pratiquait dans les monastères les plus célèbres, des écoles sont ouvertes non-seulement pour les moines et les novices, mais aussi pour la jeunesse. On distribue la science à tous ceux qui s'en montrent avides. Sous un écolâtre aussi habile, le monastère de Centule recouvra son ancienne renommée de science. Le xi° siècle a rendu justice à Angelran, en lui décernant le nom de sage : *Angelrannus sapiens*. On voit, par cette pompeuse réclame en faveur de notre savant écolâtre, qu'il n'était pas seulement réservé au xiii° siècle de distinguer les savants par des surnoms glorieux. Dans les âges précédents le mérite éminent recevait aussi sa récompense.

En initiant la jeunesse à l'étude des belles-lettres et de la doctrine du salut, Angelran eut la consolation de former un grand nombre d'hommes utiles à son pays et à l'Eglise. Beaucoup de seigneurs de la contrée s'empressèrent de lui confier leurs enfants. Parmi ces disciples d'une haute naissance on nomme spécialement Gui de Ponthieu (1), évêque d'Amiens et Drogon, évêque de Thérouane. Ces deux prélats se félicitèrent pendant

(1) Gui, s'il faut en croire Hariulfe, était fils de Enguerran I, comte de Ponthieu. D'autres auteurs, avec plus de raison, ce semble, le font descendre des comtes d'Amiens et lui donnent pour père Gautier, comte d'Amiens et de Valois.

Hariulfe l'appelle aussi l'ami persévérant du monastère, quoiqu'il ait eu de grands démêlés avec celui de Corbie au sujet des exemptions.

Gui est cité comme un des plus fameux poètes de son temps. Aumônier de la reine Mathilde, épouse de Guillaume-le-Conquérant, il l'accompagna en Angleterre et chanta la conquête de Guillaume sur Hastings. Orderic Vital loue ce poème et ose presque comparer l'auteur à Virgile et à Stace. Guillaume de Jumièges déclare que c'est un poème recommandable (*Non contemnenda carmina*). Cet ouvrage est perdu.

Drogon serait aussi originaire d'Amiens. Evêque de Thérouane, en 1030, il est appelé clerc de l'église d'Amiens par les auteurs du *Gallia Christiana*, et moine de Sithiu par D. Mabillon. On lui a attribué des ouvrages appartenant à des moines de ce nom, qui avaient fait profession à Saint-Winoc et à Bruges. « Gui, évêque d'Amiens, dit Pagès (*Mémoires, tom.* 1, *pag.* 179), fit agrandir la chapelle de S. Martin et y ajouta un chœur. Dans le même temps, Drogon évêque de Thérouanne, son intime ami, dès sa plus tendre enfance, faisait construire celle de Saint-Nicolas. Ces deux prélats, pour laisser à la postérité des preuves authentiques de leur amitié, firent joindre la croisée des deux bâtiments par une même maçonnerie ; ce qui donna lieu d'appeler celle que Guy faisait bâtir: L'Eglise de Saint-Martin-aux-Jumeaux. »

CHAPITRE II. — LE BIENHEUREUX ANGELRAN.

toute leur vie d'avoir été formés par un maître aussi sage et lui témoignèrent leur reconnaissance dans leurs poésies. Ajoutons à ces noms vénérés celui de Gui, Abbé de Forêt-Montier, le propre frère d'Angelran.

Hariulfe suppose qu'Angelran était encore à l'école de Chartres, en 1016, à l'époque où Robert entreprit le voyage de Rome (1). Cette assertion ne nous paraît pas s'accorder parfaitement avec la suite des faits. Ainsi, en 1005, Angelran accompagna l'Abbé Ingélard à Liége et signa après lui le contrat passé avec l'évêque de Liége. En 1007, il apposa aussi sa signature sur la précaire de *Meremorte* (2). Ce serait, ce semble, un honneur excessif pour un jeune religieux, dont les études ne sont pas terminées. Ces actes publics où son nom est associé à celui des comtes, des archidiacres des hauts dignitaires nous indiquent la position importante qu'il avait déjà dans le monastère.

S'il est vrai, comme on le lit dans une histoire locale (3), que Robert vint en Ponthieu, en 1015, et qu'il fit un long séjour à Centule, on s'expliquera facilement comment il connut Angelran, le demanda pour l'accompagner dans son voyage de Rome et lui offrit une place honorable dans le cortége d'évêques et de moines dont il s'était environné, pour se présenter avec plus de pompe devant le vicaire de Jésus-Christ.

Dans son pélerinage au tombeau des saints Apôtres, Robert, dont on connaît le zèle pour le culte divin et la majesté des saints offices, se proposait d'examiner avec soin ce qui se pratiquait dans les basiliques de Rome, la mère et la maîtresse de toutes les églises ; c'est pourquoi il avait choisi, entre autres compagnons, des personnages d'une science consommée. Bientôt le pieux roi apprécia Angelran et découvrit les richesses cachées dans cette âme si admirablement douée des dons du ciel. Les discours du savant moine lui gagnaient les cœurs: on admirait l'élégance de sa parole, la gravité de ses mœurs, la sainteté de sa vie. « On fit même, dit Hariulfe, une remarque

---

(1) L'on ne s'accorde, dit Mabillon, ni sur l'année ni sur les causes de ce voyage. Il faut choisir entre 1016 et 1020. On ne peut le reculer au-delà de 1021.

Les auteurs du *Rer. Gall. Vet. Script.* (tom. x, pag. 166, 194, 432), opinent avec plus de probabilité pour l'année 1016.

A l'occasion de ce voyage Jean de la Chapelle (*Chron. abbrev. pag.* 65) rapporte ces particularités sur le roi Robert. « Ce roi fut un grand clerc et un lettré. Aux fêtes solennelles il conduisait le chœur de l'église de St.-Denis avec trois religieux. Il était également bon orateur et parfait musicien. Il composa les paroles et le chant des séquences de la Pentecôte, le répons de la Nativité : *O Juda et Jerusalem*, le répons des martyrs : *Concede nobis* : de saint Pierre : *Cornelius*. Ce dernier motet fut déposé par lui-même sur l'autel de S. Pierre dans son église de Rome. Robert portait le sceptre royal, quand il chantait à l'église et une couronne d'or sur la tête.

Un jour sa femme Constance lui demanda en riant de composer un chant à sa louange. C'est à cette occasion qu'il fit le répons : *O Constantia Martyrum*, pour la fête de S. Denis et ses compagnons. La reine qui ne connaissait pas le latin crut qu'il était réellement question d'elle dans ce répons.

Robert envoya à Ingélard toutes les pièces écrites de sa main, en témoignage de sa grande amitié pour lui.

Un jour son oncle, l'empereur Othon, voulut le plaisanter en l'appelant *le Chantre*. Robert ripostant en lui disant *un âne inutile*. Cette réponse piqua Othon qui en garda du ressentiment, mais pour peu de temps.

(2) *Chron. Cent. Lib.* III. *Cap.* XXXI.

(3) Formentin.

« qui mérite d'être consignée dans cette histoire, c'est que pendant tout le voyage,
« soit pour la récitation des divins offices, soit pour ses conférences avec le roi, il n'eut
« jamais besoin de livre. Est-ce vraiment possible? c'est aux hommes d'étude et non
« à de petits esprits à se prononcer sur cette question. » (1).

Les honneurs terrestres furent offerts au savant écolâtre de Centule pendant ce voyage mémorable, mais il les dédaigna pour suivre ses études chéries ; il rentra avec joie dans cette cellule qu'il avait promis d'habiter jusqu'à sa dernière heure, en déclarant qu'il préférait son cher monastère de Centule à toute la gloire humaine.

Mais ce que Robert ne put obtenir d'Angelran, la volonté de ses frères le lui imposa après la mort de l'Abbé Ingélard. La plus saine partie de la communauté l'appela à gouverner le monastère. Il aurait en cette circonstance volontiers ratifié les désirs de quelques moines, plus préoccupés des droits de la noblesse que de ceux du vrai mérite ; on ne lui accorda point cette dangereuse consolation.

Non-seulement le roi Robert confirma l'élection; mais s'il faut en croire la chronique, il voulut lui-même présider la cérémonie de l'installation. Il ne fallait pas moins que la pression de l'autorité royale pour obliger l'humble moine à courber la tête sous le fardeau du gouvernement des âmes : car, à la nouvelle de sa nomination, il s'était enfui du monastère et caché dans les bois d'Oneux. C'est là, dit-on, que les hommes envoyés à sa recherche le découvrirent. On le ramena au milieu des siens et Robert l'investit de la dignité abbatiale, en lui faisant toucher la corde des cloches.

C'est à tort que plusieurs écrivains remarquent que c'est le premier exemple de ce mode de prendre possession d'une abbaye. En consultant les actes du temps, on verra que cette cérémonie n'était pas nouvelle ni inusitée, puisque Gérard, Evêque de Limoges, touche aussi la corde des cloches en 1013 (2). Nous la retrouvons encore aujourd'hui dans l'institution canonique des Pasteurs.

A cette époque, un Abbé n'avait pas seulement juridiction spirituelle sur un monastère, mais aussi juridiction temporelle sur toutes les possessions qui en dépendaient ; ce qui le faisait seigneur féodal et l'obligeait à rendre hommage au roi. En déclarant que Robert conduisit Angelran à l'église, avant qu'il eût reçu la bénédiction abbatiale et l'investit, à la vue des seigneurs et du peuple, du pouvoir de gouverner tout le monastère (3), la chronique ne se doute pas qu'elle soulève la redoutable question des investitures, si vivement débattue depuis entre les deux puissances et qu'elle la tranche en faveur du roi. Nous nous garderons bien de la suivre sur ce terrain. On sait du reste que l'Eglise a prononcé et nos lecteurs connaissent sa décision.

La vie d'un saint Abbé, si pleine devant Dieu, est souvent ingrate pour l'histoire. Ses journées sont consacrées à diriger une communauté dans les voies du salut, à encourager les faibles, à réprimer les négligents, à célébrer les louanges de Dieu, à initier

---

(1) *Chron. Cent. Lib.* iv. *Cap.* ii.   *pag.* 153.
(2) *Rerum Gallicarum Veteres Scriptores. Tom.* x,   (3) *Chron. Cent. Ibid.*

CHAPITRE II. — LE BIENHEUREUX ANGELRAN.

de jeunes frères à la connaissance des belles-lettres, quelquefois à lutter contre la cupidité des seigneurs voisins pour la défense des intérêts sacrés du monastère. S'il arrive que les chefs de ces petits états soient mêlés aux divers événements dont on conserve le souvenir, ce n'est qu'une exception, un accident dans la vie monastique, peut-être même une triste nécessité amèrement déplorée par les hommes de Dieu : on comprendra par cette observation qu'un grand Abbé peut passer inaperçu dans l'histoire du xie siècle, quoiqu'il ait habilement administré et qu'il ait joui de la considération de ses contemporains pour ses talents et son angélique piété.

Des vers qu'on attribue à Gui, évêque d'Amiens, élève d'Angelran, et qui accompagnaient l'épitaphe du saint Abbé, résument en peu de mots tout ce qu'il fit pour son monastère pendant vingt-cinq ans.

Il a bâti dans la ville de Saint-Riquier l'église de Saint-Vincent et celle de Saint-Benoît : il a réédifié celle de Notre-Dame : il a créé une infirmerie pour y soigner les malades : il a renouvelé tout le parvis de la grande basilique de Saint-Sauveur et Saint-Riquier : il a offert à Saint Pierre une belle table d'autel. On lui doit deux encensoirs en argent, un magnifique calice avec une large patène, destinée à porter les offrandes, outre celui dont il se servait lui-même pour l'adorable sacrifice, une chappe et trois tapisseries d'un très-grand prix. Le livre des Evangiles et la vie de Saint Riquier furent revêtus de lames d'argent massif : l'épistolier et l'évangéliaire, d'une couverture d'argent. On ne saurait compter les livres qu'il a renouvelés ou qu'il a écrits lui-même. Il recouvra ou racheta, après des luttes redoutables, les terres usurpées, comme Noyelles, Gapennes, Drugy, les églises d'Yvrench, de Friaucourt (1), de Roquemont (2), de Surcamps (3). L'élève reconnaissant de cet illustre Abbé se sent incapable de louer bien d'autres bonnes œuvres que Dieu seul connaît. Mais il ajoute que c'est par ces nobles travaux qu'il a mérité le royaume des cieux. (4)

On trouve dans la biographie d'Angelran le récit de quelques voyages qu'il entreprit pour sauvegarder les intérêts de son monastère. Ainsi, en 1022, il renouvelle, à Liége même, avec Durand, évêque de cette ville, les contrats qu'Ingélard avait passés avec Notker, quelques vingt ans auparavant (5).

---

(1) Faubourg de Saint-Riquier.
(2) Village perdu, aux environs de Domart.
(3) Canton de Domart.
(4) *Chron. Cent. Lib.* iv. *Cap.* xvii.
(5) L'histoire a conservé un souvenir bien intéressant de la vie de ce Durand, Evêque de Liége. Pauvre serf de Godescalc, prévôt de l'église de Liége, affranchi pour ses rares qualités, Durand fut élevé à la cléricature et plus tard appelé par le Chapitre à occuper le siége épiscopal de cette église, en même temps que son seigneur et maître y était nommé par l'empereur. Les deux prétendants s'étant rencontrés et s'étant confié leurs nouvelles destinées, il y eut en ce moment une lutte non d'ambition, mais d'humilité. Le maître voulut commander une nouvelle fois à son esclave et ce fut pour lui imposer la charge pastorale. Au jour de l'installation, Godescalc allait faire hommage à son évêque, mais celui-ci se leva et déclara que jamais le maître ne courberait le genoux devant son esclave. C'est deux ans après l'élévation de ce prélat qu'Angelran alla renouveler les anciennes conventions.

Les noms des possessions seront indiqués au chapitre des domaines de notre tome ii.

Remarquons, à cette occasion, que depuis cette époque il n'est plus question de ces possessions dans le cartulaire de Saint-Riquier. On peut conjecturer de ce silence que les Abbés ont conservé leur prêt et abandonné la terre, ce que la convention permettait et avait prévu.

En 1023, d'après les calculs des meilleurs chronologistes, notre Abbé remplit une mission auprès de Richard, duc de Normandie. Après avoir traité les affaires qui le conduisaient à Rouen, il prit la confiance de demander au prince quelque offrande pour son église. L'histoire loue la générosité du duc Richard et l'a surnommé le père des clercs et des moines. Ce prince n'eut garde de rejeter la prière d'un Abbé qu'il voyait si zélé pour les intérêts de l'ordre monastique. On lit dans une charte : « que Richard lui donna l'église d'Equemauville (1) en aumône (2), à la condition d'entretenir à perpétuité un moine qui s'engagerait à prier pour le père du duc, pour sa mère, pour le duc lui-même, pour son épouse et ses enfants ; qu'à partir de ce jour toute la famille de Richard serait agrégée à la communauté des moines et deviendrait participante de toutes ses bonnes œuvres. Une sentence d'excommunication fut prononcée par l'archevêque de Rouen et les évêques présents à la cour contre ceux qui oseraient violer ces engagements sacrés (3). »

A cette donation territoriale, Richard ajouta une riche chasuble de soie cramoisie, et Robert, archevêque de Rouen, une belle chappe, qu'on possédait encore au temps d'Hariulfe et dont on se servait aux grandes solennités.

Jusqu'à ce jour, on ignorait au monastère de Centule les principaux faits de la vie de saint Vigor. Le clerc Avitien avait seulement déclaré que c'était un évêque de Bayeux, mais il ignorait l'histoire de sa vie. Angelran profita de ce voyage pour demander aux moines de Saint-Ouen et aux clercs de la ville de Rouen s'ils connaissaient saint Vigor. Ceux-ci furent bien surpris d'une question, qui témoignait d'une profonde ignorance dans un Abbé si célèbre par son érudition, et ils se mirent à lui

---

(1) *Scabelli-Villa*, aujourd'hui Equemauville, canton de Honfleur, département du Calvados.

(2) *Eleemosyna*, don irrévocable pour bonnes œuvres, tout différent de la concession des fiefs qui imposaient des devoirs et pouvaient être confisqués.

(3) *Chron. Cent. Ibid. Cap.* iv.

La charte portait les sceaux de Richard, marquis, de Robert, archevêque de Rouen, de Gonnord leur mère, de Judith, de l'enfant Richard, de l'enfant Robert, de Mauger.

On date cette charte du 11 des ides de mars, mais on n'indique pas l'année ; il faut la rapporter au plus tard à l'an 1023.

Les généalogistes soulèvent de grandes difficultés sur cette charte : ils donnent à Richard quatre fils, issus de deux mariages. Judith, la première épouse de Richard, fut mère de Richard et de Robert; Papie, la seconde épouse est mère de Mauger et de Guillaume, comte d'Arques. Comment, disent-ils, faire figurer sur la charte le nom de Mauger, qui ne peut être né du vivant de Judith ? Mais qui nous assure que ce Mauger est le fils de Papie ? La charte ne l'indique pas : ce peut être un autre prince de la cour, ou un fils de Richard, mort en bas-âge, dont un frère puiné aura reçu le nom.

Ce qui est plus sérieux, c'est que, d'après les meilleurs chronologistes, Judith serait morte en 1017. Aussi nous n'oserions soutenir l'authenticité de cette charte du duc Richard.

raconter la vie du saint et son épiscopat. Angelran les pria alors de lui prêter la légende du serviteur de Dieu, pour qu'il en tirât une copie. Quand il eut terminé son travail, il leur dit : « Vénérables frères, sachez que le corps de saint Vigor repose dans « le monastère de Monseigneur Saint Riquier, à Centule. — Très-révérend père, lui « répondirent les moines, il y a un signe infaillible pour reconnaître la vraie relique « de saint Vigor, c'est l'absence du menton que nous possédons ici, par la grâce de « Dieu. » Angelran ne manqua pas, à son retour, d'examiner si le chef du saint évêque était privé du menton ; il reconnut ainsi que les moines de Saint-Ouen lui avaient donné une preuve irréfragable de l'authenticité de la relique. Il apprit également, par cette légende, que saint Vigor était passé à une vie meilleure le premier jour de novembre. La solennité de la Toussaint nouvellement instituée mettant obstacle à la célébration de la fête, on la fixa au lendemain, le 2 novembre (1).

Hariulfe nous insinue ici que la possession des reliques de saint Vigor était disputée à son monastère par les chanoines de Saint-Frambourg de Senlis. Il existe en effet des documents anciens qui revendiquent pour la collégiale de Senlis ce précieux trésor. On cite notamment une charte ou un écrit de Louis le Gros, en 1135, qui donnerait gain de cause à ceux qui l'ont produit, s'il était authentique.

Ego Ludovicus, Dei misericordia in regnum Francorum sublimatus, Pastorum memoriæ commendari dignum duximus, quod tempore Petri venerabilis Sylvanectensis Episcopi corpus Beati Vigoris, Baiocensis Episcopi et confessoris, multas etiam sanctorum reliquias in mausoleo isto reponi fecimus, anno ab Incarnatione Domini MCXXXV, *Regni nostri* XXVII, *Ludovico juniore filio nostro in regem sublimato anno tertio* (2).

Cette charte, extraite d'une lettre d'un doyen de Saint-Frambourg, écrite le 28 septembre 1703, présente des caractères si insolites qu'elle nous paraît se réfuter par elle-même.

1° Elle n'a point d'autre date que la vague indication de l'année.

2° Louis-le-Jeune, en 1135, était déjà entré dans la quatrième année de son règne : car il fut sacré au concile de Reims, en octobre 1131. Quelle singulière expression que, *Ludovico Juniore*, dans la bouche de son père ! Louis parle comme l'histoire.

3° *Ego L. reponi fecimus* ! Depuis quand la reconnaissance des reliques est-elle attestée par l'autorité séculière, sans la signature d'aucun Evêque ?

Mais une raison péremptoire de la fausseté de cet écrit, inséré dans la châsse avec le scel royal, nous est fournie par les chroniques de Saint-Riquier. C'est, dites-vous, sous Louis le Gros, en 1135, que le corps de saint Vigor a été placé, à Senlis, dans une châsse, par ce monarque. Or, long-temps avant 1135, sous l'Abbé Ingélard, et du temps de Richard, duc de Normandie, mort en 1026, ce monastère est déjà en possession des reliques de ce saint. Elles ont été apportées à Centule vers l'an 1000, époque de la fondation de la collégiale de Saint-Frambourg.

(1) *Chron. Cent. Lib.* IV. *Cap.* V.   (2) Hermant. *Histoire du diocèse de Bayeux.*

Le doyen de Saint-Frambourg parle de deux reconnaissances de reliques de son Eglise : l'une, en 1177, et l'autre, en 1658. La charte de la première reconnaissance, copiée dans la *Gallia christiana*, ne mentionne pas celles de saint Vigor. On dit cependant quelque part qu'une note, écrite de la même main, ajoute ces mots : *Vigoris Bajocensis Episcopi et Confessoris.*

C'est dans la reconnaissance de 1658 qu'on lit ce qui suit : « En la neuvième châsse, « ils ont trouvé le prétieux corps de saint Vigor avec un écriteau en parchemin auten- « tiqué d'un grand scel de cire jaune auquel est empreinte une effigie en estat royal « et autour ces mots : LUDOVICUS DIVINA GRATIA REX ; et l'écriteau porte ces mots : « *Ego Ludovicus, Dei misericordia,* etc. »

« Tout cela, remarque un membre du comité archéologique de Senlis, consulté par « M. l'Abbé Corblet sur cette question, ne constitue pas une preuve irréfutable et ne « répond pas aux affirmations de l'Abbaye de Saint-Riquier (1). »

Nous acceptons cette conclusion et nous croyons, quoi qu'en dise plus loin le docte archéologue de Senlis, que les moines de Saint-Riquier possédaient le véritable corps de saint Vigor.

Nous reconnaissons, du reste, avec l'historien du diocèse de Bayeux, que le monastère de Saint-Riquier n'a jamais eu toutes les reliques de saint Vigor. La cathédrale de Bayeux, les Eglises de Saint-Vigor du Pont-de-l'Arche, de Saint-Mellon de Pontoise, de Saint-Cyprien de Poitiers, de Saint-Leufroi au diocèse d'Evreux, les Abbayes de Saint-Wast d'Arras, et de Saint-Pierre-de-Préaux, au diocèse de Lisieux, gardaient précieusement des ossements du saint Evêque de Bayeux (2). De quelque part que ces reliques aient été reçues ou envoyées, nous n'avons pas à en contester l'authenticité.

Revenons à l'histoire de notre monastère. On sait toutes les luttes de l'Eglise à cette époque contre la puissance séculière pour sa liberté et l'intégrité de ses domaines, pour la défense des opprimés. On mettait la main sur les biens consacrés au Seigneur, on dépouillait le pauvre peuple et on le laissait en proie à une affreuse misère. L'âme bonne et généreuse du magnanime Abbé se révoltait à la vue de ces excès : il cherchait à arrêter ces barbares oppresseurs de ses colons et de ses serfs. Mais on lui résistait et plus d'une fois il sentit la pointe acérée du glaive. Il accepta le combat et ne recula devant aucune attaque : car il aurait volontiers sacrifié sa vie pour son Eglise de Centule, pour ses possessions sacrées et la conservation de ceux dont il devait répondre devant Dieu.

L'un de ces nobles vassaux, nommé Hubert, exerça surtout sa patience. Quelques-uns de ses parents tenaient en fief une *Villa* de Saint-Riquier, nommée Noyères (3), et

(1) Voir *Hagiographie de M. l'Abbé Corblet*. Tom. IV, pag. 662.

(2) *Ibid. Pag.* 661. Nous donnerons, au chapitre de l'Eglise de Saint-Riquier, l'énumération des reliques de saint Vigor, qui y sont conservées.

(3) Aujourd'hui Noyelles-en-Chaussée (canton de Crécy). Jean de la Chapelle remarque que ce domaine avait été remis aux parents d'Hubert comme gage d'un prêt. *Chron. Abb. Cap.* XXVI.

CHAPITRE II. — LE BIENHEUREUX ANGELRAN.

en usaient comme de leurs francs-alleux. Aux remontrances de l'Abbé, Hubert ne répondait que par des menaces. Impuissant à vaincre cette injuste occupation, Angelran s'arma contre les usurpateurs du bouclier des lois divines et humaines et porta la cause devant le roi. Le bon droit triompha à ce tribunal et les grands du royaume statuèrent que le village de Noyères serait rendu à l'Eglise de Saint-Riquier.

« Mais à quels excès, ajoute ici la chronique, la cupidité entraîne les puissants de la terre ! Le roi Henri, après avoir solennellement condamné Hubert, garda pour lui le domaine usurpé et en perçut les revenus pendant cinq ans. Comme l'Abbé dépossédé ne cessait de lui faire des représentations, la crainte des jugements de Dieu toucha enfin son cœur et il rendit Noyères à son véritable seigneur. »

Une charte royale a consacré cette réparation tardive, mais efficace. Après avoir flétri l'injuste possession de Hubert et de sa famille, le roi, dans cette charte, avoue ses propres torts, en reconnaissant qu'il a joui de ce domaine pendant cinq ans, sans écouter la voix de sa conscience : il cède enfin aux exhortations de l'Abbé, aux prières d'Enguerran, comte de Ponthieu et avoué du monastère, et aux sérieuses réflexions que lui inspire le soin de son salut : il rend à saint Riquier son domaine : il stipule en outre que l'avoué n'aura aucun droit sur cette terre et qu'il ne lui imposera aucune exaction arbitraire. Enfin, pour empêcher ses successeurs de résilier cette donation, le roi prie Hezelin, Évêque de Paris et tous les évêques qui l'accompagnent d'y donner leur sanction, en prononçant une sentence d'excommunication, qui frapperait l'Abbé lui-même, s'il pouvait jamais, par une coupable faiblesse, exposer le Roi au péril de récidive (1).

Cette charte, revêtue du sceau royal, porte la troisième année du roi Henri et répond à l'an 1035 (2).

On représente, en d'autres chroniques, cet Hubert dont il est ici question, comme un fléau du monastère, dont le ciel lui-même se chargea d'arrêter les violences. Un des vassaux de saint Riquier, étant tombé entre ses mains, fut jeté dans un cachot, en haine de l'abbé, chargé de chaînes, roué de coups et presque laissé pour mort : mais le saint patron du monastère vint à son secours et le délivra miraculeusement. A quelque temps de là, Hubert fut condamné par sentence royale à la peine capitale et exterminé

---

(1) *Chron. Cent. Lib.* IV. *Cap.* VII.
La charte se termine par ces paroles . *qui deinceps infregerit ista, cum Dathan et Abiron fiat ei anathema maranatha.*
Cette dernière expression est un mot syrien qui signifie : *le Seigneur vient.* Sorte d'imprécation qui se lit dans les chartes de cette époque.
Rerum Gallicarum Veteres Scriptores. Tom. x, *pag.* 570.

Cette charte donnée par le roi Henri ne porte pas sa signature, mais celles d'Angelran et de plusieurs moines, du comte Enguerran et de Hugues son fils, de Godefroy, vicomte probablement de Pont-Remy, d'Oylard, etc.

(2) Elle porte la date de MXXXV, la IIIᵉ année du règne de Henri, bien que les chronologistes le fassent succéder à son père, en juillet 1031.
Hezelin occupa le siège de Paris de 1031 à 1061.

avec toute sa race. Ce fut justice, ajoute l'auteur de ce récit ; l'odieux persécuteur du saint Abbé ne pouvait terminer sa vie par une mort paisible (1).

Enguerran, comte de Ponthieu, dont il a été parlé plus haut, était fils et successeur de Hugues, gendre du roi Hugues-Capet. Il donna au monastère le domaine de Conteville (2), à la condition de le tenir lui-même en fief de l'abbaye pour un cens de douze deniers, payables à la fête de saint Riquier au mois d'octobre. Ce fief, après lui et l'héritier qu'il désignera dans son testament, restera de plein droit à l'abbaye. La charte prévoit l'hypothèse où l'héritier refuserait de payer et elle le condamne à l'amende légale ou à la perte de ses droits (3).

La chronique désigne le comte de Ponthieu sous le nom de *compère* du B. Angelran. Ce titre de commune paternité, fondé sur la sainteté de l'Abbé, laisse supposer que celui-ci aura tenu sur les fonts du baptême un des fils d'Enguerran ou qu'il l'aura présenté à la confirmation, selon les usages du temps.

Défenseur-né des intérêts du monastère, Enguerran eut avec l'Abbé de Saint-Riquier les relations les plus étroites et les plus amicales. Néanmoins il le redoutait, parce qu'il le savait trop consciencieux pour pactiser avec les passions et inflexible envers les prévaricateurs. On pourrait citer bien des exemples de sa respectueuse déférence pour l'Abbé de Centule.

C'était une ancienne coutume qu'à la fête de S. Riquier toute la noblesse du Ponthieu se réunît à Centule pour former la cour plénière du « céleste Avoué et du Défenseur le plus puissant de cette contrée » (4). Enguerran lui-même, quand il l'aurait voulu, n'aurait jamais pu se soustraire à une obligation si légitime ; c'est pourquoi lorsqu'il arrivait à la fête du saint Patron, ou même lorsqu'il entrait au monastère en quelque autre circonstance, si par malheur il s'était rendu coupable d'injustice, l'Abbé lui reprochait sa faute avec autant de force que d'autorité. « En ce moment critique, dit le
» biographe, le témoin de cette scène aurait vu, non un puissant seigneur, recevant un
» avertissement salutaire, mais un serviteur tancé par son maître. Le coupable tardait-il
» à se soumettre, alors l'homme de Dieu, qui pouvait répéter avec confiance ces paroles
» du prophète, *le zèle de votre maison me dévore*, prenait un ton plus véhément, il l'ap-
» pelait infidèle, ravisseur : si le comte ne lui promettait humblement de s'amender,
» il prononçait contre lui une sentence d'excommunication. Grâce à cette énergie, le
» monastère sous son administration eut peu à souffrir : ce que nous rappelons vo-
» lontiers, car nos vœux sont comblés, quand nous ne sommes pas dépouillés par d'im-
» pitoyables brigands. »

(1) *Spicileg. In-fol. Tom.* II. *Chron. Cent. Lib.* IV. *Cap.* VII.
(2) *Comitis-Villa.* Conteville, canton de Crécy.
(3) *Chron. Cent. Lib.* IV. *Cap.* VI. — Cette charte de l'Abbé Angelran est datée des nones d'avril, sans indication d'année : elle est donnée à Compiè-gne et porte le sceau du roi Robert, de la reine Constance, du duc Henri, du comte Enguerran, etc. Les auteurs du *Rer. Gall. Vet. Scriptores* la reportent à l'année 1027, après la mort de Hugues, fils de Robert qui ne souscrit pas.
(4) *Ibid. Cap.* XII.

CHAPITRE II. — LE BIENHEUREUX ANGELRAN. 325

La chronique observe d'ailleurs que cette déférence du comte de Ponthieu pour Angelran n'était point de la pusillanimité : qu'il avait du courage et qu'il le prouva en maintes circonstances, et à cette occasion, il rappelle les combats qu'il livra au comte de Boulogne et ses victoires.

Ajoutons, avant de terminer ce qui regarde l'administration temporelle du monastère sous ce vigilant Abbé, quelques conventions ou quelques actes de pacification dont les titres sont perdus, mais dont l'Abbé Anscher a signalé l'existence (1). Ce sont : 1° des *précaires* ou concessions de fermage à Huppy, à Hémimont (2), à Bresle (3), dans le comté du Ternois ; 2° des compositions avec François de Maison (4), Vermond d'Hautvillers, Bernard de Domart (5), etc.

L'Abbé de Saint-Riquier eut plusieurs fois recours au roi Henri pour se faire rendre justice, ainsi que l'indiquent les titres de plusieurs diplômes royaux.

La paix avait été troublée à Arleux. Les colons de l'Abbé souffraient de la tyrannie des seigneurs voisins, peut-être d'Effrid d'Encre, dont le nom est tristement célèbre dans les annales de Corbie. L'Abbé Angelran obtint satisfaction. Une charte de pacification qu'il rédigea lui-même rétablit son monastère dans tous ses droits.

Odon, comte de Coudun (6), avoué de Chevincourt, avait par des usurpations successives imposé des coutumes préjudiciables aux droits de l'Abbé et de ses hommes : il fut obligé de reconnaître ses torts et de s'engager par une promesse solennelle à rendre équitablement la justice et à accomplir loyalement les devoirs d'un avoué intègre et incorruptible.

Hezebert, Abbé de Lagny, disciple comme Angelran de l'illustre Fulbert, traita avec notre Bienheureux de quelques redevances sur des terres de son monastère (7). Le successeur de S. Fursy se montra très-conciliant envers le successeur de S. Riquier.

Un dénombrement donné à Angelran fixait les redevances qu'Argubium (8) devait lui payer.

Hariulfe nous a conservé une nouvelle inféodation de Mirandeuil (9). Le chevalier

(1) Ces titres ont été recueillis dans les Annales Bénédictines de Dom Mabillon. *Tom.* v, *pag.* 628.

(2) *Hamangi-Mons*. Nous traduisons ce mot par celui de Hémimont, domaine qui a appartenu au monastère et qui est resté mémorable par sa chapelle de la Sainte-Vierge, encore fréquentée du public. Cette chapelle est située entre Bussus et Ailly-le-Haut-Clocher.

(3) Il en a été question au chapitre précédent.

(4) *Maison*. Deux villages ont porté ce nom aux environs de Saint-Riquier et étaient tous deux soumis au monastère. Ce sont Maison-Roland et Maison-Ponthieu.

(5) Bernard de Saint-Valery, seigneur de Domart, de Bernaville et lieux circonvoisins. On voit par là que Hugues-Capet confia les lieux qu'il fortifiait dans le Ponthieu à de puissants auxiliaires de sa politique.

(6) *Coudun*, châtellenie voisine de Chevincourt, aujourd'hui canton de Ressons (Oise).

(7) On ne sait plus où étaient situés les domaines qui donnent lieu à ces contrats entre les deux Abbés.

(8) A peu de distance de Forêt-Montier.

(9) Moulin, sur le Scardon, qui a longtemps appartenu aux seigneurs de La Ferté.

Regnier jouissait des bénéfices de ce moulin, par une gracieuse concession due à l'amitié ou à la parenté. La charte d'Angelran, faisant droit à ses demandes, investit Regnier de ce fief : elle permet aussi, sous la redevance d'un cens de 4 deniers payables à la fête de S. Riquier du mois d'octobre, à Gautier son fils et à son héritier, s'il en laisse après lui, de posséder ce moulin. Après trois générations le moulin fera retour à l'Eglise. La charte est datée du monastère de Centule et de la douzième année du règne de Henri (1).

Ce Regnier est probablement le seigneur de la Ferté. Son fils Gautier laisse son nom aux seigneurs de la Ferté, comme on le verra dans la suite de l'histoire.

Non moins attentif à sa propre sanctification qu'à la conservation des possessions de son Eglise, le Bienheureux Angelran se distingua spécialement par son zèle pour le maintien de la discipline religieuse. Il en donna un bel exemple à Corbie, où l'avait appelé quelque devoir de sa charge. Une guérison miraculeuse au tombeau de saint Adhélard, pendant l'office de la nuit, avait excité un enthousiasme universel : on était prêt à interrompre la psalmodie, afin de chanter un *Te Deum* en reconnaissance de ce signalé bienfait. On consulta l'Abbé Angelran pour connaître son sentiment. Il répondit que la prière de l'office public était la louange la plus agréable à Dieu, que ce serait manquer à la règle que de substituer un autre hymne à celui qui était prescrit et que l'acte d'actions de grâces viendrait en son temps après l'office (2).

Le pieux Abbé s'efforça constamment de se rendre exemplaire dans sa communauté, en faisant le bien, en effaçant par la pénitence les traces de ses péchés, en s'occupant sans cesse du salut des âmes et de la bonne administration du monastère. Il ne passait pas un seul jour sans exercer sa compassion pour les pauvres. Les délaissés de ce bas monde n'avaient point de plus fidèle consolateur. Il sortait souvent du monastère pour chercher l'occasion de rendre quelque service ou de distribuer des aumônes. Voici des traits charmants de sa bonhomie : quand il voyait un pauvre venir à sa rencontre, il jetait quelques pièces de monnaie devant lui, puis il l'appelait et lui demandait avec une feinte surprise ce qu'il y avait à terre. Le mendiant lui répondait que c'était des pièces de monnaie. L'Abbé enchanté de sa pieuse fraude lui répliquait : ramassez pour vous, c'est Dieu qui vous les envoie (3).

Le Tout-Puissant récompensa par des miracles la piété du Bienheureux Angelran, qui lui-même les a transmis à la postérité dans son poème sur saint Riquier (4).

Il existait, à cette époque, près des murs du monastère, un puits très-profond et desséché dont l'entrée était recouverte de broussailles. Le jour de la fête de S. Riquier, un homme et une femme, en s'approchant de ce lieu sans précaution, furent précipités au fond de l'abîme. Ceux qui les virent tomber les crurent perdus et massacrés. Mais

(1) *Chron. Cent. Lib.* IV. *Cap.* VII.
(2) *Act. Sanct. Boll.* 2 Januar.—*In vita S. Adhelardi.*
(3) *Chron. Cent. Cap.* VIII.

(4) *Acta. Sanct. Boll. Ibid.* 26 *April.*—*In Vita S. Richarii.*

Ces miracles sont aussi racontés en prose dans la chronique.

quel ne fut pas l'étonnement des pèlerins et des habitants de la ville, quand un homme descendu dans le puits déclara qu'ils étaient vivants et sans blessure ! On y vit clairement la protection de saint Riquier et on lui rendit de chaleureuses actions de grâces.

Le dimanche des Rameaux, qu'on nomme communément Pâques fleuries, un clerc prenant son repas au réfectoire des moines avala une arête de poisson. Il essaya en vain de la rejeter : ses efforts ne faisaient qu'augmenter ses souffrances qui devenaient d'heure en heure plus intolérables. Le Jeudi Saint, après trois jours d'angoisse, il sentit qu'il fallait offrir à Dieu le sacrifice de sa vie. Après avoir demandé à l'Abbé la faveur d'être inhumé dans le cimetière du monastère, le clerc voulut qu'on le plaçât devant l'autel de saint Riquier, afin de recommander son âme à Dieu par l'intercession du puissant protecteur qu'il était venu invoquer. On le porta avec précaution et il fit déposer son offrande sur l'autel : mais, à l'instant même, il se sentit trempé d'une sueur abondante et il fut radicalement guéri (1).

Un charpentier de l'Abbaye, du nom d'Engelvin, monta dans la tour, un jour de Pâques, pour rattacher une corde à la cloche. Ayant voulu en même temps boucher un trou, il perdit pied et allait être précipité sur le sol. Mais Dieu ne voulut pas que l'Eglise de son serviteur fût ensanglantée en ce jour par une catastrophe si cruelle. Le charpentier tomba sur la corniche et fut préservé de tout accident.

Des pluies torrentielles cessèrent, pendant les trois jours de la fête de Saint Riquier, et recommencèrent après, avec une nouvelle violence. On vit dans ces variations de température une grâce spéciale de la divine clémence en faveur des pèlerins.

Des brigands s'étant emparés des hommes de Saint-Riquier employés au service de la prévôté de Chevincourt, les chargèrent de chaînes et les jetèrent en prison. Ces pauvres victimes ne cessaient de prier le jour et la nuit et de se recommander à saint Riquier. La nuit qui précédait sa fête, les chaînes leur tombèrent des mains et ils recouvrèrent ainsi leur liberté.

Deux moines, arrêtés par des voleurs, assez loin de leur monastère, sont jetés à bas de leurs chevaux et exposés à continuer leur route à pied ; car les malfaiteurs saisissent leurs montures et s'apprêtent à les emmener. Mais les chevaux insensibles aux coups et à l'éperon restent immobiles comme des statues. L'intervention céleste était manifeste. Le crime était puni ; les coupables demandèrent et obtinrent leur pardon.

(1) Ces deux miracles ou gages de protection divine sont représentés sur une fresque de l'Eglise de Saint-Riquier, avec ces vers en écriture gothique du xvi° siècle.

En ung puich le jour S. Richz
femme avec homme trebucha
Lesquels on fist tost rassaquirrz
Et sans dangier on les trouva.

Humne harecque s'etrangla
Ung clercq mangant au refroitoir
Lequel soubit resuscita.
Sur l'hostel come il est à voir.

Gilbert. *Description de l'Eglise de Saint-Riquier*, page 129.

Le même prodige se renouvela un peu plus tard, dans des circonstances presque semblables (1).

Les habitants de Roye étaient alors en guerre avec ceux de Montdidier. Après avoir ravagé plusieurs villages, ils arrivèrent à un lieu voisin de Montdidier (2), où saint Riquier était particulièrement honoré. Non contents de piller les demeures des particuliers, les Royens osèrent profaner l'église et mirent la main sur un grand cierge placé auprès de l'autel. On essaya en vain de l'allumer, quand on fut rentré à Roye : la flamme ne put jamais se communiquer à la cire qui paraissait pétrifiée. Terrassés par ce prodige, les ravisseurs sacrilèges comprirent leur faute et se hâtèrent de reporter le cierge dans son église. Ce fait attesté par un grand nombre de témoins prouve, dit l'Abbé Angelran, que saint Riquier veillait même sur ce sanctuaire, quoiqu'il n'appartînt pas à son monastère.

Après tous ces témoignages de l'assistance divine et d'autres qu'il serait trop long de raconter, Dieu se plût à couronner par l'épreuve de la tribulation la vie si pure de son serviteur Angelran. Une paralysie le fixa sur un lit de douleur, à l'âge de soixante-dix ans, et ses dernières années se consumèrent dans une lente agonie. Toutefois pendant le cours de cette longue maladie, son intelligence ne perdit rien de sa vigueur : car il dirigeait toujours le monastère par ses sages conseils. Il vint cependant un moment où l'on crut qu'un coadjuteur lui serait nécessaire. L'ambition s'en mêla et faillit causer un schisme dans le monastère.

Le comte de Ponthieu avait donné à Saint-Riquier l'un de ses fils, nommé Foulques (3). Celui-ci eut la coupable pensée de s'élever au-dessus de ses frères et il essaya avec l'aide de sa haute parenté de s'emparer de l'administration du monastère. Laissons ici parler la chronique. « Le roi Henri était alors en Ponthieu ; Foulques et son père avaient une occasion favorable pour solliciter auprès du roi l'investiture de l'Abbaye : ils

---

(1) Patrologie de Migne, Tom. CLXXIV. Chron. Cent. Lib. IV. Cap. IX.
Ces miracles sont omis dans l'édition de Dom Luc d'Achery.

(2) Est quoddam castrum in pago Ambianense, [vocatur]
Mons Desiderii, vicus cui subjacet unus,
Ecclesia est cujus sancti sub honore dicata.

« Les deux premiers vers, dit M. V. de Beauville *(Histoire de Montdidier, Tom. I, pag. 44)*, indiquent de la manière la plus évidente la double position de Montdidier sur la Montagne et dans la vallée. Un géographe n'eût pas mieux dit. »
Ces vers prouvent bien qu'il y avait un château à Montdidier, au XI° siècle, mais est-il rigoureux d'en conclure que le *vicus* (ou *villa*, d'après Ducange) fait partie de la ville.

Tous les villages des environs de Montdidier sont ravagés. On ne dit pas que les Royens aient pénétré jusques sous les murs du château. Le *vicus* dont il est ici question pouvait bien être situé près Pierrepont, à deux lieues de Montdidier. Il existe, en effet, près de ce lieu, une Eglise qui porte encore le nom de Saint-Riquier. Ne serait-il pas plus naturel de chercher là ce *vicus*, probablement du district de Montdidier, où saint Riquier n'avait pas de domaine, ainsi que le dit Angelran.

Externus quamvis locus ille fuisset.

(3) Hariulfe nomme trois fils d'Enguerran comte du Ponthieu : 1° Hugues, son successeur ; 2° Foulques, moine de Saint-Riquier ; 3° Gui, Evêque d'Amiens.
Cette généalogie n'est point généralement admise, comme nous l'avons fait observer plus haut.

ne manquèrent pas d'en profiter et sans que le pauvre infirme eût la moindre connaissance de ces menées anticanoniques. Après cette démarche, Foulques, qui ne doutait plus que la faveur royale lui assurerait une dignité si ardemment convoitée, eut l'insigne audace de servir, au réfectoire même des moines, un grand festin à quelques chevaliers. La règle ne le permettait pas ; mais Foulques avait passé outre dans l'espérance de s'attacher ces puissants auxiliaires et de s'assurer par leur présence l'impunité de sa faute. A peine eut-on annoncé au vénérable Angelran ce qui se passait qu'aussitôt il appella ses serviteurs et se fit porter jusqu'à la porte du réfectoire. Là, il excommunia, au nom du Tout-Puissant et par un privilége émanant de la puissance pontificale, cette joyeuse réunion de convives. Après un tel acte d'autorité, la faction fut obligée de se disperser. Ce n'était pas en vain que la foudre de l'excommunication avait éclaté sur le monastère. Tous ceux qui avaient conservé quelques sentiments de pudeur, tremblaient de tous leurs membres et ne voyaient plus qu'un juge redoutable dans leur Abbé. »

« En rentrant chez lui, Angelran appela Foulques et lui demanda d'un ton sévère s'il songeait à devenir Abbé. Tout interdit de cette question, le moine ambitieux ne sut que répondre. Alors Angelran prononça cette sentence : « Sache bien que tant que je vivrai, tu ne seras pas Abbé. » On lui destina cependant quelques temps après l'abbaye de Forêt-Montier, mais il ne put en prendre possession pendant la vie du Bienheureux, ce qui nous fit croire que l'Esprit-Saint l'inspirait au moment où il prononça ces paroles si accablantes. Ce n'est que le lendemain de sa mort que Foulques fut installé au monastère de Forêt-Montier, autrefois prieuré de Saint-Riquier, mais distrait depuis peu de temps par les comtes de Ponthieu, qui lui conférèrent les prérogatives de la dignité Abbatiale. » (1).

« Quand le sage Angelran connut parfaitement toutes les menées de Foulques, les séductions qu'il exerçait par ses présents, l'appui que lui prêtaient ses parents, dominés surtout par des vues terrestres, il s'arrêta à la résolution d'aller informer le roi et de le prier de ne pas laisser vendre la charge des âmes. Il se fit donc conduire à son palais, malgré ses infirmités. Admis à une audience royale, il s'éleva avec beaucoup de force contre l'ambition de Foulques : il menaça Henri lui-même des supplices éternels, s'il ne choisissait pas un Abbé rempli de l'Esprit de Dieu. Le roi, qui avait de bons sentiments, lui promit pleine et entière satisfaction. En effet, il proposa peu de jours après aux moines de Saint-Riquier un Abbé selon le cœur de Dieu, un grand saint. C'était le moine Gervin, de Saint-Vannes, qui fut élu d'une voix unanime. Ce qui réjouit grandement le vénérable Angelran et lui adoucit les chagrins et les souffrances de ses derniers moments. » (2).

Le Tout-Puissant purifiait chaque jour cette âme d'élite par les épreuves de sa longue

(1) *Chron. Cent. Lib.* IV, *Cap.* XII.   (2) *Ibid. Cap.* XV.

maladie. Il entre dans les décrets de la divine sagesse de frapper ceux qu'elle veut abreuver aux sources des éternelles délices ; c'est pourquoi elle appesantissait sa main sur lui, mais en même temps, pour montrer que c'était l'effet de son ineffable miséricorde et non de sa colère, il le récompensait par des gages d'une bienveillance toute particulière. C'est ainsi, s'il faut en croire sa biographie, qu'il fut communié d'une manière miraculeuse pendant qu'il chantait la messe dans son lit pour nourrir sa piété (1).

On attendait de jour en jour le trépas du serviteur de Dieu, et pourtant il fallait envoyer un message à la cour. Le moine chargé de cette mission différait son départ sous divers prétextes. Informé de cette désobéissance, Angelran dit au moine : Allez remplir votre mission et sachez que vous serez ici, avant que mon misérable corps ne rentre dans la terre.

Cette réponse rassura le moine qui se rendit à la cour et traita les affaires qu'on lui avait confiées.

Cependant Dieu appela à lui son serviteur, le 12 du mois décembre, ou pour emprunter le langage de la chronique : « ce lis brillant qui avait fleuri dans les vallées de ce monde, fécondé par une céleste rosée, fut placé dans l'immortelle couronne. Cette pierre, si longtemps battue par le marteau de la tribulation, vint mêler son éclat aux fleurons du divin diadème (2). »

Le député du monastère apprit à Amiens la mort de son bienaimé père. Sans prendre aucun repos il continua son voyage pendant la nuit et arriva à temps pour l'office des funérailles.

Le corps d'Angelran fut inhumé dans l'Eglise de Saint-Riquier, auprès de l'autel de S. Laurent. L'abbé Gervin, son digne successeur, décora sa tombe avec magnificence, voulant par ces honneurs faire comprendre qu'Angelran avait mérité d'être couronné au ciel et qu'il était déjà associé aux Bienheureux, pour chanter avec eux l'éternel trisagion.

Gui de Ponthieu, son élève, lui fit cette épitaphe.

> Le très-sage Angelran repose en ce tombeau :
> Il était le pasteur de ce béni troupeau.
> Pur et fidèle à Dieu, des moines l'espérance,
> Au sein du monde il sut garder son innocence (3).

Du reste on n'invoqua pas en vain le B. Angelran. Une jeune fille de Feuquières, atteinte d'une paralysie générale et clouée sur un lit de douleur, fut apportée au tombeau

---

(1) *Ibid. Cap.* xvi.
(2) *Ibid. Cap.* xvi.
(3) Quem tegit hic tumulus lectissimus Angelrannus,
Hujus cœnobii pastor et abba fuit.
Dux gregis Ecclesiæ, Monachûm spes inclyta vitæ,
Vixit et in mundo mundus et in Domino.

CHAPITRE II. — LE BIENHEUREUX ANGELRAN.

du serviteur de Dieu. Après avoir offert un cierge et prié quelque temps, elle s'endormit, et quand elle se réveilla, elle se sentit guérie. Elle put retourner à pied à son pays natal et ne manqua pas de raconter sur sa route la faveur qu'elle avait reçue par l'intercession du saint Abbé. Les moines furent témoins de ce miracle et en consignèrent pieusement le souvenir dans leurs annales (1).

« L'abbé Angelran, dit D. Thierry, n'a jamais eu le titre de saint : il nous suffira de le nommer Vénérable. » Cependant le savant Bénédictin se demande si la fête d'Angelran n'a pas été autrefois célébrée au monastère de Saint-Riquier. Ce qui l'engage à soulever ce doute, c'est qu'il a lu dans un vieux parchemin, contenant les solennités propres à l'Eglise de Centule, une addition ainsi conçue : « Le V des Ides de décembre la déposition de S. Angelran notre abbé (2). » C'est en 1701 que cette difficulté était soumise au public.

Le frère Claude de Lancy avait déjà répondu, le 31 octobre 16..? à D. Mabillon qui consultait les moines de Saint-Riquier sur le culte du B. Angelran : « Il n'y a aucun
» ancien monument pour Angelran ni pour Odelgerus... Pour ce qui est d'Angelran,
» nous n'en faisons rien, parce que je ne le trouve qualifié de saint que dans un seul
» endroit, qu'on a joint dans le manuscrit d'Hariulfe, d'un caractère différent quoique
» ancien. Il commence par ces mots : *Hæc sunt solemnitates ad Centulam pertinentes.*
» *V Idus Decembris ; Depositio Sancti Angelranni Abbatis nostri* (3). »

Cependant cette fête fut introduite dans le cours du XVII° siècle, s'il faut ajouter foi à une note manuscrite du propre de S. Riquier, conservé à la bibliothèque d'Abbeville (4). Cette note marque au 10 décembre la fête de S. Angelran, Abbé. On sait qu'à cette époque on se permettait toute espèce d'innovation liturgique, sans consulter Rome, la mère et maîtresse des Eglises du monde catholique. Toutefois les auteurs du *Gallia Christiana* n'ont pas connu cette note.

Benoît XIV a dit, dans son grand ouvrage de la canonisation des saints, que le pape Urbain II a canonisé l'abbé Angelran et il le renvoie au IV° siècle bénédictin de D. Mabillon. Or, dans les deux endroits de ce volume où il est question d'Angelran, le savant hagiographe ne parle pas de sa canonisation. Benoît XIV a probablement confondu Angelran avec Angilbert, comme nous l'avons remarqué dans la vie de ce saint Abbé (5). Mais sa canonisation, d'après D. Mabillon, n'aurait été sollicitée que sous Pascal II, successeur d'Urbain. Ce qui nous autoriserait à supposer une seconde erreur. Nous laissons aux commentateurs du grand canoniste la discussion de cette difficulté (6).

(1) *Ibid. Cap.* XVII.
(2) *Acta Sanct. Ordinis Sanct. Bened. Tom.* VIII, pag. 495.
(3) D. Grenier. Tom. XXVII, pag. 133.
(4) *Officia propria regalis Abb. S. Rich.*
(5) Voir *page* 207.
(6) L'abbé Angelran nous a laissé un catalogue rhythmique des Abbés qui l'ont précédé sur le siége de Centule. Il en a déjà été question plusieurs fois : nous le donnons ici d'après la chronique d'Hariulfe. *Lib.* IV. *Cap.* XVII.

Quæ occurrunt memoriæ,
Licet non sint in ordine,
Centulensis cænobii

Le prieur du B. Angelran a laissé une réputation de sainteté, qui lui a valu dans la chronique une notice biographique dont nous donnons ici une analyse.

Odelger ou Oger avait été initié comme Angelran à la discipline monastique par l'abbé Ingélard. Son amour pour la prière et la lecture, son application constante à purifier son âme et ses intentions, à garder le silence, son esprit de mortification et d'obéissance, tout lui donnait l'ascendant que les saints exercent sur leurs frères. C'est pourquoi il fut choisi pour doyen ou prieur du monastère. Il se montra digne de ce témoignage de confiance et s'y distingua par sa probité et son habileté dans la pratique des affaires. Il ne se départit jamais d'une pieuse habitude, contractée dès son entrée au monastère, S'il arrivait que les moines, par relâchement ou par oubli détournassent la conversation sur les choses du monde ou sur des matières étrangères à la vie religieuse, il les quittait pour aller répandre son âme au pied des saints autels et se renouveler dans l'esprit de son état par des actes de componction et la méditation des psaumes. Plus d'une fois, pour être moins distrait et moins remarqué par ses frères, il se retira dans les galeries. Là, dans une retraite profonde, plus près de Dieu, s'il est permis de s'exprimer ainsi, il offrait en toute liberté son holocauste de louanges et de prières.

Quand il fut arrivé au terme de sa course, pendant les dernières luttes de la nature, les moines qui entouraient sa couche funèbre l'entendirent s'écrier tout à coup : « Voici le chœur des Anges. » Ils comprirent à ces paroles, que le Seigneur, pour récompenser sa ferveur, voulait le fortifier dans ce terrible passage par la présence des esprits célestes. Toutefois, ce n'étaient pas seulement les Anges qu'il voyait dans ce suprême ravissement, mais tous les bienheureux habitants de la cour céleste : car il s'écria successivement : « Voici le chœur des Prophètes : voici les chœurs des Apôtres, des Martyrs, des Confesseurs. » Quand il eut dit : « Voici le chœur des Vierges », son âme alla se réunir à cette céleste phalange qui venait à sa rencontre (1).

Angelran lui fit les funérailles d'un saint et déposa ses restes mortels dans la chapelle de S. Vincent, près du cloître. Il plaça cette épitaphe sur son tombeau :

Abbatum scribo nomina.
Præ omnibus egregius
Pater noster Richarius,
In hac villa progenitus
Primus in albo ponitur.
Ocialdus sequitur :
Angilbertus magnificus,
Qui præsens templum condidit,
Virtute regis Caroli.
Guitmarus vir Sanctissimus:
Helysachar et Aldricus.

Quibus Hericus additus :
Hludogvicus et regius :
Herbertus, Symphorianus :
Ruodolfus et Carlomannus
Cum Guelfone et Hedenoldo :
Gerbertus et Fulchericus.
Post Ingelardum igitur
Angelrannus ascribitur
Sancti imitator ordinis,
Et studiosus litteris.

(1) *Chron. Cent. Lib.* IV. *Cap.* X.

Ici gît d'Odelger la dépouille mortelle,
Aux nones de février, ce juste et bon prieur,
Du devoir, de la règle austère observateur
Reçut, nous l'espérons, la couronne immortelle (1).

Le nom d'Oger est marqué au catalogue des fêtes de l'abbaye le 5 février : *Nonis februarii obiit ille Sanctus Odelgerus monachus et prior* (2). Bien que D. Thierry lui donne le titre de Vénérable et D. Cotron celui de Bienheureux, il est cependant constant, d'après les traditions du monastère, qu'on ne lui a jamais rendu aucun culte.

CHAPITRE III.

SAINT GERVIN, VINGTIÈME ABBÉ.

(1045 à 1075.)

Premières années de saint Gervin. — Il se fait moine à Saint-Vannes — Son pèlerinage à Jérusalem avec le B. Frédéric — La trève de Dieu, ses prédications. — Il est élu abbé de Saint-Riquier. — La crypte du xi° siècle. — Invention du corps de saint Angilbert. — La bibliothèque de Centule sous saint Gervin. — La vie religieuse et érémétique de saint Gervin. — Ses voyages à Reims, à Rome, en Normandie et en Angleterre. — Les reliques de saint Vigor. — Administration temporelle, les avonés de Chevincourt. — Miracles au tombeau de Saint-Riquier. — Miracles de saint Gervin. — Sa maladie. — Sa mort. — Ses funérailles. — Son culte.

Saint Gervin appartient à cette robuste génération d'enfants de S. Benoît, qui a jeté un si vif éclat sur le xi° siècle. Le vieux tronc, qu'on croyait desséché après les invasions normandes, n'attendait qu'un temps plus propice pour multiplier ses rejetons autour du Mont-Cassin et étendre ses rameaux dans l'Orient et l'Occident. Les grandes congrégations de Cluny, de Citeaux, des Camaldules, des Chartreux, dont les austérités surpassèrent même les prescriptions de la règle fondamentale, surgissent au moment où l'on croyait que le relâchement avait tari les premiers élans de la foi. L'ordre monastique eut le privilége de donner à l'Eglise tous les grands papes de cette époque, depuis Silvestre II jusqu'à S. Grégoire VII, dont le nom soulève tant de colères parmi les oppresseurs de l'Eglise et les ennemis de la liberté ecclésiastique. C'est dans le silence du cloître que l'invincible réformateur se prépara à cette lutte gigantesque, qui

(1) Justitiæ cultor fuit et pietatis amator
Odelgerus in hoc qui recubat tumulo.

Subtraxit vitæ, quem vix februaria nona,
Ut spes est, regno misit et ætherro.

(2) *Act. Sanct. Ord. S. Bened. Tom.* viii, *pag.* 495.

porta un coup mortel à la simonie, à l'incontinence des clercs et à l'investiture des dignités spirituelles par le pouvoir temporel. Cette expansion de l'esprit religieux est d'autant plus merveilleuse que la société civile était livrée à l'anarchie, que tout paraissait permis à qui savait manier un glaive et rassembler une troupe de bandits et d'hommes violents. Comme on ne cessait de guerroyer, la force primait le droit dans toute l'Europe.

Les prières, les exemples, les miracles, les prédications des moines ont arrêté la barbarie et renouvelé la face du monde. Cette vérité est tracée en caractères ineffaçables dans l'histoire de cette époque, sur les tombeaux des fiers barons de la féodalité, dans leurs fondations, dans leurs expiations, dans leurs humbles supplications pour mourir revêtus de l'habit des moines, et surtout dans cette foi ardente qui pousse les chrétiens de tout rang et de toute condition à embrasser les austérités de la discipline claustrale.

Ce que nous savons de la vie de S. Gervin ne peut qu'aider à réconcilier le lecteur chrétien avec ce siècle, dont le nom inspire l'effroi, et nous montrer que l'Eglise oppose d'éclatantes vertus aux mœurs dures et farouches des peuples que le christianisme n'a pas encore transformés.

D'après Hariulfe (1), S. Gervin serait né aux environs de Laon vers le commencement du XIᵉ siècle. Les savants Bénédictins ont remarqué qu'une main étrangère avait ici altéré le texte primitif et qu'il faudrait plutôt lui donner pour patrie le Rémois ou territoire de Reims (2). Son père se nommait Guillenque (3) et sa mère Romilde. Aussi recommandables par leur foi que par leur noblesse, ces pieux parents l'envoyèrent dès ses premières années à l'école de Notre-Dame de Reims pour y étudier les belles-lettres.

L'école de la métropole de Reims jouissait alors d'une réputation bien méritée : elle n'était point déchue de la splendeur à laquelle l'avait élevée l'écolâtre Gerbert (4), le prodige de son siècle.

Elle initia à la science sacrée et profane Fulbert de Chartres, saint Bruno, fondateur de la Chartreuse, la gloire et le maître des docteurs, Urbain II, le puissant promoteur des Croisades, saint Maurille, archevêque de Rouen, grand nombre d'abbés, d'évêques et de dignitaires ecclésiastiques. Le nom de l'abbé de Saint-Riquier a mérité d'être associé à celui de tous ces princes de l'Église.

Pendant ses premières études, Gervin trouva un écueil dans la lecture des poètes

---

(1) *Chron. Cent. Ibid.* Lib. IV. Cap. XIII.

(2) Dans les deux éditions du Spicilège on lit *Laudunensi*. Mais dans les *Act. Sanct. Ord. S. Ben.* Tom. IX, pag. 319, on lit *Remensi*, avec cette remarque que *Laudunensi* est écrit d'une autre main, au-dessus de *Remensi*. D. L. d'Achery n'a pas consulté le manuscrit édité par les PP. Bénédictins, dans les *Act. Sanct.*, ce qui laisse cette question indécise.

(3) Le P. Malbrancq écrit Guillelmus au lieu de Guillencus. Nous supposons que la copie des PP. Bénédictins est la meilleure.

(4) Gerbert fut élevé sur le siége de Pierre et prit le nom de Silvestre II.

profanes. « Lorsque son intelligence, dit Hariulfe, s'abreuvait à cette source de belles lettres, il rencontra quelques descriptions passionnées ; son âme tendre et sensible s'y laissa prendre. L'ardeur de la jeunesse, les mauvais discours et surtout les tentations du démon l'excitèrent à désirer ce qu'il voyait raconté avec tant de charme par de grands poëtes. Il en serait venu aux derniers excès, si le Tout-Puissant qui s'était choisi ce vase d'élection, ne l'eût arrêté sur le penchant de l'abîme. La lumière de la grâce vint tout-à-coup dessiller les yeux de Gervin et il fut si confus de lui-même que non-seulement il n'accomplit point ses criminels désirs, mais qu'il se repentit du fond du cœur de les avoir conçus. Il s'arracha promptement à la tentation : dès ce moment, pour témoigner qu'il avait rompu avec la volupté et ne plus s'exposer au danger, il cessa de lire les vers corrupteurs des poëtes anciens et même il renonça aux lettres humaines : pour cette raison il ne devint pas très-habile dans les sciences profanes ; cependant comme il s'y était exercé, il eut plus de facilité pour comprendre les choses de Dieu et s'étant donné tout entier à cette nouvelle étude, il y fit de rapides progrès, comme le prouvèrent et sa grande facilité d'élocution et sa vie exemplaire. »

Quand il eut terminé ses études, Gervin fut nommé chanoine de l'église de Reims ; ce ne pouvait être qu'une halte dans la voie qu'il se proposait de parcourir : car il ne songeait qu'à s'éloigner des agitations du siècle pour servir Dieu plus paisiblement dans la retraite. La mort de son père et de sa mère, en lui laissant sur les bras l'administration de grands domaines et la tutelle de deux jeunes sœurs, retarda pour un temps ses pieux desseins. L'une de ses sœurs se consacra à Dieu dans la vie religieuse : l'autre nommée Rotseline épousa un de ses vassaux, un très-valeureux chevalier, homme de ressources, d'énergie et de foi. Gervin se déchargea sur lui du poids des choses de la terre et recouvra ainsi sa liberté ; il se démit alors de son canonicat et alla frapper à la porte du monastère de Saint-Vannes près Verdun, vers 1025.

Le Bienheureux Richard, abbé de ce monastère, issu d'une très-noble famille, l'un des plus saints personnages de ce siècle, avait été préchantre et doyen de la cathédrale de Reims ; Gervin voyait en lui un père, un maître et presque un frère : il se soumit aux épreuves qu'il lui imposa, embrassa toutes les austérités qu'on pratiquait dans cette école de vertus et mérita enfin d'être incorporé dans la généreuse milice que Richard conduisait par les sentiers arides et étroits de la perfection. On le chargea après sa profession de la direction des plus jeunes enfants (1).

Pour qu'on puisse juger de l'importance de cette fonction, il n'est pas inutile de faire remarquer que non-seulement les personnages les plus distingués venaient se faire les disciples du saint abbé, mais que les princes et les seigneurs eux-mêmes s'empressaient d'offrir leurs fils, dès leurs plus tendres années, pour les faire élever sous ses yeux et les consacrer, s'ils le demandaient, à la vie monastique. Hugues, abbé de Flavigny, placé dans sa première enfance à Saint-Vannes, manque d'expression pour caractériser

(1) *Chr. Cent. Ibid.*

dignement la sainte éducation qu'il y avait reçue et tout ce qu'il vit dans ce célèbre monastère (1).

Gervin se montra digne de la haute mission qu'on lui avait confiée et fit présager, par son admirable sollicitude pour le salut de ces jeunes et innocents disciples du divin Maître, qu'il serait un jour un vrai pasteur des âmes. Aussi l'abbé Richard, pour l'initier plus intimement à l'administration de son monastère, le choisit pour son secrétaire et son apocrisiaire, d'autres disent son majordome : dès ce jour il devint son inséparable compagnon (2).

Un des côtés les plus saillants de la dévotion de ce siècle, c'est le grand nombre de pèlerinages aux lieux saints. Un élan extraordinaire de foi emportait les populations vers Jérusalem, par caravanes de plusieurs centaines et de plusieurs milliers de personnes. Tous les peuples de l'Europe se rencontraient sur les mêmes voies et se confondaient dans un même enthousiasme, pour continuer ensemble ces lointains voyages, aux chants des hymnes sacrés. Les nobles et les seigneurs se mêlaient aux hommes du peuple, priaient avec eux au saint Tombeau et aux lieux sanctifiés par le séjour ou le passage de l'Homme-Dieu. On ne songeait guère alors à étudier les monuments. Le pèlerin n'avait d'autre désir que d'imprimer ses lèvres sur la trace des pas du Sauveur, d'adorer avec les bergers le Désiré des nations, d'assister aux saints mystères ou de les célébrer dans l'église du Golgotha, de pleurer au Saint-Sépulcre avec la Mère des douleurs et de suivre, du haut de la montagne des Oliviers, le Sauveur Jésus remontant au ciel.

On se plaisait, au retour de ces mémorables pèlerinages, à construire des églises sur le modèle du Saint-Sépulcre, et ainsi l'image de la douloureuse Passion et de la glorieuse Résurrection s'élevait sur tous les points de l'Europe, pour la consolation des pauvres et des opprimés.

On sait toutes les avanies, tous les outrages et les sacrilèges impiétés des musulmans envers les pèlerins chrétiens ; on sait comment l'Europe, frémissant d'indignation au récit de ces atrocités, se leva pour reconquérir les lieux saints et s'assurer le droit d'adorer en toute sécurité le divin Rédempteur sur la montagne à jamais vénérée, qu'il a arrosée de son sang précieux.

« Gervin fut aussi, dit son biographe, possédé du désir de visiter les lieux où le Sauveur se revêtit de notre humanité, où il conversa avec les hommes, où il mourut pour nos péchés et ressuscita pour notre justification ; mais il craignait de révéler le vœu ardent de sa foi à son abbé, de peur de ne pas obtenir la permission et d'être repris. Or, il arriva qu'en même temps Dieu, qui tourne les cœurs comme il veut, inspira ce même désir à Richard, et pendant que Gervin demandait instamment au Seigneur les moyens de réaliser la pensée qu'il lui avait suggérée, l'abbé déclara son dessein à son cher disciple et le choisit pour son compagnon et son pourvoyeur. On

(1) *Hugo Flavian.—Chron. Lib.* ii.— *Act Sanct. Boll.* xiv, *Junii.* — *Act. Sanct. Ord. S. Ben. Tom.* ix.

(2) *Chron. Cent. Ibid. Cap.* xiv.

peut deviner combien grande fut la joie de Gervin et comme il se hâta de préparer tout ce qui était nécessaire pour ce long voyage (1). »

Nous empruntons le curieux récit de ce pèlerinage qu'on fixe à l'an 1027, à l'histoire du Bienheureux Richard (2). Une foule de pieux chrétiens voulut s'associer à cet illustre serviteur de Dieu : on lui compta jusqu'à sept cents compagnons, parmi lesquels on distingue spécialement Evervin, abbé de Trèves, Guillaume d'Angoulême, Odon de Bourges, le prince de Dol, Richard abbé de S. Eperche d'Angoulême (3).

Richard II, duc de Normandie, l'un des admirateurs de l'abbé de Saint-Vannes, se montra très-libéral envers lui : ses dons servirent à couvrir les dépenses de la pieuse caravane. Partis au mois d'octobre, les pèlerins traversèrent l'Allemagne et la Hongrie. Le roi Saint Etienne les reçut magnifiquement. L'empereur de Constantinople les combla de présents : le patriarche fit don à l'abbé Richard de parcelles de la vraie croix enchâssées dans un reliquaire d'or et d'autres reliques qu'il porta constamment suspendues à son cou. Mais ces consolations furent compensées par de rudes épreuves. Il fallut traverser des déserts arides, des chemins impraticables, des montagnes abruptes, affronter la fatigue d'une marche continue, les mépris et les insultes des infidèles, résister aux attaques des brigands acharnés à la poursuite des pèlerins. Le courage de ces chrétiens généreux ne faiblit jamais ; l'image de la sainte Sion, toujours présente à leur pensée, les fit triompher de tous les obstacles. Ils entrèrent à Jérusalem, le jour même des Rameaux. Pendant la grande semaine des douleurs, ils passèrent les nuits à chanter les louanges de Dieu et à pleurer sur leurs péchés.

Signalons seulement ici la particularité du feu sacré. « Le Samedi saint, dit le
» biographe de Richard, à l'heure où jaillit la flamme miraculeuse, on enferma, selon
» la coutume, les chrétiens dans le saint Sépulcre, jusqu'au moment où le Seigneur
» devait manifester sa puissance. Les infidèles les gardaient, en les menaçant de les
» massacrer tous, si le feu ne paraissait pas ; mais à la neuvième heure la prière des
» fidèles fut exaucée, le feu éclata sur une lampe, sans que personne y ait porté la main.
» Ce miracle excita l'admiration des payens et remplit les chrétiens de la plus vive
» allégresse : » après avoir remercié le Seigneur de cette grâce ineffable, on continua les divins offices avec enthousiasme (4).

Nous ne suivrons pas nos pieux pèlerins dans leur course aux sanctuaires vénérés

(1) *Chron. Cent. Ibid. Cap.* XIV.
(2) *Hugo Flavian. Chron. Lib.* II.
(3) « Il ne faut pas croire que ce chiffre soit exagéré. Il y eut vers cette même époque des caravanes bien plus nombreuses. Ainsi sept mille pèlerins, en 1064, accompagnèrent Sigefroid, archevêque de Mayence. » — M. Corblet. *Hagiog. Tom.* II, pag. 525.
(4) « Plusieurs auteurs du temps parlent de ce prodige comme d'un fait certain et avéré, apparemment que le miracle était alors constant. Mais on y découvrit dans la suite de la supercherie. » *Hist. de l'Eglise Gallicane, vers* 1027. — Le B. Richard *de Saint-Vannes.*

Vers 1023, Odolric, évêque d'Orléans, avait pénétré dans Jérusalem, et la cérémonie sacrée s'était opérée sous ses yeux. — Radulf. Glab. *Chron. Lib* IV.

43

de la Terre Sainte ; en quittant Jérusalem, ils emportèrent une grande quantité de reliques, qu'ils avaient reçues du Patriarche. Saint Gervin enrichit plus tard l'église de Saint-Riquier de quelques-unes de ces reliques. La chronique parle spécialement du cierge de la Résurrection, de la roche du Sépulcre du Seigneur, de la colonne à laquelle il fut attaché, des vêtements de la sainte Vierge et d'autres reliques précieuses.

Saint Richard et saint Gervin visitèrent, à leur retour, les monuments sacrés de la ville d'Antioche, où ils se reposèrent quelque temps. Ils y rencontrèrent un grand serviteur de Dieu, nommé Siméon, que les moines du mont Sinaï avaient envoyé à la cour du duc Richard pour recueillir les aumônes qu'il leur destinait. Siméon voulut revenir en France avec ces illustres pèlerins et s'ensevelir avec eux dans les cloîtres de Saint-Vannes, où il mourut saintement.

Nous trouvons encore dans la vie du B. Richard un fait auquel S. Gervin fut associé. Après la mort du saint empereur Henri, Conrad son successeur avait assiégé la ville de Commercy et l'avait prise d'assaut. A cette nouvelle, Richard accourut avec son disciple Gervin, afin d'implorer la clémence du vainqueur, de préserver la population de la brutalité des soldats et de défendre les temples du vrai Dieu. Quoique le Bienheureux abbé eût une grande autorité sur les empereurs d'Allemagne, il ne put en cette circonstance fléchir la colère du vainqueur ; en vain il conjurait ; il menaçait les soldats ivres de vengeance et de carnage ; il cherchait à détourner leur glaive, en leur demandant de le frapper lui-même et d'épargner d'innocentes victimes. Longtemps on resta insensible à ses gémissements ; mais à la fin on eut pitié d'un si généreux intercesseur et on pardonna à la ville rebelle. Pendant que Richard s'efforçait de sauver les habitants, Gervin s'élançait à travers les flammes dans les églises profanées, pour soustraire au pillage leur plus riche trésor, les reliques des saints. Au moment où il pénétrait dans un sanctuaire, il rencontra un chevalier qui cachait sous sa tunique des reliques renfermées dans un sac de cuir ; il racheta ces perles précieuses et les porta au B. Abbé. Quand on eut ouvert l'enveloppe grossière, on trouva un parchemin qui indiquait le nom des reliques ; c'était un bras de S. Pantaléon, avec un os du bras de S. Etienne, premier martyr, et plusieurs ossements d'autres saints. Les serviteurs de Dieu les baisèrent avec une grande dévotion et les renfermèrent dans une châsse avec d'autres reliques non moins précieuses (1).

On sait tout le zèle de l'abbé Richard pour la trève de Dieu : il en fut un des principaux promoteurs, et pendant une grande partie de sa vie il la prêcha aux peuples de la France, de la Germanie et surtout de la Normandie. La trève de Dieu, cette œuvre de pacification éminemment chrétienne, inconnue dans toute autre période de l'histoire, imposait par serment l'engagement d'observer les lois de la justice dans les guerres

---

(1) *Rerum Gall. Vet. Script. Tom.* xi, *pag.* 458. On faisait à Saint-Riquier la fête de S. Pantaléon. il est probable que S. Gervin apporta à son monastère une partie des reliques qu'il avait sauvées.

féodales, de cesser les combats, du mercredi soir de chaque semaine jusqu'au lundi matin, dans les vigiles et les jours de fêtes solennelles, pendant l'Avent, le Carême, les Octaves de Pâques, de l'Ascension et de la Pentecôte. Ceux qui violaient ce pacte religieux étaient excommuniés, exilés, ou soumis à une amende proportionnée à la faute ; en outre, on s'engageait à jeûner au pain et à l'eau le vendredi, à s'abstenir de chair et de liqueurs le samedi (1).

On raconte de nombreux miracles de Richard, que le peuple se plaisait à appeler la *Grâce de Dieu*, en faveur des chrétiens fidèles à *la paix de Dieu* ou à la trève de Dieu.

Gervin partagea les travaux et les luttes de son glorieux père pour cette cause si populaire. Il s'associait à ses prières, à ses prédications, à ses voyages, et quoique son historien garde le silence sur cette question sociale, point de doute qu'il n'ait continué, durant sa vie de missionnaire, à entretenir les peuples |dans ces idées de pacification, et qu'il n'ait été dans notre Ponthieu un envoyé du ciel pour la sanctification des puissants et la défense des petits et des opprimés. Du reste, ce que la chronique nous dit de ses efforts pour corriger les pécheurs en Neustrie, en Flandre, dans la France et l'Aquitaine, dans la Hongrie, doit surtout s'appliquer au temps où il partageait la sollicitude de son Abbé pour étendre partout la trève de Dieu. C'est alors que cet apôtre réalisa dans son ministère vraiment sacerdotal cette parole du prophète qu'on n'hésite pas à lui appliquer : « Je t'ai choisi pour être la lumière des peuples et leur sauveur (2). »

Le B. Richard est cité dans l'histoire parmi les plus célèbres réformateurs de l'état cénobitique, au XI° siècle. Les auteurs de sa vie comptent même Centule parmi les monastères qu'il a spécialement visités, dans lesquels il a rétabli la régularité (3). Sans chercher à contredire leur témoignage, faute de preuves suffisantes, nous avons de graves raisons d'affirmer qu'ils exagèrent la mission de S. Richard à Centule. Sous l'Abbé Angelran les devoirs de la vie religieuse étaient exactement accomplis. La rigueur de la discipline, rétablie par l'Abbé Ingélard, avait été maintenue pendant qu'il tenait en main le gouvernail. Les infirmités de sa vieillesse ayant laissé introduire le relâchement avec les compétitions ambitieuses de Foulques, il est probable que le roi Henri demanda au célèbre réformateur un moine habile pour diriger l'Abbaye de Cen-

---

(1) Observons ici que l'Eglise, effrayée de la multitude de crimes commis à cette époque, adoucit, pour favoriser la trève de Dieu, la rigueur des anciens canons ; elle demanda, au lieu de pénitences publiques, le sacrifice des animosités, des œuvres particulières d'expiation et de mortification. L'excommunication ou privation des sacrements et des suffrages de l'Eglise, qui frappait la violation des promesses, inspirait alors une salutaire terreur aux pécheurs les plus audacieux; Nous voyons dans les décrets des Conciles de cette époque le passage de l'ancienne discipline à celle des temps modernes.

(2) *Chron. Cent. Lib.* IV. *Cap.* XXVII. C'est sans doute pour les voyages qu'il fait avec le B. Richard que S. Gervin est jugé digne de cet éloge de l'auteur de la *France littéraire* (Tom. IX, pag. 86). « S. Gervin mérite de tenir une des premières places parmi les prédicateurs: il prêcha avec succès non seulement en Neustrie, en Picardie, etc., mais encore en Flandres et en Hongrie. »

(3) *Hugo Flavian. Ibid.*

tule ; que Richard envoya ou plutôt amena lui-même son chapelain et plusieurs moines ; et c'est pour cette raison qu'on aura ajouté le monastère de Centule à tous ceux qui ont été vivifiés par l'influence salutaire de ce nouvel Elie.

Rapprochons de ces conjectures le récit de la chronique sur l'élection de S. Gervin (1). Les besoins de son monastère appelaient le B. Richard à la cour du roi de France et Gervin l'accompagnait. Le roi Henri, se souvenant de la requête de l'Abbé de Centule, lui fit cette proposition : « Il y a dans mes Etats un monastère jadis renommé
» par sa magnificence et construit par mes prédécesseurs. Depuis il a été dévasté par
» les païens. Cependant il jouit encore de quelque célébrité. Son abbé Angelran, juste-
» ment surnommé le Sage pour sa rare prudence, touche à la fin de sa carrière. Ses
» infirmités l'obligent à demander un successeur. Je prie Votre Grâce de permettre au
» frère Gervin de se charger du gouvernement de cette communauté de moines. »
Cette demande causa quelque trouble au vénérable Abbé ; il devait lui en coûter de se priver d'un compagnon si fidèle ; mais cependant il consentit et il ordonna au frère Gervin d'accepter la charge que le roi lui offrait. Henri les engagea à partir immédiatement avec quelques seigneurs de sa cour. Quand on fut arrivé à Amiens, Gervin déclara qu'il fallait s'arrêter dans cette ville, qu'il ne pouvait entrer au monastère avant qu'on se fût assuré que les moines l'appelaient par une élection canonique. Foulques, Evêque d'Amiens, voulut bien envoyer au monastère des clercs d'une sagesse éprouvée afin d'annoncer le choix du roi, la détermination de Gervin, les rares qualités du secrétaire intime de l'Abbé de Saint-Vannes. Angelran fut transporté de joie en entendant le récit des députés : il rassembla aussitôt ses moines au chapitre et, après les avoir informés des bonnes dispositions du roi, il leur manifesta son désir de remettre l'autorité entre les mains si dignes de porter la houlette pastorale et il les pria en conséquence de lui faire connaître leur pensée sur ce choix. Tous les moines le ratifièrent et signèrent l'élection. Angelran signa également sa démission, en confessant avec beaucoup d'humilité qu'il n'avait jamais été digne d'exercer de si redoutables fonctions. Les députés retournèrent auprès de l'Evêque et lui annoncèrent l'heureuse issue de leur négociation. Gervin reçut alors la bénédiction abbatiale des mains de Foulques et le lendemain le nouveau pasteur était solennellement intronisé au monastère (1045). »

Gervin présentait à sa communauté plusieurs moines de Saint-Vannes aussi distingués par leur science que par leur piété. D'après la chronique, ces nouveaux frères étaient entraînés par les liens d'une indissoluble amitié à la suite de celui qui les avait si longtemps édifiés par l'exemple de ses héroïques vertus. L'un d'eux, nommé Guérin, devint prieur : un autre, qu'on appelait Raguenard, fut établi doyen.

Dans une administration de près de trente ans, Gervin renouvela presque entièrement le monastère ; il y fit des constructions nouvelles : des édifices en bois furent renversés et à leur place s'élevèrent des murs plus solides en maçonnerie. On signale

---

(1) *Chron. Cent. Lib.* IV. Cap. XV.

surtout entre ces grandes entreprises une admirable crypte sous la basilique de Saint-Riquier. Hariulfe l'a décrite au siècle suivant dans toutes ses parties. Nous allons analyser son récit, après avoir fait remarquer qu'on assiste pendant cette période à la naissance des cryptes ou Eglises souterraines. Les plus remarquables, par exemple celles de Chartres, de Saint Eutrope de Saintes, celles de Bourges, de Saint Denis, de Bayeux, etc., datent de cette époque. Gervin ne voulut pas que son Eglise, qui avait été citée comme une merveille du siècle, au temps de Charlemagne, restât inférieure aux Cathédrales et aux Eglises des plus célèbres monastères. C'est pourquoi il fouilla le sol sous la tour de Saint Riquier, dit le P. Malbrancq ; et, pour soutenir la voûte de sa crypte, il établit quatre belles colonnes reliées entre elles par de solides arcatures : il consacra cette crypte à la mère de Dieu : c'est pourquoi elle est désignée dans les âges suivants sous le nom de *Notre-Dame de la Voûte*.

Quatre autels furent placés dans ce mystérieux sanctuaire et enrichis de nombreuses reliques que le saint Abbé avait trouvées au monastère ou rapportées de ses divers pèlerinages. On remarque que la basilique en aurait été magnifiquement dotée, quand même elle n'en aurait point possédé d'autres.

L'autel principal, dédié à Notre-Dame, rappelait dans son ornementation les mystères de l'Annonciation et de la Nativité du Sauveur. Les trois autres autels, placés au midi, au nord et sous le grand autel de S. Riquier, étaient dédiés en l'honneur des mystères de la Résurrection du Sauveur, de la Pentecôte et de l'adorable Trinité. Gervin avait groupé les reliquaires de manière à faire vénérer successivement les Apôtres et les Martyrs, les grands Pontifes et les grands Abbés des Gaules (1). Tout parlait au cœur, à la foi, et ravivait les espérances chrétiennes. Le monde invisible était pour ainsi dire devenu palpable et la terre conversait avec le ciel par de continuels élans d'amour, avec des transports que le monde n'a jamais connus ni ressentis.

La crypte fut dédiée le 19 octobre. La chronique oublie d'indiquer l'année. Le martyrologe du monastère a perpétué la mémoire de cette consécration par une fête spéciale (2).

Il ne reste plus actuellement de traces ni de souvenir traditionnel de cette crypte. Il est à croire qu'elle fut recouverte dans les restaurations de l'abbé d'Aligre et à l'é-

---

(1) *Ibid. Cap.* xviii. — Toutes les reliques de la crypte sont énumérées dans la chronique d'Hariulfe. Notons seulement celles que Gervin a dû rapporter de son pèlerinage ·

De Ligno Sanctæ Crucis. — De Sepulcro Domini. — Cera de Sancta Resurrectione. — De Columna ubi Dominus fuit ligatus. — De lapide ubi stetit, quando ascendit Crucem. — De Linteo quo fuit præcinctus, quando discipulorum pedes lavit. —De præsepe Domini. — De Virga Moysi. — De Manna. — De Vestimentis Sanctæ Dei Genitricis Mariæ. —

De Capillis ejus. — De filo quem ipsa nevit. — De Sepulcro ejus.

Pour les autres reliques, voir page 164 de ce volume.

Jean de la Chapelle observe qu'il y avait aux différents autels un grand nombre de reliquaires ainsi disposé : 20 au midi, 28 au nord, 16 à l'autel de S. Riquier. *Chron. Abbrev. Cap.* xxviii.

(2) Cœnobio Centula, dedicatio Orientalis cryptæ in honorem S. Mariæ et S. Richarii sacerdotis gloriosi. — *Martyrol. Cent. Inter Martyrol. P. Solerii. Act. Sanct. Boll. Tom.* vii. *Junii.*

poque de la nouvelle décoration du sanctuaire : car il est certain qu'au moment de ces travaux les religieux de S. Maur l'ont encore vue et y ont découvert le corps de S. Gervin. Des fouilles pratiquées récemment en divers endroits de l'Eglise n'ont produit aucun résultat : ce qui semble justifier nos conjectures sur la destruction de ce reste curieux de l'art du xi° siècle.

Le zèle de ce pieux abbé pour la maison de Dieu ne s'est point borné là : il couvrit les murailles de la majestueuse basilique de tapisseries éclatantes et ses autels d'étoffes précieuses. « Il découvrit, dit la chronique, le tombeau de S. Angilbert dont on avait perdu la trace : il éleva de terre les corps de S. Caïdoc et de S. Adrien et les exposa à la vénération des fidèles (1). »

Ces derniers faits demandent quelques explications. Voici d'abord le récit de la chronique.

« On ignorait alors la place du tombeau de S. Angilbert. C'est pourquoi il ne jouissait d'aucun honneur sur la terre, quoique son nom fût habituellement sur les lèvres des Francs et surtout des habitants du Ponthieu et que cette magnifique basilique qu'il avait fondée, l'eût fait briller d'une gloire immortelle. Le vénérable Gervin fit donc tous ses efforts pour chercher les restes du serviteur de Dieu, avec l'intention de les honorer dignement, si le ciel exauçait ses vœux. La Providence vint à son secours. S'étant un jour rendu au monastère de Gorze, situé sur les confins du pays Messin, il y trouva un livre où il était question du serviteur de Dieu. On y racontait ses belles actions et celles de plusieurs autres Abbés de Saint-Riquier : il l'emprunta aux moines de Gorze et l'apporta à Centule. On y vit, entre autres choses, qu'il était passé à une vie meilleure le XII des calendes de mars. Comme on avait perdu le souvenir du jour de sa mort, depuis l'incendie du monastère par le payen Guaramond, les moines de Centule tressaillirent de joie, par ce qu'ils savaient enfin quel jour il leur serait donné d'offrir leurs hommages à un saint dont la vie avait été si admirable. »

« Gervin chercha auprès des portes de l'Eglise, le tombeau où le corps d'Angilbert avait été déposé, d'après les traditions du monastère. Le tombeau ouvert, on aperçut un cercueil en bois, recouvert de cuir, et sous ces enveloppes un cadavre imprégné de sel, dont le crâne était ouvert par une large blessure. On reconnut à ce signe que ce n'était point le corps du saint, mais celui de son fils Nithard, comte de Ponthieu et Abbé du monastère, tué dans un combat et inhumé dans ce sarcophage (2). On referma le tombeau et on songea à diriger les recherches vers un autre point. Mais

(1) *Chron. Cent. Ibid. Cap.* xxxii.

(2) Jean de la Chapelle nous offre dans le récit du même fait des variantes assez importantes. Ainsi il déclare que Gervin savait que le corps de S. Angilbert avait été transporté à l'entrée du chœur ; que le corps de Nithard placé auprès de son père fut découvert le premier et que celui du saint fut trouvé vers l'Occident . que Ribbodon l'avait placé en cet endroit par crainte des Sarrasins et des paiens. que l'abbé Gervin institua la fête de la seconde translation de S. Angilbert.

où aller ? Heureusement une inspiration divine fit dire au moine Théobald que les fouilles devaient être entreprises à l'entrée du chœur, à l'endroit où l'on voyait sur le pavé : *Rex, Lux, Lex, Pax.* « Considérez, ajoutait-il, la disposition de ces monosyllabes : » ils nous révèlent la présence du corps de S. Angilbert. » Le vénérable Gervin se rendit à cet avis et ses vœux furent comblés par la découverte des restes du serviteur de Dieu. A l'instant même où l'on ouvrit le tombeau, il s'en échappa une odeur très-suave. Non-seulement ceux qui étaient là en furent embaumés, mais dans toute l'Eglise on sentit les émanations de ce céleste parfum, et aujourd'hui encore, D. Rodolfe, surnommé le *Benin*, atteste qu'à l'heure même de l'invention, étant assis sur le bord de la crypte où il écrivait, il fut tout pénétré de ces délicieuses senteurs. »

« Les précieux ossements étaient confusément rassemblés et enveloppés dans une étoffe de couleur verte ; ce qui fit croire que, depuis l'abbé Ribbodon qui n'avait vu aucune trace de corruption dans le corps du saint, d'autres fidèles l'avaient enlevé par crainte des payens et replacé en cet état. Toutefois la joie de cette découverte était tempérée par l'absence de toute inscription qui certifiât que c'était bien le corps de S. Angilbert ; mais le moine Théobald prit la tête et l'examina attentivement. Il trouva alors dans les cloisons du nez un petit parchemin, qui fit cesser toute incertitude par son contenu. On y lisait que c'était là le corps de S. Angilbert: HOC ESSE CORPUS SANCTI ANGILBERTI ABBATIS. »

« Convaincu de la vérité de sa découverte, le pieux Gervin fit replacer les restes du serviteur de Dieu d'une manière honorable et il établit qu'à l'avenir on honorerait sa mémoire (1). »

Après avoir constaté tant d'interpolations dans le texte d'Hariulfe, la critique a le droit de discuter très-sérieusement cette page de la chronique.

1° Elle demande s'il est bien naturel qu'un seul chapitre renferme deux sujets si disparates : *la description d'une bibliothèque et la découverte des reliques de S. Angilbert* (2). Un *Enimvero* qui unit les deux parties du chapitre forme une singulière liaison.

2° C'est immédiatement après la mort d'Angelran, qui passe sous silence les noms de plusieurs Abbés dont nous avons combattu l'existence, qu'on découvre les faits particuliers empruntés au monastère de Gorze. Quelle bonne fortune pour détruire l'autorité de ses écrits et expliquer son silence accablant pour l'imposture !

3° Le nom d'Angilbert, si célèbre dans le Ponthieu et par toute la France, le nom d'un second fondateur, n'a su resplendir sur son tombeau et le préserver d'un oubli universel ! On ignorait même le jour de sa mort et de sa translation ! Mais qui donc a révélé ces circonstances ? Le manuscrit de Gorze ? On ne comprend pas alors comment l'épitaphe du Saint, qu'on dit composée sous Ribbodon, où le jour même de sa

(1) *Chron. Cent. Ibid. Cap.* xxxii.

(3) *De libris quos contulit et quam studiose requisierit corpus S. Angilberti.*—*Chron. Cent. Lib.* iv. *Cap.* xxxii.

mort était inscrit, serait connue d'Hariulfe, puisque peu d'années auparavant Gervin se désolait de n'avoir aucun document sur ce grand serviteur de Dieu.

4° En cherchant avec attention, on aperçoit dans la cloison des narines une bande de parchemin avec cette inscription : HOC ESSE CORPUS SANCTI ANGILBERTI ABBATIS. Angilbert est canonisé ou proclamé saint depuis des siècles, et dans son monastère même on ne le sait pas. Bien plus, comme on le voit dans d'autres écrits composés plus tard pour solliciter sa canonisation auprès du Souverain Pontife, on récite pour lui chaque année un office anniversaire des défunts. On se demande, dit l'auteur de cette vie, s'il faut continuer de le ranger parmi les défunts ordinaires, en célébrant l'anniversaire de son trépas, ou s'il est temps de lui décerner les honneurs dûs aux saints par un office solennel (1).

5° Quand S. Gervin déclare qu'on honorera la mémoire de S. Angilbert, entend-il qu'on célébrera une fête ; mais *quo ritu*, demande D. Mabillon ? Hariulfe ne l'indique pas. D'ailleurs il est constant qu'on ne rendit point de culte public à S. Angilbert avant l'abbé Anscher ni avant 1129. Il n'est pas probable, d'après ce qu'on vient de lire, que cet anniversaire, dont il a été parlé plus haut, ait été changé en fête par l'abbé Gervin, puisqu'on continue à le célébrer. N'est-ce pas une preuve que cet Abbé n'a rien fait pour S. Angilbert ?

6° D'après le récit de la chronique, on lève les corps de S. Caïdoc et de S. Adrien ; on les place dans des châsses pour les exposer à la vénération du peuple ; on laisse celui de S. Angilbert dans la terre. Qui pourrait croire à une telle anomalie, après une invention qu'on regarde comme miraculeuse ? Est-ce que les restes de S. Angilbert ne méritent pas les mêmes honneurs que ceux des autres SS. Confesseurs ?

7° Est-il possible qu'on n'ait pas conservé au monastère une copie de ce manuscrit de Gorze ? Il est cependant inconnu à Hariulfe, quoique les contemporains de cet événement vivent encore ; autrement Nithard aurait eu son chapitre au lieu d'une note ajoutée après coup, note à laquelle on ne peut même assigner une place certaine.

Après toutes ces observations d'une vérité incontestable, est-il téméraire de douter de l'authenticité de cette invention qui glorifie Nithard, Abbé et Comte, et de porter sur ce passage de la chronique le même jugement que sur les chapitres V, VI et X du III° livre de la chronique ? C'est au lecteur à juger (2).

L'impulsion donnée aux études ne se ralentit pas sous le gouvernement de l'abbé Gervin : il fit copier les ouvrages dont le monastère était dépourvu : il enrichit la com-

---

(1) Voir plus haut, page 206.

(2) Aux travaux dans l'Eglise énumérés par Hariulfe faut-il ajouter ceux dont parle la chronique abrégée du xv° siècle (*cap.* xxviii), à savoir la consécration de l'autel de S. Laurent près du cloître, de l'autel des SS. Mauguille, Caïdoc et Adrien, de l'autel de sainte Marguerite, vierge et martyre ? Nous osons à peine l'affirmer, tant il y a de confusion dans les notes de Jean de la Chapelle et de répétitions des mêmes faits sous des formes différentes.

munauté de nombreuses vies de saints, dont la lecture devait être très-profitable à ses moines : il augmenta la bibliothèque d'une collection d'ouvrages reliés en 36 volumes, acquisition considérable et vraiment digne d'éloges, quand on se reporte à cette époque où les livres étaient encore si rares et si chers. Le catalogue conservé soigneusement fait l'énumération de ce trésor littéraire : il nous indique les épitres de S. Ignace, l'histoire ecclésiastique d'Eusèbe, divers traités de S. Ambroise, de S. Grégoire de Nazianze, de S. Jérôme, de S. Augustin, de S. Jean Chrysostôme, de S. Grégoire-le-Grand, de S. Paschase Radbert, etc. ; un recueil de canons. Plusieurs des ouvrages portés sur le catalogue de S. Angilbert sont ici mentionnés de nouveau, d'où il faut conclure que cette grande bibliothèque monastique a éprouvé de graves outrages dans l'invasion des Normands (1).

Gervin prononça une sentence d'excommunication contre celui qui aurait osé dérober quelqu'un de ces ouvrages ; il comprit dans son anathème la soustraction du mobilier de l'Eglise ou des objets sacrés que lui ou ses prédécesseurs avaient déposés dans le trésor de l'Eglise.

Non content de se dépenser tout entier pour son monastère et pour la direction de ses moines, Gervin s'appliquait avant tout à sa propre sanctification. Ne donnant que quelques courts instants au sommeil, longtemps avant l'heure des matines il quittait son pauvre grabat, pour aller prier aux autels des saints, selon une louable coutume de ces temps de ferveur : il se prosternait successivement devant chacun des autels, et recommandait aux saints auxquels ils étaient dédiés, ses amis, ses parents, ses pénitents, les fidèles trépassés, la prospérité de l'Eglise et la paix entre les princes chrétiens. Lorsque la nature succombait sous la fatigue de cette pénible veille, il se jetait de nouveau sur son lit, et après quelques instants de repos il reprenait ses fonctions de médiateur. Il récitait un certain nombre de psaumes, puis le canon diurne et nocturne de la Sainte Trinité, du Saint-Esprit, de la Résurrection, de la Sainte-Vierge, des SS. Anges, de S. Pierre, de tous les Apôtres et de tous les Saints, et enfin le canon claustral auquel il ne manquait presque jamais (2). Ces longues oraisons ne suffisaient pas

---

(1) *Chron. Cent. Lib.* IV. *Cap.* XXXII.
On peut voir dans Hariulfe le titre des divers ouvrages acquis par S. Gervin. Nous devons toutefois remarquer que l'hagiographie a fait des progrès depuis S. Angilbert : on cite, outre les Passions et les Actes des SS. Apôtres et de plusieurs martyrs, les vies des Pères du désert, la vie de S. Maur, la translation de S. Benoît ; les vies des SS. Basile, Remi, Vast, Fursy, Ambroise, Loup, Germain d'Auxerre, Réome, Augustin, Jérôme, Amand, Wandrille, Ouen, Ansbert ; les vies de sainte Marie et de sainte Marie Egyptienne, dans un autre volume les vies des SS. Riquier, Hilaire, Colomban, Fulgence, Firmin, Sauve, Bertin, Bavon, Vannes, Martin, Séverin, Félix, les passions des SS. Hermogène, évêque, Georges, Blaise, Menne, Théodore, Lambert, Timothée, Apollinaire, des SS[es] Perpétue, Félicité, Anastasie, Sabine et la vie de sainte Geneviève.

(2) *Chron. Cent. Lib.* IV. *Cap.* XXVI. D'après Ducange le mot *canon*, employé ici par Hariulfe, doit s'entendre d'un office ecclésiastique *Officium ecclesiasticum*. Nous croyons qu'il s'agit plutôt de prières particulières que le saint Abbé s'était imposées. Il pouvait réciter tous les jours autant d'offices.

encore à l'ardeur de sa piété ; il s'imposait une seconde visite aux autels des Saints en redisant devant chacun d'eux le psaume désigné : puis, quand il sentait que l'heure des matines approchait, il courait à sa cellule pour n'être pas aperçu par les gardiens et les portiers de l'Eglise. Debout au premier son de la cloche, comme s'il eût dormi toute la nuit, il donnait à ses frères l'exemple de l'exactitude, du recueillement et de la dévotion pendant la psalmodie. L'office terminé, la règle permettait aux moines de retourner à leur cellule, afin d'y prendre encore quelques heures de repos. Gervin restait prosterné dans l'Eglise pour prier et méditer, accomplissant cette parole de l'Apôtre : « Veillons, nous qui sommes les enfants de la lumière et soyons tempérants. » Quand les rayons du soleil ramenaient le grand jour, il se retirait dans le cloître pour lire et nourrir son âme de la substance de la parole divine. Il ne manquait pas ensuite de redire à ses frères ce qu'il avait appris à l'école du Sauveur, afin de les former ainsi à une vie sainte et austère. Qui pourrait exprimer les sentiments qu'il éprouvait en célébrant la sainte messe ? son âme était toute ornée des diverses vertus que figurent les ornements sacrés et surtout de la charité envers Dieu et le prochain !

Pendant le Carême, pour imiter le jeûne du Sauveur, il s'imposait des pénitences extraordinaires et se couvrait le corps d'un cilice. Il se contentait d'un peu de pain et d'eau et passait quelquefois trois jours sans prendre aucune nourriture. Les veilles de Noël, de Pâques, de l'Ascension, de la Pentecôte, de S. Jean-Baptiste, de S. Pierre, de S. Laurent, de la Toussaint, de S. André, le jour du Vendredi-Saint, il récitait tout le Psautier et se condamnait à un jeûne absolu. Les rigueurs et les macérations n'altéraient nullement sa santé : la fraîcheur de son teint, sa sérénité, son enjouement, tout dans son extérieur semblait presque annoncer qu'il était quotidiennement assis à une table somptueusement servie.

Au milieu de ses grandes occupations, S. Gervin, persuadé avec S. Grégoire que la poussière du monde s'attache aux âmes les plus parfaites, aimait à se purifier de temps en temps dans les exercices de la vie érémitique. Au sein des forêts et dans la solitude, il semblait jouir des délices d'un nouvel Eden : les agitations de son cœur se calmaient et son âme recouvrait toute son énergie par la prière. Les chroniques signalent trois ermitages illustrés par sa présence et sanctifiés par ses oraisons et sa pénitence : l'un au tombeau de S. Gratien, « célèbre encore en ce siècle, dit Hariulfe, par d'éclatants mira- « cles, dans lesquels on ne cessait d'admirer les divines miséricordes » ; un autre près de Lœuilly, où ses fréquentes visites lui méritèrent d'être gratifié d'un beau domaine, converti en prieuré au siècle suivant ; le troisième dans la forêt d'Eu, près de Saint-Martin-au-Bois. Cette dernière solitude était préférée aux autres parce qu'elle était plus inaccessible et plus éloignée du commerce des hommes.

Le prieuré de Lœuilly fut constamment soumis à Saint-Riquier : mais aucun document ne nous prouve que les autres ermitages de S. Gervin aient jamais été possédés par le monastère et aient eu le titre de prieuré, que la chronique d'Hariulfe semble leur

CHAPITRE III. — L'ABBÉ GERVIN.

attribuer. On lit au contraire, dans une charte de 1060, que Guillaume, duc de Normandie dota l'abbaye de Saint-Michel de Tréport du domaine de S. Martin, illustré par le séjour de S. Gervin, qui venait y goûter les douceurs de la vie érémitique.

D'après Jean de la Chapelle, S. Gervin a bâti des oratoires en ces trois lieux et fondé le prieuré de la Viéville près Lœuilly, où il déposa les reliques de S. Lucien et de ses compagnons. Nous ne contesterons pas cette assertion. Toutefois nous ne voyons pas la nécessité de ces oratoires pour un séjour de peu de durée (1).

Saint Gervin avait lu dans la vie de S. Riquier que, pendant ses voyages, son saint Patron ne cessait de chanter des psaumes, d'entretenir de pieuses conversations avec ses compagnons ou de rappeler les vérités de la religion aux séculiers : il se fit un devoir de l'imiter ; ainsi ces heures d'ennui pour tant d'autres étaient aussi saintement occupées que celles qu'il donnait à l'oraison. Quand il avait mis le pied dans une hôtellerie, il laissait à ses compagnons le menu détail de l'installation : il se plaçait sur un banc solitaire et il se reposait en Dieu. Il exigeait qu'on fît une lecture pendant le repas ou qu'on méditât en silence : il ne manquait pas, s'il y avait une Eglise dans le voisinage, d'y aller prier ; s'il ne s'en rencontrait pas, il se couchait promptement sous prétexte de fatigue, mais c'était pour se livrer plus facilement à l'oraison. Quand ses compagnons s'étaient retirés dans leur chambre, il se levait sans bruit et plaçant devant lui un reliquaire qu'il portait continuellement, il faisait ses prières et ses prostrations comme dans son monastère (2).

Partout où il allait, il témoignait tant de compassion aux pécheurs qu'ils vénéraient en lui un ministre des divines miséricordes, envoyé par l'Esprit Saint. Il les excitait au repentir par de chaleureuses exhortations : il écoutait leur confession, quelle que fût leur condition et les ramenait charitablement à Dieu, en fortifiant leurs âmes

---

(1) *Chron. Cent. Lib.* IV. *Cap.* XXV. — *Chron. Abrev. Cap.* XXXII.

Ajoutons ici quelques courtes observations sur les ermitages de S. Gervin.

1° Le tombeau de S. Gratien, qui a donné son nom à un village de l'Amiénois, dans le canton de Villers-Bocage, fut longtemps célèbre par une merveille qui se renouvelait chaque année au jour de sa fête. Un noisetier voisin de ce tombeau et qui n'est, dit la tradition, que le bâton de coudrier que le saint portait à la main, produisait, dans l'espace de vingt-quatre heures, des feuilles et des fruits qu'on recueillait et qu'on conservait avec respect. L'Evêque d'Amiens envoya au XI° siècle vérifier ce fait, et l'on a conservé des témoignages authentiques de cette visite. *Annal. Bened. Tom.* v. *Pag.* 588-649.

On comprend, par ce prodige, l'attrait de S. Gervin pour ce lieu béni, sans qu'il y eût là ni prieuré

ni oratoire édifié par ses soins.

2° On lit dans la première édition d'Hariulfe, *Buliacum*, au lieu de *Luliacum*; c'est une faute de copiste corrigée dans la seconde édition.

Le prieuré de Lœuilly, canton de Conty, appelé d'abord *Priori Villa* ou *Vetus Villa* existe encore aujourd'hui. C'est une ferme nommée *le Prieuré*.

3° Saint-Martin-au-Bosc ou au Bois, canton de Blangy (Seine-Inférieure), fut donné par Robert d'Eu au monastère de Saint-Michel du Tréport. On rappelle dans la charte de fondation la retraite de S. Gervin en ce lieu : *Ubi quondam Domnus Gervinus, Abbas Sancti Richarii, eremiticam vitam duxit.* Cette charte de 1059, de 1036 dans d'autres auteurs, ne pourrait-elle pas être accusée d'interpolation ? S. Gervin ne meurt qu'en 1075. Le *quondam* n'est-il pas déplacé ?

(2) *Chron. Cent. Ibid. Cap.* XXVI.

dans l'amour de la vertu. S'il rencontrait quelque riche vraiment repentant, il l'exhortait à fonder une Eglise, une maison consacrée aux œuvres de charité, afin de racheter ses péchés par une copieuse aumône.

Il y avait dans son monastère une petite cellule destinée à réconcilier les pécheurs : ses moines la nommaient la *Confession* (1), nom caractéristique qui nous indique que, dans les temps anciens et avant nos confessionaux modernes, on avait pratiqué dans les Eglises ou les parvis des cloîtres, des retraites solitaires pour recevoir les pénibles aveux des âmes égarées dans les voies de l'erreur ou du crime. Le pieux Abbé y restait enfermé des jours entiers, sans souci de la nourriture corporelle, continuellement occupé à écouter les fidèles qui se succédaient sans interruption et à guérir des cœurs ulcérés par la haine ou amollis par la volupté : il surabondait de joie au milieu des fatigues de ce laborieux ministère et bénissait le Seigneur de le choisir pour l'organe de ses miséricordes.

« Mais quelle est l'œuvre de zèle que l'envie n'ait point attaquée et calomniée ? Des clercs jaloux des travaux des saints prêtres, parce qu'ils condamnaient leur oisiveté, ne cessaient de censurer par des paroles amères ou captieuses le saint émule de l'abbé Equitius (2). Ils demandaient pourquoi il se permettait, lui simple prêtre, de prêcher sans l'autorisation du Souverain Pontife, pourquoi il avait l'audace d'entendre des confessions et d'exercer des fonctions qui n'appartenaient pas aux moines. Ces rumeurs injurieuses furent mêmes portées à Rome et le chef de l'Eglise, ne pouvant de si loin juger de la gravité de ces plaintes ni de la culpabilité de l'accusé, lui envoya l'ordre de venir se justifier en cour de Rome (3). »

Tel est le récit de la chronique : elle ajoute que le saint Pape Léon IX gouvernait alors l'Eglise universelle (4). Parti pour Rome en simple pèlerin et élevé sur la chaire de S. Pierre, à la demande de l'Empereur et du consentement unanime du clergé et du peuple romain, l'Alsacien Brunon, Evêque de Toul, fut en effet intronisé en 1049. Ce voyage de Gervin ne saurait guère s'accorder avec la chronologie de ce règne pontifical et nous supposons, tout en laissant au lecteur la liberté de suivre un autre sentiment, que le Pape Léon IX étant venu à Reims en 1049, pour chercher dans un grand Concile national des remèdes efficaces aux maux de l'Eglise, l'Abbé Gervin, accusé par ses ennemis, rendit compte de sa conduite au successeur de Pierre.

(1) Jean de la Chapelle l'appelle la *Confession* et la *Miséricorde*. (*Chron. Abbrev. Cap.* xxxii).
Voir les observations de M. l'abbé Cochet sur les lieux de confession de cette époque. *Revue de l'Art Chrétien*. Septembre 1869.

(2) S. Equitius, Abbé en Italie, dans la province de Valérie, fut accusé auprès du Souverain Pontife de prêcher sans permission. (*Dial. Greg. Lib.* i. *Cap.* iv.)
Les moines n'avaient pas le droit de confesser et de prêcher. Les conciles eurent plusieurs fois à s'occuper des démêlés des moines avec leurs Evêques sur cette question.

(3) *Chron. Cent. Lib.* iv. *Cap.* xxvii.

(4) Jean de la Chapelle le nomme Léon X. Il affirme que S. Gervin était son parent et la raison qu'il donne c'est qu'il était presque son compatriote. Nous relevons cette assertion uniquement parce qu'elle a été répétée par plusieurs écrivains.

Quel que fût le lieu de cette entrevue, Gervin sut faire son apologie et fermer la bouche à ses détracteurs. « S'étant présenté à l'audience pontificale, Léon IX, dit la chronique, reconnut à sa modestie et au reflet de sainteté qui brillait dans tout son extérieur qu'il était un vrai serviteur de Dieu : il se leva pour le recevoir, lui donna le baiser de paix et le fit asseoir près de lui : il lui demanda ensuite ce qu'il devait penser des accusations dont on le chargeait. Le saint Abbé cita pour sa défense tous les passages de l'Ecriture, où sont louées les œuvres de zèle envers les pécheurs, où sont contenues les promesses de salut et de vie envers ceux qui retirent les prévaricateurs des sentiers de perdition, par lesquels ils arrivent au précipice : puis il demanda en finissant s'il était juste de condamner les ouvriers évangéliques, lorsqu'ils couraient à la recherche des brebis égarées et qu'ils s'efforçaient par les industries, que suggèrent la charité et la compassion, de racheter leurs propres péchés. »

« Brunon, cet homme apostolique, dont la vie s'était consumée à gémir sur les maux de l'Eglise et à faire refleurir la piété et les bonnes mœurs, n'eut garde de favoriser des déclamations oiseuses, en décourageant les moines zélés pour la gloire de Dieu. Les paroles de Gervin inondèrent son âme de joie, et comme il savait que Foulques, alors Evêque d'Amiens, s'occupait plus à chasser les oiseaux et les bêtes fauves qu'à sanctifier les âmes, il lui parla à peu près en ces termes : « Mon cher frère, gardez-vous de
» cesser vos travaux apostoliques à cause des murmures et des calomnies des envieux :
» consolez ces âmes qui viennent en si grand nombre solliciter leur réconciliation avec
» Dieu et qui sans vous seraient délaissées. Que la vigne du Seigneur, cultivée par vos
» mains, produise des fruits encore plus abondants. Vous recevrez pour prix de vos
» labeurs la grâce divine et au terme de votre carrière une récompense éternelle. De
» l'autorité de Notre-Seigneur et de S. Pierre, de notre propre autorité, nous vous com-
» mandons d'entendre les confessions des pécheurs, nous vous accordons pour cela
» toute notre juridiction, afin que tout ce que vous lierez soit lié par la puissance di-
» vine et que tout ce que vous délierez soit délié par son infinie miséricorde (1). »

« En lui communiquant une juridiction si étendue, le Souverain Pontife lui offrit des *sandales* (2), symbole de la puissance dont il le revêtait. L'humble Abbé refusa ces ornements, en disant qu'il lui suffisait d'avoir obtenu l'approbation du vicaire de Jésus-Christ, pour faire l'aumône de la divine parole aux âmes affamées des vérités du salut. »

La chronique de Centule et ses compilateurs n'hésitent pas à dire que S. Léon IX fit Gervin son Légat apostolique pour les régions occidentales. Leur assertion ne repose

---

(1) *Chron. Cent. Ibid. Cap.* xxvii.

On pourrait voir dans le privilége accordé à Gervin une concession des cas réservés au Pape.

(2) L'usage des *sandales*, qui est propre aux Evêques, était quelquefois accordé par les Souverains Pontifes aux Abbés d'un mérite éminent. « Elles étaient, dit M. Corblet, le symbole de la prédication, parce que Notre Seigneur a ordonné à ses Apôtres de chausser des sandales : *calceatos sandaliis. S. Marc,* vi, 9. » — *Hagiog. Tome* ii, *page* 529.

sur aucun fondement. Si ces écrivains avaient mieux connu l'histoire de ce grand Pape, ils auraient remarqué qu'il aimait mieux voir par lui-même les plaies de l'Eglise et les traiter de ses propres mains.

Dans cette visite à la métropole de Reims, illustrée par tant de nobles souvenirs, Léon IX consentit à faire lui-même la dédicace de l'Eglise de Saint Remi : on se pressa autour de lui avec un enthousiasme indescriptible et jamais dédicace ne se célébra au milieu d'un tel concours de peuple. Au moment de la consécration, la foule était si condensée que les chanoines qui rapportaient la châsse de S. Remi de l'Eglise Notre-Dame, ne purent la faire entrer par la porte, mais la descendirent par une fenêtre (1).

Pendant la procession solennelle des reliques, que le rite catholique prescrit autour du nouveau temple, le Pape voulut, le premier, courber ses épaules sous le noble fardeau des reliques de S. Remi. Des Evêques, puis des Abbés et d'autres membres du clergé furent associés à cet insigne honneur.

Des chroniques rapportent que Gervin porta la châsse de S. Remi avec trois autres Abbés, dont la tradition ne nous a pas conservé les noms.

C'est sans doute dans une autre circonstance : car pendant une visite si mémorable, il y eut bien des processions et des cérémonies, que l'histoire ne saurait inscrire, sans noyer les faits principaux dans des détails fastidieux pour la masse des lecteurs.

Gervin est nommé parmi les Pères du Concile de Reims (2). Entre autres crimes et sacriléges que le Concile chargea de ses anathèmes, on cite, avant tout, la simonie qui avait étendu ses réseaux serrés sur l'Eglise de France comme sur celle d'Allemagne. Les Evêques et les Abbés, sans exception, furent appelés à se purger de toute contravention aux lois sévères de l'Eglise sur ce crime attentatoire à sa constitution. On imposa des pénitences canoniques aux moines coupables : on excommunia et l'on déposa les plus scandaleux. Gervin aura pu répéter après Hugues de Cluny. « Dieu m'est témoin » que je n'ai rien donné ni promis pour obtenir la dignité d'Abbé. La chair y poussait : mais l'esprit et la raison s'y sont opposés (3). »

Foulques, Evêque d'Amiens, fut excommunié avec plusieurs autres prélats, pour ne s'être pas rendu au Concile (4). On lit dans la chronique de Centule que Foulques fut incriminé pour avoir empêché Gervin d'entendre les confessions et que ce dernier poussa la charité jusqu'à intercéder en faveur de son Evêque, pour détourner la foudre suspendue sur sa tête. Les actes du Concile se taisent sur cette circonstance : ils portent seulement que l'Evêque d'Amiens fut accusé d'avoir voulu attenter aux priviléges

---

(1) *Ann. Bened. Tom.* IV, *pag.* 501-502.

(2) On lit dans les Actes du Concile de Reims que l'Abbé de Saint-Riquier s'appelait Raynaldus : erreur d'un copiste qui a passé deux mots. Raynaldus était Abbé à Soissons et après lui venait Gervin. Abbé de Saint-Riquier. — D. Mabillon. *Annal. Bened. Tom.* IV, *pag.* 505.

(3) *Ibid. pag.* 504.

(4) *Ibid, pag.* 505.

de Corbie et fut soumis aux censures, pour désobéissance à l'Eglise à cause de son absence du Concile.

Un grand nombre d'Evêques et d'Abbés accompagnèrent le saint Pape Léon dans ses courses apostoliques et le conduisirent jusqu'à Rome. On pense que Gervin fit partie de ce glorieux cortége : car l'année suivante il est aussi présent au Concile de Latran, présidé par le Souverain Pontife, à son retour de France ; il souscrit les actes et les lettres synodales avec les Evêques et autres Abbés, et c'est même par sa signature qu'il est constaté qu'il siégeait dans cette auguste assemblée.

Dans ce Concile on canonisa S. Gérard, Evêque de Toul, un des prédécesseurs de S. Léon IX. Mais, ce qui occupa plus longtemps les Pères, ce fut la condamnation de Béranger. On réfuta victorieusement ses sophismes impies : on dit anathème à l'hérésiarque qui dogmatisait depuis quelques années, au grand scandale du peuple chrétien, contre la présence réelle de Jésus-Christ dans l'Eucharistie et cherchait à anéantir les fruits merveilleux de ce divin sacrement (1).

Le nom de S. Gervin est mêlé aux grandes manifestations religieuses de la contrée. En l'an 1052 on fit une translation des reliques de S. Bertin à Saint-Omer. Gervin y assista avec un grand nombre d'Abbés et de clercs de la province. Une relique du saint fut donnée à chacun des dignitaires et des prêtres. Jamais, disent les chroniques, on ne vit de cérémonie plus splendide ; elles ajoutent que le ciel récompensa la foi des vrais serviteurs de Dieu par d'innombrables miracles (2). Gervin fut encore présent à la reconnaissance des reliques de S. Omer qui eut lieu la même année (3).

Le couronnement de Philippe premier, âgé seulement de sept ans, a laissé un long souvenir dans les annales. Louis-le-Jeune se sentant mourir voulut, suivant l'usage de sa race, assurer la couronne à son fils par le symbole d'une consécration religieuse, et lui faire rendre hommage, afin d'éviter toute division. Les Evêques et les Abbés étaient convoqués à ces cérémonies royales. Gervin s'y rendit avec Gui, comte de Ponthieu et les autres Abbés du comté (1059). On remarque dans le récit de la cérémonie du sacre, que tous les hauts dignitaires présents, Evêques, Abbés, Ducs et Comtes, donnèrent leur consentement par ces acclamations : « Nous approuvons ; nous le voulons ; » qu'il en soit ainsi ! » (4).

Le dépôt confié à la sollicitude pastorale de Gervin lui fut plus cher que la vie : il le garda avec une fidélité inviolable, il le défendit généreusement contre les tentatives d'usurpation. Les chroniques nous ont conservé, outre plusieurs chartes, les divers incidents d'un voyage en Normandie et de ses voyages en Angleterre pour la revendication des droits du monastère.

L'Eglise d'Equémauville, si généreusement octroyée par Richard II, duc de Norman-

(1) Ann. Bened. Ibid. 511.
(2) Act. Sanct. Ord. S. Bened. Tom. I, pag. 167.
(3) Act. Sanct. Boll. IX Sept.
(4) D. Mabillon. Ann. Bened. Tom. V, pag. 592.

die, était alors convoitée par l'Abbesse de Montivilliers. Un couvent de vierges fondé en ce lieu par S. Philibert, récemment relevé de ses ruines et magnifiquement doté par le duc Robert, était alors gouverné par Béatrix, sœur de Richard et tante du duc de Normandie. Cette haute et puissante Abbesse essaya de s'assujettir la dîme d'Equémauville et d'évincer un Abbé éloigné et inconnu. Gervin, informé de ses desseins, crut sa présence nécessaire en Normandie et porta sa charte de donation, afin d'opposer aux intrigues un titre authentique et de réclamer de l'équité du duc de Normandie la confirmation de ses droits. Il est probable que le comte Guillaume avait connu Gervin, alors qu'il accompagnait le B. Richard à la cour de son oncle : il l'estimait, il le vénérait pour ses vertus : il se montra très-favorable à sa demande. Il renouvela la charte de Richard et il ajouta même quelques domaines à la première donation. Les prétentions de l'Abbesse de Montivilliers furent mises à néant et les droits imprescriptibles de Gervin affirmés à perpétuité (1048). Guillaume se déclara même l'avoué du domaine de Saint-Riquier et stipula des peines contre ses successeurs, s'ils osaient violer ce solennel engagement (1).

La charte de Guillaume donnée à Argenteuil porte la date du 30 novembre 1048. Elle a été respectée jusqu'en l'année 1605, où le monastère céda ses droits sur Equémauville. Il n'est guère parlé de cette Eglise dans les chroniques, d'où l'on peut présumer qu'on ne fut jamais troublé dans la possession de sa dîme.

Le duc de Normandie demanda en cette circonstance quelques reliques de S. Vigor pour le monastère de Cérisy, bâti au lieu même où le serviteur de Dieu avait mis en fuite un redoutable dragon. Le saint Abbé ne pouvait, dit la chronique, refuser ce don précieux à son puissant bienfaiteur ; il eut compromis le succès de son voyage : il envoya donc aux moines de Cérisy un os du bras de S. Vigor. Ceux-ci, pour s'assurer qu'on possédait vraiment à Saint-Riquier le corps de S. Vigor, firent subir à la relique l'épreuve du feu ; car ils savaient par tradition que les restes du saint, entre autres priviléges extraordinaires, avaient la vertu de résister à toutes les ardeurs du feu. Ils élevèrent donc un grand bûcher sur lequel ils placèrent leur relique, qu'ils avaient environnée de toile de lin pour aider à la combustion. Cette épreuve qu'en d'autres circonstances on eût volontiers accusé de sacrilége, puisqu'elle paraissait tenter le Seigneur, réussit parfaitement. Non-seulement le bras du saint ne fut pas détruit par l'embrasement général du bûcher, mais la toile elle-même fut respectée et ne portait aucune trace de l'action du feu (2).

Quelques jours après, un possédé du démon qui avait bu de l'eau, dans laquelle on avait trempé le bras du saint, afin de le soulager dans ses souffrances, recouvra subite-

(1) Parmi les signataires de cette charte, signalons Ives de Belesme, oncle de Robert de Belesme, le sanguinaire comte de Ponthieu, et Arnoul son neveu, saint Pontife, qui n'a pu par ses prières et ses admirables exemples arrêter les désordres d'une famille perverse.

(2) *Chron. Cent. Lib.* IV *Cap.* XX.

CHAPITRE III. — L'ABBÉ GERVIN.

ment la santé du corps et son bon sens. Depuis il n'eut aucun symptôme de possession (1).

Hermant remarque qu'en son temps on vénérait encore au monastère de Cérisy des reliques de S. Vigor, ce qui confirme le récit de notre chronique (2).

Puisque nous parlons de S. Vigor, nous ajouterons que ces miracles furent suivis d'un autre qui engagea S. Gervin à faire célébrer sa fête plus solennellement au monastère de Saint-Riquier. Pendant qu'on chantait les matines de cette fête, le prieur Raguenard était retenu au lit par une indisposition ; tout-à-coup un vénérable personnage se présenta à lui et lui reprocha sa paresse. Le prieur s'étant excusé sur sa faiblesse, le mystérieux visiteur lui répondit : « Je suis Vigor, évêque de Bayeux ; lève-toi et va de suite « au chœur ; j'ai obtenu ta guérison. Ne manque pas de dire à ton Abbé et à tes frères « que la bonté du Seigneur vous ayant, comme je l'ai désiré, favorisé de la présence « de mon corps, vous devez célébrer ma fête avec plus de pompe. » Le prieur se leva sur-le-champ et ne ressentit plus ses souffrances : il se rendit au chœur où il chanta l'office avec les autres moines, à leur grande surprise. Ne voulant point rompre le grand silence, il ne leur raconta que le matin sa vision et sa guérison inopinée. L'Abbé Gervin était absent : quand il apprit cet événement, il s'empressa de donner à la fête de S. Vigor toute la pompe des offices solennels (3).

La chronique nous a conservé une hymne composée, à la suite de ce prodige, par le moine Foucard. C'est un récitatif abrégé de la vie de S. Vigor, avec une invocation pour le supplier, non plus de préserver ses serviteurs des incendies, mais des flammes de l'enfer, à leur sortie de ce monde.

Flammarum domitor, mundi qui comprimis ignes,
Ne nos exurant, flammas compesce gehennæ (4).

Quelques années après, Gervin réunit à Saint-Riquier un grand nombre d'évêques et d'abbés pour une translation des reliques de S. Vigor. On retira en leur présence les sacrés ossements de la châsse offerte par l'Abbé Ingelard plus de cinquante ans auparavant, et on les plaça plus honorablement dans une nouvelle châsse parée d'or et d'argent et digne d'un si glorieux confesseur. Cette grande solennité eut lieu le 12 avril. Ce jour sanctifié par le jeûne du Carême ne fut pas choisi sans une inspiration du ciel. Le peuple chrétien, dit la chronique de Centule, était bien mieux préparé à vénérer les reliques du saint Evêque, après avoir offert à Dieu le sacrifice d'une vie plus austère et plus pénitente (5).

Le biographe de S. Gervin insinue qu'il fit de fréquents voyages en Angleterre du temps

(1) *Chron. Cent. Lib.* IV. *Cap.* XX.
(2) Hermant, *Histoire du diocèse de Bayeux.*—Saint Vigor.
(3) *Chron. Cent. Lib.* IV. *Cap.* XX.
(4) *Ibid.*
(5) *Ibid.*

de S. Edouard (1). Gervin avait connu ce monarque dans sa première jeunesse, pendant son exil à la cour des ducs de Normardie, et leurs âmes dociles aux mêmes inspirations s'étaient comprises. Edouard n'oublia jamais le jeune compagnon du B. Richard, dont les entretiens l'avaient fortifié aux jours de la tribulation : il lui voua son amitié ; quand il put disposer des ressources d'un puissant royaume, il donna libéralement à l'Abbé de Centule dans les moments où son monastère éprouvait la gêne. La reine Edith n'était ni moins affectueuse ni moins généreuse. Un jour cependant, dans un de ces voyages, elle accusa Gervin de lui avoir fait un affront sanglant, en lui refusant le baiser de paix. Cédant à un premier mouvement de colère, elle voulait le faire chasser du palais ; mais le roi et les seigneurs lui représentèrent, après avoir entendu les explications de l'Abbé, que les clercs et les moines étaient morts au monde ; qu'on ne pouvait exiger d'eux une soumission complète aux usages de la vie séculaire ; que l'Abbé Gervin, en observant strictement les règles de la vie monastique, même au risque de déplaire à la reine, montrait par cet acte d'indépendance son zèle pour la perfection et l'éminence de sa sainteté. Ces réflexions calmèrent la princesse et la reconcilièrent si bien avec l'Abbé de Centule qu'elle le proposa pour modèle aux évêques et aux abbés de sa cour et leur conseilla même de l'imiter, en se mettant aussi comme lui au-dessus de l'étiquette et des préjugés vulgaires. Voulant faire oublier son injuste courroux et prouver à toute la cour combien elle vénérait ce grand serviteur de Dieu, elle lui fit présent d'un amict d'un grand prix, enrichi d'or et de pierres précieuses, que Gervin plaça avec respect dans le trésor de son église (2).

Nous remarquerons en passant que ce vêtement sacerdotal, dont les prêtres surtout connaissent la signification mystique, était alors orné avec une magnificence extraordinaire, comme on le voit par les descriptions de quelques trésors anciens. Gervin se servait de cet amict aux grandes solennités. Gui, évêque d'Amiens, l'ayant vu un jour, se laissa tenter par l'éclat de ces brillantes décorations et demanda à l'Abbé de le céder à l'église cathédrale, lui offrant en échange le personnat des autels des villages d'Argubium et de Montigny (3). Gervin qui aimait beaucoup l'évêque d'Amiens accepta cette proposition et l'on dressa une charte, du consentement du Chapitre et des deux Archidiacres. D'après cette charte, on laissait le personnat aux titulaires, leur vie durant, mais on obligeait les successeurs à payer à l'Évêque les droits ecclésiastiques accoutumés (4).

(1) Jean de la Chapelle l'appelle Richard. L'erreur n'a rien d'extraordinaire pour nous.
(2) *Chron. Cent. Ibid. Cap.* xxiii.
(3) On lit dans Hariulfe : *Argubii* et *Montis-Elisii.* Nous avons traduit ces deux noms par Argubium et Montigny. Il a déjà été question plusieurs fois d'Argubium, situé aux environs de Forêt-Montier. Montigny est aujourd'ui une annexe de Nampont-Saint-Martin, canton de Rue.

Les copistes de la chronique de Jean de la Chapelle ont écrit *Arguebe et Montenis.*
(4) On appelait personnat un bénéfice que le possesseur faisait desservir par un vicaire, à qui il remettait une partie des fruits du bénéfice. On se plaignit au Concile de Clermont, quelques années après cette espèce de contrat, qu'à la mort ou au changement des clercs qu'on nomme *Personnes*, les églises et les dîmes étaient souvent vendues par

CHAPITRE III. — L'ABBÉ GERVIN.

La chronique suppose encore que dans ce voyage un noble breton, nommé Raoul (1), donna à Saint Riquier, dans la personne de Gervin, quelques revenus et quelques domaines, désignés dans la suite sous le nom de prieuré de Pagrane ou Peyrane (2). Nous avons insinué ailleurs que la possession de ces domaines pourrait bien remonter jusqu'à l'époque des missions de Saint-Riquier. Dans cette hypothèse, Gervin aurait seulement reçu une nouvelle investiture du comte Raoul (3).

Nous ne suivrons pas Hariulfe dans le récit qu'il nous a laissé de la conquête de l'Angleterre par Guillaume, duc de Normandie. Toutefois, cette révolution politique amena de nouveau S. Gervin dans ce royaume. Ce voyage paraissait d'autant plus urgent que Guillaume s'était fait lui-même son droit coutumier, et c'était la part du plus fort, non point, dirons-nous avec un chroniqueur, la part du lion, mais celle du serpent, qui replie ses anneaux pour s'effacer et chemine sous les broussailles. Cependant au milieu des justes reproches que l'histoire adresse au conquérant, il faut reconnaître qu'il mérita toujours des éloges pour sa sollicitude envers les moines, pour son zèle à maintenir la religion et à continuer les pieuses traditions d'Edouard-le-Confesseur.

Gervin, sur le point de s'embarquer à Wissant (4), avec cent Abbés ou Évêques et un grand nombre de militaires et de négociants, fut arrêté pendant plus de quinze jours par les vents impétueux de février, qui déchaînèrent sur le détroit une affreuse tempête. La plupart des voyageurs, découragés et à bout de provisions, songeaient à retourner chez eux. La présence seule et les exhortations du saint Abbé, dont on connaissait le pouvoir auprès de Dieu, leur inspiraient quelque confiance. Gervin, pour relever leur courage, leur proposa de se réunir le lendemain à l'église voisine, afin d'y célébrer les divins offices et de se rendre de là, à pieds-nus, en pèlerinage à l'église de Saint-Pierre (5) : car il espérait obtenir, par l'intercession du prince des Apôtres, un temps propice pour la traversée. On fut fidèle au rendez-vous : chacun des pèlerins ayant offert à Gervin un denier, on acheta deux grands cierges. L'un fut offert à saint Michel et à S. Nicolas ; l'autre devait être porté à la chapelle de sainte Marguerite que les Anglais invoquaient avec une grande confiance.

les évêques ; ce que le Concile condamna comme une avarice palliée.

Les successeurs des clercs investis du personnat, nommés par l'Abbé, étaient tenus de payer à l'évêque le droit synodique, désigné sous le nom de *debita ecclesiastica*.

(1) Ducange parle d'un Raoul, fils de Dreux, comte d'Amiens, qui se retira à la cour d'Edouard son oncle et qui en obtint le comté de Hereford.

(2) Pagrane (ou Peyrane) et les autres domaines du monastère de Saint-Riquier en Angleterre sont situés dans le comté de Norfolk, ainsi qu'on le voit clairement dans une charte de 1224. (*Chronique de Dom Cotron.*)

(3) Les Bollandistes remarquent, à l'occasion de ces donations (*Mart. in Vita S. Gervini*), que plusieurs monastères de l'ancien *Belgium* avaient, en Angleterre, d'amples possessions données par les rois et des particuliers ou achetées par les Abbés. Nous signalerons spécialement ici le monastère de Saint-Valery.

(4) Wissant, ancien port de mer entre Boulogne et Calais. Quelques historiens en ont fait le *Portus Itius* des Romains.

(5) Aujourd'hui Saint-Pierre-lès-Calais.

Saxowale (1), l'un des compagnons de S. Gervin, fit l'office de préchantre et l'on s'achemina, nu-pieds, à l'église de Saint-Pierre, où l'Abbé de Centule célébra solennellement une messe votive. Le lendemain matin, la tempête était apaisée et la mer tellement calme que la brise agitait à peine les voiles. La traversée fut heureuse et l'on s'empressa, au sortir du navire, d'aller rendre grâces à Dieu, à la chapelle de sainte Marguerite. C'est aux prières de Gervin que les passagers attribuèrent ce changement si subit de température (2).

Gervin se présenta en apôtre à la cour de Guillaume-le-Conquérant : il n'eut point de peine à obtenir ce qu'il demandait, d'autant plus que Raoul et son fils jouissaient d'une grande considération auprès du roi.

Dans une charte qu'Hariulfe rapporte tout au long, Guillaume confirma à l'Abbé de Centule les *villas* données à Saint-Riquier avec toutes leurs dépendances (3). Le monastère a joui de ces domaines jusqu'à la guerre de Cent ans, où toutes les relations entre l'Angleterre et la France furent interrompues et les biens monastiques confisqués, sans qu'il fût jamais possible de les recouvrer.

Nous réservant de faire l'histoire de chacun des domaines, nous nous contenterons de mentionner ici les chartes : d'Enguerran, comte de Ponthieu, sur Portes : de Gervin sur Noyelles-en-Chaussée, sur les terres de Réalmont, de Valines, de Feuquières : de Gui, comte de Ponthieu, sur Outrebois et Mayoc (4).

Enguerran Ier, comte de Ponthieu, avait été tué au siège d'Arques, en 1046. Hugues son fils et Enguerran II son petit-fils furent aussi promptement moissonnés dans les guerres désastreuses de ces temps : car Gui, frère de ce dernier, gouvernait déjà le comté, en 1054.

Le nom de Gui est mêlé à tous les grands événements de son temps. Ce comte si remuant, si prompt à se lancer dans les entreprises les plus aventureuses, oublia quelquefois ses engagements d'avoué du monastère. Mais le vigilant Abbé ne tolérait point le triomphe de l'iniquité et de la violence. C'est pourquoi il ne cessait de plaider la cause de ses vassaux auprès du comte de Ponthieu. Quand il voyait un de ses villages opprimé, l'argent des colons extorqué par ses hommes d'armes, leur substance sucée par ces insatiables sangsues, il le suppliait de ne point se montrer si dur aux serviteurs de Saint Riquier; il lui remettait devant les yeux les prérogatives de son titre qu'il déshonorait, en vivant de brigandage, après avoir été enrichi par son glorieux patron. « Mais, hélas ! ajoute la chronique, une âme énivrée du pouvoir, habituée à la licence

---

(1) On a vu dans la préface qu'un moine du nom de Saxowalle fut le premier compilateur des chroniques de Saint-Riquier. C'est probablement le compagnon de S. Gervin. Saxowal est encore nommé dans une charte du comte de Ponthieu.

(2) *Chron. Cent. Lib.* IV. *Cap.* XXIII.

(3) Voir au Tome II (Livre des Domaines du monastère), les noms de toutes ces *villas*.

Jean de la Chapelle remarque à cette occasion que le comte de Vartime (lisez Varennes) ajouta aux anciennes possessions la *villa* de Peyrane ou Payrane qui devint chef-lieu de ce prieuré d'Angleterre.

(4) *Chron. Cent. Lib.* IV. *Cap.* XXII.

« des camps, pouvait-elle écouter les plaintes et les prières de la justice désarmée ? « On n'amollissait la dureté du comte que par des présents ; on ne rachetait qu'à force « d'argent les coutumes arbitraires et tortueuses qu'il cherchait à imposer comme des « lois inviolables (1). »

Parmi ces tyranneaux des abbayes, signalons Effrid d'Encre, le terrible avoué de Corbie, que les menaces de l'Église ne pouvaient contenir. La seigneurie d'Arleux près Bray, avec ses dépendances, touchait de toutes parts à ses domaines et ses mains rapaces atteignaient trop souvent les sujets de Saint Riquier.

Toutefois le ciel venait au secours de ses serviteurs et par des châtiments éclatants il inspirait une salutaire terreur aux avoués et aux seigneurs. Nous en avons plusieurs exemples dans la prévôté de Chevincourt, dont les avoués firent une fin malheureuse, après avoir opprimé les vassaux qu'ils avaient juré de protéger contre toute injuste agression. Les faits qui suivent sont racontés au 4° livre des miracles de Saint-Riquier (2). C'est une intéressante peinture des mœurs du temps.

Une charte avait stipulé les conditions de l'avouerie concédée aux seigneurs de Condun (3) : il ne leur était permis de venir à Chevincourt que sur l'ordre de l'Abbé ou à la demande expresse du prévôt : ils ne tenaient leurs plaids de justice et n'infligeaient des peines aux colons qu'à la réquisition du même prévôt. La charte leur avait interdit de chasser dans les forêts, d'y couper du bois, de s'occuper de la culture des terres, de se réserver la pâture des marais, d'abattre des aulnoies. Toutefois, l'Abbé, pour payer leur service, leur laissait la jouissance d'une certaine étendue de terre, mais à la condition de ne point tancer les vilains, de ne point leur mesurer la nourriture avec trop de parcimonie, de ne pas exiger de past, de corvée pour construire des murs et creuser des fossés, ni de service militaire hors de Chevincourt pour ses querelles personnelles. La charte avait été lue solennellement devant le roi et toute la cour, approuvée par les évêques, les abbés et les seigneurs. Gui, archevêque de Reims (4), avait prononcé la sentence d'excommunication contre les sires de Coudun, si jamais ils osaient violer leurs serments et tous les clercs présents l'avaient ratifiée avec le roi et les hauts dignitaires de la cour.

Anselme de Coudun remplit ses fonctions avec un noble désintéressement : mais son fils Raoul ne marcha point sur ses traces. Audacieusement parjure et sacrilège, il s'attribua sur Chevincourt tous les droits de franc-alleu, opprima les habitants de Chevincourt et s'empara des revenus du monastère. Après de sévères avertissements et des édits royaux impuissants à réprimer ses excès, il fut frappé d'excommunication.

(1) *Chron. Cent. Ibid.*

(2) *Acta Sanctorum. Ord. S. Ben. Tom.* vii, *pag.* 567.

(3) Coudun, châtellenie du Beauvoisis, aujourd'hui canton de Ressons. Les seigneurs de Coudun reparaîtront souvent dans l'histoire du monastère.

(4) Gui de Châtillon occupa le siège de Reims de 1033 à 1055. Il eut l'honneur de recevoir le pape saint Léon IX dans sa ville métropolitaine et tous les prélats qui l'accompagnaient et qui siégèrent au Concile de Reims.

C'est en vain que, dans le délire de son orgueil, il se crut assez fort pour braver la justice divine comme les menaces des hommes. Un événement imprévu donna lieu à la plus affreuse des catastrophes.

« Un grand nombre de chevaliers, dit l'auteur des miracles opérés au xi° siècle, s'étaient donné rendez-vous chez le sire de Coudun. Pris au dépourvu, Raoul ne vit d'autre moyen pour les traiter, comme le demandaient son rang et la condition de ses hôtes, que de faire main-basse sur les provisions de la prévôté des moines à Chevincourt. Ses serviteurs ayant exigé qu'il les accompagnât dans cette périlleuse expédition, le sire de Coudun, après d'inutiles sommations, fit enfoncer les portes et traita la métairie des moines comme une place enlevée d'assaut. On se précipita sur le cellier et en un instant on enleva le pain, le vin, les viandes salées et autres provisions de conserve ; puis on fit une razzia sur les veaux, sur les oies, sur les œufs qu'on avait amassés pour le service de la communauté. Monté sur un coursier vigoureux, Raoul surveillait cet exploit d'odieux brigandage, donnait ses ordres pour les divers apprêts de son festin. Tout à coup il se déroba à ses fonctions de maître-queux et se retira dans un lieu secret. Après une absence assez longue, ses serviteurs étonnés de sa disparition le cherchèrent de tous côtés et le trouvèrent dans une latrine sans mouvement et sans vie, le corps horriblement convulsionné. Dieu venait de le frapper d'une mort honteuse et digne d'un pareil attentat. Sa famille, qui ne voulait pas croire au récit de ses serviteurs, fut obligée de se rendre à l'évidence, quand elle se fut transportée à Chevincourt et qu'elle eut vu la pâleur mortelle de ce visage, rayonnant quelques heures auparavant d'une joie cruelle, l'immobilité de cette tête superbe, mollement inclinée sur la poitrine et l'horrible aspect de ce cadavre enseveli dans ses immondices. »

Hugues, fils de Raoul n'osa point, après une fin si tragique, se charger d'un office qui lui remettait sans cesse devant les yeux l'horrible spectacle dont il avait été le témoin. Il vendit donc son avouerie à un seigneur des environs, nommé Golvin. C'était un beau parleur, très-versé dans la pratique des lois, très-insinuant auprès des paysans sans instruction, qu'il trompait souvent, en les enlaçant dans les mille replis de sa dialectique tortueuse. Sous ces dehors si mielleux l'artificieux avoué opprima les colons de l'Église, pendant plusieurs années, avec autant de dureté que son prédécesseur. Il s'ingéniait à les faire travailler pour lui, le jour et la nuit. Mais enfin Dieu vengea les serviteurs de Saint Riquier, en envoyant à Golvin une cruelle maladie pendant laquelle il perdit même l'usage de la raison. Dans cette dure épreuve, il ne pouvait être question ni de confession ni de sacrements. Marthe, son épouse, était constamment repoussée du lit funèbre, mais au moment de l'agonie elle fit un suprême effort et entra toute éperdue dans la chambre de Golvin. A la vue de convulsions qui révélaient une punition du ciel, elle sortit précipitamment et s'écria : « Ah ! c'est un démon ! Un homme ne meurt pas avec de tels signes de réprobation ! »

Le fils de Golvin ne pouvant, à cause de son âge, succéder à son père, Marthe épousa en secondes noces un Normand, nommé Hugues, qui fut avoué de Chevincourt jusqu'à la majorité de son pupille. Hélas ! Les impies profitent rarement des exemples que la Providence met sous leurs yeux ! Le Normand Hugues n'eut point non plus de compassion pour les manants de Chevincourt et les traita comme gens corvéables à merci. Le moine Bernard, gardien de la prévôté, ne pouvait supporter une telle tyrannie, et travaillait de toutes manières à ramener l'avoué à de meilleurs sentiments : mais ce fut en vain. Hugues ne répondit à de justes plaintes que par le sarcasme et l'outrage. Il osa même frapper le moine de son bâton. Il restait alors une ressource suprême au gardien du sacré dépôt ; c'était de se prosterner devant la relique de Saint Riquier et de lui demander un témoignage éclatant de sa protection. La prière de Bernard fut promptement exaucée : car le sacrilége avoué fut subitement atteint de démence et réduit à un tel état d'idiotisme qu'il ne conservait plus qu'une vie animale et matérielle, sans donner aucun signe de connaissance. Ses amis consternés firent pour lui l'amende honorable dont il était devenu incapable : ils conjurèrent le moine d'implorer la miséricorde divine en faveur de ce superbe châtelain si cruellement éprouvé sous la main de Dieu. Ils firent plus : ils l'étendirent presque nu devant le moine outragé, espérant que par cet acte d'humiliation ils obtiendraient plus facilement son pardon. Le Seigneur se laissa toucher par leurs prières et celles de Bernard et il rendit à Hugues l'usage de ses sens.

La chronique signale un autre exemple de punition céleste en Belgique. Au village de Merimont, près de la ville de Liége, soumis de temps immémorial à Saint-Riquier, un habitant que la cupidité poussait à empiéter sur le domaine abbatial, afin d'arrondir son champ, se présenta devant les juges ou échevins du lieu, pour porter plainte contre les gens de Saint Riquier, parce qu'ils avaient envahi, disait-il, sa propriété et demanda qu'on lui rendît justice. On lui répondit que rien n'était plus facile que de faire mesurer les deux champs. Le plaignant et les accusés acceptèrent pour arbitre un homme très-expert dans l'arpentage des terres et qui connaissait parfaitement les limites. Mais le malheureux se laissa corrompre et traça une fausse ligne de démarcation. A l'instant même où il cherchait à asservir l'héritage du saint à un maître étranger, il fut frappé d'aveuglement et resta immobile, sans pouvoir avancer d'un pas. Les échevins impatients de ce retard lui criaient de finir son sillon : mais le coupable leur répondit : « Je suis un grand criminel : je me suis laissé cor-
» rompre par des présents et le ciel venge Saint Riquier : je n'y vois plus : j'ai besoin
» qu'on me donne la main pour me conduire. » Les assistants restèrent interdits à cet aveu d'un crime si promptement puni. La renommée publia cette merveille dans la ville de Liége. L'Evêque Hezelin interrogea lui même les juges et, sur leur déposition, il prononça une sentence d'excommunication contre ceux qui oseraient porter une main sacrilége sur les possessions de Saint Riquier (1).

(1) *Acta Sanct. Ord. Ben. Tom.* vii. *Ibid.*

« Des faits semblables reproduits dans toutes les chroniques de l'époque nous mon-
» trent, dit la légende de Sᵗᵉ Rictrude, que l'assistance de celui qui a triomphé des
» puissances infernales et de la perfidie des Juifs, venge aussi ses saints de l'oppres-
» sion des pervers et de l'injustice de superbes dominateurs assis dans la chaise de
» pestilence, des ligues, des outrages, des fourberies des méchants qui oppriment no-
» tre mère la sainte Eglise, dépouillent, sans pitié et sans respect pour la faiblesse, les
» pauvres, les veuves et les orphelins, qui s'applaudissent de leurs mauvaises actions
» et de leurs détestables excès. » (1).

A la suite de ces tristes épisodes, ajoutons quelques nouveaux exemples de la protection de Saint Riquier. Un aveugle de Tournay, après avoir longtemps imploré sa guérison aux sanctuaires de Corbie, où s'opéraient alors de nombreux miracles, fut averti en songe par un vénérable vieillard qu'il ne recouvrerait la vue qu'au tombeau de Saint Riquier. Il se soumit à cette nouvelle épreuve : après les fatigues du voyage et une nuit de veille sous le parvis de la basilique, ses prières furent exaucées.

Un autre malheur devait, bientôt après, lui prouver que son céleste Médecin veillait toujours sur lui. Dépouillé par des voleurs, pendant qu'il retournait dans son pays, et cruellement maltraité, ainsi que sa sœur qui lui avait servi de guide et qui lui fut enlevée, il se trouva si fortement ébranlé qu'il en perdit la raison. Sous le coup de cette triste infirmité, il errait à travers les campagnes, fuyant la rencontre de ceux qui auraient pu calmer ses frayeurs. La divine miséricorde le ramena au monastère de Centule. Son céleste bienfaiteur lui apparut de nouveau, lui posa la main sur la tête et lui promit la fin de ses tribulations : ce qui arriva peu de temps après.

Un autre aveugle, appelé par une inspiration intérieure au tombeau de Saint Riquier, se lava les yeux avec de l'eau sanctifiée par le contact de la châsse du serviteur de Dieu et fut immédiatement guéri : mais sa foi n'était pas assez vive pour rapporter au Tout-Puissant la gloire de ce bienfait. A peine eut-il quitté le monastère qu'il retomba dans son premier état. Il revint alors sur ses pas et sollicita avec plus d'humilité les faveurs du ciel. Cette fois la guérison se fit attendre. Enfin il vit, pendant la nuit, en songe, l'Eglise remplie d'une multitude d'hommes revêtus d'habits éclatants de blancheur et noyés dans une atmosphère de lumière, auprès de laquelle l'illumination d'une grande fête perdrait toute sa splendeur ; il comprit à ce signe que ce sanctuaire si célèbre était sous la garde de nombreux protecteurs. Après s'être recommandé à leur puissante intercession, il se réveilla guéri. Dans l'ivresse de sa joie, il n'eut rien de plus pressé que d'aller communiquer aux siens son bonheur, oubliant encore de rendre grâces au puissant thaumaturge. La punition suivit de près cette seconde faute ; car ses yeux se fermèrent de nouveau à la lumière des cieux. Cette rechute lui fit faire de sérieuses réflexions sur l'ingratitude dont il s'était rendu coupable. Il revint au monastère avec de vifs sentiments de componction : il s'engagea par vœu à faire un pèlerinage au saint

)5) *Chronique de sainte Rictrude.* — *Act. Sanct. Boll.* XIII *Maii.*

tombeau, chaque année, jusqu'à la fin de sa vie, à faire acte de servage au saint et à lui offrir le prix de sa capitation (1). Cette fois sa guérison fut définitive ; il avait bien pris garde de ne se retirer qu'avec la permission et la bénédiction des moines, et croyait fermement qu'on ne se rendait digne d'une grâce si extraordinaire que par d'héroïques sacrifices.

Un jeune écolier, plus passionné pour les jeux bruyants de la rue que pour l'étude, s'endormit un jour dans un champ où il folâtrait. Cette imprudence lui valut une sérieuse maladie à la suite de laquelle il resta sourd et fut obligé de garder le lit pendant trois ans. Neuf ans après cet accident, il fut averti par trois fois en songe d'aller en pèlerinage au tombeau de Saint Riquier : il obéit à cette voix du ciel. Il offrit un cierge au glorieux patron de l'Eglise et, pendant qu'il priait devant l'autel du Sauveur, le sang commença à couler par le nez et les oreilles. Le jeune homme ayant poussé un grand cri, on se pressa autour de lui : après l'avoir soulagé, on constata qu'il était radicalement guéri.

On faisait une procession à l'Eglise d'Ailly avec les reliques du saint. Pendant la traversée du village de Bussu, une femme du village, clouée depuis plusieurs années sur un lit de souffrances, se fit placer au lieu où devait passer la procession. Se soulevant sans peine et sans effort à la vue de la châsse, elle s'écria : « Merci, ô mon Dieu, ô Dieu puissant, qui me rendez la santé au passage de Monseigneur Saint Riquier. »

Le feu ayant pris à la grande basilique, du côté du Nord, et se propageant avec rapidité, les moines ne songeaient qu'à enlever les reliques des saints et le trésor de l'Eglise. Ils ne laissèrent que la châsse de S. Vigor, qui ne redoutait point les atteintes de l'incendie. Le plomb des toits coulait déjà en laves brûlantes et l'on s'attendait, à la vue d'un tel embrasement, à la ruine complète de la basilique. Tout effort humain était impuissant pour conjurer le fléau ; mais le Seigneur montra par un trait de protection visible qu'il n'abandonnait pas ses serviteurs. Un des serviteurs de l'Eglise, qui était monté dans les combles pour essayer d'éteindre le feu, s'y tenait accroché, non sans peine et sans fatigue. Tout à coup la main lui manqua, et du haut de l'édifice il fut précipité sur le pavé. La chûte eût été mortelle, si Saint Riquier ne l'eût soutenu. Il se releva sain et sauf. Au même instant l'incendie s'arrêta et le feu fut éteint par la seule médiation de ce céleste gardien et sans que les hommes aient eu le temps de porter aucun secours.

Il serait inutile, après ce que nous avons raconté, de parler encore des prisonniers qui ont brisé leurs fers et recouvré leur liberté par l'intercession du puissant patron de Centule : nous préférons mettre sous les yeux du lecteur une autre espèce de prodiges que nous n'avons pas encore eu occasion de raconter.

Un moine d'une grande sainteté, nommé Hugues, qui avait quitté le service des rois de ce monde pour celui du roi du ciel, était resté en prières entre les matines et les

(1) *Act. Sanct. Ord. S. Bened. Ibid.*

laudes. Tout à coup il entendit dans le chœur de Saint Sauveur un concert harmonieux dans lequel il distinguait aisément des voix d'hommes et d'enfants. En tournant la tête de ce côté, il crut reconnaître une troupe d'Anges et les Saints Innocents dont les reliques reposaient en cet endroit. Bientôt la céleste splendeur projeta plus loin ses rayons lumineux, éclaira tout le dôme, puis la voûte, et s'étendit jusque sur le tombeau de Saint Riquier. Hugues, tout ému de cette vision, alla éveiller un des moines et le pria de le suivre. Quand les deux religieux ouvrirent la porte, toute la basilique resplendissait de l'éclat de cette merveilleuse lumière. Les voix angéliques continuaient leurs douces mélodies. Ils restèrent là, debout, sans oser entrer, et comme enchaînés sous le charme de cette harmonie inconnue à la terre.

Saint Gervin eut aussi la consolation de jouir du même spectacle, pendant qu'il allait prier aux autels. La lumière se levant sur le chœur de Saint Sauveur, il se retira vers l'autel de S. Etienne, attendant avec anxiété ce qui allait arriver. Il vit aussitôt la clarté s'élancer vers la glorieuse mémoire de Saint Riquier, puis embraser toute l'Eglise. Gervin s'empressa d'éveiller un des gardiens de l'Eglise. Pendant que celui-ci, debout au bas du chœur, contemplait dans une espèce de ravissement cette échappée de la gloire céleste, le pieux Abbé alla se prosterner devant l'autel de Saint Riquier : les bras étendus, les yeux inondés de larmes, il adressa de ferventes prières à son Bienheureux patron dont le ciel se plaisait à révéler la sainteté. Au même moment des corps éthérés semblaient converser familièrement avec Saint Riquier ; toute la basilique fut embaumée de suaves odeurs, dont les parfums les plus exquis de la terre ne sauraient nous donner une idée. Ainsi, quand les célestes gardiens avaient adoré le Sauveur du monde, ils allaient vers Saint Riquier pour se réjouir avec lui de la gloire dont jouissait son âme et de la glorieuse immortalité qui était réservée à son corps. « Nous renonçons, « ajoute la chronique, à parler plus longuement de ces mystérieuses communications « du ciel à la terre, de peur de n'être ni compris ni goûtés de ceux qui refusent de « croire à des prodiges dont ils n'ont pas été les témoins » (1).

Que de traits semblables nous lisons dans les biographies des saints ! (2). C'est ainsi que l'esprit de Dieu, si fécond dans ses opérations, se plaisait à dévoiler les secrets de la vie future aux généreux athlètes de la lice monastique, pour les réconforter dans leurs épreuves et leur rendre sensible le dogme de la communion des saints.

Le surnaturel nous pénètre de toutes parts sous l'administration de Saint Gervin. Dieu

---

(1) *Act. Sanct. Ord. S. Ben. Tom.* VII *Ibid.*

(2) Citons un exemple tiré des *Moines d'Occident*. (Tome IV, page 375). « Après l'anniversaire de saint Wilfrid, dans le crépuscule de ce long jour d'été, tous les Abbés suivis de toute la communauté de Ripon sortirent en plein air pour chanter Complies. Là ils virent tout le firmament éclairé par un grand arc-en-ciel dont la blanche lueur sortait de la tombe du saint et enveloppait toute l'enceinte du monastère. Eddi, le fidèle biographe de Wilfrid y était aussi : il vit et admira ce ciel lumineux. « Nous comprîmes tous, dit-il, « que l'intercession du saint serait par la bonté de « Dieu, comme un rempart inexpugnable autour « de la vigne du Seigneur et de sa famille, et l'évé- « nement le prouva. »

CHAPITRE III. — L'ABBÉ GERVIN.

se plaît ainsi à manifester la sainteté de son serviteur par des miracles dans les lieux où il répand la semence du salut, où il s'élève avec une liberté toute évangélique contre les scandales publics.

Dans une de ses missions, dit Hariulfe, une femme malade déclara devant plusieurs personnes qu'il lui avait été révélé que, si elle recevait la bénédiction du saint Apôtre, elle serait guérie sur le champ. Gervin était tout absorbé dans la réconciliation des pécheurs et la malade pressée par d'horribles souffrances se sentait défaillir : elle demanda qu'on trempât le bâton pastoral de l'Abbé, vulgairement appelé crosse, dans de l'eau et qu'on lui donnât cette eau à boire. Le moine porte-crosse, nommé Radulfe, encore vivant au moment où l'auteur écrit ce récit, ne sut résister aux instances d'une foi si vive. Il lava la crosse de l'Abbé et la malade fut à l'instant même délivrée de toute douleur par la vertu de cette eau sanctifiée au contact du bâton pastoral du saint (1).

Un jeune écolier de la ville d'Eu, sur les confins de la Normandie, nommé Olderic, éprouvait depuis quelque temps des accès de fièvre que tous les remèdes n'avaient pu vaincre jusques-là. Quand il fut informé de l'arrivée du saint Abbé, il se dit en lui-même que le Seigneur lui avait envoyé un médecin capable de lui rendre la santé. Il demanda de l'eau dans laquelle le saint avait lavé ses mains : aussitôt qu'il en eut bu, il fut guéri. « Cet Olderic, ajoute Hariulfe, vit encore aujourd'hui, il est à Corbie où il
« a embrassé la vie monastique et où il jouit des honneurs et des prérogatives de la di-
« gnité abbatiale (2). »

Aucun Abbé de ce nom n'est inscrit dans les dyptiques de Corbie. Mais le premier Abbé de Saint-Fuscien portait le nom d'Odolric et avait été tiré du monastère de Corbie. Ne peut-on pas, en corrigeant l'orthographe du nom viciée peut-être par un copiste, présumer que l'Abbé de Saint-Fuscien aura résigné ses fonctions pour aller mourir au berceau de sa vie religieuse ? (3)

La vie de Gervin était toute remplie de bonnes œuvres : il avait édifié le cloître et le monde par d'éclatantes vertus et une admirable chasteté ; il avait ramené à Dieu un grand nombre de pécheurs et affermi leurs pas dans la voie étroite du devoir ; il ne lui manquait plus que l'épreuve de la souffrance, pour purifier son âme de toutes les scories dont le péché a surchargé notre nature : c'est pourquoi Dieu lui envoya une lèpre hideuse, et ses dernières années se consumèrent dans des souffrances atroces. Gervin essaya d'abord des remèdes par lesquels les médecins cherchent à conjurer les ravages de ce mal. L'impuissance des médicaments les plus énergiques lui prouva bientôt que le Tout-Puissant avait imprimé sur sa chair les stigmates d'une maladie incurable : il se tourna alors vers son Sauveur crucifié et bénit avec toute l'effusion d'une âme géné-

---

(1) *Chron. Cent. Lib.* xxviii.
(2) *Ibid. Cap.* xxix. Apud Corbeiam monachi et Abbatis habitu vel honore potitur.

(3) M. Corblet insinue la même idée. *Hagiographie.* Tome iv, page 535.

reuse la main qui le frappait : il ne cessa d'implorer sa clémence, pour que cette infirmité corporelle servît à son salut éternel.

Pendant quelque temps, la maladie n'empêcha point Gervin d'accomplir les œuvres de piété qu'il s'était imposées, de célébrer la sainte messe, de visiter les autels, de réciter les psaumes et les canons accoutumés. Il ne se relâchait en rien de ces devoirs, lors même que la violence du mal ne lui permettait de prendre ni nourriture ni repos. Quoique sa prudence lui fît souvent un devoir de s'éloigner discrètement de la communauté, ses frères ne cessaient de communiquer avec lui et de l'environner des soins multipliés d'une véritable affection (1).

Cependant les progrès continus de la maladie obligèrent le pieux abbé à demander un successeur. La Providence permit que le roi Philippe I⁰ʳ visitât sur ces entrefaites le tombeau de Saint Riquier. Gervin lui fit connaître son triste état et l'impuissance qui en résultait pour le bon gouvernement d'un monastère ; il lui proposa son neveu Gervin (2), moine de Saint-Remi de Reims, qu'il jugeait digne de ces hautes fonctions. Tous ceux qui connaissaient l'homme de Dieu auraient cru commettre une faute énorme, s'ils n'avaient pas obéi à ses moindres désirs. Le roi accepta lui-même son candidat et le nouvel Abbé fut béni, le 23 octobre 1071.

Gervin lutta encore pendant près de quatre ans contre un mal qui lui rongea le nez et les lèvres, qui le couvrit d'ulcères et de plaies. Avec le secours de deux de ses moines, il continua néanmoins d'offrir à Dieu le sacrifice de louanges, dont il fut toujours si prodigue. Le 2 février 1074, fête de la Purification, Gervin chantant, comme de coutume, sa messe dans la crypte de Notre-Dame, éprouva une si grande fatigue qu'on fut obligé de le soutenir. On le ramena à son lit. Recueillant alors ses forces, il dit à ceux qui l'assistaient : « Sachez, mes fils bien-aimés, que Notre-Dame m'accorde aujourd'hui la permission de partir. » On lui demanda où il voulait aller. Il leur répondit : « Là où j'ai toujours voulu habiter, au séjour après lequel je soupire depuis si longtemps ! » Ses frères lui disant qu'il pouvait encore vivre pendant quelque temps et même se consoler dans ses souffrances en célébrant les saints mystères : « Non, non, reprit le saint Abbé, non, frère Gervin ne chantera plus jamais la messe. »

Le mercredi des Cendres, — c'était le 17 février, — Gervin convoqua les anciens du monastère et les prêtres, et leur parla ainsi : « Je vous répète aujourd'hui, mes fils bien-
» aimés, ce que le Bienheureux Germain disait à ses frères dans l'Episcopat ; je vous
» recommande mon heure dernière ; car je sens approcher le jour que mes prières ap-
» pellent depuis si longtemps. Je vais faire devant vous une confession publique des
» fautes dont je crois que mon âme reste chargée ; j'en serai ainsi purifié, je l'espère
» du moins de la miséricorde divine et de la ferveur de vos prières. » A l'instant même, l'humble Abbé s'accusa de quelques péchés dont on ne le reconnaissait point

(1) *Chron. Cent. Lib.* iv, *Cap.* xxxiii.   (2) *Chron. Cent. Ibid. Cap.* xxxiv.

CHAPITRE III. — L'ABBÉ GERVIN.

coupable, puis des fautes contre les huit péchés capitaux (1). Les moines, témoins de l'innocence de sa vie, fondaient en larmes en le voyant s'humilier à ce point et cherchaient à lui imposer silence : « Tendre père, lui disaient-ils, pourquoi vous accu-
» ser ainsi ? Nous savons bien que vous n'avez jamais commis ces péchés et que vous
» n'êtes coupable ni d'homicide ni d'adultère. » Mais lui, demandant grâce pour un pauvre pécheur leur répondit : « Je vous en conjure, ne m'accablez pas. Si quelques-uns
» de ceux dont j'ai été chargé ont péri par suite de mes négligences, est-ce que je ne
» suis pas responsable de leurs âmes au tribunal de Dieu ? Je sais bien ce que dit le
» Sauveur sur le crime d'adultère : celui qui a jeté un mauvais regard sur une femme
» a commis l'adultère en son cœur. Je sais bien que mon âme s'est laissée prendre
» plus d'une fois dans les filets de la volupté et par mes mauvais désirs je suis aussi
» criminel que si j'avais consommé l'acte mauvais. »

Sa grande faiblesse ne lui permettant plus de réciter ses prières et le psautier, comme il le faisait dans le Carême, un de ses religieux s'acquittait de ces dévotions devant lui. Quand on vit approcher la dernière heure, on lui donna l'Extrême-Onction qu'il reçut avec une très-grande consolation. On lui demanda alors où il voulait être enterré. Voyant qu'il s'en remettait à leur charité, sans s'expliquer clairement sur cette question, ses frères le pressèrent davantage pour savoir toute sa pensée. Il leur répondit enfin qu'il ferait bien connaître ses volontés, mais qu'il était à peu près certain qu'elles ne seraient point exécutées. Ils se récrièrent tous à ces paroles et protestèrent qu'ils étaient disposés à lui obéir en tout, à lui donner dans l'Eglise la place qu'il leur désignerait. Gervin, ramassant ce qui lui restait de force et d'énergie, leur fit cette étrange proposition : « Si vous voulez accorder à un grand pécheur comme moi la faveur qu'il
« réclame pour le salut de son âme, vous m'attacherez une corde aux pieds après ma
« mort, vous me traînerez par les rues de la ville et me jetterez sur un fumier. C'est la
« seule sépulture que je crois mériter. » Les sanglots redoublèrent, quand on l'entendit parler ainsi : mais lui, sans s'émouvoir, leur recommanda de le porter à l'Eglise, aux premiers symptômes d'agonie, n'importe à quelle heure, et de l'étendre sur un cilice, afin qu'il eût le bonheur de rendre son âme à Dieu en face des saints autels. Il eut même assez de présence d'esprit, à l'approche de la mort, pour faire signe à ses frères qu'il était temps. On le déposa devant l'autel de Saint Jean-Baptiste : on lui plaça une croix sous les yeux et son sachet de reliques sur la poitrine et on commença les prières de la recommandation de l'âme. A ces mots : Sainte Marie, priez pour lui : il leva les mains vers ciel et répéta : « Sainte Marie priez pour moi. » A ces autres paroles : Saint Riquier priez pour lui : il se souleva de sa couche funèbre, au grand étonnement des assistants ; il étendit les bras et s'écria les larmes aux yeux : « Saint Riquier priez pour moi. » Il expira doucement à ces mots, *suscipiat te Christus*. C'était le 3 mars 1074,

(1) Quelques Pères de l'Eglise comptaient huit péchés capitaux en distinguant la vanité de l'orgueil.

selon, la manière de compter de cette époque, où l'année commençait à Pâques ; mais d'après la chronologie actuelle, il mourut le 3 mars 1075, le mardi de la seconde semaine de Carême (1).

Les chroniques remarquent que la mort effaça toute trace de lèpre et imprima sur ce corps virginal un reflet de grâce et de beauté surnaturelles. Il ne restait que les callosités de ses coudes et de ses genoux, qui prouvèrent à tous les assistants son assiduité à l'oraison et son invincible résistance à la douleur.

Quand la nouvelle de sa mort se répandit dans la ville de Saint-Riquier, il y eut un deuil universel : les hommes, les femmes, les nobles, les roturiers, pleurèrent avec les moines ce grand pasteur, cet abbé si exemplaire dans toute sa vie. La province entière voulut assister à ses funérailles et rendre ce dernier hommage de fidélité à celui qui avait si loyalement soutenu les droits des opprimés et répandu les trésors du monastère dans le sein des pauvres et des vassaux éprouvés par l'adversité.

Les funérailles furent célébrées avec une grande solennité par les Abbés et les Prêtres de la contrée. Le corps du vénérable serviteur de Dieu fut inhumé devant l'autel de Notre-Dame, dans la crypte qu'il lui avait lui-même consacrée (2).

Gui, comte de Ponthieu, pour lui témoigner sa reconnaissance, renonça à toutes les redevances et exactions que la coutume avait établies à Neuville. Il plaça lui-même sa charte sur la sépulture de l'abbé, en présence de toute l'assemblée, en disant : « Je dépose mon offrande sur la sainte tombe de Saint Gervin (3). » Tous les assistants firent écho à la parole émue du comte et la foi des populations ratifia cette canonisation (4).

On lisait, dit Jean de la Chapelle, entre les quatre piliers de marbre de la crypte, cette épitaphe composée par le comte de Ponthieu :

> Dans ce tombeau repose un illustre Pasteur
> Plein d'amour pour les siens, du Démon la terreur.
> Ses plus rudes labeurs ne pouvant lui suffire
> Il inflige à sa chair un douloureux martyre.
> Gervin, type parfait du dévoûment claustral,
> Conserva de l'enfant le trésor virginal.
> Il mourut le trois mars, riche d'œuvres de zèle,
> Laissant un grand exemple à son troupeau fidèle (5).

(1) *Chron. Cent. Lib.* IV. *Cap.* XXXV.
Les Bollandistes disent que Gervin mourut en 1078 Claude Robert en 1071. Nous ne pouvons souscrire à leur opinion et nous croyons celle d'Hariulfe plus vraie, quoiqu'elle ne lève pas toutes les difficultés. — Voir *Acta Sanct. Ord. Bened. Tom.* IX, *pag.* 318.

(2) Sepultus servus Dei ante altare Beatæ Mariæ in crypta Orientali, dit Hariulfe.

(3) Super Sanctam Sancti Gervini tumbam hoc donum dono.

(4) Le récit des funérailles, disent les Bénédictins, est écrit d'une autre main, quoique très-ancienne.—*Act. Sanct. Ord. S. Bened. Tom* IX, *pag.* 336.

(5) *Chron. Cent. Lib.* IV. *Cap.* XXXVI.

> Inclytus iste pater, dæmon per quem ruit ater
> Hos pius in populos dormit in hoc tumulo.
> Ardua rectarum scandens qui rite viarum.
> Corporis assiduus martyrizator erat.
> Regula virtutum, rectorum lux monachorum,
> Extitit a puero corpore virgineo.

CHAPITRE III. — L'ABBÉ GERVIN.

L'Abbé Gervin a été honoré au monastère de Saint-Riquier d'un culte public (1). L'indicateur des fêtes de Centule écrit, dit D. Mabillon, au temps d'Hariulfe, fait mention de lui, le 3 mars.

Quoique le P. Ignace et le P. Malbrancq n'hésitent pas à lui donner le titre de saint, cependant son nom n'a jamais été inscrit au martyrologe Bénédictin. Du Saussaye, dans son martyrologe Gallican, fait l'éloge de Saint Gervin au 1ᵉʳ mars : dans son Supplément au 24 mars, il ajoute ce qui suit : « Dans l'Amiénois, Saint Gervin, Abbé de
» Centule ou de Saint-Riquier, successeur d'Angelran panégyriste du saint fondateur ;
» il se montra le fidèle héritier de tant de saints hommes qui ont gouverné cette ab-
» baye. Généreux soldat de Jésus-Christ, zélé pasteur des âmes qu'il était chargé de
» gouverner, il s'envola vers la bienheureuse patrie, après laquelle il avait si longtemps
» soupiré. »

On voit, dans les offices rédigés au XVIIᵉ siècle pour le monastère, que la fête de Saint Gervin était célébrée alors sous le rite double (2). Toutefois ses reliques n'ont jamais été honorées d'un culte public. On a même perdu la trace de sa sépulture. « Au XVIIᵉ siècle,
» dit encore D. Mabillon, on trouva dans la crypte un sépulcre qui renfermait tous
» les ossements d'un corps humain, mais dont la tête avait été séparée. On supposa,
» non sans quelque probabilité, que c'était ceux de Saint Gervin (3). »

On lira avec quelque intérêt une lettre d'un moine bénédictin du XVIIᵉ siècle à D. Thierry Ruinart sur cette invention des reliques de Saint Gervin.

« Mon révérend Père, je ne puis vous donner grand éclaircissement sur les sujets
» que V. R. en souhaite : nous n'avons ici d'autres livres ni d'autres chartes que le
» Mˢ d'Ariulfus que D. Luc a fait imprimer. Il n'y a non plus aucun monument
» pour Angelran ni pour Odelgerus ; le plan de l'ancien monastère a trop changé de
» fois et le terrain a été trop souvent bouleversé pour en pouvoir rencontrer : je l'ai
» fait remuer en plusieurs endroits pour découvrir les sépultures des illustres en ques-
» tion, mais en vain. L'on a seulement découvert dans une chapelle souterraine le
» tombeau de Saint Gervin, où sont encore tous ses ossements, excepté le chef : on les
» y a laissés, parce qu'il ne se trouve authentique que ce soit lui. On le croit parce qu'il
» est dit qu'il fut inhumé *in cripta interiori B. M.* et qu'on ne trouve pas dans aucun
» endroit qu'on n'y ait enterré autre que lui. Nous en faisons la fête le 3 mars . . . . . .
« Frère Claude de Lancy (4). »

𝕮um sic florentem, studiose justa docentem,
𝕸ars, tua tertia lux abstulit, itque redur.
Chron. Cent Ibid.
Variantes du P. Ignace pour le premier vers
𝕴nclytus iste pater, similis cui non fuit alter ;
(*Histoire d'Abbeville, pag.* 450).
Et de Jean de la Chapelle pour le second :

𝕱los pius in populo dormit in hoc tumulo.
(*Chron. Abbrev. Cap.* XXXVI).

(1) *Ann. Bened. Tom.* V, pag. 87. Index solemnitatum, ad Centulam proprie pertinentium.
(2) *Officia propria regalis Abbatiæ Sancti Richarii.*
(3) *Act. Sanct. Ord. S. Ben. Tom.* IX, pag. 318.
(4) D. Grenier. *Tom.* XXVII, fol. 181.

On a dédié à Saint Gervin au xvii⁰ siècle une chapelle où il est représenté tenant dans les mains la tête de Saint Angilbert et la montrant à quelques religieux. Le tableau a été peint par L. Sylvestre (1).

CHAPITRE IV.

GERVIN II, VINGT-ET-UNIÈME ABBÉ.

(1075 à 1095.)

Accusations injustes des chroniques de Centule contre Gervin II. — Son administration. — Chute de la tour de Saint-Sauveur. Les reliques de Saint Riquier portées à Abbeville pour recueillir des offrandes. Lamentations des habitants de Saint-Riquier à ce sujet et leurs présents. — Gervin II, Évêque d'Amiens. — Son élection incriminée devant le Pape Urbain II · il fait deux fois le voyage de Rome pour se justifier. — Son administration épiscopale. — Gervin au concile de Clermont. — On lui enlève l'Abbaye de Saint-Riquier qu'il avait conservée depuis son élévation épiscopale; observations sur le récit passionné de la Chronique d'Hariulfe. — Gervin au Concile de Poitiers avec l'Abbé Anscher. — Derniers actes d'administration de Gervin. Il se retire au monastère de Marmoutier. — Sa mort. — Vision du moine Olfrid, prieur de Watten.

On a vu plus haut que saint Gervin avait choisi son neveu pour successeur. C'était le fils de Baymon et de sa sœur Rotseline. Jean de La Chapelle ajoute qu'il était aussi son filleul. Placé dès sa première enfance au monastère de saint Remi de Reims, Gervin vécut sous la tutelle [de l'abbé Heriman et, sous un maître si habile, il fit de rapides progrès dans l'étude des lettres. On lui donne pour compagnons de son noviciat religieux des hommes très-distingués en leur temps ; Henri et Robert, tous deux abbés de Saint-Remi ; Henri, abbé de Saint-Nicaise (2). On s'accorde à dire qu'il brillait lui-même par son éloquence et la variété de ses connai-sances. Les belles dispositions de Gervin dans sa jeunesse et le choix d'un saint, qu'on n'oserait accuser de népotisme, ne pouvaient faire présager un abbé, dont nos chroniques ont laissé un si affreux portrait : car on le désigne sous le nom de Gervin-le-Mauvais. Vain, orgueilleux, dit-on, prodigue et dissipateur, despote dans son monastère jusqu'au point de chasser les moines dont la vie exemplaire condamnait ses scandales (3); plus tard, dans son administration épiscopale, simoniaque, bourreau des ouailles de Jésus-Christ, il fut dépouillé de la dignité abbatiale, au concile de Clermont, par le pape Urbain II, déposé en plein

---

(1) Gilbert. *Description de l'Eglise de St.-Riquier*, page 100.
(2) *France littéraire*. Tom. vii, Pag. 8.
(3) Noms des moines qu'on dit exilés par l'abbé Gervin . *Walterus cognomine Ambrosius*, *Walterus cognomine Samuel*, *Walterus, Germanus, Teutoldus, Wido, Bernardus, Willelmus, Erluinus, Hildemarus,* — *Chron. Cent.* — *Spicil. Tom.* ii, *in-folio. Cap.* xxxvi.

chapitre, poursuivi à son départ de Centule par les malédictions du peuple et de ses propres moines.

On l'accuse encore d'avoir persécuté les clercs qu'il avait la mission de guider dans les voies spirituelles jusqu'au moment où son propre clergé le chassa du siège d'Amiens et le força d'ensevelir sa honte et ses remords dans le monastère de Marmoutier.

> *Exosus monachis, cunctis exosus amicis,*
> *Pessimus atque sibi, qui nollet velle videri*
> *Ad reprobum tandem certavit tendere finem.*

Ces données empruntées à Hariulfe et à Jean de La Chapelle, forment la partie essentielle de sa biographie. Tous les historiens ont reproduit leur récit dans un tableau plus ou moins chargé de sombres couleurs et ont ainsi flétri sa mémoire dans la suite des âges (1).

Après de sérieuses réflexions, nous croyons devoir attirer l'attention de la critique sur ces scandaleux récits. Si nous ne pouvons absoudre ce pontife de toute faute, du moins nous chercherons à alléger ce poids d'imputations criminelles, dont une passion aveugle et implacable a chargé sa mémoire.

Gervin, pendant son épiscopat, fut mêlé à beaucoup d'événements de son siècle et encouragea de nombreuses fondations. Le pape Urbain II a lui-même confondu les accusateurs qui incriminèrent sa promotion à l'épiscopat ; en dehors des chroniques de Saint-Riquier, on ne cite guère contre lui qu'une parole malveillante de Nicolas de Soissons, biographe de saint Geoffroy, successeur de Gervin sur le siège d'Amiens.

Remarquons d'abord qu'Hariulfe déclare que son ouvrage a été terminé l'an MLXXXVIII, la XXVIII° année du règne de Philippe, la XXXVI° du gouvernement de Gui, comte de Ponthieu. Or une grande partie de ces faits se passe de 1091 à 1104, d'où il suit qu'ils sont postérieurs à la conclusion de l'ouvrage (2).

Relevons ici une assertion de D. Bouquet. « Ces faits, dit-il, sont à leur place et précèdent la conclusion de l'ouvrage dans les manuscrits et les imprimés. Il faut qu'Hariulfe, qui a certainement écrit ce passage, ait inséré cette biographie dans son histoire après la mort de Gervin : il le pouvait, puisque d'après la chronologie de D. Mabillon, il vécut jusqu'en 1130 (3).

La conséquence que tire l'auteur des Annales de l'histoire des rois de France n'est pas rigoureuse, surtout si on veut bien se souvenir que la chronique de Centule a été remaniée et interpolée en plusieurs endroits. Pourquoi Hariulfe n'aurait-il pas écrit un chapitre spécial pour le successeur de saint Gervin, au lieu d'unir ce *factum* aux funérailles du glorieux abbé, et n'aurait-il pas changé la date de la conclusion ? On peut du reste con-

---

(1) Le P. Ignace, D. Mabillon, Louandre, le *Gallia Christiana Rerum Gall. Vet. Scriptores.*
(2) *Chron. Cent. Ibid.*
(3) *Rer. Gall. Vet. Script. Tom.* XI. *Præfat. Pag.* XXXII.

jecturer, au style et au ton de cette diatribe, que la plume a passé en d'autres mains. Nous le prouverons plus loin par des considérations propres à faire impression sur le lecteur.

Pour nous, nous croyons que cette page d'histoire, trop souvent reproduite, appartient à l'époque des démêlés des moines de Saint-Riquier avec les évêques d'Amiens au sujet des exemptions, c'est-à-dire à la fin du XII° siècle ou dans le cours du XIII°. La passion et l'exagération ont défiguré la vérité, caché ce qui pouvait honorer l'administration de l'abbé Gervin et omis des circonstances qu'un auteur contemporain et témoin des événements ne pouvait ignorer ni passer sous silence.

Tel est le mépris qu'on affecte ici pour l'abbé Gervin, qu'on refuse même de relater les actes de son administration utiles à son monastère : on avoue, sur le témoignage de plusieurs chartes, qu'il a procuré quelques avantages à sa Communauté religieuse, mais on ajoute qu'on ne veut pas perdre de temps à exposer de si minces services (1).

Suppléons, autant qu'il nous sera possible, à ce dédaigneux silence et rendons à Gervin, à l'aide de quelques chartes dont nous avons l'analyse, la part qui lui revient dans la conservation des droits du monastère.

Gervin a lutté contre les envahissements de Robert de Péronne et a maintenu les louables coutumes d'Arleux : il a renouvelé des précaires pour des moulins et des terres à Villeroy : il a conservé le domaine de Chevincourt dans son intégrité et dans les limites fixées par ses prédécesseurs. En 1087, on le suit au prieuré de Bredenay en Flandre, près Bruges. Il était nécessaire de renouveler une charte pour le personnat de l'église paroissiale de ce lieu. L'évêque de Tournay s'y est prêté avec une grande bienveillance (2).

En 1085, Gervin siégea au concile de Compiègne, où tous les évêques et les abbés de la province de Reims, sous la présidence de l'archevêque Raynald, firent de sages décrets pour la restauration de la discipline ecclésiastique et l'indépendance de l'Eglise. Cette auguste assemblée s'inspirait de l'esprit de saint Grégoire VII, qui combattit si énergiquement contre les scandales de ce siècle et mourut en exil, en répétant ces paroles dont la conscience chrétienne garde un si fidèle souvenir : « J'ai aimé la vérité et haï l'iniquité, c'est pour cela que je meurs en exil. » (3)

On se demande comment ce concile n'a point fait le procès de Gervin, si, comme le dit sa chronique, les intérêts des âmes étaient sacrifiés aux plaisirs de la terre, si les

---

(1) *Chron. Cent. Ibid.*

(2) *Cartulaire de Saint-Riquier*, folio 14, aux *Archives du département de la Somme.*
Nous voyons pour la première fois dans nos annales le nom de Bredenay, près Ostende ; mais cette dépendance du monastère remonte à une époque beaucoup plus reculée.... — *Ibi ex antiquo extitit S. Richarii Ecclesia.* — *Lib.* IV. *Mirac. S. R.*

Ratbode, évêque de Noyon et Tournay, oncle du châtelain de Tournay, est loué dans l'histoire ecclésiastique pour ses sciences et ses mœurs irréprochables.

(3) *Ann. Bened. Tom.* V. *Pag.* 209.

CHAPITRE IV. — L'ABBÉ GERVIN II.

austères censeurs de ses désordres, impuissants à le ramener à de meilleurs sentiments, étaient injustement chassés du monastère, si les revenus étaient sacrilègement dilapidés, s'il laissait pervertir les jeunes enfants confiés au monastère, crime abominable dont on l'accuse à l'égard du jeune Anscher, fils du comte de La Ferté (1).

La chronique reconnait cependant, au milieu de toutes ses invectives contre l'abbé Gervin, qu'il apporta aussi sa pierre à la sainte basilique de Centule, et c'est une gloire qu'elle n'ose lui denier absolument. *Dicamus de bono, si quid fecit.*

La tour de Saint-Sauveur, toute lézardée depuis l'incendie des Normands, subissait chaque jour l'action délétère du temps et des variations atmosphériques. Ses larges ouvertures faisaient craindre une chute prochaine et pleine de périls pour le monument. Gervin songea à l'abattre, afin d'en élever une autre plus belle et plus solide. Malheureusement ce travail entraîna la ruine presque entière du séculaire monument. Tout le Ponthieu en ressentit le contre-coup. Les dépenses de restauration paraissaient si considérables qu'on craignait que cette magnifique basilique ne pût être réparée avant la quatrième génération.

Pour conjurer cette grande calamité, il fut décidé qu'on porterait le corps de saint Riquier dans les villes, bourgs et châteaux de la contrée, afin de recueillir les offrandes des pieux fidèles. Les exemples de semblables expédients sont nombreux dans les chroniques de cette époque. La charité chrétienne faisait, en cette circonstance, des prodiges dont le récit fait encore verser des larmes de reconnaissance.

« Le jour du départ était arrivé, dit la chronique d'Hariulfe. Le comte de Ponthieu,
« avec ses hommes d'armes et tous les vassaux de l'Abbaye, formaient la garde d'hon-
« neur. Une foule immense se pressait sur la place publique pour faire cortége au patron
« du pays. Tout était préparé pour la procession triomphale des reliques de saint
« Riquier. Mais il y eut en ce moment une telle désolation dans le monastère et
« la ville de Saint-Riquier qu'on fut sur le point d'empêcher la châsse de sortir de
« l'église. »

« Les moines abattus, consternés, désespérés, cessent tout à coup leurs chants
« sacrés : on dirait que ce jour leur semble plus épouvantable que celui où les Danois
« ont promené leurs torches sacriléges dans les sacrés parvis et les cloîtres du monas-
« tère et dépouillé le sanctuaire. Du moins, le corps du saint protecteur ne leur était
« point ravi dans cet immense désastre. Les habitants de Centule poussent des cris déchi-
« rants et ne peuvent maîtriser leur douleur. Ah ! peuple infortuné, que faisons-nous ?

---

(1) *Chron. Cent. Lib.* iv. *Cap.* xxxvi.
On met dans la bouche d'Hariulfe les phrases suivantes :
Elegantissimum puerum Anscherum, suum postea successorem, Monachorum victus unanimitate gemebundus in cœnobium assumpsit : sed pirata eumdem puerum remisse ac negligenter enutrire fecit, quo illectus ju-venili facilitate nullam honestatis portionem hauriret.
Ipse quoque me inter alios quamplures monachizavit et in corde tenero quasi in molli cera gestorum suorum imaginem non imitandam sed abjiciendam compressit. — Ibid.

« De quel attentat allons-nous charger notre ville! Quoi! notre Seigneur Saint Riquier,
« notre Père, qui règne dans les cieux, si bon pour nous, si riche autrefois, est réduit
« à faire des pèlerinages, à abandonner son trône et son sanctuaire! il va mendier et
« recevoir l'hospitalité sous des toits étrangers! n'a-t-il pas encore son domaine, ce
« céleste protecteur qui nous garde si bien depuis son retour de l'exil? Le laisserons-
« nous partir avant d'avoir donné tout ce qui nous reste? Arrêtez, ô glorieux Père,
« arrêtez, nous sommes prêts à mourir plutôt que de nous priver de votre présence :
« demeurez avec nous : bientôt les maîtres de l'œuvre auront en mains tout ce qu'ils
« demandent, et nous ne serons point dépouillés de ce gage de salut, notre seule
« joie, notre unique espérance. »

« Il fallut composer avec ce peuple exalté par sa douleur : on obtint enfin de lui que
« la précieuse relique serait portée jusqu'à Abbeville, à la condition toutefois qu'elle
« serait le lendemain restituée à son église.

« Les fidèles de la contrée s'étaient réunis dans la ville capitale du comté de Ponthieu ;
« ils déposèrent leurs offrandes devant la châsse. Afin de ne pas contrister davantage
« les fils de Saint-Riquier et de ne pas augmenter leur désespoir, comme on l'avait
« promis, le saint corps fut rapporté au milieu des chants d'allégresse. Le peuple,
« ivre de joie, était venu au-devant de son patron avec des palmes et avait jonché les
« voies de feuillages, de fleurs, de tapis précieux et même de ses propres vêtements :
« il répétait l'*Hosanna* consacré par le triomphe du Sauveur et si doux au cœur des
« populations chrétiennes dans leurs processions solennelles en l'honneur de leurs
« saints et de leurs pontifes (1).

Quand la châsse fut rétablie dans son sanctuaire, les habitants de Centule, réunis dans une même pensée, réalisèrent leurs promesses et apportèrent leurs offrandes pour la restauration de leur basilique.

Le lecteur nous saura gré de transcrire ici l'énumération poétique des dons recueillis en ce jour si mémorable. « Le métayer présente des bœufs, des chevaux, des agneaux ;
« le bourgeois apporte des chapes, des mantelets, des anneaux, des écharpes, des
« tiares, des bracelets, des chaussures, de la coutellerie ; les jeunes filles donnent leurs
« boucles d'oreilles. Des tonneaux de bière ou de vin sont rangés à la suite des sacs de
« froment, d'orge et d'avoine ; plus loin on reçoit des lingots d'argent et une quantité
« considérable de pièces de monnaie. Les serfs, les ouvriers qui vivent péniblement
« de leur travail rivalisent avec les riches, pour avoir leur part de mérite dans cette
« contribution pieuse. Le plus habile calculateur serait embarrassé pour supputer ce

---

(1) *Chron. Cent. Lib.* IV. *Cap.* XXXV.
Nos Picards, dit D. Grenier, avaient tant de goût pour les branches d'arbres qu'ils en portaient et en portent encore en certaines processions comme faisaient les dendrophores chez les payens. Jean de La Chapelle signale cette coutume. *Introduction à l'histoire de Picardie* Pag. 348.

« que renfermait cet immense dépôt de denrées, de marchandises, d'objets précieux (1).

« Bien d'autres offrandes vinrent s'ajouter aux premières durant les travaux, de sorte que l'antique monument sortit de ses ruines, assis sur des fondements plus solides. La contrée partagea la joie des moines et des habitants, lorsqu'elle contempla dans les jours des grandes solennités sa vénérée basilique, couronnée d'une nouvelle tour et toute brillante de jeunesse (2) ».

Nous n'essaierons pas de décrire cette nouvelle construction ; il n'en reste aucun vestige, car elle a disparu dans les travaux des xii° et xiii° siècles.

Pour que l'Abbé de Centule pût prétendre à l'épiscopat, il faut admettre qu'il ait joui d'une grande considération dans le clergé d'Amiens. La chronique le reconnaît dans le tableau qu'elle nous fait de son Abbé. Au milieu des sanglants reproches dont elle l'accable pour son défaut d'esprit religieux, elle lui fait un crime de l'influence qu'il exerçait autour de lui, du prestige qui s'attachait à sa personne. « Dans l'inti-« mité, Gervin, dit-elle, ravissait ses visiteurs par la vivacité de ses reparties, la « variété de ses connaissances et l'intérêt de sa conversation. Il y avait en lui un tel « fond d'astuce et de dissimulation que, lorsqu'on ne le connaissait point, on se laissait « fasciner par les charmes de sa belle parole et on était disposé à le regarder comme « le plus vertueux des moines ; on se laissait si bien prendre dans ses filets qu'on ne « songeait pas même à discuter sa conduite et à lui opposer ses infidélités. » (3).

Par quelles voies Gervin arriva-t-il au siége d'Amiens ? Si nous interrogeons la chronique, elle nous répond que c'est par la simonie ; si nous consultons le Pape Urbain II, il nous déclare que son élection fut canonique et que les oppositions qu'elle a suscitées ne sont pas suffisantes pour la faire annuler. Nous lisons en effet dans la correspondance d'Urbain II, qu'on fit appel à son tribunal de l'élection de Gervin, et que ce dernier se rendit lui-même à Rome, pour soutenir ses droits et se justifier des insinuations calomnieuses qu'on avait répandues contre lui (4).

Nous donnons plus de créance aux lettres du souverain Pontife qu'aux déclarations de la chronique dont la mauvaise foi ou l'ignorance se trahit dans le silence qu'elle

---

(1) Vaccas atque boves et equos et oves tribuerunt.
Cappas, mantellos, anulos, vittasque, tiaras ;
Cingula, cultellos, manicas, caligasque dederunt ;
Auribus appensum tribuuntque monile puellæ.
Sed nostri cives argenti pondera pensant.
Librarum solidos quam multos undique donant.
Rusticus hordea dat, multorum cœtus avenam.
Plures dant brasium, vinum plerique dederunt.
Ex his thesauris fit mercibus amplior unus.
Quem numerare nequit, vel si quis compota novit.

(2) *Chron. Cent. Lib.* iv. *Ibid.*

(3) *Ibid.*

(4) *Ann. Bened. Tom.* v. *Pag.* 261.

On lit dans l'histoire de l'Eglise Gallicane . « Gervin était un religieux dissipé, ambitieux, intrigant, il trouva le moyen d'obtenir l'Evêché d'Amiens, avec lequel il conserva quelques années l'Abbaye de Saint-Riquier. Il ne paraît pas que Grégoire VII eût inquiété là-dessus Gervin. Peut-être ne lui porta-t-on pas de plaintes. »

Saint Grégoire mourut en 1085 et Gervin ne fut élevé sur le siége d'Amiens qu'en 1091. On voit par ce qui précède que la vigilance du Souverain Pontife n'était pas autant en défaut que la science de l'historien.

garde sur cette longue et décisive enquête, toute à l'honneur du nouvel Evêque d'Amiens. Les réticences mêmes du successeur de Pierre indiquent plutôt une accusation non prouvée qu'une culpabilité démontrée. Du reste, les lettres du Souverain Pontife au clergé d'Amiens, que nous citons textuellement, éclairent la question d'une vive lumière et nous nous étonnons que si peu d'historiens en aient fait ressortir l'importance pour la justification de Gervin.

« Notre cher frère Gervin, votre Evêque, est venu ici portant des lettres de recom-
« mandation de notre vénérable frère l'Archevêque de Reims, et accompagné de ses
« ambassadeurs auprès du Saint-Siége Apostolique ; il nous a exposé les causes de son
« voyage. Nous avons approuvé son élection canonique et rejeté les accusations de
« celui qui lui faisait opposition. Nous l'avons retenu ici pendant deux mois pour
« donner à ses contradicteurs le temps de se présenter eux-mêmes. Personne n'étant
« venu soutenir les imputations dont il se voyait chargé, nous croyons devoir tempérer
« les rigueurs de la justice par la miséricorde et nous vous le renvoyons, après l'avoir
« confirmé dans son titre et ses augustes fonctions. De l'autorité de notre dignité
« apostolique, nous vous enjoignons, chers fils, de lui rendre une sincère obéissance
« comme à un vrai pasteur, de l'aider de vos conseils dans le gouvernement de son
« Eglise, de lui donner en toute circonstance des témoignages de votre sympathie,
« afin que vous puissiez vous féliciter réciproquement, vous, de ses enseignements, et
« lui, de votre parfaite docilité. Que si, après cet avertissement, quelqu'un ose lui faire
« opposition et lui refuse la soumission due à l'autorité épiscopale, nous confirmons
« en vertu de nos prérogatives, la sentence par laquelle Gervin lui infligera les peines
« canoniques (1091). »

Les ambassadeurs, dont il est ici question, sont probablement Burchard, Abbé de S. Basle de Reims, et Dudon, son secrétaire. Ces deux moines ont dû informer le pape Urbain des divers incidents de l'élection : il serait téméraire de faire peser sur des personnages si éminents et si désintéressés une criminelle connivence et de les charger des reproches qui ont entaché la réputation de Gervin (1).

Son accusateur est resté inconnu, mais il faut rappeler ici que l'église d'Amiens avait été troublée par les menées criminelles de Roricon, son dernier Evêque, que la population indignée à la vue de ses scandales, avait chassé de son siége. Roricon était entré dans sa cathédrale à main armée et en avait brisé les portes : rien d'étonnant que quelques-uns de ses partisans n'aient essayé de supplanter un prélat étranger à leur Eglise.

Toutefois, l'ennemi de Gervin ne fut pas désarmé par cette sentence : en 1093, sur ses instances, on l'accusa encore de simonie : non-seulement on flétrissait son élection à l'épiscopat, mais on allait même jusqu'à incriminer sa promotion à la dignité Abbatiale.

Gervin n'hésita point à entreprendre de nouveau le voyage de Rome pour obtenir

(1) *Ann. Bened. Ibid.*

justice auprès de celui auquel on appelle de l'univers entier contre les calomnies et les injustes agressions. Une seconde lettre du Pape au clergé d'Amiens nous révèle l'issue de cette implacable persécution.

« Une accusation de simonie contre notre vénérable frère Gervin, votre Evêque,
« a été portée devant le Métropolitain et les Evêques de la province. Nous recon-
« naissons qu'elle n'a aucune valeur. Outre qu'on ne peut condamner un prévenu
« sur un témoignage unique, le dénonciateur de Gervin ne peut être admis à ester en
« justice. Comme il n'y a aucune accusation canonique, nous n'avons pu lui demander
« de se justifier devant nous. Mais lui, voulant sauvegarder son honneur pour l'avenir,
« il s'est purgé du crime de simonie, en jurant sur les Saints Evangiles qu'il n'avait ni
« donné ni promis d'argent, soit pour l'abbaye de Saint-Riquier, soit pour l'Evêché
« d'Amiens, et qu'il n'était point à sa connaissance que quelqu'un en ait donné ou
« promis pour lui. C'est pourquoi nous avons toute raison de le croire innocent et de
« vous le renvoyer avec tous les témoignagnes de notre bienveillance. Nous vous enga-
« geons, en vertu de notre autorité, de lui obéir comme à votre pasteur, de revenir
« sur vos anciens préjugés et d'observer exactement les commandements du Seigneur.
« Si, ce qu'à Dieu ne plaise, méprisant nos volontés, vous avez la présomption de
« résister à votre Evêque, au grand détriment de vos âmes, nous confirmons toutes les
« censures dont il vous frappera (1). »

Dans cette lettre le Pape s'élève aussi contre quelques clercs concubinaires, repris par leur Evêque et rebelles à ses avertissements et à ses menaces. N'aurions-nous point dans cette monition apostolique quelque indice de cette longue lutte contre le censeur du vice si énergiquement condamné par le saint Pape Grégoire VII? Faudrait-il voir dans Gervin une victime des noires calomnies que les moines de Centule ont recueillies pour leurs luttes avec quelques-uns de ses successeurs?

Il nous semble, d'après ces documents, que Gervin est vengé par les lettres pontificales du fait de manœuvres criminelles ou de l'accusation de simonie dont le charge notre chronique, que l'opposition ne partait point du monastère et qu'il faudrait chercher ailleurs les implacables meneurs de cette guerre déloyale. Ce qu'on nous a conservé des actes de son administration épiscopale ne peut donner prise à la moindre récrimination et nous prouve même qu'il jouissait dans sa province de la considération due à sa haute dignité.

Nous lisons dans les annales de l'Eglise d'Amiens que le clerc Ermenfrid a donné aux moines de Lihons, par les mains de l'Evêque Gervin, tout ce qu'il possédait à Rosières et dans son territoire, que Gervin confirma à l'Abbé de Saint-Acheul le droit de présenter à une des prébendes du Chapitre, qu'il concéda au même Abbé les autels de Plachy et de Bacouel, au prieuré de Saint-Denis l'oratoire de Saint-Gratien, au

(1) Les annalistes sont divisés sur l'époque de cette lettre. — *Rei. Gall. Vet. Script* Tom. XIV, pag. 705.

prieuré de Ham en Artois l'autel de Sarton, à l'abbaye de Molesme la chapelle de Bagneux, convertie dans la suite en prieuré (1).

Saint Gauthier fondait alors, sous l'inspiration immédiate de la mère du Sauveur du monde, le couvent de Bertaucourt, richement doté par deux nobles vierges, qui se consacrèrent à Dieu, en même temps qu'elles lui offraient le domaine de leurs pères. Gervin leur conféra tous ses droits sur l'église de Notre-Dame-du-Pré.

Notons en passant que les moines de Saint-Riquier revendiquent leur part dans la fondation de ce monastère (2) et se glorifient de l'avoir gratifié de leurs libéralités (1091 à 1094).

Il reste un monument d'une correspondance, qui eut lieu vers cette époque, entre saint Anselme et l'Evêque d'Amiens. Gervin avait demandé à l'Archevêque de Cantorbéry de permettre à un moine Normand, élu Abbé de Saint-Sauve de Montreuil, de venir prendre le gouvernement de son monastère et de recevoir la bénédiction abbatiale. Saint Anselme, rigide observateur des canons, refusa de ratifier l'élection, parce que le moine avait quitté son poste et traversé les mers sans son autorisation et même sans le consulter. Cette difficulté s'aplanit dans la suite, quand l'Abbé eut réparé sa désobéissance (3).

En 1093, Gervin assiste au Concile de Soissons, assemblé pour condamner les erreurs de Roscelin. Son nom se lit aussi au bas du privilége de Saint-Thibaut de Basoches (4). C'est probablement dans ce concile de Soissons qu'on avait intenté à Gervin une accusation de simonie ; mais on peut juger du peu de cas qu'en faisait l'Archevêque de Reims par la mission qu'il confia à Gervin. L'Evêque de Liége, partisan de Gilbert de la Porée, persécutait les moines de Saint-Hubert-en-Ardennes et avait même déposé Bérenger leur Abbé. Sous le coup de cette oppression, ils abandonnèrent leur monastère et vinrent dans leurs prieurés de France avec l'Evêque de Verdun. Ayant demandé une audience à l'Archevêque de Reims, celui-ci, avant de communiquer avec eux, leur envoya Gervin, Evêque d'Amiens, pour s'assurer de leur foi et les absoudre, s'il y avait lieu, de leur hérésie et de leur communion avec l'Evêque de Liège. Gervin, après les avoir entendus, les réconcilia avec l'Eglise et les présenta à l'Archevêque qui les consola et les exhorta à combattre pour la vérité jusqu'à la mort (5).

On avait agité dans le Concile de Soissons la question du rétablissement du siége d'Arras. L'Archevêque Raynald en renvoya la solution au Pape Urbain, pour ne point se compromettre avec l'Empereur d'Allemagne. Le souverain Pontife permit de procéder à l'élection d'un Evêque, et l'on choisit Lambert de Guisnes, chanoine de Lille, aussi distingué par sa science que par sa piété (1094). Bientôt des rapports intimes

---

(1) Gall. Christ. Tom. x. Pag. 1167. — M. Darsy. Bénéfices de l'Eglise d'Amiens.
(2) Chron. de D. Cotron. Lib. xi. Cap. vi.
(3) Gall. Christ. Tom. x. Pag. 1167.
(4) Ann. Ben. Tom. v. Pag. 288.
(5) Rerum Gall. Vet. Scriptores. Tom. xiv. Pag. 730.

s'établirent entre Lambert et Gervin (1). Nous avons encore deux lettres de l'Evêque d'Amiens qui en témoignent. La première invite l'Evêque d'Arras à la translation des reliques de saint Fuscien : la seconde lui demande de donner les saints ordres à quelques clercs de l'Eglise d'Amiens (2).

Gervin arriva au Concile de Clermont dans la compagnie de Lambert et de plusieurs autres prélats et Abbés (1095). On indique même le jour de leur entrée dans la ville. Ce fut le dimanche dans l'octave de saint Martin. Le Pape les embrassa tous avec effusion de cœur et leur donna sa bénédiction.

Nous n'avons pas à décrire le triomphe de l'éloquence du Pape Urbain II. Notre histoire n'évoque le souvenir de ce célèbre Concile qu'à l'occasion du récit de la chronique sur les sanglants reproches adressés à Gervin. Il ne nous est point permis de passer sous silence ce passage reproduit par un grand nombre d'historiens.

« Les moines, dit notre biographe, demandaient en vain justice contre un Abbé qui dilapidait tous les biens du monastère. Ils implorèrent le secours de Gui, comte de Ponthieu, des seigneurs les plus influents, de Raynald, Archevêque de Reims. Gervin les jouait par ses flatteries et ses belles promesses. Des clercs de Reims leur conseillèrent enfin de s'adresser, par eux-mêmes ou par des intermédiaires nantis de leur procuration, au Pape Urbain, dans le Concile indiqué à Clermont, et leur firent espérer qu'en implorant sa clémence ou plutôt sa justice, le salut descendrait du siége de Pierre sur le monastère presque anéanti. »

« On s'arrêta à ce parti et l'événement prouva que le remède était efficace. Le Pape Urbain, après l'ouverture du Concile, prononça une sentence canonique contre Gervin et le dépouilla de la crosse Abbatiale et de toute autorité sur le monastère, en lui tenant ce dur langage : Vous avez indignement traité la noble et riche abbaye de Saint-Riquier ; vous avez ravi les ornements de cette Eglise ; vous avez exilé un grand nombre de moines, parce qu'ils s'élevaient contre vos désordres. Vous mériteriez d'être privé de toute dignité ecclésiastique, pour avoir dévoré le troupeau que Jésus-Christ vous avait confié et dilapidé les biens de votre Abbaye. Nous ne voulons pas toutefois vous frapper d'une double peine ; nous vous laissons l'Evêché d'Amiens que vous avez conquis si péniblement ; mais les moines de Saint-Riquier seront libres de se choisir un Abbé et nous vous interdisons de les inquiéter en quelque manière que ce soit. Ainsi nous vous l'ordonnons en vertu de la sainte obéissance. »

« C'est de cette manière que la domination du pervers fut détruite par le souverain Pontife. Le fouet d'un maître cruel nous laissa en repos. Le joug qui pesait sur nos têtes fut brisé. La miséricorde de l'Eternel nous accorda cette grâce en l'an 1096.

(1) *Ann. Bened.* Tom. v. *Pag.* 289.
Lambert de Guisnes, Evêque d'Arras, cousin des comtes de Ponthieu, est un des personnages les plus célèbres de la contrée en ce siècle. Il arma chevalier Louis le Gros, fils de Philippe Ier ; il leva la sentence d'excommunication portée contre Philippe pour le renvoi de la reine Bertrade.

(2) *Ann. Bened.* Tom. v. *Pag.* 394.

« Mais cet homme si astucieux ne se tint point pour battu : il eut recours à la fourberie : il fit si bien par ses prières et ses promesses que la décision nous fut cachée pendant une année entière ; nous ne fûmes informés que par le clergé de Reims de son ignominieuse déposition. A cette nouvelle, le Chapitre de Saint-Riquier le fit comparaître en sa présence ; malgré ses résistances, et lui signifia en face qu'il ne le reconnaissait plus pour Abbé ; il le menaça d'une nouvelle dénonciation au Saint-Siége apostolique, s'il ne cédait la place. Se voyant démasqué et craignant une plus grande humiliation en résistant plus longtemps, Gervin se leva de son siége abbatial : déposa la crosse pastorale : se prosterna aux pieds des moines et leur demanda pardon de ses fautes, avec tous les signes de la componction. Mais on était tellement indigné contre lui qu'on ne voulut pas même l'écouter. Tous les cœurs étaient fermés par le souvenir des maux passés et le spectacle des maux présents. Personne, à son départ, ne lui donna le moindre témoignage de compassion ; dans la joie qu'on éprouvait de ses humiliations, on l'accabla d'injures et de malédictions jusqu'au moment où il quitta le monastère pour se rendre à Abbeville. Gervin-le-Mauvais but à longs traits la coupe empoisonnée qu'il avait pendant si longtemps fait circuler dans les rangs de ses moines. La puissante intercession de saint Riquier nous a délivrés de ce fléau. » (1).

Nous demandons grâce pour Hariulfe. Ce langage si passionné, si peu digne d'un moine grave et d'un vrai disciple du Sauveur, ne lui appartient pas : il contraste d'une manière trop étrange avec la dédicace de la vie de saint Mauguille, à l'époque même où l'on suppose que les moines cherchaient un appui auprès des puissances spirituelles et temporelles, afin de faire chasser un pasteur indigne et scandaleux. Dans cette dédicace, le même Hariulfe « petite brebis de ce troupeau dont il se reconnaît à
« peine digne, offre l'hommage d'une sincère obéissance à son seigneur très-aimé, à son
« père spirituel, qui se montre digne de toute son affection, à Gervin, Evêque de la
« sainte Eglise d'Amiens et Abbé du très-heureux monastère de Centule (2). » Est-ce que ce pieux écrivain aurait été par hasard un de ces lâches adulateurs de la prévarication, dont il censure si vertement l'hypocrisie, un de ces hommes doubles dont les lèvres distillent les paroles agréables et dont le cœur est plein du fiel de la malédiction, disposés à en abreuver leur victime, lorsqu'ils n'ont plus rien à redouter de sa puissance ? Nous n'osons le penser. Qui l'obligeait d'ailleurs à dédier cet ouvrage à un Abbé haï de ses moines ? Nous aimons mieux supposer que l'administration de Gervin ne fut pas aussi détestée que le dit cette page, insérée dans la chronique, et qu'Hariulfe n'a point trompé ses lecteurs en dédiant la vie de saint Mauguille à un Abbé simoniaque, en termes si affectueux et si obséquieux, lorsque tout lui faisait un devoir de s'abstenir de cette criminelle bassesse.

(1) *Chron. Cent. Lib.* IV. *Cap.* XXXVI.
(2) Domno dilectissimo patrique spirituali amore complectendo Gervino, sanctæ sedis Ambianensis Episcopo nec non almifici Centulensis cænobii rectori, vestri gregis ovicula, utinam idonea, Hariulfus salutem et sinceram benedictionem.

Il est constant toutefois, d'après ce témoignage d'Hariulfe, que Gervin possédait en même temps l'Evêché d'Amiens et l'Abbaye de Saint-Riquier. Il fut atteint par le canon du Concile de Clermont qui défendit la pluralité des bénéfices et en particulier le gouvernement simultané d'un évêché et d'une Abbaye. Nous ne chercherons pas à le justifier sur ce point ; mais on doit reconnaître qu'il s'est soumis immédiatement, puisqu'on place généralement l'avénement d'Anscher en l'an 1095. Du reste, l'Evêque d'Amiens n'était point seul coupable de la violation de cette loi ecclésiastique, si tant est qu'elle ait existé alors. L'histoire nous a redit trop souvent qu'aux jours où la discipline était énervée par l'ambition et la cupidité, l'Eglise ne cessa de gémir sur le scandaleux cumul des Abbayes avec les Evêchés.

La chronique ne fait-elle pas preuve d'ignorance, quand elle nous annonce que le joug qui pesait si lourdement sur la tête des moines fut brisé en l'an 1096 (1) ? Le Concile de Clermont ne dura guère que quinze jours et le Pape avait déjà quitté cette ville le 2 décembre 1095. Hariulfe aurait-il vraiment commis cette bévue ? Ensuite, à qui serait-il facile de persuader que les moines de Saint-Riquier, outrés de dépit et de ressentiment contre un Abbé dilapidateur, auraient ignoré la sentence du Concile pendant une année entière, qu'ils n'auraient été informés qu'accidentellement par le clergé de Reims, que Gervin se serait humblement présenté au chapitre des moines pour subir sa déposition et implorer un pardon sur lequel il ne pouvait compter ? Certes les Annales de l'Eglise offriraient peu d'exemples d'une pareille conduite.

La chronique ajoute dans la suite de son récit que les moines de Saint-Riquier auraient pardonné à dom Gervin, si son repentir eût été sincère, s'il les eût laissés jouir de leurs prérogatives. « Mais non, dit-elle, après sa déposition il ne cessa de les inquiéter ; il voulut les soumettre à son siége et leur ravir l'exemption dont ils avaient pleinement joui sous son gouvernement et celui de ses prédécesseurs ». A cette occasion la chronique fait la remarque que « les Evêques d'Amiens, après tous les services qu'Angelran et Gervin leur avaient rendus, voyaient dans les Abbés de Centule des protecteurs plutôt que des sujets (2). » Ne sent-on pas encore dans cette phrase l'esprit de fatuité, qui a dirigé la plume des auteurs des légendes romanesques de Saint-Riquier et de Saint-Angilbert ?

Cette nouvelle lutte de Gervin contre les moines ne saurait se concilier avec les rapports qu'il entretenait avec l'Abbé Anscher son successeur. On lit en effet dans les Annales de l'époque que l'Evêque d'Amiens se rendit au Concile de Poitiers, dans la société d'Anscher, Abbé de Saint-Riquier, et de plusieurs de ses moines et qu'il fut magnifiquement reçu au monastère de Marmoutiers par l'abbé Helgaud.

Celui-ci venait de quitter le siége épiscopal de Soissons pour embrasser la vie monastique et se préparer, dans les austérités de la pénitence, aux redoutables juge-

(1) *Chron. Cent. Lib.* IV. *Cap.* XXXVI.   (2) *Ibid.*

ments de Dieu. Pendant son séjour à Soissons il s'était lié avec Gervin d'une sincère amitié : de vives démonstrations de tendresse prouvèrent à l'Evêque d'Amiens qu'elle ne s'était point refroidie (1).

Pour reconnaître dignement une si noble hospitalité, Gervin donna au monastère de Marmoutiers le personnat de Notre-Dame de Villers-sur-Authie, alors occupée par un clerc de Rue (2).

La charte est signée par l'Abbé Anscher, par Robert et Gauthier, moines de Centule. Il nous semble que ce fait de cordiale entente suffit pour atténuer dans l'esprit du lecteur la triste impression produite par la nouvelle accusation de la chronique.

Dans cette période de 1095 à 1102 Gervin assiste au sacre de Manassès, Archevêque de Reims (1096) : il donne à Saint-Germer l'autel de Domart-en-Ponthieu, avec d'autres revenus : il ratifie la donation de l'autel de Boubers au monastère d'Auchy-les-Moines par Ingelran, comte d'Hesdin (1099). La charte de fondation du prieuré de Saint-Pierre d'Abbeville (3) par Gui, comte de Ponthieu, marquait expressément que Gervin, Evêque d'Amiens, a consenti à cette libéralité et qu'il a prononcé l'excommunication contre ceux qui transgresseraient les droits que sa charte consacre (1000).

Parmi les actes de son administration épiscopale, pendant cette période, nous remarquerons encore que Gervin a confirmé à l'abbaye de Marmoutiers le prieuré de Biencourt, fondé sur les bords de l'Authie par les seigneurs de la Ferté, qu'il a confirmé également à l'abbaye de Saint-Acheul les églises de Domvast, de Canchy et d'Hapencourt près Gorenflos, et donné l'église de l'Etoile pour la fondation de son obit (4).

Nous voyons dans une lettre de Hugues, Archevêque de Lyon, et légat du Pape en France, qu'un moine avait porté plainte contre Gervin, Evêque d'Amiens, et contre Foulques son archidiacre. Les relations de ce moine avec l'Archevêque lui avaient donné la confiance de demander pour juge Lambert, Evêque d'Arras. C'est pourquoi le légat ordonne à ce prélat de s'aboucher avec l'évêque d'Amiens et son archidiacre et de les obliger, s'il y a lieu, à donner satisfaction au moine en sa présence. En cas de refus, Lambert avait la mission de faire appel à l'Archevêque de Reims, pour qu'il usât de sa juridiction de métropolitain (5).

On connaît l'incorruptible justice du légat Hugues, son zèle pour l'observance des lois ecclésiastiques, sa sévérité contre les pasteurs infidèles à leur mission. Les fautes que la chronique reproche à Gervin n'auraient certainement pas échappé à sa surveillance. On ne voit pas pourtant que Hugues ait repris la conduite de l'Evêque

---

(1) Amplissimis charitatis visceribus a fratribus ejusdem loci susceptus. *Ann. Bened. Tom.* v. *Pag.* 394.

(2) *Ibid.*

(3) *Gall. Christ. Ibid. Pag.* 297. (*Appendix.*) Le prieuré de Saint-Pierre d'Abbeville avait été fondé, en 1075, à Barly près Doullens : il fut transféré près d'Abbeville, en l'an 1000, dans un château à demi-ruiné. Plus tard le prieuré fut renfermé dans la ville.

(4) *Gall. Christ. Ibid. Page* 1169.

(5) *Rerum Gall. Veter. Scriptores. Tom.* xiv. *Pag.* 731.

d'Amiens. Puisqu'au milieu de tant de scandales dénoncés et réprimés il ne reste rien à la charge de Gervin dans les documents du temps, nous sommes en droit de conclure que les chroniques de notre monastère ont calomnié sa mémoire ou du moins exagéré outre mesure ses torts dans le gouvernement de son monastère et de son diocèse.

Cependant l'opposition que l'Evêque d'Amiens avait rencontré dans son élection ne se calmait pas; elle fomentait des divisions dans le clergé d'Amiens. C'est pourquoi, après onze années d'épiscopat, Gervin prit le parti de céder à l'orage. L'auteur de la vie de saint Geoffroi l'accuse à cette occasion de faiblesse ou de travers d'esprit et le représente comme un prélat qui ne jouissait pas de toutes ses facultés ; *Vir non admodum sanœ mentis.* « Vexé, dit-il, par des contrariétés, il abandonna son siége à l'improviste et l'Eglise d'Amiens resta près de deux ans sans pasteur (1). »

D'après ce témoignagne, Gervin serait plus digne de compassion que de blâme. Il se réfugia au monastère de Marmoutiers. Il est à croire qu'il y fut attiré par les pressantes sollicitations de son pieux ami Helgaud, qu'il chercha à réchauffer son pauvre cœur endolori par les tribulations contre ce cœur rempli pour lui d'une inépuisable charité. Il y termina sa carrière dans de vifs sentiments de pénitence, non pas quelques mois après sa fuite d'Amiens, comme le dit la chronique, mais après un séjour de deux ans. On place sa mort au 10 janvier 1104 (2).

On lit encore dans la vie de saint Geoffroi que ce saint Evêque étant allé en pèlerinage au tombeau de saint Nicolas à Barry, il racheta l'anneau de saint Honoré vendu par Gervin son prédécesseur. C'est sans doute une de ces prodigalités que son clergé n'a pu lui pardonner et dont le souvenir a contribué à tant charger sa mémoire.

Nous n'avons pas prétendu faire l'apologie de Gervin ni dissimuler ses fautes ; mais nous nous sommes cru obligé de présenter nos doutes au lecteur, afin qu'il puisse sonder lui-même ce problème historique, pour peu qu'il eût de désir d'étudier cette période de l'histoire du diocèse d'Amiens.

Que si l'on veut, après tout, que cet Abbé ait mérité le nom de Gervin-le-Mauvais que lui donnent nos chroniques, qu'on se souvienne que, chassé de son monastère et de sa ville épiscopale, obligé de mendier un asile dans une région lointaine , il fut recueilli par un saint Abbé que l'humilité avait porté à s'ensevelir dans un cloître, et que sous l'ombre tutélaire de cet homme de miséricorde il se prépara aux années éternelles qu'il avait trop oubliées dans le temps de sa prospérité. L'épreuve fut pour lui la plus précieuse des grâces. Qu'on écrive donc sur sa tombe ce vers de la chronique :

(1) *Ann. Bened. Tom.* v. *Pag.* 435. *Rerum Gallic. Vet. Script. Tom.* xiv. *Pag.* 175.

(2) « Après avoir été très-sévèrement réprimandé et déposé, Gervin, dit Louandre (*Histoire d'Abbeville. Tom.* i. *Pag.* 125), quitta son évêché et vint se fixer à Abbeville, mais il ne put y vivre en repos. Les habitants de cette ville, chaque fois qu'ils le voyaient, s'attachaient à ses pas et le poursuivaient, en répétant derrière lui des vers satiriques, qui avaient été composés par des moines. »

Louandre a mal lu Jean de la Chapelle, qui ne parle des invectives des habitants d'Abbeville qu'au moment où Gervin sortit de Saint-Riquier.

Ultio non sit ei, maneat sed lux requiei.
Paix à sa mémoire, que sa pénitence lui assure le repos des élus.

Avant de terminer le chapitre de l'Abbé Gervin II, nous allons encore emprunter aux récits des miracles de saint Riquier (1). au xi° siècle, le fait suivant qui appartient à son époque et qui eut lieu en l'an 1085, à Gand, après la mort du premier prévôt de la collégiale de Watten, nommé Olfrid.

Watten est situé, à deux lieues de Saint-Omer, sur un des mamelons qui courent le long de la Rivière de l'Aa (2). La blanche tour de sa collégiale dont le faîte est ébréché par le temps, domine encore au loin les anciennes possessions des comtes de Flandre qui avaient placé là, en 1072, une forteresse sacrée propre à les défendre contre leurs ennemis invisibles. Il existait alors à Watten une humble chapelle dédiée à saint Riquier, dans laquelle les fidèles des environs se réunissaient pour assister aux divins offices. Un prêtre, nommé Olfrid, originaire des régions orientales de la Flandre, assez célèbre en son temps pour ses vertus et qu'Hariulfe lui-même nomme un très-saint homme, vint se fixer près de cette chapelle et y rassembla quelques disciples, avec lesquels il se livrait aux plus rudes austérités. Les fidèles des environs se montrèrent généreux envers la nouvelle communauté. Robert-le-Frison, comte de Flandre et sa mère Adèle, fille de Robert, roi de France, se distinguèrent surtout parmi les bienfaiteurs d'Olfrid. Leurs largesses l'aidèrent a restaurer et à agrandir l'Eglise de Saint Riquier. Devenu prieur ou prévôt de cette société de clercs réguliers, Olfrid se rendit au monastère de Centule, pour demander quelques reliques du saint patron de son Eglise. Il ne put en obtenir ; ce qui l'irrita si vivement contre les moines qu'il fit effacer partout dans son prieuré le nom de saint Riquier et lui donna pour titulaire saint Nicolas, Evêque de Myre, dont le culte commençait alors à se répandre dans le Nord de l'Europe. Tous les corps d'état reçurent l'ordre de travailler au nom et à la gloire de saint Nicolas. Mais les travaux, ayant été paralysés par d'étranges accidents (3), Olfrid prit le parti de placer son église sous le patronage des deux saints.

---

(1) *Act. Sanct. Ord. S. Ben.* Tom. vii. Pag. 565.

(2) La collégiale de Watten fut rebâtie plusieurs fois. Quelque temps après la mort d'Olfrid, Robert le Jeune rapporta de Jérusalem, entre autres reliques, des cheveux de la sainte Vierge ; dès lors cette collégiale fut spécialement consacrée à la mère de Dieu. Cependant saint Riquier y a toujours été honoré d'un culte spécial. Le grand autel était dédié à la sainte Vierge, mais celui du milieu entre le chœur et le sanctuaire était dédié à saint Riquier et à saint Nicolas.

Dans les premières années du xvii° siècle le monastère de Watten fut cédé à des jésuites anglais, qui y fondèrent un collége pour des élèves catholiques de leur nation.

(3) Voir le récit de ces accidents dans le *Chronicon monasterii Guatinensis* publié dans le *Thesaurus Anecdotorum* de D. Martène et D. Durand. Tom. iii. Pag. 798.

Cette chronique a été écrite de 1080 à 1085 : elle est attribuée au chanoine Ebrard, l'un des premiers disciples d'Olfrid. Plusieurs auteurs en font honneur au chanoine Belnold, troisième prévôt qui gouverna la collégiale de 1087 à 1108.

La fête de saint Riquier était célébrée à Watten avec une solennité extraordinaire ! Les populations des contrées environnantes jusqu'à Thérouanne y accouraient en pèlerinage. Olfrid essaya de transférer ce pèlerinage à la fête de saint Nicolas ; il échoua encore dans cettre entreprise. Son ressentiment contre les moines de Saint-Riquier ne l'empêcha point toutefois de continuer à se sanctifier dans la pratique des mêmes austérités et de toutes les vertus religieuses. Il mourut au mois de novembre 1085, pendant une mission qu'il prêchait aux environs de Gand. Les moines de Saint-Pierre, informés de son trépas, allèrent chercher son corps avec empressement pour enrichir leur Eglise de cette précieuse relique. Mais avant qu'on eût creusé sa fosse, Olfrid apparut à un matriculaire du monastère et lui montrant un coin perdu du cimetière, il lui dit : « Allez, mon frère, et ordonnez à votre Abbé de placer le pécheur Olfrid en cet endroit : « telle est la volonté du Seigneur ». Quel ne fut pas l'étonnement des moines lorsque, remuant la terre dans la partie du cimetière que la vision avait désignée, on y rencontra un cercueil en pierre, tout neuf et fraîchement travaillé. Lorsqu'on s'occupa d'y déposer le corps après les saints offices, on vit distinctement au-dessus de ce lieu un globe lumineux ; ce qui prouva à toute l'assistance qu'il y avait là quelque chose de surnaturel.

On eut l'explication de ces visions célestes par une sainte vierge quelque temps après cet événement. Olfrid lui apparut et lui raconta ce qui suit : « J'ai souffert après ma
« mort des douleurs inénarrables, dans les ardeurs d'un feu dévorant, et je jouis enfin
« du bonheur éternel. Mon protecteur, dans cette cruelle épreuve, ne fut pas saint Nicolas
« que j'ai tant essayé de glorifier, mais saint Riquier que j'avais délaissé pendant ma
« vie et à qui j'ai ravi tant d'hommages et de témoignages de dévotion. C'est lui qui m'a
« défendu à l'heure redoutable du jugement. Quand j'ai été précipité dans les flammes
« expiatrices, il m'a soulagé et consolé. C'est par sa puissante médiation que mes souf-
« frances ont été abrégées et que je suis entré dans la gloire. Faites part à mes frères
« de Watten de cette épouvantable expiation. Qu'ils ne manquent pas de consacrer à
« saint Riquier et leur Eglise et tous les lieux réguliers du monastère. S'ils le renient
« comme moi, le même châtiment les attend. Pour qu'ils ne doutent point de votre pa-
« role, vous les entretiendrez de plusieurs secrets qu'eux seuls connaissent sur la terre ».
Les volontés du saint prieur furent promptement exécutées et saint Riquier recouvra ainsi tous ses droits sur le sanctuaire que la piété des fidèles avait rendu si vénérable.

Une autre apparition d'Olfrid à un clerc infirme de son monastère de Watten renouvela les volontés déjà manifestées, afin que l'exécution n'en fût point compromise par l'inconstance des hommes. Cette fois il était accompagné de deux vénérables personnages que le clerc désira connaître (1). Le saint prieur lui nomma saint Donatien de

---

(1) Le miracle de saint Donatien est publié dans le *Thesaurus Anecdotorum*, à la suite de la chronique de Watten.

L'auteur de ce récit est, selon l'opinion commune, le chanoine Manassès, cinquième prévôt, de 1127 à 1154.

Bruges et saint Ansbert de Gand; puis il ajouta: « Si tu veux être guéri, fais un pèleri-
« nage à Bruges au tombeau de saint Donatien. Mon puissant ami me fait signe qu'il
« t'accordera cette grâce insigne ». Le clerc n'eut rien de plus pressé à son réveil
que de raconter sa vision ; il partit pour Bruges et la promesse d'Olfrid se réalisa (1).

(1) Voir une Notice historique sur Watten par M. Hermand, dans les *Mémoires de la Société des Antiquaires de la Morinie*. Tom. IV.

LIVRE VII.

LES ABBÉS DU DOUZIÈME SIÈCLE.

CHAPITRE PREMIER.

ANSCHER DE LA FERTÉ, VINGT-DEUXIÈME ABBÉ.

(1097 à 1136).

Origine d'Anscher, son éloge par Hariulfe, ses travaux. — La première croisade. — Miracles de saint Riquier. — Pénitence de Gui, comte de Ponthieu. — Miracles de saint Angilbert. — L'Abbé Anscher et saint Bernard. — Assemblée des moines Bénédictins. — Le Cardinal Saint-Ange (Innocent II) au monastère de Saint-Riquier.
La commune de Saint-Riquier. — Charte d'Anscher pour réprimer les vexations des bourgeois. — Le comte de Flandre à Saint-Riquier avec Louis-le-Gros. — Mort de Charles-le-Bon, comte de Flandre ; punition de ses meurtriers. — Hugues Camp d'Avesne s'empare de Saint-Riquier et brûle la ville et le monastère. — Plaintes d'Anscher au concile de Reims. — Condamnation de Hugues Camp d'Avesne. — L'Abbaye de Cercamps. — La bête Cantereine.
Testament de Robert, comte de la Ferté.
Biographie d'Hariulfe : il devient Abbé d'Oudenbourg en Flandre.

Centule qu'on commençait alors à nommer la ville de Saint-Riquier (1) vit naître l'Abbé Anscher (2). Il était fils de Gautier LE SEIGNEUR (3). C'est sous ce nom qu'on désignait le possesseur du domaine de la Ferté (4), voisin du monastère. Ce lieu, qui

---

(1) *Samrichariense Castrum.*

(2) D. Cotron. *Chronici Centulensis continuatio.* Anno 1097.
La chronique d'Hariulfe, divisée en quatre livres, finit en l'an 1088. D. Cotron, prieur du monastère, l'a continuée jusqu'en l'an 1673, divisant aussi son travail par livres et par siècles. Nous citerons ainsi cette chronique. D. Cotron. *Anno*....
Rappelons ici que cette chronique manuscrite se trouve à la Bibliothèque Nationale. *Fonds de Saint-Germain des Prés*, N° 532.

(3) *Senior.* Ancien : d'où le nom français de *Le Seigneur* attribué spécialement à cette famille.

(4) *Feritatis*, de *ferus* ou *ferire*, dit Du Cange. *Feritas* désigne un château fortifié, *castrum munitum*. On lit ailleurs *Firmitas*. Le nom de *feritas* quelque peu barbare rappelle le courage et l'esprit guerrier des maîtres de la Ferté et semble dériver de *ferus*, racine du mot français *Fier*. Remarquons que la chronique parle pour la première fois de ce nom. Toutefois ses propriétaires sont signalés avant cette époque.

doit sa célébrité à son château-fort, dont l'histoire est liée à celle des plus illustres familles de la France féodale, est mentionné, pour la première fois, dans nos Annales, à l'occasion de cet Abbé. La mère d'Anscher s'appelait Liedseline : on croit qu'elle épousa en secondes noces Walter ou Gautier de Saint-Riquier, issu d'une famille aussi noble, aussi connue à cette époque que celle des Le Seigneur. De tous les frères d'Anscher nous ne nommerons ici que Robert, dont il sera question dans cette histoire.

L'héritier des Le Seigneur, comme nous l'avons vu dans la vie de Gervin II, fut consacré à la vie religieuse dès sa plus tendre enfance : il eut pour compagnon de ses premières études le moine Hariulfe, autre gloire de notre monastère, connu dans l'histoire locale par sa CHRONIQUE SUR LE MONASTÈRE DE CENTULE, et dans la suite appelé à gouverner l'abbaye d'Oudenbourg en Flandre.

Nous ne pensons pas, comme le biographe de Gervin II, qu'Anscher dépravé par celui qui lui devait la science de la vie spirituelle, vint heurter dans le port du salut contre l'écueil d'une mauvaise éducation. Son âme innocente s'abreuva sans danger à la source salutaire de Centule et développa ses heureuses dispositions sous la direction d'un écolâtre zélé et savant : longtemps confondu dans les rangs de ses frères, il se sanctifia dans le silence et le renoncement du cloître, en attendant l'heure marquée par la Providence où il devait sortir de l'obscurité qu'il avait ambitionnée pour toute sa vie.

Après la destitution ou la démission de Gervin, les religieux élurent Anscher pour leur abbé et l'appelèrent ainsi à les guider dans les sentiers de la perfection religieuse (1097). Jamais confiance ne fut mieux placée : car aucun abbé ne soutint plus dignement la cause de Dieu et ne conserva plus fidèlement le dépôt sacré que ses frères lui remirent entre les mains. Anscher est encore une de ces belles figures monastiques que les annalistes sont fiers de montrer aux âges suivants, afin de leur apprendre comment, en des temps difficiles, on sut lutter contre l'épreuve et entretenir parmi les enfants du cloître l'amour des biens éternels.

L'éloge d'Anscher tracé par une main amie, par Hariulfe lui-même, nous révèlera tout de suite les grandes qualités et les travaux de l'Abbé de Saint-Riquier. Les adieux de son compagnon d'enfance, au moment où il quitta le cloître qui abrita sa jeunesse pour la chaire abbatiale d'Oudenbourg, forment un épiphonème curieux à son histoire. Les quelques traits que nous donnons ici ne seront pas la page la moins intéressante de ce récit (1).

---

(1) L'ensemble et le contexte de ces vers font présumer que c'est un fragment détaché de la chronique de Saint-Riquier, par exemple, une dédicace de l'ouvrage à l'abbé Anscher, lorsqu'Hariulfe partit pour Oudenbourg.

De te narrari, te promere, Chare Richari,
Servulus optat, amans quo tibi complaceat.

Quoique cette pièce soit partout citée comme anonyme, nous l'attribuons néanmoins avec D. Mabillon à Hariulfe.

Carmen cujus esse auctorem non dubito Hariulfum. (Ann. Ben. Tom. v, pag. 371).

D. Cotron a eu tort de lui donner le nom d'épitaphe d'Anscher. Cette poésie n'est point élégiaque :

CHAPITRE I. — L'ABBÉ ANSCHER DE LA FERTÉ.

« Anscher unit la distinction, la noblesse, l'intelligence à une admirable conduite, à une rare piété : plus illustre que les Urbains (1), plus riche que les Pisans, il donne avec profusion. »

« Non content de relever les vieux édifices, il en construit de nouveaux. Les saints corps que possède Centule sont placés dans de nouvelles châsses. L'Eglise de Saint-Riquier s'enrichit de belles tapisseries, de riches chasubles, de croix d'un grand prix. »

« La sainte indépendance du monastère revit, recouvrée par son zèle : les clameurs d'un prélat aigri n'ont plus d'écho. »

« Il bâtit pour le service du peuple l'Eglise de Saint Nicolas qu'il orne décemment : il reprend ses droits sur l'Eglise Notre-Dame que Henri avait sacrilégement usurpée. On sait aussi que son zèle infatigable a soumis de nouveau l'Eglise de Saint Benoît à Saint Riquier.

« De solides murailles protègent le monastère : de fortes tours s'élèvent autour de la ville pour la défendre contre ses ennemis »

« Que de terres, ô Centule, tu as recouvrées ; quel pasteur t'a jamais servi avec plus de dévoûment.. »

« Mais pourtant qu'au milieu de ces importants travaux l'Abbé Anscher ne manque jamais d'observer rigidement les saintes règles de la vie monastique. C'est le plus précieux service qu'il peut rendre à ses frères. C'est toute sa sécurité. Juge du peuple chrétien soumis à sa domination, qu'il n'oublie jamais qu'un jour, humble et tremblant, il baissera aussi les yeux sous le regard sévère d'un juge inflexible. Il a été généreux pour Saint-Riquier, et pourtant ses actions si éclatantes n'ont pas encore libéré son âme. »

« Anscher pourrait-il s'offenser, si je lui suggère de conserver un cœur compatissant pour ses frères ? Il sait combien je souffrirais, si j'apprenais qu'ils sont méprisés. Qu'il redoute de se faire détester, en régnant par la terreur. Quoique sa naissance lui permette de se montrer fier (2), espérons que le doux Anscher, tout jaloux qu'il est de l'honneur de sa race, n'imprimera point de tache à son étendard, qu'il ne faiblira point sous le poids des louanges que méritent ses nobles œuvres. »

Nous apprenons par ce document contemporain que les Eglises de la ville de Saint-Riquier étaient asservies au pouvoir laïc depuis le règne de Henri I*r* : car il nous semble que c'est de lui qu'il est ici question. Ainsi les plaintes de notre chronique sur les entreprises de ce monarque contre le monastère sont confirmées. Son fils, l'insouciant

---

elle est toute remplie de vœux et de conseils, sans aucune allusion aux douloureuses épreuves qui ont suivi le départ d'Hariulfe. Ce petit poème est édité par D. Mabillon. (*Ann. Ben. Tom.* v, *pag.* 625.
— D. *Cotron. Anno* 1136.

(1) *Notior Urbanis, locupletior ille Pisanis.*
Ne pouvons-nous pas conjecturer par cette allusion que les hardis navigateurs d'Italie étendirent leur commerce jusque dans le Ponthieu et jusqu'à Saint-Riquier.
Urbanis. Les habitants d'Urbin, ville d'Italie ?

(2) *Mens fera quippe datur.*
Anscherus stirpis honore ferus.
Allusion au château de la Ferté.

Philippe I⁽ʳ⁾, laissa continuer ces abus : mais Louis-le-Gros, que la chronique nous représente comme bienveillant pour l'Abbé Anscher, accueillit sa plainte et rendit à l'Abbaye de Saint-Riquier des autels dont elle avait joui paisiblement pendant des siècles.

Aussitôt qu'il eut repris possession de ses droits, Anscher fit restaurer ou réédifier l'Eglise de Notre-Dame *hors des murs* et celle de Saint Benoît *près des murs de la ville*. Ces indications spéciales de noms nous font souvenir, une nouvelle fois, que l'enceinte du ix° siècle est considérablement restreinte : que les anciens cloîtres assez spacieux pour relier ensemble ces Eglises dans l'intérieur du monastère, n'ont laissé aucun vestige : que des habitations particulières se sont élevées sur le sol accensé par l'Abbé Ingélard.

Sur un autre point et à peu de distance de la grande basilique de Saint Riquier, Anscher bâtit une nouvelle Eglise dédiée à Saint Nicolas, dont le culte se répandait alors avec un enthousiasme extraordinaire : cette église était destinée surtout au personnel des serviteurs employés aux travaux de la *basse-cour* (1). C'est là que les femmes assistaient à la messe et aux offices : car la discipline monastique ne leur permettait pas d'entrer dans l'intérieur du couvent, ainsi qu'on le voit clairement marqué dans le récit des miracles de S. Riquier.

A ces premiers travaux avait succédé la restauration de tous les murs de la ville et du monastère. Des remparts furent élevés tout autour de l'enceinte pour en défendre l'accès. De nombreuses tours présentaient çà et là leurs créneaux et leurs meurtrières menaçantes. Il n'y avait point, dit la chronique, de place aussi forte dans toute la contrée : d'où l'on peut conclure qu'Abbeville même n'avait point encore éclipsé l'ancienne Centule (2).

De son temps furent aussi renouvelés « les fiertes et joyaulx de cette Eglise. » Ce mot d'une chronique du xv° siècle nous prouve que rien n'échappe à l'activité du pieux Abbé. Il visite les châsses des Saints, les tombeaux, les coffres qui ont servi à transporter les reliques en lieux sûrs pendant les troubles et les guerres désastreuses des siècles précédents : il lui paraît juste et convenable de réparer et de renouveler tout ce qui a vieilli et n'est plus digne de la magnificence de son monastère.

Dom Cotron nomme en particulier les deux châsses de sainte Elevare et de sainte Sponsare, recouvertes de peau de cerf. Les parchemins qui y étaient renfermés aidèrent à reconnaître leurs reliques (3). Une châsse plus grande renfermait le corps de saint Mauguille. Comme elle tombait de vétusté, on la remplaça par une autre plus précieuse qu'on décora de lames d'argent et de de sculptures et bas-reliefs représentant divers

---

(1) Cette expression est de D. Cotron.
(2) D. Cotron. *Anno* 1110.
(3) Le même jour, dit Jean de la Chapelle, l'Évêque d'Amiens levait le corps du Bienheureux prêtre Lupicin, qui découvrit les corps de S. Fuscien, de S. Victorice et de S. Gentien. *Chron. abbr. Cap* xxxviii.

CHAPITRE I. — L'ABBÉ ANSCHER DE LA FERTÉ.

traits de sa vie. Le biographe de S. Mauguille remarque, en racontant cette translation, que l'enveloppe de peau de cerf, qui devait contenir les ossements, se trouva trop courte et qu'on ne put terminer cette opération qu'après s'être procuré une autre enveloppe.

Un des gardiens de l'Eglise honorait S. Mauguille avec une dévotion toute spéciale. Le glorieux confesseur lui apparut en songe quelques jours après et le guérit d'une maladie qui le retenait au lit. Au moment où il s'éveilla, une suave odeur confirma la vision du céleste médecin : une traînée d'or lui indiqua en quel lieu il avait posé ses pieds.

Cette translation, ajoute la légende de S. Mauguille, eut lieu en l'an MCXIII, la V° année du règne de Louis, fils de Philippe, la seizième année de la prélature d'Anscher (1).

On lisait ces vers sur la châsse.

Le Christ récompensant avec un tendre amour
Le Bienheureux Mauguille en sa céleste cour,
Le noble Anscher lui fit cette châsse nouvelle,
Pour garder dignement sa dépouille mortelle (2).

Nous avons dans ce fait une date précieuse pour l'histoire d'Anscher. C'est en 1097 qu'il est appelé par ses frères à les gouverner, à l'époque où l'Europe électrisée par les récits et la parole éloquente de Pierre l'Ermite se soulevait pour la guerre sainte des Croisades.

Plusieurs historiens racontent que Hugues-le-Grand, fils du roi Philippe Ier, Robert, comte de Flandre, Godefroy de Bouillon et son frère Beaudouin, se réunirent à Abbeville, afin de se concerter sur l'exécution de leurs grands projets, que leurs troupes campèrent au lieu même où fut bâtie depuis l'Eglise du Saint Sépulcre. Dom Cotron ajoute, sur la foi de la chronique de Centule, que l'Abbé Anscher fut appelé aux conseils de ces illustres Croisés (3). Nous ne pouvons souscrire à cette affirmation : car en fixant cette réunion en l'an 1100, la chronique est prise en flagrant délit d'erreur. Tout le monde sait que le départ des Croisés eut lieu au printemps de l'an 1096 ; mais, comme on l'a vu plus haut, Anscher n'était pas encore promu à la dignité abbatiale. S'il est permis de retenir quelque chose de cette flatterie à l'adresse de l'abbé de Saint-Riquier et d'une réunion de Croisés à Abbeville, c'est que le monastère a donné l'hospitalité à plusieurs de ces nobles guerriers et que leurs sentiments de foi se sont ranimés par leurs

---

(1) D. Cotron. Ann. 1113. — *Patrologie. Tom.* CLXXIV, *pag.* 1449.

(2) *Ossa Madelgisili tenet hæc lectica Beati,*
Quem confessorem sibi Christus rite beavit,
Anscherusque novam sibi capsam jure paravit.
Patrologie, Tom. CLXXIV, *pag.* 1450.

(3) D. Cotron. *Ann.* 1100.

entretiens avec un moine si haut placé dans l'estime de ses frères et si exact à tous ses devoirs. Du reste, aucun monument historique du temps des croisades ne mentionne cette réunion des chefs de l'expédition sacrée à Abbeville (1).

Nous placerons ici le récit d'un fait miraculeux qui se rapporte à l'époque des Croisades et qui est raconté dans les chroniques du monastère.

« A l'époque, dit Hariulfe, où les nations chrétiennes s'armèrent pour reconquérir l'Eglise de Jérusalem et le tombeau du Sauveur si indignement profané, une belle et forte galère, qui cinglait à pleines voiles vers les ports de la Palestine, portant de nombreux renforts pour l'armée des Croisés, éprouva les effets de la puissance de Saint Riquier. Il y avait à bord de riches et puissants seigneurs, de valeureux chevaliers de la France, de la Bourgogne, de l'Aquitaine, de l'Espagne, de l'Italie. Après plusieurs jours d'une heureuse navigation, il s'éleva une violente tempête et les flots courroucés soulevaient jusqu'au ciel la fragile galère. La perspective d'une mort inévitable jetait l'effroi dans l'âme des passagers les plus résolus. Les clercs et les moines, qui faisaient la traversée, imploraient la miséricorde divine par leurs ferventes prières, sans que le Seigneur parût se laisser toucher; car le péril grandissait d'heure en heure. Le capitaine engagea alors chacun des passagers à invoquer spécialement le patron de son pays. On s'empressa aussitôt de supplier les Saints les plus vénérés dans les provinces des divers royaumes ; mais il faut croire qu'on n'entrait pas encore assez dans les desseins du ciel.

En ce moment extrême, un habitant de Centule, nommé Siguin, dit à ses compagnons : Nobles Chevaliers, au lieu qui m'a vu naître on vénère un saint toujours prompt et fidèle à exaucer les prières de ceux qui recourent à son intercession ; qu'il vous plaise de vous recommander à lui, je vous promets que, si vous le faites avec foi, vous serez secourus. Aussitôt qu'on eut connu le nom du saint, tous les passagers commencèrent à invoquer Saint Riquier. Ce qu'ils firent avec tant de foi et de succès que le Christ se laissa fléchir et que la tempête s'apaisa. Au nom de Saint Riquier il regarda favorablement ces passagers désespérés, et ainsi il fit connaître aux peuples les plus lointains la puissance de son serviteur sur son cœur (2). »

Nous avons déjà rapporté dans la vie de Gervin II que l'abbé Anscher l'accompagna au concile de Poitiers (1100) avec plusieurs de ses religieux. Il est permis de rappeler, à

(1) Les chroniques du pays nomment aussi quelques-uns des principaux seigneurs de la contrée parmi ces chefs de la Croisade, entre autres, Bernard de Saint-Valery, le vicomte de Pont-Remi, les sires de Marcuil, de Domart, de Domwast. Formentin (*Histoire du Ponthieu*) n'hésite pas à affirmer que Pierre l'Ermite était présent à cette assemblée.

(2) *Act. Sanct. Ord. S. Bened. Tom.* vii, *pag* 566.

La fresque de la trésorerie de Saint-Riquier a reproduit l'histoire de ce miracle avec cette légende :

Moult de gens en péril estoyent
Que saint Riche veult pſerver.
Car en Jerusalem alloyent
Par mer les Thurcs suppediter. (Soumettre.)

CHAPITRE I. — L'ABBÉ ANSCHER DE LA FERTÉ.

la gloire de l'héritier des seigneurs de la Ferté, l'exemple d'indépendance et de courage sacerdotal que les Évêques et les Abbés ont donné au concile de Poitiers, en confirmant les anathèmes portés contre Philippe I, roi de France, et en subissant sur leurs siéges toutes les avanies et les violences du comte de Poitiers. Ce dernier n'imitait que trop les scandaleux exemples de son maître et était intéressé comme lui à faire fléchir les lois de l'Eglise devant l'incontinence, à les rendre complices des plus honteuses passions.

En cette même année Anscher fut assez heureux pour obtenir une réparation complète de tous les torts de Gui, comte de Ponthieu : jamais le repentir ne protesta en termes plus énergiques contre les désordres et les violences de ces temps malheureux, comme on le verra par l'analyse de sa charte.

On lit dans cette charte que Gui, comte de Ponthieu, avoué du monastère de Saint-Riquier, « à qui appartient tout ce que ses pères ont possédé (1) », au milieu des douleurs d'une grave et longue maladie, qui lui annonce que sa dernière heure approche et le remplit de trouble et d'effroi, au souvenir de ses nombreuses iniquités, a fait venir l'Abbé de Saint-Riquier et l'a prié de lui pardonner ses cruautés, ses injustices, de ne point faire retomber sur lui devant Dieu les dommages qu'il n'a cessé de causer aux domaines de l'Eglise de Saint-Riquier, à ses villages et à ses colons. L'Abbé lui a répondu qu'il obtiendrait son pardon, s'il mettait un terme à ses excès. Confiant dans cette promesse si consolante pour lui, Gui restitue sur le champ ce qu'il avait injustement ravi par violence ou par d'autres voies détournées, en présence de ses amis et de ses fidèles qui l'attestent sur leur foi, et menace des foudres de l'excommunication celui de ses héritiers qui oserait renouveler ses criminelles entreprises.

Parmi les témoins et les nobles du Ponthieu présents à cette confession publique et à cette scène de pénitence, la charte cite Simon, Hugues le Seigneur, Godard d'Airaines, Godard du Passage, peut-être de Pont-Remi (2). L'Abbé Anscher, pour donner plus de poids à cet engagement, prononça une sentence d'excommunication contre Gui, s'il lui arrivait de retomber dans les mêmes fautes (3).

Cet acte réparateur de Gui fut suivi ou précédé d'autres libéralités en faveur du prieuré de Saint-Pierre d'Abbeville. C'est encore la crainte des redoutables jugements de Dieu qui l'excite à racheter ses péchés par d'abondantes aumônes; c'est pour ne pas être jeté au feu avec le figuier stérile (4).

Remarquons en passant que Gui donne au nouveau couvent ses prés sur le Scardon, sa pêche sur la même rivière, à partir du moulin des Près, tout le bois du Mont Saint-

---

(1) Voir plus haut page 302.
(2) Godardus de Transitu.
Le Pont-Remi sur la Somme est-il indiqué ici sous ce nom ? On sait que Pont-Remi avait possédé des seigneurs et des vicomtes, même à cette époque.
(3) Gall. Christ. Tom. x. Appendix, Pag. 299. Voir cette charte aux pièces justificatives.
(4) Gall. Christ. Ibid. Pag. 295.

Riquier, le revenu des cambages ou brasseries de la rue de Saint-Riquier (1), seize setiers de brai (2) et huit sous de cens dans le village de Vaux (3).

Le comte de Ponthieu mourut peu de temps après ces grandes expiations et ces témoignages publics de sa pénitence et laissa ses états à sa fille Agnès de Ponthieu, la très-infortunée épouse de Robert d'Alençon et de Belesme, le Robert-le-Diable, dit-on, des légendaires de cette époque.

Nos chroniques nous ont conservé, outre cette charité de Gui, différentes compositions amiables d'Anscher avec les seigneurs de Péronne sur les eaux des étangs entre Bray et Cappy (4), sur le bois de Tourmont (1125) et avec les châtelains de Coudun sur la *Couture* (5) d'Elincourt inféodée par une précaire (1130) : il en sera traité ailleurs.

Ces revendications ne pouvaient manquer de produire leur effet : elles étaient appuyées sur des titres authentiques : car l'Abbé Anscher aussitôt après sa promotion avait fait rechercher les chartes anciennes et en avait dressé un cartulaire. D. Mabillon nous a conservé ce document très-important pour notre histoire (6).

Plusieurs des chartes de ce document ont été insérées dans les chroniques d'Hariulfe : nous avons signalé les autres dans l'histoire des Abbés qui en ont profité.

De 1110 à 1130 le nom glorieux de saint Angilbert resplendit sur le monastère de Saint-Riquier, et de nombreuses merveilles opérées à son tombeau y attirent une foule de pèlerins.

---

(1) *In Vico sancti Richarii.* Il est question ici d'une rue de Saint-Riquier dans la cité d'Abbeville et non de la ville de Saint-Riquier, quoi qu'en dise Louandre (*Histoire d'Abbeville.* Tom II, Pag. 453)

(2) Grain dont on faisait la bière.

(3) Vaux-lès-Saint-Mauguille, village perdu.

L'auteur d'une histoire du Ponthieu résume en ces termes son jugement sur plusieurs seigneurs de ce temps dont les injustices et les violences ont trop souvent attristé nos annales « Croyait-on donc alors qu'il suffisait de « fonder quelques églises, d'élever quelques « temples pour se rendre agréable à l'Etre Su- « prême ? Imaginerait-on que l'éclat qui résultait « de ces actes de piété pouvait effacer la honte de « tant de crimes ? Pensait-on qu'à l'ombre de ces « hauts monuments publics on pouvait tout se « permettre avec sécurité ? Qui ne croirait que ce « fut vraiment la façon de penser de ces siè- « cles d'ignorance ? Point de vertus sociales ; la « justice bannie ou méconnue ; des crimes gros- « siers et des fondations pieuses ! » (Devérité. *Histoire du Ponthieu.* Tom. I, Pag. 92.)

Est-ce que l'Eglise par ses excommunications n'a point répondu à ces accusateurs ? Est-ce que la confession publique de Gui de Ponthieu ne répond pas suffisamment à toutes ces déclamations du dernier siècle répétées encore aujourd'hui ?

Les grands criminels du moyen-âge étouffaient dans la prospérité la voix de leur conscience. Est-ce que des princes, éclairés des lumières de la civilisation moderne ne se rendent pas coupables de la même faute ? Quand ils étaient chrétiens ces tyrans de la féodalité, leur foi se réveillait aux lueurs sinistres de la mort ou dans des périls extrêmes : ils cherchaient à faire la paix avec leur juge et à implorer la miséricorde au prix de grands sacrifices.

L'Eglise a-t-elle jamais refusé les pécheurs repentants, qui désiraient racheter leurs péchés par des aumônes ? Est-ce à nous à jeter la pierre à ceux qui meurent dans les sentiments d'humilité chrétienne ?

(4) *Cartulaire de Saint-Riquier aux Archives Départementales. Chapitre de Bray.* — D. Cotron. Anno 1130.

(5) *Cultura Aquilinicurtis* (près Chevincourt).

(6) *Ann. Bened. Tom.* v, *Pag.* 608.

CHAPITRE I. — L'ABBÉ ANSCHER DE LA FERTÉ.

Hariulfe, nommé alors Abbé d'Oudenbourg en Flandre, en parle ainsi dans ses adieux à l'Abbé Anscher. « Angilbert qui s'est élevé si haut par sa sainteté et que Dieu couronne au ciel, illustre le règne d'Anscher par d'éclatants miracles : les peuples accourent de tous les pays d'alentour et apportent de riches présents qu'Anscher reçoit et dont il fait un pieux usage (1). »

Les contemporains ne font aucune allusion à ces miracles dans leurs écrits ; mais les archives du monastère en ont conservé le récit qui est divisé en trois livres (2).

Le premier de ces livres porte le nom d'Anscher ; il est adressé à Raoul Le Vert, Archevêque de Reims (3) et à ses suffragants. Dans l'épître dédicatoire le pieux Abbé offre aux vénérables prélats : « Un petit livre qui traite des prodiges et guérisons extraordi-
« naires que Notre Seigneur a voulu opérer en ce temps au tombeau de son serviteur
« Angilbert, Abbé de ce lieu où il repose : il les prie d'examiner ces faits d'une in-
« contestable vérité, de les confirmer par leur autorité et de les faire connaître à la
« Sainte Eglise que le serviteur de Dieu a tant aimée, afin que les fidèles apprennent que
« le Tout-Puissant ne prive pas toujours de ses faveurs ceux qui l'ont fidèlement ho-
« noré sur la terre, mais qu'il les glorifie à l'heure fixée dans ses décrets éternels. »

Dans une courte préface que nous croyons quelque peu interpolée, si l'écrit est d'Anscher, l'auteur donne en peu de lignes un abrégé de la vie de saint Angilbert : il fixe l'époque de ces récits en notant que c'est 297 ans après sa mort que Dieu a commencé à manifester la gloire de son serviteur.

Nous raconterons aussi brièvement que possible les faits qui offrent quelques circonstances remarquables ou des détails sur l'histoire locale. Nous ne ferons qu'indiquer les autres dans une note.

Un vieillard de Drucat, aveugle de naissance, entendit un jour une voix lui adresser distinctement ces paroles : « Si tu veux jouir du bienfait de la vue, fais un pèlerinage
« à Saint-Riquier : passe la nuit au tombeau de saint Angilbert. Le Tout-Puissant, qui
« veut manifester la sainteté de son serviteur, t'accordera cette insigne faveur. » Le vieillard obéit ponctuellement à cette invitation. Pendant plusieurs jours et plusieurs nuits il ne cessa de prier et d'implorer la miséricorde divine. Cependant un bruit étrange, qui sortait de l'intérieur du tombeau, répandait la terreur autour de lui et personne n'osait approcher. Mais l'aveugle y resta insensible, toujours confiant en la promesse qu'il avait reçue. Le dimanche au matin (4), — c'était le 20 février, — la lumière

(1) Tempore sub cujus miracula magna peregit Angilbertus apex, quo Deus astra beat. Concurrunt populi præbentes munera sancto: Suscipit Anscherus et bene distribuit.

(2) Ces trois livres de miracles ont été ajoutés à la vie de saint-Angilbert dans le *Tome 5 des Act. Sanct. Ord. S. Bened*. Ils sont abrégés dans Dom Cotron. (*Ann.*) 1110. dans les *Boll.*, 18 *février*. Jean de la Chapelle, le P. Malbrancq ne font guères qu'indiquer ceux du premier livre. Jean de la Chapelle les accompagne de cette remarque : *et tunc temporis facta sunt infinita miracula in hac ecclesia ad sepulchra sanctorum Richarii et Angilberti*. — *Chr. Abb. Cap*. XXXIX.

(3) Raoul le Vert occupa le siège de Reims de 1106 à 1124.

(4) Ce dimanche tombant au X des calendes de mars, la Lettre Dominicale B. indique l'an 1110.

des cieux brilla à ses yeux, et il n'eut plus désormais besoin de guide pour se conduire. Ce fut, dit l'auteur de ce récit, le premier miracle opéré au saint tombeau et il fut suivi d'une multitude d'autres. »

Un serviteur du monastère, par une coupable étourderie, avait prononcé quelques paroles trop libres auprès du saint tombeau : à l'instant même il fut repoussé par une force mystérieuse, à plus de douze pieds. Un autre serviteur qui s'appuyait nonchalamment sur les *Chanchels* de la sainte mémoire, se trouva subitement transporté plus loin, sans pouvoir s'expliquer comment cela lui était arrivé.

Au bruit de ces prodiges qui se succédèrent sans interruption, les pèlerins affluaient de tous côtés, même des pays éloignés. Quatre clercs de Normandie s'étaient mêlés à la foule. Un d'eux, qui se croyait plus sage que les autres, demanda ironiquement quel était ce saint dont on racontait tant de prodiges. Les moines s'empressèrent de lui faire connaître la dignité et la puissance de ce grand serviteur de Dieu : mais le clerc prouvait par son attitude et un rire moqueur qu'il n'ajoutait nullement foi aux paroles qu'il entendait et qu'il soupçonnait plutôt quelque maléfice. Son incrédulité lui coûta cher : car il fut subitement atteint de convulsions nerveuses qui firent croire à une attaque d'épilepsie. Ses trois compagnons, tout effrayés de cette brusque invasion d'un mal si affreux, ne savaient que faire pour le soulager. Enfin le clerc frondeur recouvra ses sens et s'étant relevé il s'approcha du saint tombeau qu'il couvrit de ses baisers, en confessant sa faute avec une grande humilité. Les témoins de cette scène avouèrent qu'ils n'avaient jamais rien vu de semblable.

Deux femmes du Mans, arrêtées par des voleurs à Miannay (1), furent renfermées dans une étroite prison, les mains et les pieds enchaînés. Elles n'eurent rien de plus à cœur que de se recommander à saint Angilbert, dont elles avaient entendu célébrer la puissance et elles l'invoquèrent le jour et la nuit : à la prière elles ajoutèrent le jeûne et donnèrent aux pauvres leur pauvre pitance, en disant : « Pour l'amour de Jésus-Christ et « de saint Angilbert. » Après quelques jours de captivité ces ardentes supplications furent exaucées. Leurs fers se brisèrent : les portes de la prison s'ouvrirent devant elles; se sentant libres, elles se rendirent au tombeau de saint Angilbert avec leurs chaînes à la main pour preuve de la faveur dont elles étaient gratifiées.

Un paysan, à qui des voleurs avaient ravi une génisse, ne chercha point d'autre justicier que saint Angilbert. Après avoir fait le vœu d'un pèlerinage à son tombeau, il s'engagea sans crainte dans les sombres halliers de la forêt où ils avaient fixé leur repaire. Au nom de saint Angilbert, dont il se vantait d'avoir réclamé l'assistance, les brigands furent désarmés : non-seulement ils consentirent à lui rendre la génisse, mais ils voulurent même l'accompagner, pour le protéger contre de nouveaux coups de main.

(1) Village du Ponthieu, aujourd'hui canton de Moyenneville.

CHAPITRE I. — L'ABBÉ ANSCHER DE LA FERTÉ.   395

D'autres voleurs avaient pillé une ferme d'un village nommé Rainneville (1), aux environs d'Amiens : il ne leur suffisait pas d'emmener les bœufs et les moutons; ils chargèrent encore de chaînes ceux qui habitaient la ferme. Un des serviteurs avait fait peu de temps auparavant un pélerinage au tombeau de saint Angilbert et s'était voué à son service. Renfermé avec les autres dans une prison il s'empressa d'invoquer son puissant protecteur. Aussitôt qu'il eut prié, ses chaînes se rompirent. En vain on essaya de le lier de nouveau; il brisa constamment ses fers. Après plusieurs tentatives le prisonnier était toujours libre de ses entraves : il put s'échapper en l'absence de ses geoliers, dont il avait lassé la patience.

Le fait que nous allons raconter se passa au village de Cempuis (2) sur les confins de l'Amiénois et du Beauvoisis ; il eut un grand retentissement et fut connu de tous les moines et de nombreuses populations. Un jeune homme qui travaillait aux champs fut pris par des brigands et emmené loin de son village. Sa mère, pauvre veuve, privée de son soutien, accourut aussitôt au tombeau de saint Angilbert : que d'heures elle y passa, en répétant fréquemment ces paroles ! « Saint Angilbert, vous êtes un grand ami « de Dieu, je me voue à votre service (3) et je vous donne aussi mon fils, si j'obtiens par « votre intercession qu'il me soit rendu. Pauvre petit ! il me tenait lieu de mari, il était « le bâton de ma vieillesse, mon père nourricier, mon seul secours dans ma misère. » Pendant que cette infortunée mère suppliait le serviteur de Dieu, son fils appelait la mort de tous ses vœux, tant il souffrait des rigueurs de la prison, de la faim, de la soif, de la barbarie de ses geôliers, qui, pour comble de malheur, lui avaient brisé les dents. Mais, ô bonheur inespéré ! le patient qui se croyait à jamais perdu, sentit, pendant la nuit, qu'on s'approchait près de lui, qu'on déliait ses chaînes ; il fut tout étonné de se trouver libre : il s'échappa de sa prison et aussitôt qu'il sut quel était son bienfaiteur, il vint déposer au tombeau de saint Angilbert ses chaînes, instruments de son supplice et gages de la puissance de son libérateur.

Une femme de Nantes, en Bretagne, ne pouvant faire usage de ses doigts repliés dans la paume de la main, adressa de longues et ferventes prières à saint Angilbert. Tout à coup elle sentit qu'elle pouvait remuer ses doigts et les étendre. Pour s'essayer au travail, elle prépara du fil qu'elle recouvrit de cire de manière à fabriquer une chandelle. Ce premier symptôme de guérison ne fit qu'augmenter sa confiance : elle vint en Ponthieu avec cette chandelle suspendue au cou. Après l'avoir fait brûler devant la

---

(1) *Ranivilla*. Rainneville, canton de Villers-Bocage.

(2) Cempuis, canton de Grandvilliers (Oise).

(3) « Les hommes, dit M. Guérard, que la dévotion, la pauvreté, le besoin de protection ou tout autre cause avaient portés à se vouer au *service* d'un saint, c'est-à-dire à se faire hommes ou serfs d'une église ou monastère, étaient appelés *oblati*, *donati*, *condonati*. Ils payaient un cens fixe à leur nouveau maître, mais ils conservaient l'usufruit de leurs biens et les transmettaient à leurs descendants. » Voir *Hagiographie de M. l'Abbé Corblet*. Tom. 1, pag. 161.

mémoire du saint, elle reçut dans une complète guérison la faveur inestimable qu'elle était venue chercher si loin.

Deux femmes aveugles, l'une de la ville d'Angers, l'autre de Blangy-sur-Bresle, éprouvèrent les effets de la miséricorde divine au tombeau de saint Angilbert, le jour de la grande litanie qu'on chante la veille de la fête de Saint-Riquier, c'est-à-dire le 25 avril; les deux guérisons merveilleuses eurent lieu pendant la procession à l'église Notre-Dame. Des messagers vinrent successivement annoncer aux moines cette grande nouvelle : mais ceux-ci continuèrent dévotement les chants liturgiques et ce n'est qu'après leur retour qu'ils chantèrent l'hymne de la reconnaissance.

Les consolations de la grande fête du glorieux patron de Centule furent doublées par un miracle qui fut opéré sur une jeune fille d'Hornoy, dont la main était percluse : on ne dit pas si c'est le lendemain de cette veille si glorieuse : mais peu importe ici. Après que l'infirme se fut acquittée du vœu qu'elle avait fait, elle posa sa main contractée et desséchée par des douleurs nerveuses sur le tombeau de saint Angilbert et la vie commença de nouveau à circuler dans ce membre paralysé.

Le baume céleste, qui coulait en grâces si étonnantes, remplit d'une agréable odeur les villes et les campagnes : la confiance se ravive partout dans le cœur des affligés et la récompense suit de près les témoignages d'une foi ardente. Une jeune fille de Condé-sur-l'Escaut (1), atteinte d'une maladie qui offrait tous les syptômes de l'hydropisie, souffrait cruellement et avait perdu tout appétit et tout sommeil. Ayant oui raconter les merveilles du saint Thaumaturge, elle fit porter au monastère de Saint-Riquier une chandelle en *ex-voto*. La nuit suivante elle eut une vision. « Je suis, lui dit le person-
« nage qui lui apparut et qu'à sa majesté et à l'éclat de ses vêtements elle reconnut
« pour un messager céleste, je suis l'Abbé Angilbert, prends ce mouchoir(2) avec lequel
« tu te frotteras la gorge et le cou, : si tu as la foi, tu seras guérie. » La jeune fille exécuta ce qui lui était proposé et ressentit à l'instant même l'efficacité du remède : car s'étant levée pour prendre de la nourriture, elle s'aperçut que toute trace d'hydropisie avait disparu. Un pèlerinage au tombeau du serviteur de Dieu lui procura le moyen de publier partout sur son passage la gloire de son sauveur.

Une pauvre femme d'Amiens, qui vécut longtemps des aumônes de saint Geoffroy, alors évêque de cette ville, était paralysée d'une main et du côté droit. Conduite, non sans peine, à l'église de Saint-Riquier, elle recouvra l'usage de la main et ne ressentit plus de douleur au côté. Elle sortit heureuse de ce lieu saint. Mais bientôt elle retomba dans son premier état : cette rechute fit douter de la vérité de la guérison et de l'efficacité des prières au tombeau de saint Angilbert : elle causa même une mauvaise impression dans la cité d'Amiens, qui avait le monastère en grande estime. « Est-ce en punition de son ingratitude, se demande la chronique scandalisée des bruits

(1) *Condatum*. Condé-sur-l'Escaut, disent les annalistes, ville du département du Nord.

(2) *Sudarium*.

fâcheux qu'elle a recueillis, ou par un secret jugement de Dieu que cette femme fut privée du bienfait céleste qu'elle avait reçu? Personne ne saurait le dire. Pour nous, qui avons des exemples de semblables rechutes, gardons-nous de sonder les abîmes de la divine sagesse. »

Deux jeunes gens, qui faisaient partie d'un nombreux pélerinage, s'approchèrent pour déposer leur offrande aux pieds du saint. L'un d'eux arriva sans obstacle, mais l'autre fut repoussé au grand étonnement des assistants et s'en alla tomber à la renverse à quelque distance de là. Quand il se fut remis de la commotion qu'il avait éprouvée, il se souvint que son manteau (1) avait été acheté à un voleur, qui avait osé commettre sa mauvaise action un jour de dimanche : il pensa que c'était pour cette faute qu'il était si honteusement repoussé : il confessa publiquement son péché et en demanda l'absolution à un prêtre ; puis s'étant dépouillé de ce vêtement maudit, il revint se prosterner devant la tombe du saint. Son offrande fut alors agréée comme celle des autres fidèles.

« A la vue de ces prodiges incessants, nous ne cessions, dit l'auteur de la chronique,
« d'admirer la puissance divine. Pourtant nous n'osions point décider de nous-mêmes
« de ce qu'il y avait à faire en cette circonstance. Nous avons donc présenté un ample
« mémoire au Révérendissime Geoffroy, Evêque d'Amiens et imploré son assistance. Le
« prélat empêché se fit remplacer par un conseiller très-compétent et très-bien disposé
« pour le monastère, le Révérend Ingution, prêtre d'une vie très-édifiante (2). La main
« de Dieu ne se raccourcit point pendant son séjour au monastère. Un jeune paraly-
« tique ayant recouvré l'usage de ses membres sous ses yeux, le délégué de l'Evêque
« entonna lui-même l'hymne d'actions de grâces. »

Pendant les fêtes de la Pentecôte, une femme de Picquigny, qui n'avait plus rien de sain dans la partie inférieure du corps, était retenue captive dans un coin de l'Eglise, loin de la sainte mémoire, pour ne pas être exposée au choc des flots du peuple qui se pressait de tous côtés. On n'eut point égard à ses sollicitations ni à ses clameurs ; mais le Seigneur ne la délaissa pas, malgré son isolement : sa foi lui obtint avec sa guérison la consolation de changer sa tristesse en une joie ineffable.

Une caravane de pélerins, arrivant de la ville de Compiègne, gravissait la colline qui domine les possessions du monastère à Bussus. Aussitôt qu'on aperçut l'église de Saint-Riquier, on se prosterna pour adorer Dieu et vénérer les saints protecteurs du lieu.

Un vieillard, depuis longtemps affligé de cécité, se prosterna avec ses compagnons de route, mais avec tant de foi que sa prière toucha le cœur de Dieu et qu'il recouvra subitement la vue. En se relevant il s'écria : « Gloire à Dieu et à saint Angilbert, je vois

---

(1) *Chlamydem*, vêtement de luxe et de grand prix.

(2) Ingution, prêtre plein de foi, bâtit le monas-

tère ou prieuré de Saint-Denis à Amiens et le soumit au monastère de Marmoutiers. *Ann Ben. Tom.* v. *Pag.* 531.

clair ». Comme on doutait de son affirmation, on lui demanda de désigner les sites des environs : « Eh bien, je vois, dit-il avec assurance, je vois devant nous un grand village ou plutôt une ville et au milieu une grande église avec deux tours ; je m'imagine que c'est l'église de Saint Riquier, où se trouve le tombeau de saint Angilbert. Puis il expliqua parfaitement la nature des objets qui s'offraient à ses regards. Ses compagnons l'engagèrent alors à marcher en avant pour leur frayer la route, ce qu'il fit avec une grande allégresse et depuis il n'eut plus besoin de guide (1).

Les récits du second livre des Miracles ne doivent, ce semble, être accueillis qu'avec une grande réserve. L'auteur affirme que les grâces surnaturelles se sont multipliées d'une manière vraiment prodigieuse. « On ne saurait énumérer, dit-il, les guérisons complètes
« et subites de malades et d'infirmes, les délivrances de prisonniers, les secours célestes
« qui ont consolé les affligés. La poussière recueillie au saint tombeau, des fragments
« de pierre, des parcelles de mortier, les objets bénis au contact de la mémoire de ce
« puissant protecteur ont opéré des merveilles dans la France, dans la Flandre, la
« Normandie et jusqu'en Aquitaine. » Néanmoins, malgré ces prodiges innombrables, l'auteur cherche dans la préface à prémunir le lecteur contre le doute et l'indifférence de ceux qui refuseraient de croire. Pour qui donc a-t-il écrit ? pour les moines ? pouvaient-ils ne pas se rendre à l'évidence ? pour les pèlerins ? ils étaient témoins chaque jour des effets de la protection du saint. « Ce singulier préambule, observe M. l'Abbé Corblet, pourrait « faire supposer que même au XIIᵉ siècle on n'accordait pas confiance complète aux récits miraculeux que vient de nous faire le moine de Centule (2). » Ajoutons que Jean de la Chapelle, le P. Malbrancq, compilateurs dont on connaît les tendances au merveilleux, après avoir analysé tous les miracles du premier livre, se taisent complètement sur ceux-ci. Ne pourrait on pas en

(1) Nous avons, dans le premier livre des miracles, le récit de 39 faits.
Nous en avons signalé 16 dans le récit. Voici les autres :
1º Guérisons de paralysie du corps ou des bras. — Un homme de Domart. — Une jeune fille de Corbie.— Une femme de Beauvais.— Un homme de Morte-Mer en Normandie. — Un jeune enfant de Regnière-Ecluse. — Un enfant de Clermont en Beauvoisis. — Un cul-de-jatte de Sains.
2º Guérisons de cécité, soit de naissance, soit par accident. — Une femme de Domart-en-Ponthieu. — Un fabricant d'encre du Noyonnais. — Un jeune homme de Roye. — Une femme d'Authieule. — Une jeune fille de Longueil en Normandie. — Une fille de Rue dont l'œil avait été crevé par la broche d'un tonneau, pendant qu'elle tirait du cidre sans précaution.

3º Guérison de surdité. — Une jeune fille de Breteuil.
4º Guérison de mutisme. — Un jeune muet de la ville de Tours.
5º Guérisons de blessures par accidents. — L'écuyer d'un chevalier dont les pieds avaient été brûlés par le feu du ciel.— Un bûcheron d'Onicourt, selon quelques érudits, de Dominois, selon d'autres, gravement blessé à la jambe dans une chute.— Une femme dont la cuisse avait été percée par un pieu.
6º Guérison de convulsions, de frénésie, de maladies nerveuses. — Un insensé qui exerçait sa fureur contre lui-même. — Une femme du Vimeu qui tombait en frénésie et fut délivrée de son mal après la communion.
7º Un captif délivré de ses chaînes.
(2) *Hagiographie.* Tom. ɪ, pag. 154.

CHAPITRE I. — L'ABBÉ ANSCHER DE LA FERTÉ.   399

conclure que la chronique les a ignorés et que ce livre a été composé longtemps après Anscher ? Notre hypothèse paraîtra peut-être téméraire à quelques lecteurs, mais elle expliquera le motif pour lequel nous les omettons dans notre récit (1).

Le troisième livre est à peine commencé et ne contient que la narration de deux guérisons miraculeuses.

En 1685, sous l'Abbé D'Aligre, on ouvrit le tombeau de saint Angilbert et l'on trouva cette inscription sur une plaque de plomb :

Anno ab Incarnatione Dni MCXXVIIII, a Domno Anschero abbate apertum est hoc sepulchrum S. Angilberti et corpus ejus adstanti populo ostensum ac denuo clausum (2).

Cette inscription authentique, révélée à la science après plus de cinq siècles, nous montre qu'il s'est passé quelque chose d'extraordinaire au tombeau de saint Angilbert: mais, après tous les miracles que signalent les écrits dont nous venons d'entretenir le lecteur, nous ne pouvons comprendre qu'on ait fait si peu. A la même époque, Hariulfe, alors Abbé d'Oudenbourg en Flandre, composa aussi trois livres de miracles opérés par saint Arnoul, l'un de ses prédécesseurs, les présenta au Concile de Beauvais, en 1120. Les Pères de ce Concile sous la présidence de Conon, légat du Saint-Siége, proclamèrent d'une voix unanime la sainteté du serviteur de Dieu et marquèrent un jour pour lever ses reliques, c'est-à-dire, comme l'explique Lisiard Evêque de Soissons, pour le mettre au nombre des saints : cette auguste cérémonie eut lieu le premier mois

---

(1) Nous indiquerons ici, comme pour le premier livre des miracles, les faits qui témoignent de la puissance de saint Angilbert... L'auteur en signale dix-sept.

1° Splendeurs nocturnes sur la ville de Saint-Riquier, jaillissant du tombeau de saint Angilbert.

2° Protection spéciale contre les voleurs. — Un homme et une femme surpris par des voleurs en sortant d'un marché de Saint-Riquier n'éprouvent aucun accident, après avoir invoqué saint Angilbert.

3° Prisonniers délivrés, fers brisés. — Un homme de Drugy enfermé à Bertaucourt. — Un jeune homme retenu à Coudun (Oise). — Deux jeunes hommes garottés au château d'Ailly-sur-Somme. — Un habitant de Saint-Riquier emprisonné par les échevins. — Une femme qui se donne en ôtage pour son mari, Bernard de Troussencourt — Odon d'Arona ou Airon retenu dans un cachot par les archers de Saint-Riquier.

Un jeune homme emprisonné à Hangest.

4° Guérisons: — Une femme de Domart, infirme depuis 12 ans — Un enfant qui avait perdu l'usage de la parole par suite de maladie. — Un Normand, nommé Anselle, dont le bras était paralysé, — Une vieille femme de la ville de Beauvais, paralysée. — Un garde-moulin de Clairoix (canton de Compiègne) névralgie avec surdité. — Un enfant des environs de Beauvais, muet de naissance. — Un hydropique de Béthisy (près Harbonnières ou canton de Crépy).

Au commencement du livre l'auteur raconte que saint Geoffroy, Evêque d'Amiens, fut invité par Anscher à venir contempler les merveilles de la puissance divine au tombeau de saint Angilbert. Le prélat ordonna un jeûne de trois jours avec prières et veilles, pour implorer le secours du Très-Haut. Quelques historiens ont conclu de cette remarque que saint Geoffroy était venu lui-même à Saint-Riquier ; mais l'auteur ne le dit pas. N'y aurait-il pas confusion avec la visite du prêtre Ingution, racontée au livre précédent ?

« Il nous semble, dit M. l'Abbé Corblet, que si
« tous les miracles que vient de raconter Anscher
« étaient bien authentiques, saint Geoffroy n'aurait
« dû éprouver aucune hésitation pour canoniser
« Angilbert et nous ne voyons pas qu'il l'ait fait, »
Hagiog. Tom. I, *Pag.* 155.

(2) Gilbert. *Description de l'église de Saint-Riquier,* pag. 91.

de l'année suivante. Comment le livre de saint Angilbert, qu'on dit présenté par Anscher à l'Archevêque de Reims et à ses suffragants, n'aurait-il pas aussi obtenu le même triomphe pour saint Angilbert ? Est-ce qu'il faudrait, après tant de critiques sur ce qu'on a écrit en l'honneur du gendre de Charlemagne, suspecter encore ce livre si glorieux pour notre saint Abbé ?

Dans la vie de cet illustre abbé, salué du nom de second fondateur de Centule, nous avons exposé, sur le témoignage des savants Bénédictins, les raisons qu'on pouvait apporter en faveur de sa canonisation : nous ne voulons pas les combattre ici ; mais nous devons ajouter toutefois que leurs arguments n'ont pas convaincu tous les historiens. Le nom de saint Angilbert, étant écrit au martyrologe de Centule depuis bien des siècles, nous ferons observer qu'en l'absence de preuves évidentes de canonisation publique et solennelle il y a du moins des motifs suffisants pour admettre une canonisation *équipollente*.

Si nous donnons des armes à la critique pour avoir supposé des fraudes littéraires dans les chroniques de l'abbaye de Saint-Riquier, nous pensons qu'elle nous approuvera, lorsque nous lui signalerons les erreurs de Jean de la Chapelle, compilateur de la grande chronique de Centule. « Au temps de l'Abbé Anscher, dit l'auteur de la chronique abrégée, et l'an du Seigneur 1097, saint Bernard, gentilhomme de la province de Bourgogne, avec six disciples, d'autres disent trente, et avec son propre frère, fonda la maison et l'église de Clairvaux et, quinze ans après, sur le conseil de l'Abbé Anscher, il fonda l'ordre et l'église de Citeaux qu'on appelle l'ordre de Citeaux qui descend de l'ordre de saint Benoît (1) ; il y eut entre eux un grand commerce de lettres, pour le plus grand bien de l'ordre monastique et l'exaltation de la foi catholique. »

Beaucoup d'auteurs ont, sur la foi de ce passage qui accuse une ignorance impardonnable même dans un annaliste du xv° siècle, fait honneur à l'Abbé Anscher de cette correspondance avec le célèbre docteur de l'Eglise. Mais ici, comme en beaucoup d'autres endroits, la chronique de Centule doit à la vanité et à la féconde imagination de son auteur des détails qu'aucun autre document ne confirme : il est possible que l'Abbé de Clairvaux ait été lié d'amitié avec l'Abbé de Saint-Riquier, qu'ils se soient rencontrés dans les plaids nationaux et dans leurs différents voyages, qu'ils se soient même visités ; mais il ne reste aucun témoignage de leur correspondance sur les intérêts généraux de l'Eglise, ni dans les lettres de saint Bernard, ni dans les écrits du temps et des siècles suivants.

On a aussi répété, d'après la même chronique, que l'Abbé Anscher avait conseillé à saint Bernard de jeter, *non les fondements de l'ordre de Citeaux*, comme le dit Jean de la Chapelle, mais ceux du monastère de Clairvaux. Ce serait certainement un beau sou-

---

(1) Saint Bernard est né en 1091, il se fait religieux en 1113 à Citeaux qui existait depuis l'an 1098 ; il fonde Clairvaux en 1115.

CHAPITRE I. — L'ABBÉ ANSCHER DE LA FERTÉ.

venir dans la vie de l'Abbé de Saint-Riquier que d'avoir été le conseiller du grand Abbé de Clairvaux et jusqu'à un certain point le père de ces innombrables filiations de monastères qui ont couvert le sol de l'Europe ; mais ce rêve si glorieux de la chronique ne s'est pas réalisé : il est peu probable que Bernard soit sorti de sa solitude pour venir chercher ses inspirations auprès d'Anscher.

Puisque nous venons de parler de l'illustre fondateur de Clairvaux, signalons ici l'initiative des Abbés Bénédictins de la province de Reims, qui leur mérita ses félicitations les plus cordiales. Un très-grand nombre des Abbés de cet Ordre s'était réuni à Soissons, dans l'intention de réformer la discipline monastique et de régénérer leurs monastères, en adoptant, autant qu'il était possible sous l'ancienne règle de saint Benoît, le principe de centralisation qui faisait la force de Citeaux et de Cluni. Saint Bernard, invité sans doute à cette mémorable assemblée, adressa aux fils de saint Benoît « ses maîtres dans la sainteté » une lettre d'excuse dans laquelle il se plaint de ses occupations qui le privent d'un tel spectacle de piété : il encourage vivement les promoteurs de cette œuvre si féconde en fruits de salut : il laisse pressentir que les railleries des moines les poursuivront dans leurs desseins ; mais il ajoute que la mémoire de ces fils déshonorés de saint Benoît sera pour jamais flétrie et maudite.

Pierre le Vénérable partageait sur cette réforme les sentiments de l'Abbé de Clairvaux et se réjouissait avec lui en voyant que l'antique dracon allait être chassé des repaires qu'il s'était choisis dans les anciens monastères.

« Ce fut, dit Mabillon, le premier chapitre des moines noirs, depuis celui d'Aix-la-
« Chapelle, provoqué et dirigé par saint Benoît d'Aniane. Ces chapitres généraux ont
« été tenus dans la suite comme à Citeaux et à Cluni. Celui de Soissons fut approuvé
« et confirmé par le Pape Innocent II, ainsi qu'on l'écrivait dans la suite au Pape
« Adrien IV, dans la seconde assemblée qui eut lieu en 1155 (1). »

Les Souverains Pontifes pourraient fort bien être les instigateurs de ces projets de réforme. Nous lisons dans l'histoire ecclésiastique que deux légats du Saint-Siége, les cardinaux Pierre de Léon et Grégoire de Saint-Ange, parcouraient dans cette période quelques provinces de France. Après les avoir suivis en Normandie, les écrivains de cette époque perdent leurs traces ; mais Hariulfe nous apprend qu'ils séjournèrent pendant treize jours au monastère de Saint-Riquier, qu'ils y furent magnifiquement accueillis et largement traités avec toute leur suite. Notre chroniqueur Hariulfe nous révèle cette circonstance dans son récit d'un voyage à Rome, où il alla plaider la cause de son monastère devant le Pape Innocent II, alors cardinal Grégoire de Saint-Ange. Parlant de ses premières années de vie religieuse, il raconte au Pape « qu'il a été moine
« dans un monastère qui est toujours dévoué à la sainte Eglise romaine (2), dans le

(1) *Ann. Ben. Tom.* vi, *Pag.* 173.   (2) Ecclesiæ Romanæ familiaritati tota olim devotione applicita.

« monastère de Saint-Riquier en Ponthieu, qui doit être parfaitement connu du Pape,
« puisqu'il l'a visité lui-même avec le prêtre Pierre de Léon, l'an 1121, Indiction VIII°,
« où il a séjourné pendant treize jours, sur l'invitation de l'Abbé Anscher. » Hariulfe
ajoute qu'il s'y est rendu lui-même d'Oudenbourg pour lui offrir ses hommages respectueux (1).

On voit d'après ce que nous rapportons ici, que si par le malheur des temps la discipline languissait dans les ordres religieux, les pasteurs de l'Eglise ne cessaient de ranimer l'esprit de la règle, de relever les courages abattus, de stimuler les traînards des courageuses milices du cloître. Quand des moines incorrigibles résistaient aux conseils paternels des visiteurs apostoliques ou des Conciles, on les condamnait comme coupables de trahison envers l'Eglise, et de nouvelles légions de cénobites éprouvés repeuplaient les solitudes déshonorées par les scandales des prévaricateurs.

L'analogie des faits nous oblige à certains moments à les grouper. Il nous semble que le lecteur nous pardonnera cette espèce de désordre qui fait mieux sentir les divers aspects sous lesquels on envisage l'abbé d'un monastère. Après avoir considéré quelque temps le père spirituel des moines, il faut revenir au seigneur temporel.

L'année 1126 est mémorable dans nos annales par une convention avec les bourgeois de Saint-Riquier, qu'on nomme vulgairement la *Charte de la commune de Saint-Riquier*. Cette convention, ou si l'on aime mieux, ce concordat, auquel on attache la plus haute importance et qu'on cite partout comme le premier monument écrit sur l'existence des communes, est improprement appelé *Charte de commune*. Ce n'est qu'une interprétation de la charte verbale qui fut convenue, en l'an 1124, entre l'Abbé et les habitants de Saint-Riquier, sous les auspices de Louis-le-Gros, alors présent dans cette ville, charte dont les bourgeois devaient seuls tirer avantage et dont ils abusaient déjà pour attaquer les prérogatives de l'Abbé et des moines. Aussi cet acte solennel, rédigé sous les yeux de Louis-le-Gros et en présence des principaux seigneurs de sa cour, revêtu de son sceau et de celui de ses principaux officiers, porte dans les annales de D. Mabillon un titre dont la signification n'échappe à personne :

LITTERÆ ANSCHERI ABBATIS CENTULENSIS DE REBELLIONE OPPIDANORUM CENTULENSIUM.

Avant de donner cette charte qui pose les bases de l'organisation municipale de la ville de Saint-Riquier, nous croyons utile de la faire précéder de quelques considérations générales sur les communes. Les luttes et les divisions suscitées entre les deux juridictions souveraines de la ville par l'ambition, l'esprit d'indépendance et les passions diverses d'un corps essentiellement mobile, tiennent une trop large place dans ces pages pour qu'on ne pénètre pas à fond dans ce mécanisme social du moyen-âge, dont on a dit tant de bien et tant de mal.

(3) *Patrologie. Tom.* CLXXIV, *Pag.* 1514.

Ce serait se tromper étrangement que d'affirmer qu'il n'y avait pas de lois ni d'organisation municipale avant l'établissement des communes. Chaque centre de population était régi par ses *coutumes*, mot sacramentel qui définissait la législation politique et séculière d'un pays, d'une ville ou même d'une bourgade.

La coutume, c'est la loi traditionnelle non écrite, mais appliquée chaque jour par le bon sens et les sentences des juges. Avant la commune, l'antique Centule avait ses coutumes, sa prévôté, sa vicomté et ses échevins. Ces institutions étaient basées sur les capitulaires de Charlemagne. Nous voyons dans la charte d'Anscher que les mesures légales sont fixées, aussi bien que les reliefs de diverses natures et les droits royaux. Quoique soumis aux Abbés, les hommes de Centule ne sont pas à leur merci. Qui ne sait du reste que le gouvernement ecclésiastique du moyen-âge fut partout le plus doux et le plus paternel, que l'oppression, si jamais elle a existé, ne fut qu'une exception rare et passagère ?

Quelle cause raisonnable peut-on assigner à l'établissement de la commune de Saint-Riquier ? Nous croyons que cette organisation fut sollicitée par le roi Louis-le-Gros, afin d'assurer dans cette contrée la prépondérance royale et de garantir le pays contre les envahissements trop fréquents et trop désastreux des seigneurs voisins, peut-être même du comte du Ponthieu. Par sa charte de commune, une population puissante ne créait pas les lois fondamentales déjà établies par la coutume : elle obtenait le droit de former une seigneurie féodale ; elle était émancipée de toute autre autorité que de celle du roi, à laquelle elle se rattachait directement et sans intermédiaire. Dans les luttes et les conflits, elle en appelait au roi, juge plus intègre et plus désintéressé que des seigneurs rivaux : elle était forte de sa protection et de ses armes. C'était certainement une immense révolution au profit du peuple : c'était la création du Tiers-Etat dont le rôle va grandir de jour en jour dans la suite de l'histoire.

La commune, dans le principe, ne touche point au sort des paysans attachés à la glèbe ; c'est-à-dire occupés à la culture des terres. Les colons ou *Vilains*, nourris des produits de la terre qu'ils font fructifier en tout ou en partie pour le seigneur féodal, restent dans leur condition primitive. On permet aux tenanciers libres d'accepter le bénéfice de la commune, mais à une condition, c'est qu'ils renonceront aux priviléges ou aux charges de leur état présent et qu'ils rendront au seigneur les terres qu'ils ont reçues en bénéfice ou en fief. Ainsi la commune paraît dans le principe instituée en faveur des industriels, des corps de métiers, des marchands, des artisans, des rentiers, si déjà cette classe bourgeoise existait au xii siècle (1). Ce sont ces paisibles habitants des cités, des bourgs où il y a agglomération, force et prospérité, qui demandent à être protégés contre la violence et l'oppression de certains seigneurs cruels et pervers, ce sont eux qui

(1) L'histoire, dit Augustin Thierry, est là pour attester que dans le grand mouvement d'où sortirent les communes et les républiques du moyen-âge, pensée, exécution, tout fut l'ouvrage des marchands et des artisans qui composaient la population des villes.

réclament la reconnaissance de droits, probablement foulés aux pieds, dans les dernières luttes féodales, par des suzerains oppresseurs, mais écrits dans la conscience et la tradition des souvenirs.

Si on étudie attentivement l'état de la société, jamais la politique, ce semble, ne sut mieux profiter d'une circonstance favorable. Qu'on se rappelle le cri d'alarme poussé par l'Eglise depuis plus d'un siècle, les inutiles tentatives de la trève de Dieu, les désordres et les luttes des seigneurs entre eux, au sein même des villes fortifiées, et l'on ne s'étonnera plus que les bourgeois aient usé de leurs associations et imploré la protection royale, en se plaçant sous la sauvegarde du premier défenseur des intérêts de l'humanité.

On s'est demandé si les communes n'étaient point l'expansion de certaines sociétés secrètes, la consécration publique et solennelle de la ghilde antique. Nous n'examinerons point cette opinion ; nous ferons seulement remarquer qu'à leur apparition les communes chaleureusement approuvées par un certain nombre de contemporains, ont été incriminées par d'autres, à cause des frayeurs qu'inspiraient ces liaisons dont on n'avait jusque-là ressenti que de funestes effets. Pour Guibert de Nogent(1), le nom de commune est une chose détestable et digne de l'exécration publique, parce que cette institution délie injustement les sujets de leurs devoirs envers leurs suzerains. Orderic Vital au contraire admire la régénération sociale que produit la commune (2). Il n'y voit qu'une digue opposée à la tyrannie et au brigandage des séditieux : quand il nous montre des Evêques encourageant ce mouvement spontané, les paroissiens marchant, sous la bannière du saint Patron, à la suite du pasteur et s'unissant au roi dans les siéges et les batailles pour le triomphe du droit, il en augure de grands biens et une ère de félicité. L'évêque de Laon détruit la commune et meurt victime de la fureur populaire. Saint Geoffroi, évêque d'Amiens, la favorise par ses exhortations patriotiques, et la ville d'Amiens est délivrée de ses tyrans.

Mais toutes les communes ne s'établissent point au milieu des scènes de carnage et de désordre dont le récit effraie nos imaginations. Beaucoup sont pures de ces excès à leur origine. Leurs chartes ou constitutions écrites et non écrites sont des confirmations d'anciens droits plutôt que de nouveaux priviléges (3). Les rois de France propagent l'affranchissement des populations par l'inspiration d'une habile politique, en se rendant les maîtres de ces populations confédérées. Les seigneurs furent obligés d'entrer dans ce mouvement, pour ne pas encourir la disgrâce du roi et la défaveur de leurs propres vassaux. Leur refus pouvait, en bien des circonstances, aliéner l'esprit des cen-

---

(1) Guibertus Nogenti. *Lib.* ii.. *Cap.* vii.
(2) Du Cange. *Glossarium.* V° *Communia.*
(3) Il est certain, dit M. Bouthors (*Coutumes, tom.* i, *pag.* 84), que la plupart des chartes organiques ont plutôt en vue d'assurer le bon ordre et la police des cités que de les mettre à l'abri des entreprises et des vexations des seigneurs. Elles sont donc moins des titres d'affranchissements que des compromis d'amitié et des engagements de garantie et de protection réciproque.

sitaires et compromettre leur autorité. Les petites villes, les bourgs, les villages même furent dotés d'une commune, aussitôt qu'on eut compris que les habitants étaient déterminés à se prêter main-forte pour fixer les bases de leur union. Afin de vaincre plus facilement les résistances, on achète même le droit de commune. Guibert s'en plaint déjà de son temps. Mais l'impulsion était donnée : nous voyons que les Comtes du Ponthieu n'abandonnent leurs droits sur Abbeville, sur Doullens et d'autres populations qu'au prix d'une indemnité suffisante pour compenser le dommage qu'ils vont subir par la diminution de leurs droits ou de leurs impôts.

L'organisation de la Commune eut ses inconvénients comme ses avantages. La France fut fractionnée en une multitude de petites républiques, quelquefois rivales et souvent ennemies et dangereuses pour la tranquillité publique. L'histoire des luttes communales, même contre l'autorité royale, nous montre l'imperfection de tout système administratif, et les partisans de ces institutions, après avoir loué à outrance l'émancipation des peuples et leur union intime avec la royauté, ont fini par demander la séparation et approuver la révolte contre l'autorité souveraine.

Entrons encore un peu plus avant dans l'examen de l'organisation communale. Les bourgeois des villes s'engageaient par serment à se défendre eux-mêmes contre les oppressions des seigneurs voisins, à combattre jusqu'au dernier soupir pour leurs droits et leurs libertés ; ils posaient les bases essentielles de leurs conventions réciproques ; ils stipulaient les conditions exigées pour acquérir le droit de bourgeoisie. Quand leur propre seigneur l'exigeait, ils rachetaient leur indépendance par une somme une fois payée ou par une redevance annuelle. L'autorité du roi ou du seigneur confirmait ces dispositions et donnait la charte de Commune. Dès lors, toute la corporation était soumise au mayeur, à l'échevinage, aux règlements particuliers qu'elle s'était imposée. La Commune était souveraine au même titre que le seigneur féodal dans toute l'étendue de la ville et de la banlieue dont les limites étaient exactement définies : elle ne relevait que du roi et on appelait de ses jugements à un bailli établi dans les capitales des provinces.

Parmi les droits et signes distinctifs de la Commune, signalons l'Echevinage, la Corporation ou Bourgeoisie, le Sceau, la Juridiction ou droit de justice, le Beffroi, la Cloche.

1° L'Echevinage remonte très-haut dans l'histoire de France ; les échevins, *Scabini*, ou jurés, *Jurati*, étaient les assesseurs des juges. Dans la Commune, ils remplirent divers offices, ils devinrent les conseillers des maires, leurs auxiliaires, les témoins des actes publics et les juges des délits. La Commune de Saint-Riquier possédait un tribunal d'Echevinage. Quelques-uns de ses bourgeois prenaient le titre de Compagnons de l'Echevinage. Ce corps se composait de douze membres éligibles comme le mayeur. Plus tard le nombre des échevins fut réduit à quatre.

2° Dans le principe on appelait *Bourgeois* les habitants de la ville ou d'autres lieux fermés par une enceinte de murailles ou même ceux qui y possédaient des maisons. Les Bourgeois sont devenus membres des Communes à l'époque de leur institution. Toutefois les fils des Bourgeois ne succédaient pas nécessairement aux prérogatives de leur père ; ils étaient obligés de se faire agréger à la Corporation.

3° La Commune possédait une milice armée, des cens, des revenus. Les receveurs des deniers publics, sous le nom d'argentiers, administraient ses finances et en rendaient compte à la Commune ;

4° Le Sceau est le symbole du droit de faire des actes publics. Les contrats scellés par la Commune sont des titres authentiques et reçus devant les tribunaux. On a plusieurs empreintes des anciens sceaux de Saint-Riquier.

5° Le Beffroy, *Belfridus* ou *Belfredus*, n'était dans la première acception du mot qu'une machine de guerre représentant une grande tour de bois, préparée dans les siéges pour combattre contre ceux qui gardaient les murailles. On a nommé aussi Beffroi, par extension du mot, de hautes tours de bois ou de pierre bâties dans les villes. C'est là qu'on plaçait le guetteur chargé d'observer l'approche des troupes ennemies et d'avertir à l'heure du danger, afin qu'il pût immédiatement sonner l'alarme. On mit aussi dans le Beffroi la cloche de la Commune destinée à convoquer les assemblées, à annoncer l'heure des marchés, etc...

La juridiction communale s'étendait sur la ville et la banlieue ; tous les bourgeois jurés répondaient au tribunal de l'Echevinage des crimes et délits dont ils s'étaient rendus coupables dans les lieux soumis à leur suzeraineté. Les amendes profitaient à la Commune. On lui permit d'élever des fourches patibulaires pour l'exercice du droit de haute justice.

Il arriva qu'après l'établissement de la Commune la ville de Saint-Riquier possédait quatre justices : celle du monastère, celle de la ville, celle du roi et celle du château de la Ferté. De là de grands conflits pour empiétements et usurpations de droits ; c'est une des plus difficiles complications de l'histoire locale. Nous aurons souvent occasion de le remarquer.

L'élection du mayeur était fixée, à Saint-Riquier, au dimanche des Brandons ou premier dimanche de Carême. On lui présentait le vin d'honneur. Tous les corps d'état, la milice, les arbalétriers, les archers étaient convoqués pour cette assemblée solennelle. C'est là qu'on rendait les comptes de l'année précédente.

Le mayeur était le premier administrateur de la Commune ; il en était le chef civil, judiciaire et militaire ; il présidait toutes les assemblées et les assises de l'échevinage ; il marchait à la tête des milices bourgeoises. La garde de la ville lui était confiée, ainsi que la surveillance et l'entretien des fortifications, il recevait les réclamations des particuliers et contrôlait les divers services de la Commune. Les honneurs dont il jouissait

CHAPITRE I. — L'ABBÉ ANSCHER DE LA FERTÉ.

se réglaient sur l'importance de la ville. Ses malversations étaient punies selon la gravité des faits (1).

L'auteur de l'Histoire d'Abbeville suppose que de grandes luttes ont éclaté à Centule avant l'établissement de la Commune et amené la ruine d'une domination despotique (2). C'est une erreur. L'Abbé de Saint-Riquier, comme celui de Corbie, a voulu favoriser les institutions progressives du roi Louis-le-Gros et il a consenti, pour l'utilité publique les règlements particuliers de cette association ; mais dans les deux villes les bourgeois abusèrent également de la condescendance de leur Abbé et voulurent régner seuls en tournant contre le monastère les concessions royales (3).

L'ambition éveillée ne connut plus de bornes à Saint-Riquier, et quand les bourgeois se furent comptés, ils se crurent puissants, parce qu'ils étaient nombreux : ils cherchèrent à opprimer l'élément féodal et seigneurial. Ils oublièrent que les Abbés étaient seigneurs temporels et spirituels de toute la ville de Saint-Riquier et qu'ils y jouissaient de tous les droits, prééminences et prérogatives de la seigneurie. Le roi Louis le Gros n'avait point demandé à l'Abbé Anscher d'abdiquer, de se dépouiller en faveur des membres de la nouvelle Commune: il n'entendait que fonder une petite seigneurie au centre de Saint-Riquier, une espèce de fief indépendant de l'Abbaye. Ce fief collectif, dont tous les membres partageaient la seigneurie par égale portion, ne s'assurait aucun droit sur les étrangers, ne restreignait que très-peu les droits de l'Abbé, dont la juridiction, limitée sur la ville de Saint-Riquiere et la banlieue, n'était pas abolie et restait entière sur les lieux et les personnes qui n'étaient pas agrégées à la Commune. Dans Saint-Riquier même les biens et les maisons soumises au droit seigneurial de l'Abbé devaient continuer de payer leurs redevances féodales. L'Abbé Anscher, généreux et bienveillant pour son peuple à qui il accordait de plus grandes libertés, ne pouvait souffrir qu'on abusât de ses bienfaits pour absorber et détruire sa propre autorité. C'est pourquoi il en appela au roi et fixa par écrit les droits respectifs des deux corporations et leurs obligations réciproques.

Après ces notions préliminaires, nous allons donner la traduction de la charte de 1126 (4).

« Charte de Commune ou plutôt Charte sur la révolte des habitants de Saint-
« Riquier.

(1) Louandre. *Histoire d'Abbeville.* Tom. II, Pag. 238.

(2) *Ibid.* Tom. I. Pag. 167.
Nous verrons, par le texte, qu'elle est établie dans l'intérêt commun du monastère et de la ville. *Rex, causa utilitatis nostræ, inter homines nostros communiam instituit.*
Jean de la Chapelle remarque aussi que la Commune fut demandée par l'Abbé Anscher. *Chron. abbrev. Cap.* XLII.

(3) La Commune de Corbie fut érigée en 1123 ; elle assurait au monastère une immunité pleine et entière ; mais cette immunité ne fut pas longtemps respectée. La Commune de Corbie eut donc besoin d'être comprimée par la main du roi. Les bourgeois ayant rompu la paix, le mayeur et plusieurs échevins furent exilés jusqu'à pleine satisfaction.

(4) Cette charte est reproduite dans les pièces justificatives.

« Au nom de la sainte et indivisible Trinité :

« Je, Anscher, Abbé de Saint-Riquier et tout le couvent des moines de ce lieu, à tous présents et futurs, savoir faisons : que Louis, roi des Français, étant venu à Saint-Riquier, y a établi une commune entre nos hommes pour raison d'utilité publique.

« Après son départ, les Bourgeois se confiant en leur grand nombre ont essayé de nous enlever des droits, des coutumes que nous possédions de temps immémorial (1) sur le taillon pour l'armée royale, le past, les droits de mesure et les reliefs. En outre ils ont injustement soumis à leurs coutumes les hommes de notre domaine (2) qu'on avait jusque-là exemptés de travailler aux fossés, de faire le guet, de payer la taille ; ce qui fut pour nous une grave offense. C'est pourquoi nous avons humblement supplié notre seigneur le roi de France de venir une seconde fois dans notre ville, de rendre à notre monastère son antique liberté et de délivrer notre Eglise d'exactions et d'injustes coutumes. Le roi prenant part à notre humiliation est revenu dans notre ville et a usé, comme il le devait, de toute son autorité pour apaiser nos discordes. Voici les conditions de la convention nouvelle conclue entre nous et les bourgeois. »

« 1° Le taillon pour l'armée du roi, quand il sera exigible, tous les gros et menus frais de past seront supportés en commun par les bourgeois et les tenanciers de la campagne.

« 2° Nous gardons à perpétuité, du consentement des bourgeois, les mesures et les reliefs, comme avant l'établissement de la commune, aussi bien que toutes les autres coutumes dont nous jouissions en toute liberté. »

« 3° Les bourgeois nous ont permis d'exempter de la taille, du guet, du travail des fossés, nos vavasseurs qui doivent le service des armes pour leur fief. »

« 4° Nous avons rayé de la liste de la Commune nos serviteurs vivant du pain de Saint-Riquier et tous les vilains qui demeurent en dehors de *la ville* (3). »

« 5° Si un tenancier libre veut entrer dans la Commune, il rendra à son maître les

---

(1) Variantes entre le texte de D. Mabillon (*Ann. Bened. Tom.* v. *Pag.* 602) et celui de D. Cotron (*Anno* 1126).

D. Mabillon . *Burgenses... jura nostra... et relegia nobis auferre conati sunt.*

D. Cotron : *Consuetudines et jura nostra... et relegia quæ ab antiquo tenueramus.*

D'après plusieurs auteurs les droits de la Commune sont primitifs : tous les actes des mayeurs et des échevins sont l'exercice légitime de ce droit : tous les envahissements portent en eux-mêmes leur justification : tous les torts sont imputables aux seigneurs. Cette théorie d'indépendance absolue de la Commune n'est guère conforme à l'histoire, aux conventions écrites, à l'origine du droit. Il n'est pas probable qu'un contrat social soit intervenu entre les premiers propriétaires et les esclaves qui y étaient attachés. Si les habitants de Saint-Riquier se sont élevés graduellement à la liberté, ils le doivent certainement à leurs Abbés.

(2) *Homines curiæ nostræ.* Nous croyons que le mot *Curia* doit s'entendre dans le sens de *Prædium rusticum.* Possession. Voir Ducange, *Curia*, n° 5.

(3) *Rusticos omnes extra corpus villæ commorantes.*

« droits que celui-ci lui avait conférés et lui laissera sa terre. C'est à cette condition
« qu'il lui est permis de s'incorporer à la Commune. »

« 6° Les hommes de Saint-Riquier, soumis au cens de *chief* (1), ne pourront y être
« agrégés sans l'assentiment de l'Abbé. »

« 7° Il a été aussi réglé, en présence du roi, que Guillaume, comte de Ponthieu,
« ne fera jamais partie de la Commune et qu'aucun seigneur possédant château n'y
« sera point admis sans notre consentement et celui du roi. »

« 8° Le mayeur des bourgeois ne sera institué que du consentement du roi et de ce-
« lui de l'Abbé : durant le temps assigné à l'exercice de ses fonctions, il ne conservera
« la mairie qu'autant que nous le jugerons utile. »

« 9° En outre, Robert de Millebourg (2) et ses frères seront à tout jamais privés
« de la prévôté, de la vicomté et de tout pouvoir quelconque. »

« 10° Enfin il est arrêté qu'aucun bourgeois n'entrera dans notre Eglise que pour
« y faire ses prières et non pour y commettre des désordres, y sonner nos cloches
« sans notre permission. »

« Les bourgeois se sont engagés, sur leur foi et par serment à exécuter tout ce qui a
« été convenu entre nous et ils nous ont donné des ôtages, ainsi que Charles,
« comte de Flandre et Etienne, pannetier du roi, l'ont demandé de vive voix. »

« Ces dispositions de l'Abbé Anscher sont approuvées par le roi Louis le Gros en
« ces termes : »

« Je, Louis, par la miséricorde de Dieu, roi des Français, j'ai décrété et confirmé
« tout ce qui est ici arrêté, et afin qu'on ne puisse arguer d'oubli, annuler ou infir-
« mer ces conventions, j'ai fait imprimer à cet acte l'autorité de mon sceau et de ma
« signature. »

« Fait à Saint-Riquier, l'an de l'Incarnation 1026, le 21 du règne de Louis. »

Donné par Etienne, chancelier.

Les sceaux des principaux officiers du palais, attachés à la charte, sont les suivants (3) :

Etienne, Echanson ou grand Panetier.

Gisleberg, Majordôme.

Hugues, Connétable.

Albéric, Chambellan.

Mathieu, comte de Beaumont.

---

(1) *Homines sancti Richarii.* Hommes du ressort de Saint-Riquier.
Capite censitivi : *cens de chief.* Cens qu'un homme doit payer à son seigneur, chaque année ; ce cens était de quatre écus par tête.

(2) *Robertus* de *Milo-Burgo*, peut-être de *Medio-Burgo* (du milieu du bourg). Robert de Moyenbourg ou Mibourg.

(3) La charte donnée par Mabillon s'arrête là. Ce qui suit, avec les noms ou les sceaux des officiers de la Commune, se lit seulement dans le texte de Dom Cotron.

Plusieurs de ces personnages, notamment Etienne de Garlande, Hugues de Chaumont, ont laissé quelques souvenirs dans l'histoire de cette époque.

Gui de Tours.
Ninard de Pissy.
Guillaume de Trie.
Thomas Agathon.

Examinons maintenant les diverses dispositions de cette charte.

1° Elle a été octroyée par l'Abbé Anscher, qui jouissait d'une pleine autorité sur la ville, avant la création de la Commune.

L'autorité du mayeur et des échevins ne doit s'exercer que sur les bourgeois et sur leurs propriétés dans la ville et dans la banlieue. L'Abbé continue de posséder le haut patronage ou le haut domaine seigneurial sur toute la ville de Saint-Riquier. Les coutumes anciennes, c'est-à-dire antérieures à la fondation de la Commune, sont conservées ainsi que les droits dont l'Abbé jouissait sur la ville.

2° Les reliefs seront payés comme par le passé. Nous verrons plus loin que de larges réductions sont consenties envers les bourgeois ; mais ce sera librement et par pure bienveillance de l'Abbé.

3° L'attribution du pouvoir seigneurial de fixer les poids et mesures, d'en vérifier ou inspecter l'usage, lui est maintenu, ou plutôt il continue de se le réserver en qualité de seigneur suzerain.

4° Les droits d'étalage et de tonlieu, ou recettes prélevées sur la vente des denrées et des marchandises, forment un revenu important que la Commune aurait désiré s'approprier au détriment du monastère. Il est tout naturel que l'Abbé réclame des prérogatives auxquelles il n'avait pas été question de porter atteinte. Les bourgeois y consentent sans aucun espoir de mettre la main sur ces recettes : car l'Abbé se les réserve à perpétuité.

Parmi ces coutumes qui touchent aux revenus des foires et marchés, notons ici spécialement celles qui règlent la justice des trois jours de fête de Saint Riquier, au mois d'octobre. Les pèlerins étaient, suivant l'usage de ces temps, suivis par de nombreux marchands de comestibles et de denrées de toute nature. C'était l'occasion d'un trafic très-lucratif, mais aussi de tumulte, de rixes, de querelles et de violence que la police locale était tenue de réprimer. Les délinquants, les malfaiteurs surpris en plein délit étaient livrés à la justice et des amendes étaient infligées selon la gravité des contraventions ou des crimes. Ces amendes appartenaient au seigneur du lieu. Anscher, dans son concordat avec les bourgeois, avait retenu la seigneurie sur la ville entière pendant ces trois jours de pèlerinage. Il était convenu que l'Abbé nommerait un vicomte à qui seul appartiendrait l'exercice de la police et de la justice dans cette fête : on l'installait, le 7 octobre au soir, avec une grande pompe. Il faisait la chevauchée avec ses sergents et sa milice dans toutes les rues de la ville et même jusqu'aux portes du château de la Ferté. Dans les carrefours et sur toutes les places on proclamait sa jurisdiction et ses droits sur toute l'étendue de la commune. Nous verrons que les Abbés eurent à subir

CHAPITRE I. — L'ABBÉ ANSCHER DE LA FERTÉ.

de grandes vexations, toutes les fois qu'ils essayèrent de maintenir l'exécution de cette antique prérogative, trop souvent entravée par les autorités municipales. Mais lorsqu'ils portèrent leur plainte à l'autorité royale, la sentence leur fut toujours favorable.

5° Quand les armées royales venaient dans une contrée, on devait leur payer l'impôt du taillon (1); les rois eux-mêmes avaient droit à des tributs en nature ou en argent connus sous le nom de *Past*. Jusque-là ces redevances étaient restées à la charge des tenanciers. Les bourgeois auraient voulu s'en libérer, quoiqu'il eût été réglé qu'elles seraient partagées entre les habitants de la Commune et le menu peuple qui s'occupait des durs travaux de la culture ; en y soumettant les serviteurs de l'abbaye, on commettait une injustice envers eux. On ne peut blâmer Anscher d'avoir réclamé contre cette prétention.

6° Au temps où l'Abbé avait l'autorité souveraine dans la ville comme dans le monastère, il avait établi des coutumes ou des règlements sur la garde de la ville, sur les travaux pour l'entretien des fortifications. Les hommes d'armes, soumis au service militaire pour la défense du sol, obligés en payant la dette du sang de supporter toutes les fatigues de la guerre, avaient été exemptés des corvées imposées aux habitants sédentaires. De quel droit venait-on leur imposer des charges dont on les avait libérés jusqu'alors ? Leur condition ne pouvait être changée sans stipulation spéciale. Ces auxiliaires puissants et dévoués avaient droit à la protection de l'Abbé : il sauvegarde leurs intérêts dans sa charte, comme ceux de l'abbaye et de ses serviteurs.

7° Quand on étudie chacune des dispositions de cette protestation d'Anscher, on ne peut assez s'étonner des entreprises téméraires du mayeur et de ses jurés.

Quels habitants appartiennent plus au monastère que ses serviteurs, cette famille des moines ou plutôt de saint Riquier, *vivant de son pain,* comme on le dit ici avec un sentiment de naïveté dont la grâce n'appartient qu'au cloître ? Il était cependant question de leur imposer toutes les charges communales, de les soumettre à la nouvelle juridiction. On traçait ainsi autour du monastère des lignes de circonvallation dont il lui eût été difficile de sortir. D'un seul trait de plume Anscher biffe cet abus de pouvoir et rend à ses religieux et à ses frères toute leur autorité.

8° Quelques articles de la charte laissent planer le soupçon d'actes de violences, de tentative d'émeute. On frappe sans doute, dans Robert de Millebourg et ses frères, les instigateurs du désordre ; on veut prévenir le retour de semblables scènes, en interdisant l'entrée de l'Eglise, le son des cloches.

9° On doit aussi se prémunir contre les invasions de l'extérieur, contre des forces capables de rompre l'équilibre. C'est pourquoi le comte de Ponthieu, dont la prépondérance sur le pays est incontestable, est exclu à perpétuité de cette confédération ; les au-

---

(1) Taillon ou taille extraordinaire, qui se levait pour *l'ost* ou armée royale et quelque autre cas pressant.

tres seigneurs dont les châteaux fortifiés deviendraient une menace pour le monastère ne sont admis que du consentement de l'Abbé.

10° Anscher humilié, insulté dans son monastère, met à profit la leçon qu'il a reçue : il espère rendre les bourgeois et les mayeurs plus circonspects. Ces derniers, du reste, ne seront indépendants du monastère ni dans leur élection, ni pendant leur gestion. Agréés par le Roi et par l'Abbé, ils seront surveillés par ce dernier, qui conserve même le droit de les déposer. Ce fut peut-être le plus grand échec à l'indépendance de la commune : nous verrons comment on a constamment cherché à éluder cette disposition.

Cette charte que nous venons d'expliquer, promulguée par le Roi, en présence des grands officiers de la couronne, dut laisser une impression profonde à Saint-Riquier. Les perturbateurs destitués, les habitants obligés de donner des ôtages, les officiers municipaux consentant des conditions onéreuses, se mettant pour ainsi dire à la disposition de l'abbé Anscher, tout prouve une volonté ferme, la résolution bien arrêtée de ne rien céder au caprice et à des exigences illégales. « Néanmoins, ajoute la chronique, les mayeurs et les jurés furent constamment hostiles à l'Eglise de Saint-Riquier. Ils ont continuellement essayé d'usurper ses droits, ce qui donna lieu à bien des querelles. » Cependant il n'est point question, dans les annales, de ces démêlés avant 1230. Mais les difficultés aplanies alors nous font soupçonner qu'il y eut des conflits et des concessions de 1126 à 1256.

Appuyés sur la charte de 1126, nous suivrons les diverses évolutions de l'histoire communale. Nos conclusions, nous le prévoyons, ne seront pas conformes à celles de quelques historiens. A leurs yeux nous paraîtrons toujours dominés par de vieux préjugés ; mais qui sait si les lecteurs non prévenus ne nous loueront point de notre impartialité et de notre zèle à défendre la vérité ?

Une observation de cette charte, qui se rattache à l'histoire générale de notre province de Ponthieu, n'a été jusqu'ici signalée par aucun historien ; nous croyons qu'il est d'autant plus opportun d'attirer sur elle l'attention du lecteur qu'elle pourrait nous donner l'explication vraie et naturelle du siége de Saint-Riquier en 1131.

« Les bourgeois, dit la charte, s'engagèrent sur leur foi et par serment à exécuter ce « traité et donnèrent des otages aux moines, ainsi que Charles, comte de Flandre, et « Etienne, panetier du Roi, qui étaient présents, l'avaient réglé de vive voix. »

A quel titre le comte de Flandre interposait-il son autorité après celle du Roi dans ce démêlé d'Anscher avec une commune à peine émancipée de la juridiction abbatiale ? C'est évidemment comme seigneur suzerain. C'est à tort qu'on voudrait annexer au comté de Ponthieu cette ville, parce qu'elle est presque aux portes d'Abbeville. On ne saurait admettre qu'un seigneur suzerain fasse partie d'une commune. L'exclusion prononcée ici contre Guillaume, comte de Ponthieu, nous prouve qu'il n'avait aucune autorité sur cette ville. Un traité conclu, en 1186, entre Philippe d'Alsace, comte de Flandre, et Philippe-Auguste, concède au roi de France les villes de Montreuil, de Saint-Riquier,

CHAPITRE I. — L'ABBÉ ANSCHER DE LA FERTÉ.

de Doullens et plusieurs autres places fortes de l'Amiénois. De l'intervention de Charles-le-Bon, alors comte de Flandre et d'Amiens, ne pouvons-nous pas conclure que ces droits de suzeraineté des comtes de Flandre sur Saint-Riquier existaient à cette époque? Faut-il remonter aux guerres d'Arnoul-le-Vieux et d'Herluin, comte de Montreuil au x° siècle, pour inféoder Saint-Riquier au comté de Flandre ? Nous nous sommes précédemment posé cette question. Les Annalistes du moyen-âge ne nous ont point donné de réponse. De nouvelles recherches pourront peut-être dissiper ces obscurités.

Charles-le-Bon, fils du saint martyr Canut, roi de Danemarck, surnommé Charles d'Encre, comte d'Amiens du chef de sa femme, Marguerite de Clermont, devint comte de Flandre après la mort de Beaudoin-à-la-Hache, son oncle, qui l'avait constitué son héritier. Quelques seigneurs flamands contenus par l'ascendant et les vertus de ce prince, qu'une chronique appelle le père des pauvres, le bouclier des bons et le glaive des méchants, et entravés dans leurs habitudes de brigandage, conspirèrent contre lui. Bertulfe, prévost de Saint-Donatien de Bruges, fut l'âme du complot, et son neveu Bouchard, fils du châtelain de Bruges, lui prêta son bras pour l'exécuter. Charles fut frappé par ce forcené au pied des autels, dans l'Eglise de Saint-Donatien, pendant qu'il offrait à Dieu ses ferventes prières pour son peuple et qu'il étendait la main pour donner l'aumône à un pauvre. Dans ce fils du saint roi Canut immolé en haine de sa foi, le peuple vénéra un second martyr [1].

Cet attentat sacrilége appelait une vengeance éclatante : elle ne se fit pas attendre. Louis-le-Gros vint à Bruges avec Guillaume, duc de Normandie, pour faire reconnaître ce prince comme légitime successeur de Charles-le-Bon et infliger aux coupables le châtiment qu'ils méritaient.

La ville fut mise en état de siége. Les meurtriers et leurs complices, qui ne purent s'échapper, furent précipités du haut de la tour. Bertulfe fut découvert à Ypres et pendu par une populace justement indignée de telles atrocités. Au milieu des outrages et des avanies que des instincts de brutalité pouvaient inventer, on attacha un chien à la potence avec le supplicié ; on lui serra le cou avec les boyaux de l'animal, et pour qu'on comprît qu'un pareil monstre ne méritait point d'autre fin que celle des brutes, on plaça la tête de Bertulfe près de celle du chien, afin qu'il exhalât son dernier soupir sur ces restes sanglants. Bouchard fut pris à Lille et condamné au supplice de la roue : il expia son crime avec résignation et de vifs sentiments de pénitence, dans les tortures d'un jour et d'une nuit de cruelle agonie. Isaac, cousin du prévost et l'un des complices, fut condamné à être pendu, après avoir subi d'affreux tourments. Les corps de ces excommuniés ne furent pas inhumés en terre sainte, mais enfouis dans les champs ou les cloaques des places publiques.

La chronique de Centule a mêlé le nom d'Anscher à ces douloureux événements

[1] Patrologie. *Tom.* CCLXVI. *Pag.* 902, 943.

pour lui faire honneur d'une sévère réprimande au roi Louis-le-Gros. Sur son témoignage, D. Cotron (1) raconte que Louis-le-Gros fit mettre à mort Bouchard, prévôt de Bruges, pendant qu'il priait à genoux dans son église et jeter son corps dans un cloaque ; qu'on pendit ensuite à un gibet par l'ordre du même monarque deux seigneurs, dont l'un se nommait Berthoval et l'autre Isaac, et avec eux un moine et un chien : que pour ces crimes sacrilèges Anscher reprit le roi avec une grande liberté. Qu'on juge, par le récit que nous avons emprunté aux auteurs contemporains, de la science historique de la chronique de Centule, trop coutumière, hélas ! de pareilles erreurs sur les choses et sur les hommes.

Il est vrai que ces scènes de vengeances populaires, auxquelles le roi ne prit aucune part, au dire des meilleurs historiens, ont été diversement racontées. Pourquoi faut-il que notre chronique n'ait eu que la version la plus injurieuse pour le roi de France ?

Le récit de ce sanglant épisode, que nous rappelons ici, parce qu'on a voulu y mêler le nom de l'abbé Anscher, nous prépare à d'autres calamités, dont la ville de Saint-Riquier devint le théâtre par les audacieuses menées d'un implacable adversaire des comtes de Flandre et en particulier de Charles-le-Bon.

Faisons d'abord connaître ce mauvais génie des guerres féodales du XII° siècle, le féroce destructeur d'un peuple paisible et innocent (2). Hugues Camp d'Avesne, ainsi nommé parce qu'une gerbe d'avoine s'épanouit sur le champ d'or de ses armoiries, était seigneur d'un pays riche et fertile. Trois cents soixante clochers, dit Malbrancq, lui devaient hommage et service féodal. Fils d'un Croisé dont on loue la piété et la compassion pour les pauvres, frère de ce pieux et légendaire Enguerrand de Saint-Pol, dont le sang généreux féconda les nouvelles semences de la foi chrétienne, que les Croisés étaient allés répandre en Palestine, il ne se soucia guère de mériter les bénédictions de ses vassaux. Il est mêlé à toutes les guerres et à tous les brigandages de la Flandre, de l'Artois, de l'Amiénois et du Ponthieu ; aussitôt, dit une chronique, qu'il trouvait l'occasion d'exercer sa méchanceté contre Charles-le-Bon, de ressusciter et d'assouvir de vieilles haines, il faisait des courses sur les terres du comte, dont les domaines confinaient aux siens, et il se surpassait lui-même par son ardeur à la rapine et sa fureur d'incendie. Dès 1112, il est déjà la terreur de la contrée par ses brigandages. Saint Geffroy d'Amiens préparait contre lui une sentence d'excommunication, et si elle ne fut pas fulminée, c'est la mansuétude de Lambert, Evêque d'Arras, qui arrêta la main suspendue sur la tête de ce grand criminel (3).

(1) D. Cotron. *Ann.* 1113 à 1126. *Chron. abbrev. Cap.* XXXIX.

(2) Les historiens ont généralement attribué au même Hugues Camp d'Avesne et les pieux souvenirs de la guerre sainte et les monstrueux excès commis par un seigneur de ce nom dans la première moitié du XII° siècle. Nous croyons devoir distinguer le père et le fils ; c'est l'opinion de quelques chroniques et la seule vraie, surtout s'il est constant que Hugues Camp d'Avesne était encore à la Croisade en 1117.

(3) « Quant à Hugues Camp d'Avesne, disait ce « prélat, il ne demeure pas dans notre Evêché, il « n'y paraît pas, nous n'avons pas d'avis à émet-

CHAPITRE I. — L'ABBÉ ANSCHER DE LA FERTÉ.

L'indulgence de l'Eglise n'amollit point la dureté de son cœur. Repoussé du côté de la Flandre pacifiée, ne pouvant rester dans le repos, il vient jeter l'épouvante dans le comté de Ponthieu et se mêler aux querelles des seigneurs, qu'il envenime de plus en plus. Il saccage et incendie le bourg de Domart, sans pouvoir toutefois forcer le château, que le comte de Ponthieu protège de ses armes (1). Il rencontre sur son passage les seigneurs de la Caloterie et il les poursuit à outrance. Laissons ici parler la chronique de Saint-Riquier que nous suivrons le plus possible dans ce lamentable récit.

Les sires de Beaurain, seigneurs de la Caloterie (2), grand territoire qui s'étend de la rivière de la Canche jusqu'au faubourg de Montreuil, étaient puissants, riches, redoutables à leurs ennemis. Toutefois le comte de Saint-Pol se croyait plus fort encore. Il attacha à sa cause plusieurs seigneurs de la contrée, entre autres les sires d'Auxi, de Beauval, de Sauty, Robert d'Ailly, Hugues seigneur de la Ferté.

Les Calotais eurent d'abord de l'avantage sur leurs ennemis, mais ceux-ci ne tardèrent pas à reprendre l'offensive et à serrer de près leurs adversaires. Traqués de tout côtés, les Calotais ne virent de refuge que dans la forte place de Saint-Riquier : ils s'y jetèrent à l'improviste avec leurs hommes et s'y mirent en état de défense. Hugues les suivit et mit le siége devant la ville. C'était une belle occasion de faire du mal au comte de Flandre, le plus redoutable de ses adversaires: nous croyons même, d'après l'opinion émise plus haut, que la suzeraineté des comtes de Flandre sur Saint-Riquier fut la principale cause de cette guerre. Hugues défia ses ennemis au combat, mais inutilement. Ceux-ci, protégés par de bons remparts et de hautes tours, suffisamment

« tre. Cependant après avoir pris conseil [de nos
« frères et des Abbés, nous n'osons pas vous enga-
« ger à aller au-delà des limites que nos Pères ont
« fixées. Quand il est question de lier ou de délier
« le peuple, il n'est pas expédient, pour des dom-
« mages temporels, d'excéder en quelque chose la
« prescription de la loi de Dieu qui est irrépro-
« chable. » Rerum Gall. Vet. Scrip. Tom. xv, pag. 204.

Ces paroles sont une belle réponse à ceux qui se plaignent du nombre et de la rigueur des excommunications de cette époque. On voit comme les saints interrogent leur conscience et s'éclairent des lumières et de l'expérience des hommes les plus influents, avant de frapper les pervers, et comme ils inclinent même à la douceur, lorsqu'ils leur reste quelque espérance d'amélioration.

(1) Malbrancq dit quelque part que Hugues Camp d'Avesne tendit des embûches à Robert, comte de Ponthieu, son allié, dans sa campagne contre les Colletons et qu'il le tua au retour d'une partie de chasse. On se demande quel est ce Robert sur lequel l'histoire garde un complet silence. D'abord il est certain que ce n'est point un comte de Ponthieu. Est-ce un des fils de Robert ou de Guillaume Talvas ? Aucune généalogie ne l'indique. L'assertion de Malbrancq aurait besoin d'autres preuves.

On ne voit pas d'après quelle chronique Louandre fait assister Guillaume Talvas à cette guerre Ce prince plus Normand qu'Abbevillois était alors occupé en dehors du Ponthieu.

(2) Caloteria, « grand terroir, dit D. Cotron, qui s'étend le long de la rivière de la Canche jusqu'au faubourg de Montreuil. » Notre chronique donne aux sires de Beaurain le nom de Calotais ou Callelois ; Caletenses Les histoires locales donnent à ces seigneurs le nom de Colleton, illustre famille de cette époque, dont la généalogie se lit notamment dans l'histoire de l'Abbaye de Dommartin par M. le baron de Calonne.

pourvus d'arbalétriers, de frondeurs et d'hommes exercés au service des balistes, attendaient de pied ferme leur puissant adversaire et le laissait se consumer en vains efforts.

Frustré dans son espoir de vengeance, humilié dans son insuccès, Hugues ne mit plus de bornes à sa fureur : il jura la perte de ses ennemis, de la ville où ils avaient cherché un refuge. On rapporte qu'ayant essayé les attaques connues de son temps, sans pouvoir s'ouvrir un passage à travers les murs, il prit la résolution d'employer un mode d'attaque ou plutôt un mode de destruction, sinon complètement inconnu, du moins inouï dans les fastes de la chevalerie, en s'appropriant les meurtrières inventions par lesquelles les peuples de l'Orient avaient détruit des bataillons entiers des armées croisées. Le cruel! il ne recula point devant l'idée d'employer le feu grégeois, pour exterminer en quelques instants des guerriers, auxquels il avait tant de fois serré la main, un peuple innocent et étranger à toutes les discordes des barons de la féodalité. Des machines formidables sont donc dressées contre la ville, prêtes à lancer des projectiles incendiaires, inextinguibles, à l'activité desquels ni les pierres ni le fer ne peuvent opposer de résistance. Traversant l'air avec la splendeur de l'éclair et le bruit du tonnerre, ces feux embrasent dans leur sinistre explosion les édifices les plus solidement bâtis (1). Le 5 des calendes de septembre (28 août) fut le jour désigné pour cet assaut d'un nouveau genre. A dix heures du matin, des milliers de fusées lancées sur la ville allument de tous côtés un vaste incendie. Non-seulement il fut impossible d'éteindre ces flammes alimentées par un art infernal, mais le peuple de la ville ne put même s'y soustraire. Quel affreux spectacle ! Quel désespoir pour ces malheureux habitants, emprisonnés dans leurs murs comme dans une fournaise ardente, sans abri, sans refuge ! En vain ils cherchent à se cacher au fond de leurs demeures : elles sont dévorées par un feu qu'on ne peut arrêter ; autour d'eux s'amoncèlent des ruines immenses. En vain ils se précipitent aux portes ; la pointe menaçante du glaive ennemi les refoule vers l'intérieur, au milieu des lamentations, de la fureur, de la colère et de la prière : dans leur détresse extrême, ils n'avaient qu'a répéter le cri de rage des Bretons poursuivis par leurs ennemis : « Comment fuir ? Les flammes nous poussent vers nos murs, et nos « murs hérissés de piques nous rejettent vers les flammes. Nous n'avons que le choix « d'être égorgés ou brûlés : *Repellunt nos barbari ad mare, repellit mare ad barbaros :* « *inter hæc oriuntur duo genera funerum : aut jugulamur aut mergimur* (2). »

(1) *Encyclopédie Catholique.* Article *Feu Grégeois.* On lit ce qui suit dans l'histoire des Morins. (*Tom.* III, pag. 161). *Ferrum istud missile existimo e genere hodiernorum bomborum, qui etiam plumbum, tecta et fornices penetrant. Ergo pulveris tormentarii et hujusmodi instrumentorum usus longe antiquior quam ferunt ; ut recte dixerit sapiens : nil sub sole novum.* Nous ne pensons pas que l'explication du P. Malbrancq sera regardée comme une solution suffisante des difficultés que soulève cette assertion de nos chroniques sur la ruine de la ville de Saint-Riquier par le feu Grégeois.

(2) Montalembert. *Moines d'Occident.* Tome III, page 13.

CHAPITRE I. — L'ABBÉ ANSCHER DE LA FERTÉ.

Il ne restait à la multitude éplorée qu'un seul asile, la grande basilique de Saint-Riquier ; ses flots pressés se précipitent dans son enceinte et tombent aux pieds des autels. Mais le refuge sacré de la prière ne fut pas même à l'abri du fléau destructeur. Soit que le barbare comte de Saint-Pol ait ordonné d'attaquer l'Eglise elle-même, soit que les flammes, en courant à travers la ville, aient touché ses toits élevés et pénétré par les ouvertures, en quelques instants tout l'édifice est en flammes ; le plomb fondu coule en laves brûlantes sur le pavé, dans le sanctuaire, sur les autels, sur la multitude des fidèles ; un religieux qui célébrait la messe au grand autel y perdit la vie, « ars et brûlé « avec la plupart de la ville », dit le cartulaire.

Hugues Camp d'Avesne put pénétrer dans la ville au milieu de la confusion et donner un libre cours à ses fureurs, « jouant, dit Ferry de Locres dans son langage à la
« fois naïf et énergique, sans autre forme de procès, au carnage de tous ceux qu'il
« trouvait enfin après de si longues recherches », « s'applaudissant, ajoute Malbrancq,
« d'avoir, comme un autre Jupiter, foudroyé de nouveaux Titans. En effet, les membres
« de la famille des Calotais succombèrent jusqu'au dernier et il n'en resta plus de trace
« dans l'histoire »

Les victimes de cet incendie furent nombreuses. Il y eut 2,700 morts de tout âge et de toute condition, « lesquelles ii mille VIIe personnes furent, dit le cartulaire, nom-
« brées et comptées, le 4 des calendes de septembre (29 août). »

L'Eglise, le monastère avec tous les bâtiments claustraux et les offices ou les constructions destinées aux divers services de la communauté, furent à peu près ruinés et anéantis (1). Titres séculaires de possession, bulles de Souverains-Pontifes, chartres des rois, donations des princes et des seigneurs, parchemins, diplômes de toute nature et priviléges, livres de la bibliothèque, chappes précieuses, chasubles et tuniques, ornements des autels, riches tapisseries, vases sacrés, mobilier et ustensiles employés dans le lieu saint, meubles du monastère, tout fut anéanti et dévoré dans cet incendie allumé par la science funeste d'un chevalier forcené. Il ne resta que les châsses des saints et leurs reliquaires, ainsi que les vases les plus précieux du trésor, parce qu'on eut la présence d'esprit de les porter dans les cryptes et les souterrains.

C'est le 21 août que Camp d'Avesne investissait la ville de Saint-Riquier : le 28, il en avait consommé la destruction. Le retentissement de ce sacrilège attentat fut immense. Le malheur des habitants de Saint-Riquier arracha des larmes à tout le peuple chrétien. On entend comme un écho affaibli de cette catastrophe dans toutes les chroniques contemporaines. Le continuateur de Sigebert, sur l'an 1131, s'exprime ainsi : « Hugues
« Camp d'Avesne s'étant déclaré l'ennemi des habitants de Saint-Riquier en Ponthieu,
« incendia toute la ville avec l'Eglise et quelques moines ; et, ce qui est affreux à répéter,

---

(1) Où M. Louandre a-t-il vu que les habitants de Saint-Riquier se sont retirés à Abbeville après ce désastre et que le siège eut lieu le 28 juillet ?

« une multitude innombrable de fidèles de tout âge et de toute condition furent brû-
« lés dans l'Eglise (1). »

Il est copié par Albéric : « L'Eglise de Saint-Riquier en Ponthieu fut arse et tous les
castiaux et plusieurs gens avec (2). »

C'était peu de gémir : cet attentat exigeait une réparation solennelle, elle fut sollicitée
et obtenue au concile de Reims. Le Pape Innocent II, le doux et vertueux Cardinal Saint-
Ange, que nous avons rencontré au monastère de Centule en 1113, avait été obligé de se
réfugier en France aussitôt après son élévation (3). Persécuté par son trop puissant et
ambitieux collègue, le cardinal de Léon, il occupait les ennuis de l'exil à la réforme de
l'Eglise de France. Il avait annoncé un concile à Reims pour le 18 octobre de cette année (1131). Toutes les parties du monde chrétien y envoyèrent leurs députés. On y
compta treize Archevêques et deux cent soixante-trois Evêques, outre un grand nombre d'abbés, de clercs et de moines. Saint Norbert représentait l'Empereur d'Allemagne. Sa présence seule suffisait pour donner à cette vénérable assemblée la plus grande
autorité. L'Abbé Anscher, échappé comme par miracle au sac et à l'embrasement de
la ville, laissa, aussitôt qu'il eut mis quelque ordre aux affaires de son monastère, les
débris fumants dont il était environné et alla porter sa plainte contre ce grand forfait.
Il avait pour appui et presque pour témoins de ses malheurs deux illustres et saints
prélats, Garin évêque d'Amiens et le B. Milon évêque de Thérouane. Il raconta toutes
les circonstances de cet attentat : il représenta son abbaye souillée, déshonorée et violée
par le sacrilège Camp d'Avesne, une multitude de chrétiens, innocentes victimes de
ses fureurs, périssant au milieu des brasiers, l'adorable sacrifice profané, les fidèles et
les moines ensevelis sous les ruines de la basilique. L'assemblée fut saisie d'horreur à
ce récit. « Les Pères du concile, dit la chronique, versèrent d'abondantes larmes sur
les maux de la *Religion* de Saint-Riquier, et quoique en ces temps de guerres barbares,
on fût habitué aux récits les plus atroces, l'attentat du comte de Saint-Pol surpassait
tout ce qu'on avait vu et entendu jusques-là en Europe. On témoigna à l'Abbé de Saint-
Riquier une grande compassion, on l'encouragea dans son affliction. »

Les actes du concile étant perdus en grande partie, on ne sait point ce qu'il fit pour
l'Abbé Anscher, mais il est permis de croire qu'on s'occupa très-activement des malheurs d'une Eglise si ancienne et si célèbre. Le dernier canon contre les incendiaires
est évidemment inspiré par les excès inouïs de Camp d'Avesne et de quelques-uns de
ses pareils (4).

---

(1) *Rerum Gall. Vet. Scrip. Tom.* xv, *pag.* 243.
(2) *Ibid.*
(3) Histoire de l'Eglise gallicane, en 1131 Conciles du P. Labbe. (*Tom* x. 1131.)
(4) « Nous détestons, disent les Pères, les exécra-
« bles forfaits des incendiaires qui dépeuplent les
« campagnes : et de l'autorité de Dieu et des BB.
« Apôtres Pierre et Paul nous les anathématisons.
« Point de brigandage plus abominable. Tous sa-
« vent combien de maux il cause aux âmes et aux
« corps : il faut donc s'élever contre ces excès,
« tenter un suprême effort pour extirper une si

CHAPITRE I. — L'ABBÉ ANSCHER DE LA FERTÉ.   419

Le récit de la chronique semble justifier les décrets rigoureux du concile de Reims. « Le comte de Saint-Pol et ses complices convaincus de brigandage, de meurtre et d'incendie furent excommuniés et condamnés à réparer tout le dommage qu'ils avaient fait souffrir à la ville de Saint-Riquier et à relever à leurs dépens l'Église et le monastère. Mais, par une exquise délicatesse, le généreux Abbé ne voulut point profiter de ces avantages. Il lui répugnait de devoir quelque chose à des hommes si justement flétris pour leurs crimes, d'unir leurs noms à ceux des bienfaiteurs du monastère et de leur attribuer pour ainsi dire le titre de fondateurs et de patrons d'une si noble Eglise ; c'est pourquoi il déclara au Souverain Pontife qu'il espérait, moyennant le secours de Dieu et avec les biens et les revenus de son Abbaye, rétablir l'Eglise et le monastère dans son premier état. Après un refus si désintéressé, il fut statué par un décret du Souverain Pontife et des Pères du concile que le comte de Saint-Pol et ses associés bâtiraient, en expiation de leur sacrilége, une Eglise en l'honneur de la Bienheureuse Vierge Marie et fonderaient un monastère de l'ordre de Citeaux (1).

Mais Anscher ne rencontra pas seulement des sympathies au concile de Reims, il eut aussi des offrandes. La chronique signale d'une manière toute particulière celles de l'Evêque de Noyon et Tournay. Ce prélat, nommé Simon (2), appartenait par sa naissance à la famille des comtes de Vermandois ; il était beau-frère du saint roi Canut et

« grave calamité du milieu du peuple chrétien.
« Après la promulgation de ce décret, si on al-
« lume un incendie par passion, par haine ou par
« vengeance, si on le conseille, si on y coopère,
« on sera excommunié et privé de la sépulture
« chrétienne. Point d'absolution, avant que l'in-
« cendiaire n'ait réparé le dommage selon son
« pouvoir et juré qu'il ne commettra plus une
« si énorme injustice. Pour sa pénitence, elle con-
« sistera à servir Dieu pendant une année entière
« à Jérusalem ou en Espagne. L'Archevêque ou
« l'Evêque, qui n'exécutera point ce canon, sera
« passible des dommages et suspendu de son of-
« fice pendant un an Les rois et les princes,
« après s'être concertés avec les Evêques, pour-
« ront aussi exercer leur justice contre les coupa-
« bles. » Conciles du P. Labbe. Ibid.
Ce décret fut renouvelé au concile général de Latran et dans plusieurs autres conciles. Sa rigueur inflexible finit le plus souvent par triompher des résistances les plus opiniâtres. Une passion impétueuse et inassouvie pouvait pendant quelque temps braver les menaces de l'Eglise, mais quand l'heure de la réflexion avait sonné pour le coupable, son humiliation lui ouvrait enfin les yeux et le remords amenait enfin l'expiation :

on croyait alors à l'action de la Providence, à l'intervention du Ciel dans la mort des violateurs des monastères et des autres lieux saints. On racontait d'étranges faits propres à intimider même les plus audacieux. Dans un monastere d'Angleterre envahi par des guerriers, le sang avait coulé des murailles de l'Eglise et du cloître: prodige attesté par des témoins au nombre desquels il faut compter le chroniqueur lui-même. Plusieurs des guerriers envahisseurs étaient morts sous le poids de l'anathème de l'Eglise, ce qui était regardé comme un signe évident de réprobation. Ann. Ben. Tom. VI, pag. 354.

(1) D'après le P. Malbrancq le pape Innocent aurait nommé une commission de Prélats et d'Abbés pour instruire le procès de Hugues et de ses complices et les juger ultérieurement. En outre le Pape aurait lancé une bulle contre le grand criminel. Nous n'avons pas les preuves de ces assertions.

(2) Simon, un des grands Evêques de cette époque, se montra généreux pour les monastères, dévoué à l'Eglise dont il soutint les droits avec une rare intrépidité. On lui reproche cependant de la faiblesse dans l'affaire du divorce du comte de Vermandois son frère.

oncle du B. Charles-le-Bon, cousin ou même beau-frère, selon quelques auteurs, du roi Louis-le-Gros. La plaie faite à son cœur par la mort violente de son neveu Charles saignait encore. Il avait en outre à pleurer l'incendie de sa propre Cathédrale de Noyon. A la nouvelle des désastres de Saint-Riquier, son cœur s'ouvrit à la plus charitable compassion. Il y avait dans l'Eglise de Saint-Riquier, à Bredenay en Flandre, deux prêtres chargés du service religieux. Avec l'assentiment du Souverain Pontife, l'Evêque de Noyon et Tournay accorda qu'un des deux bénéfices serait supprimé et que le revenu en serait donné à un moine du prieuré, à la condition de célébrer les messes, de remplir les fonctions du ministère ecclésiastique, toutes les fois qu'on réclamerait son concours. Deux chartes confirment cette disposition. La première fut donnée au concile de Reims, « quand le pape Innocent II, dit le Cartulaire, couronna Louis « fils de Louis roi de France, et que le pape Innocent étant au concile, Anschier, abbé « de l'anchien monastère et fort famé et renommé de Saint-Riquier en Ponthieu, *Lu-* « *brico clamore plouravit* son noble monastère, la clôture et édifices, d'aucuns Thirans « détruit et ars : il fut vu et considéré à ycelui concile par le Pape et tous les Evêques « que à ycelui Abbé avec ses frères devait être faite miséricorde et sustentation. » et après avoir rapporté les conditions de la donation, la charte ajoute qu' « il met par ex- « près qu'il ne soit nul si hardi ni osé que présume de rescinder, recopper ou corri- « gier cette indulgence, ne labourer pour la violer au contraire, faite comme indulgence « de karité par l'autorité dudit Simon (1). »

Robert, l'Archidiacre à qui appartenait le patronage de cette cure, donna son consentement à une juste requête de frère Warin, prieur de Bredenay, « en l'an quand saint « Riquier souffrit l'arsin plein de pleurs et le grand exchiés, là où y mourut moult de « gens, hommes et femmes (2). »

La donation de Simon ne fut pas seulement temporaire, elle demeura acquise au monastère ; elle fut renouvelée en 1179 par Evrard de Tournay et en 1196 par Etienne son successeur. Il ne paraît pas que Hugues Camp d'Avesne, frappé des foudres de l'Eglise, se soit soumis à la pénitence canonique après son attentat sur la ville de Saint-Riquier ; au contraire il brava la puissance ecclésiastique ; il se montra plus obstiné dans son impiété et sa passion de nuire. On l'accuse d'avoir tué un prêtre à l'autel dans une de ses seigneuries (3). Il porta aussi la désolation sur le territoire d'Arras, et l'Évêque de cette cité, Alvise, se plaignant à Louis-le-Gros, en 1132, celui-ci lui promit son secours (4). « Sur ce que vous nous dites de Hugues Camp d'Avesne, ce tyran et ce sa- « crilége comte de Saint-Pol, nous voulons vous faire savoir que pour vous être agréable

(1) *Cartulaire de Saint-Riquier*, fol. xv.
(2) *Ibid.*
(3) A Beauvoir, ou plutôt à Beauval, où l'histoire de ce drame était représentée sur un vitrail dans l'Eglise. Malbrancq dit qu'irrité des remontrances de l'homme de Dieu, Hugues, dans un accès de colère, s'en alla chez lui pour le tuer et ne l'ayant rencontré qu'à l'Eglise, il le frappa à l'autel même du Seigneur. *De Morinis.* Tom. III, pag. 182.
(4) *Rerum Gall. Vet. Scrip.* Tom. xv, pag. 513.

« nous sommes prêt à entreprendre et à exécuter tout ce que votre prudence ordon-
« nera, tout ce qui sera possible, et ce que réclamera le devoir de notre dignité
« royale. » Nous ignorons ce que Louis-le-Gros entreprit pour réduire cet audacieux
vassal, mais quelques années s'écoulèrent encore avant que Hugues conçût de meilleurs
sentiments : enfin son front superbe plia sous le poids de l'anathème de la répulsion
universelle : il vint s'humilier aux pieds de ceux qu'il avait si longtemps méprisés. Sa
sentence avait été prononcée au concile de Reims. Pour l'exécuter, il offrit sa terre de
Cercamps et il associa tous les co-propriétaires à cette œuvre réparatrice. La charte de
fondation donnée par Thierry, Evêque d'Amiens, et par Milon, Evêque de Thérouanne,
est très-importante pour notre histoire dont elle justifie pleinement l'exactitude. Après
avoir énuméré les donations de plusieurs seigneurs du domaine de Cercamps, elle continue ainsi : « Qu'il soit à la connaissance de tous que Hugues Camp d'Avesne, demeuré
« longtemps sous l'anathème pour l'incendie de Saint-Riquier, a mis un terme à ses
« désordres et obtenu par une grâce spéciale du pape Innocent de faire pénitence dans
« ses terres et d'édifier une Abbaye sur ses domaines. C'est pourquoi il a doté de ses
« possessions une Eglise de Cisterciens qui a nom Cercamps. Il a donné pour cette
« œuvre le tiers de la Haie, un domaine de deux charrues à *Cercamps* et tous ses
« droits sur le territoire de ce lieu. Cette fondation a été approuvée par ses fils Enguer-
« rand, Hugues, Anselme, Raoul et Guy (1). »

« Cette nouvelle institution religieuse, dit la chronique de Saint-Riquier, porte le
« nom de Chercamp, *Carus Campus*, et par euphonisme Cercamps. C'est ce qu'on lit
« dans tous les actes latins. Or ce nom est un témoignage permanent de l'énormité du
« crime de Camp d'Avesne. En le prononçant on redit chaque fois ce qu'il en a coûté
« aux auteurs de l'incendie de Saint-Riquier pour satisfaire à la justice divine et ré-
« parer leur péché. C'est en vain que les religieux, humiliés de cette origine, ont pré-
« tendu que leur couvent tirait son nom de *Cervi Campus*, champ du cerf. On ne
« prescrit pas contre son titre de fondation. »

N'en déplaise à la science étymologique de nos chroniqueurs, le titre de fondation
leur donne également tort. Le nom de Cercamp était consacré avant l'incendie de
1131. Il ne doit rien à ce souvenir. L'Eglise de ce village est nommée dans une charte
de 1138 et son autel donné à Saint-Michel de Doullens. Hugues alla chercher des religieux à Pontigny, après que le monastère fut construit et les installa à Cercamps, en
1141 (2). On dit encore que, pour s'associer plus d'intercesseurs auprès de Dieu, il of-

(1) *Gallia Christiana*. Tom. III, pag. 96. (*Appendix*)
Cette charte ne laisse pas que d'embrouiller
l'histoire : elle est de 1137 (dit l'auteur *du Spicilège*.
Tom. XI, pag. 828) ; elle est donnée par Thierry
d'Amiens et par Milon, ce qui semble étrange. En
outre Thierry n'est élu évêque qu'en 1144. Faut-il

croire à l'interpolation des dates ?
(2) Un autre doute sur la fondation de Cercamps.
Les uns la fixent à 1137, d'autres à 1141. On peut
concilier ces deux sentiments. On appela quelques
religieux de Pontigny, en 1137, pour bâtir le monastère ; et, quand les édifices furent achevés, une

frit à l'Eglise un domaine suffisant pour bâtir l'abbaye de *Clairfay* auprès de Doullens, et qu'il dota si magnifiquement celle d'*Ourscamps* qu'il en est regardé comme le fondateur par quelques auteurs. Ces assertions sont contestables (1).

Hugues Camp d'Avesne mourut en 1142 : il avait choisi pour lieu de sa sépulture l'abbaye de Cercamps ; il reposa en paix au milieu de ses enfants, de ses petits enfants, de tous les amis et bienfaiteurs de ce monastère. Toutefois plusieurs écrivains n'ont point ratifié le récit de cette fin paisible et honorée ; ils vont plus loin en prétendant qu'il est mort dans l'impénitence. On n'a jamais pu, disent-ils, y montrer sa tombe, quoi qu'il soit constant que cette abbaye ait été le Saint-Denis de cette puissante lignée (2).

L'histoire contemporaine nous apprend que plusieurs des complices du comte de Saint-Pol cherchèrent à se réconcilier avec l'Eglise et à faire amende honorable de leurs scandales par des offrandes aux monastères.

On lit dans une charte de Valloires (1138) que Robert d'Ailly, *ayant commis à Saint-Riquier des excès que sa conscience lui reprochait*, donna à Milon, Evêque de Thérouanne, pour l'expiation de son péché et le salut de son âme, tout ce qu'il possédait en terres et en biens à Mésoutre (3), non pour y fonder une abbaye, mais pour entretenir des moines dans la contrée. Milon céda tous ses droits aux religieux de Valloires ou de Balances, à la grande satisfaction de ses fils Hugues et Hildebert, de sa mère et de son épouse Adelis (4).

---

colonie de religieux vint, en 1141, l'occuper sous la conduite de l'Abbé Jourdain.

Cercamps était une position vraiment digne d'envie pour les religieux de Citeaux, à cause de ses eaux et de ses immenses viviers. Une chronique porte le domaine de Cercamps à 12,000 journaux de terre et 2,000 journaux de prairie. C'est par des donations que ces possessions se sont ainsi accrues, si véritablement le monastère possédait un tel domaine. La donation de Hugues Camp d'Avesne, d'après la charte de fondation, ne fut pas aussi étendue.

(1) La charte de fondation de Ourscamps est de 1130. Le nom de Camp d'Avesne en est absent.

(2) Telle est l'impression produite par de grands attentats que le nom de Hugues Camp d'Avesne fut couvert de l'exécration publique. D'après certaines traditions populaires, ce grand criminel, maudit pendant sa vie et damné après sa mort, errait dans les rues d'Abbeville au milieu des ombres de la nuit, secouant de grosses chaînes dont il était chargé et semant l'épouvante partout où il passait. C'est là l'histoire populaire de la Bête Canteraine « Hugues, dit Louandre dans son

histoire d'Abbeville (*Tome I, Page* 135), ne put
« désarmer le ciel et fut condamné, d'après les
« chroniques, à visiter les lieux qu'il avait désolés.
« On le voyait pendant la nuit, chargé de chaînes,
« et transformé en loup, parcourir les rues en
« poussant d'affreux hurlements ; et c'est, dit-on,
« ce fantôme qu'à une époque récente encore on
« désignait à Abbeville sous le nom de *Bête Can-*
« *teraine*. » Louandre n'est peut être pas ici un fidèle interprète des récits populaires. On aurait désiré qu'il citât ses autorités. D'après le Père Ignace, mieux placé pour recueillir les traditions anciennes, il faudrait admettre que Camp d'Avesne fit une longue pénitence et qu'il *apparaussait*, ce qui aurait pu donner occasion à l'histoire de la *Bête Canteraine*. Cette version convient mieux aux mœurs de l'époque : elle rappelle d'anciennes légendes allemandes, dans lesquelles on dit que des guerriers sanguinaires revenaient la nuit sur le théâtre de leurs excès, revêtus d'armures de fer, poussant d'affreux gémissements et demandant des prières pour le soulagement de leurs âmes.

(3) Mésoutre, ferme du canton de Rue.

(4) *Gallia Christiana, Tom.* x, *pag.* 307. *Appendix.*

CHAPITRE I. — L'ABBÉ ANSCHER DE LA FERTÉ.

Il y a encore dans cette même charte d'autres donations en faveur de ces religieux, mais, chose remarquable, Robert ne fait rien pour le monastère de Saint-Riquier. Les offrandes des incendiaires enrichissent des couvents étrangers : aucun d'eux n'est le bienfaiteur de Saint-Riquier, c'est une nouvelle preuve du désintéressement de l'Abbé Anscher, de sa constance dans le refus que nous avons signalé. En admettant que les excommuniés obstinés n'aient point voulu pendant plusieurs années consentir à des réparations, du moins quand ils ont imploré leur pardon, ils devaient comprendre le monastère de Saint-Riquier dans leurs libéralités. S'ils n'ont point exécuté les lois de cette rigoureuse justice, c'est qu'ils ont été déchargés de cette obligation.

Cependant l'Abbé de Saint-Riquier s'était départi de sa résolution envers Hugues, seigneur de la Ferté ; et il consentit à recevoir de sa part quelques rentes qui ne s'élevaient pas du reste à une somme considérable. La charte porte que cette offrande *est le témoignage du repentir de Hugues de la Ferté, coupable aussi d'avoir coopéré aux grands dommages qu'on avait causés à l'Eglise de Saint-Riquier* (1). Ces rentes devaient être payées le lendemain de la fête du saint Patron, parce qu'on célébrait en ce jour au monastère un service anniversaire pour le père de Hugues et ses prédécesseurs. Aussi la libéralité du seigneur de la Ferté n'est qu'un mémorial d'une charge perpétuelle ; sans qu'on puisse le nommer parmi les bienfaiteurs du monastère. L'acte faisait mention d'Adda, son épouse, de Hugues et de Gautier, ses fils.

L'Abbé Anscher consacra le reste de sa vie à restaurer la basilique et le monastère de Saint-Riquier. Il fit couvrir l'Eglise de lames de plomb, ce qui était un grand luxe pour l'époque ; car jusqu'alors on n'avait pas encore découvert le secret d'extraire l'ardoise ni de fabriquer la tuile. On se contentait le plus souvent de lamelles de bois superposées ou imbriquées, genre de couverture dont il reste des vestiges sur nos moulins à vent. Il releva en même temps le cloître et il commença la construction de plusieurs édifices que la mort l'empêcha d'achever.

La chronique abrégée se trompe quand elle affirme qu'Anscher usa, pour réparer les désastres de son monastère, et des ressources que lui procurèrent les biens et les revenus de son abbaye, et de l'argent que lui offrit son père, le riche et puissant seigneur de la Ferté (2). Gautier était mort depuis longtemps, ainsi que son fils Robert, l'héritier de ses domaines. On a vu plus haut ce qu'il reçut de Hugues de la Ferté, son neveu.

L'Abbé Anscher s'endormit dans le Seigneur, le 25 juillet, plein de jours, de mérites et de bonnes œuvres. Son administration fut longue, sage et glorieuse, elle eut des jours de splendeur, surtout lorsque Dieu glorifia saint Angilbert par des miracles. Elle finit dans l'amertume et dans les épreuves. Mais sa grande âme fut inébranlable dans l'adversité comme dans la prospérité.

On attribue à l'Abbé Anscher deux ouvrages : une vie de saint Angilbert et trois livres de ses miracles. Nous avons déjà porté nos jugements sur ces ouvrages.

(1) D. *Cotron. An.* 1134. (2) *Chron. Abbrev. Cap.* XLI.

Nous n'avons aucun renseignement sur l'Ecole monastique de Saint-Riquier au temps de l'Abbé Anscher. Nous ne savons même quelle valeur nous devons donner à cette remarque de la France littéraire : « Si saint Bernard, premier Abbé et fondateur « de Tiron, l'un des plus grands prédicateurs de son temps, ne fut pas instruit à « Saint-Riquier sous Gervin II, il faudrait dire qu'il y avait alors une école à Abbe- « ville, lieu de sa naissance (1). » M. Dusevel est plus affirmatif (1). « Saint Bernard Tiron, dit-il, paraît avec éclat dans la célèbre école de Saint-Riquier. » Est-il mieux renseigné ? Nous n'oserions le dire (2).

Pour ne pas interrompre une série de faits qui s'enchaînaient les uns aux autres, nous avons gardé le silence sur un testament qu'il importe de faire connaître dans cette histoire.

Gautier de la Ferté, très-illustre chevalier, avait laissé sa seigneurie à son fils Robert, frère d'Anscher. Après de longues années de prospérité et de paix, celui-ci se voyant près de sa fin, voulut, selon la coutume chrétienne de son temps, laisser une aumône à Saint Riquier, son glorieux patron, pour l'expiation de ses péchés et le salut de son âme. Ayant donc convoqué auprès de lui le comte de Ponthieu, l'Abbé de Saint-Riquier, les principaux seigneurs de la contrée et « tous les membres de sa fa- « mille dont la considération jetait un si vif éclat sur sa maison » ; il fit rédiger son testament en leur présence : il y déclarait devant Dieu et en présence de ses Anges qu'il donnait en aumône, et sans aucune réserve, toutes les terres qu'il possédait à Friaucourt (3), ainsi que tous ses manoirs de la ville de Saint-Riquier ; il priait instamment Gui, comte de Ponthieu, d'être l'exécuteur de ses dernières volontés, ce qui lui fut accordé avec une admirable courtoisie, ainsi que le porte le testament. Robert mourut peu de temps après ce témoignage d'une foi sincère et d'une généreuse piété, le 15 octobre 1129. Ses funérailles furent splendides et montrèrent combien il était vénéré dans la contrée. Le seigneur Garin, Évêque d'Amiens, voulut les présider : il était accompagné de l'Archidiacre Raoul et de plusieurs membres de son clergé ; Anscher y assista avec tous ses moines ; l'Evêque, l'Abbé et les Prêtres ratifièrent ce testament sur sa tombe et prononcèrent une sentence d'excommunication contre ceux qui tenteraient de l'annuler (4).

(1) *France Littéraire. Tom.* xi, pag. 93.
(2) *Les hommes illustres du département de la Somme.*
(3) Friaucourt. faubourg de Saint-Riquier.
(4) Voici, d'après le testament, le dénombrement des manoirs possédés par Robert de la Ferté dans la ville de Saint-Riquier :
« Enguerran le Vavasseur doit six deniers à la fête de saint Jean-Baptiste, six deniers à Noel, une mine de froment et deux chapons. »

« Gualon, fils d'Aubin, Gautier, fils de Witold, sont tenus aux mêmes redevances. »

« Gérard, le tamisier, doit vingt-trois deniers à la fête de saint Jean-Baptiste. autant à la fête de Noël. »

« Hugues de Cahours doit douze deniers aux mêmes fêtes. »

« Hugues, le fournier, doit six deniers à la fête de saint Jean-Baptiste, six à la fête de Noel, six à la fête de saint Riquier, au mois d'octobre. »

CHAPITRE I. — L'ABBÉ ANSCHER DE LA FERTÉ.

Hariulfe, l'ami fidèle et dévoué de l'Abbé Anscher, la gloire et l'ornement de l'antique école de Saint-Riquier, mérite une notice toute particulière dans cet ouvrage. Nous allons mettre sous les yeux du lecteur quelques-unes des notes que nous avons recueillies sur le célèbre chronographe de l'abbaye.

Originaire du Ponthieu, comme on le lisait sur son épitaphe, probablement même de Centule, Hariulfe fut offert au monastère dans sa première enfance sous saint Gervin, car il témoigne avoir vu cet homme de Dieu, ce qui nous reporte avant l'an 1075 (1). Il fit profession sous l'Abbé Gervin II. Son cœur tendre et flexible comme la cire molle se forma facilement aux pratiques de la vie religieuse. Mort au monde et consacré à Dieu, il marcha d'un pas ferme dans la voie que la règle lui avait tracée ; ses conversations comme ses écrits, tout en lui tendait à exciter dans le cœur de ses frères l'amour des choses célestes, à les conduire par le renoncement et la prière à la perfection religieuse.

On ne tarda pas à remarquer dans le jeune étudiant un esprit vif et pénétrant. On cultiva avec beaucoup de soin ses heureuses dispositions pour la science. Spécialement appliqué aux lettres, Hariulfe acquit dans les longues et sérieuses études du cloître de vastes connaissances et devint maître à son tour. On le chargea d'instruire les novices ; c'est pour eux qu'il composa la chronique, comme il le déclare lui-même (2).

Hariulfe consumait ses jours dans les pratiques austères de la vie religieuse ; il se re-

« Hugues du Mesnil doit un mouton d'herbe à la fête de saint Jean-Baptiste, à la fête de Noel, douze deniers, en outre une mine de froment et quatre chapons. »

Le Mouton d'herbe devait, comme porte le mot, avoir été nourri de l'herbe des prairies. On dit ailleurs, *Multo de pascuaria*..

« Mainier, fils de Germain, doit à la saint Jean-Baptiste quatre deniers, et une obole à la fête de Noel. »

« La Brasserie de Bernard le Bouvier doit tous les quinze jours trois hennequins de bière. » — Le *hennequin* est une mesure qui représentait huit poitevines.

Voici les souscriptions du testament : Gui, comte de Ponthieu, Gui de Fontaines, Enguerran et Ursé ses frères, Henri de Villeroi, Eustache de Waben, Godard de Vignacourt, Hugues fils d'Adèle, Gautier le Veneur.

Hugues fils d'Adèle ou d'Héliarde, comme il est dit ailleurs, est aussi un personnage de distinction qui habitait Saint-Riquier : le comte de Ponthieu reçut chez lui l'hospitalité.

Le nom de Gui, cité ici sous le nom de comte de Ponthieu, ne laisse pas que d'embarrasser quelques chronologistes. Nous allons donner l'explication du fait.

Gui II, dont il a été parlé plus haut, ne laissait qu'une fille, Agnès de Ponthieu, mariée à Robert, comte d'Alençon, de Belesme et de Ponthieu. On sait avec quelle cruauté il traita son épouse. Celle-ci étant parvenue à s'échapper des mains de son bourreau, se réfugia à Abbeville, où elle finit ses jours dans une maison située près de la *Porte Comtesse*, maison ainsi nommée pour le séjour que fit en ce lieu la bonne et infortunée Agnès de Ponthieu.

Son fils Guillaume de Talvas, que l'histoire a nommé Guillaume le Cruel, pour ses forfaits, prolongea sa carrière jusqu'en 1171. Le Ponthieu ne fut point le théâtre de ses monstrueux attentats et de ses félonies. Ce comté laissé en douaire et en apanage de sa mère fut soumis à son fils Gui III qui en fut, sinon le maître absolu, du moins l'administrateur. Les actes publics sont rédigés tantôt au nom de Guillaume, tantôt au nom de Gui, et c'est ainsi qu'on peut expliquer l'adhésion de ce dernier au testament de Robert de la Ferté, sous le nom de comte de Ponthieu.

(1) *Chron. Cent. Lib.* IV, *Cap.* XXXVI.

(2) *Ibid. Lib* I, *Cap.* XXVI.

posait de la fatigue, des veilles, des méditations et des divins offices, dans la culture des lettres, sans autre ambition que celle d'initier ses jeunes frères aux joies paisibles du cloître et de leur enseigner le secret de vivre heureux dans l'attente des biens éternels. Jamais moine ne fut plus désireux de rester attaché à son Eglise et cependant il fallut la quitter : il fut demandé par Baudry, Evêque de Noyon et de Tournay et par Lambert, son Archidiacre, pour gouverner l'Eglise d'Oudenbourg en Flandre. La Providence se révéla dans l'élection canonique des religieux et lui manifesta ses nouvelles destinées. En vain il sollicita d'être déchargé de ce lourd fardeau : en vain il chercha par son vœu de stabilité à se fixer plus fortement au tombeau de Saint-Riquier. L'Abbé Anscher lui rendit sa liberté pour ne pas se reprocher d'agir contre la volonté de Dieu. Il fallut obéir : mais quels ne furent pas les déchirements de son âme, quand il se vit obligé de partir pour ce lointain exil ! On peut en juger par une élégie aussi naïve que touchante qu'on doit signaler comme l'une des plus originales compositions de l'imagination monastique.

Le sentiment exprimé dans cette pièce avait frappé l'illustre auteur des moines d'Occident (1). Voici le début de cette élégie qu'on pourra lire aux pièces justificatives.

> Centule, ô ma mère, je t'ai aimé de tout cœur ;
> Je te fus donné encore enfant, c'est ton joug que j'ai placé sur ma tête.
> C'est à toi que j'ai engagé mes serments et mes vœux (2).

En partant, Hariulfe laissa à ses frères sa monographie de Centule, le fruit de ses veilles et la seule consolation de son cœur. « Eglise de Centule, ma pieuse nourrice, combien je t'aime ! Voici mon dernier présent. Adieu, ô ma mère, adieu, et toi aussi daigne dire à ton fils : adieu, mon fils, sois heureux ! » (3).

Nous avons parlé plus haut des adieux d'Hariulfe à l'Abbé Anscher, son compagnon d'enfance, le témoin de ses premiers exercices dans la milice claustrale (4).

Hariulfe, quoique absent du Centule, y était toujours présent de cœur : il ne reste de trace que d'une seule visite dans les écrits qu'il a composés à Oudenbourg, mais on peut supposer qu'elle ne fut pas la seule. Son épitaphe témoigne de son amour et de sa vénération pour le berceau de sa vie monastique :

> Centula quos fratres retinet, coluit seniores,
> Illis quod sit honor, cernere semper amans

---

(1) *Moines d'Occident. Introduction.*

(2) *Chron. Cent. Lib.* IV, *Cap.* XXXVI.

> Toto corde meo te, Centula mater, amavi.
> Traditus a puero, mea sub te corda ligavi.
> Foedera juravi, quibus in te vota dicavi.

« Ces vers, dit un critique (*France littéraire, Tome* XII, au mot *Hariulfe*), aussi mauvais que d'autres du même auteur, ont cela de particulier qu'ils finissent tous par la première personne du singulier du prétérit, de la première conjugaison. »

(3) Centula, diligo te doctricis captus amore :
> Ultima cum tibi do munuscula, mater, aveto.
> Atque vicem referens, dic nato, nate, valeto.

Ces vers sont ajoutés dans la chronique à l'épitaphe d'Hariulfe : mais D. Mabillon remarque qu'ils en sont indépendants et que c'est l'offrande de son ouvrage. *Ann. Ben. Tom.* VI, *Pag.* 178.

(4) Voir Page 386.

Oudenbourg (1), aujourd'hui simple village de la Flandre, situé entre Bruges, Ostende et Nieuport, près de la jonction des canaux qui unissent les trois villes, fut, dit-on, dans les temps reculés une place forte et passait pour la capitale du pays : elle fut même, s'il faut en croire les chroniques, assiégée et détruite par Attila. Après diverses vicissitudes, saint Arnoul, Evêque de Soissons, y fonda une abbaye de Bénédictins, en 1083. Hariulfe en fut le troisième Abbé.

Saint-Riquier possédait alors le prieuré de Bredenay et des redevances à Thosan, dans le voisinage de cette abbaye. La science et les vertus d'Hariulfe furent connues à Tournay, à Oudenbourg : c'est là sans doute ce qui détermina l'autorité ecclésiastique à solliciter les suffrages des religieux en sa faveur.

L'administration de l'Abbé Hariulfe est résumée en quelques mots dans la petite chronique d'Oudenbourg.

Hariulfe, troisième Abbé, auparavant religieux de Saint-Riquier en Ponthieu, fut un personage d'une grande prudence et d'une rare discrétion. C'est par ses soins et la seizième année de son gouvernement qu'on leva de terre le corps du Bienheureux Arnoul, fondateur de ce monastère, trente-quatre ans après sa mort. En outre il défendit virilement et équitablement les droits de son Eglise contre l'Abbé et les religieux de Saint-Médard de Soissons, qui voulaient changer le monastère en prieuré de leur dépendance. Comme on le voit amplement en d'autres récits, après trente-huit ans d'un gouvernement aussi sage que digne d'éloges, il mourut l'an du Seigneur 1143, le 16 août. Que son âme ait part à la résurrection glorieuse (2) !

Cette chronique fixe une question de chronologie que les Bollandistes et les frères de Sainte-Marthe avaient obscurcie ; les premiers, en plaçant l'élection d'Hariulfe en 1097, d'après le *Monasterologium* de dom Bar, prieur d'Anchin ; les seconds, en la reculant au moins jusqu'en 1112, pour le faire bénir par Lambert, successeur de Baudry vers cette époque.

C'est en 1105 qu'il quitta saint-Riquier pour Oudenbourg ; ce témoignage concorde avec ce qu'il dit lui-même au Pape Innocent II, en 1141, lors de son voyage de Rome (3).

Hariulfe a succédé à deux saints dont il a lui-même raconté les vertus et les œuvres

---

(1) *Aldenburgense Monasterium.*

(2) Voir *Patrologie Tom.* CLXXIV, *Pag.* 1480.

Ce volume reproduit le *Chronicon Monasterii Aldeburgensis Parvum*, par Mgr Malou, Evêque de Liège et quelques fragments du *Chronicon Aldeburgense Majus*, où l'on trouve le récit complet du voyage d'Hariulfe à Rome pour la revendication de son monastère, opprimé par l'Abbé de Saint-Médard de Soissons. *Incipiunt gesta Hariulphi, Abbatis Sancti Petri Aldeburgensis contra Abbatem Sancti Medardi Suessionensis, Roma, in præsencia pape et cardinalium.* Voir *Pag.* 1544.

(3) *Patrologie. Tom.* CLXXIV, *Pag.* 1540.

« Notre Abbé, dit la *France littéraire* (au mot Hariulfe. Tom. XII), fut intronisé le 22 octobre 1205 un jour de dimanche. On place, il est vrai, la mort de Gervin en 1117, mais on oublie de dire qu'il résigna son abbaye avant la mort. C'est là sans doute la source de l'erreur. »

admirables, saint Arnoul et saint Gervin. Le monastère, fondé par un serviteur de Dieu aussi humble qu'austère et gouverné ensuite par un moine d'une abnégation héroïque, offrait sans doute de grands exemples de piété. Mais, dans la milice du Seigneur, le combat est la condition la plus ordinaire de la vie humaine : on apprend par les écrits de notre savant Abbé (1) que ses premières années furent laborieuses et difficiles : il se plaint dans une lettre à Lambert, son Evêque « de n'avoir rencontré sur son chemin « que des épines et des buissons, c'est-à-dire, de la sottise, de la méchanceté, « des contradictions opiniâtres. Il était tellement blessé de ces attaques qu'il ne son- « geait qu'à une honteuse fuite. Mais heureusement, sous le pontificat d'un prélat ferme « et actif, les épines et les buissons se sont desséchés et il a goûté les douceurs d'une « paix nouvelle. Toutes les clameurs de cette gent coassant se sont apaisées, toutes les « tentatives des méchants ont été comprimées par la crainte qu'inspirait un Evêque « pieux et courageux (2). » Le digne Abbé recouvra ainsi toute sa liberté d'esprit pour gouverner sagement son monastère et réparer les désastres causés par les malheurs des temps.

Le Seigneur, après avoir éprouvé son serviteur, le consola aussi par des prodiges de miséricorde. Saint Arnoul faisait ressentir les effets de sa puissance auprès de Dieu dans une vie nouvelle et montrait à ses serviteurs qu'il ne cessait de les protéger et de les diriger vers la Patrie. Le roi Louis-le-Gros lui-même lui était redevable de grâces spéciales, ainsi que Pierre, Archidiacre de Soissons, d'une famille princière, et beaucoup d'autres personnages recommandables et capables de discerner les choses de Dieu.

Témoin de ces merveilles, l'Abbé d'Oudenbourg se crut obligé de faire rendre un culte public à celui que les populations et que le ciel lui-même proclamait saint. Il commença d'abord par écrire la vie d'Arnoul, sur les dépositions authentiques de plusieurs témoins oculaires dont il cite les noms ; il adressa son travail à Lambert, Evêque de Tournay, puis à Lisiard, Evêque de Soissons, et enfin à l'Archevêque de Reims (3).

En 1119, le légat du Saint-Siége, Conon, Evêque de Preneste, tenait un concile à Beauvais ; fort de l'appui de plusieurs saints Evêques, l'Abbé d'Oudenbourg y apporta la vie de saint Arnoul et attira sur lui et sur son monastère toute l'attention du Concile. Le précieux dépôt confié à sa garde n'était plus son bien propre, mais un trésor appartenant à la société chrétienne. « Sa conscience, disait-il, l'obligeait à révéler aux juges « de la foi la lumière encore cachée au sein de la terre, afin qu'elle fût dignement placée « sur le chandelier de l'Eglise. »

(1) *Patrologie. Ibid. Pag.* 1372.
(2) *Patrologie. Ibid.* 1373.
(3) Hariulfe a écrit trois livres sur la vie et les miracles de saint Arnoul. Quelques auteurs les attribuent à Lisiard, Evêque de Soissons ; mais leur opinion ne repose pas sur de solides raisons : nous nous abstenons d'examiner cette question qui est étrangère à notre ouvrage.
Patrologie. Ibid. Page 1373, 1374.

CHAPITRE I. — L'ABBÉ ANSCHER DE LA FERTÉ.

On reçut avec respect les témoignages de l'Abbé Hariulfe, dont la prudence et la sagesse étaient connues. Des docteurs habiles, après avoir parcouru quelques chapitres du livre, formulèrent leur sentiment dans ces paroles : Celui qui s'oppose à la canonisation de ce saint Evêque n'est pas de Dieu. Il n'y eut dès lors qu'une voix pour demander qu'on plaçât l'Evêque Arnoul au nombre des saints. La solennité de la canonisation fut fixée par l'Evêque de Tournay et l'Abbé d'Oudenbourg aux calendes de mai de l'année suivante et célébrée avec une grande pompe.

Nous ne suivrons pas la chronique dans la description de cette imposante et majestueuse cérémonie ni dans le récit des miracles dont elle fut accompagnée. Qu'il nous suffise de mentionner qu'Hariulfe fut choisi avec Godvin et Hagaming, tous deux moines d'Oudenbourg, pour extraire les reliques du sépulcre. Aussitôt que l'Abbé eut pris la tête et l'eut déposée dans la châsse, ses mains furent embaumées de l'odeur la plus suave, comme s'il les eût trempées dans un vase rempli d'essences précieuses. Le chroniqueur prend Dieu à témoin de la vérité de ce fait et il ajoute que cette odeur se répandit tout autour du tombeau : ce qui ne le surprend nullement. Pourquoi en effet, dit-il, celui qui avait été la bonne odeur de Jésus-Christ pendant sa vie, n'aurait-il pas signalé son triomphe par l'effusion de parfums célestes.

Il est à remarquer, comme on le lit dans les chartes, que le monastère d'Oudenbourg ne fut jamais suffisamment doté et que les religieux souffrirent souvent de la pénurie des choses nécessaires. Le bon et généreux Abbé fut obligé de mendier quelques secours auprès des seigneurs et des grands. On ne rejeta point ses prières : car les cartulaires d'Oudenbourg ont conservé plusieurs chartes octroyées à l'Abbé Hariulfe (1).

Du reste à cette époque toute cette partie de la Flandre était encore en feu. Les compétiteurs à la succession du B. Charles, le martyr de Bruges, Guillaume, comte de Normandie, et Thierry d'Alsace convoitaient cette ville puissante et se la disputaient. Alors plus de repos pour ces campagnes et leurs paisibles habitants ; partout des rapines, des incendies, des trahisons, des pièges et des périls de toute nature. Les paysans s'enfuient et s'en vont se cacher dans les bois ou se réfugier avec leur mobilier dans la ville de Bruges. Guillaume s'en rend maître ; puis il s'empare d'Oudenbourg qu'il fait fortifier.

Mais les deux armées se trouvèrent bientôt en présence aux environs d'Oudenbourg. Le couvent fut alors témoin d'une de ces manifestations chrétiennes, qui montrent, à l'heure des périls, ce qu'il y avait de crainte de Dieu dans ces âmes barbares et indomptables. « Le 20 juin, dit une chronique, Guillaume duc de Normandie, se confessa
« à l'Abbé du lieu, religieux rempli de piété et de prudence et fit vœu à Dieu de se
« constituer à l'avenir l'avoué des pauvres et le défenseur des Eglises. Tous ses braves
« chevaliers l'imitèrent et prononcèrent le même vœu. » Le combat fut acharné et sanglant. Guillaume remporta la victoire : mais ce premier succès ne fut qu'un triom-

(1) *Patrologie. Ibid* pag. 1568, 157*, 157*.

phe passager ; il périt quelques jours après au siége de Bruges, et Thierry resta seul maître du pays (1).

Une autre grande tribulation troubla les derniers jours de notre humble Abbé et l'obligea à entreprendre malgré sa vieillesse un voyage de Rome. En 1141, il eut à soutenir une lutte formidable contre Gautier, Abbé de Saint-Médard de Soissons. Ce dernier, parce que saint Arnoul, moine de ce lieu, avait fondé l'abbaye d'Oudenbourg, prétendait avoir des droits sur le monastère et voulait le réduire à l'état de simple prieuré de la dépendance de Saint-Médard. Cédant à des conseils ambitieux, il écrivit en ce sens au Pape Innocent II, sur la protection duquel il comptait puissamment, parce que ce grand Pontife pendant son exil en France avait fait lui-même la dédicace de son Eglise. Hariulfe fut représenté comme un moine rebelle, comme un usurpateur des droits de l'abbaye de Saint-Médard. A Rome on crut l'abbé Gautier, parce qu'on n'avait aucune raison de suspecter sa sincérité. On écrivit donc à l'Abbé d'Oudenbourg une lettre pleine de reproches, dans laquelle on lui ordonnait de déposer la crosse et de se soumettre à l'Abbé de Saint-Médard.

Hariulfe, fort de son droit, partit pour Rome et plaida lui-même sa cause devant le Pape Innocent II. Des arbitres furent nommés ; mais on'ne dit pas quelle fut leur sentence. Toutefois l'indépendance du monastère dans les siècles suivants nous prouve que l'Abbé d'Oudenbourg triompha dans cette lutte.

Hariulfe survécut deux ans à son voyage de Rome: il alla, en 1143, recevoir la récompense promise au fidèle et courageux serviteur. Il fut enterré dans son monastère. Quelques auteurs ont dit, mais sans fondement, qu'il avait composé lui-même son épitaphe dont voici la traduction :

> Hariulfe naquit au comté de Ponthieu :
> Jeune enfant, à Centule, il fut offert à Dieu :
> Grand ami de l'étude il y fut écolâtre,
> De son zèle Oudenbourg fut plus tard le théâtre.
> Eglise de Saint-Pierre, il a pu t'enrichir !
> De te voir prospérer, il eut si grand désir !
> A ses frères voulant et compatir et plaire,
> Il sut parler à temps et plus souvent se taire.
> Du saint pontife Arnoul il redit les vertus,
> Et les faits merveilleux qu'Oudenbourg avait vus.
> Il leva du tombeau sa dépouille mortelle :
> C'est de Dieu qu'il reçut cette grâce nouvelle.
> Centule était sa mère, il la comblait d'honneurs
> En vénérant ses fils qu'il nommait ses seigneurs.
> Que Dieu lui soit propice et sa bonté lui donne,
> Pour prix de ses bienfaits, des élus la couronne ! (2).

(1) *Patrologie.* Tom. CXLVI, Pag. 1036 *et seq.*

(2) Pontivo natus, pronus studiis Hariulfus,
Almi Richarii claustra puer subiit

CHAPITRE I. — L'ABBÉ ANSCHER DE LA FERTÉ.

On dit que le nécrologe de Saint-Riquier marque sa mort au 13 des calendes de mai. Mais les Bollandistes toujours guidés par le prieur d'Anchin ne conviennent pas que ce jour soit véritablement celui de son passage à une vie meilleure. Ils hésitent entre le 20 mai et le 16 août : car on trouve un Hariulfe marqué à chacun de ces deux jours dans le nécrologe de Saint-Riquier, sans désigner en particulier celui qui nous occupe.

Il y a en effet, d'après des monuments anciens, deux moines du nom d'Hariulfe : celui dont nous donnons la vie et qu'on appelle Hariulfe l'aîné ; un autre dont il ne reste aucun écrit et connu sous le nom d'Hariulfe le jeune. Le jour de leur mort est fixé dans les Annales Bénédictines au XIII des calendes de mai et au XIII des calendes de juin (1). La petite chronique d'Oudenbourg tranche la question en assignant le 16 août.

Hariulfe laissa une mémoire de vertus et de mérites dont ses religieux n'oublièrent point le souvenir. Il fut même honoré du titre de saint dans son monastère d'Oudenbourg. Pagès lui donne aussi ce nom dans ses mémoires.

La vie de saint Arnoul, composée par Hariulfe, fut envoyée à Guillaume, Evêque de Cantorbery en Angleterre (2). Cette vie et celle de l'Abbé saint Gervin furent longtemps conservées avec le missel et le pontifical du saint Evêque, *Teste Molano* (3).

« Le style de la vie de saint Arnoul, dit l'auteur de l'*Histoire littéraire*, est moins né-
» gligé que celui de la chronique de Saint-Riquier, peut-être même est-il aussi affecté
» en certains endroits.

« Ses vers montrent quelques progrès depuis ses premiers essais : l'auteur en effet
» est plus mûr. Son talent a acquis toute sa force (4). »

Molanus dit encore que nous ignorerions le détail des auteurs de Gervin, sans le soin qu'Hariulfe, son successeur, a pris de les rapporter dans l'histoire qu'il a donnée de sa vie et dans ses dialogues sur les miracles de saint Pierre, opérés dans l'Eglise d'Ou-

In quibus imbutus deceat quid nosse magistrum.
Aldeburgensis tertius abba fuit.
Rem sibi commissam pro viribus amplificavit,
Crescere, Petre, tuas semper opes sitiens.
Fratribus exemplum prœtendens compatients,
Multa nimis tacuit, quæque loqui decuit.
Arnulphi vitam conscripsit præsulis almi,
Civibus Aldenborg tale ferendo decus.
Ipsis et studio de terra membra levantur,
Præsulis ejusdem, auxiliante Deo.
Centula quos fratres retinet, coluit seniores,
Illis quod sit honor, cernere semper amans.
Pro quibus a Domino donetur rite corona
Huic Hariulpho, propitiante Deo.

Cette épitaphe que nous empruntons aux pages 1366 et 1564 du CLXXIV Tome de la *Patrologie* et que dans les *Ann. Bened.* (Tom. VI, pag. 178) on

dit composée par Hariulfe lui-même, renferme des variantes que nous devons signaler au lecteur.
A la page 1366 on ne lit pas les 5e et 6e distiques.
Le septième est omis dans l'épitaphe qu'on lit à la page 1564.

(1) Tome VI, Page 178.
(2) Dorobernia.
(3) France littéraire, tom. XII. (au mot Hariulfe).
On lit des choses curieuses sur Hariulfe dans Foppens : *Biblioth. Belgic.*, tom. I, pag. 432.
Où M. Prarond (*Histoire de St-Riquier, page* 273) a-t-il vu qu'Hariulfe a composé la vie de Saxowale autre historien de Centule ?

(4) Notons ici que le monastère de Saint-Riquier avait donné quelques années auparavant (1105) un Abbé à Forêt-montier, le moine Robert, que l'Archevêque de Reims fit sacrer par Lambert Evêque d'Arras.

denbourg. Si l'on en croit Valère André, ces deux ouvrages se conservaient de son temps dans le monastère d'Oudenbourg.

Sanderus ne nomme cependant que le dernier dans son catalogue des manuscrits de Flandre. Quoiqu'il en soit, il paraît que l'un et l'autre existaient encore au commencement du dernier siècle. Ni la vie de saint Gervin, Abbé d'Oudenbourg, ni les miracles de saint Pierre n'ont encore été publiés.

CHAPITRE II.

JEAN Ier. VINGT-TROISIÈME ABBÉ.

(1136 à 1143.)

Jean, moine de Corbie et cousin de Louis-le-Jeune, roi de France, fut canoniquement élu après la mort d'Anscher et appelé à gouverner le monastère de Saint-Riquier. C'était un religieux d'une vie édifiante et d'une conduite irréprochable, formé à l'école de Robert, disciple de Suger. L'œuvre de restauration entreprise par son prédécesseur se continua avec zèle. L'Eglise fut entièrement relevée ainsi que les autres édifices du monastère. On n'a trouvé aucun acte de son administration dans les archives, quelques recherches qu'on ait pu faire.

On ne saurait indiquer non plus la date précise de sa mort. Nous l'avons placée vers l'an 1143 (1).

(1) En 1143, dit notre chronique, mourut Jean des Temps, *Joannes de Temporibus*, qui avait vécu trois cent-soixante et un ans. Il avait été écuyer de Charlemagne, comme on le voit dans la vieille chronique de Saint-Pierre-le-Vif.

Ce souvenir légendaire aurait à peine attiré notre attention, si nous n'avions remarqué qu'il y eut d'autres échos de cette assertion de la chronique. Qu'on en juge plutôt par l'extrait suivant du Journal de Francfort :

« Dans l'*Auctuarium Cremifanense* de l'année 1198 on lit : cette année sous l'empereur Frédéric Barberousse est mort Jean de Ziten (*de Temporibus*) qui a vécu 361 ans, à savoir depuis le temps de Charlemagne dont il avait été écuyer. »

« Le professeur *Leo à Halle*, qui pour la curiosité a relaté ce fait dans une remarque ajoutée à ses lectures sur l'histoire d'Allemagne, ajoute, « Cet
» homme serait donc né en 777 : il aurait atteint
» le plus grand âge dont il soit fait mention de-
» puis Moïse. Comme on raconte qu'en 1818 on a
» présenté à l'empereur Alexandre de Russie dans
» les provinces de la Baltique un vieillard qui di-
» sait être venu en Allemagne avec l'armée Sué-
» doise en qualité de garçon de trains et avait vu
» Gustave-Adolphe, il faudrait donc qu'il eut at-
» teint l'âge de deux cents ans. Il est encore ques-
» tion d'un autre homme qui aurait vécu 279 ans.
» La chose ne serait donc pas impossible, si les
» données ci-dessus étaient exactes. »

CHAPITRE III

GELDUIN, VINGT-QUATRIÈME ABBÉ.

(1143 à 1149).

Donations aux Abbayes de Dommartin et de Valloires. — Gelduin part pour la Croisade avec le roi Louis-le-Jeune. — On le dit Évêque de Bellivaux. — Fondation de la Léproserie du Val-lès-Saint-Riquier.

L'Abbé Gelduin ou Geldequin fut d'abord Abbé de Saint-Valery. Nous avons de lui, en 1140, un accord avec les chanoines de Notre-Dame de Sery, de l'ordre de Prémontré, pour des redevances sur des alleux situés dans le voisinage de ce monastère (1).

Demandé par les religieux de Saint-Riquier pour gouverner leur Eglise, Gelduin accepta leur élection canonique et se sépara de son premier troupeau (2).

On sait le développement extraordinaire des institutions monastiques en ce siècle. Les disciples de Saint-Norbert et de Saint-Bernard sont appelés dans le Ponthieu et fondent entre autres colonies les monastères de Dommartin et de Valloires (3).

C'est en 1143 que commencent les rapports entre les moines de Saint-Riquier et de Dommartin, couvent qui porta à son origine le nom de Saint-Josse-aux-Bois. Des vassaux de Saint-Riquier font des donations aux chanoines réguliers de Dommartin. « Mais les dits vavasseurs qui vaut autant à dire que vassaux (4) » n'avaient point rendu leur hommage, et pour cette transgression de la loi féodale leur terre de Mour-au-Maisnil retombait par droit de dévolution dans le domaine du monastère. Ce qui n'empêcha point l'Abbé Gelduin de confirmer le contrat, en ne se réservant que le droit seigneurial du terrage ou champart.

Cet acte de donation fut signé par Gautier, Abbé de Selincourt, par Hugues le Seigneur, par les seigneurs de Drucat et de Gapennes et « XX° autres, que prêtres, que clercs, que religieux, que laïcs, l'an 1143, Indiction VI° ».

Les moines de Cîteaux, établis d'abord à Bonances, puis à Balances(5), furent séduits par les eaux de l'Authie qui leur promettaient d'abondantes pêches. C'est pourquoi, en 1126, ils allèrent édifier leur monastère à Valloires sur un domaine concédé en partie par le comte de Ponthieu et en partie par les moines de Saint-Riquier : on remarque

(1) *Gallia Christiana. Tom.* x, *Page* 1237.
(2) D. Cotron. *Anno* 1143.
(3) Dommartin, *sur l'Authie (Pas-de-Calais).* — Valloires (en latin *Valloliæ* plutôt que *Valeriæ*), sur *l'Authie, canton de Rue.*
(4) *Cart. Saint-Riquier, folio* 155.
(5) Bonnance, *ferme,* canton de Nouvion. — Balances, *ferme,* canton de Rue.

dans leurs annales que ces derniers se plurent à créer de nouveaux centres de vie cénobitique en faisant de nombreuses donations à ces maisons naissantes.

Nous avons vu plus haut comment Robert d'Ailly, pour expier le crime de l'incendie de Saint-Riquier, avait transmis aux Cisterciens de Valloires sa part du domaine de Mésoutre (1). Les droits des enfants de Saint-Riquier sur cette antique *villa* de leur père, si favorisée de grâces précieuses, avaient subi les outrages du temps et les empiétements des seigneurs de la contrée ; il leur restait cependant encore quelques possessions à Mésoutre : ils les abandonnèrent pour une redevance de 10° de cens, à la Saint-Remi (2).

Le chirographe (3) contient plusieurs autres donations : 1° celle de Monflières près Valloires, sous la réserve de la dîme ; 2° le moulin que Guillaume de Montreuil tenait de l'abbaye pour un cens annuel de 12° et une redevance de 500 anguilles, redevance dont il sera parlé plusieurs fois dans les contrats et dont on voit ici l'existence, antérieure même aux cessions faites à Valloires ; 3° la seigneurie des domaines de Valloires et de Potelles tenus par Guillaume de Montreuil et appartenant au monastère. L'Abbé Gelduin la céda, en se réservant toutefois la dîme et en stipulant deux visites annuelles des moines de Valloires à Saint-Riquier, comme témoignage de leur dépendance.

« Le chirographe sur A. B. C. et la partie du bas fait connaître que l'Abbé avait
« nom l'Abbé Hue et ne les nomme point Valoires ni Balances, mais il les nomme
« moines de Cîteaux demeurant en Ponthieu, et en la charte ont signé Etienne, prieur,
« Wautier, chantre (4). »

Les libéralités ne s'arrêtent pas là : elles sont suivies d'autres assez importantes pour que les moines de Saint-Riquier aient mérité jusqu'à un certain point le titre de co-fondateurs de Valloires (5). En 1147 Gelduin leur permet de fonder la Grange des Roches, au lieu appelé Troussencourt. « Il consent qu'en tout le terroir de Troussen-
« court ils peussent prendre autant de notre terre que deux charrues pourroient aha-

---

(1) Mesoutre, *Mosultra* ou *Moxultra*, ferme près Vironchaux, canton de Rue.

(2) Robert, prévôt de Maintenay, abandonne aussi pour un cens annuel de deux setiers de froment, un bien patrimonial à Mésoutre.

(3) Le chirographe est une double charte unie par des lettres de l'alphabet ou d'autres signes hiéroglyphiques et garnie de sceaux. On coupait les lettres par le milieu et chaque contractant emportait son acte. Quand il s'élevait un débat sur les conventions, on rapprochait les deux parties ; il était difficile de tromper, quand on était nanti de semblables écrits.

C'est principalement au xii° siècle qu'on emploie ce genre de contrat : plus tard les actes sont rédigés par des officiers publics. Il faut croire qu'alors les chirographes eux-mêmes étaient falsifiés, et qu'on ne se faisait pas défaut de produire de fausses chartes, tant est ingénieux le désir déréglé de posséder.

En outre, des formes solennelles des chirographes, du grand nombre de témoins, nous pouvons conclure qu'ils étaient rédigés dans les plaids des seigneurs et des Abbés. Les hommes liges des différents fiefs comparaissaient avec les habitants du lieu en vertu des obligations de la loi féodale.

(4) D. Cotron, *Anno* 1147. *Cartul. de S. Riq. fol.* 158.

(5) D. Cotron. *Lib.* xi. *Cap.* vi.

« ner et sans préjudice de tierche personne et les avoir et possesser à héritage par
« yceux en nous payant seulement le terrage : avec ce leur donna congiet de édifier
« une maison ou mansion en laquelle ils pourroient demourer et occuper, contenant
« autant de journaux que leur plairoit en payant de chaque journal douze sous chacun
« an à la Noël (1). »

On appellait grange (2), dans les us de Citeaux, une sorte de métairie monastique habitée et exploitée par des mercenaires laïques sous la direction de frères convers. Ces frères convers étaient des fils de pauvres laboureurs, de serfs, de manants qui s'affiliaient à l'ordre monastique par des vœux simples et exécutaient diverses professions mécaniques.

La grange de Troussencourt était située aux environs de Noyelles-en-Chaussée. Une chapelle dont il sera question plus tard consacre encore tous ces souvenirs. La ferme a été détruite ; mais l'abbaye de Valloires a joui de ce beau domaine jusqu'à l'époque du grand cataclysme qui a emporté toutes les institutions religieuses si chères à nos pères. Par suite de transactions, l'abbaye de Valloires, pour tous ces dons, ne payait plus que 38ª tournois de redevance et 500 anguilles. « C'est bien peu, disaient les « moines des derniers temps, eu égard aux biens considérables que Saint-Riquier a « donnés à Valloires, mais c'est une chose sur laquelle il n'y a pas à revenir et qu'il « serait insensé de regretter. »

Gelduin, en partageant avec de nouveaux frères les aumônes des fondateurs de Centule, en leur offrant les moyens de s'élever dans les régions plus sereines de la contemplation et de la prière, espérait attirer les bénédictions du ciel sur son grand voyage de Terre-Sainte. Les chroniques l'appellent en effet « le pèlerin en Jérusalem ».

Le monde chrétien s'ébranlait alors à la voie si autorisée de saint Bernard. Louis VII venait de lever l'oriflamme à Saint-Denis (3), en présence du pape, de l'Abbé Suger, de la famille royale et d'une multitude de chevaliers, dévots pèlerins des lieux saints. Louis VII, pendant son voyage, oubliait qu'il était roi pour pratiquer les œuvres du croisé le plus exemplaire : il ne manquait jamais d'entendre la messe : au retour des combats il assistait aux offices de Vêpres et de Complies. Point de doute que si tous les croisés l'avaient imité, le Tout-Puissant, outragé même dans la plus sainte des guerres, n'aurait pas eu à venger sur son peuple les scandales de quelques-uns de ses chefs.

Gelduin accompagna le roi avec un grand nombre d'Abbés, de moines, de clercs de tout rang et de toute condition (4). L'histoire nomme, parmi les Abbés, Arnoul, Abbé de Li-

(1) *Cartul. de St-Riq.*, fol. 158.

(2) Granges. Voir Abbaye de Morimond, par l'Abbé Dubois. *Page* 39-42.

(3) *Ann. Bened. Tom.* vi, *Pag.* 385.

(4) Les historiens remarquent que dans chaque expédition des Croisés il partait un grand nombre d'Evêques et d'Abbés, suivis de leurs vassaux et de ceux qui venaient s'enrôler sous leurs ordres. En outre les barons et les comtes se croyaient obligés d'emmener avec eux un ou deux chapelains ; ce qui devait encore accroître le nombre des ecclésiastiques.

sieux, Herbert, de Saint-Pierre-le-Vif de Sens, Thibaut, de Sainte-Colombe, monastère de la même ville. Tous ces hommes, voués à la pénitence et au service de Dieu, avaient pris la croix, en faisant serment devant les autels de défendre de tout leur pouvoir la sainte cause de Jésus-Christ et de mourir pour lui, s'il était nécessaire.

Le camp des Croisés ressemblait à un vaste monastère. On y chantait l'office divin avec la même assiduité que dans un cloître. On exhortait les soldats et les chevaliers, on réconciliait les pécheurs avec Dieu, on réprimait les scandales autant qu'on le pouvait. Par leurs prières et leurs conseils généreux les ministres des autels entretenaient la foi des guerriers de la croix et préparaient ces éclatantes victoires dont le peuple chrétien est si fier.

Que devint Gelduin après la Croisade? Son nom ne reparait plus dans les annales de Saint-Riquier. La chronique observe toutefois qu'il fut nommé Evêque de *Bellinvaux* ou *Bellivaux*. D. Mabillon et plusieurs autres érudits du xvii° siècle ont mis leur esprit à la torture pour découvrir un siège épiscopal de ce nom. Leurs recherches ont été vaines. Pour avoir raison du texte d'une chronique trop souvent erronée dans ses assertions, le savant éditeur des Annales Bénédictines s'est demandé si ce siège introuvable ne serait pas celui de *Vallacensis* ou *Aniciensis* (Le Puy) alors vacant. La série des Evêques de ce diocèse ne donne pas une réponse satisfaisante, d'où nous pouvons conclure après tant d'efforts d'érudition que la question reste insoluble (1).

On rattache à l'administration de l'Abbé Gelduin la fondation de la Léproserie du Val-lès-Saint-Riquier, situé à l'Est de cette ville, à peu de distance de Neuville. Une charte de cet Abbé fixe l'époque de la donation de la terre où ces lépreux ont établi leur résidence (1145).

D'après cette charte, l'Abbé et le couvent donnent une terre en friche, au lieu dit *le Val*, pour appartenir aux Lépreux, à la condition que chaque année ceux-ci paieront à la fête de Saint-Jean après la Pentecôte un cens de six sous et la dime des champs cultivés. Elle était revêtue d'un grand nombre de sceaux. Parmi les chevaliers présents, on nomme Hugues de Senarmont, Godard de Drucat, Henri de Gaissart, Adam de Bersacles (2).

Une autre charte de Renaud de Saint-Valery, portant la date de l'an 1140, nous prouverait que la léproserie existait déjà à cette époque. Rien de plus vraisemblable. Ces charitables institutions, sorties du cœur compatissant des chrétiens enthousiastes des guerres saintes, doivent remonter à la première croisade.

On sait que cette lèpre contagieuse et incurable fut inoculée au sang européen sous le ciel brûlant de l'Orient. On ne peut voir sans une immense pitié ces victimes d'un dévoûment héroïque à la cause du Christ, chassés des centres de population, languissant et mourant dans des lieux inhabités, sans secours, sans une parole d'amitié

---

(1) *Ann. Bened. Tom.* vi, *Pag.* 885.   (2) *Archives de l'Hôtel-Dieu de Saint-Riquier.*

ni d'espérance chrétienne. Aussi la charité de nos pères, si prodigue à cette époque de créations religieuses, n'eut garde d'abandonner les plus infortunés des chrétiens : elle leur ouvrit des asiles au sein des campagnes les plus salubres et les leur conserva pour la suite des siècles.

Les léproseries sont dotées par les seigneurs, par les bourgeois des villes, par les lépreux eux-mêmes, quand ils possèdent quelques terres ; elles sont soumises aux communes des lieux où ces maisons sont établies. Celle de Saint-Riquier a conservé les noms de ses principaux fondateurs : elle aura son histoire dans un chapitre spécial, quand nous traiterons de l'Hôtel-Dieu de Saint-Riquier.

CHAPITRE IV

PIERRE, VINGT-CINQUIEME ABBÉ.

(1149 à 1160.)

Difficultés pour l'élection du successeur de Gelduin. — L'Abbé Pierre fait un emprunt à l'Abbé de Valloires pour son voyage à Rome. — Charte du comte de Ponthieu datée de Saint-Riquier.

D'après de graves historiens, Gelduin aurait abdiqué avant son départ pour la croisade. Mais cette assertion aurait besoin de preuves. On ne voit pas en effet que ses moines se soient hâtés d'élire un successeur. On leur reproche de coupables lenteurs ; on disait qu'ils attendaient des nouvelles certaines sur la mort de leur Abbé. Des plaintes furent même adressées à Suger, régent du royaume, par Thierry, Evêque d'Amiens. Ancien moine, ancien Abbé du Mont Saint-Eloi, ce prélat jouissait d'une grande considération. A son retour d'un concile de Reims, il écrivait cette lettre à l'illustre Abbé de Saint-Denis, son très-cher seigneur et père (1).

« Thierry, par la grâce de Dieu, humble Evêque d'Amiens, offre son hommage et
« son cordial dévouement à son très-cher seigneur et père Suger, vénérable Abbé de
« Saint-Denis.

« Je vous parle à l'oreille, fatigué que je suis de peines continuelles : mais, par-
« dessus tout, mon âme est écrasée sous le poids énorme de mes monastères. Je vous
« parlerai en particulier du monastère de Saint-Riquier, où il faut aujourd'hui rétablir
« le bon ordre. Les moines cherchent toutes sortes d'excuses et d'échappatoires. Nous

(1) *Rerum Gallic. Veter. Script. Tom.* xv. *Pag.* 492.

« vous prévenons que, s'ils ne sont tenus en respect par une main ferme, ils choisiront
« pour Abbé une personne dépravée et animée de leur mauvais esprit : car ce sont des
« hommes qui n'ont jamais connu le joug. Ce monastère a besoin d'un Abbé plein de
« cœur et de religion, tel que Bernard, prieur d'Anchin, ou Dreux, prieur de Lihons.
« Adieu et veillez à ma recommandation. »

On ne connaît pas la réponse de Suger à cette lettre, ni ses ordres au monastère de Saint-Riquier; mais soit avant la dénonciation de l'Evêque d'Amiens, soit après (il n'y a pas de date ni même d'ordre dans cette correspondance), les moines avaient élu pour leur Abbé Arnoul, prieur de Corbie. C'est ce que nous apprenons par deux lettres qu'ils ont eux-mêmes écrites à l'Abbé de Saint-Denis et que nous croyons devoir aussi reproduire.

« A notre très-révérend maître et ami Suger, Abbé de Saint-Denis, tout le couvent
« de Saint-Riquier offre son salut et son profond respect.

« Nous informons votre paternité que nous tous, le couvent du monastère de Saint-
« Riquier, de l'avis et avec l'assentiment de religieuses personnes et de plusieurs de
« nos hommes liges, nous avons élu pour Pasteur et Abbé, canoniquement et selon la
« règle de Saint Benoît, Dom Arnoul, prieur de l'Eglise de Corbie : c'est un moine de
« grande religion et de haute considération. Ayant obtenu de notre seigneur le roi
« Louis et de ses prédécesseurs une pleine et entière liberté pour l'élection de nos Ab-
« bés, nous vous prions très-instamment, vous qui gouvernez pour notre roi avec tant
« de prudence et de succès, de ne point laisser porter atteinte à notre indépendance,
« en écoutant les suggestions de gens mal intentionnés. Pour l'amour de Dieu et pour
« la bienveillance que vous nous témoignez, soutenez-nous de vos conseils et de votre
« haute protection et confirmez notre élu qui saura, nous l'espérons, réparer tous nos
« maux. Adieu. »

Cette première lettre n'obtint pas son effet ; dans une seconde les moines priaient plus instamment l'Abbé Suger de ne pas les laisser plus longtemps sans pasteur.

« L'humble couvent de Saint-Riquier au vénérable Abbé de Saint-Denis, leur
« très-sérénissime maître et père, salut et abondance de toute grâce dans le
« Seigneur. »

« Soyez bon pour vos serviteurs qui espèrent dans le Seigneur, afin qu'ils puissent
« durant leur passage sur la terre être rassasiés de ses délices (1). Placés au milieu de
« gens qui nous pillent et nous dévorent, nous sommes troublés, agités, comme des
« brebis sans pasteur ou plutôt comme un peuple sans roi, comme de petits enfants
« sans père, pleurant sur le long veuvage de notre mère. L'âme navrée d'amertume,
« nous nous prosternons de nouveau à vos genoux et vous adressons notre prière :
« exaucez-là pour l'amour de Dieu, pour le salut de nos âmes. Le sort des Eglises de

---

(1) Spera in Domino : et fac bonitatem : et inhabita terram, et pasceris in divitiis ejus.

CHAPITRE IV. — L'ABBÉ PIERRE. 439

« France est entre vos mains: daignez, nous vous en supplions, ratifier, pour la gloire
« de Dieu et la restauration de notre Eglise, l'élection que nous avons faite du prieur
« de Corbie, élection que nous ne sommes point disposés à révoquer. C'est le vœu le
« plus ardent des moines, du clergé, des chevaliers, de tout le peuple. Que votre douce
« piété, ô vénérable père, se rende aux vœux de vos enfants et de vos serviteurs ;
« qu'elle étende sur nous une main protectrice et qu'en répandant la consolation en nos
« âmes elle mette un terme à nos souffrances. »

Cette double correspondance semble indiquer deux courants d'idées : d'un côté l'Evêque d'Amiens accuse des désordres dans le monastère, une grande indépendance, une volonté de persévérer dans l'indiscipline ; de l'autre, les moines se plaignent d'injustes tracasseries. Loin de différer le choix d'un Abbé, ils pressent Suger de confirmer leur élu, prieur d'un monastère où la régularité se maintient sous la main ferme d'un disciple même de Suger. Le silence de l'Abbé de Saint-Denis et des chroniques monastiques ne nous permettent pas de juger ce différend. Ce qui nous paraît plus probable, c'est que la question des exemptions et des privilèges, dont nous aurons à nous occuper un peu plus loin, n'est pas étrangère à cette querelle et à ces défiances. Quoi qu'il en soit, Arnoul ne fut pas Abbé de Saint Riquier: les suffrages des moines se portèrent alors sur Pierre de Bourges, que nous pouvons croire recommandé par Suger lui-même. Son élection fut notifiée en ces termes par le prieur du monastère : « Je, Etienne,
« prieur de Saint-Riquier et tout le couvent, savoir faisons à tous les fils de la Sainte
« Eglise, à qui il sera donné d'en connaître, que nous, moines de Saint-Riquier, avons
« choisi pour notre pasteur, Dom Pierre de Bourges, moine de Saint-Denis : notre élec-
« tion est canonique, conforme à toutes les règles prescrites et a obtenu l'assentiment
« de toutes les personnes religieuses de notre province, de nos chevaliers, des seigneurs
« qui nous sont soumis, des clercs et des bourgeois (1). »

La commune même de Saint-Riquier intervient dans cette élection, pour presser Suger d'envoyer le nouvel Abbé.

« Au vénérable Suger, Abbé de Saint-Denis, leur maître digne de tout honneur,
« G. Mayeur, les vavasseurs et toute la commune de Saint-Riquier, salut dans le Sei-
« gneur et dévoûment sans bornes. »

« Nous prions votre sérénité de venir au secours de notre Eglise désolée, parce
« qu'elle souffre depuis longtemps d'être privée de son pasteur. Dom Pierre, votre
« moine, canoniquement élu par le couvent de Saint-Riquier et de l'assentiment des
« personnes religieuses de notre province, des chevaliers et des bourgeois, nous est né-
« cessaire. Veuillez nous faire la grâce de l'envoyer le plus tôt possible. »

Toutes ces négociations avaient lieu pendant la croisade, avant le retour de Louis-le-Jeune, c'est-à-dire de 1147 à 1150. Il semble que l'élection de Pierre, choisi parmi les

(1) *Gallia Christiana*. Tom. x, *Pag*. 314. *Appendix*.

fils spirituels de Suger, aura dû donner satisfaction à tous les partis et mettre un terme aux oppositions.

Saluons la noble et radieuse figure du plus grand des Abbés de Saint-Denis, au moment où l'un de ses fils spirituels est appelé à répandre son esprit dans le monastère de l'antique Centule et à fermer ses plaies.

Tous les historiens ont redit l'admirable administration de Suger, l'inépuisable fécondité de ses ressources, sa rare prudence dans le maniement des hommes et des choses. Une histoire monastique doit surtout contempler le religieux.

Le tout-puissant régent du royaume de France, dont le regard embrassait le monde entier, n'était plus, quand il concentrait sa pensée sur lui-même, qu'un humble enfant de l'Eglise, un pauvre moine. C'est dans une cellule de 10 pieds carrés qu'il méditait sa politique : ce qui confondait Pierre le Vénérable lui-même. « Cet homme, « disait-il, en pensant à cette étroite cellule et aux splendeurs dont il couvrait le mo- « nastère de Saint-Denis, nous condamne tous. On voit bien qu'il bâtit pour Dieu et « non pour lui. » A l'époque même où toutes les ambitions de la France s'agitaient autour de lui et l'accablaient de leurs assiduités et de leurs honneurs, toute son ambition à lui, c'était de soutenir l'honneur de la sainte Eglise, qui l'avait nourri de son lait dans sa première enfance, qui avait affermi ses pas chancelants dans sa jeunesse, l'avait puissamment soutenu dans la force de l'âge et élevé au-dessus des princes de l'Eglise et du royaume. Pendant la régence il ne changea en rien son régime de vie monastique, ne mangeant point de viande, excepté quand il était malade ou pressé par sa charité envers ses amis. Après les matines il allait prier aux autels des saints et il célébrait ensuite la messe avec une dévotion angélique. Des troupes de moines se pressaient autour de lui, quand il s'arrêtait quelque part et aucun ne se retirait sans une parole de consolation. Les pauvres, les Eglises, les monastères dont il était le père et le tuteur, ont été comblés des dons de sa magnificence. Suger gouverna Saint-Denis de 1121 à 1151.

On doit bien augurer du mérite et des qualités d'un Abbé formé à une telle école. Toutefois nous regrettons ici de n'avoir à signaler que quelques conventions avec les monastères de Valloires et de Dommartin. La première est de 1150. C'est un engament ou hypothèque de terres à l'abbaye de Valloires pour un prêt de 40 livres.

L'Abbé Pierre, d'après la teneur de la charte (1), emprunte cette somme pour un

---

(1) « Il engagea tout ce qui nous était dû à Pon- « tewalle qui fourt jusqu'à l'issue de la vallee, de « la dite issue jusqu'au camp de Buires et à la « haie de Saint-Riquier, jusqu'à Monflières, et de « Monflières jusqu'à la neuve Abbaye et tout ce « que nous avons à Pinchemont et tout ce que « nous avions jusqu'à Authie, avec 23^s 6^d et les « anguilles dues pour Mésoutre et pour le moulin « et pour le yaue : tout engagé pour 50^s l'an et « pour dix ans durant lesquels chacun an ils de- « voient payer au jour Saint-Riquier en octobre : « et d'yceux 50^s ils ne nous en devolent payer « en nature chacun an que 30^s et les vingt autres « tournoient en déduction d'iceux 40^l, pour dix « ans, qui étoit 10^l et par ainsi il ne res- « toit que 30^l. Et certifions que l'abbaye

CHAPITRE IV. — L'ABBÉ PIERRE.

voyage de Rome, à Roger, Abbé de Balances, son ami. On souffre en voyant l'Abbé d'un grand monastère obligé de tendre la main pour recevoir l'argent nécessaire à un voyage non d'agrément, mais d'utilité publique. N'est-ce point une éloquente réfutation des déclamations des ennemis des moines, que cette obscure charte d'un monastère ? Dira-t-on que les fonds étaient dilapidés : rien ne prouve une mauvaise administration ; mais les malheurs des temps contribuaient à la ruine du monastère. La terre manquait de bras : les denrées étaient à vil prix : les fermes rapportaient peu : les guerres féodales augmentaient partout la stérilité. Nous remarquerons encore que toute facilité est laissée pour le paiement et que le monastère de Valloires acquiert des droits sur le fonds : si les domaines étaient quelque jour aliénés, on serait tenu à donner à ce couvent la préférence à prix égal, et si la jalousie ou la malveillance surenchérissaient d'une manière déraisonnable, deux Abbés Bénédictins et deux Abbés Cisterciens seraient constitués arbitres du prix. En outre si la vente avait lieu, d'après leur décision, « si leur rabbaterions, dit la glose sur cette charte, cent sous pour un palefroi, par eux « baillé pour le dit voyage. » La charte nommait 24 témoins présents à cet accord (1).

La même année l'Abbé de Saint-Riquier confirme aux chanoines réguliers de Dommartin la vente du Camp Lenglet par Wautier fils de Ressendi, seigneur de ce fief mouvant de Saint-Riquier et ne se réserve que la dîme (2).

Nous ne scruterons point les motifs du voyage de Rome, mais nous pensons qu'à la dévotion se joignit une raison d'intérêt pour le monastère. L'Abbé de Saint-Riquier sentait qu'il avait besoin de chercher appui et protection auprès de celui qui soutenait la cause des Abbayes exemptes. L'appel à Rome était le dernier mot de toutes les complications et de tous les démêlés sur la juridiction. La suite le prouvera évidemment.

L'Abbé Pierre est aussi nommé comme témoin dans une charte de Thierry, Evêque d'Amiens en 1151, et en 1160 dans une charte de Jean, comte de Ponthieu, en faveur du monastère de Saint-Jean d'Amiens. On ignore l'année de sa mort.

Jean I, comte de Ponthieu et Gui son frère confirment, pendant un séjour à

Saint-Josse n'y avait rien et un seul camp qui était à Gauthier, frère de Folques qui tenait pour XX° et notre droit (*Cartulaire de Saint-Riquier*, fol. 158.) ».

M. Bouthors (*Mémoires de la Société des Antiquaires de Picardie*. Tom. II, Pag. 141) remarque que l'Abbé Pierre engagea tous les revenus qu'il possédait à *Maurepas*. Nous croyons que cette assertion est inexacte et qu'il y a erreur de copiste.

(1) Parmi les religieux, nous voyons Hugues de Millencourt et Robert d'Abbeville, Oilard moine de Corbie, Arnould de Mibourg et Urson de la Cressonnière : parmi les bourgeois Hugues, fils d'Hédiarde, personnage important à Saint-Riquier, Henri de Gaissart, Robert du Val, Durand le célerier et deux autres à qui on donne de l'argent, pour les indemniser sans doute de leur temps (D. Cotron. *Anno* 1150).

Ce chirographe dont les lettres sont coupées et dont la partie inférieure est entre les mains des religieux, portait le scel de Saint-Riquier attaché par deux fils de parchemin : sur ce scel on voyait un moine tenant à la main un bâton pastoral : c'est, dit D. Cotron, le plus ancien sceau de l'Abbaye de Saint-Riquier.

(2) D. Cotron. *Anno* 1150.

Le Camp Lenglet était situé dans les environs de Dommartin.

Saint-Riquier. une donation de terre sur le territoire de la Vicogne, que Gérard de Pic-quigny, vidame d'Amiens, Gosselin d'Orville et autres avaient faite à l'Abbaye de Saint-Jean d'Amiens. Ida, comtesse de Ponthieu, ratifie cette donation, parce que la Vicogne est comprise dans sa dot et lui a été donnée par son mari le jour de ses noces. *Actum apud S. Richarium in domo Hugonis filii Hediardis* (1).

CHAPITRE V

GAUDEFROY, VINGT-SIXIÈME ABBÉ

(1160 à 1170.)

Priviléges accordés par le Pape Alexandre III. — Accord sur des dîmes. — Les Templiers en Ponthieu. — Pacifications sur des différends avec l'Abbaye de Valloires. — Plaintes de Renaud de Saint-Valery au roi Louis VII sur le monastère de Saint-Riquier. — Lettre de Pierre de Celles à l'Abbé Gaudefroy.

Après la mort du pape Adrien IV, le monde catholique fut replongé dans les discordes du schisme par l'ambition insensée et l'impiété de Frédéric Barberousse. Alexandre III (2) chercha un refuge en France, la terre hospitalière ou la patrie des Papes persécutés. Suivi d'un grand nombre d'Evêques et de Cardinaux, il y fit reconnaître son autorité dans le concile de Tours et il attendit pendant plus de dix-huit mois que les passions soulevées par l'empereur fussent apaisées. C'est après ce long exil qu'il rentra triomphant à Rome.

Pendant ce séjour en France, que se passait-il au monastère de Saint-Riquier, après la mort de l'Abbé Pierre ? Les mêmes scènes sans doute qu'au moment de son élection. Cette fois les plaintes furent portées au Souverain-Pontife par l'Archevêque de Reims. Pour arrêter ce désordre, le pasteur de toutes les Eglises nomma lui-même

(1) Les témoins sont Pierre Abbé de Saint-Riquier, Wautier de Vaux, moine, Arnould, moine, Gautier seigneur de la Ferté, Wermond de.. .. (Ostremencourt?), Bertrand de Nouvion, Henri fils de Hubert, Henri de Caumont, Hugues fils de Hediarde, bourgeois, Henri de Vincenof ou Vincheneuil, Jean de Mibourg, Pierre Burens, Hariulfe le chantre, Hugues Solefarine.
Gui s'appelle dans cette charte *Consul Pontivensis*.
Est-ce une erreur de copiste ?
Voir M. de Beauvillé. *Mélanges. Tom.* II, *pag.* 26.

(2) Alexandre III (cardinal Roland, chancelier de l'Eglise Romaine), élu par le collège des Cardinaux, à l'exception de trois, nous est représenté par l'histoire comme un grand Pape. Il racheta l'obscurité de sa naissance par son habileté dans les affaires et l'éclat de ses vertus : il fut un grand défenseur des priviléges monastiques.

CHAPITRE V. — L'ABBÉ GAUDEFROY.

l'Abbé Gaudefroy. Alexandre III nous fait connaître ce choix dans une lettre qu'il adresse au métropolitain de Reims au sujet de la nomination de l'Abbé Riquier, successeur de Gaudefroy.

C'est donc en vertu d'un mandat apostolique que Gaudefroy (1) fut investi de toute la juridiction spirituelle et temporelle sur l'abbaye de Saint-Riquier. Les chroniques des derniers siècles ont ignoré ou caché ces circonstances révélées par l'impression des lettres du Pape Alexandre III : on ne saurait dire si ce nouveau pasteur fut choisi parmi ses frères ou appelé d'autre part.

Le gouvernement de l'Abbé Gaudefroy (2) est signalé par des priviléges et des actes d'administration que les chroniques ont jugés diversement. Une bulle d'Alexandre III datée d'Agnani (1163) et probablement demandée sous son prédécesseur « confirme à « l'Abbé de Saint-Riquier et au couvent les droits de suzeraineté sur le monastère de « Forêt-montier et ses propriétés légitimement et canoniquement acquises ou qui pour- « raient lui être dévolues ou transmises à l'avenir par des moyens honnêtes. Cette « bulle à laquelle on ne pourrait porter atteinte sans encourir l'indignation de Dieu et « des saints Apôtres Pierre et Paul est une nouvelle garantie de leurs possessions (3).

Un autre privilége de 1166 confirme les dîmes d'Equemauville (4).

De toute antiquité, dit la chronique, les dîmes de Roselflos, de Ville et de Roquemont (5) avaient appartenu à l'Abbaye de Saint-Riquier, mais par l'incurie et la négligence des prédécesseurs de Gaudefroy, elles étaient tombées entre les mains des Frères Hospitaliers ou plutôt des Templiers qui les recueillaient déjà depuis longtemps. Cette paisible possession valant presque un titre, un procès devenait inévitable. Un arbitrage mit fin à toute réclamation (1164). L'Abbé de Corbie et Bernard de Saint-Valery décidèrent que ces dîmes seraient partagées par moitié entre les deux couvents. L'Abbé de Saint-Riquier donna une charte conforme à cette sentence et tout fut pacifié (6).

C'est la première fois que nos chroniques nous mettent en présence des Frères Hospitaliers de Jérusalem ou plutôt des Templiers. L'ordre établi en 1109, dans la ferveur de la première croisade, s'était rapidement propagé par toute la France et enrichi, en Ponthieu, des libéralités des seigneurs et des fidèles. Quelle cause paraissait plus sainte que celle qu'ils défendaient? Quel dévouement plus admirable que celui de ces jeunes héros de la croix, ajoutant à toutes les privations des camps les rigueurs de la pénitence monastique ?

La commanderie des Templiers ou de la maison claustrale, établie à Abbeville (7),

(1) Voir le chapitre suivant.
(2) Ailleurs Guifroy, Wuifroy, Guifrid.
(3) D. Cotron. *Anno* 1163.
(4) *Ibid.* 1166.
(5) *Ville*, près Flixecourt. *Roselflos* et *Roquemont*, villages, aux environs de Domart, qui n'existent plus.
(6) D. Cotron. *Anno* 1164.
(7) Elle était connue sous le nom de commanderie de Beauvoir.

rayonnait aux environs de Saint-Riquier : leurs propriétés touchaient sur plusieurs points à celles du monastère, comme la cense ou abbaye des Monts, les domaines de Bellinval près Brailly,' ceux de Forêt-l'Abbaye, où le temps et le vandalisme des révolutions ont respecté un reste vénérable de leur oratoire. Nous aurons à enregistrer quelques autres différends entre les deux institutions religieuses.

Le fief des Portes, près Noyelles, souffrait beaucoup du voisinage de Gui de Caumont (1163). Les plaintes des moines amenèrent un arbitrage. Il fut réglé que Gui de Caumont posséderait pendant deux ans la prévôté, la mairie des Portes et tous les droits héréditaires attachés au fief de Gérard, surnommé *Bobonne*. Toutefois l'Eglise de Saint-Riquier avait le droit de racheter ces terres pendant la seconde année, moyennant quinze livres et de les tenir jusqu'à ce que Gérard se soit acquitté envers elle (1).

L'année suivante mit fin à quelques difficultés avec l'Abbaye de Valloires. Le procès devait son origine à de nouvelles acquisitions autour de leur domaine de Valloires. On en avait appelé au Souverain-Pontife (1166). Alexandre III, délégua Beaudoin, Evêque de Noyon et Amaury, Evêque de Senlis, pour juger ce différend. Il fut réglé que pour tous ses revenus des environs de Valloires l'Eglise de Saint-Riquier recevrait, indépendamment des dîmes et des anguilles, « cinq muids de bled à trois deniers près du
« meilleur et cinq muids d'avoine prins chacun an à la Toussaint en leur hôtel des
« Roches : et si après la Toussaint la grange du dit Roches était arse, que ne veullent
« ou que le dit grain fut empirié, nous de Saint-Riquier n'en aurons nulle récompen-
« sation pour le dit vin, mais nous arons tel grain que on trouvera en icelle grange : et
« pour le fief de Gui Campdavoine que il tient de l'Eglise de Saint-Riquier, il fut
« accordé que, si le dit Campdavoine faloit de service ou de hommage pour le dit fief,
« sy ne porrons saisir le dit fief, que seulement pour la redevanche qu'il nous doit:
« c'est à savoir VIII setiers de blé et VIII setiers d'avoine, et par suite toutes ces ques-
« tions furent sopites (2). »

(1) D. Cotron. *Anno* 1165.
Plusieurs noms sont à signaler ici.
Les arbitres sont quatre dignitaires ecclésiastiques à savoir : Gautier, Abbé de Saint-Josse ou Dommartin, Thierry, archidiacre d'Amiens, Robert, ancien prieur de Bayencourt et Maître Gaudefroy, chanoine d'Abbeville. Leur jugement est attesté par des témoins choisis entre les religieux: comme Gautier de Vaux, Hugues de Millencourt; Robert Poley : entre les ecclésiastiques, comme Eustache, prêtre de Notre-Dame : entre les échevins, comme Simon Mayeur, Henri de Gaissart, Hugues de Cornehotte, Henri d'Ivrench.

(2) *Cartulaire de Saint-Riquier, fol.* 189.
« Cette lettre est un chirographe dont nous avons la haute partie et est copiée debout et non point de long (*Ibid*). » Les témoins sont nombreux. Valloires est représenté par des Abbés de l'ordre, Saint-Riquier par des chanoines ou autres dignitaires de Senlis. Au bas de cet arbitrage on lit les noms de Odon, Abbé de Pré, de Gui, Abbé du Gard, de Pierre, Abbé de Cercamps, d'Ingelran, Abbé du Chaaliz, de Gérard, Abbé de Longvillers, de Hugues, Abbé de Saint-Vincent de Senlis, de Henri, Archidiacre de Senlis, de Maître Hubert, Archidiacre de Meaux, de Gautier, prévôt de Saint-Nicolas, d'Ingelran de Ham, moine de Breteuil et de plusieurs autres.

La ville de Choisy avait été désignée pour la réunion : c'est là que la charte fut donnée.

CHAPITRE V. — L'ABBÉ GAUDEFROY.

Cette convention ne fut pas assez agréable aux moines de Valloires : en 1177, le Pape proposa un nouvel arbitrage au même lieu sous la présidence de l'Evêque de Senlis. Un grand nombre des mêmes personnages figurent encore dans cet arbitrage. La redevance en blé et avoine fut convertie en redevance en argent : on imposa aux moines de Valloires un cens de onze livres par an, sans détriment des autres droits convenus (1).

Gaudefroy et son couvent donnèrent en fief à Gautier, seigneur de la Ferté et à ses héritiers la moitié de la terre et du bois de Bayardes, situés entre Cramont et Ivrench, pour racheter des coutumes de sa vicomté sur les terres de Saint-Riquier, coutumes que les seigneurs de la Ferté exigeaient très-rigoureusement. La charte (1166) porte que Gaudefroy céda la moitié de ce domaine par le conseil de ses hommes nobles et que Gautier le tiendra en fief à perpétuité en droit hérédital. « Or la part du dit Gautier et
« celle de l'Eglise, pour le enhaner, cultiver, labourer à moitié, fut baillié à un con-
« vers de Saint-Josse-au-Bois, qui est l'Eglise de Dommartin, lequel convers avait
« nom Robert de Hanchies et lequel terre, à savoir notre part et la part du dit Gaul-
« tier, le pooit amender, faire fertile, fumer et marler, *stercoribus appositis et marlis* :
« et toutes et quantes fois que la dite terre était prête à recueillir et en temps de mes-
« son, le dit convers y pooit commettre messonneurs et soyeurs et emporter la moitié
« dudit fruit comme vrai moitieur et seul : et nous, avec ledit Gaultier *Senioratus*, de-
« vons avoir l'autre partie pour être partablé également, *exceptis duabus garbis decimæ*,
« desquels deux garbes ledit convers médiateur ne devait avoir aucun droit ni Gau-
« tier *Senioratus* ; mais nous demourait et demeure à perpétuité ledit droit des deux
« garbes, comme anchien droit non partable, pour en posséder paisiblement et sans
« pétition.

« Et pour ce que nous donnâmes tel bénéfice et tel accroissement de fief que ledit
« Gautier tenoit de nous et que laditte terre lui avons octroyée et donnée, il commen-
« cha à en être plus joyeux et un petit provoquier à nous petit bien faire, tellement
« que aucunes coutumes lesquelles il disait dedans notre vicomté à lui appartenir et
« lesquelles injustement et violemment il volait prendre en notre cour et dont il avait
« inquiété et travaliet notre Eglise, il les délaissa à Monsieur Saint-Riquier et à nous
« et promit jamais les demander à nous en notre cour sur le grand hôtel Monsieur
« Saint-Riquier et afin que la mémoire en fut plus permanente, il fit convoquiet grand
« nombre de présents à cette paction, dénommez en yceux chirographes, comme VII
« religieux, XIII chevaliers et XI bourgeois (2) »

(1) « L'Abbé général de Cîteaux ,*frater Alexander dictus Abbas Cistercii*, a pour agréable toutes les compositions faites en la présence de Henri, Evêque de Senlis, par le commandement du Pape entre nous [de Saint-Riquier et Lorens (Laurent) Abbé de ce lieu et Hue Abbé de Ba- tances et les confirme et approuve. (*Cartulaire de Saint-Riquier. Ibid., fol.* 159.

(2) *Cartulaire de Saint-Riquier, fol.* 59, 60. Hainfroy, prieur, Hugues de Millencourt, Gautier de Vaux, les curés des Eglises de Saint-Riquier, Maître Gaudefroy, chanoine, et Gautier, doyen d'Abbe- beville, Gautier le Seigneur et ses frères Hugues de Outrebois et Odon le Seigneur, Anselme d'Auxi.

Ce contrat de Gaudefroy fut improuvé par une partie de la communauté : les chroniques ont conservé quelques traces des lamentations des opposants. « Ce fut, disent-
« elles, un grand dommage pour le couvent, dommage qui fut à peine compensé par
« l'abandon des droits de vicomté que le seigneur de la Ferté possédait sur Buigny.

« Toutes voies par un aguillon de la divine grâce que il lui avait prévenu pour être à
« notre bénivolence, ledit Gautier, du consentement de Eve sa femme et de Hue et
« Odon ses frères, de Gilles son fils, sur l'hôtel de Saint-Riquier comprit tout le droit
« qu'il réclamait, justement ou injustement sur ladite vicomté de Buigny et le laissa
« et donna à Monsieur Saint-Riquier par don perpétuel et solennel, en retenant tant
« seulement un droit de fauciliage lequel avec corvées il avait eu devant (1). »

Des lettres de Renaud de Saint-Valery (2) à Louis-le-Jeune, dont on n'indique pas la date, nous font présumer qu'il se serait fait l'interprète des récriminations des religieux, que certaines compositions de Gaudefroy avaient irrités. Renaud avait envoyé à la cour un moine de ses amis avec une recommandation spéciale. Soit que le roi de France eût perdu de vue la demande de Renaud, soit qu'il n'ait pu s'en occuper, nous voyons dans leur correspondance que Louis-le-Jeune cherche de nouvelles explications. Le seigneur de Saint-Valery lui dévoile les misères de notre Abbaye en ces termes :

« Renaud de Saint-Valery à Louis, roi de France, son seigneur. Nous vous infor-
« mons confidentiellement, comme nous l'avons déjà fait auparavant, que l'Abbaye de
« Saint-Riquier en Ponthieu, qui vous appartient, est dans une complète ruine spiri-
« tuelle et temporelle. L'intérieur est perdu par la conduite scandaleuse des moines.
« Au dehors on vend, on engage, on dévaste presque toutes les possessions. Sachez
« donc que si votre sollicitude paternelle ne vient au secours du monastère, tout sera
« anéanti par la paresse et la nonchalance de l'Abbé. Il est temps encore de guérir
« toutes ces blessures, si on veut se hâter. Nous n'accusons point l'Abbé de se rendre

Gautier Pocholle, Hubert de Senarmont, Anscher de Vaux, Henri de Gaissart, Simon Mayeur, Hubert le Vicomte, Hugues de Belflos, Hugues de Villers, Bernard de Dompierre, Hugues, fils d'Hediarde, Lambert d'Auxi, Gautier de Court, Henri de Neuve Rue, Guillaume de Brasly, Odon des Autheux, et plusieurs autres échevins, bourgeois et chevaliers ou moines (Dom Cotron. *Anno* 1166).

‹ Lettres de chirographe toute d'une lettre et d'une date scellées, l'une de notre sceau et l'autre du sceau de Galterus *Senioratus*, seigneur de la Ferté, datées de l'an 1166, *Decem nonœ valis circuli VIII, inditione quartaa decima pacta vero in ordine VIII et in numero decimo septimo* et est coppée chacune par égale portion en marge du haut ès-lettres de *A B C D...* et est la partie du haut scellée dudit seigneur de la Ferté et partie du bas scellée de notre sceau. ›*Cart. de St-Riq. fol.* 59.

(1) Et furent présents un grand nombre des mêmes témoins, auxquels nous devons ajouter *Petrus Flethomator* ou *Pierre le Saigneur* c'est-à-dire le chirurgien, Gaudefroy, prieur, et Ursé, futur Abbé du monastère.

On observe aussi que le contrat est déposé sur l'autel de Saint-Riquier. Le seigneur de la Ferté prend donc à témoins et son patron et les moines et ses hommes d'armes. (D. Cotron. *Anno* 1167).

(2) Renaud de Saint-Valery, fils de Bernard de Saint-Valery, est un personnage très-important du comté de Ponthieu ; il se distingue à la croisade en 1147 : il remplit des messages du roi d'Angleterre auprès du roi de France, du Pape, des seigneurs français.

Rerum Gallic. Vet. Script. Tom. xv, *pag.* 682.

CHAPITRE V. — L'ABBÉ GAUDEFROY.

« coupable de désordres honteux (1). Ce que nous lui reprochons, c'est de ne point
« maintenir ses religieux dans la discipline et la soumission à la règle et de ne point
« régir convenablement son temporel. C'est pourquoi nous vous supplions de recevoir
« avec bienveillance ce moine, qui vous appartient et qui est notre ami : nous vous l'en-
« voyons pour vous entretenir de cette désastreuse situation. Veuillez écouter ce qu'il
« vous dira pour la réforme de cette Eglise (2). »

Nous ne savons rien sur les suites de cet incident ni à quel titre Renaud de Saint-Riquier s'est fait l'écho des moines mécontents. Ce tableau est-il bien fidèle ? La jalousie, les faux rapports n'ont-ils pas assombri les couleurs ? Une lettre perdue dans une vaste collection, ne pourrait-elle résoudre cette grave question.

Quoiqu'il en soit de cette incrimination, nous ne voulons pas laisser passer des expressions qui fixent une question assez difficile à résoudre d'après les données générales. En 817, un cartulaire de redevances ou services envers le roi fait connaître un grand nombre d'Abbayes royales : nous avons constaté que le nom de Saint-Riquier était omis : c'était presque pour nous une raison de douter, d'autant plus que le monastère de Centule avait été fondé sur les possessions de Saint-Riquier lui-même : mais lorsque Renaud de Saint-Valery déclare que l'Abbaye de Saint-Riquier est au roi, *quæ Vestra est*, et que ce texte est confirmé par une note des auteurs des Annales historiques où l'on indique Saint-Riquier parmi les Abbayes soumises à payer un droit au bouteiller du roi, il est juste d'examiner cette question et de se rendre compte des relations qui existent à cette époque entre les Abbayes royales et le souverain, quelle que fût l'origine de ce titre.

Quels rapports créait ce titre d'Abbaye royale ? C'est ce que nous allons essayer d'expliquer en quelques mots. Les Abbayes royales étaient exemptes pour le temporel de tout contrôle épiscopal : elles ressortissaient au roi dans leurs contestations ou procédures judiciaires. Bien que les rois n'eussent pas, d'après la règle, le droit d'élection ou de nomination, ils étaient souvent tentés de se l'arroger : ils ne se faisaient pas défaut d'abuser du droit d'investiture royale. Leur consentement était requis pour valider l'élection ou pour permettre à l'élu de prendre possession du temporel : les Abbayes royales devaient le service militaire et les dons, sans oublier l'hommage et les redevances aux principaux officiers du roi à cette occasion. On peut présumer

---

(1) *Mollitie cordis, non de incontinentia cordis.*
(2) *Rerum Gallic. Vet. Script. Tom.* xvi, *pag.* 66.

• Ceci, dit une note de l'éditeur, paraît convenir à l'Abbé Pierre plutôt qu'à ses successeurs. Pierre régit le monastère de 1148 à 1160 et au-delà. Les successeurs ont été des administrateurs fidèles; donc il ne peut être question que de Pierre. C'est pourquoi nous assignons à l'an 1163 cette lettre qui ne porte pas de date. •

Nous demandons pardon au savant critique. Sa chronologie est fautive : Pierre est remplacé avant 1163. Il est plus juste de placer cette lettre après l'an 1166, sous l'Abbé Gaudefroy qui est assez maltraité dans nos chroniques pour qu'on suppose que c'est lui que vise ce message.

aussi que le roi, à la mort de l'Abbé, exerçait sur elles le droit de régale, droit trop souvent abusif, droit nuisible surtout aux intérêts spirituels à cause des longues vacances : car le fisc royal, par une sacrilége spéculation, osait quelquefois entraver la transmission de l'autorité et laissait l'Eglise gémir trop longtemps dans les douleurs de son veuvage.

On nous a conservé l'hommage d'un Abbé, au XIII° siècle.

« Frère Guillaume d'Auxerre, élu abbé de Sainte-Géneviève, par provision du Souve-
« rain Pontife, se présenta devant notre Seigneur Philippe, roi de France, à Montargis,
« dans la cour même du roi, et déclara qu'il était prêt à remplir son devoir envers le roi.
« Le Conseil répondit qu'il devait l'hommage et le serment de fidélité et que le prieur et
« le couvent devaient demander les régales ou le domaine temporel de la suzeraineté
« royale par *lettres pendantes*. L'Abbé se soumettant à cette proposition, on apporta le
« missel qu'on lui remit ès-mains avec l'étole au cou et alors il jura qu'il serait fidèle
« au roi, qu'il garderait loyalement ses secrets, qu'il lui donnerait bon conseil, s'il en
« était requis. Quant à l'hommage et à la régale l'Abbé témoigna le désir de prendre du
» délai pour en délibérer avec le couvent. Au Parlement de l'Ascension il fit hommage
« en ces termes : Sire, je deviens vostre homme liges et vous promès léauté jusqu'à
« la mort. Quant à la régale il dit que le Pape dans ses lettres de provision avait indi-
« qué au couvent et au prieur ce qu'ils avaient à faire, ce que le roi accepta de bonne
« grâce. Pour les droitures de la cour royale, l'Abbé paya 25 livres parisis, savoir : au
« roi, pour son sénéchal, dix livres ; au bouteiller cent sous, et dix livres pour droit de
« chambellage (1). »

A la suite de cette charte on lit les noms des Abbayes royales, parmi lesquelles figure celle de Saint-Riquier : un autre tableau en contient 29, toutes d'antique fondation, et connues comme les plus célèbres du royaume (2).

Ces monastères décorés du titre d'Abbayes royales se distinguent essentiellement des fondations récentes, dues aux libéralités des comtes et seigneurs : placés sous le patronage spécial des rois, lors même qu'elles ne les reconnaissent point pour fondateur, elles jouissent d'immunités plus considérables : leurs Abbés ont rang à la cour et marchent les premiers dans toutes les assemblées nationales.

Une lettre de Pierre de Celles (3), alors Abbé de Saint-Remi de Reims à un Abbé de Saint-Riquier, dont on ne donne pas le nom, pourrait être considérée comme une réponse à une consultation sur la conduite à tenir à l'égard du moine qui s'est fait le dénonciateur de l'Abbé Gaudefroy.

---

(1) Glossaire de Ducauge. *Regalia, Monasteria Regalia.*

(2) *Ibid.*

(3) Pierre de Celles jouissait d'une grande considération en France. Il fut Abbé de Saint-Remi de Reims de 1162 jusqu'à 1180. Il fut alors appelé à gouverner l'Eglise de Chartres et mourut en 1187. Sa lettre à l'Abbé de Saint-Riquier est placée parmi celles où il se dit Abbé de Saint-Remi. (*Patrologie. Tom.* CI, *pag.* 584).

« La modération dans l'administration caractérise surtout le bon pasteur. La précipitation et les agitations d'un cœur trop ému font dévier des voies de la vérité : mieux vaut corriger ce qui est répréhensible que de persister dans son obstination. Pierre, le prince des Pasteurs, est le parfait modèle des Prélats par sa circonspection et son attention à réprimer les désirs impétueux, semblable en cela à un habile cavalier qui retient un jeune cheval indompté et le force à marcher à pas comptés. »

« Mais venons au fait. Le serment par lequel vous avez obligé votre moine à ne pas rentrer dans votre monastère sans votre permission, tout le temps que vous le gouvernerez, est quelque peu inconsidéré. Vous pouvez sans confusion et sans crainte de parjure le relever de la faute dont vous le croyez coupable. »

« Êtes-vous disposé à suivre mon conseil? Je vous engage à rappeler cette brebis égarée et à faire pencher la balance à droite vers la miséricorde, plutôt qu'à gauche vers la justice : car la miséricorde l'emporte de beaucoup sur la justice. »

« Votre moine demande également s'il est tenu de garder un serment de cette nature. Je lui réponds qu'il n'est pas obligé de le garder sans une extrême nécessité, et, qu'il n'y a aucun doute, s'il en est délié par son supérieur. Adieu. »

L'Abbé Gaudefroy vécut jusque vers 1170 : on n'indique point l'époque de sa mort.

CHAPITRE VI.

RIQUIER II, VINGT-SEPTIÈME ABBÉ.

(1170 à 1176.)

Obéissance des Abbés à l'Évêque diocésain. — Privilège du monastère de Saint-Riquier. — Redevances au ¦Siége apostolique. — Administration et travaux de l'Abbé Riquier. — Il est créé Cardinal.

Les chroniques de Saint-Riquier nous laissent encore ignorer des particularités importantes sur l'élection de l'Abbé Riquier. On lit dans une histoire abrégée de Corbie qu'il était moine et sous-prieur de ce monastère. Une lettre du Pape Alexandre III à l'Archevêque de Reims nous révèle en outre que cet Abbé fut imposé au couvent par Thibault, Evêque d'Amiens, et qu'au moment de sa bénédiction il fit entre les mains de l'Evêque la promesse d'obéissance qu'on avait coutume d'exiger des Abbés non exempts et dont voici la formule. « Je promets à perpétuité à vous, Evêque d'Amiens
« et à vos successeurs canoniquement établis, et à la sainte mère Eglise de Saint-Ri-
« quier la soumission, le respect et l'obéissance déterminée par les saints Pères, con-

« formément à la règle de saint Benoît, sauf l'ordre dont je suis revêtu. » Par cette profession à l'Evêque diocésain l'Abbé renonçait à toute exemption et à tout privilége. Il était obligé au droit synodal, aux procurations ou droits de séjour. L'Evêque pouvait faire des processions solennelles, célébrer la messe et tenir des synodes dans les Eglises de l'Abbaye. C'est de lui seul que l'Abbé devait recevoir la bénédiction. Pour la consécration des Eglises, le saint-chrême, la bénédiction des calices, des ornements, il ne lui était pas permis de s'adresser à d'autres qu'à l'Evêque diocésain (1). Pendant plusieurs siècles il y eut de grandes controverses entre les Evêques et les Abbés au sujet de cette profession. L'intervention des Souverains-Pontifes étouffait pour un instant les disputes, mais bientôt après elles renaissaient aussi vives.

A la suite de cette transgression des priviléges séculaires de leur monastère, les moines de Saint-Riquier protestèrent et en appelèrent au Pape. Alexandre III prit la défense des religieux exempts, chargea l'Archevêque de Reims, son auxiliaire dévoué dans toutes ces questions, de s'assurer de la vérité des faits et de rétablir tout dans l'ancien état. La teneur de la lettre expliquera parfaitement les circonstances de ce démêlé.

« Alexandre, Serviteur des serviteurs de Dieu, à son vénérable frère Henri, Archevêque de Reims (2), salut et bénédiction apostolique.

« Nous connaissons votre sollicitude et votre zèle pour le maintien des droits et prérogatives de l'Eglise Romaine : nous venons donc avec confiance demander à votre fraternité un service qui tournera à l'exaltation et au bien de cette Eglise. Voici de quoi il est question.

« L'Eglise de Saint-Riquier appartient à saint Pierre, qui a sur elle tout droit et toute propriété (3). C'est notre devoir de veiller sur cette Eglise et de la régir. Quand elle fut privée de pasteur, c'est par votre entremise, s'il vous en souvient, que nous lui avons donné un Abbé. Après sa mort, notre vénérable frère l'Evêque d'Amiens a disposé de cette Eglise, a établi un pasteur de sa propre autorité et exigé qu'il lui fît profession d'obéissance.

« Nous ne pouvons ni ne devons souffrir que l'Eglise Romaine perde quelques-uns de

---

(1) Vers 1600, les Evêques commencèrent à exiger une promesse d'obéissance aux Abbés qu'ils bénissaient : mais ils trouvèrent dans les Abbés une résistance opiniâtre, et quelquefois ceux-ci se passèrent de bénédiction plutôt que de se soumettre à cette exigence. Plusieurs Papes ont improuvé cet usage dans leurs priviléges : ils laissent aux Abbés la faculté de se faire bénir par tout Evêque en communion avec l'Eglise Romaine. Plus tard les Abbés exempts promettent sans difficulté obéissance aux Evêques qui les bénissaient, parce qu'on était convenu de l'obéissance qu'ils pouvaient rendre sans préjudice de leurs droits et de leurs priviléges.

(2) Henri, Archevêque de Reims, était le second fils du roi Louis VI. Converti par les exemples des fils de saint Bernard, il embrassa la vie parfaite à Clairvaux même, d'où il fut tiré pour occuper le siége de Beauvais, puis celui de Reims. Ce fut un prélat rigide, très-zélé pour les vrais intérêts de l'Eglise.

(3) Cum Ecclesia Beati Richarii ad jus et proprietatem B Petri et dispositionem pariter et tutelam nostram specialiter pertinere dicitur.

CHAPITRE VI. — L'ABBÉ RIQUIER II.

ses droits: l'Evêque d'Amiens les a violés sciemment, il est juste qu'il soit sévèrement repris après l'attentat dont il s'est rendu coupable. C'est pourquoi, cher frère, nous vous adressons cette lettre apostolique, pour que vous fassiez une enquête. S'il est prouvé que cette profession d'obéissance ait été rendue, vous ne manquerez pas d'avertir l'Evêque et vous l'obligerez de délier promptement l'Abbé de ce serment d'allégeance. S'il s'y refuse, vous le ferez vous-même en notre nom et de notre autorité. Vous vous informerez auprès des moines, pour savoir s'il est dû quelque cens à Saint-Pierre et vous nous le ferez payer en entier. Ne manquez pas de nous rendre compte de tout ce que vous aurez fait dans cette négociation. Montrez assez de sollicitude et de vigilance pour que nous puissions louer avec raison votre zèle et votre activité (1) ».

Tout fut executé comme le Pape l'avait prescrit ; nous en avons pour garant la nouvelle bulle d'exemption accordée par Alexandre III. « Le titre authentique de celle d'Angilbert, disent les chroniques, avait disparu dans l'incendie des Normands (2). Il n'en restait qu'une copie. » La prescription de plusieurs siècles l'avait longtemps protégée ; mais aussitôt qu'on comprit qu'elle n'était plus une sauvegarde contre les attaques dont les monastères étaient alors le but constant, on s'empressa de renouveler l'exemption, de lui rendre tout son éclat au foyer puissant d'où toute lumière et toute force rayonne sur le monde catholique. Jamais Pape ne fut mieux disposé qu'Alexandre III. Dans une bulle datée du 4 des calendes d'août 1172, indiction 5, il accorda tout ce qu'on demandait. Nous allons donner ici l'analyse de cet important privilége.

1° Le Souverain Pontife place l'Eglise de Saint-Riquier et son monastère sous la protection spéciale des Bienheureux Apôtres Pierre et Paul, les soumet immédiatement au Saint-Siége et confirme tous leurs priviléges, toutes les possessions acquises par les donations des rois, des seigneurs, des fidèles.

2° La bulle énumère tous les lieux qu'elle veut spécialement couvrir de sa toute puissante immunité : ce dénombrement est curieux à une si grande distance : il fixe l'histoire sur beaucoup de domaines appartenant alors au monastère. C'est d'abord la ville de Saint-Riquier avec la justice ecclésiastique et une partie de la justice seigneuriale (le reste étant aliéné à la commune ou appartenant à la Ferté). C'est l'Eglise paroissiale de Notre-Dame avec les autres chapelles de la ville. C'est Forêt-Montier toujours soumis à l'Eglise-mère. La bulle spécifie ensuite la *villa* et le domaine de Buigny-l'Abbé avec deux parts de dîme, Neuville, Bussu, *Buigny* (3), Drugy, Mayoch, Noyères, Rivières (près Bethencourt), Argovie (4), Chevincourt avec son autel, ses terres, ses vignes et ses bois, les terres et les bois de Sanzy (5), l'autel de Leuilly avec sa *Coulture*, ses dépendances, l'autel de Bray, l'autel d'Ailly-le-Haut-Clocher, le couvent ou prieuré de Bredenay au diocèse de Tournay, avec ses dépendances et son Eglise paroissiale, la

---

(1) *Rer. Gall. Vet. Script. Tom.* xv. *pag.* 892.
(2) D. Cotron. *Anno* 1172.
(3) Buigny, probablement Huppy.

(4) Probablement *Argubium* des vieilles chroniques.
(5) On lit *Sansiaco*. Lieu inconnu.

villa appelée la Capelle, la *villa* de Mérimont dans l'évêché de Liége avec sa maison d'habitation (1) et ses dépendances, les moulins de Bruiscard ou Griocourt près Villencourt (2), Boisbergues, la dîme d'Aimont (3), Yvrench, Coulonvillers, Grambus, Gaspannes ou Gapennes, Millencourt, Nubemont et Vaux.

On voit que toutes les propriétés du monastère ne sont pas dénombrées ici. Plusieurs sont renfermées sous un nom spécifique: plusieurs autres avaient sans doute des titres non contestés. Il n'y a peut-être dans ce privilège que celles dont les chartes de donation n'existaient plus ou celles qui n'étaient pas inféodées.

3° L'*Indict* de la seconde férie de la Pentecôte est confirmé. On appelle de ce nom la convocation générale de tous les clients ou hommes liges du monastère. Défense à qui que ce soit d'y mettre obstacle, de les molester dans leurs personnes ou leurs biens (4).

4° Après la mort de l'Abbé, son successeur sera élu selon la règle de saint Benoît, d'un commun consentement des moines ou du moins par les suffrages de la partie la plus saine de la communauté. Il sera choisi dans le monastère ou appelé d'un autre monastère du même ordre, si l'on juge qu'il n'y a personne capable de bien gouverner. D'après la coutume suivie dans cette Eglise, il pourra recevoir la bénédiction de tout Evêque catholique, sans aucune profession ni promesse d'obéissance.

5° Il convient que l'Evêque du diocèse donne le saint-chrême, les saintes huiles, consacre les autels et les basiliques, ordonne les moines et les clercs, mais le Pape demande qu'il soit catholique, c'est-à-dire en communion avec le Saint-Siège, qu'il n'exige rien, qu'il n'exerce aucune vexation: car autrement il serait permis aux moines de s'adresser à tout Evêque catholique disposé à leur rendre ce service.

6° Il est défendu à tout Archevêque, Evêque, Archidiacre ou Doyen de faire aucun acte de puissance ou de juridiction sur le monastère, sur les prêtres ou les bourgeois de la ville, d'y exiger le droit paroissial, de faire payer les novales sur les terres que les bourgeois cultivent de leurs propres mains ou font cultiver, ni les dîmes sur la nourriture de leurs animaux.

7° En vertu de son autorité apostolique le Souverain Pontife interdit à tout tenancier du monastère de distraire par des aliénations les possessions dont il jouit, sans la permission de l'Abbé et du chapitre, soit pendant la vie de l'Abbé soit à sa mort. Il interdit également à qui que ce soit d'exciter des troubles dans le monastère sans raison, d'enlever les possessions, de les détenir injustement, de les diminuer, de les grever

---

(1) *Curte*. Courtil ou maison d'habitation.

(2) On lit *Villenas*; mais dans la bulle de 1224, on lit *Villencourt*.

(3) *Ahii Montis*. L'Abbaye des Monts.

(4) L'indict du lundi de la Pentecôte est un reste des grands plaids ou cours plénières fixées aux fêtes de Noel, de Pâques et de la Pentecôte.

Les vavasseurs ou hommes-liges s'affranchissant de ce service ou hommage de respect, les Abbés veulent maintenir leurs droits. Une grande procession des reliques de saint Riquier et de saint Vigor, à laquelle sans doute devaient figurer les nobles tenanciers de l'Abbaye, y attirait une foule immense.

CHAPITRE VI. — L'ABBÉ RIQUIER II.

de charges vexatoires : il faut que toutes les propriétés et les droits soient conservés dans leur intégrité pour l'entretien des personnes qu'on a voulu doter, sauf en tout les prérogatives du Saint-Siége.

8° Afin qu'on ne doute pas que le monastère de Saint-Riquier appartient spécialement et en toute propriété à Saint-Pierre et a reçu sa liberté de l'Eglise romaine, l'Abbé paiera chaque année une once d'or au Souverain Pontife.

9° Enfin si quelque ecclésiastique ou quelque séculier a l'audace de violer cette constitution ; qu'il sache que, s'il ne vient à résipiscence après trois monitions et s'il ne fait une pénitence convenable, il restera chargé devant Dieu de l'iniquité commise ; qu'il ne lui sera point permis de participer à la communion du corps et du sang de Notre Seigneur Jésus-Christ et qu'au dernier jour il sera soumis à l'anathème des divines vengeances.

« La paix de Notre Seigneur à tous ceux qui conserveront tous les droits de ce saint lieu. »

Autour du sceau circulaire accoutumé on lisait ces mots : *Vias tuas, Domine, demonstra mihi* : Seigneur montrez moi vos voies.

La signature du Pape Alexandre était suivie de celles de douze Cardinaux, Evêques, Prêtres et Diacres.

Dom Cotron ne reproduit en l'an 1172 que l'analyse du privilége d'Alexandre III ; mais, sous la date de l'année 1224, il donne une autre bulle d'Honorius III qui n'est que la copie de celle-ci (1).

Nous avons à expliquer aussi brièvement que possible les avantages des priviléges que les Abbés crurent devoir opposer à la profession de foi demandée par les Evêques (2). En les rapprochant des chartes de commune auxquelles on pourrait les com-

---

(1) « La bulle d'Alexandre III, dit la chronique de D. Cotron, est confirmée par Honorius III en 1124. Tout y est repris *in extenso* avec cette devise : *Perfice gressus meos in semitis tuis : S. Petrus et S. Paulus.* »
Cette bulle a été *vidimée* : 1° en 1271 sous le pape Honorius IV ; 2° par Petrus Joannes de Simpla, en 1344 ; 3° par Jean Coypely, prêtre notaire apostolique et impérial de la cour de Paris en 1356 et signée : « comment nous poons aller aux « ordres où nous voulons. »
Le compilateur du cartulaire, qui fait cette dernière remarque, ajoute : « La bulle d'Alexandre III « est signée : *optimum privilegium* : avec est contenu « *vidimus* de indulgence que Alexandre III pape « donne pooir et autorité de jeter sentence de « excommunication et convulgier sur les hommes « grands et petits de la ville où le monastère est

« assis et situé, qui feront molestes, griefs et per-
« tes, eux dument admonestés non obstant appel-
« lation et même constitution d'interdit. (*Cartulaire, fol.* 2)

(2) La question des priviléges et exemptions a beaucoup occupé les annalistes et les historiens. Les priviléges ou exemptions des monastères remontent à une haute antiquité. Les archives anciennes renferment de nombreux documents qui portent le nom de *priviléges*. Les rois et les empereurs encourageaient la fondation des monastères en leur octroyant des exemptions. Les Souverains-Pontifes, pour affirmer la primauté des vicaires de Jésus-Christ, concédaient gracieusement aux moines les exemptions que ceux-ci sollicitaient de leur bienveillance. En les soumettant à leur juridiction immédiate, ils se constituaient leurs perpétuels défenseurs, leurs meilleurs avoués et ils les proté-

parer, en considérant combien les exemptions étaient favorables à l'autorité du Saint Siège, on pourrait dire que la puissance spirituelle et la puissance temporelle forment çà et là des centres d'activité sociale, dans le but de prolonger le rayonnement de leur pouvoir sur tous les points de leur empire. En effet la nécessité pour les rois et les Souverains Pontifes d'intervenir et de redresser les torts ou les injustices, partout où il y a des communes et des lieux exempts, affirme assez leur présence pour qu'ils développent les idées d'ordre et d'unité que toute administration cherche à faire prévaloir.

« Il est véritable que les couvents ainsi unis au Saint-Siége furent un tissu de liens
« qui rattachèrent au centre Romain les différents royaumes du monde. Ils servirent à
« paralyser les effets de l'esprit de schisme. Ils conservèrent au milieu des peuples le
« dogme de la suprématie pontificale : ils contribuèrent puissamment à faire triompher
« cette suprématie dans les luttes violentes qui s'élevèrent peu de temps après. C'est
« ainsi que les exemptions contribuèrent à sauver l'unité catholique (1) ».

Malheureusement ces hautes considérations échappaient à beaucoup d'esprits en face

geaient contre la cupidité des puissants de la terre. « Universel comme l'Eglise elle-même, dit Mgr Freppel dans l'oraison funèbre de D. Guéranger, l'ordre monastique ne pouvait être assujetti aux variations locales, sans risquer de perdre son vrai caractère et de voir son esprit s'altérer d'un diocèse à l'autre. C'est au centre de l'unité qu'il devait se relier sans intermédiaire afin d'échapper au morcellement et à la division. C'est de la source première de l'autorité spirituelle qu'il devait tirer toute sa puissance, pour mieux résister à la pression de l'erreur et aux entreprises de la force. Ainsi seulement resterait-il pour l'Eglise Romaine un auxiliaire toujours fidèle et pour tout le peuple chrétien une école de perfection. »

D'autres considérations parfaitement motivées dans les *Moines d'Occident* nous prouvent la nécessité des privilèges pour arrêter « des rois exigeants et redoutables qui révoquaient les donations faites par leurs prédécesseurs, et les grands et les nobles qui revendiquaient les terres concédées par leurs ancêtres et s'emparaient de celles qui les avoisinaient en y laissant la trace de leurs déprédations. »

On fait remonter les privilèges des Souverains Pontifes au pape Hormisdas. Chaque siècle en a produit de nouveaux, destinés à protéger des monastères naissants ou à confirmer d'anciennes exemptions. Le XIIe siècle surtout en a vu surgir de très-nombreux, sur tous les points du sol français. Citons seulement ici les bulles d'exemption pour les monastères de Saint-Valery (1165), de Corbie (1172), de Prémontré (1174).

On peut consulter sur l'exemption monastique un travail très-remarquable de D. Chamard, publié dans la *Revue des Questions historiques* (octobre 1877). Le savant Bénédictin prouve qu'à leur origine les monastères composés de moines rassemblés de diverses régions, fondés par les libéralités des premiers profès ou de leurs parents, jouissaient d'une entière liberté et *n'étaient point, comme les clercs, soumis à un Evêque diocésain ; mais pouvaient, disent les conciles, recevoir la nourriture spirituelle de qui il leur plairait, ayant sur ce point plein et entier pouvoir.* C'est ce qui explique que beaucoup de monastères choisissaient pour leurs protecteurs les patriarches ou les Evêques étrangers qui leur témoignaient de l'intérêt.

« Ne lit-on pas, dit D. Chamard, dans tous les livres classiques que le privilège est une invention des Papes du moyen-âge, qui ont voulu par là amoindrir l'autorité épiscopale et agrandir la leur ? Dans ses *Annales Bénédictines*, Mabillon a rétabli la vérité sur ce point ; mais ses rectifications sont restées enfouies dans les *in-folio* qui les renferment. Qui lit Mabillon parmi nos savants modernes ? »

(1) *Etudes historiques sur les ordres religieux.* Avignon. 1847, page 47.

surtout des passions humaines et des difficultés inextricables de l'administration soit civile, soit spirituelle. Les appels, les contre-appels rendaient trop souvent les procédures interminables à cause de l'éloignement de Rome. C'est pourquoi on fut alors divisé sur l'utilité des priviléges.

Saint Bernard lui-même, la plus haute expression de la dignité monastique en son siècle, n'en parlait qu'avec réserve dans son livre de la Considération, ce directoire complet d'un Souverain Pontife. Il ne contestait pas au successeur de Pierre le pouvoir de les accorder ; mais il ne croyait pas que ce fût toujours convenable ou permis. Les conséquences de ces soustractions à la juridiction ordinaire l'épouvantaient, tant il arriva souvent qu'elles n'eurent d'autre effet que d'aigrir, d'irriter, de scandaliser! Ce saint Abbé n'aurait pas voulu qu'elles eussent été si fréquentes pour n'avoir à louer dans les fondations que des motifs d'utilité publique et même de dévotion bien comprise.

D'autre part on ne saurait croire aujourd'hui jusqu'à quel point de susceptibilité ou d'ombrage les moines se portèrent sur cette question d'indépendance vis-à-vis de leur Evêque. Ainsi Hugues de Monceaux, Abbé de Saint-Germain-des-Prés, ayant prié le Pape Alexandre III de faire la dédicace de son Eglise, il ne souffrit pas que Maurice de Sully, Evêque de Paris, assistât à la cérémonie parmi les cardinaux et les prélats qui avaient accompagné le Souverain Pontife. On négociait au moment même où il se présentait sur l'opportunité de sa présence, et d'après l'avis du Pape on l'engagea à se retirer.

Du reste, Alexandre III était pour les moines un zélé défenseur, comme nous l'avons déjà remarqué. Dans son sermon au peuple sous les murs de Saint-Germain-des-Prés il traita cette grande question des priviléges : il affirma ses prérogatives sur les Abbayes exemptes, déclarant qu'elles étaient du propre droit de Saint-Pierre, indépendantes de toute autre juridiction que de celle de l'Eglise romaine. Ce sont les propres expressions de sa lettre à l'Archevêque de Reims, au sujet de l'Abbé Riquier, ce qui dénote une conviction inébranlable, un dessein arrêté de communiquer à ces possessions monastiques la stabilité, l'inviolabilité et l'indépendance absolue des domaines de Saint-Pierre.

Narrateurs sincères, nous n'avons pas à juger une question aussi ardue. Le Pape s'est souvent prononcé et les décisions de son indéfectible Siége doivent être accueillies avec respect. Les Evêques n'ont pas toujours cru à la vérité des priviléges : souvent il les révoquaient en doute : souvent aussi ils cherchaient à pénétrer dans cet intérieur muré à tous les regards. Ils se proposaient sans doute de salutaires réformes et le salut des âmes. Leurs tentatives ont rarement été suivies de succès. La victoire restait aux Abbés; mais enfin, après bien des réclamations, le concile de Trente changea cette discipline générale et déclara les évêques délégués perpétuels du Saint Siége pour la visite des monastères et leur réforme. A cette époque les temps étaient bien changés pour la France. L'autorité temporelle s'était substituée à la puissance spirituelle : les délégués du Saint Siége ne furent que rarement écoutés.

Nous traiterons dans le livre du domaine temporel du monastère des redevances dont il est parlé dans la bulle du Pape Alexandre III. Mais nous devons ici quelque explication sur le *cens payé à Saint-Pierre*. Le Pape Alexandre impose à l'Abbaye de Saint-Riquier le tribut d'une once d'or. On a déjà vu que l'Archevêque de Reims avait été chargé d'examiner si on payait un cens à l'église romaine. On sait encore par d'autres monuments que les églises spécialement soumises à Saint-Pierre payaient un droit connu sous le nom de denier de Saint-Pierre. Cette rétribution était alors perçue dans les familles en Angleterre et en Pologne. Saint Grégoire VII chercha aussi à la répandre en France : il disait qu'on devait recommander à chaque chef de famille de payer tous les ans au moins un denier à Saint Pierre ; que c'était ainsi qu'on le reconnaissait pour son père et son pasteur selon la coutume antique ; mais nous doutons que cet usage ait jamais été bien commun dans notre patrie.

Pour les monastères d'ancienne fondation nous lisons dans le livre des cens de l'église romaine, en 1192 (1), que les Abbayes de Saint-Riquier et de Corbie sont taxées à une once d'or, Saint-Médard de Soissons à une demi livre d'argent et l'hôpital de Saint-Gefeld (probablement Saint-Inglevert), dans le diocèse de Therouanne, à cent attelins. C'est tout ce qu'on note pour la province de Reims.

Muratori, dans ses antiquités historiques du moyen-âge (2), fait sur ces redevances et les autres, une remarque qu'il est d'autant plus utile de rapporter ici qu'elle explique l'usage de certaines contributions dont s'occupent les Annales du monastère.

« Les cens dont nous venons de parler avaient été établis ou par la piété des moines ou par les fondateurs de l'œuvre pie, enfin par les Souverains Pontifes eux-mêmes, en mémoire de priviléges qu'ils avaient confirmés ou accordés. Il est remarquable que dans les actes les plus anciens on prévoit déjà la difficulté de payer annuellement et que l'œuvre pie est souvent autorisée à accumuler la dette pendant trois ou quatre ans. Cette difficulté des recettes au milieu des troubles qui agitaient l'Europe, la multiplicité des cens, le travail nécessaire pour tenir les comptes, l'inégalité de la répartition de cette sorte d'impôt ou plutôt d'aumône et d'oblation, les besoins du Saint-Siége engagèrent les papes à renoncer au cens, en le transformant en une petite somme moindre que le total du cens, mais payable d'une manière fixe à chaque mutation du titulaire des béné-

---

(1) Le cardinal Cencius (depuis Honorius III), camérier de l'Eglise Romaine ou intendant de toutes ses finances, du temps du pape Clément III, entreprit de faire sur les anciens mémoires un registre plus exact que ceux qu'on avait fait jusqu'alors. Il exécuta cette entreprise, en l'an 1192, sous le pontificat de Célestin II et intitula son ouvrage : *Le livre des Cens de l'Eglise Romaine.* Cencius avant d'être pape, fut successivement cardinal-diacre de Sainte Lucie et cardinal-prêtre de Saint-Jean et Saint-Paul. — Rohrbacher. *Histoire de l'Eglise universelle.* Liv. LXIII.

(2) Muratori. *Antiq. Hist. Medii Ævi.* Tome v.

fices conférés par le Pape. Ce furent les papes Clément V, élu en 1365, et Jean XXII son successeur, tous deux Français, qui firent ce changement. Tel fut, selon Mgr Marchetti, l'origine probable des annates. Elles furent fixées pour les bénéfices consistoriaux à une demi année du produit : puis elles furent encore diminuées. En résultat la France était loin de payer le tiers d'une année de bénéfice et l'Allemagne le cinquième. Quand le bénéfice appartient à un corps religieux ou une œuvre pie, la demi-annate est payée tous les quinze ans. »

Dans les derniers siècles le monastère de Saint-Riquier payait au Pape, pour tous ces droits, 400 florins à la nomination d'un nouvel Abbé.

Corbie dont les richesses furent toujours plus considérables, payait 600 florins. Les autres monastères étaient beaucoup moins taxés.

Reprenons maintenant la suite de notre histoire. « Riquier II, dit la chronique, fut un habile et fidèle administrateur : il se rendit recommandable par sa science et la régularité de sa conduite : il fit beaucoup de bien au monastère : il en augmenta considérablement les constructions : il conçut aussi l'idée d'élever à Saint Riquier un temple digne de la majesté de l'Eternel. Les splendeurs de Saint-Denis, de Cluny et de beaucoup d'autres monastères, le spectacle que donnaient à la France les sociétés de bâtisseurs, excitèrent son enthousiasme ; il se mit à l'œuvre avec l'ardeur qu'on apportait en son siècle à toutes les grandes entreprises destinées à rehausser le règne du Christ ; et, s'il n'eut pas le temps de réaliser ses conceptions vraiment grandioses, il légua à ses successeurs des plans qu'ils achevèrent. A lui probablement la gloire d'avoir posé les premières assises et les premières colonnes d'un monument dont la solidité brave les siècles, dont la grâce ravit les artistes, dont la majesté parle aux âmes même les plus indifférentes aux choses de Dieu.

On s'est bien trompé quand on a écrit ou soutenu que l'Eglise de Saint-Riquier était un édifice du style flamboyant ou de la dernière période ogivale. Plusieurs parties accusent certainement cette architecture ; mais on sait par les chroniques qu'elles ont été ajoutées à cette époque ou reprises en sous-œuvre. Pour l'ensemble, ce monument, — nous en donnerons des preuves évidentes, — remonte beaucoup plus haut que le XVI° siècle : le transept ou la croisée est de 1270 : Pierre le Prêtre, Abbé de Saint-Riquier, dit cette partie « *vieille de trois siècles.* » Il se trompe quelque peu, mais ne confirme-t-il pas l'opinion que nous émettons ici ? En examinant sérieusement, ne découvrirait-on pas dans les parties inférieures de l'Eglise des traces de l'architecture du XII° siècle ? Les fenêtres flamboyantes ne sont en plusieurs endroits que des restaurations dans des arcatures à lancettes ou rayonnantes. On ne s'étudiait pas alors comme aujourd'hui à rendre à un monument le cachet de l'art primitif. On se contentait d'appliquer les formes usuelles et recommandées par la science du jour : on a toujours procédé ainsi, excepté depuis la renaissance des études archéologiques : c'est ce qui a défiguré tant de monuments anciens, qu'il n'est possible de reconstituer que par de longues et heureuses recherches.

Les chroniques disent que Riquier reçut même ici-bas la récompense de ses glorieux travaux, qu'il fut appelé auprès du Souverain Pontife, en 1176, créé Cardinal et Evêque de Sainte-Sabine. Nous n'avons aucune raison de révoquer en doute cette assertion souvent répétée dans les chroniques. Nous remarquerons seulement que nous n'avons pas trouvé son nom dans l'histoire de ces illustres personnages de la cour romaine. Nous regrettons aussi que l'histoire de Corbie, si fière de ses grands hommes, si empressée à transmettre leurs noms et leurs prérogatives à la postérité, ait gardé le silence sur cet honneur déféré à un de ses religieux, dont elle a fait valoir la dignité abbatiale. Toutefois cette omission ne prouverait rien contre des témoignages positifs, et si nous n'étions habitués à voir nos annales glorifier outre mesure les moines de Saint-Riquier, nous n'aurions point mis en suspicion ses assertions les mieux avérées (1).

Jean de la Chapelle, dans sa chronique abrégée, confond Riquier II avec un autre Abbé du même nom, qui a gouverné près de vingt ans après lui. C'est une erreur impardonnable à un écrivain qu'on regarde comme le premier archiviste de l'abbaye, puisqu'il eut entre les mains tous les titres et tous les cartulaires des chartes. C'est au bas de ses analyses qu'on lit que « Riquier XXX° Abbé, prédécesseur de Laurent, impétra » d'Alexandre pape III notre exemption et fit confirmer les priviléges de notre première » exemption, impétrée du temps du Pape Léon III en même temps que régnait Carolus » Magnus, dit Charlemagne et saint Angilbert, et laquelle seconde confirmation fut l'an » MCLXXII et résigna son abbaye de Centule et fut fait Cardinal et Evêque Sabinen- « sis ». Du reste Jean de la Chapelle nous ménage bien d'autres surprises dans la suite de sa chronique.

CHAPITRE VII.

LAURENT, VINGT-HUITIÈME ABBÉ.

(1176 à 1184.)

Priviléges pour Leuilly.— Chartes pour la chapelle de Thosan en Flandre, pour Chevincourt, Dommartin.— Le château du Crotoy et les comtes de Ponthieu. — Laurent se démet de son Abbaye.

Après la résignation de l'Abbé Riquier, on choisit pour gouverner le monastère Laurent, Abbé de Notre-Dame de Breteuil : il avait fait profession à Cluny dans sa jeu-

(1) Nicolas, Abbé de Corbie, fit le voyage de Rome vers 1170. Les chroniques disent qu'il fut retenu par le pape Alexandre III et nommé Cardinal. Est-ce lui qui aurait fait appeler l'Abbé de Saint-Riquier, son frère en religion ? ou bien aurait-on confondu ces deux personnages ?

CHAPITRE VII. — L'ABBÉ LAURENT.

nesse (1). Nous avons plus d'un exemple de ce passage d'un ordre à l'autre. La réputation de Cluny lui faisait envier ses bons religieux pour ressusciter dans d'autres communautés l'esprit de saint Benoît.

Les actes administratifs de l'Abbé Laurent sont ceux d'un bon et fidèle gardien des prérogatives et propriétés d'un monastère : sa sollicitude s'est étendue sur tous les domaines de son abbaye.

Immédiatement après son élection il obtint du pape Alexandre III un privilège pour Leuilly (1176). Un Seigneur nommé Gradulfe avait donné à Saint-Riquier des domaines dans le territoire du *Castrum* ou château de Leuilly. Le Pape vise sa charte et confirme la donation ; en même temps il assure toutes les faveurs du patronage apostolique à l'église de Saint-Lucien de Leuilly et à toutes ses dépendances canoniquement acquises, regardant comme un important devoir de soutenir les droits d'une église immédiatement soumise au Saint-Siège (2).

Dans la suite des temps, ajoute ici la chronique, on érigea à Leuilly un prieuré assez considérable, sous le patronage de saint Lucien. L'église paroissiale de Saint-Martin en dépendait. Le prieur recevait les deux tiers des dîmes et le curé l'autre tiers. Le prieur avait aussi haute, moyenne et basse justice sur quelques domaines des environs soumis au monastère : il en recevait toutes les amendes féodales.

Non content de faire renouveler par l'Evêque Evrard le privilège du personat d'un moine dans l'église de Bredenay (1178), Laurent fit confirmer cette nouvelle charte par le pape Lucius III. C'était prudent. Nous verrons plus loin les désastres de l'église et du prieuré de Bredenay à la fin de ce siècle.

Nous avons dans quelques chartes de cette époque, inconnues même aux chroniqueurs de Saint-Riquier, un exemple d'usurpation des propriétés lointaines (3). Il y avait une chapelle érigée par les seigneurs de Lissewich, du *franconat* de Bruges, près la route de cette ville et vers la rivière de l'Escaut. Cette chapelle était vulgairement appelée *Ter do est*, mais plus justement chapelle de Thosan, abréviation de Toussaint (4). Lambert, seigneur de Lissewich, y bâtit en 1106 et y dota un chapelle sous le patronage de l'Abbé de Saint-Riquier, qui en resta possesseur jusqu'en 1177. Evrard, Evêque de Tournay, la donna alors aux religieux de Notre-Dame des Dunes, ordre de Cîteaux, l'une des plus riches abbayes de la Belgique, sans paraître s'inquiéter des droits de l'église de Saint-Riquier. L'Abbé Laurent réclama et porta sa plainte jusqu'au Souverain-Pontife. Les Evêques voisins furent chargés de terminer ce différend. Ils obligèrent Evrard à payer une compensation à l'Abbé de Saint-Riquier.

(1) D. Cotron. *Anno* 1176.
(2) D. Cotron. *Ibid.*
(3) D. Cotron. *Ibid.* — *Cart. de St-Riq. fol.* XIV. — *Gall. Christ. Tom.* v, *pag.* 356 (*Appendix*).
(4) Thosan eut son histoire et la suite de ses Abbés est connue jusqu'en 1564, époque où l'abbaye fut unie à l'évêché de Bruges, créé en 1561. Gautier des Dunes alla fonder lui-même ce prieuré : il y conduisit douze moines et leur donna pour Abbé Hacquet de Bruges.

Il reste trois actes sur cette cession de la chapelle de Thosan :

1° Une charte d'Evrard, Evêque de Tournay, dans laquelle le prélat donne en toute propriété aux moines Cisterciens la terre de Thosan avec toutes ses dépendances pour y fonder un monastère (1174).

2° Une sentence d'arbitrage pour la cession des droits de Saint-Riquier (1177), Evrard admet que les réclamations de l'Abbé Laurent sont légitimes ; c'est pourquoi, voulant libérer sa conscience et prévenir tout prétexte de plainte, il se soumet à la décision de Didier, Evêque de Thérouanne. Il consent à faire payer 70 livres de *Blancs* (1) au monastère de Saint-Riquier et trois marcs de revenu annuel. Mais, à cause de la distance, les moines de Saint-Riquier aimèrent mieux racheter des terres, engagées dans leurs contrées, que de conserver ces cens ; c'est pourquoi ils demandèrent, en outre de la première somme, une compensation de cinquante marcs et ils se désistèrent de tous leurs droits sur Thosan (2) :

3° Une charte de cession par l'Abbé Laurent. Celui-ci consent à retirer les plaintes qu'il avait portées contre l'Evêque de Tournay au sujet de la chapelle de Thosan, et de l'avis de l'Evêque d'Amiens et de l'Evêque d'Arras, à qui le Pape avait confié le soin d'entendre et de terminer cette affaire, il cède ses droits aux moines de Cîteaux pour en jouir paisiblement et à perpétuité (1177).

Tous les moines de Saint-Riquier, interrogés l'un après l'autre, ont donné leur assentiment à la cession ; car on lit que la charte fut rédigée à Saint-Riquier en plein chapitre et en présence d'un grand nombre de témoins. Du côté de l'Abbé de Saint-Riquier on en compte vingt-trois sans les moines.

Nous avons recueilli les noms de Gautier de Vaux, Gautier de Coulonvillers, de Simon Mayeur. Des Abbés de Cîteaux assistaient également à la rédaction de cette charte. Gérold, doyen de chrétienneté de Bruges, confirma la cession ; enfin le Pape Alexandre III donna son approbation à toutes ces compositions (3).

Plusieurs différends ayant été soulevés sur les cens et le terrage ou champart de Chevincourt entre l'Abbé de Saint-Riquier et le prieur de Saint-Amand de Thorotte (de la dépendance de Saint-Martin de Tournay), Laurent fit une composition avec les religieux de Saint-Martin et leur donna une charte à ce sujet (1180).

On reconnaît dans cette charte que l'Eglise de Saint-Amand possède plusieurs pièces de terre appartenant à Saint-Riquier : on lui impose un cens de douze mines de grain payables à la saint Remi, la moitié en hivernache et la moitié en avoine, à prendre sur place et à transporter à Chevincourt par la voiture de Saint-Riquier ; ce même cens de-

---

(1) *Blanc*, pièce de monnaie de médiocre valeur (environ deux centimes).

(2) Cette charte fut rédigée en présence de plusieurs dignitaires ecclésiastiques et de plusieurs Abbés de Cîteaux, de Raoul, Archidiacre d'Arras, de Gautier, doyen de chrétienneté, de Gautier, Abbé des Dunes, de Pierre, Abbé de Cercamps, de Gérard (ou plutôt Hugues), Abbé de Balances ou Valloires, de Guillaume, prieur de Clair-Marais.

(3) D. Cotron. *Anno* 1180.

vait s'étendre à toutes les propriétés nouvelles que l'église de Saint-Amand pourrait acquérir. Celle-ci pouvait vendre à des colons, mais non à une Eglise, ni à un seigneur, ni à un chevalier, pour ne pas préjudicier à des droits acquis. Suit l'énumération des quantités qui se comptent par mencaudées ou mencaux, arpents, mines, sextaires et en même temps la désignation des lieux, parmi lesquels nous distinguons Corbin, Bretenne, Saint-Etienne, Saint-Sulpice, Immerval, les Hôtes ou Hôtels, Englenval, Asnettes, la Chaussée de Melincourt ou Melicocq. Parmi les témoins on nomme Gautier, prieur, et Hugues, sous-prieur du monastère, Gautier de Vaux, Regnier, prevost de Chevincourt et trois enfants, etc. (1).

L'année suivante (1181) le monastère de Saint-Riquier abandonna aux chanoines réguliers de Saint-Josse ou Dommartin tout ce qu'il possédait à Montigny pour un cens annuel de sept livres de Ponthieu. Par d'autres conventions, dont on ne cite pas les titres, les moines ont donné également la belle ferme du Quesnoy près Gapennes, contenant 680 journaux de terre, le tiers du bois de Pinchemont ou de l'Usage et quelques autres domaines (2).

Nous n'avons jusqu'ici que des contrats entre personnes religieuses : en voici un autre avec le comte de Ponthieu, très-important pour l'histoire du pays. C'est le partage des revenus de la nouvelle ville du Crotoy entre les deux co-propriétaires : l'Abbé de Saint-Riquier, maître de la terre depuis plusieurs siècles, et le comte de Ponthieu, fondateur du château.

Les côtes de la mer et la baie de Somme étaient gardées par les seigneurs de Saint-Valery et protégées par des forts de difficile accès. Dans cette position avancée ces puissants feudataires du comté de Ponthieu dominaient Abbeville et tout le Ponthieu ; unis au roi d'Angleterre, maîtres de la mer et des rivières, il leur était facile de dicter des lois à leur suzerain et celui-ci restait sans défense en présence de leurs flottes. Une sage politique fit un devoir au comte de Ponthieu de partager l'empire de la baie de Somme et d'établir une forteresse sur la rive opposée. Le Crotoy était un lieu propice, moins favorable peut-être que Saint-Valery, mais propre cependant à la défense. De là on pouvait paralyser bien des conspirations et des attaques imprévues. Le comte de Ponthieu obtint des Abbés de Saint-Riquier la permission de bâtir le château du Crotoy sur leur seigneurie de Mayoc. Il est probable que ce fut de 1160 à 1170, à l'époque de ses démêlés avec Bernard de Saint-Valery et pendant que celui-ci fortifiait ou élevait les châteaux de Domart, de Berneuil et de Bernaville (3). Quand leurs dissensions furent apaisées par

(1) D. Cotron. *Ibid.*
(2) D. Cotron. *Ibid.*
(3) Nous ne pouvons omettre ici une remarque de M. le marquis Le Ver, relevée dans les notices de M. Prarond sur Rue et le Crotoy. « L'acte de 1130 que vous citez sur le Cro-
« toy ne fait pas mention que la querelle entre le
« comte de Ponthieu et le seigneur de Saint-Va-
« lery fut de la part du comte à l'effet d'élever un
« château pour protéger la navigation de la
« Somme. C'est tout au plus une conjecture qu'on
« pourrait tirer, mais elle cesse d'être fondée,
« lorsque dans l'acte on voit : *controversia et guerra*
« *inter nobiles viros, scilicet Joannem, comitem Pon-*

l'intervention de Hugues de Péronne, Abbé de Corbie, Laurent traita avec le comte de Ponthieu et demanda au roi lui-même que ses droits fussent sauvegardés. L'évêque d'Amiens chercha à concilier les deux parties et on consentit à l'accepter pour arbitre ou médiateur et à s'en tenir à sa décision.

Or que le monastère de Saint-Riquier possédât alors la seigneurie de Mayoc, du Crotoy, de toute cette côte, c'est ce qui résulte evidemment du concordat passé en 1177 entre l'Abbé Laurent et Jean, comte de Ponthieu, concordat dont nous résumons ici les conditions principales, d'après les chartes de Thibault, Evêque d'Amiens, de Jean, comte de Ponthieu et de l'Abbé Laurent lui-même.

On voit que « pour le château du Crotoy controverse était mutte entre le comte de
« Ponthieu et Monsieur Lorens, Abbé de che lieu; mais pour le bien de la paix trouver,
« ils évoquirent Monsieur Thibaut, Evêque d'Amiens et se compromirent en lui de leur
« débat, lequel en print la charge avec Maistre Guifroy et en fit ordenance et appoin-
« tement que recheurent iceux comte et Abbé agréablement, et lequel appointement fut
« tel que l'Abbé et monastère de Saint-Riquier par toute la ville et chasteau de Crotoy
« universellement eu toutes rentes et censives tant des hostayiers ou hostes comme ès
« fours, cambages, forages, étalages et autres choses de cette condition entièrement, et
« perpétuellement de la moitié possesseur sans rien excepter, *excepta Taullia quæ per*
« *laicam manum in angaria exigitur* (si ce n'est la taille que recueille la main laïque
« en forme de corvée), et n'est point raisonnable à gens d'Eglise de la queuler ne rece-
« voir, et sauf toutes les anchiennes coutumes en navires et quarettes qu'il réserve tout
« à l'Abbé et monastère de che lieu comme à lui comte et à son hoir, et avec ce en icelle
« ville ou chatiau nul des hostes, manans et habitans de Mayoc pour quelque temps que
« ce soit ne sera reçu : avec ce exempta et déclara ledit comte que en toute la terre de
« Saint-Riquier il ne devoit ne pooit demander, à titre d'advouerie, avoine, ne bled,

« *tivi, et Bernardum de Sancto Walarico, eo quod dic-*
« *tus comes firmabat quoddam castrum in portu maris*
« *quod dicitur Crotois, ex adverso portus Sancti Wa-*
« *larici qui erat dicti Bernardi. Dictus etiam Bernar-*
« *dus firmabat quædam castra apud Domart et Ber-*
« *nuez et Bernavillam, et scietur,* etc..
« D'après cet exposé il est bien certain que la
« querelle venait de ce que tous deux édifiaient
« et avaient la prétention d'avoir le droit d'édi-
« fier des forteresses et que ce n'était pas de la
« part du comte de Ponthieu pour protéger la na-
« vigation de la Somme. On sait qu'alors les sei-
« gneurs cherchaient à se fortifier simplement
« pour se rendre puissants dans leurs terres, té-
« moin ici le seigneur de Saint-Valery, dont les
» châteaux qu'il voulait élever, ombrageaient le
« comte de Ponthieu, qui à son tour inquiétait le

« seigneur de Saint-Valery par l'édification du
« château du Crotoy. »
Le marquis Le Ver prouve ensuite que cet acte ne peut être de 1150, mais qu'il faut le reculer au moins jusqu'en 1172, époque de l'élection de Hugues de Corbie, ce qui n'empêcherait pas la querelle d'avoir commencé en 1150 : et ainsi se concilieraient les deux dates. Qu'est devenu, dit-il encore, ce château ? Je n'ai vu que cet acte qui en fait mention avant celui que bâtit le roi Edouard, comte de Ponthieu, qui acheta différents terrains pour cette édification. » — Dom Grenier donnerait raison à M. Le Ver dans ces paroles : « *quoddam castrum in portu maris quod dicitur Crotoy*, fortifié par Jean comte de Ponthieu, c'est pourquoi il eut différend avec Bernard de Saint-Valery vers l'an 1174. »

CHAPITRE VII. — L'ABBÉ LAURENT.

« ne deniers, ne chapons, ne quelconque autre exécution que ce fut et pour mémoire
« perpétuelle il conferma ledit appointement dudit Evêque, le fit seller de son seau en
« chire verte et jaune soye, présents XIV témoins (1) ».

En 1208 cette charte fut confirmée à Saint-Riquier même par Guillaume, comte de Ponthieu et de Montreuil, fils et successeur de Jean. Il est marqué dans la charte « que
« le dit comte Guillaume vint en cette église là où il fut requis de un Abbé nommé Gé-
« rold et de ses religieux, que il veulsit confermer la lettre de pacification que avions
« du comte Jean de Ponthieu son père pour la ville du Crotoy ; à quoi il répondit
« que pour la rémission de l'âme de son père et de lui il la confermerait volontiers ; et
« lui fut apportée et lutte, et le incorpora de mot en mot en icelle présente lettre et
« conferma et loa, et eust pour bien agréable et après pour Dieu et en aumône et par
« cette présente charte, pour la rémission de son âme et de ses anciens et prédéces-
« seurs, il donna et octroya à notre dite Eglise pour forme de aumône un droit héré-
« dital, nommé advocations que nous appelons vulgairement *advouerie* que il prendait
« tous les ans sur notre Eglise en la ville de Noyères » (2).

Cette communauté de propriété sur un château entre un comte de Ponthieu et un monastère, cette restriction au sujet des habitants de Mayoc ne s'expliquent bien que par la cession que nous avons insinuée. Cette anomalie ne serait pas tolérable avec les mœurs du temps : pour circonscrire ainsi les limites de la domination d'un comte de Ponthieu au nom de l'Eglise et laisser inviolable tout le domaine de Saint-Riquier, il faut admettre que cette nouvelle conquête de ces comtes est toute pacifique et provient plutôt d'une donation que de toute autre racine de propriété.

On fixe à l'année 1184 l'abolition de la coutume barbare du Lagan sur ces côtes. Nous le croyons éteint de fait depuis longtemps sur les domaines de Saint-Riquier. Les seigneurs temporels ne se faisaient pas scrupule de s'adjuger par la force les riches épaves que la mer dans ses jours de fureur jetait sur les domaines voisins ; mais la religion avait en tout temps blâmé ces injustes spoliations et protesté par ses excommunications contre tout brigandage, qu'il fût exercé par l'ambition des seigneurs ou par la cupidité populaire. C'est elle qui obtint que la loi de charité chrétienne, qu'on n'invoquait jamais en vain dans le malheur, passât dans les coutumes de la province et fût à l'avenir la règle des relations sociales.

---

(1) La charte de Jean de Ponthieu est datée de Crécy : celle de Thibault a pour signataires entre autres Gautier de Vaux parmi les moines ; Maître Guifroy, Maître Angelran, Drogon le chapelain, Robert le chancelier, parmi les clercs, et parmi les chevaliers, Henri de Caumont, Engelran d'Yvrench, Hugues de Gaissart, Beaudouin de Drucat, Guillaume de Coudray. — *Cartul. de St-Riq. fol.* — D. Cotron. *Anno* 1177.

(2) Présents quinze personnages, savoir: Hugues, prieur, Gautier de Friencourt, Hugues de Civencourt, Gautier de Gaissart, parmi les moines, et parmi les clercs et chevaliers, Gautier le Personne, Goson notaire, Hugues de Holehem, Simon de Domqueurre, Hubert li Bailles. — *Cart. de St-Riq. fol.* — D. Cotron. *Anno* 1208.

Ceux qui ont plaidé pour l'origine romaine du Crotoy, auront à compter avec ce document, tout obscur qu'il paraisse. L'antique ville des premiers âges, supposé qu'elle eût existé, aurait donc perdu toute sa splendeur, et la station romaine serait restée pendant des siècles ensevelie sous les sables. Il nous paraît plus probable que l'histoire véritable du Crotoy commence avec la charte du comte de Ponthieu pour se continuer sans interruption jusqu'au temps présent (1). Tout le reste appartient aux conjectures, aux obscurités des temps pré-historiques.

Jean, comte de Ponthieu, avec lequel le monastère de Saint-Riquier vit dans une si grande communauté d'intérêts était le fils de Guy, resté orphelin en 1146 dans les plaines de Laodicée. Il grandit sous la tutelle de son oncle Jean de Belesme avec son frère Guy et il prit les rênes du gouvernement quand il eut atteint sa majorité. Sa jeunesse fut orageuse; mais il racheta ses fautes par de grandes libéralités. Il ne nous appartient pas de discuter tout ce qu'il y a d'obscurité dans son histoire.

Nous voyons que la courte administration de l'Abbé Laurent est bien remplie : son nom se lit dans quelques chartes d'arbitrage ou d'amiable composition. Nous citerons ici un plaid tenu à Marcheville où il signe une donation du comte de Ponthieu à l'abbaye de Valloires.

En 1186, Laurent avait résigné son abbaye et même abandonné le monastère de Saint-Riquier pour vivre à Paris : c'est du moins ce qu'il est permis de conclure de la signature d'une charte de Maurice de Sully où son nom est inscrit avec cette qualifi-

---

(1) On lit ce qui suit dans une histoire du Ponthieu. « Il y avait jadis au Crotoy une abbaye de « Bénédictins qui a été détruite par les Normands « et où furent inhumés Flambert, comte de Flan« dre avec sa femme Théodore. Ayant été tués « tous deux dans un combat contre les Huns, Le« ger, premier comte de Boulogne et plusieurs de « ses successeurs y ont eu leur sépulture. On con« jecturerait volontiers que cette ancienne ab« baye avait la seigneurie de cette ville en par« tie et quelle a passé d'elle après sa destruction « à l'abbaye de Centule » (*Devérité. Tome* II, *page* 44).

Ecoutons maintenant le P. Malbrancq. « L'épitaphe de Leger, premier comte de Boulogne, a été trouvée dans le monastère du Crotoy, de « l'ordre de Citeaux en Flandre, qu'on disait « bâti par les comtes de Boulogne et qu'on disait « décoré du tombeau et de la chapelle de son pre« mier comte. » (*De Morinis*. Tom. I, *pag.* 22).

Le comte Leger tué en 511 et inhumé dans un monastère bénédictin ou cistercien au Crotoy ! Il est inutile d'insister davantage sur cette anecdote trop souvent reproduite. C'est une nouvelle brèche aux antiquités du Crotoy. Nous sommes loin toutefois de nier l'existence de stations grecques ou romaines en ce lieu.

Nous nous abstiendrons de discuter ici les assertions de ceux qui ont placé au Crotoy le *Britannia* des anciens, le *Quartensis locus* de la géographie de l'ancienne Gaule. Cette question nous est étrangère. Nous reconnaissons toutefois la valeur historique des découvertes modernes qui ont mis à jour des débris précieux du passage ou du séjour des Romains à Port et dans les environs : mais il n'y a aucune connexion entre ces vestiges de ruines gallo-romaines et le château du Crotoy bâti vers l'an 1175. Nous pensons que le Crotoy n'a point d'histoire avant le XIIe siècle. Notre opinion a une preuve solide dans la charte de commune de Mayoc et Crotoy. On voit dans cette charte que Mayoc, chef-lieu de la seigneurie des moines de Saint-Riquier, prime le Crotoy et lui donne son existence civile, du moins pendant plusieurs siècles.

cation : *Laurentius quondam Abbas*; ce que tous les érudits entendent de l'Abbé de Saint-Riquier (1). Les raisons de cette retraite sont restées inconnues.

CHAPITRE VIII

URSÉ, VINGT-NEUVIÈME ABBÉ.

(1184 à 1191.)

Fondation par les seigneurs de la Ferté. — Past à Feuquières. — Traité de paix qui replace Saint-Riquier sous la domination du roi de France.

« C'est à tort, dit D. Cotron, que la chronique abrégée de Jean de la Chapelle omet le nom d'Ursé dans le catalogue de ses Abbés : outre que son nom est écrit en tête de plusieurs chartes, on le lit aussi dans le catalogue des Abbés de Saint-Riquier inséré au commencement de la chronique d'Hariulfe. »

Nous avons déjà rencontré le nom d'Ursé dans une charte de l'an 1150 (2).

En 1184, Gautier, seigneur de la Ferté, « pour le salut de son âme, de Gilles, son « fils, et de son épouse, de ses filles et de leurs maris, donna perpétuellement deux « muids de froment sur son molin de Mirandeuil, moyennant que le jour de Saint-« Fremin le martyr, le VII des calendes d'octobre, le jour que son fils mourut, nous « lui devons célébrer un anniversaire. Avec ce nous donna tout le droit de vicomté « qu'il avait à Drugy, Bussu, Onneu, Neuville, Maisons, et généralement sur toute « notre seigneurie, promit ne jamais demander droit de vicomté. Item ledit seigneur « nous devait chacun an XXXV sous qu'il nous assigna sur son travers pour les pren-« dre le jour de Saint-Riquier, VII Idus, sans contrediction, et étaient présents Ursé « Abbé, et tout le couvent, et XV chevaliers, ses hommes familiers, et X échevins, qui en « icelle sont dénommés par nom et prénoms (3). »

Ce moulin fut vendu au monastère, en 1269, par Mathieu de Roye, au moment de son départ pour la croisade avec saint Louis.

Une autre charte de 1185 donne en fief le moulin d'Ostremancourt (aujourd'hui Neuf-Moulin) à Lambert et à ses héritiers (4).

(1) *Gall. Christ. Tom.* VI, *pag.* 876.

(2) On lit dans une charte de l'Abbé Pierre, en 1150, le nom d'Ursé de la Cressonnière, moine de Saint-Riquier. C'est très-probablement le même personnage.

(3) *Cartulaire de St-Riquier, fol.* 60. — D. Cotron. *Anno* 1184.

(4) D. Cotron. *Anno* 1185 (Voir aussi au livre des domaines de l'abbaye).

Ursé fit supprimer en 1186 un past à Feuquières, aux conditions suivantes.

« Un nommé Josselin d'Acheux disait que chacun an, le jour de Saint-Riquier, en
« octobre, nous lui devions un past, duquel il fut traitié et appointié par l'avis de sa
« femme que il n'aroit plus ce past ; mais lui et ses héritiers chacun an en la Tous-
« saint, en l'hôtel de notre prevost de Feuquières, il aroit sur nous XX sous de telle
« monnaie qui avait cours en Ponthieu, et moyennant XXIIII livres que nous lui
« payâmes il nous quitta jusqu'à dix ans et promit ce faire ratifier par son héritier,
« lui venu en âge. Etoient présents trois de ses frères. » Il y eut sur cet accord deux
actes : d'abord une lettre de l'Evêque d'Amiens à Ursé et au couvent ,puis un chirographe dont le monastère possédait la partie destinée à Feuquières (1).

Un traité de paix, conclu en 1185, entre le roi de France et le comte de Flandre, nous
révèle une dernière fois que la ville de Saint-Riquier était au pouvoir de ce dernier et
qu'il y tenait garnison. Il n'est point de notre sujet de traiter des guerres qui absorbèrent pendant quelques années les forces du roi de France et du comte de Flandre (2).
Nous noterons seulement qu'à la paix conclue par la médiation des principaux souverains de l'Europe et surtout du roi d'Angleterre, tout le comté d'Amiens rentra sous la
domination de Philippe-Auguste avec ses hommages ici désignés, savoir : Montdidier,
Breteuil, Poix, Hangest, Picquigny, Boves, Moreuil : on y ajoutait encore les villes de
Noyon, Corbie, Montreuil-sur-Mer, Saint-Riquier en Ponthieu, villes royales, disait-on,
possédées actuellement par le comte de Flandre et bien défendues. C'était une grande
libéralité du comte de Flandre: car on affirme que le nombre des places et des châteaux
dont il était seigneur et suzerain dans ces contrées ou possesseur à titre de feudataire
s'élevait à soixante-cinq, y compris la ville d'Amiens. « Cette paix, ajoute l'auteur de
ce récit, réjouit tout le peuple chrétien et on rendit des actions de grâces au Seigneur,
qui sauve ainsi ceux qui espèrent en lui (3). »

On peut soutenir sans témérité que les premières chartes des communes étaient des
contrats ou des concordats conservés par le témoignage et fondés sur des coutumes

---

(1) *Cart. de St-Riq* fol. 149.— D. Cotron. *Anno* 1186.
Parmi les témoins de cette charte d'Ursé, citons
pour le monastère : Ingelran de Neuville, Chevalier, et plusieurs familiers du roi. Pour Josselin
d'Acheux : Hugues de Friroules, Chevalier, Hugues, fils de Bernard de Saint-Valery, Gautier de
Huppi, Guifroi de Huppi, Chevalier, Robert de
Saint-Maixent, Doyen.
Le titre de doyen à cette époque, est-il un titre
ecclésiastique ou un titre civil ? Il nous serait
difficile de le définir.

(2) Philippe d'Alsace, comte de Flandre, épousa
Elizabeth ou Isabelle, fille de Raoul-le-Vieux,
comte de Vermandois.

A la mort de Raoul le Jeune, frère d'Isabelle,
Philippe d'Alsace s'empara du Vermandois et de
ses dépendances. Mais Eléonore, sœur d'Isabelle,
réclama la possession du comté, en 1182, et se mit
sous la protection du roi de France auquel elle
céda une partie de ses droits. Le comte de Flandre réclama contre cette cession De là une rupture éclatante, des préparatifs de guerre, des hostilités aux environs d'Amiens. Thibaud, comte de
Champagne, intercéda pour le comte de Flandre
et la paix fut conclue en 1185.

(3) Gilbert de Mons. *Rerum Gall. Vet. Script.*
Tom. xv, pag. 581.

CHAPITRE VIII. — L'ABBÉ URSÉ.

anciennes, qu'on ne sentait pas le besoin de libeller sur le parchemin. Sous Philippe-Auguste l'administration royale développa encore son action civilisatrice et fixa par l'écriture les principes modérateurs des sociétés nouvelles. On vit donc apparaître de tous côtés des chartes de communes écrites. Celle de Saint-Riquier fut aussi sanctionnée par Philippe-Auguste, en 1189, scellée de son sceau et conservée dans les archives royales. Nous la retrouvons dans les Ordonnances de Brequigny (1) : elle est ainsi conçue :

« Au nom de la sainte et indivisible Trinité, Philippe, par la grâce de Dieu, roi des
« Français. Qu'il soit à la connaissance de tous présents et à venir que nous donnons
« la Paix et une Commune aux bourgeois de Saint-Riquier selon les us raisonnables et
« les coutumes qu'ils ont suivies jusqu'ici. Nous leur accordons aussi d'établir un
« mayeur dans leur commune, quand il leur plaira, sauf notre droit, celui des Eglises
« et des hommes libres : et pour que cet acte soit stable et valide à perpétuité,
« nous l'avons fait sceller de notre sceau. Donné à Compiègne l'an de l'Incarnation
« 1189, onzième de notre règne. »

Les sceaux des grands officiers de la couronne avaient été apposés après celui du monarque.

M. Louandre, dans son histoire d'Abbeville (2), fait une remarque sur cette charte. « Lorsque les villes avaient perdu leur première institution communale, on évitait, dit-
« il, d'écrire le nom de *Commune* dans les nouvelles chartes de priviléges. Ce mot qui
« fut toujours abominable, dit la chronique de Baldéric, *semper abominabile*, fut rem-
« placé par celui de *Paix* (3). »

Admirons les citations de seconde main. Ce savant écrivain aurait-il fait cette réflexion, s'il avait lu l'ordonnance elle-même ?

C'est en vain qu'on chercherait à tourner cette charte contre l'autorité de l'Abbé de Saint-Riquier : elle ne concède, comme on peut le remarquer, rien de nouveau : elle maintient l'institution dans les limites déjà connues. Essayant d'interpréter les conditions de l'élection du mayeur dans un sens plus large que la charte d'Anscher, les bourgeois de Saint-Riquier sont rappelés, en 1189, aux anciennes prérogatives du roi et de l'abbé.

On ne sait quelle fut la durée du gouvernement de l'Abbé Ursé. La dernière charte connue sous son nom est de 1186. Riquier III, son successeur, ne parut qu'en 1191.

---

(1) *Ordonnances.* Tom. IV, *pag.* 538.

(2) *Tome* I, *page* 168.

(3) *Pax.* On appelle *Paix*, dit le collecteur des ordonnances, le territoire soumis à la juridiction des officiers municipaux qui ont le droit de commune.

Ducange (*Ibid.*) donne aussi le nom de *Paix* à la banlieue ou à l'étendue des terres sur lesquelles les mayeurs ou échevins ont juridiction.

La charte parle de *Ingenuorum hominum*. Sous ce nom, dit Louandre, on entend les seigneurs d'un rang élevé. Est-ce bien sûr ? Ne serait-ce pas plutôt la classe des tenanciers non agrégés à la commune et affranchis des obligations des serfs ou colons ?

LIVRE VIII.

LES ABBÉS DU TREIZIÈME SIÈCLE.

CHAPITRE PREMIER.

RIQUIER III, TRENTIÈME ABBÉ.

(1191 à 1206).

Confirmation des privilèges du monastère. — Usurpation du château de Bray réprimée. — Le prieuré de Bredenay ruiné, puis rétabli. — Association de prières avec le Chapitre d'Arras et le monastère de Marchiennes. — Travers de Boves. — Fondation du couvent de Villencourt sur l'Authie. — Charte du comte de Ponthieu donnée à Saint-Riquier.

Nous avons remarqué que l'auteur de la Chronique abrégée avait omis cet Abbé et l'avait confondu avec un autre du même nom. Les chartes auront plus d'autorité que les dires d'un écrivain maladroit (1).

On n'indique pas l'année de l'élection de l'Abbé Riquier, on peut assurer cependant qu'il gouvernait le monastère en 1191 : car en cette année son nom est inscrit au bas d'une charte de l'abbaye de Saint-Jean d'Amiens.

L'Abbé Riquier fit de grandes choses durant son administration, il était si insinuant dans ses paroles et d'un commerce si agréable qu'il se gagnait tous les cœurs. On le dit condisciple de maître Alexandre de Bayeux, originaire de Villedieu, en Neustrie, près du Mont Saint-Michel. Ce dernier, ajoute ici la chronique, composa, en 1099, à l'usage des enfants, une grammaire *positive* connue sous le titre de *Doctrinal*. L'auteur commence par enseigner les premiers éléments aux jeunes clercs et il s'élève ensuite par degrés à l'enseignement supérieur (2).

On pourrait supposer d'après cette observation que l'Abbé Riquier avait étudié au Mont Saint-Michel, qu'il était né en Normandie et qu'il fut ensuite appelé par les religieux de Saint-Riquier à gouverner leur Abbaye.

(1) D. Cotron. *Anno* 1192.
(2) D. Cotron. *Ibid.* — Dans une charte donnée par Turgis, Evêque d'Avranches, en faveur de Marmoutiers, on trouve parmi les signataires Alexandre l'écolâtre, *Magister scolarum*. C'est sans doute Alexandre de Bayeux.

Nous allons, suivant notre habitude, passer en revue les faits les plus saillants de l'administration de l'Abbé Riquier, en commençant par ses relations avec le Souverain Pontife et en exposant ensuite ses démêlés avec les seigneurs temporels.

Une bulle du pape Innocent III contient la confirmation des franchises et libertés données à l'Eglise de Saint-Riquier par tous les Papes ses prédécesseurs : il ratifie les privilèges octroyés par les Archevêques, Evêques, Princes séculiers, avec toutes coutumes louables, observées en ce monastère, lesquelles choses « ledit Innocentius tient « par le présent et par tout le temps futur pour agréables (1). »

Mais avant de solliciter ce privilége l'Abbé Riquier avait déjà porté ses plaintes au Pape, pour lui demander justice et implorer sa protection. Le châtelain de Péronne, Pierre de Bray, ne tenait aucun compte des droits de l'Abbé sur la pêche de Bray ni des conventions qu'il avait signées. D'autre part, l'Evêque de Tournay avait nommé un curé à Saint-Riquier de Bredenay, sans la présentation de l'Abbé, patron du lieu. Pour régler ces différends, le Pape commit l'Evêque d'Arras avec plusieurs autres juges ecclésiastiques.

Pierre, Evêque d'Arras, ancien Abbé de Poligny et de Citeaux, appelé par tout le clergé à gouverner cette célèbre église, était aussi recommandable par son intégrité et son esprit religieux que par sa doctrine : il évoqua à son tribunal l'affaire de l'Abbé de Saint-Riquier et, après un sérieux examen, il fit consentir Pierre de Bray à redresser ses torts et à rendre au monastère ce qu'il avait cédé par contrat authentique (2).

---

(1) D. Cotron, *Anno* 1205. — *Cartul. de S. Riq.* fol. 2.

(2) La sentence que nous donnons ici d'après le cartulaire (*fol.* 109) contient les divers détails de la procédure. « Question et procbès étoient mus « par devant Pierre Evêque d'Arras, Hugues Ab- « bé de Saint-Wast et Gautier Abbé de Balances, « comme juges commis par le Pape pour donner « sentence définitive desdites questions , qui « étoient sur la moitié des yaues qui sont entre « Cappy et Bray et la moitié des bois de Tormont « que nous ôtoit injustement Pierre, chevalier, sei- « gneur de Bray, chastelain de Péronne, et les- « quels juges, toute appellation mis en arrière, en « pooient terminer et appointer : et fut cité ledit « seigneur, première seconde et tierche fois, là où « il ne comparut : mais étoit prêt à contumasser et « excommunier. Mais par bon conseil ledit Pierre « vint et comparut personnellement, et connut que « injustement et en la damnation et péril de son « âme il avoit retenu et retenoit le moitié desdits « yaues et bois, et par violence l'avoit occupé et « duquel excès humblement il requit absolution,

« en soi désistant de ladite querelle et en rési- « gnant en leurs mains tout le droit qu'il y avoit à « notre profit, et apportant de ce instrument et « lettre sous son sceau, laquelle lettre est incor- « porée de mot en mot en cette lettre comme il « s'en suit · in nomine Patris. — Ego Petrus Pero- « næ Castellanus.

« Et comme il soit ainsi que devant l'Evêque « d'Arras et les Abbés de Saint-Wast et de Ba- « lances je aye été astreint contre les Abbé et les « religieux de Saint-Riquier pour ce que par *ju-* « *vare* et longtemps je avoye prins et ôté la moitié « de liaue entre Bray et Cappy et la moitié du « bois de Tormont : toutes voies je fus succombé « et vaincu par Gaudefroy Abbé.

« Et par le conseil de bonnes gens et sachant « avoir ce retenu au péril de mon âme, et la vente « à moi montrée je acquiesce à tout le droit que « j'avois en ycelles yaues et bois, je le donne en « perpétuelle aumône audit Saint-Riquier et lui « rendis le fons et les circonstances, et les rési- « gne ès-mains d'yceux juges et promis sur ma « foi de demander de ce confirmation au roi, et

Peu de temps après (1210) son successeur Gautier de Péronne vendait la ville de Bray à Philippe-Auguste et une commune y fut établie en même temps que la ville fut fortifiée.

Bray a eu ses faits d'armes dans l'histoire des guerres féodales : nous en laisserons le récit à ses annalistes, mais nous noterons ici que notre abbaye y conserva des droits de seigneurie, que la juridiction spirituelle des Abbés de Saint-Riquier continua de s'exercer sur la ville. Des dîmes et des fiefs dépendant de la seigneurie d'Arleux attireront assez souvent notre attention sur cette contrée.

Les entreprises d'Etienne, Evêque de Tournay, sur Bredenay, pourraient presque se justifier par la situation dans laquelle il trouva le prieuré de Saint-Riquier.

Etienne était un savant et austère prélat. Ancien Abbé de Saint-Euverte d'Orléans et de Sainte-Geneviève de Paris, il avait été promu à l'épiscopat sur les instances de Guillaume de Champagne, Cardinal Archevêque de Reims : il soutint dignement le poids de cette charge, malgré les hostilités et les violences de Beaudoin, comte de Flandre. Il assistait à Amiens, en 1193, au couronnement de la reine Ingelburge et il fut plus tard son consolateur par les touchantes lettres qu'il lui adressa.

Etienne s'exprime ainsi sur le prieuré de Bredenay dans une lettre à l'Archevêque de Reims. « En nous rendant à l'Eglise de Tournay pour y célébrer notre synode, nous nous sommes présentés au prieuré de Bredenay. Quelle surprise pour nous ! Quel triste spectacle pour les nôtres ! Quelle dérision pour les étrangers ! On nous avait assurés que la vie monastique et conventuelle y était suivie par douze moines, que les offices divins étaient régulièrement célébrés, que les pauvres recevaient leur nourriture, les voyageurs l'hospitalité et les infirmes des consolations ; mais que les conditions sont bien différentes ! Les édifices claustraux sont détruits, les divins offices ont

« fais savoir à tous mes hoirs que injustement je avoye ôté, ravi et prins icelle moitié sans le consentement et au desseu dudit Abbé et en le damnation de mon âme, et pour ce je congnais humblement mon erreur et péchié et impêtre d'yceux religieux pour l'autre moitié à eux par moi donné chacun an après ma mort un obit et anniversaire solennel et pour ce je renoncha à la totalité de ladite yaue et bois et de tous les forfaits et levées, je en retiens la moitié et l'autre moitié je le promis baillier au sieur de Asseurs, promettant garandir contre tous et envers tous et donner conseil et aide, deffension, moi requis comme advœu, *tanquam advocatus* de tout Bray et Arleux sans gage ne exaction.

« *Actum est in domo* Arleux, présents le doyen de Bray, deux religieux et XVI hommes y dé-

« nommés.

« Item contient que ledit chevalier requiert aux juges que ledit instrument autentique fut incorporé et confermé de leurs seaux sous lа de soie vermeille, blanche, jaune et verte. Présents le doyen, le prévost, le chantre, les deux archidiacres d'Arras, VIII chanoines, IIII chapelains et IIII autres témoins.

« Une lettre de confirmation de Philippe-Auguste contient que injustement Pierre chevalier de Péronne avait prins et tenu contre raison la moitié des eaues entre Cappy et Bray et les bois de Tourmont, pourquoi il avait été excommunié, et pour ce satisfaire il avoit résigné ès-mains des juges apostoliques l'autre moitié à notre prouffit pour un obit annuel lesquelles sont à la juridiction du roi lui priant que pour notre sureté la vaulsit confirmer. »

cessé. Il n'y a plus un seul moine : ce saint asyle est converti en solitude. *Facti sunt umbraculum in vinea, sicut tugurium in cucumerario.* Les amples possessions du prieuré, les copieuses dîmes qui suffisaient à l'entretien des moines sont en partie distraites, grevées d'hypothèques et asservies à un maître étranger. L'église, misérable et pauvre servante, est confiée à un seul prêtre, lorsqu'elle devrait nous offrir sa communauté de moines, régie par un prieur. Pourrai-je vous exprimer les gémissements et la désolation des paroissiens, dont les pères avaient si richement doté cette église par leurs offrandes et leurs fondations ? Ils se lamentent et crient vers le Seigneur Dieu des armées. Ils ne répondaient à nos questions que par des larmes et des sanglots, et réclamaient la correction des abus ou un châtiment du Très-Haut, vengeur inexorable des crimes. A cette vue, touché intérieurement d'une vive douleur, soutenu par le conseil d'hommes prudents qui nous accompagnaient, dévoré par le zèle de la maison de Dieu, nous avons courageusement inauguré la correction, en défendant de célébrer les divins offices en ce lieu, de payer les dîmes et de remettre les offrandes et les revenus paroissiaux, avant qu'il n'y eût le nombre voulu de moines et un prieur pour les diriger : cependant, cédant aux prières du prêtre W. et de nos compagnons, nous avons différé jusqu'à la fête de l'Epiphanie l'exécution de cette sentence (1). »

Sur qui doit retomber l'accusation intenté ici par l'Evêque de Tournay ? Sur l'Abbé de Saint-Riquier ou sur le comte de Flandre ? Nous ne saurions nous prononcer. Seulement nous recueillerons ce que dit l'histoire et ce que racontent les Annales.

Beaudoin, comte de Flandre, avant de partir pour la croisade avait exercé sur les terres de la domination française des hostilités et des violences qui avaient obligé Etienne, Evêque de Tournay, d'en venir contre lui aux derniers effets de la sévérité ecclésiastique. Le comte s'en était vengé en ennemi furieux et les Flamands ses sujets avaient si bien secondé ses ressentiments que le pieux Evêque craignit que l'hérésie, qui profite de toutes les fautes, ne s'en prévalût pour ravir même à ses diocésains la vraie foi (2).

C'est au milieu de cette effervescence que le prieuré de Bredenay fut plongé dans cette affreuse désolation. Les religieux avaient fui, peut-être dépouillés des choses nécessaires à la vie. Sujets de la domination française, ils étaient plus que tous les autres exposés à la vengeance des Flamands. Que l'interdit eût pour but d'atteindre les religieux ou d'amener le comte de Flandre à des sentiments plus chrétiens, toujours est-il qu'il fut levé après l'Epiphanie et que le soin de la paroisse fut confié à un prêtre nommé Bernard. C'était une violation du droit de patronage et l'Abbé en avait appelé au Souverain Pontife. Voici comment s'exprime la chronique. « L'Evêque de Tournay voyant l'Eglise de Bredenay privée de tout secours spirituel, soit de la part des moines, soit de la part du clergé séculier, confia le gouvernement de l'Eglise à un prêtre

(1) *Patrologie.* Tom. cxxi, Pag. 432.   (2) P. Longueval. *Histoire de l'Eglise Gallicane*, en 1203.

nommé Bernard, sans le consentement ou la présentation de l'Abbé ou du prieur. Ce qui fut pour l'abbé Riquier un juste sujet de plainte. »

« L'Evêque d'Arras, aidé des conseils et des lumières d'un synode d'Abbés et de dignitaires ecclésiastiques, termina le différend de la manière suivante. L'Abbé de Saint-Riquier fut invité à mettre trois moines dans le prieuré pour y chanter l'office divin et le prêtre Bernard dut résigner ses pouvoirs entre les mains de l'Evêque ».

« Tout fut réglé avant le Carême. Comme il était prescrit, Riquier envoya des moines : Bernard se démit de ses fonctions et fut de nouveau institué sur la présentation du patron ecclésiastique. C'est ainsi que par une sage décision tous les droits furent sauvegardés et la bonne harmonie rétablie. A cette occasion Etienne renouvela le privilège de ses prédécesseurs sur le personat de Bredenay confié aux moines (1) ».

Ces actes sont revêtus de la signature de Gautier, Abbé de Saint-Amand, d'Etienne, Abbé de Marchiennes, de Roger, Abbé de Cysoing, de Jean, Abbé de Falempin, d'Etienne, frère de l'Evêque de Tournay, de moines de Saint-Riquier, de chanoines d'Arras, etc.

La chronique ajoute à cette occasion que le monastère de Saint-Riquier possédait, outre la cure paroissiale, le patronage de deux autres chapelles de l'Eglise de Bredenay.

Ces différentes négociations unirent plus intimement l'Abbé de Saint-Riquier avec le doyen et le chapitre d'Arras et l'Abbé de Sainte Rictrude de Marchiennes et furent l'origine de deux associations de prières, les premières que signalent les annales du monastère.

« La société de prières, disait le doyen d'Arras dans la charte d'association (2), embrasse les vivants et les trépassés. C'est pour ceux-ci surtout que la miséricorde doit être plus expansive : ils sont réduits à la dernière extrémité : soumis à des peines cruelles ; ils souffrent et attendent l'heure tant désirée du rafraîchissement. C'est pourquoi l'Eglise les presse contre son sein avec une infinie charité : elle multiplie pour eux les prières, les suffrages : elle demande un grand nombre de messes, présentant sans cesse au Père Eternel la divine victime, l'agneau sans tache qui, seul parmi les morts, exempt de toute faute, offre pour nous le remède le plus puissant, alors que nous sommes incapables de toute satisfaction. Quand donc on forme des liens de fraternité entre deux communautés on cherche surtout à venir au secours de frères défunts et à accélérer l'heure de la délivrance. Pour cela il a été décrété du consentement des deux chapitres : 1° qu'une fois chaque année, au trois des nones de juin, jour fixé d'un commun accord, on célébrera dans chaque communauté un service solennel pour les associés trépassés ; 2° qu'aux chanoines qui assisteront à cet office on distribuera quinze sous,

(1) D. Cotron. *Anno* 1196.   (2) D. Cotron. (*Ibid*).

que les pauvres auront un pain de la valeur de cinq sous, que les moines de Saint-Riquier auront une pitance de la valeur de vingt sous. 3° Le chapitre de Saint-Wast accorde en outre à son très-cher frère l'Abbé de Saint-Riquier, par la spéciale affection qu'il lui témoigne, la part de pain et de vin d'un chanoine, toutes les fois qu'il se rendra à Arras. — Cet acte est de 1196.

Les religieux de Saint-Riquier et de Marchiennes s'unirent aussi dans le but de renouveler par de plus fréquents rapports la familiarité qui existait entre Saint Riquier et Sainte Rictrude, d'exciter dans leurs âmes le désir d'imiter leur admirable sainteté, de participer à une plus grande communion de biens spirituels (1).

Il est dit dans la charte que :

1° Il y aura communion entre ces deux chapitres, en ce sens qu'on gardera et qu'on entretiendra des choses nécessaires le religieux chassé de son Eglise, jusqu'à sa réconciliation avec son chapitre, à moins toutefois, — ce qu'à Dieu ne plaise, — que le délinquant n'eût été irrévocablement renvoyé par son Abbé et son chapitre et dépouillé du saint habit religieux.

2. Quand on apportera le *Rotulus* (2) de mort d'un religieux, il y aura office solennel comme pour un membre de la propre Eglise, et office du septième et trentième jour avec prébende (3) ou pitance et inscription du nom au nécrologe. Chaque prêtre célébrera une messe et les autres religieux réciteront un psautier.

3. Pour les Abbés défunts il y aura des prières pendant trente jours, obligation pour chaque prêtre de dire trois messes, et pour les autres religieux de réciter les psaumes prescrits, prébende, anniversaire et le son des cloches.

4. Chaque année l'Abbé de Marchiennes viendra célébrer l'office de Saint Riquier dans sa propre Eglise et l'Abbé de Saint-Riquier se rendra semblablement à Marchiennes pour la fête de Sainte Rictrude, sauf empêchement légitime.

Cette association de prières fut faite et signée à Marchiennes du temps de Jean II, Abbé de Marchiennes, et de Riquier, Abbé de Saint-Riquier (4).

Mabillon, dans ses Annales, rappelle de nombreux exemples d'associations de prières. Les réflexions placées en tête des actes commémoratifs nous disent assez leurs avantages spirituels.

---

(1) D. Cotron. *Anno* 1196.

(2) On envoyait, à la mort d'une personne qu'on voulait recommander, un messager pour porter la triste nouvelle. Très-souvent on lui donnait l'éloge du défunt en vers et il rapportait lui-même des pièces de vers pour confirmer cet éloge. C'est ce qu'on appelait des *Titres*: *Tituli vel Rotuli*.

(3) *Prébende monastique* ou ration de chaque jour : 1° un pain d'un poids déterminé ; 2° une portion de bière : un setier de vin pour trois ou quatre moines (on ne donnait du vin aux plus jeunes qu'avec la permission de l'Abbé; 3° le *ferculum*, légumes assaisonnés au gras : à certains jours du poisson ; 4° au soir quatre œufs ou la moitié d'un fromage. Telle était la prébende du monastère de Saint-Trond en Belgique. Les autres devaient s'en rapprocher.

(4) Voir à la page 42 les rapports de Saint Riquier avec sainte Rictrude.

Les difficultés sur les possessions de Bray et de Bredenay ne furent pas les seules que les malheurs des temps suscitèrent au sage Abbé de Saint-Riquier. Il avait dans son propre monastère et sous sa main un ennemi domestique dont le mauvais vouloir lui rendait la vie amère et l'administration impossible (1). C'est fort peu de chose à nos yeux qu'un mareyeur ou un pourvoyeur de poisson : pour les religieux c'était un rouage indispensable dans la manutention des provisions quotidiennes. Ses exigences, lorsqu'il manquait à son devoir, étaient d'autant plus nuisibles que le fief de pourvoyeur lui donnait un titre exclusif, presque inaliénable. La charte remarque que l'ambition de ce varlet fieffé s'était accru avec sa fatuité : il poussait l'insolence jusqu'à prétendre qu'on ne pouvait se procurer de poisson que par sa propre initiative et il cessa même de remplir son office. Pour comble de malheur une affreuse famine désolait alors ces contrées : pendant plus de quatre ans la terre frappée de la malédiction du ciel fut stérile : les riches eux-mêmes manquaient du nécessaire et venaient à la porte du monastère réclamer à prix d'argent les ressources amassées en de meilleurs temps pour les besoins des pauvres. Il y avait donc des angoisses de tous côtés. Au moment où l'on cherchait à remédier à un abus dont les conséquences devenaient chaque jour plus onéreuses pour le monastère, la Providence elle-même prépara le dénoument, comme on peut s'en convaincre dans l'analyse d'une charte de Thibault, Evêque d'Amiens, par le compilateur du cartulaire.

« Nous avons lettre de Thibaut Evêque d'Amiens donné l'an mil cent IIII"XIII, et
« contient que un nommé Radus (ou Raoul) notre varlet tenoit un fief en service ;
« qu'il nous devoit administrer les poissons à notre usage et ensongnier et aucune fois
« il n'en savoit trouver ne recouvrer, dont il venoit confusion et infectation, et pour ce
« chacun an nous lui devions X setiers de bled à notre grange, et sy avoit prébende de
« moisne avec sa chaussure et un agniel aux pacques, et sy avoit char à aucuns jours
« avec la terre de son fief, avec autres menucs chosettes. Par la permission de Dieu il
« devint en grande pauvreté et à grande instance pria l'Abbé que il achète ou
« fit acheter ce droit et qu'il en eut aucune chose. L'Abbé véant les maux que de ce
« pooient avenir envoya à Amiens son chapelain pour faire les seurtés et serments de
« la renonciation dudit fief et ne retint que la terre dudit fief pour deux sous de cens
« et un courtil avec la franchise de sa personne (2). »

Sous ces débats si minutieux en apparence on découvre les éléments d'une grande synthèse historique, la preuve de la régularité des moines de Saint-Riquier. Fidèles aux observances monastiques, ils s'abstiennent de chair pendant toute l'année : il n'y a de dispense qu'aux fêtes de Noel et de Pâques : pendant quatre jours de l'octave de ces fêtes il est permis de manger de la volaille, mais non d'autre viande. Si des coutumes spéciales ont introduit quelques autres fêtes, le nombre en est restreint.

(1) D. Cotron. Anno 1193.   (2) Cartul. de St-Riq., fol. 158.

C'est à cette même époque que le comte de Ponthieu donnait aux religieux de Saint-Pierre d'Abbeville dix mille harengs par année : il n'avait point l'intention sans doute de leur créer une branche de commerce : sa piété ne cherchait qu'à subvenir à leurs besoins, à leur procurer les moyens de se nourrir, eux, leurs pauvres et leurs hôtes. Les annales monastiques sont remplies de semblables dons, preuve évidente de l'obligation de l'abstinence dans les monastères.

Nous voyons aussi dans les chroniques que le comte de Boves exigeait rigoureusement ses droits sur les chariots de Saint-Riquier, quand ils traversaient ses domaines (1). Il intenta même un procès à ce sujet à l'Abbé Riquier (1194). Mais l'excès du mal amena une composition plus digne d'un puissant seigneur. Des hommes honorables lui remontrèrent tout ce qu'il y avait d'odieux dans une semblable conduite : d'après leur conseil il fut réglé que ce droit de travers serait payé par des prières et que chaque jour du mois de mars on célébrerait une messe pour lui, pour l'âme de Thomas de Boves son père et pour ses prédécesseurs.

La charte scellée de son sceau fut confirmée par l'Evêque d'Amiens, en présence d'Enguerran, archidiacre du Ponthieu, du chancelier Robert, de Richard de Berbezire, d'Edouard de Fouilloy, de Guillaume de Wallech et de beaucoup d'autres personnages. Une sentence d'excommunication sanctionnait cette convention selon les usages de cette époque.

On ajoute dans la chronique que tous les Abbés de Saint-Riquier jouirent de cette franchise jusqu'à Thibaut de Bayencourt, le dernier des Abbés réguliers. Des lettres testimoniales en faisaient foi pour des convois de vin, de provisions et de meubles.

L'église de l'Hôtel-Dieu de Saint-Riquier fut bâtie sous l'Abbé Riquier, qui concéda la faculté de l'édifier, mais sous certaines réserves : nous renvoyons l'examen de sa charte à nos études sur l'Hôtel-Dieu de Saint-Riquier.

Dans le même temps l'ordre de Cîteaux faisait en Ponthieu de nouvelles conquêtes à la vie de pénitence et d'austérités religieuses. L'abbaye d'Epagne, fondée en 1178 par Enguerran de Fontaines, ne suffisait pas encore à l'élan des jeunes vierges chrétiennes. Elles se créèrent aussi dans les solitudes de l'Authie, sanctifiées autrefois par les prières et les miracles de nombreux serviteurs de Dieu, un nouvel asile dont le nom est resté célèbre à Abbeville. Nous voulons parler de l'abbaye de Villencourt. Ses principaux bienfaiteurs furent, d'après une charte de Guillaume de Ponthieu, l'Abbé de Saint-Riquier, Nicolas de Villeroi, Henri de Caumont, Gérard d'Abbeville, Alard de Thun et Robert, Maréchal du Ponthieu. Le comte de Ponthieu garantit toutes ces libéralités, auxquelles il ajouta lui-même une nouvelle dotation (2).

On sait la rigueur des instituts cisterciens. Les femmes qui adoptaient leur règle n'étaient ni moins généreuses ni moins crucifiées au monde que leurs pères et leurs

---

(1) D. Cotron. *Anno* 1194.   (2) *Gallia Christiana.* Tom. x, Pag. 334 *(Appendix).*

frères : l'Eglise a admiré pendant des siècles ces thébaïdes perdues au sein des déserts : elle n'a permis leur translation au sein des villes qu'au moment où des guerres impies et sacrilèges, auxquelles s'associaient des hérétiques forcenés, ne leur laissaient plus aucune sécurité dans leur solitude. Ce n'est qu'en 1662 que les religieuses de Villencourt allèrent se réfugier à Abbeville après l'incendie et la ruine de leur humble monastère.

Etablies en premier lieu entre Vitz et Auxi, dans l'île de Senard, en 1199, elles se fixèrent un peu plus tard et pour des siècles à Villencourt (1) (*Wuillelmi Curtis*) dans un enclos de quarante journaux que Guillaume d'Abbeville leur abandonna en aumône perpétuelle (1220). Dotées en partie par les Abbés de Saint-Riquier, les Cisterciennes de Villencourt leur devaient des hommages de suzeraineté : il en sera parlé en différents lieux des Annales.

La croisade que Foulques de Neuilly avait prêchée avec un succès presque aussi miraculeux que celui de saint Bernard, avait tout à coup et au grand étonnement du pape Innocent lui-même dirigé ses efforts contre les Grecs, afin de leur demander raison de leur perfidie. Constantinople était tombée sous leurs coups et les guerriers de la croix, aussi humbles devant Dieu que valeureux et fiers devant l'ennemi, faisaient une ample moisson de reliques. Le diocèse d'Amiens eut une part abondante de ces dépouilles opimes d'une ville où la piété expansive avait amassé d'innombrables trésors dans les églises.

La possession d'une Sainte Larme du Sauveur, des Corps Saints de Longpré, du Chef de saint Jean-Baptiste causa une allégresse générale à laquelle les religieux de Saint-Riquier s'associèrent avec reconnaissance. On note spécialement que leur Abbé Riquier fut présent à la translation du Chef de saint Jean-Baptiste dans la cathédrale d'Amiens, le 17 décembre 1206. Il ne survécut pas longtemps à ce dernier témoignage de sa dévotion envers les saints ; car on assigne sa mort à cette même année 1206.

Une charte que Guillaume comte de Ponthieu date de Saint-Riquier, en 1196, nous apprend que le roi Philippe-Auguste céda à ce comte une partie de ses droits sur Saint-Riquier (2).

C'était peu de temps après le mariage d'Alix sœur du roi avec Guillaume. Le roi avait concédé aux nouveaux époux plusieurs de ses droits, comme on peut s'en convaincre par la charte suivante :

« Moi, comte de Ponthieu, je fais savoir que Philippe, par la grâce de Dieu, Roi de France, m'a donné pour femme sa sœur Alix, fille de Louis, Roi de France, et il m'a donné tout ce qu'il possédait à Villers, à Rue et tout ce qu'il possédait à Saint-Valery, à l'exception de la régale de l'abbaye de Saint-Valery et sauf l'hommage du seigneur

(1) Canton d'Auxi-le-Château.   (2) Louandre. *Histoire d'Abbeville*. Tom. I. Pag. 147.

Thomas : tout ce qu'il possédait à Abbeville et à Saint-Riquier (1), à l'exception de la régale de Saint-Riquier ; avec réserve que si ma femme Alix venait à mourir sans héritier, — que Dieu me fasse la grâce qu'il n'en soit pas ainsi, — toutes les choses susdites qui font la dot d'Alix retourneront librement et paisiblement au roi de France. Cette charte est du mois de juin 1196 (2).

CHAPITRE II.

GEROLD, TRENTE-ET-UNIÈME ABBE.

(1207 à 1210).

Charte de Guillaume, comte de Ponthieu pour le Crotoy. — Eloge de ce comte. — Charte de commune de Mayoc.

Quoique l'auteur de la Chronique abrégée ait passé sous silence le nom de Gérold, il n'est pas moins certain que ce nom est écrit dans les archives et à la tête de plusieurs chartes (3).

Le pape Innocent III confirma à l'avènement de Gérold tous les privilèges du monastère et sa suzeraineté sur Forêt-Montier : dans une autre bulle il déclara que l'Abbé et ses religieux n'étaient pas « responsables aux juges ordinaires (4) ».

Comme nous l'avons déjà marqué plus haut, Guillaume, comte de Ponthieu et de Montreuil, confirma la charte de Jean son père sur le partage des revenus du Crotoy et abandonna ses droits d'avouerie sur Noyelles (1208).

Qu'on nous permette ici quelques mots à la louage de cet avoué de Saint-Riquier, dont le nom est souvent répété dans nos annales et béni dans toutes les chroniques monastiques de l'époque. On doit le regarder comme un des princes les plus bienfaisants de son

(1) *Quæ sunt de pertinentiis S. Richarii,* comme on le lit dans le traité de Chinon quelques années après. Nous en concluons que la ville de Saint-Riquier, rendue au roi Philippe-Auguste par le traité de 1185, n'appartint au comte de Ponthieu que comme apanage de sa royale épouse et qu'il perdit ses droits sur la ville et la prévôté après l'acte de rebellion de Simon de Dommartin.

(2) On lit dans les *Bénéfices* de M. Darsy (*Tome* II

page 66) que l'Abbé Riquier III possédait à Amiens une maison dans la rue de Ricbors, en dehors de la porte de Saint-Michel. Cette maison passa ensuite dans les mains de M⁰ Eustache clerc, dit *Illuminator ;* puis elle fut vendue en 1255 à l'Evêque d'Amiens pour l'œuvre des prêtres infirmes.

(3) D. Cotron. *Anno* 1207.

(4) *Cartulaire de Saint-Riquier,* fol. 2. Le cartulaire nomme cet Abbé *Gerfondus.*

siècle. Par ses nombreuses fondations et ses aumônes incessantes il s'est non-seulement préparé un jugemeut favorable à sa dernière heure, grâce que tous les seigneurs féodaux de l'époque imploraient humblement, au milieu même de leurs égarements, mais il a aussi effacé les oublis et les mauvais instincts de sa puissance féodale. Du reste sa mémoire est glorieuse dans les annales du Ponthieu : non-seulement les moines, mais tous ses contemporains louent ses brillantes qualités (1). Il se distingua à la croisade parmi les plus braves. Nous ne lui ferons pas un crime d'avoir uni ses armes à celles des princes croisés pour combattre les Albigeois , il partageait l'enthousiasme chrétien de cette époque et sa haine contre une monstrueuse hérésie : il défendait la vérité, la justice, la religion des embûches, de la fourberie, de la scélératesse et de l'impiété. L'Eglise honore les combats de ces bienfaiteurs de l'humanité. Nous nous inclinons en face du drapeau protecteur d'une cause sacrée et nous plaignons ceux qui cherchent à venger une secte abominable, aussi ennemie de la société que de l'Eglise et dont l'influence s'est fait sentir jusque dans les régions du Nord de la France. Guillaume fut aussi un des héros de Bovines ; il y conduisit les milices Picardes : sous son regard et ses inspirations elles firent des prodiges de valeur.

L'année suivante la commune de Mayoc fut érigée par une charte du comte de Ponthieu. C'est la copie de celle d'Abbeville, sauf les articles 25, 26, 27 et 28. Les différends sont soumis à l'arbitrage du mayeur et des échevins d'Abbeville.

Nous ferons remarquer que cette charte ne reconnaît que la commune de Mayoc et englobe le Crotoy avec son château. Plus tard nous lirons encore Mayoc et Crotoy: puis Crotoy et Mayoc. Ces nuances, ces dégradations de tons ont bien leur signification. Le temps a marché : nous voyons que le Crotoy a acquis alors une importance que les seigneurs eux-mêmes ne lui avaient pas reconnue dans le principe. Les habitants de Mayoc, dépourvu de fortifications, exposé à toutes les calamités de la guerre, ont fui vers le château, pour s'abriter derrière ses murailles : il n'est resté de la *villa* que les bâtiments nécessaires à l'exploitation du domaine religieux ou de la ferme qu'on a créée, quand les nécessités du temps empêchèrent d'y envoyer des religieux pour administrer le domaine.

La charte de Mayoc est rédigée à peu près dans les mêmes termes que celles de Doullens, Rue, Hiermont, Ernies ou Ergnies, Wawans, Cressy, Waben, Saint-Josse, Maresquine Terre (commune du Marquenterre), Vismes.

L'Abbé Gérold ne vécut pas au-delà de l'année 1210.

(1) Les monastères, les Eglises, les hôpitaux et léproseries, tous les lieux sanctifiés par la piété et le dévouement chrétien ont été gratifiés de ses libéralités : il serait trop long de les énumérer ici.

CHAPITRE III.

MATHIEU, TRENTE-DEUXIÈME ABBÉ

(1210.)

Cet Abbé mourut l'année de son élection. On ne trouve même pas son nom dans les archives : il n'est connu que par la chronique abrégée de Jean de la Chapelle (1). « Il était, dit ce dernier, moine de Saint-Corneille de Compiègne, quand il fut appelé à gouverner le monastère de Saint-Riquier : c'est de son temps qu'on fit la dédicace de l'église de l'Hôtel-Dieu ». Comme la charte de cette dédicace ne porte pas de nom d'Abbé, l'assertion de la chronique abrégée doit être acceptée avec quelque réserve.

CHAPITRE IV.

HUGUES I, DE CHEVINCOURT, TRENTE-TROISIÈME ABBÉ.

(1210 à 1236.)

Les Abbés du xiii° siècle. — L'usure réprimée. — Contrats d'*impignoration* ou d'engagements des fiefs et domaines des seigneurs croisés.
Lutte de Hugues de Chevincourt contre les Evêques d'Amiens au sujet des exemptions. — Nouveaux privilèges du Pape Honorius IV. — Procurations de Bray, de Leuilly, de Chevincourt. — Oratoire de Chevincourt. — Dîmes novales. — Translation des reliques de Saint Vigor. — Visite des châsses du monastère.
Nombreuses chartes de Hugues de Chevincourt. — Obit de Marie de la Ferté. — Sentences arbitrales. — Ambassades de Hugues de Chevincourt. — Sa mort. — Traité de Chinon.

On connaît l'origine de cet Abbé par son surnom. Sa famille était noble, d'après les chroniques (2). Toute la vie de Hugues répondit à l'illustration de sa naissance. La foi de ses parents le confia aux moines dans sa première jeunesse. Le goût des choses du ciel fixa pour jamais cet enfant de bénédiction dans le monastère de Saint-Riquier : il y fit profession et s'efforça de réaliser l'idéal qu'il s'était fait d'un bon religieux. Sa signature comme moine ou comme sous-prieur figure dans plusieurs contrats importants. Elevé à la dignité abbatiale, il gouverna son monastère avec beaucoup de sagesse

(1) *Chron. Abbrev. Cap.* xlv.   (2) D. Cotron. *Anno* 1210.

CHAPITRE IV. — L'ABBÉ HUGUES I, DE CHEVINCOURT.   481

et de fermeté : il défendit vigoureusement les droits de son Eglise qu'il avait vu méprisée pendant ses premières années de vie religieuse et fit cesser les gémissements des vrais enfants de saint Benoît. Il lui obtint de nouveaux priviléges et travailla en homme de cœur àson progrès spirituel et temporel (1).

Quand on considère les œuvres admirables du christianisme en pleine possession de sa liberté dans ce siècle éminemment catholique ; quand on y contemple des Papes comme Innocent III, Grégoire IX et tant d'autres, des rois comme saint Louis et saint Ferdinand d'Espagne (2), des monuments comme les cathédrales d'Amiens, de Bourges, de Chartres ; quand on compte par milliers les chrétiens enrôlés sous les nouveaux étendards de la pauvreté, que Dominique et François, ces deux colonnes de l'Eglise chancelante, arborent sur le monde ; quand on lit dans l'histoire ecclésiastique que tous les anciens monastères ne perdent rien de leur splendeur antique, au milieu de cette propagation merveilleuse des ordres mendiants, on se réjouit de rencontrer à Saint-Riquier un Abbé comme Hugues de Chevincourt et non-seulement un Abbé, mais deux et même trois, émules des plus illustres défenseurs de l'Église. Car Gautier de Gaissart et Giles de Machemont, successeurs de notre grand Abbé, ne lui cèdent en rien. Nourris des fortes études du cloître et de ses plus pures doctrines, étrangers aux artifices, aux maximes de la politique mondaine, ces prélats ne voient que le Christ, dont les siècles chrétiens ont établi le règne au-dessus de toute domination humaine: *Christus regnat, vincit, imperat*. Sur ce théâtre assez obscur ils remplissent leur mission avec le même zèle que beaucoup de serviteurs de Dieu appelés par la Providence à éclairer les peuples et les rois. Par eux Jésus-Christ est connu, adoré dans une petite société monastique, pendant que d'autres saints personnages propagent son règne dans les pays lointains, par les croisades, par les missions, par des œuvres de dévouement. Par eux, la justice, apanage souverain de ce roi de gloire, est rendue à chacun et tous les empiétements de l'ambition des séculiers est redressée avec un courage inébranlable.

Une des grandes préoccupations de l'Eglise à toutes les époques, dans les conciles, dans les constitutions des Souverains Pontifes, c'est de resserrer les liens de la discipline monastique, de ne pas souffrir que les camps retranchés de cette puissante armée du Seigneur soient livrés au pillage, que ses chefs nécessairement mêlés à toutes les affaires du siècle ne se laissent point prendre aux pièges tendus par l'antique serpent.

Etudions rapidement quelques-uns des actes de ce siècle, relatifs aux moines.

I. Au concile de Latran, en 1215, les chapitres généraux dont les provinces de Reims et de Sens avaient pris l'initiative au siècle précédent sont imposés à tout l'ordre Bénédictin. Ils seront tenus tous les trois ans : on y traitera de la réforme et de l'obser-

(1) *D. Cotron. Anno* 1210.

(2) On sait que Ferdinand avait épousé la princesse Jeanne, fille du comte de Ponthieu.

vation régulière. Les statuts décrétés seront gardés inviolablement et sans appel (1). On ne doit pas manquer de prescrire le lieu du chapitre suivant. Cette règle fut observée jusqu'à l'époque des commendes, dans les temps où la France a joui de la paix ; nous aurons occasion de signaler plusieurs de ces salutaires réunions.

II. Innocent III défend surtout aux moines la propriété : il déclare que la pauvreté est tellement inhérente à leur règle qu'il n'est pas au pouvoir, non-seulement de l'Abbé, mais même du Pape d'en dispenser. Ce règlement, proposé par le Pape Innocent III aux moines du Mont Cassin (2), fut adopté partout. Nous verrons plus loin combien les religieux y tenaient et comment le Souverain Pontife fut obligé d'intervenir, pour interpréter ces lois rigoureuses ou du moins en donner une dispense momentanée.

III. Les conciles provinciaux, après le quatrième concile œcuménique de Latran, sont remplis de décrets et de prescriptions sur la sainteté et les devoirs de l'état monastique. Malgré quelques déclamations ou quelques ironies que nous recueillons sur notre passage contre l'état monastique, ne sommes-nous pas fondés à soutenir que la vie monastique fleurit au sein des communautés religieuses sous des Abbés d'une intelligence supérieure et d'une austérité infatigable?

Mentionnons ici un fait spécial de vigilance pastorale sur les monastères. Nous lisons dans l'histoire de l'Abbaye de Foigny en Thiérache (ordre de Citeaux) que Mathieu, dixième Abbé, l'un des plus savants et plus distingués personnages du XIII° siècle, vicaire général de diverses provinces de son ordre, fut commis par Grégoire IX, en 1132, pour réformer les monastères exempts des Bénédictins des provinces de Reims et de Rouen. Entre autres monastères qu'il a visités et où il a laissé des institutions ou règles de réforme par lettres commissoriales, on cite Saint-Riquier en Ponthieu. Une de ses ordonnances insiste surtout sur l'observation de la règle divinement inspirée de saint Benoît, sur la réception des moines, sur les trois vœux de pauvreté, de chasteté et d'obéissance qu'on doit bien expliquer aux novices et les obligations qu'on contracte envers Dieu dans la profession. Ce fait prouve combien l'Eglise s'occupait de la perfection des moines et qu'ils n'auraient pas vécu impunément dans le désordre (3).

IV. Un autre point qui a beaucoup occupé les conciles de ce siècle, c'est l'usure. Ce vice rongeur des sociétés du moyen-âge fut flétri à l'époque des croisades, avec une rigueur dont nous ne saurions nous faire d'idée. Les prescriptions de l'Eglise, dans l'intérêt commun du peuple chrétien, frappe les contrats que nous regardons comme les plus licites : soit qu'il y eût une crainte excessive de violer la loi, soit qu'il y eût une vraie défense, on ne se crut pas même autorisé à céder les terres pour une rede-

---

(1) On désigna des définiteurs ou juges réguliers des religieux exempts de la jurisdiction épiscopale, qui prononçaient sur les causes civiles et criminelles des religieux.

(2) *Lettres d'Innocent III. Epist. LXXXII.*

(3) *Bibliothèque générale des écrivains de l'Ordre de S. Benoît. Tome* IV, *page* 105.

vance annuelle. On dissimulait les contrats de baux par une vente temporaire pour laquelle on recevait une somme fixe. Nous avons des exemples de ces conventions dans les chartes de l'Hôtel-Dieu. « Il y a des ecclésiastiques, dit un concile de Tours, « en 1163, et même des religieux qui reçoivent en gage des terres, dont ils jouissent « pour l'argent qu'ils prêtent jusqu'à ce qu'on leur ait rendu. C'est une chose que nous « ne pouvons redire sans verser des larmes. Nous défendons ces *impignorations* ou « ces sortes d'engagements : nous voulons que les fruits des terres, dont aura joui celui « qui a prêté l'argent soient déduits sur la somme (1). »

On ne comprendra bien cette sollicitude de l'Eglise pour les propriétaires qu'autant qu'on réfléchira sur l'esprit des croisades. Quelles que soient les fautes d'un certain nombre de croisés, il est certain que la noblesse française était poussée par une foi ardente, par le désir de consacrer son épée à une entreprise sainte et agréable à Dieu. Des convictions plus spirituelles que terrestres engageaient les croisés à se séparer de leurs femmes, de leurs enfants bien aimés : on ne reculait devant aucun sacrifice : on abandonnait ou l'on vendait ses fiefs et ses plus belles possessions, afin de se mettre en état de suivre l'armée : on voulait par tous les sacrifices et les renoncements acquérir des droits à la récompense céleste. Ce n'était pas le vendeur qui fixait le prix, mais l'acheteur, selon sa générosité et son zèle pour la sainte cause de Jésus-Christ. Les femmes se dépouillaient de leurs ornements les plus précieux pour fournir au voyage de leurs fils, de leurs époux. Ceux même, disent les historiens, qui auraient souffert mille morts plutôt que de renoncer à leurs domaines, les cédaient pour une somme modique ou les échangeaient pour des armes. L'or et le fer avaient seuls du prix pour les belliqueux pèlerins du Saint-Sépulcre. Les richesses enfouies depuis longtemps par la crainte et l'avarice reparaissaient au grand jour ; mais c'était à peine une goutte d'eau pour combler un océan de dépenses.

Quelle force surhumaine devait animer nos pères, quand ils se présentent à nos regards avec ce dépouillement universel ? Qui pourrait donc après cela voir autre chose que l'amour et l'indignation d'âmes blessées dans leurs affections les plus sacrées : est-il encore nécessaire de lire les apologies des croisades pour comprendre que nos pères ont vu, avant tout, les opprobres de la sainte Sion et les profanations du tombeau de Notre Seigneur ? Est-ce qu'un saint Bernard et un saint Louis étaient transportés par un autre enthousiasme que l'*excès de l'amour* annoncé sur le Thabor et consommé sur le Golgotha ? On se plaint de la barbarie de cette époque. Vraiment on est bien difficile, quand on sait que ce siècle barbare, prêt à tous les sacrifices, nous a donné 821 écrivains dont 178 anonymes et 643 connus, et a fourni à la France et à l'Eglise des armées de héros et de chevaliers chrétiens (2).

(1) *Histoire de l'Eglise Gallicane, en l'an* 1163.

(2) Un écrivain des temps postérieurs se demande comment ce siècle a produit tant de grands hommes et de héros : et il fait cette réponse digne de nos méditations. « La jeunesse alors ne passait point ses jours dans les écuries et les jouis-

Pendant que tout s'épuisait en France et que les croisades faisaient une disette universelle de monnaie parmi les nobles, les Eglises et les monastères avaient des ressources pour venir en aide à leurs vassaux et contribuaient pour leur part à la guerre sainte ; il y avait dans les établissements religieux des levées de subsides et d'hommes, selon l'importance des fiefs et des revenus : mais, en outre, l'ordre, l'économie, l'esprit de mortification opérait sur les dépenses communes des réserves qu'on croyait pouvoir utiliser, en rachetant les biens des nobles par contrats *impignoratifs*. Dans le principe l'Eglise condamna ces conventions, non comme usuraires, mais comme entâchées de cupidité et d'avarice : dans la suite il fallut se relâcher de cette grande sévérité, du moins dans des circonstances particulières. Ce que le bien commun commandait en certains lieux et en certains temps, le bien commun cessait de l'exiger en d'autres : c'est ainsi que l'Abbé Hugues obtint, en 1216, du Pape Innocent III une bulle qui lui permettait de recevoir les fiefs de l'Abbaye avec contrats d'impignoration, sans imputer les fruits en déduction du principal, quand la somme serait remboursée : mais aussi tout le temps que les hommes-liges ne recevaient pas le revenu, ils étaient quittes de tout service envers le monastère (1). « En vertu de cette concession, ajoute la chronique, beaucoup de fiefs rentrè- « rent dans le domaine de l'Abbaye ». Il est très-probable que les seigneurs n'eurent point les ressources suffisantes pour les racheter, et ils restèrent ainsi au monastère, tandis que vendus à d'autres seigneurs ou à d'autres communautés ils auraient tôt ou tard échappé à leur premier et principal suzerain.

On ne pouvait prêter sans fin aux feudataires armés pour la croisade : la garantie devenait donc nécessaire. On l'obtenait par le gage. La somme fournie représentait la valeur de la terre. Que si on s'étonne du bas prix donné aux emprunteurs sur gage, on doit commencer par établir le rapport de la terre du xiii° siècle avec celle du xix°, puis se souvenir qu'un fief sur lequel un souverain a des droits de rétrocession, de confiscation, de dîme, de champart, n'aura jamais la valeur vénale de nos propriétés modernes, libres de toutes les servitudes antiques.

Ces diverses notions nous donneront la clef d'une multitude de contrats et d'actes, mentionnés plus loin dans la notice sur les biens soumis au monastère. Nous sommes étrangers par notre éducation moderne aux mœurs des anciens temps. Le tableau des institutions du moyen-âge ne se ranimerait point sous nos yeux, si nous n'avions soin d'étudier en temps opportun les ressorts si compliqués du mécanisme de la société féodale.

Au début de son administration, l'Abbé Hugues dut dégager son couvent d'un procès tout-à-fait irrégulier : un de ses prédécesseurs mal conseillé avait engagé ce procès

---

sances de la chair, mais dans les couvents, ces abondantes pépinières du christianisme, où sous la direction de Pères pieux et instruits elle se pré- parait par l'étude et la prière à entrer honorablement dans la carrière de la vie. »

(1) D. Cotron. *Anno* 1216.

devant l'Evêque d'Arras et d'autres juges, sans consulter son chapitre. Au jour assigné, les religieux ne comparurent pas et furent condamnés aux dépens. Pour couvrir ces dépens, l'Evêque d'Amiens avait fait saisir des revenus appartenant au monastère : alors les moines en appelèrent au Souverain Pontife qui chargea l'Evêque de Soissons, l'Abbé de Saint-Crépin de Soissons et le Doyen du Chapitre de la même ville de réintégrer les moines dans leurs droits, par ce principe de législation canonique « que la faute « d'un seul ne peut tourner au détriment de tout le monastère (1) » et « nous reumes « tout ce que ledit Evêque avait de nous et nous le rebailla comme mal soustrait (2). »

C'est le premier incident d'une lutte mémorable entre l'Evêque d'Amiens et l'Abbé de Saint-Riquier, au sujet des exemptions. C'est Hugues de Chevincourt qui souleva cette question par sa résistance et sa protestation contre des faits accomplis. Les prérogatives de son monastère lui faisaient un devoir de rendre à cette antique société d'enfants de saint Benoît les privilèges assurés par de nombreuses bulles. Il se soutint avec constance contre un grand prélat, Evrard de Fouilloy, dont les titres de gloire sont inscrits sur chacune des pierres de notre cathédrale et dont l'administration diocésaine est résumée dans ce vers caractéristique :

Mitibus agnus erat, tumidis leo, lima superbis (3).

On ne peut du reste contester ni à l'Evêque ni à l'Abbé la pureté de vues et d'intentions, le zèle pour le maintien des droits et de prérogatives importantes. Les termes dans lesquels la question est posée ne semble avoir rien d'injurieux ni pour pour l'un ni pour l'autre (4). C'est un litige en cour de Rome. Les deux parties produisent leurs preuves et l'autorité souveraine juge en dernier ressort, après tous les délais et les enquêtes prescrites par le droit. Nous voyons ici les usages et les luttes de l'Eglise du XIIIᵉ siècle. Le procès entre l'Evêque d'Amiens et l'Abbé de Saint-Riquier s'est reproduit mille fois sous beaucoup de nuances : c'est un tableau de genre plutôt qu'un fait perdu dans les annales obscures d'un monastère.

Nous sommes déjà éclairés sur la question de principe au sujet des privilèges (5). Nous n'avons qu'à présenter la discussion du fait. L'Abbaye de Saint-Riquier était-elle recevable dans sa demande d'exemption ? Telle est la question à examiner par le Pape Innocent III, comme il appert de ses bulles sur ce sujet et de nos recherches canoniques.

(1) D. Cotron. *Anno* 1211. Quoniam culpa unius toti corpori non debet nocere.
(2) *Cartulaire de Saint-Riquier*, fol. 24.
(3) *Gallia Christiana*. Tom. x, pag. 188.
(4) Hugues de Chevincourt a dû être béni pendant la vacance du siége d'Amiens. En effet, on a de lui des actes d'administration en 1210 et le nom d'Evrard de Fouilloy ne paraît dans les actes publics qu'en 1211. L'un et l'autre étaient donc étrangers aux premiers démêlés qui eurent lieu sous leurs prédécesseurs, au sujet des privilèges du monastère.
(5) Voir le privilège d'Alexandre III, page 451.

Dans le mandat de l'Evêque de Soissons dont il a été parlé plus haut, la question de l'exemption du monastère de Saint-Riquier avait été posée, et la discussion entre les parties intéressées avait déjà développé les arguments que nous allons analyser.

Le procureur d'Evrard de Fouilloy avait exposé devant les commissaires apostoliques que ses prédécesseurs étaient en possession ou quasi-possession de bénir les prédécesseurs de l'Abbé actuel, qu'ils avaient reçu leur profession, leur soumission d'obéissance, leur droit de procuration, qu'il était par conséquent de toute justice de le rétablir dans les droits dont les Evêques d'Amiens se trouvaient en possession. Le procureur de l'Abbé lui avait répondu que le monastère de Saint-Riquier était libre et complétement exempt de la juridiction épiscopale, qu'on pouvait le prouver par témoins, par écrits authentiques, par la renommée publique. Ce qu'avait contesté immédiatement le procureur épiscopal, en se faisant fort de démontrer que les actes et privilèges du monastère étaient sans autorité et ne pouvaient résister au plus léger examen.

La discussion avait continué longtemps sur la valeur des privilèges; les juges apostoliques avaient écouté les témoins des deux parties, reçu leurs dépositions, qu'ils avaient communiquées aux intéressés; puis ils avaient examiné eux-mêmes les privilèges produits dans le débat; mais ils n'avaient pu faire accepter leurs conclusions. C'est pourquoi la cause fut renvoyée au Souverain Pontife et on assigna l'octave de saint Martin comme dernier terme de comparution avant la sentence définitive.

Les parties se présentèrent exactement à l'audience pontificale au jour indiqué. Pelage, Evêque d'Albe, fut chargé de recevoir leurs nouvelles explications.

Evrard de Fouilloy crut pouvoir établir sa possession sur les preuves suivantes. « L'Abbé Ursé, l'Abbé Riquier et ses successeurs ont fait profession à l'Evêque d'Amiens; l'Abbé Riquier et ses successeurs ont reçu la bénédiction par son ministère; ils ont payé leur droit de procuration. Ils ont, comme sujets de l'Evêque diocésain, siégé dans le synode avec la chape de soie et le bâton pastoral : c'est l'Evêque d'Amiens qui a consacré leurs autels, ordonné leurs moines, tonsuré leurs clercs dans le monastère même; enfin l'Evêque d'Amiens a prêché sur le parvis de leur église. »

« Admettons, répondit l'Abbé, que par l'incurie de quelques-uns de mes prédécesseurs, l'Evêque d'Amiens ait exercé dans le monastère des fonctions auxquelles il n'avait pas droit, est-ce que cette usurpation peut me nuire et détruire mon exemption ? Est-ce que les privilèges, les indulgences, les immunités des Souverains Pontifes ne me font pas un rempart contre ces entreprises ? »

Quand l'Evêque d'Albe eut suffisamment entendu les procureurs des deux parties, il fit son rapport au Pape qui prononça sa sentence.

Innocent maintint l'Evêque d'Amiens dans la possession qu'il venait de prouver, mais à la condition d'établir aussi son droit réel ou *le pétitoire*: il lui donna deux ans pour produire ses raisons, lui déclarant qu'après cette époque le monastère, faute

CHAPITRE IV. — L'ABBÉ HUGUES I, DE CHEVINCOURT.

d'autres preuves, serait libre de toutes les charges que l'Evêque voulait faire peser sur lui, que le silence perpétuel serait imposé à l'Evêque sur cette question, parce que d'après les privilèges et les immunités du Siége Apostolique exhibés dans le procès, il était évident que le monastère jouissait du privilège de l'exemption.

Le Pape Innocent commit l'Abbé de Saint-Aubert, l'archidiacre et le trésorier de la cathédrale de Cambrai, pour signifier sa sentence aux parties, recevoir les preuves de l'Evêque d'Amiens sur le pétitoire et les réponses des moines.

Ces juges nouveaux avaient pour mission de terminer la cause par un arbitrage ou par un jugement définitif, si les parties voulaient composer et se rendre à leur décision : mais s'ils ne pouvaient être acceptés comme médiateurs ou comme juges définitifs, ils étaient obligés par leur mandat de renvoyer de nouveau à la cour de Rome le procès suffisamment instruit et d'assigner aux parties un terme pour se présenter à Rome et écouter leur sentence. « Les juges ont droit, est-il dit, d'appeler des « témoins, de les forcer par censure ecclésiastique à comparaître, sans qu'il leur « soit permis d'en appeler, sans que la crainte, la faveur ou la haine puissent ser- « vir d'excuse, sans qu'aucune lettre apostolique, obtenue en dehors d'un commun ac- « cord des parties, puisse les dispenser. Si les trois arbitres nommés ne sont pas « libres, la présence de deux d'entre eux suffira pour valider la sentence. » Ces lettres étaient datées du palais de Latran, le 4 des calendes d'avril 1216.

Le grand pape Innocent III survécut peu de temps à cette sentence.

La procédure fut reprise et continuée sous son successeur Honorius III, mais après bien des délais et des atermoiements.

Dans l'intervalle signalons un incident. En 1220, Hugues obtint du pape Honorius une sentence juridique qui condamnait l'Evêque d'Amiens à payer au monastère une indemnité de soixante livres parisis. Cette somme était réclamée comme une décharge des frais d'appel. Le Pape ordonnait en même temps de restituer les revenus saisis sur le monastère, parce que l'Abbé avait refusé de siéger dans un synode diocésain. Les Abbés de Clairmarais de l'ordre de Cîteaux et de Saint-Augustin de l'ordre de Prémontré furent chargés de fulminer cette sentence (1). Leur mandat portait aussi qu'ils eussent à avertir l'Evêque d'Amiens de se présenter à Rome dans l'espace de six mois, afin de terminer l'affaire des exemptions, dont il retardait la solution depuis plus de quatre ans par des appels sans cesse renouvelés (2).

Le cardinal du titre des saints Cosme et Damien fut nommé auditeur de ce litige. Le procureur d'Evrard de Fouilloy se présenta, mais sans rien conclure, demandant encore de nouveaux délais. On lui assigna un terme de sept mois, avec la faculté de faire procéder à une nouvelle enquête par l'Abbé de Saint-Pierre de... et par le sous-prieur de

---

(1) D. Cotron. *Ann.* 1220.

(2) D. Cotron. *Anno* 1220. Lettre du pape Honorius III.

Saint-Victor de Paris. Puis il fallut encore proroger de deux mois pour un supplément d'enquête devant les mêmes commissaires.

Tout était prêt pour la sentence lorsque Evrard de Fouilloy vint à mourir. Son procureur, dont le mandat cessait par le fait, revint à Amiens et le procès resta pendant.

Aussitôt que Geffroy d'Eu son successeur fut nommé et installé (1), on chargea l'Abbé de Saint-Martin d'Amiens et d'autres commissaires de lui fixer un terme pour se présenter par lui-même ou par procureur devant le tribunal du souverain Pontife, afin d'entendre la sentence définitive.

Après une dernière enquête par le cardinal-diacre Grégoire, du titre de Saint-Théodore, le rapport fut soumis au conseil des cardinaux et le Pape prononça une nouvelle fois que le monastère de Saint-Riquier était libre et exempt de toute juridiction de l'Evêque d'Amiens sur les points contestés et soumis au Souverain Pontife. La bulle adressée à l'Abbé de Saint-Riquier, sous la date du IV des ides de Mai, commence par un commentaire mystique dans le goût des Papes de ce siècle.

Entre autres mystérieuses visions, dont l'Apôtre de l'Apocalypse fut favorisé, le Souverain Pontife fait allusion au glaive à deux tranchants dans la bouche de celui qui était assis sur le trône. « Par ce glaive, dit-il, on peut entendre la redoutable sentence du Souverain Juge et le jugement suprême, mais on peut reconnaître encore que cette vision représente le Souverain Pontife. Lui aussi est armé d'un glaive à deux tranchants dans les questions difficiles et presque insolubles. Ce glaive de la parole n'est point émoussé d'un côté et tranchant de l'autre : il est également aiguisé. Ce glaive est sorti de la bouche d'Innocent d'heureuse mémoire dans la sentence qu'il a rendue entre l'Evêque d'Amiens et l'Abbé de Saint-Riquier : il n'a favorisé aucun parti, mais il a tranché des deux côtés, comme la raison l'exigeait, et son jugement est aussi juste que tranchant (2). »

Ces procédures si lentes et si sages de la cour Romaine pourraient être plus sérieusement examinées par les détracteurs des Papes, par ceux qui condamnent *a priori* les appels à la Cour Romaine. Que de garanties d'équité ! Quelle liberté d'exposition pour les parties ! Que de précautions pour arriver à la connaissance de la vérité ! Quelle indulgence pour l'instruction de la cause ! Quelle maturité d'examen et quelle autorité dans les sentence !

L'année suivante le pape Honorius renouvela en détail les privilèges et les immunités de l'abbaye de Saint-Riquier. On comprend, après un si long procès, que ces bulles n'étaient pas inutiles. Quand il est si facile de contester des droits établis par une pos-

---

(1) Geffroy d'Eu était un habile jurisconsulte ; il intervint au procès sans aucun parti pris d'en entraver la marche.

(2) C'est à la suite de ce préambule et avant de fulminer sa sentence que le souverain Pontife raconte toutes les péripéties de ce procès dont nous venons d'entretenir le lecteur. — D. Cotron. *Anno* 1223.

session de plusieurs siècles, il est bon d'être armé de preuves convaincantes. Ce privilège de 1224 est la reproduction littérale de celui de 1172. Nous n'avons pas à nous y arrêter plus longtemps : il est signé par treize cardinaux. Les plus beaux titres cardinalices enrichissent cette page des chroniques. Les Evêques de Tusculum, d'Albe, les Cardinaux du titre de Sainte-Croix en Jérusalem, de Sainte-Anastasie, de Saint-Théodore, de Sainte-Praxède, de Sainte-Sabine, de Saint-Serge et Saint-Bacque, etc., tous personnages célèbres, et employés dans les affaires les plus délicates, ont examiné avec le Pape et attesté le bon droit de Hugues de Chevincourt (1).

Les bulles d'Alexandre III et d'Honorius III portaient que l'Abbé de Saint-Riquier recevrait de l'Evêque d'Amiens le Saint-Chrême et les huiles saintes, qu'il lui demanderait la consécration des autels et des églises, l'ordination de ses moines et de ses clercs, à la condition toutefois que l'Evêque fût en communion avec l'Eglise romaine et qu'il accomplît ces fonctions, sans rien exiger de l'Abbé et sans léser ses privilèges.

L'interprétation de ces clauses donna lieu à un nouveau conflit.

Les actes officiels où nous avons lu la discussion de cette querelle n'en assignent pas la cause (2). Est-ce l'Abbé Hugues qui, à la suite de ces démêlés, aurait affecté de se séparer de l'Evêque d'Amiens, sous prétexte que les termes de ces bulles ne contenaient qu'une juridiction gracieuse ? Est-ce Geffroy d'Eu qui aurait imposé comme droit rigoureux ce que le Souverain Pontife ne proposait peut-être que par déférence pour l'Evêque diocésain ? Ces conjectures et d'autres semblables restent sans réponse.

Cette question se compliquait aussi de difficultés au sujet de dîmes novales sur des terres rendus à la culture, de procurations exigées sur les églises paroissiales de l'archidiaconé d'Amiens, d'entreprises sur la juridiction épiscopale par les clercs soumis à l'Abbé. Geffroy d'Eu et Hugues de Chevincourt essayèrent d'abord de résoudre amiablement leurs différends et choisirent pour médiateurs l'Evêque de Senlis, chancelier de France et l'Abbé de Chaalis (3). Il paraît que la sentence des arbitres ne fut pas acceptée par les parties. La sentence fut renvoyée au Saint Siège avec engagement réciproque de s'en rapporter entièrement à la décision du Souverain Pontife.

La question examinée de nouveau à Rome, les procureurs des parties entendues firent le règlement suivant :

1° La taxe des procurations fut fixée à 12^1 par an. On interdit aux clercs de l'Abbé d'user des droits curiaux au détriment de l'autorité épiscopale. 2° Les dîmes no-

(1) D. Cotron. *Anno* 1224. — Voir aux pièces justificatives.

(2) D. Cotron. *Anno* 1224. — *Cartulaire de Saint-Riquier, fol.* 7.

(3) Garin de Montaigu, Evêque de Senlis, et Jean de Caen, Abbé de Chaalis, étaient la gloire de l'épiscopat et de l'ordre monastique. Le premier, sorti de l'ordre des Templiers pour entrer à la cour de Philippe-Auguste, dut à sa piété, à sa prudence, à son habileté dans le maniement des affaires, son titre de chancelier. Le second s'était fait une telle réputation de sévérité par l'austérité de ses mœurs, que ses moines conspirèrent contre lui pour se soustraire à son autorité.

vales furent attribuées à l'Abbé dans les paroisses où le monastère possédait les anciennes, en vertu de ce principe de droit : *ubi majus conceditur, minus quoque videtur esse concessum*. Il fallut toutefois une bulle spéciale (1) pour forcer les récalcitrants à se soumettre à ce tribut. 3° Le Souverain Pontife déclara que la consécration des autels et les ordinations des clercs et des moines n'appartenaient pas à l'Evêque diocésain, mais que l'Abbé devait recevoir de lui le Saint-Chrême et les huiles saintes, s'il voulait les donner sans rétribution, sans simonie, sans prétention de juridiction sur le monastère ; qu'autrement il serait permis à l'Abbé de s'adresser à tout Evêque en communion avec le Saint-Siége.

Optimum Privilegium, ajoute le compilateur du cartulaire, après avoir analysé cette bulle (2).

Quelques années après, l'Abbé Hugues, jugeant que les procurations des églises de Bray et de Leuilly étaient trop lourdes pour le monastère, en appela encore au Pape. Le chantre de la cathédrale de Thérouane fut désigné pour examiner cette réclamation : il fut réglé qu'on payerait annuellement XXXV sous parisis pour la paroisse et le patronage ou le personat de Bray et pour le prieuré et le personat de Leuilly XXV sous parisis.

On lit dans le cartulaire que l'Evêque d'Amiens, le doyen et le chapitre qui ont eu cet acte pour agréable, l'ont confirmé et scellé de leurs sceaux (3).

Les procurations de l'Archidiaconé du Ponthieu furent aussi soumises à une révision.

En 1224, un procès entre l'Abbé de Saint-Riquier et l'Archidiacre de Ponthieu fut jugé au tribunal du doyen du chapitre de Paris. L'Archidiacre réclamait le droit de procuration et de visite sur certains personats du Ponthieu : il se fondait sur ce raisonnement : « *Ils ont des personats, donc ils sont patrons*. Or, d'après la coutume du Ponthieu, c'est au patron et non aux prêtres à payer ces droits ».

La sentence du doyen de Paris donna gain de cause à l'Archidiacre. Les moines, qui se crurent lésés, en appelèrent et on leur donna de nouveaux juges pris dans le chapitre de Noyon, à savoir : W..., doyen, Ch..., chantre et écolâtre, A... de *Grandiponte*, chanoine. Après l'examen de la cause, ceux-ci ordonnèrent qu'on payerait à l'Archidiacre trente sous parisis chaque année, à la Purification de Notre-Dame, et que moyennant cette offrande les moines et les curés seraient exempts de tout droit de procuration, de visite et de *senne* ou synode.

« Ayant conseil d'aucuns bons hommes, jura ledit Archidiacre sur cet accord en
« présence d'iceux juges que jamais nous ni nos curés ne molesterait ne enquiéterait
« sur ce point » (4).

Cet acte est confirmé et roboré par l'Evêque, le doyen et le chapitre, à qui il appar-

---

(1) Les dîmes novales avaient été interdites par le quatrième concile de Latran. Une dispense du Pape devenait nécessaire pour les recueillir.

(2) *Folio* 7.
(3) *Cartul. Fol.* 10.
(4) D. Cotron. *Anno* 1224. — *Cart. Fol.* 10.

tenait d'en connaître, et scellé de leurs sceaux. Il était encore exécutoire en 1323 : car on cite une quittance de Jean de Candas, maître de « le Grant Ecole d'Amiens, procureur de l'Archidiacré du Ponthieu, qui reconnoit sous son seau avoir reçu la somme « de XXX sols parisis pour le chandeleur de l'an 1323 (1). »

C'est ainsi que les privilèges du monastère, perdus par la négligence des prédécesseurs de Hugues, étaient examinés avec soin et présentés aux diverses autorités avec lesquelles l'Abbé de Saint-Riquier était en contact. Après avoir révisé les procurations du diocèse d'Amiens, Hugues appela aussi de celles de Chevincourt indûment perçues par les Archidiacres du diocèse de Beauvais. Deux chanoines d'Amiens, Thomas, prévost de la cathédrale et Maître Chrétien, furent nommés juges apostoliques. Leur mission avait pour objet de réparer les dommages que les religieux de Saint-Riquier subissaient dans leur domaine de Chevincourt, par suite du droit de procuration que l'Evêque s'attribuait à tort.

Bérenger, procureur de l'Evêque de Beauvais, reconnut devant les délégués, après des recherches exactes, que l'hôtel de Chevincourt n'était pas prieuré et que par conséquent il ne lui appartenait ni de le visiter ni de soumettre l'église paroissiale au droit de procuration. « Oye laquelle confession, par bon conseil, yceux juges nous « donnèrent absolution et quittance desdites procurations et visitations et par sen- « tence définitive imposèrent silence à l'Evêque ». Les religieux demandaient soixante livres parisis pour amende. On ne contesta point cette prétention. C'était une restitution légitime.

Milon de Châtillon-Nanteuil, Evêque de Beauvais, de 1217 à 1234, prélat de grande maison, loué pour ses vertus chrétiennes et son zèle apostolique, s'associa aux plus nobles entreprises de son siècle et se fit un devoir de favoriser tous les dévoûments (2). C'est pourquoi Hugues s'adressa à lui avec confiance pour obtenir l'érection d'un oratoire en son hôtel de Chevincourt. Sa prière fut exaucée. « Milon octroya à G., prévost de Saint-Riquier en Ponthieu, la permission de bâtir un oratoire dans la cour de Chevincourt, où les moines ont le droit de patronage et où ils pourront, pendant leur séjour dans leur domaine, célébrer les saints offices plus secrètement et plus convenablement que dans l'église paroissiale, sauf en tout le droit de l'Evêque et celui de l'église paroissiale ».

(1) *Cart. Fol.* 10. — Les Souverains Pontifes ont par diverses constitutions réglé le droit de *procuration* ou visite canonique des Evêques ou Archidiacres. Des conventions spéciales les ont encore allégées. Un grand nombre de quittances authentiques conservées dans les annales du monastère prouvent qu'on payait VII liv. à l'Evêque d'Amiens, XXX sous parisis à l'Archidiacre du Ponthieu, et à l'Archidiacre d'Amiens, pour Bray et Leuilly, LV sous parisis.

Cet Archidiacre de Ponthieu dont on ne peut trop louer le zèle et la modération se nommait Thomas de Fréauville. Il fut élu Archevêque de Rouen en 1227. Mais son élection fut contestée ; alors il s'en alla, humble enfant de l'Eglise, déposer son titre entre les mains du pape Honorius. Peu d'années après on lui donna l'Evêché de Bayeux.

(2) Sous l'épiscopat de Milon, la commune de Beauvais se révolta à l'occasion de l'élection d'un maire. Il voulut empêcher le roi saint Louis de ré-

Les exemples de semblables concessions sont nombreux à cette époque. On pourrait citer les oratoires d'Ourscamps, de Saint-Germain-des-Prés, etc. On renouvela ce privilège en 1253; mais cette fois on s'adressa au Souverain Pontife, à la suite sans doute de difficultés soulevées par les successeurs de Milon.

La bienveillance de Milon pour les moines se manifesta encore dans la concession d'un cimetière particulier pour la communauté et dans la répression des plaintes injustes des habitants de Chevincourt.

Les chroniques ont eu soin de noter que le domaine de Chevincourt ne fut jamais bénéfice, quoi qu'il ait possédé une chapelle intérieure, parce que les religieux qu'on envoyait pour faire la recette étaient amovibles à la volonté de l'Abbé.

Au milieu de ces grands embarras d'administration, l'Abbé Hugues ne négligeait en rien l'intérieur de sa communauté. On ne dit point qu'il ait beaucoup construit, mais on peut affirmer qu'il a soutenu la splendeur de son monastère et lui a conservé sa vieille renommée. Parmi les divers travaux d'entretien, de consolidation et d'embellissements, on note avec une attention particulière son zèle pour rendre aux saintes reliques les honneurs que la religion chrétienne prodigue aux restes précieux de ces prodiges de vertus héroïques, dont le monde n'était pas digne. Il fit visiter la châsse de *la Sainte Prime*: ainsi appelait-on le grand reliquaire carré où l'on conservait les reliques de saint Pierre, de saint Paul, de saint Jean-Baptiste, des Apôtres, d'un grand nombre de confesseurs et de saintes vierges. C'était un des grands trésors de l'abbaye.

Les plus célèbres communautés avaient aussi leur *Sainte Prime* comme Saint-Riquier. Nous savons en quelle estime et quelle vénération était celle de Corbie, non moins riche de reliques de la primitive église et d'objets les plus chers à la piété chrétienne.

Un authentique de la châsse de saint Vigor nous révèle que Guy, Evêque de Carcassonne, fit une translation des reliques de ce saint, en 1218, à la fête de la Pentecôte. Ce prélat, d'abord Abbé de Vaux-Cernai, s'était associé à plusieurs Abbés de l'ordre de Cîteaux pour travailler à la conversion des hérétiques; il parcourut toute la France pour y prêcher la croisade; on le voit à Saint-Denis de Paris et à Saint-Germain-des-Prés en 1218. Il vint jusque dans le Ponthieu et à Saint-Riquier où il présida à la translation des reliques de saint Vigor. C'est probablement alors que le chef de saint Vigor fut placé dans une châsse pour être porté en procession avec le chef de saint Riquier. Gui ramena plus de cent mille croisés à Simon de Montfort.

Si les intérêts spirituels du monastère occupèrent constamment Hugues de Chevincourt, il ne fut pas moins actif ni moins persévérant à redresser les torts et les envahissements de la puissance laïque, sous quelque titre et dénomination qu'elle ait porté

primer les désordres en prétendant qu'il y suffirait lui-même : il ne fut pas écouté ; alors on assembla des conciles pour soutenir le droit des Evêques contre les laïques, et la province de Rheims fut mise en interdit. Il allait porter ses plaintes à Rome quant il mourut à Camerino en Italie.

CHAPITRE IV. — L'ABBÉ HUGUES I, DE CHEVINCOURT.

atteinte au domaine sacré qu'il avait juré de protéger et de défendre, à ce patrimoine de Jésus-Christ et des pauvres que les siècles avaient constitué et qu'on ne pouvait laisser entamer sans une grave prévarication. Nombreuses sont les chartes qu'il a données, souscrites ou obtenues (1). Nous ne signalerons ici que les faits saillants propres à caractériser certains personnages ou certaines phases de l'histoire féodale : car l'Abbé Hugues traita avec les comtes de Ponthieu, avec les sires de Coudun, les comtes de Saint-Pôl, les comtes de Varennes en Angleterre, les châtelains de la Ferté, avec les Abbés de plusieurs monastères, avec un grand nombre de feudataires, moins élevés dans la hiérarchie féodale, mais cependant illustrés par leurs exploits et leurs services dans les guerres saintes.

I. Isabeau de Saint-Pôl, fille de Hugues Camp d'Avesne et veuve de Gautier de Châtillon, « le plus vaillant en armes de son temps », glorieusement enseveli dans son triomphe à la croisade contre les Albigeois, en 1219, faisait le dénombrement de ses domaines. On voulut lui attribuer à Monchy-le-Breton des droits qu'elle ne possédait pas : de là un conflit avec l'Abbé de Saint-Riquier, seigneur de cette *villa* (1221). La question fut portée à l'auditoire du Pape lui-même, qui nomma pour arbitres le doyen d'Arras, Gautier d'Arques, chevalier, et Robert Paliart. « Les défendeurs de la comtesse de Saint-
« Pôl réclamaient pour elle toute la justice de Monchy, les bannissements et forfaits, les
« reliefs et octrois, ne laissant à l'abbaye que le terrage : ils prétendaient que son père
« et les comtes ses prédécesseurs en avaient joui sur les hommes et les hostes de
« Saint-Riquier et s'étaient contentés de recevoir deux muids d'avoine à la mesure de
« Pernes. Quand on eut examiné ces preuves, et ouï les témoins, tous ces prétendus
« droits s'évanouirent, et les juges prononchièrent que yceux comtes n'avoient en cette
« ville de Monchy pas autre chose que le travers lequel leur appartient et la redevance
« de grain. C'est le prix de leur advouerie et l'on reconnoit qu'ils sont tenus de défen-
« dre de toute injure, vexation et exécution les hommes de Monchy et leurs biens et
« de les garantir contre toute perturbation, autant qu'ils le pourront et sont les sceaux
« vernis pour plus durer sains et entiers (2). »

II. En 1223, Guillaume, comte de Varennes, vint d'Angleterre à Abbeville pour visiter le comte de Ponthieu, son proche parent, déjà atteint de la maladie dont il mourut. « Il fut reçu avec honneur et distinction, dit Formentin ; il fit de grands dons à l'abbaye de Saint-Riquier à prendre sur les terres d'Angleterre ; l'acte en fut signé et scellé dans cette même abbaye. Il était conservé dans le cartulaire. »

Le lecteur n'aura pas oublié, nous le présumons, les belles aumônes que la piété des seigneurs avait faites à Saint-Riquier, apôtre toujours vénéré en ces contrées, Guillaume de Varennes mit un grand zèle à renouveler et confirmer de vieux titres de pos-

---

(1) D. Cotron. — *Passim.* — Voir au livre des domaines temporels tous les accords proposés par l'Abbé Hugues.

(2) D. Cotron. *Anno* 1221. — *Cart. Fol.* 100.

sessions, avec les modifications amenées par le temps et les habitudes féodales. La chronique rappelle dans une note supplémentaire les dons de 1070 (1). Toutefois elle y mêle ses lamentations qu'elle nous exprimera une dernière fois en 1396, quand tout sera perdu au milieu des haines politiques de la guerre de cent ans, même l'espoir de protester en faveur de droits sacrés et inaliénables.

III. On ne s'étonnera pas que les intérêts de Chevincourt n'aient eu une large place dans la sollicitude de l'Abbé Hugues. L'on n'a jamais étouffé l'amour de la patrie terrestre, lors même qu'on s'en est exilé pour s'assurer la patrie céleste. C'est là que ses frères et les amis de sa famille, luttaient contre de puissantes influences : investi du pouvoir souverain sur ce domaine, il leur devait aide et protection. C'est pourquoi il s'attacha à réviser les anciens pactes conclus avec les seigneurs de Coudun et d'examiner avec eux ou plutôt avec des arbitres leurs droits respectifs. On s'en rapporta au jugement de Simon, prieur de Libons et de Renaud de Betisy, bailli du roi, et l'on fit serment d'exécuter aveuglément leur sentence.

L'Abbé Hugues, dans une charte aux habitants de Chevincourt, nous offre aussi une page du code rural et forestier de l'époque (1228). Nous croyons devoir la transcrire ici.

« Il s'est élevé entre l'Abbé et le couvent de Saint-Riquier, d'une part, et les hommes
« de Chevincourt, d'autre part, un différent touchant le bois du Fayet (*Fagetum de
« Sancto Richario*), lesdits hommes réclamant l'usage de ce bois qu'ils disoient avoir eu
« de temps immémorial. On a même porté la cause en cour de Rome : enfin par la mé-
« diation d'honnêtes personnes, le prieur de Saint-Amand et Nicolas Dubois, chevalier,
« l'Abbé et les hommes de Chevincourt ont fait le présent accord.

« C'est à scavoir : 1° la communauté de Chevincourt aura la part dudit bois de
« Fayet à prendre par la voie qui mène de Chevincourt à Noyon, en payant à nous
« par chacun arpent dudit bois, cinq deniers de monnaie courante tous les ans, le di-
« manche de Quasimodo ; l'autre partie à dextre et sans usage nous demeure et à notre
« seigneurie.

« 2° Item si aucun est prins par jour en forfait, en notre part, il payera VII sols
« 6 deniers d'amende, et de ce sera cru simplement notre sergent par son serment, sans
« aucune loi ni duel.

« 3° Item se vaches, chevaux ou ânes sont prins en notre part, pour chaque
« bête sera payé XII deniers d'amende ; notre sergent sera cru par son serment, s'il est
« requis.

« 4° Item si de la herde (*ou troupeau*) de la commune de Chevincourt étoit prinse en
« dommage en notre part trois ou quatre et non excédent ce nombre de quatre, on ne
« payeroit pour chaque bête que deux deniers d'amende. Se plus y en étoit trouvé, on
« payeroit par chaque vache XII deniers d'amende.

(1) Consulter sur les biens du monastère en Angleterre le livre du domaine temporel de l'abbaye.

« 5° Et si on prenoit en notre part aucunes brebis paissans, chacune pièche paye-
« roit II deniers d'amende et pour chacun pourcel un denier.

« 6° Item si aucun étoit prins coppant, emblant ou abattant de nuit en notre partie
« dudit Fayet, l'amende demourera arbitraire et à tauxer à la volonté des religieux de-
« mourant audit Chevincourt ou de notre procureur, et sy sera cru notre sergent par
« son serment, sans aucune loi ni duel.

« 7° Item de la partie dudit Fayet qui est mise en commun et laquelle nous
« n'avons pas réservée, il fut ainsi ordené que tout habitant âgé de plus quinze ans
« sera tenu tous les sept ans, en touchant les choses saintes, de jurer de garder chacun
« à son voisin la partie dudit bois à lui ordenée et députée, tellement que si il trouve
« aucun coppant ou abattant en cette partie députée ou ordenée à son voisin, tout en
« hâte il le fera savoir au moine et religieux ou à notre procureur de Chevincourt et
« jureront sur leur sacrement et sur leur âme ainsi le faire, et si aucun y est trouvé
« malfaiteur et dénunchié il payera à notre seignourie trois sous d'amende et sy ren-
« dera le dommage à son voisin par estime de bonnes gens.

« 8° Et touchant vaches, chevaux, annes, brebis et pourceaulx prins en la part
« du Fayet mis en communauté par les habitants dudit Chevincourt et qui y seroient
« prinses par notre sergent, on en payeroit à nous pareille amende, comme il est ci-
« dessus écrit et comme se ils étoient prins en notre part, et sy en sera cru notre ser-
« gent par son serment simplement et sans autre loi ni duel.

« 9° Et se il advenoit que nos bêtes propres et de notre maison étoient prinses et
« trouvées ès bois dudit Fayet en la part ordenée à la commune dudit Chevincourt et
« que le pasteur y fut prins une fois, nous ferons rendre le dommage par l'avis de
« bonnes gens, et si ledit pasteur ou garde ne se voloit chastier et abstenir, nous le
« licencièremes et donnons congé en le mettant hors.

« 10° Item, les gardes députés èsdits bois ou sergens sont tenus de faire serment so-
« lennellement de bien 'garder et observer tout ce dessus dit et chacun an renouvelle-
« ront ledit serment.

« 11° Item, par exprès nul d'yceux habitants de Chevincourt ne peut et pourra ven-
« dre ne aliéner le bois à lui député ou ordené à nul étranger demourant hors dudit
« Chevincourt ne à un autre, se il n'a maison audit lieu et résidence, sauf que nous le
« poons acheter, ce bon nous semble, et si on le veut vendre, et sauf aussi qu'un parent
« de Chevincourt pourra être préféré : et appert en ce cas que notre maison de Saint-
« Riquier ara les lots et vente de telles choses en la manière accoutumée. »

Cette charte est scellée du sceau de l'Abbé et du couvent (1).

Nous remarquerons que les bois de Chevincourt étaient considérables et qu'ils furent en tout temps d'une grande utilité pour les constructions du monastère. Nous

(1) D. Cotron. *Anno* 1228. — *Cartul. Fol.* 126.

voyons ici l'origine des pâturages communaux, des glandées, des faînées ; ce sont des concessions établies par la bienfaisance des seigneurs, continuées par l'usage et enfin consacrées par des chartes. La vie agricole n'était point étrangère aux monastères, ils en sont les premiers promoteurs : leurs fermes sont les plus riches du pays. Leur règle proscrit comme indignes de la gravité monastique les animaux de luxe et de récréation qui amusent l'oisiveté des dames et des damoiseaux ; mais elle commande de multiplier les animaux domestiques utiles à la culture et à la nourriture de l'homme. Si les moines s'abstiennent par esprit de pénitence de la chair des animaux, ils s'ingénient à en répandre l'usage parmi leurs colons et les habitants de leurs terres. La chair de porc n'est-elle pas la moitié de la vie des classes agricoles ? N'est-ce pas encore travailler à leur bien-être que de leur procurer les moyens d'élever et de nourrir ces animaux dont l'homme tire tant de ressources ?

Les amendes forment une partie essentielle du code de législation du moyen-âge. C'est une source de revenus pour les seigneurs et les monastères. C'est aussi un reste de législation germanique dont nos pères avaient importé les principales dispositions au temps de leurs invasions en France. Les tarifs de compositions et d'amendes se retrouvent partout : et quand les parties n'étaient point satisfaites, le duel judiciaire intervenait pour décider la question par la force, ou par le secours du ciel, selon quelques écrivains. Hugues de Chevincourt réprouva ce duel dans sa charte : on lui en fait honneur dans le glossaire de Ducange comme d'un progrès de la civilisation sur la barbarie. L'opinion alors commençait en effet à s'en préoccuper vivement. Quelques années plus tard le Pape Innocent IV, dans des lettres à l'Evêque de Soissons, réprouva aussi, nonobstant toute coutume contraire, cette pratique qu'il traitait d'abus dangereux. Les histoires ecclésiastiques ont eu raison de condamner cette façon de se rendre justice. D'origine barbare et germanique, toléré par le christianisme dans des siècles de transition, le duel judiciaire n'était qu'une superstition populaire, quand il ne consacrait point la victoire de la force brutale ou de l'adresse sur la justice. Il est possible que Dieu ait opéré des miracles plutôt que de laisser périr un innocent ; il est possible qu'en se préparant au combat, au pied de la croix, dans une prière fervente ou aux pieds des autels, dans une nuit de sainte veille, on ait incliné le Tout-Puissant à secourir le bon droit ; mais l'institution était condamnée, sous la loi chrétienne, par cette maxime de l'Evangile, « *Non tentabis Dominum Deum tuum*, vous ne tenterez pas le Seigneur votre Dieu. » Le duel judiciaire, comme plusieurs autres épreuves analogues, était une tentation permanente, puisqu'on s'imaginait que Dieu interviendrait constamment par une protection spéciale ou plutôt par une dérogation constante aux lois générales établies dans les Sociétés humaines. L'Abbé Hugues élevait mieux les âmes aux vrais sentiments de la foi chrétienne, quand il établissait dans le serment la règle des mœurs, quand il demandait à ses sujets d'invoquer le nom de Dieu, vengeur des crimes les plus secrets et seul scrutateur des consciences.

IV. Au mois de juin, Marie de la Ferté, épuisée par les souffrances de la maladie et se voyant sur le point de paraître devant Dieu, demanda pardon à l'Abbé Hugues des torts qu'elle pouvait avoir causés à son Église. Hugues s'empressa de la visiter et de lui donner l'absolution de toutes ses fautes envers son monastère. Marie de la Ferté se recommanda aux prières des religieux et pour cela elle fonda dans le monastère un obit, pour lequel elle assigna six setiers de froment à prendre sur son moulin de Mirandeuil.

Marie était fille et héritière de Gautier de la Ferté : elle avait épousé Raoul de Roye et porté dans cette illustre et ancienne famille la châtellenie de la Ferté. Elle survécut à son mari. Les annalistes du moyen âge lui donnent deux enfants : Mathieu de Roye, seigneur de la Ferté, et Marie de Roye, mariée au seigneur d'Hangest, puis à Bouchard de Vendôme (1).

V. Il est souvent question d'arbitrages dans les chroniques du xiii° siècle. Les fonctions d'arbitre sont confiées à des hommes environnés d'une grande considération publique. A ce titre l'Abbé Hugues dut être et fut en effet plusieurs fois investi de ce mandat.

L'arbitrage est une dérogation aux formes du droit. Les formalités d'une procédure entraînaient alors tant de lenteurs que les procès menaçaient de ne jamais se terminer. Pour couper court aux causes de division, on jugeait sommairement par arbitres. Les sentences arbitrales, les transactions devant des juges apostoliques chargés de terminer amiablement les différends, occupent une place importante dans les annales du xiii° siècle.

En compulsant le cartulaire de l'abbaye de Saint-Riquier on est étonné du nombre de procès qu'elle eut à soutenir. L'auteur de savantes recherches sur les Coutumes de notre province fait la remarque suivante. « Cette multitude de procès était la consé-
« quence de la multitude de donations et d'aumônes qui avaient marqué la période du
« xii° siècle. Les abbayes fondées par les seigneurs et si richement dotées par eux
« qu'elles leur avaient enlevé, pour ainsi dire, la moitié de leurs terres, se montrèrent
« aussi désireuses d'acquérir de nouveaux biens que ces mêmes seigneurs montraient
« d'ardeur à récupérer ceux dont ils avaient été dépossédés. De là ces conflits perpé-
« tuels d'intérêts entre l'autorité séculière et l'autorité cléricale (2). »

Ces observations appellent quelques remarques. 1° Il n'est pas du tout certain que es seigneurs se soient dépouillés envers des monastères au xii° siècle : ils ont donné beaucoup de terres incultes et stériles, mais quelle perte en ont-ils éprouvée ? Aucune ! au contraire, quand ils ont gardé le terrage ou champart, ils se sont enrichis par leurs donations : réclamaient-ils souvent beaucoup plus des possesseurs séculiers ? 2° Dans toutes ces transactions il est question pour les personnes ecclésiastiques de conserver

(1) Il sera traité plus longuement de Marie de la Ferté dans l'histoire du château de la Ferté.

(2) Bouthors. *Coutumes. Tome* i, *page* 266.

un bien légitimement acquis, mais non d'étendre leur domaine : depuis quand serait-il permis de récupérer par une violente occupation, par l'abus de la puissance, des biens légalement cédés ? Quoi ! les propriétaires sont mis au ban de l'opinion publique ! On trouve tout naturel qu'une jouissance paisible soit subitement troublée par les héritiers des donateurs, au mépris de leurs volontés les plus sacrées ! 3° Les conflits des Abbés de Saint-Riquier ne peuvent tenir à cette cause. Le monastère est depuis longtemps possesseur des droits ou des domaines qu'on cherche à lui ravir. L'Abbé a juré devant Dieu, devant ses frères, de tout conserver intact, au prix même de sa liberté, de sa vie. Il en appelle aux juges que l'Eglise lui donne ; il s'en rapporte en tout à leur sentence. 4° Les procès surgissent entre les Abbés eux-mêmes parce que des droits ne sont pas clairement définis. Le jugement arbitral termine tout et la sentence fixe pour des siècles les intérêts des deux communautés. Du reste toutes ces procédures n'agitent la société qu'à la surface, si toutefois il y a quelque commotion ; nous voyons comme tout rentre dans le calme, quand les juges apostoliques, ecclésiastiques ou laïques, ont parlé.

L'arbitrage est souvent précédé du compromis par lequel on accepte les juges et leur sentence et l'on s'engage même à une amende, si on ne ratifie pas la décision.

Voici un exemple de compromis cité par différents auteurs et emprunté à notre histoire de Saint-Riquier. « Hugues, Abbé de Saint-Riquier, à hommes vénérables et discrets, Maître Wainot, prêtre de Domart et à Gislebert de Paris, salut en Notre Seigneur. Que votre discrétion soit informée qu'une difficulté s'est élevée entre notre Eglise et celle de Bertaucourt au sujet des dîmes de Vauchelles et que, pour mettre fin à ce procès, nous vous avons choisis pour arbitres, promettant, sous peine de 20 livres parisis d'amende, de nous conformer à votre décision. L'an de Notre Seigneur 1233, au mois de juillet. »

Beaucoup de mandats d'arbitrage sont partis de la cour de Rome, surtout dans les causes des monastères exempts. Le ministre de celui qui ne brise point le roseau à demi rompu écoute tous ses enfants avec une mansuétude vraiment surhumaine; toutes les fois qu'on le veut, il fait examiner et juger les causes sur les lieux par des personnages dont il connaît et l'intégrité et la science du droit ecclésiastique. C'est à ce titre que Hugues de Chevincourt est établi médiateur entre l'Abbé de Corbie et l'héritière des seigneurs de Gavres, en Flandre, dans une affaire extrêmement importante pour l'une et l'autre des parties.

Rase de Gavres, bouteiller de Flandre, à la tête d'une troupe armée, avait ruiné et incendié les métairies et les villes soumises au monastère de Corbie. L'Abbé, Jean de Cornillon, ayant porté sa plainte aux Pères du concile de Reims et au Souverain Pontife, l'Abbé Hugues et son prieur furent chargés d'estimer les dégâts et d'imposer une satisfaction convenable. Clarisse de Gavres (1) et Marie de Gavres, sa mère, exécutè-

(1) Clarisse de Gavres, épouse de Rase, eut trois fils, Rase, Arnoul et Philippe. *Gallia Christiana.* *Tome* x, *pag.* 1256.

CHAPITRE IV. — L'ABBÉ HUGUES I, DE CHEVINCOURT. 499

rent humblement la sentence. Elles firent même plus : comme les séides de son père n'avaient pas seulement ruiné les sujets du monastère de Corbie, mais aussi les habitants de la Picardie, elles vinrent en pèlerinage à Notre-Dame d'Amiens ; elles y affranchirent tous leurs hommes de la Werès et s'engagèrent, comme oblates de cette Eglise, à payer à Notre-Dame deux deniers de Flandres pour cens capital, six au jour du mariage de l'héritière de Gavres et douze à la mort de l'une et de l'autre (1). Nous ne serions pas éloigné d'admettre que ce fut là une partie de la réparation imposée par Hugues : l'histoire de cette époque abonde en semblables pénitences.

On voit encore dans le *Gallia Christiana* que Hugues de Chevincourt fut nommé arbitre entre l'Abbé de Saint-Josse et le seigneur de Brimeu, pour dommages causés par ce dernier (2).

VI. S'il faut en croire la chronique abrégée (3), l'Abbé Hugues de Chevincourt ne fut pas seulement chargé de défendre les intérêts temporels des monastères, mais il fut même l'arbitre des peuples et des rois. Après le sacre de Saint-Louis il aurait été envoyé dans les villes d'Angers et de Toulouse pour faire rentrer les peuples dans le devoir. Saint Louis n'était âgé que de douze ans, quand une mort imprévue lui ravit son père, Louis VIII, dans la fleur de l'âge : on sait tous les orages de cette minorité. Des seigneurs ambitieux et mécontents songeaient à enlever la couronne à l'héritier légitime pour la mettre, contre toutes les lois nationales, sur la tête d'Enguerrand de Coucy. Des conspirations préludèrent à la révolte et préparèrent des ferments de guerre civile ; mais la providence couvrait de sa protection un jeune prince appelé à devenir le modèle des rois et avait placé sur les marches du trône la femme forte et prudente. L'activité et le génie supérieur de la reine Blanche déjouèrent les projets insensés des factieux. Après les combats on eut recours à des négociations. Des Evêques furent envoyés à Angers et à Toulouse. Il est possible qu'on leur ait associé l'Abbé Hugues, mais nous aurions voulu des témoins plus véridiques que Jean de la Chapelle, surtout lorsque nous lisons plus loin que Hugues de Chevincourt fut présent au vœu que fit saint Louis pour aller combattre les Sarrasins. Cet anachronisme de huit à dix ans, répété par beaucoup d'annalistes, d'historiens et même par les savants auteurs du *Gallia Christiana*, nous oblige de contrôler sévèrement les faits les plus glorieux à la mémoire des Abbés de Saint-Riquier (4).

Sur la fin de sa carrière, Hugues de Chevincourt aurait aussi, d'après la chronique abrégée (5), établi un refuge à Abbeville. Le Père Ignace, Louandre et plusieurs autres auteurs ont répété cette assertion : nouvelle erreur ou nouvelle invention de Jean de la

---

(1) Duchesne. *Généalogie de la famille de Guines.* Page. 341.
(2) *Gall. Christ.* Tome x, page 1256.
(3) *Chron. abbrev. Cap.* XLVI.
(4) Hugues de Chevincourt mourut en 1236. Saint Louis ne fit son vœu qu'en 1244.
(5) *Chron. abbrev. Cap.* XLVI.

Chapelle. Les archivistes ont conservé trop de documents sur l'établissement de ce refuge au xv° siècle, pour qu'il soit possible de s'écarter de cette dernière opinion.

Nous terminons ici l'histoire de l'Abbé Hugues de Chevincourt : il mourut, en 1236, plein de jours et de bonnes œuvres, laissant à ses successeurs un admirable exemple de sollicitude et de fermeté pastorale (1).

Nous avons quelques détails intéressants à ajouter sur l'histoire civile de Saint-Riquier, du temps de l'Abbé Hugues de Chevincourt.

On sait par des chartes que Philippe-Auguste visita cette ville au mois d'octobre 1211. Renaud d'Amiens lui jura fidélité sur les choses saintes, *super Sacrosancta*, et y délivra la charte qui fait foi de son engagement (2). C'est sans doute à ce voyage qu'il faut rapporter cette note de dom Grenier : « Saint-Riquier en Ponthieu et la ville doivent un giste à Philippe-Auguste (3). »

Du Cange fait les remarques suivantes sur le droit de gîte. « Quant au droit de *giste* « que les rois s'étaient réservé sur les évêchés et sur les abbayes de fondation royale, « le moine de Saint-Gall en fait mention en la vie de Charlemagne. Ils se sont montrés « fort jaloux de le conserver. S'ils en faisaient quelquefois remise par des motifs de dé- « votion ou d'affection particulière, ou par d'autres considérations, aux églises et aux « prélats, presque toujours ils se réservaient ce droit dans les concessions du privi- « lége ; » ce que Du Cange prouve par des priviléges d'Amiens, d'Auxerre, d'Arras, de Paris, de Tours (4). Nous aurons encore à nous occuper plus loin de la question de gîte.

Nous lisons dans D. Grenier (5) que dix-huit Abbés assistèrent à la bataille de Bouvines (1214) ; il nomme entre autres l'Abbé de Saint-Riquier, Hugues de Chevincourt. Les historiens remarquent que Philippe-Auguste, dont l'armée était de deux tiers moins nombreuse que celle de ses ennemis, avait placé sa confiance en Dieu plus que dans la force et l'adresse de ses chevaliers : il savait ses ennemis excommuniés et coupables de grands sacrilèges : pour lui, quoique pécheur, il restait fidèle à l'Eglise de Dieu et le défenseur de ses libertés, et c'est là ce qui explique la présence des Abbés qui étaient venus se joindre aux clercs de la chapelle royale. Au premier signal du combat les ministres du Seigneur commencèrent à invoquer le Dieu des armées et ne cessèrent d'implorer sa miséricorde par de solennelles supplications (6).

D. Grenier nomme parmi les chevaliers du Ponthieu qui portaient bannière, Barthélemy de Roye, Jean de Roye, Gautier de la Ferté, Hugues d'Auxi, etc., et parmi les simples chevaliers, Raoul de Roye et Raoul d'Estrées (7).

---

(1) Nous devons mettre au compte du cartulaire et non à celui de Jean de la Chapelle, l'erreur suivante : « Hugues de Chevincourt commença à régner en 1284 et régna 24 ans.

(2) M. Prarond. *Saint-Riquier. Page* 404.

(3) *Sanctus Richarius in Pontivo et villa debet unum gistum.* — D. Grenier, copié par M. Prarond. *Saint-Riquier. Page* 43.

(4) Du Cange. *Comtes d'Amiens. Page* 402.

(5) *Tome* LVII, *page* 239.

(6) *Histoire de l'Eglise Gallicane*, 1214.

(7) D. Grenier. *Ibid.*

CHAPITRE IV. — L'ABBÉ HUGUES I, DE CHEVINCOURT.

Guillaume, comte de Ponthieu, commandait l'aide droite de l'armée française dans cette célèbre bataille ; il mourut en 1224. Son épitaphe exprime parfaitement les sentiments dont ses œuvres nous ont laissé un perpétuel témoignage, et le range parmi les princes les plus religieux de cette époque (1).

La mort de Guillaume fut une calamité pour le pays: il laissait le comté de Ponthieu à sa fille Marie et à Simon, comte de Dammartin, son gendre ; mais celui-ci était un félon : il avait trahi à Bouvines et il était exilé (2). C'est pourquoi le Ponthieu fut saisi par le roi Louis VIII, et Marie ne put le racheter pour elle qu'à de dures conditions. Dans le traité de Chinon signé en 1225, elle fut forcée d'abandonner, entre autres beaux domaines, la prévôté de Doullens et celle de Saint-Riquier qui désormais ne seront plus séparés de la couronne et ressortiront au bailliage d'Amiens (3).

Simon n'obtint sa grâce qu'en 1230, mais avec de nouvelles restrictions et seulement après que les communes et les villes eurent juré que si Marie et Simon devenaient infidèles à leurs serments, elles les abandonneraient pour suivre le drapeau du roi (4).

« Les prévôtés de Saint-Riquier, de Doullens et de Montreuil, dit Jean de la Chapelle, protestèrent contre cette adjonction, parce qu'elles perdaient le privilége du sel. Les habitants des villages se séparèrent de ces trois centres administratifs ; mais cette défection fut inutile : on ne recouvra pas ce droit (5). » Cette observation manque encore d'exactitude et de bon sens : car Saint-Riquier possédait le privilége du sel, au moment où l'auteur écrivait, et puis est-il facultatif aux villages de se détacher du pays qui les régit ?

(1) Clauditur hoc tumulo Guillelmus nomine ternus,
Justitiæ fomes, magnus in orbe comes.
Christum mente pia coluit cum matre Maria.
Dum vixit, didicit quæ bona vita daret.

(2) Simon de Dommartin était frère d'Eustache de Boulogne et comte d'Aumale. Ses autres domaines furent saisis avant le Ponthieu qui, de 1114 à 1124, appartenait encore à Guillaume, son beau-père.

« D'après Formentin (Histoire manuscrite du Ponthieu en 1224), Simon de Dommartin, exilé en Angleterre, aurait essayé de faire des levées de troupes pour attaquer son souverain. Louis VIII l'ayant cité à la cour des pairs, il ne comparut pas. Son comté fut alors confisqué et mis sous la main du roi. L'exécution de cet arrêt fut commis au comte de Saint-Pol, qui se rendit à Saint-Riquier avec un corps de 10,000 hommes de troupes réglées. De là il fit savoir aux bourgeois d'Abbeville l'ordre qu'il avait reçu de mettre le Ponthieu sous la puissance du roi et les fit sommer d'ouvrir leurs portes. Simon engagea les habitants à la résistance ; mais il ne fut pas écouté. Les villes de Saint-Riquier et d'Abbeville ouvrirent leurs portes et Simon s'enfuit en Angleterre. »

Il est à regretter que Formentin n'ait pas cité ses autorités. Mais faudrait-il rapporter à la visite du comte de Saint-Pol ce que M. l'Abbé Corblet dit à la même date des bourgeois de Saint-Riquier ? « Les villes d'Amiens, Péronne... Saint-Riquier, adressent à Louis IX un serment de fidélité par lequel elles s'engagent à suivre le parti du roi, de sa mère et de ses frères, contre tous, sans exception. (Hagiographie. Tome IV, page 403).

(3) Les villes de Saint-Riquier et Doullens pouvaient être détachées du Ponthieu sans diminuer le comté, puisqu'elles n'en faisaient plus partie depuis longtemps.

(4) On lit dans le trésor des chartes (627-810), qu'en 1228, par acte scellé, la commune de Saint-Riquier s'engage à soutenir le roi contre tous.

M. Prarond. Histoire de Saint-Riquier. Page 44

(5) Chron. abbrev. Cap. XLIV.

Il est marqué dans le traité de Chinon qu'en compensation des domaines que Marie lui offre, le roi Louis lui remettra le relief qu'elle lui doit pour la mort de son père sur des terres que Philippe-Auguste avait données pour dot à sa mère, à Abbeville, à Rue, dans le Marquenterre, à Ponches, à Ville, à Saint-Valery, qui sont des appartenances de Saint-Riquier, c'est-à-dire de la prévôté de Saint-Riquier (1). Ceci semblerait indiquer que la prévôté de Saint-Riquier embrassait alors une plus grande étendue que dans les derniers temps et qu'une partie considérable en a été distraite lors de sa séparation du Ponthieu.

La cession dont il est ici question fut irrévocable ; le bailliage d'Amiens a constamment exercé sa juridiction sur la prévôté de Saint-Riquier et ses coutumes s'y sont à peu près infiltrées, autant qu'on pouvait les faire pénétrer à travers cet enchevêtrement d'usages sociaux, très-mauvais conducteurs de la législation des parlements.

« Depuis lors, ajoute Jean de la Chapelle, lorsqu'on date une charte de Saint-Riquier, on dit à Saint-Riquier près du Ponthieu et non plus en Ponthieu » (2).

---

(1) P. Ignace. *Mayeurs d'Abbeville. Pag.* 152.

(2) *Chron. abbrev. Cap.* XLIV. Notre chroniqueur place ces événements de 1177 à 1206.

M. Prarond ajoute à cette occasion : « Il est à peu près certain que Saint-Riquier l'emportait alors sur Abbeville, sinon en population, au moins en mouvement et en vigueur morale. » (*Ibid. Page* 14).

Nous examinerons à loisir les hauts faits de la commune de Saint-Riquier, et il sera loisible aux lecteurs de juger si des attaques contraires à la charte communale peuvent être comptées parmi les progrès de la civilisation.

Relevons encore ici une autre erreur de plusieurs historiens sur les mœurs du clergé et des moines de cette époque.

« Le pape Honorius III, dit Louandre, en « 1218, sur la demande de Guillaume, défendit aux « clercs du Ponthieu de se livrer à l'usure et de « tenir tavernes, car il en résultait un grand « scandale pour les laïcs. » Le même auteur se plaint aussi des désordres des prêtres et des moines au XIIe siècle, « la grande ère du mysticisme chrétien. » (*Histoire d'Abbeville. Tome* I, *page* 302).

Nous doutons que le docte compilateur des annales du Ponthieu ait rendu fidèlement la réponse du Pape à l'Evêque d'Amiens et par la même la supplique de Guillaume, le texte de la lettre adressée à l'Evêque d'Amiens dispensera d'un long commentaire.

« D'après les lettres du noble comte de Pon- « thieu et de Montreuil, nous avons compris que « quelques clercs, qui ne le sont que de nom, se « font taverniers : non contents des revenus licites « que leur donne leur bénéfice, ils s'occupent de « choses illicites, d'un négoce séculier, des soins « de leur maison plus que des offices et du service « divin. Voulant jouir du privilège de la cléricature, sans songer à se soumettre aux règlements ecclésiastiques de leur province, ils vivent en laïcs et ne se préoccupent que de leur gain. C'est un grand scandale pour les séculiers ; c'est pourquoi le comte de Ponthieu nous a supplié humblement ou de les contraindre à servir dans l'Eglise, en renonçant au négoce séculier qui leur est défendu, ou de ne pas trouver mal qu'ils soumette aux règlements et aux coutumes de sa province. Puisqu'il est certain qu'une semblable conduite déshonore l'ordre clérical et que la vie des clercs doit édifier les laïcs au lieu de les scandaliser, nous mandons à votre fraternité par ces lettres apostoliques d'examiner, en qualité d'Evêque diocésain, s'il en est ainsi, et si vous trouvez de ces clercs occupés d'intérêts séculiers qui refusent d'obéir à l'Eglise, après trois monitions, déclarez-les déchus des privilèges de la cléricature. Alors rien n'empêchera qu'ils subissent la loi de leurs comprovinciaux. » (P. Ignace. *Mayeurs d'Abbeville, page* 140).

Qui ne voit d'après cette lettre qu'il n'est question ici que de clers inférieurs, comme il en exis-

CHAPITRE V.

GAUTIER I, DE GAISSART, TRENTE-QUATRIÈME ABBÉ (1).

(1237 à 1245.)

Bulles pour dispenses. — La chapelle du Val. — Rachat de fiefs.

La chronique de dom Cotron omet le nom de famille de Gautier I : il nous importe de le restituer et de rendre à la ville de Saint-Riquier la gloire qui lui est due. Cet Abbé appartient à la noble race des Gaissart, originaire de Saint-Riquier même. Aujourd'hui éteinte ou du moins inconnue dans la contrée, cette famille marchait de pair, au XIII° et XIV° siècles, avec les premières familles du Ponthieu. Elle a donné trois Abbés au monastère de sa ville natale et au XVII° siècle un Abbé au monastère de Grandcamp, au diocèse de Chartres, sans compter les chevaliers, les croisés et autres personnages mentionnés dans les annales du temps.

Le sceau de l'Abbé Gauthier placé sur une charte de l'Hôtel-Dieu de Saint-Riquier à la date de 1241 ne peut laisser aucun doute sur sa filiation

Le Pape Grégoire IX, neveu d'Innocent III, déjà célèbre dans l'histoire ecclésiastique sous le nom de cardinal Hugolin, grand zélateur du bien, savant canoniste, pro-

tait beaucoup au XIII° siècle, pourvus de bénéfices ecclésiastiques qui les obligeaient à assister aux offices des églises paroissiales. Ces clercs, même engagés dans les liens du mariage, ne gardaient plus le *decorum* ou les bienséances de leur état et abusaient de leur titre pour s'exempter des impôts et des charges auxquels les clercs n'étaient point soumis. Guillaume de Ponthieu réclame contre cette honteuse spéculation, et c'est ce que le Pape condamne dans sa lettre. Ne sommes-nous pas loin de ces désordres scandaleux qu'on cherche à mettre en évidence ?

On parle aussi *des meurtres que les ecclésiastiques et les laïcs commettaient en toute rencontre dans les terres du comte de Ponthieu* (Louandre. *Ibid.*). On ajoute que ce dernier en appela au Pape contre les privilèges et les immunités que les prêtres opposaient à sa justice séculière et que le Pape fit droit à ces réclamations.

Nous voudrions le texte de la réponse apostolique : en attendant nous la contestons comme contraire dans sa généralité à tous les principes du droit. L'Eglise n'attendait pas qu'on la pressât de réprimer les excès de ses ministres : elle était assez armée et assez puissante pour venger ses lois outragées ; elle ne souffrait pas qu'on jugeât ses prêtres, mais elle ne dissimulait pas leurs crimes et savait les livrer au bras séculier, quand l'intérêt de la société le demandait.

(1) D. Cotron accuse la chronique abrégée d'avoir omis les noms de trois Abbés qui suivent Hugues de Chevincourt et d'unir le nom de ce dernier à celui de Giles de Machemont : ce n'est pas tout-à-fait exact. Jean de la Chapelle, il est vrai, omet l'Abbé Hervé et un des Gautier de Gaissart : mais il est question de l'autre en 1357. (*Chron. abbrev. Cap.* L). Simple déclassement de feuilles juxta-posées, qui occasionne une erreur de cent ans.

Celui qui jette les yeux sur cette compilation doit s'apercevoir que la Chronique abrégée a tant soit peu négligé la chronologie. Le Père Ignace n'a garde de se séparer de son guide habituel. M. Prarond mentionne le fait sans en chercher l'explication.

tecteur de tous les droits et de toutes les vertus, et lui-même d'une vie exemplaire et plus austère que celle des enfants du cloître, s'occupa beaucoup des moines et de leur réforme. Il dressa des canons si sévères que ses successeurs furent obligés d'en accorder la dispense, en beaucoup de circonstances, à cause des vexations et des empiétements continuels des seigneurs ou de l'impossibilité de les observer. C'est ainsi qu'Innocent IV donne à l'Abbé de Forêt-Montier le pouvoir de relever celui de Saint-Riquier des censures portées par le Saint-Siège et des irrégularités dans lesquels il pourrait tomber en violant ces censures (1244) : il ajoute en même temps la faculté de le dispenser des statuts qui ne sont pas de la substance de la règle (1) ; ce qui nous montre que les religieux recevaient avec docilité tous les règlements par lesquels le Saint-Siège les prémunissait contre la faiblesse humaine et qu'ils les observaient avec un soin scrupuleux. Pourquoi, quand on déplore le relâchement scandaleux des milices du Seigneur, garde-t-on le silence sur toutes les industries employées pour les conserver dans l'amour du devoir et sur leur zèle à adopter ces réformes salutaires ?

L'Abbé Gautier consentit, en 1238, à l'établissement de la chapelle du Val-des-Lépreux (2). La fondatrice est connue dans les chroniques sous le nom de Richarde Pérache de Saint-Riquier. D'après la charte elle offre 23 journaux de terre, au terroir de Loches, tenus de René d'Yaucourt feudataire du monastère ; elle y ajoute 16 journaux de terre achetés de divers seigneurs et situés sur le terroir de Noyères ou Noyelles-en-Chaussée. L'Abbé de Saint-Riquier, seigneur suzerain et tous ceux qui ont quelque droit de corvée ou de terrage y renoncent, mais la dîme reste au monastère de Saint-Riquier. Le chapelain appelé à desservir cette chapelle est obligé de payer 30 sous de cens à la fête de Saint-Riquier au mois d'avril, et pour le relief, « chacun « chapelain de nouvel institué, au jour de la dite fête prochaine venant en avril après « la possession, une fois en sa vie, doit apporter en personne un chierge de deux « livres de chire et le porter, présenter ledit jour en ses deux mains, en personne et « se il y avait grand empêchement bien prouvé, il serait quitte de le faire par procu- « reur bien fondé, et sy pourrions faire saisir icelles terres par défaut de payement « comme seigneurs du fond et sy ne le porroit ledit chapelain aliéner ne bailler aux « hôtes en quelque manière, ne remettre ès-mains des religieux sans l'assentiment de « l'Abbé, et tout ce nonobstant l'aumône à remettre ès-mains et au pouvoir de l'Evê- « que d'Amiens pour la collation de la chapelle à perpétuité (3). »

L'Abbé ne peut rien réclamer au-delà de l'hommage et du relief, ni arrêter la perception des fruits, sous quelque prétexte que ce soit : il est tenu au contraire comme seigneur suzerain de garantir la possession contre tous ceux qui voudraient molester le chapelain en s'autorisant de la loi ou de la coutume. Ce dernier n'est pas obligé

---

(1) D. Cotron. *Anno* 1244.
(2) D. Cotron. *Anno* 1238.

(3) *Cart. St-Riq.*, fol. 57.

CHAPITRE V. — L'ABBÉ GAUTIER I, DE GAISSART.

d'assister aux plaids ni aux jugements, ni de payer d'expédition en quelque occasion que ce soit.

La charte est donnée sous le scel de la cour spirituelle d'Amiens, au nom d'Alerme de Neuilly alors official et qui sera bientôt après élu évêque d'Amiens par le chapitre.

Nous avons indiqué en peu de mots les malheurs du Ponthieu sous Simon de Dommartin. Rentré en grâce, il vécut dans l'obscurité et la pratique des bonnes œuvres : on signale ses largesses envers les monastères : il s'attacha à leur procurer des subsistances en nature, en obligeant ses sujets à leur livrer plusieurs milliers de harengs ; ce que nous notons encore pour montrer combien les lois sévères de l'abstinence étaient exactement observées.

Une famine extraordinaire, dit Formentin (1), se fit sentir en Ponthieu et réduisit les hommes à la dernière extrémité ; sans autre ressource que l'herbe des champs, ils mouraient dans les angoisses de la faim ; ceux qui survécurent eurent à lutter contre une peste non moins meurtrière. La fille aînée des comtes de Ponthieu succomba à Port et laissa son héritage à sa sœur Jeanne, appelée par la providence aux plus hautes destinées.

On sait que les douces vertus de cette princesse brillèrent sur le trône de Castille et qu'elle se montra digne de saint Ferdinand son époux. Simon de Dommartin ne jouit point des consolations que lui réservait une si illustre alliance : il mourut pendant les préparatifs des noces, après avoir fondé un obit ou service d'anniversaire au monastère de Saint-Riquier (2).

Sa veuve, la comtesse Marie, ne se crut point capable de porter seule le fardeau du gouvernement de son comté ; elle épousa en secondes noces Mathieu de Montmorency, le fils du connétable de ce nom (3).

Nous remarquons que l'Abbé Gautier reçut en gage ou racheta des fiefs de l'abbaye à Yvrench, Oneux, Huppy, Neuville, Bussu, Yaucourt. Ce n'était point pour lui une question d'intérêt ou d'agrandissement, mais un service rendu aux feudataires, un régime de bonne et sage administration ; point de devoir plus rigoureux pour un Abbé que de conserver les propriétés du monastère et de les transmettre intactes aux successeurs, l'aliénation, sous quelque forme qu'elle se produise, ruinant les générations futures au profit du présent. Les saints canons, du reste, le défendaient aux monastères sans l'agrément du Souverain Pontife. Il est donc facile de justifier Gautier de Gaissart de toute espèce d'agrandissement réprouvé par l'esprit religieux. On n'indique pas l'année de la mort de cet Abbé.

(1) *Histoire manuscrite du Ponthieu* (1297).
(2) D. Cotron. *Anno* 1239.
(3) « Les branches célèbres sorties de la tige de Montmorency, comme de la souche d'un arbre fécond et vigoureux, planté près du tronc des fleurs de lys, a non-seulement élevé sa cime bien haut vers le ciel, mais aussi étendu les rameaux fort au large, en diverses contrées de la France et des Pays-Bas et même dans notre Ponthieu » (P.Ignace. *Les Mayeurs d'Abbeville*. Page 173).

Nous verrons plus tard les princes de Montmorency dans les domaines de l'Abbaye.

CHAPITRE VI.

HERVÉ, TRENTE-CINQUIÈME ABBE.

(1245 à 1248).

Divers privilèges. — Déplacement de l'Eglise Saint-Nicolas.

A l'avénement de cet Abbé que le Cartulaire nomme, non pas Hervé mais Hermand, Innocent IV accorda 100 jours d'indulgence à tous les fidèles vraiment pénitents qui se seront confessés et qui auront visité l'église de Saint-Riquier, le jour de sa fête et le jour de la translation de ses reliques. Pour chacune des féries de l'octave l'indulgence était de 40 jours (1).

D'après la bulle, cette indulgence peut être considérée comme la remise de la pénitence canonique imposée par l'Eglise. C'est une grâce toute spéciale, dont on commence à user plus largement en faveur des pèlerinages. L'indulgence par excellence c'est le pèlerinage de la Terre sainte : puis la croisade contre les mahométans, contre les Albigeois et autres ennemis de l'Eglise. Pour ces œuvres d'utilité publique on méritait un pardon complet. Toutes les peines canoniques étaient levées.

Comme les autres pèlerinages sont aussi des œuvres satisfactoires, le Souverain Pontife tient à les encourager, afin que Dieu soit plus honoré dans ses serviteurs qu'il a lui-même glorifiés et dont les mérites brillent au sein de la société chrétienne d'une si vive splendeur.

Cette même concession est renouvelée en 1252 et 1253 par le Pape Alexandre IV.

La première Eglise de Saint-Nicolas avait été construite dans l'enceinte du monastère. Pour remplir leurs devoirs religieux, les hommes et les femmes étaient obligés de franchir l'enceinte sacrée en passant par le parvis du monastère ; ce qui était contraire aux constitutions religieuses et aux dernières bulles du Pape Grégoire IX. C'est pourquoi l'Abbé de Saint-Riquier sollicita auprès du Pape Innocent IV la permission de changer cette Eglise et de la transporter plus loin, en se chargeant des frais de déplacement (2). Il faut croire qu'une opposition se manifesta aussitôt que le projet des religieux fut connu : car le Pape commit le prieur des Frères Prêcheurs de Rouen pour examiner cette question et assigner un nouvel emplacement à cette Eglise paroissiale, — ainsi est-elle dénommée par le Souverain Pontife (3). — La bulle de *committimus* réservait spécialement les droits des tiers et défendait de leur porter préjudice.

(1) D. Cotron. *Anno* 1245.
(2) D. Cotron. *Anno* 1246.
(3) La chapelle de Saint-Nicolas n'a jamais été paroissiale, quoi qu'on l'ait dit dans certains pouillés. La chancellerie romaine, en cette circonstance, a commis une erreur dans la rédaction du bref.

Le prieur des dominicains vint sur les lieux pour accomplir sa mission. Mais les habitants de Saint-Riquier s'opposèrent de toutes leurs forces à cette translation : ils portèrent plainte à l'Evêque d'Amiens qui leur donna raison, ce qui retarda beaucoup l'exécution du décret apostolique et fit naître des procès nombreux et désagréables, comme on le verra plus loin.

L'année suivante, le Pape Innocent confirma tous les privilèges accordés de temps immémorial au monastère. Il déclarait dans sa bulle que la négligence des Abbés dans l'exercice de leurs fonctions ne pouvait constituer un droit pour les usurpateurs. Toutefois s'il y avait prescription légitime, on était obligé d'en subir toutes les conséquences (1).

Jusques-là la prescription n'était point reconnue par les canonistes. Une étude plus approfondie du droit romain en signala sans doute les avantages et donna lieu à ce nouveau moyen d'exception, par lequel on termine facilement des procès insolubles.

CHAPITRE VII.

GAUTIER II, DE GAISSART, TRENTE-SIXIÈME ABBÉ.

(1248 à 1257).

Nombreux privilèges. — Association de prières avec les moines de Saint-Lomer. — Justice du Crotoy. — Hommage de Jean d'Amiens. — Démêlés et concordat avec la commune.

Nous conjecturons que cet Abbé est un neveu du premier Gautier de Gaissart. Il défendit courageusement les droits de son monastère, dit la chronique, et ses privilèges. Il eut souvent recours au Pape et en obtint plusieurs bulles. Il est à croire que le monastère possédait alors en Giles de Machemont, chapelain du Pape, un puissant protecteur et que beaucoup de ces bulles sont dues à son initiative.

Le Pape Innocent IV, persécuté par Frédéric II, empereur d'Allemagne, s'était réfugié à Lyon où il assembla un concile œcuménique (1245). Ce grand Pontife, convaincu que l'Eglise était toujours vivifiée par l'esprit de son divin fondateur, s'efforça de faire régner la justice dans le monde, et par la justice d'étouffer parmi les peuples chrétiens les divisions et les guerres qui les empêchent de jouir d'une sainte tranquillité. De là ses grandes tribulations et son exil si prolongé.

« Le séjour de ce Pape à Lyon, dit un historien, fut une source de nouveaux privi-

(1) D. Cotron. *Anno* 1247.
(2) Diverses conventions de l'abbé Hervé sont indiquées au livre des domaines.

« lèges accordés aux réguliers, surtout à ceux de la province de Rheims ; on le voit par
» le grand nombre de bulles dont leurs archives sont remplies et qui ne sont à présent
« d'aucun usage (1). »

Cette observation est vraiment bien naïve. Il n'est que trop vrai que les bulles n'avaient plus de force au xviii° siècle. La puissance royale avait enfin primé celle de l'Eglise. Les affaires ecclésiastiques ressortissaient alors aux parlements et aux ministres d'Etat. L'Eglise avait-elle beaucoup gagné en autorité sur les peuples et en indépendance pour son administration intérieure? Les auteurs de cette époque, qui ont fait trop bon marché de cette question capitale, n'oseraient le dire et ne pourraient nier qu'il y a loin du xiii° siècle au xviii° pour l'esprit religieux.

Nous n'attribuons pas seulement ces nombreux privilèges à la présence du Pape exilé à Lyon. Nous pensons plutôt que c'est la sollicitude d'Innocent pour toutes les églises, qui le porte à accueillir, comme ses prédécesseurs, les supplique d'une portion choisie de son troupeau, plus spécialement exposée aux convoitises des ambitieux. Innocent IV, —ses adversaires eux-mêmes l'ont reconnu, — était un Pontife d'une vertu éminente et d'une grande piété, courageux défenseur des prérogatives de l'Eglise, sachant les appliquer avec sagesse. Il lutta avec énergie contre Frédéric II, son meilleur ami avant sa promotion au souverain pontificat (2), et sauva l'Eglise des embûches que lui tendait cet empereur aussi fourbe qu'impie. On a dit de lui qu'il était du petit nombre de ces hommes, qui n'auraient jamais dû naître ou ne jamais mourir (3).

Les monastères avaient besoin de se garantir contre des attaques plus ou moins ouvertes, c'est pourquoi ils réclamaient sans cesse de nouveaux privilèges pour les opposer à leurs rivaux. A ceux que nous avons énumérés dans les années précédentes nous ajouterons les suivants pour notre abbaye.

I. Le Pape Innocent confirme le privilège des dîmes novales dans les mêmes proportions que les anciennes, partout où on les recueille (4). Ces dîmes sont perçues, comme on le sait, sur des terres nouvellement rendues à la culture par suite de défrichement ou d'établissement de nouveaux centres d'exploitation agricole. Les droits des tiers sont expressément réservés. Nous avons déjà vu plus haut que c'était une dérogation aux canons du quatrième concile de Latran.

II. Il n'était pas rare de présenter des titres colorés ou même supposés pour obtenir des pensions sur les bénéfices, des provisions même de bénéfice au nom du Pape. Innocent s'élève contre cet abus sacrilège et remet à l'Abbé Gautier un privilège qui lui permettait de s'opposer à toute demande ou à toute autorité même des légats généraux

---

(1) *Histoire de l'Eglise gallicane*, 1246.

(2) Frédéric montra qu'il connaissait bien le cardinal de Fiesque, lorsqu'il disait en apprenant son élection : Je crains bien de perdre un bon ami cardinal et de ne retrouver qu'un dangereux ennemi.

(3) *Histoire de l'Eglise gallicane* en 1255.

(4) D. Cotron. *Anno* 1251.

et spéciaux, quand la bulle ne portait point une dérogation particulière au présent décret.

Pour assurer l'exécution de ces mesures d'une importance majeure, ou nommait quelquefois des Abbés voisins. C'est ainsi que dans une bulle de 1253, Gautier, Abbé de Saint-Riquier, reçoit une commission du Pape Innocent IV, à l'effet de soutenir l'Abbé de Saint-Valery contre toute entreprise, qui tendrait à lui imposer, pour des provisions de bénéfices ou des pensions, des ordres émanants du Souverain Pontife par lettres du Saint-Siège ou de légats apostoliques. Il est dit dans son mandat qu'il faut empêcher ces importunités, même par censure ecclésiastique et sans appel de son jugement. On lui confère le droit d'examiner les causes, d'interdire, de suspendre sans appel, quand même on voudrait se prévaloir des constitutions du concile général de Lyon et de privilèges personnels (1).

III. Dans une bulle générale sur les exemptions, le Pape Innocent IV avait établi que les religieux, quels que fussent leurs privilèges, pourraient se présenter devant l'ordinaire, c'est-à-dire devant l'Evêque diocésain, pour se justifier d'un délit ou pour prouver la légitimité d'un contrat passé en leur faveur et se soumettre à ce point à leur juridiction : mais l'Abbé de Saint-Riquier, après toutes ses difficultés, craignant que cette constitution ne causât quelque préjudice aux libertés et aux immunités de son monastère, fit supplier le Pape de déclarer qu'elle ne pourrait jamais lui être opposée pour entraver l'usage de la liberté de ses moines. Innocent acquiesça à cette demande et loua à cette occasion la régularité et la ferveur des moines (2).

Une autre bulle confirmait tous les privilèges et plaçait sous la protection de saint Pierre et du Souverain Pontife la personne des moines, leur monastère, leurs biens présents et à venir, leurs terres, leurs revenus, leurs jardins et les possessions quelconques dont ils jouissaient paisiblement (3).

Le Pape Innocent IV avait commis, en 1243, l'Abbé de Forêt-Montier pour dispenser celui de Saint-Riquier des censures qu'il pouvait encourir par la violation de la bulle de Grégoire IX. Il paraît que les démarches nécessaires pouvaient susciter des obstacles imprévus. C'est pourquoi l'Abbé Gautier obtint de se faire relever par son sous-prieur ; on lui accorda en même temps la faculté de dispenser ses religieux des constitutions de Grégoire IX, quand il le jugerait nécessaire, de les absoudre des suspenses, irrégularités et excommunications encourues par leurs manquements contre cette bulle.

La constitution du Pape Grégoire IX était, comme nous l'avons déjà dit, très-onéreuse au monastère. Les raisons alléguées par l'Abbé méritent d'être citées dans cette

---

(1) *Archives particulières de M. l'Abbé Fricourt, curé de Saint-Riquier.*
En 1290, l'Abbé de Saint-Corneille de Compiègne est encore chargé de défendre les intérêts du monastère de Saint-Valery.

(2) D. Cotron. *Anno* 1252.

(3) *Ibid. Anno* 1253.

histoire. « Les observances du monastère étaient très-rigides, très-austères et très-pesantes à la nature ; car on ne s'était point relâché de la rigueur des premiers temps. Les charges qu'ajoutaient les constitutions de Grégoire IX aggravaient le joug des religieux : les pénitences sévères qu'on infligeait aux délinquants ne pouvaient que décourager les religieux et écraser la faiblesse humaine. » Du reste l'Abbé ne voulait pas porter atteinte à la règle ; il promettait qu'elle serait toujours observée avec la même exactitude.

Il était difficile au Pape de ne point céder à de pareilles raisons, à moins de briser le roseau agité par le vent, comme on le remarque dans sa bulle, et de casser le vase en cherchant à le débarrasser de sa rouille. Aussi l'Abbé obtint, en cette circonstance, de dispenser de l'observance des statuts, qui ne sont pas de la substance de la règle, les religieux de son monastère, de ses prieurés et des autres maisons qui lui étaient soumises. Il obtint encore sur les points, où la règle interdit toute dispense, de remettre les peines, les irrégularités encourues et d'absoudre à l'avenir de toute irrégularité, de toute excommunication dont on serait chargé par la violation de ces statuts, en ayant soin d'imposer une pénitence convenable. Le Pape ajoutait dans sa bulle que les lettres adressées dans le présent et dans l'avenir à l'Evêque d'Amiens ou à quelque autre délégué apostolique, sous quelque teneur que ce soit, que les procès intentés ou à intenter ne pourraient détruire l'effet des présentes lettres (1).

Afin de tranquilliser la conscience de l'Abbé de Saint-Riquier Innocent lui donna encore une bulle pour le relever des fautes qu'il aurait commises, en ne conservant point ou en ne recouvrant point les privilèges donnés par les Papes à ses prédécesseurs (2). On parait ainsi aux violences imprévues.

Une bulle pontificale rétablit également la prééminence de Saint-Riquier sur Forêt-Montier ; une autre renouvelait les indulgences pour les fêtes de Saint-Riquier (3).

A la demande de l'Abbé Gautier le Pape Innocent IV écrivit aux Evêques de Beauvais et d'Amiens, pour les engager à permettre aux moines de Saint-Riquier d'établir des oratoires dans les manoirs ou domaines qu'ils possèdent en leurs diocèses et d'y célébrer la messe, quand ils s'y rendront pour la visite de leurs propriétés. Cette recommandation était toutefois laissée à la discrétion et à la sagesse des prélats et réservait expressément les droits des tiers (4).

On a vu plus haut que Milon, Evêque de Beauvais, avait accordé toute faculté. Cette lettre apostolique semble indiquer que les successeurs ont révoqué les exemptions acquises.

A toutes les faveurs spirituelles et à toutes les prérogatives temporelles, le Pape Innocent IV crut devoir ajouter quelque chose de plus spécial, de plus personnel pour

(1) D. Cotron. *Anno* 1253.
(2) *Cartul. de St-Riq.*, fol. 158.
(3) D. Cotron. *Anno* 1252.
(4) D. Cotron. *Anno* 1252.

CHAPITRE VII. — L'ABBÉ GAUTIER II, DE GAISSART.

l'Abbé de Saint-Riquier. Il lui conféra le privilège de porter les insignes pontificaux : bien plus il attacha cette distinction au siège abbatial lui-même et depuis tous ses successeurs furent honorés du titre d'Abbés mîtrés.

Nous avons touché plusieurs fois la question des insignes pontificaux. C'était jusques-là une récompense personnelle. Mais l'usage se généralisant alors, les Souverains Pontifes s'empressèrent d'examiner les suppliques qui leur venaient des diverses parties du monde chrétien : ils aimaient à faire jouir les Abbés de cette prérogative quand le monastère conservait les antiques traditions d'une discipline exemplaire.

On voit du reste par le titre de concession pour Saint-Riquier que ce privilège élève une abbaye dans la hiérarchie ecclésiastique et lui suppose des titres de prééminence dans l'ordre spirituel ou temporel. En effet, le Pape Innocent, dans sa bulle à Gautier, établit en principe que le Saint-Siège apostolique doit se montrer magnifique, quand il est question d'honorer et d'enrichir de grâces les sanctuaires célèbres par la dévotion populaire, où le nom de Dieu est glorifié, où ses louanges sont chantées avec zèle et les vertus pratiquées avec éclat. Il loue ensuite le monastère pour le riche trésor qu'il possède dans le corps de Saint-Riquier, pour les miracles nombreux et éclatants qui répandent autour de lui la connaissance de sa grande sainteté et font bénir le nom du Seigneur (1).

Les religieux ne sont pas oubliés dans les éloges dont le Souverain Pontife se montre si prodigue envers le monastère. Leur ferveur dans les saints offices, la régularité de leur vie répandant au loin la vive lumière d'une bonne édification, le Souverain Pontife, persuadé que ses faveurs accroîtront chaque jour, parmi ceux qui les connaîtront, la piété envers Dieu et le dévoûment pour l'Eglise romaine, se montre favorable aux prières de l'Abbé Gautier et lui accorde à lui et à ses successeurs à perpétuité l'usage de la mître, de l'anneau, de la tunicelle, de la dalmatique et des sandales, avec le pouvoir de bénir les palles de l'autel, les calices et les vêtements sacerdotaux destinés à l'usage du monastère (2).

Nous observons ici que l'Abbé de Corbie possédait ce privilège dès l'an 1196, que l'Abbé de Saint-Valery en fut honoré en 1153. D'autres bulles de cette même époque confèrent aussi à différents Abbés la faculté de bénir les ornements sacerdotaux et même de donner la tonsure et les ordres mineurs à leurs sujets.

De grands saints condamnaient dans les Abbés l'ambition de se revêtir des insignes épiscopaux : ils n'y voyaient qu'une fastueuse ostentation de leur dignité, un éclat contraire à l'humilité de la profession monastique en cherchant à se rendre, pour ainsi dire, les égaux des Evêques. On était exposé à confondre les dignités dans les céré-

---

(1) Ce témoignage du Souverain Pontife nous prouve que la puissance de saint Riquier se faisait toujours sentir dans son monastère. Il est à regretter que le souvenir de ces miracles ait été anéanti avec la bibliothèque du monastère.

(2) D. Cotron. *Anno* 1252.

monies publiques et par là même à moins vénérer celle du chef hiérarchique du diocèse. Il y eut donc, en France surtout, une opposition constante dans les Evêques. L'excommunication même ne les arrêtait pas, parce qu'ils croyaient les droits de leur dignité engagés dans cette question.

Clément V régla l'usage des mitres dans les conciles. Les Abbés exempts y portaient des mitres précieuses, mais sans pierreries, sans lames d'or ou d'argent. Les Abbés non exempts n'avaient droit qu'à des mitres blanches et simples. Hors de ces réunions œcuméniques ou provinciales, on s'en tenait aux termes mêmes de la concession.

Gérard de Conchy, Evêque d'Amiens, reconnut ce privilège, mais il soutint qu'il ne devait s'exercer que dans l'intérieur du monastère, en s'appuyant sur ce mot de la bulle: *Ad opus monasterii: destiné à l'usage du monastère.* Le Pape Alexandre IV, successeur d'Innocent, fut consulté et trancha la difficulté. Il déclara que le pouvoir de bénir n'était donné que pour *l'usage du monastère*, mais que les insignes pontificaux pouvaient être portés partout (1). « Car ce sont, dit le Souverain Pontife, les orne-
« ments de l'épouse, des signes mystiques de la dignité, par lesquels l'Eglise nous
« révèle la beauté intérieure de la fille du roi et nous avertit que ceux qui en sont re-
« vêtus, doivent rivaliser de zèle pour parer leur âme des ornements de la perfection
« chrétienne. »

Après nous être occupés des prérogatives de l'Abbé Gautier, nous allons résumer les principaux actes de son administration.

Nous avons dans les archives de Saint-Riquier une nouvelle association de prières avec le monastère de Saint-Lomer, au diocèse de Blois. La charte relate toutes les conditions de la société fraternelle des deux monastères.

I. Quand l'Abbé d'une Eglise viendra visiter l'Eglise associée, il aura plein pouvoir au chapitre pour corriger les fautes et absoudre les délinquants.

II. Le chapitre sera commun entre les moines des deux Eglises : ils seront reçus de part et d'autre, non comme des hôtes, mais comme des profès : si, par suite d'un scandale, un moine passe d'une Eglise à l'autre, il ne sera pas traité en fugitif, mais il sera admis dans le couvent comme un moine du lieu; il y vivra sous la règle jusqu'à ce qu'il soit réconcilié avec son Eglise.

III. A la mort de l'Abbé, le monastère associé fera les mêmes offices que pour son propre Abbé. Quand on annoncera la mort d'un moine on fera un office solennel. Chaque prêtre célébrera une messe, et ceux qui ne sont pas prêtres réciteront quarante psaumes et quarante *Pater*.

En outre le monastère de Saint-Riquier enverra son bref de mort chaque année à Blois, à la fête de Saint-Lomer et on fera un service commun et un trentain entier. Les

(1) D. Cotron. *Anno* 1257.

CHAPITRE VII. — L'ABBÉ GAUTIER II, DE GAISSART.

religieux de Saint-Lomer enverront semblablement leur bref à la fête de Saint-Riquier aux mêmes conditions.

IV. Les Abbés des deux monastères sont libres d'offrir leur stalle à l'Abbé du monastère associé, quand il sera présent. Les moines seront tenus de célébrer les fêtes de leurs patrons respectifs.

Cette association fut faite à Saint-Lomer, en 1248. Nous ignorons les raisons spéciales d'union entre deux monastères si éloignés (1).

Cette même année 1248 est encore mémorable par la première croisade de Saint-Louis, par un nouveau traité avec la comtesse de Ponthieu pour le Crotoy et l'hommage de Jean, comte d'Amiens.

I. Nous remarquons sur la croisade que Mathieu de Roye, seigneur de la Ferté, suivit son souverain avec ses vassaux et leur suite. Un spectacle attendrissant, dit un historien, c'était de voir des familles d'artisans et de pauvres villageois conduire leurs enfants aux barons et aux chevaliers, et leur dire : vous serez leurs pères, vous veillerez sur eux au milieu des périls de la guerre et de la mer.

La monnaie fut à peu près épuisée après le départ pour la croisade. Il y eut en ce temps une crise monétaire dont on n'avait point jusqu'alors connu d'exemple. Pour ne point paralyser les transactions, on inventa une monnaie de cuir bouilli : on y mettait un clou au milieu. C'est à Pierre-le-Prêtre, Abbé de Saint-Riquier que nous devons ce curieux détail : il rapporte dans ses chroniques qu'après la prise de Damiette « Saint Louis prisonnier, pour sa ranchon payer, fit courir monoie de cuir bouly en son dit royaume (2). »

II. La comtesse de Ponthieu s'appliqua, à l'exemple de Saint Louis, à faire régner la justice, à redresser les torts qu'on lui signalait. C'est ainsi qu'après quelques démêlés entre les sergents de la comtesse et ceux de l'Abbé de Saint-Riquier à Mayoc, on révisa les anciens concordats et on remémora les articles librement acceptés de part et d'autre. Nous donnerons ailleurs la substance de ces articles, mais nous tenons à signaler ici que la seigneurie du Crotoy est toujours commune entre le comte et l'Abbé, qui se partagent les droits de saisine et de dessaisine sur les masures, sur les profits et émoluments qu'on pouvait tirer des poids et des mesures, sur les foins, sur le droit d'étalage, sur les amendes, etc. Les sergents du comte et de l'Abbé s'engageaient par serment à garder les droits de l'Eglise de Saint-Riquier comme ceux du comte de Ponthieu.

On lit dans l'Histoire d'Abbeville que Jeanne, comtesse de Ponthieu, veuve de saint Ferdinand III, roi de Castille et de Léon, débarqua au Crotoy, à son retour d'Espagne.

---

(1) D. Cotron. *Anno* 1248.
Jean, Abbé de Saint-Lomer, gouverna ce monastère de 1240 à 1250. Ne serait-il pas de Saint-Riquier et de la famille de l'Arbroye. C'est ce qu'on pourrait supposer par un testament de cette époque dans lequel un Abbé de ce nom est témoin.

(2) *Chroniques de Pierre-le-Prêtre*. Anno 1248.

Nous rappellerons ici que le Crotoy était le port des comtes de Ponthieu, que c'est pour cela qu'ils avaient des droits sur cette seigneurie.

La comtesse Marie était morte en 1251. Sa fille gouverna jusqu'en 1279 ses états dont elle venait d'hériter. Elle épousa en secondes noces le sire de Nesle.

III. Après son installation, l'Abbé Gautier de Gaissart reçut l'hommage de Jean d'Amiens, seigneur de Vignacourt, Flixecourt, l'Etoile, la Broye. Cet hommage offre des particularités assez remarquables pour qu'on les signale dans cette histoire. Nous avons à ce sujet une charte de Jean d'Amiens lui-même. Il reconnaît que l'Abbé lui a payé un annel d'or, « moyennant lequel annel lui et ses hoirs sont tenus par service de venir en personne en cette Eglise pour la défendre contre tous, se metier est, et à ce il est évoquié. Il excepte pourtant le roi son seigneur et le comte de Ponthieu et le Vidame de Pinquigny. Jean et ses hoirs sont tenus de faire hommage à tous les Abbés de Saint-Riquier, toutes et quantes fois qu'ils sont institués et bénis de noviau, jaçoit que aucun desdits seigneurs y eût été faire hommage : et en mue ou échange d'Abbé par mort ou autrement, se faut-il qu'il revienne et non point quand lesdits sieurs (d'Amiens) se meurent : et après hommage fait l'Abbé lui doit donner un anneau d'or et ne peut le refuser moyennant qu'il soit d'or, ne chaut quel prix ou pesanteur ou valeur, car il n'en peut faire question (1). »

L'investiture par l'anneau d'or se rencontre aussi dans les annales de Corbie. L'Abbé met un anneau d'or au doigt du feudataire. Le Seigneur de Picquigny avait droit au propre anel.

Cet anneau est un signe d'union indissoluble entre le seigneur et son homme lige. Tout devient commun entre eux. La mort seule les sépare et les successeurs ne manquent pas de renouveler l'alliance sacrée.

Quoique la chronique ne le dise pas, nous pensons que les seigneurs d'Amiens étaient tenus à cet hommage pour le fief de la garde des marchés de Saint-Riquier, fonction importante dans une ville, soit pour le maintien de l'ordre, soit pour l'acquit des droits seigneuriaux. L'importance des personnes montre le prix qu'on attachait à ce fief dans une ville pour lors assez populeuse et souvent fréquentée, à cause de ses pèlerinages et comme centre d'un négoce considérable au moyen-âge.

Jean d'Amiens fit aussi hommage pour les fiefs et la seigneurie de l'Etoile.

Plusieurs altercations s'élevèrent entre ses hommes et ceux de l'Abbaye au sujet de la garenne (2) de la Broye, située aux environs de Noyères et de Brailly et dépendant de

---

(1) D. Cotron. *Anno* 1248. *Cart. St-Riq.*, fol. 175.

(2) On appelle garenne tout héritage défensable, c'est-à-dire où il n'est pas permis d'entrer et dont on ne doit pas user sans la permission du seigneur ou du propriétaire.

Ce mot s'appliquait aux bois, broussailles, bruyères où il y a du gibier, et aux rivières et étangs où il y a des poissons. On distinguait autrefois deux sortes de garennes, les garennes ouvertes et les garennes fermées. Les garennes ouvertes comprenaient toute l'étendue de pays où un seigneur exerçait exclusivement le droit de

ses seigneuries. Les troupeaux de la ferme de Noyères avaient l'habitude de la traverser, mais on s'y opposa. De là des plaintes suivies d'amiables transactions. « Il fut
« réglé que les gens de l'hôtel de Noyères poovoient sans préjudice mener les chiens,
« mais de Noyères seulement, avec le propre bétail en pâturage, en la garenne qui va
« jusqu'à la Broye, sans que le sieur de la Broye y puisse contredire, sans que aucun y
« peusist molester et les religieux en retour lui confessèrent que en toute leur terre il
« ne doit point de cauchie » (1).

Les habitants de Feuquières avaient obtenu de Guillaume de Maisnières et de Gautier de Gaissart, leurs seigneurs, le droit de commune. Tous les liens féodaux n'étaient point rompus par ce nouveau privilège. Afin de prévenir des procès et des luttes regrettables, on stipula dans une composition amiable ou un concordat les droits de chaque partie (1253).

Ce pacte qui nous initie aux coutumes locales du Ponthieu appartient à notre étude sur les domaines et en fera une des pages les plus intéressantes.

On apprend par les arrêts du Parlement qu'un chevalier avait été banni des terres du roi à l'occasion de l'Abbé de Saint-Riquier. La faute n'est pas spécifiée et aucune conjecture ne saurait nous mettre sur la trace. Or l'Abbé Gautier, à la demande des amis du chevalier, le fit saisir et l'enferma dans sa prison; on le traita très-humainement et on ne lui infligea aucune peine, ni châtiment corporel, ni entraves. Toutefois quand l'Abbé en eut informé le roi, il fut vivement réprimandé par Saint Louis et par son Conseil, pour avoir mis la main sur le banni et l'avoir gardé dans sa prison sans la permission de son souverain. Gautier se défendit loyalement et associa dans sa faute la mère du roi lui-même, la reine Blanche, en disant qu'elle lui avait recommandé d'attirer le chevalier, n'importe par quel moyen : et que c'était pour lui complaire qu'il avait lâché contre lui ses officiers et sergents. Sur cette réponse le roi s'apaisa et fit grâce à l'Abbé, en lui recommandant de surveiller soigneusement son prisonnier, de ne point le libérer sans mandat royal et sans avoir communiqué les conditions de paix ou de satisfaction qu'il proposerait à l'Abbé et à son Eglise (2).

Il nous reste à parler d'un différend entre l'Abbé Gautier et la commune. Ce différend jugé par le Parlement, en 1256, donne lieu à quelques observations préliminaires.

Le progrès des idées et de la civilisation amènent sans cesse des modifications dans l'état social. Le cercle de la bourgeoisie s'élargit avec les affranchissements successifs.

chasse. Personne ne pouvait avoir garenne ouverte sans la permission du roi : la possession ne légitimait pas le privilège. Il y avait aussi des garennes fermées de murailles ou de fossés remplis d'eau. Tels étaient les parcs immenses où de hauts et puissants seigneurs élevaient à grands frais des cerfs, des chevreuils, des faisans. Les garennes les plus communes sont des parties de bois closes de fossés ou de haies vives, qui étaient interdites à l'usage des habitants, pour que le gibier s'y conservât mieux et multipliât davantage. Les lapins constituaient le principal revenu de ces réserves, qui quelquefois étaient données à ferme et quelquefois étaient exploitées par les seigneurs.

(1) Cart. St-Riq., fol. 73.
(2) Olim Tom. 1, pag. 435.

Le XIIIᵉ siècle surtout porta un coup mortel au servage antique. Nous recueillons quelques faits spéciaux à ce sujet dans les annales monastiques. Jusqu'à cette époque les tenanciers d'un seigneur ou d'une abbaye étaient contraints, pour la plupart, d'en labourer les terres, de faire les récoltes, des corvées en certains jours de l'année, à proportion des biens qu'ils tenaient, sans autre rétribution que leur nourriture et celle de leurs bêtes : ils payaient des redevances en argent et en espèces pour les terres qu'on leur donnait à cultiver. On leur imposait, outre cela, des tailles, quand on le jugeait à propos. Aucun serf ne pouvait changer de demeure sans permission ni se marier hors de la dépendance du seigneur (1). L'affranchissement consistait à se libérer de ces charges moyennant une somme d'argent. On les multiplia dans le royaume, sur l'initiative et les instances de la reine Blanche. Les abbayes en donnèrent l'exemple, et quoique les vassaux, qui changèrent ainsi d'état, fussent obligés quelquefois à une lourde rançon, ils ne la regardaient pas moins comme un bienfait inestimable. Beaucoup de ces censitaires ou ouvriers affranchis entraient dans la commune de Saint-Riquier pour jouir des bénéfices attachés à cette vaste association.

Un autre élément de la bourgeoisie ou commune de Saint-Riquier c'est le grand nombre de vassaux de l'abbaye. On a estimé à cent dix le nombre des fiefs de l'abbaye au temps de Charlemagne : une rue portait le nom des *Cent Dix Féaux* ou *Milites*. Tous les hommes-liges n'habitaient pas la ville de Saint-Riquier : plusieurs n'y paraissaient que pour les cérémonies solennelles de l'hommage, pour les cours plénières et pour l'indict. Mais cependant beaucoup d'entre eux avaient leur habitation dans l'intérieur de la commune et les fonctions de mayeur et d'échevins furent remplies jusqu'au XVᵉ siècle par des nobles ou par l'aristocratie bourgeoise de la ville (2).

Il est constant aussi que la noblesse ne tendait pas moins à s'émanciper de l'autorité ecclésiastique ou religieuse que la bourgeoisie. Elle cherchait à accaparer la direction du mouvement populaire et à dominer l'Eglise. Nous avons dans cette remarque la clef de tous les démêlés qui vont surgir entre l'abbaye et la commune.

On ne peut douter que la lutte des empereurs d'Allemagne contre le Pape et la guerre des Albigeois n'aient insinué dans tous les rangs de la société des germes de désordre et de désaffection pour l'autorité ecclésiastique. Les dignités les plus respectables, l'autorité spirituelle et temporelle de l'Eglise, étaient dénigrées par une multitude de discoureurs toujours prêts à blâmer et à condamner sans examen : par d'odieuses comparaisons on opposait le faste des temps présents à la pauvreté des temps primitifs. On allait jusqu'à prétendre que des pasteurs si peu semblables, disait-on, aux saints Pontifes des temps apostoliques n'avaient pas reçu la même distribution de grâces dans

---

(1) *Histoire de Saint-Germain-des-Prés*, pag. 127.

(2) Il est marqué dans un *Olim* de cette époque qu'en dehors du conseil du mayeur et des échevins il y avait un grand nombre d'habitants capables de gérer les affaires de la commune. D'autres *Olim* parlent des nobles comme d'une classe d'habitants disposés à maintenir ses priviléges.

le saint ministère, ni le pouvoir de lier et de délier. Des apologies satyriques de Frédéric, dit encore Mathieu Paris, circulaient parmi le peuple et pervertissaient l'esprit public. Ce n'est pas à dire que la société entière fût infecté de ce poison : loin de là ; mais, par d'habiles manœuvres et surtout par l'appât de l'intérêt, les meneurs faisaient leur œuvre et se faisaient suivre par des foules toujours crédules, toujours avides d'un meilleur avenir et mécontentes de l'état présent.

Les premières querelles entre l'Abbé de Saint-Riquier et la commune aboutirent à un jugement d'assises au bailliage d'Amiens. Nous en donnons ici la substance tirée d'une ordonnance royale qui confirme la décision du bailli et des prudhommes dont les conseils ont préparé la sentence. On y règle les points contestés. C'est à peu près dans ce cercle que tourneront à l'avenir tous les arrêts du Parlement sur les démêlés entre les Abbés et la commune. On fera beaucoup de bruit autour de ces questions, sans qu'il soit possible de franchir les limites posées par la charte de commune, en 1226. Même lorsqu'on étend leurs priviléges, les bourgeois sont toujours forcés de revenir à cette charte qui leur a été imposée par l'Abbé.

I. Justice. — Toute la juridiction des trois jours de fête de Saint-Riquier, en octobre, appartient-elle à l'abbaye avec ses émoluments ou ses amendes? Oui, car le vicomte nommé par l'Abbé pour ces trois jours est seul chargé de la police de la ville. Mais l'arrêt royal réservait le jugement des délinquants aux mayeurs et aux échevins.

II. Vicomtes de la Fête. — Combien de vicomtes pendant ces jours de fête? Trois ou un seulement ? L'Abbé en demandait trois à son choix. Le mayeur n'en voulait qu'un, mais pris dans la commune. Il fut réglé qu'il n'y en aurait qu'un seul, au choix de l'Abbé : seulement on excluait les clercs et les nobles de son vasselage. Le vicomte devait renfermer les délinquants, arrêtés pendant ces trois jours de fête, dans la prison de l'Abbé comme par le passé. Cette prison serait dans l'enceinte de la ville, hors du monastère et de sa grange ou ferme.

III. Frocs et Étaux. — A qui appartiennent les frocs ou flégards de la ville et les amendes imposées pour délit de construction sur ces frocs ? L'Abbé les réclamait et la commune lui niait le droit de contrôle sur les alignements. Il fut réglé que les Abbés, seigneurs du lieu, donneraient les licences pour édifier, travailler et réparer, mais que les mayeur et échevins auraient la faculté d'inspection dans l'intérêt de la commune. Si les droits communaux étaient lésés, ils pouvaient former opposition. Les Abbés pouvaient, comme par le passé, prendre « les fourquez à fumier sur la voie publique. » Ils pouvaient aussi confisquer les étaux portatifs dans deux rues, depuis la porte Hairon jusqu'à l'Hôpital, depuis la première porte de la rue Habengue jusqu'à la maison de Thomas le célerier. On ne touchait point aux droits anciens des Abbés ou des bourgeois dans le reste de la ville. En outre on refusait aux Abbés le droit de dresser des étaux dans la ville pendant la fête.

IV. Les Serviteurs du Monastère. — L'Abbé se plaignait que le mayeur et les échevins se permettaient de bannir de la ville les serviteurs des moines, vivant de leur pain, à leur table, de les emprisonner, de les juger, ce qui était contraire à tous les usages et aux statuts de la charte communale. On régla ainsi ce point en litige. « Les mayeur et jurés n'auront pas le droit de bannir de leur commune, d'emprisonner et de juger les serviteurs aux gages du monastère et vivant de son pain, soit qu'ils demeurent dans l'abbaye, soit qu'ils demeurent au dehors, à moins qu'ils ne les eussent pris en flagrant délit ; dans cette hypothèse ils pouvaient les juger, si la faute était justiciable de l'échevinage. Mais si la faute paraissait douteuse, parce qu'elle n'était pas notoire ou manifeste, on devait livrer le délinquant à l'Abbé, pour qu'il le punît suivant la gravité de son délit. Si l'Abbé s'y refusait, on pourrait en appeler au bailli ou au sergent royal de Saint-Riquier. Que si le serviteur de l'abbaye était de la commune, il restait soumis à toute la juridiction de ses pairs et chefs. Etait-il étranger à la ville et à la banlieue ? le mayeur n'avait sur lui aucune juridiction et ne pouvait le bannir. En outre les hommes de l'Abbé résidant en la ville ou banlieue ne devenaient responsables envers le mayeur et les échevins, que des délits et des contrats passés dans les limites de leur puissance ou juridiction ».

V. Les Reliefs des Bourgeois. — La question des reliefs était alors brûlante à Saint-Riquier comme par toute la France. Jusque-là les Abbés avaient exigé ces reliefs à volonté ou à merci. On en a un exemple frappant dans des démêlés des religieux avec les Abbesses de Bertaucourt quelques années auparavant (1231). C'est vers cette époque qu'on le fixa au quint denier et qu'on stipula la même redevance pour les issues et entrées, c'est-à-dire pour les ventes et acquisitions. Chaque partie remettait donc le cinquième du prix : ce qui assurait au seigneur du fonds deux cinquièmes de vente totale. Les reliefs en roture étaient seuls soumis à cette loi. Les reliefs en hommage payaient 60 s. parisis et 20 sols de chambellage. « Les bourgeois de Saint-Riquier, dit l'ordonnance, réclamaient contre cet usage du quint denier. Ils le déclaraient exorbitant et contraire aux coutumes du passé ». On leur fit de larges concessions. On ne les soumit qu'à un relief de 4 s. parisis pour chaque journal de terre et de 4 s. parisis pour issues et entrées, soit par le vendeur, soit par l'acheteur. Le relief de chaque maison ou *ténement* fut fixé à un an du prix de location, à la différence qu'on paierait en livres tournois ce qui serait stipulé en livres parisis : par exemple une location de 40 s. parisis par an ne payerait qu'un relief de 40 s. tournois, soit le quart de remise, la livre tournois étant inférieure à la livre parisis de vingt-cinq pour cent. La redevance pour vente et achat fut stipulée dans les mêmes conditions. Si l'héritier ne pouvait ou ne voulait relever la maison, l'Abbé en jouirait une année pour son relief ou en disposerait à son profit. Le droit de cherque annuelle ou de ronde continuerait d'être acquitté comme par le passé dans la ville et ses dépendances (1).

(1) D. Cotron. *Anno* 1256 — *Cartul St-Riq.* fol. 27.

Cette même composition, ajoute la chronique, fut de nouveau confirmée par Philippe-le-Bel, en 1283, à l'instance des moines. Entre ces deux époques il y eut bien d'autres démêlés à ce sujet et bien des arrêts du Parlement. Il faut croire que les moines n'en eurent pas la copie : car il n'en reste aucune trace dans les archives : on ne les lit que dans les *Olim*.

La chronique place la mort de Gautier II, de Gaissart, en 1257, la veille de l'Assomption.

CHAPITRE VIII.

GILES DE MACHEMONT, TRENTE-SEPTIÈME ABBÉ.

(1257 à 1290.)

Giles de Machemont, chapelain du Pape. — Visite de Saint Louis à Saint-Riquier. — Luttes pour les privilèges. — Nouveaux privilèges — Déplacement de l'Église Saint-Nicolas. — Un sacrilége dans les fêtes de la Pentecôte. — Bulle d'excommunication. — Démêlés et procès avec la commune. — Procès entre Mathieu de Roye et la commune. — Une maletote à Saint-Riquier. — Constructions de Giles de Machemont. — Rachat de domaines et de fiefs. — Les Juifs à Saint-Riquier. — Divers contrats ou démêlés avec Mathieu de Roye. — La haute Justice de l'Abbé. — Giles de Machemont et plusieurs Vassaux. — Les domaines exemptés de la dîme pour la guerre sainte. — Démêlés avec le roi d'Angleterre. — Testament d'un Bourgeois de Bray. — Testament de Giles de Machemont. — Sa mort.

Giles de Machemont, originaire du village de ce nom, voisin de Chevincourt, et fils du seigneur de Machemont, fut choisi par les religieux de Saint-Riquier pour les gouverner. Il est souvent appelé dans les titres *le Capelain du Pape*. Ce nom seul est le plus brillant éloge : il associe Giles de Machemont aux hommes les plus éminents de son époque. Le Pape choisissait sur tous les points de l'Eglise Catholique des prêtres ou des religieux remarquables par leur science théologique, leur habileté dans les affaires et leurs vertus : il les appelait auprès de lui, pour l'aider dans le gouvernement de l'Eglise ou l'expédition des innombrables affaires apportées à son tribunal. C'est ainsi que le cardinal Jean Alegrin et le cardinal Cholet, ses contemporains, deux gloires du Ponthieu, furent promus aux plus hautes dignités de l'Eglise. Saint Raymond Pennafort, religieux dominicain espagnol, fut aussi mandé à Rome, en 1230, par le Pape Grégoire IX (1) et nommé son chapelain, c'est-à-dire, selon l'explication d'un historien, auditeur des causes du palais apostolique, chargé d'instruire ou préparer les ques-

(1) S'il faut en croire le P. Ignace, ce serait à la sollicitation du Cardinal Alegrin, ambassadeur en Catalogne, que le Souverain Pontife aurait mandé saint Raymond de Pennafort à Rome.

tions, de les environner de toutes les lumières que la science peut répandre sur des affaires délicates et difficiles, de les proposer ensuite à l'examen des Cardinaux et des Souverains Pontifes.

On ne saurait dire à quelle époque et sous quel Pape Giles de Machemont fut investi de ces hautes fonctions. Il est probable qu'il a fait profession religieuse à Saint-Riquier et que son mérite le fit distinguer par quelque légat du Pape. Le monastère fut trop bien servi dans cette période, pour qu'on n'y soupçonne pas une influence vraiment intéressée à sa prospérité. L'amour d'une vie humble et cachée le ramena dans sa solitude, au moment où un ambitieux aurait été en droit d'espérer les plus hautes dignités temporelles.

« Giles de Machemont, dit la chronique, gouverna admirablement le monastère pendant trente-cinq ans : il se montra habile et prudent administrateur (1). » Il procura de grands biens à ce monastère, dit une autre chronique, et fit de grandes choses (2). Il défendit courageusement tout ses droits contre ceux qui osèrent l'attaquer. Canoniste éclairé, abbé rempli de l'esprit de saint Benoît, initié à la conduite des affaires les plus épineuses, il sut triompher dans toutes ses entreprises et ses luttes. Jamais le monastère ne fut plus prospère ni les moines plus fidèles à leurs devoirs. Cette longue carrière est féconde en événements propres à illustrer l'histoire locale. Nous allons grouper les plus remarquables. Nous renvoyons pour les autres à notre Etude sur les Domaines.

Dans les premières années de son gouvernement, l'Abbé Giles fut visité à Saint-Riquier même par saint Louis et la reine Marguerite, son épouse. Le pieux roi, en parcourant ses provinces après la première croisade, ne manquait jamais d'aller prier aux tombeaux vénérés des protecteurs de son royaume. Il ne pouvait oublier Saint Riquier que les légendes de l'époque présentaient comme un des prophètes des hautes destinées de sa race, dans la personne de Hugues Capet. L'histoire a conservé pieusement le souvenir de ce glorieux pèlerinage : elle en fixe l'époque au 19 mars 1260, le vendredi avant l'Annonciation de la sainte Vierge. Le gîte du roi est coté à 108 livres 5 sols 4 deniers (3).

(1) D. Cotron. *Anno* 1257.
(2) *Chron. Abbrev. Cap.* XLVIII.
(3) *Rerum Gallicarum Veteres Scriptores.* Tom. XXI, pag. 400.
M. l'Abbé Corblet remarque que « saint Louis, en reconduisant Henri, roi d'Angleterre, jusqu'à Saint-Omer, s'arrêta à Saint-Riquier le 19 mars. » (*Hagiographie. Tome* IV, *page* 405.)
Le journal de l'*Institut Historique* (*Tom.* VI, pag. 125) et beaucoup d'autres historiens fixent ce voyage en 1259. Ce n'est qu'une manière différente de s'exprimer, qui s'explique par l'usage admis jusque-là de commencer l'année à Paques

Quelques auteurs signalent la présence de la reine Blanche dans cette visite : ils ont oublié qu'elle était morte au mois de novembre 1252. Ils ont sans doute copié Jean de la Chapelle qui écrit ce qui suit : *Sequuntur casus in brevi pro quibus Regina Blancia Mater S. Ludovici pervenit personaliter in hoc loco ad requestam Domini Ægidii abbatis ad corrigenda forefacta*. Aucun autre historien ne parle de la visite de la reine Blanche à Saint-Riquier pendant la Croisade.

M. l'Abbé Corblet parle d'une seconde visite de saint Louis à Saint-Riquier en 1263 à la prière de Giles de Machemont. (*Hagiograp. Tom.* IV, *pag.* 407)

CHAPITRE VIII. — L'ABBÉ GILES DE MACHEMONT.

En contemplant le plus grand et le plus humble des rois au tombeau de saint Riquier, nous rendrons grâces au Tout-Puissant si libéral dans ses dons et nous glorifierons une fois de plus le grand siècle où tant de rois et de reines nous édifient par une vie angélique, où tant de princes et de princesses, enfants dévoués de la sainte Eglise, se confondent avec le peuple dans les mêmes œuvres de piété et de charité chrétienne.

Nous avons cité en son lieu la bulle par laquelle le Souverain Pontife accordait à Gautier II, de Gaissart, le privilége d'user des insignes épiscopaux, non-seulement dans son monastère, mais aussi en d'autres lieux. Ce privilége lui avait été contesté. C'est pourquoi le Pape Alexandre IV l'avait confirmé par une nouvelle bulle qui ne laissait plus aucun doute. Mais les Evêques de France résistaient autant qu'ils le pouvaient à l'introduction de ces priviléges, qui n'étaient pas encore passés dans les mœurs publiques. C'est pourquoi Bernard d'Abbeville appelé à gouverner l'Eglise d'Amiens en 1259, deux ans après l'élection de Giles de Machemont, se crut autorisé par l'exemple de plusieurs de ses collègues à empêcher l'Abbé de Saint-Riquier d'user des faveurs pontificales.

Giles de Machemont resta inflexible dans sa résolution de sauvegarder les priviléges de son monastère. Bernard d'Abbeville, à l'approche de la grande procession du lundi de la Pentecôte, le menaça d'une sentence d'interdit et d'excommunication. L'Abbé en appela aussitôt à Mathieu, Abbé de Saint-Denis en France, et à Gautier, Abbé de Saint-Germain-des-Prés, qui avaient été nommés par le Pape conservateurs des priviléges du monastère de Saint-Riquier, avec plein pouvoir de réprimer et d'arrêter par censures ecclésiastiques tous ceux qui oseraient porter atteinte aux priviléges de notre abbaye. Ceux-ci donnèrent immédiatement leurs lettres de *Committimus* au sous-prieur de Saint-Vast d'Arras et à Maître Jean de Chelines, clerc du diocèse de Saint-Omer, les chargeant d'adresser à l'Evêque d'Amiens les trois monitions prescrites par les canons, afin de l'empêcher de fulminer sa sentence d'excommunication et d'interdit.

Nonobstant ces défenses, quand il apprit que la procession avait eu lieu, Bernard d'Abbeville prononça l'excommunication. Le Pape Clément IV fut alors obligé d'intervenir pour concilier les parties (1266); il le fit par une lettre à l'Evêque d'Amiens, qu'on peut citer comme un des plus beaux modèles d'autorité pontificale et de mansuétude paternelle. On voit dans cette lettre que le successeur de Pierre reprend ses frères, sans cesser de leur témoigner sa bienveillance et de respecter leur dignité.

« On fait outrage, disait-il, au Saint-Siége lui-même, vénérable frère, quand on attaque ceux qu'il a pris sous sa protection spéciale et quand on cherche par des mesures exceptionnelles à les dépouiller des immunités et des faveurs que sa libéralité leur a accordées. La procession de l'indict de Saint-Riquier ainsi que l'exposition des reliques pendant trois jours, sous un dais richement paré de courtines d'or et de tapisseries, est autorisée par des priviléges apostoliques, par une coutume antique gardée de temps immémorial, sans que personne ait songé à la troubler. Le Saint-

Siége a expressément interdit de vexer dans leurs personnes ou leurs biens les fidèles qui se rendent à cette procession. Pourquoi donc troubler le monastère, sous prétexte que l'Abbé avait paru dans cette cérémonie, revêtu d'insignes pontificaux? Est-ce que le Saint-Siége ne lui a pas conféré ce privilége ? Pourquoi empêcher arbitrairement et contre notre défense bien connue les clercs et les laïcs de la ville de Saint-Riquier de suivre les religieux dans cette procession ou dans d'autres semblables ? Pourquoi excommunier de votre autorité privée plusieurs de ces clercs et de ces laïcs, parce qu'ils n'avaient pas obéi à des ordres qu'ils n'étaient pas tenus d'exécuter ? Pourquoi des défenses aux recteurs des Eglises de recevoir les religieux pendant leur procession et un interdit sur la ville, les églises et les chapelles ! Combien sont injustes ces procédés contre un monastère enrichi de priviléges apostoliques ? Est-ce donc chercher les intérêts de la religion que d'empêcher des actes de dévotion et des œuvres méritoires devant Dieu, que la sollicitude pastorale devrait bien plutôt encourager ? Nous vous supplions donc, vénérable frère, nous vous avertissons par ces lettres apostoliques de cesser toutes ces procédures, de vous abstenir à l'avenir, sous quelque prétexte que ce soit, d'autres vexations de ce genre. Nous attendons de votre sagesse et de votre prudence ce témoignage de votre dévouement pour ce Saint-Siége apostolique et envers Nous. Nous désirons pouvoir signaler votre prompte obéissance à nos volontés. Si contre notre attente vous continuez à persécuter l'Abbé et le couvent de Saint-Riquier, au mépris de notre Siége, sachez que le Doyen de Noyon, l'Archidiacre et le Chanoine Gui des Prés ont un mandement Apostolique pour vous forcer d'exécuter nos volontés, avec ordre de sévir contre les opposants, sans qu'il soit permis d'appeler de leur sentence ni de leur opposer des lettres Apostoliques, qui ne feraient point mention spéciale et expresse du présent indult (1). »

Il est à présumer que ce conflit de juridiction, dont les chroniques ne disent pas le dernier mot, fut arrêté par cette intervention souveraine de Clément IV. La division était plutôt dans les idées que dans les cœurs. Il était impossible de ne pas se rendre à cette voix si puissante. Une plus longue résistance eût causé des maux déplorables dans l'Eglise d'Amiens. Du reste cette réconciliation fut durable : elle mit fin à tous ces démêlés. Les juridictions étaient dès lors parfaitement déterminées et jamais on n'eut plus à gémir sur de semblables divisions.

Le Saint-Siége ne fut pas moins prodigue de ses faveurs pour l'Abbé Giles qu'il ne l'avait été pour ses prédécesseurs. Enumérons brièvement les concessions pontificales.

Aux ides de juillet 1266, Clément IV renouvela la bulle d'Alexandre IV sur les dîmes novales et permit de les recueillir sur le même pied que les anciennes. Dans une autre bulle du même jour il accorda quarante jours d'indulgence pour la procession de l'indict de la Pentecôte, afin d'augmenter la dévotion des fidèles envers saint Riquier et saint Vigor et de les attirer en plus grand nombre à cette fête religieuse (2).

(1) D. Cotron. *Anno* 1266.　　　　　(2) D. Cotron. *Anno* 1266.

CHAPITRE VIII. — L'ABBÉ GILES DE CHAUMONT.

Grégoire X, la première année de son pontificat, confirma, en vertu de son autorité Apostolique, les priviléges, les libertés et exemptions des rois, des princes et seigneurs chrétiens, les possessions et les terres dont le monastère jouissait paisiblement (1).

Le Pape Nicolas III permit aux religieux de Saint-Riquier de célébrer les divins offices pendant un interdit général, mais à voix basse, les portes fermées, et sans sonner les cloches ni laisser entrer des interdits et des excommuniés. La bulle ajoutait encore une autre réserve, c'est que les religieux n'auraient point donné lieu à l'interdit et qu'il ne leur serait pas nommément adressé (2).

Des démêlés fréquents alors entre les Evêques et les Chapitres multipliaient les interdits. C'est pour se mettre à l'abri de ces censures, si pénibles aux ordres religieux, qu'on sollicita la permission d'accomplir la règle, même en temps d'interdit.

Une autre bulle du X des calendes de mai permettait aux moines de demander ou de recevoir sans préjudice pour les tiers, les biens meubles et immeubles qui leur reviendraient par donation, succession ou quelque autre titre légitime, de les retenir librement ou même d'en disposer comme s'ils vivaient dans le siècle. Il y eut cependant une exception pour les possessions féodales qu'il eût été imprudent d'agglomérer dans un monastère et dont on ne disposait pas sans la volonté expresse du seigneur (3).

On lit dans l'histoire de Saint-Germain-des-Prés que le Pape Innocent IV permit à l'Abbé de recevoir et même d'exiger les biens meubles et immeubles qui auraient appartenu aux moines avant leur profession religieuse et de les mettre en possession de tous les héritages qu'ils auraient recueillis, s'ils étaient restés dans le siècle, à l'exemption des fiefs. C'est, comme on le voit, un privilége analogue à celui de Saint-Riquier. On ajoutait ce qui suit : « On ne doit pas être surpris que le Pape ait accordé ce privilége, puisque le droit de succéder n'était entravé ni par les anciennes lois impériales, ni par les constitutions ecclésiastiques et que l'usage de plusieurs siècles l'avait maintenu (4). »

Mais pourquoi une bulle du Souverain Pontife si les religieux étaient en possession de ce droit ? Qui pouvait le contester, s'il était si patent ? Le Pape Grégoire IX aurait donc réprouvé la faculté de succéder à ses parents et l'on aurait senti le besoin, malgré les dispenses accordées, de faire révoquer directement par un Pape ce qui avait été interdit par un autre Pape ? Quoiqu'il en soit, ce point de discipline ne fut point généralisé en France et les religieux sont restés inhabiles à succéder à leurs parents.

Le Pape Martin IV renouvela aussi, après son exaltation sur le siége de Pierre, les priviléges de l'Eglise de Saint-Riquier, même ceux dont les Abbés n'auraient pas usé par ignorance ou négligence, la faculté pour les moines de conserver leurs biens comme s'ils étaient restés dans le siècle, de célébrer pendant l'interdit (5).

---

(1) D. Cotron. *Anno* 1271.
(2) D. Cotron. *Anno* 1278.
(3) D. Cotron. *Anno* 1278.
(4) *Histoire de Saint-Germain-des-Prés, pag.* 127.
(5) D. Cotron. *Anno* 1281.

Il s'était glissé dans l'administration temporelle des domaines un abus très-préjudiciable aux intérêts du monastère. Des clercs ou des laïcs des diocèses d'Amiens ou d'Arras tenaient en fief ou à cens des terres, des vignes, des bois ou autres possessions. Ce titre d'usufruit leur était personnel à eux et à leurs héritiers, mais ne leur donnait aucun des droits du seigneur ou du maître du fonds et ne leur permettait pas de changer la base de leur contrat : cependant ils ne se faisaient pas difficulté de vendre leurs fiefs ou leur cens à des ecclésiastiques, aux Eglises, aux établissements religieux, aux séculiers ou aux seigneurs, d'imposer de nouvelles charges, de changer le cens annuel en cens perpétuel, de céder, d'inféoder le domaine sans le consentement de l'Abbé. Tous ces actes de seigneurie ou de haut domaine portaient atteinte au vrai droit de propriété et devenaient une source de procès. C'est pourquoi l'Abbé de Saint-Riquier pria le Souverain-Pontife de lui prêter l'appui de sa paternelle protection pour rétablir son Église dans tous ses droits. Martin IV délégua l'Abbé de Saint-Médard de Soissons pour faire une enquête avec plein pouvoir de casser, d'annuler les contrats illicites, de réprimer par censures toutes les atteintes à la propriété ecclésiastique, de citer les témoins nécessaires, afin d'arriver à la connaissance de la vérité, sans que la faveur, la haine ou la crainte puisse les soustraire à cette obligation (1).

Cette bulle jette une nouvelle lumière sur la question si souvent dénaturée des biens ecclésiastiques. Elle nous montre que l'Abbé le plus ferme, le plus vigilant, ne peut encore suffire à réprimer tous les désordres. Sans cesse traqué, molesté, opprimé, il ne peut maintenir intact l'héritage sacré qu'autant qu'il est couvert par un bouclier impénétrable aux traits de ses ennemis. Les chartes, après quelques années de date, sont contestées ou récusées : il est urgent d'en solliciter de nouvelles pour repousser des attaques imprévues. Aussi les Abbés prudents ne manquaient pas de faire confirmer les privilèges sous chaque Pape.

En 1285, Honorius IV vise le privilège d'Alexandre III, les indulgences et autres concessions des Souverains Pontifes et donne « pooir et autorité à l'Abbé de Saint-
« Riquier de jeter la sentence d'excommunication et convulgier sur les hommes
« grands et petits de la dite ville où le monastère est assis et situé, qui feront molestes,
« griefs et pertes, eux dûment amonestés, nonobstant appellation ou appellations (2). »

Le Pape Nicolas IV, la première année de son pontificat, se déclare, comme tous ses prédécesseurs, le protecteur du monastère de Saint-Riquier immédiatement soumis au Saint-Siège Apostolique. Il concède encore l'année suivante aux fidèles vraiment pénitents et confessés des indulgences les jours des fêtes de saint Riquier, de la Purification, de l'Annonciation, de l'Assomption et de la Nativité de la sainte Vierge, « un an de
« vrai pardon pour visiter l'Eglise dans la solennité et 40 jours pour chaque férie d'oc-
« tave d'icelles festinentes (3). »

(1) D. Cotron. *Anno* 1281.
(2) *Cartul. de St-Riq.*, fol. 2.

(3) D. Cotron. *Anno* 1278. — *Cartul. Ibid*, fol. 19.

CHAPITRE VIII. — L'ABBÉ GILES DE MACHEMONT.

Nous avons vu en 1246 des négociations commencées pour la translation de la chapelle de Saint Nicolas : elles n'aboutirent point, par l'opposition des habitants de Saint-Riquier et par la mollesse du chancelier de Rouen, commissaire apostolique délégué. On les reprit en 1266. Clément IV écrivit à l'Abbé de Notre-Dame de Boulogne et lui enjoignit de faire une enquête et de lever toute difficulté, si les propositions de l'Abbé Giles sont justes et raisonnables, comme il le dit. L'Abbé de Notre-Dame ne parvint point à vaincre les résistances de Bernard d'Abbeville. Il fallut attendre jusqu'en 1278.

Cette fois Guillaume de Mâcon, son successeur, se montra plus favorable aux projets de l'Abbé et consentit au déplacement de la Chapelle de Saint-Nicolas.

Nous voyons dans la chronique (1) pour dépense d'un long procès soutenu en cour de Rome par la cour épiscopale, pour dommages et intérêts, pour renclôtures de quelques domaines et maisons soustraites à la juridiction épiscopale sans permission, une indemnité de 800¹ que l'Abbé Giles accorda de grand cœur, bien que le sacrifice paraisse considérable, lorsqu'on examine la rareté du numéraire sous saint Louis.

Il est marqué dans la charte de Guillaume de Mâcon que la place de l'ancienne Eglise Saint-Nicolas est ajoutée au cimetière des religieux. Cette simple mention nous fixe de plus en plus sur le cimetière de l'Eglise abbatiale à cette époque. Il embrassait et le parvis de l'Église et les lieux environnants. C'est ce qu'on conclut, du reste, de différentes observations disséminées çà et là dans les chroniques, des usages monastiques de l'époque et des fouilles dans lesquelles on a retrouvé des corps et des ossements.

Dans ce pacte de bonne composition, Guillaume de Mâcon remettait aux religieux toutes les injures et les dommages dont ils seraient coupables envers lui et envers ses prédécesseurs : il s'engageait en son nom et en celui de ses successeurs à ne jamais inquiéter ni molester les moines de Saint-Riquier, à respecter leurs priviléges et immunités, contenus dans leurs chartes : il reconnaissait l'exemption du monastère et de son enceinte : il permettait de travailler aux clôtures, pourvu qu'on ne nuisît en rien à la nouvelle église de Saint-Nicolas. En signe de paix et de parfait accord, le chapitre lui-même approuva cette composition et lui assura le caractère d'une perpétuelle alliance par l'apposition de son sceau (2). La moitié de l'indemnité fut versée immédiatement et le reste après l'exécution des travaux. Mais il paraît que la chapelle, malgré des transactions si amiables et si coûteuses, ne put se construire sans nouvelle opposition. « Le « doyen de Saint-Riquier, avec lettres de créance, fit cesser ledit ouvrage. Alors Jean « de Chirmont, chanoine d'Amiens et official, et Jean d'Athies, naguères bailly, vin- « drent en cette Eglise et visitèrent le mur contre notre cour et cet édifice, le rechurent « et approuvèrent et évidemment leur sembla bon édifice et rechurent 400 livres tour- « nois pour ledit Evêque (3) ».

(1) D. Cotron. *Anno* 1279.
(2) Cette charte portait le sceau de Arnoul de Fournival, doyen du chapitre.
(3) *Cart. Saint-Riquier, fol.* 9.

La construction, après cette solennelle enquête, se termina sans autre désagrément et fut approuvée par Guillaume de Mâcon avec quittance générale des sommes reçues.

La chapelle subsista jusqu'en 1789. On montre encore la place et quelques pans de murailles enclavés dans de nouvelles habitations. Il sera souvent question de cette chapelle dans la suite de notre histoire. Elle devint, peu de temps après, l'oratoire public d'une confrérie de Saint-Nicolas.

Les querelles entre les Evêques d'Amiens et les Abbés de Saint-Riquier furent éteintes par Guillaume de Macon. On ne voit pas qu'elles se soient renouvelées ni que la bonne harmonie ait été troublée dans les siècles suivants. Il n'en est pas de même des conflits avec la commune de Saint-Riquier. Si l'inflexibilité de Gilles de Machemont les a élevés à leur plus haut degré d'intensité, les nombreux arrêts du Parlement provoqués par l'Abbé de Saint-Riquier n'ont pas mis fin aux revendications municipales. On les verra encore reparaître pendant plus d'un siècle.

S'arrêtant volontiers sur les épisodes caractéristiques des luttes communales, M. Prarond cite ces paroles de Jean de la Chapelle : « Giles de Machemont fut un grand père de famille ; il subjugua les mayeurs, les échevins, les jurés et la commune de Saint-Riquier : il souleva contre eux une infinité de questions et de procès, les battant et surmontant toujours par le moyen de la justice et des jugements (1). Jean de la Chapelle, dit un peu plus loin M. Prarond, écho des rancunes monastiques, enregistre triomphalement les défaites de l'échevinage et rappelle avec amour les forfaits, *forefacta* (2) des mayeurs et des jurés. »

Dans les luttes des communes contre les Abbés et les seigneurs, il n'est que trop ordinaire de faire peser tous les torts sur le clergé et la noblesse et de chercher à justifier toutes les inspirations du mouvement populaire. Ne se laisserait-on pas quelquefois dominer par des idées préconçues, jusqu'au point d'oublier le respect dû aux décisions de la justice ? Si Giles de Machemont a gagné les procès qu'il a soulevés, en quoi serait-il répréhensible ? Les mayeurs et les échevins qui voulaient « maintenir leurs droits municipaux contre l'abbaye, ainsi que le dit encore M. Prarond (3), auraient été condamnés pour tentative d'usurpation ». Qui faudrait-il accuser dans ces conflits, l'Abbé de Saint-Riquier, ou les mayeurs et échevins ? Nous attendons la réponse du lecteur, quand tous les arrêts du Parlement auront passé sous ses yeux (4). Les détails de cette lutte mémorable pour l'histoire de Saint-Riquier seront parfois minutieux. Ce n'est point notre faute, si on leur a donné de l'importance, ils ne feront que mieux ressortir les caractères des personnages qui jouent un rôle dans ces procès.

Nous prions le lecteur de se reporter à la Charte de commune de 1126 et à l'arrêt du

---

(1) *Histoire de Saint-Riquier*, page 241.

(2) *Forisfactum*. La forfaiture n'est pas un forfait dans le sens que nous lui attribuons ; c'est plus souvent un délit. (Voir Ducange).

(3) *Ibid*, page 45.

(4) M. Prarond cite ou analyse beaucoup de ces arrêts des *Olim* : il en omet quelques-uns : nous croyons les avoir tous analysés.

Parlement rendu en 1256. Il est constant que l'Abbé jouissait des droits seigneuriaux, avait toutes les attributions de la puissance souveraine, haute, moyenne et basse justice sur le monastère, sur ses fiefs, sur ses hommes, à l'exception de la ville et de la banlieue, sur laquelle les mayeurs exerçaient aussi la justice seigneuriale.

Beaucoup de délits étant à cette époque punis par des amendes pécuniaires, il s'ensuit que l'exercice de la justice était une prérogative très-lucrative pour une seigneurie et qu'on devait tenir singulièrement à l'étendre ou à la restreindre selon les circonstances. Le relevé de la justice de Saint-Germain-des-Prés nous met sur la voie des comparaisons (1). Le monastère de Saint-Riquier n'a point l'importance de celui de Saint-Germain, mais on peut cependant s'instruire dans cette énumération de revenus.

« Les droits de haute justice, déshérences, aubaines, bâtardises, confiscations, les
» droits de franchise, les droits de marché, de police, de voirie, et autres droits attri-
» bués aux hautes justices, comme les jugements et amendes pour crimes, forfaitures,
» etc., s'élevaient à plus de cent mille livres. »

En 1257, les mayeurs et échevins, humiliés par l'arrêt royal de 1256 sur la juridiction, sollicitèrent une déclaration tendant à fixer les limites de la banlieue, qu'ils voulurent étendre jusqu'à la distance d'une grande lieue de la ville. Le bailli d'Amiens appela des témoins qui, par crainte ou complaisance, entrèrent dans les intentions de la magistrature municipale et assignèrent des limites arbitraires, mais conformes aux vœux des réclamants. Aussitôt Giles de Machemont forma opposition et demanda une enquête dans laquelle il fut prouvé que la banlieue ne s'étendait point au-delà des limites indiquées par des bornes ou de grosses pierres qu'on voit encore aujourd'hui, dit Jean de la Chapelle (2).

Cette première sentence n'arrêta point les entreprises ambitieuses des chefs de la bourgeoisie. Le bailli du monastère avait arrêté un voleur à Neufmoulin et l'avait condamné à perdre une oreille : la sentence fut exécutée publiquement, au lieu dit *La Cousture*. On contesta ce droit au bailli : une nouvelle enquête prouva qu'il n'avait point excédé les limites de son pouvoir.

Un voleur d'Hautvillers fut aussi condamné à mort par le bailli du monastère et pendu, sans que personne n'appelât de la sentence. Mais un homme tué sur la chaussée de Neufmoulin ayant été levé par ce même bailli, ce fut l'occasion d'une espèce d'émeute dans la commune de Saint-Riquier. Le mayeur et les bourgeois se soulevèrent au son de la cloche, pour redemander ce cadavre soustrait, disaient-ils, à leur justice. On tint ferme. La commune perdit son procès au Parlement (3).

Au milieu de ces conflits, le bailli d'Amiens prononça une sentence solennelle pour fixer d'une manière certaine les bornes toujours contestées de la banlieue de Saint-Riquier.

(1) *Histoire de Saint-Germain-des-Prés. pag.* 267.
(2) *Chron. abbrev. Cap.* XLVI. D. Cotron. *Anno* 1257.
(3) *Chron. abbrev. Cap.* XLVII.

La première juridiction était épuisée, on en appela au Parlement, comme on le voit par un arrêt de l'an 1260 dont nous donnons l'analyse.

D'après l'ordre du roi il y eut une enquête sur les bornes de la banlieue de Saint-Riquier (1260). Des commissaires furent envoyés sur les lieux. C'était l'Abbé de Saint-Josse-au-Bois, de l'ordre de Prémontré, frère Arnoul, dit Labet, hôtelier, et le bailli d'Amiens, nommé président de ce tribunal. Le monastère était représenté par Giles de Machemont et la commune par son mayeur. Après le serment prescrit par la loi, le mayeur déclara que la banlieue de la commune de Saint-Riquier s'étendait jusqu'à l'Epine, entre Nullemont (1) et Gapennes au nord et jusqu'aux arbres d'Yaucourt au midi ; puis jusqu'au moulin de Caux et à l'Epine-Bailloloy au couchant, et jusqu'à Coulonvillers au levant : que depuis soixante ans environ les mayeurs et échevins étaient en possession, en vertu de leur droit de banlieue, de saisir les coupables, de juger les forfaitures dans une circonférence qui toucherait les points indiqués : qu'ils avaient joui de ce droit paisiblement et sans conteste, excepté depuis dix ans que le roi s'était réservé l'examen de cette question. Il ajoutait qu'il ne réclamait point de droit de justice sur Drugy, depuis qu'un arrêt l'avait concédé à l'Abbé, ni sur le champ du Duel, ni sur les villes situées dans la banlieue et transmises par héritage ni également sur les villes de Buigny et de Bussu.

Ces affirmations du mayeur furent combattues par l'Abbé de Saint-Riquier. Il est constant, dit celui-ci, que mes prédécesseurs et moi nous avons toujours été et nous sommes encore en possession d'exercer la justice sur les terres de nos seigneuries, dans le terroir où le mayeur prétend jouir du droit de banlieue, de recevoir les amendes de forfaitures, quand le cas y échoit pour vol, duel, estrayères, sang versé dans une mêlée ou querelle, rixe entre particuliers, de donner refuge aux bannis de la ville, en un mot, d'exercer tous actes de juridiction sur les forfaitures, quelle qu'en soit la nature. Je suis prêt à établir mes assertions par toutes les preuves de droit. Les juges enquêteurs firent renouveler le serment aux deux délégués du monastère et de la commune, puis renvoyèrent leur enquête au Parlement. La Cour suprême déclara que les mayeur et jurés n'avaient pas suffisamment prouvé leurs droits sur le point en contestation et laissa par conséquent les limites aux endroits fixés par le bailli (2).

Le mayeur et les échevins furent, il est vrai, condamnés, mais non convaincus. Leur passion les aveuglait ; ils demandèrent à la violence ce que l'équité leur refusait. Nous plaçons ici deux faits rapportés par Jean de la Chapelle.

Les bourgeois se soulevèrent un jour au son de la cloche et se portèrent en tumulte au manoir d'André d'Offinicourt, en criant qu'il fallait brûler cet homicide avec sa maison ; mais l'Abbé s'opposa à toutes ces violences et réclama son justiciable. Cet acte d'autorité ne les arrêta qu'un instant : bientôt après ils recommencèrent leurs vociférations, en disant qu'il était leur sujet. André d'Offinicourt en appela à la reine

(1) Nubémont. (2) *Olim. Tom.* i, *pag.* 128.

CHAPITRE VIII. — L'ABBÉ GILES DE MACHEMONT.

Blanche ou plutôt au roi. Une enquête dirigée par le bailli d'Amiens et Mathieu de Roye donna gain de cause au monastère contre la commune, en déclarant que le manoir de l'accusé était sous la juridiction de l'Abbé (1).

On a conservé dans les archives un acte qui se rapporte à ces diverses querelles. On le lira ici avec plaisir.

« Lettres d'Alerme de Fontaine, seigneur de Long, de Henri, seigneur de Nouvion,
« d'Ingran, vicomte de Pont-Remi, et autres jusqu'au nombre de X chevaliers dénommés
« en icelles et scellées de leur sceau, en l'an mil IIe LX. *Sabbato post invocavit me,*
« et présents plusieurs autres pour attester que Pierre Bonnières, prévost royal de Saint-
« Riquier, en leur présence restitua le saint Révérend Père en Dieu et Abbé de cette
« Eglise de toutes ses justices, c'est à savoir *de furca, estrariæ, sanguinis* (2) et de toutes
« nos autres justices et nos choses prinses, en la main du roi à l'instance des mayeurs,
« échevins de Saint-Riquier et pour la banlieue que iceux disoient avoir en notre terre,
« et recongnut ces mots, *reconnoissants* et *affirmants coram vobis multis aliis*, que *præ-*
« *dicta faciebat ex parte domini regis* et par ces présentes est apparent et manifeste que
« nous avons justice. Cette lettre est signée : *Restitution et rétablissement de toute notre*
« *justice à Saint-Riquier* par le roy (3). »

Un voleur pris par les sergents de l'abbaye fut condamné à être pendu aux fourches patibulaires de Nicamps (1261). Le mayeur et les échevins soutenant encore, malgré les arrêts du Parlement, que cet acte de justice allait s'exercer sur leur banlieue, enlevèrent la potence de leurs propres mains et allèrent la poser sur les chaînes de la prison, en pleine place publique. Cette mauvaise plaisanterie ajoutait un affront à un acte de violence. Giles de Machemont les fit citer devant le Parlement, leur reprochant, outre ce fait, beaucoup d'autres injures. Après une nouvelle enquête il fut prouvé, non point que les serviteurs de l'Abbé avaient causé des dommages à la ville, ainsi que l'avançaient les jurés, mais que les hommes de Saint-Riquier avaient abattu les fourches patibulaires dont le monastère était en possession avec l'autorisation du roi : c'est pourquoi les mayeur et échevins furent condamnés à rétablir, en personne et de leurs propres mains, l'instrument du supplice, à réparer tous les dommages dont leurs hommes s'étaient rendus coupables et à payer une amende au roi (4).

---

(1) *Chron. abbrev. Ibid.*

(2) *Estrariæ, Estrayères, estrejures,* dit l'éditeur des *Olim,* droit du seigneur sur les biens qu'un étranger qui n'avait pas d'enfants laissait en mourant. Les exemples fournis par Ducange au mot *estrayères* montrent que, selon un usage assez commun dans la langue du droit féodal, ce mot désignait également le droit dont il est ici question et les biens qui y étaient soumis. Selon Bacquet il y avait cette différence entre le droit d'épaves ou d'*estrayères* et le droit d'aubaine que le premier s'exerçait sur des personnes nées hors du royaume et en des lieux si éloignés qu'on ne possédait aucun renseignement exact sur leur naissance, tandis que les autres aubains étaient des étrangers assez rapprochés de la France pour qu'on connût leurs noms, l'époque et les circonstances de leur naissance ; mais dans la plupart des coutumes on entendait, sous le nom d'*épaves,* toutes les choses mobilières vivantes ou inanimées qui avaient été égarées ou dispersées, et on appelait *estrayères* les biens vacants. (Tom. *t. pag.* 987.)

(3) *Cartul. de St.-Riq., fol.* 29.

(4) *Olim. Tom.* I, *pag.* 135.

La sentence décrétée par le bailly fut exécutée, dit Jean de la Chapelle, sur les instances de Giles de Machemont (1). Les bourgeois de Saint-Riquier n'en furent que plus exaspérés et usèrent de représailles. L'année suivante, à la fête de la Pentecôte, un sacrilège énorme montra de quoi était capable alors une population blessée dans ses susceptibilités communales. Le trait que nous allons raconter nous est connu par une bulle du Pape Urbain IV, appelé à réprimer l'attentat fait à la religion et au culte des saints (2). Ce qui donne un caractère plus odieux à une parodie des saintes processions que l'Eglise encourage, que les peuples suivent avec respect, parce qu'elles nourrissent leur piété et exaltent leur foi, c'est l'accusation de connivence du mayeur de l'année et de l'échevinage. Cette inertie coupable et impie nous donne le droit de supposer qu'il y avait, en dehors de la cupidité des acteurs, des ressentiments à assouvir.

Quelques laïques, voyant les oblations considérables qu'on faisait aux châsses de saint Riquier et de saint Vigor, quand on les portait dans les processions solennelles du lundi de la Pentecôte et pendant le temps où on les laissait exposées sur des tables et sous un dais richement paré d'étoffes précieuses et de tapisseries, se livrèrent, par esprit de jalousie et par une avanie sacrilège, à un acte d'impiété inouïe. Ils firent une châsse de bois semblable à celle de saint Riquier et un bras de bois pour représenter celui de saint Vigor. Ils y mirent des ossements de chevaux : puis revêtus de chasubles ou de surplis, ils les portèrent en procession dans la ville même de Saint-Riquier, le lundi de la Pentecôte, probablement avant l'heure fixée pour la procession. Pour que l'imposture fût plus complète, ils se faisaient précéder par une croix et ils jetaient sur les fidèles de l'eau bénite par eux, ou plutôt, dit la bulle, de l'eau maudite (3), puis ils exposaient leurs prétendues reliques à la vénération des fidèles sous un dais orné de courtines et avec des flambeaux, selon le rite usité. Deux hommes firent ensuite semblant de se quereller devant ce simulacre de châsse : ceux qui les avaient apostés à prix d'argent criaient de toutes leurs forces : Seigneur saint Riquier, vous ne passerez pas que vous n'ayez réconcilié ces deux ennemis. Après cette supplication ces deux hommes s'embrassèrent en signe de paix. Aussitôt on cria parmi la foule que la châsse venait d'opérer un miracle, en réconciliant des ennemis furieux. Ainsi l'on trompait les bonnes gens et l'on recevait les oblations des pèlerins. A la suite de cette parodie sacrilège, deux jours et deux nuits se passèrent en danses et autres divertissements. La bulle que nous suivons dans son récit ne nous explique pas si la vraie procession eut lieu comme les autres années : nous sommes portés à croire que l'Abbé s'abstint au milieu du désordre excité par cette mascarade impie. Les paroles suivantes sont propres à confirmer cette assertion. « Non-seulement les mayeur et échevins tolérèrent cet outrage à la foi chrétienne, mais ils encouragèrent les sacrilèges et leur prêtèrent aide et protection, au grand mé-

(1) *Chron. abbrev. Cap.* XLVII. (3) *Quin potius maledicta.*
(2) D. Cotron. *Anno* 1263.

pris des deux saints, pour l'opprobre de l'abbaye et la ruine de la dignité ecclésiastique. »

Quand l'Abbé et le couvent portèrent plainte au Souverain Pontife de ces scandales et de ces excès, Urbain IV montra en cette circonstance quelle énergie l'Eglise déploie dans la répression des crimes de lèse-majesté divine ou de blasphème contre l'honneur des saints. Dans la bulle qu'il adressa à l'Evêque d'Arras, avec ses instructions pour l'enquête, la procédure et la punition des coupables, il demande que les larmes des fils vertueux de l'Eglise ne soient pas répandues en vain et qu'il ne soit pas permis aux fils orgueilleux de Satan de se glorifier de leurs œuvres perverses : il s'empresse de venir au secours des humbles et de leur offrir les consolations que la paternelle sollicitude du Saint-Siège répand dans les âmes endolories, afin de les fortifier contre les attaques des méchants. « Ces œuvres abominables, dit le Souverain Pontife, sont infectées du poi-
« son de l'hérésie : une répression sévère est nécessaire pour que les petits se tiennent
« sur leurs gardes, pour que les monstres d'iniquité conçoivent un efficace repentir et
« pour que les âmes religieuses soient consolées en voyant la religion vengée et les im-
« pies frappés des foudres de l'Eglise ».

Le Souverain Pontife mande à l'Evêque d'Arras de rechercher les auteurs et les fauteurs de ces crimes exécrables, et quand il aura acquis les preuves de leur culpabilité, de les obliger, ainsi que le mayeur et les échevins, à faire amende honorable à l'Abbé et au couvent et à se soumettre à la pénitence qu'il leur imposera, après avoir pris conseil d'hommes religieux et prudents. L'Evêque d'Arras aura soin de faire les monitions requises par le droit, d'employer au besoin et provisoirement les censures ecclésiastiques, sans qu'il soit permis d'en appeler ; mais il ne l'autorise pas à prononcer une sentence d'interdit ou d'excommunication contre toute la population, sans un nouveau mandat du Saint-Siège apostolique. On reconnaît encore ici toute la mansuétude de l'autorité apostolique. Quoiqu'on l'accuse trop souvent d'abuser de son autorité, de lancer témérairement ses foudres, même sur les têtes couronnées, nous admirons ici avec quelle circonspection elle procède au milieu des scandales les plus révoltants et envers les fidèles des classes les plus humbles de la société. « Si vous portez contre eux
« une sentence d'excommunication, ajoute le Souverain Pontife, et qu'ils persistent pen-
« dant un mois dans leur endurcissement, vous ferez publier solennellement votre sen-
« tence, tous les dimanches et fêtes, dans les lieux où vous le jugerez nécessaire, au son
« des cloches et avec les cierges allumés, jusqu'à pleine satisfaction ; vous veillerez à ce
« que les excommuniés n'aient point de rapport avec les fidèles ; vous invoquerez même
« contre eux le bras séculier, si leur insolence vous oblige à recourir à ce moyen ex-
« trême ».

La bulle est donnée à Viterbe, le 6 des calendes de juin. Une autre bulle du 6 des ides de juin confirma ce mandat à peu près dans les mêmes termes.

La sentence d'excommunication majeure est ici parfaitement désignée avec tous ses effets, ses solennités et toute sa rigueur contre les contumaces, qu'on ne condamne qu'à la dernière extrémité, après que tous les moyens de conciliation et toutes les sollicitations du repentir ont été épuisées.

Nous ne croyons pas exagérer, en disant que ces oppositions impies et séditieuses des principaux bourgeois de Saint-Riquier se ressentent, comme celles de Saint-Valery en 1272, des hérésies du temps. Les Albigeois n'ont pas dominé dans le Nord ; mais les ramifications de leur esprit d'insubordination contre les autorités établies ont pénétré sous le sol dans toute la France : il ne faut pas attribuer à d'autres causes les révoltes des Pastoureaux et d'autres bandits, à diverses époques de notre histoire. « Il y a lieu de croire, dit Louandre, que les hérésies du Midi de la France eurent quelque retentissement dans les populations du Nord, car les débats paraissent avoir été fréquents et vifs, dans le Ponthieu comme ailleurs, entre l'autorité ecclésiastique et le pouvoir civil » (1).

Serait-ce la vraie raison de cette opiniâtreté, dont les fruits étaient si amers pour la commune de Saint-Riquier ? Quoiqu'on en pense, nous répéterons que le fait dont nous venons de nous occuper a une teinte d'hérésie tellement prononcée que nous trouvons là l'explication la plus plausible d'un tel mépris des choses saintes, en plein XIII° siècle. On ne peut guère douter que la satisfaction des auteurs de l'attentat n'ait été prompte et complète. Giles de Machemont n'était point capable de transiger sur une question où l'honneur de Dieu et de son Eglise était si fortement intéressé. Lutter ouvertement contre lui eût été un acte souverainement téméraire ; on crut plus prudent de le fatiguer par des tracasseries moins compromettantes.

Les querelles pour la banlieue se renouvellent en 1264, 1269, 1279. Ces essais téméraires sont constamment réprimés par arrêts du Parlement.

En 1264 les mayeur et échevins demandent le droit de justice pour quatre cas qu'on ne spécifie pas : on leur oppose qu'ils ont été déboutés de leur demande et par là-même mis hors de cause. Ils objectent alors que le jugement ne regarde pas la banlieue, mais un différend sur les boisseaux de la ville, dans lequel l'Abbé et le couvent ont perdu leur cause devant les juges, ce que ceux-ci nient complètement. Après avoir exposé leur dire, les parties s'en rapportent au Parlement qui déclare que la commune n'a point justice sur les fiefs et arrière-fiefs de l'abbaye (2).

Après la condamnation des mayeur et échevins pour leur entreprise contre les fourches patibulaires (1264), Giles de Machemont demanda la révocation du mayeur, ainsi qu'il s'en attribuait le droit, d'après la charte de fondation de la commune par Louis le Gros. Le mayeur opposa la charte de Philippe-Auguste, invoqua l'usage immémorial de laisser les mayeurs achever leur année et la prescription établie à ce

(1) *Histoire d'Abbeville*. Tome I, page 155. Voir dans cet ouvrage (pag. 160 et dans le *Thesaurus Anecdotorum*, tom. I, pag. 387), le récit d'un attentat sacrilège contre le monastère de Saint-Valery, en 1272, et la punition infligée aux coupables par le Pape Grégoire IX.

(2) *Olim*, tom. I, pag. 598.

CHAPITRE VIII. — L'ABBÉ GILES DE MACHEMONT.

sujet : il fit valoir que la condition alléguée par l'Abbé ne regardait que les seigneurs qui possédaient des châteaux, qu'eux seuls ne pouvaient être nommés ni révoqués sans l'assentiment de l'Abbé. La cour, après l'examen des chartes et les plaidoiries des procureurs, déclara que l'Abbé n'avait pas le droit de révoquer le mayeur, comme il le demandait. En même temps la commune fut condamnée à deux cents livres d'amende pour ses forfaitures (1).

L'Abbé de St-Riquier fut plus heureux, en 1268 et en 1304, sur la même question (2). Il faut croire que la cour a établi une distinction entre un mayeur nommé et non installé et un mayeur en exercice ; elle a cru qu'on pouvait sans inconvénient empêcher le premier d'entrer en fonctions, mais qu'il y avait de sérieuses difficultés à interrompre le cours d'une administration, d'autant plus que la justice du roi se croyait assez puissante pour atteindre et punir les délinquants, comme elle en donna la preuve dans la circonstance.

Revenons à l'année 1264. L'Abbé et le mayeur reparaissent devant le Parlement. Un homme fut arrêté au milieu d'une rixe par les sergents de l'abbaye, mais une multitude de gens de Saint-Riquier leur tombèrent sur le corps et prirent le délinquant entre leurs mains. Il fallait examiner s'il y avait atteinte à la juridiction de l'Abbé, en quel lieu la rixe avait eu lieu, comment, où les agresseurs des sergents avaient saisi le prisonnier. Par ordre du roi, Bertaire d'Ingélard, bailly d'Amiens, assisté de Dreux de Bray et de Gui de Neuville, commissaires agréés par les parties, fit une enquête. Il fut constaté que le coupable avait été pris auprès du Pont-Hulin, sur le chemin du moulin, et que la rencontre avait eu lieu à quelques pas de là. Pour cette agression illégale, le mayeur, en son nom et au nom de la commune, fut condamné à une amende envers le roi et l'Abbé de Saint-Riquier (3).

Autre enquête sur la fête de saint Riquier, en octobre. D'après la relation des témoins, de l'aveu des mayeur et échevins eux-mêmes, il fut reconnu qu'ils avaient gardé la fête en armes, avec des épées, au vu et au su du public. Cet abus de pouvoir fut puni par une amende au roi et à l'Abbé (4).

L'année suivante la question de justice reparaît devant le Parlement. L'Abbé se plaignait que les bourgeois de Saint-Riquier s'étaient soulevés au son de leur cloche et étaient allés en armes dans ses bois, près Saint-Riquier, pour exercer un acte de justice et cela contrairement à l'arrêt du Parlement de la Chandeleur de l'année précédente, où il est déclaré que le mayeur n'a aucune juridiction sur les fiefs et arrière-fiefs de l'abbaye. Pour cette forfaiture l'abbé réclamait une amende. Les jurés de Saint-Riquier répondirent qu'on ne pouvait les condamner pour fait de justice usurpée

(1) *Olim, tom.* I, *pag.* 523.
(2) *Olim. tom.* I, *pag.* 732. *tom.* II. *pag.* 469.— Pierre de Vincheneuil, élu maire en 1268, ne fut pas agréé par le roi, parce qu'on lui reprochait d'avoir fo-

menté des troubles dans la ville de Saint-Riquier.
(3) *Olim, tom.* I, *pag.* 190.
(4) *Ibid.* 191.

ou de violation de la sentence du Parlement, qu'ils n'étaient entrés dans le bois que pour prendre un meurtrier échappé de leur prison, après avoir tué son gardien. Le Parlement admit la justification déjà présentée dans les mêmes termes devant le bailly et dit à l'Abbé qu'il pouvait bien, pour cette fois, se passer d'amende (1).

Qui ne souhaiterait la paix après tant de conflits ? Le Parlement l'offrait aux bourgeois de Saint-Riquier. Mais ceux-ci refusèrent de répondre aux intentions bienveillantes de leurs juges. Pour épargner des démarches pénibles et ruineuses, le Parlement avait renvoyé au bailly d'Amiens l'examen de plusieurs articles en litige. Lorsque cet habile négociateur fut parvenu à accorder les parties, les mayeur et échevins ne voulurent plus signer ni tenir le traité : l'Abbé fut contraint de les faire ajourner devant le roi, pour les obliger à observer les conventions jurées ou bien à expliquer les raisons de leur rétractation. Quand on les somma de comparattre devant le roi ou plutôt quand on les supplia de vivre en paix avec le couvent, comme ils s'y étaient engagés, ils répondirent qu'ils ne voulaient ni ne devaient garder le traité conclu à Amiens, parce qu'il n'était point l'œuvre du corps de l'échevinage, mais seulement du mayeur et de deux ou trois compagnons d'échevinage.

On croit rêver quand on lit de semblables réponses. Quoi ! nous sommes à l'apogée de cette vie municipale, « de cette vie vigoureuse et sans repos » à laquelle M. Prarond accorde toutes ses sympathies (2) !

Le roi et son conseil furent vivement touchés de compassion en présence d'une obstination si étroite et si funeste aux intérêts de la ville (1266). Ils savaient que ces litiges et ces dissensions étaient devenus et pour la commune et pour le monastère une cause de destruction. Le bailly d'Amiens, médiateur de la paix, ayant représenté que les articles de pacification par lui proposés avaient été acceptés par quarante des principaux bourgeois des plus sensés et des plus influents sur le gouvernement même de la ville, le roi déclara qu'on s'en tiendrait au traité conclu, sauf les droits des tiers (3).

Après un an d'atermoiement la question n'avait nullement progressé ; le mayeur et les échevins formaient la même opposition. L'arrêt du roi et du parlement fut renouvelé dans les mêmes termes avec défense de rien faire de contraire sous des peines sévères.

Qu'on nous vante après cela la sagesse des administrations communales, immolées à l'arbitraire et à la tyrannie d'un Abbé orgueilleux ! On ne veut pas la paix dans l'ordre et la justice, mais la domination sur toute autorité.

La commune de Saint-Riquier laisse respirer le Parlement pendant deux ans. Mais en 1269 elle reparaît plus batailleuse que jamais. Elle fait enregistrer dans les archives cinq arrêts rapportés dans les *Olim*. Démêlés avec Mathieu de Roye ; démêlés avec

(1) *Olim, tom.* I, *pag.* 604.
(2) *Histoire de Saint-Riquier, pag.* 411
(3) *Olim, tom.* I, *pag.* 612

le monastère, pour la banlieue, comme nous l'avons indiqué plus haut : pour un délit commis par un serviteur de l'abbaye ; pour le déplacement du Beffroy ; démêlés avec un ancien mayeur pour un abus du scel commun.

I. Mathieu de Roye se plaint que les jurés ont houé les terres et travaillé sans son consentement dans un chemin autour de Saint-Riquier, où il a son droit de péage, de garde et autres aisances : il demande qu'ils soient réprimés et soumis à une amende. Mais ceux-ci répondent qu'ils ont amélioré un chemin mauvais et périlleux, sans houer ailleurs, qu'on peut leur interdire de détériorer un chemin, mais non de le réparer : qu'au reste ils n'entendent par-là acquérir aucune juridiction aux dépens du châtelain de la Ferté. Mathieu de Roye accepta leurs explications et termina amiablement la controverse (1).

II. La question de banlieue se représente sous une nouvelle face. La commune accepte les limites posées par Gautier Bardin, mais rencontrant des récalcitrants parmi les propriétaires de ténements ou domaines dans l'enceinte de la banlieue, elle demande une garantie au monastère pour l'exercice de tous ses droits et de sa juridiction. l'Abbé répondit qu'il s'était engagé à garantir la justice sur les fiefs de l'abbaye, mais non sur le domaine des tiers. L'arrêt produit se trouva conforme à cette déclaration si juste, si simple, et l'on imposa silence aux bourgeois de Saint-Riquier sur cette question (2).

III. Pierre le Sommelier, sergent de l'abbaye, ayant frappé un individu à la tête avec son bâton, en plein marché, assez rudement pour qu'il y eût effusion de sang, les mayeur et échevins prétendirent avoir le droit de l'appeler à leur tribunal pour ce fait ; mais l'Abbé s'y opposa pour les raisons suivantes : Pierre était 1° le sergent du monastère ; 2° vivait du pain des moines ; 3° était payé et gagé par eux. Or, d'après un arrêt de pacification signé par le roi, il leur appartenait de juger un délinquant dans de semblables conditions. A cette réplique le mayeur et les échevins objectèrent qu'il était reconnu qu'il vivait de leur pain et qu'il était à leurs gages, mais qu'il n'habitait point dans l'abbaye, ni dans un lieu soumis à la juridiction des moines. Cependant d'après l'édit, ces trois conditions étaient exigées pour que la justice abbatiale fût appelée à connaître de tels faits. Une seule des conditions pouvait-elle suffire pour le droit de l'Abbé ? C'est ce qu'examina la Cour du Parlement : elle se prononça sur les trois conditions réunies. C'est pourquoi Pierre le Sommelier étant marié et domicilié à Saint-Riquier, la connaissance de son délit fut déférée à la justice communale (3).

IV. Les mayeur et échevins réédifièrent leur Beffroy sur une place concédée par le couvent, mais n'examinèrent pas d'assez près les limites fixées ; ils posèrent en certains endroits les fondements sur le terrain que le monastère s'était réservé. Le bailli d'Amiens, par ordre de la cour, les obligea à démolir ce qu'ils avaient élevé sur la pro-

(1) *Olim. tom. 1, pag.* 750.
(2) *Olim. tom. 1, pag.* 757.

(3) *Olim. tom. 1. pag.* 789.

priété d'autrui. Ce qui fut exécuté, non sans réclamation de l'administration municipale, qui se plaignit même d'être lésée dans ses droits. Elle attaqua l'Abbé et plusieurs moines, et quoiqu'on n'eût commencé à bâtir qu'avec une concession tout-à-fait volontaire, elle osa demander de continuer dans les conditions premières et stipuler des dommages et intérêts pour la partie démolie. En cherchant à se prévaloir d'un consentement partiel, elle avait essayé de diviser la communauté et d'embrouiller la question. L'Abbé nia tout engagement personnel pour lui et pour les autres moines et déclara que, quand même quelques particuliers auraient permis cette usurpation, leur parole serait nulle, puisqu'il est de droit commun que le couvent n'est lié que lorsque tout le corps délibérant a été consulté et a ratifié les actes administratifs. Les bourgeois perdirent leur procès. Les démolitions ne furent pas relevées. La cour statua aussi que les dommages réclamés seraient payés, s'il leur était possible de prouver que l'Abbé avait engagé sa parole à la commune (1).

V. Le dernier fait que nous avons à raconter pour cette année n'est pas le moins curieux. On sait qu'il y avait trois vicomtés à Saint-Riquier : celle de l'abbaye, celle de la Ferté et celle de la commune ; on doit même y ajouter le tribunal de la prévôté, auquel on appelait dans certains conflits et qui jugeait lui-même les causes royales de sa compétence. Chaque vicomté avait ses attributions, ses droits, ses amendes, et ce dernier point n'était pas le moins difficultueux. Il arriva donc que Robert Turquaise, mayeur de Saint-Riquier, à la fin de son exercice, scella du scel de la ville quelques conventions privées et personnelles, sans l'assentiment des compagnons de l'échevinage. Son successeur et les échevins portèrent accusation contre lui pour ce fait et le citèrent à la barre de l'échevinage. Robert Turquaise ne pouvait nier ; il allégua pour sa justification qu'il n'avait agi ainsi que du consentement de quelques échevins : ce que ceux-ci nièrent énergiquement, quand on les confronta avec le mayeur infidèle. Pour cet abus du sceau communal, les nouveaux représentants de l'autorité le condamnèrent à une amende de cinq cents livres parisis à leur profit, puis par commisération ils convertirent l'amende en livres tournois. Ils croyaient avoir remporté la victoire, lorsque Mathieu de Roye les fit citer devant le Parlement pour obtenir sa part de cette amende: il se fondait sur cette raison que les amendes appartenant à la vicomté et devant être partagées également entre le roi, l'Abbé et le châtelain de la Ferté, il avait droit au tiers de la somme imposée à Robert Turquaise. Les chefs de la commune repoussèrent cette prétention et soutinrent que toute cette amende leur appartenait, le délit dont il était question ayant été commis par un bourgeois contre eux, au mépris des serments qu'ils leur avaient faits. Après les avoir entendu, le Parlement déclara aux plaideurs qu'ils avaient également tort. La faute reprochée à Robert Turquaise était un fait de haute justice et le roi avait seul la prérogative de juger les cas privilégiés. Le Parlement dans son arrêt

(1) *Olim.* tom. I, *pag.* 790.

CHAPITRE VIII. — L'ABBÉ GILES DE MACHEMONT.

développa ces conclusions : il condamna l'ancien mayeur pour crime de vol, de faux et de trahison, crime de haute justice dont la connaissance n'appartenait qu'au roi. Et comme dans ces fautes la plus grande appelle la plus petite, il s'ensuivait que l'amende devait être payée non à la commune ou au châtelain de la Ferté, mais au roi seul. En outre, comme la ville s'était immiscée dans la connaissance d'un fait royal, les mayeur et échevins durent ajouter une bonne amende à celle des cinq cents livres tournois (1). Les expédients de chicane sont féconds : mais malheur à ceux qui osent lutter contre la force et la science ; ils sont pris dans leurs propres filets.

L'année 1270 ne fut pas moins dramatique que la précédente. Sept arrêts du Parlement infligèrent encore à la commune une correction dont elle commencera enfin à faire son profit.

I. Le premier concerne un fait de haute justice réservé au roi. Malgré des défenses réitérées le mayeur et les jurés se permettent de juger les causes de sang et de meurtre, en disant qu'ils avaient toujours joui de ce privilège, ce qui n'était pourtant point marqué dans leurs chartes de commune. Le bailly d'Amiens les ayant condamnés à une amende et ayant exigé un gage pour cette forfaiture, ils portèrent plainte et demandèrent que leurs gages leur fussent rendus et qu'on les maintînt dans la possession de ce droit, malgré les décisions de la cour. Un second arrêt déclara qu'on n'écouterait point leur réclamation et qu'il leur serait imposé une amende pour leur désobéissance. Comme ils étaient récidivistes, on les condamna pour deux faits du même genre à sept vingt livres parisis d'amende; toutefois on ne les exigea point (2).

II. Pendant la fête de Saint-Riquier, l'Abbé, comme on l'a déjà dit bien des fois, possédait toute justice, toute seigneurie et tous les émoluments des contraventions. Il arriva qu'un délinquant ne fut pas puni pendant les trois jours de fête : il rentra dans la ville immédiatement après. Le mayeur le fit assigner au tribunal de l'échevinage pour le juger selon les us et coutumes de la ville, en dehors des cas privilégiés ; de là grande discussion entre l'Abbé et le mayeur. L'Abbé se croyait en droit de juger les délits commis dans les jours où il avait droit de justice sur la ville ; le mayeur soutenait que la juridiction de l'Abbé était périmée et qu'après la fête la commune rentrait dans tous ses pouvoirs. Le Parlement fut appelé à prononcer sur ce conflit. La sentence déconcerta toutes les prévisions. Le délinquant ayant été pris par le maire dans un temps où le privilège de l'Abbé n'existait plus, ce dernier n'avait plus le droit de juger. D'autre part, au moment où le délit avait été commis, le mayeur n'avait pas juridiction sur le justiciable ; la partie lésée ne poursuivant pas la cause, le mayeur se trouvait déchu de son droit de juger et de punir, d'où il suit que le délinquant dut être acquitté (3).

III. Durant cette même fête, appelés par les cris d'individus qui se querellaient et se

(1) *Olim*, tom. 1, pag. 773.
(2) *Olim*. tom. 1, pag. 800.
(3) *Olim*, tom. 1, pag. 801.

battaient dans les faubourgs, les sergents de l'Abbé demandèrent à sortir pour arrêter les auteurs de ce désordre ; mais le mayeur refusa de leur ouvrir les portes, sous prétexte qu'il y avait danger pour la ville. L'Abbé porta plainte au Parlement pour cette violation de ses droits et demanda une amende pour la perte subie. L'opposition du mayeur portait évidemment atteinte à la morale publique et empêchait la répression des fautes. Il fut décidé qu'à l'avenir le mayeur serait obligé de faire ouvrir les portes à la justice de l'Abbé pendant les trois jours de fête (1).

IV. Une troisième question fut encore soulevée dans ces fêtes à l'occasion des *assurements* donnés par l'Abbé de Saint-Riquier pendant ces trois jours. L'assurement consistait en des promesses de fidélité ou de réconciliation entre parties, accompagnées d'un gage. L'assurement avait lieu non-seulement entre personnes divisées, mais aussi entre leurs parents et amis, de telle sorte que dans les guerres privées et autres discordes on renonçait à prendre parti contre celui avec lequel on s'était assuré.

Le mayeur vit les droits de la ville lésés dans ces assurements et prétendit que c'était à la commune à les faire et non à l'Abbé ; il voulait que non-seulement les actes de l'Abbé fussent annulés, mais encore qu'il y eût amende contre lui. Giles de Machemont lui opposa son droit absolu de justice et des conventions confirmées par le roi. La cour le maintint dans ce privilège (2).

V. Le mayeur de Saint-Riquier, — c'était Jean Roisel, — avait été excommunié, nous ne savons pour quelle raison, mais pourtant c'était pendant son année d'exercice de la mairie et pour faute canonique dans son administration. Cette peine ecclésiastique, non-seulement le privait de ses droits, mais encore elle interdisait aux fidèles de communiquer avec lui et le mettait pour ainsi dire hors la loi : ce qui ne l'empêchait point toutefois de continuer à gérer les intérêts de la commune et d'exiger les mêmes déférences que s'il eût été un fils respectueux de l'Eglise. Quand vint la fête de Saint-Riquier, le vicomte élu par l'Abbé se garda bien de communiquer avec lui et de prêter serment entre ses mains. Pour ce fait le mayeur actionna Giles de Machemont devant le Parlement : il y joignit d'autres griefs au sujet du beffroy et de maisons acquises par l'Abbé. Giles de Machemont, pour sa justification, se contenta de représenter que le mayeur était excommunié. On reconnut la valeur de cette raison et on n'exigea rien de plus. L'Abbé à son tour demanda que le mayeur fût mis en défaut, sans doute parce qu'il n'avait pas fait les diligences nécessaires pour se faire relever de son excommunication ; mais on ne voulut point le suivre sur ce terrain. On lui répondit que le mayeur était assez puni de ce que son autorité était suspendue pendant son excommunication (3).

VI. Cependant le roi saint Louis mourait martyr de son zèle pour le tombeau du Sauveur. Le mayeur de Saint-Riquier espérant mieux d'une nouvelle administration sus-

(1) *Olim, tom. 1, pag.* 801.
(2) *Olim. tom. 1, pag.* 802.

(3) *Olim. tom. 1. pag.* 802.

cita des querelles qu'on examina dans une autre session du Parlement; mais il ne put, quoi qu'il essayât, se dispenser de reconnaître son excommunication. C'est pourquoi l'Abbé de Saint-Riquier fut de nouveau dispensé de lui répondre jusqu'à ce qu'il fût relevé de la sentence portée contre lui. En vain le mayeur objectait qu'il agissait, non en particulier, mais en mayeur, pour l'exercice de ses fonctions, et qu'à ce titre il devait être écouté. On ne fit pas attention à ce moyen de défense et on maintint le premier arrêt d'exception contre lui (1).

VII. Giles de Machemont se plaignit encore au Parlement de l'administration communale. Il lui reprochait d'avoir porté atteinte aux privilèges de l'Abbé, en bannissant de la ville quelques-uns de ses feudataires. Il demandait leur réintégration avec d'autant plus de raison que le bailli d'Amiens, en le défendant au mayeur, avait placé les accusés sous la sauvegarde des hommes du roi et par-là même les avait rendus ses justiciables.

Ce qui avait obligé le bailli à entrer dans cette voie, c'est qu'on avait rompu l'assurement donné par les gens du roi. N'est-il pas évident d'après ce trait que certains mayeurs ne reculèrent devant aucun excès pour s'assurer une autorité arbitraire, absolue, indépendante de toute loi divine et humaine. Non-seulement le mayeur fut excommunié pour sa désobéissance à l'Eglise, mais il fut mis au ban royal pour opposition aux lois et réglements généralement reçus dans le royaume. Il chercha cependant à se justifier par les raisons suivantes : 1° Les bannis n'étaient pas les hommes de l'Abbé ; 2° leur ban avait été mérité pour un fait de meurtre, crime qui entraînait toujours cette peine, qu'on avait coutume d'appliquer de temps immémorial ; 3° ils n'avaient point par cette faute forfait à l'autorité royale, parce qu'ils ignoraient la citation du bailli ; 4° les parties avaient fait leur paix au sujet de l'assurement, ce qui ne permettait plus d'élever l'acte incriminé à un fait de justice royale. D'après cet exposé l'Abbé se voyait accusé de mensonge : il ne put souffrir un tel affront : il s'engagea donc à prouver pertinemment que les bannis étaient vraiment des hommes de son domaine et de son fief. Le bailli, de son côté, montra et la citation et l'assurement des parties : toutes ces raisons ouies de part et d'autre, le jugement du mayeur et des échevins fut révoqué, non point sur les instances de l'Abbé, qui n'avait pas encore fourni ses preuves, mais en conséquence des défenses faites par le bailli et sur le fait de haute justice, qu'impliquait la violation de l'assurement qui durait encore. On reprocha de nouveau aux représentants de la commune de s'immiscer dans les causes de haute justice appartenant au roi, et pour cela on les condamna à une amende de cent livres. Cette somme devait être payée personnellement par le mayeur et les échevins qui avaient abusé de leur autorité ; on en déchargeait les autres bourgeois. Cette dernière clause fut mentionnée deux ans après dans un rappel de cette cause (2).

En 1279, un autre jugement de l'échevinage contre le vicomte de l'abbaye, qui avait

(1) *Olim. Tom.* I, *pag.* 817.   (2) *Olim. Tom.* I, *pag.* 822.

été condamné au bannissement, fut aussi révoqué et annulé pour incompétence. La Cour suprême prononça que les échevins seraient obligés de rappeler le vicomte et de restituer au monastère quatre deniers qu'ils avaient extorqués à ce dernier pour une amende (1). Par décision du mois d'août l'Abbé de Saint-Riquier demeurait aussi en sentence de prendre durant la franche fête tous les malfaiteurs et délinquants et de les mener directement à leur prison (2).

Les décisions si fermes et si décisives du Parlement finirent par triompher, au moins temporairement, du mauvais vouloir de quelques agitateurs. Nous entrons dans une nouvelle phase : les arrêts du Parlement sont moins importants : ils ne frappent plus que des récalcitrants, qui voudraient se libérer des charges communes et rester exempts des tailles imposées à tous les bourgeois.

Les hommes-liges et les hôtes de Mathieu de Roye réclament, en 1277, contre les tailles ; mais le Parlement autorise les mayeur et échevins à les asseoir sur les fiefs et arrière-fiefs de la châtellenie de la Ferté. Ce jugement est confirmé en 1285. En 1287, les hôtes et manants du fief de la Ferté qui sont sortis de la commune, en payant le droit d'issue, sont tenus de supporter la part de leurs charges urbaines, l'annuité due pour demeurer dans la terre de Mathieu de Roye, et cela jusqu'à la majorité du fils et successeur de Mathieu de Roye dont on réserve tous les droits (3).

Le Parlement intervient encore dans quelques petites contestations entre Mathieu de Roye et la commune de Saint-Riquier. Ainsi Mathieu de Roye avait voulu exempter son vicomte du serment au mayeur et aux échevins, quand il entrait en charge : ceux-ci en appellent au Parlement et le châtelain de la Ferté est obligé de confesser que l'usage du serment est établi : on le maintient (4). « L'usage, dit à ce sujet l'éditeur des *Olim*, de faire recevoir par les habitants ou les magistrats d'une ville en commune le serment des officiers royaux ou seigneuriaux de respecter la charte de cette ville, était assez répandu et primait celle des officiers du seigneur, quoique dans les chartes primitives le contraire eût été formellement établi (5). » Nous ferons remarquer que la commune de Saint-Riquier ne fut jamais sous la dépendance des seigneurs de la Ferté ; cette observation ne trouve donc pas ici son application.

Sur les plaintes de Mathieu de Roye il avait été aussi ordonné, en 1281, que les dommages causés par le curage du ruisseau qui sourt ou descend de la source de *Bonne-Fontaine* ou *Bor-fontaine*, dans les terres de sa juridiction et par la rupture du fossé de son vivier, lui seraient payés, que le pont bâti sur son terrain serait enlevé et que pour toutes ces forfaitures les bourgeois paieraient une amende (6).

On voit dans le compte de 1258 que la ville commençait à s'obérer. Les revenus n'étaient pas assez élevés pour couvrir les charges imposées par le roi ou ses représen-

---

(1) D. Cotron. *Anno* 1275.— *Olim. tom.* I. *pag.* 832.
(2) D. Cotron. *Ibid.*
(3) *Olim. tom.* II. *pag.* 91, 249, 270.
(4) *Olim. tom.* II. *pag.* 97.
(5) *Ibid. pag.* 865.
(6) *Olim. tom.* II. *pag.* 217.

CHAPITRE VIII. — L'ABBÉ GILES DE MACHEMONT.

tants. Sous Philippe-le-Bel surtout, les villes et les communes furent pressurées. Le roi avait besoin d'argent et on sait qu'il n'est pas d'expédient qu'il n'ait employé pour s'en procurer : il ne recula même point devant l'altération des monnaies. Les villes, à bout de ressources, furent obligées de demander au roi la permission d'établir des contributions extraordinaires sur les denrées, sur les marchés et le commerce. C'est ce qu'on appelle la *maltôte*, mot exécré dans les souvenirs populaires et ressource dernière d'une administration aux abois.

Les bourgeois de Saint-Riquier, après avoir décrété ce tribut, sur leur commune essayèrent de le faire peser sur l'abbaye comme sur la commune (1289) ; mais Giles de Machemont en appela au roi et on fit cesser ces injustes exactions sur le monastère.

L'arrêt du Parlement, confirmé par le roi, rapporte que les mayeur et échevins de Saint-Riquier, afin d'acquitter leurs dettes, obtinrent du roi une maltôte pour un temps déterminé et sous des conditions spécifiées : que, voulant la rendre plus lucrative, ils l'imposaient au monastère et à ses sujets, et taxaient injustement ce que ceux-ci vendaient, ce qu'ils achetaient pour l'usage de la vie, pour le vêtement et autres objets de première nécessité ; qu'ils voulaient encore que la maltôte continuât d'être en vigueur pendant les trois jours de fête en octobre, où toute juridiction et tous émoluments revenaient à l'Abbé. Nous y lisons que les prétentions de la ville ne furent pas écoutées au Parlement, qui exempta de l'odieux tribut et les trois jours de fête et les denrées achetées par les religieux pour leur usage personnel et les produits de leurs domaines. Cet arrêt obligeait en outre la commune à restituer ce qui avait été perçu l'année précédente à la fête de Saint-Riquier (1).

La commune de Saint-Riquier n'eut pas seulement à lutter pour sa maltôte contre le monastère, mais aussi contre les nobles de la ville, indépendants de sa juridiction. Elle avait soumis indistinctement tous leurs produits à sa contribution ; mais les nobles ne supportèrent point cette vexation et ne se laissèrent point rançonner par des réglements arbitraires : ils en appelèrent au Parlement. La Cour suprême rendit plusieurs arrêts sur cette question et sur la taille (2).

1° Les nobles qui ne font pas le commerce de blé ne paieront pas la maltôte sur les produits de leurs fiefs et domaines ; ils n'auront pas toutefois le droit de se faire restituer ce qu'ils ont payé avant le présent arrêt : on ne leur rendra que leurs gages, s'ils en ont livré.

2° Les bourgeois de Saint-Riquier demeurant dans la ville et tenant un franc-fief ne paieront la taille que pour les deux tiers du fief : on leur remet l'autre tiers. La taille frappera tous les biens meubles et immeubles qui ne sont pas fiefs. La maltôte sera levée sur toutes les matières vénales, quelle qu'en soit la provenance.

3° Les personnes de la ville qui ne sont pas nobles ni incorporées à la bourgeoisie, si elles demeurent en leur fief, ne paieront pas de taille pour les fiefs situés hors des

(1) *Olim. Tom.* ii, *pag.* 289.   (2) *Olim. Tom.* ii, *pag.* 297, 812, 825.

limites de la commune, mais elles y seront soumises pour deux tiers sur les fiefs situés dans la ville ou la banlieue et complètement pour tout ce qui n'est pas fief. La maltôte sera exigible pour tout ce qu'elles vendront dans la ville ou dans le ressort de la commune.

4° Les clercs mariés en appellent aussi au Parlement et se font fixer des conditions spéciales selon leur état et profession. D'après les décisions du Parlement, Hugues de Coulombeauville et Guillaume de Hesdin participeront aux dettes de la ville, en raison de leur part d'héritage dans la succession de leurs parents. Avant de les soumettre à la maltôte; on examinera s'ils exercent un commerce et avec quels bénéfices. Un gage remplacera toutes les prises, jusqu'à ce que l'enquête ait déterminé le chiffre de leur cotisation.

5° Adam de l'Hôpital avait été soumis à la taille pour tous ses biens comme marchand. Le Parlement décida qu'on ne devait l'imposer que pour la partie sur laquelle une jurisprudence sage et équitable l'établit.

Tous ces réglements servirent de base aux transactions des âges suivants. C'est ainsi que l'importance des litiges diminua de jour en jour. Ceux que nous aurons à examiner à l'avenir auront déjà été jugés par les premiers arrêts ; l'ambition et l'esprit d'indépendance seront donc les seuls mobiles de nouvelles attaques.

Il nous semble que tout ce qui précède absout l'Abbé de Saint-Riquier des accusations portées contre lui. A moins de vouloir mettre l'arbitraire à la place des lois, on est obligé de reconnaître qu'il fut souvent exposé à des avanies injurieuses. Giles de Machemont ne fut jamais agresseur ; il se contenta de défendre les droits de son monastère, comme sa conscience le lui demandait. Pourrait-on attendre moins d'un vrai Abbé ?

Signalons encore quelques actes étrangers à la maltôte. Un arrêt de 1279 renouvelé en 1287 confirme les limites de la banlieue admise par les deux parties et permet à l'Abbé de renclôre la cour de Saint-Riquier, entre la grange et l'Eglise, sans que la commune puisse jamais y réclamer de juridiction. Le Beffroy, trop voisin de l'abbaye et cause perpétuelle de division, sera rebâti plus loin sur un terrain concédé par les moines. La commune ne fera plus opposition au déplacement de l'Eglise St-Nicolas (1).

En vertu de cet accord, ajoute la chronique, les bourgeois de Saint-Riquier bâtirent un grand et imposant édifice pour leur Beffroy, avec une haute tour, signe caractéristique alors de ce genre de construction.

L'arrêt de 1256 que nous avons analysé en son lieu fut aussi renouvelé en 1289.

En 1292, Oudard de Neuville et Guillaume d'Hangest, ancien bailli d'Amiens, compulsent encore les vieilles chartes pour en conclure que c'est à l'Abbé qu'appartient la seigneurie des frocs, le privilége de donner la permission de bâtir, de réparer, de rééditier

(1) *Cart. St-Riq.*, fol. 28.

CHAPITRE VIII. — L'ABBÉ GILES DE MACHEMONT.

et qu'il a pleine juridiction les trois jours de fête de Saint-Riquier. Nous tournerons dans le même cercle aussi longtemps que l'esprit d'envahissement des mayeurs et des échevins soulèvera de nouveaux conflits sur des questions jugées. Le roi Philippe-le-Bel confirma ces conclusions aussi favorables à l'Abbé que toutes les précédentes (1).

Les longs démêlés de Giles de Machemont avec l'Evêque d'Amiens et la commune ne l'empêchèrent point de travailler à l'agrandissement et à l'embellissement de son monastère et de son église. Il fut, dit la chronique, magnifique et somptueux dans ses constructions (2). La grande architecture du XIII° siècle imprima son sceau sur l'Eglise abbatiale : bien qu'il ne nous en reste qu'une partie, elle suffit pour montrer le génie et la hardiesse d'un grand Abbé. La croisée ou le transsepts et le chœur sont l'œuvre de Giles de Machemont. On chercherait en vain à le contester ou à le nier. Les pierres elles-mêmes crieraient pour accuser l'ignorance des contradicteurs. Effaçons pour un instant les restaurations maladroites et ne contemplons que les ogives anciennes, l'appareil, les pinacles, les larmiers, les décorations, les baies : tout est du plus pur style du XIII° siècle. Un reste du cloître confirme ces données et ne permet plus à personne de douter de l'époque de cette majestueuse construction. La Chronique abrégée et le Cartulaire ajoutent un témoignage décisif en déclarant à plusieurs reprises que Giles de Machemont, qui a fait tant de bien au monastère, « fit consacrer la chapelle de saint Andrieu (saint André), en 1274, là où est la petite trésorerie. » La chapelle de saint André occupait alors une partie du transsepts.

La nef a trop souffert et a été trop remaniée pour que nous puissions affirmer qu'elle est son œuvre : nous avons dit qu'elle datait du XII° siècle : il serait bien possible qu'elle eût aussi subi une nouvelle transformation.

Les restes du cloître qui longe l'église, portent, comme nous venons de le faire remarquer, la caractéristique empreinte du XIII° siècle : on ne sait plus si Giles de Machemont a travaillé au monastère lui-même. Mais les chroniques, qui gardent le silence sur ce point, rapportent qu'il bâtit une ferme à Oneux et un château-fort à Drugy (3).

La ferme d'Oneux, on dirait peut-être mieux le château d'Oneux, si l'on ne tenait à suivre les document écrits, quand on n'a plus de ruines pour les contredire, fut environné d'un parc de 10 journaux, destiné à élever et à nourrir des chevreuils, des cerfs et des animaux de garenne et de grande vénerie. Le parc était divisé en trois compartiments séparés par des murs dont il reste çà et là quelques assises : de vastes cours ouvraient une ample espace à la circulation et aux bâtiments d'intérieur. Une haute tour lui donnait l'apparence d'une forteresse et lui en assurait les avantages (4).

---

(1) D. Cotron. *Anno* 1292. — *Cart. St.-Riq. fol.* 36.
(2) *Ibid.* 1274.
(3) D'après Formentin, Giles de Machemont aurait obtenu du roi et du comte de Ponthieu la permission de bâtir le château de Drugy. Nous voyons, d'après ce qui précède, la valeur de cette assertion. En outre quel droit avait le comte de Ponthieu sur une terre détachée de sa domination ?
(4) D. Cotron. *Anno* 1257.

Le château de Drugy fut flanqué de quatre grosses tours et de huit petites. Il était bâti selon toutes les règles de l'art militaire. A peu de distance on voyait un beau vivier rempli de poissons. Les propriétés adjacentes avaient été achetées ou retraites pour donner un plus grand développement à cette forteresse. Des étangs d'un difficile accès couvraient les remparts. Le jardin, dit le P. Ignace, contenait dix journaux, . sans les étangs et les viviers qu'il fit enclôre de murailles. L'espace en effet était assez considérable. Pendant la construction (1272) les gens du roi sommèrent l'Abbé de Saint-Riquier d'arrêter ces travaux, en alléguant que n'ayant point le droit de haute justice, il ne pouvait bâtir un château-fort sans l'assentiment du roi. Giles de Machemont leur répliqua qu'il n'excédait en rien son pouvoir et qu'il s'en rapportait à la coutume générale : il indiqua quantité de châteaux de la contrée bâtis par des feudataires royaux et des nobles sur les terres tenues du roi, sans sa permission, et même après qu'il l'eut refusé. Le bailli d'Amiens, chargé de faire une enquête, reconnut la vérité de ces paroles : il put constater par lui-même que l'Abbé de Saint-Riquier avait élevé une forteresse dans son monastère (1), au milieu même de la ville de Saint-Riquier, où le roi a la haute justice, qu'il en avait plusieurs autres sur ses terres dans de semblables conditions, notamment à Oneux et cela depuis plus de douze ans, temps assigné sans doute pour de semblables prescriptions. Le roi ne voulut point s'opposer à des usages établis et ainsi la forteresse de Drugy fut bâtie selon le bon plaisir de l'Abbé de Saint-Riquier (2). Le château de Drugy devint un poste avancé et une sauvegarde pour l'abbaye contre les menaces incessantes des guerres féodales : il rendit de vrais services dans les mauvais jours du xv° siècle.

Puisque nous nous occupons de retranchements militaires, rappelons qu'à quelques pas de la rivière, sur une petite éminence, il existe une enceinte semi-circulaire environnée d'un petit fossé. On pourrait soutenir sans témérité que le château de Drugy était protégé de ce côté par un retranchement et même par un fort. En creusant un chemin, il y a quelques années, on a découvert plusieurs cadavres, un fer de lance, un vase dans une sépulture. Aucun souvenir populaire, que nous sachions, n'a réveillé les échos muets des luttes antiques sur cette colline. Rien d'étonnant du reste après tant de combats oubliés et de guerres autour de la ville de Saint-Riquier. L'arrêt cité plus haut ne nous révèle-t-il pas que le monastère lui-même fut fortifié au xiii° siècle (3). Quel est l'historien qui nous ait dit un seul mot de ce fait d'une certaine importance ? Où sont aujourd'hui les vestiges de ce fort ?

Toutes ces constructions n'épuisèrent point les finances du monastère, gouverné par un habile père de famille. On signale, outre les engagements de fief à l'abbaye pour la croisade et pour lesquels il fallait avancer des sommes considérables, beaucoup d'acqui-

(1) *Abbates Sancti Richarii, in villa S. Richarii.... in abbatia sua bonam fortericiam fecerunt.*

(2) *Olim. Tom.* ı, *pag.* 917.

CHAPITRE VIII. — L'ABBÉ GILLES DE MACHEMONT.

sitions à Saint-Riquier, à Drugy, à Bersacles, à Villers, à Oneux, à Ostremencourt ou Neuf-Moulin, à Noyères et en d'autres lieux (1).

On aurait tort de reprocher à l'Abbé de Saint-Riquier toutes ces acquisitions : au lieu de dépouiller ses feudataires, il leur rendait service dans une extrême nécessité, lorsque pour pauvreté prouvée et jurée, selon le style de l'époque, ils résignaient leurs fiefs dans les mains de leur seigneur, ou se préservaient des usures ruineuses des Juifs.

On remarque en effet qu'en 1261 les Juifs pressuraient tellement les habitants d'Abbeville que le comte de Ponthieu les obligea de lui soumettre leurs contrats de prêt à intérêt; car ils avaient absorbé par leurs déloyales exactions des fortunes considérables (2). Malheur à qui se libérait de ses dettes par leurs avances; il ne faisait que précipiter la catastrophe de sa ruine.

Les Juifs exerçaient aussi à Saint-Riquier leur dangereuse industrie, comme le prouve le fait suivant consigné dans les archives. « Des lettres des généraux commis
» par le roi pour les dettes des Lombards et usuriers, il appert que Jean de Vincheneuil
» était obligiet envers Lion Fatet, Lombard usurier, à 87^l 10^s d'une part et 20^l d'autre
» part, et parce que ledit de Vincheneuil devait cette somme et autres, quand il mou-
» rut, nul ne se fonda héritier et demoura sa maison en notre main et à relever, et
» nous contraindait le procureur du roi pour ladite somme, vœullant excuser et hy-
» pothéquer ladite maison pour icelle somme, che que nous deffendimes et fut ordené
» que les héritages seraient vendus, sauf notre droit de relief (3). »

L'acquisition du moulin de Mirandeuil sur le seigneur de la Ferté doit être ici spécialement signalée, soit à cause du motif, soit à cause du prix et du contrat rédigé en français et relaté dans les chroniques.

C'est en 1269, sur le point de partir avec saint Louis pour la huitième croisade, que Mathieu de Roye offrit aux religieux la seigneurie ou la nu-propriété du moulin de Mirandeuil, sur lequel ils avaient déjà des droits assez importants (4). Giles de Machemont lui compta douze cents livres, somme qui paraît prodigieuse pour la valeur venale et l'étendue de la terre. Il est à croire que cette vente dissimule une large aumône pour la guerre sainte.

Le contrat de vente est ainsi rédigé (5).

« Je Mahius de Roye, chevalier et sire de la Ferté, fait à scavoir a tous chacun
» qui ses lettres verront ou orront, que je par grande néchessité et pour mon grant
» domage esquiver et espécialement pour ma voie doutre mer parfaire et acom-
» plir, ai vendu, otroié et quitté a toujours a Monseigneur l'Abbé de St-Richier en

(1) Voir au tome II, chapitre des domaines.
(2) Formentin. *Histoire manuscrite de Picardie.*
(3) *Cartul. de St-Riq.*, fol. 82.
(4) D. Cotron. *Anno* 1269.

(5) Nous donnons ici ce contrat, tel qu'il est sous nos yeux, comme un spécimen de la langue française à cette époque.

» Pontif et au couvent de chu meesme liu mon moulin que on appelle Mirandueil,
» qui siet en la rivière de Escardon et un mareskel qui siet de les ledit moulin, qui
» contient un arpent ou la autour et toutes les appartenanches et toutes les appendan-
» ches du moulin et du mareskel devant dis et toute la seigneurie, toute la justiche
» et tout le droit que je avoie ou poois avoir ou poois réclamer en quel manière que
» che fult es coses devant diz vendus et es appartenanches sans rien retenir a
» avoir a tenir et a poursuir a l'Abbé et au couvent devant die, paisiblement et
» franquement a toujours, sans nul exaction et sans nul réclamation que je ou mi
» hoir ou mi successeur puissens faire dore en avant es coses devant dites par nul
» acoison, pour douze chens libres de parisis que je ay rechu en paiement en pécune
» nombret de l'Abbé et du couvent devant dis, et men tiens paiée et renunche a ec-
» ception de pécune ni en nombrée ni en paiée et ni en rechute, et promet par le foi
» de mon corps que contre la vente le trianche et le quittanche devant dites par raison
» dhéritage ou par raison daquette ou par aucune autre raison niray par mi ne par
» autrui, mais le dit molin et le dit mareskel aveques toutes les appartenanches et
» tous les droits de ches coses garantirai et défendrai à labbé et au couvent et à leur
» moustier contre tous, comme laians vendus as us et as couttumes du pais, en
» tel manière que tous mi hoir et mi successeur demeurrons quitte du tout en tout
» a toujours de deux muids et demi de blé que li Abbé et li couvent devant dit pre-
» noient cascun an a molin devant dit et est a scavoir que li Abbé et li couvent
» nommé paieront dore en avant a la maladerie de S¹-Richier un sétier de blé
» quil ont chacune sepmaine par raison daulmône de mes devantiers sur che mou-
» lin ainsy come il a esté accoustumé à payer de moy et de mes devanciers, et de che
» doivent li Abbé et li couvent mi et mes hoirs rendre quittes et délivrés et sans do-
» mage, et est a scavoir que mi homes ne sont mie tenu a aller maudre audit molin par
» ban ni peuvent estre contraint par labbé ne par le couvent devant dis en tesmoi-
» gnage de che coses devant dites, je Mahieu de Roye devant die et ai donné a
» labbé et au couvent devant nommé chette présentes lettres seellés de mon propre
» seel. Che fult fait l'an de l'Incarnation de Notre Seigneur mille deux chens
» soixante neuf, el mois de décembre lendemain de Noel. »

Le roi Louis IX confirma et ratifia cette vente et par ses lettres assura à l'Eglise de Saint-Riquier la paisible possession de ce moulin.

La chronique nous raconte ensuite en quelques mots le départ et la mort de saint Louis (1270).

Mathieu de Roye accompagnait le saint roi dans cette croisade avec un cortège de dix chevaliers, d'hommes d'armes, de valets, dont beaucoup, on peut le présumer, appartenaient à Saint-Riquier. Il fut désigné pour la voie de Thunes, disent les chroni-
« ques. Monsieur Mahi de Roye ira soi huitième de chevaliers et mangeront à court et
» aura deux mille livres et deux cents livres de don privé : ils demeureront un an lui et

« sa gent, lequel an commencera sitôt comme ils seront arrivés à terre sèche de la mer,
» et si est à savoir que de ce qu'il donne à ses chevaliers, il leur doit payer la moitié de
» dons, là où l'année commence et l'autre moitié quand la première moitié de demi an
» sera passée, et est à savoir qu'il doit passer à chaque banneret deux chevaux, et à
» chacun qui n'est pas banneret un cheval et li chevaulx emportent le garson qui le garde,
» et doit passer le banneret lui sixième de personne et le pauvre homme son tiers (1).

On voit ici l'organisation d'un corps d'armée pour la croisade, la part du roi et la part de chaque chevalier entre les chefs désignés pour le commandement, puisque Mathieu de Roye est nommé parmi les maréchaux de l'époque.

Formentin estime que 2,000 croisés du Ponthieu marchèrent à la suite du saint roi.

Les chroniques de Saint-Riquier, dans l'énumération des droits du monastère, n'oublient jamais de dire que les moines ont toute justice dans leurs domaines ou seigneuries. Mais nous venons de voir un peu plus haut que la haute justice, l'attribut de la souveraineté, leur est contestée ou plutôt niée par les gens du roi et par le Parlement. Nous pensons que c'est une restriction qui commence à cette époque par la réserve faite pour les cas royaux ou privilégiés dans toutes les seigneuries soumises directement à la juridiction royale. On ne voit pas que le droit de punir, de condamner à mort eût été improuvé dans les premières années de Giles de Machemont, quand il se plaignait que les mayeurs et échevins avaient brisé les fourches patibulaires et quand on les a fait rétablir par les délinquants eux-mêmes. Ainsi, dans cette observation d'un arrêt du Parlement qu'en Ponthieu la justice n'appartient qu'au roi et au comte de Ponthieu, nous constatons une nouvelle jurisprudence ; car les baillis, dit un auteur, s'attribuèrent la connaissance d'un grand nombre de causes qui appartenaient à la juridiction des seigneurs. Chaque jour les cas d'exemption iront se multipliant jusqu'à l'ordonnance de Roussillon, en 1563, qui enlève à tous les fiefs, même aux fiefs de dignité, le droit de rendre la justice (2).

Les arrêts du Parlement de l'époque nous montrent les tendances des dépositaires de l'autorité royale dans plusieurs questions agitées sous Giles de Machemont.

La première remonte à 1272. Il paraît que l'Abbé de Saint-Riquier avait été accusé de faire des levées extraordinaires de deniers, ou, si l'on aime mieux, d'accabler ses vassaux et serfs d'exactions injustes, au détriment de ce qui était dû au roi. Giles de Machemont ne consentit jamais à se reconnaître coupable de telles iniquités : sans chercher à vouloir justifier ses prédécesseurs ni aucune autre personne, il réclama dans l'intérêt de sa dignité une enquête par le Parlement. On ne dit pas qu'elle ait eu lieu. La question avait été proposée au Parlement de la Toussaint (1271). On en fait seulement mention l'année suivante à la même époque ; puis on semble abandonner la ques-

(1) *Rerum Gall. Veter. Script. Tom.* xx, *pag.* 305.— Joinville nomme Mathieu de Roye, « lequel se trouva à bannières, accompagné de dix chevaliers ès voyage d'outre mer, que le roy saint Louis fit contre les infidèles en 1248 et 1270. »

(2) *Encyclopédie catholique,* au mot *Justice.*

tion (1) : on la reprend en 1279. Le comte de Ponthieu et maître Foulques de Londres furent alors nommés pour diriger cette enquête. Ces arbitres devaient se transporter à Saint-Riquier même, afin d'examiner la vérité des griefs qu'on alléguait en cette année. Nous ignorons quel fut le résultat de leurs recherches (2).

Le comte du Ponthieu de cette époque était le roi d'Angleterre. On remarque qu'il visitait en ce moment son comté pour se faire rendre hommage et exiger le serment de fidélité. Quelle est la signification de sa mission à Saint-Riquier ? Voulait-on lui donner un témoignage de confiance ou lui imposer une servitude de vassal envers le roi son maître? Nous laissons à de plus érudits que nous le jugement de cette question.

Dans un autre arrêt de la même année, où l'on maintient l'Abbé de Saint-Riquier dans l'exercice de sa justice sur les faits qui sont du ressort de sa vicomté, en dehors de la banlieue de Saint-Riquier, le roi ordonne encore une enquête sur les mêmes exactions ou levées extraordinaires de deniers dont on continuait d'accuser Giles de Machemont (3).

Dans le Parlement de la Toussaint de 1272 on jugea une autre question de haute justice entre les gens du roi et l'Abbé de Saint-Riquier. Celui-ci avait porté plainte contre le prévôt et ses sergents, parce qu'ils lui avaient enlevé un voleur qu'il avait condamné comme s'en reconnaissant le droit, et par ce qu'on lui avait pris sans examen les boisseaux des moulins qu'il avait coutume de jauger et de livrer à ses justiciables : il demandait qu'on le rétablît dans tous ses droits sur ces deux chefs. Les gens du roi soutenaient la légitimité de leurs actes, par ce principe que la justice appartenait au roi et non pas aux moines, d'où ils concluaient qu'on ne devait pas écouter une vaine réclame. Mais le bailli d'Amiens, quoiqu'il soutint la cause du roi, fut obligé de confesser qu'au moment où on les avait dépouillés, les moines étaient en possession des droits contestés et cela depuis plus de douze ans. La cour annula les actes des gens du roi et commanda au bailli d'Amiens de réintégrer les moines dans la possession des objets qu'on leur avait enlevés. On statua cependant, au nom du roi, qu'on ferait une enquête sur ces questions, surtout après qu'on eut produit un écrit signé de l'Abbé et du célerier où ils semblaient renoncer à de semblables prétentions (4).

C'est dans ce même Parlement que Giles de Machemont avait gagné sa cause pour son château de Drugy, ainsi qu'il a été marqué plus haut.

Il nous reste à signaler quelques actes de l'administration de Giles de Machemont, qui se rattachent à l'histoire locale ou à l'histoire générale de cette époque.

I. Huppy.—Le Cartulaire cite, en 1266, une *bonne lettre* pour la seigneurie d'Huppy. C'est la pacification d'un différend avec Jean de Brimeu et Eustache son fils, hommes-liges du monastère, acquéreurs sur Adrien de Belleval et sa fille du fief Belleval, à Huppy.

(1) *Olim. Tom.* I, *pag.* 887.
(2) *Olim. Tom.* II, *pag.* 131.
(3) *Ibid., pag.* 139.
(4) *Olim. Tom.* I, *pag.* 916.

CHAPITRE VIII. — L'ABBÉ GILES DE MACHEMONT.

Ces puissants seigneurs dont le nom a brillé d'un vif éclat dans les croisades et dans toutes les guerres de ces temps, consentirent volontiers à reconnaître les droits respectifs des seigneuries. L'accord intervenu et dont il sera fait mention dans le Livre des Domaines nous fera connaître les coutumes particulières de cette localité.

Vers cette même époque, Guillaume de Beaurain, autre possesseur d'une seigneurie et d'un fief à Huppy, est obligé de confesser qu'il a usurpé sur les ténements de Saint-Riquier à Huppy et commis des injustices pendant deux ans « par forche et anchoires » (encore) au tiers an. Il a ôté par violence CCL garbes de froment et autant d'avoine » et de pois sur LX journaux, où le couvent avoit droit de moitié sur XXXIIII, et sy » avoit piins VIII livres *abbegis*, par force, d'un de leurs hommes, lesquelles estimées » ensemble LX livres, il voloit que lui vivant ou après sa mort cette somme fut prinse » sur sa seigneurie de Huppy ou sur ses héritiers. » C'est le remords de la conscience qui le poussait à cette restitution. Il ne voulait point paraître devant le Juge souverain avec cette tâche, de peur que l'enfer ne fût son partage pour l'éternité. *Ne anima sua cruciatibus infernalibus crucietur* (1).

Que de violences sur lesquelles gémissent avec raison nos philosophes modernes et nos hommes du progrès auraient été empêchées, si la crainte de Dieu se fût réveil'ée aussi vive pendant la vie qu'à l'heure de la mort ! On ne cesse cependant d'accuser cette civilisation chrétienne qui forme le peuple français et prépare les jours prospères, où une connaissance plus profonde de la loi morale préviendra tant de désordres !

II. DREUX D'AMIENS. — « Drick d'Amiens, frère de Jean d'Amiens et son héritier, » parce que celui-ci était décédé sans enfants (1248), cède à son frère Pierre d'Amiens, » chevalier, sieur de Canaples, le tonlieu, les étalages (2), le VI° marchiel, les appendan-» ches qu'il avait de Saint-Riquier, lesquelles choses ledit Drieux tenait en fief noble-» ment. Il veut et consent que le dit Pierre tenit de nous tous iceux tonlieu, étalages et » VI° marchiel en fief, noblement, sans moyen et renonche à tous les droits qu'il y » pooit demander, et le lendemain, jour de la Saint Vincent, Pierre déclare les tenir no-» blement de l'abbaye en fief sans moyen et non point dudit Drieu, quelque bail que » l'on ait pu faire. (3) »

Les domaines de Dreux d'Amiens à Labroye confinaient sur bien des points à ceux de Saint-Riquier. Sur la fin de sa carrière rentrant en lui-même et considérant sa vie et ses actes à la lumière de la justice chrétienne, Dreux d'Amiens reconnut qu'il avait été trop souvent violent et injuste envers l'abbaye ; il voulut réparer ce scandale par d'éclatantes satisfactions (1274). D'abord il accorda non-seulement, comme autrefois en 1248, le droit de passage, mais même le droit de chasse. Voici sa charte en français: « Je Drick

(1) *Cartul. St-Riq*, fol 152.
2) Ce droit d'étalage s'appellait aussi carrée, tuulière, et se percevait sur toutes les marchandises et comestibles.
(3) *Cartul. St-Riq.*, fol. 173.

« d'Amiens, chevalier, sire de Vinencourt, fais scavoir a tous que je me suis otriés à che
» que messire li Abbé de St-Rikier en Pontieu et li couvent de chel meesme 'liu,
» ou leur conviens puissent aller et cassier toutes les fois quil vaurront, partout en ma
» vuarene que jay entre la rivière d'Autye d'une part et le cauchie Brunehaut d'autre
» et prendre toutes manières doisiaus et de bestes, en tesmognaige de lequel cose, je
» Dricz d'Amiens ay donné à Monseigneur l'Abbé au couvent devant dis ches présentes
» lettres seellées et confermées de mon seel. Che fut fais en l'an de l'Incarnation
» Nostre Seigneur mil deux chens et soixante treize el mois de march (1). »

Au mois d'avril suivant Dreux d'Amiens reconnut « qu'injustement et contre raison
» li et ses prédécesseurs ont retenu au couvent de Saint-Riquier plusieurs services dont
» ils étoient tenus à cause de leur fief. Pour s'en décharger et pour avoir un obit pour
» lui, pour son père et pour sa mère, chacun an, il a remis et délaissé en les mains de
» l'Abbé et du couvent tous les hommages qui s'ensuivent avec la garenne, tant en
» fiefs comme en arrière-fiefs, situés entre la rivière d'Authie et le cauchie Brunehaut ;
» c'est à savoir, Monsieur Jean de Gueschart, Colard Legrand, Thomas de Bours,
» damoiselle Maroye de Mannez, sœur Malard de Gueschard, Jehan de Gourguechon,
» damoiselle Eve de Lannoy, Henri de le Gove et les fiefs tenus d'iceux, accordant que
» tous fissent hommages, et fut à nous la haute justice de tous iceux fiefs, les droits et
» proufits avec la garenne d'yceux sans rien excepter. (2).

Après cette cession qu'il faudrait dater du jour de Pâques, Dreux d'Amiens, sans
perdre de temps, la nuit même de Pâques, écrit à ses vassaux qu'ils aient à venir faire
hommage à l'Abbé de Saint-Riquier.

Cette donation fut ratifiée par Jean de Nesle, comte de Ponthieu, de Montreuil et
d'Aumale et par Jeanne reine de Castille et de Léon, comtesse des mêmes lieux, sa
femme. Toutefois ils en exceptèrent l'hommage de demoiselle Eve de Lannoy et de Jean
de Gueschard, parce que leurs domaines étaient tenus du comté de Ponthieu et non de
l'église de Saint-Riquier. On régla en même temps les droits de plusieurs seigneurs sur
la garenne. Les Cisterciens de Valloires, à cause de leur grange des Roches, Jean de
Gueschard, et Eve de Lannoy conservèrent leur privilège d'y mener leurs bêtes, mais sans
chiens, réserve importante, en ce qu'elle nie absolument un droit quelconque de
chasse (3).

III. Les Décimes de Mayoc et Willencourt. — Le Pape saint Grégoire X (4), élu
au suprême pontificat pendant qu'il consolait les chrétiens de la Terre Sainte à peu
près abandonnés par les princes de l'Europe, avait déclaré à son troupeau d'adoption,
au moment de la séparation, qu'il oublierait sa main droite plutôt que Jérusalem. Il tint
parole : ayant assemblé le second concile de Lyon il fit venir chez lui les représentants

(1) D. Cotron. Anno 1274.
(2) Cart. St-Riq., fol. 173.
(3) Cartul. St.-Riq. fol. 173.
(4) Thibaut Visconti, archidiacre de Liége.

CHAPITRE VIII. — L'ABBÉ GILES DE MACHEMONT.

de toutes les provinces ecclésiastiques à qui il demanda les décimes des six années suivantes pour la guerre de la Terre-Sainte (1). On le lui promit. Après le concile, des collecteurs furent envoyés dans les différents royaumes de la chrétienté. Simon de Brie, cardinal de Sainte-Cécile, ancien trésorier de l'église de Tours, depuis Pape sous le nom de Martin IV, fut député en France, avec la charge de recueillir les décimes accordées. Ses agents au diocèse d'Amiens avaient imposé non-seulement le monastère et les prieurés, mais encore certains domaines plus considérables, où les religieux avaient des procureurs, une exploitation et un hôtel. C'est ainsi qu'on voulait faire payer des décimes à Mayoc et à Willencourt. L'Abbé de Saint-Riquier écrivit immédiatement au Cardinal pour représenter que Willencourt et Mayoc appartenant à la table de l'Abbé n'étaient pas prieurés et ne devaient aucune chose aux collecteurs des procurations du Pape. « Pareilles lettres, dit la chronique, furent adressées pour les maisons de Chi-
» ternes, Favières et Moriencourt appartenant à Saint-Valery, qui ne sont pas priorés,
» mais sont à la table de Saint-Valery (2). »

Le Cardinal de Sainte-Cécile accueillit favorablement la réclamation de l'Abbé de Saint-Riquier et manda aux collecteurs de ses procurations que les deux domaines, dont il est ici question, n'étaient pas résidences monacales, par conséquent qu'ils eussent à se désister de leur réquisition, « qu'ils ne fissent sur les gens demourant audit lieu
» quelque exploit ni excommunication ou suspension à venir et s'ils en avoient fait
» qu'ils en dispensassent pour les procurations à yceux non payés, puisqu'on ne devoit
» rien à Notre Saint Père le Pape ni autre prélat et prononçassent absolution des inter-
» dits et excommunications, si aucun avoit été lancé par G. de Lambertisaron, cha-
» noine d'Amiens, receveur légat commis par le légat au diocèse d'Amiens. »

La question paraissait éteinte par des informations si précises, mais elle se réveilla, en 1283, sous le Pape Martin IV et de nouveaux collecteurs. Jean Cholet, chanoine de Beauvais et fondateur à Paris du collège de son nom, venait d'être nommé Cardinal du titre de Sainte-Cécile, comme Simon de Brie, et avait hérité de sa légation ainsi que de son titre. Il eut pour agent receveur Maître Jean de Cherchemont, chanoine d'Amiens, son chapelain. Willencourt était sur ses rôles et fut imposé : il fallut une seconde enquête et « de nouveau, comme on le voit par les lettres de Jean de Cherchemont, il fut prouvé par
« exprès que en ladite ville ne en l'hôtel du couvent à Villencourt il n'y avoit nul religieux-
« prieur ni bénéficier, ne oncques en eut de par le couvent, pourquoi on ne peut de-
» mander sur le couvent ni sur les sujets du dit Villencourt aucun droit de procura-

(1) Le Pape imposait ces décimes, non comme un tribut ou une servitude, mais comme un subside passager pour celui qui a fondé l'Eglise de son sang, subside que la lâcheté seule pourrait refuser pendant que le roi et les guerriers se sacrifiaient pour l'héritage de Jésus-Christ. Toutefois ces charges étaient lourdes en certains pays. Il y eut même des réclamations dans plusieurs diocèses des provinces de Reims et de Rouen. Le Pape et le roi furent offensés de ces remontrances. On se soumit enfin à des ordres urgents.

(2) Cart. de St-Riq., fol. 167.

» tion pour ledit travail ne par le Pape, et pour laquelle cause il ne compulsa les tenants
» et occupants dudit hôtel de Villencourt, mais les déclara absous (1). »

Ce n'était là qu'une enquête canonique pour laquelle le Pape ne pouvait s'offenser contre un monastère ; aussi Martin IV renouvela les privilèges comme ses prédécesseurs, et même dans son court pontificat il fit récupérer tous les fiefs, bénéfices ou pensions indûment cédés aux ecclésiastiques ou aux laïcs, comme nous l'avons noté plus haut.

Les Papes se succèdent, mais le même esprit les anime tous : les yeux fixés sur la sainte Sion, ils pleurent ses calamités, sans pouvoir se consoler ; ils ne cessent de supplier les princes chrétiens et de leur offrir les subsides de l'Eglise, quelque répugnance que leur opposent les bénéficiers à demi ruinés. « Le Pape Honorius, disent encore nos « chroniques, manda gens pour aller de là de la mer et il les fit croiser. » Le roi Philippe le Hardi était à leur tête, on comptait bien cent mille hommes, dont vingt mille chevaliers, mais les croisés dirigèrent d'abord leurs armes contre Pierre le Cruel, roi d'Aragon. Il leur avait été promis dans un concile qu'ils ne paieraient point leurs redevances féodales pendant la croisade, et à cette occasion ils ne voulurent payer ce qu'ils devaient jusqu'à leur retour.

Les archives de Saint-Riquier ont conservé des lettres du Cardinal Cholet sur un différend survenu à ce sujet entre l'Abbé de Saint-Riquier et ses hommes-liges. « Il est
» venu à sa connaissance, disait-il, que aucunes personnes croisées et déterminées de
» aller en la terre sainte et outre la mer, selon les statuts faits en un certain concile, et
» auxquels n'étoit pas encore déterminé pour le siège apostolique passage, iceux refu-
» sèrent payer les redevances qu'ils devoient jusqu'à leur retour ou qu'il seroit certifié
» de leur mort. Néanmoins ledit Honorius par sa bulle voloit que iceux croisés et re-
» devables payachent ce qu'ils devoient sans attendre leur retour. C'est pourquoi le
» Cardinal les condamne à payer au nom du Pape (2). »

IV. FEUQUIÈRES. Jeanne, reine de Castille et comtesse de Ponthieu, mourut à Abbeville en 1279, et laissa son comté à Eléonore sa fille, reine d'Angleterre. Par son mariage le Ponthieu fut soumis à Edouard I*er* roi d'Angleterre. C'est en 1279 que les Anglais commencèrent à exercer dans ce pays une domination toujours détestée. Il faut reconnaître d'ailleurs qu'ils ne cherchèrent guère à se concilier l'affection de leurs nouveaux sujets. La morgue britannique traita à peu près ce comté en pays vaincu. Une question de justice, soulevée sous la reine Jeanne, fut jugée, en 1280, contre le roi et la reine d'Angleterre par le Parlement de Paris, dans les assises de la Pentecôte.

« L'Abbé et le couvent de Saint-Riquier en Ponthieu disoient contre noble homme
» Jean de Nesle, comte de Ponthieu en ce temps, et très-noble dame, jadis reine d'Espa-

(1) *Cart. de St-Riq*, fol. 16°. (2) *Ibid*, 142

CHAPITRE VIII. — L'ABBÉ GILES DE MACHEMONT.   553

» gne et en ce temps comtesse de Ponthieu,et après contre très-noble homme Monsieur
» le roi d'Angleterre, maintenant comte de Ponthieu, et sa femme, fille et héritière de la
» dite comtesse et disions que nous de Saint-Riquier étions et avions été en très-bonne
» possession de toute la justice de la ville de Feuquières et de ses appartenances et d'y
» exploitier, ce que nyaient ledit comte, sa femme, ledit roy et sa femme, et di-
» soient en être en possession et même dy exploitier. Ouies et entendues les preuves
» par la Cour de France, *auditis* et *visis probationibus*, la possession de la justice du
» dit Feuquières nous fut adjugée (1). »

Ainsi, le roi d'Angleterre pour ses domaines de Ponthieu et autres domaines, était soumis à la Cour du Parlement de France. Ces jugements ne furent pas toujours reçus avec la soumission qu'un vassal doit à son suzerain. On ne dit pas clairement ce qui suivit cette sentence; mais nous apprenons par d'autres arrêts que nous allons rapporter que de grandes violences furent commises à Feuquières. Le village fut pillé par les habitants d'Abbeville, des maisons furent démolies. Les procès continuèrent les années suivantes entre l'abbaye de Saint-Riquier et le roi d'Angleterre, et toujours à la confusion de ce prince si puissant et si absolu. Nous voyons par-là sousquelle instigation agissaient les bourgeois d'Abbeville. L'amende prononcée contre eux par le Parlement montrera l'énormité de leurs actes contre le bourg de Feuquières et leur complicité avec les gens du roi d'Angleterre. « Pour les violentes injures faites à la ville de Feuquières par les
» hommes d'Abbeville, ordené fut que le bailli du Ponthieu, (qui lors étoit Thomas
» Sandwich sénéchal du Ponthieu), le mayeur et les échevins d'Abbeville en leur nom
» et de la ville d'Abbeville amenderont à Monsieur le roy à sa volonté,et ce aura le roi
» dix mille livres tournois pour son amende, et sy amenderont à Furcy de Péronne, ser-
» gent royal, le injure lui faite audit lieu, et Monsieur le roi lui donnera cent livres
» d'icelle somme de X mille livres, et sy le amenderont à l'Abbé de Saint-Riquier pour
» ce qu'il appert que ou dit lieu il a toute justice, et sy renderont tous couts, frais et
» dommages faits par eux à ceux de Feuquières, et sy en seront iceux habitans crus
» par leurs serments, moyennant que deux ou trois de leurs voisins dignes de foi les
» conjureront et examineront.

« Les conjureurs dont il est ici question, ajoute la chronique, sont des prudhommes ou
» des témoins dignes de foi venant par leur serment et leur déposition attester la vé-
» rité des dire des habitants de Feuquières (2). »

Nous avons dans un autre arrêt la taxe de l'amende envers l'Abbé et le couvent de Saint-Riquier: elle fut de mille livres tournois, payables en deux termes : savoir à la Toussaint de 1281 après la condamnation et à la Toussaint de l'année suivante.

Un troisième arrêt exempte l'Abbé et le couvent de répondre aux réclamations du roi et de la reine d'Angleterre jusqu'à ce que les maisons renversées par les gens d'Edouard

(1) *Ibid., fol.* 145.　　　　(2) *Cart. St-Riq., fol.* 145.— D. Cotron. *Anno* 1280.

soient rétablies dans leur premier état. Cependant les citations de l'Abbé et des Anglais pleuvent au Parlement. Les juges suprêmes des débats décident, après avoir entendu les parties, que le roi et la reine ne seront plus écoutés. Enfin, par le dernier des arrêts que nous connaissons, le sénéchal de Ponthieu fut condamné à déposer pour l'amende des injures de Feuquières un gage de cent livres, ou en d'autres termes fut condamné à cent livres et pour cette somme il déposa un gage dans l'hypothèse où il voudrait faire de nouvelles instances, afin d'obtenir la révision de la cause. Mais il parait que ce procès s'arrêta là : ou du moins il n'en reste plus trace dans les archives (1).

V. Bannissement. Jean de Villers, moine de Saint-Riquier, fut banni pour homicide (1284).

« Une lettre de Pierre Sagnaulx, bailli d'Amiens, scellée du scel de la baillie, en 1284,
» et donnée en présence de Pierre Mouset et d'Etienne le Mongnier, chitoyens d'Amiens
» commis à ce oir, reconnoît que vindrent en leur personne Jourdain de Villers accom-
» pagnié de 18 hommes, qui sont dénommés par noms et surnoms en icelle lettre, et
» qu'à la requête de grands personnages Jean de Villers, prévost moine, étant prison-
» nier en cette Eglise pour avoir homicidé et mis à mort un autre moine, seroit mis
» hors de prison, par la telle condition que, incontinent et sans targnier, il iroit outre
» mer et là demoureroit, sans jamais revenir ne retourner sur, et en peine de deux cents
» marcs d'argent, moitié au roi et moitié au couvent, desquels deux cents marcs d'ar-
» gent iceux XIX hommes étoient pleiges et cautions ou répondants (2). »

On ignore les circonstances dans lesquelles cet homicide a été commis : mais c'était un sacrilège énorme dans un monastère et sur la personne d'un moine. La réclusion, prononcée contre le coupable jusqu'à son jugement définitif, prouve qu'on ne voulait nullement atténuer la faute.

Le bannissement est la pénitence qu'on infligeait le plus ordinairement aux personnes d'un certain rang (3). On faisait jurer au condamné sur les corps saints « qu'il widerait le vile dedans XV jours à aler outre mer sans jamais revenir ». Les pleiges ou cautions étaient une garantie ajoutée à son serment.

Le banni en Terre sainte allait combattre sous les bannières de la Croix ou prier au saint Tombeau et autres lieux vénérés de la Palestine. Il rachetait ainsi ses fautes en servant la grande cause chrétienne, en attirant les bénédictions du Sauveur sur ses frères d'armes. L'Eglise a horreur du sang. Que la puissance civile exécute sa loi du talion, elle l'approuve ; mais pour elle, toutes les fois qu'elle l'a cru plus utile au condamné, elle lui a ménagé le temps d'une longue et salutaire pénitence.

Les chroniques nous citent encore un fait semblable. Hue le Vicomte dans une lettre

(1) *Olim. Tom.* II, *pag.* 173, 195, 196.
(2) *Cart. St-Riq., fol.* 32.

(3) Louandre. *Histoire d'Abbeville. Tom.* I, *pag.* 277.

CHAPITRE VIII. — L'ABBÉ GILES DE MACHEMONT.   555

scellée de son sceau déclare que sur confiscation de corps et biens pour torts faits au monastère « à malvaise cause » il se soumet, dans le but de faire sa paix, à aller demeurer en terre sainte et « illec être jusques au rappel de Monsieur le Roy et passer la Gresse (1). » Ce fait mentionné dans les chroniques sous l'année 1260 est reporté par Louandre en 1295.

VI. AUXI-LE-CHATEAU. Procès contre le sieur d'Auxi pardevant le prévost de Doullens et en l'assise d'Amiens (1288). « A cause de son travers le dit sieur pourchacha » une femme jusque dedans notre ville de Villeroy et l'emmena prisonnière. » Tant qu'il était sur les terres de sa domination le seigneur d'Auxi usait d'un droit incontestable ; mais son pouvoir s'arrêtait à la limite de sa juridiction : il avait donc usurpé et exercé un acte de justice au détriment du couvent.

« Nous nous plaindîmes, continue la chronique, pardevant le prevost de Doullens et
» fut le prochès fait et témoins et enquête, tant qu'il fut jugié que nous avions bien
» prouvé notre intention et que serions ressaisis, dont fut appelé à l'assise d'Amiens,
» présents XII ou XIII hommes du roi, et Willaume de Hangest, bailli d'Amiens :
» présents le sieur de Croiselles, le sieur de Biauval, le sieur de Frohens, Huont de le
» Rosière, Huont Quiéret et VIII ou X de cette ville dénommés en icelle. Il fut dit
» que nous serons ressaisi, et fut le chantre de cette Eglise ressaisi et revêtu, et lui fut
» rendue Adèle Mongresse, prisonnière dudit sieur d'Auxi, en nos prisons de Villen-
» court et ledit sieur d'Auxi condamné en nos dépens. »

« Présents : Riquier Aubeluche, Riquier de Mons, Adam de l'Hôpital, Robert de Po-
» mereuil, Jean de Hesdin, Hue Clabaut, Jean de Bersacles, Thiébaut le Prévost et
» autres (2).

Le seigneur d'Auxi, auquel Giles de Machemont réclamait ses droits sur Willencourt, était Jean, ber d'Auxi, conjoint à Isabeau de Craon, sieur de Hangest, de Fontaine-sur-Somme, de Dompierre, de Famechon, de Monceaux, de Buly, etc.

VII. MATHIEU DE ROYE. Le voisinage du puissant châtelain de la Ferté au temps où les juridictions se jalousaient d'une manière si étrange et espéraient acquérir leur prépondérance, amena plusieurs fois Giles de Machemont devant le Parlement. Les causes nous semblent souvent légères ; mais alors on ne pouvait souffrir le moindre empiètement. L'autorité souveraine avait à créer une jurisprudence pour les siècles à venir.

Le premier arrêt sur ces démêlés avec Mathieu de Roye remonte à 1266 (3). C'est au sujet d'une ruelle contiguë aux domaines des seigneuries rivales. Après une composition entre le monastère et la commune, Giles de Machemont avait fermé une ruelle attenant à l'abbaye ; c'était son droit, puisque les échevins y avaient consenti. Cependant le bailli d'Amiens, sur les instances de Mathieu de Roye et sur le vu d'une lettre du Parlement, fit briser cette clôture. Or un procès était encore pendant à ce sujet et la lettre

(1) Cartul. St-Riq., fol. 34.   (3) Olim. Tom. I, pag. 663.
(2) Cartul. St-Riq., fol. 168.

n'autorisait nullement cette violation des droits du couvent. Giles de Machemont en porta plainte en Parlement, demandant que les choses fussent rétablies dans leur premier état et promettant d'ailleurs d'accepter la sentence portée par le Tribunal compétent. Mathieu de Roye opposa, pour sa défense et contre les dires de l'Abbé, que la clôture de la ruelle avait été faite la nuit, sans sa participation et à son préjudice, qu'il avait sur cette ruelle droit de justice, de vicomté, de marché et beaucoup d'autres droits et aisances : qu'en outre l'arrêt de pacification entre l'Abbé et les bourgeois réservait les droits des tiers. Les procureurs de l'Abbé nièrent ces dernières assertions et affirmèrent que les moines étaient seigneurs des fiefs de la ville, et par conséquent en possession d'y exercer tous les droits seigneuriaux. Quant à l'heure où ils avaient fait la clôture, ils déclaraient qu'on avait commencé vers neuf heures, aussitôt l'autorisation reçue et qu'on avait travaillé jusqu'au grand soir. Quoique le bailli eût dit qu'il avait donné son ordre en vertu d'une lettre du Parlement adressée à Mathieu de Roye, il dut reconnaître que la lettre ne portait pas la permission de démolir la clôture ordonnée par la Cour suprême, mais seulement de ne rien laisser changer, quelle que fût la pression de Mathieu de Roye. La Cour dans son arrêt infligea un blâme au bailli, en notant qu'il avait excédé son mandat. C'est pourquoi elle lui ordonna de rétablir les moines dans leur première saisine et statua qu'on examinerait la question et qu'on la jugerait selon les lois de l'équité.

Il paraîtrait que Mathieu de Roye se serait vengé de cette décision du Parlement par des vexations contre le monastère. L'année suivante Giles de Machemont porta plainte au Parlement, l'accusant de lui avoir causé de grands dommages, quoiqu'il fût son homme-lige. En outre il représentait au roi qu'il ne pouvait obtenir satisfaction de ce puissant châtelain et il demandait en conséquence qu'on le forçât à comparaître pour répondre de ces injures et qu'on procédât contre lui selon les règles du droit : il aurait enfin désiré que le roi garantît le monastère et ses possessions contre Mathieu de Roye et ses gens. On répondit à l'Abbé de Saint-Riquier qu'il n'était pas nécessaire de lui donner de garantie, puisque l'hommage de l'homme-lige emporte cette garantie. Mais on signifia en même temps à l'indocile châtelain qu'il prît garde à l'avenir de forfaire à l'Abbé et qu'il eût à empêcher ses gens de causer le moindre tort. Le Parlement, en vertu de son action coactive, prescrivit au bailli d'Amiens d'aller lui-même ou d'envoyer son commissaire à la cour de l'Abbé, pour lui prêter main-forte, toutes les fois qu'il en serait requis (1).

Mathieu de Roye étant mort en 1285 et laissant un fils en bas-âge, les tuteurs de celui-ci et les administrateurs de ses domaines cherchèrent querelle à l'Abbé de Saint-Riquier sur la garde de trois jours de fête, mais leurs prétentions n'obtinrent d'autre résultat que de fortifier les droits du monastère.

Un nouvel arrêt du Parlement (1287), confirmé par Philippe-le-Bel lui-même, le maintint

(1) *Olim.* Tom. I, pag. 671.

dans sa possession, à moins qu'on aime mieux dire que la cause était pendante depuis longtemps, que le roi ne la termina qu'en cette année, ce qui ne change nullement la portée de l'arrêt. « Discorde était mue, dit le roi, entre Mathieu de Roye chevalier
» d'une part, et l'Abbé et le couvent de Saint-Riquier d'autre part. L'Abbé et son cou-
» vent soutenaient qu'ils étaient en due possession de garder la fête de Saint-Riquier
» pendant trois jours, d'arrêter et de juger les délinquants, de quelque nature que
» fussent les délits, d'appréhender les justiciables partout où se fait la fête, sur toutes les
» terres et même sur les fiefs de Mathieu de Roye et autres seigneurs et cela depuis
» un temps tellement ancien qu'ils peuvent bien se prévaloir de ce droit sans autre
» preuve. Mathieu de Roye, au contraire, prétendait que les lieux, sur lesquels il sou-
» lève un débat, étaient dans ses fiefs où il avait justice de droit commun : il ajoutait
» qu'il avait toujours été dans l'usage d'arrêter, de juger, d'amender ceux qui étaient
» pris sur ses fiefs, quand l'occasion s'en présentait pendant la fête de Saint-Riquier
» comme en d'autres temps, de garder ses domaines avec des armes, quand il lui plai-
» sait, et cela de temps immémorial, ce qui le dispensait d'autre raison pour être
» maintenu dans sa saisine ou possession. » Après enquête et débat contradictoire, le Parlement conclut que l'Abbé de Saint-Riquier avait mieux prouvé son droit, que par conséquent il devait avoir gain de cause et continuer de faire garder seul les trois jours de fête et y exercer toute justice dans la ville et fiefs environnants (1).

Cette solution fut acceptée par le châtelain de la Ferté sans trop d'humeur : car on note que vers le même temps il abandonna tous ses droits sur la rue, appelée la Cour de Saint-Riquier et sur trois maisons adossées au monastère.

La cour de Saint-Riquier était une impasse acculée dans la basse-cour. Par des acquisitions successives Giles de Machemont s'en rendit maître et la supprima.

Le sire de la Ferté ne s'opposa point non plus au changement du Beffroi, permit même de l'asseoir sur sa terre, à la condition qu'on lui paierait un cens. Enfin il promit de ne plus faire d'opposition à la vicomté de la franche fête, pourvu qu'on lui maintînt le droit de faucillage et ses corvées (2).

On verra cependant renaître cette même querelle sous ses successeurs et des concessions plus étendues seront exigées jusqu'à ce qu'enfin les Abbés perdent tout droit sur les domaines de la Ferté et soient obligés de se défendre eux-mêmes contre les prétentions inqualifiables des châtelains.

VIII. — Testament d'un Bourgeois de Bray. — Un bourgeois de la ville de Bray légua dans l'acte dépositaire de ses dernières volontés une somme de deux cents livres, pour fonder une chapelle dans un lieu déterminé et y faire prier pour le repos de son âme. L'argent devait être remis à l'Abbé de Saint-Riquier, patron de l'Eglise paroissiale et des chapelles. C'était à lui qu'incombait la charge d'exécuter les intentions du testa-

(1) D. Cotron. *Anno 1287.* (2) *Cartul. de St-Riq*, fol. 33.

teur. Après la mort du bourgeois, comme le titre d'obligation déposé entre les mains des mayeurs et échevins devait revenir à l'Abbé, celui-ci le réclama, mais les dépositaires ne consentirent point à donner l'obligation, sous prétexte que l'Evêque d'Amiens, l'ordinaire du lieu, le leur avait défendu sous peine d'excommunication ; ils ajoutaient qu'ils avaient besoin d'une décharge de l'Evêque et d'une promesse par laquelle il s'engagerait à ne point les inquiéter. L'Abbé répondit aux mayeur et échevins que leur raison n'était point valable, puisque l'Evêque ne leur avait rien demandé et que sa défense ne pouvait les dispenser de l'obligation de rendre un dépôt affecté à la fondation d'une chapelle ; que du reste il était prêt de répondre à l'Evêque devant le juge auquel il le citerait. N'ayant pu les convaincre, la question fut portée au Parlement et après les plaidoiries il fut statué que la somme devait être remise à l'Abbé de Saint-Riquier, malgré la défense de l'Evêque, parce que l'accomplissement des dernières volontés du défunt exigeait cette solution (1).

Pourquoi cette question canonique est-elle portée au Parlement plutôt que devant un tribunal ecclésiastique ? C'est qu'elle est mixte et que déjà les Parlements commencent à attirer à eux les causes où les laïcs sont en conflit avec les ecclésiastiques. Le Souverain Pontife était le juge naturel ; mais les Parlements ont constamment décliné ce tribunal supérieur et n'ont cessé de diminuer cette autorité tutélaire. Leur triomphe fut complet sans Philippe-le-Bel.

Giles de Machemont, malgré l'activité de son esprit et ses travaux incessants, sentait son corps s'appesantir sous le poids des années. Considérant, au terme de sa longue carrière, qu'il avait passé une grande partie de sa vie au milieu des religieux de Saint-Riquier et qu'il y avait goûté toute la paix de la vie religieuse, il voulut leur laisser un gage de sa paternelle sollicitude, en faisant un legs aux caritiers sur le moulin de Tannoye et le vignoble situé au-dessus (2).

C'est la première fois que le nom de caritier, si usité dans les âges suivants, se présente sous notre plume : il est bon d'expliquer ici ce terme si doux à l'oreille du moine, fatigué en certains jours par les rudes labeurs des exercices monastiques.

Les caritiers étaient chargés de distribuer aux moines les charités ou *courtoisies* que leur avaient laissées des âmes bienfaisantes : ces charités avaient été créées pour soulager les moines et leur ménager une réfection extraordinaire, le jour de certains anniversaires ou même de certaines fêtes (3). Les suppléments d'office pour les nuits épuisaient leurs forces, le régime ordinaire n'étant pas suffisamment réparateur. La charité leur procurait des douceurs ou des *consolations*, selon une autre expression, dans une nourriture plus abondante. On voulait, disent aussi certains auteurs, graver plus profondément dans la mémoire le souvenir de ces jours anniversaires. C'est là une raison puérile et quelque peu sensuelle, à laquelle l'histoire monastique ne peut accorder

(1) *Olim. Tom.* I, *pag.* 629.
(2) D. Cotron. *Anno* 1290.
(3) Ducange. *Glossaire*, au mot *Caritas*.

une véritable autorité. Les charités, les largesses ou les *pitances* sont plutôt des aumônes dont la fin toute spéciale est désignée par les donateurs ou spécifiée par les usages monastiques. C'est en ce siècle qu'un office particulier semble établi pour les administrer. Le caritier prit rang parmi les dignitaires du monastères.

La charte de Giles de Machemont porte qu'il est convenable qu'après avoir vécu si longtemps en ce monastère il fasse, avant son trépas, quelque aumône pour l'œuvre des charités ou pitances. C'est pourquoi il donne au caritier tout le revenu qu'il possède sur le moulin de Tannoye et sur le vignoble situé au-dessus, voulant que cette aumône soit perçue et employée par le caritier à cette seule fin.

Etaient présents à cette convention : l'Abbé qui la scella de son sceau, le prieur et le couvent des moines; en outre Robert le Maréchal, Clerc : Pierre de Guy, Clerc : Ursé de Maisons, Jean et Colard les sommeliers et plusieurs autres témoins.

Le vignoble, dont il est ici question, touchait à Saint-Riquier, un peu au-dessous de Drugy. Nous sommes peut-être quelque peu étonnés, quand un document historique vient nous rappeler que la vigne a été été cultivée dans nos contrées du Nord ; tant les traditions locales sont effacées ! Cependant cette culture n'est pas un fait isolé, exceptionnel : elle a été longtemps commune en Artois et en Flandre, dans le Boulonnais, en Belgique même, dans l'Amiénois. Il serait trop long d'examiner les lieux où la vigne a été cultivée dans le diocèse d'Amiens (1). C'est vers la fin du xvii° siècle que la culture de la vigne a cessé entièrement dans nos provinces du Nord, sous deux influences qu'il n'est pas inutile de rappeler ici. Premièrement de grands défrichements ayant enlevé de précieux abris et livré passage aux vents froids de l'ouest et du nord, le raisin ne pouvait plus mûrir dans les plaines. Le pays est devenu moins humide, plus sain peut-être, mais froid surtout au printemps ; c'est pourquoi on a dû se lasser d'une culture chanceuse qui ne payait pas le loyer de la terre. Deuxièmement, le développement des voies de communication mettait plus facilement sous la main des populations les vins du Midi, dont la qualité était de beaucoup supérieure et a fait dédaigner des produits acides et moins agréables au goût.

Giles de Machemont, l'un des plus grands Abbés de Saint-Riquier, l'intrépide défenseur des droits du monastère, le grand et magnifique bâtisseur, le conservateur des fiefs et des domaines qu'il a rachetés, quand les vassaux étaient impuissants à les administrer ou à les faire valoir, l'homme de mouvement et d'action, entra dans la voie de toute chair, en l'an 1292, aux nones d'août, après avoir gouverné son Eglise pendant trente-cinq ans (2). Il fut inhumé dans la chapelle de saint Laurent, à l'entrée du cloître devant le dortoir. On plaça sur sa tombe une pierre d'un travail remarquable (2). Ceux qui verront, dit Jean de la Chapelle, et qui liront son admirable épitaphe

---

(1) M. Garnier. — *Mém. de la Soc. des Antiq.*, tom. xxiv, *pag.* 386. *Diction. Topog.* Au mot *Vigne.*

(2) On a indiqué par erreur, sur la foi de Jean de la Chapelle, l'année 1290 au sommaire.

(2) D. Cotron. *Anno* 1292.

(3) *Chron. Abbrev. Cap.* xlviii.

ne pourront se rassasier de contempler ce monument. Il est à regretter qu'on ne nous ait pas conservé cette épitaphe, elle nous aurait laissé un bel éloge des actions de toute sa vie.

On ne se sépare qu'à regret de ces hommes extraordinaires que la Providence place de dis.ance en distance, à la tête des institutions chrétiennes, pour les vivifier et les rajeunir. L'impulsion qu'ils ont donnée ne s'arrête pas à leur mort ; on vit longtemps encore de leurs exemples, de leurs souvenirs, de leurs sages réglements. C'est ainsi que se perpétuait un vif amour de la perfection, au milieu des défaillances de notre pauvre humanité, au milieu des luttes et des combats : dans les réformateurs, qui ont à déraciner, à extirper, au prix de rudes labeurs, les mauvais germes d'indiscipline et de convoitise : parmi les moines leurs sujets, qui ont à réprimer les inclinations d'une nature rebelle, pour s'élever au niveau de ces hommes de Dieu et affermir leurs pas dans les sentiers escarpés par lesquels il faut marcher à la conquête de la céleste patrie. Bien aveugle qui ne verrait point cette œuvre providentielle dans l'histoire d'un monastère : bien téméraire et bien insensé qui chercherait autre chose.

CHAPITRE IX.

L'ABBÉ ODON ou EUDES, TRENTE-HUITIÈME ABBÉ.

(1292 à 1296.)

Odon, dit la chronique, fut appelé à remplacer Giles de Machemont. L'auteur du *Gallia Christiana* nous révèle sur son élection des circonstances inconnues aux annalistes de Saint-Riquier ou cachées par eux (1). Les moines, ayant obtenu du roi la permission de procéder à l'élection du successeur de Giles, se choisirent un Abbé qui ne fut pas agréé par le Pape Nicolas IV. C'est pourquoi Odon fut recommandé au roi par le Souverain Pontife et appelé à gouverner l'abbaye, soit par le choix immédiatement du suprême Pasteur, soit par une nouvelle élection sous son inspiration.

Les quelques actes d'administration de l'Abbé Odon n'ont guère d'importance historique. Ils sont inscrits sous son nom : mais aucune circonstance ne nous offre l'occasion de nous occuper de la personne même de l'Abbé. Sa gestion ne dura que quatre ans.

Jean de la Chapelle a eu le talent d'émailler le chapitre de cet Abbé d'une nouvelle

(1) *Gallia Christ.* Tom. x, *pag.* 1257.

série d'erreurs, au sujet des Templiers : il les supprime avant 1303, par conséquent avant le concile de Vienne que l'histoire place en 1312 et 1313.

Le mêmé auteur signale aussi une grande famine à la suite d'une année stérile et d'une disette de récoltes. « Les hommes et les femmes, dit-il, mouraient le long des chemins. Tous les habitants du pays étaient également réduits à la misère et personne ne pouvait venir au secours de ses voisins et ses amis (1) ».

Il est à noter qu'aucun autre annaliste ne signale une pareille famine vers cette époque.

(1) *Chron. abbrev. Cap.* xlviii.

TABLE DES CHAPITRES

INTRODUCTION

Vue générale sur l'histoire de Saint-Riquier. — Les Saints. — Les Abbés. — Le monastère. — La ville et la commune. — L'Eglise. — l'Hôtel-Dieu et la Léproserie. — Le château de la Ferté. Sources historiques. — Hariulfe. — Alcuin. — Jean de la Chapelle. — D. Cotron. — Manuscrits divers. — Division de l'ouvrage.

LIVRE I

SAINT RIQUIER (570 à 645).

Pages.

CHAPITRE I. — La légende de Saint Riquier, comte de Ponthieu. — Examen de cette légende adoptée par plusieurs historiens.— Les Comtes de Ponthieu au VIIe siècle.— Quelques aperçus sur la géographie du Ponthieu 1
CHAPITRE II.— La ville de Centule. — Saint Riquier d'origine Mérovingienne. — Sa conversion par deux saints missionnaires Irlandais. — Sa vie pénitente 14
CHAPITRE III. — Saint Riquier, prêtre et missionnaire. — Situation religieuse du Ponthieu. — Grand nombre de Saints. — Missions de Saint-Riquier dans le Ponthieu et pays circonvoisins. — Missions en Angleterre 25
CHAPITRE IV. — Fondation du monastère de Saint-Riquier. — Grand nombre de monastères au VIIe siècle. 38
CHAPITRE V. — Saint Riquier.— Sainte Rictrude et son fils Saint Mauront. 42
CHAPITRE VI. — Saint Riquier et le roi Dagobert 47
CHAPITRE VII. — Saint Riquier à Forêt-Montier. — Sa vie érémitique. — Sa mort. — La translation de ses reliques au monastère de Centule 50
CHAPITRE VIII.— Des miracles de Saint Riquier.—Examen des miracles de la vie des Saints . . 57

CHAPITRE IX. — Culte de Saint Riquier. — Ses reliques. — Ses fêtes.— Pèlerinages à son tombeau. — Lieux où il est honoré. — Souvenirs divers. 63

LIVRE II

LES SAINTS ET LES ABBÉS DU VIIe ET VIIIe SIÈCLE.

CHAPITRE I. — SAINT CAIDOC ET SAINT FRICOR OU ADRIEN.
Leur mission. — Leur culte 71
CHAPITRE II. — SAINT MAUGUILLE.
Saint Mauguille, compagnon de Saint Furcy.— Sa vie à Centule.— Sa mort.— Son culte. . . 75
CHAPITRE III. — L'Abbé OCIALDE (vers 640).
Les rois Mérovingiens. — Les Abbés du VIIe et du VIIIe siècle. — Ocialde 82
CHAPITRE IV. — L'Abbé COSCHIN (687 à 720) 86
CHAPITRE V. — Saint GUTMAIRE ou WITMAIRE (742 à 770) 88
CHAPITRE VI. — L'Abbé ALDRIC (770 à 775) 93
CHAPITRE VII. — L'Abbé SYMPHORIEN (775 à 790) 93

LIVRE III

SAINT ANGILBERT (790 à 814).

CHAPITRE I. — La légende de Saint Angilbert, gendre de Charlemagne, et de son mariage avec la princesse Berthe 95
CHAPITRE II. — Les premières années de Saint Angilbert. — Son éducation à la cour de Charlemagne. — Sa profession monastique. 112
CHAPITRE III. — Saint Angilbert à la cour de Pépin roi d'Italie, Primicier de son palais et Abbé de Centule. — Reproche que mérite sa passion pour les histrions. — Compliment au roi Pépin, après sa victoire sur les Huns 117
CHAPITRE IV. — Diverses légations de Saint Angilbert à Rome, sous les Papes Adrien I et Léon III (792, 794, 796) 126
CHAPITRE V. — L'Ecole du Palais sous Alcuin. — Les principaux membres de l'Académie du Palais. — Leurs noms littéraires. — Angilbert, Charlemagne et Alcuin. — Souvenirs divers. — Ecrits d'Angilbert. 132
CHAPITRE VI. — Angilbert à Centule. — Lettre d'Alcuin. — Travaux d'Angilbert. — La nouvelle Eglise. — Sa dédicace par douze Evêques. — Souvenirs divers 143
CHAPITRE VII. — Des reliques du monastère de Saint Riquier au temps de Saint Angilbert, de ses successeurs et de Saint Gervin 158
CHAPITRE VIII. — Ornements et mobilier de l'Eglise de Centule 165
CHAPITRE IX. — Les divins offices. — Le *Laus Perennis*. — Les processions quotidiennes. — Les communions générales. — Les grandes Litanies 181
CHAPITRE X. — Monastère du IXe siècle avec toutes ses dépendances 185
CHAPITRE XI. — Charlemagne à Centule. — Angilbert l'accompagne à Rome en 800. — Privilège du Pape Léon III pour le monastère de Centule. — Privilège des insignes pontificaux. — Privilège pour Forêt-Montier. 197
CHAPITRE XII.— Dernières années de Saint Angilbert.— Sa mort.— Sa canonisation.— Son culte. 203
CHAPITRE XIII.— La ville de Saint-Riquier.—Ses redevances.—Les domaines du monastère . . 205

TABLE DES CHAPITRES.

LIVRE IV

LES ABBÉS DU IXᵉ SIÈCLE.

Pages.

CHAPITRE I. — L'Abbé Héric (814).
. Les Abbés commandataires du ixᵉ siècle.— Fin malheureuse de Heuton, vassal de l'Abbé Héric.
— Assemblée des Abbés Bénédictins à Aix-la-Chapelle.—Louis-le-Débonnaire à Saint-Riquier. 209
CHAPITRE II. — L'Abbé Hélisachar (822 à 837).
Notice sur Hélisachar. — Il préside le plaid d'Attigny en 828. — Il est exilé après les révolutions du palais en 831. — Miracles de Saint Riquier. 217
CHAPITRE III. — L'Abbé Ribbodon (837 à 844).
Notice sur l'Abbé Ribbodon. — Translation de Saint Angilbert.— Réflexions critiques sur la narration d'Hariulfe et la légende de Ribbodon 226
CHAPITRE IV. — L'Abbé Louis (844 à 856).
Notice sur l'Abbé Louis.—Il est prisonnier des Normands.—Fuite des religieux de Saint-Riquier.
— Leur retour.— Miracles.— Division des menses.— Saint Paschase Radbert à Saint-Riquier. 231
CHAPITRE V. — Nithard.
La légende de Nithard, Abbé-Comte de Centule 239
CHAPITRE VI. — L'Abbé Rodolphe (856 à 866).
Notice sur Rodolphe. — Retraite des moines à Encre. — Miracles au tombeau de Saint Riquier. — Mort de Rodolphe. — Rouleaux des morts 242
CHAPITRE VII. — L'Abbé-Comte Helgaud 250
CHAPITRE VIII. — L'Abbé Guelfe (866).
Notice sur l'Abbé Guelfe. — Chartes. — Meurtre d'un moine à Centule.—Miracles.— Le moine Michon. — Mort de l'Abbé Guelfe 253
CHAPITRE IX. — l'Abbé Carloman (870) 258
CHAPITRE X. — Les Normands et Isamdard (881).
Le moine Jérémie emporte les reliques de l'abbaye à Sens. — Examen critique des assertions d'Hariulfe sur Jérémie. — Les Normands en Ponthieu ; ruine du monastère de Saint-Riquier. — Gormond et Isambard.—Recherches historiques sur Isambard.— Examen des traditions qui en font un seigneur de la Ferté-lès-Saint-Riquier 261

LIVRE V

LES ABBÉS DU Xᵉ SIÈCLE.

CHAPITRE I. — L'Abbé Hérébert et l'Abbé Hénédolfe (881 à 920).
Etat de la France après les invasions des Normands 277
CHAPITRE II. — L'Abbé Gerbert (920 à 940).
Conversion des Normands. — Gerbert Abbé-Clerc — Il se retire à Bussu 279
CHAPITRE III. — Saint Gérard Abbé et réformateur de Saint-Riquier (940 à 959).
Notice sur Saint Gérard. — Il réforme les monastères du Nord de la France. — Guerres dans le Ponthieu. — Centule au pouvoir d'Arnoul, comte de Flandre. 281
CHAPITRE IV. — L'Abbé Foulques (940 à 970).
Foulques rapporte le corps de Saint Riquier à son monastère. — Nuémont.—Le corps de Saint Riquier à Saint-Omer. 285

CHAPITRE V. — HUGUES-CAPET, Abbé commendataire.
Charte du roi Lothaire. — Les corps de Saint Riquier et Saint Valery rendus à leur monastère. — Prophétie de Saint Valéry sur la dynastie de Hugues-Capet. 288

LIVRE VI

LES ABBÉS DU XIᵉ SIÈCLE.

CHAPITRE I. — L'Abbé INGÉLARD. (981 à 1020).
Ingélard, moine de Corbie, élu Abbé.—Ses travaux à Centule.—Son voyage à Rome pour le recouvrement des biens du monastère. — Lettres du Pape aux seigneurs de la contrée. — Convention avec l'Evêque de Liége. — Domaines enlevés au monastère par Hugues-Capet. — Les avoués de Saint-Riquier.
Les reliques de Saint Vigor à Saint-Riquier.— Principaux faits de sa biographie.
Translation des reliques de Saint Mauguille à Saint-Riquier. — Eglise du Saint dans le faubourg de ce nom.
Disciples d'Ingélard. — Sa mort. — Son épitaphe 295

CHAPITRE II. — LE BIENHEUREUX ANGELRAN (1020 à 1045).
Premières études d'Angelran à Centule.— Il les continue sous Fulbert, écolâtre, puis évêque de Chartres. — Il est écolâtre au monastère. — Il accompagne le roi Robert à Rome. — Il est élu Abbé.— Son administration.— Un voyage à la cour de Normandie. — Contestation sur les reliques de Saint Vigor. — Luttes contre les usurpateurs des domaines et transactions. — Miracles au tombeau de Saint-Riquier. — Infirmités d'Angelran. — Usurpation de Foulques. — Angelran résigne son abbaye à Saint-Gervin. — Sa mort 312

CHAPITRE III. — SAINT GERVIN (1045 à 1075).
Premières années de Saint Gervin. — Il se fait moine à Saint-Vannes. — Son pèlerinage à Jérusalem avec le B. Frédéric. — La trève de Dieu. — Ses prédications. — Il est élu Abbé de Saint-Riquier.— La crypte du XIᵉ siècle.— Invention du corps de Saint Angilbert. — La bibliothèque de Centule sous Saint Gervin.— La vie religieuse et érémitique de Saint Gervin.— Ses voyages à Reims, à Rome, en Normandie, en Angleterre. — Les reliques de Saint Vigor. — Administration temporelle : les avoués de Chevincourt — Miracles au tombeau de Saint Riquier. — Miracles de Saint Gervin. — Sa maladie. — Sa mort. — Ses funérailles. — Son culte. . . 333

CHAPITRE IV. — L'Abbé GERVIN II (1075 à 1095).
Accusations injustes des chroniques de Centule contre Gervin II. — Son administration. — Chûte de la tour de Saint-Sauveur. — Les reliques de Saint Riquier portées à Abbeville pour recueillir des offrandes.— Lamentations des habitants de Saint-Riquier à ce sujet et leurs présents. Gervin II, Evêque d'Amiens. — Son élection incriminée devant le Pape Urbain II : il fait deux fois le voyage de Rome pour se justifier.— Son administration épiscopale.— Gervin au concile de Clermont.— On lui enlève l'abbaye de Saint-Riquier qu'il avait conservée depuis son élévation à l'épiscopat. — Observations sur le récit passionné de la Chronique d'Hariulfe. — Gervin au concile de Poitiers avec l'Abbé Anscher. — Derniers actes d'administration de Gervin. — Il se retire au monastère de Marmoutier. — Sa mort.
Vision du moine Olfrid, prieur de Watten 368

LIVRE VII

LES ABBÉS DU XIIe SIÈCLE.

CHAPITRE I. — L'Abbé Anscher de la Ferté (1097 à 1136).
Origine d'Anscher, son éloge par Hariulfe, ses travaux. — La première croisade. — Miracle de Saint-Riquier. — Pénitence de Gui, comte de Ponthieu. — Miracles de Saint Angilbert. — L'Abbé Anscher et Saint Bernard. — Assemblée des moines Bénédictins. — Le Cardinal Saint-Ange (Innocent II) au monastère de Saint-Riquier.
La commune de Saint-Riquier. — Charte d'Anscher pour réprimer les vexations des bourgeois. — Le comte de Flandre à Saint-Riquier avec Louis-le-Gros. — Mort de Charles-le-Bon, comte de Flandre; punition de ses meurtriers. — Hugues Camp d'Avesne s'empare de Saint-Riquier et brûle la ville et le monastère. — Plaintes d'Anscher au concile de Reims. — Condamnation de Hugues Camp d'Avesne. — L'abbaye de Cercamps. — La bête Cantereine.
Testament de Robert, comte de la Ferté.
Biographie d'Hariulfe : il devient Abbé d'Oudenbourg en Flandre 385

CHAPITRE II. — L'Abbé Jean (1136 à 1143). 432

CHAPITRE III. — L'Abbé Gelduin (1143 à 1149).
Donation aux abbayes de Dommartin et de Valloires. — Gelduin part pour la croisade avec le roi Louis-le-Jeune. — On le dit Evêque de Bellivaux. — Fondation de la Léproserie du Val-lès-Saint-Riquier 433

CHAPITRE IV. — L'Abbé Pierre (1149 à 1160).
Difficultés pour l'élection du successeur de Gelduin. — L'Abbé Pierre fait un emprunt àl'Abbé de Valloires pour son voyage à Rome. — Charte du comte de Ponthieu, datée de Saint-Riquier. 437

CHAPITRE V. — L'Abbé Gaudefroy. (1160 à 1170).
Privilèges accordés par le Pape Alexandre III. — Accord sur les dîmes. — Les Templiers en Ponthieu. — Pacification sur des différends avec l'abbaye de Valloires. — Plaintes de Renaud de Saint-Valery au roi Louis VIII sur le monastère de Saint-Riquier. — Lettre de Pierre de Celles à l'Abbé Gaudefroy 442

CHAPITRE VI. — L'Abbé Riquier II (1170 à 1176).
Obéissance des Abbés à l'Evêque diocésain. — Privilège du monastère de Saint-Riquier. — Redevances au siége Apostolique. — Administration et travaux de l'Abbé Riquier. — Il est créé Cardinal. 449

CHAPITRE VII. — L'Abbé Laurent (1176 à 1184).
Privilèges pour Leuilly. — Chartes pour la chapelle de Thosan en Flandre, pour Chevincourt et Dommartin. — Le château du Crotoy et les comtes de Ponthieu. — Laurent se démet de son abbaye. 458

CHAPITRE VIII. — L'Abbé Ursé (1184 à 1191).
Fondation par les seigneurs de la Ferté. — Past à Feuquières. — Traité de paix qui replace Saint-Riquier sous la domination du roi de France 465

LIVRE VIII

LES ABBÉS DU XIIIe SIÈCLE.

CHAPITRE I. — L'Abbé Riquier III (1192 à 1206).
Confirmation des privilèges du monastère. — Usurpation du châtelain de Bray réprimée. — Le prieuré de Bredenay ruiné, puis rétabli. — Association de prières avec le Chapitre d'Arras et

TABLE DES CHAPITRES.

Pages.

le monastère de Marchiennes. — Travers de Boves. — Fondation du couvent de Willencourt sur l'Authie. — Charte du comte de Ponthieu donnée à Saint-Riquier. 469

CHAPITRE II. — L'Abbé Gérold (1207 à 1210).

Charte de Guillaume, comte de Ponthieu pour le Crotoy — Eloge de ce comte. — Charte de commune de Mayoc et Crotoy. 478

CHAPITRE III. — L'Abbé Mathieu (1210). 480

CHAPITRE IV. — L'Abbé Hugues I, de Chevincourt (1210 à 1236).

Les Abbés du XIIIe siècle. — L'usure réprimée. — Contrats d'*impignoration* ou d'engagements des fiefs et domaines des seigneurs croisés.

Lutte de Hugues de Chevincourt contre les Evêques d'Amiens, au sujet des exemptions. — Nouveaux privilèges du Pape Honorius III. — Procurations de Bray, de Leuilly, de Chevincourt. — Oratoire de Chevincourt. — Dimes novales. — Translation des reliques de Saint Vigor. — Visite des châsses du monastère.

Nombreuses chartes de Hugues de Chevincourt. — Obit de Marie de la Ferté. — Sentences arbitrales. — Ambassades de Hugues de Chevincourt. — Sa mort. — Traité de Chinon. 480

CHAPITRE V. — L'Abbé Gauthier I, de Gaissart (1237 à 1245).

Bulles pour dispenses. — La chapelle du Val. — Rachat de fiefs. 503

CHAPITRE VI. — L'Abbé Hervé (1245 à 1248).

Divers privilèges. — Déplacement de l'Eglise Saint-Nicolas 506

CHAPITRE VII. — L'Abbé Gauthier II, de Gaissart (1248 à 1257).

Nombreux privilèges. — Association de prières avec les moines de Saint-Lomer. — Justice du Crotoy. — Hommage de Jean d'Amiens. — Démêlés et concordat avec la commune 507

CHAPITRE VIII. — L'Abbé Giles de Machemont (1257 à 1292).

Giles de Machemont, chapelain du Pape. — Visite de Saint Louis à Saint-Riquier. — Luttes pour les privilèges. — Nouveaux privilèges. — Déplacement de l'Eglise Saint-Nicolas. — Un sacrilège pendant les fêtes de la Pentecôte. — Bulle d'excommunication.

Démêlés et procès avec la commune. — Procès entre Mathieu de Roye et la commune. — Une maltôte à Saint-Riquier. — Constructions de Giles de Machemont — Rachat de domaines et de fiefs. — Les Juifs à Saint-Riquier. — Divers contrats ou démêlés avec Mathieu de Roye. — La haute justice de l'Abbé. — Giles de Machemont et ses vassaux — Quelques domaines exceptés de la dîme pour la guerre sainte. — Démêlés avec le roi d'Angleterre. — Testament d'un bourgeois de Bray. — Testament de Giles de Machemont. — Sa mort 519

CHAPITRE IX. — L'Abbé Odon ou Eudes (1292 à 1296). 560

FIN DU TOME PREMIER.

Amiens. — Imprimerie et Lithographie A. Douillet et Ce, rue du Logis-du-Roi, 13.

www.ingramcontent.com/pod-product-compliance
Lightning Source LLC
Chambersburg PA
CBHW060414230426
43663CB00008B/1486